中国人口普查
CHINA POPULATION CENSUS

2020

江苏省人口普查年鉴

(第1册)

JIANGSU POPULATION CENSUS YEARBOOK 2020

(BOOK 1)

江　苏　省　统　计　局
江苏省第七次全国人口普查领导小组办公室　编

Compiled by
Jiangsu Provincial Bureau of Statistics
Office of the Leading Group of Jiangsu province for the Seventh National Population Census

中国统计出版社
China Statistics Press

图书在版编目（CIP）数据

江苏省人口普查年鉴. 2020. 第 1 册 / 江苏省统计局, 江苏省第七次全国人口普查领导小组办公室编. -- 北京 : 中国统计出版社, 2022.7
ISBN 978-7-5037-9843-6

Ⅰ. ①江… Ⅱ. ①江… ②江… Ⅲ. ①人口普查－统计资料－江苏－2020－年鉴 Ⅳ. ①C924.255.3-54

中国版本图书馆 CIP 数据核字(2022)第 111073 号

江苏省人口普查年鉴-2020（第 1 册）

作　　者/江苏省统计局　江苏省第七次全国人口普查领导小组办公室编
责任编辑/郭　栋
执行编辑/周小睿
封面设计/李雪燕
出版发行/中国统计出版社有限公司
通信地址/北京市丰台区西三环南路甲 6 号　邮政编码/100073
发行电话/邮购（010）63376909　书店（010）68783171
网　　址/http://www.zgtjcbs.com/
印　　刷/河北鑫兆源印刷有限公司
经　　销/新华书店
开　　本/880mm×1230mm　1/16
字　　数/1952 千字
印　　张/61
版　　别/2022 年 7 月第 1 版
版　　次/2022 年 7 月第 1 次印刷
定　　价/980.00 元（全五册附光盘）

《江苏省人口普查年鉴—2020》编委会和编辑工作人员

编辑说明

江苏省2020年第七次全国人口普查，按照国务院第七次全国人口普查领导小组的统一部署，在省委、省政府的领导下，各地区各有关部门精心组织，全体普查人员艰辛努力，广大普查对象积极参与，人口普查工作取得圆满成功，获得了丰富详实的普查资料。为了满足社会各界需要，现将汇总资料编辑出版。为便于读者使用本资料，现将有关情况说明如下:

一、普查对象和标准时点

第七次全国人口普查对象指普查标准时点在中华人民共和国境内的自然人以及在中华人民共和国境外但未定居的中国公民，不包括在中华人民共和国境内短期停留的境外人员。普查标准时点为2020年11月1日零时。

二、普查表式

第七次全国人口普查采用长、短两种普查表。普查短表包括反映人口基本状况的项目，由全部住户（不包括港澳台居民和外籍人员）填报。普查长表包括所有短表项目和人口的经济活动、婚姻生育和住房等情况的项目，在全部住户中抽取10%的户（不包括港澳台居民和外籍人员）填报。

三、资料主要内容

本资料分为三部分。第一部分是全部人口的数据，主要反映人口的基本状况，分为八卷，共196张表；第二部分是普查长表数据，主要反映人口结构情况，分为九卷，共218张表；第三部分是附录，主要是《全国人口普查条例》《第七次全国人口普查方案》《普查公报》等。

四、数据汇总口径及推算说明

本资料是按照实际登记直接汇总的数据，不包括现役军人。

由于普查长表是按户抽样并进行登记，因此人口总数以及各种人口结构数据的抽样比会存在略微差异，请读者使用本资料推算总体时，对采用的方法予以注意。

五、城乡划分规定

本次人口普查关于城乡的划分，按照国家统计局《统计上划分城乡的规定》执行。

六、其他

本资料中部分相对数由于单位取舍问题产生的计算误差，均未做机械调整。本资料中空项表示无数字或数字很小。

目　　录

第 1 册

第一部分　全部数据资料

第一卷　概要

第三卷　年龄

第四卷　教育

第 2 册

第一部分　全部数据资料(续)

第五卷　家庭

第六卷　死亡

第 3 册

第二部分 长表数据资料

第一卷 概要

第二卷 民族

第三卷　教育

第四卷　就业

第 4 册

第二部分　长表数据资料(续)

第六卷　生育

第5册

第二部分　长表数据资料(续)

第七卷　迁移和户口登记地

第八卷 老年人口

第九卷　住房

第三部分　附　录

第一部分　全部数据资料

第一卷　概要

1-1 各地区户数、

地区	户数						
				合计			
	合计	家庭户	集体户	合计	男	女	性别比(女=100)
江　苏	**31922656**	**29910849**	**2011807**	**84748016**	**43031586**	**41716430**	**103.15**
南京市	**3600088**	**3138775**	**461313**	**9314685**	**4754686**	**4559999**	**104.27**
玄武区	209027	173057	35970	537825	268349	269476	99.58
秦淮区	305258	278725	26533	740809	364643	376166	96.94
建邺区	214078	190280	23798	534257	268724	265533	101.20
鼓楼区	375209	339954	35255	940387	456009	484378	94.14
浦口区	157878	142758	15120	401334	203998	197336	103.38
栖霞区	375324	299891	75433	987835	511258	476577	107.28
雨花台区	234297	201916	32381	608780	317394	291386	108.93
江宁区	710264	581866	128398	1926117	1003459	922658	108.76
六合区	245916	236154	9762	632961	317157	315804	100.43
溧水区	189791	173641	16150	491336	256342	234994	109.08
高淳区	165222	160829	4393	429173	219259	209914	104.45
南京江北新区	417824	359704	58120	1083871	568094	515777	110.14
无锡市	**2888253**	**2687898**	**200355**	**7462135**	**3848880**	**3613255**	**106.52**
锡山区	335375	309453	25922	882387	466374	416013	112.11
惠山区	328879	302826	26053	893675	469028	424647	110.45
滨湖区	233365	204167	29198	592984	303632	289352	104.94
梁溪区	400006	385154	14852	985465	492411	493054	99.87
新吴区	275481	232528	42953	720215	376522	343693	109.55
江苏无锡经济开发区	121007	112781	8226	322109	165763	156346	106.02
江阴市	683806	647571	36235	1779515	920161	859354	107.08
宜兴市	510334	493418	16916	1285785	654989	630796	103.84
徐州市	**3191840**	**3097995**	**93845**	**9083790**	**4579072**	**4504718**	**101.65**
鼓楼区	169675	161988	7687	425143	214039	211104	101.39
云龙区	174763	164397	10366	471566	234338	237228	98.78
贾汪区	158168	151888	6280	453555	232962	220593	105.61
泉山区	243374	233914	9460	619784	303753	316031	96.11
铜山区	421234	404923	16311	1237760	629445	608315	103.47
丰县	342278	336524	5754	935200	468942	466258	100.58
沛县	365909	359549	6360	1038337	521117	517220	100.75
睢宁县	368926	360742	8184	1088553	547412	541141	101.16
徐州经济技术开发区	132343	124718	7625	381407	196041	185366	105.76
新沂市	332524	327282	5242	969922	490412	479510	102.27
邳州市	482646	472070	10576	1462563	740611	721952	102.58
常州市	**2059609**	**1942531**	**117078**	**5278121**	**2711786**	**2566335**	**105.67**
天宁区	260751	250802	9949	668906	334241	334665	99.87
钟楼区	259126	240409	18717	658537	334349	324188	103.13
新北区	330252	309823	20429	883125	451504	431621	104.61
武进区	487657	448200	39457	1277487	668779	608708	109.87
金坛区	246923	238164	8759	585081	296106	288975	102.47
江苏省常州市经济开发区	160659	154507	6152	419893	222613	197280	112.84
溧阳市	314241	300626	13615	785092	404194	380898	106.12

人口数和性别比

单位：户、人

人口数								平均家庭户规模（人/户）
家庭户				集体户				
小计	男	女	性别比（女=100）	小计	男	女	性别比（女=100）	
77644026	**38754626**	**38889400**	**99.65**	**7103990**	**4276960**	**2827030**	**151.29**	**2.60**
7795032	**3857683**	**3937349**	**97.98**	**1519653**	**897003**	**622650**	**144.06**	**2.48**
417281	201597	215684	93.47	120544	66752	53792	124.09	2.41
665521	320836	344685	93.08	75288	43807	31481	139.15	2.39
463615	225097	238518	94.37	70642	43627	27015	161.49	2.44
825544	398039	427505	93.11	114843	57970	56873	101.93	2.43
349812	175376	174436	100.54	51522	28622	22900	124.99	2.45
729394	363603	365791	99.40	258441	147655	110786	133.28	2.43
501499	252262	249237	101.21	107281	65132	42149	154.53	2.48
1496566	749345	747221	100.28	429551	254114	175437	144.85	2.57
605319	299986	305333	98.25	27642	17171	10471	163.99	2.56
432700	218473	214227	101.98	58636	37869	20767	182.35	2.49
412888	206874	206014	100.42	16285	12385	3900	317.56	2.57
894893	446195	448698	99.44	188978	121899	67079	181.72	2.49
6883610	**3477270**	**3406340**	**102.08**	**578525**	**371610**	**206915**	**179.60**	**2.56**
807537	415775	391762	106.13	74850	50599	24251	208.65	2.61
811886	417638	394248	105.93	81789	51390	30399	169.05	2.68
502411	250277	252134	99.26	90573	53355	37218	143.36	2.46
941705	465151	476554	97.61	43760	27260	16500	165.21	2.45
611312	307087	304225	100.94	108903	69435	39468	175.93	2.63
298202	149038	149164	99.92	23907	16725	7182	232.87	2.64
1683124	856948	826176	103.72	96391	63213	33178	190.53	2.60
1227433	615356	612077	100.54	58352	39633	18719	211.73	2.49
8637378	**4332887**	**4304491**	**100.66**	**446412**	**246185**	**200227**	**122.95**	**2.79**
398595	196381	202214	97.12	26548	17658	8890	198.63	2.46
425659	209050	216609	96.51	45907	25288	20619	122.64	2.59
432576	220636	211940	104.10	20979	12326	8653	142.45	2.85
577907	280569	297338	94.36	41877	23184	18693	124.03	2.47
1153734	584900	568834	102.82	84026	44545	39481	112.83	2.85
894442	446107	448335	99.50	40758	22835	17923	127.41	2.66
1016037	508323	507714	100.12	22300	12794	9506	134.59	2.83
1052847	527721	525126	100.49	35706	19691	16015	122.95	2.92
349555	177859	171696	103.59	31852	18182	13670	133.01	2.80
946080	478006	468074	102.12	23842	12406	11436	108.48	2.89
1389946	703335	686611	102.44	72617	37276	35341	105.48	2.94
4879468	**2454508**	**2424960**	**101.22**	**398653**	**257278**	**141375**	**181.98**	**2.51**
633254	313264	319990	97.90	35652	20977	14675	142.94	2.52
598534	298052	300482	99.19	60003	36297	23706	153.11	2.49
820477	411683	408794	100.71	62648	39821	22827	174.45	2.65
1146001	586040	559961	104.66	131486	82739	48747	169.73	2.56
559209	278748	280461	99.39	25872	17358	8514	203.88	2.35
392568	204431	188137	108.66	27325	18182	9143	198.86	2.54
729425	362290	367135	98.68	55667	41904	13763	304.47	2.43

1-1 续表 1

地区	户数			合计			
	合计	家庭户	集体户	合计	男	女	性别比(女=100)
苏州市	**4795750**	**4273563**	**522187**	**12748262**	**6657110**	**6091152**	**109.29**
虎丘区	292375	244244	48131	832499	436545	395954	110.25
吴中区	512449	447304	65145	1388972	727815	661157	110.08
相城区	336968	302332	34636	891055	472592	418463	112.94
姑苏区	378242	354555	23687	924083	456751	467332	97.74
吴江区	589684	531236	58448	1545023	813616	731407	111.24
苏州工业园区	405480	330953	74527	1133927	587651	546276	107.57
常熟市	597618	541027	56591	1677050	872242	804808	108.38
张家港市	551002	521840	29162	1432044	738317	693727	106.43
昆山市	817592	704966	112626	2092496	1113706	978790	113.78
太仓市	314340	295106	19234	831113	437875	393238	111.35
南通市	**3038054**	**2897075**	**140979**	**7726635**	**3805559**	**3921076**	**97.05**
崇川区	284567	266974	17593	780564	385333	395231	97.50
港闸区	148935	138103	10832	403176	205546	197630	104.01
通州区	420951	400688	20263	1106601	543734	562867	96.60
如东县	350564	340881	9683	875178	426829	448349	95.20
南通经济技术开发区	108955	91644	17311	307213	163194	144019	113.31
通州湾示范区	44352	41392	2960	91846	44604	47242	94.42
苏锡通科技产业园区	36780	33344	3436	90180	47335	42845	110.48
启东市	451943	436111	15832	967313	467719	499594	93.62
如皋市	439717	429888	9829	1238448	602131	636317	94.63
海门市	405679	384993	20686	991782	484870	506912	95.65
海安市	345611	333057	12554	874334	434264	440070	98.68
连云港市	**1607403**	**1547754**	**59649**	**4599360**	**2335249**	**2264111**	**103.14**
连云区	62413	58302	4111	160390	84274	76116	110.72
海州区	258572	248485	10087	717281	359535	357746	100.50
赣榆区	361440	353011	8429	1003844	507417	496427	102.21
东海县	345517	339057	6460	1047357	529864	517493	102.39
灌云县	250373	245664	4709	725047	371355	353692	104.99
灌南县	212190	208108	4082	612345	312365	299980	104.13
连云港经济技术开发区	32840	30127	2713	90248	46427	43821	105.95
连云港高新技术产业开发区	57301	41929	15372	171202	84173	87029	96.72
江苏连云港徐圩新区	17792	14215	3577	42124	24618	17506	140.63
江苏省连云港市云台山风景名胜区	8965	8856	109	29522	15221	14301	106.43
淮安市	**1684561**	**1625374**	**59187**	**4556230**	**2278713**	**2277517**	**100.05**
淮安区	293203	287962	5241	785272	394371	390901	100.89
淮阴区	262154	252610	9544	748791	378611	370180	102.28
清江浦区	214005	204020	9985	578451	285281	293170	97.31
洪泽区	113456	111305	2151	285097	141741	143356	98.87
涟水县	300588	294032	6556	829699	415067	414632	100.10
盱眙县	228820	224333	4487	607211	302423	304788	99.22
金湖县	119296	115882	3414	289456	144333	145123	99.46
淮安经济技术开发区	106477	90457	16020	293156	147922	145234	101.85
工业园区	5203	4993	210	16073	8131	7942	102.38
生态文旅区	32747	31477	1270	99460	48901	50559	96.72
苏淮高新区	8612	8303	309	23564	11932	11632	102.58

单位：户、人

人口数								平均家庭户规模（人/户）
家庭户				集体户				
小计	男	女	性别比（女=100）	小计	男	女	性别比（女=100）	
11210065	**5667960**	**5542105**	**102.27**	**1538197**	**989150**	**549047**	**180.16**	**2.62**
684859	344047	340812	100.95	147640	92498	55142	167.75	2.80
1171558	595337	576221	103.32	217414	132478	84936	155.97	2.62
786879	401410	385469	104.14	104176	71182	32994	215.74	2.60
858701	420450	438251	95.94	65382	36301	29081	124.83	2.42
1366336	702154	664182	105.72	178687	111462	67225	165.80	2.57
923734	454831	468903	97.00	210193	132820	77373	171.66	2.79
1493268	753712	739556	101.91	183782	118530	65252	181.65	2.76
1350793	685732	665061	103.11	81251	52585	28666	183.44	2.59
1803175	915344	887831	103.10	289321	198362	90959	218.08	2.56
770762	394943	375819	105.09	60351	42932	17419	246.47	2.61
7049533	**3394122**	**3655411**	**92.85**	**677102**	**411437**	**265665**	**154.87**	**2.43**
694391	339450	354941	95.64	86173	45883	40290	113.88	2.60
358318	177903	180415	98.61	44858	27643	17215	160.58	2.59
1009362	484456	524906	92.29	97239	59278	37961	156.16	2.52
828020	397889	430131	92.50	47158	28940	18218	158.85	2.43
235703	116970	118733	98.52	71510	46224	25286	182.80	2.57
81550	38238	43312	88.29	10296	6366	3930	161.98	1.97
79463	39630	39833	99.49	10717	7705	3012	255.81	2.38
892913	422214	470699	89.70	74400	45505	28895	157.48	2.05
1194766	576024	618742	93.10	43682	26107	17575	148.55	2.78
854199	402877	451322	89.27	137583	81993	55590	147.50	2.22
820848	398471	422377	94.34	53486	35793	17693	202.30	2.46
4385031	**2214626**	**2170405**	**102.04**	**214329**	**120623**	**93706**	**128.72**	**2.83**
147642	74660	72982	102.30	12748	9614	3134	306.76	2.53
686564	342715	343849	99.67	30717	16820	13897	121.03	2.76
975562	491343	484219	101.47	28282	16074	12208	131.67	2.76
1013510	511624	501886	101.94	33847	18240	15607	116.87	2.99
707056	361421	345635	104.57	17991	9934	8057	123.30	2.88
593496	301053	292443	102.94	18849	11312	7537	150.09	2.85
81239	41166	40073	102.73	9009	5261	3748	140.37	2.70
116656	57664	58992	97.75	54546	26509	28037	94.55	2.78
34132	17957	16175	111.02	7992	6661	1331	500.45	2.40
29174	15023	14151	106.16	348	198	150	132.00	3.29
4344012	**2165007**	**2179005**	**99.36**	**212218**	**113706**	**98512**	**115.42**	**2.67**
761593	380507	381086	99.85	23679	13864	9815	141.25	2.64
712026	361251	350775	102.99	36765	17360	19405	89.46	2.82
546757	268744	278013	96.67	31694	16537	15157	109.10	2.68
276825	137295	139530	98.40	8272	4446	3826	116.20	2.49
801407	399423	401984	99.36	28292	15644	12648	123.69	2.73
591681	293690	297991	98.56	15530	8733	6797	128.48	2.64
276736	136670	140066	97.58	12720	7663	5057	151.53	2.39
243971	121927	122044	99.90	49185	25995	23190	112.10	2.70
14836	7384	7452	99.09	1237	747	490	152.45	2.97
95495	46704	48791	95.72	3965	2197	1768	124.26	3.03
22685	11412	11273	101.23	879	520	359	144.85	2.73

1-1 续表 2

地 区	户数			合计			
	合计	家庭户	集体户	合计	男	女	性别比(女=100)
盐城市	**2679500**	**2609831**	**69669**	**6709629**	**3379832**	**3329797**	**101.50**
亭湖区	255871	242546	13325	684239	347502	336737	103.20
盐都区	248449	243030	5419	614128	312584	301544	103.66
大丰区	282999	276533	6466	645603	323856	321747	100.66
响水县	165073	162082	2991	459156	233854	225302	103.80
滨海县	316726	311931	4795	820084	416467	403617	103.18
阜宁县	313577	310422	3155	794036	400486	393550	101.76
射阳县	316060	310568	5492	759403	381466	377937	100.93
建湖县	253177	245608	7569	609346	305799	303547	100.74
盐城经济技术开发区	37120	32020	5100	103004	51964	51040	101.81
江苏省盐南高新区	116352	108352	8000	332220	165516	166704	99.29
东台市	374096	366739	7357	888410	440338	448072	98.27
扬州市	**1690733**	**1606252**	**84481**	**4559797**	**2270783**	**2289014**	**99.20**
广陵区	198863	185079	13784	542314	277841	264473	105.05
邗江区	238969	217770	21199	726906	359928	366978	98.08
江都区	361197	348516	12681	926577	453833	472744	96.00
宝应县	267268	260245	7023	682219	337714	344505	98.03
扬州经济技术开发区	83013	76593	6420	238785	120162	118623	101.30
蜀冈瘦西湖景区	48036	45881	2155	134507	66652	67855	98.23
生态新城	21447	19832	1615	66346	33740	32606	103.48
仪征市	204108	196979	7129	532571	269029	263542	102.08
高邮市	267832	255357	12475	709572	351884	357688	98.38
镇江市	**1212528**	**1144197**	**68331**	**3210418**	**1631648**	**1578770**	**103.35**
京口区	139751	126098	13653	355757	179757	176000	102.13
润州区	94644	90800	3844	239892	119705	120187	99.60
丹徒区	117127	109037	8090	347264	179918	167346	107.51
镇江新区	94685	87080	7605	263813	136285	127528	106.87
江苏镇江高新区	22158	20733	1425	60064	31011	29053	106.74
丹阳市	378444	361077	17367	988900	501587	487313	102.93
扬中市	112056	107740	4316	315462	159696	155766	102.52
句容市	253663	241632	12031	639266	323689	315577	102.57
泰州市	**1782987**	**1707632**	**75355**	**4512762**	**2261512**	**2251250**	**100.46**
海陵区	211052	193439	17613	577016	283991	293025	96.92
高港区	94366	90494	3872	258590	129532	129058	100.37
姜堰区	275607	269546	6061	668408	329347	339061	97.14
泰州医药高新技术产业开发区	79922	68622	11300	222691	112048	110643	101.27
兴化市	467223	454445	12778	1128204	577484	550720	104.86
靖江市	255842	244175	11667	663408	333229	330179	100.92
泰兴市	398975	386911	12064	994445	495881	498564	99.46
宿迁市	**1691350**	**1631972**	**59378**	**4986192**	**2516756**	**2469436**	**101.92**
宿城区	228682	218724	9958	663947	333044	330903	100.65
宿豫区	158541	152193	6348	444947	225630	219317	102.88
沭阳县	538405	522896	15509	1674978	852454	822524	103.64
泗阳县	283629	274233	9396	829562	414975	414587	100.09
泗洪县	307622	300263	7359	858740	428675	430065	99.68
宿迁经济技术开发区	63682	60238	3444	189245	96068	93177	103.10
宿迁市湖滨新区	47730	42768	4962	143573	75338	68235	110.41
苏州宿迁工业园区	10690	9370	1320	29991	14833	15158	97.86
宿迁市洋河新区	52369	51287	1082	151209	75739	75470	100.36

单位：户、人

人口数								平均家庭户规模（人/户）
家庭户				集体户				
小计	男	女	性别比（女=100）	小计	男	女	性别比（女=100）	
6449857	**3231461**	**3218396**	**100.41**	**259772**	**148371**	**111401**	**133.19**	**2.47**
625096	314500	310596	101.26	59143	33002	26141	126.25	2.58
598011	303397	294614	102.98	16117	9187	6930	132.57	2.46
626245	310720	315525	98.48	19358	13136	6222	211.12	2.26
449006	228040	220966	103.20	10150	5814	4336	134.09	2.77
802712	406249	396463	102.47	17372	10218	7154	142.83	2.57
779316	392443	386873	101.44	14720	8043	6677	120.46	2.51
739096	369651	369445	100.06	20307	11815	8492	139.13	2.38
585149	292301	292848	99.81	24197	13498	10699	126.16	2.38
87863	44613	43250	103.15	15141	7351	7790	94.36	2.74
302070	151627	150443	100.79	30150	13889	16261	85.41	2.79
855293	417920	437373	95.55	33117	22418	10699	209.53	2.33
4128033	**2024556**	**2103477**	**96.25**	**431764**	**246227**	**185537**	**132.71**	**2.57**
472581	235065	237516	98.97	69733	42776	26957	158.68	2.55
604946	295626	309320	95.57	121960	64302	57658	111.52	2.78
865500	417914	447586	93.37	61077	35919	25158	142.77	2.48
648797	319303	329494	96.91	33422	18411	15011	122.65	2.49
201395	99048	102347	96.78	37390	21114	16276	129.72	2.63
125105	60972	64133	95.07	9402	5680	3722	152.61	2.73
58408	29048	29360	98.94	7938	4692	3246	144.55	2.95
497788	246720	251068	98.27	34783	22309	12474	178.84	2.53
653513	320860	332653	96.45	56059	31024	25035	123.92	2.56
2870233	**1430921**	**1439312**	**99.42**	**340185**	**200727**	**139458**	**143.93**	**2.51**
307208	150274	156934	95.76	48549	29483	19066	154.64	2.44
221880	109289	112591	97.07	18012	10416	7596	137.12	2.44
283104	141780	141324	100.32	64160	38138	26022	146.56	2.60
223697	111907	111790	100.10	40116	24378	15738	154.90	2.57
54030	27071	26959	100.42	6034	3940	2094	188.16	2.61
918491	462345	456146	101.36	70409	39242	31167	125.91	2.54
293277	145750	147527	98.80	22185	13946	8239	169.27	2.72
568546	282505	286041	98.76	70720	41184	29536	139.44	2.35
4238588	**2104247**	**2134341**	**98.59**	**274174**	**157265**	**116909**	**134.52**	**2.48**
514249	252023	262226	96.11	62767	31968	30799	103.80	2.66
245535	121026	124509	97.20	13055	8506	4549	186.99	2.71
648096	317566	330530	96.08	20312	11781	8531	138.10	2.40
193244	95737	97507	98.18	29447	16311	13136	124.17	2.82
1060028	539207	520821	103.53	68176	38277	29899	128.02	2.33
630531	312302	318229	98.14	32877	20927	11950	175.12	2.58
946905	466386	480519	97.06	47540	29495	18045	163.45	2.45
4773186	**2399378**	**2373808**	**101.08**	**213006**	**117378**	**95628**	**122.74**	**2.92**
631185	316432	314753	100.53	32762	16612	16150	102.86	2.89
425464	214993	210471	102.15	19483	10637	8846	120.25	2.80
1613196	818425	794771	102.98	61782	34029	27753	122.61	3.09
797181	397121	400060	99.27	32381	17854	14527	122.90	2.91
829172	412172	417000	98.84	29568	16503	13065	126.31	2.76
178950	90150	88800	101.52	10295	5918	4377	135.21	2.97
123013	63040	59973	105.11	20560	12298	8262	148.85	2.88
27166	13180	13986	94.24	2825	1653	1172	141.04	2.90
147859	73865	73994	99.83	3350	1874	1476	126.96	2.88

1-1a 各地区户数、

地区	户数						
				合计			
	合计	家庭户	集体户	合计	男	女	性别比（女=100）
江苏	**15073781**	**13771191**	**1302590**	**40269267**	**20382260**	**19887007**	**102.49**
南京市	**3054949**	**2631956**	**422993**	**7914639**	**4025754**	**3888885**	**103.52**
玄武区	209027	173057	35970	537825	268349	269476	99.58
秦淮区	305258	278725	26533	740809	364643	376166	96.94
建邺区	214078	190280	23798	534257	268724	265533	101.20
鼓楼区	375209	339954	35255	940387	456009	484378	94.14
浦口区	125293	111597	13696	322323	163419	158904	102.84
栖霞区	352132	278725	73407	925627	478525	447102	107.03
雨花台区	230585	198694	31891	600621	313007	287614	108.83
江宁区	554605	447363	107242	1503459	776527	726932	106.82
六合区	86552	82675	3877	224738	110677	114061	97.03
溧水区	106929	95335	11594	293247	155001	138246	112.12
高淳区	86319	83273	3046	228601	114434	114167	100.23
南京江北新区	408962	352278	56684	1062745	556439	506306	109.90
无锡市	**1914768**	**1767422**	**147346**	**5004272**	**2564213**	**2440059**	**105.09**
锡山区	188891	172814	16077	494668	263111	231557	113.63
惠山区	204006	185253	18753	577121	301187	275934	109.15
滨湖区	217030	189359	27671	549416	280267	269149	104.13
梁溪区	400006	385154	14852	985465	492411	493054	99.87
新吴区	243200	210181	33019	642103	332127	309976	107.15
江苏无锡经济开发区	121007	112781	8226	322109	165763	156346	106.02
江阴市	314678	295084	19594	836429	429584	406845	105.59
宜兴市	225950	216796	9154	596961	299763	297198	100.86
徐州市	**1080548**	**1026190**	**54358**	**3028510**	**1516685**	**1511825**	**100.32**
鼓楼区	169675	161988	7687	425143	214039	211104	101.39
云龙区	166615	157691	8924	441135	218261	222874	97.93
贾汪区	65631	60138	5493	189982	97143	92839	104.64
泉山区	243374	233914	9460	619784	303753	316031	96.11
铜山区	120299	108087	12212	374402	189197	185205	102.16
丰县							
沛县							
睢宁县							
徐州经济技术开发区	1537	1516	21	4649	2402	2247	106.90
新沂市	128332	124693	3639	374405	189111	185294	102.06
邳州市	185085	178163	6922	599010	302779	296231	102.21
常州市	**1324988**	**1232773**	**92215**	**3438476**	**1755134**	**1683342**	**104.26**
天宁区	222622	213374	9248	563591	279828	283763	98.61
钟楼区	242173	225800	16373	615112	310571	304541	101.98
新北区	242348	224711	17637	650508	332196	318312	104.36
武进区	291735	259174	32561	756508	396155	360353	109.94
金坛区	128321	123450	4871	322790	161114	161676	99.65
江苏省常州市经济开发区	66336	63326	3010	179660	94097	85563	109.97
溧阳市	131453	122938	8515	350307	181173	169134	107.12

人口数和性别比(城市)

单位：户、人

人口数								平均家庭户规模(人/户)
家庭户				集体户				
小计	男	女	性别比(女=100)	小计	男	女	性别比(女=100)	
35793195	**17715592**	**18077603**	**98.00**	**4476072**	**2666668**	**1809404**	**147.38**	**2.60**
6530637	**3216873**	**3313764**	**97.08**	**1384002**	**808881**	**575121**	**140.65**	**2.48**
417281	201597	215684	93.47	120544	66752	53792	124.09	2.41
665521	320836	344685	93.08	75288	43807	31481	139.15	2.39
463615	225097	238518	94.37	70642	43627	27015	161.49	2.44
825544	398039	427505	93.11	114843	57970	56873	101.93	2.43
275503	137537	137966	99.69	46820	25882	20938	123.61	2.47
675141	336329	338812	99.27	250486	142196	108290	131.31	2.42
494666	248731	245935	101.14	105955	64276	41679	154.22	2.49
1153559	574523	579036	99.22	349900	202004	147896	136.59	2.58
213636	104186	109450	95.19	11102	6491	4611	140.77	2.58
249174	124613	124561	100.04	44073	30388	13685	222.05	2.61
219145	107898	111247	96.99	9456	6536	2920	223.84	2.63
877852	437487	440365	99.35	184893	118952	65941	180.39	2.49
4575342	**2291043**	**2284299**	**100.30**	**428930**	**273170**	**155760**	**175.38**	**2.59**
446197	229717	216480	106.11	48471	33394	15077	221.49	2.58
516218	262825	253393	103.72	60903	38362	22541	170.19	2.79
463527	230190	233337	98.65	85889	50077	35812	139.83	2.45
941705	465151	476554	97.61	43760	27260	16500	165.21	2.45
558095	279336	278759	100.21	84008	52791	31217	169.11	2.66
298202	149038	149164	99.92	23907	16725	7182	232.87	2.64
786671	395751	390920	101.24	49758	33833	15925	212.45	2.67
564727	279035	285692	97.67	32234	20728	11506	180.15	2.60
2768212	**1374460**	**1393752**	**98.62**	**260298**	**142225**	**118073**	**120.46**	**2.70**
398595	196381	202214	97.12	26548	17658	8890	198.63	2.46
405360	198895	206465	96.33	35775	19366	16409	118.02	2.57
172124	86652	85472	101.38	17858	10491	7367	142.41	2.86
577907	280569	297338	94.36	41877	23184	18693	124.03	2.47
307451	154148	153303	100.55	66951	35049	31902	109.86	2.84
4584	2364	2220	106.49	65	38	27	140.74	3.02
358810	180777	178033	101.54	15595	8334	7261	114.78	2.88
543381	274674	268707	102.22	55629	28105	27524	102.11	3.05
3136667	**1564719**	**1571948**	**99.54**	**301809**	**190415**	**111394**	**170.94**	**2.54**
531641	261127	270514	96.53	31950	18701	13249	141.15	2.49
562536	279230	283306	98.56	52576	31341	21235	147.59	2.49
596787	298088	298699	99.80	53721	34108	19613	173.91	2.66
652434	331549	320885	103.32	104074	64606	39468	163.69	2.52
309578	152733	156845	97.38	13212	8381	4831	173.48	2.51
164450	84333	80117	105.26	15210	9764	5446	179.29	2.60
319241	157659	161582	97.57	31066	23514	7552	311.36	2.60

1-1a 续表 1

地 区	户数			合计			
	合计	家庭户	集体户	合计	男	女	性别比（女=100）
苏州市	**2650416**	**2348822**	**301594**	**7089585**	**3667983**	**3421602**	**107.20**
虎丘区	264356	219593	44763	759217	397153	362064	109.69
吴中区	319800	270333	49467	864144	448080	416064	107.69
相城区	293215	263516	29699	781040	412139	368901	111.72
姑苏区	378242	354555	23687	924083	456751	467332	97.74
吴江区	252470	218560	33910	662696	351332	311364	112.84
苏州工业园区							
常熟市	295822	271462	24360	828661	424395	404266	104.98
张家港市	182071	167957	14114	506354	256626	249728	102.76
昆山市	535680	461608	74072	1414348	742603	671745	110.55
太仓市	128760	121238	7522	349042	178904	170138	105.15
南通市	**1187356**	**1123578**	**63778**	**3144798**	**1544182**	**1600616**	**96.47**
崇川区	284567	266974	17593	780564	385333	395231	97.50
港闸区	147605	136933	10672	399543	203418	196125	103.72
通州区	149849	141467	8382	402266	196104	206162	95.12
如东县							
南通经济技术开发区							
通州湾示范区							
苏锡通科技产业园区							
启东市	167584	160623	6961	378393	179912	198481	90.64
如皋市	128168	125278	2890	361585	174055	187530	92.81
海门市	137736	129764	7972	367808	179059	188749	94.87
海安市	171847	162539	9308	454639	226301	228338	99.11
连云港市	**376677**	**356218**	**20459**	**1022210**	**518679**	**503531**	**103.01**
连云区	60777	57016	3761	156581	81850	74731	109.53
海州区	209622	200551	9071	562111	280063	282048	99.30
赣榆区	96354	92013	4341	279543	141378	138165	102.33
东海县	2859	2811	48	8629	4544	4085	111.24
灌云县							
灌南县							
连云港经济技术开发区							
连云港高新技术产业开发区							
江苏连云港徐圩新区	5586	2388	3198	10748	8438	2310	365.28
江苏省连云港市云台山风景名胜区	1479	1439	40	4598	2406	2192	109.76
淮安市	**467566**	**445247**	**22319**	**1303052**	**641371**	**661681**	**96.93**
淮安区	112168	108666	3502	321355	158376	162979	97.18
淮阴区	107907	100217	7690	319622	158035	161587	97.80
清江浦区	193813	184128	9685	517197	253794	263403	96.35
洪泽区	53678	52236	1442	144878	71166	73712	96.55
涟水县							
盱眙县							
金湖县							
淮安经济技术开发区							
工业园区							
生态文旅区							
苏淮高新区							

单位：户、人

人口数								平均家庭户规模（人/户）
家庭户				集体户				
小计	男	女	性别比（女=100）	小计	男	女	性别比（女=100）	
6200947	**3105410**	**3095537**	**100.32**	**888638**	**562573**	**326065**	**172.53**	**2.64**
620335	310982	309353	100.53	138882	86171	52711	163.48	2.82
706478	355137	351341	101.08	157666	92943	64723	143.60	2.61
690991	351234	339757	103.38	90049	60905	29144	208.98	2.62
858701	420450	438251	95.94	65382	36301	29081	124.83	2.42
562502	288368	274134	105.19	100194	62964	37230	169.12	2.57
746853	373547	373306	100.06	81808	50848	30960	164.24	2.75
466809	231386	235423	98.29	39545	25240	14305	176.44	2.78
1223040	611513	611527	100.00	191308	131090	60218	217.69	2.65
325238	162793	162445	100.21	23804	16111	7693	209.42	2.68
2842312	**1365862**	**1476450**	**92.51**	**302486**	**178320**	**124166**	**143.61**	**2.53**
694391	339450	354941	95.64	86173	45883	40290	113.88	2.60
355502	176415	179087	98.51	44041	27003	17038	158.49	2.60
364323	173263	191060	90.69	37943	22841	15102	151.24	2.58
348107	162830	185277	87.88	30286	17082	13204	129.37	2.17
350694	168194	182500	92.16	10891	5861	5030	116.52	2.80
312759	144956	167803	86.38	55049	34103	20946	162.81	2.41
416536	200754	215782	93.04	38103	25547	12556	203.46	2.56
960731	**480084**	**480647**	**99.88**	**61479**	**38595**	**22884**	**168.65**	**2.70**
144744	73072	71672	101.95	11837	8778	3059	286.96	2.54
534975	265103	269872	98.23	27136	14960	12176	122.86	2.67
264076	132529	131547	100.75	15467	8849	6618	133.71	2.87
8496	4472	4024	111.13	133	72	61	118.03	3.02
3956	2561	1395	183.58	6792	5877	915	642.30	1.66
4484	2347	2137	109.83	114	59	55	107.27	3.12
1220137	**599293**	**620844**	**96.53**	**82915**	**42078**	**40837**	**103.04**	**2.74**
303873	148164	155709	95.15	17482	10212	7270	140.47	2.80
290514	144987	145527	99.63	29108	13048	16060	81.25	2.90
486791	238074	248717	95.72	30406	15720	14686	107.04	2.64
138959	68068	70891	96.02	5919	3098	2821	109.82	2.66

1-1a 续表 2

地区	户数			合计			
	合计	家庭户	集体户	合计	男	女	性别比(女=100)
盐城市	**627782**	**599130**	**28652**	**1687143**	**847784**	**839359**	**101.00**
亭湖区	195149	183381	11768	529059	267683	261376	102.41
盐都区	94613	92520	2093	261833	132993	128840	103.22
大丰区	92067	90362	1705	225927	111524	114403	97.48
响水县							
滨海县							
阜宁县							
射阳县							
建湖县							
盐城经济技术开发区	2151	1783	368	5359	2771	2588	107.07
江苏省盐南高新区	116352	108352	8000	332220	165516	166704	99.29
东台市	127450	122732	4718	332745	167297	165448	101.12
扬州市	**749492**	**697137**	**52355**	**2115264**	**1049729**	**1065535**	**98.52**
广陵区	157109	145406	11703	424063	215297	208766	103.13
邗江区	186707	167623	19084	576153	284734	291419	97.71
江都区	122757	116849	5908	334488	162157	172331	94.10
宝应县							
扬州经济技术开发区							
蜀冈瘦西湖景区	48036	45881	2155	134507	66652	67855	98.23
生态新城	11656	10349	1307	37699	19576	18123	108.02
仪征市	117709	112441	5268	301099	151499	149600	101.27
高邮市	105518	98588	6930	307255	149814	157441	95.16
镇江市	**629842**	**593296**	**36546**	**1688488**	**847578**	**840910**	**100.79**
京口区	134972	121582	13390	343904	173498	170406	101.81
润州区	94233	90458	3775	238978	119174	119804	99.47
丹徒区	52484	49632	2852	154996	78887	76109	103.65
镇江新区							
江苏镇江高新区	22158	20733	1425	60064	31011	29053	106.74
丹阳市	148767	142375	6392	396269	197272	198997	99.13
扬中市	61056	58882	2174	178440	89817	88623	101.35
句容市	116172	109634	6538	315837	157919	157918	100.00
泰州市	**729156**	**690350**	**38806**	**2005567**	**987967**	**1017600**	**97.09**
海陵区	183675	166485	17190	508859	249636	259223	96.30
高港区	47998	45210	2788	136373	67541	68832	98.12
姜堰区	123578	119676	3902	331452	160883	170569	94.32
泰州医药高新技术产业开发区							
兴化市	115818	111235	4583	318636	161101	157535	102.26
靖江市	118472	113923	4549	331555	162401	169154	96.01
泰兴市	139615	133821	5794	378692	186405	192287	96.94
宿迁市	**280241**	**259072**	**21169**	**827263**	**415201**	**412062**	**100.76**
宿城区	133866	124924	8942	390722	193924	196798	98.54
宿豫区	81782	76404	5378	240600	120894	119706	100.99
沭阳县							
泗阳县							
泗洪县							
宿迁经济技术开发区							
宿迁市湖滨新区	23946	19397	4549	77755	41347	36408	113.57
苏州宿迁工业园区	10690	9370	1320	29991	14833	15158	97.86
宿迁市洋河新区	29957	28977	980	88195	44203	43992	100.48

单位：户、人

人口数								平均家庭户规模（人/户）
家庭户				集体户				
小计	男	女	性别比（女=100）	小计	男	女	性别比（女=100）	
1569582	**782619**	**786963**	**99.45**	**117561**	**65165**	**52396**	**124.37**	**2.62**
476502	238811	237691	100.47	52557	28872	23685	121.90	2.60
255912	129653	126259	102.69	5921	3340	2581	129.41	2.77
221438	108890	112548	96.75	4489	2634	1855	141.99	2.45
4361	2191	2170	100.97	998	580	418	138.76	2.45
302070	151627	150443	100.79	30150	13889	16261	85.41	2.79
309299	151447	157852	95.94	23446	15850	7596	208.66	2.52
1852025	**901582**	**950443**	**94.86**	**263239**	**148147**	**115092**	**128.72**	**2.66**
368402	182278	186124	97.93	55661	33019	22642	145.83	2.53
461597	224551	237046	94.73	114556	60183	54373	110.69	2.75
309726	147499	162227	90.92	24762	14658	10104	145.07	2.65
125105	60972	64133	95.07	9402	5680	3722	152.61	2.73
31129	15687	15442	101.59	6570	3889	2681	145.06	3.01
278667	137015	141652	96.73	22432	14484	7948	182.23	2.48
277399	133580	143819	92.88	29856	16234	13622	119.17	2.81
1519487	**748795**	**770692**	**97.16**	**169001**	**98783**	**70218**	**140.68**	**2.56**
296105	144586	151519	95.42	47799	28912	18887	153.08	2.44
221157	108905	112252	97.02	17821	10269	7552	135.98	2.44
135991	67838	68153	99.54	19005	11049	7956	138.88	2.74
54030	27071	26959	100.42	6034	3940	2094	188.16	2.61
373206	184124	189082	97.38	23063	13148	9915	132.61	2.62
166113	82308	83805	98.21	12327	7509	4818	155.85	2.82
272885	133963	138922	96.43	42952	23956	18996	126.11	2.49
1860280	**907312**	**952968**	**95.21**	**145287**	**80655**	**64632**	**124.79**	**2.69**
447547	218671	228876	95.54	61312	30965	30347	102.04	2.69
127885	62287	65598	94.95	8488	5254	3234	162.46	2.83
318687	153551	165136	92.98	12765	7332	5433	134.95	2.66
290664	144977	145687	99.51	27972	16124	11848	136.09	2.61
320220	155386	164834	94.27	11335	7015	4320	162.38	2.81
355277	172440	182837	94.31	23415	13965	9450	147.78	2.65
756836	**377540**	**379296**	**99.54**	**70427**	**37661**	**32766**	**114.94**	**2.92**
361923	179946	181977	98.88	28799	13978	14821	94.31	2.90
224209	112200	112009	100.17	16391	8694	7697	112.95	2.93
58343	29686	28657	103.59	19412	11661	7751	150.45	3.01
27166	13180	13986	94.24	2825	1653	1172	141.04	2.90
85195	42528	42667	99.67	3000	1675	1325	126.42	2.94

1-1b 各地区户数、

地区	户数			合计			
	合计	家庭户	集体户	合计	男	女	性别比(女=100)
江 苏	**8057821**	**7566565**	**491256**	**21973116**	**11138540**	**10834576**	**102.81**
南京市	**65602**	**61470**	**4132**	**170602**	**87854**	**82748**	**106.17**
玄武区							
秦淮区							
建邺区							
鼓楼区							
浦口区	771	676	95	1657	864	793	108.95
栖霞区							
雨花台区	3712	3222	490	8159	4387	3772	116.30
江宁区							
六合区	44375	41840	2535	117207	58907	58300	101.04
溧水区	12108	11547	561	29583	15018	14565	103.11
高淳区	4636	4185	451	13996	8678	5318	163.18
南京江北新区							
无锡市	**456503**	**432644**	**23859**	**1173936**	**607972**	**565964**	**107.42**
锡山区	103353	95118	8235	274399	143715	130684	109.97
惠山区	42673	40394	2279	111704	58335	53369	109.31
滨湖区							
梁溪区							
新吴区							
江苏无锡经济开发区							
江阴市	191844	182442	9402	494923	255175	239748	106.43
宜兴市	118633	114690	3943	292910	150747	142163	106.04
徐州市	**996068**	**959692**	**36376**	**2933378**	**1479079**	**1454299**	**101.70**
鼓楼区							
云龙区	8148	6706	1442	30431	16077	14354	112.00
贾汪区	28201	27576	625	80185	40959	39226	104.42
泉山区							
铜山区	120150	116804	3346	356631	180851	175780	102.88
丰县	175811	170213	5598	504761	253724	251037	101.07
沛县	208303	202394	5909	596272	299098	297174	100.65
睢宁县	202176	194707	7469	614577	306676	307901	99.60
徐州经济技术开发区	113059	105477	7582	323210	166079	157131	105.69
新沂市	57989	56612	1377	175506	87803	87703	100.11
邳州市	82231	79203	3028	251805	127812	123993	103.08
常州市	**244590**	**232616**	**11974**	**629380**	**326012**	**303368**	**107.46**
天宁区	16476	15893	583	46139	23733	22406	105.92
钟楼区							
新北区	45945	43625	2320	120121	61195	58926	103.85
武进区	61547	58726	2821	161131	83240	77891	106.87
金坛区	27505	26729	776	62244	31766	30478	104.23
江苏省常州市经济开发区	36405	34404	2001	94545	49943	44602	111.97
溧阳市	56712	53239	3473	145200	76135	69065	110.24

人口数和性别比(镇)

单位：户、人

人口数								平均家庭户规模(人/户)
家庭户				集体户				
小计	男	女	性别比(女=100)	小计	男	女	性别比(女=100)	
20140568	**10050751**	**10089817**	**99.61**	**1832548**	**1087789**	**744759**	**146.06**	**2.66**
156620	**77676**	**78944**	**98.39**	**13982**	**10178**	**3804**	**267.56**	**2.55**
1340	668	672	99.40	317	196	121	161.98	1.98
6833	3531	3302	106.94	1326	856	470	182.13	2.12
109955	54068	55887	96.75	7252	4839	2413	200.54	2.63
27727	13768	13959	98.63	1856	1250	606	206.27	2.40
10765	5641	5124	110.09	3231	3037	194	1565.46	2.57
1108726	**565756**	**542970**	**104.20**	**65210**	**42216**	**22994**	**183.60**	**2.56**
252213	129418	122795	105.39	22186	14297	7889	181.23	2.65
105619	54028	51591	104.72	6085	4307	1778	242.24	2.61
469696	239505	230191	104.05	25227	15670	9557	163.96	2.57
281198	142805	138393	103.19	11712	7942	3770	210.66	2.45
2760889	**1382991**	**1377898**	**100.37**	**172489**	**96088**	**76401**	**125.77**	**2.88**
20299	10155	10144	100.11	10132	5922	4210	140.67	3.03
78468	40004	38464	104.00	1717	955	762	125.33	2.85
342307	173064	169243	102.26	14324	7787	6537	119.12	2.93
464930	231457	233473	99.14	39831	22267	17564	126.78	2.73
575646	287258	288388	99.61	20626	11840	8786	134.76	2.84
581861	288662	293199	98.45	32716	18014	14702	122.53	2.99
291610	148071	143539	103.16	31600	18008	13592	132.49	2.76
168336	84300	84036	100.31	7170	3503	3667	95.53	2.97
237432	120020	117412	102.22	14373	7792	6581	118.40	3.00
580306	**293502**	**286804**	**102.34**	**49074**	**32510**	**16564**	**196.27**	**2.49**
43198	21973	21225	103.52	2941	1760	1181	149.03	2.72
112778	56721	56057	101.18	7343	4474	2869	155.94	2.59
149959	76649	73310	104.55	11172	6591	4581	143.88	2.55
59644	30062	29582	101.62	2600	1704	896	190.18	2.23
87530	45288	42242	107.21	7015	4655	2360	197.25	2.54
127197	62809	64388	97.55	18003	13326	4677	284.93	2.39

1-1b 续表 1

地区	户数			合计			
	合计	家庭户	集体户	合计	男	女	性别比(女=100)
苏州市	**1243794**	**1104093**	**139701**	**3328788**	**1742691**	**1586097**	**109.87**
虎丘区	1613	1588	25	4389	2173	2216	98.06
吴中区	75412	68593	6819	206606	109787	96819	113.39
相城区	23649	22260	1389	58334	31322	27012	115.96
姑苏区							
吴江区	194314	178932	15382	498456	261028	237428	109.94
苏州工业园区	405480	330953	74527	1133927	587651	546276	107.57
常熟市	145422	126129	19293	401938	215472	186466	115.56
张家港市	212576	204151	8425	549539	283792	265747	106.79
昆山市	93701	85575	8126	237811	124293	113518	109.49
太仓市	91627	85912	5715	237788	127173	110615	114.97
南通市	**889566**	**826252**	**63314**	**2298134**	**1155918**	**1142216**	**101.20**
崇川区							
港闸区							
通州区	134704	126732	7972	354224	177176	177048	100.07
如东县	201859	193728	8131	509593	249269	260324	95.75
南通经济技术开发区	108955	91644	17311	307213	163194	144019	113.31
通州湾示范区	18508	15727	2781	41405	21170	20235	104.62
苏锡通科技产业园区	16432	13590	2842	42940	23586	19354	121.87
启东市	88323	81657	6666	201764	102024	99740	102.29
如皋市	143096	137354	5742	400294	196952	203342	96.86
海门市	117226	107628	9598	294175	149134	145041	102.82
海安市	60463	58192	2271	146526	73413	73113	100.41
连云港市	**619205**	**581526**	**37679**	**1807355**	**914468**	**892887**	**102.42**
连云区	628	363	265	1085	901	184	489.67
海州区	20074	19119	955	61141	30974	30167	102.68
赣榆区	102145	98301	3844	289686	147411	142275	103.61
东海县	161037	154854	6183	498360	251386	246974	101.79
灌云县	125558	121040	4518	358508	182554	175954	103.75
灌南县	112869	109329	3540	323820	163805	160015	102.37
连云港经济技术开发区	27015	24367	2648	71315	36728	34587	106.19
连云港高新技术产业开发区	57301	41929	15372	171202	84173	87029	96.72
江苏连云港徐圩新区	11850	11542	308	30208	15503	14705	105.43
江苏省连云港市云台山风景名胜区	728	682	46	2030	1033	997	103.61
淮安市	**609760**	**576710**	**33050**	**1689171**	**837611**	**851560**	**98.36**
淮安区	42292	41016	1276	106305	53626	52679	101.80
淮阴区	39653	38474	1179	111762	56931	54831	103.83
清江浦区	2299	2197	102	6728	3487	3241	107.59
洪泽区	11685	11306	379	25608	13024	12584	103.50
涟水县	162363	156440	5923	465057	227967	237090	96.15
盱眙县	135316	131387	3929	374436	183269	191167	95.87
金湖县	66757	64181	2576	177633	87803	89830	97.74
淮安经济技术开发区	106477	90457	16020	293156	147922	145234	101.85
工业园区	2472	2385	87	7650	3860	3790	101.85
生态文旅区	32747	31477	1270	99460	48901	50559	96.72
苏淮高新区	7699	7390	309	21376	10821	10555	102.52

单位：户、人

人口数								平均家庭户规模（人/户）
家庭户				集体户				
小计	男	女	性别比（女=100）	小计	男	女	性别比（女=100）	
2922990	**1482127**	**1440863**	**102.86**	**405798**	**260564**	**145234**	**179.41**	**2.65**
4325	2140	2185	97.94	64	33	31	106.45	2.72
181519	93091	88428	105.27	25087	16696	8391	198.98	2.65
54518	28792	25726	111.92	3816	2530	1286	196.73	2.45
448440	230702	217738	105.95	50016	30326	19690	154.02	2.51
923734	454831	468903	97.00	210193	132820	77373	171.66	2.79
344672	176834	167838	105.36	57266	38638	18628	207.42	2.73
527298	269086	258212	104.21	22241	14706	7535	195.17	2.58
218960	112854	106106	106.36	18851	11439	7412	154.33	2.56
219524	113797	105727	107.63	18264	13376	4888	273.65	2.56
2002888	**972559**	**1030329**	**94.39**	**295246**	**183359**	**111887**	**163.88**	**2.42**
314199	153229	160970	95.19	40025	23947	16078	148.94	2.48
471318	226050	245268	92.16	38275	23219	15056	154.22	2.43
235703	116970	118733	98.52	71510	46224	25286	182.80	2.57
31551	15074	16477	91.49	9854	6096	3758	162.21	2.01
34134	17207	16927	101.65	8806	6379	2427	262.83	2.51
169196	81438	87758	92.80	32568	20586	11982	171.81	2.07
372452	179909	192543	93.44	27842	17043	10799	157.82	2.71
237438	115768	121670	95.15	56737	33366	23371	142.77	2.21
136897	66914	69983	95.61	9629	6499	3130	207.64	2.35
1661361	**836723**	**824638**	**101.47**	**145994**	**77745**	**68249**	**113.91**	**2.86**
492	349	143	244.06	593	552	41	1346.34	1.36
57749	29235	28514	102.53	3392	1739	1653	105.20	3.02
277745	140626	137119	102.56	11941	6785	5156	131.59	2.83
465643	233773	231870	100.82	32717	17613	15104	116.61	3.01
341676	173452	168224	103.11	16832	9102	7730	117.75	2.82
307657	154045	153612	100.28	16163	9760	6403	152.43	2.81
62578	31663	30915	102.42	8737	5065	3672	137.94	2.57
116656	57664	58992	97.75	54546	26509	28037	94.55	2.78
29271	14951	14320	104.41	937	552	385	143.38	2.54
1894	965	929	103.88	136	68	68	100.00	2.78
1575398	**775868**	**799530**	**97.04**	**113773**	**61743**	**52030**	**118.67**	**2.73**
101999	51219	50780	100.86	4306	2407	1899	126.75	2.49
107059	54367	52692	103.18	4703	2564	2139	119.87	2.78
6281	3194	3087	103.47	447	293	154	190.26	2.86
24413	12388	12025	103.02	1195	636	559	113.77	2.16
439253	214000	225253	95.00	25804	13967	11837	117.99	2.81
361254	175985	185269	94.99	13182	7284	5898	123.50	2.75
167894	82152	85742	95.81	9739	5651	4088	138.23	2.62
243971	121927	122044	99.90	49185	25995	23190	112.10	2.70
7282	3631	3651	99.45	368	229	139	164.75	3.05
95495	46704	48791	95.72	3965	2197	1768	124.26	3.03
20497	10301	10196	101.03	879	520	359	144.85	2.77

1-1b 续表 2

地 区	户 数			合 计			
	合计	家庭户	集体户	合计	男	女	性别比(女=100)
盐城市	**1024612**	**991364**	**33248**	**2614513**	**1307323**	**1307190**	**100.01**
亭湖区	22766	21322	1444	59977	31091	28886	107.63
盐都区	39223	37813	1410	95956	48345	47611	101.54
大丰区	80112	77747	2365	173570	87877	85693	102.55
响水县	94726	91943	2783	268785	135381	133404	101.48
滨海县	174563	170144	4419	458804	229833	228971	100.38
阜宁县	178386	175419	2967	465096	231422	233674	99.04
射阳县	184767	180052	4715	452678	225305	227373	99.09
建湖县	142851	136374	6477	378759	188576	190183	99.16
盐城经济技术开发区	23928	19544	4384	69071	34612	34459	100.44
江苏省盐南高新区							
东台市	83290	81006	2284	191817	94881	96936	97.88
扬州市	**410094**	**388064**	**22030**	**1123640**	**554835**	**568805**	**97.54**
广陵区	14666	13682	984	41872	21464	20408	105.17
邗江区	20723	19160	1563	58725	29253	29472	99.26
江都区	92107	88416	3691	227975	110581	117394	94.20
宝应县	140093	134574	5519	391839	191375	200464	95.47
扬州经济技术开发区	75922	69623	6299	220598	110954	109644	101.19
蜀冈瘦西湖景区							
生态新城	3998	3846	152	11174	5549	5625	98.65
仪征市	20341	19592	749	55896	28148	27748	101.44
高邮市	42244	39171	3073	115561	57511	58050	99.07
镇江市	**319072**	**296154**	**22918**	**862339**	**445135**	**417204**	**106.69**
京口区	2172	1952	220	4988	2741	2247	121.98
润州区							
丹徒区	27106	22953	4153	92134	49762	42372	117.44
镇江新区	81330	75019	6311	228749	118256	110493	107.03
江苏镇江高新区							
丹阳市	151902	142739	9163	396315	203619	192696	105.67
扬中市	16293	15694	599	42994	21790	21204	102.76
句容市	40269	37797	2472	97159	48967	48192	101.61
泰州市	**420018**	**390516**	**29502**	**1065612**	**541878**	**523734**	**103.46**
海陵区	9627	9346	281	24323	12284	12039	102.04
高港区	15644	14969	675	43555	21951	21604	101.61
姜堰区	42450	41043	1407	95644	47803	47841	99.92
泰州医药高新技术产业开发区	74715	63554	11161	208121	104814	103307	101.46
兴化市	131270	124635	6635	331213	171899	159314	107.90
靖江市	47790	43005	4785	122415	62365	60050	103.86
泰兴市	98522	93964	4558	240341	120762	119579	100.99
宿迁市	**758937**	**725464**	**33473**	**2276268**	**1137764**	**1138504**	**99.94**
宿城区	14549	14235	314	42029	20691	21338	96.97
宿豫区	20833	20251	582	57443	29102	28341	102.69
沭阳县	316041	301507	14534	986247	498668	487579	102.27
泗阳县	170579	162084	8495	510517	253096	257421	98.32
泗洪县	183611	177230	6381	525208	257935	267273	96.51
宿迁经济技术开发区	48037	45075	2962	140638	71048	69590	102.10
宿迁市湖滨新区	5287	5082	205	14186	7224	6962	103.76
苏州宿迁工业园区							
宿迁市洋河新区							

单位：户、人

人口数								平均家庭户规模（人/户）
家庭户				集体户				
小计	男	女	性别比（女=100）	小计	男	女	性别比（女=100）	
2499350	**1241983**	**1257367**	**98.78**	**115163**	**65340**	**49823**	**131.14**	**2.52**
53983	27330	26653	102.54	5994	3761	2233	168.43	2.53
91419	45902	45517	100.85	4537	2443	2094	116.67	2.42
166461	82863	83598	99.12	7109	5014	2095	239.33	2.14
259282	129954	129328	100.48	9503	5427	4076	133.15	2.82
443287	220963	222324	99.39	15517	8870	6647	133.44	2.61
451150	223884	227266	98.51	13946	7538	6408	117.63	2.57
435527	215681	219846	98.11	17151	9624	7527	127.86	2.42
357937	177014	180923	97.84	20822	11562	9260	124.86	2.62
55794	28392	27402	103.61	13277	6220	7057	88.14	2.85
184510	90000	94510	95.23	7307	4881	2426	201.20	2.28
1015536	**494274**	**521262**	**94.82**	**108104**	**60561**	**47543**	**127.38**	**2.62**
36705	18473	18232	101.32	5167	2991	2176	137.45	2.68
53320	26260	27060	97.04	5405	2993	2412	124.09	2.78
211344	101205	110139	91.89	16631	9376	7255	129.24	2.39
365237	176761	188476	93.78	26602	14614	11988	121.91	2.71
184335	90559	93776	96.57	36263	20395	15868	128.53	2.65
10651	5206	5445	95.61	523	343	180	190.56	2.77
52291	25956	26335	98.56	3605	2192	1413	155.13	2.67
101653	49854	51799	96.25	13908	7657	6251	122.49	2.60
744053	**376559**	**367494**	**102.47**	**118286**	**68576**	**49710**	**137.95**	**2.51**
4478	2332	2146	108.67	510	409	101	404.95	2.29
57726	28953	28773	100.63	34408	20809	13599	153.02	2.51
194642	97284	97358	99.92	34107	20972	13135	159.67	2.59
360602	184550	176052	104.83	35713	19069	16644	114.57	2.53
40448	20240	20208	100.16	2546	1550	996	155.62	2.58
86157	43200	42957	100.57	11002	5767	5235	110.16	2.28
962319	**482829**	**479490**	**100.70**	**103293**	**59049**	**44244**	**133.46**	**2.46**
23431	11686	11745	99.50	892	598	294	203.40	2.51
41612	20650	20962	98.51	1943	1301	642	202.65	2.78
90974	45092	45882	98.28	4670	2711	1959	138.39	2.22
179044	88705	90339	98.19	29077	16109	12968	124.22	2.82
297474	153441	144033	106.53	33739	18458	15281	120.79	2.39
107312	53436	53876	99.18	15103	8929	6174	144.62	2.50
222472	109819	112653	97.48	17869	10943	6926	158.00	2.37
2150132	**1067904**	**1082228**	**98.68**	**126136**	**69860**	**56276**	**124.14**	**2.96**
41109	20231	20878	96.90	920	460	460	100.00	2.89
55821	28124	27697	101.54	1622	978	644	151.86	2.76
928236	466810	461426	101.17	58011	31858	26153	121.81	3.08
480672	236598	244074	96.94	29845	16498	13347	123.61	2.97
498856	243218	255638	95.14	26352	14717	11635	126.49	2.81
131719	65937	65782	100.24	8919	5111	3808	134.22	2.92
13719	6986	6733	103.76	467	238	229	103.93	2.70

1-1c 各地区户数、

地区	户数						
				合计			
	合计	家庭户	集体户	合计	男	女	性别比(女=100)
江　苏	**8791054**	**8573093**	**217961**	**22505633**	**11510786**	**10994847**	**104.69**
南京市	**479537**	**445349**	**34188**	**1229444**	**641078**	**588366**	**108.96**
玄武区							
秦淮区							
建邺区							
鼓楼区							
浦口区	31814	30485	1329	77354	39715	37639	105.52
栖霞区	23192	21166	2026	62208	32733	29475	111.05
雨花台区							
江宁区	155659	134503	21156	422658	226932	195726	115.94
六合区	114989	111639	3350	291016	147573	143443	102.88
溧水区	70754	66759	3995	168506	86323	82183	105.04
高淳区	74267	73371	896	186576	96147	90429	106.32
南京江北新区	8862	7426	1436	21126	11655	9471	123.06
无锡市	**516982**	**487832**	**29150**	**1283927**	**676695**	**607232**	**111.44**
锡山区	43131	41521	1610	113320	59548	53772	110.74
惠山区	82200	77179	5021	204850	109506	95344	114.85
滨湖区	16335	14808	1527	43568	23365	20203	115.65
梁溪区							
新吴区	32281	22347	9934	78112	44395	33717	131.67
江苏无锡经济开发区							
江阴市	177284	170045	7239	448163	235402	212761	110.64
宜兴市	165751	161932	3819	395914	204479	191435	106.81
徐州市	**1115224**	**1112113**	**3111**	**3121902**	**1583308**	**1538594**	**102.91**
鼓楼区							
云龙区							
贾汪区	64336	64174	162	183388	94860	88528	107.15
泉山区							
铜山区	180785	180032	753	506727	259397	247330	104.88
丰县	166467	166311	156	430439	215218	215221	100.00
沛县	157606	157155	451	442065	222019	220046	100.90
睢宁县	166750	166035	715	473976	240736	233240	103.21
徐州经济技术开发区	17747	17725	22	53548	27560	25988	106.05
新沂市	146203	145977	226	420011	213498	206513	103.38
邳州市	215330	214704	626	611748	310020	301728	102.75
常州市	**490031**	**477142**	**12889**	**1210265**	**630640**	**579625**	**108.80**
天宁区	21653	21535	118	59176	30680	28496	107.66
钟楼区	16953	14609	2344	43425	23778	19647	121.03
新北区	41959	41487	472	112496	58113	54383	106.86
武进区	134375	130300	4075	359848	189384	170464	111.10
金坛区	91097	87985	3112	200047	103226	96821	106.62
江苏省常州市经济开发区	57918	56777	1141	145688	78573	67115	117.07
溧阳市	126076	124449	1627	289585	146886	142699	102.93

人口数和性别比(乡村)

单位：户、人

人口数								平均家庭户规模（人/户）
家庭户				集体户				
小计	男	女	性别比（女=100）	小计	男	女	性别比（女=100）	
21710263	**10988283**	**10721980**	**102.48**	**795370**	**522503**	**272867**	**191.49**	**2.53**
1107775	**563134**	**544641**	**103.40**	**121669**	**77944**	**43725**	**178.26**	**2.49**
72969	37171	35798	103.84	4385	2544	1841	138.19	2.39
54253	27274	26979	101.09	7955	5459	2496	218.71	2.56
343007	174822	168185	103.95	79651	52110	27541	189.21	2.55
281728	141732	139996	101.24	9288	5841	3447	169.45	2.52
155799	80092	75707	105.79	12707	6231	6476	96.22	2.33
182978	93335	89643	104.12	3598	2812	786	357.76	2.49
17041	8708	8333	104.50	4085	2947	1138	258.96	2.29
1199542	**620471**	**579071**	**107.15**	**84385**	**56224**	**28161**	**199.65**	**2.46**
109127	56640	52487	107.91	4193	2908	1285	226.30	2.63
190049	100785	89264	112.91	14801	8721	6080	143.44	2.46
38884	20087	18797	106.86	4684	3278	1406	233.14	2.63
53217	27751	25466	108.97	24895	16644	8251	201.72	2.38
426757	221692	205065	108.11	21406	13710	7696	178.14	2.51
381508	193516	187992	102.94	14406	10963	3443	318.41	2.36
3108277	**1575436**	**1532841**	**102.78**	**13625**	**7872**	**5753**	**136.83**	**2.79**
181984	93980	88004	106.79	1404	880	524	167.94	2.84
503976	257688	246288	104.63	2751	1709	1042	164.01	2.80
429512	214650	214862	99.90	927	568	359	158.22	2.58
440391	221065	219326	100.79	1674	954	720	132.50	2.80
470986	239059	231927	103.08	2990	1677	1313	127.72	2.84
53361	27424	25937	105.73	187	136	51	266.67	3.01
418934	212929	206005	103.36	1077	569	508	112.01	2.87
609133	308641	300492	102.71	2615	1379	1236	111.57	2.84
1162495	**596287**	**566208**	**105.31**	**47770**	**34353**	**13417**	**256.04**	**2.44**
58415	30164	28251	106.77	761	516	245	210.61	2.71
35998	18822	17176	109.58	7427	4956	2471	200.57	2.46
110912	56874	54038	105.25	1584	1239	345	359.13	2.67
343608	177842	165766	107.28	16240	11542	4698	245.68	2.64
189987	95953	94034	102.04	10060	7273	2787	260.96	2.16
140588	74810	65778	113.73	5100	3763	1337	281.45	2.48
282987	141822	141165	100.47	6598	5064	1534	330.12	2.27

1-1c 续表 1

地区	户数			合计			
	合计	家庭户	集体户	合计	男	女	性别比(女=100)
苏州市	**901540**	**820648**	**80892**	**2329889**	**1246436**	**1083453**	**115.04**
虎丘区	26406	23063	3343	68893	37219	31674	117.51
吴中区	117237	108378	8859	318222	169948	148274	114.62
相城区	20104	16556	3548	51681	29131	22550	129.18
姑苏区							
吴江区	142900	133744	9156	383871	201256	182615	110.21
苏州工业园区							
常熟市	156374	143436	12938	446451	232375	214076	108.55
张家港市	156355	149732	6623	376151	197899	178252	111.02
昆山市	188211	157783	30428	440337	246810	193527	127.53
太仓市	93953	87956	5997	244283	131798	112485	117.17
南通市	**961132**	**947245**	**13887**	**2283703**	**1105459**	**1178244**	**93.82**
崇川区							
港闸区	1330	1170	160	3633	2128	1505	141.40
通州区	136398	132489	3909	350111	170454	179657	94.88
如东县	148705	147153	1552	365585	177560	188025	94.43
南通经济技术开发区							
通州湾示范区	25844	25665	179	50441	23434	27007	86.77
苏锡通科技产业园区	20348	19754	594	47240	23749	23491	101.10
启东市	196036	193831	2205	387156	185783	201373	92.26
如皋市	168453	167256	1197	476569	231124	245445	94.17
海门市	150717	147601	3116	329799	156677	173122	90.50
海安市	113301	112326	975	273169	134550	138619	97.06
连云港市	**611521**	**610010**	**1511**	**1769795**	**902102**	**867693**	**103.97**
连云区	1008	923	85	2724	1523	1201	126.81
海州区	28876	28815	61	94029	48498	45531	106.52
赣榆区	162941	162697	244	434615	218628	215987	101.22
东海县	181621	181392	229	540368	273934	266434	102.81
灌云县	124815	124624	191	366539	188801	177738	106.22
灌南县	99321	98779	542	288525	148560	139965	106.14
连云港经济技术开发区	5825	5760	65	18933	9699	9234	105.04
连云港高新技术产业开发区							
江苏连云港徐圩新区	356	285	71	1168	677	491	137.88
江苏省连云港市云台山风景名胜区	6758	6735	23	22894	11782	11112	106.03
淮安市	**607235**	**603417**	**3818**	**1564007**	**799731**	**764276**	**104.64**
淮安区	138743	138280	463	357612	182369	175243	104.07
淮阴区	114594	113919	675	317407	163645	153762	106.43
清江浦区	17893	17695	198	54526	28000	26526	105.56
洪泽区	48093	47763	330	114611	57551	57060	100.86
涟水县	138225	137592	633	364642	187100	177542	105.38
盱眙县	93504	92946	558	232775	119154	113621	104.87
金湖县	52539	51701	838	111823	56530	55293	102.24
淮安经济技术开发区							
工业园区	2731	2608	123	8423	4271	4152	102.87
生态文旅区							
苏淮高新区	913	913		2188	1111	1077	103.16

单位：户、人

人口数								平均家庭户规模（人/户）
家庭户				集体户				
小计	男	女	性别比（女=100）	小计	男	女	性别比（女=100）	
2086128	**1080423**	**1005705**	**107.43**	**243761**	**166013**	**77748**	**213.53**	**2.54**
60199	30925	29274	105.64	8694	6294	2400	262.25	2.61
283561	147109	136452	107.81	34661	22839	11822	193.19	2.62
41370	21384	19986	106.99	10311	7747	2564	302.15	2.50
355394	183084	172310	106.25	28477	18172	10305	176.34	2.66
401743	203331	198412	102.48	44708	29044	15664	185.42	2.80
356686	185260	171426	108.07	19465	12639	6826	185.16	2.38
361175	190977	170198	112.21	79162	55833	23329	239.33	2.29
226000	118353	107647	109.95	18283	13445	4838	277.90	2.57
2204333	**1055701**	**1148632**	**91.91**	**79370**	**49758**	**29612**	**168.03**	**2.33**
2816	1488	1328	112.05	817	640	177	361.58	2.41
330840	157964	172876	91.37	19271	12490	6781	184.19	2.50
356702	171839	184863	92.95	8883	5721	3162	180.93	2.42
49999	23164	26835	86.32	442	270	172	156.98	1.95
45329	22423	22906	97.89	1911	1326	585	226.67	2.29
375610	177946	197664	90.02	11546	7837	3709	211.30	1.94
471620	227921	243699	93.53	4949	3203	1746	183.45	2.82
304002	142153	161849	87.83	25797	14524	11273	128.84	2.06
267415	130803	136612	95.75	5754	3747	2007	186.70	2.38
1762939	**897819**	**865120**	**103.78**	**6856**	**4283**	**2573**	**166.46**	**2.89**
2406	1239	1167	106.17	318	284	34	835.29	2.61
93840	48377	45463	106.41	189	121	68	177.94	3.26
433741	218188	215553	101.22	874	440	434	101.38	2.67
539371	273379	265992	102.78	997	555	442	125.57	2.97
365380	187969	177411	105.95	1159	832	327	254.43	2.93
285839	147008	138831	105.89	2686	1552	1134	136.86	2.89
18661	9503	9158	103.77	272	196	76	257.89	3.24
905	445	460	96.74	263	232	31	748.39	3.18
22796	11711	11085	105.65	98	71	27	262.96	3.38
1548477	**789846**	**758631**	**104.11**	**15530**	**9885**	**5645**	**175.11**	**2.57**
355721	181124	174597	103.74	1891	1245	646	192.72	2.57
314453	161897	152556	106.12	2954	1748	1206	144.94	2.76
53685	27476	26209	104.83	841	524	317	165.30	3.03
113453	56839	56614	100.40	1158	712	446	159.64	2.38
362154	185423	176731	104.92	2488	1677	811	206.78	2.63
230427	117705	112722	104.42	2348	1449	899	161.18	2.48
108842	54518	54324	100.36	2981	2012	969	207.64	2.11
7554	3753	3801	98.74	869	518	351	147.58	2.90
2188	1111	1077	103.16					2.40

1-1c 续表 2

地区	户数						
				合计			
	合计	家庭户	集体户	合计	男	女	性别比(女=100)
盐城市	**1027106**	**1019337**	**7769**	**2407973**	**1224725**	**1183248**	**103.51**
亭湖区	37956	37843	113	95203	48728	46475	104.85
盐都区	114613	112697	1916	256339	131246	125093	104.92
大丰区	110820	108424	2396	246106	124455	121651	102.30
响水县	70347	70139	208	190371	98473	91898	107.15
滨海县	142163	141787	376	361280	186634	174646	106.86
阜宁县	135191	135003	188	328940	169064	159876	105.75
射阳县	131293	130516	777	306725	156161	150564	103.72
建湖县	110326	109234	1092	230587	117223	113364	103.40
盐城经济技术开发区	11041	10693	348	28574	14581	13993	104.20
江苏省盐南高新区							
东台市	163356	163001	355	363848	178160	185688	95.95
扬州市	**531147**	**521051**	**10096**	**1320893**	**666219**	**654674**	**101.76**
广陵区	27088	25991	1097	76379	41080	35299	116.38
邗江区	31539	30987	552	92028	45941	46087	99.68
江都区	146333	143251	3082	364114	181095	183019	98.95
宝应县	127175	125671	1504	290380	146339	144041	101.60
扬州经济技术开发区	7091	6970	121	18187	9208	8979	102.55
蜀冈瘦西湖景区							
生态新城	5793	5637	156	17473	8615	8858	97.26
仪征市	66058	64946	1112	175576	89382	86194	103.70
高邮市	120070	117598	2472	286756	144559	142197	101.66
镇江市	**263614**	**254747**	**8867**	**659591**	**338935**	**320656**	**105.70**
京口区	2607	2564	43	6865	3518	3347	105.11
润州区	411	342	69	914	531	383	138.64
丹徒区	37537	36452	1085	100134	51269	48865	104.92
镇江新区	13355	12061	1294	35064	18029	17035	105.84
江苏镇江高新区							
丹阳市	77775	75963	1812	196316	100696	95620	105.31
扬中市	34707	33164	1543	94028	48089	45939	104.68
句容市	97222	94201	3021	226270	116803	109467	106.70
泰州市	**633813**	**626766**	**7047**	**1441583**	**731667**	**709916**	**103.06**
海陵区	17750	17608	142	43834	22071	21763	101.42
高港区	30724	30315	409	78662	40040	38622	103.67
姜堰区	109579	108827	752	241312	120661	120651	100.01
泰州医药高新技术产业开发区	5207	5068	139	14570	7234	7336	98.61
兴化市	220135	218575	1560	478355	244484	233871	104.54
靖江市	89580	87247	2333	209438	108463	100975	107.42
泰兴市	160838	159126	1712	375412	188714	186698	101.08
宿迁市	**652172**	**647436**	**4736**	**1882661**	**963791**	**918870**	**104.89**
宿城区	80267	79565	702	231196	118429	112767	105.02
宿豫区	55926	55538	388	146904	75634	71270	106.12
沭阳县	222364	221389	975	688731	353786	334945	105.63
泗阳县	113050	112149	901	319045	161879	157166	103.00
泗洪县	124011	123033	978	333532	170740	162792	104.88
宿迁经济技术开发区	15645	15163	482	48607	25020	23587	106.08
宿迁市湖滨新区	18497	18289	208	51632	26767	24865	107.65
苏州宿迁工业园区							
宿迁市洋河新区	22412	22310	102	63014	31536	31478	100.18

单位：户、人

人口数								平均家庭户规模（人/户）
家庭户				集体户				
小计	男	女	性别比（女=100）	小计	男	女	性别比（女=100）	
2380925	**1206859**	**1174066**	**102.79**	**27048**	**17866**	**9182**	**194.58**	**2.34**
94611	48359	46252	104.56	592	369	223	165.47	2.50
250680	127842	122838	104.07	5659	3404	2255	150.95	2.22
238346	118967	119379	99.65	7760	5488	2272	241.55	2.20
189724	98086	91638	107.04	647	387	260	148.85	2.70
359425	185286	174139	106.40	1855	1348	507	265.88	2.53
328166	168559	159607	105.61	774	505	269	187.73	2.43
303569	153970	149599	102.92	3156	2191	965	227.05	2.33
227212	115287	111925	103.00	3375	1936	1439	134.54	2.08
27708	14030	13678	102.57	866	551	315	174.92	2.59
361484	176473	185011	95.39	2364	1687	677	249.19	2.22
1260472	**628700**	**631772**	**99.51**	**60421**	**37519**	**22902**	**163.82**	**2.42**
67474	34314	33160	103.48	8905	6766	2139	316.32	2.60
90029	44815	45214	99.12	1999	1126	873	128.98	2.91
344430	169210	175220	96.57	19684	11885	7799	152.39	2.40
283560	142542	141018	101.08	6820	3797	3023	125.60	2.26
17060	8489	8571	99.04	1127	719	408	176.23	2.45
16628	8155	8473	96.25	845	460	385	119.48	2.95
166830	83749	83081	100.80	8746	5633	3113	180.95	2.57
274461	137426	137035	100.29	12295	7133	5162	138.18	2.33
606693	**305567**	**301126**	**101.47**	**52898**	**33368**	**19530**	**170.86**	**2.38**
6625	3356	3269	102.66	240	162	78	207.69	2.58
723	384	339	113.27	191	147	44	334.09	2.11
89387	44989	44398	101.33	10747	6280	4467	140.59	2.45
29055	14623	14432	101.32	6009	3406	2603	130.85	2.41
184683	93671	91012	102.92	11633	7025	4608	152.45	2.43
86716	43202	43514	99.28	7312	4887	2425	201.53	2.61
209504	105342	104162	101.13	16766	11461	5305	216.04	2.22
1415989	**714106**	**701883**	**101.74**	**25594**	**17561**	**8033**	**218.61**	**2.26**
43271	21666	21605	100.28	563	405	158	256.33	2.46
76038	38089	37949	100.37	2624	1951	673	289.90	2.51
238435	118923	119512	99.51	2877	1738	1139	152.59	2.19
14200	7032	7168	98.10	370	202	168	120.24	2.80
471890	240789	231101	104.19	6465	3695	2770	133.39	2.16
202999	103480	99519	103.98	6439	4983	1456	342.24	2.33
369156	184127	185029	99.51	6256	4587	1669	274.84	2.32
1866218	**953934**	**912284**	**104.57**	**16443**	**9857**	**6586**	**149.67**	**2.88**
228153	116255	111898	103.89	3043	2174	869	250.17	2.87
145434	74669	70765	105.52	1470	965	505	191.09	2.62
684960	351615	333345	105.48	3771	2171	1600	135.69	3.09
316509	160523	155986	102.91	2536	1356	1180	114.92	2.82
330316	168954	161362	104.70	3216	1786	1430	124.90	2.68
47231	24213	23018	105.19	1376	807	569	141.83	3.11
50951	26368	24583	107.26	681	399	282	141.49	2.79
62664	31337	31327	100.03	350	199	151	131.79	2.81

1-2 各地区分性别、

地 区	人口数			居住本乡、镇、街道，户口在本乡、镇、街道		
	合计	男	女	小计	男	女
江 苏	**84748016**	**43031586**	**41716430**	**54425819**	**27053201**	**27372618**
南京市	**9314685**	**4754686**	**4559999**	**4853290**	**2409622**	**2443668**
玄武区	537825	268349	269476	273251	133326	139925
秦淮区	740809	364643	376166	388925	188295	200630
建邺区	534257	268724	265533	244803	118997	125806
鼓楼区	940387	456009	484378	543478	263990	279488
浦口区	401334	203998	197336	244548	122122	122426
栖霞区	987835	511258	476577	395030	196170	198860
雨花台区	608780	317394	291386	217012	107162	109850
江宁区	1926117	1003459	922658	937888	469642	468246
六合区	632961	317157	315804	463832	230953	232879
溧水区	491336	256342	234994	300000	151566	148434
高淳区	429173	219259	209914	342203	173668	168535
南京江北新区	1083871	568094	515777	502320	253731	248589
无锡市	**7462135**	**3848880**	**3613255**	**3991076**	**1969070**	**2022006**
锡山区	882387	466374	416013	405060	198115	206945
惠山区	893675	469028	424647	435832	215517	220315
滨湖区	592984	303632	289352	289588	141119	148469
梁溪区	985465	492411	493054	524554	256079	268475
新吴区	720215	376522	343693	325937	160008	165929
江苏无锡经济开发区	322109	165763	156346	155881	76555	79326
江阴市	1779515	920161	859354	1069446	530517	538929
宜兴市	1285785	654989	630796	784778	391160	393618
徐州市	**9083790**	**4579072**	**4504718**	**7061426**	**3582379**	**3479047**
鼓楼区	425143	214039	211104	216558	108144	108414
云龙区	471566	234338	237228	257880	127728	130152
贾汪区	453555	232962	220593	372607	193203	179404
泉山区	619784	303753	316031	368851	180974	187877
铜山区	1237760	629445	608315	1000907	513409	487498
丰县	935200	468942	466258	790780	397346	393434
沛县	1038337	521117	517220	855093	431700	423393
睢宁县	1088553	547412	541141	878221	447890	430331
徐州经济技术开发区	381407	196041	185366	238352	121496	116856
新沂市	969922	490412	479510	824380	421089	403291
邳州市	1462563	740611	721952	1257797	639400	618397
常州市	**5278121**	**2711786**	**2566335**	**2828392**	**1384932**	**1443460**
天宁区	668906	334241	334665	340146	164353	175793
钟楼区	658537	334349	324188	310245	149685	160560
新北区	883125	451504	431621	489226	238963	250263
武进区	1277487	668779	608708	600727	293145	307582
金坛区	585081	296106	288975	345642	170671	174971
江苏省常州市经济开发区	419893	222613	197280	179813	87675	92138
溧阳市	785092	404194	380898	562593	280440	282153

户口登记状况的人口

单位：人

居住本乡、镇、街道，户口在外乡、镇、街道，离开户口登记地半年以上			居住本乡、镇、街道，户口待定			原住本乡、镇、街道，现在港澳台或国外工作学习		
小计	男	女	小计	男	女	小计	男	女
29979948	**15793646**	**14186302**	**189316**	**95576**	**93740**	**152933**	**89163**	**63770**
4409031	**2319486**	**2089545**	**17454**	**9489**	**7965**	**34910**	**16089**	**18821**
257471	131747	125724	446	264	182	6657	3012	3645
343142	172314	170828	886	517	369	7856	3517	4339
285901	147992	137909	993	547	446	2560	1188	1372
386020	186949	199071	1066	616	450	9823	4454	5369
155104	81144	73960	1414	611	803	268	121	147
589090	313215	275875	2082	1125	957	1633	748	885
389352	209005	180347	1354	695	659	1062	532	530
982415	530663	451752	4128	2339	1789	1686	815	871
167475	85357	82118	1054	532	522	600	315	285
190160	104170	85990	820	412	408	356	194	162
86118	45110	41008	542	300	242	310	181	129
576783	311820	264963	2669	1531	1138	2099	1012	1087
3441700	**1865348**	**1576352**	**16787**	**8530**	**8257**	**12572**	**5932**	**6640**
474502	266863	207639	1933	982	951	892	414	478
454981	252089	202892	2052	1032	1020	810	390	420
300362	161008	139354	980	550	430	2054	955	1099
454365	233166	221199	2565	1316	1249	3981	1850	2131
391706	215262	176444	1835	947	888	737	305	432
164854	88537	76317	740	385	355	634	286	348
703747	386427	317320	4081	2058	2023	2241	1159	1082
497183	261996	235187	2601	1260	1341	1223	573	650
1997139	**983542**	**1013597**	**18263**	**8747**	**9516**	**6962**	**4404**	**2558**
206854	105035	101819	1336	669	667	395	191	204
212360	105951	106409	743	397	346	583	262	321
79870	39259	40611	920	372	548	158	128	30
248180	121398	126782	952	515	437	1801	866	935
234200	114608	119592	1968	909	1059	685	519	166
142502	70477	72025	1094	476	618	824	643	181
181180	88220	92960	1266	585	681	798	612	186
206845	97709	109136	2820	1348	1472	667	465	202
142184	74125	68059	719	335	384	152	85	67
143011	68001	75010	2143	1058	1085	388	264	124
199953	98759	101194	4302	2083	2219	511	369	142
2429433	**1316363**	**1113070**	**11168**	**5874**	**5294**	**9128**	**4617**	**4511**
325569	168321	157248	853	476	377	2338	1091	1247
344934	183085	161849	1452	696	756	1906	883	1023
390877	211015	179862	1861	997	864	1161	529	632
673250	373789	299461	2561	1360	1201	949	485	464
236137	123525	112612	1880	1044	836	1422	866	556
238149	133988	104161	1488	749	739	443	201	242
220517	122640	97877	1073	552	521	909	562	347

1-2 续表 1

地　　区	人　口　数			居住本乡、镇、街道，户口在本乡、镇、街道		
	合计	男	女	小计	男	女
苏州市	**12748262**	**6657110**	**6091152**	**5993546**	**2926812**	**3066734**
虎丘区	832499	436545	395954	360751	176178	184573
吴中区	1388972	727815	661157	615030	300466	314564
相城区	891055	472592	418463	385698	189689	196009
姑苏区	924083	456751	467332	500301	243047	257254
吴江区	1545023	813616	731407	770439	379378	391061
苏州工业园区	1133927	587651	546276	480884	234958	245926
常熟市	1677050	872242	804808	846735	412908	433827
张家港市	1432044	738317	693727	739595	363508	376087
昆山市	2092496	1113706	978790	864057	418646	445411
太仓市	831113	437875	393238	430056	208034	222022
南通市	**7726635**	**3805559**	**3921076**	**5529939**	**2633749**	**2896190**
崇川区	780564	385333	395231	365851	176397	189454
港闸区	403176	205546	197630	157770	75652	82118
通州区	1106601	543734	562867	809349	383118	426231
如东县	875178	426829	448349	743032	356306	386726
南通经济技术开发区	307213	163194	144019	115821	56135	59686
通州湾示范区	91846	44604	47242	74412	34378	40034
苏锡通科技产业园区	90180	47335	42845	52574	25403	27171
启东市	967313	467719	499594	759230	354954	404276
如皋市	1238448	602131	636317	1082702	522694	560008
海门市	991782	484870	506912	679493	317231	362262
海安市	874334	434264	440070	689705	331481	358224
连云港市	**4599360**	**2335249**	**2264111**	**3739503**	**1895121**	**1844382**
连云区	160390	84274	76116	93177	46813	46364
海州区	717281	359535	357746	517102	258699	258403
赣榆区	1003844	507417	496427	898955	454057	444898
东海县	1047357	529864	517493	898749	453580	445169
灌云县	725047	371355	353692	628421	322955	305466
灌南县	612345	312365	299980	524353	268227	256126
连云港经济技术开发区	90248	46427	43821	54427	27955	26472
连云港高新技术产业开发区	171202	84173	87029	69315	34252	35063
江苏连云港徐圩新区	42124	24618	17506	28650	14704	13946
江苏省连云港市云台山风景名胜区	29522	15221	14301	26354	13879	12475
淮安市	**4556230**	**2278713**	**2277517**	**3407709**	**1713738**	**1693971**
淮安区	785272	394371	390901	622728	314865	307863
淮阴区	748791	378611	370180	602325	306988	295337
清江浦区	578451	285281	293170	368812	182522	186290
洪泽区	285097	141741	143356	207463	103939	103524
涟水县	829699	415067	414632	686376	344921	341455
盱眙县	607211	302423	304788	458099	230979	227120
金湖县	289456	144333	145123	195718	97212	98506
淮安经济技术开发区	293156	147922	145234	163672	81402	82270
工业园区	16073	8131	7942	14290	7101	7189
生态文旅区	99460	48901	50559	68997	34188	34809
苏淮高新区	23564	11932	11632	19229	9621	9608

单位：人

居住本乡、镇、街道，户口在外乡、镇、街道，离开户口登记地半年以上			居住本乡、镇、街道，户口待定			原住本乡、镇、街道，现在港澳台或国外工作学习		
小计	男	女	小计	男	女	小计	男	女
6705065	**3705460**	**2999605**	**36141**	**18717**	**17424**	**13510**	**6121**	**7389**
469519	259274	210245	1490	773	717	739	320	419
768674	424579	344095	4754	2518	2236	514	252	262
502552	281462	221090	2509	1308	1201	296	133	163
417307	210779	206528	1680	835	845	4795	2090	2705
769407	431572	337835	4747	2459	2288	430	207	223
648573	350470	298103	2588	1365	1223	1882	858	1024
826054	457194	368860	2449	1252	1197	1812	888	924
686721	371955	314766	4241	2167	2074	1487	687	800
1218976	690259	528717	8592	4416	4176	871	385	486
397282	227916	169366	3091	1624	1467	684	301	383
2160554	**1148965**	**1011589**	**11690**	**5897**	**5793**	**24452**	**16948**	**7504**
410884	207091	203793	2090	1037	1053	1739	808	931
244408	129370	115038	895	473	422	103	51	52
292814	157896	134918	1580	792	788	2858	1928	930
129262	68747	60515	788	360	428	2096	1416	680
190710	106699	84011	481	251	230	201	109	92
17051	9985	7066	81	33	48	302	208	94
37198	21712	15486	272	133	139	136	87	49
204681	110603	94078	1221	640	581	2181	1522	659
150191	76253	73938	2158	1073	1085	3397	2111	1286
306550	163380	143170	1283	667	616	4456	3592	864
176805	97229	79576	841	438	403	6983	5116	1867
827284	**419529**	**407755**	**14702**	**7143**	**7559**	**17871**	**13456**	**4415**
66533	37115	29418	390	199	191	290	147	143
197131	99207	97924	1888	978	910	1160	651	509
97470	48091	49379	3327	1555	1772	4092	3714	378
133088	66016	67072	4437	2099	2338	11083	8169	2914
93891	47007	46884	2262	1075	1187	473	318	155
86148	43160	42988	1556	788	768	288	190	98
35427	18261	17166	317	177	140	77	34	43
101154	49545	51609	474	244	230	259	132	127
13351	9826	3525	21	17	4	102	71	31
3091	1301	1790	30	11	19	47	30	17
1133357	**556693**	**576664**	**11129**	**5342**	**5787**	**4035**	**2940**	**1095**
158605	77064	81541	2238	1041	1197	1701	1401	300
144016	70255	73761	1928	932	996	522	436	86
207471	101591	105880	1667	897	770	501	271	230
77240	37601	39639	222	100	122	172	101	71
141373	69213	72160	1471	626	845	479	307	172
147203	70536	76667	1609	716	893	300	192	108
93250	46831	46419	283	152	131	205	138	67
128002	65755	62247	1424	728	696	58	37	21
1753	1014	739	18	10	8	12	6	6
30167	14554	15613	228	118	110	68	41	27
4277	2279	1998	41	22	19	17	10	7

1-2 续表 2

地区	人口数			居住本乡、镇、街道，户口在本乡、镇、街道		
	合计	男	女	小计	男	女
盐城市	**6709629**	**3379832**	**3329797**	**5140543**	**2596585**	**2543958**
亭湖区	684239	347502	336737	464888	235189	229699
盐都区	614128	312584	301544	434936	221591	213345
大丰区	645603	323856	321747	495808	246451	249357
响水县	459156	233854	225302	348855	179995	168860
滨海县	820084	416467	403617	680618	348394	332224
阜宁县	794036	400486	393550	653709	332151	321558
射阳县	759403	381466	377937	601881	304152	297729
建湖县	609346	305799	303547	436417	221056	215361
盐城经济技术开发区	103004	51964	51040	72943	37062	35881
江苏省盐南高新区	332220	165516	166704	186224	94513	91711
东台市	888410	440338	448072	764264	376031	388233
扬州市	**4559797**	**2270783**	**2289014**	**3107998**	**1526422**	**1581576**
广陵区	542314	277841	264473	301418	147812	153606
邗江区	726906	359928	366978	402647	197012	205635
江都区	926577	453833	472744	706689	341693	364996
宝应县	682219	337714	344505	525567	260465	265102
扬州经济技术开发区	238785	120162	118623	121028	58984	62044
蜀冈瘦西湖景区	134507	66652	67855	74226	36147	38079
生态新城	66346	33740	32606	46475	22800	23675
仪征市	532571	269029	263542	398108	198006	200102
高邮市	709572	351884	357688	531840	263503	268337
镇江市	**3210418**	**1631648**	**1578770**	**1842538**	**915708**	**926830**
京口区	355757	179757	176000	171791	85702	86089
润州区	239892	119705	120187	113500	56390	57110
丹徒区	347264	179918	167346	203927	101425	102502
镇江新区	263813	136285	127528	118250	59043	59207
江苏镇江高新区	60064	31011	29053	22132	10843	11289
丹阳市	988900	501587	487313	591748	294053	297695
扬中市	315462	159696	155766	219778	107876	111902
句容市	639266	323689	315577	401412	200376	201036
泰州市	**4512762**	**2261512**	**2251250**	**3193724**	**1593672**	**1600052**
海陵区	577016	283991	293025	317728	157148	160580
高港区	258590	129532	129058	183337	90691	92646
姜堰区	668408	329347	339061	476918	235413	241505
泰州医药高新技术产业开发区	222691	112048	110643	114267	56742	57525
兴化市	1128204	577484	550720	914359	468271	446088
靖江市	663408	333229	330179	406707	200755	205952
泰兴市	994445	495881	498564	780408	384652	395756
宿迁市	**4986192**	**2516756**	**2469436**	**3736135**	**1905391**	**1830744**
宿城区	663947	333044	330903	496423	251331	245092
宿豫区	444947	225630	219317	315699	160510	155189
沭阳县	1674978	852454	822524	1334530	687894	646636
泗阳县	829562	414975	414587	629727	318654	311073
泗洪县	858740	428675	430065	578042	294104	283938
宿迁经济技术开发区	189245	96068	93177	122204	61496	60708
宿迁市湖滨新区	143573	75338	68235	108304	56114	52190
苏州宿迁工业园区	29991	14833	15158	14632	6639	7993
宿迁市洋河新区	151209	75739	75470	136574	68649	67925

单位：人

居住本乡、镇、街道，户口在外乡、镇、街道，离开户口登记地半年以上			居住本乡、镇、街道，户口待定			原住本乡、镇、街道，现在港澳台或国外工作学习		
小计	男	女	小计	男	女	小计	男	女
1550651	**773558**	**777093**	**12195**	**5694**	**6501**	**6240**	**3995**	**2245**
216978	111112	105866	2145	1074	1071	228	127	101
177988	90273	87715	695	370	325	509	350	159
147935	76405	71530	1393	746	647	467	254	213
109130	53225	55905	837	407	430	334	227	107
137230	66950	70280	1655	764	891	581	359	222
138690	67435	71255	848	382	466	789	518	271
155292	76138	79154	1139	495	644	1091	681	410
171619	83912	87707	579	270	309	731	561	170
29280	14718	14562	736	158	578	45	26	19
145141	70546	74595	676	364	312	179	93	86
121368	62844	58524	1492	664	828	1286	799	487
1433750	**733932**	**699818**	**9621**	**4901**	**4720**	**8428**	**5528**	**2900**
239223	129203	110020	991	502	489	682	324	358
321044	161188	159856	2145	1137	1008	1070	591	479
215943	109466	106477	812	408	404	3133	2266	867
153963	75483	78480	1371	665	706	1318	1101	217
116413	60490	55923	904	464	440	440	224	216
59565	30152	29413	366	178	188	350	175	175
19625	10786	8839	186	110	76	60	44	16
132201	69800	62401	1362	672	690	900	551	349
175773	87364	88409	1484	765	719	475	252	223
1352182	**707738**	**644444**	**11905**	**6335**	**5570**	**3793**	**1867**	**1926**
181996	93092	88904	909	458	451	1061	505	556
123552	61903	61649	2480	1238	1242	360	174	186
142040	77803	64237	867	458	409	430	232	198
143299	75972	67327	2133	1208	925	131	62	69
37752	20059	17693	157	101	56	23	8	15
393867	205900	187967	2140	1091	1049	1145	543	602
94757	51342	43415	712	374	338	215	104	111
234919	121667	113252	2507	1407	1100	428	239	189
1304926	**659314**	**645612**	**5758**	**2871**	**2887**	**8354**	**5655**	**2699**
256952	125450	131502	922	444	478	1414	949	465
74251	38262	35989	520	228	292	482	351	131
188691	92067	96624	640	300	340	2159	1567	592
107468	54664	52804	500	302	198	456	340	116
212073	108270	103803	1175	582	593	597	361	236
254658	131393	123265	994	522	472	1049	559	490
210833	109208	101625	1007	493	514	2197	1528	669
1234876	**603718**	**631158**	**12503**	**6036**	**6467**	**2678**	**1611**	**1067**
165696	80825	84871	1436	651	785	392	237	155
128173	64559	63614	871	425	446	204	136	68
334835	161661	173174	4802	2402	2400	811	497	314
198208	95507	102701	1004	455	549	623	359	264
277131	132827	144304	3128	1487	1641	439	257	182
66504	34318	32186	459	210	249	78	44	34
34915	19033	15882	314	165	149	40	26	14
15081	8049	7032	273	142	131	5	3	2
14333	6939	7394	216	99	117	86	52	34

1-2a 各地区分性别、

地区	人口数			居住本乡、镇、街道，户口在本乡、镇、街道		
	合计	男	女	小计	男	女
江苏	**40269267**	**20382260**	**19887007**	**20763164**	**10199462**	**10563702**
南京市	**7914639**	**4025754**	**3888885**	**3781836**	**1868046**	**1913790**
玄武区	537825	268349	269476	273251	133326	139925
秦淮区	740809	364643	376166	388925	188295	200630
建邺区	534257	268724	265533	244803	118997	125806
鼓楼区	940387	456009	484378	543478	263990	279488
浦口区	322323	163419	158904	183164	91033	92131
栖霞区	925627	478525	447102	349351	173681	175670
雨花台区	600621	313007	287614	214095	105709	108386
江宁区	1503459	776527	726932	664791	333210	331581
六合区	224738	110677	114061	144812	71262	73550
溧水区	293247	155001	138246	134379	66843	67536
高淳区	228601	114434	114167	154270	75949	78321
南京江北新区	1062745	556439	506306	486517	245751	240766
无锡市	**5004272**	**2564213**	**2440059**	**2526712**	**1241287**	**1285425**
锡山区	494668	263111	231557	195677	95692	99985
惠山区	577121	301187	275934	271636	134385	137251
滨湖区	549416	280267	269149	268067	130610	137457
梁溪区	985465	492411	493054	524554	256079	268475
新吴区	642103	332127	309976	302051	148460	153591
江苏无锡经济开发区	322109	165763	156346	155881	76555	79326
江阴市	836429	429584	406845	507710	250116	257594
宜兴市	596961	299763	297198	301136	149390	151746
徐州市	**3028510**	**1516685**	**1511825**	**1858272**	**933299**	**924973**
鼓楼区	425143	214039	211104	216558	108144	108414
云龙区	441135	218261	222874	240822	119180	121642
贾汪区	189982	97143	92839	126030	64688	61342
泉山区	619784	303753	316031	368851	180974	187877
铜山区	374402	189197	185205	212498	107680	104818
丰县						
沛县						
睢宁县						
徐州经济技术开发区	4649	2402	2247	4449	2316	2133
新沂市	374405	189111	185294	260981	132816	128165
邳州市	599010	302779	296231	428083	217501	210582
常州市	**3438476**	**1755134**	**1683342**	**1580651**	**764511**	**816140**
天宁区	563591	279828	283763	271618	130146	141472
钟楼区	615112	310571	304541	290982	140133	150849
新北区	650508	332196	318312	325954	158231	167723
武进区	756508	396155	360353	284504	136548	147956
金坛区	322790	161114	161676	152219	74821	77398
江苏省常州市经济开发区	179660	94097	85563	72575	35134	37441
溧阳市	350307	181173	169134	182799	89498	93301

户口登记状况的人口(城市)

单位：人

居住本乡、镇、街道，户口在外乡、镇、街道，离开户口登记地半年以上			居住本乡、镇、街道，户口待定			原住本乡、镇、街道，现在港澳台或国外工作学习		
小计	男	女	小计	男	女	小计	男	女
19322446	**10089794**	**9232652**	**100947**	**52429**	**48518**	**82710**	**40575**	**42135**
4083202	**2133664**	**1949538**	**15814**	**8578**	**7236**	**33787**	**15466**	**18321**
257471	131747	125724	446	264	182	6657	3012	3645
343142	172314	170828	886	517	369	7856	3517	4339
285901	147992	137909	993	547	446	2560	1188	1372
386020	186949	199071	1066	616	450	9823	4454	5369
137594	71715	65879	1325	565	760	240	106	134
572676	303037	269639	2038	1100	938	1562	707	855
384139	206081	178058	1330	687	643	1057	530	527
833833	440734	393099	3405	1888	1517	1430	695	735
79103	39004	40099	590	302	288	233	109	124
158063	87752	70311	625	319	306	180	87	93
73728	38159	35569	448	245	203	155	81	74
571532	308180	263352	2662	1528	1134	2034	980	1054
2455782	**1312198**	**1143584**	**11433**	**5857**	**5576**	**10345**	**4871**	**5474**
297365	166620	130745	1099	555	544	527	244	283
303573	165836	137737	1479	745	734	433	221	212
278414	148201	130213	916	512	404	2019	944	1075
454365	233166	221199	2565	1316	1249	3981	1850	2131
337684	182507	155177	1684	876	808	684	284	400
164854	88537	76317	740	385	355	634	286	348
325572	177847	147725	1676	856	820	1471	765	706
293955	149484	144471	1274	612	662	596	277	319
1158839	**577577**	**581262**	**8155**	**4180**	**3975**	**3244**	**1629**	**1615**
206854	105035	101819	1336	669	667	395	191	204
199052	98467	100585	678	352	326	583	262	321
63459	32200	31259	441	215	226	52	40	12
248180	121398	126782	952	515	437	1801	866	935
160830	80921	79909	876	459	417	198	137	61
195	82	113	3	2	1	2	2	
112432	55740	56692	914	509	405	78	46	32
167837	83734	84103	2955	1459	1496	135	85	50
1844365	**983853**	**860512**	**7244**	**3882**	**3362**	**6216**	**2888**	**3328**
289013	148248	140765	686	382	304	2274	1052	1222
320973	168961	152012	1299	619	680	1858	858	1000
322066	172671	149395	1582	880	702	906	414	492
470191	258642	211549	1481	802	679	332	163	169
169096	85484	83612	1106	621	485	369	188	181
106243	58547	47696	591	308	283	251	108	143
166783	91300	75483	499	270	229	226	105	121

1-2a 续表 1

地 区	人口数			居住本乡、镇、街道，户口在本乡、镇、街道		
	合计	男	女	小计	男	女
苏州市	**7089585**	**3667983**	**3421602**	**3072602**	**1495740**	**1576862**
虎丘区	759217	397153	362064	320567	156719	163848
吴中区	864144	448080	416064	330932	161497	169435
相城区	781040	412139	368901	327129	161090	166039
姑苏区	924083	456751	467332	500301	243047	257254
吴江区	662696	351332	311364	268659	131732	136927
苏州工业园区						
常熟市	828661	424395	404266	334657	161999	172658
张家港市	506354	256626	249728	228669	112241	116428
昆山市	1414348	742603	671745	581741	280798	300943
太仓市	349042	178904	170138	179947	86617	93330
南通市	**3144798**	**1544182**	**1600616**	**1860142**	**885954**	**974188**
崇川区	780564	385333	395231	365851	176397	189454
港闸区	399543	203418	196125	155620	74636	80984
通州区	402266	196104	206162	267794	126214	141580
如东县						
南通经济技术开发区						
通州湾示范区						
苏锡通科技产业园区						
启东市	378393	179912	198481	268654	124869	143785
如皋市	361585	174055	187530	268909	129989	138920
海门市	367808	179059	188749	216090	102237	113853
海安市	454639	226301	228338	317224	151612	165612
连云港市	**1022210**	**518679**	**503531**	**703468**	**351034**	**352434**
连云区	156581	81850	74731	91122	45784	45338
海州区	562111	280063	282048	381274	188615	192659
赣榆区	279543	141378	138165	216914	109152	107762
东海县	8629	4544	4085	8393	4436	3957
灌云县						
灌南县						
连云港经济技术开发区						
连云港高新技术产业开发区						
江苏连云港徐圩新区	10748	8438	2310	1452	755	697
江苏省连云港市云台山风景名胜区	4598	2406	2192	4313	2292	2021
淮安市	**1303052**	**641371**	**661681**	**773121**	**383199**	**389922**
淮安区	321355	158376	162979	183392	91777	91615
淮阴区	319622	158035	161587	195140	96945	98195
清江浦区	517197	253794	263403	311826	153288	158538
洪泽区	144878	71166	73712	82763	41189	41574
涟水县						
盱眙县						
金湖县						
淮安经济技术开发区						
工业园区						
生态文旅区						
苏淮高新区						

单位：人

居住本乡、镇、街道，户口在外乡、镇、街道，离开户口登记地半年以上			居住本乡、镇、街道，户口待定			原住本乡、镇、街道，现在港澳台或国外工作学习		
小计	男	女	小计	男	女	小计	男	女
3984879	**2156290**	**1828589**	**22944**	**11864**	**11080**	**9160**	**4089**	**5071**
436588	239428	197160	1365	704	661	697	302	395
529456	284628	244828	3557	1855	1702	199	100	99
451339	249733	201606	2337	1210	1127	235	106	129
417307	210779	206528	1680	835	845	4795	2090	2705
391084	218060	173024	2792	1467	1325	161	73	88
491071	260943	230128	1675	860	815	1258	593	665
275195	143122	132073	1694	900	794	796	363	433
825474	458177	367297	6526	3356	3170	607	272	335
167365	91420	75945	1318	677	641	412	190	222
1270858	**650371**	**620487**	**5977**	**3053**	**2924**	**7821**	**4804**	**3017**
410884	207091	203793	2090	1037	1053	1739	808	931
242931	128262	114669	889	469	420	103	51	52
132813	68915	63898	647	329	318	1012	646	366
108614	54393	54221	416	212	204	709	438	271
90946	43151	47795	886	446	440	844	469	375
150273	75898	74375	464	240	224	981	684	297
134397	72661	61736	585	320	265	2433	1708	725
313866	**164802**	**149064**	**2915**	**1500**	**1415**	**1961**	**1343**	**618**
64783	35723	29060	390	199	191	286	144	142
178574	90276	88298	1482	779	703	781	393	388
60729	30920	29809	1011	504	507	889	802	87
219	102	117	16	6	10	1		1
9283	7672	1611	12	10	2	1	1	
278	109	169	4	2	2	3	3	
524700	**255460**	**269240**	**4496**	**2281**	**2215**	**735**	**431**	**304**
136064	65663	70401	1747	829	918	152	107	45
123408	60515	62893	977	506	471	97	69	28
203291	99385	103906	1639	891	748	441	230	211
61937	29897	32040	133	55	78	45	25	20

1-2a 续表 2

地 区	人口数			居住本乡、镇、街道，户口在本乡、镇、街道		
	合计	男	女	小计	男	女
盐城市	**1687143**	**847784**	**839359**	**1023743**	**512890**	**510853**
亭湖区	529059	267683	261376	334118	168233	165885
盐都区	261833	132993	128840	119149	60512	58637
大丰区	225927	111524	114403	129391	63637	65754
响水县						
滨海县						
阜宁县						
射阳县						
建湖县						
盐城经济技术开发区	5359	2771	2588	3723	1849	1874
江苏省盐南高新区	332220	165516	166704	186224	94513	91711
东台市	332745	167297	165448	251138	124146	126992
扬州市	**2115264**	**1049729**	**1065535**	**1143819**	**557631**	**586188**
广陵区	424063	215297	208766	216350	105578	110772
邗江区	576153	284734	291419	275817	134051	141766
江都区	334488	162157	172331	191041	92082	98959
宝应县						
扬州经济技术开发区						
蜀冈瘦西湖景区	134507	66652	67855	74226	36147	38079
生态新城	37699	19576	18123	23471	11643	11828
仪征市	301099	151499	149600	197430	97326	100104
高邮市	307255	149814	157441	165484	80804	84680
镇江市	**1688488**	**847578**	**840910**	**854578**	**421780**	**432798**
京口区	343904	173498	170406	165115	82372	82743
润州区	238978	119174	119804	113293	56286	57007
丹徒区	154996	78887	76109	67971	33671	34300
镇江新区						
江苏镇江高新区	60064	31011	29053	22132	10843	11289
丹阳市	396269	197272	198997	212820	104522	108298
扬中市	178440	89817	88623	111675	54804	56871
句容市	315837	157919	157918	161572	79282	82290
泰州市	**2005567**	**987967**	**1017600**	**1071493**	**527163**	**544330**
海陵区	508859	249636	259223	256867	126805	130062
高港区	136373	67541	68832	75634	36827	38807
姜堰区	331452	160883	170569	167522	81433	86089
泰州医药高新技术产业开发区						
兴化市	318636	161101	157535	176997	89568	87429
靖江市	331555	162401	169154	151938	74058	77880
泰兴市	378692	186405	192287	242535	118472	124063
宿迁市	**827263**	**415201**	**412062**	**512727**	**256928**	**255799**
宿城区	390722	193924	196798	244261	122222	122039
宿豫区	240600	120894	119706	128858	64553	64305
沭阳县						
泗阳县						
泗洪县						
宿迁经济技术开发区						
宿迁市湖滨新区	77755	41347	36408	47784	24712	23072
苏州宿迁工业园区	29991	14833	15158	14632	6639	7993
宿迁市洋河新区	88195	44203	43992	77192	38802	38390

单位：人

居住本乡、镇、街道，户口在外乡、镇、街道，离开户口登记地半年以上			居住本乡、镇、街道，户口待定			原住本乡、镇、街道，现在港澳台或国外工作学习		
小计	男	女	小计	男	女	小计	男	女
657858	**332031**	**325827**	**4634**	**2397**	**2237**	**908**	**466**	**442**
192923	98438	94485	1892	949	943	126	63	63
142191	72208	69983	384	211	173	109	62	47
95396	47261	48135	1012	565	447	128	61	67
1633	920	713	1		1	2	2	
145141	70546	74595	676	364	312	179	93	86
80574	42658	37916	669	308	361	364	185	179
962707	**487546**	**475161**	**5870**	**3042**	**2828**	**2868**	**1510**	**1358**
206268	109012	97256	892	448	444	553	259	294
297520	149181	148339	2010	1083	927	806	419	387
142500	69562	72938	424	217	207	523	296	227
59565	30152	29413	366	178	188	350	175	175
14075	7843	6232	144	83	61	9	7	2
101999	53284	48715	1176	598	578	494	291	203
140780	68512	72268	858	435	423	133	63	70
825534	**421617**	**403917**	**6141**	**3126**	**3015**	**2235**	**1055**	**1180**
176844	90174	86670	894	450	444	1051	502	549
122847	61477	61370	2479	1237	1242	359	174	185
86508	44968	41540	415	205	210	102	43	59
37752	20059	17693	157	101	56	23	8	15
182184	92124	90060	791	415	376	474	211	263
66228	34737	31491	453	236	217	84	40	44
153171	78078	75093	952	482	470	142	77	65
927746	**457368**	**470378**	**3191**	**1580**	**1611**	**3137**	**1856**	**1281**
250031	121741	128290	878	419	459	1083	671	412
60252	30480	29772	386	173	213	101	61	40
162920	78844	84076	427	212	215	583	394	189
141019	71225	69794	462	227	235	158	81	77
178505	87769	90736	555	301	254	557	273	284
135019	67309	67710	483	248	235	655	376	279
312110	**157017**	**155093**	**2133**	**1089**	**1044**	**293**	**167**	**126**
145329	71132	74197	935	456	479	197	114	83
111092	56001	55091	617	319	298	33	21	12
29755	16508	13247	206	122	84	10	5	5
15081	8049	7032	273	142	131	5	3	2
10853	5327	5526	102	50	52	48	24	24

1-2b 各地区分性别、

地区	人口数			居住本乡、镇、街道，户口在本乡、镇、街道		
	合计	男	女	小计	男	女
江 苏	**21973116**	**11138540**	**10834576**	**14387583**	**7165937**	**7221646**
南京市	**170602**	**87854**	**82748**	**94645**	**48146**	**46499**
玄武区						
秦淮区						
建邺区						
鼓楼区						
浦口区	1657	864	793	924	470	454
栖霞区						
雨花台区	8159	4387	3772	2917	1453	1464
江宁区						
六合区	117207	58907	58300	56940	27806	29134
溧水区	29583	15018	14565	21672	10768	10904
高淳区	13996	8678	5318	12192	7649	4543
南京江北新区						
无锡市	**1173936**	**607972**	**565964**	**681307**	**336897**	**344410**
锡山区	274399	143715	130684	148828	72862	75966
惠山区	111704	58335	53369	61370	30170	31200
滨湖区						
梁溪区						
新吴区						
江苏无锡经济开发区						
江阴市	494923	255175	239748	287444	142674	144770
宜兴市	292910	150747	142163	183665	91191	92474
徐州市	**2933378**	**1479079**	**1454299**	**2209060**	**1119843**	**1089217**
鼓楼区						
云龙区	30431	16077	14354	17058	8548	8510
贾汪区	80185	40959	39226	73627	37888	35739
泉山区						
铜山区	356631	180851	175780	310029	158320	151709
丰县	504761	253724	251037	375565	189043	186522
沛县	596272	299098	297174	429994	216636	213358
睢宁县	614577	306676	307901	424184	215819	208365
徐州经济技术开发区	323210	166079	157131	182927	92762	90165
新沂市	175506	87803	87703	160511	81299	79212
邳州市	251805	127812	123993	235165	119528	115637
常州市	**629380**	**326012**	**303368**	**404468**	**201188**	**203280**
天宁区	46139	23733	22406	28915	14337	14578
钟楼区						
新北区	120121	61195	58926	79895	39086	40809
武进区	161131	83240	77891	90846	44626	46220
金坛区	62244	31766	30478	43425	21427	21998
江苏省常州市经济开发区	94545	49943	44602	43595	21098	22497
溧阳市	145200	76135	69065	117792	60614	57178

户口登记状况的人口(镇)

单位：人

居住本乡、镇、街道，户口在外乡、镇、街道，离开户口登记地半年以上			居住本乡、镇、街道，户口待定			原住本乡、镇、街道，现在港澳台或国外工作学习		
小计	男	女	小计	男	女	小计	男	女
7509748	**3930657**	**3579091**	**50288**	**25293**	**24995**	**25497**	**16653**	**8844**
75465	**39458**	**36007**	**408**	**206**	**202**	**84**	**44**	**40**
732	394	338				1		1
5213	2924	2289	24	8	16	5	2	3
59912	30918	28994	306	158	148	49	25	24
7821	4206	3615	72	34	38	18	10	8
1787	1016	771	6	6		11	7	4
489007	**269297**	**219710**	**2752**	**1379**	**1373**	**870**	**399**	**471**
124804	70479	54325	543	274	269	224	100	124
49985	28007	21978	218	103	115	131	55	76
205868	111692	94176	1284	654	630	327	155	172
108350	59119	49231	707	348	359	188	89	99
718099	**355951**	**362148**	**4971**	**2388**	**2583**	**1248**	**897**	**351**
13308	7484	5824	65	45	20			
6405	3000	3405	129	52	77	24	19	5
45941	22182	23759	539	255	284	122	94	28
128266	64110	64156	632	331	301	298	240	58
165132	81859	83273	867	418	449	279	185	94
188552	89917	98635	1557	739	818	284	201	83
139541	72955	66586	647	312	335	95	50	45
14600	6305	8295	328	149	179	67	50	17
16354	8139	8215	207	87	120	79	58	21
223003	**123824**	**99179**	**1259**	**639**	**620**	**650**	**361**	**289**
17130	9345	7785	70	38	32	24	13	11
40004	22012	17992	126	56	70	96	41	55
69815	38375	31440	325	171	154	145	68	77
18447	10122	8325	202	110	92	170	107	63
50567	28662	21905	307	146	161	76	37	39
27040	15308	11732	229	118	111	139	95	44

1-2b 续表 1

地　　区	人　口　数			居住本乡、镇、街道，户口在本乡、镇、街道		
	合计	男	女	小计	男	女
苏州市	**3328788**	**1742691**	**1586097**	**1569663**	**767839**	**801824**
虎丘区	4389	2173	2216	3807	1874	1933
吴中区	206606	109787	96819	93785	45889	47896
相城区	58334	31322	27012	31555	15435	16120
姑苏区						
吴江区	498456	261028	237428	247669	121783	125886
苏州工业园区	1133927	587651	546276	480884	234958	245926
常熟市	401938	215472	186466	209429	102695	106734
张家港市	549539	283792	265747	288496	141676	146820
昆山市	237811	124293	113518	103641	50221	53420
太仓市	237788	127173	110615	110397	53308	57089
南通市	**2298134**	**1155918**	**1142216**	**1603387**	**766286**	**837101**
崇川区						
港闸区						
通州区	354224	177176	177048	240528	114726	125802
如东县	509593	249269	260324	402198	192993	209205
南通经济技术开发区	307213	163194	144019	115821	56135	59686
通州湾示范区	41405	21170	20235	27437	12746	14691
苏锡通科技产业园区	42940	23586	19354	21767	10561	11206
启东市	201764	102024	99740	141570	66518	75052
如皋市	400294	196952	203342	355296	171118	184178
海门市	294175	149134	145041	179544	84226	95318
海安市	146526	73413	73113	119226	57263	61963
连云港市	**1807355**	**914468**	**892887**	**1352149**	**684405**	**667744**
连云区	1085	901	184	2		2
海州区	61141	30974	30167	47947	24520	23427
赣榆区	289686	147411	142275	266006	135006	131000
东海县	498360	251386	246974	380905	190876	190029
灌云县	358508	182554	175954	275054	140709	134345
灌南县	323820	163805	160015	246862	125202	121660
连云港经济技术开发区	71315	36728	34587	38261	19561	18700
连云港高新技术产业开发区	171202	84173	87029	69315	34252	35063
江苏连云港徐圩新区	30208	15503	14705	26353	13540	12813
江苏省连云港市云台山风景名胜区	2030	1033	997	1444	739	705
淮安市	**1689171**	**837611**	**851560**	**1152764**	**573135**	**579629**
淮安区	106305	53626	52679	97122	48971	48151
淮阴区	111762	56931	54831	102867	52595	50272
清江浦区	6728	3487	3241	6165	3156	3009
洪泽区	25608	13024	12584	23009	11668	11341
涟水县	465057	227967	237090	335843	164843	171000
盱眙县	374436	183269	191167	236806	117713	119093
金湖县	177633	87803	89830	94521	46728	47793
淮安经济技术开发区	293156	147922	145234	163672	81402	82270
工业园区	7650	3860	3790	6602	3305	3297
生态文旅区	99460	48901	50559	68997	34188	34809
苏淮高新区	21376	10821	10555	17160	8566	8594

单位：人

居住本乡、镇、街道，户口在外乡、镇、街道，离开户口登记地半年以上			居住本乡、镇、街道，户口待定			原住本乡、镇、街道，现在港澳台或国外工作学习		
小计	男	女	小计	男	女	小计	男	女
1747355	**968878**	**778477**	**8911**	**4652**	**4259**	**2859**	**1322**	**1537**
577	295	282	5	4	1			
112167	63546	48621	553	306	247	101	46	55
26640	15807	10833	122	69	53	17	11	6
249150	138400	110750	1506	778	728	131	67	64
648573	350470	298103	2588	1365	1223	1882	858	1024
191883	112436	79447	415	222	193	211	119	92
258927	141068	117859	1816	903	913	300	145	155
133249	73605	59644	835	436	399	86	31	55
126189	73251	52938	1071	569	502	131	45	86
684876	**383372**	**301504**	**3498**	**1773**	**1725**	**6373**	**4487**	**1886**
112215	61546	50669	666	342	324	815	562	253
105744	55278	50466	459	211	248	1192	787	405
190710	106699	84011	481	251	230	201	109	92
13824	8337	5487	28	11	17	116	76	40
20963	12906	8057	133	71	62	77	48	29
59533	35124	24409	323	145	178	338	237	101
43128	24738	18390	809	429	380	1061	667	394
112752	63546	49206	523	280	243	1356	1082	274
26007	15198	10809	76	33	43	1217	919	298
443828	**222946**	**220882**	**5368**	**2737**	**2631**	**6010**	**4380**	**1630**
1083	901	182						
12924	6307	6617	205	105	100	65	42	23
21604	10924	10680	950	472	478	1126	1009	117
111437	56608	54829	1894	980	914	4124	2922	1202
82266	41230	41036	1023	508	515	165	107	58
76334	38278	38056	511	249	262	113	76	37
32698	16976	15722	301	171	130	55	20	35
101154	49545	51609	474	244	230	259	132	127
3746	1887	1859	9	7	2	100	69	31
582	290	292	1	1		3	3	
531482	**261944**	**269538**	**4115**	**1984**	**2131**	**810**	**548**	**262**
8885	4454	4431	70	31	39	228	170	58
8513	4141	4372	281	116	165	101	79	22
557	329	228	3		3	3	2	1
2573	1349	1224	10	3	7	16	4	12
128356	62693	65663	743	356	387	115	75	40
136408	64983	71425	1101	495	606	121	78	43
82827	40916	41911	207	110	97	78	49	29
128002	65755	62247	1424	728	696	58	37	21
1035	547	488	7	5	2	6	3	3
30167	14554	15613	228	118	110	68	41	27
4159	2223	1936	41	22	19	16	10	6

1-2b 续表 2

地区	人口数			居住本乡、镇、街道，户口在本乡、镇、街道		
	合计	男	女	小计	男	女
盐城市	**2614513**	**1307323**	**1307190**	**1845163**	**929633**	**915530**
亭湖区	59977	31091	28886	45851	23405	22446
盐都区	95956	48345	47611	78958	40187	38771
大丰区	173570	87877	85693	146867	73494	73373
响水县	268785	135381	133404	166180	85095	81085
滨海县	458804	229833	228971	330474	167164	163310
阜宁县	465096	231422	233674	334503	167979	166524
射阳县	452678	225305	227373	311974	156799	155175
建湖县	378759	188576	190183	220814	111560	109254
盐城经济技术开发区	69071	34612	34459	42422	21605	20817
江苏省盐南高新区						
东台市	191817	94881	96936	167120	82345	84775
扬州市	**1123640**	**554835**	**568805**	**765808**	**373640**	**392168**
广陵区	41872	21464	20408	29156	14499	14657
邗江区	58725	29253	29472	43883	21664	22219
江都区	227975	110581	117394	184035	87945	96090
宝应县	391839	191375	200464	248104	121545	126559
扬州经济技术开发区	220598	110954	109644	109783	53457	56326
蜀冈瘦西湖景区						
生态新城	11174	5549	5625	8554	4136	4418
仪征市	55896	28148	27748	46588	23261	23327
高邮市	115561	57511	58050	95705	47133	48572
镇江市	**862339**	**445135**	**417204**	**456935**	**227426**	**229509**
京口区	4988	2741	2247	1406	698	708
润州区						
丹徒区	92134	49762	42372	54475	26929	27546
镇江新区	228749	118256	110493	94216	47071	47145
江苏镇江高新区						
丹阳市	396315	203619	192696	226701	113139	113562
扬中市	42994	21790	21204	33757	16593	17164
句容市	97159	48967	48192	46380	22996	23384
泰州市	**1065612**	**541878**	**523734**	**796904**	**399705**	**397199**
海陵区	24323	12284	12039	21520	10716	10804
高港区	43555	21951	21604	36609	18171	18438
姜堰区	95644	47803	47841	83001	41193	41808
泰州医药高新技术产业开发区	208121	104814	103307	102022	50662	51360
兴化市	331213	171899	159314	279846	144495	135351
靖江市	122415	62365	60050	80975	39792	41183
泰兴市	240341	120762	119579	192931	94676	98255
宿迁市	**2276268**	**1137764**	**1138504**	**1455330**	**737794**	**717536**
宿城区	42029	20691	21338	37839	18769	19070
宿豫区	57443	29102	28341	48890	24789	24101
沭阳县	986247	498668	487579	680343	348570	331773
泗阳县	510517	253096	257421	325423	163693	161730
泗洪县	525208	257935	267273	271416	136361	135055
宿迁经济技术开发区	140638	71048	69590	79029	39245	39784
宿迁市湖滨新区	14186	7224	6962	12390	6367	6023
苏州宿迁工业园区						
宿迁市洋河新区						

单位：人

居住本乡、镇、街道，户口在外乡、镇、街道，离开户口登记地半年以上			居住本乡、镇、街道，户口待定			原住本乡、镇、街道，现在港澳台或国外工作学习		
小计	男	女	小计	男	女	小计	男	女
762910	**374552**	**388358**	**4585**	**1978**	**2607**	**1855**	**1160**	**695**
13960	7604	6356	132	63	69	34	19	15
16884	8101	8783	72	32	40	42	25	17
26378	14201	12177	160	81	79	165	101	64
101952	49935	52017	499	249	250	154	102	52
127014	62010	65004	1091	520	571	225	139	86
129863	63041	66822	437	207	230	293	195	98
139468	67868	71600	734	334	400	502	304	198
157298	76677	80621	485	236	249	162	103	59
25910	12846	13064	721	152	569	18	9	9
24183	12269	11914	254	104	150	260	163	97
353775	**178817**	**174958**	**2354**	**1199**	**1155**	**1703**	**1179**	**524**
12639	6925	5714	55	29	26	22	11	11
14731	7528	7203	55	28	27	56	33	23
43146	22093	21053	179	97	82	615	446	169
142266	68937	73329	966	471	495	503	422	81
109521	56841	52680	887	452	435	407	204	203
2578	1381	1197	22	15	7	20	17	3
9201	4827	4374	65	35	30	42	25	17
19693	10285	9408	125	72	53	38	21	17
400409	**214948**	**185461**	**4352**	**2434**	**1918**	**643**	**327**	**316**
3564	2034	1530	14	7	7	4	2	2
37325	22642	14683	253	148	105	81	43	38
132597	70102	62495	1836	1029	807	100	54	46
168180	89755	78425	1042	531	511	392	194	198
9119	5133	3986	91	49	42	27	15	12
49624	25282	24342	1116	670	446	39	19	20
265973	**140450**	**125523**	**1300**	**706**	**594**	**1435**	**1017**	**418**
2713	1494	1219	16	9	7	74	65	9
6811	3691	3120	41	19	22	94	70	24
12238	6341	5897	60	23	37	345	246	99
105272	53608	51664	493	299	194	334	245	89
51005	27213	23792	260	131	129	102	60	42
41053	22369	18684	277	144	133	110	60	50
46881	25734	21147	153	81	72	376	271	105
813566	**396220**	**417346**	**6415**	**3218**	**3197**	**957**	**532**	**425**
4073	1868	2205	108	48	60	9	6	3
8424	4249	4175	93	41	52	36	23	13
302857	148476	154381	2707	1434	1273	340	188	152
184058	88873	95185	647	310	337	389	220	169
251138	120281	130857	2515	1219	1296	139	74	65
61233	31624	29609	333	158	175	43	21	22
1783	849	934	12	8	4	1		1

1-2c 各地区分性别、

地区	人口数			居住本乡、镇、街道，户口在本乡、镇、街道		
	合计	男	女	小计	男	女
江苏	**22505633**	**11510786**	**10994847**	**19275072**	**9687802**	**9587270**
南京市	**1229444**	**641078**	**588366**	**976809**	**493430**	**483379**
玄武区						
秦淮区						
建邺区						
鼓楼区						
浦口区	77354	39715	37639	60460	30619	29841
栖霞区	62208	32733	29475	45679	22489	23190
雨花台区						
江宁区	422658	226932	195726	273097	136432	136665
六合区	291016	147573	143443	262080	131885	130195
溧水区	168506	86323	82183	143949	73955	69994
高淳区	186576	96147	90429	175741	90070	85671
南京江北新区	21126	11655	9471	15803	7980	7823
无锡市	**1283927**	**676695**	**607232**	**783057**	**390886**	**392171**
锡山区	113320	59548	53772	60555	29561	30994
惠山区	204850	109506	95344	102826	50962	51864
滨湖区	43568	23365	20203	21521	10509	11012
梁溪区						
新吴区	78112	44395	33717	23886	11548	12338
江苏无锡经济开发区						
江阴市	448163	235402	212761	274292	137727	136565
宜兴市	395914	204479	191435	299977	150579	149398
徐州市	**3121902**	**1583308**	**1538594**	**2994094**	**1529237**	**1464857**
鼓楼区						
云龙区						
贾汪区	183388	94860	88528	172950	90627	82323
泉山区						
铜山区	506727	259397	247330	478380	247409	230971
丰县	430439	215218	215221	415215	208303	206912
沛县	442065	222019	220046	425099	215064	210035
睢宁县	473976	240736	233240	454037	232071	221966
徐州经济技术开发区	53548	27560	25988	50976	26418	24558
新沂市	420011	213498	206513	402888	206974	195914
邳州市	611748	310020	301728	594549	302371	292178
常州市	**1210265**	**630640**	**579625**	**843273**	**419233**	**424040**
天宁区	59176	30680	28496	39613	19870	19743
钟楼区	43425	23778	19647	19263	9552	9711
新北区	112496	58113	54383	83377	41646	41731
武进区	359848	189384	170464	225377	111971	113406
金坛区	200047	103226	96821	149998	74423	75575
江苏省常州市经济开发区	145688	78573	67115	63643	31443	32200
溧阳市	289585	146886	142699	262002	130328	131674

户口登记状况的人口(乡村)

单位：人

居住本乡、镇、街道，户口在外乡、镇、街道，离开户口登记地半年以上			居住本乡、镇、街道，户口待定			原住本乡、镇、街道，现在港澳台或国外工作学习		
小计	男	女	小计	男	女	小计	男	女
3147754	**1773195**	**1374559**	**38081**	**17854**	**20227**	**44726**	**31935**	**12791**
250364	**146364**	**104000**	**1232**	**705**	**527**	**1039**	**579**	**460**
16778	9035	7743	89	46	43	27	15	12
16414	10178	6236	44	25	19	71	41	30
148582	89929	58653	723	451	272	256	120	136
28460	15435	13025	158	72	86	318	181	137
24276	12212	12064	123	59	64	158	97	61
10603	5935	4668	88	49	39	144	93	51
5251	3640	1611	7	3	4	65	32	33
496911	**283853**	**213058**	**2602**	**1294**	**1308**	**1357**	**662**	**695**
52333	29764	22569	291	153	138	141	70	71
101423	58246	43177	355	184	171	246	114	132
21948	12807	9141	64	38	26	35	11	24
54022	32755	21267	151	71	80	53	21	32
172307	96888	75419	1121	548	573	443	239	204
94878	53393	41485	620	300	320	439	207	232
120201	**50014**	**70187**	**5137**	**2179**	**2958**	**2470**	**1878**	**592**
10006	4059	5947	350	105	245	82	69	13
27429	11505	15924	553	195	358	365	288	77
14236	6367	7869	462	145	317	526	403	123
16048	6361	9687	399	167	232	519	427	92
18293	7792	10501	1263	609	654	383	264	119
2448	1088	1360	69	21	48	55	33	22
15979	5956	10023	901	400	501	243	168	75
15762	6886	8876	1140	537	603	297	226	71
362065	**208686**	**153379**	**2665**	**1353**	**1312**	**2262**	**1368**	**894**
19426	10728	8698	97	56	41	40	26	14
23961	14124	9837	153	77	76	48	25	23
28807	16332	12475	153	61	92	159	74	85
133244	76772	56472	755	387	368	472	254	218
48594	27919	20675	572	313	259	883	571	312
81339	46779	34560	590	295	295	116	56	60
26694	16032	10662	345	164	181	544	362	182

1-2c 续表 1

地 区	人口数			居住本乡、镇、街道，户口在本乡、镇、街道		
	合计	男	女	小计	男	女
苏州市	**2329889**	**1246436**	**1083453**	**1351281**	**663233**	**688048**
虎丘区	68893	37219	31674	36377	17585	18792
吴中区	318222	169948	148274	190313	93080	97233
相城区	51681	29131	22550	27014	13164	13850
姑苏区						
吴江区	383871	201256	182615	254111	125863	128248
苏州工业园区						
常熟市	446451	232375	214076	302649	148214	154435
张家港市	376151	197899	178252	222430	109591	112839
昆山市	440337	246810	193527	178675	87627	91048
太仓市	244283	131798	112485	139712	68109	71603
南通市	**2283703**	**1105459**	**1178244**	**2066410**	**981509**	**1084901**
崇川区						
港闸区	3633	2128	1505	2150	1016	1134
通州区	350111	170454	179657	301027	142178	158849
如东县	365585	177560	188025	340834	163313	177521
南通经济技术开发区						
通州湾示范区	50441	23434	27007	46975	21632	25343
苏锡通科技产业园区	47240	23749	23491	30807	14842	15965
启东市	387156	185783	201373	349006	163567	185439
如皋市	476569	231124	245445	458497	221587	236910
海门市	329799	156677	173122	283859	130768	153091
海安市	273169	134550	138619	253255	122606	130649
连云港市	**1769795**	**902102**	**867693**	**1683886**	**859682**	**824204**
连云区	2724	1523	1201	2053	1029	1024
海州区	94029	48498	45531	87881	45564	42317
赣榆区	434615	218628	215987	416035	209899	206136
东海县	540368	273934	266434	509451	258268	251183
灌云县	366539	188801	177738	353367	182246	171121
灌南县	288525	148560	139965	277491	143025	134466
连云港经济技术开发区	18933	9699	9234	16166	8394	7772
连云港高新技术产业开发区						
江苏连云港徐圩新区	1168	677	491	845	409	436
江苏省连云港市云台山风景名胜区	22894	11782	11112	20597	10848	9749
淮安市	**1564007**	**799731**	**764276**	**1481824**	**757404**	**724420**
淮安区	357612	182369	175243	342214	174117	168097
淮阴区	317407	163645	153762	304318	157448	146870
清江浦区	54526	28000	26526	50821	26078	24743
洪泽区	114611	57551	57060	101691	51082	50609
涟水县	364642	187100	177542	350533	180078	170455
盱眙县	232775	119154	113621	221293	113266	108027
金湖县	111823	56530	55293	101197	50484	50713
淮安经济技术开发区						
工业园区	8423	4271	4152	7688	3796	3892
生态文旅区						
苏淮高新区	2188	1111	1077	2069	1055	1014

单位：人

居住本乡、镇、街道，户口在外乡、镇、街道，离开户口登记地半年以上			居住本乡、镇、街道，户口待定			原住本乡、镇、街道，现在港澳台或国外工作学习		
小计	男	女	小计	男	女	小计	男	女
972831	**580292**	**392539**	**4286**	**2201**	**2085**	**1491**	**710**	**781**
32354	19551	12803	120	65	55	42	18	24
127051	76405	50646	644	357	287	214	106	108
24573	15922	8651	50	29	21	44	16	28
129173	75112	54061	449	214	235	138	67	71
143100	83815	59285	359	170	189	343	176	167
152599	87765	64834	731	364	367	391	179	212
260253	158477	101776	1231	624	607	178	82	96
103728	63245	40483	702	378	324	141	66	75
204820	**115222**	**89598**	**2215**	**1071**	**1144**	**10258**	**7657**	**2601**
1477	1108	369	6	4	2			
47786	27435	20351	267	121	146	1031	720	311
23518	13469	10049	329	149	180	904	629	275
3227	1648	1579	53	22	31	186	132	54
16235	8806	7429	139	62	77	59	39	20
36534	21086	15448	482	283	199	1134	847	287
16117	8364	7753	463	198	265	1492	975	517
43525	23936	19589	296	147	149	2119	1826	293
16401	9370	7031	180	85	95	3333	2489	844
69590	**31781**	**37809**	**6419**	**2906**	**3513**	**9900**	**7733**	**2167**
667	491	176				4	3	1
5633	2624	3009	201	94	107	314	216	98
15137	6247	8890	1366	579	787	2077	1903	174
21432	9306	12126	2527	1113	1414	6958	5247	1711
11625	5777	5848	1239	567	672	308	211	97
9814	4882	4932	1045	539	506	175	114	61
2729	1285	1444	16	6	10	22	14	8
322	267	55				1	1	
2231	902	1329	25	8	17	41	24	17
77175	**39289**	**37886**	**2518**	**1077**	**1441**	**2490**	**1961**	**529**
13656	6947	6709	421	181	240	1321	1124	197
12095	5599	6496	670	310	360	324	288	36
3623	1877	1746	25	6	19	57	39	18
12730	6355	6375	79	42	37	111	72	39
13017	6520	6497	728	270	458	364	232	132
10795	5553	5242	508	221	287	179	114	65
10423	5915	4508	76	42	34	127	89	38
718	467	251	11	5	6	6	3	3
118	56	62				1		1

1-2c 续表 2

地　区	人　口　数			居住本乡、镇、街道，户口在本乡、镇、街道		
	合计	男	女	小计	男	女
盐城市	**2407973**	**1224725**	**1183248**	**2271637**	**1154062**	**1117575**
亭湖区	95203	48728	46475	84919	43551	41368
盐都区	256339	131246	125093	236829	120892	115937
大丰区	246106	124455	121651	219550	109320	110230
响水县	190371	98473	91898	182675	94900	87775
滨海县	361280	186634	174646	350144	181230	168914
阜宁县	328940	169064	159876	319206	164172	155034
射阳县	306725	156161	150564	289907	147353	142554
建湖县	230587	117223	113364	215603	109496	106107
盐城经济技术开发区	28574	14581	13993	26798	13608	13190
江苏省盐南高新区						
东台市	363848	178160	185688	346006	169540	176466
扬州市	**1320893**	**666219**	**654674**	**1198371**	**595151**	**603220**
广陵区	76379	41080	35299	55912	27735	28177
邗江区	92028	45941	46087	82947	41297	41650
江都区	364114	181095	183019	331613	161666	169947
宝应县	290380	146339	144041	277463	138920	138543
扬州经济技术开发区	18187	9208	8979	11245	5527	5718
蜀冈瘦西湖景区						
生态新城	17473	8615	8858	14450	7021	7429
仪征市	175576	89382	86194	154090	77419	76671
高邮市	286756	144559	142197	270651	135566	135085
镇江市	**659591**	**338935**	**320656**	**531025**	**266502**	**264523**
京口区	6865	3518	3347	5270	2632	2638
润州区	914	531	383	207	104	103
丹徒区	100134	51269	48865	81481	40825	40656
镇江新区	35064	18029	17035	24034	11972	12062
江苏镇江高新区						
丹阳市	196316	100696	95620	152227	76392	75835
扬中市	94028	48089	45939	74346	36479	37867
句容市	226270	116803	109467	193460	98098	95362
泰州市	**1441583**	**731667**	**709916**	**1325327**	**666804**	**658523**
海陵区	43834	22071	21763	39341	19627	19714
高港区	78662	40040	38622	71094	35693	35401
姜堰区	241312	120661	120651	226395	112787	113608
泰州医药高新技术产业开发区	14570	7234	7336	12245	6080	6165
兴化市	478355	244484	233871	457516	234208	223308
靖江市	209438	108463	100975	173794	86905	86889
泰兴市	375412	188714	186698	344942	171504	173438
宿迁市	**1882661**	**963791**	**918870**	**1768078**	**910669**	**857409**
宿城区	231196	118429	112767	214323	110340	103983
宿豫区	146904	75634	71270	137951	71168	66783
沭阳县	688731	353786	334945	654187	339324	314863
泗阳县	319045	161879	157166	304304	154961	149343
泗洪县	333532	170740	162792	306626	157743	148883
宿迁经济技术开发区	48607	25020	23587	43175	22251	20924
宿迁市湖滨新区	51632	26767	24865	48130	25035	23095
苏州宿迁工业园区						
宿迁市洋河新区	63014	31536	31478	59382	29847	29535

单位：人

居住本乡、镇、街道，户口在外乡、镇、街道，离开户口登记地半年以上			居住本乡、镇、街道，户口待定			原住本乡、镇、街道，现在港澳台或国外工作学习		
小计	男	女	小计	男	女	小计	男	女
129883	**66975**	**62908**	**2976**	**1319**	**1657**	**3477**	**2369**	**1108**
10095	5070	5025	121	62	59	68	45	23
18913	9964	8949	239	127	112	358	263	95
26161	14943	11218	221	100	121	174	92	82
7178	3290	3888	338	158	180	180	125	55
10216	4940	5276	564	244	320	356	220	136
8827	4394	4433	411	175	236	496	323	173
15824	8270	7554	405	161	244	589	377	212
14321	7235	7086	94	34	60	569	458	111
1737	952	785	14	6	8	25	15	10
16611	7917	8694	569	252	317	662	451	211
117268	**67569**	**49699**	**1397**	**660**	**737**	**3857**	**2839**	**1018**
20316	13266	7050	44	25	19	107	54	53
8793	4479	4314	80	26	54	208	139	69
30297	17811	12486	209	94	115	1995	1524	471
11697	6546	5151	405	194	211	815	679	136
6892	3649	3243	17	12	5	33	20	13
2972	1562	1410	20	12	8	31	20	11
21001	11689	9312	121	39	82	364	235	129
15300	8567	6733	501	258	243	304	168	136
126239	**71173**	**55066**	**1412**	**775**	**637**	**915**	**485**	**430**
1588	884	704	1	1		6	1	5
705	426	279	1	1		1		1
18207	10193	8014	199	105	94	247	146	101
10702	5870	4832	297	179	118	31	8	23
43503	24021	19482	307	145	162	279	138	141
19410	11472	7938	168	89	79	104	49	55
32124	18307	13817	439	255	184	247	143	104
111207	**61496**	**49711**	**1267**	**585**	**682**	**3782**	**2782**	**1000**
4208	2215	1993	28	16	12	257	213	44
7188	4091	3097	93	36	57	287	220	67
13533	6882	6651	153	65	88	1231	927	304
2196	1056	1140	7	3	4	122	95	27
20049	9832	10217	453	224	229	337	220	117
35100	21255	13845	162	77	85	382	226	156
28933	16165	12768	371	164	207	1166	881	285
109200	**50481**	**58719**	**3955**	**1729**	**2226**	**1428**	**912**	**516**
16294	7825	8469	393	147	246	186	117	69
8657	4309	4348	161	65	96	135	92	43
31978	13185	18793	2095	968	1127	471	309	162
14150	6634	7516	357	145	212	234	139	95
25993	12546	13447	613	268	345	300	183	117
5271	2694	2577	126	52	74	35	23	12
3377	1676	1701	96	35	61	29	21	8
3480	1612	1868	114	49	65	38	28	10

1-3 各地区分性别的户口登记地在外乡镇街道的人口状况

单位：人

地区	户口登记地					
	合计			本县(市、区)		
	合计	男	女	小计	男	女
江苏	**29979948**	**15793646**	**14186302**	**9497224**	**4568261**	**4928963**
南京市	**4409031**	**2319486**	**2089545**	**985510**	**479736**	**505774**
玄武区	257471	131747	125724	29229	14356	14873
秦淮区	343142	172314	170828	90466	43529	46937
建邺区	285901	147992	137909	51387	24813	26574
鼓楼区	386020	186949	199071	97249	46589	50660
浦口区	155104	81144	73960	54726	26682	28044
栖霞区	589090	313215	275875	78331	38580	39751
雨花台区	389352	209005	180347	63972	32054	31918
江宁区	982415	530663	451752	167373	81372	86001
六合区	167475	85357	82118	96745	46633	50112
溧水区	190160	104170	85990	92278	45697	46581
高淳区	86118	45110	41008	55044	26361	28683
南京江北新区	576783	311820	264963	108710	53070	55640
无锡市	**3441700**	**1865348**	**1576352**	**580211**	**272784**	**307427**
锡山区	474502	266863	207639	34172	15821	18351
惠山区	454981	252089	202892	36962	16886	20076
滨湖区	300362	161008	139354	41845	19698	22147
梁溪区	454365	233166	221199	112605	54005	58600
新吴区	391706	215262	176444	27814	12867	14947
江苏无锡经济开发区	164854	88537	76317	24289	11330	12959
江阴市	703747	386427	317320	106623	49886	56737
宜兴市	497183	261996	235187	195901	92291	103610
徐州市	**1997139**	**983542**	**1013597**	**1091511**	**527655**	**563856**
鼓楼区	206854	105035	101819	73088	35310	37778
云龙区	212360	105951	106409	55261	26759	28502
贾汪区	79870	39259	40611	49185	23426	25759
泉山区	248180	121398	126782	91871	43362	48509
铜山区	234200	114608	119592	77567	36380	41187
丰县	142502	70477	72025	113658	56035	57623
沛县	181180	88220	92960	143322	70258	73064
睢宁县	206845	97709	109136	169241	80315	88926
徐州经济技术开发区	142184	74125	68059	34159	16935	17224
新沂市	143011	68001	75010	116406	55973	60433
邳州市	199953	98759	101194	167753	82902	84851
常州市	**2429433**	**1316363**	**1113070**	**511963**	**244790**	**267173**
天宁区	325569	168321	157248	54810	26155	28655
钟楼区	344934	183085	161849	47684	23143	24541
新北区	390877	211015	179862	54640	25791	28849
武进区	673250	373789	299461	92530	43978	48552
金坛区	236137	123525	112612	121332	57681	63651
江苏省常州市经济开发区	238149	133988	104161	23143	11239	11904
溧阳市	220517	122640	97877	117824	56803	61021

1-3　续表 1　　单位：人

地　　区	户口登记地					
	合　　计			本县(市、区)		
	合计	男	女	小计	男	女
苏州市	**6705065**	**3705460**	**2999605**	**826289**	**392563**	**433726**
虎丘区	469519	259274	210245	43338	21014	22324
吴中区	768674	424579	344095	57244	27746	29498
相城区	502552	281462	221090	55592	27001	28591
姑苏区	417307	210779	206528	98970	47409	51561
吴江区	769407	431572	337835	62925	29824	33101
苏州工业园区	648573	350470	298103	58064	27826	30238
常熟市	826054	457194	368860	160335	75543	84792
张家港市	686721	371955	314766	131544	61342	70202
昆山市	1218976	690259	528717	112271	53543	58728
太仓市	397282	227916	169366	46006	21315	24691
南通市	**2160554**	**1148965**	**1011589**	**688901**	**318635**	**370266**
崇川区	410884	207091	203793	124902	60076	64826
港闸区	244408	129370	115038	35268	17243	18025
通州区	292814	157896	134918	80191	36404	43787
如东县	129262	68747	60515	62979	29547	33432
南通经济技术开发区	190710	106699	84011	16192	7704	8488
通州湾示范区	17051	9985	7066	3718	1964	1754
苏锡通科技产业园区	37198	21712	15486	2254	1022	1232
启东市	204681	110603	94078	100283	45769	54514
如皋市	150191	76253	73938	78398	36728	41670
海门市	306550	163380	143170	108723	47403	61320
海安市	176805	97229	79576	75993	34775	41218
连云港市	**827284**	**419529**	**407755**	**446313**	**220192**	**226121**
连云区	66533	37115	29418	23775	11722	12053
海州区	197131	99207	97924	108422	52913	55509
赣榆区	97470	48091	49379	68572	34139	34433
东海县	133088	66016	67072	94140	46961	47179
灌云县	93891	47007	46884	68479	34028	34451
灌南县	86148	43160	42988	62082	30176	31906
连云港经济技术开发区	35427	18261	17166	6140	3060	3080
连云港高新技术产业开发区	101154	49545	51609	11700	5695	6005
江苏连云港徐圩新区	13351	9826	3525	1719	1014	705
江苏省连云港市云台山风景名胜区	3091	1301	1790	1284	484	800
淮安市	**1133357**	**556693**	**576664**	**713949**	**346059**	**367890**
淮安区	158605	77064	81541	120923	57583	63340
淮阴区	144016	70255	73761	89344	45397	43947
清江浦区	207471	101591	105880	105265	50863	54402
洪泽区	77240	37601	39639	62092	29855	32237
涟水县	141373	69213	72160	111976	54778	57198
盱眙县	147203	70536	76667	117909	55719	62190
金湖县	93250	46831	46419	73296	35589	37707
淮安经济技术开发区	128002	65755	62247	23197	11467	11730
工业园区	1753	1014	739	439	198	241
生态文旅区	30167	14554	15613	7472	3601	3871
苏淮高新区	4277	2279	1998	2036	1009	1027

1-3 续表 2 单位：人

地　区	户口登记地					
	合　计			本县(市、区)		
	合计	男	女	小计	男	女
盐城市	**1550651**	**773558**	**777093**	**999172**	**492103**	**507069**
亭湖区	216978	111112	105866	105258	52943	52315
盐都区	177988	90273	87715	90098	46202	43896
大丰区	147935	76405	71530	104960	52450	52510
响水县	109130	53225	55905	81007	39307	41700
滨海县	137230	66950	70280	108695	52569	56126
阜宁县	138690	67435	71255	111327	54434	56893
射阳县	155292	76138	79154	122446	59544	62902
建湖县	171619	83912	87707	138192	67866	70326
盐城经济技术开发区	29280	14718	14562	4848	2676	2172
江苏省盐南高新区	145141	70546	74595	63507	31710	31797
东台市	121368	62844	58524	68834	32402	36432
扬州市	**1433750**	**733932**	**699818**	**618909**	**294468**	**324441**
广陵区	239223	129203	110020	72996	36626	36370
邗江区	321044	161188	159856	76837	36860	39977
江都区	215943	109466	106477	114524	51623	62901
宝应县	153963	75483	78480	118870	56398	62472
扬州经济技术开发区	116413	60490	55923	16069	7778	8291
蜀冈瘦西湖景区	59565	30152	29413	23388	11151	12237
生态新城	19625	10786	8839	2670	1399	1271
仪征市	132201	69800	62401	72135	35113	37022
高邮市	175773	87364	88409	121420	57520	63900
镇江市	**1352182**	**707738**	**644444**	**475191**	**229813**	**245378**
京口区	181996	93092	88904	67899	32788	35111
润州区	123552	61903	61649	51744	25362	26382
丹徒区	142040	77803	64237	38768	19358	19410
镇江新区	143299	75972	67327	43974	21400	22574
江苏镇江高新区	37752	20059	17693	14100	7056	7044
丹阳市	393867	205900	187967	121954	58264	63690
扬中市	94757	51342	43415	38844	18322	20522
句容市	234919	121667	113252	97908	47263	50645
泰州市	**1304926**	**659314**	**645612**	**693117**	**332483**	**360634**
海陵区	256952	125450	131502	91514	43504	48010
高港区	74251	38262	35989	20314	9484	10830
姜堰区	188691	92067	96624	123619	58296	65323
泰州医药高新技术产业开发区	107468	54664	52804	21686	10443	11243
兴化市	212073	108270	103803	153141	76371	76770
靖江市	254658	131393	123265	159915	76027	83888
泰兴市	210833	109208	101625	122928	58358	64570
宿迁市	**1234876**	**603718**	**631158**	**866188**	**416980**	**449208**
宿城区	165696	80825	84871	85062	40706	44356
宿豫区	128173	64559	63614	93886	46652	47234
沭阳县	334835	161661	173174	259646	124613	135033
泗阳县	198208	95507	102701	153501	73872	79629
泗洪县	277131	132827	144304	228050	108768	119282
宿迁经济技术开发区	66504	34318	32186	19240	9308	9932
宿迁市湖滨新区	34915	19033	15882	11528	5615	5913
苏州宿迁工业园区	15081	8049	7032	6989	3592	3397
宿迁市洋河新区	14333	6939	7394	8286	3854	4432

1-3 续表 3

单位：人

地区	户口登记地					
	本省其他县(市、区)			省外		
	小计	男	女	小计	男	女
江苏	**10174114**	**5334244**	**4839870**	**10308610**	**5891141**	**4417469**
南京市	**2075056**	**1073834**	**1001222**	**1348465**	**765916**	**582549**
玄武区	132762	65226	67536	95480	52165	43315
秦淮区	161856	79843	82013	90820	48942	41878
建邺区	160943	81034	79909	73571	42145	31426
鼓楼区	186895	88243	98652	101876	52117	49759
浦口区	56155	29327	26828	44223	25135	19088
栖霞区	322874	166865	156009	187885	107770	80115
雨花台区	194753	101823	92930	130627	75128	55499
江宁区	474168	252497	221671	340874	196794	144080
六合区	38239	20575	17664	32491	18149	14342
溧水区	47964	26955	21009	49918	31518	18400
高淳区	12689	7433	5256	18385	11316	7069
南京江北新区	285758	154013	131745	182315	104737	77578
无锡市	**1190806**	**641206**	**549600**	**1670683**	**951358**	**719325**
锡山区	156264	85346	70918	284066	165696	118370
惠山区	172577	94045	78532	245442	141158	104284
滨湖区	125696	67193	58503	132821	74117	58704
梁溪区	193105	97826	95279	148655	81335	67320
新吴区	187889	101053	86836	176003	101342	74661
江苏无锡经济开发区	70905	37108	33797	69660	40099	29561
江阴市	201292	112492	88800	395832	224049	171783
宜兴市	83078	46143	36935	218204	123562	94642
徐州市	**657261**	**326425**	**330836**	**248367**	**129462**	**118905**
鼓楼区	101546	51175	50371	32220	18550	13670
云龙区	121591	60214	61377	35508	18978	16530
贾汪区	19848	10119	9729	10837	5714	5123
泉山区	117019	57473	59546	39290	20563	18727
铜山区	102192	48762	53430	54441	29466	24975
丰县	17887	9360	8527	10957	5082	5875
沛县	22007	10910	11097	15851	7052	8799
睢宁县	25029	12257	12772	12575	5137	7438
徐州经济技术开发区	88042	45860	42182	19983	11330	8653
新沂市	17677	8040	9637	8928	3988	4940
邳州市	24423	12255	12168	7777	3602	4175
常州市	**883558**	**473910**	**409648**	**1033912**	**597663**	**436249**
天宁区	145808	72008	73800	124951	70158	54793
钟楼区	164699	85062	79637	132551	74880	57671
新北区	179204	94925	84279	157033	90299	66734
武进区	254645	142008	112637	326075	187803	138272
金坛区	34509	19301	15208	80296	46543	33753
江苏省常州市经济开发区	73892	41523	32369	141114	81226	59888
溧阳市	30801	19083	11718	71892	46754	25138

1-3 续表 4

单位：人

地区	户口登记地					
	本省其他县(市、区)			省外		
	小计	男	女	小计	男	女
苏州市	**1948916**	**1051032**	**897884**	**3929860**	**2261865**	**1667995**
虎丘区	183739	95941	87798	242442	142319	100123
吴中区	287088	152553	134535	424342	244280	180062
相城区	159138	86186	72952	287822	168275	119547
姑苏区	156408	77520	78888	161929	85850	76079
吴江区	154096	84796	69300	552386	316952	235434
苏州工业园区	247026	126085	120941	343483	196559	146924
常熟市	187489	106778	80711	478230	274873	203357
张家港市	165901	91960	73941	389276	218653	170623
昆山市	324079	180200	143879	782626	456516	326110
太仓市	83952	49013	34939	267324	157588	109736
南通市	**681155**	**365513**	**315642**	**790498**	**464817**	**325681**
崇川区	181364	89297	92067	104618	57718	46900
港闸区	132425	68360	64065	76715	43767	32948
通州区	61375	34520	26855	151248	86972	64276
如东县	30304	17721	12583	35979	21479	14500
南通经济技术开发区	99966	53650	46316	74552	45345	29207
通州湾示范区	6989	4053	2936	6344	3968	2376
苏锡通科技产业园区	10819	6557	4262	24125	14133	9992
启东市	38557	23037	15520	65841	41797	24044
如皋市	32555	17021	15534	39238	22504	16734
海门市	45945	27246	18699	151882	88731	63151
海安市	40856	24051	16805	59956	38403	21553
连云港市	**293899**	**152331**	**141568**	**87072**	**47006**	**40066**
连云区	28797	16273	12524	13961	9120	4841
海州区	75507	39270	36237	13202	7024	6178
赣榆区	18096	9053	9043	10802	4899	5903
东海县	30527	15373	15154	8421	3682	4739
灌云县	21241	10805	10436	4171	2174	1997
灌南县	17886	9147	8739	6180	3837	2343
连云港经济技术开发区	24280	12464	11816	5007	2737	2270
连云港高新技术产业开发区	69709	35043	34666	19745	8807	10938
江苏连云港徐圩新区	6212	4153	2059	5420	4659	761
江苏省连云港市云台山风景名胜区	1644	750	894	163	67	96
淮安市	**343325**	**171218**	**172107**	**76083**	**39416**	**36667**
淮安区	29366	15010	14356	8316	4471	3845
淮阴区	44494	20299	24195	10178	4559	5619
清江浦区	88986	43669	45317	13220	7059	6161
洪泽区	11938	6021	5917	3210	1725	1485
涟水县	24276	12075	12201	5121	2360	2761
盱眙县	21153	10811	10342	8141	4006	4135
金湖县	13361	7319	6042	6593	3923	2670
淮安经济技术开发区	85987	44473	41514	18818	9815	9003
工业园区	772	449	323	542	367	175
生态文旅区	21079	10052	11027	1616	901	715
苏淮高新区	1913	1040	873	328	230	98

1-3　续表 5

单位：人

地区	户口登记地					
	本省其他县(市、区)			省外		
	小计	男	女	小计	男	女
盐城市	**431195**	**215893**	**215302**	**120284**	**65562**	**54722**
亭湖区	96170	49817	46353	15550	8352	7198
盐都区	77559	38492	39067	10331	5579	4752
大丰区	25110	13302	11808	17865	10653	7212
响水县	22368	10926	11442	5755	2992	2763
滨海县	20358	10247	10111	8177	4134	4043
阜宁县	22119	10767	11352	5244	2234	3010
射阳县	23307	11641	11666	9539	4953	4586
建湖县	26592	12911	13681	6835	3135	3700
盐城经济技术开发区	18788	9067	9721	5644	2975	2669
江苏省盐南高新区	73557	34946	38611	8077	3890	4187
东台市	25267	13777	11490	27267	16665	10602
扬州市	**553613**	**288967**	**264646**	**261228**	**150497**	**110731**
广陵区	117303	62754	54549	48924	29823	19101
邗江区	181088	90494	90594	63119	33834	29285
江都区	57451	32016	25435	43968	25827	18141
宝应县	23875	12747	11128	11218	6338	4880
扬州经济技术开发区	72450	36713	35737	27894	15999	11895
蜀冈瘦西湖景区	27782	13959	13823	8395	5042	3353
生态新城	9336	5141	4195	7619	4246	3373
仪征市	31704	17680	14024	28362	17007	11355
高邮市	32624	17463	15161	21729	12381	9348
镇江市	**458461**	**241405**	**217056**	**418530**	**236520**	**182010**
京口区	78301	40183	38118	35796	20121	15675
润州区	55430	27480	27950	16378	9061	7317
丹徒区	62771	34506	28265	40501	23939	16562
镇江新区	58830	30772	28058	40495	23800	16695
江苏镇江高新区	16224	8618	7606	7428	4385	3043
丹阳市	85716	45097	40619	186197	102539	83658
扬中市	24108	14328	9780	31805	18692	13113
句容市	77081	40421	36660	59930	33983	25947
泰州市	**377487**	**192760**	**184727**	**234322**	**134071**	**100251**
海陵区	120311	58040	62271	45127	23906	21221
高港区	36616	18762	17854	17321	10016	7305
姜堰区	45058	22548	22510	20014	11223	8791
泰州医药高新技术产业开发区	58577	28465	30112	27205	15756	11449
兴化市	36870	19696	17174	22062	12203	9859
靖江市	39220	22219	17001	55523	33147	22376
泰兴市	40835	23030	17805	47070	27820	19250
宿迁市	**279382**	**139750**	**139632**	**89306**	**46988**	**42318**
宿城区	63347	30797	32550	17287	9322	7965
宿豫区	25362	12927	12435	8925	4980	3945
沭阳县	56300	28100	28200	18889	8948	9941
泗阳县	35535	17419	18116	9172	4216	4956
泗洪县	33720	16896	16824	15361	7163	8198
宿迁经济技术开发区	40927	21297	19630	6337	3713	2624
宿迁市湖滨新区	13769	6608	7161	9618	6810	2808
苏州宿迁工业园区	5965	3374	2591	2127	1083	1044
宿迁市洋河新区	4457	2332	2125	1590	753	837

1-3a 各地区分性别的户口登记地在外乡镇街道的人口状况(城市)

单位：人

地区	户口登记地					
	合计			本县(市、区)		
	合计	男	女	小计	男	女
江苏	**19322446**	**10089794**	**9232652**	**6064771**	**2914524**	**3150247**
南京市	**4083202**	**2133664**	**1949538**	**918084**	**446909**	**471175**
玄武区	257471	131747	125724	29229	14356	14873
秦淮区	343142	172314	170828	90466	43529	46937
建邺区	285901	147992	137909	51387	24813	26574
鼓楼区	386020	186949	199071	97249	46589	50660
浦口区	137594	71715	65879	51167	24955	26212
栖霞区	572676	303037	269639	77217	37993	39224
雨花台区	384139	206081	178058	63798	31955	31843
江宁区	833833	440734	393099	157056	76346	80710
六合区	79103	39004	40099	54560	26084	28476
溧水区	158063	87752	70311	86480	42854	43626
高淳区	73728	38159	35569	51364	24740	26624
南京江北新区	571532	308180	263352	108111	52695	55416
无锡市	**2455782**	**1312198**	**1143584**	**495826**	**234097**	**261729**
锡山区	297365	166620	130745	26511	12300	14211
惠山区	303573	165836	137737	25515	11997	13518
滨湖区	278414	148201	130213	39861	18774	21087
梁溪区	454365	233166	221199	112605	54005	58600
新吴区	337684	182507	155177	26430	12243	14187
江苏无锡经济开发区	164854	88537	76317	24289	11330	12959
江阴市	325572	177847	147725	86442	40980	45462
宜兴市	293955	149484	144471	154173	72468	81705
徐州市	**1158839**	**577577**	**581262**	**552291**	**269442**	**282849**
鼓楼区	206854	105035	101819	73088	35310	37778
云龙区	199052	98467	100585	52632	25400	27232
贾汪区	63459	32200	31259	42302	20742	21560
泉山区	248180	121398	126782	91871	43362	48509
铜山区	160830	80921	79909	42404	20353	22051
丰县						
沛县						
睢宁县						
徐州经济技术开发区	195	82	113	15	5	10
新沂市	112432	55740	56692	98399	48711	49688
邳州市	167837	83734	84103	151580	75559	76021
常州市	**1844365**	**983853**	**860512**	**463128**	**221504**	**241624**
天宁区	289013	148248	140765	53247	25434	27813
钟楼区	320973	168961	152012	46920	22748	24172
新北区	322066	172671	149395	48189	22796	25393
武进区	470191	258642	211549	81153	38755	42398
金坛区	169096	85484	83612	110947	52481	58466
江苏省常州市经济开发区	106243	58547	47696	16258	7888	8370
溧阳市	166783	91300	75483	106414	51402	55012

1-3a　续表 1　　　　单位：人

地　区	户口登记地					
	合　计			本县(市、区)		
	合计	男	女	小计	男	女
苏州市	**3984879**	**2156290**	**1828589**	**652655**	**308671**	**343984**
虎丘区	436588	239428	197160	41096	19893	21203
吴中区	529456	284628	244828	44667	21453	23214
相城区	451339	249733	201606	53651	25971	27680
姑苏区	417307	210779	206528	98970	47409	51561
吴江区	391084	218060	173024	43795	20459	23336
苏州工业园区						
常熟市	491071	260943	230128	139846	65585	74261
张家港市	275195	143122	132073	101189	47303	53886
昆山市	825474	458177	367297	93893	44483	49410
太仓市	167365	91420	75945	35548	16115	19433
南通市	**1270858**	**650371**	**620487**	**514599**	**236482**	**278117**
崇川区	410884	207091	203793	124902	60076	64826
港闸区	242931	128262	114669	35253	17235	18018
通州区	132813	68915	63898	62071	28187	33884
如东县						
南通经济技术开发区						
通州湾示范区						
苏锡通科技产业园区						
启东市	108614	54393	54221	74347	33474	40873
如皋市	90946	43151	47795	59969	27410	32559
海门市	150273	75898	74375	90617	39157	51460
海安市	134397	72661	61736	67440	30943	36497
连云港市	**313866**	**164802**	**149064**	**176257**	**87556**	**88701**
连云区	64783	35723	29060	23660	11659	12001
海州区	178574	90276	88298	101203	49594	51609
赣榆区	60729	30920	29809	50287	25637	24650
东海县	219	102	117	25	9	16
灌云县						
灌南县						
连云港经济技术开发区						
连云港高新技术产业开发区						
江苏连云港徐圩新区	9283	7672	1611	958	616	342
江苏省连云港市云台山风景名胜区	278	109	169	124	41	83
淮安市	**524700**	**255460**	**269240**	**351686**	**171462**	**180224**
淮安区	136064	65663	70401	113885	54311	59574
淮阴区	123408	60515	62893	81154	41599	39555
清江浦区	203291	99385	103906	103925	50214	53711
洪泽区	61937	29897	32040	52722	25338	27384
涟水县						
盱眙县						
金湖县						
淮安经济技术开发区						
工业园区						
生态文旅区						
苏淮高新区						

1-3a 续表 2

单位：人

地区	户口登记地					
	合计			本县(市、区)		
	合计	男	女	小计	男	女
盐城市	**657858**	**332031**	**325827**	**364962**	**181919**	**183043**
亭湖区	192923	98438	94485	96672	48678	47994
盐都区	142191	72208	69983	74587	38527	36060
大丰区	95396	47261	48135	79910	39292	40618
响水县						
滨海县						
阜宁县						
射阳县						
建湖县						
盐城经济技术开发区	1633	920	713	722	385	337
江苏省盐南高新区	145141	70546	74595	63507	31710	31797
东台市	80574	42658	37916	49564	23327	26237
扬州市	**962707**	**487546**	**475161**	**429661**	**204329**	**225332**
广陵区	206268	109012	97256	68637	34482	34155
邗江区	297520	149181	148339	70834	34078	36756
江都区	142500	69562	72938	93601	42193	51408
宝应县						
扬州经济技术开发区						
蜀冈瘦西湖景区	59565	30152	29413	23388	11151	12237
生态新城	14075	7843	6232	1639	904	735
仪征市	101999	53284	48715	60960	29398	31562
高邮市	140780	68512	72268	110602	52123	58479
镇江市	**825534**	**421617**	**403917**	**380290**	**182919**	**197371**
京口区	176844	90174	86670	66549	32113	34436
润州区	122847	61477	61370	51728	25355	26373
丹徒区	86508	44968	41540	31170	15182	15988
镇江新区						
江苏镇江高新区	37752	20059	17693	14100	7056	7044
丹阳市	182184	92124	90060	94051	44620	49431
扬中市	66228	34737	31491	33284	15666	17618
句容市	153171	78078	75093	89408	42927	46481
泰州市	**927746**	**457368**	**470378**	**578570**	**277230**	**301340**
海陵区	250031	121741	128290	89706	42667	47039
高港区	60252	30480	29772	18496	8723	9773
姜堰区	162920	78844	84076	115201	54404	60797
泰州医药高新技术产业开发区						
兴化市	141019	71225	69794	119277	59408	59869
靖江市	178505	87769	90736	141099	67131	73968
泰兴市	135019	67309	67710	94791	44897	49894
宿迁市	**312110**	**157017**	**155093**	**186762**	**92004**	**94758**
宿城区	145329	71132	74197	78343	37988	40355
宿豫区	111092	56001	55091	85280	42651	42629
沭阳县						
泗阳县						
泗洪县						
宿迁经济技术开发区						
宿迁市湖滨新区	29755	16508	13247	9247	4518	4729
苏州宿迁工业园区	15081	8049	7032	6989	3592	3397
宿迁市洋河新区	10853	5327	5526	6903	3255	3648

1-3a 续表 3

单位：人

地区	户口登记地					
	本省其他县(市、区)			省外		
	小计	男	女	小计	男	女
江苏	**7133954**	**3701031**	**3432923**	**6123721**	**3474239**	**2649482**
南京市	**1938907**	**997142**	**941765**	**1226211**	**689613**	**536598**
玄武区	132762	65226	67536	95480	52165	43315
秦淮区	161856	79843	82013	90820	48942	41878
建邺区	160943	81034	79909	73571	42145	31426
鼓楼区	186895	88243	98652	101876	52117	49759
浦口区	49454	25676	23778	36973	21084	15889
栖霞区	314433	161806	152627	181026	103238	77788
雨花台区	191522	100073	91449	128819	74053	54766
江宁区	403166	211129	192037	273611	153259	120352
六合区	13017	6806	6211	11526	6114	5412
溧水区	33075	19972	13103	38508	24926	13582
高淳区	8479	4954	3525	13885	8465	5420
南京江北新区	283305	152380	130925	180116	103105	77011
无锡市	**930417**	**494669**	**435748**	**1029539**	**583432**	**446107**
锡山区	106458	57711	48747	164396	96609	67787
惠山区	128751	69365	59386	149307	84474	64833
滨湖区	119733	63713	56020	118820	65714	53106
梁溪区	193105	97826	95279	148655	81335	67320
新吴区	169287	89814	79473	141967	80450	61517
江苏无锡经济开发区	70905	37108	33797	69660	40099	29561
江阴市	100886	56769	44117	138244	80098	58146
宜兴市	41292	22363	18929	98490	54653	43837
徐州市	**442434**	**218261**	**224173**	**164114**	**89874**	**74240**
鼓楼区	101546	51175	50371	32220	18550	13670
云龙区	113378	55653	57725	33042	17414	15628
贾汪区	13718	7336	6382	7439	4122	3317
泉山区	117019	57473	59546	39290	20563	18727
铜山区	76262	36580	39682	42164	23988	18176
丰县						
沛县						
睢宁县						
徐州经济技术开发区	147	62	85	33	15	18
新沂市	8829	4213	4616	5204	2816	2388
邳州市	11535	5769	5766	4722	2406	2316
常州市	**723007**	**382594**	**340413**	**658230**	**379755**	**278475**
天宁区	135462	66411	69051	100304	56403	43901
钟楼区	153175	78104	75071	120878	68109	52769
新北区	153226	80516	72710	120651	69359	51292
武进区	198655	110368	88287	190383	109519	80864
金坛区	21164	11650	9514	36985	21353	15632
江苏省常州市经济开发区	43391	24065	19326	46594	26594	20000
溧阳市	17934	11480	6454	42435	28418	14017

1-3a 续表 4

单位：人

地　区	户口登记地					
	本省其他县(市、区)			省　外		
	小计	男	女	小计	男	女
苏州市	**1225664**	**649996**	**575668**	**2106560**	**1197623**	**908937**
虎丘区	173282	89738	83544	222210	129797	92413
吴中区	226446	117742	108704	258343	145433	112910
相城区	145605	77916	67689	252083	145846	106237
姑苏区	156408	77520	78888	161929	85850	76079
吴江区	96607	52662	43945	250682	144939	105743
苏州工业园区						
常熟市	104835	57540	47295	246390	137818	108572
张家港市	61836	33855	27981	112170	61964	50206
昆山市	221318	120752	100566	510263	292942	217321
太仓市	39327	22271	17056	92490	53034	39456
南通市	**420545**	**219242**	**201303**	**335714**	**194647**	**141067**
崇川区	181364	89297	92067	104618	57718	46900
港闸区	131804	67850	63954	75874	43177	32697
通州区	31005	17835	13170	39737	22893	16844
如东县						
南通经济技术开发区						
通州湾示范区						
苏锡通科技产业园区						
启东市	12674	7731	4943	21593	13188	8405
如皋市	15261	7321	7940	15716	8420	7296
海门市	20248	12462	7786	39408	24279	15129
海安市	28189	16746	11443	38768	24972	13796
连云港市	**104014**	**56382**	**47632**	**33595**	**20864**	**12731**
连云区	28124	15732	12392	12999	8332	4667
海州区	65477	34317	31160	11894	6365	5529
赣榆区	6421	3276	3145	4021	2007	2014
东海县	185	89	96	9	4	5
灌云县						
灌南县						
连云港经济技术开发区						
连云港高新技术产业开发区						
江苏连云港徐圩新区	3667	2907	760	4658	4149	509
江苏省连云港市云台山风景名胜区	140	61	79	14	7	7
淮安市	**146239**	**70393**	**75846**	**26775**	**13605**	**13170**
淮安区	17338	8738	8600	4841	2614	2227
淮阴区	35022	15693	19329	7232	3223	4009
清江浦区	86684	42444	44240	12682	6727	5955
洪泽区	7195	3518	3677	2020	1041	979
涟水县						
盱眙县						
金湖县						
淮安经济技术开发区						
工业园区						
生态文旅区						
苏淮高新区						

1-3a 续表 5

单位：人

地区	户口登记地					
	本省其他县(市、区)			省外		
	小计	男	女	小计	男	女
盐城市	**243035**	**121883**	**121152**	**49861**	**28229**	**21632**
亭湖区	84451	43717	40734	11800	6043	5757
盐都区	61422	30374	31048	6182	3307	2875
大丰区	9952	5023	4929	5534	2946	2588
响水县						
滨海县						
阜宁县						
射阳县						
建湖县						
盐城经济技术开发区	643	338	305	268	197	71
江苏省盐南高新区	73557	34946	38611	8077	3890	4187
东台市	13010	7485	5525	18000	11846	6154
扬州市	**374610**	**193772**	**180838**	**158436**	**89445**	**68991**
广陵区	102529	54224	48305	35102	20306	14796
邗江区	169171	84369	84802	57515	30734	26781
江都区	28889	15895	12994	20010	11474	8536
宝应县						
扬州经济技术开发区						
蜀冈瘦西湖景区	27782	13959	13823	8395	5042	3353
生态新城	6611	3699	2912	5825	3240	2585
仪征市	21694	12160	9534	19345	11726	7619
高邮市	17934	9466	8468	12244	6923	5321
镇江市	**259201**	**134750**	**124451**	**186043**	**103948**	**82095**
京口区	76565	39225	37340	33730	18836	14894
润州区	55199	27347	27852	15920	8775	7145
丹徒区	35934	18758	17176	19404	11028	8376
镇江新区						
江苏镇江高新区	16224	8618	7606	7428	4385	3043
丹阳市	28383	14942	13441	59750	32562	27188
扬中市	14639	8518	6121	18305	10553	7752
句容市	32257	17342	14915	31506	17809	13697
泰州市	**232330**	**115792**	**116538**	**116846**	**64346**	**52500**
海陵区	117032	56206	60826	43293	22868	20425
高港区	29868	14968	14900	11888	6789	5099
姜堰区	35373	17491	17882	12346	6949	5397
泰州医药高新技术产业开发区						
兴化市	12494	6760	5734	9248	5057	4191
靖江市	17015	9139	7876	20391	11499	8892
泰兴市	20548	11228	9320	19680	11184	8496
宿迁市	**93551**	**46155**	**47396**	**31797**	**18858**	**12939**
宿城区	53672	25863	27809	13314	7281	6033
宿豫区	19531	9900	9631	6281	3450	2831
沭阳县						
泗阳县						
泗洪县						
宿迁经济技术开发区						
宿迁市湖滨新区	11435	5452	5983	9073	6538	2535
苏州宿迁工业园区	5965	3374	2591	2127	1083	1044
宿迁市洋河新区	2948	1566	1382	1002	506	496

1-3b 各地区分性别的户口登记地在外乡镇街道的人口状况(镇)

单位：人

地　区	户口登记地					
	合　计			本县(市、区)		
	合计	男	女	小计	男	女
江　苏	**7509748**	**3930657**	**3579091**	**3020983**	**1464886**	**1556097**
南京市	**75465**	**39458**	**36007**	**38315**	**18738**	**19577**
玄武区						
秦淮区						
建邺区						
鼓楼区						
浦口区	732	394	338	247	115	132
栖霞区						
雨花台区	5213	2924	2289	174	99	75
江宁区						
六合区	59912	30918	28994	34928	17059	17869
溧水区	7821	4206	3615	2181	1056	1125
高淳区	1787	1016	771	785	409	376
南京江北新区						
无锡市	**489007**	**269297**	**219710**	**56137**	**26327**	**29810**
锡山区	124804	70479	54325	6204	2842	3362
惠山区	49985	28007	21978	5602	2653	2949
滨湖区						
梁溪区						
新吴区						
江苏无锡经济开发区						
江阴市	205868	111692	94176	14612	6653	7959
宜兴市	108350	59119	49231	29719	14179	15540
徐州市	**718099**	**355951**	**362148**	**497069**	**242810**	**254259**
鼓楼区						
云龙区	13308	7484	5824	2629	1359	1270
贾汪区	6405	3000	3405	3284	1459	1825
泉山区						
铜山区	45941	22182	23759	25266	12127	13139
丰县	128266	64110	64156	110007	54649	55358
沛县	165132	81859	83273	137494	68231	69263
睢宁县	188552	89917	98635	163258	78029	85229
徐州经济技术开发区	139541	72955	66586	33440	16656	16784
新沂市	14600	6305	8295	10206	4549	5657
邳州市	16354	8139	8215	11485	5751	5734
常州市	**223003**	**123824**	**99179**	**27460**	**13223**	**14237**
天宁区	17130	9345	7785	896	434	462
钟楼区						
新北区	40004	22012	17992	4995	2359	2636
武进区	69815	38375	31440	5864	2780	3084
金坛区	18447	10122	8325	3695	1824	1871
江苏省常州市经济开发区	50567	28662	21905	4222	2098	2124
溧阳市	27040	15308	11732	7788	3728	4060

1-3b 续表 1

单位：人

地区	户口登记地					
	合计			本县(市、区)		
	合计	男	女	小计	男	女
苏州市	**1747355**	**968878**	**778477**	**136393**	**65733**	**70660**
虎丘区	577	295	282	60	31	29
吴中区	112167	63546	48621	8733	4319	4414
相城区	26640	15807	10833	1320	682	638
姑苏区						
吴江区	249150	138400	110750	14729	7121	7608
苏州工业园区	648573	350470	298103	58064	27826	30238
常熟市	191883	112436	79447	12610	6226	6384
张家港市	258927	141068	117859	24219	11389	12830
昆山市	133249	73605	59644	11005	5390	5615
太仓市	126189	73251	52938	5653	2749	2904
南通市	**684876**	**383372**	**301504**	**129477**	**60875**	**68602**
崇川区						
港闸区						
通州区	112215	61546	50669	11403	5047	6356
如东县	105744	55278	50466	54839	25224	29615
南通经济技术开发区	190710	106699	84011	16192	7704	8488
通州湾示范区	13824	8337	5487	2929	1585	1344
苏锡通科技产业园区	20963	12906	8057	883	400	483
启东市	59533	35124	24409	12833	6178	6655
如皋市	43128	24738	18390	14349	7416	6933
海门市	112752	63546	49206	9862	4582	5280
海安市	26007	15198	10809	6187	2739	3448
连云港市	**443828**	**222946**	**220882**	**252013**	**125638**	**126375**
连云区	1083	901	182	29	24	5
海州区	12924	6307	6617	5855	2789	3066
赣榆区	21604	10924	10680	12799	6372	6427
东海县	111437	56608	54829	89417	45431	43986
灌云县	82266	41230	41036	66060	32941	33119
灌南县	76334	38278	38056	59788	29148	30640
连云港经济技术开发区	32698	16976	15722	5454	2786	2668
连云港高新技术产业开发区	101154	49545	51609	11700	5695	6005
江苏连云港徐圩新区	3746	1887	1859	687	342	345
江苏省连云港市云台山风景名胜区	582	290	292	224	110	114
淮安市	**531482**	**261944**	**269538**	**334723**	**161403**	**173320**
淮安区	8885	4454	4431	4686	2239	2447
淮阴区	8513	4141	4372	4117	1971	2146
清江浦区	557	329	228	180	102	78
洪泽区	2573	1349	1224	1060	571	489
涟水县	128356	62693	65663	109090	53376	55714
盱眙县	136408	64983	71425	114409	53997	60412
金湖县	82827	40916	41911	68162	32927	35235
淮安经济技术开发区	128002	65755	62247	23197	11467	11730
工业园区	1035	547	488	325	148	177
生态文旅区	30167	14554	15613	7472	3601	3871
苏淮高新区	4159	2223	1936	2025	1004	1021

1-3b 续表 2

单位：人

地　区	户口登记地					
	合　计			本县(市、区)		
	合计	男	女	小计	男	女
盐城市	**762910**	**374552**	**388358**	**585692**	**285671**	**300021**
亭湖区	13960	7604	6356	4385	2198	2187
盐都区	16884	8101	8783	9482	4600	4882
大丰区	26378	14201	12177	13487	6770	6717
响水县	101952	49935	52017	79346	38644	40702
滨海县	127014	62010	65004	105375	51100	54275
阜宁县	129863	63041	66822	109578	53566	56012
射阳县	139468	67868	71600	114484	55342	59142
建湖县	157298	76677	80621	132276	64925	67351
盐城经济技术开发区	25910	12846	13064	3865	2173	1692
江苏省盐南高新区						
东台市	24183	12269	11914	13414	6353	7061
扬州市	**353775**	**178817**	**174958**	**164956**	**77795**	**87161**
广陵区	12639	6925	5714	2710	1304	1406
邗江区	14731	7528	7203	4237	1997	2240
江都区	43146	22093	21053	16338	7200	9138
宝应县	142266	68937	73329	116568	55203	61365
扬州经济技术开发区	109521	56841	52680	14837	7163	7674
蜀冈瘦西湖景区						
生态新城	2578	1381	1197	760	363	397
仪征市	9201	4827	4374	2605	1278	1327
高邮市	19693	10285	9408	6901	3287	3614
镇江市	**400409**	**214948**	**185461**	**73412**	**36201**	**37211**
京口区	3564	2034	1530	1199	608	591
润州区						
丹徒区	37325	22642	14683	3772	2178	1594
镇江新区	132597	70102	62495	39875	19385	20490
江苏镇江高新区						
丹阳市	168180	89755	78425	23834	11684	12150
扬中市	9119	5133	3986	2150	1061	1089
句容市	49624	25282	24342	2582	1285	1297
泰州市	**265973**	**140450**	**125523**	**86235**	**42169**	**44066**
海陵区	2713	1494	1219	783	388	395
高港区	6811	3691	3120	989	426	563
姜堰区	12238	6341	5897	4503	2028	2475
泰州医药高新技术产业开发区	105272	53608	51664	21362	10320	11042
兴化市	51005	27213	23792	26401	13618	12783
靖江市	41053	22369	18684	11896	5684	6212
泰兴市	46881	25734	21147	20301	9705	10596
宿迁市	**813566**	**396220**	**417346**	**639101**	**308303**	**330798**
宿城区	4073	1868	2205	1406	597	809
宿豫区	8424	4249	4175	4858	2281	2577
沭阳县	302857	148476	154381	249517	121475	128042
泗阳县	184058	88873	95185	149143	71951	77192
泗洪县	251138	120281	130857	215200	102771	112429
宿迁经济技术开发区	61233	31624	29609	18126	8815	9311
宿迁市湖滨新区	1783	849	934	851	413	438
苏州宿迁工业园区						
宿迁市洋河新区						

1-3b 续表 3

单位：人

地区	户口登记地					
	本省其他县(市、区)			省外		
	小计	男	女	小计	男	女
江 苏	**2029933**	**1069140**	**960793**	**2458832**	**1396631**	**1062201**
南京市	**19732**	**10709**	**9023**	**17418**	**10011**	**7407**
玄武区						
秦淮区						
建邺区						
鼓楼区						
浦口区	329	183	146	156	96	60
栖霞区						
雨花台区	3231	1750	1481	1808	1075	733
江宁区						
六合区	12508	6726	5782	12476	7133	5343
溧水区	3037	1636	1401	2603	1514	1089
高淳区	627	414	213	375	193	182
南京江北新区						
无锡市	**128971**	**71171**	**57800**	**303899**	**171799**	**132100**
锡山区	33869	18753	15116	84731	48884	35847
惠山区	16101	8995	7106	28282	16359	11923
滨湖区						
梁溪区						
新吴区						
江苏无锡经济开发区						
江阴市	58123	31653	26470	133133	73386	59747
宜兴市	20878	11770	9108	57753	33170	24583
徐州市	**158205**	**81493**	**76712**	**62825**	**31648**	**31177**
鼓楼区						
云龙区	8213	4561	3652	2466	1564	902
贾汪区	1994	928	1066	1127	613	514
泉山区						
铜山区	13784	6689	7095	6891	3366	3525
丰县	10692	5782	4910	7567	3679	3888
沛县	14613	7441	7172	13025	6187	6838
睢宁县	15731	7771	7960	9563	4117	5446
徐州经济技术开发区	86621	45221	41400	19480	11078	8402
新沂市	2857	1233	1624	1537	523	1014
邳州市	3700	1867	1833	1169	521	648
常州市	**57893**	**32131**	**25762**	**137650**	**78470**	**59180**
天宁区	5088	2719	2369	11146	6192	4954
钟楼区						
新北区	14189	7787	6402	20820	11866	8954
武进区	17999	9775	8224	45952	25820	20132
金坛区	3369	1848	1521	11383	6450	4933
江苏省常州市经济开发区	11679	6710	4969	34666	19854	14812
溧阳市	5569	3292	2277	13683	8288	5395

1-3b 续表 4　　　　单位：人

地区	户口登记地					
	本省其他县(市、区)			省外		
	小计	男	女	小计	男	女
苏州市	**510881**	**274314**	**236567**	**1100081**	**628831**	**471250**
虎丘区	190	95	95	327	169	158
吴中区	28835	15956	12879	74599	43271	31328
相城区	7345	4227	3118	17975	10898	7077
姑苏区						
吴江区	39766	21842	17924	194655	109437	85218
苏州工业园区	247026	126085	120941	343483	196559	146924
常熟市	50663	30265	20398	128610	75945	52665
张家港市	70366	38433	31933	164342	91246	73096
昆山市	40857	22237	18620	81387	45978	35409
太仓市	25833	15174	10659	94703	55328	39375
南通市	**203031**	**113233**	**89798**	**352368**	**209264**	**143104**
崇川区						
港闸区						
通州区	17659	9477	8182	83153	47022	36131
如东县	21972	12727	9245	28933	17327	11606
南通经济技术开发区	99966	53650	46316	74552	45345	29207
通州湾示范区	5897	3482	2415	4998	3270	1728
苏锡通科技产业园区	6978	4502	2476	13102	8004	5098
启东市	16412	9437	6975	30288	19509	10779
如皋市	11417	6582	4835	17362	10740	6622
海门市	16010	9378	6632	86880	49586	37294
海安市	6720	3998	2722	13100	8461	4639
连云港市	**147364**	**74827**	**72537**	**44451**	**22481**	**21970**
连云区	337	291	46	717	586	131
海州区	6482	3232	3250	587	286	301
赣榆区	4923	2565	2358	3882	1987	1895
东海县	16066	8224	7842	5954	2953	3001
灌云县	13056	6628	6428	3150	1661	1489
灌南县	11495	5891	5604	5051	3239	1812
连云港经济技术开发区	22490	11597	10893	4754	2593	2161
连云港高新技术产业开发区	69709	35043	34666	19745	8807	10938
江苏连云港徐圩新区	2475	1190	1285	584	355	229
江苏省连云港市云台山风景名胜区	331	166	165	27	14	13
淮安市	**157492**	**80115**	**77377**	**39267**	**20426**	**18841**
淮安区	3267	1715	1552	932	500	432
淮阴区	3177	1555	1622	1219	615	604
清江浦区	272	158	114	105	69	36
洪泽区	1228	634	594	285	144	141
涟水县	15517	7614	7903	3749	1703	2046
盱眙县	15107	7607	7500	6892	3379	3513
金湖县	9642	5106	4536	5023	2883	2140
淮安经济技术开发区	85987	44473	41514	18818	9815	9003
工业园区	403	207	196	307	192	115
生态文旅区	21079	10052	11027	1616	901	715
苏淮高新区	1813	994	819	321	225	96

1-3b 续表 5

单位：人

地 区	户口登记地					
	本省其他县(市、区)			省 外		
	小计	男	女	小计	男	女
盐城市	**128589**	**63299**	**65290**	**48629**	**25582**	**23047**
亭湖区	6666	3542	3124	2909	1864	1045
盐都区	6138	2905	3233	1264	596	668
大丰区	6303	3445	2858	6588	3986	2602
响水县	17791	8718	9073	4815	2573	2242
滨海县	15248	7651	7597	6391	3259	3132
阜宁县	16191	7726	8465	4094	1749	2345
射阳县	17900	8862	9038	7084	3664	3420
建湖县	19672	9371	10301	5350	2381	2969
盐城经济技术开发区	17016	8105	8911	5029	2568	2461
江苏省盐南高新区						
东台市	5664	2974	2690	5105	2942	2163
扬州市	**127083**	**65931**	**61152**	**61736**	**35091**	**26645**
广陵区	5888	3234	2654	4041	2387	1654
邗江区	7324	3781	3543	3170	1750	1420
江都区	15805	8602	7203	11003	6291	4712
宝应县	16832	8842	7990	8866	4892	3974
扬州经济技术开发区	68738	34857	33881	25946	14821	11125
蜀冈瘦西湖景区						
生态新城	1204	653	551	614	365	249
仪征市	3363	1772	1591	3233	1777	1456
高邮市	7929	4190	3739	4863	2808	2055
镇江市	**153531**	**80896**	**72635**	**173466**	**97851**	**75615**
京口区	910	518	392	1455	908	547
润州区						
丹徒区	19107	11520	7587	14446	8944	5502
镇江新区	55507	28906	26601	37215	21811	15404
江苏镇江高新区						
丹阳市	44099	22758	21341	100247	55313	44934
扬中市	2731	1653	1078	4238	2419	1819
句容市	31177	15541	15636	15865	8456	7409
泰州市	**105274**	**54458**	**50816**	**74464**	**43823**	**30641**
海陵区	1112	628	484	818	478	340
高港区	3174	1741	1433	2648	1524	1124
姜堰区	4027	2126	1901	3708	2187	1521
泰州医药高新技术产业开发区	57317	27886	29431	26593	15402	11191
兴化市	15343	8237	7106	9261	5358	3903
靖江市	12874	7132	5742	16283	9553	6730
泰兴市	11427	6708	4719	15153	9321	5832
宿迁市	**131887**	**66563**	**65324**	**42578**	**21354**	**21224**
宿城区	1899	902	997	768	369	399
宿豫区	2307	1243	1064	1259	725	534
沭阳县	38294	19336	18958	15046	7665	7381
泗阳县	27637	13550	14087	7278	3372	3906
泗洪县	23190	11478	11712	12748	6032	6716
宿迁经济技术开发区	37777	19686	18091	5330	3123	2207
宿迁市湖滨新区	783	368	415	149	68	81
苏州宿迁工业园区						
宿迁市洋河新区						

1-3c 各地区分性别的户口登记地在外乡镇街道的人口状况(乡村)

单位：人

地区	户口登记地					
	合计			本县(市、区)		
	合计	男	女	小计	男	女
江苏	**3147754**	**1773195**	**1374559**	**411470**	**188851**	**222619**
南京市	**250364**	**146364**	**104000**	**29111**	**14089**	**15022**
玄武区						
秦淮区						
建邺区						
鼓楼区						
浦口区	16778	9035	7743	3312	1612	1700
栖霞区	16414	10178	6236	1114	587	527
雨花台区						
江宁区	148582	89929	58653	10317	5026	5291
六合区	28460	15435	13025	7257	3490	3767
溧水区	24276	12212	12064	3617	1787	1830
高淳区	10603	5935	4668	2895	1212	1683
南京江北新区	5251	3640	1611	599	375	224
无锡市	**496911**	**283853**	**213058**	**28248**	**12360**	**15888**
锡山区	52333	29764	22569	1457	679	778
惠山区	101423	58246	43177	5845	2236	3609
滨湖区	21948	12807	9141	1984	924	1060
梁溪区						
新吴区	54022	32755	21267	1384	624	760
江苏无锡经济开发区						
江阴市	172307	96888	75419	5569	2253	3316
宜兴市	94878	53393	41485	12009	5644	6365
徐州市	**120201**	**50014**	**70187**	**42151**	**15403**	**26748**
鼓楼区						
云龙区						
贾汪区	10006	4059	5947	3599	1225	2374
泉山区						
铜山区	27429	11505	15924	9897	3900	5997
丰县	14236	6367	7869	3651	1386	2265
沛县	16048	6361	9687	5828	2027	3801
睢宁县	18293	7792	10501	5983	2286	3697
徐州经济技术开发区	2448	1088	1360	704	274	430
新沂市	15979	5956	10023	7801	2713	5088
邳州市	15762	6886	8876	4688	1592	3096
常州市	**362065**	**208686**	**153379**	**21375**	**10063**	**11312**
天宁区	19426	10728	8698	667	287	380
钟楼区	23961	14124	9837	764	395	369
新北区	28807	16332	12475	1456	636	820
武进区	133244	76772	56472	5513	2443	3070
金坛区	48594	27919	20675	6690	3376	3314
江苏省常州市经济开发区	81339	46779	34560	2663	1253	1410
溧阳市	26694	16032	10662	3622	1673	1949

1-3c 续表 1

单位：人

地区	户口登记地					
	合计			本县(市、区)		
	合计	男	女	小计	男	女
苏州市	**972831**	**580292**	**392539**	**37241**	**18159**	**19082**
虎丘区	32354	19551	12803	2182	1090	1092
吴中区	127051	76405	50646	3844	1974	1870
相城区	24573	15922	8651	621	348	273
姑苏区						
吴江区	129173	75112	54061	4401	2244	2157
苏州工业园区						
常熟市	143100	83815	59285	7879	3732	4147
张家港市	152599	87765	64834	6136	2650	3486
昆山市	260253	158477	101776	7373	3670	3703
太仓市	103728	63245	40483	4805	2451	2354
南通市	**204820**	**115222**	**89598**	**44825**	**21278**	**23547**
崇川区						
港闸区	1477	1108	369	15	8	7
通州区	47786	27435	20351	6717	3170	3547
如东县	23518	13469	10049	8140	4323	3817
南通经济技术开发区						
通州湾示范区	3227	1648	1579	789	379	410
苏锡通科技产业园区	16235	8806	7429	1371	622	749
启东市	36534	21086	15448	13103	6117	6986
如皋市	16117	8364	7753	4080	1902	2178
海门市	43525	23936	19589	8244	3664	4580
海安市	16401	9370	7031	2366	1093	1273
连云港市	**69590**	**31781**	**37809**	**18043**	**6998**	**11045**
连云区	667	491	176	86	39	47
海州区	5633	2624	3009	1364	530	834
赣榆区	15137	6247	8890	5486	2130	3356
东海县	21432	9306	12126	4698	1521	3177
灌云县	11625	5777	5848	2419	1087	1332
灌南县	9814	4882	4932	2294	1028	1266
连云港经济技术开发区	2729	1285	1444	686	274	412
连云港高新技术产业开发区						
江苏连云港徐圩新区	322	267	55	74	56	18
江苏省连云港市云台山风景名胜区	2231	902	1329	936	333	603
淮安市	**77175**	**39289**	**37886**	**27540**	**13194**	**14346**
淮安区	13656	6947	6709	2352	1033	1319
淮阴区	12095	5599	6496	4073	1827	2246
清江浦区	3623	1877	1746	1160	547	613
洪泽区	12730	6355	6375	8310	3946	4364
涟水县	13017	6520	6497	2886	1402	1484
盱眙县	10795	5553	5242	3500	1722	1778
金湖县	10423	5915	4508	5134	2662	2472
淮安经济技术开发区						
工业园区	718	467	251	114	50	64
生态文旅区						
苏淮高新区	118	56	62	11	5	6

1-3c 续表 2

单位：人

地区	户口登记地					
	合计			本县(市、区)		
	合计	男	女	小计	男	女
盐城市	**129883**	**66975**	**62908**	**48518**	**24513**	**24005**
亭湖区	10095	5070	5025	4201	2067	2134
盐都区	18913	9964	8949	6029	3075	2954
大丰区	26161	14943	11218	11563	6388	5175
响水县	7178	3290	3888	1661	663	998
滨海县	10216	4940	5276	3320	1469	1851
阜宁县	8827	4394	4433	1749	868	881
射阳县	15824	8270	7554	7962	4202	3760
建湖县	14321	7235	7086	5916	2941	2975
盐城经济技术开发区	1737	952	785	261	118	143
江苏省盐南高新区						
东台市	16611	7917	8694	5856	2722	3134
扬州市	**117268**	**67569**	**49699**	**24292**	**12344**	**11948**
广陵区	20316	13266	7050	1649	840	809
邗江区	8793	4479	4314	1766	785	981
江都区	30297	17811	12486	4585	2230	2355
宝应县	11697	6546	5151	2302	1195	1107
扬州经济技术开发区	6892	3649	3243	1232	615	617
蜀冈瘦西湖景区						
生态新城	2972	1562	1410	271	132	139
仪征市	21001	11689	9312	8570	4437	4133
高邮市	15300	8567	6733	3917	2110	1807
镇江市	**126239**	**71173**	**55066**	**21489**	**10693**	**10796**
京口区	1588	884	704	151	67	84
润州区	705	426	279	16	7	9
丹徒区	18207	10193	8014	3826	1998	1828
镇江新区	10702	5870	4832	4099	2015	2084
江苏镇江高新区						
丹阳市	43503	24021	19482	4069	1960	2109
扬中市	19410	11472	7938	3410	1595	1815
句容市	32124	18307	13817	5918	3051	2867
泰州市	**111207**	**61496**	**49711**	**28312**	**13084**	**15228**
海陵区	4208	2215	1993	1025	449	576
高港区	7188	4091	3097	829	335	494
姜堰区	13533	6882	6651	3915	1864	2051
泰州医药高新技术产业开发区	2196	1056	1140	324	123	201
兴化市	20049	9832	10217	7463	3345	4118
靖江市	35100	21255	13845	6920	3212	3708
泰兴市	28933	16165	12768	7836	3756	4080
宿迁市	**109200**	**50481**	**58719**	**40325**	**16673**	**23652**
宿城区	16294	7825	8469	5313	2121	3192
宿豫区	8657	4309	4348	3748	1720	2028
沭阳县	31978	13185	18793	10129	3138	6991
泗阳县	14150	6634	7516	4358	1921	2437
泗洪县	25993	12546	13447	12850	5997	6853
宿迁经济技术开发区	5271	2694	2577	1114	493	621
宿迁市湖滨新区	3377	1676	1701	1430	684	746
苏州宿迁工业园区						
宿迁市洋河新区	3480	1612	1868	1383	599	784

1-3c 续表 3

单位：人

地 区	户口登记地					
	本省其他县(市、区)			省 外		
	小计	男	女	小计	男	女
江 苏	**1010227**	**564073**	**446154**	**1726057**	**1020271**	**705786**
南京市	**116417**	**65983**	**50434**	**104836**	**66292**	**38544**
玄武区						
秦淮区						
建邺区						
鼓楼区						
浦口区	6372	3468	2904	7094	3955	3139
栖霞区	8441	5059	3382	6859	4532	2327
雨花台区						
江宁区	71002	41368	29634	67263	43535	23728
六合区	12714	7043	5671	8489	4902	3587
溧水区	11852	5347	6505	8807	5078	3729
高淳区	3583	2065	1518	4125	2658	1467
南京江北新区	2453	1633	820	2199	1632	567
无锡市	**131418**	**75366**	**56052**	**337245**	**196127**	**141118**
锡山区	15937	8882	7055	34939	20203	14736
惠山区	27725	15685	12040	67853	40325	27528
滨湖区	5963	3480	2483	14001	8403	5598
梁溪区						
新吴区	18602	11239	7363	34036	20892	13144
江苏无锡经济开发区						
江阴市	42283	24070	18213	124455	70565	53890
宜兴市	20908	12010	8898	61961	35739	26222
徐州市	**56622**	**26671**	**29951**	**21428**	**7940**	**13488**
鼓楼区						
云龙区						
贾汪区	4136	1855	2281	2271	979	1292
泉山区						
铜山区	12146	5493	6653	5386	2112	3274
丰县	7195	3578	3617	3390	1403	1987
沛县	7394	3469	3925	2826	865	1961
睢宁县	9298	4486	4812	3012	1020	1992
徐州经济技术开发区	1274	577	697	470	237	233
新沂市	5991	2594	3397	2187	649	1538
邳州市	9188	4619	4569	1886	675	1211
常州市	**102658**	**59185**	**43473**	**238032**	**139438**	**98594**
天宁区	5258	2878	2380	13501	7563	5938
钟楼区	11524	6958	4566	11673	6771	4902
新北区	11789	6622	5167	15562	9074	6488
武进区	37991	21865	16126	89740	52464	37276
金坛区	9976	5803	4173	31928	18740	13188
江苏省常州市经济开发区	18822	10748	8074	59854	34778	25076
溧阳市	7298	4311	2987	15774	10048	5726

1-3c 续表 4

单位：人

地　　区	户口登记地					
	本省其他县(市、区)			省　　外		
	小计	男	女	小计	男	女
苏州市	**212371**	**126722**	**85649**	**723219**	**435411**	**287808**
虎丘区	10267	6108	4159	19905	12353	7552
吴中区	31807	18855	12952	91400	55576	35824
相城区	6188	4043	2145	17764	11531	6233
姑苏区						
吴江区	17723	10292	7431	107049	62576	44473
苏州工业园区						
常熟市	31991	18973	13018	103230	61110	42120
张家港市	33699	19672	14027	112764	65443	47321
昆山市	61904	37211	24693	190976	117596	73380
太仓市	18792	11568	7224	80131	49226	30905
南通市	**57579**	**33038**	**24541**	**102416**	**60906**	**41510**
崇川区						
港闸区	621	510	111	841	590	251
通州区	12711	7208	5503	28358	17057	11301
如东县	8332	4994	3338	7046	4152	2894
南通经济技术开发区						
通州湾示范区	1092	571	521	1346	698	648
苏锡通科技产业园区	3841	2055	1786	11023	6129	4894
启东市	9471	5869	3602	13960	9100	4860
如皋市	5877	3118	2759	6160	3344	2816
海门市	9687	5406	4281	25594	14866	10728
海安市	5947	3307	2640	8088	4970	3118
连云港市	**42521**	**21122**	**21399**	**9026**	**3661**	**5365**
连云区	336	250	86	245	202	43
海州区	3548	1721	1827	721	373	348
赣榆区	6752	3212	3540	2899	905	1994
东海县	14276	7060	7216	2458	725	1733
灌云县	8185	4177	4008	1021	513	508
灌南县	6391	3256	3135	1129	598	531
连云港经济技术开发区	1790	867	923	253	144	109
连云港高新技术产业开发区						
江苏连云港徐圩新区	70	56	14	178	155	23
江苏省连云港市云台山风景名胜区	1173	523	650	122	46	76
淮安市	**39594**	**20710**	**18884**	**10041**	**5385**	**4656**
淮安区	8761	4557	4204	2543	1357	1186
淮阴区	6295	3051	3244	1727	721	1006
清江浦区	2030	1067	963	433	263	170
洪泽区	3515	1869	1646	905	540	365
涟水县	8759	4461	4298	1372	657	715
盱眙县	6046	3204	2842	1249	627	622
金湖县	3719	2213	1506	1570	1040	530
淮安经济技术开发区						
工业园区	369	242	127	235	175	60
生态文旅区						
苏淮高新区	100	46	54	7	5	2

1-3c　续表 5　　单位：人

地　区	户口登记地					
	本省其他县(市、区)			省　外		
	小计	男	女	小计	男	女
盐城市	**59571**	**30711**	**28860**	**21794**	**11751**	**10043**
亭湖区	5053	2558	2495	841	445	396
盐都区	9999	5213	4786	2885	1676	1209
大丰区	8855	4834	4021	5743	3721	2022
响水县	4577	2208	2369	940	419	521
滨海县	5110	2596	2514	1786	875	911
阜宁县	5928	3041	2887	1150	485	665
射阳县	5407	2779	2628	2455	1289	1166
建湖县	6920	3540	3380	1485	754	731
盐城经济技术开发区	1129	624	505	347	210	137
江苏省盐南高新区						
东台市	6593	3318	3275	4162	1877	2285
扬州市	**51920**	**29264**	**22656**	**41056**	**25961**	**15095**
广陵区	8886	5296	3590	9781	7130	2651
邗江区	4593	2344	2249	2434	1350	1084
江都区	12757	7519	5238	12955	8062	4893
宝应县	7043	3905	3138	2352	1446	906
扬州经济技术开发区	3712	1856	1856	1948	1178	770
蜀冈瘦西湖景区						
生态新城	1521	789	732	1180	641	539
仪征市	6647	3748	2899	5784	3504	2280
高邮市	6761	3807	2954	4622	2650	1972
镇江市	**45729**	**25759**	**19970**	**59021**	**34721**	**24300**
京口区	826	440	386	611	377	234
润州区	231	133	98	458	286	172
丹徒区	7730	4228	3502	6651	3967	2684
镇江新区	3323	1866	1457	3280	1989	1291
江苏镇江高新区						
丹阳市	13234	7397	5837	26200	14664	11536
扬中市	6738	4157	2581	9262	5720	3542
句容市	13647	7538	6109	12559	7718	4841
泰州市	**39883**	**22510**	**17373**	**43012**	**25902**	**17110**
海陵区	2167	1206	961	1016	560	456
高港区	3574	2053	1521	2785	1703	1082
姜堰区	5658	2931	2727	3960	2087	1873
泰州医药高新技术产业开发区	1260	579	681	612	354	258
兴化市	9033	4699	4334	3553	1788	1765
靖江市	9331	5948	3383	18849	12095	6754
泰兴市	8860	5094	3766	12237	7315	4922
宿迁市	**53944**	**27032**	**26912**	**14931**	**6776**	**8155**
宿城区	7776	4032	3744	3205	1672	1533
宿豫区	3524	1784	1740	1385	805	580
沭阳县	18006	8764	9242	3843	1283	2560
泗阳县	7898	3869	4029	1894	844	1050
泗洪县	10530	5418	5112	2613	1131	1482
宿迁经济技术开发区	3150	1611	1539	1007	590	417
宿迁市湖滨新区	1551	788	763	396	204	192
苏州宿迁工业园区						
宿迁市洋河新区	1509	766	743	588	247	341

1-4 各地区分性别、民族的人口

单位：人

地 区	合 计			汉 族		
	合计	男	女	小计	男	女
江 苏	**84748016**	**43031586**	**41716430**	**84126802**	**42720406**	**41406396**
南京市	**9314685**	**4754686**	**4559999**	**9184533**	**4689336**	**4495197**
玄武区	537825	268349	269476	527007	262928	264079
秦淮区	740809	364643	376166	723753	356038	367715
建邺区	534257	268724	265533	522892	262926	259966
鼓楼区	940387	456009	484378	926137	449269	476868
浦口区	401334	203998	197336	396411	201691	194720
栖霞区	987835	511258	476577	971932	503224	468708
雨花台区	608780	317394	291386	600694	313198	287496
江宁区	1926117	1003459	922658	1906253	993063	913190
六合区	632961	317157	315804	626470	314042	312428
溧水区	491336	256342	234994	488213	254863	233350
高淳区	429173	219259	209914	426854	218419	208435
南京江北新区	1083871	568094	515777	1067917	559675	508242
无锡市	**7462135**	**3848880**	**3613255**	**7370607**	**3800678**	**3569929**
锡山区	882387	466374	416013	865347	456989	408358
惠山区	893675	469028	424647	883577	463591	419986
滨湖区	592984	303632	289352	586344	300394	285950
梁溪区	985465	492411	493054	979573	489583	489990
新吴区	720215	376522	343693	711071	371597	339474
江苏无锡经济开发区	322109	165763	156346	319045	164119	154926
江阴市	1779515	920161	859354	1754378	907010	847368
宜兴市	1285785	654989	630796	1271272	647395	623877
徐州市	**9083790**	**4579072**	**4504718**	**9061972**	**4569077**	**4492895**
鼓楼区	425143	214039	211104	422338	212536	209802
云龙区	471566	234338	237228	468888	233021	235867
贾汪区	453555	232962	220593	452432	232398	220034
泉山区	619784	303753	316031	616799	302301	314498
铜山区	1237760	629445	608315	1233783	627495	606288
丰县	935200	468942	466258	932538	467750	464788
沛县	1038337	521117	517220	1036786	520488	516298
睢宁县	1088553	547412	541141	1087717	547175	540542
徐州经济技术开发区	381407	196041	185366	380041	195521	184520
新沂市	969922	490412	479510	968924	490076	478848
邳州市	1462563	740611	721952	1461726	740316	721410
常州市	**5278121**	**2711786**	**2566335**	**5223648**	**2681971**	**2541677**
天宁区	668906	334241	334665	665062	332241	332821
钟楼区	658537	334349	324188	653863	331898	321965
新北区	883125	451504	431621	876056	447853	428203
武进区	1277487	668779	608708	1261516	659856	601660
金坛区	585081	296106	288975	580968	294041	286927
江苏省常州市经济开发区	419893	222613	197280	405827	214560	191267
溧阳市	785092	404194	380898	780356	401522	378834

1-4 续表 1 单位：人

地 区	合 计			汉 族		
	合计	男	女	小计	男	女
苏州市	**12748262**	**6657110**	**6091152**	**12620374**	**6588731**	**6031643**
虎丘区	832499	436545	395954	823288	431764	391524
吴中区	1388972	727815	661157	1376326	721164	655162
相城区	891055	472592	418463	879551	466174	413377
姑苏区	924083	456751	467332	917797	453803	463994
吴江区	1545023	813616	731407	1527184	803689	723495
苏州工业园区	1133927	587651	546276	1118549	579947	538602
常熟市	1677050	872242	804808	1663585	864723	798862
张家港市	1432044	738317	693727	1418751	731417	687334
昆山市	2092496	1113706	978790	2072638	1102807	969831
太仓市	831113	437875	393238	822705	433243	389462
南通市	**7726635**	**3805559**	**3921076**	**7666516**	**3776470**	**3890046**
崇川区	780564	385333	395231	773449	381802	391647
港闸区	403176	205546	197630	399930	203870	196060
通州区	1106601	543734	562867	1097676	539241	558435
如东县	875178	426829	448349	870508	425450	445058
南通经济技术开发区	307213	163194	144019	302255	160363	141892
通州湾示范区	91846	44604	47242	91418	44425	46993
苏锡通科技产业园区	90180	47335	42845	88118	46201	41917
启东市	967313	467719	499594	963422	465741	497681
如皋市	1238448	602131	636317	1233278	600319	632959
海门市	991782	484870	506912	977965	477586	500379
海安市	874334	434264	440070	868497	431472	437025
连云港市	**4599360**	**2335249**	**2264111**	**4588537**	**2330823**	**2257714**
连云区	160390	84274	76116	159555	83830	75725
海州区	717281	359535	357746	715882	358869	357013
赣榆区	1003844	507417	496427	1002856	507115	495741
东海县	1047357	529864	517493	1045548	529371	516177
灌云县	725047	371355	353692	723564	370769	352795
灌南县	612345	312365	299980	611721	312126	299595
连云港经济技术开发区	90248	46427	43821	89651	46168	43483
连云港高新技术产业开发区	171202	84173	87029	168395	82935	85460
江苏连云港徐圩新区	42124	24618	17506	41871	24428	17443
江苏省连云港市云台山风景名胜区	29522	15221	14301	29494	15212	14282
淮安市	**4556230**	**2278713**	**2277517**	**4541366**	**2272674**	**2268692**
淮安区	785272	394371	390901	783616	393810	389806
淮阴区	748791	378611	370180	746073	377632	368441
清江浦区	578451	285281	293170	575717	284008	291709
洪泽区	285097	141741	143356	284573	141505	143068
涟水县	829699	415067	414632	828143	414449	413694
盱眙县	607211	302423	304788	605992	301957	304035
金湖县	289456	144333	145123	288818	144054	144764
淮安经济技术开发区	293156	147922	145234	289710	146455	143255
工业园区	16073	8131	7942	16011	8103	7908
生态文旅区	99460	48901	50559	99182	48778	50404
苏淮高新区	23564	11932	11632	23531	11923	11608

1-4 续表 2

单位：人

地区	合计			汉族		
	合计	男	女	小计	男	女
盐城市	**6709629**	**3379832**	**3329797**	**6688061**	**3371511**	**3316550**
亭湖区	684239	347502	336737	681767	346518	335249
盐都区	614128	312584	301544	612831	312083	300748
大丰区	645603	323856	321747	642472	322854	319618
响水县	459156	233854	225302	457962	233329	224633
滨海县	820084	416467	403617	818395	415781	402614
阜宁县	794036	400486	393550	792530	400113	392417
射阳县	759403	381466	377937	757844	381016	376828
建湖县	609346	305799	303547	608470	305552	302918
盐城经济技术开发区	103004	51964	51040	102010	51618	50392
江苏省盐南高新区	332220	165516	166704	330973	164954	166019
东台市	888410	440338	448072	882807	437693	445114
扬州市	**4559797**	**2270783**	**2289014**	**4532448**	**2257833**	**2274615**
广陵区	542314	277841	264473	538581	275890	262691
邗江区	726906	359928	366978	720516	356973	363543
江都区	926577	453833	472744	922721	451986	470735
宝应县	682219	337714	344505	680989	337196	343793
扬州经济技术开发区	238785	120162	118623	236790	119127	117663
蜀冈瘦西湖景区	134507	66652	67855	133707	66268	67439
生态新城	66346	33740	32606	66067	33587	32480
仪征市	532571	269029	263542	529842	267747	262095
高邮市	709572	351884	357688	703235	349059	354176
镇江市	**3210418**	**1631648**	**1578770**	**3181300**	**1617032**	**1564268**
京口区	355757	179757	176000	349592	176588	173004
润州区	239892	119705	120187	237015	118265	118750
丹徒区	347264	179918	167346	344205	178331	165874
镇江新区	263813	136285	127528	261830	135255	126575
江苏镇江高新区	60064	31011	29053	59488	30701	28787
丹阳市	988900	501587	487313	980334	497402	482932
扬中市	315462	159696	155766	314087	158918	155169
句容市	639266	323689	315577	634749	321572	313177
泰州市	**4512762**	**2261512**	**2251250**	**4493974**	**2253100**	**2240874**
海陵区	577016	283991	293025	573887	282562	291325
高港区	258590	129532	129058	256625	128590	128035
姜堰区	668408	329347	339061	666572	328649	337923
泰州医药高新技术产业开发区	222691	112048	110643	221444	111431	110013
兴化市	1128204	577484	550720	1126457	576770	549687
靖江市	663408	333229	330179	659095	331081	328014
泰兴市	994445	495881	498564	989894	494017	495877
宿迁市	**4986192**	**2516756**	**2469436**	**4973466**	**2511170**	**2462296**
宿城区	663947	333044	330903	661890	332189	329701
宿豫区	444947	225630	219317	444256	225344	218912
沭阳县	1674978	852454	822524	1672722	851635	821087
泗阳县	829562	414975	414587	824966	412711	412255
泗洪县	858740	428675	430065	857517	428226	429291
宿迁经济技术开发区	189245	96068	93177	188900	95914	92986
宿迁市湖滨新区	143573	75338	68235	142605	74826	67779
苏州宿迁工业园区	29991	14833	15158	29876	14786	15090
宿迁市洋河新区	151209	75739	75470	150734	75539	75195

1-4　续表 3　　　　单位：人

地　区	蒙古族			回　族			藏　族		
	小计	男	女	小计	男	女	小计	男	女
江　苏	**21800**	**10999**	**10801**	**140119**	**71878**	**68241**	**12573**	**5948**	**6625**
南京市	**5688**	**2873**	**2815**	**63029**	**31876**	**31153**	**2450**	**1137**	**1313**
玄武区	557	305	252	4959	2431	2528	341	144	197
秦淮区	453	237	216	13351	6693	6658	55	34	21
建邺区	398	208	190	7963	4065	3898	49	29	20
鼓楼区	540	250	290	9193	4395	4798	195	86	109
浦口区	187	85	102	1735	868	867	129	49	80
栖霞区	838	424	414	5069	2651	2418	557	272	285
雨花台区	398	215	183	4304	2238	2066	72	38	34
江宁区	1228	612	616	5966	3064	2902	678	309	369
六合区	122	47	75	4685	2453	2232	27	13	14
溧水区	118	62	56	388	202	186	36	14	22
高淳区	40	16	24	195	101	94	22	6	16
南京江北新区	809	412	397	5221	2715	2506	289	143	146
无锡市	**2519**	**1265**	**1254**	**8122**	**4284**	**3838**	**656**	**306**	**350**
锡山区	346	179	167	914	496	418	85	39	46
惠山区	355	180	175	923	469	454	52	29	23
滨湖区	437	198	239	841	409	432	129	43	86
梁溪区	336	169	167	1313	680	633	100	55	45
新吴区	326	167	159	669	349	320	109	59	50
江苏无锡经济开发区	195	106	89	445	226	219	16	4	12
江阴市	338	167	171	2300	1265	1035	116	54	62
宜兴市	186	99	87	717	390	327	49	23	26
徐州市	**991**	**457**	**534**	**8088**	**4038**	**4050**	**832**	**295**	**537**
鼓楼区	95	52	43	1345	638	707	173	106	67
云龙区	117	53	64	1086	538	548	48	22	26
贾汪区	26	10	16	376	212	164	8	4	4
泉山区	164	84	80	1576	752	824	69	28	41
铜山区	288	148	140	596	334	262	212	114	98
丰县	35	10	25	1887	974	913	8	2	6
沛县	66	20	46	403	188	215	10	1	9
睢宁县	24	6	18	116	61	55	14	2	12
徐州经济技术开发区	69	33	36	199	95	104	271	7	264
新沂市	50	22	28	287	146	141	4		4
邳州市	57	19	38	217	100	117	15	9	6
常州市	**1142**	**600**	**542**	**4568**	**2478**	**2090**	**544**	**219**	**325**
天宁区	127	59	68	707	373	334	67	26	41
钟楼区	125	56	69	816	406	410	68	31	37
新北区	284	147	137	773	428	345	238	86	152
武进区	282	159	123	1295	722	573	82	35	47
金坛区	121	69	52	340	181	159	35	15	20
江苏省常州市经济开发区	90	49	41	399	232	167	15	8	7
溧阳市	113	61	52	238	136	102	39	18	21

1-4 续表 4

单位：人

地区	蒙古族			回族			藏族		
	小计	男	女	小计	男	女	小计	男	女
苏州市	**5309**	**2794**	**2515**	**14602**	**7764**	**6838**	**1246**	**665**	**581**
虎丘区	571	323	248	1185	597	588	161	88	73
吴中区	531	276	255	1215	637	578	210	127	83
相城区	288	163	125	767	425	342	76	35	41
姑苏区	452	217	235	1761	876	885	204	118	86
吴江区	419	217	202	1424	804	620	106	55	51
苏州工业园区	1169	577	592	2135	1045	1090	142	71	71
常熟市	289	168	121	2113	1187	926	58	29	29
张家港市	425	225	200	1146	621	525	68	27	41
昆山市	930	500	430	2191	1210	981	165	88	77
太仓市	235	128	107	665	362	303	56	27	29
南通市	**1312**	**674**	**638**	**4049**	**2173**	**1876**	**2553**	**1313**	**1240**
崇川区	345	184	161	916	470	446	714	311	403
港闸区	91	57	34	433	261	172	588	267	321
通州区	180	103	77	739	418	321	50	15	35
如东县	80	43	37	263	133	130	43	17	26
南通经济技术开发区	79	39	40	279	164	115	792	547	245
通州湾示范区	18	6	12	16	8	8	6	2	4
苏锡通科技产业园区	13	7	6	59	36	23	10	6	4
启东市	109	53	56	317	170	147	29	17	12
如皋市	135	62	73	266	125	141	189	43	146
海门市	152	69	83	495	270	225	81	60	21
海安市	110	51	59	266	118	148	51	28	23
连云港市	**536**	**247**	**289**	**2811**	**1461**	**1350**	**491**	**205**	**286**
连云区	84	44	40	180	96	84	5	3	2
海州区	121	57	64	457	251	206	8	2	6
赣榆区	72	30	42	281	131	150	15	4	11
东海县	69	28	41	470	234	236	13		13
灌云县	15	2	13	828	445	383	3	1	2
灌南县	16	9	7	155	88	67	3	1	2
连云港经济技术开发区	42	23	19	80	34	46	2		2
连云港高新技术产业开发区	104	44	60	331	163	168	440	192	248
江苏连云港徐圩新区	12	10	2	27	18	9	2	2	
江苏省连云港市云台山风景名胜区	1		1	2	1	1			
淮安市	**403**	**171**	**232**	**4849**	**2435**	**2414**	**1528**	**646**	**882**
淮安区	49	16	33	255	126	129	6	1	5
淮阴区	44	16	28	1237	614	623	8	2	6
清江浦区	49	26	23	1656	829	827	17	7	10
洪泽区	19	7	12	103	45	58	1		1
涟水县	23	8	15	789	426	363	10	4	6
盱眙县	35	10	25	152	75	77	6	2	4
金湖县	35	17	18	54	22	32	7	3	4
淮安经济技术开发区	126	55	71	478	239	239	1471	625	846
工业园区	7	6	1	10	3	7			
生态文旅区	15	9	6	110	54	56	1	1	
苏淮高新区	1	1		5	2	3	1	1	

1-4　续表 5

单位：人

地　区	蒙古族			回　族			藏　族		
	小计	男	女	小计	男	女	小计	男	女
盐城市	**595**	**270**	**325**	**3972**	**2366**	**1606**	**394**	**189**	**205**
亭湖区	104	43	61	352	160	192	100	53	47
盐都区	37	10	27	170	89	81	13	8	5
大丰区	91	44	47	114	56	58	15	4	11
响水县	25	8	17	678	370	308	1		1
滨海县	19	5	14	487	285	202	7	3	4
阜宁县	34	16	18	109	46	63	4	1	3
射阳县	54	25	29	116	57	59	7	2	5
建湖县	20	5	15	103	53	50	9	4	5
盐城经济技术开发区	14	3	11	97	30	67	38	18	20
江苏省盐南高新区	80	44	36	181	94	87	139	62	77
东台市	117	67	50	1565	1126	439	61	34	27
扬州市	**713**	**350**	**363**	**11140**	**5346**	**5794**	**853**	**486**	**367**
广陵区	143	69	74	1763	921	842	50	26	24
邗江区	190	92	98	1881	867	1014	600	351	249
江都区	82	39	43	1083	570	513	46	13	33
宝应县	32	15	17	183	91	92	11	4	7
扬州经济技术开发区	81	40	41	586	284	302	91	65	26
蜀冈瘦西湖景区	34	17	17	439	201	238	5	3	2
生态新城	1		1	108	66	42	2	2	
仪征市	81	41	40	439	218	221	26	14	12
高邮市	69	37	32	4658	2128	2530	22	8	14
镇江市	**1635**	**865**	**770**	**7628**	**3865**	**3763**	**614**	**311**	**303**
京口区	657	348	309	2954	1474	1480	114	65	49
润州区	249	126	123	1874	954	920	18	12	6
丹徒区	131	78	53	526	281	245	121	50	71
镇江新区	110	62	48	455	236	219	21	9	12
江苏镇江高新区	36	18	18	217	118	99	1	1	
丹阳市	234	122	112	717	342	375	62	34	28
扬中市	22	12	10	91	49	42	9	4	5
句容市	196	99	97	794	411	383	268	136	132
泰州市	**632**	**284**	**348**	**1583**	**768**	**815**	**344**	**150**	**194**
海陵区	107	52	55	435	197	238	203	85	118
高港区	95	45	50	159	87	72	5		5
姜堰区	76	20	56	145	74	71	64	36	28
泰州医药高新技术产业开发区	125	63	62	165	80	85	16	9	7
兴化市	36	19	17	163	79	84	10	5	5
靖江市	67	30	37	239	105	134	17	7	10
泰兴市	126	55	71	277	146	131	29	8	21
宿迁市	**325**	**149**	**176**	**5678**	**3024**	**2654**	**68**	**26**	**42**
宿城区	67	27	40	688	373	315	9	3	6
宿豫区	32	17	15	111	50	61	3	1	2
沭阳县	51	19	32	616	331	285	25	4	21
泗阳县	52	28	24	3587	1928	1659	7	3	4
泗洪县	39	17	22	210	98	112	9	6	3
宿迁经济技术开发区	21	9	12	40	20	20	9	6	3
宿迁市湖滨新区	38	25	13	118	67	51	5	3	2
苏州宿迁工业园区	16	4	12	40	17	23			
宿迁市洋河新区	9	3	6	268	140	128	1		1

1-4 续表 6

单位：人

地　区	维吾尔族			苗　族			彝　族		
	小计	男	女	小计	男	女	小计	男	女
江　苏	**10500**	**5038**	**5462**	**87900**	**44443**	**43457**	**47316**	**24478**	**22838**
南京市	**2766**	**1362**	**1404**	**7784**	**3996**	**3788**	**5091**	**2791**	**2300**
玄武区	272	155	117	664	353	311	297	170	127
秦淮区	154	99	55	300	149	151	195	102	93
建邺区	63	29	34	350	192	158	276	166	110
鼓楼区	260	119	141	412	201	211	293	146	147
浦口区	341	127	214	380	198	182	268	103	165
栖霞区	603	253	350	1165	608	557	806	499	307
雨花台区	111	67	44	466	245	221	345	189	156
江宁区	635	325	310	1631	917	714	1068	659	409
六合区	28	12	16	322	116	206	157	47	110
溧水区	31	22	9	511	244	267	397	199	198
高淳区	27	15	12	408	121	287	303	111	192
南京江北新区	241	139	102	1175	652	523	686	400	286
无锡市	**891**	**393**	**498**	**20291**	**10943**	**9348**	**7967**	**4375**	**3592**
锡山区	36	23	13	3650	1991	1659	1109	640	469
惠山区	38	17	21	2127	1148	979	1028	580	448
滨湖区	537	180	357	911	527	384	416	232	184
梁溪区	107	67	40	638	314	324	311	152	159
新吴区	40	23	17	949	537	412	524	322	202
江苏无锡经济开发区	21	13	8	325	189	136	239	160	79
江阴市	62	39	23	8283	4425	3858	1929	1040	889
宜兴市	50	31	19	3408	1812	1596	2411	1249	1162
徐州市	**903**	**461**	**442**	**1970**	**922**	**1048**	**1147**	**412**	**735**
鼓楼区	99	47	52	268	180	88	84	58	26
云龙区	103	60	43	246	135	111	98	45	53
贾汪区	100	86	14	120	53	67	71	32	39
泉山区	31	13	18	161	77	84	60	29	31
铜山区	320	161	159	410	192	218	249	101	148
丰县	4		4	122	39	83	126	40	86
沛县	15	5	10	208	91	117	117	33	84
睢宁县	9	2	7	119	34	85	110	17	93
徐州经济技术开发区	182	71	111	98	51	47	58	24	34
新沂市	19	8	11	129	37	92	101	23	78
邳州市	21	8	13	89	33	56	73	10	63
常州市	**332**	**173**	**159**	**8968**	**4934**	**4034**	**5399**	**2936**	**2463**
天宁区	44	24	20	572	306	266	249	135	114
钟楼区	72	34	38	903	483	420	390	231	159
新北区	45	18	27	1244	671	573	551	261	290
武进区	67	39	28	2733	1525	1208	1636	918	718
金坛区	22	13	9	615	304	311	911	488	423
江苏省常州市经济开发区	30	14	16	1795	1010	785	1024	581	443
溧阳市	52	31	21	1106	635	471	638	322	316

1-4 续表 7

单位：人

地 区	维吾尔族			苗 族			彝 族		
	小计	男	女	小计	男	女	小计	男	女
苏州市	**1265**	**629**	**636**	**21009**	**11679**	**9330**	**11190**	**6237**	**4953**
虎丘区	341	112	229	1047	603	444	702	398	304
吴中区	88	56	32	2431	1304	1127	1398	724	674
相城区	111	69	42	2799	1588	1211	1011	573	438
姑苏区	186	96	90	557	262	295	238	117	121
吴江区	59	32	27	3321	1907	1414	2385	1283	1102
苏州工业园区	198	109	89	1287	664	623	752	416	336
常熟市	55	32	23	2310	1356	954	1135	668	467
张家港市	84	46	38	2861	1513	1348	1118	600	518
昆山市	101	51	50	2395	1365	1030	1540	926	614
太仓市	42	26	16	2001	1117	884	911	532	379
南通市	**563**	**301**	**262**	**10575**	**4740**	**5835**	**5197**	**2796**	**2401**
崇川区	201	103	98	867	432	435	523	299	224
港闸区	43	19	24	417	219	198	257	138	119
通州区	59	31	28	1745	834	911	754	424	330
如东县	35	15	20	1416	387	1029	232	113	119
南通经济技术开发区	31	20	11	959	529	430	415	249	166
通州湾示范区	1		1	96	33	63	29	11	18
苏锡通科技产业园区	5	3	2	433	217	216	126	79	47
启东市	45	30	15	805	416	389	646	328	318
如皋市	65	36	29	1357	459	898	536	219	317
海门市	39	21	18	1126	588	538	739	437	302
海安市	39	23	16	1354	626	728	940	499	441
连云港市	**759**	**368**	**391**	**893**	**312**	**581**	**738**	**167**	**571**
连云区	13	5	8	80	45	35	28	18	10
海州区	36	17	19	92	42	50	77	29	48
赣榆区	23	13	10	91	18	73	84	7	77
东海县	5	3	2	146	40	106	238	16	222
灌云县	9	8	1	153	15	138	76	10	66
灌南县	4	3	1	88	22	66	62	20	42
连云港经济技术开发区	245	92	153	24	17	7	2	1	1
连云港高新技术产业开发区	422	226	196	186	91	95	130	36	94
江苏连云港徐圩新区				29	20	9	38	30	8
江苏省连云港市云台山风景名胜区	2	1	1	4	2	2	3		3
淮安市	**507**	**221**	**286**	**1462**	**498**	**964**	**1000**	**330**	**670**
淮安区	86	64	22	276	86	190	185	59	126
淮阴区	261	83	178	222	54	168	145	29	116
清江浦区	40	20	20	147	51	96	113	55	58
洪泽区	61	32	29	59	22	37	37	14	23
涟水县	14	5	9	201	72	129	82	7	75
盱眙县	13	3	10	119	37	82	238	89	149
金湖县	6	3	3	159	61	98	44	19	25
淮安经济技术开发区	20	8	12	242	100	142	131	48	83
工业园区				11	7	4	8	3	5
生态文旅区	6	3	3	25	8	17	14	7	7
苏淮高新区				1		1	3		3

1-4 续表 8

单位：人

地区	维吾尔族			苗族			彝族		
	小计	男	女	小计	男	女	小计	男	女
盐城市	**361**	**157**	**204**	**3863**	**1220**	**2643**	**1636**	**578**	**1058**
亭湖区	275	109	166	325	137	188	137	53	84
盐都区	9	4	5	199	80	119	104	35	69
大丰区	17	11	6	804	251	553	257	87	170
响水县	1	1		117	35	82	47	17	30
滨海县	3	2	1	306	76	230	225	101	124
阜宁县	7	5	2	340	126	214	108	21	87
射阳县	20	12	8	315	88	227	115	26	89
建湖县	9	4	5	146	35	111	105	21	84
盐城经济技术开发区	2	1	1	150	53	97	80	34	46
江苏省盐南高新区	7	3	4	105	40	65	34	7	27
东台市	11	5	6	1056	299	757	424	176	248
扬州市	**730**	**333**	**397**	**2527**	**1194**	**1333**	**2271**	**1146**	**1125**
广陵区	53	33	20	315	160	155	315	174	141
邗江区	362	125	237	554	267	287	265	128	137
江都区	60	43	17	559	284	275	479	222	257
宝应县	36	25	11	241	103	138	171	69	102
扬州经济技术开发区	57	28	29	197	110	87	209	117	92
蜀冈瘦西湖景区	5	1	4	45	21	24	40	22	18
生态新城	6	2	4	30	18	12	26	17	9
仪征市	11	6	5	290	127	163	545	308	237
高邮市	140	70	70	296	104	192	221	89	132
镇江市	**682**	**331**	**351**	**3601**	**1821**	**1780**	**2698**	**1401**	**1297**
京口区	95	54	41	353	195	158	257	125	132
润州区	34	26	8	87	30	57	45	25	20
丹徒区	91	45	46	410	214	196	285	153	132
镇江新区	24	14	10	245	133	112	131	64	67
江苏镇江高新区	2	1	1	37	18	19	90	51	39
丹阳市	353	144	209	1627	838	789	1125	567	558
扬中市	12	6	6	211	122	89	321	189	132
句容市	71	41	30	631	271	360	444	227	217
泰州市	**455**	**205**	**250**	**3640**	**1686**	**1954**	**2239**	**1113**	**1126**
海陵区	83	48	35	415	177	238	310	149	161
高港区	201	71	130	464	280	184	144	67	77
姜堰区	29	16	13	353	143	210	167	70	97
泰州医药高新技术产业开发区	29	14	15	163	94	69	157	76	81
兴化市	30	13	17	336	145	191	203	86	117
靖江市	25	12	13	813	402	411	737	416	321
泰兴市	58	31	27	1096	445	651	521	249	272
宿迁市	**286**	**104**	**182**	**1317**	**498**	**819**	**743**	**196**	**547**
宿城区	221	74	147	191	75	116	121	37	84
宿豫区	13	6	7	117	42	75	50	13	37
沭阳县	19	9	10	373	116	257	191	51	140
泗阳县	6	3	3	226	86	140	88	20	68
泗洪县	7	3	4	194	71	123	143	25	118
宿迁经济技术开发区	10	7	3	49	20	29	34	16	18
宿迁市湖滨新区	3	2	1	112	59	53	98	32	66
苏州宿迁工业园区				8	4	4	4		4
宿迁市洋河新区	7		7	47	25	22	14	2	12

1-4 续表 9

单位：人

地区	壮族			布依族			朝鲜族		
	小计	男	女	小计	男	女	小计	男	女
江苏	**31498**	**13523**	**17975**	**40073**	**19807**	**20266**	**17129**	**8634**	**8495**
南京市	**5328**	**2298**	**3030**	**3441**	**1616**	**1825**	**2602**	**1274**	**1328**
玄武区	456	183	273	325	179	146	179	94	85
秦淮区	245	119	126	132	63	69	175	85	90
建邺区	231	98	133	120	64	56	204	83	121
鼓楼区	394	169	225	165	72	93	163	71	92
浦口区	275	88	187	170	72	98	46	21	25
栖霞区	941	422	519	450	205	245	773	392	381
雨花台区	332	132	200	181	87	94	94	50	44
江宁区	1039	485	554	765	383	382	519	251	268
六合区	132	49	83	75	20	55	32	16	16
溧水区	195	88	107	337	110	227	32	17	15
高淳区	191	54	137	132	42	90	13	9	4
南京江北新区	897	411	486	589	319	270	372	185	187
无锡市	**4514**	**2020**	**2494**	**6608**	**3386**	**3222**	**2819**	**1460**	**1359**
锡山区	665	310	355	1529	851	678	232	127	105
惠山区	553	288	265	352	191	161	160	84	76
滨湖区	394	176	218	220	105	115	154	76	78
梁溪区	308	127	181	207	73	134	235	111	124
新吴区	420	161	259	364	192	172	1502	798	704
江苏无锡经济开发区	214	104	110	95	46	49	342	158	184
江阴市	913	364	549	1429	679	750	140	73	67
宜兴市	1047	490	557	2412	1249	1163	54	33	21
徐州市	**878**	**287**	**591**	**1042**	**389**	**653**	**213**	**91**	**122**
鼓楼区	61	43	18	101	59	42	29	14	15
云龙区	101	31	70	157	81	76	41	19	22
贾汪区	72	20	52	60	22	38	9	5	4
泉山区	69	28	41	75	37	38	39	19	20
铜山区	275	95	180	215	78	137	29	13	16
丰县	54	8	46	63	22	41	10	2	8
沛县	81	21	60	103	40	63	23	5	18
睢宁县	45	6	39	78	10	68	9	5	4
徐州经济技术开发区	27	16	11	47	18	29	9	4	5
新沂市	46	7	39	85	13	72	3		3
邳州市	47	12	35	58	9	49	12	5	7
常州市	**2512**	**1274**	**1238**	**4279**	**2313**	**1966**	**665**	**366**	**299**
天宁区	161	60	101	221	122	99	93	48	45
钟楼区	231	107	124	260	145	115	74	41	33
新北区	482	225	257	487	288	199	267	133	134
武进区	1028	547	481	1319	717	602	127	73	54
金坛区	126	50	76	240	95	145	58	43	15
江苏省常州市经济开发区	255	139	116	651	373	278	21	12	9
溧阳市	229	146	83	1101	573	528	25	16	9

1-4 续表 10

单位：人

地区	壮族			布依族			朝鲜族		
	小计	男	女	小计	男	女	小计	男	女
苏州市	**8392**	**3888**	**4504**	**6725**	**3721**	**3004**	**8078**	**4022**	**4056**
虎丘区	489	231	258	431	256	175	535	257	278
吴中区	1135	493	642	715	424	291	554	292	262
相城区	686	342	344	525	308	217	408	198	210
姑苏区	335	120	215	204	87	117	289	129	160
吴江区	1360	676	684	1817	1008	809	442	228	214
苏州工业园区	811	358	453	534	274	260	2908	1402	1506
常熟市	1231	589	642	572	308	264	217	120	97
张家港市	680	300	380	632	314	318	564	302	262
昆山市	1339	615	724	899	527	372	1888	946	942
太仓市	326	164	162	396	215	181	273	148	125
南通市	**2975**	**1276**	**1699**	**11269**	**5849**	**5420**	**570**	**320**	**250**
崇川区	494	204	290	381	207	174	122	57	65
港闸区	166	82	84	120	59	61	34	20	14
通州区	437	200	237	1269	670	599	61	31	30
如东县	189	57	132	183	67	116	32	11	21
南通经济技术开发区	199	107	92	229	118	111	95	58	37
通州湾示范区	40	20	20	25	12	13	3	1	2
苏锡通科技产业园区	38	15	23	154	86	68	2	1	1
启东市	341	130	211	222	97	125	55	29	26
如皋市	233	83	150	277	80	197	22	14	8
海门市	515	234	281	7977	4256	3721	101	73	28
海安市	323	144	179	432	197	235	43	25	18
连云港市	**447**	**137**	**310**	**399**	**139**	**260**	**305**	**134**	**171**
连云区	21	10	11	30	17	13	45	22	23
海州区	58	16	42	32	13	19	81	29	52
赣榆区	53	10	43	22	6	16	34	13	21
东海县	71	20	51	90	20	70	38	15	23
灌云县	31	11	20	41	9	32	5	4	1
灌南县	14	3	11	30	8	22	8	3	5
连云港经济技术开发区	16	5	11	17	8	9	18	10	8
连云港高新技术产业开发区	179	59	120	123	51	72	72	35	37
江苏连云港徐圩新区	4	3	1	11	6	5	4	3	1
江苏省连云港市云台山风景名胜区				3	1	2			
淮安市	**621**	**185**	**436**	**908**	**276**	**632**	**160**	**73**	**87**
淮安区	65	9	56	153	47	106	12	3	9
淮阴区	107	20	87	141	24	117	5	2	3
清江浦区	82	28	54	100	27	73	60	26	34
洪泽区	15	4	11	53	14	39	4	3	1
涟水县	52	7	45	84	28	56	9	2	7
盱眙县	50	12	38	123	33	90	13	9	4
金湖县	72	46	26	76	35	41	6	2	4
淮安经济技术开发区	154	52	102	162	65	97	43	22	21
工业园区	3	1	2	2		2			
生态文旅区	19	6	13	1		1	8	4	4
苏淮高新区	2		2	13	3	10			

1-4 续表 11

单位：人

地区	壮族			布依族			朝鲜族		
	小计	男	女	小计	男	女	小计	男	女
盐城市	**1422**	**370**	**1052**	**1112**	**366**	**746**	**662**	**346**	**316**
亭湖区	207	67	140	116	47	69	104	51	53
盐都区	91	27	64	65	23	42	52	29	23
大丰区	276	65	211	123	55	68	40	20	20
响水县	38	5	33	61	12	49	5	1	4
滨海县	119	30	89	69	21	48	6	4	2
阜宁县	67	6	61	119	18	101	10	4	6
射阳县	152	32	120	128	31	97	14	7	7
建湖县	49	9	40	104	19	85	10	6	4
盐城经济技术开发区	95	23	72	79	28	51	80	42	38
江苏省盐南高新区	56	20	36	34	16	18	332	179	153
东台市	272	86	186	214	96	118	9	3	6
扬州市	**1097**	**429**	**668**	**986**	**440**	**546**	**256**	**109**	**147**
广陵区	84	41	43	123	57	66	43	17	26
邗江区	433	163	270	291	149	142	80	33	47
江都区	191	78	113	149	56	93	34	14	20
宝应县	101	34	67	84	31	53	13	5	8
扬州经济技术开发区	79	37	42	83	43	40	39	24	15
蜀冈瘦西湖景区	14	5	9	9	5	4	5	2	3
生态新城	22	8	14	9	3	6	1	1	
仪征市	80	36	44	80	43	37	27	11	16
高邮市	93	27	66	158	53	105	14	2	12
镇江市	**1647**	**760**	**887**	**1413**	**628**	**785**	**455**	**247**	**208**
京口区	269	134	135	154	83	71	79	43	36
润州区	42	17	25	42	24	18	39	20	19
丹徒区	233	114	119	191	92	99	37	17	20
镇江新区	100	46	54	103	58	45	31	16	15
江苏镇江高新区	38	14	24	37	19	18	1		1
丹阳市	650	305	345	501	224	277	151	87	64
扬中市	49	26	23	58	36	22	8	4	4
句容市	266	104	162	327	92	235	109	60	49
泰州市	**1171**	**396**	**775**	**1159**	**458**	**701**	**250**	**145**	**105**
海陵区	256	97	159	175	68	107	90	60	30
高港区	86	32	54	63	28	35	23	15	8
姜堰区	137	31	106	160	69	91	28	14	14
泰州医药高新技术产业开发区	79	30	49	37	17	20	43	21	22
兴化市	139	32	107	118	47	71	16	10	6
靖江市	240	90	150	254	118	136	16	7	9
泰兴市	234	84	150	352	111	241	34	18	16
宿迁市	**494**	**203**	**291**	**732**	**226**	**506**	**94**	**47**	**47**
宿城区	88	21	67	125	43	82	19	9	10
宿豫区	41	18	23	55	22	33	11	5	6
沭阳县	59	12	47	219	54	165	15	9	6
泗阳县	54	14	40	117	40	77	10	3	7
泗洪县	54	16	38	89	30	59	15	9	6
宿迁经济技术开发区	22	7	15	19	5	14	3	1	2
宿迁市湖滨新区	162	112	50	71	23	48	10	6	4
苏州宿迁工业园区	4	1	3	2		2	7	4	3
宿迁市洋河新区	10	2	8	35	9	26	4	1	3

1-4 续表 12

单位：人

地　区	满　族			侗　族			瑶　族		
	小计	男	女	小计	男	女	小计	男	女
江　苏	**35520**	**18135**	**17385**	**24413**	**11438**	**12975**	**6415**	**2922**	**3493**
南京市	**10352**	**5215**	**5137**	**2645**	**1346**	**1299**	**1226**	**559**	**667**
玄武区	1013	505	508	223	131	92	92	37	55
秦淮区	996	508	488	109	65	44	57	17	40
建邺区	844	403	441	93	54	39	38	15	23
鼓楼区	1139	554	585	137	67	70	112	47	65
浦口区	300	136	164	130	52	78	59	31	28
栖霞区	1403	707	696	434	187	247	159	81	78
雨花台区	698	368	330	148	86	62	105	48	57
江宁区	1870	991	879	572	311	261	258	129	129
六合区	171	76	95	162	40	122	18	6	12
溧水区	117	61	56	119	66	53	77	31	46
高淳区	68	36	32	107	52	55	61	20	41
南京江北新区	1733	870	863	411	235	176	190	97	93
无锡市	**4408**	**2247**	**2161**	**4285**	**2290**	**1995**	**766**	**356**	**410**
锡山区	605	351	254	832	470	362	141	65	76
惠山区	604	301	303	891	464	427	74	39	35
滨湖区	621	308	313	203	108	95	77	44	33
梁溪区	853	381	472	193	90	103	57	24	33
新吴区	576	313	263	246	135	111	85	36	49
江苏无锡经济开发区	396	200	196	89	50	39	55	25	30
江阴市	511	276	235	1531	825	706	208	102	106
宜兴市	242	117	125	300	148	152	69	21	48
徐州市	**1801**	**909**	**892**	**561**	**288**	**273**	**193**	**67**	**126**
鼓楼区	229	114	115	34	25	9	13	8	5
云龙区	236	106	130	79	47	32	26	14	12
贾汪区	42	16	26	43	25	18	10	3	7
泉山区	419	208	211	39	22	17	16	8	8
铜山区	350	206	144	121	63	58	41	16	25
丰县	77	28	49	21	7	14	16	4	12
沛县	144	73	71	125	65	60	17	3	14
睢宁县	44	23	21	27	9	18	17	2	15
徐州经济技术开发区	163	91	72	26	8	18	7	2	5
新沂市	46	22	24	28	9	19	13	3	10
邳州市	51	22	29	18	8	10	17	4	13
常州市	**1953**	**1044**	**909**	**1807**	**1006**	**801**	**432**	**233**	**199**
天宁区	235	117	118	135	70	65	34	13	21
钟楼区	291	155	136	191	96	95	48	28	20
新北区	623	317	306	286	162	124	69	33	36
武进区	448	243	205	622	328	294	156	89	67
金坛区	93	49	44	153	77	76	42	22	20
江苏省常州市经济开发区	140	85	55	286	179	107	50	24	26
溧阳市	123	78	45	134	94	40	33	24	9

1-4　续表 13

单位：人

地　　区	满　　族			侗　　族			瑶　　族		
	小计	男	女	小计	男	女	小计	男	女
苏州市	**8797**	**4478**	**4319**	**5452**	**3066**	**2386**	**1776**	**902**	**874**
虎丘区	930	476	454	364	189	175	131	53	78
吴中区	805	421	384	518	281	237	171	75	96
相城区	572	281	291	859	508	351	172	102	70
姑苏区	713	329	384	215	93	122	74	32	42
吴江区	570	315	255	582	358	224	234	126	108
苏州工业园区	1927	926	1001	447	240	207	175	81	94
常熟市	538	291	247	568	319	249	197	104	93
张家港市	596	290	306	578	279	299	177	86	91
昆山市	1645	886	759	943	577	366	316	170	146
太仓市	501	263	238	378	222	156	129	73	56
南通市	**2205**	**1214**	**991**	**4797**	**1596**	**3201**	**721**	**310**	**411**
崇川区	588	303	285	385	192	193	95	31	64
港闸区	191	97	94	208	100	108	36	12	24
通州区	337	200	137	1062	365	697	103	54	49
如东县	96	42	54	1284	174	1110	72	20	52
南通经济技术开发区	245	146	99	366	183	183	65	30	35
通州湾示范区	16	9	7	41	9	32	8	5	3
苏锡通科技产业园区	18	11	7	123	68	55	4	3	1
启东市	177	101	76	158	75	83	58	26	32
如皋市	194	101	93	400	94	306	69	16	53
海门市	199	122	77	386	196	190	102	56	46
海安市	144	82	62	384	140	244	109	57	52
连云港市	**1048**	**531**	**517**	**194**	**87**	**107**	**140**	**34**	**106**
连云区	185	98	87	19	14	5	5	4	1
海州区	244	123	121	23	14	9	10	6	4
赣榆区	72	20	52	19	4	15	18	2	16
东海县	113	50	63	26	7	19	39	7	32
灌云县	48	26	22	15	3	12	17		17
灌南县	20	8	12	13	9	4	9	2	7
连云港经济技术开发区	55	28	27	12	6	6	1	1	
连云港高新技术产业开发区	229	109	120	64	28	36	39	11	28
江苏连云港徐圩新区	75	66	9	3	2	1	2	1	1
江苏省连云港市云台山风景名胜区	7	3	4						
淮安市	**515**	**249**	**266**	**325**	**109**	**216**	**117**	**31**	**86**
淮安区	55	30	25	67	16	51	26	6	20
淮阴区	78	40	38	55	12	43	15	1	14
清江浦区	137	66	71	36	13	23	15	4	11
洪泽区	14	5	9	11	7	4	3	2	1
涟水县	25	14	11	26	10	16	8		8
盱眙县	35	11	24	30	11	19	2		2
金湖县	25	14	11	27	10	17	5	1	4
淮安经济技术开发区	111	57	54	65	27	38	43	17	26
工业园区	6	2	4	1		1			
生态文旅区	29	10	19	7	3	4			
苏淮高新区									

1-4 续表 14

单位：人

地区	满族			侗族			瑶族		
	小计	男	女	小计	男	女	小计	男	女
盐城市	**611**	**305**	**306**	**1514**	**380**	**1134**	**246**	**68**	**178**
亭湖区	62	29	33	148	42	106	24	9	15
盐都区	29	15	14	48	24	24	8	2	6
大丰区	96	48	48	646	155	491	61	17	44
响水县	31	17	14	28	7	21	1		1
滨海县	21	10	11	43	13	30	8	2	6
阜宁县	27	11	16	58	7	51	18	3	15
射阳县	100	53	47	74	11	63	30	5	25
建湖县	54	24	30	25	8	17	14	2	12
盐城经济技术开发区	10	4	6	64	22	42	22	5	17
江苏省盐南高新区	74	27	47	30	16	14	13	8	5
东台市	107	67	40	350	75	275	47	15	32
扬州市	**1099**	**539**	**560**	**878**	**365**	**513**	**225**	**111**	**114**
广陵区	152	74	78	150	82	68	27	14	13
邗江区	346	177	169	169	81	88	85	41	44
江都区	133	58	75	113	54	59	23	9	14
宝应县	43	17	26	50	29	21	8	2	6
扬州经济技术开发区	95	41	54	44	21	23	21	7	14
蜀冈瘦西湖景区	73	51	22	21	11	10	4	2	2
生态新城	4	1	3	6	5	1	3	2	1
仪征市	186	82	104	286	69	217	37	23	14
高邮市	67	38	29	39	13	26	17	11	6
镇江市	**1394**	**733**	**661**	**927**	**473**	**454**	**279**	**135**	**144**
京口区	398	207	191	98	55	43	49	18	31
润州区	151	70	81	46	21	25	10	7	3
丹徒区	172	91	81	114	63	51	39	21	18
镇江新区	153	88	65	87	40	47	23	10	13
江苏镇江高新区	24	17	7	13	4	9	5	2	3
丹阳市	206	101	105	363	189	174	74	38	36
扬中市	50	26	24	89	50	39	19	9	10
句容市	240	133	107	117	51	66	60	30	30
泰州市	**832**	**394**	**438**	**728**	**307**	**421**	**190**	**81**	**109**
海陵区	176	87	89	126	57	69	42	19	23
高港区	85	34	51	48	28	20	12	3	9
姜堰区	91	35	56	61	21	40	22	8	14
泰州医药高新技术产业开发区	106	50	56	53	27	26	10	8	2
兴化市	51	26	25	89	29	60	5	2	3
靖江市	183	94	89	152	73	79	50	21	29
泰兴市	140	68	72	199	72	127	49	20	29
宿迁市	**505**	**277**	**228**	**300**	**125**	**175**	**104**	**35**	**69**
宿城区	114	54	60	43	10	33	11	3	8
宿豫区	45	25	20	18	9	9	13	4	9
沭阳县	66	27	39	72	37	35	27	6	21
泗阳县	63	33	30	35	11	24	24	10	14
泗洪县	53	34	19	67	32	35	5	2	3
宿迁经济技术开发区	36	19	17	13	9	4	6	2	4
宿迁市湖滨新区	108	76	32	40	12	28	18	8	10
苏州宿迁工业园区	10	6	4	8	3	5			
宿迁市洋河新区	10	3	7	4	2	2			

1-4 续表 15

单位：人

地区	白族			土家族			哈尼族		
	小计	男	女	小计	男	女	小计	男	女
江 苏	**9905**	**4872**	**5033**	**63406**	**32059**	**31347**	**7143**	**3311**	**3832**
南京市	**1517**	**741**	**776**	**8336**	**4387**	**3949**	**618**	**310**	**308**
玄武区	142	67	75	607	315	292	20	9	11
秦淮区	52	24	28	391	191	200	21	7	14
建邺区	61	29	32	362	193	169	26	11	15
鼓楼区	115	59	56	600	290	310	38	14	24
浦口区	43	25	18	469	261	208	11	5	6
栖霞区	243	120	123	1131	569	562	141	79	62
雨花台区	77	43	34	452	245	207	21	10	11
江宁区	336	178	158	1792	964	828	136	72	64
六合区	48	11	37	190	89	101	31	13	18
溧水区	87	38	49	323	164	159	46	28	18
高淳区	70	10	60	180	99	81	25	6	19
南京江北新区	243	137	106	1839	1007	832	102	56	46
无锡市	**1448**	**811**	**637**	**15886**	**8435**	**7451**	**1140**	**590**	**550**
锡山区	319	190	129	4590	2535	2055	249	131	118
惠山区	265	186	79	1548	828	720	152	88	64
滨湖区	95	54	41	861	414	447	51	33	18
梁溪区	75	32	43	628	292	336	37	10	27
新吴区	120	61	59	2603	1436	1167	88	54	34
江苏无锡经济开发区	50	28	22	340	196	144	25	14	11
江阴市	265	142	123	4344	2191	2153	218	101	117
宜兴市	259	118	141	972	543	429	320	159	161
徐州市	**347**	**149**	**198**	**1191**	**559**	**632**	**139**	**17**	**122**
鼓楼区	9	3	6	134	83	51	6	3	3
云龙区	29	18	11	152	75	77	4		4
贾汪区	22	3	19	49	22	27	11		11
泉山区	29	14	15	113	61	52	10	3	7
铜山区	60	29	31	312	163	149	32	5	27
丰县	21	6	15	119	29	90	12	2	10
沛县	23	9	14	81	38	43	5		5
睢宁县	33	7	26	77	25	52	17	3	14
徐州经济技术开发区	56	33	23	52	25	27	7	1	6
新沂市	26	9	17	62	21	41	29		29
邳州市	39	18	21	40	17	23	6		6
常州市	**658**	**359**	**299**	**4308**	**2266**	**2042**	**714**	**384**	**330**
天宁区	50	25	25	348	183	165	44	19	25
钟楼区	69	28	41	427	235	192	33	15	18
新北区	86	44	42	743	362	381	118	58	60
武进区	221	125	96	1138	603	535	214	125	89
金坛区	69	30	39	815	393	422	49	25	24
江苏省常州市经济开发区	76	46	30	484	282	202	229	127	102
溧阳市	87	61	26	353	208	145	27	15	12

1-4 续表 16

单位：人

地 区	白 族			土家族			哈尼族		
	小计	男	女	小计	男	女	小计	男	女
苏州市	**2774**	**1541**	**1233**	**15530**	**8273**	**7257**	**1973**	**1087**	**886**
虎丘区	159	89	70	1257	645	612	101	54	47
吴中区	325	160	165	1287	702	585	163	84	79
相城区	156	80	76	1230	674	556	505	273	232
姑苏区	69	33	36	552	250	302	40	14	26
吴江区	733	433	300	1050	561	489	186	92	94
苏州工业园区	257	159	98	1433	733	700	66	36	30
常熟市	234	138	96	1989	1068	921	193	125	68
张家港市	356	186	170	2698	1437	1261	154	77	77
昆山市	370	194	176	2838	1547	1291	353	204	149
太仓市	115	69	46	1196	656	540	212	128	84
南通市	**958**	**403**	**555**	**6528**	**3295**	**3233**	**468**	**237**	**231**
崇川区	103	50	53	656	331	325	54	21	33
港闸区	27	8	19	269	156	113	35	13	22
通州区	82	44	38	1150	624	526	52	26	26
如东县	90	18	72	302	138	164	11	5	6
南通经济技术开发区	51	27	24	787	409	378	58	32	26
通州湾示范区	6	1	5	63	28	35	2	1	1
苏锡通科技产业园区	13	7	6	959	537	422	20	10	10
启东市	72	47	25	379	224	155	80	37	43
如皋市	231	57	174	628	192	436	38	20	18
海门市	96	43	53	658	331	327	67	42	25
海安市	187	101	86	677	325	352	51	30	21
连云港市	**168**	**74**	**94**	**639**	**281**	**358**	**341**	**16**	**325**
连云区	5	4	1	66	29	37	3		3
海州区	13	5	8	65	29	36	4		4
赣榆区	13	5	8	53	19	34	16	1	15
东海县	27	9	18	59	18	41	151	5	146
灌云县	17	9	8	60	25	35	74	3	71
灌南县	24	10	14	72	43	29	67	4	63
连云港经济技术开发区	2	1	1	21	9	12			
连云港高新技术产业开发区	62	29	33	216	95	121	25	3	22
江苏连云港徐圩新区	3	2	1	26	14	12	1		1
江苏省连云港市云台山风景名胜区	2		2	1		1			
淮安市	**325**	**79**	**246**	**749**	**288**	**461**	**130**	**19**	**111**
淮安区	48	12	36	97	32	65	38	4	34
淮阴区	64	9	55	133	33	100	16	3	13
清江浦区	49	24	25	102	38	64	8	1	7
洪泽区	6	4	2	78	56	22	6		6
涟水县	38	4	34	66	20	46	33	2	31
盱眙县	62	6	56	67	31	36	7	2	5
金湖县	7	1	6	48	18	30	8	2	6
淮安经济技术开发区	43	16	27	130	51	79	14	5	9
工业园区	8	3	5	1		1			
生态文旅区				25	8	17			
苏淮高新区				2	1	1			

1-4 续表 17

单位：人

地区	白族			土家族			哈尼族		
	小计	男	女	小计	男	女	小计	男	女
盐城市	**381**	**110**	**271**	**2160**	**688**	**1472**	**367**	**80**	**287**
亭湖区	53	13	40	215	79	136	6	3	3
盐都区	27	5	22	261	92	169	14	7	7
大丰区	91	18	73	238	82	156	32	7	25
响水县	31	12	19	43	20	23	24	4	20
滨海县	18	9	9	140	59	81	31	4	27
阜宁县	20	5	15	155	66	89	137	8	129
射阳县	22	5	17	209	45	164	24	2	22
建湖县	12	7	5	61	17	44	20	4	16
盐城经济技术开发区	19	6	13	151	41	110	6	4	2
江苏省盐南高新区	12	1	11	80	27	53	5	2	3
东台市	76	29	47	607	160	447	68	35	33
扬州市	**316**	**134**	**182**	**1934**	**916**	**1018**	**323**	**147**	**176**
广陵区	45	22	23	213	125	88	25	14	11
邗江区	83	34	49	472	217	255	34	6	28
江都区	53	16	37	361	166	195	71	30	41
宝应县	18	5	13	88	29	59	5	1	4
扬州经济技术开发区	20	10	10	177	99	78	23	14	9
蜀冈瘦西湖景区	7	4	3	58	22	36	1		1
生态新城	9	5	4	10	2	8	20	11	9
仪征市	22	11	11	269	122	147	128	66	62
高邮市	59	27	32	286	134	152	16	5	11
镇江市	**426**	**223**	**203**	**2768**	**1370**	**1398**	**363**	**191**	**172**
京口区	64	32	32	347	199	148	14	7	7
润州区	15	8	7	93	37	56	5	2	3
丹徒区	53	34	19	321	164	157	39	20	19
镇江新区	33	14	19	206	112	94	28	16	12
江苏镇江高新区	1	1		19	12	7	6	5	1
丹阳市	146	72	74	1164	553	611	182	93	89
扬中市	30	18	12	188	104	84	17	11	6
句容市	84	44	40	430	189	241	72	37	35
泰州市	**380**	**170**	**210**	**2734**	**1019**	**1715**	**378**	**209**	**169**
海陵区	68	36	32	311	137	174	29	12	17
高港区	43	23	20	250	92	158	41	25	16
姜堰区	20	12	8	278	61	217	20	6	14
泰州医药高新技术产业开发区	26	11	15	132	58	74	13	8	5
兴化市	40	10	30	236	99	137	32	7	25
靖江市	85	44	41	705	308	397	158	93	65
泰兴市	98	34	64	822	264	558	85	58	27
宿迁市	**207**	**78**	**129**	**643**	**282**	**361**	**189**	**24**	**165**
宿城区	34	12	22	132	63	69	34	4	30
宿豫区	20	10	10	62	25	37	8	1	7
沭阳县	79	30	49	118	50	68	49	5	44
泗阳县	12	3	9	122	48	74	30	4	26
泗洪县	34	11	23	95	40	55	43	5	38
宿迁经济技术开发区	10	5	5	31	17	14	5	1	4
宿迁市湖滨新区	11	6	5	67	29	38	7	2	5
苏州宿迁工业园区	2		2	10	6	4	1	1	
宿迁市洋河新区	5	1	4	6	4	2	12	1	11

1-4 续表 18

单位：人

地区	哈萨克族			傣族			黎族		
	小计	男	女	小计	男	女	小计	男	女
江苏	**1385**	**565**	**820**	**4706**	**2229**	**2477**	**3032**	**1297**	**1735**
南京市	**553**	**241**	**312**	**490**	**213**	**277**	**545**	**251**	**294**
玄武区	68	24	44	38	22	16	50	16	34
秦淮区	19	11	8	27	16	11	27	15	12
建邺区	8	4	4	26	14	12	25	11	14
鼓楼区	67	29	38	29	6	23	45	16	29
浦口区	46	21	25	26	14	12	24	8	16
栖霞区	191	93	98	54	30	24	99	48	51
雨花台区	5		5	21	11	10	34	13	21
江宁区	88	33	55	82	34	48	108	61	47
六合区	4	2	2	24	6	18	25	11	14
溧水区	2	1	1	30	14	16	23	7	16
高淳区	2	2		70	21	49	15	4	11
南京江北新区	53	21	32	63	25	38	70	41	29
无锡市	**110**	**31**	**79**	**456**	**251**	**205**	**418**	**174**	**244**
锡山区	1		1	72	37	35	74	28	46
惠山区	1	1		93	56	37	43	23	20
滨湖区	94	27	67	28	19	9	38	17	21
梁溪区	9	1	8	27	15	12	47	13	34
新吴区	1		1	36	18	18	33	13	20
江苏无锡经济开发区				31	21	10	20	9	11
江阴市	2	1	1	117	60	57	75	31	44
宜兴市	2	1	1	52	25	27	88	40	48
徐州市	**129**	**77**	**52**	**72**	**24**	**48**	**114**	**34**	**80**
鼓楼区	5	4	1	2	2		9	4	5
云龙区	1		1	4	2	2	10	4	6
贾汪区	24	21	3	3		3	2		2
泉山区	2	1	1	4	2	2	2		2
铜山区	69	44	25	15	6	9	37	10	27
丰县				5	1	4	7	1	6
沛县	2		2	8		8	19	7	12
睢宁县				7		7	6	1	5
徐州经济技术开发区	24	7	17	9	6	3	7	2	5
新沂市	2		2	3		3	10	4	6
邳州市				12	5	7	5	1	4
常州市	**18**	**9**	**9**	**246**	**125**	**121**	**298**	**139**	**159**
天宁区				15	4	11	14	6	8
钟楼区	4	2	2	24	17	7	23	10	13
新北区	4		4	37	16	21	33	15	18
武进区	4	4		80	37	43	126	58	68
金坛区	1	1		24	12	12	28	9	19
江苏省常州市经济开发区				43	27	16	7	4	3
溧阳市	5	2	3	23	12	11	67	37	30

1-4　续表 19

单位：人

地　区	哈萨克族			傣　族			黎　族		
	小计	男	女	小计	男	女	小计	男	女
苏州市	**122**	**48**	**74**	**1532**	**868**	**664**	**620**	**310**	**310**
虎丘区	41	13	28	101	53	48	56	30	26
吴中区	8	7	1	154	75	79	61	25	36
相城区	4	1	3	162	101	61	37	17	20
姑苏区	11	3	8	35	12	23	31	11	20
吴江区	10	4	6	272	150	122	146	88	58
苏州工业园区	18	9	9	169	103	66	40	20	20
常熟市	8	5	3	113	68	45	74	35	39
张家港市	3	1	2	266	165	101	38	18	20
昆山市	18	4	14	170	90	80	104	53	51
太仓市	1	1		90	51	39	33	13	20
南通市	**26**	**11**	**15**	**851**	**359**	**492**	**218**	**82**	**136**
崇川区	13	6	7	43	22	21	42	19	23
港闸区	4	2	2	32	17	15	12	4	8
通州区	3	1	2	46	17	29	31	11	20
如东县				50	33	17	22	6	16
南通经济技术开发区	3	2	1	50	30	20	19	8	11
通州湾示范区				6	1	5	4	2	2
苏锡通科技产业园区				8	4	4	1	1	
启东市	1		1	47	20	27	16	3	13
如皋市				34	9	25	23	7	16
海门市	1		1	456	170	286	28	13	15
海安市	1		1	79	36	43	20	8	12
连云港市	**52**	**13**	**39**	**94**	**8**	**86**	**48**	**10**	**38**
连云区				2	1	1	4	2	2
海州区				8	1	7	6	2	4
赣榆区	2	1	1	11		11	12	2	10
东海县	3		3	32	1	31	11	2	9
灌云县				12	2	10	5	1	4
灌南县	1		1	11	2	9	1		1
连云港经济技术开发区	21	6	15				3		3
连云港高新技术产业开发区	25	6	19	17	1	16	6	1	5
江苏连云港徐圩新区									
江苏省连云港市云台山风景名胜区				1		1			
淮安市	**44**	**16**	**28**	**85**	**12**	**73**	**78**	**27**	**51**
淮安区	5	4	1	20	1	19	11	2	9
淮阴区	33	9	24	14	2	12	3		3
清江浦区	5	3	2	9	3	6	15	8	7
洪泽区				3		3	7		7
涟水县	1		1	13	1	12	5	3	2
盱眙县				7	2	5	3		3
金湖县				5	1	4	5	5	
淮安经济技术开发区				12	2	10	27	8	19
工业园区				1		1			
生态文旅区				1		1			
苏淮高新区							2	1	1

1-4 续表 20

单位：人

地区	哈萨克族			傣族			黎族		
	小计	男	女	小计	男	女	小计	男	女
盐城市	**43**	**15**	**28**	**217**	**79**	**138**	**127**	**42**	**85**
亭湖区	30	11	19	20	7	13	12	8	4
盐都区	1		1	15	6	9	12	3	9
大丰区				23	8	15	11	2	9
响水县	2	1	1	1		1	7	2	5
滨海县				29	19	10	7	2	5
阜宁县	7	2	5	25	2	23	10	3	7
射阳县				29	9	20	19	5	14
建湖县				7		7	14	3	11
盐城经济技术开发区				5	3	2	5	3	2
江苏省盐南高新区				8	2	6	3	1	2
东台市	3	1	2	55	23	32	27	10	17
扬州市	**138**	**47**	**91**	**137**	**57**	**80**	**148**	**55**	**93**
广陵区	2		2	12	7	5	9	5	4
邗江区	94	28	66	17	4	13	56	23	33
江都区	2		2	49	23	26	33	7	26
宝应县	1	1		13	4	9	8	1	7
扬州经济技术开发区	18	7	11	12	6	6	7	4	3
蜀冈瘦西湖景区	2	1	1	6	2	4			
生态新城				5	2	3	2	2	
仪征市	19	10	9	9	3	6	15	4	11
高邮市				14	6	8	18	9	9
镇江市	**73**	**30**	**43**	**226**	**100**	**126**	**174**	**87**	**87**
京口区	19	8	11	9	3	6	24	15	9
润州区	2		2	6	3	3	5		5
丹徒区	21	10	11	16	6	10	31	20	11
镇江新区	4		4	13	4	9	19	7	12
江苏镇江高新区				20	14	6	2	1	1
丹阳市	22	8	14	105	48	57	56	24	32
扬中市				12	8	4	6	4	2
句容市	5	4	1	45	14	31	31	16	15
泰州市	**37**	**14**	**23**	**228**	**116**	**112**	**156**	**61**	**95**
海陵区	1	1		19	6	13	35	15	20
高港区	30	10	20	20	7	13	11	3	8
姜堰区	1	1		18	6	12	19	9	10
泰州医药高新技术产业开发区				8	2	6	5	1	4
兴化市	3	1	2	14	4	10	15	5	10
靖江市	1	1		110	74	36	34	11	23
泰兴市	1		1	39	17	22	37	17	20
宿迁市	**40**	**13**	**27**	**72**	**17**	**55**	**88**	**25**	**63**
宿城区	28	8	20	7	2	5	10	5	5
宿豫区				10	6	4	6	1	5
沭阳县	1		1	22	6	16	22	6	16
泗阳县	1		1	9	1	8	16	2	14
泗洪县				18	2	16	18	6	12
宿迁经济技术开发区				1		1	5	2	3
宿迁市湖滨新区	10	5	5	2		2	9	2	7
苏州宿迁工业园区							1		1
宿迁市洋河新区				3		3	1	1	

1-4　续表 21

单位：人

地　区	傈僳族			佤　族			畲　族		
	小计	男	女	小计	男	女	小计	男	女
江　苏	**3084**	**1220**	**1864**	**2456**	**1299**	**1157**	**3179**	**1693**	**1486**
南京市	**469**	**159**	**310**	**265**	**159**	**106**	**599**	**306**	**293**
玄武区	12	6	6	9	3	6	58	36	22
秦淮区	2		2	16	10	6	43	24	19
建邺区	12	9	3	10	9	1	44	20	24
鼓楼区	17	8	9	1		1	70	28	42
浦口区	7	3	4	20	14	6	10	8	2
栖霞区	38	23	15	22	12	10	86	41	45
雨花台区	12	6	6	8	3	5	29	18	11
江宁区	68	28	40	49	30	19	109	63	46
六合区	10	1	9	30	15	15	28	12	16
溧水区	54	16	38	35	24	11	25	15	10
高淳区	206	43	163	18	10	8	13	5	8
南京江北新区	31	16	15	47	29	18	84	36	48
无锡市	**362**	**190**	**172**	**233**	**126**	**107**	**470**	**274**	**196**
锡山区	75	43	32	28	11	17	79	47	32
惠山区	38	15	23	12	7	5	63	43	20
滨湖区	25	13	12	7	4	3	48	22	26
梁溪区	17	9	8	17	13	4	89	54	35
新吴区	36	19	17	5		5	35	23	12
江苏无锡经济开发区	15	11	4	15	10	5	18	7	11
江阴市	126	60	66	107	56	51	60	36	24
宜兴市	30	20	10	42	25	17	78	42	36
徐州市	**63**	**17**	**46**	**25**	**4**	**21**	**92**	**53**	**39**
鼓楼区	1	1					9	5	4
云龙区	6	2	4	1		1	20	12	8
贾汪区	4	2	2	2	2		4	3	1
泉山区	5	3	2				4	3	1
铜山区	13	5	8	7	1	6	31	16	15
丰县	3		3	2		2	2	1	1
沛县	13		13	6		6	10	6	4
睢宁县	5	1	4	2		2	4	2	2
徐州经济技术开发区	2	1	1	3	1	2	1		1
新沂市	10	2	8	2		2	4	3	1
邳州市	1		1				3	2	1
常州市	**156**	**79**	**77**	**134**	**67**	**67**	**184**	**98**	**86**
天宁区	12	6	6	9	5	4	33	21	12
钟楼区	21	7	14	9	4	5	42	21	21
新北区	10	5	5	23	13	10	41	22	19
武进区	56	35	21	50	22	28	35	19	16
金坛区	23	7	16	13	8	5	12	4	8
江苏省常州市经济开发区	16	9	7	16	6	10	11	5	6
溧阳市	18	10	8	14	9	5	10	6	4

1-4 续表 22　　　　单位：人

地　区	傈僳族			佤　族			畲　族		
	小计	男	女	小计	男	女	小计	男	女
苏州市	**640**	**294**	**346**	**597**	**328**	**269**	**921**	**478**	**443**
虎丘区	31	20	11	21	12	9	63	28	35
吴中区	125	58	67	49	26	23	64	39	25
相城区	64	29	35	62	36	26	151	76	75
姑苏区	12	4	8	9	3	6	57	26	31
吴江区	54	18	36	55	35	20	104	56	48
苏州工业园区	43	19	24	52	32	20	98	44	54
常熟市	66	31	35	32	17	15	103	53	50
张家港市	93	43	50	57	23	34	55	30	25
昆山市	69	36	33	173	94	79	147	80	67
太仓市	83	36	47	87	50	37	79	46	33
南通市	**320**	**151**	**169**	**262**	**154**	**108**	**325**	**178**	**147**
崇川区	19	10	9	32	21	11	68	34	34
港闸区	14	7	7	32	15	17	75	43	32
通州区	37	16	21	39	22	17	50	23	27
如东县	18	4	14	9	3	6	15	6	9
南通经济技术开发区	20	9	11	14	12	2	17	12	5
通州湾示范区	5	4	1	4	2	2	8	5	3
苏锡通科技产业园区	13	7	6	6	3	3	3	3	
启东市	50	26	24	25	17	8	11	6	5
如皋市	34	13	21	27	11	16	24	14	10
海门市	55	21	34	60	38	22	29	17	12
海安市	55	34	21	14	10	4	25	15	10
连云港市	**54**	**6**	**48**	**42**	**4**	**38**	**42**	**29**	**13**
连云区							4	3	1
海州区	3		3	1		1	19	13	6
赣榆区	6		6	18		18	7	6	1
东海县	19	1	18	14		14	6	3	3
灌云县	20	4	16	5	2	3	1		1
灌南县	3		3	1		1			
连云港经济技术开发区				1	1				
连云港高新技术产业开发区	3	1	2	1		1	5	4	1
江苏连云港徐圩新区				1	1				
江苏省连云港市云台山风景名胜区									
淮安市	**121**	**10**	**111**	**213**	**116**	**97**	**51**	**23**	**28**
淮安区	59	5	54	12	2	10	11	4	7
淮阴区	17		17	8		8	5	1	4
清江浦区	4	2	2				7	4	3
洪泽区	3		3	17	8	9			
涟水县	12	1	11	7		7	2	1	1
盱眙县	14		14	154	98	56			
金湖县	2		2	13	7	6	6	2	4
淮安经济技术开发区	8	2	6	1		1	18	10	8
工业园区				1	1				
生态文旅区							2	1	1
苏淮高新区	2		2						

1-4 续表 23

单位：人

地 区	傈僳族			佤族			畲族		
	小计	男	女	小计	男	女	小计	男	女
盐城市	**180**	**36**	**144**	**78**	**17**	**61**	**79**	**39**	**40**
亭湖区	33	5	28	2		2	9	6	3
盐都区	33	7	26	9	3	6	9	4	5
大丰区	42	10	32	10	5	5	19	11	8
响水县	4	2	2	3	1	2	1		1
滨海县	10		10	9	5	4	10	3	7
阜宁县	14		14	13	1	12	6	3	3
射阳县	9	3	6	14		14	6	3	3
建湖县	2		2	12		12	6	3	3
盐城经济技术开发区	14	2	12	1	1		1		1
江苏省盐南高新区	5	1	4				1		1
东台市	14	6	8	5	1	4	11	6	5
扬州市	**168**	**71**	**97**	**140**	**86**	**54**	**95**	**43**	**52**
广陵区	16	7	9	25	17	8	10	7	3
邗江区	31	16	15	12	7	5	25	10	15
江都区	56	24	32	51	34	17	17	7	10
宝应县	23	7	16	8	5	3	8	2	6
扬州经济技术开发区	13	3	10	9	4	5	14	8	6
蜀冈瘦西湖景区							2		2
生态新城									
仪征市	9	5	4	26	17	9	12	4	8
高邮市	20	9	11	9	2	7	7	5	2
镇江市	**167**	**74**	**93**	**212**	**110**	**102**	**170**	**96**	**74**
京口区	2	1	1	8	1	7	35	19	16
润州区	2	2		27	16	11	19	10	9
丹徒区	16	6	10	13	4	9	23	16	7
镇江新区	6	5	1	23	12	11	16	9	7
江苏镇江高新区	3		3	3		3			
丹阳市	107	48	59	48	19	29	52	28	24
扬中市	4	2	2	53	36	17	3		3
句容市	27	10	17	37	22	15	22	14	8
泰州市	**206**	**104**	**102**	**189**	**124**	**65**	**111**	**56**	**55**
海陵区	12	5	7	10	7	3	35	21	14
高港区	4	2	2	60	32	28	5		5
姜堰区	10	4	6	4	2	2	9	4	5
泰州医药高新技术产业开发区	19	12	7	2	2		5	2	3
兴化市	47	18	29	7	5	2	6	2	4
靖江市	51	33	18	81	62	19	17	8	9
泰兴市	63	30	33	25	14	11	34	19	15
宿迁市	**178**	**29**	**149**	**66**	**4**	**62**	**40**	**20**	**20**
宿城区	15		15	11	1	10	3	2	1
宿豫区	15	5	10	5		5	2	1	1
沭阳县	91	16	75	9		9	9		9
泗阳县	25	1	24	10	1	9	6	3	3
泗洪县	10	3	7	20	2	18	15	11	4
宿迁经济技术开发区	10	4	6	3		3	1		1
宿迁市湖滨新区	4		4	1		1	4	3	1
苏州宿迁工业园区									
宿迁市洋河新区	8		8	7		7			

1-4 续表 24

单位：人

地区	高山族			拉祜族			水族		
	小计	男	女	小计	男	女	小计	男	女
江苏	**92**	**44**	**48**	**2454**	**945**	**1509**	**17576**	**10069**	**7507**
南京市	**31**	**20**	**11**	**188**	**99**	**89**	**359**	**190**	**169**
玄武区	3	2	1	2		2	54	31	23
秦淮区	2	1	1	10	4	6	13	8	5
建邺区				11	6	5	7	4	3
鼓楼区	6	3	3	3		3	14	6	8
浦口区				8	3	5	10	3	7
栖霞区	3	1	2	25	12	13	64	31	33
雨花台区				10	3	7	11	5	6
江宁区	8	7	1	38	25	13	96	54	42
六合区	2	2		8	4	4	11	4	7
溧水区	1	1		13	7	6	12	2	10
高淳区				17	6	11	12	8	4
南京江北新区	6	3	3	43	29	14	55	34	21
无锡市	**6**	**3**	**3**	**218**	**96**	**122**	**1843**	**1089**	**754**
锡山区	1		1	83	41	42	519	309	210
惠山区				15	5	10	401	232	169
滨湖区	1	1		15	7	8	49	28	21
梁溪区	3	2	1	16	3	13	31	17	14
新吴区				12	6	6	63	39	24
江苏无锡经济开发区				2	1	1	9	5	4
江阴市				64	31	33	546	325	221
宜兴市	1		1	11	2	9	225	134	91
徐州市				**57**	**10**	**47**	**91**	**46**	**45**
鼓楼区				12	5	7	9	5	4
云龙区				2		2	8	4	4
贾汪区				4		4	5	4	1
泉山区				3	1	2	11	6	5
铜山区				18	3	15	27	16	11
丰县							5	3	2
沛县							9	3	6
睢宁县				5	1	4	6	2	4
徐州经济技术开发区				3		3	5	3	2
新沂市				5		5	3		3
邳州市				5		5	3		3
常州市	**8**	**5**	**3**	**178**	**82**	**96**	**12946**	**7541**	**5405**
天宁区	1	1		6	3	3	528	301	227
钟楼区	2		2	24	9	15	312	177	135
新北区				13	3	10	335	198	137
武进区	3	3		71	31	40	3422	2046	1376
金坛区	1	1		20	7	13	75	49	26
江苏省常州市经济开发区				25	16	9	8227	4731	3496
溧阳市	1		1	19	13	6	47	39	8

1-4 续表 25

单位：人

地 区	高山族			拉祜族			水 族		
	小计	男	女	小计	男	女	小计	男	女
苏州市	**7**	**4**	**3**	**751**	**404**	**347**	**1212**	**719**	**493**
虎丘区	4	2	2	30	9	21	46	23	23
吴中区				40	18	22	65	39	26
相城区	1	1		119	73	46	88	59	29
姑苏区				15	4	11	21	17	4
吴江区				39	21	18	159	95	64
苏州工业园区	1	1		20	6	14	66	40	26
常熟市				350	211	139	441	266	175
张家港市				37	17	20	131	66	65
昆山市	1		1	64	29	35	132	83	49
太仓市				37	16	21	63	31	32
南通市	**2**		**2**	**121**	**51**	**70**	**409**	**182**	**227**
崇川区				22	7	15	70	33	37
港闸区				12	8	4	20	10	10
通州区				21	7	14	72	36	36
如东县				8		8	74	25	49
南通经济技术开发区				12	5	7	38	24	14
通州湾示范区				1		1	2	1	1
苏锡通科技产业园区				1	1		21	8	13
启东市	1		1	2		2	20	13	7
如皋市				13	8	5	40	11	29
海门市				16	10	6	20	7	13
海安市	1		1	13	5	8	32	14	18
连云港市	**5**	**2**	**3**	**167**	**12**	**155**	**34**	**12**	**22**
连云区							2	2	
海州区	1		1	11	4	7	1		1
赣榆区				29	1	28			
东海县	1		1	110	5	105	7	4	3
灌云县				9		9	10	1	9
灌南县				3		3	1		1
连云港经济技术开发区	3	2	1						
连云港高新技术产业开发区				5	2	3	10	4	6
江苏连云港徐圩新区							2	1	1
江苏省连云港市云台山风景名胜区							1		1
淮安市	**6**	**4**	**2**	**72**	**9**	**63**	**63**	**26**	**37**
淮安区	1		1	20	1	19	7	3	4
淮阴区				9	2	7	11	4	7
清江浦区				2		2	5	2	3
洪泽区				1		1	5	2	3
涟水县				16		16	2		2
盱眙县	1	1		16	5	11	12	6	6
金湖县				1		1	2		2
淮安经济技术开发区				5		5	16	8	8
工业园区									
生态文旅区	4	3	1	2	1	1	2	1	1
苏淮高新区							1		1

1-4 续表 26　　　　单位：人

地　区	高山族			拉祜族			水　族		
	小计	男	女	小计	男	女	小计	男	女
盐城市	**8**	**2**	**6**	**296**	**28**	**268**	**135**	**41**	**94**
亭湖区	1		1	9	4	5	18	10	8
盐都区				7	1	6	7		7
大丰区	5	2	3	13	3	10	27	8	19
响水县				7		7	6	2	4
滨海县				26	3	23	7	1	6
阜宁县				144	9	135	5	1	4
射阳县				28	2	26	9	5	4
建湖县				48	5	43	14	3	11
盐城经济技术开发区							9	3	6
江苏省盐南高新区	2		2	4		4	8	2	6
东台市				10	1	9	25	6	19
扬州市	**10**		**10**	**102**	**38**	**64**	**90**	**39**	**51**
广陵区				14	7	7	10	6	4
邗江区				11	1	10	39	11	28
江都区	2		2	46	20	26	6	3	3
宝应县				7		7	6	4	2
扬州经济技术开发区				9	8	1	6	3	3
蜀冈瘦西湖景区							1	1	
生态新城							3	2	1
仪征市	8		8	6	2	4	9	4	5
高邮市				9		9	10	5	5
镇江市	**3**	**3**		**156**	**82**	**74**	**185**	**82**	**103**
京口区				6	2	4	12	8	4
润州区				9	3	6	7	4	3
丹徒区	3	3		9	3	6	21	9	12
镇江新区				10	5	5	26	11	15
江苏镇江高新区				5	3	2	2		2
丹阳市				75	37	38	83	36	47
扬中市				6	5	1	14	7	7
句容市				36	24	12	20	7	13
泰州市	**1**		**1**	**96**	**32**	**64**	**139**	**77**	**62**
海陵区	1		1	7	2	5	30	15	15
高港区				12	9	3	12	6	6
姜堰区				7	1	6	8	4	4
泰州医药高新技术产业开发区				3	1	2	9	5	4
兴化市				27	7	20	22	15	7
靖江市				28	9	19	21	13	8
泰兴市				12	3	9	37	19	18
宿迁市	**5**	**1**	**4**	**52**	**2**	**50**	**70**	**25**	**45**
宿城区				3		3	7	4	3
宿豫区				2		2	2	1	1
沭阳县	1		1	15		15	25	10	15
泗阳县	4	1	3	18	2	16	20	4	16
泗洪县				10		10	11	4	7
宿迁经济技术开发区							1		1
宿迁市湖滨新区							1	1	
苏州宿迁工业园区									
宿迁市洋河新区				4		4	3	1	2

1-4 续表 27

单位：人

地区	东乡族			纳西族			景颇族		
	小计	男	女	小计	男	女	小计	男	女
江 苏	**2209**	**1251**	**958**	**522**	**190**	**332**	**913**	**407**	**506**
南京市	**217**	**128**	**89**	**136**	**57**	**79**	**81**	**22**	**59**
玄武区	40	28	12	24	8	16	3	1	2
秦淮区	24	13	11	6	4	2	2		2
建邺区	3	1	2	13	6	7	1		1
鼓楼区	3	1	2	13	5	8	3		3
浦口区	6	3	3	2		2	5	4	1
栖霞区	41	23	18	21	9	12	13	6	7
雨花台区	11	8	3	6	3	3	2		2
江宁区	36	23	13	20	11	9	13	5	8
六合区	16	7	9	1		1	1	1	
溧水区	7	4	3	6	1	5	6	1	5
高淳区	7	3	4	4	1	3	30	3	27
南京江北新区	23	14	9	20	9	11	2	1	1
无锡市	**188**	**92**	**96**	**30**	**14**	**16**	**118**	**64**	**54**
锡山区	26	14	12	5	4	1	36	22	14
惠山区	10	6	4	4		4	14	8	6
滨湖区	12	6	6	3	1	2	13	4	9
梁溪区	5	3	2	4	3	1	12	9	3
新吴区	4	1	3	2	1	1	3		3
江苏无锡经济开发区				2	1	1	3	3	
江阴市	90	47	43	8	4	4	17	8	9
宜兴市	41	15	26	2		2	20	10	10
徐州市	**30**	**16**	**14**	**25**	**8**	**17**	**12**	**2**	**10**
鼓楼区				3	2	1			
云龙区	1		1						
贾汪区	3	2	1	3	1	2	4	1	3
泉山区				4	4		1	1	
铜山区	5	2	3	8		8	1		1
丰县							4		4
沛县				4	1	3	2		2
睢宁县	13	7	6	2		2			
徐州经济技术开发区	7	5	2						
新沂市				1		1			
邳州市	1		1						
常州市	**149**	**79**	**70**	**23**	**10**	**13**	**37**	**19**	**18**
天宁区	18	10	8				8	5	3
钟楼区	15	8	7	2	2		5	3	2
新北区	31	17	14	4	1	3	9	4	5
武进区	46	26	20	6	1	5	5	2	3
金坛区	24	12	12	2	1	1	4	1	3
江苏省常州市经济开发区	9	3	6	3		3	6	4	2
溧阳市	6	3	3	6	5	1			

1-4 续表 28

单位：人

地　区	东乡族			纳西族			景颇族		
	小计	男	女	小计	男	女	小计	男	女
苏州市	**454**	**254**	**200**	**76**	**32**	**44**	**203**	**97**	**106**
虎丘区	11	5	6	8	5	3	12	4	8
吴中区	11	8	3	7	1	6	20	7	13
相城区	15	8	7	1		1	37	22	15
姑苏区	1	1		11	8	3	7	3	4
吴江区	153	88	65	4	1	3	17	7	10
苏州工业园区	24	14	10	17	8	9	30	18	12
常熟市	140	75	65	2	1	1	26	13	13
张家港市	13	9	4	15	4	11	19	7	12
昆山市	22	14	8	4	3	1	18	9	9
太仓市	64	32	32	7	1	6	17	7	10
南通市	**373**	**196**	**177**	**49**	**17**	**32**	**284**	**147**	**137**
崇川区	53	24	29	13	6	7	18	9	9
港闸区	21	11	10	6	2	4	9	3	6
通州区	66	44	22	4		4	60	34	26
如东县	39	16	23	3	1	2	9	4	5
南通经济技术开发区	10	3	7	4	2	2	18	15	3
通州湾示范区				1		1	6	4	2
苏锡通科技产业园区									
启东市	58	32	26	5	2	3	35	20	15
如皋市	19	8	11	3		3	17	12	5
海门市	49	31	18	1		1	91	32	59
海安市	58	27	31	9	4	5	21	14	7
连云港市	**13**	**5**	**8**	**18**	**6**	**12**	**3**	**1**	**2**
连云区									
海州区									
赣榆区									
东海县				6		6			
灌云县	1		1						
灌南县							1	1	
连云港经济技术开发区	4		4	1	1				
连云港高新技术产业开发区	8	5	3	11	5	6	2		2
江苏连云港徐圩新区									
江苏省连云港市云台山风景名胜区									
淮安市	**14**	**7**	**7**	**21**	**4**	**17**	**24**	**9**	**15**
淮安区	1	1		4	1	3	15	7	8
淮阴区	3	1	2	4		4	4		4
清江浦区	7	3	4	5	2	3			
洪泽区							3	1	2
涟水县	1	1		1		1			
盱眙县				2	1	1	1	1	
金湖县							1		1
淮安经济技术开发区	1		1	5		5			
工业园区									
生态文旅区	1	1							
苏淮高新区									

1-4　续表 29　　　　单位：人

地　区	东乡族			纳西族			景颇族		
	小计	男	女	小计	男	女	小计	男	女
盐城市	**380**	**268**	**112**	**52**	**7**	**45**	**22**	**4**	**18**
亭湖区	7	2	5	5		5	2	1	1
盐都区	11	4	7	16	3	13	1		1
大丰区	2	1	1	11	2	9	6	2	4
响水县									
滨海县	32	16	16				4		4
阜宁县	4	1	3				2		2
射阳县	3	2	1				5		5
建湖县	1	1					1		1
盐城经济技术开发区	4	2	2	3		3	1	1	
江苏省盐南高新区				3		3			
东台市	316	239	77	14	2	12			
扬州市	**116**	**60**	**56**	**25**	**9**	**16**	**41**	**18**	**23**
广陵区	8	4	4	2		2	13	5	8
邗江区	17	5	12	8	3	5			
江都区	25	16	9	8	3	5	11	5	6
宝应县	5	4	1	1		1	5	1	4
扬州经济技术开发区	6	2	4	2	1	1	1	1	
蜀冈瘦西湖景区	3	1	2	1		1			
生态新城									
仪征市	19	10	9	3	2	1	6	5	1
高邮市	33	18	15				5	1	4
镇江市	**152**	**78**	**74**	**26**	**11**	**15**	**57**	**20**	**37**
京口区	18	11	7	7	1	6			
润州区	2	2		3	1	2			
丹徒区	2	1	1	6	6		7	2	5
镇江新区	37	18	19				3	1	2
江苏镇江高新区									
丹阳市	46	22	24	5	2	3	14	5	9
扬中市	31	16	15				9	4	5
句容市	16	8	8	5	1	4	24	8	16
泰州市	**115**	**63**	**52**	**34**	**15**	**19**	**15**	**3**	**12**
海陵区	10	4	6	13	8	5	2		2
高港区	10	4	6	3		3	1		1
姜堰区	19	12	7	1		1	2		2
泰州医药高新技术产业开发区				1	1				
兴化市	16	10	6	3	3		2		2
靖江市	55	31	24	9	3	6	6	3	3
泰兴市	5	2	3	4		4	2		2
宿迁市	**8**	**5**	**3**	**7**		**7**	**16**	**1**	**15**
宿城区				2		2	5		5
宿豫区				1		1	1		1
沭阳县							5	1	4
泗阳县	2	2		2		2	3		3
泗洪县	2	1	1				1		1
宿迁经济技术开发区	1		1	1		1			
宿迁市湖滨新区	3	2	1	1		1			
苏州宿迁工业园区									
宿迁市洋河新区							1		1

1-4 续表 30

单位：人

地　区	柯尔克孜族			土　族			达斡尔族		
	小计	男	女	小计	男	女	小计	男	女
江　苏	**382**	**188**	**194**	**1209**	**571**	**638**	**592**	**294**	**298**
南京市	**96**	**39**	**57**	**221**	**107**	**114**	**159**	**77**	**82**
玄武区	14	6	8	19	13	6	6	5	1
秦淮区	3	3		11	5	6	9	4	5
建邺区	1		1	10	5	5	7	2	5
鼓楼区	7	2	5	10	4	6	23	11	12
浦口区	10	4	6	16	4	12	2	1	1
栖霞区	22	9	13	23	9	14	24	10	14
雨花台区	1	1		19	15	4	15	8	7
江宁区	25	9	16	51	25	26	30	16	14
六合区	2	1	1	7	1	6	9	3	6
溧水区				4	2	2	3	1	2
高淳区				3	1	2	2	1	1
南京江北新区	11	4	7	48	23	25	29	15	14
无锡市	**124**	**67**	**57**	**233**	**121**	**112**	**92**	**47**	**45**
锡山区	77	50	27	36	20	16	10	5	5
惠山区	3	1	2	19	9	10	14	8	6
滨湖区	39	14	25	27	9	18	1		1
梁溪区	3	1	2	19	11	8	20	6	14
新吴区				61	32	29	24	16	8
江苏无锡经济开发区				12	9	3	4	2	2
江阴市				43	21	22	12	6	6
宜兴市	2	1	1	16	10	6	7	4	3
徐州市	**20**	**13**	**7**	**46**	**24**	**22**	**28**	**13**	**15**
鼓楼区	2	2		1		1			
云龙区	1		1	7	3	4	2	1	1
贾汪区	1	1					1		1
泉山区				1		1	4	2	2
铜山区	13	9	4	19	15	4	9	5	4
丰县	2	1	1	11	4	7	4	1	3
沛县				2		2	5	3	2
睢宁县				2	1	1			
徐州经济技术开发区	1		1	2		2	2	1	1
新沂市									
邳州市				1	1		1		1
常州市	**1**	**1**		**82**	**34**	**48**	**17**	**11**	**6**
天宁区				6	3	3	1	1	
钟楼区	1	1		9	3	6	5	3	2
新北区				14	7	7	7	5	2
武进区				22	9	13	2	1	1
金坛区				9		9			
江苏省常州市经济开发区				16	9	7	1		1
溧阳市				6	3	3	1	1	

1-4　续表 31

单位：人

地　区	柯尔克孜族			土　族			达斡尔族		
	小计	男	女	小计	男	女	小计	男	女
苏州市	**20**	**8**	**12**	**278**	**145**	**133**	**173**	**87**	**86**
虎丘区	11	4	7	26	12	14	7	3	4
吴中区				35	14	21	11	5	6
相城区	1	1		29	19	10	13	9	4
姑苏区				10	5	5	11	4	7
吴江区	3	2	1	15	8	7	6	2	4
苏州工业园区	3		3	28	13	15	30	10	20
常熟市				35	19	16	11	6	5
张家港市	2	1	1	26	14	12	21	12	9
昆山市				49	28	21	44	26	18
太仓市				25	13	12	19	10	9
南通市	**4**	**1**	**3**	**80**	**42**	**38**	**32**	**11**	**21**
崇川区	2	1	1	9	5	4	8	5	3
港闸区				5	3	2	1	1	
通州区				12	5	7	9	2	7
如东县	1		1	3		3			
南通经济技术开发区				6	3	3	2	1	1
通州湾示范区				1	1				
苏锡通科技产业园区	1		1	3	3				
启东市				1		1	2		2
如皋市				19	5	14			
海门市				14	12	2	3		3
海安市				7	5	2	7	2	5
连云港市	**8**	**3**	**5**	**12**	**3**	**9**	**22**	**10**	**12**
连云区							11	5	6
海州区				1	1		4	1	3
赣榆区				3	1	2			
东海县				1	1		1		1
灌云县				3		3			
灌南县							1		1
连云港经济技术开发区	6	1	5	1		1			
连云港高新技术产业开发区	2	2		2		2	5	4	1
江苏连云港徐圩新区				1		1			
江苏省连云港市云台山风景名胜区									
淮安市	**7**	**1**	**6**	**43**	**13**	**30**	**4**	**1**	**3**
淮安区	1		1	1		1	1	1	
淮阴区	5		5	4		4	1		1
清江浦区				3	1	2			
洪泽区									
涟水县				1		1			
盱眙县				1		1	1		1
金湖县				6	1	5			
淮安经济技术开发区	1	1		23	8	15			
工业园区				1	1				
生态文旅区				3	2	1	1		1
苏淮高新区									

1-4 续表 32

单位：人

地区	柯尔克孜族			土族			达斡尔族		
	小计	男	女	小计	男	女	小计	男	女
盐城市	**6**	**5**	**1**	**39**	**8**	**31**	**11**	**7**	**4**
亭湖区	6	5	1	5	2	3	1	1	
盐都区				4		4			
大丰区				1		1	3	3	
响水县									
滨海县				4	2	2			
阜宁县				3		3			
射阳县				2	1	1	3	2	1
建湖县									
盐城经济技术开发区				2	1	1	2	1	1
江苏省盐南高新区				9	1	8	1		1
东台市				9	1	8	1		1
扬州市	**55**	**30**	**25**	**64**	**25**	**39**	**18**	**8**	**10**
广陵区	1	1		16	2	14	2	1	1
邗江区	11	3	8	22	12	10	3		3
江都区	3	2	1	13	6	7	3	1	2
宝应县				7	3	4	2	1	1
扬州经济技术开发区	15	9	6	4	2	2	4	2	2
蜀冈瘦西湖景区	8	3	5						
生态新城									
仪征市	17	12	5	1		1	4	3	1
高邮市				1		1			
镇江市	**19**	**9**	**10**	**69**	**33**	**36**	**21**	**16**	**5**
京口区	9	5	4	12	5	7	7	4	3
润州区				3	2	1	2	1	1
丹徒区	2	1	1	18	9	9	1	1	
镇江新区				2	1	1	4	4	
江苏镇江高新区				5	5		1	1	
丹阳市	6	3	3	25	10	15			
扬中市				1		1	3	2	1
句容市	2		2	3	1	2	3	3	
泰州市	**14**	**8**	**6**	**34**	**12**	**22**	**9**	**4**	**5**
海陵区	3	2	1	5	5		3	2	1
高港区	11	6	5	4	1	3	3		3
姜堰区							1	1	
泰州医药高新技术产业开发区				5		5	1	1	
兴化市				9	3	6			
靖江市				3		3	1		1
泰兴市				8	3	5			
宿迁市	**8**	**3**	**5**	**8**	**4**	**4**	**6**	**2**	**4**
宿城区	5	2	3	1	1		4	2	2
宿豫区				1	1				
沭阳县	1	1		3		3			
泗阳县				1		1			
泗洪县									
宿迁经济技术开发区							1		1
宿迁市湖滨新区	2		2	2	2		1		1
苏州宿迁工业园区									
宿迁市洋河新区									

1-4　续表 33

单位：人

地　区	仫佬族			羌　族			布朗族		
	小计	男	女	小计	男	女	小计	男	女
江　苏	**1521**	**756**	**765**	**1646**	**892**	**754**	**559**	**234**	**325**
南京市	**223**	**93**	**130**	**167**	**94**	**73**	**42**	**27**	**15**
玄武区	12	3	9	21	12	9	4	3	1
秦淮区	10	6	4	15	8	7			
建邺区	14	5	9	5	4	1			
鼓楼区	27	11	16	15	5	10			
浦口区	8	3	5	1		1	1		1
栖霞区	35	11	24	27	13	14	11	6	5
雨花台区	13	5	8	10	4	6	4	3	1
江宁区	48	23	25	30	21	9	3	3	
六合区	6	2	4	7	3	4	1		1
溧水区	9	3	6	1		1	8	5	3
高淳区	13	6	7	2		2	3	2	1
南京江北新区	28	15	13	33	24	9	7	5	2
无锡市	**289**	**160**	**129**	**461**	**251**	**210**	**44**	**21**	**23**
锡山区	40	26	14	57	34	23	12	6	6
惠山区	12	7	5	22	11	11	10	6	4
滨湖区	19	12	7	25	16	9	5	2	3
梁溪区	5	4	1	26	13	13	2	1	1
新吴区	23	9	14	15	10	5	1		1
江苏无锡经济开发区	6	1	5	16	11	5	1		1
江阴市	45	26	19	289	151	138	11	6	5
宜兴市	139	75	64	11	5	6	2		2
徐州市	**35**	**16**	**19**	**23**	**12**	**11**	**15**	**2**	**13**
鼓楼区	1	1		1		1			
云龙区	7	4	3	1	1				
贾汪区	2	1	1						
泉山区	2	1	1	1		1	1	1	
铜山区	9	4	5	9	8	1	4		4
丰县	3		3	3	1	2	3		3
沛县	1		1				2	1	1
睢宁县	2	1	1	3	1	2	4		4
徐州经济技术开发区	3	1	2	1		1			
新沂市	2	2		3	1	2			
邳州市	3	1	2	1		1	1		1
常州市	**126**	**71**	**55**	**105**	**55**	**50**	**41**	**19**	**22**
天宁区	11	7	4	2	2		5	2	3
钟楼区	12	7	5	8	5	3	11	5	6
新北区	26	14	12	13	5	8	4	2	2
武进区	55	31	24	43	20	23	8	3	5
金坛区	2		2	11	5	6	5	3	2
江苏省常州市经济开发区	11	7	4	12	8	4	5	2	3
溧阳市	9	5	4	16	10	6	3	2	1

1-4 续表 34

单位：人

地 区	仫佬族			羌 族			布朗族		
	小计	男	女	小计	男	女	小计	男	女
苏州市	**436**	**227**	**209**	**295**	**153**	**142**	**126**	**73**	**53**
虎丘区	27	13	14	31	21	10	15	7	8
吴中区	42	20	22	14	8	6	3		3
相城区	110	67	43	16	4	12	4	2	2
姑苏区	12	3	9	3	2	1	4	1	3
吴江区	55	29	26	10	5	5	12	4	8
苏州工业园区	61	29	32	14	6	8	9	5	4
常熟市	22	10	12	35	19	16	15	10	5
张家港市	16	7	9	115	57	58	7	4	3
昆山市	77	43	34	36	22	14	54	39	15
太仓市	14	6	8	21	9	12	3	1	2
南通市	**120**	**61**	**59**	**390**	**241**	**149**	**43**	**17**	**26**
崇川区	23	7	16	22	17	5	4	1	3
港闸区	9	4	5	7	3	4	3	1	2
通州区	26	15	11	169	110	59	11	4	7
如东县	7	1	6	12	7	5	1		1
南通经济技术开发区	5	4	1	8	5	3	2		2
通州湾示范区	3	2	1	2	1	1	1	1	
苏锡通科技产业园区	3	3		17	10	7			
启东市	11	5	6	3	2	1	7	3	4
如皋市	7	4	3	4	1	3	1	1	
海门市	15	8	7	117	67	50	9	5	4
海安市	11	8	3	29	18	11	4	1	3
连云港市	**24**	**13**	**11**	**15**	**6**	**9**	**30**	**6**	**24**
连云区	9	4	5	4	1	3	2		2
海州区	2	1	1	1	1				
赣榆区				3	1	2	7	1	6
东海县	1	1		1		1	14	1	13
灌云县							1		1
灌南县	2		2						
连云港经济技术开发区							5	4	1
连云港高新技术产业开发区	9	6	3	5	2	3	1		1
江苏连云港徐圩新区				1	1				
江苏省连云港市云台山风景名胜区	1	1							
淮安市	**42**	**19**	**23**	**21**	**3**	**18**	**30**	**10**	**20**
淮安区	4	1	3	1		1	5	1	4
淮阴区	10	4	6	2		2	4	1	3
清江浦区	11	8	3	3	1	2	6	2	4
洪泽区									
涟水县	2		2	1		1	3		3
盱眙县	2	1	1	5		5	12	6	6
金湖县	1	1		2	1	1			
淮安经济技术开发区	12	4	8	5		5			
工业园区									
生态文旅区				2	1	1			
苏淮高新区									

1-4 续表 35

单位：人

地区	仫佬族			羌族			布朗族		
	小计	男	女	小计	男	女	小计	男	女
盐城市	**46**	**16**	**30**	**30**	**10**	**20**	**59**	**9**	**50**
亭湖区	5	1	4	9	2	7	5	3	2
盐都区	4	1	3	6	2	4			
大丰区	2	2		3	1	2	10	2	8
响水县	2	1	1				2	1	1
滨海县	2		2	3	1	2	3		3
阜宁县	3		3				23	1	22
射阳县	5	1	4	1		1	10	2	8
建湖县	3	2	1	1		1	3		3
盐城经济技术开发区	1		1	5	2	3	1		1
江苏省盐南高新区	5	3	2				1		1
东台市	14	5	9	2	2		1		1
扬州市	**34**	**18**	**16**	**25**	**10**	**15**	**33**	**14**	**19**
广陵区	9	5	4	3	1	2	2	2	
邗江区	10	4	6	5	3	2	3	1	2
江都区	3	1	2	3		3	13	6	7
宝应县	3	2	1				9	2	7
扬州经济技术开发区	1	1							
蜀冈瘦西湖景区	1	1					2	2	
生态新城									
仪征市	4	2	2	5	1	4	1	1	
高邮市	3	2	1	9	5	4	3		3
镇江市	**77**	**38**	**39**	**45**	**23**	**22**	**39**	**22**	**17**
京口区	7	2	5	5	4	1			
润州区	6	3	3	5	2	3	1	1	
丹徒区	14	10	4	4	2	2	2	1	1
镇江新区	10	5	5	5	2	3	6	3	3
江苏镇江高新区				2	1	1			
丹阳市	24	13	11	16	9	7	4		4
扬中市	6	3	3	6	2	4	12	6	6
句容市	10	2	8	2	1	1	14	11	3
泰州市	**43**	**13**	**30**	**59**	**29**	**30**	**20**	**9**	**11**
海陵区	13	4	9	4	2	2	2	1	1
高港区				27	17	10			
姜堰区	4		4	5	1	4			
泰州医药高新技术产业开发区	3	1	2	1	1				
兴化市	5	1	4	2	1	1	1		1
靖江市	12	5	7	15	7	8	11	5	6
泰兴市	6	2	4	5		5	6	3	3
宿迁市	**26**	**11**	**15**	**10**	**5**	**5**	**37**	**5**	**32**
宿城区	4	3	1	1		1	12	3	9
宿豫区	6	6		3	2	1	11		11
沭阳县	2		2				5		5
泗阳县	4		4				2	1	1
泗洪县	7	1	6	1		1	4		4
宿迁经济技术开发区	2		2	1	1				
宿迁市湖滨新区	1	1		4	2	2	1		1
苏州宿迁工业园区									
宿迁市洋河新区							2	1	1

1-4 续表 36

单位：人

地　　区	撒拉族			毛南族			仡佬族		
	小计	男	女	小计	男	女	小计	男	女
江　苏	**578**	**334**	**244**	**536**	**296**	**240**	**6160**	**3469**	**2691**
南京市	**48**	**32**	**16**	**101**	**52**	**49**	**1021**	**598**	**423**
玄武区	3	3		12	6	6	83	52	31
秦淮区	3	2	1	4	3	1	34	21	13
建邺区	1	1		6	6		24	19	5
鼓楼区	2		2	5	2	3	44	24	20
浦口区	3	1	2	7	3	4	119	64	55
栖霞区	9	9		22	12	10	147	66	81
雨花台区				5	1	4	24	12	12
江宁区	15	7	8	12	3	9	186	127	59
六合区				3	1	2	19	8	11
溧水区	6	4	2	2		2	28	14	14
高淳区							20	12	8
南京江北新区	6	5	1	23	15	8	293	179	114
无锡市	**70**	**47**	**23**	**67**	**39**	**28**	**1247**	**709**	**538**
锡山区	7	4	3	17	10	7	192	107	85
惠山区	2		2	3	2	1	94	49	45
滨湖区	8	4	4	2	1	1	114	66	48
梁溪区	22	16	6	6	6		50	25	25
新吴区	4	3	1	8	4	4	62	36	26
江苏无锡经济开发区	7	3	4	1		1	22	13	9
江阴市	14	12	2	24	13	11	545	319	226
宜兴市	6	5	1	6	3	3	168	94	74
徐州市	**38**	**23**	**15**	**21**	**13**	**8**	**225**	**109**	**116**
鼓楼区	7	4	3	2	1	1	19	13	6
云龙区	4	2	2	3	1	2	34	17	17
贾汪区							22	8	14
泉山区	17	10	7	5	4	1	20	13	7
铜山区	8	6	2	4	3	1	61	30	31
丰县				1		1	8	3	5
沛县				4	3	1	7	3	4
睢宁县							23	7	16
徐州经济技术开发区							11	8	3
新沂市				1		1	8	3	5
邳州市	2	1	1	1	1		12	4	8
常州市	**3**	**1**	**2**	**38**	**24**	**14**	**388**	**231**	**157**
天宁区				1	1		22	13	9
钟楼区				4	2	2	35	22	13
新北区	2	1	1	4	3	1	54	32	22
武进区	1		1	9	7	2	123	77	46
金坛区				5	3	2	52	29	23
江苏省常州市经济开发区				4	3	1	35	16	19
溧阳市				11	5	6	67	42	25

1-4 续表 37

单位：人

地区	撒拉族			毛南族			仡佬族		
	小计	男	女	小计	男	女	小计	男	女
苏州市	**126**	**67**	**59**	**133**	**80**	**53**	**1687**	**1029**	**658**
虎丘区	16	7	9	17	7	10	113	74	39
吴中区	7	3	4	30	24	6	149	95	54
相城区	4	3	1	19	11	8	130	87	43
姑苏区	22	10	12	2	1	1	41	20	21
吴江区	1	1		11	5	6	277	178	99
苏州工业园区	21	12	9	11	9	2	152	94	58
常熟市	12	7	5	9	7	2	136	85	51
张家港市	3	2	1	9	3	6	101	56	45
昆山市	20	11	9	17	7	10	491	299	192
太仓市	20	11	9	8	6	2	97	41	56
南通市	**126**	**68**	**58**	**68**	**41**	**27**	**411**	**185**	**226**
崇川区	39	20	19	6	5	1	66	32	34
港闸区	11	7	4	3	1	2	22	7	15
通州区	14	9	5	44	27	17	60	38	22
如东县				4	2	2	23	9	14
南通经济技术开发区	7	3	4	1	1		29	13	16
通州湾示范区	5	4	1				2		2
苏锡通科技产业园区							8	5	3
启东市	8	5	3	4	2	2	32	15	17
如皋市	8	5	3	2	1	1	84	25	59
海门市	13	6	7	3	1	2	35	17	18
海安市	21	9	12	1	1		50	24	26
连云港市	**3**	**2**	**1**	**6**	**4**	**2**	**75**	**31**	**44**
连云区				1	1		15	10	5
海州区				1	1		4	1	3
赣榆区							9	4	5
东海县							3	1	2
灌云县							7	1	6
灌南县							2		2
连云港经济技术开发区							5	5	
连云港高新技术产业开发区	3	2	1	3	1	2	29	8	21
江苏连云港徐圩新区				1	1		1	1	
江苏省连云港市云台山风景名胜区									
淮安市	**9**	**2**	**7**	**10**	**3**	**7**	**102**	**47**	**55**
淮安区				1		1	17	7	10
淮阴区				1		1	17	7	10
清江浦区	3		3	1	1		10	3	7
洪泽区				1	1		10	8	2
涟水县	2		2	1		1	6	1	5
盱眙县							7	3	4
金湖县	1		1	1		1	5	3	2
淮安经济技术开发区	3	2	1	4	1	3	30	15	15
工业园区									
生态文旅区									
苏淮高新区									

1-4 续表 38

单位：人

地区	撒拉族			毛南族			仡佬族		
	小计	男	女	小计	男	女	小计	男	女
盐城市	**40**	**31**	**9**	**18**	**9**	**9**	**153**	**74**	**79**
亭湖区	1		1	3	1	2	29	12	17
盐都区							18	11	7
大丰区	6	4	2	3	1	2	12	8	4
响水县							7	3	4
滨海县				4	3	1	14	4	10
阜宁县				3	2	1	8	3	5
射阳县	1	1		1		1	15	9	6
建湖县							8	6	2
盐城经济技术开发区				1		1	15	7	8
江苏省盐南高新区	1		1				6	1	5
东台市	31	26	5	3	2	1	21	10	11
扬州市	**60**	**33**	**27**	**23**	**11**	**12**	**186**	**108**	**78**
广陵区	28	15	13	5	3	2	22	13	9
邗江区	17	10	7	12	6	6	56	33	23
江都区	2	2		3	1	2	25	12	13
宝应县	6	3	3	1		1	19	13	6
扬州经济技术开发区	3		3				38	21	17
蜀冈瘦西湖景区							1	1	
生态新城	1	1					4	2	2
仪征市				1		1	15	9	6
高邮市	3	2	1	1	1		6	4	2
镇江市	**14**	**7**	**7**	**36**	**13**	**23**	**330**	**175**	**155**
京口区	1		1	3	2	1	33	17	16
润州区				2	1	1	8	5	3
丹徒区	2		2	4	2	2	40	19	21
镇江新区	1	1		3	1	2	24	14	10
江苏镇江高新区									
丹阳市	1	1		22	6	16	169	90	79
扬中市	1		1	1	1		17	11	6
句容市	8	5	3	1		1	39	19	20
泰州市	**12**	**5**	**7**	**9**	**6**	**3**	**243**	**131**	**112**
海陵区	2		2				50	26	24
高港区				1	1		10	4	6
姜堰区				2	1	1	19	11	8
泰州医药高新技术产业开发区	2	1	1	3	3		10	7	3
兴化市	6	3	3				20	9	11
靖江市				1	1		56	29	27
泰兴市	2	1	1	2		2	78	45	33
宿迁市	**29**	**16**	**13**	**6**	**1**	**5**	**92**	**42**	**50**
宿城区				1		1	20	7	13
宿豫区	5	2	3	2	1	1	11	7	4
沭阳县	3	2	1	1		1	15	5	10
泗阳县	1		1				10	5	5
泗洪县	6	4	2				12	7	5
宿迁经济技术开发区	5	2	3	1		1	1		1
宿迁市湖滨新区	9	6	3	1		1	18	10	8
苏州宿迁工业园区									
宿迁市洋河新区							5	1	4

1-4　续表 39　　　　单位：人

地　区	锡伯族			阿昌族			普米族		
	小计	男	女	小计	男	女	小计	男	女
江　苏	**916**	**422**	**494**	**577**	**304**	**273**	**104**	**46**	**58**
南京市	**342**	**169**	**173**	**31**	**15**	**16**	**14**	**7**	**7**
玄武区	44	21	23	1		1			
秦淮区	26	13	13	4	4		3	2	1
建邺区	32	17	15						
鼓楼区	38	16	22				2	1	1
浦口区	10	5	5						
栖霞区	51	20	31	9	6	3	3	1	2
雨花台区	11	4	7						
江宁区	61	37	24	2		2	2	1	1
六合区	7	6	1	3	1	2			
溧水区	5	3	2				1		1
高淳区	1	1		10	2	8	1		1
南京江北新区	56	26	30	2	2		2	2	
无锡市	**94**	**45**	**49**	**26**	**15**	**11**	**14**	**8**	**6**
锡山区	12	6	6	12	9	3	5	3	2
惠山区	3	3		5	3	2	1		1
滨湖区	26	8	18	1		1			
梁溪区	18	10	8	1	1				
新吴区	10	6	4	1		1	3	1	2
江苏无锡经济开发区	11	5	6						
江阴市	10	4	6	5	2	3			
宜兴市	4	3	1	1		1	5	4	1
徐州市	**59**	**17**	**42**	**1**		**1**	**4**	**1**	**3**
鼓楼区	6	2	4						
云龙区	4		4	1		1			
贾汪区	2	1	1				2		2
泉山区	14	5	9						
铜山区	13	6	7				1	1	
丰县	8		8						
沛县	1		1						
睢宁县							1		1
徐州经济技术开发区	5	2	3						
新沂市	4		4						
邳州市	2	1	1						
常州市	**44**	**13**	**31**	**29**	**15**	**14**	**7**	**2**	**5**
天宁区	13	5	8	1		1			
钟楼区	5		5	3	1	2			
新北区	15	5	10	3	2	1			
武进区	2	1	1	12	5	7	3	1	2
金坛区	2	1	1	2	1	1	1	1	
江苏省常州市经济开发区	1		1	3	2	1	1		1
溧阳市	6	1	5	5	4	1	2		2

1-4 续表 40

单位：人

地　区	锡伯族			阿昌族			普米族		
	小计	男	女	小计	男	女	小计	男	女
苏州市	**202**	**101**	**101**	**246**	**143**	**103**	**16**	**7**	**9**
虎丘区	19	6	13	16	11	5	2	1	1
吴中区	14	8	6	6	5	1	3	1	2
相城区	7	2	5	138	85	53			
姑苏区	14	6	8	1		1	1	1	
吴江区	11	5	6	5	4	1	1		1
苏州工业园区	61	30	31	29	11	18	4	2	2
常熟市	5	3	2	20	12	8	4	2	2
张家港市	4	3	1	3		3			
昆山市	26	12	14	17	9	8	1		1
太仓市	41	26	15	11	6	5			
南通市	**40**	**19**	**21**	**210**	**103**	**107**	**20**	**9**	**11**
崇川区	9	5	4	3	2	1			
港闸区				1		1			
通州区	5	2	3	8	4	4	3	2	1
如东县	2	1	1	9	5	4			
南通经济技术开发区	5	3	2	4	2	2	2		2
通州湾示范区				3	3				
苏锡通科技产业园区									
启东市	6	3	3	6	1	5			
如皋市	7	2	5				1		1
海门市	5	3	2	14	3	11	3	2	1
海安市	1		1	162	83	79	11	5	6
连云港市	**24**	**11**	**13**	**1**	**1**		**1**		**1**
连云区	2	2							
海州区	11	6	5						
赣榆区									
东海县	2		2	1	1				
灌云县									
灌南县									
连云港经济技术开发区	2		2						
连云港高新技术产业开发区	7	3	4				1		1
江苏连云港徐圩新区									
江苏省连云港市云台山风景名胜区									
淮安市	**19**	**7**	**12**	**4**	**2**	**2**	**3**		**3**
淮安区				1		1	1		1
淮阴区	7	2	5	2	1	1	1		1
清江浦区	5	4	1						
洪泽区									
涟水县									
盱眙县	2	1	1	1	1				
金湖县									
淮安经济技术开发区	5		5				1		1
工业园区									
生态文旅区									
苏淮高新区									

1-4　续表 41

单位：人

地区	锡伯族			阿昌族			普米族		
	小计	男	女	小计	男	女	小计	男	女
盐城市	**8**	**5**	**3**	**5**		**5**	**4**		**4**
亭湖区	1	1							
盐都区							2		2
大丰区	1		1						
响水县									
滨海县							1		1
阜宁县	1		1	1		1			
射阳县				2		2			
建湖县				2		2			
盐城经济技术开发区									
江苏省盐南高新区	4	3	1						
东台市	1	1					1		1
扬州市	**36**	**16**	**20**	**4**	**1**	**3**	**3**	**3**	
广陵区	3	1	2						
邗江区	14	5	9						
江都区	2	2		1		1	3	3	
宝应县	2	1	1						
扬州经济技术开发区	9	4	5						
蜀冈瘦西湖景区	2		2						
生态新城									
仪征市	4	3	1	2	1	1			
高邮市				1		1			
镇江市	**30**	**10**	**20**	**7**	**1**	**6**	**2**		**2**
京口区	9	3	6	2		2	1		1
润州区	5	2	3						
丹徒区	1		1				1		1
镇江新区	2	1	1						
江苏镇江高新区									
丹阳市	5		5	5	1	4			
扬中市	2	1	1						
句容市	6	3	3						
泰州市	**12**	**5**	**7**	**13**	**8**	**5**	**12**	**7**	**5**
海陵区	1	1							
高港区	2	2		3	1	2			
姜堰区	2		2						
泰州医药高新技术产业开发区	1	1					4	3	1
兴化市	1		1	1	1		3	1	2
靖江市	4	1	3	9	6	3	1		1
泰兴市	1		1				4	3	1
宿迁市	**6**	**4**	**2**				**4**	**2**	**2**
宿城区	1	1							
宿豫区									
沭阳县	2	1	1				4	2	2
泗阳县	2	1	1						
泗洪县									
宿迁经济技术开发区									
宿迁市湖滨新区	1	1							
苏州宿迁工业园区									
宿迁市洋河新区									

1-4 续表 42

单位：人

地区	塔吉克族			怒族			乌孜别克族		
	小计	男	女	小计	男	女	小计	男	女
江苏	**30**	**12**	**18**	**129**	**39**	**90**	**23**	**14**	**9**
南京市	**5**	**3**	**2**	**11**	**1**	**10**	**8**	**4**	**4**
玄武区				1		1			
秦淮区							2	1	1
建邺区							2	2	
鼓楼区	2	2		1		1	1		1
浦口区							3	1	2
栖霞区	1		1						
雨花台区									
江宁区	1	1		1	1				
六合区				2		2			
溧水区				3		3			
高淳区				3		3			
南京江北新区	1		1						
无锡市	**5**	**1**	**4**	**22**	**9**	**13**	**5**	**4**	**1**
锡山区				4	1	3			
惠山区				2		2			
滨湖区	5	1	4				1	1	
梁溪区									
新吴区				3	1	2	3	2	1
江苏无锡经济开发区									
江阴市				7	3	4			
宜兴市				6	4	2	1	1	
徐州市	**8**	**2**	**6**	**1**	**1**		**2**	**1**	**1**
鼓楼区									
云龙区									
贾汪区									
泉山区				1	1				
铜山区	8	2	6				2	1	1
丰县									
沛县									
睢宁县									
徐州经济技术开发区									
新沂市									
邳州市									
常州市	**1**	**1**		**6**	**2**	**4**	**1**	**1**	
天宁区									
钟楼区	1	1							
新北区				2	1	1			
武进区				2		2	1	1	
金坛区				1	1				
江苏省常州市经济开发区				1		1			
溧阳市									

1-4　续表 43　　　　单位：人

地　区	塔吉克族			怒　族			乌孜别克族		
	小计	男	女	小计	男	女	小计	男	女
苏州市	**1**	**1**		**24**	**12**	**12**	**3**	**2**	**1**
虎丘区				1	1				
吴中区				1	1				
相城区				2	1	1			
姑苏区									
吴江区				1	1		1	1	
苏州工业园区							2	1	1
常熟市	1	1		3	1	2			
张家港市				3		3			
昆山市				3	3				
太仓市				10	4	6			
南通市				**7**	**2**	**5**			
崇川区									
港闸区									
通州区				1	1				
如东县									
南通经济技术开发区				2		2			
通州湾示范区									
苏锡通科技产业园区									
启东市				3	1	2			
如皋市									
海门市									
海安市				1		1			
连云港市	**3**	**3**		**3**		**3**	**3**	**1**	**2**
连云区									
海州区									
赣榆区									
东海县				2		2			
灌云县									
灌南县				1		1			
连云港经济技术开发区	2	2					1		1
连云港高新技术产业开发区	1	1					2	1	1
江苏连云港徐圩新区									
江苏省连云港市云台山风景名胜区									
淮安市				**8**	**1**	**7**			
淮安区				4		4			
淮阴区				1	1				
清江浦区									
洪泽区									
涟水县				1		1			
盱眙县				1		1			
金湖县									
淮安经济技术开发区				1		1			
工业园区									
生态文旅区									
苏淮高新区									

1-4 续表 44

单位：人

地 区	塔吉克族			怒 族			乌孜别克族		
	小计	男	女	小计	男	女	小计	男	女
盐城市	**3**		**3**	**6**	**1**	**5**			
亭湖区	3		3	1		1			
盐都区				1		1			
大丰区									
响水县									
滨海县									
阜宁县				1		1			
射阳县									
建湖县									
盐城经济技术开发区									
江苏省盐南高新区									
东台市				3	1	2			
扬州市	**2**	**1**	**1**	**15**	**3**	**12**			
广陵区				1		1			
邗江区	2	1	1	2	2				
江都区				5	1	4			
宝应县									
扬州经济技术开发区				1		1			
蜀冈瘦西湖景区				3		3			
生态新城				1		1			
仪征市				2		2			
高邮市									
镇江市				**8**	**5**	**3**	**1**	**1**	
京口区									
润州区									
丹徒区									
镇江新区									
江苏镇江高新区									
丹阳市				3	1	2	1	1	
扬中市				1		1			
句容市				4	4				
泰州市				**9**	**1**	**8**			
海陵区									
高港区									
姜堰区				1		1			
泰州医药高新技术产业开发区									
兴化市				4		4			
靖江市				2	1	1			
泰兴市				2		2			
宿迁市	**2**		**2**	**9**	**1**	**8**			
宿城区	2		2						
宿豫区				1	1				
沭阳县				3		3			
泗阳县									
泗洪县				4		4			
宿迁经济技术开发区									
宿迁市湖滨新区									
苏州宿迁工业园区									
宿迁市洋河新区				1		1			

1-4　续表 45

单位：人

地　　区	俄罗斯族			鄂温克族			德 昂 族		
	小计	男	女	小计	男	女	小计	男	女
江　苏	**182**	**78**	**104**	**125**	**55**	**70**	**47**	**18**	**29**
南京市	**53**	**24**	**29**	**31**	**14**	**17**	**2**		**2**
玄武区	8	3	5	3	1	2			
秦淮区	5	3	2	9	6	3			
建邺区	3	2	1						
鼓楼区	3	1	2	3		3			
浦口区	1		1	1		1			
栖霞区	15	8	7	4	2	2	1		1
雨花台区	5	1	4						
江宁区	7	4	3	9	5	4			
六合区	1	1							
溧水区									
高淳区				2		2			
南京江北新区	5	1	4				1		1
无锡市	**32**	**10**	**22**	**14**	**8**	**6**	**9**	**6**	**3**
锡山区	1	1		3	2	1			
惠山区				2	1	1			
滨湖区	4	2	2	2	1	1	3	3	
梁溪区	9	2	7	1		1			
新吴区	7	3	4	4	2	2			
江苏无锡经济开发区	6	1	5						
江阴市	2		2	1	1		5	3	2
宜兴市	3	1	2	1	1		1		1
徐州市	**9**	**4**	**5**	**6**	**1**	**5**			
鼓楼区									
云龙区	1		1						
贾汪区	1	1							
泉山区	1	1							
铜山区	3	2	1	4	1	3			
丰县									
沛县									
睢宁县	1		1						
徐州经济技术开发区	1		1	1		1			
新沂市	1		1	1		1			
邳州市									
常州市	**8**	**4**	**4**	**6**	**3**	**3**	**3**	**2**	**1**
天宁区				1		1	1		1
钟楼区	4	2	2	4	3	1			
新北区	2	1	1	1		1	2	2	
武进区	1		1						
金坛区									
江苏省常州市经济开发区									
溧阳市	1	1							

1-4 续表 46　　单位：人

地区	俄罗斯族			鄂温克族			德昂族		
	小计	男	女	小计	男	女	小计	男	女
苏州市	**55**	**25**	**30**	**34**	**17**	**17**	**10**	**5**	**5**
虎丘区	12	5	7	5	2	3			
吴中区	2	1	1	4	2	2	1		1
相城区	3	2	1	3	2	1	1	1	
姑苏区	8	3	5						
吴江区				1		1	4	2	2
苏州工业园区	17	9	8	2	2				
常熟市	2	1	1	1		1			
张家港市	8	3	5	1	1		1	1	
昆山市	3	1	2	12	4	8	2	1	1
太仓市				5	4	1	1		1
南通市	**9**	**4**	**5**	**2**	**1**	**1**	**8**	**2**	**6**
崇川区	2	1	1	1		1			
港闸区	4	1	3						
通州区	1		1				3	2	1
如东县									
南通经济技术开发区	2	2							
通州湾示范区									
苏锡通科技产业园区									
启东市				1	1		1		1
如皋市							3		3
海门市							1		1
海安市									
连云港市				**6**	**2**	**4**	**1**		**1**
连云区									
海州区									
赣榆区				1	1				
东海县				4		4			
灌云县							1		1
灌南县									
连云港经济技术开发区									
连云港高新技术产业开发区									
江苏连云港徐圩新区				1	1				
江苏省连云港市云台山风景名胜区									
淮安市	**1**		**1**	**5**	**2**	**3**	**3**		**3**
淮安区							1		1
淮阴区	1		1						
清江浦区				3	1	2			
洪泽区									
涟水县				1		1	2		2
盱眙县									
金湖县									
淮安经济技术开发区				1	1				
工业园区									
生态文旅区									
苏淮高新区									

1-4 续表 47

单位：人

地 区	俄罗斯族			鄂温克族			德 昂 族		
	小计	男	女	小计	男	女	小计	男	女
盐城市	**2**	**1**	**1**	**5**	**2**	**3**	**1**		**1**
亭湖区									
盐都区									
大丰区							1		1
响水县									
滨海县				1		1			
阜宁县									
射阳县									
建湖县				4	2	2			
盐城经济技术开发区									
江苏省盐南高新区									
东台市	2	1	1						
扬州市	**4**	**2**	**2**	**3**	**1**	**2**	**6**	**2**	**4**
广陵区	4	2	2				1	1	
邗江区				2		2			
江都区				1	1		1		1
宝应县									
扬州经济技术开发区							2	1	1
蜀冈瘦西湖景区									
生态新城									
仪征市									
高邮市							2		2
镇江市	**4**	**1**	**3**	**7**	**3**	**4**	**1**		**1**
京口区									
润州区	2		2	1		1			
丹徒区				2		2			
镇江新区				2	1	1			
江苏镇江高新区									
丹阳市	1		1	2	2				
扬中市									
句容市	1	1					1		1
泰州市	**3**	**1**	**2**	**2**		**2**	**3**	**1**	**2**
海陵区									
高港区									
姜堰区							1		1
泰州医药高新技术产业开发区				1		1			
兴化市				1		1			
靖江市									
泰兴市	3	1	2				2	1	1
宿迁市	**2**	**2**		**4**	**1**	**3**			
宿城区	1	1		2		2			
宿豫区									
沭阳县	1	1							
泗阳县									
泗洪县									
宿迁经济技术开发区									
宿迁市湖滨新区									
苏州宿迁工业园区									
宿迁市洋河新区				2	1	1			

1-4 续表 48

单位：人

地　区	保安族			裕固族			京　族		
	小计	男	女	小计	男	女	小计	男	女
江　苏	**81**	**49**	**32**	**43**	**22**	**21**	**59**	**26**	**33**
南京市	**12**	**4**	**8**	**18**	**9**	**9**	**16**	**8**	**8**
玄武区				6	3	3	4	2	2
秦淮区				1		1	2	1	1
建邺区							2	1	1
鼓楼区	2		2				1		1
浦口区	2		2						
栖霞区	1	1		2	1	1	3	2	1
雨花台区									
江宁区				3	1	2	2	1	1
六合区									
溧水区							1		1
高淳区									
南京江北新区	7	3	4	6	4	2	1	1	
无锡市	**4**	**2**	**2**	**3**		**3**	**6**	**1**	**5**
锡山区				1		1			
惠山区									
滨湖区				2		2	3		3
梁溪区									
新吴区									
江苏无锡经济开发区									
江阴市	3	2	1				1	1	
宜兴市	1		1				2		2
徐州市							**1**		**1**
鼓楼区									
云龙区							1		1
贾汪区									
泉山区									
铜山区									
丰县									
沛县									
睢宁县									
徐州经济技术开发区									
新沂市									
邳州市									
常州市	**3**	**1**	**2**	**3**	**2**	**1**	**12**	**6**	**6**
天宁区	1	1					3	2	1
钟楼区									
新北区	2		2				2	1	1
武进区				3	2	1	4	2	2
金坛区									
江苏省常州市经济开发区									
溧阳市							3	1	2

1-4　续表 49　　　　　　　　　　　　　　　　　　　　单位：人

地　区	保安族			裕固族			京族		
	小计	男	女	小计	男	女	小计	男	女
苏州市	**6**	**5**	**1**	**9**	**4**	**5**	**6**	**4**	**2**
虎丘区				3	2	1			
吴中区				1	1				
相城区				1		1	1	1	
姑苏区				1	1		1	1	
吴江区	1		1						
苏州工业园区	1	1		2		2	2		2
常熟市	1	1		1		1	1	1	
张家港市									
昆山市	1	1					1	1	
太仓市	2	2							
南通市	**10**	**5**	**5**	**4**	**2**	**2**	**3**		**3**
崇川区	2	1	1	2	1	1	1		1
港闸区	3	2	1						
通州区	1	1							
如东县									
南通经济技术开发区									
通州湾示范区									
苏锡通科技产业园区									
启东市				2	1	1			
如皋市	1		1				1		1
海门市	3	1	2						
海安市							1		1
连云港市				**1**	**1**				
连云区									
海州区									
赣榆区									
东海县									
灌云县									
灌南县									
连云港经济技术开发区				1	1				
连云港高新技术产业开发区									
江苏连云港徐圩新区									
江苏省连云港市云台山风景名胜区									
淮安市	**5**	**3**	**2**				**1**		**1**
淮安区							1		1
淮阴区									
清江浦区									
洪泽区									
涟水县									
盱眙县									
金湖县	5	3	2						
淮安经济技术开发区									
工业园区									
生态文旅区									
苏淮高新区									

1-4 续表 50

单位：人

地 区	保安族			裕固族			京 族		
	小计	男	女	小计	男	女	小计	男	女
盐城市	**21**	**15**	**6**	**2**	**1**	**1**	**4**		**4**
亭湖区				1	1		1		1
盐都区									
大丰区									
响水县									
滨海县							2		2
阜宁县									
射阳县									
建湖县	3	1	2						
盐城经济技术开发区							1		1
江苏省盐南高新区									
东台市	18	14	4	1		1			
扬州市	**7**	**5**	**2**				**3**	**3**	
广陵区									
邗江区							2	2	
江都区	2	1	1						
宝应县									
扬州经济技术开发区	1	1					1	1	
蜀冈瘦西湖景区									
生态新城									
仪征市									
高邮市	4	3	1						
镇江市	**4**	**4**		**1**	**1**		**5**	**2**	**3**
京口区				1	1		1	1	
润州区									
丹徒区							2	1	1
镇江新区									
江苏镇江高新区									
丹阳市	2	2					1		1
扬中市	2	2							
句容市							1		1
泰州市	**5**	**3**	**2**	**2**	**2**		**1**	**1**	
海陵区									
高港区	2	1	1	1	1				
姜堰区									
泰州医药高新技术产业开发区	3	2	1						
兴化市									
靖江市							1	1	
泰兴市				1	1				
宿迁市	**4**	**2**	**2**				**1**	**1**	
宿城区	1		1						
宿豫区									
沭阳县	1		1						
泗阳县									
泗洪县	2	2					1	1	
宿迁经济技术开发区									
宿迁市湖滨新区									
苏州宿迁工业园区									
宿迁市洋河新区									

1-4　续表 51　　　　单位：人

地　区	塔塔尔族			独 龙 族			鄂伦春族		
	小计	男	女	小计	男	女	小计	男	女
江　苏	**8**	**5**	**3**	**20**	**4**	**16**	**70**	**31**	**39**
南京市	**2**	**1**	**1**	**2**	**2**		**11**	**5**	**6**
玄武区									
秦淮区									
建邺区							1		1
鼓楼区				1	1		2	1	1
浦口区									
栖霞区									
雨花台区	1		1						
江宁区	1	1		1	1		2	1	1
六合区									
溧水区									
高淳区									
南京江北新区							6	3	3
无锡市				**2**	**1**	**1**	**9**	**4**	**5**
锡山区							2	2	
惠山区				1	1		4	1	3
滨湖区									
梁溪区									
新吴区				1		1	2		2
江苏无锡经济开发区									
江阴市									
宜兴市							1	1	
徐州市							**1**		**1**
鼓楼区									
云龙区									
贾汪区									
泉山区									
铜山区							1		1
丰县									
沛县									
睢宁县									
徐州经济技术开发区									
新沂市									
邳州市									
常州市				**2**	**1**	**1**	**2**		**2**
天宁区									
钟楼区									
新北区				1		1	2		2
武进区				1	1				
金坛区									
江苏省常州市经济开发区									
溧阳市									

1-4 续表 52

单位：人

地区	塔塔尔族			独龙族			鄂伦春族		
	小计	男	女	小计	男	女	小计	男	女
苏州市	**3**	**2**	**1**	**2**		**2**	**22**	**8**	**14**
虎丘区	1		1				3	1	2
吴中区							2		2
相城区	1	1							
姑苏区							2	1	1
吴江区							1	1	
苏州工业园区							5	2	3
常熟市	1	1							
张家港市							2		2
昆山市				2		2	7	3	4
太仓市									
南通市				**1**		**1**	**10**	**6**	**4**
崇川区				1		1	3	3	
港闸区									
通州区									
如东县							5	2	3
南通经济技术开发区							2	1	1
通州湾示范区									
苏锡通科技产业园区									
启东市									
如皋市									
海门市									
海安市									
连云港市	**1**		**1**						
连云区									
海州区									
赣榆区									
东海县									
灌云县									
灌南县									
连云港经济技术开发区	1		1						
连云港高新技术产业开发区									
江苏连云港徐圩新区									
江苏省连云港市云台山风景名胜区									
淮安市							**4**	**2**	**2**
淮安区									
淮阴区									
清江浦区							4	2	2
洪泽区									
涟水县									
盱眙县									
金湖县									
淮安经济技术开发区									
工业园区									
生态文旅区									
苏淮高新区									

1-4 续表 53

单位：人

地 区	塔塔尔族			独龙族			鄂伦春族		
	小计	男	女	小计	男	女	小计	男	女
盐城市				**1**		**1**	**5**	**2**	**3**
亭湖区							3	1	2
盐都区									
大丰区									
响水县									
滨海县									
阜宁县									
射阳县									
建湖县				1		1			
盐城经济技术开发区									
江苏省盐南高新区							2	1	1
东台市									
扬州市				**2**		**2**	**1**	**1**	
广陵区				1		1			
邗江区									
江都区				1		1	1	1	
宝应县									
扬州经济技术开发区									
蜀冈瘦西湖景区									
生态新城									
仪征市									
高邮市									
镇江市	**2**	**2**		**3**		**3**			
京口区	1	1							
润州区									
丹徒区									
镇江新区									
江苏镇江高新区	1	1							
丹阳市				3		3			
扬中市									
句容市									
泰州市				**3**		**3**	**5**	**3**	**2**
海陵区							3	1	2
高港区									
姜堰区				1		1			
泰州医药高新技术产业开发区									
兴化市				1		1	2	2	
靖江市				1		1			
泰兴市									
宿迁市				**2**		**2**			
宿城区									
宿豫区									
沭阳县				2		2			
泗阳县									
泗洪县									
宿迁经济技术开发区									
宿迁市湖滨新区									
苏州宿迁工业园区									
宿迁市洋河新区									

1-4 续表 54

单位：人

地　　区	赫哲族			门巴族			珞巴族		
	小计	男	女	小计	男	女	小计	男	女
江　苏	**34**	**19**	**15**	**64**	**28**	**36**	**18**	**6**	**12**
南京市	**4**	**2**	**2**	**10**	**5**	**5**	**4**	**1**	**3**
玄武区	1		1	1		1			
秦淮区									
建邺区									
鼓楼区				2	2				
浦口区	1	1							
栖霞区	1	1		1		1	1		1
雨花台区				1	1				
江宁区	1		1	4	1	3	2		2
六合区									
溧水区									
高淳区									
南京江北新区				1	1		1	1	
无锡市	**9**	**6**	**3**	**8**	**6**	**2**	**1**		**1**
锡山区	3	2	1	2	2				
惠山区	6	4	2						
滨湖区				2		2	1		1
梁溪区									
新吴区				3	3				
江苏无锡经济开发区									
江阴市									
宜兴市				1	1				
徐州市	**1**	**1**		**5**	**2**	**3**	**1**		**1**
鼓楼区									
云龙区									
贾汪区									
泉山区				2	2				
铜山区	1	1		1		1			
丰县							1		1
沛县									
睢宁县									
徐州经济技术开发区				2		2			
新沂市									
邳州市									
常州市	**5**	**3**	**2**				**1**		**1**
天宁区									
钟楼区	3	2	1						
新北区	2	1	1				1		1
武进区									
金坛区									
江苏省常州市经济开发区									
溧阳市									

1-4　续表 55　　　　　　　　　　　　　　　　　　　　　　　　　　　　　单位：人

地　区	赫哲族			门巴族			珞巴族		
	小计	男	女	小计	男	女	小计	男	女
苏州市	**12**	**5**	**7**	**1**		**1**			
虎丘区	2		2	1		1			
吴中区	1		1						
相城区	3	3							
姑苏区	2	1	1						
吴江区	2		2						
苏州工业园区									
常熟市	1		1						
张家港市									
昆山市									
太仓市	1	1							
南通市				**23**	**9**	**14**	**6**	**4**	**2**
崇川区				5	1	4	4	2	2
港闸区				10	4	6	1	1	
通州区				1	1				
如东县									
南通经济技术开发区				2	2				
通州湾示范区									
苏锡通科技产业园区									
启东市									
如皋市				5	1	4			
海门市							1	1	
海安市									
连云港市	**1**		**1**	**5**	**1**	**4**	**1**		**1**
连云区									
海州区									
赣榆区	1		1						
东海县									
灌云县									
灌南县									
连云港经济技术开发区									
连云港高新技术产业开发区				5	1	4	1		1
江苏连云港徐圩新区									
江苏省连云港市云台山风景名胜区									
淮安市				**4**	**2**	**2**	**1**	**1**	
淮安区									
淮阴区									
清江浦区									
洪泽区									
涟水县									
盱眙县									
金湖县									
淮安经济技术开发区				4	2	2	1	1	
工业园区									
生态文旅区									
苏淮高新区									

1-4 续表 56

单位：人

地区	赫哲族			门巴族			珞巴族		
	小计	男	女	小计	男	女	小计	男	女
盐城市	**1**	**1**		**4**	**1**	**3**	**1**		**1**
亭湖区				2		2			
盐都区							1		1
大丰区									
响水县									
滨海县									
阜宁县									
射阳县									
建湖县									
盐城经济技术开发区	1	1		1		1			
江苏省盐南高新区				1	1				
东台市									
扬州市				**2**		**2**	**1**		**1**
广陵区									
邗江区				2		2	1		1
江都区									
宝应县									
扬州经济技术开发区									
蜀冈瘦西湖景区									
生态新城									
仪征市									
高邮市									
镇江市				**1**	**1**		**1**		**1**
京口区				1	1				
润州区									
丹徒区									
镇江新区									
江苏镇江高新区									
丹阳市									
扬中市									
句容市							1		1
泰州市	**1**	**1**		**1**	**1**				
海陵区				1	1				
高港区									
姜堰区									
泰州医药高新技术产业开发区									
兴化市									
靖江市	1	1							
泰兴市									
宿迁市									
宿城区									
宿豫区									
沭阳县									
泗阳县									
泗洪县									
宿迁经济技术开发区									
宿迁市湖滨新区									
苏州宿迁工业园区									
宿迁市洋河新区									

1-4　续表 57　　　　单位：人

地　区	基诺族			未定族称人口			入　籍		
	小计	男	女	小计	男	女	小计	男	女
江　苏	**33**	**10**	**23**	**7867**	**4162**	**3705**	**283**	**102**	**181**
南京市	**3**	**1**	**2**	**647**	**314**	**333**	**42**	**16**	**26**
玄武区				59	29	30	8	4	4
秦淮区	1	1		37	23	14			
建邺区	1		1	16	10	6	2	1	1
鼓楼区				32	15	17			
浦口区				31	18	13			
栖霞区	1		1	109	45	64	10	4	6
雨花台区				23	10	13	1		1
江宁区				155	81	74	2	2	
六合区				56	13	43	8	2	6
溧水区				24	8	16			
高淳区				22	11	11	1		1
南京江北新区				83	51	32	10	3	7
无锡市	**5**	**2**	**3**	**1833**	**1033**	**800**	**28**	**14**	**14**
锡山区				246	141	105			
惠山区	1	1		74	39	35	4	3	1
滨湖区	1	1		67	39	28	2	2	
梁溪区				33	12	21	2	1	1
新吴区				54	32	22	4	2	2
江苏无锡经济开发区				15	11	4	1	1	
江阴市	3		3	314	177	137	4	2	2
宜兴市				1030	582	448	11	3	8
徐州市	**1**		**1**	**251**	**107**	**144**	**10**	**1**	**9**
鼓楼区				36	19	17			
云龙区				35	19	16	1	1	
贾汪区				14	3	11	1		1
泉山区				10	8	2			
铜山区	1		1	65	35	30			
丰县				14	3	11	1		1
沛县				33	10	23	2		2
睢宁县				10	1	9	1		1
徐州经济技术开发区				5	4	1			
新沂市				8	1	7	2		2
邳州市				21	4	17	2		2
常州市	**2**	**1**	**1**	**839**	**452**	**387**	**40**	**21**	**19**
天宁区	2	1	1	43	20	23			
钟楼区				88	43	45			
新北区				73	42	31	1		1
武进区				390	220	170	17	10	7
金坛区				107	55	52			
江苏省常州市经济开发区				68	40	28			
溧阳市				70	32	38	22	11	11

1-4 续表 58

单位：人

地 区	基诺族			未定族称人口			入 籍		
	小计	男	女	小计	男	女	小计	男	女
苏州市	**7**	**5**	**2**	**2661**	**1562**	**1099**	**41**	**20**	**21**
虎丘区				54	29	25	1		1
吴中区				168	102	66	2	2	
相城区				110	74	36	2	1	1
姑苏区	2	1	1	47	20	27	3	2	1
吴江区				1712	1019	693	8	2	6
苏州工业园区	3	3		97	57	40	5	3	2
常熟市				95	56	39			
张家港市	1		1	101	48	53	5	2	3
昆山市	1	1		151	85	66	8	2	6
太仓市				126	72	54	7	6	1
南通市	**9**		**9**	**494**	**229**	**265**	**9**	**2**	**7**
崇川区				65	36	29	1		1
港闸区				13	10	3	1	1	
通州区				48	20	28			
如东县	1		1	26	13	13	1	1	
南通经济技术开发区	1		1	22	11	11	1		1
通州湾示范区				4	2	2			
苏锡通科技产业园区									
启东市	3		3	37	20	17			
如皋市				149	73	76	4		4
海门市	4		4	38	21	17			
海安市				92	23	69	1		1
连云港市				**82**	**24**	**58**	**14**	**3**	**11**
连云区				10	4	6			
海州区				4	1	3			
赣榆区				13	1	12			
东海县				11		11	4		4
灌云县				9	3	6	7	1	6
灌南县				11	3	8			
连云港经济技术开发区				3	1	2			
连云港高新技术产业开发区				13	4	9	3	2	1
江苏连云港徐圩新区				8	7	1			
江苏省连云港市云台山风景名胜区									
淮安市				**124**	**42**	**82**	**23**	**5**	**18**
淮安区				29	9	20	4		4
淮阴区				15	2	13	5		5
清江浦区				12	7	5	3	1	2
洪泽区				4	1	3			
涟水县				12		12	4	1	3
盱眙县				25	9	16			
金湖县				3	1	2			
淮安经济技术开发区				23	12	11	6	3	3
工业园区				1	1		1		1
生态文旅区									
苏淮高新区									

1-4 续表 59　　单位：人

地　区	基诺族			未定族称人口			入　籍		
	小计	男	女	小计	男	女	小计	男	女
盐城市	**1**		**1**	**152**	**46**	**106**	**27**	**6**	**21**
亭湖区				18	5	13	2		2
盐都区				11	6	5	2		2
大丰区				18	7	11	1		1
响水县				18	3	15	3		3
滨海县				13	2	11	6	1	5
阜宁县	1		1	15	2	13	4		4
射阳县				16	4	12	1		1
建湖县				4	2	2	1	1	
盐城经济技术开发区				11	3	8	3	2	1
江苏省盐南高新区				1		1			
东台市				27	12	15	4	2	2
扬州市	**1**	**1**		**188**	**82**	**106**	**15**	**4**	**11**
广陵区				13	10	3			
邗江区				69	34	35	2		2
江都区				26	12	14	2	1	1
宝应县	1	1		9	3	6	2		2
扬州经济技术开发区				15	4	11	2	2	
蜀冈瘦西湖景区				8	5	3			
生态新城				5	1	4	1		1
仪征市				22	7	15	3		3
高邮市				21	6	15	3	1	2
镇江市	**2**		**2**	**245**	**118**	**127**	**13**	**4**	**9**
京口区				27	14	13	3	1	2
润州区				9	2	7	1	1	
丹徒区				35	18	17			
镇江新区				17	7	10			
江苏镇江高新区				5	3	2			
丹阳市				107	60	47	1		1
扬中市				9	2	7	2		2
句容市	2		2	36	12	24	6	2	4
泰州市	**2**		**2**	**221**	**108**	**113**	**8**	**3**	**5**
海陵区				40	19	21	1		1
高港区				14	5	9			
姜堰区				48	25	23	3		3
泰州医药高新技术产业开发区				6	4	2	1	1	
兴化市				25	14	11			
靖江市	2		2	38	22	16	1	1	
泰兴市				50	19	31	2	1	1
宿迁市				**130**	**45**	**85**	**13**	**3**	**10**
宿城区				13	5	8	1		1
宿豫区				8	4	4			
沭阳县				31	8	23	3		3
泗阳县				24	6	18	3		3
泗洪县				21	5	16	3	1	2
宿迁经济技术开发区				2		2	1	1	
宿迁市湖滨新区				24	14	10	1	1	
苏州宿迁工业园区				2	1	1			
宿迁市洋河新区				5	2	3	1		1

1-4a 各地区分性别、民族的人口(城市)

单位：人

地区	合计			汉族		
	合计	男	女	小计	男	女
江　苏	**40269267**	**20382260**	**19887007**	**39923014**	**20205200**	**19717814**
南京市	**7914639**	**4025754**	**3888885**	**7793560**	**3964612**	**3828948**
玄武区	537825	268349	269476	527007	262928	264079
秦淮区	740809	364643	376166	723753	356038	367715
建邺区	534257	268724	265533	522892	262926	259966
鼓楼区	940387	456009	484378	926137	449269	476868
浦口区	322323	163419	158904	317770	161262	156508
栖霞区	925627	478525	447102	910077	470691	439386
雨花台区	600621	313007	287614	592630	308863	283767
江宁区	1503459	776527	726932	1486605	767845	718760
六合区	224738	110677	114061	221100	108852	112248
溧水区	293247	155001	138246	291254	153913	137341
高淳区	228601	114434	114167	227394	113922	113472
南京江北新区	1062745	556439	506306	1046941	548103	498838
无锡市	**5004272**	**2564213**	**2440059**	**4958688**	**2540568**	**2418120**
锡山区	494668	263111	231557	487642	259197	228445
惠山区	577121	301187	275934	571518	298265	273253
滨湖区	549416	280267	269149	543171	277248	265923
梁溪区	985465	492411	493054	979573	489583	489990
新吴区	642103	332127	309976	634596	328202	306394
江苏无锡经济开发区	322109	165763	156346	319045	164119	154926
江阴市	836429	429584	406845	830371	426386	403985
宜兴市	596961	299763	297198	592772	297568	295204
徐州市	**3028510**	**1516685**	**1511825**	**3015444**	**1510043**	**1505401**
鼓楼区	425143	214039	211104	422338	212536	209802
云龙区	441135	218261	222874	438675	217070	221605
贾汪区	189982	97143	92839	189139	96686	92453
泉山区	619784	303753	316031	616799	302301	314498
铜山区	374402	189197	185205	371287	187554	183733
丰县						
沛县						
睢宁县						
徐州经济技术开发区	4649	2402	2247	4648	2401	2247
新沂市	374405	189111	185294	373953	188899	185054
邳州市	599010	302779	296231	598605	302596	296009
常州市	**3438476**	**1755134**	**1683342**	**3413218**	**1741386**	**1671832**
天宁区	563591	279828	283763	560753	278377	282376
钟楼区	615112	310571	304541	611066	308460	302606
新北区	650508	332196	318312	645335	329514	315821
武进区	756508	396155	360353	749415	392149	357266
金坛区	322790	161114	161676	321001	160186	160815
江苏省常州市经济开发区	179660	94097	85563	177313	92818	84495
溧阳市	350307	181173	169134	348335	179882	168453

1-4a　续表 1　　　　单位：人

地　区	合　计			汉　族		
	合计	男	女	小计	男	女
苏州市	**7089585**	**3667983**	**3421602**	**7026203**	**3634485**	**3391718**
虎丘区	759217	397153	362064	750868	392862	358006
吴中区	864144	448080	416064	856697	444202	412495
相城区	781040	412139	368901	771038	406562	364476
姑苏区	924083	456751	467332	917797	453803	463994
吴江区	662696	351332	311364	655736	347473	308263
苏州工业园区						
常熟市	828661	424395	404266	823767	421772	401995
张家港市	506354	256626	249728	502292	254533	247759
昆山市	1414348	742603	671745	1401862	735868	665994
太仓市	349042	178904	170138	346146	177410	168736
南通市	**3144798**	**1544182**	**1600616**	**3124200**	**1533774**	**1590426**
崇川区	780564	385333	395231	773449	381802	391647
港闸区	399543	203418	196125	396344	201777	194567
通州区	402266	196104	206162	400120	195077	205043
如东县						
南通经济技术开发区						
通州湾示范区						
苏锡通科技产业园区						
启东市	378393	179912	198481	377137	179270	197867
如皋市	361585	174055	187530	360197	173493	186704
海门市	367808	179059	188749	365513	177773	187740
海安市	454639	226301	228338	451440	224582	226858
连云港市	**1022210**	**518679**	**503531**	**1019734**	**517403**	**502331**
连云区	156581	81850	74731	155771	81422	74349
海州区	562111	280063	282048	560904	279470	281434
赣榆区	279543	141378	138165	279290	141284	138006
东海县	8629	4544	4085	8627	4543	4084
灌云县						
灌南县						
连云港经济技术开发区						
连云港高新技术产业开发区						
江苏连云港徐圩新区	10748	8438	2310	10546	8278	2268
江苏省连云港市云台山风景名胜区	4598	2406	2192	4596	2406	2190
淮安市	**1303052**	**641371**	**661681**	**1297907**	**639119**	**658788**
淮安区	321355	158376	162979	320642	158050	162592
淮阴区	319622	158035	161587	318077	157472	160605
清江浦区	517197	253794	263403	514547	252546	262001
洪泽区	144878	71166	73712	144641	71051	73590
涟水县						
盱眙县						
金湖县						
淮安经济技术开发区						
工业园区						
生态文旅区						
苏淮高新区						

1-4a 续表 2

单位：人

地区	合计			汉族		
	合计	男	女	小计	男	女
盐城市	**1687143**	**847784**	**839359**	**1679689**	**843923**	**835766**
亭湖区	529059	267683	261376	527086	266867	260219
盐都区	261833	132993	128840	261427	132813	128614
大丰区	225927	111524	114403	225338	111302	114036
响水县						
滨海县						
阜宁县						
射阳县						
建湖县						
盐城经济技术开发区	5359	2771	2588	5341	2765	2576
江苏省盐南高新区	332220	165516	166704	330973	164954	166019
东台市	332745	167297	165448	329524	165222	164302
扬州市	**2115264**	**1049729**	**1065535**	**2100607**	**1042522**	**1058085**
广陵区	424063	215297	208766	421009	213705	207304
邗江区	576153	284734	291419	570261	281996	288265
江都区	334488	162157	172331	332803	161283	171520
宝应县						
扬州经济技术开发区						
蜀冈瘦西湖景区	134507	66652	67855	133707	66268	67439
生态新城	37699	19576	18123	37513	19468	18045
仪征市	301099	151499	149600	299299	150571	148728
高邮市	307255	149814	157441	306015	149231	156784
镇江市	**1688488**	**847578**	**840910**	**1672019**	**839309**	**832710**
京口区	343904	173498	170406	337892	170420	167472
润州区	238978	119174	119804	236129	117753	118376
丹徒区	154996	78887	76109	154035	78399	75636
镇江新区						
江苏镇江高新区	60064	31011	29053	59488	30701	28787
丹阳市	396269	197272	198997	393084	195767	197317
扬中市	178440	89817	88623	177901	89522	88379
句容市	315837	157919	157918	313490	156747	156743
泰州市	**2005567**	**987967**	**1017600**	**1997606**	**984297**	**1013309**
海陵区	508859	249636	259223	505929	248287	257642
高港区	136373	67541	68832	135155	66933	68222
姜堰区	331452	160883	170569	330607	160529	170078
泰州医药高新技术产业开发区						
兴化市	318636	161101	157535	317971	160811	157160
靖江市	331555	162401	169154	330392	161851	168541
泰兴市	378692	186405	192287	377552	185886	191666
宿迁市	**827263**	**415201**	**412062**	**824139**	**413759**	**410380**
宿城区	390722	193924	196798	389321	193357	195964
宿豫区	240600	120894	119706	240196	120711	119485
沭阳县						
泗阳县						
泗洪县						
宿迁经济技术开发区						
宿迁市湖滨新区	77755	41347	36408	76912	40869	36043
苏州宿迁工业园区	29991	14833	15158	29876	14786	15090
宿迁市洋河新区	88195	44203	43992	87834	44036	43798

1-4a　续表 3　　　　　　　　　　　　　　　　　　　　　　　　单位：人

地　区	蒙古族			回　族			藏　族		
	小计	男	女	小计	男	女	小计	男	女
江　苏	**15597**	**7931**	**7666**	**103609**	**52929**	**50680**	**7576**	**3689**	**3887**
南京市	**5444**	**2753**	**2691**	**60225**	**30404**	**29821**	**2398**	**1117**	**1281**
玄武区	557	305	252	4959	2431	2528	341	144	197
秦淮区	453	237	216	13351	6693	6658	55	34	21
建邺区	398	208	190	7963	4065	3898	49	29	20
鼓楼区	540	250	290	9193	4395	4798	195	86	109
浦口区	181	82	99	1661	827	834	129	49	80
栖霞区	826	414	412	4989	2603	2386	554	272	282
雨花台区	393	212	181	4269	2216	2053	72	38	34
江宁区	1123	555	568	5149	2623	2526	659	301	358
六合区	45	20	25	3072	1619	1453	12	4	8
溧水区	91	47	44	288	153	135	28	13	15
高淳区	32	13	19	131	72	59	15	4	11
南京江北新区	805	410	395	5200	2707	2493	289	143	146
无锡市	**2014**	**992**	**1022**	**5453**	**2823**	**2630**	**512**	**246**	**266**
锡山区	241	118	123	572	315	257	49	24	25
惠山区	272	131	141	611	300	311	32	17	15
滨湖区	401	183	218	822	396	426	126	43	83
梁溪区	336	169	167	1313	680	633	100	55	45
新吴区	290	144	146	603	313	290	100	56	44
江苏无锡经济开发区	195	106	89	445	226	219	16	4	12
江阴市	195	97	98	756	423	333	74	39	35
宜兴市	84	44	40	331	170	161	15	8	7
徐州市	**721**	**362**	**359**	**5075**	**2529**	**2546**	**502**	**274**	**228**
鼓楼区	95	52	43	1345	638	707	173	106	67
云龙区	115	51	64	1066	527	539	48	22	26
贾汪区	16	7	9	324	187	137	2	2	
泉山区	164	84	80	1576	752	824	69	28	41
铜山区	255	133	122	413	240	173	203	113	90
丰县									
沛县									
睢宁县									
徐州经济技术开发区									
新沂市	40	20	20	218	118	100	2		2
邳州市	36	15	21	133	67	66	5	3	2
常州市	**802**	**408**	**394**	**3345**	**1764**	**1581**	**190**	**90**	**100**
天宁区	119	54	65	668	352	316	58	22	36
钟楼区	121	54	67	764	377	387	11	6	5
新北区	237	120	117	642	350	292	31	14	17
武进区	188	107	81	728	392	336	48	24	24
金坛区	64	38	26	238	120	118	17	7	10
江苏省常州市经济开发区	36	15	21	187	103	84	5	5	
溧阳市	37	20	17	118	70	48	20	12	8

1-4a 续表 4

单位：人

地区	蒙古族			回族			藏族		
	小计	男	女	小计	男	女	小计	男	女
苏州市	**3022**	**1601**	**1421**	**8294**	**4383**	**3911**	**732**	**402**	**330**
虎丘区	556	316	240	1134	568	566	156	85	71
吴中区	357	172	185	871	459	412	90	54	36
相城区	271	154	117	685	378	307	55	26	29
姑苏区	452	217	235	1761	876	885	204	118	86
吴江区	242	124	118	733	402	331	70	39	31
苏州工业园区									
常熟市	153	94	59	863	474	389	25	11	14
张家港市	203	112	91	477	255	222	31	12	19
昆山市	664	349	315	1437	787	650	93	53	40
太仓市	124	63	61	333	184	149	8	4	4
南通市	**799**	**429**	**370**	**2215**	**1164**	**1051**	**1530**	**654**	**876**
崇川区	345	184	161	916	470	446	714	311	403
港闸区	91	57	34	433	261	172	587	266	321
通州区	115	67	48	295	151	144	12	6	6
如东县									
南通经济技术开发区									
通州湾示范区									
苏锡通科技产业园区									
启东市	43	20	23	181	93	88	4	2	2
如皋市	50	27	23	72	33	39	170	40	130
海门市	95	42	53	166	88	78	10	7	3
海安市	60	32	28	152	68	84	33	22	11
连云港市	**240**	**117**	**123**	**669**	**361**	**308**	**17**	**7**	**10**
连云区	83	43	40	179	95	84	5	3	2
海州区	117	55	62	407	226	181	7	2	5
赣榆区	29	9	20	70	30	40	3		3
东海县				1	1				
灌云县									
灌南县									
连云港经济技术开发区									
连云港高新技术产业开发区									
江苏连云港徐圩新区	11	10	1	11	9	2	2	2	
江苏省连云港市云台山风景名胜区				1		1			
淮安市	**126**	**55**	**71**	**2526**	**1246**	**1280**	**20**	**8**	**12**
淮安区	27	9	18	209	109	100	1	1	
淮阴区	39	15	24	613	288	325	3	1	2
清江浦区	47	26	21	1642	821	821	15	6	9
洪泽区	13	5	8	62	28	34	1		1
涟水县									
盱眙县									
金湖县									
淮安经济技术开发区									
工业园区									
生态文旅区									
苏淮高新区									

1-4a　续表 5　　　　单位：人

地　区	蒙古族			回　族			藏　族		
	小计	男	女	小计	男	女	小计	男	女
盐城市	**276**	**136**	**140**	**2135**	**1406**	**729**	**293**	**147**	**146**
亭湖区	94	42	52	329	148	181	92	49	43
盐都区	19	3	16	90	51	39	8	4	4
大丰区	30	14	16	55	24	31	1		1
响水县									
滨海县									
阜宁县									
射阳县									
建湖县									
盐城经济技术开发区				3		3			
江苏省盐南高新区	80	44	36	181	94	87	139	62	77
东台市	53	33	20	1477	1089	388	53	32	21
扬州市	**444**	**223**	**221**	**5644**	**2799**	**2845**	**684**	**393**	**291**
广陵区	88	43	45	1670	864	806	34	16	18
邗江区	183	89	94	1794	822	972	599	351	248
江都区	27	14	13	838	448	390	16	6	10
宝应县									
扬州经济技术开发区									
蜀冈瘦西湖景区	34	17	17	439	201	238	5	3	2
生态新城				78	50	28	2	2	
仪征市	63	36	27	342	173	169	21	12	9
高邮市	49	24	25	483	241	242	7	3	4
镇江市	**1252**	**647**	**605**	**6160**	**3108**	**3052**	**406**	**219**	**187**
京口区	648	340	308	2944	1469	1475	111	63	48
润州区	248	125	123	1874	954	920	18	12	6
丹徒区	68	38	30	254	124	130	1	1	
镇江新区									
江苏镇江高新区	36	18	18	217	118	99	1	1	
丹阳市	133	69	64	362	177	185	23	13	10
扬中市	11	5	6	50	25	25	2	1	1
句容市	108	52	56	459	241	218	250	128	122
泰州市	**320**	**145**	**175**	**956**	**481**	**475**	**282**	**128**	**154**
海陵区	104	51	53	425	194	231	201	85	116
高港区	65	32	33	129	75	54	3		3
姜堰区	49	14	35	92	50	42	53	33	20
泰州医药高新技术产业开发区									
兴化市	20	11	9	90	48	42	5	3	2
靖江市	30	14	16	104	47	57	7	3	4
泰兴市	52	23	29	116	67	49	13	4	9
宿迁市	**137**	**63**	**74**	**912**	**461**	**451**	**10**	**4**	**6**
宿城区	57	24	33	444	218	226	4	2	2
宿豫区	21	9	12	88	42	46	2	1	1
沭阳县									
泗阳县									
泗洪县									
宿迁经济技术开发区									
宿迁市湖滨新区	38	25	13	94	54	40	3	1	2
苏州宿迁工业园区	16	4	12	40	17	23			
宿迁市洋河新区	5	1	4	246	130	116	1		1

1-4a 续表 6

单位：人

地区	维吾尔族			苗族			彝族		
	小计	男	女	小计	男	女	小计	男	女
江苏	**8155**	**3852**	**4303**	**35794**	**18971**	**16823**	**20645**	**11381**	**9264**
南京市	**2695**	**1324**	**1371**	**6513**	**3441**	**3072**	**4221**	**2391**	**1830**
玄武区	272	155	117	664	353	311	297	170	127
秦淮区	154	99	55	300	149	151	195	102	93
建邺区	63	29	34	350	192	158	276	166	110
鼓楼区	260	119	141	412	201	211	293	146	147
浦口区	338	126	212	329	177	152	198	87	111
栖霞区	598	251	347	1093	565	528	761	473	288
雨花台区	110	67	43	453	240	213	342	186	156
江宁区	605	308	297	1219	669	550	725	437	288
六合区	18	8	10	84	28	56	34	9	25
溧水区	22	15	7	281	155	126	274	153	121
高淳区	16	10	6	163	62	101	168	79	89
南京江北新区	239	137	102	1165	650	515	658	383	275
无锡市	**796**	**335**	**461**	**6890**	**3734**	**3156**	**3455**	**1987**	**1468**
锡山区	24	16	8	1279	706	573	546	318	228
惠山区	24	11	13	1040	515	525	451	272	179
滨湖区	537	180	357	785	447	338	372	211	161
梁溪区	107	67	40	638	314	324	311	152	159
新吴区	36	20	16	743	408	335	407	238	169
江苏无锡经济开发区	21	13	8	325	189	136	239	160	79
江阴市	25	16	9	1321	732	589	531	293	238
宜兴市	22	12	10	759	423	336	598	343	255
徐州市	**673**	**374**	**299**	**1027**	**562**	**465**	**469**	**242**	**227**
鼓楼区	99	47	52	268	180	88	84	58	26
云龙区	103	60	43	209	117	92	83	35	48
贾汪区	100	86	14	71	30	41	45	26	19
泉山区	31	13	18	161	77	84	60	29	31
铜山区	313	158	155	251	127	124	158	82	76
丰县									
沛县									
睢宁县									
徐州经济技术开发区				1	1				
新沂市	12	5	7	37	14	23	16	6	10
邳州市	15	5	10	29	16	13	23	6	17
常州市	**252**	**130**	**122**	**3558**	**1998**	**1560**	**1991**	**1128**	**863**
天宁区	36	19	17	348	177	171	179	104	75
钟楼区	72	34	38	650	347	303	333	190	143
新北区	43	18	25	755	408	347	352	165	187
武进区	48	29	19	834	481	353	570	341	229
金坛区	19	11	8	248	128	120	323	186	137
江苏省常州市经济开发区	13	7	6	192	104	88	71	44	27
溧阳市	21	12	9	531	353	178	163	98	65

1-4a 续表 7 单位：人

地 区	维吾尔族			苗 族			彝 族		
	小计	男	女	小计	男	女	小计	男	女
苏州市	**900**	**426**	**474**	**9552**	**5298**	**4254**	**4551**	**2531**	**2020**
虎丘区	341	112	229	870	495	375	639	356	283
吴中区	63	37	26	1311	718	593	605	322	283
相城区	107	67	40	2478	1409	1069	813	471	342
姑苏区	186	96	90	557	262	295	238	117	121
吴江区	37	18	19	1131	647	484	769	416	353
苏州工业园区									
常熟市	35	21	14	742	411	331	366	201	165
张家港市	42	24	18	607	323	284	173	86	87
昆山市	68	36	32	1375	781	594	792	482	310
太仓市	21	15	6	481	252	229	156	80	76
南通市	**380**	**201**	**179**	**2919**	**1428**	**1491**	**2252**	**1272**	**980**
崇川区	201	103	98	867	432	435	523	299	224
港闸区	43	19	24	394	202	192	257	138	119
通州区	18	11	7	330	138	192	204	106	98
如东县									
南通经济技术开发区									
通州湾示范区									
苏锡通科技产业园区									
启东市	29	20	9	202	99	103	189	98	91
如皋市	37	20	17	268	101	167	135	63	72
海门市	29	15	14	246	143	103	316	195	121
海安市	23	13	10	612	313	299	628	373	255
连云港市	**63**	**31**	**32**	**181**	**95**	**86**	**94**	**52**	**42**
连云区	13	5	8	75	42	33	25	15	10
海州区	35	17	18	74	36	38	24	7	17
赣榆区	15	9	6	13	4	9	8		8
东海县									
灌云县									
灌南县									
连云港经济技术开发区									
连云港高新技术产业开发区									
江苏连云港徐圩新区				19	13	6	37	30	7
江苏省连云港市云台山风景名胜区									
淮安市	**381**	**165**	**216**	**322**	**118**	**204**	**231**	**94**	**137**
淮安区	82	63	19	78	31	47	59	23	36
淮阴区	258	82	176	90	30	60	61	14	47
清江浦区	40	20	20	127	47	80	102	50	52
洪泽区	1		1	27	10	17	9	7	2
涟水县									
盱眙县									
金湖县									
淮安经济技术开发区									
工业园区									
生态文旅区									
苏淮高新区									

1-4a 续表 8　　　　单位：人

地区	维吾尔族			苗族			彝族		
	小计	男	女	小计	男	女	小计	男	女
盐城市	**310**	**127**	**183**	**802**	**334**	**468**	**357**	**162**	**195**
亭湖区	273	108	165	201	86	115	83	33	50
盐都区	4	1	3	41	18	23	14	4	10
大丰区	16	10	6	90	28	62	53	15	38
响水县									
滨海县									
阜宁县									
射阳县									
建湖县									
盐城经济技术开发区				3	1	2			
江苏省盐南高新区	7	3	4	105	40	65	34	7	27
东台市	10	5	5	362	161	201	173	103	70
扬州市	**590**	**253**	**337**	**1165**	**560**	**605**	**1018**	**555**	**463**
广陵区	49	30	19	196	93	103	193	110	83
邗江区	361	124	237	465	228	237	188	90	98
江都区	30	25	5	156	82	74	102	52	50
宝应县									
扬州经济技术开发区									
蜀冈瘦西湖景区	5	1	4	45	21	24	40	22	18
生态新城	5	2	3	21	11	10	19	15	4
仪征市	10	6	4	150	69	81	396	238	158
高邮市	130	65	65	132	56	76	80	28	52
镇江市	**513**	**243**	**270**	**1353**	**681**	**672**	**1029**	**536**	**493**
京口区	94	54	40	315	177	138	230	106	124
润州区	34	26	8	87	30	57	44	25	19
丹徒区	18	10	8	145	80	65	86	52	34
镇江新区									
江苏镇江高新区	2	1	1	37	18	19	90	51	39
丹阳市	314	121	193	394	183	211	282	131	151
扬中市	10	6	4	82	53	29	101	60	41
句容市	41	25	16	293	140	153	196	111	85
泰州市	**367**	**165**	**202**	**1202**	**574**	**628**	**805**	**375**	**430**
海陵区	83	48	35	365	158	207	282	139	143
高港区	198	70	128	249	153	96	93	43	50
姜堰区	23	14	9	116	50	66	70	23	47
泰州医药高新技术产业开发区									
兴化市	12	6	6	94	41	53	94	42	52
靖江市	18	7	11	181	81	100	153	81	72
泰兴市	33	20	13	197	91	106	113	47	66
宿迁市	**235**	**78**	**157**	**310**	**148**	**162**	**172**	**56**	**116**
宿城区	218	72	146	113	45	68	67	21	46
宿豫区	8	4	4	61	27	34	21	6	15
沭阳县									
泗阳县									
泗洪县									
宿迁经济技术开发区									
宿迁市湖滨新区	3	2	1	103	57	46	74	28	46
苏州宿迁工业园区				8	4	4	4		4
宿迁市洋河新区	6		6	25	15	10	6	1	5

1-4a　续表 9

单位：人

地　区	壮　族			布依族			朝鲜族		
	小计	男	女	小计	男	女	小计	男	女
江　苏	**16998**	**7447**	**9551**	**14872**	**7715**	**7157**	**12126**	**6139**	**5987**
南京市	**4871**	**2129**	**2742**	**2886**	**1433**	**1453**	**2506**	**1227**	**1279**
玄武区	456	183	273	325	179	146	179	94	85
秦淮区	245	119	126	132	63	69	175	85	90
建邺区	231	98	133	120	64	56	204	83	121
鼓楼区	394	169	225	165	72	93	163	71	92
浦口区	233	79	154	141	63	78	36	17	19
栖霞区	920	415	505	434	196	238	767	388	379
雨花台区	332	132	200	180	87	93	94	50	44
江宁区	913	409	504	573	298	275	479	233	246
六合区	39	15	24	19	4	15	10	4	6
溧水区	129	74	55	137	58	79	23	15	8
高淳区	84	27	57	73	30	43	6	2	4
南京江北新区	895	409	486	587	319	268	370	185	185
无锡市	**2437**	**1053**	**1384**	**2583**	**1326**	**1257**	**2713**	**1391**	**1322**
锡山区	278	128	150	497	297	200	221	120	101
惠山区	250	119	131	184	97	87	149	79	70
滨湖区	362	162	200	200	95	105	152	75	77
梁溪区	308	127	181	207	73	134	235	111	124
新吴区	366	137	229	288	146	142	1478	783	695
江苏无锡经济开发区	214	104	110	95	46	49	342	158	184
江阴市	359	139	220	392	194	198	104	49	55
宜兴市	300	137	163	720	378	342	32	16	16
徐州市	**557**	**213**	**344**	**489**	**235**	**254**	**149**	**69**	**80**
鼓楼区	61	43	18	101	59	42	29	14	15
云龙区	82	24	58	126	62	64	39	18	21
贾汪区	66	20	46	30	10	20	7	4	3
泉山区	69	28	41	75	37	38	39	19	20
铜山区	237	86	151	142	64	78	26	11	15
丰县									
沛县									
睢宁县									
徐州经济技术开发区									
新沂市	16	4	12	7	2	5	3		3
邳州市	26	8	18	8	1	7	6	3	3
常州市	**1315**	**674**	**641**	**2011**	**1115**	**896**	**622**	**343**	**279**
天宁区	111	44	67	166	91	75	93	48	45
钟楼区	212	103	109	245	137	108	70	39	31
新北区	331	146	185	332	191	141	257	129	128
武进区	454	253	201	627	340	287	117	67	50
金坛区	59	29	30	91	37	54	51	39	12
江苏省常州市经济开发区	40	15	25	101	56	45	16	9	7
溧阳市	108	84	24	449	263	186	18	12	6

1-4a　续表 10

单位：人

地　区	壮族			布依族			朝鲜族		
	小计	男	女	小计	男	女	小计	男	女
苏州市	**3709**	**1681**	**2028**	**3115**	**1763**	**1352**	**4395**	**2200**	**2195**
虎丘区	425	204	221	373	218	155	511	246	265
吴中区	695	303	392	384	229	155	492	253	239
相城区	580	290	290	450	267	183	402	194	208
姑苏区	335	120	215	204	87	117	289	129	160
吴江区	305	142	163	648	376	272	367	189	178
苏州工业园区									
常熟市	263	108	155	182	94	88	174	96	78
张家港市	218	101	117	189	98	91	430	226	204
昆山市	764	359	405	558	340	218	1487	740	747
太仓市	124	54	70	127	54	73	243	127	116
南通市	**1222**	**523**	**699**	**1602**	**858**	**744**	**345**	**198**	**147**
崇川区	494	204	290	381	207	174	122	57	65
港闸区	163	79	84	120	59	61	34	20	14
通州区	100	36	64	202	102	100	36	22	14
如东县									
南通经济技术开发区									
通州湾示范区									
苏锡通科技产业园区									
启东市	107	43	64	75	33	42	30	13	17
如皋市	109	45	64	51	22	29	7	4	3
海门市	78	32	46	586	335	251	82	61	21
海安市	171	84	87	187	100	87	34	21	13
连云港市	**91**	**29**	**62**	**62**	**33**	**29**	**140**	**58**	**82**
连云区	19	8	11	30	17	13	45	22	23
海州区	52	16	36	21	10	11	81	29	52
赣榆区	16	2	14	4	2	2	12	6	6
东海县									
灌云县									
灌南县									
连云港经济技术开发区									
连云港高新技术产业开发区									
江苏连云港徐圩新区	4	3	1	7	4	3	2	1	1
江苏省连云港市云台山风景名胜区									
淮安市	**185**	**54**	**131**	**230**	**68**	**162**	**69**	**29**	**40**
淮安区	30	7	23	43	17	26	3	1	2
淮阴区	69	18	51	81	18	63	5	2	3
清江浦区	78	27	51	86	27	59	60	26	34
洪泽区	8	2	6	20	6	14	1		1
涟水县									
盱眙县									
金湖县									
淮安经济技术开发区									
工业园区									
生态文旅区									
苏淮高新区									

1-4a 续表 11 单位：人

地区	壮族			布依族			朝鲜族		
	小计	男	女	小计	男	女	小计	男	女
盐城市	**407**	**150**	**257**	**263**	**137**	**126**	**515**	**275**	**240**
亭湖区	172	59	113	95	38	57	97	49	48
盐都区	43	12	31	13	7	6	48	27	21
大丰区	28	8	20	13	7	6	34	18	16
响水县									
滨海县									
阜宁县									
射阳县									
建湖县									
盐城经济技术开发区	1		1	1	1				
江苏省盐南高新区	56	20	36	34	16	18	332	179	153
东台市	107	51	56	107	68	39	4	2	2
扬州市	**622**	**253**	**369**	**520**	**258**	**262**	**179**	**69**	**110**
广陵区	64	34	30	94	45	49	40	16	24
邗江区	399	157	242	273	142	131	76	30	46
江都区	52	21	31	41	18	23	21	8	13
宝应县									
扬州经济技术开发区									
蜀冈瘦西湖景区	14	5	9	9	5	4	5	2	3
生态新城	9	1	8	1		1	1	1	
仪征市	41	17	24	50	29	21	26	11	15
高邮市	43	18	25	52	19	33	10	1	9
镇江市	**786**	**361**	**425**	**546**	**265**	**281**	**295**	**163**	**132**
京口区	258	127	131	153	83	70	76	42	34
润州区	42	17	25	42	24	18	39	20	19
丹徒区	44	19	25	41	22	19	14	8	6
镇江新区									
江苏镇江高新区	38	14	24	37	19	18	1		1
丹阳市	238	113	125	123	48	75	127	72	55
扬中市	28	13	15	30	19	11	8	4	4
句容市	138	58	80	120	50	70	30	17	13
泰州市	**530**	**182**	**348**	**408**	**165**	**243**	**153**	**93**	**60**
海陵区	243	90	153	154	60	94	90	60	30
高港区	41	15	26	33	14	19	14	11	3
姜堰区	66	22	44	43	22	21	23	11	12
泰州医药高新技术产业开发区									
兴化市	38	9	29	46	17	29	4	2	2
靖江市	69	20	49	47	22	25	10	3	7
泰兴市	73	26	47	85	30	55	12	6	6
宿迁市	**266**	**145**	**121**	**157**	**59**	**98**	**45**	**24**	**21**
宿城区	72	17	55	76	28	48	17	9	8
宿豫区	33	16	17	17	8	9	10	5	5
沭阳县									
泗阳县									
泗洪县									
宿迁经济技术开发区									
宿迁市湖滨新区	148	109	39	49	19	30	8	5	3
苏州宿迁工业园区	4	1	3	2		2	7	4	3
宿迁市洋河新区	9	2	7	13	4	9	3	1	2

1-4a 续表 12　　　　单位：人

地区	满族			侗族			瑶族		
	小计	男	女	小计	男	女	小计	男	女
江 苏	**26911**	**13669**	**13242**	**11249**	**5854**	**5395**	**3715**	**1750**	**1965**
南京市	**10048**	**5053**	**4995**	**2322**	**1218**	**1104**	**1115**	**504**	**611**
玄武区	1013	505	508	223	131	92	92	37	55
秦淮区	996	508	488	109	65	44	57	17	40
建邺区	844	403	441	93	54	39	38	15	23
鼓楼区	1139	554	585	137	67	70	112	47	65
浦口区	294	133	161	119	48	71	56	31	25
栖霞区	1389	698	691	418	179	239	152	80	72
雨花台区	693	366	327	147	86	61	105	48	57
江宁区	1742	917	825	480	261	219	224	99	125
六合区	73	31	42	52	13	39	8	3	5
溧水区	88	48	40	73	47	26	44	17	27
高淳区	55	28	27	64	34	30	39	14	25
南京江北新区	1722	862	860	407	233	174	188	96	92
无锡市	**3866**	**1936**	**1930**	**2074**	**1098**	**976**	**483**	**224**	**259**
锡山区	474	273	201	361	213	148	65	25	40
惠山区	510	245	265	622	319	303	59	31	28
滨湖区	611	299	312	186	102	84	73	43	30
梁溪区	853	381	472	193	90	103	57	24	33
新吴区	539	292	247	200	106	94	66	27	39
江苏无锡经济开发区	396	200	196	89	50	39	55	25	30
江阴市	351	186	165	289	148	141	88	44	44
宜兴市	132	60	72	134	70	64	20	5	15
徐州市	**1299**	**672**	**627**	**275**	**154**	**121**	**105**	**49**	**56**
鼓楼区	229	114	115	34	25	9	13	8	5
云龙区	230	103	127	55	30	25	23	12	11
贾汪区	30	13	17	29	14	15	7	2	5
泉山区	419	208	211	39	22	17	16	8	8
铜山区	317	199	118	103	55	48	34	15	19
丰县									
沛县									
睢宁县									
徐州经济技术开发区									
新沂市	34	17	17	6	2	4	3	1	2
邳州市	40	18	22	9	6	3	9	3	6
常州市	**1584**	**817**	**767**	**870**	**481**	**389**	**229**	**124**	**105**
天宁区	223	109	114	76	39	37	21	7	14
钟楼区	275	148	127	180	90	90	39	22	17
新北区	593	298	295	247	141	106	54	26	28
武进区	344	184	160	199	100	99	70	41	29
金坛区	38	15	23	55	25	30	11	6	5
江苏省常州市经济开发区	55	28	27	55	36	19	19	9	10
溧阳市	56	35	21	58	50	8	15	13	2

1-4a　续表 13　　　　单位：人

地　　区	满　　族			侗　　族			瑶　　族		
	小计	男	女	小计	男	女	小计	男	女
苏州市	**5308**	**2683**	**2625**	**2970**	**1674**	**1296**	**972**	**485**	**487**
虎丘区	902	461	441	334	177	157	123	48	75
吴中区	626	319	307	315	170	145	116	47	69
相城区	545	263	282	778	461	317	155	91	64
姑苏区	713	329	384	215	93	122	74	32	42
吴江区	352	200	152	233	145	88	93	43	50
苏州工业园区									
常熟市	351	183	168	231	130	101	103	56	47
张家港市	261	115	146	126	67	59	44	21	23
昆山市	1262	658	604	569	340	229	226	121	105
太仓市	296	155	141	169	91	78	38	26	12
南通市	**1302**	**711**	**591**	**1165**	**521**	**644**	**261**	**109**	**152**
崇川区	588	303	285	385	192	193	95	31	64
港闸区	187	94	93	206	100	106	36	12	24
通州区	194	115	79	191	66	125	22	8	14
如东县									
南通经济技术开发区									
通州湾示范区									
苏锡通科技产业园区									
启东市	81	46	35	30	15	15	16	10	6
如皋市	57	33	24	101	31	70	14	4	10
海门市	100	64	36	74	36	38	25	14	11
海安市	95	56	39	178	81	97	53	30	23
连云港市	**514**	**286**	**228**	**44**	**27**	**17**	**21**	**12**	**9**
连云区	183	96	87	18	13	5	5	4	1
海州区	231	118	113	23	14	9	9	5	4
赣榆区	29	9	20	2		2	6	2	4
东海县				1		1			
灌云县									
灌南县									
连云港经济技术开发区									
连云港高新技术产业开发区									
江苏连云港徐圩新区	71	63	8				1	1	
江苏省连云港市云台山风景名胜区									
淮安市	**229**	**114**	**115**	**96**	**31**	**65**	**38**	**11**	**27**
淮安区	30	11	19	22	6	16	10	5	5
淮阴区	55	33	22	33	9	24	10		10
清江浦区	134	65	69	36	13	23	15	4	11
洪泽区	10	5	5	5	3	2	3	2	1
涟水县									
盱眙县									
金湖县									
淮安经济技术开发区									
工业园区									
生态文旅区									
苏淮高新区									

1-4a 续表 14

单位：人

地　区	满　族			侗　族			瑶　族		
	小计	男	女	小计	男	女	小计	男	女
盐城市	**280**	**146**	**134**	**266**	**93**	**173**	**67**	**28**	**39**
亭湖区	58	29	29	88	29	59	22	9	13
盐都区	17	9	8	9	3	6	2	1	1
大丰区	55	27	28	60	15	45	11	2	9
响水县									
滨海县									
阜宁县									
射阳县									
建湖县									
盐城经济技术开发区				2	1	1	1		1
江苏省盐南高新区	74	27	47	30	16	14	13	8	5
东台市	76	54	22	77	29	48	18	8	10
扬州市	**791**	**405**	**386**	**402**	**190**	**212**	**152**	**79**	**73**
广陵区	129	63	66	75	40	35	24	12	12
邗江区	331	169	162	144	70	74	81	39	42
江都区	70	30	40	41	24	17	6	4	2
宝应县									
扬州经济技术开发区									
蜀冈瘦西湖景区	73	51	22	21	11	10	4	2	2
生态新城	3	1	2	4	3	1	3	2	1
仪征市	146	68	78	98	33	65	27	16	11
高邮市	39	23	16	19	9	10	7	4	3
镇江市	**923**	**460**	**463**	**409**	**206**	**203**	**144**	**69**	**75**
京口区	391	201	190	97	54	43	47	18	29
润州区	151	70	81	46	21	25	10	7	3
丹徒区	66	28	38	21	12	9	15	5	10
镇江新区									
江苏镇江高新区	24	17	7	13	4	9	5	2	3
丹阳市	135	64	71	155	78	77	29	19	10
扬中市	36	17	19	22	12	10	9	4	5
句容市	120	63	57	55	25	30	29	14	15
泰州市	**509**	**238**	**271**	**274**	**131**	**143**	**97**	**43**	**54**
海陵区	168	81	87	116	52	64	42	19	23
高港区	66	26	40	31	20	11	5	1	4
姜堰区	64	25	39	27	12	15	12	6	6
泰州医药高新技术产业开发区									
兴化市	22	11	11	28	12	16	1		1
靖江市	89	47	42	36	17	19	15	7	8
泰兴市	100	48	52	36	18	18	22	10	12
宿迁市	**258**	**148**	**110**	**82**	**30**	**52**	**31**	**13**	**18**
宿城区	101	47	54	27	8	19	5	2	3
宿豫区	33	17	16	10	6	4	8	3	5
沭阳县									
泗阳县									
泗洪县									
宿迁经济技术开发区									
宿迁市湖滨新区	105	75	30	34	12	22	18	8	10
苏州宿迁工业园区	10	6	4	8	3	5			
宿迁市洋河新区	9	3	6	3	1	2			

1-4a　续表 15　　　　单位：人

地　区	白　族			土家族			哈尼族		
	小计	男	女	小计	男	女	小计	男	女
江　苏	**4903**	**2559**	**2344**	**31164**	**15901**	**15263**	**3194**	**1623**	**1571**
南京市	**1303**	**662**	**641**	**7635**	**3999**	**3636**	**501**	**252**	**249**
玄武区	142	67	75	607	315	292	20	9	11
秦淮区	52	24	28	391	191	200	21	7	14
建邺区	61	29	32	362	193	169	26	11	15
鼓楼区	115	59	56	600	290	310	38	14	24
浦口区	38	21	17	435	239	196	11	5	6
栖霞区	229	111	118	1109	554	555	135	76	59
雨花台区	73	41	32	430	232	198	20	9	11
江宁区	266	141	125	1488	781	707	90	44	46
六合区	9	1	8	63	24	39	8	2	6
溧水区	47	27	20	222	129	93	40	28	12
高淳区	30	5	25	101	53	48	9	3	6
南京江北新区	241	136	105	1827	998	829	83	44	39
无锡市	**817**	**472**	**345**	**6740**	**3490**	**3250**	**608**	**314**	**294**
锡山区	183	108	75	1389	776	613	160	87	73
惠山区	187	137	50	769	395	374	69	39	30
滨湖区	89	48	41	834	397	437	46	31	15
梁溪区	75	32	43	628	292	336	37	10	27
新吴区	70	33	37	1856	982	874	54	28	26
江苏无锡经济开发区	50	28	22	340	196	144	25	14	11
江阴市	94	53	41	689	345	344	105	52	53
宜兴市	69	33	36	235	107	128	112	53	59
徐州市	**147**	**71**	**76**	**695**	**373**	**322**	**42**	**11**	**31**
鼓楼区	9	3	6	134	83	51	6	3	3
云龙区	25	16	9	127	59	68	4		4
贾汪区	14	2	12	29	14	15	4		4
泉山区	29	14	15	113	61	52	10	3	7
铜山区	41	23	18	246	134	112	15	5	10
丰县									
沛县									
睢宁县									
徐州经济技术开发区									
新沂市	10	4	6	28	12	16	1		1
邳州市	19	9	10	18	10	8	2		2
常州市	**370**	**203**	**167**	**2290**	**1198**	**1092**	**320**	**164**	**156**
天宁区	41	23	18	242	116	126	29	10	19
钟楼区	66	28	38	375	201	174	28	11	17
新北区	63	31	32	580	290	290	64	28	36
武进区	109	65	44	524	276	248	136	81	55
金坛区	41	18	23	334	167	167	21	11	10
江苏省常州市经济开发区	14	9	5	107	57	50	26	15	11
溧阳市	36	29	7	128	91	37	16	8	8

1-4a 续表 16 单位：人

地区	白族			土家族			哈尼族		
	小计	男	女	小计	男	女	小计	男	女
苏州市	**1152**	**608**	**544**	**7657**	**3957**	**3700**	**963**	**507**	**456**
虎丘区	145	77	68	1032	522	510	91	50	41
吴中区	159	77	82	754	400	354	50	22	28
相城区	117	60	57	1012	547	465	485	266	219
姑苏区	69	33	36	552	250	302	40	14	26
吴江区	226	124	102	565	297	268	45	15	30
苏州工业园区									
常熟市	114	70	44	542	264	278	85	54	31
张家港市	41	19	22	990	519	471	26	14	12
昆山市	240	124	116	1822	955	867	96	42	54
太仓市	41	24	17	388	203	185	45	30	15
南通市	**362**	**183**	**179**	**1898**	**968**	**930**	**178**	**86**	**92**
崇川区	103	50	53	656	331	325	54	21	33
港闸区	27	8	19	269	156	113	34	13	21
通州区	15	7	8	190	85	105	11	7	4
如东县									
南通经济技术开发区									
通州湾示范区									
苏锡通科技产业园区									
启东市	17	9	8	107	67	40	15	3	12
如皋市	35	15	20	134	53	81	6	3	3
海门市	34	17	17	178	78	100	26	17	9
海安市	131	77	54	364	198	166	32	22	10
连云港市	**18**	**12**	**6**	**154**	**71**	**83**	**6**	**1**	**5**
连云区	5	4	1	60	29	31	2		2
海州区	9	4	5	52	22	30	2		2
赣榆区	2	2		18	7	11	2	1	1
东海县									
灌云县									
灌南县									
连云港经济技术开发区									
连云港高新技术产业开发区									
江苏连云港徐圩新区	2	2		24	13	11			
江苏省连云港市云台山风景名胜区									
淮安市	**91**	**37**	**54**	**266**	**104**	**162**	**25**	**6**	**19**
淮安区	14	7	7	40	11	29	5	2	3
淮阴区	24	2	22	88	24	64	8	3	5
清江浦区	48	24	24	96	36	60	7	1	6
洪泽区	5	4	1	42	33	9	5		5
涟水县									
盱眙县									
金湖县									
淮安经济技术开发区									
工业园区									
生态文旅区									
苏淮高新区									

1-4a　续表 17　　　　　　　　　　　　　　　　　　　　　单位：人

地　区	白　族			土家族			哈尼族		
	小计	男	女	小计	男	女	小计	男	女
盐城市	**98**	**39**	**59**	**551**	**216**	**335**	**40**	**20**	**20**
亭湖区	28	10	18	163	62	101	5	3	2
盐都区	6	1	5	52	22	30	1	1	
大丰区	10	3	7	56	22	34	13	3	10
响水县									
滨海县									
阜宁县									
射阳县									
建湖县									
盐城经济技术开发区				7	3	4			
江苏省盐南高新区	12	1	11	80	27	53	5	2	3
东台市	42	24	18	193	80	113	16	11	5
扬州市	**167**	**77**	**90**	**1027**	**514**	**513**	**177**	**81**	**96**
广陵区	40	19	21	173	107	66	14	7	7
邗江区	76	33	43	391	184	207	31	6	25
江都区	11	2	9	155	87	68	11	4	7
宝应县									
扬州经济技术开发区									
蜀冈瘦西湖景区	7	4	3	58	22	36	1		1
生态新城	6	4	2	6	1	5	14	8	6
仪征市	16	11	5	153	74	79	104	55	49
高邮市	11	4	7	91	39	52	2	1	1
镇江市	**193**	**104**	**89**	**1125**	**547**	**578**	**171**	**99**	**72**
京口区	63	31	32	323	185	138	13	6	7
润州区	15	8	7	91	35	56	5	2	3
丹徒区	7	4	3	97	43	54	21	12	9
镇江新区									
江苏镇江高新区	1	1		19	12	7	6	5	1
丹阳市	56	31	25	340	153	187	80	45	35
扬中市	6	4	2	56	28	28	11	6	5
句容市	45	25	20	199	91	108	35	23	12
泰州市	**148**	**72**	**76**	**921**	**379**	**542**	**135**	**76**	**59**
海陵区	60	35	25	288	128	160	26	11	15
高港区	33	19	14	96	48	48	10	8	2
姜堰区	4	3	1	114	26	88	15	5	10
泰州医药高新技术产业开发区									
兴化市	13	2	11	78	26	52	11	4	7
靖江市	17	8	9	190	83	107	68	45	23
泰兴市	21	5	16	155	68	87	5	3	2
宿迁市	**37**	**19**	**18**	**205**	**85**	**120**	**28**	**6**	**22**
宿城区	16	8	8	84	30	54	11	4	7
宿豫区	8	5	3	46	19	27	2		2
沭阳县									
泗阳县									
泗洪县									
宿迁经济技术开发区									
宿迁市湖滨新区	9	5	4	62	28	34	6	1	5
苏州宿迁工业园区	2		2	10	6	4	1	1	
宿迁市洋河新区	2	1	1	3	2	1	8		8

1-4a 续表 18 单位：人

地区	哈萨克族			傣族			黎族		
	小计	男	女	小计	男	女	小计	男	女
江苏	**1174**	**487**	**687**	**1775**	**865**	**910**	**1717**	**770**	**947**
南京市	**544**	**236**	**308**	**405**	**191**	**214**	**479**	**218**	**261**
玄武区	68	24	44	38	22	16	50	16	34
秦淮区	19	11	8	27	16	11	27	15	12
建邺区	8	4	4	26	14	12	25	11	14
鼓楼区	67	29	38	29	6	23	45	16	29
浦口区	45	21	24	25	13	12	24	8	16
栖霞区	191	93	98	53	29	24	97	48	49
雨花台区	5		5	21	11	10	34	13	21
江宁区	87	32	55	65	28	37	87	46	41
六合区				6	1	5	5	2	3
溧水区	2	1	1	23	14	9	11	3	8
高淳区	1	1		35	15	20	5		5
南京江北新区	51	20	31	57	22	35	69	40	29
无锡市	**106**	**30**	**76**	**215**	**120**	**95**	**264**	**110**	**154**
锡山区	1		1	42	22	20	44	14	30
惠山区	1	1		27	13	14	24	13	11
滨湖区	93	27	66	22	15	7	36	17	19
梁溪区	9	1	8	27	15	12	47	13	34
新吴区	1		1	28	15	13	24	9	15
江苏无锡经济开发区				31	21	10	20	9	11
江阴市				29	17	12	35	18	17
宜兴市	1	1		9	2	7	34	17	17
徐州市	**100**	**69**	**31**	**23**	**12**	**11**	**47**	**17**	**30**
鼓楼区	5	4	1	2	2		9	4	5
云龙区	1		1	4	2	2	7	2	5
贾汪区	24	21	3	2		2			
泉山区	2	1	1	4	2	2	2		2
铜山区	68	43	25	8	5	3	26	9	17
丰县									
沛县									
睢宁县									
徐州经济技术开发区									
新沂市							2	2	
邳州市				3	1	2	1		1
常州市	**16**	**7**	**9**	**127**	**66**	**61**	**154**	**74**	**80**
天宁区				13	3	10	13	5	8
钟楼区	4	2	2	20	14	6	23	10	13
新北区	4		4	22	10	12	26	12	14
武进区	4	4		38	19	19	51	23	28
金坛区				12	7	5	14	6	8
江苏省常州市经济开发区				7	4	3	1	1	
溧阳市	4	1	3	15	9	6	26	17	9

1-4a　续表 19　　　　单位：人

地　　区	哈萨克族			傣　　族			黎　　族		
	小计	男	女	小计	男	女	小计	男	女
苏州市	**82**	**27**	**55**	**458**	**231**	**227**	**358**	**176**	**182**
虎丘区	41	13	28	91	47	44	55	30	25
吴中区	2	1	1	55	22	33	50	22	28
相城区	4	1	3	115	70	45	35	16	19
姑苏区	11	3	8	35	12	23	31	11	20
吴江区	3	1	2	40	20	20	60	37	23
苏州工业园区									
常熟市	8	5	3	26	13	13	43	21	22
张家港市	1		1	9	4	5	7	2	5
昆山市	11	2	9	75	38	37	68	32	36
太仓市	1	1		12	5	7	9	5	4
南通市	**21**	**9**	**12**	**258**	**130**	**128**	**97**	**40**	**57**
崇川区	13	6	7	43	22	21	42	19	23
港闸区	4	2	2	32	17	15	12	4	8
通州区	2	1	1	9	4	5	7	1	6
如东县									
南通经济技术开发区									
通州湾示范区									
苏锡通科技产业园区									
启东市				14	7	7	8	2	6
如皋市				7	2	5	7	3	4
海门市	1		1	98	53	45	8	5	3
海安市	1		1	55	25	30	13	6	7
连云港市				**8**	**1**	**7**	**15**	**6**	**9**
连云区				1		1	4	2	2
海州区				6	1	5	5	2	3
赣榆区							6	2	4
东海县									
灌云县									
灌南县									
连云港经济技术开发区									
连云港高新技术产业开发区									
江苏连云港徐圩新区									
江苏省连云港市云台山风景名胜区				1		1			
淮安市	**42**	**16**	**26**	**25**	**5**	**20**	**23**	**8**	**15**
淮安区	5	4	1	6	1	5	5	1	4
淮阴区	32	9	23	8	1	7	1		1
清江浦区	5	3	2	9	3	6	14	7	7
洪泽区				2		2	3		3
涟水县									
盱眙县									
金湖县									
淮安经济技术开发区									
工业园区									
生态文旅区									
苏淮高新区									

1-4a 续表 20

单位：人

地区	哈萨克族			傣族			黎族		
	小计	男	女	小计	男	女	小计	男	女
盐城市	**33**	**12**	**21**	**52**	**22**	**30**	**28**	**10**	**18**
亭湖区	30	11	19	11	3	8	7	4	3
盐都区	1		1	1		1	6	1	5
大丰区				12	3	9	5	2	3
响水县									
滨海县									
阜宁县									
射阳县									
建湖县									
盐城经济技术开发区									
江苏省盐南高新区				8	2	6	3	1	2
东台市	2	1	1	20	14	6	7	2	5
扬州市	**114**	**39**	**75**	**47**	**19**	**28**	**86**	**35**	**51**
广陵区	2		2	6	5	1	8	5	3
邗江区	94	28	66	15	4	11	51	20	31
江都区				6	2	4	9	3	6
宝应县									
扬州经济技术开发区									
蜀冈瘦西湖景区	2	1	1	6	2	4			
生态新城				5	2	3	1	1	
仪征市	16	10	6	7	3	4	6		6
高邮市				2	1	1	11	6	5
镇江市	**45**	**17**	**28**	**95**	**46**	**49**	**64**	**36**	**28**
京口区	19	8	11	9	3	6	24	15	9
润州区	2		2	6	3	3	5		5
丹徒区				5	2	3	5	5	
镇江新区									
江苏镇江高新区				20	14	6	2	1	1
丹阳市	22	8	14	25	12	13	16	10	6
扬中市				4	2	2	1	1	
句容市	2	1	1	26	10	16	11	4	7
泰州市	**34**	**12**	**22**	**55**	**22**	**33**	**81**	**32**	**49**
海陵区	1	1		19	6	13	31	13	18
高港区	30	10	20	8	4	4	9	2	7
姜堰区				9	4	5	18	8	10
泰州医药高新技术产业开发区									
兴化市	2	1	1	2	1	1	1		1
靖江市				9	2	7	7	2	5
泰兴市	1		1	8	5	3	15	7	8
宿迁市	**37**	**13**	**24**	**7**		**7**	**21**	**8**	**13**
宿城区	28	8	20	2		2	7	4	3
宿豫区				2		2	5	1	4
沭阳县									
泗阳县									
泗洪县									
宿迁经济技术开发区									
宿迁市湖滨新区	9	5	4	1		1	7	2	5
苏州宿迁工业园区							1		1
宿迁市洋河新区				2		2	1	1	

1-4a　续表 21　　　　　　　　　　　　　　　　　　　　单位：人

地　区	傈僳族			佤　族			畲　族		
	小计	男	女	小计	男	女	小计	男	女
江　苏	**1121**	**510**	**611**	**927**	**524**	**403**	**2080**	**1108**	**972**
南京市	**282**	**119**	**163**	**217**	**134**	**83**	**546**	**283**	**263**
玄武区	12	6	6	9	3	6	58	36	22
秦淮区	2		2	16	10	6	43	24	19
建邺区	12	9	3	10	9	1	44	20	24
鼓楼区	17	8	9	1		1	70	28	42
浦口区	6	3	3	17	13	4	10	8	2
栖霞区	37	23	14	22	12	10	85	41	44
雨花台区	11	6	5	8	3	5	29	18	11
江宁区	42	17	25	37	24	13	88	52	36
六合区	1	1		8	5	3	9	4	5
溧水区	29	11	18	34	23	11	23	14	9
高淳区	85	20	65	10	5	5	5	2	3
南京江北新区	28	15	13	45	27	18	82	36	46
无锡市	**177**	**91**	**86**	**112**	**66**	**46**	**301**	**168**	**133**
锡山区	24	11	13	13	8	5	42	24	18
惠山区	13	4	9	10	5	5	31	22	9
滨湖区	21	11	10	7	4	3	44	21	23
梁溪区	17	9	8	17	13	4	89	54	35
新吴区	24	10	14	4		4	29	18	11
江苏无锡经济开发区	15	11	4	15	10	5	18	7	11
江阴市	59	34	25	27	16	11	27	15	12
宜兴市	4	1	3	19	10	9	21	7	14
徐州市	**22**	**10**	**12**	**6**	**3**	**3**	**55**	**35**	**20**
鼓楼区	1	1					9	5	4
云龙区	4		4	1		1	17	10	7
贾汪区	1		1	2	2		1	1	
泉山区	5	3	2				4	3	1
铜山区	8	4	4	2	1	1	22	14	8
丰县									
沛县									
睢宁县									
徐州经济技术开发区									
新沂市	3	2	1	1		1			
邳州市							2	2	
常州市	**66**	**29**	**37**	**77**	**43**	**34**	**135**	**75**	**60**
天宁区	6	2	4	4	2	2	32	21	11
钟楼区	12	3	9	9	4	5	39	20	19
新北区	8	5	3	18	12	6	28	14	14
武进区	27	14	13	32	15	17	26	15	11
金坛区	7	2	5	3	1	2	6	1	5
江苏省常州市经济开发区	3	1	2	4	2	2	1	1	
溧阳市	3	2	1	7	7		3	3	

1-4a 续表 22

单位：人

地区	傈僳族			佤族			畲族		
	小计	男	女	小计	男	女	小计	男	女
苏州市	**242**	**106**	**136**	**172**	**86**	**86**	**563**	**285**	**278**
虎丘区	31	20	11	12	7	5	59	28	31
吴中区	24	9	15	18	10	8	45	26	19
相城区	51	23	28	49	28	21	138	68	70
姑苏区	12	4	8	9	3	6	57	26	31
吴江区	30	11	19	35	21	14	48	29	19
苏州工业园区									
常熟市	23	9	14	5	1	4	67	30	37
张家港市	5	1	4	4	2	2	17	8	9
昆山市	40	24	16	34	14	20	94	49	45
太仓市	26	5	21	6		6	38	21	17
南通市	**102**	**61**	**41**	**124**	**79**	**45**	**163**	**84**	**79**
崇川区	19	10	9	32	21	11	68	34	34
港闸区	14	7	7	32	15	17	62	32	30
通州区	5	1	4	9	6	3	13	5	8
如东县									
南通经济技术开发区									
通州湾示范区									
苏锡通科技产业园区									
启东市	12	7	5	6	3	3	6	3	3
如皋市	7	3	4	1		1	2	2	
海门市	16	10	6	33	25	8	5	3	2
海安市	29	23	6	11	9	2	7	5	2
连云港市	**3**		**3**	**3**	**1**	**2**	**28**	**21**	**7**
连云区							4	3	1
海州区	1		1	1		1	18	13	5
赣榆区	2		2	1		1	6	5	1
东海县									
灌云县									
灌南县									
连云港经济技术开发区									
连云港高新技术产业开发区									
江苏连云港徐圩新区				1	1				
江苏省连云港市云台山风景名胜区									
淮安市	**13**	**2**	**11**	**19**	**9**	**10**	**16**	**8**	**8**
淮安区	7	1	6	3	2	1	5	3	2
淮阴区	4		4	1		1	4	1	3
清江浦区	2	1	1				7	4	3
洪泽区				15	7	8			
涟水县									
盱眙县									
金湖县									
淮安经济技术开发区									
工业园区									
生态文旅区									
苏淮高新区									

1-4a 续表 23

单位：人

地 区	傈僳族			佤 族			畲 族		
	小计	男	女	小计	男	女	小计	男	女
盐城市	**24**	**7**	**17**	**4**		**4**	**36**	**20**	**16**
亭湖区	8	1	7	2		2	8	5	3
盐都区	1		1	1		1	5	3	2
大丰区	4		4				16	9	7
响水县									
滨海县									
阜宁县									
射阳县									
建湖县									
盐城经济技术开发区									
江苏省盐南高新区	5	1	4				1		1
东台市	6	5	1	1		1	6	3	3
扬州市	**62**	**30**	**32**	**57**	**33**	**24**	**56**	**27**	**29**
广陵区	10	5	5	14	8	6	9	6	3
邗江区	21	12	9	11	6	5	24	10	14
江都区	12	4	8	8	4	4	8	4	4
宝应县									
扬州经济技术开发区									
蜀冈瘦西湖景区							2		2
生态新城									
仪征市	8	5	3	24	15	9	7	3	4
高邮市	11	4	7				6	4	2
镇江市	**63**	**31**	**32**	**69**	**30**	**39**	**112**	**65**	**47**
京口区	2	1	1	6	1	5	35	19	16
润州区	2	2		9	4	5	19	10	9
丹徒区	1	1		6	1	5	9	7	2
镇江新区									
江苏镇江高新区	3		3	3		3			
丹阳市	46	23	23	15	3	12	30	16	14
扬中市				8	6	2	1		1
句容市	9	4	5	22	15	7	18	13	5
泰州市	**52**	**23**	**29**	**60**	**40**	**20**	**63**	**34**	**29**
海陵区	12	5	7	8	6	2	33	20	13
高港区	1	1		31	18	13	1		1
姜堰区	1	1					3	1	2
泰州医药高新技术产业开发区									
兴化市	34	16	18	6	5	1	4	2	2
靖江市	2		2	14	11	3	3		3
泰兴市	2		2	1		1	19	11	8
宿迁市	**13**	**1**	**12**	**7**		**7**	**6**	**3**	**3**
宿城区	6		6	2		2	1		1
宿豫区	4	1	3	1		1	1		1
沭阳县									
泗阳县									
泗洪县									
宿迁经济技术开发区									
宿迁市湖滨新区	2		2	1		1	4	3	1
苏州宿迁工业园区									
宿迁市洋河新区	1		1	3		3			

1-4a 续表 24

单位：人

地 区	高山族			拉祜族			水 族		
	小计	男	女	小计	男	女	小计	男	女
江 苏	**62**	**29**	**33**	**854**	**412**	**442**	**5555**	**3204**	**2351**
南京市	**30**	**19**	**11**	**153**	**82**	**71**	**310**	**164**	**146**
玄武区	3	2	1	2		2	54	31	23
秦淮区	2	1	1	10	4	6	13	8	5
建邺区				11	6	5	7	4	3
鼓楼区	6	3	3	3		3	14	6	8
浦口区				7	2	5	9	3	6
栖霞区	3	1	2	25	12	13	64	31	33
雨花台区				10	3	7	10	5	5
江宁区	8	7	1	26	17	9	67	38	29
六合区	2	2		3	2	1	8	2	6
溧水区				11	7	4	3		3
高淳区				2		2	6	2	4
南京江北新区	6	3	3	43	29	14	55	34	21
无锡市	**6**	**3**	**3**	**100**	**42**	**58**	**507**	**311**	**196**
锡山区	1		1	21	10	11	162	100	62
惠山区				8	4	4	79	50	29
滨湖区	1	1		15	7	8	43	23	20
梁溪区	3	2	1	16	3	13	31	17	14
新吴区				7	2	5	35	20	15
江苏无锡经济开发区				2	1	1	9	5	4
江阴市				24	14	10	71	48	23
宜兴市	1		1	7	1	6	77	48	29
徐州市				**26**	**9**	**17**	**47**	**27**	**20**
鼓楼区				12	5	7	9	5	4
云龙区				2		2	4	1	3
贾汪区							4	3	1
泉山区				3	1	2	11	6	5
铜山区				8	3	5	18	12	6
丰县									
沛县									
睢宁县									
徐州经济技术开发区									
新沂市									
邳州市				1		1	1		1
常州市	**4**	**2**	**2**	**89**	**42**	**47**	**3754**	**2182**	**1572**
天宁区	1	1		6	3	3	234	136	98
钟楼区	2		2	11	4	7	296	169	127
新北区				7	3	4	238	143	95
武进区				23	7	16	1624	977	647
金坛区	1	1		11	4	7	39	26	13
江苏省常州市经济开发区				15	9	6	1299	709	590
溧阳市				16	12	4	24	22	2

1-4a 续表 25

单位：人

地区	高山族			拉祜族			水族		
	小计	男	女	小计	男	女	小计	男	女
苏州市	**6**	**3**	**3**	**263**	**139**	**124**	**565**	**346**	**219**
虎丘区	4	2	2	27	8	19	43	21	22
吴中区				14	5	9	34	19	15
相城区	1	1		109	68	41	80	54	26
姑苏区				15	4	11	21	17	4
吴江区				22	13	9	56	37	19
苏州工业园区									
常熟市				44	28	16	213	127	86
张家港市				5	1	4	28	16	12
昆山市	1		1	21	9	12	68	47	21
太仓市				6	3	3	22	8	14
南通市				**66**	**34**	**32**	**140**	**62**	**78**
崇川区				22	7	15	70	33	37
港闸区				12	8	4	20	10	10
通州区				8	4	4	19	4	15
如东县									
南通经济技术开发区									
通州湾示范区									
苏锡通科技产业园区									
启东市				1		1	2	1	1
如皋市				6	5	1	3	2	1
海门市				8	5	3	8	3	5
海安市				9	5	4	18	9	9
连云港市	**1**		**1**	**6**	**4**	**2**	**3**	**2**	**1**
连云区							2	2	
海州区	1		1	5	4	1	1		1
赣榆区				1		1			
东海县									
灌云县									
灌南县									
连云港经济技术开发区									
连云港高新技术产业开发区									
江苏连云港徐圩新区									
江苏省连云港市云台山风景名胜区									
淮安市				**3**		**3**	**16**	**4**	**12**
淮安区				1		1	3	1	2
淮阴区							9	2	7
清江浦区				2		2	3	1	2
洪泽区							1		1
涟水县									
盱眙县									
金湖县									
淮安经济技术开发区									
工业园区									
生态文旅区									
苏淮高新区									

1-4a 续表 26

单位：人

地区	高山族			拉祜族			水族		
	小计	男	女	小计	男	女	小计	男	女
盐城市	**6**	**2**	**4**	**15**	**2**	**13**	**25**	**11**	**14**
亭湖区				3	1	2	10	5	5
盐都区				2		2			
大丰区	4	2	2	3	1	2			
响水县									
滨海县									
阜宁县									
射阳县									
建湖县									
盐城经济技术开发区									
江苏省盐南高新区	2		2	4		4	8	2	6
东台市				3		3	7	4	3
扬州市	**8**		**8**	**27**	**8**	**19**	**54**	**21**	**33**
广陵区				6	4	2	9	5	4
邗江区				10	1	9	36	10	26
江都区				7	2	5	3	1	2
宝应县									
扬州经济技术开发区									
蜀冈瘦西湖景区							1	1	
生态新城							1	1	
仪征市	8		8	4	1	3	4	3	1
高邮市									
镇江市				**75**	**38**	**37**	**57**	**31**	**26**
京口区				4	2	2	12	8	4
润州区				9	3	6	3	2	1
丹徒区				3	1	2	4	3	1
镇江新区									
江苏镇江高新区				5	3	2	2		2
丹阳市				31	18	13	23	10	13
扬中市				3	2	1	3	2	1
句容市				20	9	11	10	6	4
泰州市	**1**		**1**	**27**	**12**	**15**	**69**	**38**	**31**
海陵区	1		1	7	2	5	26	12	14
高港区				9	8	1	6	3	3
姜堰区				3	1	2	5	2	3
泰州医药高新技术产业开发区									
兴化市				5	1	4	12	9	3
靖江市							4	2	2
泰兴市				3		3	16	10	6
宿迁市				**4**		**4**	**8**	**5**	**3**
宿城区							5	3	2
宿豫区				1		1	1	1	
沭阳县									
泗阳县									
泗洪县									
宿迁经济技术开发区									
宿迁市湖滨新区							1	1	
苏州宿迁工业园区									
宿迁市洋河新区				3		3	1		1

1-4a　续表 27　　　　单位：人

地　区	东乡族			纳西族			景颇族		
	小计	男	女	小计	男	女	小计	男	女
江　苏	**1547**	**898**	**649**	**304**	**125**	**179**	**334**	**166**	**168**
南京市	**208**	**124**	**84**	**129**	**55**	**74**	**48**	**15**	**33**
玄武区	40	28	12	24	8	16	3	1	2
秦淮区	24	13	11	6	4	2	2		2
建邺区	3	1	2	13	6	7	1		1
鼓楼区	3	1	2	13	5	8	3		3
浦口区	6	3	3	2		2	5	4	1
栖霞区	41	23	18	21	9	12	10	5	5
雨花台区	11	8	3	6	3	3	2		2
江宁区	35	22	13	18	9	9	8	3	5
六合区	10	5	5						
溧水区	5	3	2	2	1	1	1		1
高淳区	7	3	4	4	1	3	11	1	10
南京江北新区	23	14	9	20	9	11	2	1	1
无锡市	**105**	**50**	**55**	**19**	**8**	**11**	**60**	**35**	**25**
锡山区	5	4	1	1	1		13	8	5
惠山区	5	2	3	4		4	2	1	1
滨湖区	12	6	6	3	1	2	7	4	3
梁溪区	5	3	2	4	3	1	12	9	3
新吴区	4	1	3	2	1	1	3		3
江苏无锡经济开发区				2	1	1	3	3	
江阴市	56	28	28	3	1	2	8	2	6
宜兴市	18	6	12				12	8	4
徐州市	**9**	**4**	**5**	**13**	**7**	**6**	**1**	**1**	
鼓楼区				3	2	1			
云龙区	1		1						
贾汪区	3	2	1	2	1	1			
泉山区				4	4		1	1	
铜山区	5	2	3	3		3			
丰县									
沛县									
睢宁县									
徐州经济技术开发区									
新沂市				1		1			
邳州市									
常州市	**115**	**62**	**53**	**14**	**7**	**7**	**27**	**14**	**13**
天宁区	18	10	8				8	5	3
钟楼区	15	8	7	1	1		5	3	2
新北区	29	16	13	4	1	3	6	3	3
武进区	29	16	13	5	1	4	5	2	3
金坛区	16	9	7	1	1		3	1	2
江苏省常州市经济开发区	2		2						
溧阳市	6	3	3	3	3				

1-4a 续表 28 单位：人

地 区	东乡族			纳西族			景颇族		
	小计	男	女	小计	男	女	小计	男	女
苏州市	**305**	**170**	**135**	**33**	**16**	**17**	**63**	**24**	**39**
虎丘区	8	3	5	8	5	3	4		4
吴中区	4	3	1	5	1	4	5	1	4
相城区	12	7	5	1		1	25	13	12
姑苏区	1	1		11	8	3	7	3	4
吴江区	143	82	61				2	1	1
苏州工业园区									
常熟市	82	43	39	1		1	5	2	3
张家港市	13	9	4	2		2	3		3
昆山市	17	11	6	3	2	1	8	3	5
太仓市	25	11	14	2		2	4	1	3
南通市	**198**	**99**	**99**	**24**	**10**	**14**	**88**	**54**	**34**
崇川区	53	24	29	13	6	7	18	9	9
港闸区	21	11	10	6	2	4	9	3	6
通州区	28	18	10	1		1	17	13	4
如东县									
南通经济技术开发区									
通州湾示范区									
苏锡通科技产业园区									
启东市	24	12	12				18	13	5
如皋市	17	8	9				1	1	
海门市	10	7	3				9	5	4
海安市	45	19	26	4	2	2	16	10	6
连云港市									
连云区									
海州区									
赣榆区									
东海县									
灌云县									
灌南县									
连云港经济技术开发区									
连云港高新技术产业开发区									
江苏连云港徐圩新区									
江苏省连云港市云台山风景名胜区									
淮安市	**11**	**5**	**6**	**8**	**2**	**6**	**10**	**7**	**3**
淮安区	1	1		1		1	9	7	2
淮阴区	3	1	2	2		2	1		1
清江浦区	7	3	4	5	2	3			
洪泽区									
涟水县									
盱眙县									
金湖县									
淮安经济技术开发区									
工业园区									
生态文旅区									
苏淮高新区									

1-4a　续表 29　　　　　　　　　　　　单位：人

地　　区	东乡族			纳西族			景颇族		
	小计	男	女	小计	男	女	小计	男	女
盐城市	**329**	**244**	**85**	**11**	**1**	**10**	**2**	**1**	**1**
亭湖区	3	1	2	4		4	2	1	1
盐都区	10	4	6						
大丰区				1		1			
响水县									
滨海县									
阜宁县									
射阳县									
建湖县									
盐城经济技术开发区									
江苏省盐南高新区				3		3			
东台市	316	239	77	3	1	2			
扬州市	**77**	**37**	**40**	**14**	**5**	**9**	**9**	**8**	**1**
广陵区	7	4	3	2		2	4	3	1
邗江区	17	5	12	8	3	5			
江都区	7	4	3						
宝应县									
扬州经济技术开发区									
蜀冈瘦西湖景区	3	1	2	1		1			
生态新城									
仪征市	13	6	7	3	2	1	4	4	
高邮市	30	17	13				1	1	
镇江市	**88**	**43**	**45**	**18**	**4**	**14**	**21**	**7**	**14**
京口区	14	8	6	7	1	6			
润州区	2	2		3	1	2			
丹徒区	2	1	1				5	1	4
镇江新区									
江苏镇江高新区									
丹阳市	32	13	19	3	1	2			
扬中市	28	14	14				6	2	4
句容市	10	5	5	5	1	4	10	4	6
泰州市	**99**	**58**	**41**	**19**	**10**	**9**	**4**		**4**
海陵区	10	4	6	13	8	5	1		1
高港区	6	2	4	2		2			
姜堰区	18	12	6						
泰州医药高新技术产业开发区									
兴化市	16	10	6	1	1		2		2
靖江市	45	28	17	3	1	2			
泰兴市	4	2	2				1		1
宿迁市	**3**	**2**	**1**	**2**		**2**	**1**		**1**
宿城区									
宿豫区				1		1	1		1
沭阳县									
泗阳县									
泗洪县									
宿迁经济技术开发区									
宿迁市湖滨新区	3	2	1	1		1			
苏州宿迁工业园区									
宿迁市洋河新区									

1-4a 续表 30

单位：人

地区	柯尔克孜族			土族			达斡尔族		
	小计	男	女	小计	男	女	小计	男	女
江 苏	**263**	**119**	**144**	**699**	**352**	**347**	**407**	**200**	**207**
南京市	**95**	**39**	**56**	**207**	**105**	**102**	**153**	**75**	**78**
玄武区	14	6	8	19	13	6	6	5	1
秦淮区	3	3		11	5	6	9	4	5
建邺区	1		1	10	5	5	7	2	5
鼓楼区	7	2	5	10	4	6	23	11	12
浦口区	10	4	6	15	4	11	2	1	1
栖霞区	22	9	13	23	9	14	24	10	14
雨花台区	1	1		19	15	4	15	8	7
江宁区	24	9	15	46	24	22	29	15	14
六合区	2	1	1	2	1	1	5	2	3
溧水区				4	2	2	2	1	1
高淳区							2	1	1
南京江北新区	11	4	7	48	23	25	29	15	14
无锡市	**47**	**17**	**30**	**153**	**80**	**73**	**53**	**25**	**28**
锡山区				12	8	4	7	5	2
惠山区	3	1	2	13	7	6	2		2
滨湖区	39	14	25	26	8	18	1		1
梁溪区	3	1	2	19	11	8	20	6	14
新吴区				55	29	26	14	9	5
江苏无锡经济开发区				12	9	3	4	2	2
江阴市				13	7	6	4	2	2
宜兴市	2	1	1	3	1	2	1	1	
徐州市	**17**	**12**	**5**	**24**	**18**	**6**	**16**	**8**	**8**
鼓楼区	2	2		1		1			
云龙区	1		1	4	3	1	2	1	1
贾汪区	1	1					1		1
泉山区				1		1	4	2	2
铜山区	13	9	4	18	15	3	9	5	4
丰县									
沛县									
睢宁县									
徐州经济技术开发区									
新沂市									
邳州市									
常州市	**1**	**1**		**54**	**23**	**31**	**14**	**9**	**5**
天宁区				5	3	2	1	1	
钟楼区	1	1		9	3	6	5	3	2
新北区				10	5	5	5	4	1
武进区				13	4	9	2	1	1
金坛区				5		5			
江苏省常州市经济开发区				8	5	3	1		1
溧阳市				4	3	1			

1-4a　续表 31　　　　单位：人

地　区	柯尔克孜族			土　族			达斡尔族		
	小计	男	女	小计	男	女	小计	男	女
苏州市	**15**	**7**	**8**	**118**	**65**	**53**	**103**	**52**	**51**
虎丘区	11	4	7	13	5	8	7	3	4
吴中区				20	8	12	6	3	3
相城区	1	1		28	18	10	13	9	4
姑苏区				10	5	5	11	4	7
吴江区	3	2	1	9	5	4	4	1	3
苏州工业园区									
常熟市				6	3	3	6	3	3
张家港市				2	2		7	3	4
昆山市				25	16	9	35	19	16
太仓市				5	3	2	14	7	7
南通市	**2**	**1**	**1**	**25**	**12**	**13**	**17**	**7**	**10**
崇川区	2	1	1	9	5	4	8	5	3
港闸区				5	3	2	1	1	
通州区				4	1	3	5	1	4
如东县									
南通经济技术开发区									
通州湾示范区									
苏锡通科技产业园区									
启东市									
如皋市				2		2			
海门市				1		1	1		1
海安市				4	3	1	2		2
连云港市				**3**	**1**	**2**	**15**	**6**	**9**
连云区							11	5	6
海州区				1	1		4	1	3
赣榆区				1		1			
东海县									
灌云县									
灌南县									
连云港经济技术开发区									
连云港高新技术产业开发区									
江苏连云港徐圩新区				1		1			
江苏省连云港市云台山风景名胜区									
淮安市	**6**		**6**	**6**	**1**	**5**	**2**	**1**	**1**
淮安区	1		1				1	1	
淮阴区	5		5	3		3	1		1
清江浦区				3	1	2			
洪泽区									
涟水县									
盱眙县									
金湖县									
淮安经济技术开发区									
工业园区									
生态文旅区									
苏淮高新区									

1-4a 续表 32 单位：人

地区	柯尔克孜族			土族			达斡尔族		
	小计	男	女	小计	男	女	小计	男	女
盐城市	**6**	**5**	**1**	**21**	**4**	**17**	**2**	**1**	**1**
亭湖区	6	5	1	5	2	3	1	1	
盐都区				1		1			
大丰区									
响水县									
滨海县									
阜宁县									
射阳县									
建湖县									
盐城经济技术开发区									
江苏省盐南高新区				9	1	8	1		1
东台市				6	1	5			
扬州市	**37**	**20**	**17**	**34**	**14**	**20**	**8**	**3**	**5**
广陵区	1	1		14	2	12	1	1	
邗江区	11	3	8	19	11	8	3		3
江都区	3	2	1	1	1		3	1	2
宝应县									
扬州经济技术开发区									
蜀冈瘦西湖景区	8	3	5						
生态新城									
仪征市	14	11	3				1	1	
高邮市									
镇江市	**16**	**7**	**9**	**37**	**16**	**21**	**13**	**8**	**5**
京口区	9	5	4	9	3	6	7	4	3
润州区				3	2	1	2	1	1
丹徒区				3	1	2			
镇江新区									
江苏镇江高新区				5	5		1	1	
丹阳市	5	2	3	15	5	10			
扬中市							1		1
句容市	2		2	2		2	2	2	
泰州市	**14**	**8**	**6**	**13**	**9**	**4**	**6**	**3**	**3**
海陵区	3	2	1	5	5		3	2	1
高港区	11	6	5	1		1	1		1
姜堰区							1	1	
泰州医药高新技术产业开发区									
兴化市				2	1	1			
靖江市				2		2	1		1
泰兴市				3	3				
宿迁市	**7**	**2**	**5**	**4**	**4**		**5**	**2**	**3**
宿城区	5	2	3	1	1		4	2	2
宿豫区				1	1				
沭阳县									
泗阳县									
泗洪县									
宿迁经济技术开发区									
宿迁市湖滨新区	2		2	2	2		1		1
苏州宿迁工业园区									
宿迁市洋河新区									

1-4a　续表 33　　　　　　　　　　　　　　　　　　　　　　　　单位：人

地　　区	仫佬族			羌　族			布朗族		
	小计	男	女	小计	男	女	小计	男	女
江　苏	**844**	**424**	**420**	**687**	**370**	**317**	**210**	**108**	**102**
南京市	**196**	**84**	**112**	**155**	**86**	**69**	**38**	**25**	**13**
玄武区	12	3	9	21	12	9	4	3	1
秦淮区	10	6	4	15	8	7			
建邺区	14	5	9	5	4	1			
鼓楼区	27	11	16	15	5	10			
浦口区	8	3	5	1		1	1		1
栖霞区	35	11	24	27	13	14	11	6	5
雨花台区	12	5	7	10	4	6	4	3	1
江宁区	41	19	22	25	16	9	2	2	
六合区				1		1			
溧水区	2	2		1		1	8	5	3
高淳区	7	4	3	2		2	1	1	
南京江北新区	28	15	13	32	24	8	7	5	2
无锡市	**125**	**70**	**55**	**178**	**104**	**74**	**24**	**10**	**14**
锡山区	18	13	5	31	19	12	5	2	3
惠山区	11	6	5	12	6	6	4	2	2
滨湖区	17	11	6	21	12	9	2	1	1
梁溪区	5	4	1	26	13	13	2	1	1
新吴区	20	9	11	15	10	5	1		1
江苏无锡经济开发区	6	1	5	16	11	5	1		1
江阴市	16	8	8	56	33	23	9	4	5
宜兴市	32	18	14	1		1			
徐州市	**22**	**11**	**11**	**10**	**6**	**4**	**3**	**1**	**2**
鼓楼区	1	1		1		1			
云龙区	5	2	3						
贾汪区	1		1						
泉山区	2	1	1	1		1	1	1	
铜山区	9	4	5	5	5		2		2
丰县									
沛县									
睢宁县									
徐州经济技术开发区									
新沂市	2	2		3	1	2			
邳州市	2	1	1						
常州市	**71**	**40**	**31**	**54**	**29**	**25**	**18**	**9**	**9**
天宁区	2	1	1	2	2		2		2
钟楼区	12	7	5	8	5	3	8	5	3
新北区	25	13	12	12	5	7	4	2	2
武进区	21	13	8	7	3	4	2		2
金坛区	2		2	9	4	5			
江苏省常州市经济开发区	2	2		3	1	2	2	2	
溧阳市	7	4	3	13	9	4			

1-4a 续表 34

单位：人

地　　区	仫佬族			羌　族			布朗族		
	小计	男	女	小计	男	女	小计	男	女
苏州市	**253**	**133**	**120**	**102**	**53**	**49**	**65**	**36**	**29**
虎丘区	25	12	13	22	12	10	14	7	7
吴中区	23	8	15	4	4		1		1
相城区	97	59	38	16	4	12	4	2	2
姑苏区	12	3	9	3	2	1	4	1	3
吴江区	28	16	12	1	1		6		6
苏州工业园区									
常熟市	12	7	5	10	6	4	4	1	3
张家港市	1		1	25	13	12	1		1
昆山市	45	24	21	13	10	3	31	25	6
太仓市	10	4	6	8	1	7			
南通市	**56**	**25**	**31**	**82**	**47**	**35**	**16**	**6**	**10**
崇川区	23	7	16	22	17	5	4	1	3
港闸区	9	4	5	7	3	4	3	1	2
通州区	5	3	2	25	11	14			
如东县									
南通经济技术开发区									
通州湾示范区									
苏锡通科技产业园区									
启东市	4	2	2	3	2	1	3	2	1
如皋市				1	1				
海门市	9	5	4	8	2	6	2	1	1
海安市	6	4	2	16	11	5	4	1	3
连云港市	**11**	**5**	**6**	**8**	**4**	**4**	**2**		**2**
连云区	9	4	5	4	1	3	2		2
海州区	2	1	1	1	1				
赣榆区				2	1	1			
东海县									
灌云县									
灌南县									
连云港经济技术开发区									
连云港高新技术产业开发区									
江苏连云港徐圩新区				1	1				
江苏省连云港市云台山风景名胜区									
淮安市	**12**	**8**	**4**	**5**	**1**	**4**	**7**	**3**	**4**
淮安区									
淮阴区	1		1	2		2	1	1	
清江浦区	11	8	3	3	1	2	6	2	4
洪泽区									
涟水县									
盱眙县									
金湖县									
淮安经济技术开发区									
工业园区									
生态文旅区									
苏淮高新区									

1-4a　续表 35　　　　单位：人

地　　区	仫佬族			羌　族			布朗族		
	小计	男	女	小计	男	女	小计	男	女
盐城市	**16**	**8**	**8**	**16**	**4**	**12**	**8**	**4**	**4**
亭湖区	5	1	4	9	2	7	5	3	2
盐都区	1	1		5	2	3			
大丰区				2		2	2	1	1
响水县									
滨海县									
阜宁县									
射阳县									
建湖县									
盐城经济技术开发区									
江苏省盐南高新区	5	3	2				1		1
东台市	5	3	2						
扬州市	**23**	**12**	**11**	**15**	**6**	**9**	**14**	**7**	**7**
广陵区	8	4	4	1		1	1	1	
邗江区	9	4	5	5	3	2	3	1	2
江都区				1		1	8	3	5
宝应县									
扬州经济技术开发区									
蜀冈瘦西湖景区	1	1					2	2	
生态新城									
仪征市	4	2	2	4	1	3			
高邮市	1	1		4	2	2			
镇江市	**33**	**13**	**20**	**24**	**10**	**14**	**10**	**5**	**5**
京口区	7	2	5	3	2	1			
润州区	6	3	3	5	2	3	1	1	
丹徒区	2	1	1	2	1	1			
镇江新区									
江苏镇江高新区				2	1	1			
丹阳市	7	3	4	6	3	3	2		2
扬中市	5	3	2	5	1	4			
句容市	6	1	5	1		1	7	4	3
泰州市	**18**	**7**	**11**	**33**	**18**	**15**	**2**	**1**	**1**
海陵区	12	4	8	4	2	2	2	1	1
高港区				24	15	9			
姜堰区									
泰州医药高新技术产业开发区									
兴化市	1		1	1		1			
靖江市	3	2	1	2	1	1			
泰兴市	2	1	1	2		2			
宿迁市	**8**	**8**		**5**	**2**	**3**	**3**	**1**	**2**
宿城区	2	2		1		1			
宿豫区	5	5					1		1
沭阳县									
泗阳县									
泗洪县									
宿迁经济技术开发区									
宿迁市湖滨新区	1	1		4	2	2			
苏州宿迁工业园区									
宿迁市洋河新区							2	1	1

1-4a 续表 36

单位：人

地　区	撒拉族			毛南族			仡佬族		
	小计	男	女	小计	男	女	小计	男	女
江　苏	**415**	**243**	**172**	**327**	**182**	**145**	**3289**	**1876**	**1413**
南京市	**42**	**29**	**13**	**97**	**51**	**46**	**941**	**553**	**388**
玄武区	3	3		12	6	6	83	52	31
秦淮区	3	2	1	4	3	1	34	21	13
建邺区	1	1		6	6		24	19	5
鼓楼区	2		2	5	2	3	44	24	20
浦口区	3	1	2	7	3	4	109	57	52
栖霞区	9	9		22	12	10	146	66	80
雨花台区				5	1	4	24	12	12
江宁区	9	4	5	12	3	9	154	106	48
六合区							3	1	2
溧水区	6	4	2	1		1	19	11	8
高淳区							15	11	4
南京江北新区	6	5	1	23	15	8	286	173	113
无锡市	**52**	**34**	**18**	**42**	**25**	**17**	**548**	**309**	**239**
锡山区	2	1	1	6	4	2	92	49	43
惠山区	1		1	2	1	1	58	38	20
滨湖区	8	4	4	2	1	1	113	65	48
梁溪区	22	16	6	6	6		50	25	25
新吴区	4	3	1	6	3	3	51	27	24
江苏无锡经济开发区	7	3	4	1		1	22	13	9
江阴市	5	4	1	17	9	8	114	70	44
宜兴市	3	3		2	1	1	48	22	26
徐州市	**38**	**23**	**15**	**15**	**10**	**5**	**141**	**72**	**69**
鼓楼区	7	4	3	2	1	1	19	13	6
云龙区	4	2	2	3	1	2	28	14	14
贾汪区							16	4	12
泉山区	17	10	7	5	4	1	20	13	7
铜山区	8	6	2	4	3	1	49	24	25
丰县									
沛县									
睢宁县									
徐州经济技术开发区									
新沂市							2		2
邳州市	2	1	1	1	1		7	4	3
常州市	**3**	**1**	**2**	**17**	**12**	**5**	**234**	**143**	**91**
天宁区				1	1		20	13	7
钟楼区				1		1	33	20	13
新北区	2	1	1	4	3	1	51	30	21
武进区	1		1	5	4	1	59	35	24
金坛区							17	10	7
江苏省常州市经济开发区				3	2	1	28	12	16
溧阳市				3	2	1	26	23	3

1-4a　续表 37　　　　单位：人

地　区	撒拉族			毛南族			仡佬族		
	小计	男	女	小计	男	女	小计	男	女
苏州市	**82**	**42**	**40**	**64**	**37**	**27**	**820**	**490**	**330**
虎丘区	16	7	9	17	7	10	107	69	38
吴中区	6	3	3	18	15	3	95	55	40
相城区	4	3	1	10	5	5	83	55	28
姑苏区	22	10	12	2	1	1	41	20	21
吴江区	1	1		3	1	2	121	80	41
苏州工业园区									
常熟市	11	6	5	3	2	1	42	23	19
张家港市				3	2	1	30	19	11
昆山市	13	7	6	6	2	4	268	156	112
太仓市	9	5	4	2	2		33	13	20
南通市	**76**	**40**	**36**	**48**	**29**	**19**	**153**	**75**	**78**
崇川区	39	20	19	6	5	1	66	32	34
港闸区	11	7	4	3	1	2	22	7	15
通州区	4	1	3	34	20	14	8	4	4
如东县									
南通经济技术开发区									
通州湾示范区									
苏锡通科技产业园区									
启东市	4	4		1	1		8	5	3
如皋市	5	2	3				9	4	5
海门市				3	1	2	10	6	4
海安市	13	6	7	1	1		30	17	13
连云港市				**2**	**2**		**22**	**12**	**10**
连云区							14	9	5
海州区				1	1		4	1	3
赣榆区							4	2	2
东海县									
灌云县									
灌南县									
连云港经济技术开发区									
连云港高新技术产业开发区									
江苏连云港徐圩新区				1	1				
江苏省连云港市云台山风景名胜区									
淮安市	**3**		**3**	**3**	**1**	**2**	**28**	**11**	**17**
淮安区				1		1	4	1	3
淮阴区				1		1	11	4	7
清江浦区	3		3	1	1		9	3	6
洪泽区							4	3	1
涟水县									
盱眙县									
金湖县									
淮安经济技术开发区									
工业园区									
生态文旅区									
苏淮高新区									

1-4a 续表 38

单位：人

地　区	撒拉族			毛南族			仡佬族		
	小计	男	女	小计	男	女	小计	男	女
盐城市	**39**	**30**	**9**	**6**	**3**	**3**	**36**	**16**	**20**
亭湖区	1		1	3	1	2	19	7	12
盐都区							4	4	
大丰区	6	4	2				1	1	
响水县									
滨海县									
阜宁县									
射阳县									
建湖县									
盐城经济技术开发区									
江苏省盐南高新区	1		1				6	1	5
东台市	31	26	5	3	2	1	6	3	3
扬州市	**46**	**27**	**19**	**17**	**8**	**9**	**97**	**56**	**41**
广陵区	28	15	13	4	2	2	15	8	7
邗江区	13	7	6	11	5	6	52	30	22
江都区	2	2					13	8	5
宝应县									
扬州经济技术开发区									
蜀冈瘦西湖景区							1	1	
生态新城	1	1					2	1	1
仪征市				1		1	11	6	5
高邮市	2	2		1	1		3	2	1
镇江市	**11**	**6**	**5**	**9**	**3**	**6**	**138**	**72**	**66**
京口区	1		1	3	2	1	32	16	16
润州区				2	1	1	6	3	3
丹徒区							6	2	4
镇江新区									
江苏镇江高新区									
丹阳市	1	1		3		3	63	35	28
扬中市	1		1				4	2	2
句容市	8	5	3	1		1	27	14	13
泰州市	**9**	**3**	**6**	**3**		**3**	**91**	**49**	**42**
海陵区	2		2				44	23	21
高港区							6	2	4
姜堰区				1		1	5	4	1
泰州医药高新技术产业开发区									
兴化市	6	3	3				7	3	4
靖江市							10	5	5
泰兴市	1		1	2		2	19	12	7
宿迁市	**14**	**8**	**6**	**4**	**1**	**3**	**40**	**18**	**22**
宿城区				1		1	14	5	9
宿豫区	5	2	3	2	1	1	4	2	2
沭阳县									
泗阳县									
泗洪县									
宿迁经济技术开发区									
宿迁市湖滨新区	9	6	3	1		1	18	10	8
苏州宿迁工业园区									
宿迁市洋河新区							4	1	3

1-4a　续表 39

单位：人

地　　区	锡伯族			阿昌族			普米族		
	小计	男	女	小计	男	女	小计	男	女
江　苏	**706**	**324**	**382**	**266**	**149**	**117**	**54**	**30**	**24**
南京市	**329**	**161**	**168**	**17**	**11**	**6**	**14**	**7**	**7**
玄武区	44	21	23	1		1			
秦淮区	26	13	13	4	4		3	2	1
建邺区	32	17	15						
鼓楼区	38	16	22				2	1	1
浦口区	10	5	5						
栖霞区	51	20	31	8	6	2	3	1	2
雨花台区	11	4	7						
江宁区	55	33	22	1		1	2	1	1
六合区	4	3	1						
溧水区	3	2	1				1		1
高淳区	1	1		2		2	1		1
南京江北新区	54	26	28	1	1		2	2	
无锡市	**88**	**42**	**46**	**10**	**7**	**3**	**14**	**8**	**6**
锡山区	10	4	6	7	5	2	5	3	2
惠山区	3	3		1	1		1		1
滨湖区	26	8	18	1		1			
梁溪区	18	10	8	1	1				
新吴区	10	6	4				3	1	2
江苏无锡经济开发区	11	5	6						
江阴市	7	4	3						
宜兴市	3	2	1				5	4	1
徐州市	**42**	**15**	**27**	**1**		**1**	**1**	**1**	
鼓楼区	6	2	4						
云龙区	4		4	1		1			
贾汪区	1	1							
泉山区	14	5	9						
铜山区	12	6	6				1	1	
丰县									
沛县									
睢宁县									
徐州经济技术开发区									
新沂市	3		3						
邳州市	2	1	1						
常州市	**38**	**11**	**27**	**17**	**8**	**9**	**5**	**2**	**3**
天宁区	12	5	7	1		1			
钟楼区	5		5	3	1	2			
新北区	15	5	10	3	2	1			
武进区	2	1	1	7	3	4	2	1	1
金坛区							1	1	
江苏省常州市经济开发区	1		1						
溧阳市	3		3	3	2	1	2		2

1-4a 续表 40　　　　单位：人

地　区	锡伯族			阿昌族			普米族		
	小计	男	女	小计	男	女	小计	男	女
苏州市	**103**	**45**	**58**	**92**	**60**	**32**	**5**	**2**	**3**
虎丘区	19	6	13	5	4	1	2	1	1
吴中区	13	7	6	1	1				
相城区	7	2	5	77	51	26			
姑苏区	14	6	8	1		1	1	1	
吴江区	8	5	3	3	3				
苏州工业园区									
常熟市	1		1	2		2	2		2
张家港市	2	2							
昆山市	23	10	13	3	1	2			
太仓市	16	7	9						
南通市	**18**	**8**	**10**	**119**	**61**	**58**	**10**	**7**	**3**
崇川区	9	5	4	3	2	1			
港闸区				1		1			
通州区	3		3				1	1	
如东县									
南通经济技术开发区									
通州湾示范区									
苏锡通科技产业园区									
启东市	3	1	2						
如皋市							1		1
海门市	3	2	1	2	1	1	3	2	1
海安市				113	58	55	5	4	1
连云港市	**12**	**8**	**4**						
连云区	2	2							
海州区	10	6	4						
赣榆区									
东海县									
灌云县									
灌南县									
连云港经济技术开发区									
连云港高新技术产业开发区									
江苏连云港徐圩新区									
江苏省连云港市云台山风景名胜区									
淮安市	**12**	**6**	**6**	**2**	**1**	**1**	**1**		**1**
淮安区									
淮阴区	7	2	5	2	1	1	1		1
清江浦区	5	4	1						
洪泽区									
涟水县									
盱眙县									
金湖县									
淮安经济技术开发区									
工业园区									
生态文旅区									
苏淮高新区									

1-4a 续表 41

单位：人

地区	锡伯族			阿昌族			普米族		
	小计	男	女	小计	男	女	小计	男	女
盐城市	**7**	**5**	**2**						
亭湖区	1	1							
盐都区									
大丰区	1		1						
响水县									
滨海县									
阜宁县									
射阳县									
建湖县									
盐城经济技术开发区									
江苏省盐南高新区	4	3	1						
东台市	1	1							
扬州市	**24**	**10**	**14**	**3**	**1**	**2**	**3**	**3**	
广陵区	3	1	2						
邗江区	14	5	9						
江都区	2	2		1		1	3	3	
宝应县									
扬州经济技术开发区									
蜀冈瘦西湖景区	2		2						
生态新城									
仪征市	3	2	1	2	1	1			
高邮市									
镇江市	**24**	**9**	**15**	**3**		**3**	**1**		**1**
京口区	9	3	6	2		2	1		1
润州区	5	2	3						
丹徒区	1		1						
镇江新区									
江苏镇江高新区									
丹阳市	2		2	1		1			
扬中市	2	1	1						
句容市	5	3	2						
泰州市	**7**	**2**	**5**	**2**		**2**			
海陵区	1	1							
高港区				1		1			
姜堰区	2		2						
泰州医药高新技术产业开发区									
兴化市									
靖江市	4	1	3	1		1			
泰兴市									
宿迁市	**2**	**2**							
宿城区	1	1							
宿豫区									
沭阳县									
泗阳县									
泗洪县									
宿迁经济技术开发区									
宿迁市湖滨新区	1	1							
苏州宿迁工业园区									
宿迁市洋河新区									

1-4a　续表 42　　　　单位：人

地　　区	塔吉克族			怒　　族			乌孜别克族		
	小计	男	女	小计	男	女	小计	男	女
江　苏	**26**	**8**	**18**	**45**	**17**	**28**	**18**	**12**	**6**
南京市	**5**	**3**	**2**	**6**		**6**	**8**	**4**	**4**
玄武区				1		1			
秦淮区							2	1	1
建邺区							2	2	
鼓楼区	2	2		1		1	1		1
浦口区							3	1	2
栖霞区	1		1						
雨花台区									
江宁区	1	1							
六合区				1		1			
溧水区				1		1			
高淳区				2		2			
南京江北新区	1		1						
无锡市	**5**	**1**	**4**	**8**	**3**	**5**	**5**	**4**	**1**
锡山区									
惠山区				1		1			
滨湖区	5	1	4				1	1	
梁溪区									
新吴区				2		2	3	2	1
江苏无锡经济开发区									
江阴市				5	3	2			
宜兴市							1	1	
徐州市	**8**	**2**	**6**	**1**	**1**		**2**	**1**	**1**
鼓楼区									
云龙区									
贾汪区									
泉山区				1	1				
铜山区	8	2	6				2	1	1
丰县									
沛县									
睢宁县									
徐州经济技术开发区									
新沂市									
邳州市									
常州市	**1**	**1**		**4**	**1**	**3**	**1**	**1**	
天宁区									
钟楼区	1	1							
新北区				1		1			
武进区				2		2	1	1	
金坛区				1	1				
江苏省常州市经济开发区									
溧阳市									

1-4a　续表 43

单位：人

地　区	塔吉克族			怒　族			乌孜别克族		
	小计	男	女	小计	男	女	小计	男	女
苏州市				**8**	**6**	**2**	**1**	**1**	
虎丘区				1	1				
吴中区				1	1				
相城区				2	1	1			
姑苏区									
吴江区				1	1		1	1	
苏州工业园区									
常熟市									
张家港市									
昆山市				2	2				
太仓市				1		1			
南通市									
崇川区									
港闸区									
通州区									
如东县									
南通经济技术开发区									
通州湾示范区									
苏锡通科技产业园区									
启东市									
如皋市									
海门市									
海安市									
连云港市									
连云区									
海州区									
赣榆区									
东海县									
灌云县									
灌南县									
连云港经济技术开发区									
连云港高新技术产业开发区									
江苏连云港徐圩新区									
江苏省连云港市云台山风景名胜区									
淮安市									
淮安区									
淮阴区									
清江浦区									
洪泽区									
涟水县									
盱眙县									
金湖县									
淮安经济技术开发区									
工业园区									
生态文旅区									
苏淮高新区									

1-4a 续表 44 单位：人

地 区	塔吉克族			怒 族			乌孜别克族		
	小计	男	女	小计	男	女	小计	男	女
盐城市	**3**		**3**	**2**	**1**	**1**			
亭湖区	3		3						
盐都区									
大丰区									
响水县									
滨海县									
阜宁县									
射阳县									
建湖县									
盐城经济技术开发区									
江苏省盐南高新区									
东台市				2	1	1			
扬州市	**2**	**1**	**1**	**11**	**3**	**8**			
广陵区				1		1			
邗江区	2	1	1	2	2				
江都区				2	1	1			
宝应县									
扬州经济技术开发区									
蜀冈瘦西湖景区				3		3			
生态新城				1		1			
仪征市				2		2			
高邮市									
镇江市				**2**	**1**	**1**	**1**	**1**	
京口区									
润州区									
丹徒区									
镇江新区									
江苏镇江高新区									
丹阳市				2	1	1	1	1	
扬中市									
句容市									
泰州市				**2**		**2**			
海陵区									
高港区									
姜堰区				1		1			
泰州医药高新技术产业开发区									
兴化市				1		1			
靖江市									
泰兴市									
宿迁市	**2**		**2**	**1**	**1**				
宿城区	2		2						
宿豫区				1	1				
沭阳县									
泗阳县									
泗洪县									
宿迁经济技术开发区									
宿迁市湖滨新区									
苏州宿迁工业园区									
宿迁市洋河新区									

1-4a 续表 45

单位：人

地 区	俄罗斯族			鄂温克族			德昂族		
	小计	男	女	小计	男	女	小计	男	女
江 苏	**143**	**57**	**86**	**87**	**40**	**47**	**19**	**8**	**11**
南京市	**52**	**23**	**29**	**28**	**13**	**15**	**2**		**2**
玄武区	8	3	5	3	1	2			
秦淮区	5	3	2	9	6	3			
建邺区	3	2	1						
鼓楼区	3	1	2	3		3			
浦口区	1		1	1		1			
栖霞区	15	8	7	4	2	2	1		1
雨花台区	5	1	4						
江宁区	7	4	3	8	4	4			
六合区	1	1							
溧水区									
高淳区									
南京江北新区	4		4				1		1
无锡市	**32**	**10**	**22**	**9**	**5**	**4**	**3**	**3**	
锡山区	1	1		3	2	1			
惠山区				1	1				
滨湖区	4	2	2	2	1	1	3	3	
梁溪区	9	2	7	1		1			
新吴区	7	3	4	2	1	1			
江苏无锡经济开发区	6	1	5						
江阴市	2		2						
宜兴市	3	1	2						
徐州市	**6**	**4**	**2**	**4**	**1**	**3**			
鼓楼区									
云龙区	1		1						
贾汪区	1	1							
泉山区	1	1							
铜山区	3	2	1	4	1	3			
丰县									
沛县									
睢宁县									
徐州经济技术开发区									
新沂市									
邳州市									
常州市	**6**	**2**	**4**	**5**	**3**	**2**	**3**	**2**	**1**
天宁区				1		1	1		1
钟楼区	4	2	2	4	3	1			
新北区	1		1				2	2	
武进区	1		1						
金坛区									
江苏省常州市经济开发区									
溧阳市									

1-4a 续表 46　　　　单位：人

地　区	俄罗斯族			鄂温克族			德 昂 族		
	小计	男	女	小计	男	女	小计	男	女
苏州市	**30**	**12**	**18**	**25**	**11**	**14**	**5**	**2**	**3**
虎丘区	10	4	6	5	2	3			
吴中区	2	1	1	3	1	2			
相城区	3	2	1	3	2	1			
姑苏区	8	3	5						
吴江区							2	1	1
苏州工业园区									
常熟市	2	1	1	1		1			
张家港市	2		2						
昆山市	3	1	2	11	4	7	2	1	1
太仓市				2	2		1		1
南通市	**7**	**2**	**5**	**2**	**1**	**1**	**4**		**4**
崇川区	2	1	1	1		1			
港闸区	4	1	3						
通州区	1		1						
如东县									
南通经济技术开发区									
通州湾示范区									
苏锡通科技产业园区									
启东市				1	1		1		1
如皋市							3		3
海门市									
海安市									
连云港市				**2**	**2**				
连云区									
海州区									
赣榆区				1	1				
东海县									
灌云县									
灌南县									
连云港经济技术开发区									
连云港高新技术产业开发区									
江苏连云港徐圩新区				1	1				
江苏省连云港市云台山风景名胜区									
淮安市	**1**		**1**	**3**	**1**	**2**			
淮安区									
淮阴区	1		1						
清江浦区				3	1	2			
洪泽区									
涟水县									
盱眙县									
金湖县									
淮安经济技术开发区									
工业园区									
生态文旅区									
苏淮高新区									

1-4a　续表 47　　　　单位：人

地　区	俄罗斯族			鄂温克族			德 昂 族		
	小计	男	女	小计	男	女	小计	男	女
盐城市									
亭湖区									
盐都区									
大丰区									
响水县									
滨海县									
阜宁县									
射阳县									
建湖县									
盐城经济技术开发区									
江苏省盐南高新区									
东台市									
扬州市	**4**	**2**	**2**	**2**		**2**	**1**	**1**	
广陵区	4	2	2				1	1	
邗江区				2		2			
江都区									
宝应县									
扬州经济技术开发区									
蜀冈瘦西湖景区									
生态新城									
仪征市									
高邮市									
镇江市	**4**	**1**	**3**	**5**	**2**	**3**			
京口区									
润州区	2		2	1		1			
丹徒区				2		2			
镇江新区									
江苏镇江高新区									
丹阳市	1		1	2	2				
扬中市									
句容市	1	1							
泰州市							**1**		**1**
海陵区									
高港区									
姜堰区							1		1
泰州医药高新技术产业开发区									
兴化市									
靖江市									
泰兴市									
宿迁市	**1**	**1**		**2**	**1**	**1**			
宿城区	1	1							
宿豫区									
沭阳县									
泗阳县									
泗洪县									
宿迁经济技术开发区									
宿迁市湖滨新区									
苏州宿迁工业园区									
宿迁市洋河新区				2	1	1			

1-4a 续表 48　　　　单位：人

地区	保安族			裕固族			京族		
	小计	男	女	小计	男	女	小计	男	女
江　苏	**50**	**30**	**20**	**32**	**16**	**16**	**35**	**17**	**18**
南京市	**12**	**4**	**8**	**18**	**9**	**9**	**15**	**8**	**7**
玄武区				6	3	3	4	2	2
秦淮区				1		1	2	1	1
建邺区							2	1	1
鼓楼区	2		2				1		1
浦口区	2		2						
栖霞区	1	1		2	1	1	3	2	1
雨花台区									
江宁区				3	1	2	2	1	1
六合区									
溧水区									
高淳区									
南京江北新区	7	3	4	6	4	2	1	1	
无锡市				**3**		**3**	**3**		**3**
锡山区				1		1			
惠山区									
滨湖区				2		2	3		3
梁溪区									
新吴区									
江苏无锡经济开发区									
江阴市									
宜兴市									
徐州市							**1**		**1**
鼓楼区									
云龙区							1		1
贾汪区									
泉山区									
铜山区									
丰县									
沛县									
睢宁县									
徐州经济技术开发区									
新沂市									
邳州市									
常州市	**3**	**1**	**2**	**1**		**1**	**5**	**3**	**2**
天宁区	1	1					3	2	1
钟楼区									
新北区	2		2				2	1	1
武进区				1		1			
金坛区									
江苏省常州市经济开发区									
溧阳市									

1-4a　续表 49

单位：人

地　　区	保安族			裕固族			京　族		
	小计	男	女	小计	男	女	小计	男	女
苏州市	**3**	**2**	**1**	**6**	**4**	**2**	**3**	**3**	
虎丘区				3	2	1			
吴中区				1	1				
相城区				1		1	1	1	
姑苏区				1	1		1	1	
吴江区	1		1						
苏州工业园区									
常熟市	1	1							
张家港市									
昆山市	1	1					1	1	
太仓市									
南通市	**6**	**3**	**3**	**2**	**1**	**1**	**2**		**2**
崇川区	2	1	1	2	1	1	1		1
港闸区	3	2	1						
通州区									
如东县									
南通经济技术开发区									
通州湾示范区									
苏锡通科技产业园区									
启东市									
如皋市	1		1						
海门市									
海安市							1		1
连云港市									
连云区									
海州区									
赣榆区									
东海县									
灌云县									
灌南县									
连云港经济技术开发区									
连云港高新技术产业开发区									
江苏连云港徐圩新区									
江苏省连云港市云台山风景名胜区									
淮安市							**1**		**1**
淮安区							1		1
淮阴区									
清江浦区									
洪泽区									
涟水县									
盱眙县									
金湖县									
淮安经济技术开发区									
工业园区									
生态文旅区									
苏淮高新区									

1-4a 续表 50

单位：人

地 区	保安族			裕固族			京 族		
	小计	男	女	小计	男	女	小计	男	女
盐城市	**18**	**14**	**4**	**1**	**1**		**1**		**1**
亭湖区				1	1		1		1
盐都区									
大丰区									
响水县									
滨海县									
阜宁县									
射阳县									
建湖县									
盐城经济技术开发区									
江苏省盐南高新区									
东台市	18	14	4						
扬州市	**5**	**4**	**1**				**2**	**2**	
广陵区									
邗江区							2	2	
江都区	1	1							
宝应县									
扬州经济技术开发区									
蜀冈瘦西湖景区									
生态新城									
仪征市									
高邮市	4	3	1						
镇江市	**2**	**2**		**1**	**1**		**2**	**1**	**1**
京口区				1	1		1	1	
润州区									
丹徒区							1		1
镇江新区									
江苏镇江高新区									
丹阳市									
扬中市	2	2							
句容市									
泰州市									
海陵区									
高港区									
姜堰区									
泰州医药高新技术产业开发区									
兴化市									
靖江市									
泰兴市									
宿迁市	**1**		**1**						
宿城区	1		1						
宿豫区									
沭阳县									
泗阳县									
泗洪县									
宿迁经济技术开发区									
宿迁市湖滨新区									
苏州宿迁工业园区									
宿迁市洋河新区									

1-4a　续表 51

单位：人

地　　区	塔塔尔族			独 龙 族			鄂伦春族		
	小计	男	女	小计	男	女	小计	男	女
江　苏	**6**	**4**	**2**	**10**	**4**	**6**	**52**	**21**	**31**
南京市	**2**	**1**	**1**	**2**	**2**		**11**	**5**	**6**
玄武区									
秦淮区									
建邺区							1		1
鼓楼区				1	1		2	1	1
浦口区									
栖霞区									
雨花台区	1		1						
江宁区	1	1		1	1		2	1	1
六合区									
溧水区									
高淳区									
南京江北新区							6	3	3
无锡市				**1**	**1**		**5**	**1**	**4**
锡山区									
惠山区				1	1		3	1	2
滨湖区									
梁溪区									
新吴区							2		2
江苏无锡经济开发区									
江阴市									
宜兴市									
徐州市							**1**		**1**
鼓楼区									
云龙区									
贾汪区									
泉山区									
铜山区							1		1
丰县									
沛县									
睢宁县									
徐州经济技术开发区									
新沂市									
邳州市									
常州市				**2**	**1**	**1**	**2**		**2**
天宁区									
钟楼区									
新北区				1		1	2		2
武进区				1	1				
金坛区									
江苏省常州市经济开发区									
溧阳市									

1-4a 续表 52

单位：人

地　区	塔塔尔族			独龙族			鄂伦春族		
	小计	男	女	小计	男	女	小计	男	女
苏州市	**2**	**1**	**1**	**2**		**2**	**17**	**6**	**11**
虎丘区	1		1				3	1	2
吴中区							2		2
相城区	1	1							
姑苏区							2	1	1
吴江区							1	1	
苏州工业园区									
常熟市									
张家港市							2		2
昆山市				2		2	7	3	4
太仓市									
南通市				**1**		**1**	**3**	**3**	
崇川区				1		1	3	3	
港闸区									
通州区									
如东县									
南通经济技术开发区									
通州湾示范区									
苏锡通科技产业园区									
启东市									
如皋市									
海门市									
海安市									
连云港市									
连云区									
海州区									
赣榆区									
东海县									
灌云县									
灌南县									
连云港经济技术开发区									
连云港高新技术产业开发区									
江苏连云港徐圩新区									
江苏省连云港市云台山风景名胜区									
淮安市							**4**	**2**	**2**
淮安区									
淮阴区									
清江浦区							4	2	2
洪泽区									
涟水县									
盱眙县									
金湖县									
淮安经济技术开发区									
工业园区									
生态文旅区									
苏淮高新区									

1-4a　续表 53　　　　单位：人

地　区	塔塔尔族			独 龙 族			鄂伦春族		
	小计	男	女	小计	男	女	小计	男	女
盐城市							**5**	**2**	**3**
亭湖区							3	1	2
盐都区									
大丰区									
响水县									
滨海县									
阜宁县									
射阳县									
建湖县									
盐城经济技术开发区									
江苏省盐南高新区							2	1	1
东台市									
扬州市									
广陵区									
邗江区									
江都区									
宝应县									
扬州经济技术开发区									
蜀冈瘦西湖景区									
生态新城									
仪征市									
高邮市									
镇江市	**2**	**2**		**1**		**1**			
京口区	1	1							
润州区									
丹徒区									
镇江新区									
江苏镇江高新区	1	1							
丹阳市				1		1			
扬中市									
句容市									
泰州市				**1**		**1**	**4**	**2**	**2**
海陵区							3	1	2
高港区									
姜堰区									
泰州医药高新技术产业开发区									
兴化市							1	1	
靖江市				1		1			
泰兴市									
宿迁市									
宿城区									
宿豫区									
沭阳县									
泗阳县									
泗洪县									
宿迁经济技术开发区									
宿迁市湖滨新区									
苏州宿迁工业园区									
宿迁市洋河新区									

1-4a 续表 54

单位：人

地 区	赫哲族			门巴族			珞巴族		
	小计	男	女	小计	男	女	小计	男	女
江 苏	**23**	**11**	**12**	**46**	**20**	**26**	**12**	**4**	**8**
南京市	**2**	**1**	**1**	**10**	**5**	**5**	**4**	**1**	**3**
玄武区	1		1	1		1			
秦淮区									
建邺区									
鼓楼区				2	2				
浦口区									
栖霞区	1	1		1		1	1		1
雨花台区				1	1				
江宁区				4	1	3	2		2
六合区									
溧水区									
高淳区									
南京江北新区				1	1		1	1	
无锡市	**6**	**4**	**2**	**6**	**4**	**2**	**1**		**1**
锡山区				1	1				
惠山区	6	4	2						
滨湖区				2		2	1		1
梁溪区									
新吴区				3	3				
江苏无锡经济开发区									
江阴市									
宜兴市									
徐州市				**2**	**2**				
鼓楼区									
云龙区									
贾汪区									
泉山区				2	2				
铜山区									
丰县									
沛县									
睢宁县									
徐州经济技术开发区									
新沂市									
邳州市									
常州市	**5**	**3**	**2**						
天宁区									
钟楼区	3	2	1						
新北区	2	1	1						
武进区									
金坛区									
江苏省常州市经济开发区									
溧阳市									

1-4a 续表 55 单位：人

地 区	赫哲族			门巴族			珞巴族		
	小计	男	女	小计	男	女	小计	男	女
苏州市	**10**	**3**	**7**	**1**		**1**			
虎丘区	2		2	1		1			
吴中区	1		1						
相城区	2	2							
姑苏区	2	1	1						
吴江区	2		2						
苏州工业园区									
常熟市	1		1						
张家港市									
昆山市									
太仓市									
南通市				**20**	**6**	**14**	**5**	**3**	**2**
崇川区				5	1	4	4	2	2
港闸区				10	4	6	1	1	
通州区									
如东县									
南通经济技术开发区									
通州湾示范区									
苏锡通科技产业园区									
启东市									
如皋市				5	1	4			
海门市									
海安市									
连云港市									
连云区									
海州区									
赣榆区									
东海县									
灌云县									
灌南县									
连云港经济技术开发区									
连云港高新技术产业开发区									
江苏连云港徐圩新区									
江苏省连云港市云台山风景名胜区									
淮安市									
淮安区									
淮阴区									
清江浦区									
洪泽区									
涟水县									
盱眙县									
金湖县									
淮安经济技术开发区									
工业园区									
生态文旅区									
苏淮高新区									

1-4a 续表 56

单位：人

地 区	赫哲族			门巴族			珞巴族		
	小计	男	女	小计	男	女	小计	男	女
盐城市				**3**	**1**	**2**			
亭湖区				2		2			
盐都区									
大丰区									
响水县									
滨海县									
阜宁县									
射阳县									
建湖县									
盐城经济技术开发区									
江苏省盐南高新区				1	1				
东台市									
扬州市				**2**		**2**	**1**		**1**
广陵区									
邗江区				2		2	1		1
江都区									
宝应县									
扬州经济技术开发区									
蜀冈瘦西湖景区									
生态新城									
仪征市									
高邮市									
镇江市				**1**	**1**		**1**		**1**
京口区				1	1				
润州区									
丹徒区									
镇江新区									
江苏镇江高新区									
丹阳市									
扬中市									
句容市							1		1
泰州市				**1**	**1**				
海陵区				1	1				
高港区									
姜堰区									
泰州医药高新技术产业开发区									
兴化市									
靖江市									
泰兴市									
宿迁市									
宿城区									
宿豫区									
沭阳县									
泗阳县									
泗洪县									
宿迁经济技术开发区									
宿迁市湖滨新区									
苏州宿迁工业园区									
宿迁市洋河新区									

1-4a 续表 57

单位：人

地区	基诺族			未定族称人口			入籍		
	小计	男	女	小计	男	女	小计	男	女
江苏	**10**	**5**	**5**	**3411**	**1862**	**1549**	**103**	**39**	**64**
南京市	**3**	**1**	**2**	**543**	**274**	**269**	**38**	**15**	**23**
玄武区				59	29	30	8	4	4
秦淮区	1	1		37	23	14			
建邺区	1		1	16	10	6	2	1	1
鼓楼区				32	15	17			
浦口区				25	16	9			
栖霞区	1		1	105	41	64	10	4	6
雨花台区				22	9	13	1		1
江宁区				118	62	56	2	2	
六合区				17	6	11	4	1	3
溧水区				14	5	9			
高淳区				16	8	8	1		1
南京江北新区				82	50	32	10	3	7
无锡市	**3**	**2**	**1**	**736**	**414**	**322**	**11**	**7**	**4**
锡山区				117	71	46			
惠山区	1	1		45	26	19	1	1	
滨湖区	1	1		64	36	28	1	1	
梁溪区				33	12	21	2	1	1
新吴区				48	28	20	4	2	2
江苏无锡经济开发区				15	11	4	1	1	
江阴市	1		1	95	50	45	2	1	1
宜兴市				319	180	139			
徐州市				**136**	**69**	**67**	**1**	**1**	
鼓楼区				36	19	17			
云龙区				29	16	13	1	1	
贾汪区				9	3	6			
泉山区				10	8	2			
铜山区				45	21	24			
丰县									
沛县									
睢宁县									
徐州经济技术开发区									
新沂市				2		2			
邳州市				5	2	3			
常州市	**2**	**1**	**1**	**361**	**200**	**161**	**4**	**1**	**3**
天宁区	2	1	1	39	18	21			
钟楼区				71	33	38			
新北区				57	34	23	1		1
武进区				104	64	40	2	1	1
金坛区				31	16	15			
江苏省常州市经济开发区				30	16	14			
溧阳市				29	19	10	1		1

1-4a 续表 58

单位：人

地 区	基诺族			未定族称人口			入 籍		
	小计	男	女	小计	男	女	小计	男	女
苏州市	**2**	**1**	**1**	**1026**	**610**	**416**	**17**	**6**	**11**
虎丘区				49	25	24	1		1
吴中区				106	69	37			
相城区				95	66	29	1		1
姑苏区	2	1	1	47	20	27	3	2	1
吴江区				507	310	197	3	1	2
苏州工业园区									
常熟市				44	24	20			
张家港市				33	16	17	2	1	1
昆山市				95	52	43	7	2	5
太仓市				50	28	22			
南通市				**209**	**103**	**106**	**4**	**1**	**3**
崇川区				65	36	29	1		1
港闸区				13	10	3	1	1	
通州区				3	1	2			
如东县									
南通经济技术开发区									
通州湾示范区									
苏锡通科技产业园区									
启东市				11	5	6			
如皋市				63	34	29	1		1
海门市				12	6	6			
海安市				42	11	31	1		1
连云港市				**18**	**9**	**9**			
连云区				10	4	6			
海州区				2		2			
赣榆区									
东海县									
灌云县									
灌南县									
连云港经济技术开发区									
连云港高新技术产业开发区									
江苏连云港徐圩新区				6	5	1			
江苏省连云港市云台山风景名胜区									
淮安市				**23**	**9**	**14**	**5**	**1**	**4**
淮安区				4		4	2		2
淮阴区				7	2	5			
清江浦区				12	7	5	3	1	2
洪泽区									
涟水县									
盱眙县									
金湖县									
淮安经济技术开发区									
工业园区									
生态文旅区									
苏淮高新区									

1-4a 续表 59 单位：人

地区	基诺族			未定族称人口			入籍		
	小计	男	女	小计	男	女	小计	男	女
盐城市				**33**	**12**	**21**	**6**	**2**	**4**
亭湖区				18	5	13	2		2
盐都区				1	1				
大丰区				6	3	3	1		1
响水县									
滨海县									
阜宁县									
射阳县									
建湖县									
盐城经济技术开发区									
江苏省盐南高新区				1		1			
东台市				7	3	4	3	2	1
扬州市				**106**	**55**	**51**	**7**	**1**	**6**
广陵区				12	10	2			
邗江区				60	31	29	2		2
江都区				6		6	2	1	1
宝应县									
扬州经济技术开发区									
蜀冈瘦西湖景区				8	5	3			
生态新城				2	1	1	1		1
仪征市				9	4	5	2		2
高邮市				9	4	5			
镇江市				**108**	**49**	**59**	**8**	**3**	**5**
京口区				27	14	13	3	1	2
润州区				9	2	7	1	1	
丹徒区				6	3	3			
镇江新区									
江苏镇江高新区				5	3	2			
丹阳市				39	21	18			
扬中市				1		1	2		2
句容市				21	6	15	2	1	1
泰州市				**82**	**39**	**43**	**1**		**1**
海陵区				40	19	21	1		1
高港区				5	2	3			
姜堰区				6	4	2			
泰州医药高新技术产业开发区									
兴化市				5	2	3			
靖江市				18	10	8			
泰兴市				8	2	6			
宿迁市				**30**	**19**	**11**	**1**	**1**	
宿城区				5	3	2			
宿豫区									
沭阳县									
泗阳县									
泗洪县									
宿迁经济技术开发区									
宿迁市湖滨新区				20	13	7	1	1	
苏州宿迁工业园区				2	1	1			
宿迁市洋河新区				3	2	1			

1-4b 各地区分性别、民族的人口(镇)

单位：人

地　区	合　计			汉　族		
	合计	男	女	小计	男	女
江　苏	**21973116**	**11138540**	**10834576**	**21829747**	**11066550**	**10763197**
南京市	**170602**	**87854**	**82748**	**168694**	**86867**	**81827**
玄武区						
秦淮区						
建邺区						
鼓楼区						
浦口区	1657	864	793	1647	860	787
栖霞区						
雨花台区	8159	4387	3772	8064	4335	3729
江宁区						
六合区	117207	58907	58300	115726	58173	57553
溧水区	29583	15018	14565	29363	14906	14457
高淳区	13996	8678	5318	13894	8593	5301
南京江北新区						
无锡市	**1173936**	**607972**	**565964**	**1154360**	**597444**	**556916**
锡山区	274399	143715	130684	267501	139919	127582
惠山区	111704	58335	53369	110897	57876	53021
滨湖区						
梁溪区						
新吴区						
江苏无锡经济开发区						
江阴市	494923	255175	239748	486676	250858	235818
宜兴市	292910	150747	142163	289286	148791	140495
徐州市	**2933378**	**1479079**	**1454299**	**2927621**	**1476611**	**1451010**
鼓楼区						
云龙区	30431	16077	14354	30213	15951	14262
贾汪区	80185	40959	39226	80113	40930	39183
泉山区						
铜山区	356631	180851	175780	356323	180730	175593
丰县	504761	253724	251037	502634	252706	249928
沛县	596272	299098	297174	595288	298653	296635
睢宁县	614577	306676	307901	614097	306524	307573
徐州经济技术开发区	323210	166079	157131	321922	165592	156330
新沂市	175506	87803	87703	175352	87752	87600
邳州市	251805	127812	123993	251679	127773	123906
常州市	**629380**	**326012**	**303368**	**621533**	**321652**	**299881**
天宁区	46139	23733	22406	45773	23537	22236
钟楼区						
新北区	120121	61195	58926	119193	60734	58459
武进区	161131	83240	77891	158878	81988	76890
金坛区	62244	31766	30478	61665	31475	30190
江苏省常州市经济开发区	94545	49943	44602	91846	48419	43427
溧阳市	145200	76135	69065	144178	75499	68679

1-4b 续表 1

单位：人

地区	合计			汉族		
	合计	男	女	小计	男	女
苏州市	**3328788**	**1742691**	**1586097**	**3290945**	**1722768**	**1568177**
虎丘区	4389	2173	2216	4369	2166	2203
吴中区	206606	109787	96819	204611	108735	95876
相城区	58334	31322	27012	57639	30927	26712
姑苏区						
吴江区	498456	261028	237428	493061	257974	235087
苏州工业园区	1133927	587651	546276	1118549	579947	538602
常熟市	401938	215472	186466	397545	212994	184551
张家港市	549539	283792	265747	544455	281138	263317
昆山市	237811	124293	113518	235442	123091	112351
太仓市	237788	127173	110615	235274	125796	109478
南通市	**2298134**	**1155918**	**1142216**	**2270141**	**1141537**	**1128604**
崇川区						
港闸区						
通州区	354224	177176	177048	349398	174575	174823
如东县	509593	249269	260324	506869	248341	258528
南通经济技术开发区	307213	163194	144019	302255	160363	141892
通州湾示范区	41405	21170	20235	41116	21026	20090
苏锡通科技产业园区	42940	23586	19354	41943	23025	18918
启东市	201764	102024	99740	200138	101148	98990
如皋市	400294	196952	203342	398336	196157	202179
海门市	294175	149134	145041	284825	144111	140714
海安市	146526	73413	73113	145261	72791	72470
连云港市	**1807355**	**914468**	**892887**	**1801546**	**911968**	**889578**
连云区	1085	901	184	1069	889	180
海州区	61141	30974	30167	61073	30948	30125
赣榆区	289686	147411	142275	289342	147290	142052
东海县	498360	251386	246974	497422	250997	246425
灌云县	358508	182554	175954	357873	182302	175571
灌南县	323820	163805	160015	323452	163623	159829
连云港经济技术开发区	71315	36728	34587	70730	36474	34256
连云港高新技术产业开发区	171202	84173	87029	168395	82935	85460
江苏连云港徐圩新区	30208	15503	14705	30163	15478	14685
江苏省连云港市云台山风景名胜区	2030	1033	997	2027	1032	995
淮安市	**1689171**	**837611**	**851560**	**1682534**	**834844**	**847690**
淮安区	106305	53626	52679	106100	53571	52529
淮阴区	111762	56931	54831	111208	56690	54518
清江浦区	6728	3487	3241	6723	3486	3237
洪泽区	25608	13024	12584	25524	12983	12541
涟水县	465057	227967	237090	464313	227700	236613
盱眙县	374436	183269	191167	373564	182901	190663
金湖县	177633	87803	89830	177239	87615	89624
淮安经济技术开发区	293156	147922	145234	289710	146455	143255
工业园区	7650	3860	3790	7627	3852	3775
生态文旅区	99460	48901	50559	99182	48778	50404
苏淮高新区	21376	10821	10555	21344	10813	10531

1-4b 续表 2

单位：人

地区	合计			汉族		
	合计	男	女	小计	男	女
盐城市	**2614513**	**1307323**	**1307190**	**2608448**	**1305015**	**1303433**
亭湖区	59977	31091	28886	59761	31004	28757
盐都区	95956	48345	47611	95810	48278	47532
大丰区	173570	87877	85693	172648	87510	85138
响水县	268785	135381	133404	268226	135131	133095
滨海县	458804	229833	228971	458098	229538	228560
阜宁县	465096	231422	233674	464385	231202	233183
射阳县	452678	225305	227373	451938	225027	226911
建湖县	378759	188576	190183	378277	188412	189865
盐城经济技术开发区	69071	34612	34459	68223	34297	33926
江苏省盐南高新区						
东台市	191817	94881	96936	191082	94616	96466
扬州市	**1123640**	**554835**	**568805**	**1119446**	**552778**	**566668**
广陵区	41872	21464	20408	41689	21367	20322
邗江区	58725	29253	29472	58524	29153	29371
江都区	227975	110581	117394	227290	110265	117025
宝应县	391839	191375	200464	391047	190995	200052
扬州经济技术开发区	220598	110954	109644	218876	110074	108802
蜀冈瘦西湖景区						
生态新城	11174	5549	5625	11132	5530	5602
仪征市	55896	28148	27748	55706	28061	27645
高邮市	115561	57511	58050	115182	57333	57849
镇江市	**862339**	**445135**	**417204**	**853965**	**440840**	**413125**
京口区	4988	2741	2247	4874	2673	2201
润州区						
丹徒区	92134	49762	42372	90528	48885	41643
镇江新区	228749	118256	110493	226976	117334	109642
江苏镇江高新区						
丹阳市	396315	203619	192696	392513	201713	190800
扬中市	42994	21790	21204	42695	21634	21061
句容市	97159	48967	48192	96379	48601	47778
泰州市	**1065612**	**541878**	**523734**	**1060362**	**539342**	**521020**
海陵区	24323	12284	12039	24249	12252	11997
高港区	43555	21951	21604	43261	21812	21449
姜堰区	95644	47803	47841	95248	47611	47637
泰州医药高新技术产业开发区	208121	104814	103307	206933	104224	102709
兴化市	331213	171899	159314	330687	171652	159035
靖江市	122415	62365	60050	120896	61604	59292
泰兴市	240341	120762	119579	239088	120187	118901
宿迁市	**2276268**	**1137764**	**1138504**	**2270152**	**1134884**	**1135268**
宿城区	42029	20691	21338	41960	20673	21287
宿豫区	57443	29102	28341	57333	29039	28294
沭阳县	986247	498668	487579	984862	498066	486796
泗阳县	510517	253096	257421	507061	251377	255684
泗洪县	525208	257935	267273	524402	257591	266811
宿迁经济技术开发区	140638	71048	69590	140369	70922	69447
宿迁市湖滨新区	14186	7224	6962	14165	7216	6949
苏州宿迁工业园区						
宿迁市洋河新区						

1-4b　续表 3　　　　单位：人

地　区	蒙古族			回　族			藏　族		
	小计	男	女	小计	男	女	小计	男	女
江　苏	**4280**	**2107**	**2173**	**21990**	**11495**	**10495**	**4235**	**1948**	**2287**
南京市	**62**	**30**	**32**	**1091**	**570**	**521**	**10**	**6**	**4**
玄武区									
秦淮区									
建邺区									
鼓楼区									
浦口区				4	2	2			
栖霞区									
雨花台区	5	3	2	35	22	13			
江宁区									
六合区	47	20	27	999	512	487	9	6	3
溧水区	7	4	3	36	20	16	1		1
高淳区	3	3		17	14	3			
南京江北新区									
无锡市	**237**	**131**	**106**	**1816**	**979**	**837**	**63**	**26**	**37**
锡山区	83	46	37	274	143	131	32	15	17
惠山区	29	19	10	109	64	45	7	4	3
滨湖区									
梁溪区									
新吴区									
江苏无锡经济开发区									
江阴市	81	42	39	1224	660	564	12	2	10
宜兴市	44	24	20	209	112	97	12	5	7
徐州市	**191**	**74**	**117**	**2457**	**1250**	**1207**	**298**	**11**	**287**
鼓楼区									
云龙区	2	2		20	11	9			
贾汪区	2		2	31	15	16			
泉山区									
铜山区	18	10	8	99	49	50	3		3
丰县	17	5	12	1713	890	823	4	1	3
沛县	52	17	35	234	105	129	6	1	5
睢宁县	24	6	18	84	46	38	10		10
徐州经济技术开发区	68	33	35	196	93	103	270	7	263
新沂市	3		3	44	22	22	2		2
邳州市	5	1	4	36	19	17	3	2	1
常州市	**154**	**83**	**71**	**451**	**262**	**189**	**233**	**87**	**146**
天宁区	2	1	1	23	12	11	6	3	3
钟楼区									
新北区	23	13	10	83	54	29	200	68	132
武进区	50	30	20	147	75	72	11	7	4
金坛区	12	6	6	30	18	12	6	2	4
江苏省常州市经济开发区	20	11	9	93	59	34	4	1	3
溧阳市	47	22	25	75	44	31	6	6	

1-4b 续表 4

单位：人

地区	蒙古族			回族			藏族		
	小计	男	女	小计	男	女	小计	男	女
苏州市	**1781**	**902**	**879**	**4558**	**2395**	**2163**	**318**	**153**	**165**
虎丘区				4	3	1	3	2	1
吴中区	65	37	28	163	82	81	67	38	29
相城区	12	6	6	36	22	14	9	1	8
姑苏区									
吴江区	115	66	49	429	247	182	29	14	15
苏州工业园区	1169	577	592	2135	1045	1090	142	71	71
常熟市	81	43	38	900	516	384	19	11	8
张家港市	155	79	76	420	233	187	15	4	11
昆山市	114	57	57	257	137	120	13	4	9
太仓市	70	37	33	214	110	104	21	8	13
南通市	**379**	**189**	**190**	**1414**	**797**	**617**	**961**	**641**	**320**
崇川区									
港闸区									
通州区	43	26	17	361	218	143	26	6	20
如东县	65	36	29	224	114	110	32	13	19
南通经济技术开发区	79	39	40	279	164	115	792	547	245
通州湾示范区	18	6	12	10	6	4	6	2	4
苏锡通科技产业园区	6	2	4	42	26	16	10	6	4
启东市	43	24	19	82	45	37	13	11	2
如皋市	51	20	31	151	78	73	11	3	8
海门市	43	19	24	211	123	88	69	53	16
海安市	31	17	14	54	23	31	2		2
连云港市	**256**	**118**	**138**	**1515**	**760**	**755**	**450**	**193**	**257**
连云区	1	1							
海州区				41	22	19			
赣榆区	27	15	12	141	65	76	2		2
东海县	55	26	29	403	207	196	1		1
灌云县	14	2	12	360	176	184	2		2
灌南县	13	7	6	143	83	60	3	1	2
连云港经济技术开发区	41	23	18	79	34	45	2		2
连云港高新技术产业开发区	104	44	60	331	163	168	440	192	248
江苏连云港徐圩新区	1		1	16	9	7			
江苏省连云港市云台山风景名胜区				1	1				
淮安市	**223**	**91**	**132**	**1568**	**778**	**790**	**1492**	**633**	**859**
淮安区	7	2	5	13	4	9	2		2
淮阴区				410	211	199	2		2
清江浦区				1		1			
洪泽区	1		1	7	2	5			
涟水县	19	7	12	363	181	182	6	3	3
盱眙县	31	8	23	143	70	73	2		2
金湖县	23	9	14	33	14	19	7	3	4
淮安经济技术开发区	126	55	71	478	239	239	1471	625	846
工业园区				5	1	4			
生态文旅区	15	9	6	110	54	56	1	1	
苏淮高新区	1	1		5	2	3	1	1	

1-4b　续表 5　　　　单位：人

地　区	蒙古族			回　族			藏　族		
	小计	男	女	小计	男	女	小计	男	女
盐城市	**194**	**91**	**103**	**950**	**490**	**460**	**74**	**34**	**40**
亭湖区	6		6	17	11	6	7	4	3
盐都区	2	2		37	21	16			
大丰区	19	12	7	29	17	12	12	4	8
响水县	17	5	12	304	162	142			
滨海县	14	3	11	179	101	78	6	3	3
阜宁县	17	9	8	83	37	46	1	1	
射阳县	41	20	21	84	44	40	3	1	2
建湖县	18	5	13	83	45	38	6	2	4
盐城经济技术开发区	14	3	11	91	29	62	37	18	19
江苏省盐南高新区									
东台市	46	32	14	43	23	20	2	1	1
扬州市	**147**	**62**	**85**	**1082**	**551**	**531**	**110**	**70**	**40**
广陵区	16	4	12	30	16	14	1		1
邗江区	4	1	3	51	31	20	1		1
江都区	18	6	12	147	78	69	11	4	7
宝应县	19	9	10	141	74	67	6	2	4
扬州经济技术开发区	81	40	41	551	265	286	87	62	25
蜀冈瘦西湖景区									
生态新城	1		1	17	9	8			
仪征市	4	1	3	23	11	12			
高邮市	4	1	3	122	67	55	4	2	2
镇江市	**271**	**153**	**118**	**1072**	**557**	**515**	**162**	**66**	**96**
京口区	7	7		7	4	3	3	2	1
润州区									
丹徒区	44	25	19	196	119	77	109	43	66
镇江新区	109	62	47	440	229	211	16	7	9
江苏镇江高新区									
丹阳市	58	29	29	244	116	128	28	13	15
扬中市	2	1	1	20	12	8	1		1
句容市	51	29	22	165	77	88	5	1	4
泰州市	**229**	**107**	**122**	**438**	**206**	**232**	**30**	**15**	**15**
海陵区	3	1	2	6	2	4			
高港区	23	11	12	18	6	12			
姜堰区	14	4	10	24	13	11	2	1	1
泰州医药高新技术产业开发区	125	63	62	164	80	84	16	9	7
兴化市	7	3	4	50	24	26	3	2	1
靖江市	22	9	13	100	45	55	5	2	3
泰兴市	35	16	19	76	36	40	4	1	3
宿迁市	**156**	**76**	**80**	**3578**	**1900**	**1678**	**34**	**13**	**21**
宿城区	3	2	1	8	5	3			
宿豫区	9	7	2	4	3	1			
沭阳县	40	15	25	505	278	227	19	4	15
泗阳县	47	26	21	2842	1501	1341	1		1
泗洪县	36	17	19	173	87	86	5	3	2
宿迁经济技术开发区	21	9	12	35	19	16	9	6	3
宿迁市湖滨新区				11	7	4			
苏州宿迁工业园区									
宿迁市洋河新区									

1-4b 续表 6

单位：人

地区	维吾尔族			苗族			彝族		
	小计	男	女	小计	男	女	小计	男	女
江苏	**2029**	**1038**	**991**	**23356**	**11792**	**11564**	**11513**	**5873**	**5640**
南京市	**15**	**8**	**7**	**148**	**82**	**66**	**83**	**43**	**40**
玄武区									
秦淮区									
建邺区									
鼓楼区									
浦口区									
栖霞区									
雨花台区	1		1	13	5	8	3	3	
江宁区									
六合区	8	4	4	77	41	36	45	18	27
溧水区	6	4	2	46	26	20	25	14	11
高淳区				12	10	2	10	8	2
南京江北新区									
无锡市	**67**	**44**	**23**	**5121**	**2746**	**2375**	**1502**	**794**	**708**
锡山区	10	5	5	1615	898	717	331	193	138
惠山区	8	4	4	147	84	63	107	67	40
滨湖区									
梁溪区									
新吴区									
江苏无锡经济开发区									
江阴市	25	18	7	2463	1278	1185	631	316	315
宜兴市	24	17	7	896	486	410	433	218	215
徐州市	**209**	**80**	**129**	**442**	**182**	**260**	**316**	**119**	**197**
鼓楼区									
云龙区				37	18	19	15	10	5
贾汪区				3	2	1	6	1	5
泉山区									
铜山区	2		2	53	23	30	14	7	7
丰县	2		2	73	21	52	86	36	50
沛县	9	4	5	104	55	49	67	24	43
睢宁县	7	2	5	56	13	43	50	14	36
徐州经济技术开发区	182	71	111	78	39	39	49	22	27
新沂市	6	3	3	21	5	16	17	4	13
邳州市	1		1	17	6	11	12	1	11
常州市	**56**	**30**	**26**	**1335**	**713**	**622**	**888**	**510**	**378**
天宁区	5	2	3	60	31	29	21	8	13
钟楼区									
新北区	1		1	196	101	95	78	42	36
武进区	11	6	5	466	259	207	214	123	91
金坛区	1		1	89	39	50	115	63	52
江苏省常州市经济开发区	15	7	8	340	178	162	301	173	128
溧阳市	23	15	8	184	105	79	159	101	58

1-4b　续表 7　　　　单位：人

地　区	维吾尔族			苗　族			彝　族		
	小计	男	女	小计	男	女	小计	男	女
苏州市	**310**	**175**	**135**	**5479**	**3003**	**2476**	**3182**	**1740**	**1442**
虎丘区				1		1			
吴中区	16	12	4	334	174	160	322	155	167
相城区	3	2	1	120	74	46	82	43	39
姑苏区									
吴江区	16	11	5	1057	616	441	812	457	355
苏州工业园区	198	109	89	1287	664	623	752	416	336
常熟市	11	7	4	689	409	280	311	181	130
张家港市	29	18	11	1136	590	546	472	249	223
昆山市	21	7	14	306	159	147	143	77	66
太仓市	16	9	7	549	317	232	288	162	126
南通市	**153**	**88**	**65**	**5040**	**2428**	**2612**	**1938**	**1081**	**857**
崇川区									
港闸区									
通州区	31	17	14	1021	542	479	366	210	156
如东县	32	14	18	800	242	558	146	73	73
南通经济技术开发区	31	20	11	959	529	430	415	249	166
通州湾示范区	1		1	54	26	28	26	11	15
苏锡通科技产业园区	4	3	1	221	105	116	81	57	24
启东市	14	9	5	402	223	179	266	139	127
如皋市	20	13	7	590	232	358	207	102	105
海门市	9	5	4	617	329	288	259	154	105
海安市	11	7	4	376	200	176	172	86	86
连云港市	**691**	**336**	**355**	**414**	**175**	**239**	**260**	**68**	**192**
连云区				2	2		2	2	
海州区	1		1	4	1	3	2		2
赣榆区	7	4	3	39	11	28	18	2	16
东海县	3	3		56	22	34	51	7	44
灌云县	9	8	1	53	7	46	23	5	18
灌南县	4	3	1	40	17	23	31	15	16
连云港经济技术开发区	245	92	153	24	17	7	2	1	1
连云港高新技术产业开发区	422	226	196	186	91	95	130	36	94
江苏连云港徐圩新区				10	7	3	1		1
江苏省连云港市云台山风景名胜区									
淮安市	**120**	**55**	**65**	**588**	**217**	**371**	**437**	**155**	**282**
淮安区	2	1	1	55	21	34	25	8	17
淮阴区	2	1	1	28	8	20	30	6	24
清江浦区							1		1
洪泽区	60	32	28	2		2	2	1	1
涟水县	12	4	8	81	15	66	42	6	36
盱眙县	12	3	9	59	20	39	155	65	90
金湖县	6	3	3	92	43	49	27	11	16
淮安经济技术开发区	20	8	12	242	100	142	131	48	83
工业园区				3	2	1	7	3	4
生态文旅区	6	3	3	25	8	17	14	7	7
苏淮高新区				1		1	3		3

1-4b 续表 8

单位：人

地区	维吾尔族			苗族			彝族		
	小计	男	女	小计	男	女	小计	男	女
盐城市	**41**	**25**	**16**	**1210**	**433**	**777**	**488**	**198**	**290**
亭湖区				63	28	35	30	17	13
盐都区	3	2	1	21	12	9	6	2	4
大丰区	1	1		297	117	180	59	23	36
响水县	1	1		51	15	36	24	10	14
滨海县	3	2	1	120	43	77	80	38	42
阜宁县	5	3	2	148	56	92	35	11	24
射阳县	20	12	8	144	49	95	50	17	33
建湖县	6	3	3	59	15	44	55	12	43
盐城经济技术开发区	2	1	1	116	45	71	75	33	42
江苏省盐南高新区									
东台市				191	53	138	74	35	39
扬州市	**113**	**69**	**44**	**550**	**286**	**264**	**425**	**202**	**223**
广陵区	1	1		22	18	4	14	8	6
邗江区				40	16	24	15	8	7
江都区	19	15	4	100	55	45	63	23	40
宝应县	33	23	10	156	84	72	100	44	56
扬州经济技术开发区	57	28	29	142	75	67	174	95	79
蜀冈瘦西湖景区									
生态新城				4	3	1	3	1	2
仪征市				30	16	14	23	9	14
高邮市	3	2	1	56	19	37	33	14	19
镇江市	**149**	**75**	**74**	**1428**	**756**	**672**	**1061**	**541**	**520**
京口区	1		1	34	17	17	18	11	7
润州区									
丹徒区	67	29	38	206	113	93	118	57	61
镇江新区	24	14	10	217	118	99	111	55	56
江苏镇江高新区									
丹阳市	36	21	15	849	451	398	609	318	291
扬中市	1		1	45	22	23	103	57	46
句容市	20	11	9	77	35	42	102	43	59
泰州市	**70**	**35**	**35**	**1104**	**573**	**531**	**653**	**338**	**315**
海陵区				18	6	12	11	6	5
高港区	2	1	1	91	51	40	23	10	13
姜堰区	5	2	3	103	57	46	46	28	18
泰州医药高新技术产业开发区	28	14	14	150	86	64	153	74	79
兴化市	12	5	7	100	55	45	53	28	25
靖江市	3	3		308	164	144	241	131	110
泰兴市	20	10	10	334	154	180	126	61	65
宿迁市	**35**	**18**	**17**	**497**	**198**	**299**	**280**	**84**	**196**
宿城区	1	1		2		2	6		6
宿豫区	3	2	1	25	10	15	11	5	6
沭阳县	11	5	6	202	76	126	117	41	76
泗阳县	4	1	3	117	50	67	48	9	39
泗洪县	7	3	4	113	49	64	72	16	56
宿迁经济技术开发区	9	6	3	35	12	23	25	13	12
宿迁市湖滨新区				3	1	2	1		1
苏州宿迁工业园区									
宿迁市洋河新区									

1-4b 续表 9 单位：人

地 区	壮 族			布依族			朝鲜族		
	小计	男	女	小计	男	女	小计	男	女
江 苏	**7311**	**3174**	**4137**	**15003**	**7603**	**7400**	**4343**	**2158**	**2185**
南京市	**58**	**31**	**27**	**38**	**15**	**23**	**18**	**10**	**8**
玄武区									
秦淮区									
建邺区									
鼓楼区									
浦口区	2	1	1	1	1				
栖霞区									
雨花台区				1		1			
江宁区									
六合区	40	18	22	11	3	8	10	6	4
溧水区	4	2	2	19	6	13	6	2	4
高淳区	12	10	2	6	5	1	2	2	
南京江北新区									
无锡市	**762**	**354**	**408**	**1822**	**964**	**858**	**46**	**29**	**17**
锡山区	299	146	153	518	270	248	3	2	1
惠山区	67	34	33	30	21	9	3		3
滨湖区									
梁溪区									
新吴区									
江苏无锡经济开发区									
江阴市	205	88	117	426	204	222	30	20	10
宜兴市	191	86	105	848	469	379	10	7	3
徐州市	**179**	**56**	**123**	**233**	**88**	**145**	**36**	**11**	**25**
鼓楼区									
云龙区	19	7	12	31	19	12	2	1	1
贾汪区				14	7	7			
泉山区									
铜山区	8	3	5	14	1	13	1	1	
丰县	22	1	21	25	9	16	6	1	5
沛县	63	21	42	63	30	33	13	3	10
睢宁县	29	6	23	28	4	24	5	2	3
徐州经济技术开发区	27	16	11	37	16	21	8	3	5
新沂市	5		5	10	1	9			
邳州市	6	2	4	11	1	10	1		1
常州市	**325**	**181**	**144**	**579**	**318**	**261**	**19**	**11**	**8**
天宁区	10	2	8	27	15	12			
钟楼区									
新北区	45	22	23	69	40	29	10	4	6
武进区	148	79	69	166	92	74	1	1	
金坛区	7	4	3	38	16	22			
江苏省常州市经济开发区	47	24	23	124	65	59	2	2	
溧阳市	68	50	18	155	90	65	6	4	2

1-4b 续表 10 单位：人

地区	壮族			布依族			朝鲜族		
	小计	男	女	小计	男	女	小计	男	女
苏州市	**2470**	**1131**	**1339**	**1676**	**908**	**768**	**3417**	**1671**	**1746**
虎丘区	4		4						
吴中区	170	77	93	90	57	33	42	28	14
相城区	68	33	35	26	15	11	4	2	2
姑苏区									
吴江区	404	200	204	476	269	207	70	36	34
苏州工业园区	811	358	453	534	274	260	2908	1402	1506
常熟市	449	210	239	147	84	63	33	18	15
张家港市	236	104	132	184	93	91	105	57	48
昆山市	208	85	123	113	55	58	234	113	121
太仓市	120	64	56	106	61	45	21	15	6
南通市	**1143**	**533**	**610**	**8387**	**4413**	**3974**	**175**	**102**	**73**
崇川区									
港闸区									
通州区	135	62	73	914	489	425	13	5	8
如东县	123	43	80	107	44	63	23	11	12
南通经济技术开发区	199	107	92	229	118	111	95	58	37
通州湾示范区	30	18	12	15	9	6	2		2
苏锡通科技产业园区	19	11	8	98	54	44	2	1	1
启东市	151	58	93	82	38	44	14	10	4
如皋市	65	24	41	108	32	76	10	7	3
海门市	354	177	177	6713	3573	3140	14	9	5
海安市	67	33	34	121	56	65	2	1	1
连云港市	**274**	**91**	**183**	**213**	**81**	**132**	**139**	**69**	**70**
连云区	2	2							
海州区	3		3	3	1	2			
赣榆区	9	1	8	5	1	4	12	5	7
东海县	39	15	24	32	10	22	30	13	17
灌云县	19	7	12	16	6	10	1	1	
灌南县	8	2	6	14	4	10	5	3	2
连云港经济技术开发区	15	5	10	16	7	9	17	10	7
连云港高新技术产业开发区	179	59	120	123	51	72	72	35	37
江苏连云港徐圩新区				3	1	2	2	2	
江苏省连云港市云台山风景名胜区				1		1			
淮安市	**322**	**113**	**209**	**357**	**118**	**239**	**80**	**41**	**39**
淮安区	5	1	4	27	4	23	2	1	1
淮阴区	12		12	17	1	16			
清江浦区				2		2			
洪泽区				3		3	1	1	
涟水县	31	5	26	27	6	21	9	2	7
盱眙县	36	8	28	60	14	46	13	9	4
金湖县	62	41	21	46	26	20	4	2	2
淮安经济技术开发区	154	52	102	162	65	97	43	22	21
工业园区	1		1						
生态文旅区	19	6	13	1		1	8	4	4
苏淮高新区	2		2	12	2	10			

1-4b 续表 11

单位：人

地区	壮族			布依族			朝鲜族		
	小计	男	女	小计	男	女	小计	男	女
盐城市	**485**	**131**	**354**	**380**	**115**	**265**	**120**	**60**	**60**
亭湖区	20	6	14	7	4	3	1		1
盐都区	2		2	11	2	9	1	1	
大丰区	88	28	60	54	27	27	2		2
响水县	15	2	13	26	8	18	5	1	4
滨海县	58	14	44	38	11	27	2	1	1
阜宁县	39	3	36	56	10	46	7	3	4
射阳县	72	22	50	43	13	30	11	6	5
建湖县	32	7	25	46	9	37	9	5	4
盐城经济技术开发区	87	23	64	71	23	48	80	42	38
江苏省盐南高新区									
东台市	72	26	46	28	8	20	2	1	1
扬州市	**202**	**84**	**118**	**220**	**91**	**129**	**61**	**34**	**27**
广陵区	4	2	2	10	3	7	3	1	2
邗江区	14	2	12	8	4	4	1		1
江都区	45	18	27	43	16	27	10	5	5
宝应县	51	25	26	54	19	35	8	3	5
扬州经济技术开发区	52	22	30	61	30	31	38	24	14
蜀冈瘦西湖景区									
生态新城	4	1	3	5	2	3			
仪征市	16	10	6	10	3	7			
高邮市	16	4	12	29	14	15	1	1	
镇江市	**636**	**305**	**331**	**510**	**248**	**262**	**134**	**71**	**63**
京口区	4	3	1	1		1	3	1	2
润州区									
丹徒区	166	82	84	111	62	49	20	8	12
镇江新区	93	43	50	75	43	32	30	15	15
江苏镇江高新区									
丹阳市	330	158	172	283	133	150	19	12	7
扬中市	4	2	2	3	1	2			
句容市	39	17	22	37	9	28	62	35	27
泰州市	**320**	**125**	**195**	**347**	**159**	**188**	**67**	**36**	**31**
海陵区	5	4	1	11	5	6			
高港区	13	5	8	12	6	6			
姜堰区	19	7	12	60	32	28	2	1	1
泰州医药高新技术产业开发区	76	28	48	36	17	19	41	21	20
兴化市	49	13	36	35	15	20	6	4	2
靖江市	85	37	48	96	40	56	2		2
泰兴市	73	31	42	97	44	53	16	10	6
宿迁市	**135**	**39**	**96**	**241**	**85**	**156**	**31**	**13**	**18**
宿城区	6		6	4	2	2			
宿豫区	3	2	1	9	7	2			
沭阳县	35	9	26	93	25	68	12	7	5
泗阳县	23	6	17	66	24	42	8	2	6
泗洪县	48	16	32	54	23	31	8	4	4
宿迁经济技术开发区	18	6	12	15	4	11	2		2
宿迁市湖滨新区	2		2				1		1
苏州宿迁工业园区									
宿迁市洋河新区									

1-4b 续表 12

单位：人

地 区	满 族			侗 族			瑶 族		
	小计	男	女	小计	男	女	小计	男	女
江 苏	**6515**	**3345**	**3170**	**6243**	**2935**	**3308**	**1472**	**654**	**818**
南京市	**93**	**48**	**45**	**50**	**23**	**27**	**6**	**4**	**2**
玄武区									
秦淮区									
建邺区									
鼓楼区									
浦口区				1		1			
栖霞区									
雨花台区	5	2	3	1		1			
江宁区									
六合区	68	34	34	28	12	16	3	1	2
溧水区	12	7	5	17	8	9			
高淳区	8	5	3	3	3		3	3	
南京江北新区									
无锡市	**286**	**156**	**130**	**955**	**538**	**417**	**138**	**63**	**75**
锡山区	96	56	40	286	164	122	63	29	34
惠山区	44	24	20	45	23	22	2	2	
滨湖区									
梁溪区									
新吴区									
江苏无锡经济开发区									
江阴市	81	45	36	558	317	241	61	29	32
宜兴市	65	31	34	66	34	32	12	3	9
徐州市	**403**	**209**	**194**	**172**	**82**	**90**	**49**	**15**	**34**
鼓楼区									
云龙区	6	3	3	24	17	7	3	2	1
贾汪区	2		2						
泉山区									
铜山区	17	4	13	5	1	4	3	1	2
丰县	49	20	29	9	4	5	7	3	4
沛县	125	69	56	93	50	43	13	3	10
睢宁县	40	22	18	13	3	10	11	2	9
徐州经济技术开发区	159	89	70	21	5	16	7	2	5
新沂市	4	2	2	5	2	3	4	2	2
邳州市	1		1	2		2	1		1
常州市	**187**	**125**	**62**	**233**	**134**	**99**	**78**	**41**	**37**
天宁区	9	5	4	25	13	12	9	5	4
钟楼区									
新北区	26	16	10	22	13	9	2	1	1
武进区	34	18	16	79	40	39	42	21	21
金坛区	19	10	9	10	5	5	4	3	1
江苏省常州市经济开发区	51	41	10	69	46	23	7	1	6
溧阳市	48	35	13	28	17	11	14	10	4

1-4b　续表 13　　　　单位：人

地　　区	满　　族			侗　　族			瑶　　族		
	小计	男	女	小计	男	女	小计	男	女
苏州市	**2918**	**1459**	**1459**	**1384**	**770**	**614**	**479**	**237**	**242**
虎丘区	2		2						
吴中区	114	67	47	71	37	34	26	10	16
相城区	14	8	6	30	20	10	7	4	3
姑苏区									
吴江区	153	83	70	178	109	69	42	26	16
苏州工业园区	1927	926	1001	447	240	207	175	81	94
常熟市	125	72	53	145	74	71	56	28	28
张家港市	261	136	125	251	127	124	93	46	47
昆山市	174	93	81	149	93	56	28	15	13
太仓市	148	74	74	113	70	43	52	27	25
南通市	**729**	**412**	**317**	**2014**	**764**	**1250**	**291**	**134**	**157**
崇川区									
港闸区									
通州区	116	70	46	528	232	296	38	22	16
如东县	70	29	41	571	94	477	48	15	33
南通经济技术开发区	245	146	99	366	183	183	65	30	35
通州湾示范区	12	7	5	21	6	15	6	4	2
苏锡通科技产业园区	11	8	3	45	28	17	3	2	1
启东市	54	27	27	76	42	34	30	13	17
如皋市	114	59	55	120	29	91	25	5	20
海门市	82	51	31	225	124	101	43	25	18
海安市	25	15	10	62	26	36	33	18	15
连云港市	**450**	**203**	**247**	**102**	**47**	**55**	**73**	**19**	**54**
连云区	2	2		1	1				
海州区	4		4						
赣榆区	21	4	17	3	1	2	5		5
东海县	91	41	50	8	3	5	19	6	13
灌云县	31	13	18	7	2	5	4		4
灌南县	16	6	10	6	6		4	1	3
连云港经济技术开发区	55	28	27	10	4	6	1	1	
连云港高新技术产业开发区	229	109	120	64	28	36	39	11	28
江苏连云港徐圩新区	1		1	3	2	1	1		1
江苏省连云港市云台山风景名胜区									
淮安市	**214**	**99**	**115**	**137**	**51**	**86**	**56**	**19**	**37**
淮安区	1	1		8	2	6	3	1	2
淮阴区	6	4	2	3		3	2	1	1
清江浦区	1	1							
洪泽区				1		1			
涟水县	19	11	8	19	5	14	4		4
盱眙县	30	10	20	20	8	12	2		2
金湖县	11	3	8	14	6	8	2		2
淮安经济技术开发区	111	57	54	65	27	38	43	17	26
工业园区	6	2	4						
生态文旅区	29	10	19	7	3	4			
苏淮高新区									

1-4b 续表 14 单位：人

地　区	满族			侗族			瑶族		
	小计	男	女	小计	男	女	小计	男	女
盐城市	**242**	**121**	**121**	**395**	**117**	**278**	**70**	**17**	**53**
亭湖区	4		4	10		10			
盐都区	1		1	5	5		1		1
大丰区	25	17	8	172	57	115	16	4	12
响水县	27	15	12	17	3	14			
滨海县	15	8	7	18	3	15	6	1	5
阜宁县	21	10	11	25	4	21	11	2	9
射阳县	74	38	36	21	4	17	9	2	7
建湖县	48	23	25	8	3	5	5	1	4
盐城经济技术开发区	10	4	6	52	20	32	18	5	13
江苏省盐南高新区									
东台市	17	6	11	67	18	49	4	2	2
扬州市	**185**	**82**	**103**	**166**	**86**	**80**	**40**	**16**	**24**
广陵区	8	4	4	50	30	20	1	1	
邗江区	9	4	5	7	6	1	4	2	2
江都区	24	11	13	18	7	11	6	1	5
宝应县	39	15	24	31	20	11	6	2	4
扬州经济技术开发区	87	40	47	33	15	18	18	7	11
蜀冈瘦西湖景区									
生态新城									
仪征市	11	4	7	21	6	15	4	3	1
高邮市	7	4	3	6	2	4	1		1
镇江市	**379**	**218**	**161**	**288**	**148**	**140**	**98**	**46**	**52**
京口区	6	5	1	1	1		2		2
润州区									
丹徒区	89	53	36	76	43	33	19	14	5
镇江新区	147	86	61	68	32	36	23	10	13
江苏镇江高新区									
丹阳市	61	34	27	109	56	53	39	17	22
扬中市				17	7	10	1		1
句容市	76	40	36	17	9	8	14	5	9
泰州市	**232**	**110**	**122**	**229**	**111**	**118**	**50**	**23**	**27**
海陵区	2	2		3	1	2			
高港区	8	3	5	8	5	3	3	1	2
姜堰区	16	5	11	9	2	7	1		1
泰州医药高新技术产业开发区	102	47	55	51	25	26	10	8	2
兴化市	24	13	11	22	10	12	1		1
靖江市	61	30	31	79	43	36	18	6	12
泰兴市	19	10	9	57	25	32	17	8	9
宿迁市	**197**	**103**	**94**	**118**	**64**	**54**	**44**	**20**	**24**
宿城区	2	1	1	3		3	1		1
宿豫区	6	5	1	3	1	2	3	1	2
沭阳县	52	23	29	41	27	14	12	5	7
泗阳县	52	25	27	15	4	11	19	10	9
泗洪县	49	30	19	47	27	20	5	2	3
宿迁经济技术开发区	36	19	17	7	5	2	4	2	2
宿迁市湖滨新区				2		2			
苏州宿迁工业园区									
宿迁市洋河新区									

1-4b　续表 15　　　　单位：人

地　区	白　族			土家族			哈尼族		
	小计	男	女	小计	男	女	小计	男	女
江　苏	**2500**	**1253**	**1247**	**16588**	**8580**	**8008**	**1574**	**709**	**865**
南京市	**16**	**5**	**11**	**105**	**63**	**42**	**8**	**5**	**3**
玄武区									
秦淮区									
建邺区									
鼓楼区									
浦口区				2		2			
栖霞区									
雨花台区	4	2	2	22	13	9	1	1	
江宁区									
六合区	10	3	7	46	25	21	4	2	2
溧水区	2		2	26	16	10	1		1
高淳区				9	9		2	2	
南京江北新区									
无锡市	**238**	**131**	**107**	**4225**	**2289**	**1936**	**206**	**100**	**106**
锡山区	101	56	45	2398	1321	1077	64	28	36
惠山区	14	10	4	100	50	50	16	13	3
滨湖区									
梁溪区									
新吴区									
江苏无锡经济开发区									
江阴市	72	38	34	1455	763	692	80	38	42
宜兴市	51	27	24	272	155	117	46	21	25
徐州市	**122**	**54**	**68**	**250**	**109**	**141**	**26**	**3**	**23**
鼓楼区									
云龙区	4	2	2	25	16	9			
贾汪区	2		2	3	3		1		1
泉山区									
铜山区	4	1	3	24	10	14	4		4
丰县	16	5	11	51	16	35	5	1	4
沛县	10	6	4	53	31	22	2		2
睢宁县	24	4	20	35	9	26	4	1	3
徐州经济技术开发区	55	33	22	39	20	19	7	1	6
新沂市	3	2	1	11	2	9	3		3
邳州市	4	1	3	9	2	7			
常州市	**86**	**55**	**31**	**703**	**395**	**308**	**118**	**68**	**50**
天宁区	2	1	1	67	43	24	7	4	3
钟楼区									
新北区	13	6	7	57	21	36	17	10	7
武进区	28	19	9	199	113	86	21	13	8
金坛区	8	6	2	176	85	91	2	1	1
江苏省常州市经济开发区	21	14	7	92	53	39	68	38	30
溧阳市	14	9	5	112	80	32	3	2	1

1-4b 续表 16 单位：人

地区	白族			土家族			哈尼族		
	小计	男	女	小计	男	女	小计	男	女
苏州市	**942**	**546**	**396**	**4650**	**2473**	**2177**	**451**	**248**	**203**
虎丘区				4	2	2			
吴中区	49	25	24	223	124	99	56	30	26
相城区	23	12	11	123	76	47	7	2	5
姑苏区									
吴江区	327	202	125	286	149	137	79	46	33
苏州工业园区	257	159	98	1433	733	700	66	36	30
常熟市	57	30	27	807	453	354	42	27	15
张家港市	159	79	80	1076	584	492	73	37	36
昆山市	26	13	13	316	146	170	55	37	18
太仓市	44	26	18	382	206	176	73	33	40
南通市	**350**	**162**	**188**	**2927**	**1546**	**1381**	**203**	**104**	**99**
崇川区									
港闸区									
通州区	51	31	20	737	414	323	28	11	17
如东县	61	13	48	193	83	110	11	5	6
南通经济技术开发区	51	27	24	787	409	378	58	32	26
通州湾示范区	3	1	2	46	23	23			
苏锡通科技产业园区	11	6	5	380	220	160	19	9	10
启东市	38	30	8	162	100	62	48	29	19
如皋市	70	19	51	208	79	129	17	8	9
海门市	39	20	19	268	154	114	13	7	6
海安市	26	15	11	146	64	82	9	3	6
连云港市	**101**	**45**	**56**	**371**	**170**	**201**	**87**	**8**	**79**
连云区				3		3	1		1
海州区	2	1	1	2	1	1	2		2
赣榆区	2	2		18	7	11	2		2
东海县	19	7	12	32	12	20	16	2	14
灌云县	8	4	4	40	17	23	20	2	18
灌南县	5	1	4	40	29	11	21	1	20
连云港经济技术开发区	2	1	1	17	8	9			
连云港高新技术产业开发区	62	29	33	216	95	121	25	3	22
江苏连云港徐圩新区	1		1	2	1	1			
江苏省连云港市云台山风景名胜区				1		1			
淮安市	**116**	**27**	**89**	**305**	**118**	**187**	**52**	**11**	**41**
淮安区	2	1	1	13	3	10	10		10
淮阴区	12	3	9	13	3	10			
清江浦区									
洪泽区				6	5	1			
涟水县	22	3	19	42	13	29	17	2	15
盱眙县	32	3	29	50	26	24	6	2	4
金湖县	5	1	4	24	8	16	5	2	3
淮安经济技术开发区	43	16	27	130	51	79	14	5	9
工业园区									
生态文旅区				25	8	17			
苏淮高新区				2	1	1			

1-4b　续表 17

单位：人

地　区	白　族			土家族			哈尼族		
	小计	男	女	小计	男	女	小计	男	女
盐城市	**127**	**39**	**88**	**620**	**230**	**390**	**100**	**25**	**75**
亭湖区	13	2	11	12	3	9	1		1
盐都区	1		1	32	16	16	1		1
大丰区	27	7	20	58	25	33	7	3	4
响水县	16	6	10	23	12	11	8	2	6
滨海县	12	6	6	72	30	42	5	1	4
阜宁县	12	4	8	96	46	50	40	3	37
射阳县	12	2	10	86	25	61	8	1	7
建湖县	9	5	4	30	10	20	11	4	7
盐城经济技术开发区	18	6	12	94	29	65	6	4	2
江苏省盐南高新区									
东台市	7	1	6	117	34	83	13	7	6
扬州市	**54**	**22**	**32**	**376**	**192**	**184**	**57**	**25**	**32**
广陵区	1	1		11	4	7	3	1	2
邗江区	1		1	26	15	11	2		2
江都区	11	4	7	61	23	38	21	9	12
宝应县	7	4	3	47	19	28	4	1	3
扬州经济技术开发区	17	9	8	157	89	68	16	9	7
蜀冈瘦西湖景区									
生态新城	1		1	1		1	3	2	1
仪征市	1		1	23	11	12	1	1	
高邮市	15	4	11	50	31	19	7	2	5
镇江市	**166**	**87**	**79**	**1041**	**537**	**504**	**112**	**52**	**60**
京口区	1	1		15	9	6	1	1	
润州区									
丹徒区	40	28	12	152	94	58	9	5	4
镇江新区	25	10	15	194	105	89	20	12	8
江苏镇江高新区									
丹阳市	82	39	43	603	294	309	70	31	39
扬中市	4	2	2	40	20	20	1		1
句容市	14	7	7	37	15	22	11	3	8
泰州市	**106**	**50**	**56**	**756**	**335**	**421**	**82**	**47**	**35**
海陵区	2		2	5	1	4			
高港区	2	1	1	45	18	27	3	3	
姜堰区	6	5	1	44	14	30	1	1	
泰州医药高新技术产业开发区	26	11	15	108	50	58	13	8	5
兴化市	14	6	8	88	49	39	13	3	10
靖江市	28	14	14	257	125	132	36	19	17
泰兴市	28	13	15	209	78	131	16	13	3
宿迁市	**76**	**30**	**46**	**259**	**123**	**136**	**72**	**13**	**59**
宿城区	5	1	4	11	6	5	5		5
宿豫区	7	4	3	2	2		3	1	2
沭阳县	31	13	18	76	38	38	16	4	12
泗阳县	7	2	5	90	36	54	18	3	15
泗洪县	18	5	13	58	29	29	28	4	24
宿迁经济技术开发区	7	5	2	22	12	10	2	1	1
宿迁市湖滨新区	1		1						
苏州宿迁工业园区									
宿迁市洋河新区									

1-4b 续表 18

单位：人

地　区	哈萨克族			傣　族			黎　族		
	小计	男	女	小计	男	女	小计	男	女
江　苏	**157**	**56**	**101**	**1214**	**598**	**616**	**649**	**266**	**383**
南京市	**2**	**1**	**1**	**9**	**3**	**6**	**19**	**11**	**8**
玄武区									
秦淮区									
建邺区									
鼓楼区									
浦口区									
栖霞区									
雨花台区									
江宁区									
六合区	2	1	1	9	3	6	14	7	7
溧水区							3	2	1
高淳区							2	2	
南京江北新区									
无锡市	**2**	**1**	**1**	**91**	**45**	**46**	**62**	**20**	**42**
锡山区				26	13	13	20	9	11
惠山区				9	5	4	4	2	2
滨湖区									
梁溪区									
新吴区									
江苏无锡经济开发区									
江阴市	2	1	1	33	15	18	19	3	16
宜兴市				23	12	11	19	6	13
徐州市	**27**	**7**	**20**	**32**	**10**	**22**	**35**	**12**	**23**
鼓楼区									
云龙区							3	2	1
贾汪区									
泉山区									
铜山区				3		3	4		4
丰县				4	1	3	2		2
沛县	1		1	3		3	14	5	9
睢宁县				5		5	3	1	2
徐州经济技术开发区	24	7	17	9	6	3	5	2	3
新沂市	2		2	2		2	2	2	
邳州市				6	3	3	2		2
常州市	**1**	**1**		**28**	**12**	**16**	**59**	**26**	**33**
天宁区							1	1	
钟楼区									
新北区				6	3	3	6	3	3
武进区				11	3	8	35	12	23
金坛区				2	1	1	5	1	4
江苏省常州市经济开发区				5	3	2	1		1
溧阳市	1	1		4	2	2	11	9	2

1-4b　续表 19

单位：人

地　区	哈萨克族			傣　族			黎　族		
	小计	男	女	小计	男	女	小计	男	女
苏州市	**25**	**11**	**14**	**502**	**296**	**206**	**138**	**69**	**69**
虎丘区									
吴中区				35	19	16	3		3
相城区				22	17	5	1		1
姑苏区									
吴江区	2	1	1	78	39	39	37	26	11
苏州工业园区	18	9	9	169	103	66	40	20	20
常熟市				21	11	10	15	6	9
张家港市	1		1	140	85	55	20	10	10
昆山市	4	1	3	10	6	4	10	4	6
太仓市				27	16	11	12	3	9
南通市	**4**	**2**	**2**	**269**	**139**	**130**	**68**	**31**	**37**
崇川区									
港闸区									
通州区	1		1	21	10	11	14	8	6
如东县				41	28	13	11	4	7
南通经济技术开发区	3	2	1	50	30	20	19	8	11
通州湾示范区				4	1	3	1	1	
苏锡通科技产业园区				4	2	2			
启东市				19	9	10	5	1	4
如皋市				9	6	3	9	3	6
海门市				108	46	62	8	5	3
海安市				13	7	6	1	1	
连云港市	**47**	**12**	**35**	**31**	**3**	**28**	**22**	**4**	**18**
连云区				1	1				
海州区							1		1
赣榆区				1		1	1		1
东海县	1		1	8	1	7	7	2	5
灌云县				3		3	4	1	3
灌南县				1		1			
连云港经济技术开发区	21	6	15				3		3
连云港高新技术产业开发区	25	6	19	17	1	16	6	1	5
江苏连云港徐圩新区									
江苏省连云港市云台山风景名胜区									
淮安市				**31**	**6**	**25**	**37**	**13**	**24**
淮安区				3		3			
淮阴区							1		1
清江浦区									
洪泽区									
涟水县				4	1	3	2		2
盱眙县				7	2	5	1		1
金湖县				3	1	2	4	4	
淮安经济技术开发区				12	2	10	27	8	19
工业园区				1		1			
生态文旅区				1		1			
苏淮高新区							2	1	1

1-4b 续表 20

单位：人

地区	哈萨克族			傣族			黎族		
	小计	男	女	小计	男	女	小计	男	女
盐城市	**1**		**1**	**72**	**28**	**44**	**46**	**17**	**29**
亭湖区				8	4	4	4	4	
盐都区				4	1	3	1	1	
大丰区				5	3	2	4		4
响水县				1		1	5	1	4
滨海县				7	4	3	3	2	1
阜宁县				12	2	10	3		3
射阳县				12	5	7	9	2	7
建湖县				3		3	4		4
盐城经济技术开发区				5	3	2	5	3	2
江苏省盐南高新区									
东台市	1		1	15	6	9	8	4	4
扬州市	**18**	**7**	**11**	**29**	**13**	**16**	**21**	**7**	**14**
广陵区				1		1			
邗江区				2		2	1	1	
江都区				6	4	2	7		7
宝应县				7	3	4	5	1	4
扬州经济技术开发区	18	7	11	11	6	5	6	4	2
蜀冈瘦西湖景区									
生态新城									
仪征市				2		2	1		1
高邮市							1	1	
镇江市	**27**	**12**	**15**	**46**	**14**	**32**	**69**	**31**	**38**
京口区									
润州区									
丹徒区	21	10	11	7	3	4	22	13	9
镇江新区	4		4	5		5	17	6	11
江苏镇江高新区									
丹阳市				28	9	19	26	10	16
扬中市				2	2		1		1
句容市	2	2		4		4	3	2	1
泰州市	**2**	**2**		**40**	**16**	**24**	**38**	**16**	**22**
海陵区							2	1	1
高港区				4	1	3	2	1	1
姜堰区	1	1		2	1	1			
泰州医药高新技术产业开发区				8	2	6	4	1	3
兴化市				7	3	4	4	1	3
靖江市	1	1		15	6	9	21	9	12
泰兴市				4	3	1	5	3	2
宿迁市	**1**		**1**	**34**	**13**	**21**	**35**	**9**	**26**
宿城区				1		1	1		1
宿豫区				6	6				
沭阳县				14	4	10	10	3	7
泗阳县	1		1	5	1	4	8		8
泗洪县				8	2	6	12	5	7
宿迁经济技术开发区							4	1	3
宿迁市湖滨新区									
苏州宿迁工业园区									
宿迁市洋河新区									

1-4b　续表 21　　　　　　　　　　　　　　　　　　　　　　　　单位：人

地　区	傈僳族			佤　族			畲　族		
	小计	男	女	小计	男	女	小计	男	女
江　苏	**712**	**276**	**436**	**659**	**333**	**326**	**649**	**357**	**292**
南京市	**11**	**3**	**8**	**5**	**1**	**4**	**13**	**5**	**8**
玄武区									
秦淮区									
建邺区									
鼓楼区									
浦口区									
栖霞区									
雨花台区	1		1						
江宁区									
六合区	3		3	5	1	4	12	4	8
溧水区	1		1						
高淳区	6	3	3				1	1	
南京江北新区									
无锡市	**90**	**50**	**40**	**49**	**23**	**26**	**87**	**59**	**28**
锡山区	47	30	17	5	1	4	26	17	9
惠山区	4	2	2				5	2	3
滨湖区									
梁溪区									
新吴区									
江苏无锡经济开发区									
江阴市	33	15	18	29	14	15	19	13	6
宜兴市	6	3	3	15	8	7	37	27	10
徐州市	**16**	**2**	**14**	**13**	**1**	**12**	**25**	**15**	**10**
鼓楼区									
云龙区	2	2					3	2	1
贾汪区							1	1	
泉山区									
铜山区	3		3	3		3	5	2	3
丰县	2		2	2		2			
沛县	5		5	6		6	10	6	4
睢宁县	2		2				2	1	1
徐州经济技术开发区	1		1	2	1	1	1		1
新沂市							3	3	
邳州市	1		1						
常州市	**20**	**11**	**9**	**23**	**8**	**15**	**21**	**10**	**11**
天宁区				4	3	1	1		1
钟楼区									
新北区				2		2	7	5	2
武进区	4	3	1	4		4	5	2	3
金坛区	4		4	4	3	1	1		1
江苏省常州市经济开发区	7	5	2	2		2	3	1	2
溧阳市	5	3	2	7	2	5	4	2	2

1-4b 续表 22

单位：人

地　区	傈僳族			佤　族			畲　族		
	小计	男	女	小计	男	女	小计	男	女
苏州市	**153**	**61**	**92**	**110**	**63**	**47**	**231**	**121**	**110**
虎丘区							1		1
吴中区	18	6	12	10	5	5	8	6	2
相城区	5	1	4	6	3	3	7	5	2
姑苏区									
吴江区	14	2	12	5	2	3	32	14	18
苏州工业园区	43	19	24	52	32	20	98	44	54
常熟市	25	14	11	9	6	3	18	12	6
张家港市	31	11	20	6	2	4	24	15	9
昆山市	10	4	6	5	1	4	21	11	10
太仓市	7	4	3	17	12	5	22	14	8
南通市	**107**	**45**	**62**	**103**	**55**	**48**	**100**	**59**	**41**
崇川区									
港闸区									
通州区	22	10	12	24	12	12	16	8	8
如东县	13	3	10	4	1	3	13	5	8
南通经济技术开发区	20	9	11	14	12	2	17	12	5
通州湾示范区	3	2	1	4	2	2	5	3	2
苏锡通科技产业园区	6	3	3	6	3	3			
启东市	17	9	8	5	3	2	5	3	2
如皋市	2		2	22	11	11	17	8	9
海门市	17	6	11	22	11	11	17	13	4
海安市	7	3	4	2		2	10	7	3
连云港市	**10**	**1**	**9**	**12**	**1**	**11**	**12**	**8**	**4**
连云区									
海州区							1		1
赣榆区	2		2	4		4	1	1	
东海县	2		2	3		3	5	3	2
灌云县	3		3	2		2			
灌南县				1		1			
连云港经济技术开发区				1	1				
连云港高新技术产业开发区	3	1	2	1		1	5	4	1
江苏连云港徐圩新区									
江苏省连云港市云台山风景名胜区									
淮安市	**32**	**5**	**27**	**159**	**99**	**60**	**26**	**13**	**13**
淮安区	7	3	4	1		1			
淮阴区	3		3	3		3			
清江浦区									
洪泽区									
涟水县	2		2	1		1	2	1	1
盱眙县	8		8	152	98	54			
金湖县	2		2	1	1		4	1	3
淮安经济技术开发区	8	2	6	1		1	18	10	8
工业园区									
生态文旅区							2	1	1
苏淮高新区	2		2						

1-4b　续表 23　　　　单位：人

地　区	傈僳族			佤　族			畲　族		
	小计	男	女	小计	男	女	小计	男	女
盐城市	**41**	**9**	**32**	**27**	**8**	**19**	**25**	**13**	**12**
亭湖区	6	1	5				1	1	
盐都区				4	2	2			
大丰区	8	3	5	5	2	3	3	2	1
响水县	3	2	1	1	1		1		1
滨海县	5		5	2	1	1	3	1	2
阜宁县	5		5	7	1	6	5	3	2
射阳县	5	2	3	3		3	2	1	1
建湖县				4		4	6	3	3
盐城经济技术开发区	7	1	6	1	1		1		1
江苏省盐南高新区									
东台市	2		2				3	2	1
扬州市	**39**	**12**	**27**	**19**	**12**	**7**	**27**	**11**	**16**
广陵区	2		2	1	1				
邗江区				1	1		1		1
江都区	15	7	8	7	4	3	5	2	3
宝应县	11	3	8	8	5	3	8	2	6
扬州经济技术开发区	8	1	7	1	1		13	7	6
蜀冈瘦西湖景区									
生态新城									
仪征市									
高邮市	3	1	2	1		1			
镇江市	**62**	**28**	**34**	**65**	**34**	**31**	**43**	**25**	**18**
京口区				1		1			
润州区									
丹徒区	8	4	4	4	3	1	13	9	4
镇江新区	3	2	1	11	5	6	14	7	7
江苏镇江高新区									
丹阳市	45	20	25	22	10	12	15	8	7
扬中市	1		1	26	16	10			
句容市	5	2	3	1		1	1	1	
泰州市	**60**	**36**	**24**	**51**	**27**	**24**	**23**	**12**	**11**
海陵区							1		1
高港区	1		1	18	7	11	2		2
姜堰区				2	1	1			
泰州医药高新技术产业开发区	19	12	7	2	2		5	2	3
兴化市				1		1	2		2
靖江市	14	7	7	18	13	5	11	8	3
泰兴市	26	17	9	10	4	6	2	2	
宿迁市	**71**	**13**	**58**	**23**	**1**	**22**	**16**	**6**	**10**
宿城区	1		1	2		2			
宿豫区	6	3	3						
沭阳县	41	6	35	3		3	4		4
泗阳县	9		9	10	1	9	6	3	3
泗洪县	5		5	6		6	5	3	2
宿迁经济技术开发区	9	4	5	2		2	1		1
宿迁市湖滨新区									
苏州宿迁工业园区									
宿迁市洋河新区									

1-4b 续表 24

单位：人

地　区	高山族			拉祜族			水　族		
	小计	男	女	小计	男	女	小计	男	女
江　苏	**17**	**8**	**9**	**670**	**247**	**423**	**3083**	**1723**	**1360**
南京市				**3**	**1**	**2**	**9**	**5**	**4**
玄武区									
秦淮区									
建邺区									
鼓楼区									
浦口区									
栖霞区									
雨花台区							1		1
江宁区									
六合区				2	1	1			
溧水区							3		3
高淳区				1		1	5	5	
南京江北新区									
无锡市				**63**	**26**	**37**	**386**	**225**	**161**
锡山区				45	24	21	204	119	85
惠山区				2		2	15	9	6
滨湖区									
梁溪区									
新吴区									
江苏无锡经济开发区									
江阴市				13	2	11	99	56	43
宜兴市				3		3	68	41	27
徐州市				**11**		**11**	**26**	**13**	**13**
鼓楼区									
云龙区							4	3	1
贾汪区									
泉山区									
铜山区				3		3	5	3	2
丰县									
沛县							5	2	3
睢宁县				1		1	4	2	2
徐州经济技术开发区				2		2	5	3	2
新沂市				3		3	1		1
邳州市				2		2	2		2
常州市				**21**	**10**	**11**	**1939**	**1116**	**823**
天宁区							81	47	34
钟楼区									
新北区				4		4	46	29	17
武进区				10	6	4	388	237	151
金坛区				5	3	2	10	6	4
江苏省常州市经济开发区							1410	794	616
溧阳市				2	1	1	4	3	1

1-4b 续表 25 单位：人

地 区	高山族			拉祜族			水族		
	小计	男	女	小计	男	女	小计	男	女
苏州市	**1**	**1**		**249**	**139**	**110**	**283**	**156**	**127**
虎丘区							1		1
吴中区				9	5	4	16	12	4
相城区				7	3	4	4	2	2
姑苏区									
吴江区				11	5	6	47	25	22
苏州工业园区	1	1		20	6	14	66	40	26
常熟市				176	109	67	88	48	40
张家港市				15	7	8	22	9	13
昆山市				2		2	24	12	12
太仓市				9	4	5	15	8	7
南通市	**2**		**2**	**42**	**13**	**29**	**187**	**94**	**93**
崇川区									
港闸区									
通州区				10	2	8	44	29	15
如东县				7		7	35	15	20
南通经济技术开发区				12	5	7	38	24	14
通州湾示范区							1	1	
苏锡通科技产业园区				1	1		14	4	10
启东市	1		1				15	10	5
如皋市				6	3	3	20	5	15
海门市				2	2		8	2	6
海安市	1		1	4		4	12	4	8
连云港市	**3**	**2**	**1**	**57**	**7**	**50**	**17**	**7**	**10**
连云区									
海州区				2		2			
赣榆区				13	1	12			
东海县				33	4	29	3	2	1
灌云县				2		2	1		1
灌南县				2		2	1		1
连云港经济技术开发区	3	2	1						
连云港高新技术产业开发区				5	2	3	10	4	6
江苏连云港徐圩新区							2	1	1
江苏省连云港市云台山风景名胜区									
淮安市	**5**	**4**	**1**	**38**	**7**	**31**	**29**	**13**	**16**
淮安区				8	1	7			
淮阴区				3		3	1	1	
清江浦区									
洪泽区							1		1
涟水县				5		5	2		2
盱眙县	1	1		15	5	10	4	3	1
金湖县							2		2
淮安经济技术开发区				5		5	16	8	8
工业园区									
生态文旅区	4	3	1	2	1	1	2	1	1
苏淮高新区							1		1

1-4b 续表 26

单位：人

地　区	高山族			拉祜族			水　族		
	小计	男	女	小计	男	女	小计	男	女
盐城市	**2**		**2**	**85**	**6**	**79**	**33**	**9**	**24**
亭湖区	1		1				3	2	1
盐都区				2		2	2		2
大丰区	1		1				2		2
响水县							4	1	3
滨海县				9		9	1		1
阜宁县				54	5	49			
射阳县				4		4	3		3
建湖县				14	1	13	8	3	5
盐城经济技术开发区							7	2	5
江苏省盐南高新区									
东台市				2		2	3	1	2
扬州市				**14**	**4**	**10**	**15**	**8**	**7**
广陵区									
邗江区				1		1	1	1	
江都区				6	2	4	1		1
宝应县				4		4	3	2	1
扬州经济技术开发区				2	1	1	3	1	2
蜀冈瘦西湖景区									
生态新城									
仪征市				1	1				
高邮市							7	4	3
镇江市				**39**	**23**	**16**	**77**	**33**	**44**
京口区				2		2			
润州区									
丹徒区				4		4	11	5	6
镇江新区				4	2	2	16	6	10
江苏镇江高新区									
丹阳市				19	11	8	45	20	25
扬中市				1	1		4	2	2
句容市				9	9		1		1
泰州市				**27**	**9**	**18**	**48**	**31**	**17**
海陵区							4	3	1
高港区							2	2	
姜堰区				2		2	2	1	1
泰州医药高新技术产业开发区				3	1	2	9	5	4
兴化市				5	2	3	7	6	1
靖江市				12	4	8	13	9	4
泰兴市				5	2	3	11	5	6
宿迁市	**4**	**1**	**3**	**21**	**2**	**19**	**34**	**13**	**21**
宿城区				2		2			
宿豫区				1		1			
沭阳县				5		5	10	6	4
泗阳县	4	1	3	10	2	8	16	3	13
泗洪县				3		3	8	4	4
宿迁经济技术开发区									
宿迁市湖滨新区									
苏州宿迁工业园区									
宿迁市洋河新区									

1-4b　续表 27　　　　单位：人

地　区	东乡族			纳西族			景颇族		
	小计	男	女	小计	男	女	小计	男	女
江　苏	**484**	**251**	**233**	**120**	**45**	**75**	**262**	**127**	**135**
南京市	**8**	**3**	**5**				**1**	**1**	
玄武区									
秦淮区									
建邺区									
鼓楼区									
浦口区									
栖霞区									
雨花台区									
江宁区									
六合区	6	2	4				1	1	
溧水区	2	1	1						
高淳区									
南京江北新区									
无锡市	**45**	**24**	**21**	**4**	**3**	**1**	**25**	**16**	**9**
锡山区	10	5	5	2	2		19	13	6
惠山区	3	3							
滨湖区									
梁溪区									
新吴区									
江苏无锡经济开发区									
江阴市	22	12	10	2	1	1	4	3	1
宜兴市	10	4	6				2		2
徐州市	**16**	**10**	**6**	**5**	**1**	**4**	**7**		**7**
鼓楼区									
云龙区									
贾汪区				1		1	2		2
泉山区									
铜山区				2		2			
丰县							3		3
沛县				1	1		2		2
睢宁县	9	5	4	1		1			
徐州经济技术开发区	7	5	2						
新沂市									
邳州市									
常州市	**22**	**9**	**13**	**2**	**1**	**1**	**2**	**1**	**1**
天宁区									
钟楼区									
新北区	2	1	1				1	1	
武进区	8	4	4						
金坛区	8	3	5						
江苏省常州市经济开发区	4	1	3	1		1	1		1
溧阳市				1	1				

1-4b 续表 28

单位：人

地区	东乡族			纳西族			景颇族		
	小计	男	女	小计	男	女	小计	男	女
苏州市	**104**	**58**	**46**	**34**	**14**	**20**	**62**	**32**	**30**
虎丘区									
吴中区	2	1	1	1		1			
相城区	3	1	2				1		1
姑苏区									
吴江区	5	3	2	4	1	3	8	3	5
苏州工业园区	24	14	10	17	8	9	30	18	12
常熟市	38	21	17	1	1		4	2	2
张家港市				7	3	4	11	6	5
昆山市									
太仓市	32	18	14	4	1	3	8	3	5
南通市	**128**	**67**	**61**	**20**	**6**	**14**	**117**	**63**	**54**
崇川区									
港闸区									
通州区	34	24	10	3		3	40	20	20
如东县	35	14	21	2	1	1	6	4	2
南通经济技术开发区	10	3	7	4	2	2	18	15	3
通州湾示范区				1		1	1	1	
苏锡通科技产业园区									
启东市	22	13	9	4	2	2	4	1	3
如皋市	2		2	2		2	14	10	4
海门市	17	9	8	1		1	34	12	22
海安市	8	4	4	3	1	2			
连云港市	**13**	**5**	**8**	**14**	**6**	**8**	**3**	**1**	**2**
连云区									
海州区									
赣榆区									
东海县				2		2			
灌云县	1		1						
灌南县							1	1	
连云港经济技术开发区	4		4	1	1				
连云港高新技术产业开发区	8	5	3	11	5	6	2		2
江苏连云港徐圩新区									
江苏省连云港市云台山风景名胜区									
淮安市	**2**	**1**	**1**	**9**	**2**	**7**	**4**	**1**	**3**
淮安区				1	1		1		1
淮阴区							1		1
清江浦区									
洪泽区									
涟水县				1		1			
盱眙县				2	1	1	1	1	
金湖县							1		1
淮安经济技术开发区	1		1	5		5			
工业园区									
生态文旅区	1	1							
苏淮高新区									

1-4b 续表 29

单位：人

地区	东乡族			纳西族			景颇族		
	小计	男	女	小计	男	女	小计	男	女
盐城市	**41**	**20**	**21**	**17**	**2**	**15**	**10**	**3**	**7**
亭湖区	1		1						
盐都区									
大丰区				4	1	3	5	2	3
响水县									
滨海县	29	15	14				2		2
阜宁县	4	1	3						
射阳县	3	2	1				1		1
建湖县							1		1
盐城经济技术开发区	4	2	2	3		3	1	1	
江苏省盐南高新区									
东台市				10	1	9			
扬州市	**32**	**18**	**14**	**3**	**1**	**2**	**7**	**1**	**6**
广陵区							1		1
邗江区									
江都区	13	8	5				2		2
宝应县	5	4	1	1		1	3		3
扬州经济技术开发区	5	1	4	2	1	1	1	1	
蜀冈瘦西湖景区									
生态新城									
仪征市	6	4	2						
高邮市	3	1	2						
镇江市	**58**	**31**	**27**	**8**	**7**	**1**	**16**	**6**	**10**
京口区	4	3	1						
润州区									
丹徒区				6	6				
镇江新区	37	18	19				1		1
江苏镇江高新区									
丹阳市	13	8	5	2	1	1	13	5	8
扬中市							2	1	1
句容市	4	2	2						
泰州市	**12**	**4**	**8**	**3**	**2**	**1**	**3**	**1**	**2**
海陵区									
高港区	4	2	2						
姜堰区	1		1						
泰州医药高新技术产业开发区				1	1				
兴化市									
靖江市	6	2	4	2	1	1	2	1	1
泰兴市	1		1				1		1
宿迁市	**3**	**1**	**2**	**1**		**1**	**5**	**1**	**4**
宿城区									
宿豫区									
沭阳县							2	1	1
泗阳县							2		2
泗洪县	2	1	1				1		1
宿迁经济技术开发区	1		1	1		1			
宿迁市湖滨新区									
苏州宿迁工业园区									
宿迁市洋河新区									

1-4b 续表 30

单位：人

地区	柯尔克孜族			土族			达斡尔族		
	小计	男	女	小计	男	女	小计	男	女
江苏	**115**	**68**	**47**	**285**	**134**	**151**	**119**	**58**	**61**
南京市				**3**		**3**	**3**	**1**	**2**
玄武区									
秦淮区									
建邺区									
鼓楼区									
浦口区									
栖霞区									
雨花台区									
江宁区									
六合区				3		3	2	1	1
溧水区							1		1
高淳区									
南京江北新区									
无锡市	**77**	**50**	**27**	**42**	**22**	**20**	**15**	**5**	**10**
锡山区	77	50	27	14	8	6	3		3
惠山区				3	1	2	3	2	1
滨湖区									
梁溪区									
新吴区									
江苏无锡经济开发区									
江阴市				19	9	10	6	2	4
宜兴市				6	4	2	3	1	2
徐州市	**3**	**1**	**2**	**13**	**2**	**11**	**7**	**3**	**4**
鼓楼区									
云龙区				3		3			
贾汪区									
泉山区									
铜山区				1		1			
丰县	2	1	1	4		4	4	1	3
沛县							1	1	
睢宁县				2	1	1			
徐州经济技术开发区	1		1	2		2	2	1	1
新沂市									
邳州市				1	1				
常州市				**9**	**4**	**5**	**1**	**1**	
天宁区				1		1			
钟楼区									
新北区				2	1	1			
武进区				3	2	1			
金坛区									
江苏省常州市经济开发区				2	1	1			
溧阳市				1		1	1	1	

1-4b 续表 31

单位：人

地 区	柯尔克孜族			土 族			达斡尔族		
	小计	男	女	小计	男	女	小计	男	女
苏州市	**5**	**1**	**4**	**91**	**46**	**45**	**53**	**26**	**27**
虎丘区									
吴中区				7	3	4	3	1	2
相城区				1	1				
姑苏区									
吴江区				5	3	2	2	1	1
苏州工业园区	3		3	28	13	15	30	10	20
常熟市				9	7	2	5	3	2
张家港市	2	1	1	18	8	10	6	5	1
昆山市				15	8	7	4	4	
太仓市				8	3	5	3	2	1
南通市	**2**		**2**	**35**	**24**	**11**	**9**	**2**	**7**
崇川区									
港闸区									
通州区				3	1	2	1		1
如东县	1		1						
南通经济技术开发区				6	3	3	2	1	1
通州湾示范区				1	1				
苏锡通科技产业园区	1		1	2	2				
启东市									
如皋市				9	4	5			
海门市				13	12	1	2		2
海安市				1	1		4	1	3
连云港市	**8**	**3**	**5**	**7**		**7**	**6**	**4**	**2**
连云区									
海州区									
赣榆区				1		1			
东海县									
灌云县				3		3			
灌南县							1		1
连云港经济技术开发区	6	1	5	1		1			
连云港高新技术产业开发区	2	2		2		2	5	4	1
江苏连云港徐圩新区									
江苏省连云港市云台山风景名胜区									
淮安市	**1**	**1**		**31**	**11**	**20**	**2**		**2**
淮安区									
淮阴区									
清江浦区									
洪泽区									
涟水县				1		1			
盱眙县				1		1	1		1
金湖县				3	1	2			
淮安经济技术开发区	1	1		23	8	15			
工业园区									
生态文旅区				3	2	1	1		1
苏淮高新区									

1-4b 续表 32

单位：人

地 区	柯尔克孜族			土 族			达斡尔族		
	小计	男	女	小计	男	女	小计	男	女
盐城市				**7**	**4**	**3**	**5**	**4**	**1**
亭湖区									
盐都区				1		1			
大丰区							2	2	
响水县									
滨海县				3	2	1			
阜宁县									
射阳县				1	1		1	1	
建湖县									
盐城经济技术开发区				2	1	1	2	1	1
江苏省盐南高新区									
东台市									
扬州市	**15**	**9**	**6**	**12**	**6**	**6**	**9**	**4**	**5**
广陵区							1		1
邗江区									
江都区				5	4	1			
宝应县				2		2	2	1	1
扬州经济技术开发区	15	9	6	4	2	2	3	1	2
蜀冈瘦西湖景区									
生态新城									
仪征市				1		1	3	2	1
高邮市									
镇江市	**3**	**2**	**1**	**25**	**15**	**10**	**7**	**7**	
京口区									
润州区									
丹徒区	2	1	1	15	8	7			
镇江新区				2	1	1	4	4	
江苏镇江高新区									
丹阳市	1	1		7	5	2			
扬中市							2	2	
句容市				1	1		1	1	
泰州市				**8**		**8**	**1**	**1**	
海陵区									
高港区									
姜堰区									
泰州医药高新技术产业开发区				5		5	1	1	
兴化市				2		2			
靖江市									
泰兴市				1		1			
宿迁市	**1**	**1**		**2**		**2**	**1**		**1**
宿城区									
宿豫区									
沭阳县	1	1		1		1			
泗阳县				1		1			
泗洪县									
宿迁经济技术开发区							1		1
宿迁市湖滨新区									
苏州宿迁工业园区									
宿迁市洋河新区									

1-4b　续表 33　　　　单位：人

地　区	仫佬族			羌　族			布朗族		
	小计	男	女	小计	男	女	小计	男	女
江　苏	**367**	**189**	**178**	**509**	**283**	**226**	**147**	**59**	**88**
南京市	**1**		**1**	**1**	**1**				
玄武区									
秦淮区									
建邺区									
鼓楼区									
浦口区									
栖霞区									
雨花台区	1		1						
江宁区									
六合区				1	1				
溧水区									
高淳区									
南京江北新区									
无锡市	**85**	**53**	**32**	**123**	**68**	**55**	**8**	**4**	**4**
锡山区	17	11	6	15	8	7	2		2
惠山区	1	1					3	2	1
滨湖区									
梁溪区									
新吴区									
江苏无锡经济开发区									
江阴市	13	5	8	107	60	47	2	2	
宜兴市	54	36	18	1		1	1		1
徐州市	**10**	**4**	**6**	**6**	**5**	**1**	**6**	**1**	**5**
鼓楼区									
云龙区	2	2		1	1				
贾汪区									
泉山区									
铜山区				3	3				
丰县	2		2						
沛县	1		1				2	1	1
睢宁县	2	1	1	2	1	1	4		4
徐州经济技术开发区	3	1	2						
新沂市									
邳州市									
常州市	**6**	**4**	**2**	**30**	**14**	**16**	**8**	**5**	**3**
天宁区	2		2						
钟楼区									
新北区	1	1							
武进区	3	3		26	11	15	5	3	2
金坛区							2	2	
江苏省常州市经济开发区				2	2		1		1
溧阳市				2	1	1			

1-4b 续表 34 单位：人

地 区	仡佬族			羌 族			布朗族		
	小计	男	女	小计	男	女	小计	男	女
苏州市	**114**	**53**	**61**	**97**	**47**	**50**	**27**	**17**	**10**
虎丘区									
吴中区	8	3	5	7	3	4	1		1
相城区	3	2	1						
姑苏区									
吴江区	11	5	6	6	2	4	4	3	1
苏州工业园区	61	29	32	14	6	8	9	5	4
常熟市	5	1	4	15	9	6	6	5	1
张家港市	8	3	5	33	17	16	2	2	
昆山市	15	8	7	15	7	8	3	1	2
太仓市	3	2	1	7	3	4	2	1	1
南通市	**46**	**31**	**15**	**191**	**122**	**69**	**16**	**6**	**10**
崇川区									
港闸区									
通州区	13	9	4	68	48	20	8	2	6
如东县	3	1	2	12	7	5			
南通经济技术开发区	5	4	1	8	5	3	2		2
通州湾示范区	3	2	1	2	1	1	1	1	
苏锡通科技产业园区	2	2		7	4	3			
启东市	6	3	3				3	1	2
如皋市	4	3	1	1		1	1	1	
海门市	5	3	2	91	55	36	1	1	
海安市	5	4	1	2	2				
连云港市	**12**	**7**	**5**	**5**	**2**	**3**	**15**	**5**	**10**
连云区									
海州区									
赣榆区							2		2
东海县	1	1					7	1	6
灌云县									
灌南县	2		2						
连云港经济技术开发区							5	4	1
连云港高新技术产业开发区	9	6	3	5	2	3	1		1
江苏连云港徐圩新区									
江苏省连云港市云台山风景名胜区									
淮安市	**13**	**5**	**8**	**11**	**2**	**9**	**14**	**6**	**8**
淮安区				1		1			
淮阴区									
清江浦区									
洪泽区									
涟水县							2		2
盱眙县				1		1	12	6	6
金湖县	1	1		2	1	1			
淮安经济技术开发区	12	4	8	5		5			
工业园区									
生态文旅区				2	1	1			
苏淮高新区									

1-4b　续表 35

单位：人

地　区	仫佬族			羌　族			布朗族		
	小计	男	女	小计	男	女	小计	男	女
盐城市	**16**	**5**	**11**	**8**	**2**	**6**	**14**	**1**	**13**
亭湖区									
盐都区	2		2	1		1			
大丰区	2	2							
响水县	1		1						
滨海县	1		1						
阜宁县	2		2				10	1	9
射阳县	2		2	1		1			
建湖县	3	2	1	1		1	2		2
盐城经济技术开发区	1		1	5	2	3	1		1
江苏省盐南高新区									
东台市	2	1	1				1		1
扬州市	**3**	**2**	**1**	**2**	**1**	**1**	**8**	**4**	**4**
广陵区				1	1				
邗江区									
江都区				1		1	2	2	
宝应县	2	1	1				6	2	4
扬州经济技术开发区	1	1							
蜀冈瘦西湖景区									
生态新城									
仪征市									
高邮市									
镇江市	**33**	**20**	**13**	**17**	**11**	**6**	**19**	**9**	**10**
京口区				2	2				
润州区									
丹徒区	11	8	3	1	1		1	1	
镇江新区	9	4	5	5	2	3	4	2	2
江苏镇江高新区									
丹阳市	11	7	4	8	5	3	2		2
扬中市							12	6	6
句容市	2	1	1	1	1				
泰州市	**17**	**4**	**13**	**14**	**5**	**9**	**1**		**1**
海陵区	1		1						
高港区									
姜堰区	2		2	1		1			
泰州医药高新技术产业开发区	2	1	1						
兴化市	4	1	3	1	1				
靖江市	4	1	3	10	4	6			
泰兴市	4	1	3	2		2	1		1
宿迁市	**11**	**1**	**10**	**4**	**3**	**1**	**11**	**1**	**10**
宿城区							2		2
宿豫区				2	2		2		2
沭阳县	1		1				2		2
泗阳县	3		3				2	1	1
泗洪县	7	1	6	1		1	3		3
宿迁经济技术开发区				1	1				
宿迁市湖滨新区									
苏州宿迁工业园区									
宿迁市洋河新区									

1-4b 续表 36　　单位：人

地区	撒拉族			毛南族			仡佬族		
	小计	男	女	小计	男	女	小计	男	女
江　苏	**131**	**75**	**56**	**121**	**64**	**57**	**1478**	**823**	**655**
南京市				**3**	**1**	**2**	**7**	**3**	**4**
玄武区									
秦淮区									
建邺区									
鼓楼区									
浦口区									
栖霞区									
雨花台区									
江宁区									
六合区				3	1	2	6	3	3
溧水区							1		1
高淳区									
南京江北新区									
无锡市	**14**	**11**	**3**	**17**	**10**	**7**	**428**	**247**	**181**
锡山区	2	1	1	11	6	5	76	47	29
惠山区							10	2	8
滨湖区									
梁溪区									
新吴区									
江苏无锡经济开发区									
江阴市	9	8	1	2	2		289	166	123
宜兴市	3	2	1	4	2	2	53	32	21
徐州市				**4**	**3**	**1**	**39**	**18**	**21**
鼓楼区									
云龙区							6	3	3
贾汪区									
泉山区									
铜山区							2	1	1
丰县				1		1	2		2
沛县				3	3		5	3	2
睢宁县							15	5	10
徐州经济技术开发区							8	6	2
新沂市									
邳州市							1		1
常州市				**3**	**3**		**55**	**31**	**24**
天宁区							2		2
钟楼区									
新北区							3	2	1
武进区				2	2		21	13	8
金坛区				1	1		6	3	3
江苏省常州市经济开发区							1		1
溧阳市							22	13	9

1-4b　续表 37　　　　单位：人

地　区	撒拉族			毛南族			仡佬族		
	小计	男	女	小计	男	女	小计	男	女
苏州市	**35**	**20**	**15**	**33**	**19**	**14**	**406**	**245**	**161**
虎丘区									
吴中区	1		1	5	3	2	21	14	7
相城区				2	1	1	13	6	7
姑苏区									
吴江区				5	2	3	83	56	27
苏州工业园区	21	12	9	11	9	2	152	94	58
常熟市	1	1		3	2	1	36	25	11
张家港市	1	1		2	1	1	19	7	12
昆山市				2		2	55	35	20
太仓市	11	6	5	3	1	2	27	8	19
南通市	**50**	**28**	**22**	**12**	**6**	**6**	**146**	**76**	**70**
崇川区									
港闸区									
通州区	10	8	2	3	2	1	41	28	13
如东县				4	2	2	12	4	8
南通经济技术开发区	7	3	4	1	1		29	13	16
通州湾示范区	5	4	1				1		1
苏锡通科技产业园区							2	2	
启东市	4	1	3	3	1	2	14	7	7
如皋市	3	3		1		1	29	10	19
海门市	13	6	7				14	9	5
海安市	8	3	5				4	3	1
连云港市	**3**	**2**	**1**	**4**	**2**	**2**	**40**	**13**	**27**
连云区				1	1				
海州区									
赣榆区							3	1	2
东海县							1		1
灌云县							2		2
灌南县							1		1
连云港经济技术开发区							4	4	
连云港高新技术产业开发区	3	2	1	3	1	2	29	8	21
江苏连云港徐圩新区									
江苏省连云港市云台山风景名胜区									
淮安市	**6**	**2**	**4**	**5**	**1**	**4**	**43**	**21**	**22**
淮安区							2		2
淮阴区							4	2	2
清江浦区									
洪泽区									
涟水县	2		2	1		1	2	1	1
盱眙县							3	1	2
金湖县	1		1				2	2	
淮安经济技术开发区	3	2	1	4	1	3	30	15	15
工业园区									
生态文旅区									
苏淮高新区									

1-4b 续表 38 单位：人

地区	撒拉族			毛南族			仡佬族		
	小计	男	女	小计	男	女	小计	男	女
盐城市				**6**	**3**	**3**	**53**	**29**	**24**
亭湖区							1		1
盐都区									
大丰区				2	1	1	4	3	1
响水县							6	3	3
滨海县							7	2	5
阜宁县				3	2	1	3	2	1
射阳县							10	7	3
建湖县							5	3	2
盐城经济技术开发区				1		1	15	7	8
江苏省盐南高新区									
东台市							2	2	
扬州市	**8**	**3**	**5**	**2**	**1**	**1**	**56**	**35**	**21**
广陵区							1	1	
邗江区	4	3	1	1	1		3	3	
江都区							4	2	2
宝应县				1		1	12	8	4
扬州经济技术开发区	3		3				30	16	14
蜀冈瘦西湖景区									
生态新城							1	1	
仪征市							2	2	
高邮市	1		1				3	2	1
镇江市	**3**	**1**	**2**	**24**	**9**	**15**	**109**	**60**	**49**
京口区							1	1	
润州区									
丹徒区	2		2	4	2	2	25	14	11
镇江新区	1	1		2		2	22	12	10
江苏镇江高新区									
丹阳市				17	6	11	52	29	23
扬中市				1	1		2	1	1
句容市							7	3	4
泰州市	**3**	**2**	**1**	**6**	**6**		**75**	**34**	**41**
海陵区									
高港区				1	1		3	1	2
姜堰区				1	1		5	2	3
泰州医药高新技术产业开发区	2	1	1	3	3		9	6	3
兴化市							4		4
靖江市				1	1		28	13	15
泰兴市	1	1					26	12	14
宿迁市	**9**	**6**	**3**	**2**		**2**	**21**	**11**	**10**
宿城区									
宿豫区							4	2	2
沭阳县	3	2	1	1		1	6	3	3
泗阳县							6	3	3
泗洪县	6	4	2				5	3	2
宿迁经济技术开发区				1		1			
宿迁市湖滨新区									
苏州宿迁工业园区									
宿迁市洋河新区									

1-4b 续表 39

单位：人

地 区	锡伯族			阿昌族			普米族		
	小计	男	女	小计	男	女	小计	男	女
江 苏	**163**	**76**	**87**	**166**	**88**	**78**	**33**	**9**	**24**
南京市	**1**	**1**		**1**		**1**			
玄武区									
秦淮区									
建邺区									
鼓楼区									
浦口区									
栖霞区									
雨花台区									
江宁区									
六合区	1	1		1		1			
溧水区									
高淳区									
南京江北新区									
无锡市	**3**	**2**	**1**	**11**	**7**	**4**			
锡山区	2	2		5	4	1			
惠山区				2	1	1			
滨湖区									
梁溪区									
新吴区									
江苏无锡经济开发区									
江阴市	1		1	4	2	2			
宜兴市									
徐州市	**14**	**2**	**12**				**2**		**2**
鼓楼区									
云龙区									
贾汪区							2		2
泉山区									
铜山区	1		1						
丰县	7		7						
沛县	1		1						
睢宁县									
徐州经济技术开发区	5	2	3						
新沂市									
邳州市									
常州市	**3**	**1**	**2**	**7**	**4**	**3**	**1**		**1**
天宁区									
钟楼区									
新北区									
武进区				5	2	3	1		1
金坛区									
江苏省常州市经济开发区									
溧阳市	3	1	2	2	2				

1-4b 续表 40

单位：人

地区	锡伯族			阿昌族			普米族		
	小计	男	女	小计	男	女	小计	男	女
苏州市	**90**	**50**	**40**	**96**	**52**	**44**	**9**	**5**	**4**
虎丘区									
吴中区				3	3		2	1	1
相城区				46	28	18			
姑苏区									
吴江区	2		2	2	1	1	1		1
苏州工业园区	61	30	31	29	11	18	4	2	2
常熟市	4	3	1	12	9	3	2	2	
张家港市				2		2			
昆山市									
太仓市	23	17	6	2		2			
南通市	**14**	**7**	**7**	**43**	**20**	**23**	**8**	**1**	**7**
崇川区									
港闸区									
通州区	1	1		5	2	3	2	1	1
如东县	2	1	1	7	4	3			
南通经济技术开发区	5	3	2	4	2	2	2		2
通州湾示范区				3	3				
苏锡通科技产业园区									
启东市				3		3			
如皋市	4	1	3						
海门市	2	1	1	4	1	3			
海安市				17	8	9	4		4
连云港市	**11**	**3**	**8**	**1**	**1**		**1**		**1**
连云区									
海州区									
赣榆区									
东海县	2		2	1	1				
灌云县									
灌南县									
连云港经济技术开发区	2		2						
连云港高新技术产业开发区	7	3	4				1		1
江苏连云港徐圩新区									
江苏省连云港市云台山风景名胜区									
淮安市	**7**	**1**	**6**	**1**	**1**		**1**		**1**
淮安区									
淮阴区									
清江浦区									
洪泽区									
涟水县									
盱眙县	2	1	1	1	1				
金湖县									
淮安经济技术开发区	5		5				1		1
工业园区									
生态文旅区									
苏淮高新区									

1-4b　续表 41　　　　单位：人

地　区	锡伯族			阿昌族			普米族		
	小计	男	女	小计	男	女	小计	男	女
盐城市	**1**		**1**				**3**		**3**
亭湖区									
盐都区							2		2
大丰区									
响水县									
滨海县									
阜宁县	1		1						
射阳县									
建湖县									
盐城经济技术开发区									
江苏省盐南高新区									
东台市							1		1
扬州市	**11**	**5**	**6**						
广陵区									
邗江区									
江都区									
宝应县	2	1	1						
扬州经济技术开发区	9	4	5						
蜀冈瘦西湖景区									
生态新城									
仪征市									
高邮市									
镇江市	**3**	**1**	**2**	**3**	**1**	**2**	**1**		**1**
京口区									
润州区									
丹徒区							1		1
镇江新区	2	1	1						
江苏镇江高新区									
丹阳市	1		1	3	1	2			
扬中市									
句容市									
泰州市	**2**	**1**	**1**	**3**	**2**	**1**	**7**	**3**	**4**
海陵区									
高港区				2	1	1			
姜堰区									
泰州医药高新技术产业开发区	1	1					4	3	1
兴化市	1		1	1	1		2		2
靖江市							1		1
泰兴市									
宿迁市	**3**	**2**	**1**						
宿城区									
宿豫区									
沭阳县	1	1							
泗阳县	2	1	1						
泗洪县									
宿迁经济技术开发区									
宿迁市湖滨新区									
苏州宿迁工业园区									
宿迁市洋河新区									

1-4b 续表 42

单位：人

地 区	塔吉克族			怒 族			乌孜别克族		
	小计	男	女	小计	男	女	小计	男	女
江 苏	**3**	**3**		**32**	**7**	**25**	**5**	**2**	**3**
南京市									
玄武区									
秦淮区									
建邺区									
鼓楼区									
浦口区									
栖霞区									
雨花台区									
江宁区									
六合区									
溧水区									
高淳区									
南京江北新区									
无锡市				**4**	**1**	**3**			
锡山区				3	1	2			
惠山区									
滨湖区									
梁溪区									
新吴区									
江苏无锡经济开发区									
江阴市									
宜兴市				1		1			
徐州市									
鼓楼区									
云龙区									
贾汪区									
泉山区									
铜山区									
丰县									
沛县									
睢宁县									
徐州经济技术开发区									
新沂市									
邳州市									
常州市									
天宁区									
钟楼区									
新北区									
武进区									
金坛区									
江苏省常州市经济开发区									
溧阳市									

1-4b　续表 43　　　　单位：人

地　区	塔吉克族			怒　族			乌孜别克族		
	小计	男	女	小计	男	女	小计	男	女
苏州市				**7**	**2**	**5**	**2**	**1**	**1**
虎丘区									
吴中区									
相城区									
姑苏区									
吴江区									
苏州工业园区							2	1	1
常熟市				2	1	1			
张家港市									
昆山市									
太仓市				5	1	4			
南通市				**4**	**2**	**2**			
崇川区									
港闸区									
通州区				1	1				
如东县									
南通经济技术开发区				2		2			
通州湾示范区									
苏锡通科技产业园区									
启东市				1	1				
如皋市									
海门市									
海安市									
连云港市	**3**	**3**					**3**	**1**	**2**
连云区									
海州区									
赣榆区									
东海县									
灌云县									
灌南县									
连云港经济技术开发区	2	2					1		1
连云港高新技术产业开发区	1	1					2	1	1
江苏连云港徐圩新区									
江苏省连云港市云台山风景名胜区									
淮安市				**2**		**2**			
淮安区				1		1			
淮阴区									
清江浦区									
洪泽区									
涟水县									
盱眙县									
金湖县									
淮安经济技术开发区				1		1			
工业园区									
生态文旅区									
苏淮高新区									

1-4b 续表 44

单位：人

地　区	塔吉克族			怒　族			乌孜别克族		
	小计	男	女	小计	男	女	小计	男	女
盐城市									
亭湖区									
盐都区									
大丰区									
响水县									
滨海县									
阜宁县									
射阳县									
建湖县									
盐城经济技术开发区									
江苏省盐南高新区									
东台市									
扬州市				**3**		**3**			
广陵区									
邗江区									
江都区				2		2			
宝应县									
扬州经济技术开发区				1		1			
蜀冈瘦西湖景区									
生态新城									
仪征市									
高邮市									
镇江市				**3**	**1**	**2**			
京口区									
润州区									
丹徒区									
镇江新区									
江苏镇江高新区									
丹阳市				1		1			
扬中市				1		1			
句容市				1	1				
泰州市				**5**	**1**	**4**			
海陵区									
高港区									
姜堰区									
泰州医药高新技术产业开发区									
兴化市				3		3			
靖江市				2	1	1			
泰兴市									
宿迁市				**4**		**4**			
宿城区									
宿豫区									
沭阳县				1		1			
泗阳县									
泗洪县				3		3			
宿迁经济技术开发区									
宿迁市湖滨新区									
苏州宿迁工业园区									
宿迁市洋河新区									

1-4b　续表 45　　　　单位：人

地　区	俄罗斯族			鄂温克族			德 昂 族		
	小计	男	女	小计	男	女	小计	男	女
江　苏	**32**	**17**	**15**	**27**	**11**	**16**	**5**		**5**
南京市									
玄武区									
秦淮区									
建邺区									
鼓楼区									
浦口区									
栖霞区									
雨花台区									
江宁区									
六合区									
溧水区									
高淳区									
南京江北新区									
无锡市				**1**	**1**				
锡山区									
惠山区									
滨湖区									
梁溪区									
新吴区									
江苏无锡经济开发区									
江阴市				1	1				
宜兴市									
徐州市	**2**		**2**	**2**		**2**			
鼓楼区									
云龙区									
贾汪区									
泉山区									
铜山区									
丰县									
沛县									
睢宁县	1		1						
徐州经济技术开发区	1		1	1		1			
新沂市				1		1			
邳州市									
常州市	**2**	**2**		**1**		**1**			
天宁区									
钟楼区									
新北区	1	1		1		1			
武进区									
金坛区									
江苏省常州市经济开发区									
溧阳市	1	1							

1-4b 续表 46

单位：人

地　　区	俄罗斯族			鄂温克族			德 昂 族		
	小计	男	女	小计	男	女	小计	男	女
苏州市	**23**	**12**	**11**	**8**	**6**	**2**			
虎丘区									
吴中区				1	1				
相城区									
姑苏区									
吴江区				1		1			
苏州工业园区	17	9	8	2	2				
常熟市									
张家港市	6	3	3	1	1				
昆山市									
太仓市				3	2	1			
南通市	**2**	**2**							
崇川区									
港闸区									
通州区									
如东县									
南通经济技术开发区	2	2							
通州湾示范区									
苏锡通科技产业园区									
启东市									
如皋市									
海门市									
海安市									
连云港市				**4**		**4**	**1**		**1**
连云区									
海州区									
赣榆区									
东海县				4		4			
灌云县							1		1
灌南县									
连云港经济技术开发区									
连云港高新技术产业开发区									
江苏连云港徐圩新区									
江苏省连云港市云台山风景名胜区									
淮安市				**2**	**1**	**1**	**1**		**1**
淮安区									
淮阴区									
清江浦区									
洪泽区									
涟水县				1		1	1		1
盱眙县									
金湖县									
淮安经济技术开发区				1	1				
工业园区									
生态文旅区									
苏淮高新区									

1-4b　续表 47　　　　单位：人

地　　区	俄罗斯族			鄂温克族			德 昂 族		
	小计	男	女	小计	男	女	小计	男	女
盐城市				**3**	**1**	**2**			
亭湖区									
盐都区									
大丰区									
响水县									
滨海县				1		1			
阜宁县									
射阳县									
建湖县				2	1	1			
盐城经济技术开发区									
江苏省盐南高新区									
东台市									
扬州市				**1**	**1**		**2**		**2**
广陵区									
邗江区									
江都区				1	1		1		1
宝应县									
扬州经济技术开发区							1		1
蜀冈瘦西湖景区									
生态新城									
仪征市									
高邮市									
镇江市				**2**	**1**	**1**	**1**		**1**
京口区									
润州区									
丹徒区									
镇江新区				2	1	1			
江苏镇江高新区									
丹阳市									
扬中市									
句容市							1		1
泰州市	**3**	**1**	**2**	**1**		**1**			
海陵区									
高港区									
姜堰区									
泰州医药高新技术产业开发区				1		1			
兴化市									
靖江市									
泰兴市	3	1	2						
宿迁市				**2**		**2**			
宿城区				2		2			
宿豫区									
沭阳县									
泗阳县									
泗洪县									
宿迁经济技术开发区									
宿迁市湖滨新区									
苏州宿迁工业园区									
宿迁市洋河新区									

1-4b 续表 48

单位：人

地区	保安族			裕固族			京族		
	小计	男	女	小计	男	女	小计	男	女
江苏	**23**	**15**	**8**	**4**	**2**	**2**	**8**	**4**	**4**
南京市									
玄武区									
秦淮区									
建邺区									
鼓楼区									
浦口区									
栖霞区									
雨花台区									
江宁区									
六合区									
溧水区									
高淳区									
南京江北新区									
无锡市	**1**		**1**						
锡山区									
惠山区									
滨湖区									
梁溪区									
新吴区									
江苏无锡经济开发区									
江阴市									
宜兴市	1		1						
徐州市									
鼓楼区									
云龙区									
贾汪区									
泉山区									
铜山区									
丰县									
沛县									
睢宁县									
徐州经济技术开发区									
新沂市									
邳州市									
常州市									
天宁区									
钟楼区									
新北区									
武进区									
金坛区									
江苏省常州市经济开发区									
溧阳市									

1-4b　续表 49　　　　单位：人

地　区	保安族			裕固族			京　族		
	小计	男	女	小计	男	女	小计	男	女
苏州市	**3**	**3**		**2**		**2**	**3**	**1**	**2**
虎丘区									
吴中区									
相城区									
姑苏区									
吴江区									
苏州工业园区	1	1		2		2	2		2
常熟市							1	1	
张家港市									
昆山市									
太仓市	2	2							
南通市	**1**	**1**							
崇川区									
港闸区									
通州区	1	1							
如东县									
南通经济技术开发区									
通州湾示范区									
苏锡通科技产业园区									
启东市									
如皋市									
海门市									
海安市									
连云港市				**1**	**1**				
连云区									
海州区									
赣榆区									
东海县									
灌云县									
灌南县									
连云港经济技术开发区				1	1				
连云港高新技术产业开发区									
江苏连云港徐圩新区									
江苏省连云港市云台山风景名胜区									
淮安市	**5**	**3**	**2**						
淮安区									
淮阴区									
清江浦区									
洪泽区									
涟水县									
盱眙县									
金湖县	5	3	2						
淮安经济技术开发区									
工业园区									
生态文旅区									
苏淮高新区									

1-4b 续表 50

单位：人

地区	保安族			裕固族			京族		
	小计	男	女	小计	男	女	小计	男	女
盐城市	**3**	**1**	**2**				**1**		**1**
亭湖区									
盐都区									
大丰区									
响水县									
滨海县									
阜宁县									
射阳县									
建湖县	3	1	2						
盐城经济技术开发区							1		1
江苏省盐南高新区									
东台市									
扬州市	**2**	**1**	**1**						
广陵区									
邗江区									
江都区	1		1						
宝应县									
扬州经济技术开发区	1	1							
蜀冈瘦西湖景区									
生态新城									
仪征市									
高邮市									
镇江市	**2**	**2**					**2**	**1**	**1**
京口区									
润州区									
丹徒区							1	1	
镇江新区									
江苏镇江高新区									
丹阳市	2	2					1		1
扬中市									
句容市									
泰州市	**3**	**2**	**1**	**1**	**1**		**1**	**1**	
海陵区									
高港区									
姜堰区									
泰州医药高新技术产业开发区	3	2	1						
兴化市									
靖江市							1	1	
泰兴市				1	1				
宿迁市	**3**	**2**	**1**				**1**	**1**	
宿城区									
宿豫区									
沭阳县	1		1						
泗阳县									
泗洪县	2	2					1	1	
宿迁经济技术开发区									
宿迁市湖滨新区									
苏州宿迁工业园区									
宿迁市洋河新区									

1-4b 续表 51

单位：人

地 区	塔塔尔族			独 龙 族			鄂伦春族		
	小计	男	女	小计	男	女	小计	男	女
江 苏	**2**	**1**	**1**	**4**		**4**	**11**	**6**	**5**
南京市									
玄武区									
秦淮区									
建邺区									
鼓楼区									
浦口区									
栖霞区									
雨花台区									
江宁区									
六合区									
溧水区									
高淳区									
南京江北新区									
无锡市							**2**	**2**	
锡山区							2	2	
惠山区									
滨湖区									
梁溪区									
新吴区									
江苏无锡经济开发区									
江阴市									
宜兴市									
徐州市									
鼓楼区									
云龙区									
贾汪区									
泉山区									
铜山区									
丰县									
沛县									
睢宁县									
徐州经济技术开发区									
新沂市									
邳州市									
常州市									
天宁区									
钟楼区									
新北区									
武进区									
金坛区									
江苏省常州市经济开发区									
溧阳市									

1-4b 续表 52

单位：人

地区	塔塔尔族			独龙族			鄂伦春族		
	小计	男	女	小计	男	女	小计	男	女
苏州市	**1**	**1**					**5**	**2**	**3**
虎丘区									
吴中区									
相城区									
姑苏区									
吴江区									
苏州工业园区							5	2	3
常熟市	1	1							
张家港市									
昆山市									
太仓市									
南通市							**4**	**2**	**2**
崇川区									
港闸区									
通州区									
如东县							2	1	1
南通经济技术开发区							2	1	1
通州湾示范区									
苏锡通科技产业园区									
启东市									
如皋市									
海门市									
海安市									
连云港市	**1**		**1**						
连云区									
海州区									
赣榆区									
东海县									
灌云县									
灌南县									
连云港经济技术开发区	1		1						
连云港高新技术产业开发区									
江苏连云港徐圩新区									
江苏省连云港市云台山风景名胜区									
淮安市									
淮安区									
淮阴区									
清江浦区									
洪泽区									
涟水县									
盱眙县									
金湖县									
淮安经济技术开发区									
工业园区									
生态文旅区									
苏淮高新区									

1-4b　续表 53

单位：人

地　区	塔塔尔族			独 龙 族			鄂伦春族		
	小计	男	女	小计	男	女	小计	男	女
盐城市									
亭湖区									
盐都区									
大丰区									
响水县									
滨海县									
阜宁县									
射阳县									
建湖县									
盐城经济技术开发区									
江苏省盐南高新区									
东台市									
扬州市				**1**		**1**			
广陵区									
邗江区									
江都区				1		1			
宝应县									
扬州经济技术开发区									
蜀冈瘦西湖景区									
生态新城									
仪征市									
高邮市									
镇江市				**1**		**1**			
京口区									
润州区									
丹徒区									
镇江新区									
江苏镇江高新区									
丹阳市				1		1			
扬中市									
句容市									
泰州市									
海陵区									
高港区									
姜堰区									
泰州医药高新技术产业开发区									
兴化市									
靖江市									
泰兴市									
宿迁市				**2**		**2**			
宿城区									
宿豫区									
沭阳县				2		2			
泗阳县									
泗洪县									
宿迁经济技术开发区									
宿迁市湖滨新区									
苏州宿迁工业园区									
宿迁市洋河新区									

1-4b 续表 54

单位：人

地　区	赫哲族			门巴族			珞巴族		
	小计	男	女	小计	男	女	小计	男	女
江　苏	**4**	**3**	**1**	**18**	**8**	**10**	**5**	**2**	**3**
南京市									
玄武区									
秦淮区									
建邺区									
鼓楼区									
浦口区									
栖霞区									
雨花台区									
江宁区									
六合区									
溧水区									
高淳区									
南京江北新区									
无锡市	**3**	**2**	**1**	**2**	**2**				
锡山区	3	2	1	1	1				
惠山区									
滨湖区									
梁溪区									
新吴区									
江苏无锡经济开发区									
江阴市									
宜兴市				1	1				
徐州市				**3**		**3**	**1**		**1**
鼓楼区									
云龙区									
贾汪区									
泉山区									
铜山区				1		1			
丰县							1		1
沛县									
睢宁县									
徐州经济技术开发区				2		2			
新沂市									
邳州市									
常州市							**1**		**1**
天宁区									
钟楼区									
新北区							1		1
武进区									
金坛区									
江苏省常州市经济开发区									
溧阳市									

1-4b　续表 55　　　　　　　　　　　　　　　　　　　　　　　　单位：人

地　区	赫哲族			门巴族			珞巴族		
	小计	男	女	小计	男	女	小计	男	女
苏州市									
虎丘区									
吴中区									
相城区									
姑苏区									
吴江区									
苏州工业园区									
常熟市									
张家港市									
昆山市									
太仓市									
南通市				**3**	**3**		**1**	**1**	
崇川区									
港闸区									
通州区				1	1				
如东县									
南通经济技术开发区				2	2				
通州湾示范区									
苏锡通科技产业园区									
启东市									
如皋市									
海门市							1	1	
海安市									
连云港市				**5**	**1**	**4**	**1**		**1**
连云区									
海州区									
赣榆区									
东海县									
灌云县									
灌南县									
连云港经济技术开发区									
连云港高新技术产业开发区				5	1	4	1		1
江苏连云港徐圩新区									
江苏省连云港市云台山风景名胜区									
淮安市				**4**	**2**	**2**	**1**	**1**	
淮安区									
淮阴区									
清江浦区									
洪泽区									
涟水县									
盱眙县									
金湖县									
淮安经济技术开发区				4	2	2	1	1	
工业园区									
生态文旅区									
苏淮高新区									

1-4b　续表 56　　　　　　　　　　　　　　　　　　　　　　　　　　　单位：人

地　区	赫哲族			门巴族			珞巴族		
	小计	男	女	小计	男	女	小计	男	女
盐城市	**1**	**1**		**1**		**1**			
亭湖区									
盐都区									
大丰区									
响水县									
滨海县									
阜宁县									
射阳县									
建湖县									
盐城经济技术开发区	1	1		1		1			
江苏省盐南高新区									
东台市									
扬州市									
广陵区									
邗江区									
江都区									
宝应县									
扬州经济技术开发区									
蜀冈瘦西湖景区									
生态新城									
仪征市									
高邮市									
镇江市									
京口区									
润州区									
丹徒区									
镇江新区									
江苏镇江高新区									
丹阳市									
扬中市									
句容市									
泰州市									
海陵区									
高港区									
姜堰区									
泰州医药高新技术产业开发区									
兴化市									
靖江市									
泰兴市									
宿迁市									
宿城区									
宿豫区									
沭阳县									
泗阳县									
泗洪县									
宿迁经济技术开发区									
宿迁市湖滨新区									
苏州宿迁工业园区									
宿迁市洋河新区									

1-4b 续表 57

单位：人

地 区	基诺族			未定族称人口			入 籍		
	小计	男	女	小计	男	女	小计	男	女
江 苏	**8**	**4**	**4**	**1838**	**992**	**846**	**78**	**36**	**42**
南京市				**6**	**2**	**4**	**1**	**1**	
玄武区									
秦淮区									
建邺区									
鼓楼区									
浦口区									
栖霞区									
雨花台区				1	1				
江宁区									
六合区				4	1	3	1	1	
溧水区				1		1			
高淳区									
南京江北新区									
无锡市				**345**	**201**	**144**	**7**	**4**	**3**
锡山区				88	48	40			
惠山区				13	6	7	2	2	
滨湖区									
梁溪区									
新吴区									
江苏无锡经济开发区									
江阴市				113	66	47	2	1	1
宜兴市				131	81	50	3	1	2
徐州市				**46**	**15**	**31**	**3**		**3**
鼓楼区									
云龙区				6	3	3			
贾汪区				2		2			
泉山区									
铜山区				3	1	2			
丰县				6	2	4			
沛县				16	4	12	1		1
睢宁县				6	1	5	1		1
徐州经济技术开发区				4	3	1			
新沂市				2	1	1			
邳州市				1		1	1		1
常州市				**133**	**71**	**62**	**4**	**2**	**2**
天宁区				1		1			
钟楼区									
新北区				3	3				
武进区				101	51	50	4	2	2
金坛区				14	10	4			
江苏省常州市经济开发区				5	4	1			
溧阳市				9	3	6			

1-4b 续表 58 单位：人

地区	基诺族			未定族称人口			入籍		
	小计	男	女	小计	男	女	小计	男	女
苏州市	**4**	**4**		**806**	**468**	**338**	**16**	**10**	**6**
虎丘区									
吴中区				26	13	13			
相城区				10	5	5			
姑苏区									
吴江区				557	329	228			
苏州工业园区	3	3		97	57	40	5	3	2
常熟市				24	15	9			
张家港市				39	20	19	3	1	2
昆山市	1	1		15	8	7	1		1
太仓市				38	21	17	7	6	1
南通市	**3**		**3**	**149**	**78**	**71**	**3**	**1**	**2**
崇川区									
港闸区									
通州区				31	18	13			
如东县	1		1	6	3	3	1	1	
南通经济技术开发区	1		1	22	11	11	1		1
通州湾示范区				3	2	1			
苏锡通科技产业园区									
启东市				20	13	7			
如皋市				35	17	18	1		1
海门市	1		1	10	5	5			
海安市				22	9	13			
连云港市				**32**	**9**	**23**	**8**	**3**	**5**
连云区									
海州区									
赣榆区				5		5			
东海县				1		1	2		2
灌云县				3		3	3	1	2
灌南县				5	2	3			
连云港经济技术开发区				3	1	2			
连云港高新技术产业开发区				13	4	9	3	2	1
江苏连云港徐圩新区				2	2				
江苏省连云港市云台山风景名胜区									
淮安市				**40**	**15**	**25**	**8**	**4**	**4**
淮安区				5		5			
淮阴区							1		1
清江浦区									
洪泽区									
涟水县				1		1	1	1	
盱眙县				9	2	7			
金湖县				2	1	1			
淮安经济技术开发区				23	12	11	6	3	3
工业园区									
生态文旅区									
苏淮高新区									

1-4b 续表 59　　　　单位：人

地区	基诺族			未定族称人口			入籍		
	小计	男	女	小计	男	女	小计	男	女
盐城市	**1**		**1**	**35**	**13**	**22**	**11**	**3**	**8**
亭湖区									
盐都区				1		1	2		2
大丰区				9	4	5			
响水县				1		1	2		2
滨海县				3	2	1	2	1	1
阜宁县	1		1	3	1	2	2		2
射阳县				5	1	4			
建湖县				1	1				
盐城经济技术开发区				10	3	7	3	2	1
江苏省盐南高新区									
东台市				2	1	1			
扬州市				**45**	**17**	**28**	**2**	**2**	
广陵区									
邗江区				3	1	2			
江都区				8	5	3			
宝应县				8	3	5			
扬州经济技术开发区				11	3	8	2	2	
蜀冈瘦西湖景区									
生态新城				2		2			
仪征市				7	3	4			
高邮市				6	2	4			
镇江市				**97**	**49**	**48**	**2**	**1**	**1**
京口区									
润州区									
丹徒区				25	13	12			
镇江新区				16	7	9			
江苏镇江高新区									
丹阳市				46	26	20	1		1
扬中市				2		2			
句容市				8	3	5	1	1	
泰州市				**72**	**43**	**29**	**7**	**3**	**4**
海陵区									
高港区				4	2	2			
姜堰区				22	13	9	3		3
泰州医药高新技术产业开发区				6	4	2	1	1	
兴化市				5	2	3			
靖江市				15	10	5	1	1	
泰兴市				20	12	8	2	1	1
宿迁市				**32**	**11**	**21**	**6**	**2**	**4**
宿城区				1		1			
宿豫区				1		1			
沭阳县				13	5	8	1		1
泗阳县				12	4	8	2		2
泗洪县				5	2	3	2	1	1
宿迁经济技术开发区							1	1	
宿迁市湖滨新区									
苏州宿迁工业园区									
宿迁市洋河新区									

1-4c 各地区分性别、民族的人口(乡村)

单位：人

地区	合计			汉族		
	合计	男	女	小计	男	女
江苏	**22505633**	**11510786**	**10994847**	**22374041**	**11448656**	**10925385**
南京市	**1229444**	**641078**	**588366**	**1222279**	**637857**	**584422**
玄武区						
秦淮区						
建邺区						
鼓楼区						
浦口区	77354	39715	37639	76994	39569	37425
栖霞区	62208	32733	29475	61855	32533	29322
雨花台区						
江宁区	422658	226932	195726	419648	225218	194430
六合区	291016	147573	143443	289644	147017	142627
溧水区	168506	86323	82183	167596	86044	81552
高淳区	186576	96147	90429	185566	95904	89662
南京江北新区	21126	11655	9471	20976	11572	9404
无锡市	**1283927**	**676695**	**607232**	**1257559**	**662666**	**594893**
锡山区	113320	59548	53772	110204	57873	52331
惠山区	204850	109506	95344	201162	107450	93712
滨湖区	43568	23365	20203	43173	23146	20027
梁溪区						
新吴区	78112	44395	33717	76475	43395	33080
江苏无锡经济开发区						
江阴市	448163	235402	212761	437331	229766	207565
宜兴市	395914	204479	191435	389214	201036	188178
徐州市	**3121902**	**1583308**	**1538594**	**3118907**	**1582423**	**1536484**
鼓楼区						
云龙区						
贾汪区	183388	94860	88528	183180	94782	88398
泉山区						
铜山区	506727	259397	247330	506173	259211	246962
丰县	430439	215218	215221	429904	215044	214860
沛县	442065	222019	220046	441498	221835	219663
睢宁县	473976	240736	233240	473620	240651	232969
徐州经济技术开发区	53548	27560	25988	53471	27528	25943
新沂市	420011	213498	206513	419619	213425	206194
邳州市	611748	310020	301728	611442	309947	301495
常州市	**1210265**	**630640**	**579625**	**1188897**	**618933**	**569964**
天宁区	59176	30680	28496	58536	30327	28209
钟楼区	43425	23778	19647	42797	23438	19359
新北区	112496	58113	54383	111528	57605	53923
武进区	359848	189384	170464	353223	185719	167504
金坛区	200047	103226	96821	198302	102380	95922
江苏省常州市经济开发区	145688	78573	67115	136668	73323	63345
溧阳市	289585	146886	142699	287843	146141	141702

1-4c　续表 1　　　　单位：人

地　区	合　计			汉　族		
	合计	男	女	小计	男	女
苏州市	**2329889**	**1246436**	**1083453**	**2303226**	**1231478**	**1071748**
虎丘区	68893	37219	31674	68051	36736	31315
吴中区	318222	169948	148274	315018	168227	146791
相城区	51681	29131	22550	50874	28685	22189
姑苏区						
吴江区	383871	201256	182615	378387	198242	180145
苏州工业园区						
常熟市	446451	232375	214076	442273	229957	212316
张家港市	376151	197899	178252	372004	195746	176258
昆山市	440337	246810	193527	435334	243848	191486
太仓市	244283	131798	112485	241285	130037	111248
南通市	**2283703**	**1105459**	**1178244**	**2272175**	**1101159**	**1171016**
崇川区						
港闸区	3633	2128	1505	3586	2093	1493
通州区	350111	170454	179657	348158	169589	178569
如东县	365585	177560	188025	363639	177109	186530
南通经济技术开发区						
通州湾示范区	50441	23434	27007	50302	23399	26903
苏锡通科技产业园区	47240	23749	23491	46175	23176	22999
启东市	387156	185783	201373	386147	185323	200824
如皋市	476569	231124	245445	474745	230669	244076
海门市	329799	156677	173122	327627	155702	171925
海安市	273169	134550	138619	271796	134099	137697
连云港市	**1769795**	**902102**	**867693**	**1767257**	**901452**	**865805**
连云区	2724	1523	1201	2715	1519	1196
海州区	94029	48498	45531	93905	48451	45454
赣榆区	434615	218628	215987	434224	218541	215683
东海县	540368	273934	266434	539499	273831	265668
灌云县	366539	188801	177738	365691	188467	177224
灌南县	288525	148560	139965	288269	148503	139766
连云港经济技术开发区	18933	9699	9234	18921	9694	9227
连云港高新技术产业开发区						
江苏连云港徐圩新区	1168	677	491	1162	672	490
江苏省连云港市云台山风景名胜区	22894	11782	11112	22871	11774	11097
淮安市	**1564007**	**799731**	**764276**	**1560925**	**798711**	**762214**
淮安区	357612	182369	175243	356874	182189	174685
淮阴区	317407	163645	153762	316788	163470	153318
清江浦区	54526	28000	26526	54447	27976	26471
洪泽区	114611	57551	57060	114408	57471	56937
涟水县	364642	187100	177542	363830	186749	177081
盱眙县	232775	119154	113621	232428	119056	113372
金湖县	111823	56530	55293	111579	56439	55140
淮安经济技术开发区						
工业园区	8423	4271	4152	8384	4251	4133
生态文旅区						
苏淮高新区	2188	1111	1077	2187	1110	1077

1-4c 续表 2

单位：人

地区	合计			汉族		
	合计	男	女	小计	男	女
盐城市	**2407973**	**1224725**	**1183248**	**2399924**	**1222573**	**1177351**
亭湖区	95203	48728	46475	94920	48647	46273
盐都区	256339	131246	125093	255594	130992	124602
大丰区	246106	124455	121651	244486	124042	120444
响水县	190371	98473	91898	189736	98198	91538
滨海县	361280	186634	174646	360297	186243	174054
阜宁县	328940	169064	159876	328145	168911	159234
射阳县	306725	156161	150564	305906	155989	149917
建湖县	230587	117223	113364	230193	117140	113053
盐城经济技术开发区	28574	14581	13993	28446	14556	13890
江苏省盐南高新区						
东台市	363848	178160	185688	362201	177855	184346
扬州市	**1320893**	**666219**	**654674**	**1312395**	**662533**	**649862**
广陵区	76379	41080	35299	75883	40818	35065
邗江区	92028	45941	46087	91731	45824	45907
江都区	364114	181095	183019	362628	180438	182190
宝应县	290380	146339	144041	289942	146201	143741
扬州经济技术开发区	18187	9208	8979	17914	9053	8861
蜀冈瘦西湖景区						
生态新城	17473	8615	8858	17422	8589	8833
仪征市	175576	89382	86194	174837	89115	85722
高邮市	286756	144559	142197	282038	142495	139543
镇江市	**659591**	**338935**	**320656**	**655316**	**336883**	**318433**
京口区	6865	3518	3347	6826	3495	3331
润州区	914	531	383	886	512	374
丹徒区	100134	51269	48865	99642	51047	48595
镇江新区	35064	18029	17035	34854	17921	16933
江苏镇江高新区						
丹阳市	196316	100696	95620	194737	99922	94815
扬中市	94028	48089	45939	93491	47762	45729
句容市	226270	116803	109467	224880	116224	108656
泰州市	**1441583**	**731667**	**709916**	**1436006**	**729461**	**706545**
海陵区	43834	22071	21763	43709	22023	21686
高港区	78662	40040	38622	78209	39845	38364
姜堰区	241312	120661	120651	240717	120509	120208
泰州医药高新技术产业开发区	14570	7234	7336	14511	7207	7304
兴化市	478355	244484	233871	477799	244307	233492
靖江市	209438	108463	100975	207807	107626	100181
泰兴市	375412	188714	186698	373254	187944	185310
宿迁市	**1882661**	**963791**	**918870**	**1879175**	**962527**	**916648**
宿城区	231196	118429	112767	230609	118159	112450
宿豫区	146904	75634	71270	146727	75594	71133
沭阳县	688731	353786	334945	687860	353569	334291
泗阳县	319045	161879	157166	317905	161334	156571
泗洪县	333532	170740	162792	333115	170635	162480
宿迁经济技术开发区	48607	25020	23587	48531	24992	23539
宿迁市湖滨新区	51632	26767	24865	51528	26741	24787
苏州宿迁工业园区						
宿迁市洋河新区	63014	31536	31478	62900	31503	31397

1-4c 续表 3

单位：人

地 区	蒙古族			回 族			藏 族		
	小计	男	女	小计	男	女	小计	男	女
江 苏	**1923**	**961**	**962**	**14520**	**7454**	**7066**	**762**	**311**	**451**
南京市	**182**	**90**	**92**	**1713**	**902**	**811**	**42**	**14**	**28**
玄武区									
秦淮区									
建邺区									
鼓楼区									
浦口区	6	3	3	70	39	31			
栖霞区	12	10	2	80	48	32	3		3
雨花台区									
江宁区	105	57	48	817	441	376	19	8	11
六合区	30	7	23	614	322	292	6	3	3
溧水区	20	11	9	64	29	35	7	1	6
高淳区	5		5	47	15	32	7	2	5
南京江北新区	4	2	2	21	8	13			
无锡市	**268**	**142**	**126**	**853**	**482**	**371**	**81**	**34**	**47**
锡山区	22	15	7	68	38	30	4		4
惠山区	54	30	24	203	105	98	13	8	5
滨湖区	36	15	21	19	13	6	3		3
梁溪区									
新吴区	36	23	13	66	36	30	9	3	6
江苏无锡经济开发区									
江阴市	62	28	34	320	182	138	30	13	17
宜兴市	58	31	27	177	108	69	22	10	12
徐州市	**79**	**21**	**58**	**556**	**259**	**297**	**32**	**10**	**22**
鼓楼区									
云龙区									
贾汪区	8	3	5	21	10	11	6	2	4
泉山区									
铜山区	15	5	10	84	45	39	6	1	5
丰县	18	5	13	174	84	90	4	1	3
沛县	14	3	11	169	83	86	4		4
睢宁县				32	15	17	4	2	2
徐州经济技术开发区	1		1	3	2	1	1		1
新沂市	7	2	5	25	6	19			
邳州市	16	3	13	48	14	34	7	4	3
常州市	**186**	**109**	**77**	**772**	**452**	**320**	**121**	**42**	**79**
天宁区	6	4	2	16	9	7	3	1	2
钟楼区	4	2	2	52	29	23	57	25	32
新北区	24	14	10	48	24	24	7	4	3
武进区	44	22	22	420	255	165	23	4	19
金坛区	45	25	20	72	43	29	12	6	6
江苏省常州市经济开发区	34	23	11	119	70	49	6	2	4
溧阳市	29	19	10	45	22	23	13		13

1-4c 续表 4

单位：人

地区	蒙古族			回族			藏族		
	小计	男	女	小计	男	女	小计	男	女
苏州市	**506**	**291**	**215**	**1750**	**986**	**764**	**196**	**110**	**86**
虎丘区	15	7	8	47	26	21	2	1	1
吴中区	109	67	42	181	96	85	53	35	18
相城区	5	3	2	46	25	21	12	8	4
姑苏区									
吴江区	62	27	35	262	155	107	7	2	5
苏州工业园区									
常熟市	55	31	24	350	197	153	14	7	7
张家港市	67	34	33	249	133	116	22	11	11
昆山市	152	94	58	497	286	211	59	31	28
太仓市	41	28	13	118	68	50	27	15	12
南通市	**134**	**56**	**78**	**420**	**212**	**208**	**62**	**18**	**44**
崇川区									
港闸区							1	1	
通州区	22	10	12	83	49	34	12	3	9
如东县	15	7	8	39	19	20	11	4	7
南通经济技术开发区									
通州湾示范区				6	2	4			
苏锡通科技产业园区	7	5	2	17	10	7			
启东市	23	9	14	54	32	22	12	4	8
如皋市	34	15	19	43	14	29	8		8
海门市	14	8	6	118	59	59	2		2
海安市	19	2	17	60	27	33	16	6	10
连云港市	**40**	**12**	**28**	**627**	**340**	**287**	**24**	**5**	**19**
连云区				1	1				
海州区	4	2	2	9	3	6	1		1
赣榆区	16	6	10	70	36	34	10	4	6
东海县	14	2	12	66	26	40	12		12
灌云县	1		1	468	269	199	1	1	
灌南县	3	2	1	12	5	7			
连云港经济技术开发区	1		1	1		1			
连云港高新技术产业开发区									
江苏连云港徐圩新区									
江苏省连云港市云台山风景名胜区	1		1						
淮安市	**54**	**25**	**29**	**755**	**411**	**344**	**16**	**5**	**11**
淮安区	15	5	10	33	13	20	3		3
淮阴区	5	1	4	214	115	99	3	1	2
清江浦区	2		2	13	8	5	2	1	1
洪泽区	5	2	3	34	15	19			
涟水县	4	1	3	426	245	181	4	1	3
盱眙县	4	2	2	9	5	4	4	2	2
金湖县	12	8	4	21	8	13			
淮安经济技术开发区									
工业园区	7	6	1	5	2	3			
生态文旅区									
苏淮高新区									

1-4c　续表 5　　　　　　　　　　　　　　　　　　　　　　　　　　　单位：人

地　区	蒙古族			回　族			藏　族		
	小计	男	女	小计	男	女	小计	男	女
盐城市	**125**	**43**	**82**	**887**	**470**	**417**	**27**	**8**	**19**
亭湖区	4	1	3	6	1	5	1		1
盐都区	16	5	11	43	17	26	5	4	1
大丰区	42	18	24	30	15	15	2		2
响水县	8	3	5	374	208	166	1		1
滨海县	5	2	3	308	184	124	1		1
阜宁县	17	7	10	26	9	17	3		3
射阳县	13	5	8	32	13	19	4	1	3
建湖县	2		2	20	8	12	3	2	1
盐城经济技术开发区				3	1	2	1		1
江苏省盐南高新区									
东台市	18	2	16	45	14	31	6	1	5
扬州市	**122**	**65**	**57**	**4414**	**1996**	**2418**	**59**	**23**	**36**
广陵区	39	22	17	63	41	22	15	10	5
邗江区	3	2	1	36	14	22			
江都区	37	19	18	98	44	54	19	3	16
宝应县	13	6	7	42	17	25	5	2	3
扬州经济技术开发区				35	19	16	4	3	1
蜀冈瘦西湖景区									
生态新城				13	7	6			
仪征市	14	4	10	74	34	40	5	2	3
高邮市	16	12	4	4053	1820	2233	11	3	8
镇江市	**112**	**65**	**47**	**396**	**200**	**196**	**46**	**26**	**20**
京口区	2	1	1	3	1	2			
润州区	1	1							
丹徒区	19	15	4	76	38	38	11	6	5
镇江新区	1		1	15	7	8	5	2	3
江苏镇江高新区									
丹阳市	43	24	19	111	49	62	11	8	3
扬中市	9	6	3	21	12	9	6	3	3
句容市	37	18	19	170	93	77	13	7	6
泰州市	**83**	**32**	**51**	**189**	**81**	**108**	**32**	**7**	**25**
海陵区				4	1	3	2		2
高港区	7	2	5	12	6	6	2		2
姜堰区	13	2	11	29	11	18	9	2	7
泰州医药高新技术产业开发区				1		1			
兴化市	9	5	4	23	7	16	2		2
靖江市	15	7	8	35	13	22	5	2	3
泰兴市	39	16	23	85	43	42	12	3	9
宿迁市	**32**	**10**	**22**	**1188**	**663**	**525**	**24**	**9**	**15**
宿城区	7	1	6	236	150	86	5	1	4
宿豫区	2	1	1	19	5	14	1		1
沭阳县	11	4	7	111	53	58	6		6
泗阳县	5	2	3	745	427	318	6	3	3
泗洪县	3		3	37	11	26	4	3	1
宿迁经济技术开发区				5	1	4			
宿迁市湖滨新区				13	6	7	2	2	
苏州宿迁工业园区									
宿迁市洋河新区	4	2	2	22	10	12			

1-4c 续表 6　　　　单位：人

地区	维吾尔族			苗族			彝族		
	小计	男	女	小计	男	女	小计	男	女
江　苏	**316**	**148**	**168**	**28750**	**13680**	**15070**	**15158**	**7224**	**7934**
南京市	**56**	**30**	**26**	**1123**	**473**	**650**	**787**	**357**	**430**
玄武区									
秦淮区									
建邺区									
鼓楼区									
浦口区	3	1	2	51	21	30	70	16	54
栖霞区	5	2	3	72	43	29	45	26	19
雨花台区									
江宁区	30	17	13	412	248	164	343	222	121
六合区	2		2	161	47	114	78	20	58
溧水区	3	3		184	63	121	98	32	66
高淳区	11	5	6	233	49	184	125	24	101
南京江北新区	2	2		10	2	8	28	17	11
无锡市	**28**	**14**	**14**	**8280**	**4463**	**3817**	**3010**	**1594**	**1416**
锡山区	2	2		756	387	369	232	129	103
惠山区	6	2	4	940	549	391	470	241	229
滨湖区				126	80	46	44	21	23
梁溪区									
新吴区	4	3	1	206	129	77	117	84	33
江苏无锡经济开发区									
江阴市	12	5	7	4499	2415	2084	767	431	336
宜兴市	4	2	2	1753	903	850	1380	688	692
徐州市	**21**	**7**	**14**	**501**	**178**	**323**	**362**	**51**	**311**
鼓楼区									
云龙区									
贾汪区				46	21	25	20	5	15
泉山区									
铜山区	5	3	2	106	42	64	77	12	65
丰县	2		2	49	18	31	40	4	36
沛县	6	1	5	104	36	68	50	9	41
睢宁县	2		2	63	21	42	60	3	57
徐州经济技术开发区				19	11	8	9	2	7
新沂市	1		1	71	18	53	68	13	55
邳州市	5	3	2	43	11	32	38	3	35
常州市	**24**	**13**	**11**	**4075**	**2223**	**1852**	**2520**	**1298**	**1222**
天宁区	3	3		164	98	66	49	23	26
钟楼区				253	136	117	57	41	16
新北区	1		1	293	162	131	121	54	67
武进区	8	4	4	1433	785	648	852	454	398
金坛区	2	2		278	137	141	473	239	234
江苏省常州市经济开发区	2		2	1263	728	535	652	364	288
溧阳市	8	4	4	391	177	214	316	123	193

1-4c　续表 7　　　　单位：人

地　区	维吾尔族			苗　族			彝　族		
	小计	男	女	小计	男	女	小计	男	女
苏州市	**55**	**28**	**27**	**5978**	**3378**	**2600**	**3457**	**1966**	**1491**
虎丘区				176	108	68	63	42	21
吴中区	9	7	2	786	412	374	471	247	224
相城区	1		1	201	105	96	116	59	57
姑苏区									
吴江区	6	3	3	1133	644	489	804	410	394
苏州工业园区									
常熟市	9	4	5	879	536	343	458	286	172
张家港市	13	4	9	1118	600	518	473	265	208
昆山市	12	8	4	714	425	289	605	367	238
太仓市	5	2	3	971	548	423	467	290	177
南通市	**30**	**12**	**18**	**2616**	**884**	**1732**	**1007**	**443**	**564**
崇川区									
港闸区				23	17	6			
通州区	10	3	7	394	154	240	184	108	76
如东县	3	1	2	616	145	471	86	40	46
南通经济技术开发区									
通州湾示范区				42	7	35	3		3
苏锡通科技产业园区	1		1	212	112	100	45	22	23
启东市	2	1	1	201	94	107	191	91	100
如皋市	8	3	5	499	126	373	194	54	140
海门市	1	1		263	116	147	164	88	76
海安市	5	3	2	366	113	253	140	40	100
连云港市	**5**	**1**	**4**	**298**	**42**	**256**	**384**	**47**	**337**
连云区				3	1	2	1	1	
海州区				14	5	9	51	22	29
赣榆区	1		1	39	3	36	58	5	53
东海县	2		2	90	18	72	187	9	178
灌云县				100	8	92	53	5	48
灌南县				48	5	43	31	5	26
连云港经济技术开发区									
连云港高新技术产业开发区									
江苏连云港徐圩新区									
江苏省连云港市云台山风景名胜区	2	1	1	4	2	2	3		3
淮安市	**6**	**1**	**5**	**552**	**163**	**389**	**332**	**81**	**251**
淮安区	2		2	143	34	109	101	28	73
淮阴区	1		1	104	16	88	54	9	45
清江浦区				20	4	16	10	5	5
洪泽区				30	12	18	26	6	20
涟水县	2	1	1	120	57	63	40	1	39
盱眙县	1		1	60	17	43	83	24	59
金湖县				67	18	49	17	8	9
淮安经济技术开发区									
工业园区				8	5	3	1		1
生态文旅区									
苏淮高新区									

1-4c 续表 8

单位：人

地区	维吾尔族			苗族			彝族		
	小计	男	女	小计	男	女	小计	男	女
盐城市	**10**	**5**	**5**	**1851**	**453**	**1398**	**791**	**218**	**573**
亭湖区	2	1	1	61	23	38	24	3	21
盐都区	2	1	1	137	50	87	84	29	55
大丰区				417	106	311	145	49	96
响水县				66	20	46	23	7	16
滨海县				186	33	153	145	63	82
阜宁县	2	2		192	70	122	73	10	63
射阳县				171	39	132	65	9	56
建湖县	3	1	2	87	20	67	50	9	41
盐城经济技术开发区				31	7	24	5	1	4
江苏省盐南高新区									
东台市	1		1	503	85	418	177	38	139
扬州市	**27**	**11**	**16**	**812**	**348**	**464**	**828**	**389**	**439**
广陵区	3	2	1	97	49	48	108	56	52
邗江区	1	1		49	23	26	62	30	32
江都区	11	3	8	303	147	156	314	147	167
宝应县	3	2	1	85	19	66	71	25	46
扬州经济技术开发区				55	35	20	35	22	13
蜀冈瘦西湖景区									
生态新城	1		1	5	4	1	4	1	3
仪征市	1		1	110	42	68	126	61	65
高邮市	7	3	4	108	29	79	108	47	61
镇江市	**20**	**13**	**7**	**820**	**384**	**436**	**608**	**324**	**284**
京口区				4	1	3	9	8	1
润州区							1		1
丹徒区	6	6		59	21	38	81	44	37
镇江新区				28	15	13	20	9	11
江苏镇江高新区									
丹阳市	3	2	1	384	204	180	234	118	116
扬中市	1		1	84	47	37	117	72	45
句容市	10	5	5	261	96	165	146	73	73
泰州市	**18**	**5**	**13**	**1334**	**539**	**795**	**781**	**400**	**381**
海陵区				32	13	19	17	4	13
高港区	1		1	124	76	48	28	14	14
姜堰区	1		1	134	36	98	51	19	32
泰州医药高新技术产业开发区	1		1	13	8	5	4	2	2
兴化市	6	2	4	142	49	93	56	16	40
靖江市	4	2	2	324	157	167	343	204	139
泰兴市	5	1	4	565	200	365	282	141	141
宿迁市	**16**	**8**	**8**	**510**	**152**	**358**	**291**	**56**	**235**
宿城区	2	1	1	76	30	46	48	16	32
宿豫区	2		2	31	5	26	18	2	16
沭阳县	8	4	4	171	40	131	74	10	64
泗阳县	2	2		109	36	73	40	11	29
泗洪县				81	22	59	71	9	62
宿迁经济技术开发区	1	1		14	8	6	9	3	6
宿迁市湖滨新区				6	1	5	23	4	19
苏州宿迁工业园区									
宿迁市洋河新区	1		1	22	10	12	8	1	7

1-4c　续表 9　　　　　　　　　　　　　　　　　　　　　单位：人

地　　区	壮　　族			布 依 族			朝 鲜 族		
	小计	男	女	小计	男	女	小计	男	女
江　苏	**7189**	**2902**	**4287**	**10198**	**4489**	**5709**	**660**	**337**	**323**
南京市	**399**	**138**	**261**	**517**	**168**	**349**	**78**	**37**	**41**
玄武区									
秦淮区									
建邺区									
鼓楼区									
浦口区	40	8	32	28	8	20	10	4	6
栖霞区	21	7	14	16	9	7	6	4	2
雨花台区									
江宁区	126	76	50	192	85	107	40	18	22
六合区	53	16	37	45	13	32	12	6	6
溧水区	62	12	50	181	46	135	3		3
高淳区	95	17	78	53	7	46	5	5	
南京江北新区	2	2		2		2	2		2
无锡市	**1315**	**613**	**702**	**2203**	**1096**	**1107**	**60**	**40**	**20**
锡山区	88	36	52	514	284	230	8	5	3
惠山区	236	135	101	138	73	65	8	5	3
滨湖区	32	14	18	20	10	10	2	1	1
梁溪区									
新吴区	54	24	30	76	46	30	24	15	9
江苏无锡经济开发区									
江阴市	349	137	212	611	281	330	6	4	2
宜兴市	556	267	289	844	402	442	12	10	2
徐州市	**142**	**18**	**124**	**320**	**66**	**254**	**28**	**11**	**17**
鼓楼区									
云龙区									
贾汪区	6		6	16	5	11	2	1	1
泉山区									
铜山区	30	6	24	59	13	46	2	1	1
丰县	32	7	25	38	13	25	4	1	3
沛县	18		18	40	10	30	10	2	8
睢宁县	16		16	50	6	44	4	3	1
徐州经济技术开发区				10	2	8	1	1	
新沂市	25	3	22	68	10	58			
邳州市	15	2	13	39	7	32	5	2	3
常州市	**872**	**419**	**453**	**1689**	**880**	**809**	**24**	**12**	**12**
天宁区	40	14	26	28	16	12			
钟楼区	19	4	15	15	8	7	4	2	2
新北区	106	57	49	86	57	29			
武进区	426	215	211	526	285	241	9	5	4
金坛区	60	17	43	111	42	69	7	4	3
江苏省常州市经济开发区	168	100	68	426	252	174	3	1	2
溧阳市	53	12	41	497	220	277	1		1

1-4c 续表 10

单位：人

地区	壮族			布依族			朝鲜族		
	小计	男	女	小计	男	女	小计	男	女
苏州市	**2213**	**1076**	**1137**	**1934**	**1050**	**884**	**266**	**151**	**115**
虎丘区	60	27	33	58	38	20	24	11	13
吴中区	270	113	157	241	138	103	20	11	9
相城区	38	19	19	49	26	23	2	2	
姑苏区									
吴江区	651	334	317	693	363	330	5	3	2
苏州工业园区									
常熟市	519	271	248	243	130	113	10	6	4
张家港市	226	95	131	259	123	136	29	19	10
昆山市	367	171	196	228	132	96	167	93	74
太仓市	82	46	36	163	100	63	9	6	3
南通市	**610**	**220**	**390**	**1280**	**578**	**702**	**50**	**20**	**30**
崇川区									
港闸区	3	3							
通州区	202	102	100	153	79	74	12	4	8
如东县	66	14	52	76	23	53	9		9
南通经济技术开发区									
通州湾示范区	10	2	8	10	3	7	1	1	
苏锡通科技产业园区	19	4	15	56	32	24			
启东市	83	29	54	65	26	39	11	6	5
如皋市	59	14	45	118	26	92	5	3	2
海门市	83	25	58	678	348	330	5	3	2
海安市	85	27	58	124	41	83	7	3	4
连云港市	**82**	**17**	**65**	**124**	**25**	**99**	**26**	**7**	**19**
连云区									
海州区	3		3	8	2	6			
赣榆区	28	7	21	13	3	10	10	2	8
东海县	32	5	27	58	10	48	8	2	6
灌云县	12	4	8	25	3	22	4	3	1
灌南县	6	1	5	16	4	12	3		3
连云港经济技术开发区	1		1	1	1		1		1
连云港高新技术产业开发区									
江苏连云港徐圩新区				1	1				
江苏省连云港市云台山风景名胜区				2	1	1			
淮安市	**114**	**18**	**96**	**321**	**90**	**231**	**11**	**3**	**8**
淮安区	30	1	29	83	26	57	7	1	6
淮阴区	26	2	24	43	5	38			
清江浦区	4	1	3	12		12			
洪泽区	7	2	5	30	8	22	2	2	
涟水县	21	2	19	57	22	35			
盱眙县	14	4	10	63	19	44			
金湖县	10	5	5	30	9	21	2		2
淮安经济技术开发区									
工业园区	2	1	1	2		2			
生态文旅区									
苏淮高新区				1	1				

1-4c　续表 11　　　　　　　　　　　　　　　　　　　　　　　　　　　　　　　　单位：人

地　区	壮　族			布依族			朝鲜族		
	小计	男	女	小计	男	女	小计	男	女
盐城市	**530**	**89**	**441**	**469**	**114**	**355**	**27**	**11**	**16**
亭湖区	15	2	13	14	5	9	6	2	4
盐都区	46	15	31	41	14	27	3	1	2
大丰区	160	29	131	56	21	35	4	2	2
响水县	23	3	20	35	4	31			
滨海县	61	16	45	31	10	21	4	3	1
阜宁县	28	3	25	63	8	55	3	1	2
射阳县	80	10	70	85	18	67	3	1	2
建湖县	17	2	15	58	10	48	1	1	
盐城经济技术开发区	7		7	7	4	3			
江苏省盐南高新区									
东台市	93	9	84	79	20	59	3		3
扬州市	**273**	**92**	**181**	**246**	**91**	**155**	**16**	**6**	**10**
广陵区	16	5	11	19	9	10			
邗江区	20	4	16	10	3	7	3	3	
江都区	94	39	55	65	22	43	3	1	2
宝应县	50	9	41	30	12	18	5	2	3
扬州经济技术开发区	27	15	12	22	13	9	1		1
蜀冈瘦西湖景区									
生态新城	9	6	3	3	1	2			
仪征市	23	9	14	20	11	9	1		1
高邮市	34	5	29	77	20	57	3		3
镇江市	**225**	**94**	**131**	**357**	**115**	**242**	**26**	**13**	**13**
京口区	7	4	3						
润州区									
丹徒区	23	13	10	39	8	31	3	1	2
镇江新区	7	3	4	28	15	13	1	1	
江苏镇江高新区									
丹阳市	82	34	48	95	43	52	5	3	2
扬中市	17	11	6	25	16	9			
句容市	89	29	60	170	33	137	17	8	9
泰州市	**321**	**89**	**232**	**404**	**134**	**270**	**30**	**16**	**14**
海陵区	8	3	5	10	3	7			
高港区	32	12	20	18	8	10	9	4	5
姜堰区	52	2	50	57	15	42	3	2	1
泰州医药高新技术产业开发区	3	2	1	1		1	2		2
兴化市	52	10	42	37	15	22	6	4	2
靖江市	86	33	53	111	56	55	4	4	
泰兴市	88	27	61	170	37	133	6	2	4
宿迁市	**93**	**19**	**74**	**334**	**82**	**252**	**18**	**10**	**8**
宿城区	10	4	6	45	13	32	2		2
宿豫区	5		5	29	7	22	1		1
沭阳县	24	3	21	126	29	97	3	2	1
泗阳县	31	8	23	51	16	35	2	1	1
泗洪县	6		6	35	7	28	7	5	2
宿迁经济技术开发区	4	1	3	4	1	3	1	1	
宿迁市湖滨新区	12	3	9	22	4	18	1	1	
苏州宿迁工业园区									
宿迁市洋河新区	1		1	22	5	17	1		1

1-4c 续表 12

单位：人

地　区	满　族			侗　族			瑶　族		
	小计	男	女	小计	男	女	小计	男	女
江　苏	**2094**	**1121**	**973**	**6921**	**2649**	**4272**	**1228**	**518**	**710**
南京市	**211**	**114**	**97**	**273**	**105**	**168**	**105**	**51**	**54**
玄武区									
秦淮区									
建邺区									
鼓楼区									
浦口区	6	3	3	10	4	6	3		3
栖霞区	14	9	5	16	8	8	7	1	6
雨花台区									
江宁区	128	74	54	92	50	42	34	30	4
六合区	30	11	19	82	15	67	7	2	5
溧水区	17	6	11	29	11	18	33	14	19
高淳区	5	3	2	40	15	25	19	3	16
南京江北新区	11	8	3	4	2	2	2	1	1
无锡市	**256**	**155**	**101**	**1256**	**654**	**602**	**145**	**69**	**76**
锡山区	35	22	13	185	93	92	13	11	2
惠山区	50	32	18	224	122	102	13	6	7
滨湖区	10	9	1	17	6	11	4	1	3
梁溪区									
新吴区	37	21	16	46	29	17	19	9	10
江苏无锡经济开发区									
江阴市	79	45	34	684	360	324	59	29	30
宜兴市	45	26	19	100	44	56	37	13	24
徐州市	**99**	**28**	**71**	**114**	**52**	**62**	**39**	**3**	**36**
鼓楼区									
云龙区									
贾汪区	10	3	7	14	11	3	3	1	2
泉山区									
铜山区	16	3	13	13	7	6	4		4
丰县	28	8	20	12	3	9	9	1	8
沛县	19	4	15	32	15	17	4		4
睢宁县	4	1	3	14	6	8	6		6
徐州经济技术开发区	4	2	2	5	3	2			
新沂市	8	3	5	17	5	12	6		6
邳州市	10	4	6	7	2	5	7	1	6
常州市	**182**	**102**	**80**	**704**	**391**	**313**	**125**	**68**	**57**
天宁区	3	3		34	18	16	4	1	3
钟楼区	16	7	9	11	6	5	9	6	3
新北区	4	3	1	17	8	9	13	6	7
武进区	70	41	29	344	188	156	44	27	17
金坛区	36	24	12	88	47	41	27	13	14
江苏省常州市经济开发区	34	16	18	162	97	65	24	14	10
溧阳市	19	8	11	48	27	21	4	1	3

1-4c　续表 13　　　　单位：人

地　区	满　族			侗　族			瑶　族		
	小计	男	女	小计	男	女	小计	男	女
苏州市	**571**	**336**	**235**	**1098**	**622**	**476**	**325**	**180**	**145**
虎丘区	26	15	11	30	12	18	8	5	3
吴中区	65	35	30	132	74	58	29	18	11
相城区	13	10	3	51	27	24	10	7	3
姑苏区									
吴江区	65	32	33	171	104	67	99	57	42
苏州工业园区									
常熟市	62	36	26	192	115	77	38	20	18
张家港市	74	39	35	201	85	116	40	19	21
昆山市	209	135	74	225	144	81	62	34	28
太仓市	57	34	23	96	61	35	39	20	19
南通市	**174**	**91**	**83**	**1618**	**311**	**1307**	**169**	**67**	**102**
崇川区									
港闸区	4	3	1	2		2			
通州区	27	15	12	343	67	276	43	24	19
如东县	26	13	13	713	80	633	24	5	19
南通经济技术开发区									
通州湾示范区	4	2	2	20	3	17	2	1	1
苏锡通科技产业园区	7	3	4	78	40	38	1	1	
启东市	42	28	14	52	18	34	12	3	9
如皋市	23	9	14	179	34	145	30	7	23
海门市	17	7	10	87	36	51	34	17	17
海安市	24	11	13	144	33	111	23	9	14
连云港市	**84**	**42**	**42**	**48**	**13**	**35**	**46**	**3**	**43**
连云区									
海州区	9	5	4				1	1	
赣榆区	22	7	15	14	3	11	7		7
东海县	22	9	13	17	4	13	20	1	19
灌云县	17	13	4	8	1	7	13		13
灌南县	4	2	2	7	3	4	5	1	4
连云港经济技术开发区				2	2				
连云港高新技术产业开发区									
江苏连云港徐圩新区	3	3							
江苏省连云港市云台山风景名胜区	7	3	4						
淮安市	**72**	**36**	**36**	**92**	**27**	**65**	**23**	**1**	**22**
淮安区	24	18	6	37	8	29	13		13
淮阴区	17	3	14	19	3	16	3		3
清江浦区	2		2						
洪泽区	4		4	5	4	1			
涟水县	6	3	3	7	5	2	4		4
盱眙县	5	1	4	10	3	7			
金湖县	14	11	3	13	4	9	3	1	2
淮安经济技术开发区									
工业园区				1		1			
生态文旅区									
苏淮高新区									

1-4c 续表 14　　　　单位：人

地　区	满　族			侗　族			瑶　族		
	小计	男	女	小计	男	女	小计	男	女
盐城市	**89**	**38**	**51**	**853**	**170**	**683**	**109**	**23**	**86**
亭湖区				50	13	37	2		2
盐都区	11	6	5	34	16	18	5	1	4
大丰区	16	4	12	414	83	331	34	11	23
响水县	4	2	2	11	4	7	1		1
滨海县	6	2	4	25	10	15	2	1	1
阜宁县	6	1	5	33	3	30	7	1	6
射阳县	26	15	11	53	7	46	21	3	18
建湖县	6	1	5	17	5	12	9	1	8
盐城经济技术开发区				10	1	9	3		3
江苏省盐南高新区									
东台市	14	7	7	206	28	178	25	5	20
扬州市	**123**	**52**	**71**	**310**	**89**	**221**	**33**	**16**	**17**
广陵区	15	7	8	25	12	13	2	1	1
邗江区	6	4	2	18	5	13			
江都区	39	17	22	54	23	31	11	4	7
宝应县	4	2	2	19	9	10	2		2
扬州经济技术开发区	8	1	7	11	6	5	3		3
蜀冈瘦西湖景区									
生态新城	1		1	2	2				
仪征市	29	10	19	167	30	137	6	4	2
高邮市	21	11	10	14	2	12	9	7	2
镇江市	**92**	**55**	**37**	**230**	**119**	**111**	**37**	**20**	**17**
京口区	1	1							
润州区									
丹徒区	17	10	7	17	8	9	5	2	3
镇江新区	6	2	4	19	8	11			
江苏镇江高新区									
丹阳市	10	3	7	99	55	44	6	2	4
扬中市	14	9	5	50	31	19	9	5	4
句容市	44	30	14	45	17	28	17	11	6
泰州市	**91**	**46**	**45**	**225**	**65**	**160**	**43**	**15**	**28**
海陵区	6	4	2	7	4	3			
高港区	11	5	6	9	3	6	4	1	3
姜堰区	11	5	6	25	7	18	9	2	7
泰州医药高新技术产业开发区	4	3	1	2	2				
兴化市	5	2	3	39	7	32	3	2	1
靖江市	33	17	16	37	13	24	17	8	9
泰兴市	21	10	11	106	29	77	10	2	8
宿迁市	**50**	**26**	**24**	**100**	**31**	**69**	**29**	**2**	**27**
宿城区	11	6	5	13	2	11	5	1	4
宿豫区	6	3	3	5	2	3	2		2
沭阳县	14	4	10	31	10	21	15	1	14
泗阳县	11	8	3	20	7	13	5		5
泗洪县	4	4		20	5	15			
宿迁经济技术开发区				6	4	2	2		2
宿迁市湖滨新区	3	1	2	4		4			
苏州宿迁工业园区									
宿迁市洋河新区	1		1	1	1				

1-4c　续表 15

单位：人

地　　区	白　族			土家族			哈尼族		
	小计	男	女	小计	男	女	小计	男	女
江　苏	**2502**	**1060**	**1442**	**15654**	**7578**	**8076**	**2375**	**979**	**1396**
南京市	**198**	**74**	**124**	**596**	**325**	**271**	**109**	**53**	**56**
玄武区									
秦淮区									
建邺区									
鼓楼区									
浦口区	5	4	1	32	22	10			
栖霞区	14	9	5	22	15	7	6	3	3
雨花台区									
江宁区	70	37	33	304	183	121	46	28	18
六合区	29	7	22	81	40	41	19	9	10
溧水区	38	11	27	75	19	56	5		5
高淳区	40	5	35	70	37	33	14	1	13
南京江北新区	2	1	1	12	9	3	19	12	7
无锡市	**393**	**208**	**185**	**4921**	**2656**	**2265**	**326**	**176**	**150**
锡山区	35	26	9	803	438	365	25	16	9
惠山区	64	39	25	679	383	296	67	36	31
滨湖区	6	6		27	17	10	5	2	3
梁溪区									
新吴区	50	28	22	747	454	293	34	26	8
江苏无锡经济开发区									
江阴市	99	51	48	2200	1083	1117	33	11	22
宜兴市	139	58	81	465	281	184	162	85	77
徐州市	**78**	**24**	**54**	**246**	**77**	**169**	**71**	**3**	**68**
鼓楼区									
云龙区									
贾汪区	6	1	5	17	5	12	6		6
泉山区									
铜山区	15	5	10	42	19	23	13		13
丰县	5	1	4	68	13	55	7	1	6
沛县	13	3	10	28	7	21	3		3
睢宁县	9	3	6	42	16	26	13	2	11
徐州经济技术开发区	1		1	13	5	8			
新沂市	13	3	10	23	7	16	25		25
邳州市	16	8	8	13	5	8	4		4
常州市	**202**	**101**	**101**	**1315**	**673**	**642**	**276**	**152**	**124**
天宁区	7	1	6	39	24	15	8	5	3
钟楼区	3		3	52	34	18	5	4	1
新北区	10	7	3	106	51	55	37	20	17
武进区	84	41	43	415	214	201	57	31	26
金坛区	20	6	14	305	141	164	26	13	13
江苏省常州市经济开发区	41	23	18	285	172	113	135	74	61
溧阳市	37	23	14	113	37	76	8	5	3

1-4c 续表 16

单位：人

地区	白族			土家族			哈尼族		
	小计	男	女	小计	男	女	小计	男	女
苏州市	**680**	**387**	**293**	**3223**	**1843**	**1380**	**559**	**332**	**227**
虎丘区	14	12	2	221	121	100	10	4	6
吴中区	117	58	59	310	178	132	57	32	25
相城区	16	8	8	95	51	44	13	5	8
姑苏区									
吴江区	180	107	73	199	115	84	62	31	31
苏州工业园区									
常熟市	63	38	25	640	351	289	66	44	22
张家港市	156	88	68	632	334	298	55	26	29
昆山市	104	57	47	700	446	254	202	125	77
太仓市	30	19	11	426	247	179	94	65	29
南通市	**246**	**58**	**188**	**1703**	**781**	**922**	**87**	**47**	**40**
崇川区									
港闸区							1		1
通州区	16	6	10	223	125	98	13	8	5
如东县	29	5	24	109	55	54			
南通经济技术开发区									
通州湾示范区	3		3	17	5	12	2	1	1
苏锡通科技产业园区	2	1	1	579	317	262	1	1	
启东市	17	8	9	110	57	53	17	5	12
如皋市	126	23	103	286	60	226	15	9	6
海门市	23	6	17	212	99	113	28	18	10
海安市	30	9	21	167	63	104	10	5	5
连云港市	**49**	**17**	**32**	**114**	**40**	**74**	**248**	**7**	**241**
连云区				3		3			
海州区	2		2	11	6	5			
赣榆区	9	1	8	17	5	12	12		12
东海县	8	2	6	27	6	21	135	3	132
灌云县	9	5	4	20	8	12	54	1	53
灌南县	19	9	10	32	14	18	46	3	43
连云港经济技术开发区				4	1	3			
连云港高新技术产业开发区									
江苏连云港徐圩新区							1		1
江苏省连云港市云台山风景名胜区	2		2						
淮安市	**118**	**15**	**103**	**178**	**66**	**112**	**53**	**2**	**51**
淮安区	32	4	28	44	18	26	23	2	21
淮阴区	28	4	24	32	6	26	8		8
清江浦区	1		1	6	2	4	1		1
洪泽区	1		1	30	18	12	1		1
涟水县	16	1	15	24	7	17	16		16
盱眙县	30	3	27	17	5	12	1		1
金湖县	2		2	24	10	14	3		3
淮安经济技术开发区									
工业园区	8	3	5	1		1			
生态文旅区									
苏淮高新区									

1-4c 续表 17

单位：人

地区	白族			土家族			哈尼族		
	小计	男	女	小计	男	女	小计	男	女
盐城市	**156**	**32**	**124**	**989**	**242**	**747**	**227**	**35**	**192**
亭湖区	12	1	11	40	14	26			
盐都区	20	4	16	177	54	123	12	6	6
大丰区	54	8	46	124	35	89	12	1	11
响水县	15	6	9	20	8	12	16	2	14
滨海县	6	3	3	68	29	39	26	3	23
阜宁县	8	1	7	59	20	39	97	5	92
射阳县	10	3	7	123	20	103	16	1	15
建湖县	3	2	1	31	7	24	9		9
盐城经济技术开发区	1		1	50	9	41			
江苏省盐南高新区									
东台市	27	4	23	297	46	251	39	17	22
扬州市	**95**	**35**	**60**	**531**	**210**	**321**	**89**	**41**	**48**
广陵区	4	2	2	29	14	15	8	6	2
邗江区	6	1	5	55	18	37	1		1
江都区	31	10	21	145	56	89	39	17	22
宝应县	11	1	10	41	10	31	1		1
扬州经济技术开发区	3	1	2	20	10	10	7	5	2
蜀冈瘦西湖景区									
生态新城	2	1	1	3	1	2	3	1	2
仪征市	5		5	93	37	56	23	10	13
高邮市	33	19	14	145	64	81	7	2	5
镇江市	**67**	**32**	**35**	**602**	**286**	**316**	**80**	**40**	**40**
京口区				9	5	4			
润州区				2	2				
丹徒区	6	2	4	72	27	45	9	3	6
镇江新区	8	4	4	12	7	5	8	4	4
江苏镇江高新区									
丹阳市	8	2	6	221	106	115	32	17	15
扬中市	20	12	8	92	56	36	5	5	
句容市	25	12	13	194	83	111	26	11	15
泰州市	**126**	**48**	**78**	**1057**	**305**	**752**	**161**	**86**	**75**
海陵区	6	1	5	18	8	10	3	1	2
高港区	8	3	5	109	26	83	28	14	14
姜堰区	10	4	6	120	21	99	4		4
泰州医药高新技术产业开发区				24	8	16			
兴化市	13	2	11	70	24	46	8		8
靖江市	40	22	18	258	100	158	54	29	25
泰兴市	49	16	33	458	118	340	64	42	22
宿迁市	**94**	**29**	**65**	**179**	**74**	**105**	**89**	**5**	**84**
宿城区	13	3	10	37	27	10	18		18
宿豫区	5	1	4	14	4	10	3		3
沭阳县	48	17	31	42	12	30	33	1	32
泗阳县	5	1	4	32	12	20	12	1	11
泗洪县	16	6	10	37	11	26	15	1	14
宿迁经济技术开发区	3		3	9	5	4	3		3
宿迁市湖滨新区	1	1		5	1	4	1	1	
苏州宿迁工业园区									
宿迁市洋河新区	3		3	3	2	1	4	1	3

1-4c 续表 18

单位：人

地区	哈萨克族			傣族			黎族		
	小计	男	女	小计	男	女	小计	男	女
江　苏	**54**	**22**	**32**	**1717**	**766**	**951**	**666**	**261**	**405**
南京市	**7**	**4**	**3**	**76**	**19**	**57**	**47**	**22**	**25**
玄武区									
秦淮区									
建邺区									
鼓楼区									
浦口区	1		1	1	1				
栖霞区				1	1		2		2
雨花台区									
江宁区	1	1		17	6	11	21	15	6
六合区	2	1	1	9	2	7	6	2	4
溧水区				7		7	9	2	7
高淳区	1	1		35	6	29	8	2	6
南京江北新区	2	1	1	6	3	3	1	1	
无锡市	**2**		**2**	**150**	**86**	**64**	**92**	**44**	**48**
锡山区				4	2	2	10	5	5
惠山区				57	38	19	15	8	7
滨湖区	1		1	6	4	2	2		2
梁溪区									
新吴区				8	3	5	9	4	5
江苏无锡经济开发区									
江阴市				55	28	27	21	10	11
宜兴市	1		1	20	11	9	35	17	18
徐州市	**2**	**1**	**1**	**17**	**2**	**15**	**32**	**5**	**27**
鼓楼区									
云龙区									
贾汪区				1		1	2		2
泉山区									
铜山区	1	1		4	1	3	7	1	6
丰县				1		1	5	1	4
沛县	1		1	5		5	5	2	3
睢宁县				2		2	3		3
徐州经济技术开发区							2		2
新沂市				1		1	6		6
邳州市				3	1	2	2	1	1
常州市	**1**	**1**		**91**	**47**	**44**	**85**	**39**	**46**
天宁区				2	1	1			
钟楼区				4	3	1			
新北区				9	3	6	1		1
武进区				31	15	16	40	23	17
金坛区	1	1		10	4	6	9	2	7
江苏省常州市经济开发区				31	20	11	5	3	2
溧阳市				4	1	3	30	11	19

1-4c　续表 19

单位：人

地　　区	哈萨克族			傣　　族			黎　　族		
	小计	男	女	小计	男	女	小计	男	女
苏州市	**15**	**10**	**5**	**572**	**341**	**231**	**124**	**65**	**59**
虎丘区				10	6	4	1		1
吴中区	6	6		64	34	30	8	3	5
相城区				25	14	11	1	1	
姑苏区									
吴江区	5	2	3	154	91	63	49	25	24
苏州工业园区									
常熟市				66	44	22	16	8	8
张家港市	1	1		117	76	41	11	6	5
昆山市	3	1	2	85	46	39	26	17	9
太仓市				51	30	21	12	5	7
南通市	**1**		**1**	**324**	**90**	**234**	**53**	**11**	**42**
崇川区									
港闸区									
通州区				16	3	13	10	2	8
如东县				9	5	4	11	2	9
南通经济技术开发区									
通州湾示范区				2		2	3	1	2
苏锡通科技产业园区				4	2	2	1	1	
启东市	1		1	14	4	10	3		3
如皋市				18	1	17	7	1	6
海门市				250	71	179	12	3	9
海安市				11	4	7	6	1	5
连云港市	**5**	**1**	**4**	**55**	**4**	**51**	**11**		**11**
连云区									
海州区				2		2			
赣榆区	2	1	1	10		10	5		5
东海县	2		2	24		24	4		4
灌云县				9	2	7	1		1
灌南县	1		1	10	2	8	1		1
连云港经济技术开发区									
连云港高新技术产业开发区									
江苏连云港徐圩新区									
江苏省连云港市云台山风景名胜区									
淮安市	**2**		**2**	**29**	**1**	**28**	**18**	**6**	**12**
淮安区				11		11	6	1	5
淮阴区	1		1	6	1	5	1		1
清江浦区							1	1	
洪泽区				1		1	4		4
涟水县	1		1	9		9	3	3	
盱眙县							2		2
金湖县				2		2	1	1	
淮安经济技术开发区									
工业园区									
生态文旅区									
苏淮高新区									

1-4c 续表 20 单位：人

地　区	哈萨克族			傣　族			黎　族		
	小计	男	女	小计	男	女	小计	男	女
盐城市	**9**	**3**	**6**	**93**	**29**	**64**	**53**	**15**	**38**
亭湖区				1		1	1		1
盐都区				10	5	5	5	1	4
大丰区				6	2	4	2		2
响水县	2	1	1				2	1	1
滨海县				22	15	7	4		4
阜宁县	7	2	5	13		13	7	3	4
射阳县				17	4	13	10	3	7
建湖县				4		4	10	3	7
盐城经济技术开发区									
江苏省盐南高新区									
东台市				20	3	17	12	4	8
扬州市	**6**	**1**	**5**	**61**	**25**	**36**	**41**	**13**	**28**
广陵区				5	2	3	1		1
邗江区							4	2	2
江都区	2		2	37	17	20	17	4	13
宝应县	1	1		6	1	5	3		3
扬州经济技术开发区				1		1	1		1
蜀冈瘦西湖景区									
生态新城							1	1	
仪征市	3		3				8	4	4
高邮市				12	5	7	6	2	4
镇江市	**1**	**1**		**85**	**40**	**45**	**41**	**20**	**21**
京口区									
润州区									
丹徒区				4	1	3	4	2	2
镇江新区				8	4	4	2	1	1
江苏镇江高新区									
丹阳市				52	27	25	14	4	10
扬中市				6	4	2	4	3	1
句容市	1	1		15	4	11	17	10	7
泰州市	**1**		**1**	**133**	**78**	**55**	**37**	**13**	**24**
海陵区							2	1	1
高港区				8	2	6			
姜堰区				7	1	6	1	1	
泰州医药高新技术产业开发区							1		1
兴化市	1		1	5		5	10	4	6
靖江市				86	66	20	6		6
泰兴市				27	9	18	17	7	10
宿迁市	**2**		**2**	**31**	**4**	**27**	**32**	**8**	**24**
宿城区				4	2	2	2	1	1
宿豫区				2		2	1		1
沭阳县	1		1	8	2	6	12	3	9
泗阳县				4		4	8	2	6
泗洪县				10		10	6	1	5
宿迁经济技术开发区				1		1	1	1	
宿迁市湖滨新区	1		1	1		1	2		2
苏州宿迁工业园区									
宿迁市洋河新区				1		1			

1-4c　续表 21　　　　单位：人

地　区	傈僳族			佤　族			畲　族		
	小计	男	女	小计	男	女	小计	男	女
江　苏	**1251**	**434**	**817**	**870**	**442**	**428**	**450**	**228**	**222**
南京市	**176**	**37**	**139**	**43**	**24**	**19**	**40**	**18**	**22**
玄武区									
秦淮区									
建邺区									
鼓楼区									
浦口区	1		1	3	1	2			
栖霞区	1		1				1		1
雨花台区									
江宁区	26	11	15	12	6	6	21	11	10
六合区	6		6	17	9	8	7	4	3
溧水区	24	5	19	1	1		2	1	1
高淳区	115	20	95	8	5	3	7	2	5
南京江北新区	3	1	2	2	2		2		2
无锡市	**95**	**49**	**46**	**72**	**37**	**35**	**82**	**47**	**35**
锡山区	4	2	2	10	2	8	11	6	5
惠山区	21	9	12	2	2		27	19	8
滨湖区	4	2	2				4	1	3
梁溪区									
新吴区	12	9	3	1		1	6	5	1
江苏无锡经济开发区									
江阴市	34	11	23	51	26	25	14	8	6
宜兴市	20	16	4	8	7	1	20	8	12
徐州市	**25**	**5**	**20**	**6**		**6**	**12**	**3**	**9**
鼓楼区									
云龙区									
贾汪区	3	2	1				2	1	1
泉山区									
铜山区	2	1	1	2		2	4		4
丰县	1		1				2	1	1
沛县	8		8						
睢宁县	3	1	2	2		2	2	1	1
徐州经济技术开发区	1	1		1		1			
新沂市	7		7	1		1	1		1
邳州市							1		1
常州市	**70**	**39**	**31**	**34**	**16**	**18**	**28**	**13**	**15**
天宁区	6	4	2	1		1			
钟楼区	9	4	5				3	1	2
新北区	2		2	3	1	2	6	3	3
武进区	25	18	7	14	7	7	4	2	2
金坛区	12	5	7	6	4	2	5	3	2
江苏省常州市经济开发区	6	3	3	10	4	6	7	3	4
溧阳市	10	5	5				3	1	2

1-4c 续表 22

单位：人

地区	傈僳族			佤族			畲族		
	小计	男	女	小计	男	女	小计	男	女
苏州市	**245**	**127**	**118**	**315**	**179**	**136**	**127**	**72**	**55**
虎丘区				9	5	4	3		3
吴中区	83	43	40	21	11	10	11	7	4
相城区	8	5	3	7	5	2	6	3	3
姑苏区									
吴江区	10	5	5	15	12	3	24	13	11
苏州工业园区									
常熟市	18	8	10	18	10	8	18	11	7
张家港市	57	31	26	47	19	28	14	7	7
昆山市	19	8	11	134	79	55	32	20	12
太仓市	50	27	23	64	38	26	19	11	8
南通市	**111**	**45**	**66**	**35**	**20**	**15**	**62**	**35**	**27**
崇川区									
港闸区							13	11	2
通州区	10	5	5	6	4	2	21	10	11
如东县	5	1	4	5	2	3	2	1	1
南通经济技术开发区									
通州湾示范区	2	2					3	2	1
苏锡通科技产业园区	7	4	3				3	3	
启东市	21	10	11	14	11	3			
如皋市	25	10	15	4		4	5	4	1
海门市	22	5	17	5	2	3	7	1	6
海安市	19	8	11	1	1		8	3	5
连云港市	**41**	**5**	**36**	**27**	**2**	**25**	**2**		**2**
连云区									
海州区	2		2						
赣榆区	2		2	13		13			
东海县	17	1	16	11		11	1		1
灌云县	17	4	13	3	2	1	1		1
灌南县	3		3						
连云港经济技术开发区									
连云港高新技术产业开发区									
江苏连云港徐圩新区									
江苏省连云港市云台山风景名胜区									
淮安市	**76**	**3**	**73**	**35**	**8**	**27**	**9**	**2**	**7**
淮安区	45	1	44	8		8	6	1	5
淮阴区	10		10	4		4	1		1
清江浦区	2	1	1						
洪泽区	3		3	2	1	1			
涟水县	10	1	9	6		6			
盱眙县	6		6	2		2			
金湖县				12	6	6	2	1	1
淮安经济技术开发区									
工业园区				1	1				
生态文旅区									
苏淮高新区									

1-4c　续表 23　　　　单位：人

地　区	傈僳族			佤　族			畲　族		
	小计	男	女	小计	男	女	小计	男	女
盐城市	**115**	**20**	**95**	**47**	**9**	**38**	**18**	**6**	**12**
亭湖区	19	3	16						
盐都区	32	7	25	4	1	3	4	1	3
大丰区	30	7	23	5	3	2			
响水县	1		1	2		2			
滨海县	5		5	7	4	3	7	2	5
阜宁县	9		9	6		6	1		1
射阳县	4	1	3	11		11	4	2	2
建湖县	2		2	8		8			
盐城经济技术开发区	7	1	6						
江苏省盐南高新区									
东台市	6	1	5	4	1	3	2	1	1
扬州市	**67**	**29**	**38**	**64**	**41**	**23**	**12**	**5**	**7**
广陵区	4	2	2	10	8	2	1	1	
邗江区	10	4	6						
江都区	29	13	16	36	26	10	4	1	3
宝应县	12	4	8						
扬州经济技术开发区	5	2	3	8	3	5	1	1	
蜀冈瘦西湖景区									
生态新城									
仪征市	1		1	2	2		5	1	4
高邮市	6	4	2	8	2	6	1	1	
镇江市	**42**	**15**	**27**	**78**	**46**	**32**	**15**	**6**	**9**
京口区				1		1			
润州区				18	12	6			
丹徒区	7	1	6	3		3	1		1
镇江新区	3	3		12	7	5	2	2	
江苏镇江高新区									
丹阳市	16	5	11	11	6	5	7	4	3
扬中市	3	2	1	19	14	5	2		2
句容市	13	4	9	14	7	7	3		3
泰州市	**94**	**45**	**49**	**78**	**57**	**21**	**25**	**10**	**15**
海陵区				2	1	1	1	1	
高港区	2	1	1	11	7	4	2		2
姜堰区	9	3	6	2	1	1	6	3	3
泰州医药高新技术产业开发区									
兴化市	13	2	11						
靖江市	35	26	9	49	38	11	3		3
泰兴市	35	13	22	14	10	4	13	6	7
宿迁市	**94**	**15**	**79**	**36**	**3**	**33**	**18**	**11**	**7**
宿城区	8		8	7	1	6	2	2	
宿豫区	5	1	4	4		4	1	1	
沭阳县	50	10	40	6		6	5		5
泗阳县	16	1	15						
泗洪县	5	3	2	14	2	12	10	8	2
宿迁经济技术开发区	1		1	1		1			
宿迁市湖滨新区	2		2						
苏州宿迁工业园区									
宿迁市洋河新区	7		7	4		4			

1-4c 续表 24

单位：人

地区	高山族			拉祜族			水族		
	小计	男	女	小计	男	女	小计	男	女
江苏	**13**	**7**	**6**	**930**	**286**	**644**	**8938**	**5142**	**3796**
南京市	**1**	**1**		**32**	**16**	**16**	**40**	**21**	**19**
玄武区									
秦淮区									
建邺区									
鼓楼区									
浦口区				1	1		1		1
栖霞区									
雨花台区									
江宁区				12	8	4	29	16	13
六合区				3	1	2	3	2	1
溧水区	1	1		2		2	6	2	4
高淳区				14	6	8	1	1	
南京江北新区									
无锡市				**55**	**28**	**27**	**950**	**553**	**397**
锡山区				17	7	10	153	90	63
惠山区				5	1	4	307	173	134
滨湖区							6	5	1
梁溪区									
新吴区				5	4	1	28	19	9
江苏无锡经济开发区									
江阴市				27	15	12	376	221	155
宜兴市				1	1		80	45	35
徐州市				**20**	**1**	**19**	**18**	**6**	**12**
鼓楼区									
云龙区									
贾汪区				4		4	1	1	
泉山区									
铜山区				7		7	4	1	3
丰县							5	3	2
沛县							4	1	3
睢宁县				4	1	3	2		2
徐州经济技术开发区				1		1			
新沂市				2		2	2		2
邳州市				2		2			
常州市	**4**	**3**	**1**	**68**	**30**	**38**	**7253**	**4243**	**3010**
天宁区							213	118	95
钟楼区				13	5	8	16	8	8
新北区				2		2	51	26	25
武进区	3	3		38	18	20	1410	832	578
金坛区				4		4	26	17	9
江苏省常州市经济开发区				10	7	3	5518	3228	2290
溧阳市	1		1	1		1	19	14	5

1-4c　续表 25

单位：人

地　区	高山族			拉祜族			水　族		
	小计	男	女	小计	男	女	小计	男	女
苏州市				**239**	**126**	**113**	**364**	**217**	**147**
虎丘区				3	1	2	2	2	
吴中区				17	8	9	15	8	7
相城区				3	2	1	4	3	1
姑苏区									
吴江区				6	3	3	56	33	23
苏州工业园区									
常熟市				130	74	56	140	91	49
张家港市				17	9	8	81	41	40
昆山市				41	20	21	40	24	16
太仓市				22	9	13	26	15	11
南通市				**13**	**4**	**9**	**82**	**26**	**56**
崇川区									
港闸区									
通州区				3	1	2	9	3	6
如东县				1		1	39	10	29
南通经济技术开发区									
通州湾示范区				1		1	1		1
苏锡通科技产业园区							7	4	3
启东市				1		1	3	2	1
如皋市				1		1	17	4	13
海门市				6	3	3	4	2	2
海安市							2	1	1
连云港市	**1**		**1**	**104**	**1**	**103**	**14**	**3**	**11**
连云区									
海州区				4		4			
赣榆区				15		15			
东海县	1		1	77	1	76	4	2	2
灌云县				7		7	9	1	8
灌南县				1		1			
连云港经济技术开发区									
连云港高新技术产业开发区									
江苏连云港徐圩新区									
江苏省连云港市云台山风景名胜区							1		1
淮安市	**1**		**1**	**31**	**2**	**29**	**18**	**9**	**9**
淮安区	1		1	11		11	4	2	2
淮阴区				6	2	4	1	1	
清江浦区							2	1	1
洪泽区				1		1	3	2	1
涟水县				11		11			
盱眙县				1		1	8	3	5
金湖县				1		1			
淮安经济技术开发区									
工业园区									
生态文旅区									
苏淮高新区									

1-4c 续表 26

单位：人

地　区	高山族			拉祜族			水　族		
	小计	男	女	小计	男	女	小计	男	女
盐城市				**196**	**20**	**176**	**77**	**21**	**56**
亭湖区				6	3	3	5	3	2
盐都区				3	1	2	5		5
大丰区				10	2	8	25	8	17
响水县				7		7	2	1	1
滨海县				17	3	14	6	1	5
阜宁县				90	4	86	5	1	4
射阳县				24	2	22	6	5	1
建湖县				34	4	30	6		6
盐城经济技术开发区							2	1	1
江苏省盐南高新区									
东台市				5	1	4	15	1	14
扬州市	**2**		**2**	**61**	**26**	**35**	**21**	**10**	**11**
广陵区				8	3	5	1	1	
邗江区							2		2
江都区	2		2	33	16	17	2	2	
宝应县				3		3	3	2	1
扬州经济技术开发区				7	7		3	2	1
蜀冈瘦西湖景区									
生态新城							2	1	1
仪征市				1		1	5	1	4
高邮市				9		9	3	1	2
镇江市	**3**	**3**		**42**	**21**	**21**	**51**	**18**	**33**
京口区									
润州区							4	2	2
丹徒区	3	3		2	2		6	1	5
镇江新区				6	3	3	10	5	5
江苏镇江高新区									
丹阳市				25	8	17	15	6	9
扬中市				2	2		7	3	4
句容市				7	6	1	9	1	8
泰州市				**42**	**11**	**31**	**22**	**8**	**14**
海陵区									
高港区				3	1	2	4	1	3
姜堰区				2		2	1	1	
泰州医药高新技术产业开发区									
兴化市				17	4	13	3		3
靖江市				16	5	11	4	2	2
泰兴市				4	1	3	10	4	6
宿迁市	**1**		**1**	**27**		**27**	**28**	**7**	**21**
宿城区				1		1	2	1	1
宿豫区							1		1
沭阳县	1		1	10		10	15	4	11
泗阳县				8		8	4	1	3
泗洪县				7		7	3		3
宿迁经济技术开发区							1		1
宿迁市湖滨新区									
苏州宿迁工业园区									
宿迁市洋河新区				1		1	2	1	1

1-4c 续表 27

单位：人

地 区	东乡族			纳西族			景颇族		
	小计	男	女	小计	男	女	小计	男	女
江 苏	**178**	**102**	**76**	**98**	**20**	**78**	**317**	**114**	**203**
南京市	**1**	**1**		**7**	**2**	**5**	**32**	**6**	**26**
玄武区									
秦淮区									
建邺区									
鼓楼区									
浦口区									
栖霞区							3	1	2
雨花台区									
江宁区	1	1		2	2		5	2	3
六合区				1		1			
溧水区				4		4	5	1	4
高淳区							19	2	17
南京江北新区									
无锡市	**38**	**18**	**20**	**7**	**3**	**4**	**33**	**13**	**20**
锡山区	11	5	6	2	1	1	4	1	3
惠山区	2	1	1				12	7	5
滨湖区							6		6
梁溪区									
新吴区									
江苏无锡经济开发区									
江阴市	12	7	5	3	2	1	5	3	2
宜兴市	13	5	8	2		2	6	2	4
徐州市	**5**	**2**	**3**	**7**		**7**	**4**	**1**	**3**
鼓楼区									
云龙区									
贾汪区							2	1	1
泉山区									
铜山区				3		3	1		1
丰县							1		1
沛县				3		3			
睢宁县	4	2	2	1		1			
徐州经济技术开发区									
新沂市									
邳州市	1		1						
常州市	**12**	**8**	**4**	**7**	**2**	**5**	**8**	**4**	**4**
天宁区									
钟楼区				1	1				
新北区							2		2
武进区	9	6	3	1		1			
金坛区				1		1	1		1
江苏省常州市经济开发区	3	2	1	2		2	5	4	1
溧阳市				2	1	1			

1-4c 续表 28

单位：人

地区	东乡族			纳西族			景颇族		
	小计	男	女	小计	男	女	小计	男	女
苏州市	**45**	**26**	**19**	**9**	**2**	**7**	**78**	**41**	**37**
虎丘区	3	2	1				8	4	4
吴中区	5	4	1	1		1	15	6	9
相城区							11	9	2
姑苏区									
吴江区	5	3	2				7	3	4
苏州工业园区									
常熟市	20	11	9				17	9	8
张家港市				6	1	5	5	1	4
昆山市	5	3	2	1	1		10	6	4
太仓市	7	3	4	1		1	5	3	2
南通市	**47**	**30**	**17**	**5**	**1**	**4**	**79**	**30**	**49**
崇川区									
港闸区									
通州区	4	2	2				3	1	2
如东县	4	2	2	1		1	3		3
南通经济技术开发区									
通州湾示范区							5	3	2
苏锡通科技产业园区									
启东市	12	7	5	1		1	13	6	7
如皋市				1		1	2	1	1
海门市	22	15	7				48	15	33
海安市	5	4	1	2	1	1	5	4	1
连云港市				**4**		**4**			
连云区									
海州区									
赣榆区									
东海县				4		4			
灌云县									
灌南县									
连云港经济技术开发区									
连云港高新技术产业开发区									
江苏连云港徐圩新区									
江苏省连云港市云台山风景名胜区									
淮安市	**1**	**1**		**4**		**4**	**10**	**1**	**9**
淮安区				2		2	5		5
淮阴区				2		2	2		2
清江浦区									
洪泽区							3	1	2
涟水县	1	1							
盱眙县									
金湖县									
淮安经济技术开发区									
工业园区									
生态文旅区									
苏淮高新区									

1-4c 续表 29

单位：人

地区	东乡族			纳西族			景颇族		
	小计	男	女	小计	男	女	小计	男	女
盐城市	**10**	**4**	**6**	**24**	**4**	**20**	**10**		**10**
亭湖区	3	1	2	1		1			
盐都区	1		1	16	3	13	1		1
大丰区	2	1	1	6	1	5	1		1
响水县									
滨海县	3	1	2				2		2
阜宁县							2		2
射阳县							4		4
建湖县	1	1							
盐城经济技术开发区									
江苏省盐南高新区									
东台市				1		1			
扬州市	**7**	**5**	**2**	**8**	**3**	**5**	**25**	**9**	**16**
广陵区	1		1				8	2	6
邗江区									
江都区	5	4	1	8	3	5	9	5	4
宝应县							2	1	1
扬州经济技术开发区	1	1							
蜀冈瘦西湖景区									
生态新城									
仪征市							2	1	1
高邮市							4		4
镇江市	**6**	**4**	**2**				**20**	**7**	**13**
京口区									
润州区									
丹徒区							2	1	1
镇江新区							2	1	1
江苏镇江高新区									
丹阳市	1	1					1		1
扬中市	3	2	1				1	1	
句容市	2	1	1				14	4	10
泰州市	**4**	**1**	**3**	**12**	**3**	**9**	**8**	**2**	**6**
海陵区							1		1
高港区				1		1	1		1
姜堰区				1		1	2		2
泰州医药高新技术产业开发区									
兴化市				2	2				
靖江市	4	1	3	4	1	3	4	2	2
泰兴市				4		4			
宿迁市	**2**	**2**		**4**		**4**	**10**		**10**
宿城区				2		2	5		5
宿豫区									
沭阳县							3		3
泗阳县	2	2		2		2	1		1
泗洪县									
宿迁经济技术开发区									
宿迁市湖滨新区									
苏州宿迁工业园区									
宿迁市洋河新区							1		1

1-4c 续表 30

单位：人

地区	柯尔克孜族			土族			达斡尔族		
	小计	男	女	小计	男	女	小计	男	女
江苏	**4**	**1**	**3**	**225**	**85**	**140**	**66**	**36**	**30**
南京市	**1**		**1**	**11**	**2**	**9**	**3**	**1**	**2**
玄武区									
秦淮区									
建邺区									
鼓楼区									
浦口区				1		1			
栖霞区									
雨花台区									
江宁区	1		1	5	1	4	1	1	
六合区				2		2	2		2
溧水区									
高淳区				3	1	2			
南京江北新区									
无锡市				**38**	**19**	**19**	**24**	**17**	**7**
锡山区				10	4	6			
惠山区				3	1	2	9	6	3
滨湖区				1	1				
梁溪区									
新吴区				6	3	3	10	7	3
江苏无锡经济开发区									
江阴市				11	5	6	2	2	
宜兴市				7	5	2	3	2	1
徐州市				**9**	**4**	**5**	**5**	**2**	**3**
鼓楼区									
云龙区									
贾汪区									
泉山区									
铜山区									
丰县				7	4	3			
沛县				2		2	4	2	2
睢宁县									
徐州经济技术开发区									
新沂市									
邳州市							1		1
常州市				**19**	**7**	**12**	**2**	**1**	**1**
天宁区									
钟楼区									
新北区				2	1	1	2	1	1
武进区				6	3	3			
金坛区				4		4			
江苏省常州市经济开发区				6	3	3			
溧阳市				1		1			

1-4c 续表 31

单位：人

地区	柯尔克孜族			土族			达斡尔族		
	小计	男	女	小计	男	女	小计	男	女
苏州市				**69**	**34**	**35**	**17**	**9**	**8**
虎丘区				13	7	6			
吴中区				8	3	5	2	1	1
相城区									
姑苏区									
吴江区				1		1			
苏州工业园区									
常熟市				20	9	11			
张家港市				6	4	2	8	4	4
昆山市				9	4	5	5	3	2
太仓市				12	7	5	2	1	1
南通市				**20**	**6**	**14**	**6**	**2**	**4**
崇川区									
港闸区									
通州区				5	3	2	3	1	2
如东县				3		3			
南通经济技术开发区									
通州湾示范区									
苏锡通科技产业园区				1	1				
启东市				1		1	2		2
如皋市				8	1	7			
海门市									
海安市				2	1	1	1	1	
连云港市				**2**	**2**		**1**		**1**
连云区									
海州区									
赣榆区				1	1				
东海县				1	1		1		1
灌云县									
灌南县									
连云港经济技术开发区									
连云港高新技术产业开发区									
江苏连云港徐圩新区									
江苏省连云港市云台山风景名胜区									
淮安市				**6**	**1**	**5**			
淮安区				1		1			
淮阴区				1		1			
清江浦区									
洪泽区									
涟水县									
盱眙县									
金湖县				3		3			
淮安经济技术开发区									
工业园区				1	1				
生态文旅区									
苏淮高新区									

1-4c 续表 32

单位：人

地区	柯尔克孜族			土族			达斡尔族		
	小计	男	女	小计	男	女	小计	男	女
盐城市				**11**		**11**	**4**	**2**	**2**
亭湖区									
盐都区				2		2			
大丰区				1		1	1	1	
响水县									
滨海县				1		1			
阜宁县				3		3			
射阳县				1		1	2	1	1
建湖县									
盐城经济技术开发区									
江苏省盐南高新区									
东台市				3		3	1		1
扬州市	**3**	**1**	**2**	**18**	**5**	**13**	**1**	**1**	
广陵区				2		2			
邗江区				3	1	2			
江都区				7	1	6			
宝应县				5	3	2			
扬州经济技术开发区							1	1	
蜀冈瘦西湖景区									
生态新城									
仪征市	3	1	2						
高邮市				1		1			
镇江市				**7**	**2**	**5**	**1**	**1**	
京口区				3	2	1			
润州区									
丹徒区							1	1	
镇江新区									
江苏镇江高新区									
丹阳市				3		3			
扬中市				1		1			
句容市									
泰州市				**13**	**3**	**10**	**2**		**2**
海陵区									
高港区				3	1	2	2		2
姜堰区									
泰州医药高新技术产业开发区									
兴化市				5	2	3			
靖江市				1		1			
泰兴市				4		4			
宿迁市				**2**		**2**			
宿城区									
宿豫区									
沭阳县				2		2			
泗阳县									
泗洪县									
宿迁经济技术开发区									
宿迁市湖滨新区									
苏州宿迁工业园区									
宿迁市洋河新区									

1-4c　续表 33　　　　单位：人

地区	仫佬族			羌族			布朗族		
	小计	男	女	小计	男	女	小计	男	女
江　苏	**310**	**143**	**167**	**450**	**239**	**211**	**202**	**67**	**135**
南京市	**26**	**9**	**17**	**11**	**7**	**4**	**4**	**2**	**2**
玄武区									
秦淮区									
建邺区									
鼓楼区									
浦口区									
栖霞区									
雨花台区									
江宁区	7	4	3	5	5		1	1	
六合区	6	2	4	5	2	3	1		1
溧水区	7	1	6						
高淳区	6	2	4				2	1	1
南京江北新区				1		1			
无锡市	**79**	**37**	**42**	**160**	**79**	**81**	**12**	**7**	**5**
锡山区	5	2	3	11	7	4	5	4	1
惠山区				10	5	5	3	2	1
滨湖区	2	1	1	4	4		3	1	2
梁溪区									
新吴区	3		3						
江苏无锡经济开发区									
江阴市	16	13	3	126	58	68			
宜兴市	53	21	32	9	5	4	1		1
徐州市	**3**	**1**	**2**	**7**	**1**	**6**	**6**		**6**
鼓楼区									
云龙区									
贾汪区	1	1							
泉山区									
铜山区				1		1	2		2
丰县	1		1	3	1	2	3		3
沛县									
睢宁县				1		1			
徐州经济技术开发区				1		1			
新沂市									
邳州市	1		1	1		1	1		1
常州市	**49**	**27**	**22**	**21**	**12**	**9**	**15**	**5**	**10**
天宁区	7	6	1				3	2	1
钟楼区							3		3
新北区				1		1			
武进区	31	15	16	10	6	4	1		1
金坛区				2	1	1	3	1	2
江苏省常州市经济开发区	9	5	4	7	5	2	2		2
溧阳市	2	1	1	1		1	3	2	1

1-4c 续表 34

单位：人

地区	仫佬族			羌族			布朗族		
	小计	男	女	小计	男	女	小计	男	女
苏州市	**69**	**41**	**28**	**96**	**53**	**43**	**34**	**20**	**14**
虎丘区	2	1	1	9	9		1		1
吴中区	11	9	2	3	1	2	1		1
相城区	10	6	4						
姑苏区									
吴江区	16	8	8	3	2	1	2	1	1
苏州工业园区									
常熟市	5	2	3	10	4	6	5	4	1
张家港市	7	4	3	57	27	30	4	2	2
昆山市	17	11	6	8	5	3	20	13	7
太仓市	1		1	6	5	1	1		1
南通市	**18**	**5**	**13**	**117**	**72**	**45**	**11**	**5**	**6**
崇川区									
港闸区									
通州区	8	3	5	76	51	25	3	2	1
如东县	4		4				1		1
南通经济技术开发区									
通州湾示范区									
苏锡通科技产业园区	1	1		10	6	4			
启东市	1		1				1		1
如皋市	3	1	2	2		2			
海门市	1		1	18	10	8	6	3	3
海安市				11	5	6			
连云港市	**1**	**1**		**2**		**2**	**13**	**1**	**12**
连云区									
海州区									
赣榆区				1		1	5	1	4
东海县				1		1	7		7
灌云县							1		1
灌南县									
连云港经济技术开发区									
连云港高新技术产业开发区									
江苏连云港徐圩新区									
江苏省连云港市云台山风景名胜区	1	1							
淮安市	**17**	**6**	**11**	**5**		**5**	**9**	**1**	**8**
淮安区	4	1	3				5	1	4
淮阴区	9	4	5				3		3
清江浦区									
洪泽区									
涟水县	2		2	1		1	1		1
盱眙县	2	1	1	4		4			
金湖县									
淮安经济技术开发区									
工业园区									
生态文旅区									
苏淮高新区									

1-4c　续表 35　　　　单位：人

地　　区	仫佬族			羌　　族			布朗族		
	小计	男	女	小计	男	女	小计	男	女
盐城市	**14**	**3**	**11**	**6**	**4**	**2**	**37**	**4**	**33**
亭湖区									
盐都区	1		1						
大丰区				1	1		8	1	7
响水县	1	1					2	1	1
滨海县	1		1	3	1	2	3		3
阜宁县	1		1				13		13
射阳县	3	1	2				10	2	8
建湖县							1		1
盐城经济技术开发区									
江苏省盐南高新区									
东台市	7	1	6	2	2				
扬州市	**8**	**4**	**4**	**8**	**3**	**5**	**11**	**3**	**8**
广陵区	1	1		1		1	1	1	
邗江区	1		1						
江都区	3	1	2	1		1	3	1	2
宝应县	1	1					3		3
扬州经济技术开发区									
蜀冈瘦西湖景区									
生态新城									
仪征市				1		1	1	1	
高邮市	2	1	1	5	3	2	3		3
镇江市	**11**	**5**	**6**	**4**	**2**	**2**	**10**	**8**	**2**
京口区									
润州区									
丹徒区	1	1		1		1	1		1
镇江新区	1	1					2	1	1
江苏镇江高新区									
丹阳市	6	3	3	2	1	1			
扬中市	1		1	1	1				
句容市	2		2				7	7	
泰州市	**8**	**2**	**6**	**12**	**6**	**6**	**17**	**8**	**9**
海陵区									
高港区				3	2	1			
姜堰区	2		2	4	1	3			
泰州医药高新技术产业开发区	1		1	1	1				
兴化市							1		1
靖江市	5	2	3	3	2	1	11	5	6
泰兴市				1		1	5	3	2
宿迁市	**7**	**2**	**5**	**1**		**1**	**23**	**3**	**20**
宿城区	2	1	1				10	3	7
宿豫区	1	1		1		1	8		8
沭阳县	1		1				3		3
泗阳县	1		1						
泗洪县							1		1
宿迁经济技术开发区	2		2						
宿迁市湖滨新区							1		1
苏州宿迁工业园区									
宿迁市洋河新区									

1-4c 续表 36

单位：人

地区	撒拉族			毛南族			仡佬族		
	小计	男	女	小计	男	女	小计	男	女
江 苏	**32**	**16**	**16**	**88**	**50**	**38**	**1393**	**770**	**623**
南京市	**6**	**3**	**3**	**1**		**1**	**73**	**42**	**31**
玄武区									
秦淮区									
建邺区									
鼓楼区									
浦口区							10	7	3
栖霞区							1		1
雨花台区									
江宁区	6	3	3				32	21	11
六合区							10	4	6
溧水区				1		1	8	3	5
高淳区							5	1	4
南京江北新区							7	6	1
无锡市	**4**	**2**	**2**	**8**	**4**	**4**	**271**	**153**	**118**
锡山区	3	2	1				24	11	13
惠山区	1		1	1	1		26	9	17
滨湖区							1	1	
梁溪区									
新吴区				2	1	1	11	9	2
江苏无锡经济开发区									
江阴市				5	2	3	142	83	59
宜兴市							67	40	27
徐州市				**2**		**2**	**45**	**19**	**26**
鼓楼区									
云龙区									
贾汪区							6	4	2
泉山区									
铜山区							10	5	5
丰县							6	3	3
沛县				1		1	2		2
睢宁县							8	2	6
徐州经济技术开发区							3	2	1
新沂市				1		1	6	3	3
邳州市							4		4
常州市				**18**	**9**	**9**	**99**	**57**	**42**
天宁区									
钟楼区				3	2	1	2	2	
新北区									
武进区				2	1	1	43	29	14
金坛区				4	2	2	29	16	13
江苏省常州市经济开发区				1	1		6	4	2
溧阳市				8	3	5	19	6	13

1-4c　续表 37

单位：人

地　区	撒拉族			毛南族			仡佬族		
	小计	男	女	小计	男	女	小计	男	女
苏州市	**9**	**5**	**4**	**36**	**24**	**12**	**461**	**294**	**167**
虎丘区							6	5	1
吴中区				7	6	1	33	26	7
相城区				7	5	2	34	26	8
姑苏区									
吴江区				3	2	1	73	42	31
苏州工业园区									
常熟市				3	3		58	37	21
张家港市	2	1	1	4		4	52	30	22
昆山市	7	4	3	9	5	4	168	108	60
太仓市				3	3		37	20	17
南通市				**8**	**6**	**2**	**112**	**34**	**78**
崇川区									
港闸区									
通州区				7	5	2	11	6	5
如东县							11	5	6
南通经济技术开发区									
通州湾示范区							1		1
苏锡通科技产业园区							6	3	3
启东市							10	3	7
如皋市				1	1		46	11	35
海门市							11	2	9
海安市							16	4	12
连云港市							**13**	**6**	**7**
连云区							1	1	
海州区									
赣榆区							2	1	1
东海县							2	1	1
灌云县							5	1	4
灌南县							1		1
连云港经济技术开发区							1	1	
连云港高新技术产业开发区									
江苏连云港徐圩新区							1	1	
江苏省连云港市云台山风景名胜区									
淮安市				**2**	**1**	**1**	**31**	**15**	**16**
淮安区							11	6	5
淮阴区							2	1	1
清江浦区							1		1
洪泽区				1	1		6	5	1
涟水县							4		4
盱眙县							4	2	2
金湖县				1		1	3	1	2
淮安经济技术开发区									
工业园区									
生态文旅区									
苏淮高新区									

1-4c 续表 38

单位：人

地　　区	撒拉族			毛南族			仡佬族		
	小计	男	女	小计	男	女	小计	男	女
盐城市	**1**	**1**		**6**	**3**	**3**	**64**	**29**	**35**
亭湖区							9	5	4
盐都区							14	7	7
大丰区				1		1	7	4	3
响水县							1		1
滨海县				4	3	1	7	2	5
阜宁县							5	1	4
射阳县	1	1		1		1	5	2	3
建湖县							3	3	
盐城经济技术开发区									
江苏省盐南高新区									
东台市							13	5	8
扬州市	**6**	**3**	**3**	**4**	**2**	**2**	**33**	**17**	**16**
广陵区				1	1		6	4	2
邗江区							1		1
江都区				3	1	2	8	2	6
宝应县	6	3	3				7	5	2
扬州经济技术开发区							8	5	3
蜀冈瘦西湖景区									
生态新城							1		1
仪征市							2	1	1
高邮市									
镇江市				**3**	**1**	**2**	**83**	**43**	**40**
京口区									
润州区							2	2	
丹徒区							9	3	6
镇江新区				1	1		2	2	
江苏镇江高新区									
丹阳市				2		2	54	26	28
扬中市							11	8	3
句容市							5	2	3
泰州市							**77**	**48**	**29**
海陵区							6	3	3
高港区							1	1	
姜堰区							9	5	4
泰州医药高新技术产业开发区							1	1	
兴化市							9	6	3
靖江市							18	11	7
泰兴市							33	21	12
宿迁市	**6**	**2**	**4**				**31**	**13**	**18**
宿城区							6	2	4
宿豫区							3	3	
沭阳县							9	2	7
泗阳县	1		1				4	2	2
泗洪县							7	4	3
宿迁经济技术开发区	5	2	3				1		1
宿迁市湖滨新区									
苏州宿迁工业园区									
宿迁市洋河新区							1		1

1-4c　续表 39　　　　单位：人

地　区	锡伯族			阿昌族			普米族		
	小计	男	女	小计	男	女	小计	男	女
江　苏	**47**	**22**	**25**	**145**	**67**	**78**	**17**	**7**	**10**
南京市	**12**	**7**	**5**	**13**	**4**	**9**			
玄武区									
秦淮区									
建邺区									
鼓楼区									
浦口区									
栖霞区				1		1			
雨花台区									
江宁区	6	4	2	1		1			
六合区	2	2		2	1	1			
溧水区	2	1	1						
高淳区				8	2	6			
南京江北新区	2		2	1	1				
无锡市	**3**	**1**	**2**	**5**	**1**	**4**			
锡山区									
惠山区				2	1	1			
滨湖区									
梁溪区									
新吴区				1		1			
江苏无锡经济开发区									
江阴市	2		2	1		1			
宜兴市	1	1		1		1			
徐州市	**3**		**3**				**1**		**1**
鼓楼区									
云龙区									
贾汪区	1		1						
泉山区									
铜山区									
丰县	1		1						
沛县									
睢宁县							1		1
徐州经济技术开发区									
新沂市	1		1						
邳州市									
常州市	**3**	**1**	**2**	**5**	**3**	**2**	**1**		**1**
天宁区	1		1						
钟楼区									
新北区									
武进区									
金坛区	2	1	1	2	1	1			
江苏省常州市经济开发区				3	2	1	1		1
溧阳市									

1-4c 续表 40

单位：人

地区	锡伯族			阿昌族			普米族		
	小计	男	女	小计	男	女	小计	男	女
苏州市	**9**	**6**	**3**	**58**	**31**	**27**	**2**		**2**
虎丘区				11	7	4			
吴中区	1	1		2	1	1	1		1
相城区				15	6	9			
姑苏区									
吴江区	1		1						
苏州工业园区									
常熟市				6	3	3			
张家港市	2	1	1	1		1			
昆山市	3	2	1	14	8	6	1		1
太仓市	2	2		9	6	3			
南通市	**8**	**4**	**4**	**48**	**22**	**26**	**2**	**1**	**1**
崇川区									
港闸区									
通州区	1	1		3	2	1			
如东县				2	1	1			
南通经济技术开发区									
通州湾示范区									
苏锡通科技产业园区									
启东市	3	2	1	3	1	2			
如皋市	3	1	2						
海门市				8	1	7			
海安市	1		1	32	17	15	2	1	1
连云港市	**1**		**1**						
连云区									
海州区	1		1						
赣榆区									
东海县									
灌云县									
灌南县									
连云港经济技术开发区									
连云港高新技术产业开发区									
江苏连云港徐圩新区									
江苏省连云港市云台山风景名胜区									
淮安市				**1**		**1**	**1**		**1**
淮安区				1		1	1		1
淮阴区									
清江浦区									
洪泽区									
涟水县									
盱眙县									
金湖县									
淮安经济技术开发区									
工业园区									
生态文旅区									
苏淮高新区									

1-4c　续表 41　　　　单位：人

地　区	锡伯族			阿昌族			普米族		
	小计	男	女	小计	男	女	小计	男	女
盐城市				**5**		**5**	**1**		**1**
亭湖区									
盐都区									
大丰区									
响水县									
滨海县							1		1
阜宁县				1		1			
射阳县				2		2			
建湖县				2		2			
盐城经济技术开发区									
江苏省盐南高新区									
东台市									
扬州市	**1**	**1**		**1**		**1**			
广陵区									
邗江区									
江都区									
宝应县									
扬州经济技术开发区									
蜀冈瘦西湖景区									
生态新城									
仪征市	1	1							
高邮市				1		1			
镇江市	**3**		**3**	**1**		**1**			
京口区									
润州区									
丹徒区									
镇江新区									
江苏镇江高新区									
丹阳市	2		2	1		1			
扬中市									
句容市	1		1						
泰州市	**3**	**2**	**1**	**8**	**6**	**2**	**5**	**4**	**1**
海陵区									
高港区	2	2							
姜堰区									
泰州医药高新技术产业开发区									
兴化市							1	1	
靖江市				8	6	2			
泰兴市	1		1				4	3	1
宿迁市	**1**		**1**				**4**	**2**	**2**
宿城区									
宿豫区									
沭阳县	1		1				4	2	2
泗阳县									
泗洪县									
宿迁经济技术开发区									
宿迁市湖滨新区									
苏州宿迁工业园区									
宿迁市洋河新区									

1-4c 续表 42

单位：人

地区	塔吉克族			怒族			乌孜别克族		
	小计	男	女	小计	男	女	小计	男	女
江苏	**1**	**1**		**52**	**15**	**37**			
南京市				**5**	**1**	**4**			
玄武区									
秦淮区									
建邺区									
鼓楼区									
浦口区									
栖霞区									
雨花台区									
江宁区				1	1				
六合区				1		1			
溧水区				2		2			
高淳区				1		1			
南京江北新区									
无锡市				**10**	**5**	**5**			
锡山区				1		1			
惠山区				1		1			
滨湖区									
梁溪区									
新吴区				1	1				
江苏无锡经济开发区									
江阴市				2		2			
宜兴市				5	4	1			
徐州市									
鼓楼区									
云龙区									
贾汪区									
泉山区									
铜山区									
丰县									
沛县									
睢宁县									
徐州经济技术开发区									
新沂市									
邳州市									
常州市				**2**	**1**	**1**			
天宁区									
钟楼区									
新北区				1	1				
武进区									
金坛区									
江苏省常州市经济开发区				1		1			
溧阳市									

1-4c　续表 43　　　　　　　　　　　　　　　　　　　　单位：人

地　区	塔吉克族			怒　族			乌孜别克族		
	小计	男	女	小计	男	女	小计	男	女
苏州市	**1**	**1**		**9**	**4**	**5**			
虎丘区									
吴中区									
相城区									
姑苏区									
吴江区									
苏州工业园区									
常熟市	1	1		1		1			
张家港市				3		3			
昆山市				1	1				
太仓市				4	3	1			
南通市				**3**		**3**			
崇川区									
港闸区									
通州区									
如东县									
南通经济技术开发区									
通州湾示范区									
苏锡通科技产业园区									
启东市				2		2			
如皋市									
海门市									
海安市				1		1			
连云港市				**3**		**3**			
连云区									
海州区									
赣榆区									
东海县				2		2			
灌云县									
灌南县				1		1			
连云港经济技术开发区									
连云港高新技术产业开发区									
江苏连云港徐圩新区									
江苏省连云港市云台山风景名胜区									
淮安市				**6**	**1**	**5**			
淮安区				3		3			
淮阴区				1	1				
清江浦区									
洪泽区									
涟水县				1		1			
盱眙县				1		1			
金湖县									
淮安经济技术开发区									
工业园区									
生态文旅区									
苏淮高新区									

1-4c 续表 44

单位：人

地区	塔吉克族			怒族			乌孜别克族		
	小计	男	女	小计	男	女	小计	男	女
盐城市				**4**		**4**			
亭湖区				1		1			
盐都区				1		1			
大丰区									
响水县									
滨海县									
阜宁县				1		1			
射阳县									
建湖县									
盐城经济技术开发区									
江苏省盐南高新区									
东台市				1		1			
扬州市				**1**		**1**			
广陵区									
邗江区									
江都区				1		1			
宝应县									
扬州经济技术开发区									
蜀冈瘦西湖景区									
生态新城									
仪征市									
高邮市									
镇江市				**3**	**3**				
京口区									
润州区									
丹徒区									
镇江新区									
江苏镇江高新区									
丹阳市									
扬中市									
句容市				3	3				
泰州市				**2**		**2**			
海陵区									
高港区									
姜堰区									
泰州医药高新技术产业开发区									
兴化市									
靖江市									
泰兴市				2		2			
宿迁市				**4**		**4**			
宿城区									
宿豫区									
沭阳县				2		2			
泗阳县									
泗洪县				1		1			
宿迁经济技术开发区									
宿迁市湖滨新区									
苏州宿迁工业园区									
宿迁市洋河新区				1		1			

1-4c　续表 45　　　　单位：人

地　区	俄罗斯族			鄂温克族			德 昂 族		
	小计	男	女	小计	男	女	小计	男	女
江　苏	**7**	**4**	**3**	**11**	**4**	**7**	**23**	**10**	**13**
南京市	**1**	**1**		**3**	**1**	**2**			
玄武区									
秦淮区									
建邺区									
鼓楼区									
浦口区									
栖霞区									
雨花台区									
江宁区				1	1				
六合区									
溧水区									
高淳区				2		2			
南京江北新区	1	1							
无锡市				**4**	**2**	**2**	**6**	**3**	**3**
锡山区									
惠山区				1		1			
滨湖区									
梁溪区									
新吴区				2	1	1			
江苏无锡经济开发区									
江阴市							5	3	2
宜兴市				1	1		1		1
徐州市	**1**		**1**						
鼓楼区									
云龙区									
贾汪区									
泉山区									
铜山区									
丰县									
沛县									
睢宁县									
徐州经济技术开发区									
新沂市	1		1						
邳州市									
常州市									
天宁区									
钟楼区									
新北区									
武进区									
金坛区									
江苏省常州市经济开发区									
溧阳市									

1-4c 续表 46　　　　　　　　　　　　　　　　单位：人

地　　区	俄罗斯族			鄂温克族			德 昂 族		
	小计	男	女	小计	男	女	小计	男	女
苏州市	**2**	**1**	**1**	**1**		**1**	**5**	**3**	**2**
虎丘区	2	1	1						
吴中区							1		1
相城区							1	1	
姑苏区									
吴江区							2	1	1
苏州工业园区									
常熟市									
张家港市							1	1	
昆山市				1		1			
太仓市									
南通市							**4**	**2**	**2**
崇川区									
港闸区									
通州区							3	2	1
如东县									
南通经济技术开发区									
通州湾示范区									
苏锡通科技产业园区									
启东市									
如皋市									
海门市							1		1
海安市									
连云港市									
连云区									
海州区									
赣榆区									
东海县									
灌云县									
灌南县									
连云港经济技术开发区									
连云港高新技术产业开发区									
江苏连云港徐圩新区									
江苏省连云港市云台山风景名胜区									
淮安市							**2**		**2**
淮安区							1		1
淮阴区									
清江浦区									
洪泽区									
涟水县							1		1
盱眙县									
金湖县									
淮安经济技术开发区									
工业园区									
生态文旅区									
苏淮高新区									

1-4c　续表 47　　　　单位：人

地　　区	俄罗斯族			鄂温克族			德 昂 族		
	小计	男	女	小计	男	女	小计	男	女
盐城市	**2**	**1**	**1**	**2**	**1**	**1**	**1**		**1**
亭湖区									
盐都区									
大丰区							1		1
响水县									
滨海县									
阜宁县									
射阳县									
建湖县				2	1	1			
盐城经济技术开发区									
江苏省盐南高新区									
东台市	2	1	1						
扬州市							**3**	**1**	**2**
广陵区									
邗江区									
江都区									
宝应县									
扬州经济技术开发区							1	1	
蜀冈瘦西湖景区									
生态新城									
仪征市									
高邮市							2		2
镇江市									
京口区									
润州区									
丹徒区									
镇江新区									
江苏镇江高新区									
丹阳市									
扬中市									
句容市									
泰州市				**1**		**1**	**2**	**1**	**1**
海陵区									
高港区									
姜堰区									
泰州医药高新技术产业开发区									
兴化市				1		1			
靖江市									
泰兴市							2	1	1
宿迁市	**1**	**1**							
宿城区									
宿豫区									
沭阳县	1	1							
泗阳县									
泗洪县									
宿迁经济技术开发区									
宿迁市湖滨新区									
苏州宿迁工业园区									
宿迁市洋河新区									

1-4c 续表 48

单位：人

地　区	保安族			裕固族			京　族		
	小计	男	女	小计	男	女	小计	男	女
江　苏	**8**	**4**	**4**	**7**	**4**	**3**	**16**	**5**	**11**
南京市							**1**		**1**
玄武区									
秦淮区									
建邺区									
鼓楼区									
浦口区									
栖霞区									
雨花台区									
江宁区									
六合区									
溧水区							1		1
高淳区									
南京江北新区									
无锡市	**3**	**2**	**1**				**3**	**1**	**2**
锡山区									
惠山区									
滨湖区									
梁溪区									
新吴区									
江苏无锡经济开发区									
江阴市	3	2	1				1	1	
宜兴市							2		2
徐州市									
鼓楼区									
云龙区									
贾汪区									
泉山区									
铜山区									
丰县									
沛县									
睢宁县									
徐州经济技术开发区									
新沂市									
邳州市									
常州市				**2**	**2**		**7**	**3**	**4**
天宁区									
钟楼区									
新北区									
武进区				2	2		4	2	2
金坛区									
江苏省常州市经济开发区									
溧阳市							3	1	2

1-4c　续表 49

单位：人

地　区	保安族			裕固族			京　族		
	小计	男	女	小计	男	女	小计	男	女
苏州市				**1**		**1**			
虎丘区									
吴中区									
相城区									
姑苏区									
吴江区									
苏州工业园区									
常熟市				1		1			
张家港市									
昆山市									
太仓市									
南通市	**3**	**1**	**2**	**2**	**1**	**1**	**1**		**1**
崇川区									
港闸区									
通州区									
如东县									
南通经济技术开发区									
通州湾示范区									
苏锡通科技产业园区									
启东市				2	1	1			
如皋市							1		1
海门市	3	1	2						
海安市									
连云港市									
连云区									
海州区									
赣榆区									
东海县									
灌云县									
灌南县									
连云港经济技术开发区									
连云港高新技术产业开发区									
江苏连云港徐圩新区									
江苏省连云港市云台山风景名胜区									
淮安市									
淮安区									
淮阴区									
清江浦区									
洪泽区									
涟水县									
盱眙县									
金湖县									
淮安经济技术开发区									
工业园区									
生态文旅区									
苏淮高新区									

1-4c 续表 50　　　　单位：人

地　区	保安族			裕固族			京　族		
	小计	男	女	小计	男	女	小计	男	女
盐城市				**1**		**1**	**2**		**2**
亭湖区									
盐都区									
大丰区									
响水县									
滨海县							2		2
阜宁县									
射阳县									
建湖县									
盐城经济技术开发区									
江苏省盐南高新区									
东台市				1		1			
扬州市							**1**	**1**	
广陵区									
邗江区									
江都区									
宝应县									
扬州经济技术开发区							1	1	
蜀冈瘦西湖景区									
生态新城									
仪征市									
高邮市									
镇江市							**1**		**1**
京口区									
润州区									
丹徒区									
镇江新区									
江苏镇江高新区									
丹阳市									
扬中市									
句容市							1		1
泰州市	**2**	**1**	**1**	**1**	**1**				
海陵区									
高港区	2	1	1	1	1				
姜堰区									
泰州医药高新技术产业开发区									
兴化市									
靖江市									
泰兴市									
宿迁市									
宿城区									
宿豫区									
沭阳县									
泗阳县									
泗洪县									
宿迁经济技术开发区									
宿迁市湖滨新区									
苏州宿迁工业园区									
宿迁市洋河新区									

1-4c　续表 51　　　　　　　　　　　　　　　　　　　　　　　　　　　　　　单位：人

地　区	塔塔尔族			独 龙 族			鄂伦春族		
	小计	男	女	小计	男	女	小计	男	女
江　苏				**6**		**6**	**7**	**4**	**3**
南京市									
玄武区									
秦淮区									
建邺区									
鼓楼区									
浦口区									
栖霞区									
雨花台区									
江宁区									
六合区									
溧水区									
高淳区									
南京江北新区									
无锡市				**1**		**1**	**2**	**1**	**1**
锡山区									
惠山区							1		1
滨湖区									
梁溪区									
新吴区				1		1			
江苏无锡经济开发区									
江阴市									
宜兴市							1	1	
徐州市									
鼓楼区									
云龙区									
贾汪区									
泉山区									
铜山区									
丰县									
沛县									
睢宁县									
徐州经济技术开发区									
新沂市									
邳州市									
常州市									
天宁区									
钟楼区									
新北区									
武进区									
金坛区									
江苏省常州市经济开发区									
溧阳市									

1-4c 续表 52

单位：人

地区	塔塔尔族			独龙族			鄂伦春族		
	小计	男	女	小计	男	女	小计	男	女
苏州市									
虎丘区									
吴中区									
相城区									
姑苏区									
吴江区									
苏州工业园区									
常熟市									
张家港市									
昆山市									
太仓市									
南通市							**3**	**1**	**2**
崇川区									
港闸区									
通州区									
如东县							3	1	2
南通经济技术开发区									
通州湾示范区									
苏锡通科技产业园区									
启东市									
如皋市									
海门市									
海安市									
连云港市									
连云区									
海州区									
赣榆区									
东海县									
灌云县									
灌南县									
连云港经济技术开发区									
连云港高新技术产业开发区									
江苏连云港徐圩新区									
江苏省连云港市云台山风景名胜区									
淮安市									
淮安区									
淮阴区									
清江浦区									
洪泽区									
涟水县									
盱眙县									
金湖县									
淮安经济技术开发区									
工业园区									
生态文旅区									
苏淮高新区									

1-4c 续表 53

单位：人

地区	塔塔尔族			独龙族			鄂伦春族		
	小计	男	女	小计	男	女	小计	男	女
盐城市				**1**		**1**			
亭湖区									
盐都区									
大丰区									
响水县									
滨海县									
阜宁县									
射阳县									
建湖县				1		1			
盐城经济技术开发区									
江苏省盐南高新区									
东台市									
扬州市				**1**		**1**	**1**	**1**	
广陵区				1		1			
邗江区									
江都区							1	1	
宝应县									
扬州经济技术开发区									
蜀冈瘦西湖景区									
生态新城									
仪征市									
高邮市									
镇江市				**1**		**1**			
京口区									
润州区									
丹徒区									
镇江新区									
江苏镇江高新区									
丹阳市				1		1			
扬中市									
句容市									
泰州市				**2**		**2**	**1**	**1**	
海陵区									
高港区									
姜堰区				1		1			
泰州医药高新技术产业开发区									
兴化市				1		1	1	1	
靖江市									
泰兴市									
宿迁市									
宿城区									
宿豫区									
沭阳县									
泗阳县									
泗洪县									
宿迁经济技术开发区									
宿迁市湖滨新区									
苏州宿迁工业园区									
宿迁市洋河新区									

1-4c 续表 54

单位：人

地区	赫哲族			门巴族			珞巴族		
	小计	男	女	小计	男	女	小计	男	女
江　苏	**7**	**5**	**2**				**1**		**1**
南京市	**2**	**1**	**1**						
玄武区									
秦淮区									
建邺区									
鼓楼区									
浦口区	1	1							
栖霞区									
雨花台区									
江宁区	1		1						
六合区									
溧水区									
高淳区									
南京江北新区									
无锡市									
锡山区									
惠山区									
滨湖区									
梁溪区									
新吴区									
江苏无锡经济开发区									
江阴市									
宜兴市									
徐州市	**1**	**1**							
鼓楼区									
云龙区									
贾汪区									
泉山区									
铜山区	1	1							
丰县									
沛县									
睢宁县									
徐州经济技术开发区									
新沂市									
邳州市									
常州市									
天宁区									
钟楼区									
新北区									
武进区									
金坛区									
江苏省常州市经济开发区									
溧阳市									

1-4c　续表 55

单位：人

地　区	赫哲族			门巴族			珞巴族		
	小计	男	女	小计	男	女	小计	男	女
苏州市	**2**	**2**							
虎丘区									
吴中区									
相城区	1	1							
姑苏区									
吴江区									
苏州工业园区									
常熟市									
张家港市									
昆山市									
太仓市	1	1							
南通市									
崇川区									
港闸区									
通州区									
如东县									
南通经济技术开发区									
通州湾示范区									
苏锡通科技产业园区									
启东市									
如皋市									
海门市									
海安市									
连云港市	**1**		**1**						
连云区									
海州区									
赣榆区	1		1						
东海县									
灌云县									
灌南县									
连云港经济技术开发区									
连云港高新技术产业开发区									
江苏连云港徐圩新区									
江苏省连云港市云台山风景名胜区									
淮安市									
淮安区									
淮阴区									
清江浦区									
洪泽区									
涟水县									
盱眙县									
金湖县									
淮安经济技术开发区									
工业园区									
生态文旅区									
苏淮高新区									

1-4c 续表 56 单位：人

地区	赫哲族			门巴族			珞巴族		
	小计	男	女	小计	男	女	小计	男	女
盐城市							**1**		**1**
亭湖区									
盐都区							1		1
大丰区									
响水县									
滨海县									
阜宁县									
射阳县									
建湖县									
盐城经济技术开发区									
江苏省盐南高新区									
东台市									
扬州市									
广陵区									
邗江区									
江都区									
宝应县									
扬州经济技术开发区									
蜀冈瘦西湖景区									
生态新城									
仪征市									
高邮市									
镇江市									
京口区									
润州区									
丹徒区									
镇江新区									
江苏镇江高新区									
丹阳市									
扬中市									
句容市									
泰州市	**1**	**1**							
海陵区									
高港区									
姜堰区									
泰州医药高新技术产业开发区									
兴化市									
靖江市	1	1							
泰兴市									
宿迁市									
宿城区									
宿豫区									
沭阳县									
泗阳县									
泗洪县									
宿迁经济技术开发区									
宿迁市湖滨新区									
苏州宿迁工业园区									
宿迁市洋河新区									

1-4c 续表 57

单位：人

地区	基诺族			未定族称人口			入籍		
	小计	男	女	小计	男	女	小计	男	女
江　苏	**15**	**1**	**14**	**2618**	**1308**	**1310**	**102**	**27**	**75**
南京市				**98**	**38**	**60**	**3**		**3**
玄武区									
秦淮区									
建邺区									
鼓楼区									
浦口区				6	2	4			
栖霞区				4	4				
雨花台区									
江宁区				37	19	18			
六合区				35	6	29	3		3
溧水区				9	3	6			
高淳区				6	3	3			
南京江北新区				1	1				
无锡市	**2**		**2**	**752**	**418**	**334**	**10**	**3**	**7**
锡山区				41	22	19			
惠山区				16	7	9	1		1
滨湖区				3	3		1	1	
梁溪区									
新吴区				6	4	2			
江苏无锡经济开发区									
江阴市	2		2	106	61	45			
宜兴市				580	321	259	8	2	6
徐州市	**1**		**1**	**69**	**23**	**46**	**6**		**6**
鼓楼区									
云龙区									
贾汪区				3		3	1		1
泉山区									
铜山区	1		1	17	13	4			
丰县				8	1	7	1		1
沛县				17	6	11	1		1
睢宁县				4		4			
徐州经济技术开发区				1	1				
新沂市				4		4	2		2
邳州市				15	2	13	1		1
常州市				**345**	**181**	**164**	**32**	**18**	**14**
天宁区				3	2	1			
钟楼区				17	10	7			
新北区				13	5	8			
武进区				185	105	80	11	7	4
金坛区				62	29	33			
江苏省常州市经济开发区				33	20	13			
溧阳市				32	10	22	21	11	10

1-4c 续表 58

单位：人

地区	基诺族			未定族称人口			入籍		
	小计	男	女	小计	男	女	小计	男	女
苏州市	**1**		**1**	**829**	**484**	**345**	**8**	**4**	**4**
虎丘区				5	4	1			
吴中区				36	20	16	2	2	
相城区				5	3	2	1	1	
姑苏区									
吴江区				648	380	268	5	1	4
苏州工业园区									
常熟市				27	17	10			
张家港市	1		1	29	12	17			
昆山市				41	25	16			
太仓市				38	23	15			
南通市	**6**		**6**	**136**	**48**	**88**	**2**		**2**
崇川区									
港闸区									
通州区				14	1	13			
如东县				20	10	10			
南通经济技术开发区									
通州湾示范区				1		1			
苏锡通科技产业园区									
启东市	3		3	6	2	4			
如皋市				51	22	29	2		2
海门市	3		3	16	10	6			
海安市				28	3	25			
连云港市				**32**	**6**	**26**	**6**		**6**
连云区									
海州区				2	1	1			
赣榆区				8	1	7			
东海县				10		10	2		2
灌云县				6	3	3	4		4
灌南县				6	1	5			
连云港经济技术开发区									
连云港高新技术产业开发区									
江苏连云港徐圩新区									
江苏省连云港市云台山风景名胜区									
淮安市				**61**	**18**	**43**	**10**		**10**
淮安区				20	9	11	2		2
淮阴区				8		8	4		4
清江浦区									
洪泽区				4	1	3			
涟水县				11		11	3		3
盱眙县				16	7	9			
金湖县				1		1			
淮安经济技术开发区									
工业园区				1	1		1		1
生态文旅区									
苏淮高新区									

1-4c　续表 59　　　　单位：人

地　区	基诺族			未定族称人口			入　籍		
	小计	男	女	小计	男	女	小计	男	女
盐城市				**84**	**21**	**63**	**10**	**1**	**9**
亭湖区									
盐都区				9	5	4			
大丰区				3		3			
响水县				17	3	14	1		1
滨海县				10		10	4		4
阜宁县				12	1	11	2		2
射阳县				11	3	8	1		1
建湖县				3	1	2	1	1	
盐城经济技术开发区				1		1			
江苏省盐南高新区									
东台市				18	8	10	1		1
扬州市	**1**	**1**		**37**	**10**	**27**	**6**	**1**	**5**
广陵区				1		1			
邗江区				6	2	4			
江都区				12	7	5			
宝应县	1	1		1		1	2		2
扬州经济技术开发区				4	1	3			
蜀冈瘦西湖景区									
生态新城				1		1			
仪征市				6		6	1		1
高邮市				6		6	3	1	2
镇江市	**2**		**2**	**40**	**20**	**20**	**3**		**3**
京口区									
润州区									
丹徒区				4	2	2			
镇江新区				1		1			
江苏镇江高新区									
丹阳市				22	13	9			
扬中市				6	2	4			
句容市	2		2	7	3	4	3		3
泰州市	**2**		**2**	**67**	**26**	**41**			
海陵区									
高港区				5	1	4			
姜堰区				20	8	12			
泰州医药高新技术产业开发区									
兴化市				15	10	5			
靖江市	2		2	5	2	3			
泰兴市				22	5	17			
宿迁市				**68**	**15**	**53**	**6**		**6**
宿城区				7	2	5	1		1
宿豫区				7	4	3			
沭阳县				18	3	15	2		2
泗阳县				12	2	10	1		1
泗洪县				16	3	13	1		1
宿迁经济技术开发区				2		2			
宿迁市湖滨新区				4	1	3			
苏州宿迁工业园区									
宿迁市洋河新区				2		2	1		1

1-5 各地区分年龄、性别的人口

单位：人

地区	合计			0岁		
	合计	男	女	小计	男	女
江　苏	**84748016**	**43031586**	**41716430**	**563212**	**293718**	**269494**
南京市	**9314685**	**4754686**	**4559999**	**65987**	**34583**	**31404**
玄武区	537825	268349	269476	2712	1457	1255
秦淮区	740809	364643	376166	3814	1989	1825
建邺区	534257	268724	265533	3535	1847	1688
鼓楼区	940387	456009	484378	4558	2416	2142
浦口区	401334	203998	197336	3154	1648	1506
栖霞区	987835	511258	476577	6100	3203	2897
雨花台区	608780	317394	291386	4705	2486	2219
江宁区	1926117	1003459	922658	15777	8228	7549
六合区	632961	317157	315804	4990	2588	2402
溧水区	491336	256342	234994	3744	1932	1812
高淳区	429173	219259	209914	3111	1683	1428
南京江北新区	1083871	568094	515777	9787	5106	4681
无锡市	**7462135**	**3848880**	**3613255**	**46281**	**24063**	**22218**
锡山区	882387	466374	416013	5649	2982	2667
惠山区	893675	469028	424647	6129	3107	3022
滨湖区	592984	303632	289352	2956	1569	1387
梁溪区	985465	492411	493054	6053	3160	2893
新吴区	720215	376522	343693	5517	2882	2635
江苏无锡经济开发区	322109	165763	156346	2660	1399	1261
江阴市	1779515	920161	859354	10636	5506	5130
宜兴市	1285785	654989	630796	6681	3458	3223
徐州市	**9083790**	**4579072**	**4504718**	**76491**	**40455**	**36036**
鼓楼区	425143	214039	211104	3494	1800	1694
云龙区	471566	234338	237228	4657	2463	2194
贾汪区	453555	232962	220593	3661	1978	1683
泉山区	619784	303753	316031	4889	2549	2340
铜山区	1237760	629445	608315	9926	5212	4714
丰县	935200	468942	466258	8035	4240	3795
沛县	1038337	521117	517220	9521	5062	4459
睢宁县	1088553	547412	541141	9398	5037	4361
徐州经济技术开发区	381407	196041	185366	3826	1994	1832
新沂市	969922	490412	479510	7713	4109	3604
邳州市	1462563	740611	721952	11371	6011	5360
常州市	**5278121**	**2711786**	**2566335**	**33542**	**17550**	**15992**
天宁区	668906	334241	334665	3703	1930	1773
钟楼区	658537	334349	324188	3941	2023	1918
新北区	883125	451504	431621	6378	3354	3024
武进区	1277487	668779	608708	7457	3913	3544
金坛区	585081	296106	288975	3944	2125	1819
江苏省常州市经济开发区	419893	222613	197280	2963	1560	1403
溧阳市	785092	404194	380898	5156	2645	2511

1-5　续表 1

单位：人

地　区	合　计			0岁		
	合计	男	女	小计	男	女
苏州市	**12748262**	**6657110**	**6091152**	**84763**	**43871**	**40892**
虎丘区	832499	436545	395954	5744	3022	2722
吴中区	1388972	727815	661157	10454	5433	5021
相城区	891055	472592	418463	6818	3522	3296
姑苏区	924083	456751	467332	5077	2671	2406
吴江区	1545023	813616	731407	9839	5128	4711
苏州工业园区	1133927	587651	546276	8415	4385	4030
常熟市	1677050	872242	804808	7835	4046	3789
张家港市	1432044	738317	693727	8311	4235	4076
昆山市	2092496	1113706	978790	17859	9230	8629
太仓市	831113	437875	393238	4411	2199	2212
南通市	**7726635**	**3805559**	**3921076**	**38881**	**20099**	**18782**
崇川区	780564	385333	395231	3992	2101	1891
港闸区	403176	205546	197630	2765	1456	1309
通州区	1106601	543734	562867	5828	2970	2858
如东县	875178	426829	448349	3755	1946	1809
南通经济技术开发区	307213	163194	144019	1995	1053	942
通州湾示范区	91846	44604	47242	372	185	187
苏锡通科技产业园区	90180	47335	42845	504	253	251
启东市	967313	467719	499594	4391	2224	2167
如皋市	1238448	602131	636317	6680	3420	3260
海门市	991782	484870	506912	4629	2400	2229
海安市	874334	434264	440070	3970	2091	1879
连云港市	**4599360**	**2335249**	**2264111**	**38143**	**20067**	**18076**
连云区	160390	84274	76116	1141	582	559
海州区	717281	359535	357746	5807	3045	2762
赣榆区	1003844	507417	496427	8783	4646	4137
东海县	1047357	529864	517493	9296	4929	4367
灌云县	725047	371355	353692	5867	3128	2739
灌南县	612345	312365	299980	4465	2302	2163
连云港经济技术开发区	90248	46427	43821	701	342	359
连云港高新技术产业开发区	171202	84173	87029	1647	883	764
江苏连云港徐圩新区	42124	24618	17506	219	107	112
江苏省连云港市云台山风景名胜区	29522	15221	14301	217	103	114
淮安市	**4556230**	**2278713**	**2277517**	**32048**	**16729**	**15319**
淮安区	785272	394371	390901	5045	2544	2501
淮阴区	748791	378611	370180	5669	2976	2693
清江浦区	578451	285281	293170	4379	2287	2092
洪泽区	285097	141741	143356	1603	848	755
涟水县	829699	415067	414632	5900	3125	2775
盱眙县	607211	302423	304788	4049	2118	1931
金湖县	289456	144333	145123	1692	854	838
淮安经济技术开发区	293156	147922	145234	2394	1276	1118
工业园区	16073	8131	7942	137	81	56
生态文旅区	99460	48901	50559	1044	551	493
苏淮高新区	23564	11932	11632	136	69	67

1-5 续表 2

单位：人

地　区	合　计			0岁		
	合计	男	女	小计	男	女
盐城市	**6709629**	**3379832**	**3329797**	**37240**	**19187**	**18053**
亭湖区	684239	347502	336737	3849	1946	1903
盐都区	614128	312584	301544	3773	1937	1836
大丰区	645603	323856	321747	2877	1510	1367
响水县	459156	233854	225302	3104	1607	1497
滨海县	820084	416467	403617	5368	2776	2592
阜宁县	794036	400486	393550	4565	2366	2199
射阳县	759403	381466	377937	3567	1834	1733
建湖县	609346	305799	303547	2823	1409	1414
盐城经济技术开发区	103004	51964	51040	579	301	278
江苏省盐南高新区	332220	165516	166704	2770	1454	1316
东台市	888410	440338	448072	3965	2047	1918
扬州市	**4559797**	**2270783**	**2289014**	**23816**	**12291**	**11525**
广陵区	542314	277841	264473	2722	1413	1309
邗江区	726906	359928	366978	4395	2269	2126
江都区	926577	453833	472744	4111	2065	2046
宝应县	682219	337714	344505	3421	1804	1617
扬州经济技术开发区	238785	120162	118623	1501	807	694
蜀冈瘦西湖景区	134507	66652	67855	765	397	368
生态新城	66346	33740	32606	369	210	159
仪征市	532571	269029	263542	2818	1423	1395
高邮市	709572	351884	357688	3714	1903	1811
镇江市	**3210418**	**1631648**	**1578770**	**18753**	**9686**	**9067**
京口区	355757	179757	176000	1759	870	889
润州区	239892	119705	120187	1365	706	659
丹徒区	347264	179918	167346	1938	993	945
镇江新区	263813	136285	127528	1636	825	811
江苏镇江高新区	60064	31011	29053	438	205	233
丹阳市	988900	501587	487313	5470	2838	2632
扬中市	315462	159696	155766	1667	903	764
句容市	639266	323689	315577	4480	2346	2134
泰州市	**4512762**	**2261512**	**2251250**	**24552**	**12679**	**11873**
海陵区	577016	283991	293025	3228	1620	1608
高港区	258590	129532	129058	1765	935	830
姜堰区	668408	329347	339061	3249	1639	1610
泰州医药高新技术产业开发区	222691	112048	110643	1749	936	813
兴化市	1128204	577484	550720	5864	2987	2877
靖江市	663408	333229	330179	3292	1676	1616
泰兴市	994445	495881	498564	5405	2886	2519
宿迁市	**4986192**	**2516756**	**2469436**	**42715**	**22458**	**20257**
宿城区	663947	333044	330903	6454	3329	3125
宿豫区	444947	225630	219317	4064	2156	1908
沭阳县	1674978	852454	822524	14526	7682	6844
泗阳县	829562	414975	414587	6443	3384	3059
泗洪县	858740	428675	430065	6605	3479	3126
宿迁经济技术开发区	189245	96068	93177	1851	964	887
宿迁市湖滨新区	143573	75338	68235	1037	539	498
苏州宿迁工业园区	29991	14833	15158	426	219	207
宿迁市洋河新区	151209	75739	75470	1309	706	603

1-5 续表 3

单位：人

地 区	1-4岁			5-9岁			10-14岁		
	小计	男	女	小计	男	女	小计	男	女
江 苏	**3255415**	**1702238**	**1553177**	**4712756**	**2518917**	**2193839**	**4360565**	**2360131**	**2000434**
南京市	**364561**	**190562**	**173999**	**426036**	**224849**	**201187**	**331035**	**175159**	**155876**
玄武区	16145	8459	7686	22176	11653	10523	18960	9858	9102
秦淮区	21469	11171	10298	29954	15872	14082	27356	14464	12892
建邺区	20308	10693	9615	26516	14013	12503	20792	11020	9772
鼓楼区	28503	14851	13652	45431	24225	21206	40407	21386	19021
浦口区	17007	8929	8078	17522	9197	8325	12871	6725	6146
栖霞区	35207	18283	16924	39668	20775	18893	29431	15570	13861
雨花台区	24826	12997	11829	27067	14359	12708	19752	10441	9311
江宁区	84386	44372	40014	89383	46942	42441	61845	32789	29056
六合区	26139	13610	12529	29212	15356	13856	24280	12659	11621
溧水区	20447	10688	9759	23994	12862	11132	19953	10643	9310
高淳区	17307	8976	8331	20834	11100	9734	18250	9679	8571
南京江北新区	52817	27533	25284	54279	28495	25784	37138	19925	17213
无锡市	**270808**	**140726**	**130082**	**359416**	**191206**	**168210**	**290571**	**156393**	**134178**
锡山区	33636	17624	16012	43891	23657	20234	35622	19291	16331
惠山区	34969	18379	16590	46373	24910	21463	39115	21419	17696
滨湖区	17441	8942	8499	22831	12100	10731	20056	10794	9262
梁溪区	34405	17938	16467	46895	24824	22071	37101	19887	17214
新吴区	30040	15586	14454	37550	20031	17519	28040	15105	12935
江苏无锡经济开发区	16501	8547	7954	20424	10843	9581	13519	7318	6201
江阴市	62992	32464	30528	84372	44763	39609	69723	37527	32196
宜兴市	40824	21246	19578	57080	30078	27002	47395	25052	22343
徐州市	**452303**	**239699**	**212604**	**712014**	**388298**	**323716**	**790500**	**434429**	**356071**
鼓楼区	19419	10184	9235	24341	13023	11318	22057	11914	10143
云龙区	26922	14093	12829	33543	18048	15495	26457	14319	12138
贾汪区	21852	11758	10094	34728	19529	15199	38476	21569	16907
泉山区	26887	14124	12763	35116	18758	16358	32761	17558	15203
铜山区	60972	32034	28938	97676	53131	44545	106831	58416	48415
丰县	47380	25186	22194	74527	40321	34206	78641	43558	35083
沛县	54072	28440	25632	85961	46187	39774	94882	53428	41454
睢宁县	56621	29727	26894	90767	48945	41822	92233	50343	41890
徐州经济技术开发区	22691	12034	10657	29315	16041	13274	28294	15683	12611
新沂市	47623	25549	22074	83048	45539	37509	104620	56652	47968
邳州市	67864	36570	31294	122992	68776	54216	165248	90989	74259
常州市	**190524**	**99157**	**91367**	**257400**	**137106**	**120294**	**218396**	**117214**	**101182**
天宁区	23904	12463	11441	33002	17724	15278	28677	15337	13340
钟楼区	23275	12130	11145	33250	17612	15638	28028	15053	12975
新北区	37975	19612	18363	49558	26435	23123	39954	21341	18613
武进区	47423	24597	22826	64917	34767	30150	53422	29002	24420
金坛区	18189	9431	8758	23672	12461	11211	21099	11022	10077
江苏省常州市经济开发区	13846	7308	6538	19174	10375	8799	16727	9183	7544
溧阳市	25912	13616	12296	33827	17732	16095	30489	16276	14213

1-5 续表 4

单位：人

地区	1-4岁			5-9岁			10-14岁		
	小计	男	女	小计	男	女	小计	男	女
苏州市	**486576**	**253699**	**232877**	**659305**	**349725**	**309580**	**496545**	**266012**	**230533**
虎丘区	35485	18574	16911	47707	25184	22523	34210	18279	15931
吴中区	54624	28507	26117	67059	35415	31644	48509	26101	22408
相城区	37768	19692	18076	47060	24817	22243	33980	18322	15658
姑苏区	29750	15548	14202	42473	22625	19848	36092	19296	16796
吴江区	56882	29688	27194	75286	40017	35269	56571	30374	26197
苏州工业园区	51057	26460	24597	72987	38622	34365	50658	26907	23751
常熟市	50185	26356	23829	70923	37687	33236	56220	29995	26225
张家港市	51061	26431	24630	75387	40095	35292	61660	33075	28585
昆山市	92299	47974	44325	122017	64938	57079	87859	47183	40676
太仓市	27465	14469	12996	38406	20325	18081	30786	16480	14306
南通市	**220485**	**114086**	**106399**	**308319**	**160021**	**148298**	**274255**	**141735**	**132520**
崇川区	25976	13516	12460	37032	19503	17529	30669	15906	14763
港闸区	15415	7980	7435	19588	10366	9222	14762	7927	6835
通州区	33117	17232	15885	46194	23891	22303	39971	20404	19567
如东县	18828	9744	9084	25422	13139	12283	25064	12633	12431
南通经济技术开发区	12271	6378	5893	16059	8361	7698	11172	5932	5240
通州湾示范区	1851	944	907	2327	1194	1133	2247	1156	1091
苏锡通科技产业园区	2478	1290	1188	3695	1904	1791	3074	1619	1455
启东市	22102	11339	10763	33158	16922	16236	31773	16000	15773
如皋市	39539	20486	19053	54682	28194	26488	51223	27024	24199
海门市	26109	13373	12736	39589	20569	19020	37857	19385	18472
海安市	22799	11804	10995	30573	15978	14595	26443	13749	12694
连云港市	**215595**	**113560**	**102035**	**354913**	**190942**	**163971**	**375461**	**202934**	**172527**
连云区	6931	3578	3353	9004	4840	4164	7622	4124	3498
海州区	33251	17451	15800	49525	26589	22936	45516	24905	20611
赣榆区	49582	26283	23299	81286	44717	36569	86660	47636	39024
东海县	53063	27914	25149	92687	49481	43206	101394	54298	47096
灌云县	31502	16674	14828	54030	28633	25397	62349	32636	29713
灌南县	25948	13629	12319	49663	26491	23172	56576	30902	25674
连云港经济技术开发区	3896	2008	1888	5180	2882	2298	4674	2533	2141
连云港高新技术产业开发区	8876	4713	4163	9622	5222	4400	6841	3799	3042
江苏连云港徐圩新区	1253	621	632	1888	1013	875	1849	1010	839
江苏省连云港市云台山风景名胜区	1293	689	604	2028	1074	954	1980	1091	889
淮安市	**188295**	**98323**	**89972**	**292389**	**155689**	**136700**	**293827**	**158292**	**135535**
淮安区	29267	15277	13990	47427	25664	21763	48585	27110	21475
淮阴区	30202	15861	14341	49485	26405	23080	51914	27975	23939
清江浦区	26336	13863	12473	38504	20831	17673	31860	17395	14465
洪泽区	8956	4629	4327	13622	6993	6629	14253	7563	6690
涟水县	36811	19016	17795	60051	31639	28412	65686	35166	30520
盱眙县	23566	12207	11359	38027	19846	18181	45974	23873	22101
金湖县	9494	4962	4532	12026	6282	5744	10116	5310	4806
淮安经济技术开发区	15143	8017	7126	20495	11104	9391	14625	7905	6720
工业园区	712	376	336	1023	556	467	993	520	473
生态文旅区	6954	3671	3283	10537	5763	4774	8604	4845	3759
苏淮高新区	854	444	410	1192	606	586	1217	630	587

1-5 续表 5

单位：人

地区	1-4岁			5-9岁			10-14岁		
	小计	男	女	小计	男	女	小计	男	女
盐城市	**222633**	**116146**	**106487**	**360689**	**196760**	**163929**	**387956**	**216181**	**171775**
亭湖区	22079	11469	10610	33970	18891	15079	33973	19396	14577
盐都区	21305	11169	10136	31675	17879	13796	31364	18397	12967
大丰区	16326	8412	7914	22934	12187	10747	22009	11708	10301
响水县	19700	10321	9379	34140	18641	15499	40542	22217	18325
滨海县	30812	16104	14708	56698	30881	25817	74094	40844	33250
阜宁县	29546	15522	14024	53134	29143	23991	58158	32794	25364
射阳县	22675	11708	10967	36692	19378	17314	42538	22953	19585
建湖县	17912	9201	8711	29128	15829	13299	32011	18347	13664
盐城经济技术开发区	3783	1991	1792	4971	2663	2308	4157	2327	1830
江苏省盐南高新区	17264	9215	8049	24848	13999	10849	19850	11511	8339
东台市	21231	11034	10197	32499	17269	15230	29260	15687	13573
扬州市	**140088**	**72692**	**67396**	**190498**	**100225**	**90273**	**173017**	**92409**	**80608**
广陵区	16093	8392	7701	23191	12333	10858	20472	10934	9538
邗江区	26171	13616	12555	34814	18367	16447	28479	15144	13335
江都区	24614	12743	11871	34714	18306	16408	33568	17789	15779
宝应县	20179	10561	9618	28986	15429	13557	30056	16683	13373
扬州经济技术开发区	8361	4342	4019	10846	5700	5146	9354	4991	4363
蜀冈瘦西湖景区	4905	2579	2326	7908	4195	3713	6208	3339	2869
生态新城	1839	924	915	2644	1390	1254	2429	1305	1124
仪征市	17654	9111	8543	21551	11259	10292	19345	10209	9136
高邮市	20272	10424	9848	25844	13246	12598	23106	12015	11091
镇江市	**103112**	**53665**	**49447**	**138313**	**72593**	**65720**	**121491**	**63890**	**57601**
京口区	10421	5413	5008	14820	7816	7004	12858	6712	6146
润州区	7651	4051	3600	9942	5179	4763	9048	4729	4319
丹徒区	10065	5226	4839	13391	6983	6408	12009	6251	5758
镇江新区	9275	4781	4494	12546	6606	5940	11379	5938	5441
江苏镇江高新区	2123	1093	1030	2633	1447	1186	2352	1254	1098
丹阳市	31109	16208	14901	44506	23416	21090	40465	21553	18912
扬中市	10145	5373	4772	14286	7527	6759	11755	6156	5599
句容市	22323	11520	10803	26189	13619	12570	21625	11297	10328
泰州市	**142150**	**73795**	**68355**	**200217**	**109075**	**91142**	**190801**	**109347**	**81454**
海陵区	19052	9831	9221	27124	14645	12479	21980	12100	9880
高港区	9679	5047	4632	11761	6243	5518	9862	5547	4315
姜堰区	18330	9617	8713	26692	14382	12310	27240	15370	11870
泰州医药高新技术产业开发区	9732	5073	4659	11841	6352	5489	8458	4810	3648
兴化市	35806	18455	17351	54856	30994	23862	59064	35822	23242
靖江市	19070	9855	9215	25493	13334	12159	23348	12302	11046
泰兴市	30481	15917	14564	42450	23125	19325	40849	23396	17453
宿迁市	**258285**	**136128**	**122157**	**453247**	**242428**	**210819**	**416710**	**226136**	**190574**
宿城区	36612	19176	17436	58718	31374	27344	45980	24838	21142
宿豫区	24881	13122	11759	38535	20711	17824	31515	17100	14415
沭阳县	88435	46858	41577	153963	82714	71249	148446	81220	67226
泗阳县	38110	20083	18027	68604	36694	31910	75871	41118	34753
泗洪县	42551	22267	20284	85092	45122	39970	77160	41395	35765
宿迁经济技术开发区	11245	6008	5237	18406	9830	8576	13719	7421	6298
宿迁市湖滨新区	6097	3226	2871	11630	6262	5368	9796	5409	4387
苏州宿迁工业园区	2595	1370	1225	4389	2405	1984	2301	1265	1036
宿迁市洋河新区	7759	4018	3741	13910	7316	6594	11922	6370	5552

1-5 续表 6

单位：人

地区	15-19岁			20-24岁			25-29岁		
	小计	男	女	小计	男	女	小计	男	女
江　苏	**3547458**	**1941316**	**1606142**	**3960507**	**2156767**	**1803740**	**5651518**	**2996605**	**2654913**
南京市	**453893**	**241562**	**212331**	**743900**	**392639**	**351261**	**768801**	**403339**	**365462**
玄武区	30310	15603	14707	63750	33019	30731	44497	23052	21445
秦淮区	23776	12796	10980	40828	21485	19343	55437	27556	27881
建邺区	18976	10448	8528	34246	17492	16754	48373	24317	24056
鼓楼区	36488	17951	18537	69535	32198	37337	62456	30222	32234
浦口区	17050	7602	9448	22896	10981	11915	32643	17126	15517
栖霞区	75338	39320	36018	121207	61696	59511	87723	47362	40361
雨花台区	21029	11078	9951	49565	26935	22630	67485	37018	30467
江宁区	125039	68078	56961	179292	97712	81580	175637	94560	81077
六合区	17285	9240	8045	17325	9046	8279	38225	19029	19196
溧水区	20836	10007	10829	24987	13078	11909	32392	17796	14596
高淳区	13001	7051	5950	13632	7256	6376	24827	13129	11698
南京江北新区	54765	32388	22377	106637	61741	44896	99106	52172	46934
无锡市	**276153**	**153411**	**122742**	**355336**	**199235**	**156101**	**558758**	**301710**	**257048**
锡山区	30446	18037	12409	45539	26998	18541	74300	41112	33188
惠山区	48835	26990	21845	44873	25658	19215	66860	36165	30695
滨湖区	38070	20799	17271	52242	27587	24655	42681	22886	19795
梁溪区	29770	16056	13714	44125	23000	21125	71307	36196	35111
新吴区	25426	14250	11176	38566	23234	15332	71025	39555	31470
江苏无锡经济开发区	9518	5223	4295	14787	8250	6537	26486	14048	12438
江阴市	55703	31512	24191	70532	40082	30450	127085	69428	57657
宜兴市	38385	20544	17841	44672	24426	20246	79014	42320	36694
徐州市	**416450**	**232111**	**184339**	**335335**	**179712**	**155623**	**551536**	**285571**	**265965**
鼓楼区	14864	8366	6498	18578	10574	8004	28386	14562	13824
云龙区	23578	12194	11384	29810	15525	14285	31565	15403	16162
贾汪区	21848	12596	9252	17181	9230	7951	24832	13276	11556
泉山区	31736	17516	14220	27521	14031	13490	37761	18410	19351
铜山区	63983	33704	30279	62843	33719	29124	76050	40246	35804
丰县	38505	22625	15880	28365	15837	12528	62798	33487	29311
沛县	37546	22383	15163	27757	15013	12744	71681	38038	33643
睢宁县	38158	21455	16703	38929	20885	18044	70153	36389	33764
徐州经济技术开发区	25364	13826	11538	15412	8447	6965	28100	14973	13127
新沂市	44088	24693	19395	25677	13574	12103	50104	25459	24645
邳州市	76780	42753	34027	43262	22877	20385	70106	35328	34778
常州市	**218411**	**122403**	**96008**	**264778**	**151786**	**112992**	**378988**	**204435**	**174553**
天宁区	23190	11666	11524	27394	14492	12902	45318	23092	22226
钟楼区	32085	17626	14459	39321	21133	18188	45533	23976	21557
新北区	37337	20964	16373	45056	25960	19096	69119	36563	32556
武进区	64200	36771	27429	81719	48265	33454	100373	54894	45479
金坛区	16545	9364	7181	20659	11719	8940	35509	19164	16345
江苏省常州市经济开发区	18770	10911	7859	20855	12515	8340	32579	18275	14304
溧阳市	26284	15101	11183	29774	17702	12072	50557	28471	22086

1-5　续表 7　　　　单位：人

地　区	15-19岁			20-24岁			25-29岁		
	小计	男	女	小计	男	女	小计	男	女
苏州市	**477666**	**268306**	**209360**	**726541**	**415474**	**311067**	**1121841**	**617866**	**503975**
虎丘区	47869	26015	21854	67882	37952	29930	82498	46391	36107
吴中区	60859	33433	27426	91428	50904	40524	131401	71866	59535
相城区	30109	17352	12757	48180	28212	19968	86085	47470	38615
姑苏区	32758	17059	15699	50131	24850	25281	66335	32489	33846
吴江区	55211	32273	22938	80745	48049	32696	137571	76587	60984
苏州工业园区	44158	24392	19766	84511	46458	38053	123942	68216	55726
常熟市	59216	32238	26978	83845	47598	36247	128523	71255	57268
张家港市	49141	27358	21783	58996	33614	25382	94560	50411	44149
昆山市	72680	43512	29168	123884	76077	47807	210646	119663	90983
太仓市	25665	14674	10991	36939	21760	15179	60280	33518	26762
南通市	**267818**	**140718**	**127100**	**284810**	**153016**	**131794**	**424965**	**220967**	**203998**
崇川区	48529	24218	24311	60697	30169	30528	54732	28126	26606
港闸区	19543	10251	9292	26498	14726	11772	32309	16937	15372
通州区	27328	14699	12629	36942	20314	16628	65763	34342	31421
如东县	19091	10147	8944	18920	10001	8919	33991	17390	16601
南通经济技术开发区	18848	9637	9211	19813	11834	7979	29750	16269	13481
通州湾示范区	7265	4022	3243	2253	1201	1052	3214	1677	1537
苏锡通科技产业园区	1764	1056	708	4309	2671	1638	6896	3951	2945
启东市	26198	13320	12878	30048	15681	14367	46266	23947	22319
如皋市	40964	21754	19210	28780	15166	13614	54388	27301	27087
海门市	32130	17647	14483	33590	18626	14964	56420	29241	27179
海安市	26158	13967	12191	22960	12627	10333	41236	21786	19450
连云港市	**233592**	**130417**	**103175**	**188774**	**104836**	**83938**	**278358**	**145193**	**133165**
连云区	3650	2063	1587	6566	3872	2694	10623	5987	4636
海州区	27311	15343	11968	28491	15522	12969	45623	22826	22797
赣榆区	47280	27480	19800	32622	18957	13665	63170	34239	28931
东海县	52068	29432	22636	35613	19773	15840	63735	32351	31384
灌云县	35064	19488	15576	29796	17003	12793	43769	22844	20925
灌南县	31363	18312	13051	21454	12355	9099	29913	15442	14471
连云港经济技术开发区	5934	3244	2690	3478	1895	1583	6123	3251	2872
连云港高新技术产业开发区	28468	13556	14912	27085	12963	14122	10327	5073	5254
江苏连云港徐圩新区	1534	962	572	2536	1798	738	3277	2202	1075
江苏省连云港市云台山风景名胜区	920	537	383	1133	698	435	1798	978	820
淮安市	**219299**	**117635**	**101664**	**174320**	**89898**	**84422**	**269617**	**136707**	**132910**
淮安区	34621	19939	14682	25513	13937	11576	46940	24593	22347
淮阴区	40125	20562	19563	34324	16630	17694	47155	24542	22613
清江浦区	26327	13910	12417	26029	12645	13384	39014	19157	19857
洪泽区	11182	5744	5438	8516	4328	4188	14018	7111	6907
涟水县	45439	25205	20234	27018	14366	12652	43693	21907	21786
盱眙县	24311	12717	11594	17729	8936	8793	30394	15057	15337
金湖县	6826	3614	3212	6801	3563	3238	14185	7179	7006
淮安经济技术开发区	25676	13281	12395	24500	13464	11036	24483	12546	11937
工业园区	401	220	181	666	377	289	1233	621	612
生态文旅区	3869	2155	1714	2515	1256	1259	7299	3403	3896
苏淮高新区	522	288	234	709	396	313	1203	591	612

1-5 续表 8 单位：人

地区	15-19岁			20-24岁			25-29岁		
	小计	男	女	小计	男	女	小计	男	女
盐城市	**276710**	**151936**	**124774**	**207483**	**111413**	**96070**	**296050**	**156895**	**139155**
亭湖区	39983	22759	17224	38227	20806	17421	34756	18306	16450
盐都区	19776	11529	8247	18504	10364	8140	31841	17401	14440
大丰区	17835	9516	8319	17464	9270	8194	27763	14547	13216
响水县	21169	11891	9278	13681	7711	5970	20322	10509	9813
滨海县	36816	20326	16490	20376	11137	9239	36389	18969	17420
阜宁县	30116	16322	13794	19524	10417	9107	28744	14970	13774
射阳县	24548	13014	11534	19410	10239	9171	30270	16188	14082
建湖县	23088	13676	9412	15538	8576	6962	23254	12404	10850
盐城经济技术开发区	6087	2755	3332	9095	4104	4991	6147	3456	2691
江苏省盐南高新区	29263	14152	15111	14490	7099	7391	20966	10795	10171
东台市	28029	15996	12033	21174	11690	9484	35598	19350	16248
扬州市	**200803**	**107238**	**93565**	**188690**	**99644**	**89046**	**248905**	**129328**	**119577**
广陵区	24662	13989	10673	22112	11809	10303	36030	19120	16910
邗江区	56996	29874	27122	61419	31290	30129	45175	22662	22513
江都区	29565	15813	13752	26815	14519	12296	43506	22663	20843
宝应县	25836	13922	11914	19338	10432	8906	32852	17265	15587
扬州经济技术开发区	17267	9240	8027	14722	7786	6936	16786	8911	7875
蜀冈瘦西湖景区	6328	3019	3309	4680	2466	2214	7820	3959	3861
生态新城	1546	847	699	2410	1392	1018	4032	2145	1887
仪征市	16931	9156	7775	15892	8811	7081	29598	15652	13946
高邮市	21672	11378	10294	21302	11139	10163	33106	16951	16155
镇江市	**123199**	**66753**	**56446**	**148438**	**81627**	**66811**	**195189**	**103209**	**91980**
京口区	20071	11496	8575	26066	14486	11580	20481	10783	9698
润州区	7833	4075	3758	8891	4610	4281	14666	7455	7211
丹徒区	19032	10811	8221	25848	15319	10529	18871	10129	8742
镇江新区	8262	4877	3385	12361	7311	5050	18221	9821	8400
江苏镇江高新区	1963	1077	886	2390	1326	1064	4440	2380	2060
丹阳市	34476	17855	16621	37885	19565	18320	60912	32502	28410
扬中市	9245	5060	4185	9962	5512	4450	18620	9762	8858
句容市	22317	11502	10815	25035	13498	11537	38978	20377	18601
泰州市	**162088**	**86533**	**75555**	**157650**	**82737**	**74913**	**242011**	**130953**	**111058**
海陵区	32826	16166	16660	39350	18358	20992	36086	18723	17363
高港区	8333	4629	3704	8455	4557	3898	16274	8701	7573
姜堰区	24367	13053	11314	17706	9446	8260	29567	15408	14159
泰州医药高新技术产业开发区	11850	5730	6120	13559	7342	6217	18940	10231	8709
兴化市	31641	18053	13588	28257	15427	12830	58342	33195	25147
靖江市	21003	11092	9911	22192	11871	10321	34107	18080	16027
泰兴市	32068	17810	14258	28131	15736	12395	48695	26615	22080
宿迁市	**221376**	**122293**	**99083**	**184452**	**94750**	**89702**	**316499**	**160432**	**156067**
宿城区	26545	13200	13345	34222	16876	17346	45509	23278	22231
宿豫区	16827	8669	8158	17378	8972	8406	29724	15282	14442
沭阳县	67739	37930	29809	58683	30349	28334	116411	59857	56554
泗阳县	42968	24671	18297	27088	14350	12738	45960	23105	22855
泗洪县	35744	19170	16574	25607	12655	12952	44717	21511	23206
宿迁经济技术开发区	7286	4035	3251	8053	4342	3711	14864	7596	7268
宿迁市湖滨新区	18299	11186	7113	6386	3433	2953	7306	3792	3514
苏州宿迁工业园区	681	426	255	940	521	419	2932	1445	1487
宿迁市洋河新区	5287	3006	2281	6095	3252	2843	9076	4566	4510

1-5 续表 9

单位：人

地区	30-34岁			35-39岁			40-44岁		
	小计	男	女	小计	男	女	小计	男	女
江苏	**8056248**	**4114085**	**3942163**	**5782058**	**2917712**	**2864346**	**5515497**	**2764099**	**2751398**
南京市	**949025**	**483574**	**465451**	**708698**	**356730**	**351968**	**623864**	**318292**	**305572**
玄武区	45270	22467	22803	41259	19443	21816	37082	17697	19385
秦淮区	64064	30927	33137	58177	27222	30955	54668	26068	28600
建邺区	53438	26170	27268	49019	23549	25470	42353	21182	21171
鼓楼区	73596	34355	39241	79271	36272	42999	74494	35268	39226
浦口区	42501	21699	20802	26126	13594	12532	26063	13656	12407
栖霞区	102423	54120	48303	72544	37718	34826	61439	32190	29249
雨花台区	71009	37571	33438	49440	25871	23569	41957	21826	20131
江宁区	227355	118620	108735	153299	80334	72965	121683	64943	56740
六合区	60910	30040	30870	40956	20550	20406	41967	21530	20437
溧水区	43923	23238	20685	27855	14441	13414	30249	16057	14192
高淳区	33601	17143	16458	21182	10450	10732	23888	11758	12130
南京江北新区	130935	67224	63711	89570	47286	42284	68021	36117	31904
无锡市	**814665**	**425321**	**389344**	**572206**	**295626**	**276580**	**561499**	**289610**	**271889**
锡山区	107740	58045	49695	73211	38958	34253	68962	36449	32513
惠山区	99001	51642	47359	73209	38423	34786	70649	37423	33226
滨湖区	53730	27815	25915	39855	20145	19710	40062	20357	19705
梁溪区	100242	49500	50742	80581	40344	40237	71499	36057	35442
新吴区	106865	56636	50229	68015	35860	32155	52786	27584	25202
江苏无锡经济开发区	41836	21154	20682	32093	16336	15757	24383	12853	11530
江阴市	195043	102766	92277	130390	66882	63508	146484	75172	71312
宜兴市	110208	57763	52445	74852	38678	36174	86674	43715	42959
徐州市	**846044**	**420775**	**425269**	**581554**	**288768**	**292786**	**496098**	**239418**	**256680**
鼓楼区	44288	21645	22643	34442	16930	17512	30709	14822	15887
云龙区	54941	26221	28720	39915	19369	20546	31393	15252	16141
贾汪区	44470	22629	21841	30921	16009	14912	24653	12656	11997
泉山区	56535	26654	29881	46666	21963	24703	42517	19947	22570
铜山区	114906	57770	57136	81846	41806	40040	64109	32341	31768
丰县	69495	35047	34448	48786	24240	24546	50276	23097	27179
沛县	91926	45597	46329	62092	30722	31370	59082	27363	31719
睢宁县	94496	47249	47247	58781	28750	30031	54921	26431	28490
徐州经济技术开发区	51195	26088	25107	29487	15233	14254	21625	10924	10701
新沂市	91831	45513	46318	58862	29430	29432	47133	23057	24076
邳州市	131961	66362	65599	89756	44316	45440	69680	33528	36152
常州市	**532374**	**275464**	**256910**	**389717**	**199121**	**190596**	**377990**	**191855**	**186135**
天宁区	64879	32100	32779	52745	25777	26968	52358	25840	26518
钟楼区	65507	33099	32408	52424	26384	26040	48026	24284	23742
新北区	105059	53522	51537	73439	37366	36073	64017	32590	31427
武进区	141558	74360	67198	98776	51181	47595	94410	48560	45850
金坛区	50508	26407	24101	35138	18039	17099	35212	17537	17675
江苏省常州市经济开发区	43384	23349	20035	31187	16514	14673	32842	17163	15679
溧阳市	61479	32627	28852	46008	23860	22148	51125	25881	25244

1-5 续表 10

单位：人

地区	30-34岁			35-39岁			40-44岁		
	小计	男	女	小计	男	女	小计	男	女
苏州市	**1633613**	**870071**	**763542**	**1154917**	**609168**	**545749**	**938507**	**496017**	**442490**
虎丘区	114185	60974	53211	81436	42737	38699	57103	30709	26394
吴中区	189704	101553	88151	124972	67080	57892	96622	51574	45048
相城区	121607	65328	56279	78786	42756	36030	64187	35096	29091
姑苏区	87225	42268	44957	76073	37103	38970	61442	30609	30833
吴江区	193565	104034	89531	126334	67450	58884	110172	57336	52836
苏州工业园区	171162	90636	80526	132414	68538	63876	81272	44055	37217
常熟市	184947	100034	84913	127085	67974	59111	128977	67399	61578
张家港市	155088	80741	74347	110044	57095	52949	110313	56915	53398
昆山市	325219	175440	149779	228579	121273	107306	162956	87453	75503
太仓市	90911	49063	41848	69194	37162	32032	65463	34871	30592
南通市	**612128**	**309496**	**302632**	**428269**	**213203**	**215066**	**460435**	**222909**	**237526**
崇川区	75862	37582	38280	58701	28662	30039	54400	26696	27704
港闸区	47349	24401	22948	29228	15351	13877	26315	13549	12766
通州区	92389	46850	45539	60600	30209	30391	62360	30160	32200
如东县	50140	24772	25368	34964	16892	18072	43597	20273	23324
南通经济技术开发区	42435	23115	19320	24458	13576	10882	20243	10980	9263
通州湾示范区	4320	2273	2047	3036	1610	1426	3465	1692	1773
苏锡通科技产业园区	8864	4880	3984	5736	3151	2585	5862	3061	2801
启东市	64399	32641	31758	49661	24637	25024	54178	26121	28057
如皋市	88378	42995	45383	59220	27988	31232	72624	33767	38857
海门市	77198	39147	38051	57578	28665	28913	63068	30386	32682
海安市	60794	30840	29954	45087	22462	22625	54323	26224	28099
连云港市	**431393**	**214196**	**217197**	**295598**	**147031**	**148567**	**250011**	**123234**	**126777**
连云区	18072	9477	8595	12213	6475	5738	10687	5462	5225
海州区	73744	35365	38379	55658	27041	28617	49496	23774	25722
赣榆区	95354	46386	48968	62125	30690	31435	46419	22461	23958
东海县	98434	48730	49704	63619	31365	32254	52360	25771	26589
灌云县	59499	30730	28769	41698	21269	20429	40516	20461	20055
灌南县	49944	24523	25421	39348	19337	20011	33573	16576	16997
连云港经济技术开发区	10678	5581	5097	6382	3297	3085	5003	2564	2439
连云港高新技术产业开发区	17988	8741	9247	10348	5106	5242	8029	3854	4175
江苏连云港徐圩新区	4311	2873	1438	2351	1494	857	2282	1413	869
江苏省连云港市云台山风景名胜区	3369	1790	1579	1856	957	899	1646	898	748
淮安市	**360492**	**175337**	**185155**	**261543**	**125776**	**135767**	**271372**	**131482**	**139890**
淮安区	51837	25065	26772	39815	18957	20858	46036	21751	24285
淮阴区	59685	30540	29145	38246	19370	18876	42588	21202	21386
清江浦区	55698	26265	29433	41820	19516	22304	42606	20150	22456
洪泽区	16735	8043	8692	15023	7147	7876	19404	9330	10074
涟水县	64826	31615	33211	45039	21474	23565	43928	21557	22371
盱眙县	44029	21221	22808	35493	17103	18390	33749	16521	17228
金湖县	18833	9293	9540	14602	7209	7393	16594	8103	8491
淮安经济技术开发区	33507	16306	17201	19279	9485	9794	16351	7782	8569
工业园区	1583	754	829	889	464	425	954	494	460
生态文旅区	12031	5357	6674	10183	4473	5710	7860	3934	3926
苏淮高新区	1728	878	850	1154	578	576	1302	658	644

1-5　续表 11

单位：人

地　　区	30-34岁			35-39岁			40-44岁		
	小计	男	女	小计	男	女	小计	男	女
盐城市	**496319**	**246866**	**249453**	**397885**	**192541**	**205344**	**398574**	**191877**	**206697**
亭湖区	57234	28717	28517	43945	21322	22623	46282	22069	24213
盐都区	52161	26680	25481	35321	17522	17799	35678	17588	18090
大丰区	43805	22349	21456	30596	15399	15197	38840	18933	19907
响水县	37616	18592	19024	31122	15385	15737	23781	11827	11954
滨海县	57738	27700	30038	54512	26423	28089	45782	22230	23552
阜宁县	52687	25181	27506	53570	25403	28167	48152	23184	24968
射阳县	47857	24129	23728	44493	21736	22757	45118	21765	23353
建湖县	44499	22143	22356	33016	15352	17664	39149	18718	20431
盐城经济技术开发区	10028	5293	4735	5651	2941	2710	4805	2457	2348
江苏省盐南高新区	38961	18733	20228	28728	13607	15121	24895	11659	13236
东台市	53733	27349	26384	36931	17451	19480	46092	21447	24645
扬州市	**335462**	**168497**	**166965**	**254435**	**124118**	**130317**	**325405**	**158518**	**166887**
广陵区	48609	25478	23131	37312	19203	18109	40155	20321	19834
邗江区	63947	31431	32516	47477	23071	24406	50237	24329	25908
江都区	59989	29920	30069	47263	22627	24636	67951	32518	35433
宝应县	40170	19884	20286	30839	14446	16393	48476	22934	25542
扬州经济技术开发区	23550	12101	11449	17363	8571	8792	17461	8626	8835
蜀冈瘦西湖景区	12493	5985	6508	10504	5065	5439	10787	5313	5474
生态新城	6039	3183	2856	4278	2191	2087	5075	2602	2473
仪征市	38428	19718	18710	29114	14505	14609	37184	18607	18577
高邮市	42237	20797	21440	30285	14439	15846	48079	23268	24811
镇江市	**270849**	**138255**	**132594**	**203808**	**103328**	**100480**	**218687**	**110557**	**108130**
京口区	27012	13315	13697	24518	12009	12509	24594	11978	12616
润州区	19914	9827	10087	16439	7902	8537	17458	8345	9113
丹徒区	25864	13103	12761	20166	10494	9672	20899	10768	10131
镇江新区	25676	13219	12457	19795	10155	9640	19842	10231	9611
江苏镇江高新区	5761	2965	2796	4067	2091	1976	4360	2224	2136
丹阳市	86506	44819	41687	62341	31966	30375	69035	35181	33854
扬中市	25426	13103	12323	18534	9505	9029	21335	10747	10588
句容市	54690	27904	26786	37948	19206	18742	41164	21083	20081
泰州市	**321384**	**164459**	**156925**	**223357**	**110259**	**113098**	**308680**	**150091**	**158589**
海陵区	48804	24465	24339	34275	16928	17347	39707	19489	20218
高港区	19527	10050	9477	13091	6583	6508	17315	8565	8750
姜堰区	41137	20340	20797	32162	14996	17166	50095	23479	26616
泰州医药高新技术产业开发区	25358	12979	12379	15081	7617	7464	15876	7853	8023
兴化市	72270	37651	34619	48101	24198	23903	64228	31693	32535
靖江市	53476	27738	25738	37135	18854	18281	50859	25520	25339
泰兴市	60812	31236	29576	43512	21083	22429	70600	33492	37108
宿迁市	**452500**	**221774**	**230726**	**310071**	**152043**	**158028**	**284375**	**140239**	**144136**
宿城区	70117	34643	35474	43351	21280	22071	41121	20399	20722
宿豫区	46592	23038	23554	28788	14528	14260	26576	13702	12874
沭阳县	141623	70457	71166	109810	54700	55110	85883	43006	42877
泗阳县	67689	32332	35357	49407	23400	26007	49298	23514	25784
泗洪县	70712	33907	36805	46744	22384	24360	52513	25409	27104
宿迁经济技术开发区	23759	11789	11970	13530	6700	6830	12094	5935	6159
宿迁市湖滨新区	12479	6304	6175	7072	3587	3485	6485	3245	3240
苏州宿迁工业园区	6158	2753	3405	3410	1583	1827	1757	824	933
宿迁市洋河新区	13371	6551	6820	7959	3881	4078	8648	4205	4443

1-5 续表 12

单位：人

地区	45-49岁			50-54岁			55-59岁		
	小计	男	女	小计	男	女	小计	男	女
江 苏	**6414218**	**3195796**	**3218422**	**7959964**	**3926760**	**4033204**	**6463255**	**3207812**	**3255443**
南京市	**653999**	**337678**	**316321**	**761182**	**386738**	**374444**	**695976**	**349847**	**346129**
玄武区	34979	17668	17311	35691	17963	17728	35919	18172	17747
秦淮区	51227	25169	26058	56501	27558	28943	60541	30441	30100
建邺区	38114	19993	18121	38896	20161	18735	38213	19311	18902
鼓楼区	65075	32570	32505	66493	33115	33378	69675	34834	34841
浦口区	31147	16305	14842	38915	20363	18552	34707	17845	16862
栖霞区	62480	32968	29512	73042	37916	35126	66778	34407	32371
雨花台区	43668	23149	20519	48590	24867	23723	43132	21728	21404
江宁区	124495	65540	58955	149256	75649	73607	127794	63278	64516
六合区	50018	24868	25150	67876	33531	34345	59241	29383	29858
溧水区	43298	22781	20517	53163	28392	24771	43998	23095	20903
高淳区	40516	20112	20404	50455	25307	25148	42303	20997	21306
南京江北新区	68982	36555	32427	82304	41916	40388	73675	36356	37319
无锡市	**639032**	**327288**	**311744**	**687011**	**346347**	**340664**	**556579**	**279097**	**277482**
锡山区	78322	41084	37238	78595	40164	38431	61845	31439	30406
惠山区	80701	42718	37983	80166	41802	38364	59287	29707	29580
滨湖区	47138	24179	22959	49965	25372	24593	42163	21373	20790
梁溪区	75955	38251	37704	82643	40059	42584	74636	36337	38299
新吴区	51581	26504	25077	51426	25168	26258	42915	20282	22633
江苏无锡经济开发区	24454	12742	11712	25095	12743	12352	21302	10220	11082
江阴市	167502	85491	82011	176150	89786	86364	135215	69526	65689
宜兴市	113379	56319	57060	142971	71253	71718	119216	60213	59003
徐州市	**626294**	**303605**	**322689**	**804906**	**380236**	**424670**	**621829**	**301470**	**320359**
鼓楼区	33446	16658	16788	36812	18189	18623	33455	17041	16414
云龙区	31399	15695	15704	33930	16492	17438	29828	14489	15339
贾汪区	29994	14719	15275	40168	19317	20851	31557	15457	16100
泉山区	47191	22677	24514	52626	25127	27499	48562	24281	24281
铜山区	78793	38944	39849	107854	51244	56610	81536	39466	42070
丰县	70250	33544	36706	90038	41239	48799	62119	29649	32470
沛县	70438	33585	36853	97403	45472	51931	68642	32410	36232
睢宁县	76755	35321	41434	104192	48130	56062	79335	37995	41340
徐州经济技术开发区	23343	11718	11625	28554	13656	14898	22624	10852	11772
新沂市	70877	35058	35819	90700	43808	46892	67072	32780	34292
邳州市	93808	45686	48122	122629	57562	65067	97099	47050	50049
常州市	**453197**	**227378**	**225819**	**491801**	**243616**	**248185**	**415069**	**208307**	**206762**
天宁区	59844	29805	30039	60811	30106	30705	51353	25436	25917
钟楼区	53821	26966	26855	57915	28702	29213	48781	24572	24209
新北区	69204	34836	34368	74840	36688	38152	63617	31201	32416
武进区	110270	56459	53811	109604	55296	54308	87361	44247	43114
金坛区	49393	23448	25945	63324	29943	33381	58696	29092	29604
江苏省常州市经济开发区	41980	21711	20269	41744	21686	20058	30707	16194	14513
溧阳市	68685	34153	34532	83563	41195	42368	74554	37565	36989

1-5　续表 13　　单位：人

地　区	45-49岁			50-54岁			55-59岁		
	小计	男	女	小计	男	女	小计	男	女
苏州市	**945400**	**494316**	**451084**	**1030410**	**525022**	**505388**	**829776**	**414019**	**415757**
虎丘区	49546	26342	23204	54141	27015	27126	44856	21585	23271
吴中区	100396	52595	47801	113507	58023	55484	90011	45156	44855
相城区	67316	36067	31249	78292	39972	38320	58891	29758	29133
姑苏区	62923	31090	31833	71692	34591	37101	69532	34273	35259
吴江区	125732	64868	60864	140362	71596	68766	106999	53981	53018
苏州工业园区	57488	30481	27007	59883	29476	30407	54601	24177	30424
常熟市	143827	74673	69154	154092	79649	74443	127232	65393	61839
张家港市	125169	65467	59702	144836	74588	70248	106340	54577	51763
昆山市	138132	72974	65158	139455	70486	68969	113500	54725	58775
太仓市	74871	39759	35112	74150	39626	34524	57814	30394	27420
南通市	**556277**	**265116**	**291161**	**818709**	**398141**	**420568**	**712636**	**348378**	**364258**
崇川区	55698	27662	28036	69100	34548	34552	57337	28233	29104
港闸区	29290	14822	14468	37871	19090	18781	29693	14746	14947
通州区	81309	38529	42780	117391	56579	60812	103262	49648	53614
如东县	58844	27271	31573	106683	51945	54738	94979	47538	47441
南通经济技术开发区	20569	11170	9399	25776	13607	12169	20756	10498	10258
通州湾示范区	5157	2445	2712	8321	3865	4456	9467	4566	4901
苏锡通科技产业园区	6923	3539	3384	9357	4951	4406	7920	4091	3829
启东市	66679	32451	34228	94647	46621	48026	100593	48646	51947
如皋市	93420	41720	51700	146611	69518	77093	115920	57147	58773
海门市	72081	34372	37709	96932	46179	50753	89521	42003	47518
海安市	66307	31135	35172	106020	51238	54782	83188	41262	41926
连云港市	**298903**	**147472**	**151431**	**392748**	**192177**	**200571**	**307378**	**152353**	**155025**
连云区	13470	7163	6307	15726	8658	7068	12555	6800	5755
海州区	53059	26331	26728	60778	30109	30669	49749	25276	24473
赣榆区	65752	31408	34344	87260	40903	46357	65761	31210	34551
东海县	67556	32934	34622	91302	44188	47114	64094	30926	33168
灌云县	41459	20899	20560	60837	29882	30955	52132	26340	25792
灌南县	38807	18972	19835	52488	25921	26567	42964	21442	21522
连云港经济技术开发区	5973	3010	2963	7632	3859	3773	6686	3449	3237
连云港高新技术产业开发区	8108	4038	4070	9383	4605	4778	7947	3889	4058
江苏连云港徐圩新区	3214	1931	1283	4756	2772	1984	3263	1894	1369
江苏省连云港市云台山风景名胜区	1505	786	719	2586	1280	1306	2227	1127	1100
淮安市	**345220**	**167621**	**177599**	**461205**	**224911**	**236294**	**348084**	**173143**	**174941**
淮安区	59579	28431	31148	78146	37967	40179	62633	30635	31998
淮阴区	52810	25686	27124	74649	36518	38131	56163	28354	27809
清江浦区	43974	21479	22495	54351	26391	27960	42253	21118	21135
洪泽区	26674	13086	13588	34818	17499	17319	24918	12595	12323
涟水县	59610	28754	30856	79706	38311	41395	58458	28453	30005
盱眙县	47619	23310	24309	64802	31763	33039	51193	25915	25278
金湖县	27764	13733	14031	39986	19949	20037	26676	13612	13064
淮安经济技术开发区	18604	8905	9699	23788	11246	12542	17199	8362	8837
工业园区	1051	514	537	1597	788	809	1210	626	584
生态文旅区	5445	2702	2743	6390	2932	3458	5174	2306	2868
苏淮高新区	2090	1021	1069	2972	1547	1425	2207	1167	1040

1-5 续表 14

单位：人

地区	45-49岁			50-54岁			55-59岁		
	小计	男	女	小计	男	女	小计	男	女
盐城市	**501129**	**244030**	**257099**	**711566**	**352428**	**359138**	**582022**	**292397**	**289625**
亭湖区	57028	27779	29249	73781	36520	37261	55423	27967	27456
盐都区	47522	23428	24094	66533	32598	33935	50109	24392	25717
大丰区	52761	25754	27007	81512	41754	39758	72717	37701	35016
响水县	28536	14082	14454	41157	20498	20659	32852	16685	16167
滨海县	55009	27233	27776	70648	35724	34924	58223	29666	28557
阜宁县	56692	27704	28988	76512	37474	39038	62591	30786	31805
射阳县	60991	29916	31075	91263	45702	45561	72546	37231	35315
建湖县	49724	24226	25498	69024	33527	35497	50901	24769	26132
盐城经济技术开发区	6809	3305	3504	10856	5481	5375	8105	4281	3824
江苏省盐南高新区	24144	11940	12204	26817	12978	13839	20096	9635	10461
东台市	61913	28663	33250	103463	50172	53291	98459	49284	49175
扬州市	**387396**	**188506**	**198890**	**519729**	**253358**	**266371**	**385354**	**188061**	**197293**
广陵区	44628	22664	21964	56090	28373	27717	45719	23109	22610
邗江区	53051	25619	27432	65478	31257	34221	53355	25382	27973
江都区	82875	39712	43163	113083	53603	59480	79192	37317	41875
宝应县	56501	27067	29434	82889	40250	42639	58861	28579	30282
扬州经济技术开发区	17905	8904	9001	20711	9981	10730	16809	7993	8816
蜀冈瘦西湖景区	10921	5413	5508	12903	6497	6406	10782	5241	5541
生态新城	6030	3069	2961	7268	3566	3702	5504	2728	2776
仪征市	47452	23285	24167	68439	33996	34443	50742	25573	25169
高邮市	68033	32773	35260	92868	45835	47033	64390	32139	32251
镇江市	**281626**	**142414**	**139212**	**335170**	**168263**	**166907**	**295430**	**150355**	**145075**
京口区	28895	14371	14524	32217	16256	15961	29602	14949	14653
润州区	21793	10897	10896	24909	12318	12591	22886	11795	11091
丹徒区	27714	14224	13490	34555	17680	16875	32391	16687	15704
镇江新区	22727	11842	10885	24946	12637	12309	22452	11432	11020
江苏镇江高新区	5764	2973	2791	6781	3444	3337	5330	2831	2499
丹阳市	91110	45916	45194	104701	52360	52341	90814	45939	44875
扬中市	28714	14571	14143	36217	18137	18080	29352	14803	14549
句容市	54909	27620	27289	70844	35431	35413	62603	31919	30684
泰州市	**368957**	**176399**	**192558**	**517919**	**250243**	**267676**	**378004**	**184391**	**193613**
海陵区	41326	19690	21636	57856	27404	30452	45516	21564	23952
高港区	22928	10984	11944	29928	14374	15554	20703	9925	10778
姜堰区	54999	25344	29655	80769	37842	42927	56178	26791	29387
泰州医药高新技术产业开发区	15660	7641	8019	20581	9668	10913	15150	6804	8346
兴化市	79786	38988	40798	129700	64297	65403	101184	50086	51098
靖江市	57870	28808	29062	77762	38450	39312	57738	28995	28743
泰兴市	96388	44944	51444	121323	58208	63115	81535	40226	41309
宿迁市	**356788**	**173973**	**182815**	**427608**	**205280**	**222328**	**335118**	**165994**	**169124**
宿城区	45959	22703	23256	55505	26160	29345	42192	20771	21421
宿豫区	30481	15249	15232	37696	18351	19345	27960	13918	14042
沭阳县	116694	56315	60379	141399	69233	72166	115688	58179	57509
泗阳县	60542	29024	31518	71722	34004	37718	54772	26439	28333
泗洪县	68410	33499	34911	79313	37543	41770	63225	31274	31951
宿迁经济技术开发区	13133	6417	6716	15235	7164	8071	10444	5039	5405
宿迁市湖滨新区	9133	4566	4567	11794	5769	6025	9107	4578	4529
苏州宿迁工业园区	1226	599	627	1151	519	632	891	380	511
宿迁市洋河新区	11210	5601	5609	13793	6537	7256	10839	5416	5423

1-5 续表 15 单位：人

地　区	60-64岁			65-69岁			70-74岁		
	小计	男	女	小计	男	女	小计	男	女
江　苏	**4778814**	**2412689**	**2366125**	**5109879**	**2537937**	**2571942**	**3546676**	**1739491**	**1807185**
南京市	**491858**	**245313**	**246545**	**488560**	**240806**	**247754**	**325934**	**161376**	**164558**
玄武区	30198	14772	15426	27370	12988	14382	18295	8910	9385
秦淮区	54596	26771	27825	49975	24067	25908	33540	16367	17173
建邺区	31994	15270	16724	28785	13808	14977	17553	8822	8731
鼓楼区	62513	30136	32377	58563	27917	30646	37861	18816	19045
浦口区	20286	10548	9738	22410	11373	11037	15015	7342	7673
栖霞区	47835	24686	23149	40973	20281	20692	27380	13418	13962
雨花台区	31142	15751	15391	26238	12931	13307	16680	8308	8372
江宁区	81993	40543	41450	84374	42052	42322	56116	27760	28356
六合区	39908	20673	19235	45150	22819	22331	31294	15487	15807
溧水区	22052	11604	10448	30627	15477	15150	22337	10976	11361
高淳区	19155	9883	9272	30830	15845	14985	23166	12090	11076
南京江北新区	50186	24676	25510	43265	21248	22017	26697	13080	13617
无锡市	**380263**	**194892**	**185371**	**411684**	**205206**	**206478**	**304323**	**148935**	**155388**
锡山区	39072	20541	18531	41164	20512	20652	29439	14303	15136
惠山区	38298	19547	18751	40707	20449	20258	30622	15155	15467
滨湖区	31168	15623	15545	32978	16087	16891	24661	11980	12681
梁溪区	63379	31530	31849	62248	30174	32074	42881	21265	21616
新吴区	29935	15107	14828	31296	15534	15762	22910	11216	11694
江苏无锡经济开发区	15189	7493	7696	14259	7131	7128	9165	4656	4509
江阴市	88834	46497	42337	95175	48011	47164	73180	35621	37559
宜兴市	74388	38554	35834	93857	47308	46549	71465	34739	36726
徐州市	**435310**	**220312**	**214998**	**498631**	**247793**	**250838**	**318029**	**154990**	**163039**
鼓楼区	24752	12581	12171	22140	10597	11543	13517	6459	7058
云龙区	21750	10792	10958	20983	9999	10984	12306	5902	6404
贾汪区	21666	10838	10828	26041	12823	13218	16118	7653	8465
泉山区	35448	17420	18028	34421	16339	18082	21553	10021	11532
铜山区	55025	27934	27091	67593	33634	33959	41734	20995	20739
丰县	46130	23632	22498	56386	28495	27891	41479	19884	21595
沛县	48377	23858	24519	58739	28852	29887	40794	19723	21071
睢宁县	51576	26905	24671	61753	32469	29284	38424	20056	18368
徐州经济技术开发区	14196	7065	7131	15346	7477	7869	9127	4476	4651
新沂市	42905	21641	21264	52401	25878	26523	31294	14777	16517
邳州市	73485	37646	35839	82828	41230	41598	51683	25044	26639
常州市	**270440**	**140455**	**129985**	**295370**	**149383**	**145987**	**217836**	**106469**	**111367**
天宁区	38080	19176	18904	38402	19113	19289	27590	13415	14175
钟楼区	33986	17109	16877	35004	17165	17839	24847	11981	12866
新北区	40500	20537	19963	41878	21130	20748	29892	14592	15300
武进区	54556	28889	25667	61181	30972	30209	46410	22586	23824
金坛区	38909	20466	18443	43015	22417	20598	31096	15591	15505
江苏省常州市经济开发区	18635	10029	8606	19340	9794	9546	15686	7581	8105
溧阳市	45774	24249	21525	56550	28792	27758	42315	20723	21592

1-5 续表 16

单位：人

地区	60-64岁			65-69岁			70-74岁		
	小计	男	女	小计	男	女	小计	男	女
苏州市	**576701**	**286698**	**290003**	**605877**	**298125**	**307752**	**414577**	**201839**	**212738**
虎丘区	32805	15806	16999	31531	15312	16219	19959	9588	10371
吴中区	59866	30037	29829	58460	28742	29718	38605	18744	19861
相城区	36609	18608	18001	38250	19369	18881	25747	12653	13094
姑苏区	62652	30860	31792	60048	29746	30302	42220	21078	21142
吴江区	68231	34942	33289	76827	38436	38391	52460	26180	26280
苏州工业园区	45141	19848	25293	43776	20377	23399	24399	11855	12544
常熟市	86147	43962	42185	94818	46608	48210	73638	35340	38298
张家港市	70540	35904	34636	76001	37329	38672	57277	27568	29709
昆山市	73501	35307	38194	76060	37336	38724	47092	23087	24005
太仓市	41209	21424	19785	50106	24870	25236	33180	15746	17434
南通市	**567354**	**281549**	**285805**	**588935**	**289898**	**299037**	**456904**	**220477**	**236427**
崇川区	39278	18995	20283	38490	18036	20454	27742	12891	14851
港闸区	18803	9578	9225	19509	9479	10030	13297	6359	6938
通州区	77306	38240	39066	86308	42797	43511	68123	33309	34814
如东县	78090	38995	39095	84221	41181	43040	70067	33773	36294
南通经济技术开发区	12732	6422	6310	11993	5972	6021	7740	3860	3880
通州湾示范区	9130	4502	4628	9791	4769	5022	7585	3527	4058
苏锡通科技产业园区	5610	2864	2746	5877	2971	2906	4311	2032	2279
启东市	91920	44460	47460	87883	41595	46288	64488	29942	34546
如皋市	90731	46542	44189	93912	48163	45749	78773	38618	40155
海门市	76453	36836	39617	79113	38906	40207	58863	28320	30543
海安市	67301	34115	33186	71838	36029	35809	55915	27846	28069
连云港市	**265789**	**132689**	**133100**	**273976**	**134449**	**139527**	**161580**	**77784**	**83796**
连云区	9342	4646	4696	9480	4559	4921	5708	2727	2981
海州区	41215	20386	20829	38995	18501	20494	24125	11360	12765
赣榆区	55850	27188	28662	62416	30678	31738	39285	18772	20513
东海县	52627	25835	26792	59312	28859	30453	35871	17508	18363
灌云县	49864	25597	24267	49030	24906	24124	25851	12473	13378
灌南县	40478	20745	19733	39856	19970	19886	22746	11154	11592
连云港经济技术开发区	5547	2876	2671	5208	2421	2787	2901	1410	1491
连云港高新技术产业开发区	5852	2870	2982	4804	2237	2567	2512	1141	1371
江苏连云港徐圩新区	2782	1444	1338	2685	1355	1330	1492	698	794
江苏省连云港市云台山风景名胜区	2232	1102	1130	2190	963	1227	1089	541	548
淮安市	**290442**	**149211**	**141231**	**292546**	**146995**	**145551**	**177814**	**88879**	**88935**
淮安区	54482	27713	26769	59352	29795	29557	40907	20420	20487
淮阴区	47692	24928	22764	45444	23320	22124	26782	13968	12814
清江浦区	32489	16112	16377	28943	14116	14827	16470	8047	8423
洪泽区	20792	10612	10180	20809	10366	10443	12911	6412	6499
涟水县	52479	27216	25263	55634	27884	27750	34783	17166	17617
盱眙县	41378	21653	19725	42270	21633	20637	22037	11036	11001
金湖县	21870	11153	10717	23457	11521	11936	14888	7313	7575
淮安经济技术开发区	12295	6310	5985	10265	5207	5058	5811	2925	2886
工业园区	1029	558	471	1137	547	590	478	226	252
生态文旅区	4185	2026	2159	3478	1713	1765	1689	858	831
苏淮高新区	1751	930	821	1757	893	864	1058	508	550

1-5 续表 17

单位：人

地 区	60-64岁			65-69岁			70-74岁		
	小计	男	女	小计	男	女	小计	男	女
盐城市	**499688**	**254295**	**245393**	**504124**	**251533**	**252591**	**341006**	**166000**	**175006**
亭湖区	40207	20515	19692	38179	18873	19306	25822	12363	13459
盐都区	39254	19207	20047	47728	23519	24209	34267	16972	17295
大丰区	57425	29353	28072	51709	25448	26261	34742	16390	18352
响水县	34719	17525	17194	33150	16567	16583	18300	8845	9455
滨海县	61904	31656	30248	63865	31862	32003	40352	19797	20555
阜宁县	59279	30438	28841	61720	31636	30084	41646	20944	20702
射阳县	63271	32952	30319	60283	30710	29573	40073	19030	21043
建湖县	41382	20216	21166	51394	25064	26330	36669	18426	18243
盐城经济技术开发区	6263	3311	2952	5783	2912	2871	4012	1908	2104
江苏省盐南高新区	13390	6439	6951	11417	5560	5857	6299	3107	3192
东台市	82594	42683	39911	78896	39382	39514	58824	28218	30606
扬州市	**274526**	**137055**	**137471**	**334838**	**164711**	**170127**	**256209**	**127046**	**129163**
广陵区	34363	17377	16986	32616	16191	16425	24354	12011	12343
邗江区	36365	17908	18457	38847	18855	19992	28014	13793	14221
江都区	58324	28455	29869	78036	37980	40056	63735	31478	32257
宝应县	43667	21591	22076	59385	29052	30333	44830	22351	22479
扬州经济技术开发区	12468	6034	6434	12892	6220	6672	9290	4550	4740
蜀冈瘦西湖景区	8197	4136	4061	7150	3425	3725	4982	2333	2649
生态新城	4107	2125	1982	4485	2205	2280	3670	1794	1876
仪征市	32499	16596	15903	39376	19778	19598	29837	14980	14857
高邮市	44536	22833	21703	62051	31005	31046	47497	23756	23741
镇江市	**194127**	**98815**	**95312**	**216214**	**107712**	**108502**	**158809**	**77087**	**81722**
京口区	22407	11091	11316	21480	10245	11235	15855	7558	8297
润州区	16382	8303	8079	15540	7611	7929	10957	5298	5659
丹徒区	22109	11320	10789	24561	12370	12191	17901	8849	9052
镇江新区	15535	7827	7708	15350	7699	7651	10838	5327	5511
江苏镇江高新区	3382	1755	1627	3278	1619	1659	2320	1084	1236
丹阳市	58162	29716	28446	66929	33775	33154	49674	24128	25546
扬中市	21128	10629	10499	22178	10907	11271	16339	7978	8361
句容市	35022	18174	16848	46898	23486	23412	34925	16865	18060
泰州市	**281850**	**141538**	**140312**	**344215**	**172472**	**171743**	**266457**	**134389**	**132068**
海陵区	31630	15547	16083	36388	17829	18559	25856	12856	13000
高港区	16339	8259	8080	18142	9085	9057	14318	7343	6975
姜堰区	42679	21364	21315	55423	27813	27610	42396	22142	20254
泰州医药高新技术产业开发区	10244	4993	5251	10703	5469	5234	7328	3829	3499
兴化市	71124	35667	35457	100833	50392	50441	76061	38039	38022
靖江市	43046	21748	21298	48595	24346	24249	38368	18838	19530
泰兴市	66788	33960	32828	74131	37538	36593	62130	31342	30788
宿迁市	**250466**	**129867**	**120599**	**254909**	**128854**	**126055**	**147198**	**74220**	**72978**
宿城区	30706	16000	14706	29072	15100	13972	18333	9606	8727
宿豫区	22495	11342	11153	23499	11724	11775	13477	6982	6495
沭阳县	91776	47910	43866	86087	43867	42220	48424	23713	24711
泗阳县	45002	23087	21915	48376	23560	24816	28321	14314	14007
泗洪县	37935	19654	18281	45633	23148	22485	25031	12593	12438
宿迁经济技术开发区	7613	3987	3626	6412	3353	3059	4276	2304	1972
宿迁市湖滨新区	6854	3674	3180	7352	3860	3492	3981	2110	1871
苏州宿迁工业园区	512	243	269	376	167	209	120	59	61
宿迁市洋河新区	7573	3970	3603	8102	4075	4027	5235	2539	2696

1-5 续表 18

单位：人

地区	75-79岁			80-84岁			85-89岁		
	小计	男	女	小计	男	女	小计	男	女
江　苏	**2317239**	**1102639**	**1214600**	**1520000**	**680452**	**839548**	**856090**	**338292**	**517798**
南京市	**198934**	**95366**	**103568**	**140760**	**65508**	**75252**	**83962**	**35804**	**48158**
玄武区	12620	5711	6909	10828	5038	5790	6740	3066	3674
秦淮区	21615	10085	11530	17577	7909	9668	10783	4691	6092
建邺区	10032	4826	5206	6873	3190	3683	4137	1730	2407
鼓楼区	24766	11474	13292	21165	9476	11689	13218	5759	7459
浦口区	9535	4355	5180	5826	2525	3301	3751	1489	2262
栖霞区	16852	7874	8978	11654	5309	6345	6812	2975	3837
雨花台区	9720	4547	5173	6959	3101	3858	4062	1733	2329
江宁区	31778	15684	16094	19825	9500	10325	11524	4863	6661
六合区	17218	8146	9072	11206	5014	6192	6869	2666	4203
溧水区	13411	6821	6590	8143	4046	4097	4182	1795	2387
高淳区	16160	8680	7480	9422	5031	4391	5375	2326	3049
南京江北新区	15227	7163	8064	11282	5369	5913	6509	2711	3798
无锡市	**173401**	**83739**	**89662**	**112129**	**50914**	**61215**	**62232**	**25176**	**37056**
锡山区	16638	7784	8854	10119	4479	5640	5592	2118	3474
惠山区	16560	8074	8486	9963	4757	5206	4862	1942	2920
滨湖区	15472	7439	8033	10628	5046	5582	5974	2496	3478
梁溪区	25761	12616	13145	18945	8472	10473	11673	4892	6781
新吴区	12160	6081	6079	7679	3519	4160	4307	1671	2636
江苏无锡经济开发区	5004	2509	2495	3053	1384	1669	1595	662	933
江阴市	42486	19753	22733	28320	12185	16135	13438	5189	8249
宜兴市	39320	19483	19837	23422	11072	12350	14791	6206	8585
徐州市	**240445**	**109696**	**130749**	**148354**	**64765**	**83589**	**89978**	**33936**	**56042**
鼓楼区	8885	4028	4857	6250	2614	3636	3613	1417	2196
云龙区	8164	3753	4411	5579	2403	3176	3321	1331	1990
贾汪区	11546	5344	6202	7299	3266	4033	4490	1655	2835
泉山区	15935	6942	8993	12228	5418	6810	6792	2934	3858
铜山区	32162	14949	17213	18193	8221	9972	10883	4195	6688
丰县	28883	12564	16319	16387	6956	9431	11360	3899	7461
沛县	28111	12755	15356	16006	6975	9031	10155	3756	6399
睢宁县	33889	16122	17767	20842	9107	11735	11801	4405	7396
徐州经济技术开发区	6193	2788	3405	3749	1661	2088	2138	835	1303
新沂市	24604	11387	13217	15867	6942	8925	9697	3494	6203
邳州市	42073	19064	23009	25954	11202	14752	15728	6015	9713
常州市	**126789**	**59035**	**67754**	**80007**	**35809**	**44198**	**43666**	**17672**	**25994**
天宁区	16590	7844	8746	11411	5159	6252	6540	2625	3915
钟楼区	14719	6986	7733	9822	4358	5464	5598	2237	3361
新北区	17240	7734	9506	10367	4441	5926	5190	1891	3299
武进区	25871	12284	13587	15297	6958	8339	8342	3318	5024
金坛区	18639	8646	9993	11898	5365	6533	6500	2739	3761
江苏省常州市经济开发区	9143	4191	4952	5920	2693	3227	2992	1143	1849
溧阳市	24587	11350	13237	15292	6835	8457	8504	3719	4785

1-5 续表 19

单位：人

地 区	75-79岁			80-84岁			85-89岁		
	小计	男	女	小计	男	女	小计	男	女
苏州市	**255639**	**121960**	**133679**	**165779**	**73204**	**92575**	**98518**	**38014**	**60504**
虎丘区	11392	5351	6041	7656	3321	4335	4430	1730	2700
吴中区	24109	11258	12851	15331	6734	8597	8914	3441	5473
相城区	14156	6893	7263	9291	4041	5250	5481	1994	3487
姑苏区	28056	13619	14437	19990	8949	11041	13194	5671	7523
吴江区	32071	16020	16051	21609	9869	11740	12869	5019	7850
苏州工业园区	13586	6643	6943	8067	3693	4374	4522	1809	2713
常熟市	45478	21038	24440	30225	13102	17123	16412	5950	10462
张家港市	35701	16575	19126	23000	9846	13154	12372	4655	7717
昆山市	28341	13910	14431	16599	7502	9097	11153	4259	6894
太仓市	22749	10653	12096	14011	6147	7864	9171	3486	5685
南通市	**307307**	**145286**	**162021**	**217277**	**95518**	**121759**	**121806**	**46941**	**74865**
崇川区	17881	8295	9586	13104	5766	7338	7437	3045	4392
港闸区	8552	3940	4612	6770	2745	4025	3766	1319	2447
通州区	44546	20923	23623	31262	13373	17889	17467	6566	10901
如东县	48569	23385	25184	33039	15416	17623	18154	7505	10649
南通经济技术开发区	4644	2212	2432	3194	1387	1807	1850	662	1188
通州湾示范区	5188	2310	2878	3712	1623	2089	2206	780	1426
苏锡通科技产业园区	3093	1472	1621	2218	977	1241	1145	417	728
启东市	39556	18031	21525	31690	13591	18099	18997	7015	11982
如皋市	54977	25794	29183	37651	16107	21544	20112	7504	12608
海门市	39855	18982	20873	26756	11624	15132	16098	5976	10122
海安市	40446	19942	20504	27881	12909	14972	14574	6152	8422
连云港市	**110401**	**51956**	**58445**	**67906**	**30735**	**37171**	**41685**	**17055**	**24630**
连云区	3548	1554	1994	2232	970	1262	1284	515	769
海州区	16063	7281	8782	10493	4711	5782	5847	2636	3211
赣榆区	24896	11606	13290	15456	6885	8571	10014	3968	6046
东海县	25125	12827	12298	15129	7259	7870	10192	4171	6021
灌云县	19795	9125	10670	11683	5213	6470	7182	2937	4245
灌南县	15829	7304	8525	9499	4242	5257	5100	1960	3140
连云港经济技术开发区	1821	796	1025	1345	580	765	774	309	465
连云港高新技术产业开发区	1587	708	879	987	447	540	553	244	309
江苏连云港徐圩新区	1058	452	606	698	276	422	468	205	263
江苏省连云港市云台山风景名胜区	679	303	376	384	152	232	271	110	161
淮安市	**130591**	**61578**	**69013**	**85223**	**37692**	**47531**	**44555**	**17199**	**27356**
淮安区	25100	11889	13211	17840	8004	9836	9118	3627	5491
淮阴区	20973	9903	11070	14362	6246	8116	7294	2702	4592
清江浦区	12279	5642	6637	9018	3887	5131	4480	1860	2620
洪泽区	10494	5005	5489	6086	2815	3271	3075	1193	1882
涟水县	23393	11374	12019	15712	6972	8740	8241	2916	5325
盱眙县	20254	9261	10993	11279	4838	6441	6340	2497	3843
金湖县	11856	5568	6288	6610	3065	3545	3773	1581	2192
淮安经济技术开发区	3985	1881	2104	2782	1218	1564	1420	530	890
工业园区	423	193	230	317	132	185	187	65	122
生态文旅区	1033	477	556	694	311	383	355	128	227
苏淮高新区	801	385	416	523	204	319	272	100	172

1-5 续表 20

单位：人

地　区	75-79岁			80-84岁			85-89岁		
	小计	男	女	小计	男	女	小计	男	女
盐城市	**227926**	**108360**	**119566**	**153174**	**68927**	**84247**	**79037**	**32252**	**46785**
亭湖区	18077	8408	9669	12707	5714	6993	6345	2761	3584
盐都区	23124	11513	11611	14707	6811	7896	7404	2970	4434
大丰区	25220	11553	13667	17153	7409	9744	8742	3555	5187
响水县	11630	5319	6311	7511	3294	4217	4209	1696	2513
滨海县	23361	11127	12234	16170	7484	8686	8491	3334	5157
阜宁县	27689	13418	14271	17320	7941	9379	9039	3690	5349
射阳县	24469	11221	13248	17387	7271	10116	8922	3494	5428
建湖县	24676	12589	12087	15367	7409	7958	7495	3170	4325
盐城经济技术开发区	2930	1283	1647	1767	759	1008	857	322	535
江苏省盐南高新区	3846	1795	2051	2438	1141	1297	1278	528	750
东台市	42904	20134	22770	30647	13694	16953	16255	6732	9523
扬州市	**151830**	**74973**	**76857**	**97620**	**44754**	**52866**	**51802**	**20690**	**31112**
广陵区	15118	7269	7849	10058	4568	5490	5532	2343	3189
邗江区	15116	7328	7788	10074	4732	5342	5340	2252	3088
江都区	38360	19090	19270	23440	10732	12708	12636	4918	7718
宝应县	27444	13628	13816	17216	7759	9457	8646	3218	5428
扬州经济技术开发区	5269	2628	2641	3494	1641	1853	1944	838	1106
蜀冈瘦西湖景区	3257	1528	1729	2249	1015	1234	1181	544	637
生态新城	2154	1014	1140	1380	607	773	756	312	444
仪征市	15663	7750	7913	11494	5341	6153	6149	2486	3663
高邮市	29449	14738	14711	18215	8359	9856	9618	3779	5839
镇江市	**88797**	**42131**	**46666**	**53621**	**24357**	**29264**	**31198**	**12290**	**18908**
京口区	9958	4682	5276	7057	3222	3835	3940	1746	2194
润州区	6522	3149	3373	4238	1988	2250	2425	1046	1379
丹徒区	9532	4423	5109	5572	2527	3045	3395	1283	2112
镇江新区	6234	3004	3230	3619	1616	2003	2103	807	1296
江苏镇江高新区	1276	628	648	770	358	412	402	174	228
丹阳市	26201	12448	13753	15334	6815	8519	9264	3375	5889
扬中市	9945	4738	5207	5969	2653	3316	3240	1203	2037
句容市	19129	9059	10070	11062	5178	5884	6429	2656	3773
泰州市	**178159**	**88201**	**89958**	**115193**	**51801**	**63392**	**62446**	**23951**	**38495**
海陵区	16931	8362	8569	10624	5027	5597	6059	2539	3520
高港区	9335	4522	4813	5897	2512	3385	3397	1241	2156
姜堰区	29770	15076	14694	19993	9329	10664	11079	4472	6607
泰州医药高新技术产业开发区	4939	2454	2485	3063	1345	1718	1799	675	1124
兴化市	53195	26856	26339	33976	15585	18391	17783	7056	10727
靖江市	23561	11313	12248	14850	6441	8409	7709	2841	4868
泰兴市	40428	19618	20810	26790	11562	15228	14620	5127	9493
宿迁市	**127020**	**60358**	**66662**	**82957**	**36468**	**46489**	**45205**	**17312**	**27893**
宿城区	15539	7273	8266	10410	4453	5957	5280	1909	3371
宿豫区	11206	5409	5797	7501	3357	4144	4083	1533	2550
沭阳县	40896	18858	22038	27219	11884	15335	15325	5861	9464
泗阳县	22776	11217	11559	14990	6615	8375	8010	2975	5035
泗洪县	24908	12126	12782	15084	6885	8199	8336	3479	4857
宿迁经济技术开发区	3432	1639	1793	2247	978	1269	1135	430	705
宿迁市湖滨新区	3724	1780	1944	2825	1211	1614	1573	625	948
苏州宿迁工业园区	69	33	36	30	13	17	19	8	11
宿迁市洋河新区	4470	2023	2447	2651	1072	1579	1444	492	952

1-5 续表 21

单位：人

地区	90-94岁			95-99岁			100岁及以上		
	小计	男	女	小计	男	女	小计	男	女
江 苏	**301424**	**102465**	**198959**	**67131**	**19516**	**47615**	**8092**	**2149**	**5943**
南京市	**29949**	**12034**	**17915**	**6734**	**2533**	**4201**	**1037**	**394**	**643**
玄武区	2412	1102	1310	515	210	305	97	41	56
秦淮区	3921	1640	2281	891	356	535	99	39	60
建邺区	1613	680	933	436	179	257	55	23	32
鼓楼区	5061	2262	2799	1100	454	646	158	52	106
浦口区	1438	524	914	397	142	255	74	30	44
栖霞区	2287	946	1341	558	202	356	104	39	65
雨花台区	1369	537	832	328	136	192	57	24	33
江宁区	4107	1576	2531	968	361	607	191	75	116
六合区	2358	767	1591	470	139	331	64	16	48
溧水区	1436	508	928	270	87	183	39	18	21
高淳区	1821	660	1161	316	98	218	21	5	16
南京江北新区	2126	832	1294	485	169	316	78	32	46
无锡市	**24290**	**8375**	**15915**	**4892**	**1473**	**3419**	**606**	**137**	**469**
锡山区	2144	673	1471	411	117	294	50	7	43
惠山区	1962	636	1326	471	109	362	63	16	47
滨湖区	2322	865	1457	520	160	360	71	18	53
梁溪区	4394	1546	2848	847	279	568	125	28	97
新吴区	1773	589	1184	357	114	243	46	14	32
江苏无锡经济开发区	614	204	410	152	45	107	20	3	17
江阴市	5178	1703	3475	974	272	702	103	25	78
宜兴市	5903	2159	3744	1160	377	783	128	26	102
徐州市	**32384**	**10527**	**21857**	**8266**	**2295**	**5971**	**1039**	**211**	**828**
鼓楼区	1352	528	824	296	91	205	47	16	31
云龙区	1198	474	724	299	116	183	28	5	23
贾汪区	1596	532	1064	432	120	312	26	8	18
泉山区	2110	879	1231	468	192	276	61	13	48
铜山区	3845	1239	2606	890	221	669	110	24	86
丰县	4041	1125	2916	1154	290	864	165	27	138
沛县	3970	1206	2764	1051	268	783	131	24	107
睢宁县	4344	1374	2970	1069	300	769	116	17	99
徐州经济技术开发区	655	228	427	149	36	113	24	6	18
新沂市	2990	875	2115	724	177	547	92	20	72
邳州市	6283	2067	4216	1734	484	1250	239	51	188
常州市	**17662**	**6309**	**11353**	**3781**	**1153**	**2628**	**383**	**109**	**274**
天宁区	2551	960	1591	505	170	335	59	11	48
钟楼区	2145	800	1345	469	139	330	40	14	26
新北区	2041	632	1409	426	112	314	38	3	35
武进区	3478	1191	2287	781	240	541	81	29	52
金坛区	2546	951	1595	533	164	369	57	15	42
江苏省常州市经济开发区	1144	356	788	247	71	176	28	11	17
溧阳市	3757	1419	2338	820	257	563	80	26	54

1-5 续表 22

单位：人

地 区	90-94岁			95-99岁			100岁及以上		
	小计	男	女	小计	男	女	小计	男	女
苏州市	**37037**	**11592**	**25445**	**7459**	**1911**	**5548**	**815**	**201**	**614**
虎丘区	1681	544	1137	348	104	244	35	10	25
吴中区	3375	1020	2355	686	177	509	80	22	58
相城区	2021	574	1447	378	85	293	43	11	32
姑苏区	5153	1965	3188	1146	365	781	121	26	95
吴江区	4660	1489	3171	925	245	680	102	35	67
苏州工业园区	1560	528	1032	290	82	208	38	13	25
常熟市	6148	1692	4456	1176	233	943	101	20	81
张家港市	5031	1527	3504	1094	292	802	122	19	103
昆山市	3801	1168	2633	780	184	596	84	25	59
太仓市	3607	1085	2522	636	144	492	89	20	69
南通市	**47172**	**14973**	**32199**	**10689**	**2782**	**7907**	**1204**	**250**	**954**
崇川区	3049	1145	1904	777	220	557	81	18	63
港闸区	1432	420	1012	372	96	276	49	8	41
通州区	7261	2208	5053	1690	454	1236	184	37	147
如东县	6996	2403	4593	1587	437	1150	177	43	134
南通经济技术开发区	715	214	501	179	50	129	21	5	16
通州湾示范区	759	217	542	169	45	124	11	1	10
苏锡通科技产业园区	425	146	279	111	39	72	8		8
启东市	6991	2135	4856	1512	370	1142	183	30	153
如皋市	7945	2449	5496	1711	420	1291	207	54	153
海门市	6368	1885	4483	1430	319	1111	144	29	115
海安市	5231	1751	3480	1151	332	819	139	25	114
连云港市	**13677**	**5070**	**8607**	**3093**	**996**	**2097**	**386**	**103**	**283**
连云区	436	185	251	95	34	61	5	3	2
海州区	1969	835	1134	510	227	283	56	21	35
赣榆区	3246	1109	2137	555	176	379	72	19	53
东海县	3134	1116	2018	647	176	471	99	21	78
灌云县	2433	926	1507	621	175	446	70	16	54
灌南县	1756	608	1148	508	162	346	67	16	51
连云港经济技术开发区	248	99	149	58	18	40	6	3	3
连云港高新技术产业开发区	187	68	119	46	16	30	5		5
江苏连云港徐圩新区	170	84	86	34	11	23	4	3	1
江苏省连云港市云台山风景名胜区	98	40	58	19	1	18	2	1	1
淮安市	**13510**	**4487**	**9023**	**3396**	**981**	**2415**	**442**	**148**	**294**
淮安区	2419	844	1575	537	180	357	73	29	44
淮阴区	2473	730	1743	673	171	502	83	22	61
清江浦区	1250	476	774	335	124	211	36	10	26
洪泽区	984	350	634	207	64	143	17	8	9
涟水县	2393	704	1689	754	192	562	145	55	90
盱眙县	2160	782	1378	507	126	381	51	10	41
金湖县	1166	388	778	230	76	154	11	5	6
淮安经济技术开发区	436	137	299	105	30	75	13	5	8
工业园区	44	18	26	7	1	6	2		2
生态文旅区	99	29	70	15	7	8	7	4	3
苏淮高新区	86	29	57	26	10	16	4		4

1-5　续表 23　　　　单位：人

地　区	90-94岁			95-99岁			100岁及以上		
	小计	男	女	小计	男	女	小计	男	女
盐城市	**22713**	**8137**	**14576**	**5153**	**1531**	**3622**	**552**	**140**	**412**
亭湖区	1846	744	1102	483	162	321	43	15	28
盐都区	1724	608	1116	337	95	242	21	5	16
大丰区	2566	926	1640	547	173	374	60	9	51
响水县	1488	523	965	381	104	277	46	15	31
滨海县	2693	972	1721	700	197	503	83	25	58
阜宁县	2606	931	1675	669	199	470	77	23	54
射阳县	2448	829	1619	514	151	363	68	15	53
建湖县	1845	623	1222	408	120	288	43	5	38
盐城经济技术开发区	265	97	168	48	15	33	6	2	4
江苏省盐南高新区	355	131	224	100	37	63	5	1	4
东台市	4877	1753	3124	966	278	688	100	25	75
扬州市	**15836**	**5510**	**10326**	**3149**	**1015**	**2134**	**389**	**144**	**245**
广陵区	1945	752	1193	466	170	296	67	22	45
邗江区	1790	623	1167	323	112	211	43	14	29
江都区	3948	1313	2635	756	235	521	96	37	59
宝应县	2159	715	1444	437	135	302	31	9	22
扬州经济技术开发区	655	247	408	118	45	73	19	6	13
蜀冈瘦西湖景区	391	172	219	75	26	49	21	5	16
生态新城	250	96	154	59	19	40	22	16	6
仪征市	2008	684	1324	362	99	263	35	10	25
高邮市	2690	908	1782	553	174	379	55	25	30
镇江市	**11023**	**3860**	**7163**	**2336**	**726**	**1610**	**228**	**75**	**153**
京口区	1382	609	773	337	137	200	27	13	14
润州区	826	349	477	190	71	119	17	1	16
丹徒区	1191	399	792	236	71	165	24	8	16
镇江新区	809	263	546	190	61	129	17	6	11
江苏镇江高新区	185	68	117	47	15	32	2		2
丹阳市	3279	1020	2259	671	174	497	56	18	38
扬中市	1151	365	786	229	59	170	25	5	20
句容市	2200	787	1413	436	138	298	60	24	36
泰州市	**21479**	**6858**	**14621**	**4671**	**1212**	**3459**	**522**	**129**	**393**
海陵区	1966	708	1258	388	126	262	44	14	30
高港区	1256	356	900	254	69	185	31	5	26
姜堰区	3733	1214	2519	758	205	553	86	25	61
泰州医药高新技术产业开发区	629	202	427	140	41	99	11	4	7
兴化市	4907	1694	3213	1137	322	815	89	27	62
靖江市	3144	947	2197	709	166	543	81	14	67
泰兴市	5844	1737	4107	1285	283	1002	180	40	140
宿迁市	**14692**	**4733**	**9959**	**3512**	**908**	**2604**	**489**	**108**	**381**
宿城区	1818	544	1274	427	117	310	77	15	62
宿豫区	1348	411	937	286	69	217	35	5	30
沭阳县	4637	1492	3145	1158	332	826	156	37	119
泗阳县	2823	895	1928	701	173	528	89	21	68
泗洪县	2689	991	1698	636	164	472	95	20	75
宿迁经济技术开发区	409	116	293	90	18	72	12	3	9
宿迁市湖滨新区	520	159	361	107	18	89	16	5	11
苏州宿迁工业园区	8	1	7						
宿迁市洋河新区	440	124	316	107	17	90	9	2	7

1-5a　各地区分年龄、性别的人口(城市)

单位：人

地　区	合　计			0岁		
	合计	男	女	小计	男	女
江　苏	**40269267**	**20382260**	**19887007**	**280445**	**146222**	**134223**
南京市	**7914639**	**4025754**	**3888885**	**56226**	**29539**	**26687**
玄武区	537825	268349	269476	2712	1457	1255
秦淮区	740809	364643	376166	3814	1989	1825
建邺区	534257	268724	265533	3535	1847	1688
鼓楼区	940387	456009	484378	4558	2416	2142
浦口区	322323	163419	158904	2573	1376	1197
栖霞区	925627	478525	447102	5743	3013	2730
雨花台区	600621	313007	287614	4658	2460	2198
江宁区	1503459	776527	726932	13042	6783	6259
六合区	224738	110677	114061	1720	897	823
溧水区	293247	155001	138246	2381	1250	1131
高淳区	228601	114434	114167	1823	1001	822
南京江北新区	1062745	556439	506306	9667	5050	4617
无锡市	**5004272**	**2564213**	**2440059**	**33678**	**17577**	**16101**
锡山区	494668	263111	231557	3594	1904	1690
惠山区	577121	301187	275934	4506	2272	2234
滨湖区	549416	280267	269149	2761	1463	1298
梁溪区	985465	492411	493054	6053	3160	2893
新吴区	642103	332127	309976	5168	2696	2472
江苏无锡经济开发区	322109	165763	156346	2660	1399	1261
江阴市	836429	429584	406845	5431	2870	2561
宜兴市	596961	299763	297198	3505	1813	1692
徐州市	**3028510**	**1516685**	**1511825**	**24993**	**13197**	**11796**
鼓楼区	425143	214039	211104	3494	1800	1694
云龙区	441135	218261	222874	4454	2351	2103
贾汪区	189982	97143	92839	1510	830	680
泉山区	619784	303753	316031	4889	2549	2340
铜山区	374402	189197	185205	2849	1478	1371
丰县						
沛县						
睢宁县						
徐州经济技术开发区	4649	2402	2247	52	29	23
新沂市	374405	189111	185294	3219	1703	1516
邳州市	599010	302779	296231	4526	2457	2069
常州市	**3438476**	**1755134**	**1683342**	**23229**	**12179**	**11050**
天宁区	563591	279828	283763	3168	1643	1525
钟楼区	615112	310571	304541	3726	1913	1813
新北区	650508	332196	318312	5204	2746	2458
武进区	756508	396155	360353	4942	2620	2322
金坛区	322790	161114	161676	2336	1265	1071
江苏省常州市经济开发区	179660	94097	85563	1411	742	669
溧阳市	350307	181173	169134	2442	1250	1192

1-5a 续表 1

单位：人

地区	合计			0岁		
	合计	男	女	小计	男	女
苏州市	**7089585**	**3667983**	**3421602**	**52843**	**27436**	**25407**
虎丘区	759217	397153	362064	5285	2775	2510
吴中区	864144	448080	416064	7559	3895	3664
相城区	781040	412139	368901	6200	3213	2987
姑苏区	924083	456751	467332	5077	2671	2406
吴江区	662696	351332	311364	5301	2819	2482
苏州工业园区						
常熟市	828661	424395	404266	4458	2310	2148
张家港市	506354	256626	249728	3192	1624	1568
昆山市	1414348	742603	671745	13420	6952	6468
太仓市	349042	178904	170138	2351	1177	1174
南通市	**3144798**	**1544182**	**1600616**	**17509**	**9114**	**8395**
崇川区	780564	385333	395231	3992	2101	1891
港闸区	399543	203418	196125	2749	1448	1301
通州区	402266	196104	206162	2417	1216	1201
如东县						
南通经济技术开发区						
通州湾示范区						
苏锡通科技产业园区						
启东市	378393	179912	198481	1951	998	953
如皋市	361585	174055	187530	2101	1085	1016
海门市	367808	179059	188749	1748	917	831
海安市	454639	226301	228338	2551	1349	1202
连云港市	**1022210**	**518679**	**503531**	**8279**	**4379**	**3900**
连云区	156581	81850	74731	1125	578	547
海州区	562111	280063	282048	4501	2372	2129
赣榆区	279543	141378	138165	2497	1354	1143
东海县	8629	4544	4085	95	49	46
灌云县						
灌南县						
连云港经济技术开发区						
连云港高新技术产业开发区						
江苏连云港徐圩新区	10748	8438	2310	19	8	11
江苏省连云港市云台山风景名胜区	4598	2406	2192	42	18	24
淮安市	**1303052**	**641371**	**661681**	**9901**	**5145**	**4756**
淮安区	321355	158376	162979	2130	1069	1061
淮阴区	319622	158035	161587	2903	1527	1376
清江浦区	517197	253794	263403	3944	2062	1882
洪泽区	144878	71166	73712	924	487	437
涟水县						
盱眙县						
金湖县						
淮安经济技术开发区						
工业园区						
生态文旅区						
苏淮高新区						

1-5a 续表 2

单位：人

地 区	合 计			0岁		
	合计	男	女	小计	男	女
盐城市	**1687143**	**847784**	**839359**	**11242**	**5825**	**5417**
亭湖区	529059	267683	261376	3078	1560	1518
盐都区	261833	132993	128840	2102	1112	990
大丰区	225927	111524	114403	1381	715	666
响水县						
滨海县						
阜宁县						
射阳县						
建湖县						
盐城经济技术开发区	5359	2771	2588	31	19	12
江苏省盐南高新区	332220	165516	166704	2770	1454	1316
东台市	332745	167297	165448	1880	965	915
扬州市	**2115264**	**1049729**	**1065535**	**12024**	**6169**	**5855**
广陵区	424063	215297	208766	2337	1211	1126
邗江区	576153	284734	291419	3636	1873	1763
江都区	334488	162157	172331	1772	887	885
宝应县						
扬州经济技术开发区						
蜀冈瘦西湖景区	134507	66652	67855	765	397	368
生态新城	37699	19576	18123	246	131	115
仪征市	301099	151499	149600	1599	813	786
高邮市	307255	149814	157441	1669	857	812
镇江市	**1688488**	**847578**	**840910**	**10428**	**5316**	**5112**
京口区	343904	173498	170406	1718	851	867
润州区	238978	119174	119804	1363	704	659
丹徒区	154996	78887	76109	1125	562	563
镇江新区						
江苏镇江高新区	60064	31011	29053	438	205	233
丹阳市	396269	197272	198997	2516	1289	1227
扬中市	178440	89817	88623	1004	547	457
句容市	315837	157919	157918	2264	1158	1106
泰州市	**2005567**	**987967**	**1017600**	**11767**	**6012**	**5755**
海陵区	508859	249636	259223	2936	1462	1474
高港区	136373	67541	68832	1028	537	491
姜堰区	331452	160883	170569	1904	968	936
泰州医药高新技术产业开发区						
兴化市	318636	161101	157535	1818	898	920
靖江市	331555	162401	169154	1942	993	949
泰兴市	378692	186405	192287	2139	1154	985
宿迁市	**827263**	**415201**	**412062**	**8326**	**4334**	**3992**
宿城区	390722	193924	196798	3943	2025	1918
宿豫区	240600	120894	119706	2632	1391	1241
沭阳县						
泗阳县						
泗洪县						
宿迁经济技术开发区						
宿迁市湖滨新区	77755	41347	36408	555	294	261
苏州宿迁工业园区	29991	14833	15158	426	219	207
宿迁市洋河新区	88195	44203	43992	770	405	365

1-5a　续表 3

单位：人

地　区	1-4岁			5-9岁			10-14岁		
	小计	男	女	小计	男	女	小计	男	女
江　苏	**1642058**	**857292**	**784766**	**2220377**	**1186781**	**1033596**	**1829701**	**988524**	**841177**
南京市	**315101**	**164731**	**150370**	**370930**	**195941**	**174989**	**284377**	**150895**	**133482**
玄武区	16145	8459	7686	22176	11653	10523	18960	9858	9102
秦淮区	21469	11171	10298	29954	15872	14082	27356	14464	12892
建邺区	20308	10693	9615	26516	14013	12503	20792	11020	9772
鼓楼区	28503	14851	13652	45431	24225	21206	40407	21386	19021
浦口区	14137	7421	6716	14441	7596	6845	10422	5449	4973
栖霞区	33313	17304	16009	37436	19654	17782	27613	14624	12989
雨花台区	24570	12873	11697	26831	14230	12601	19565	10341	9224
江宁区	69958	36750	33208	73858	38755	35103	50004	26676	23328
六合区	9724	5109	4615	11542	6104	5438	9726	5113	4613
溧水区	13701	7167	6534	15806	8494	7312	11839	6370	5469
高淳区	11033	5705	5328	13293	7160	6133	11055	5935	5120
南京江北新区	52240	27228	25012	53646	28185	25461	36638	19659	16979
无锡市	**198262**	**102978**	**95284**	**260746**	**138527**	**122219**	**205583**	**110780**	**94803**
锡山区	21862	11476	10386	27668	14874	12794	21578	11737	9841
惠山区	25522	13433	12089	33291	17858	15433	27446	15129	12317
滨湖区	16197	8301	7896	21082	11172	9910	18684	10067	8617
梁溪区	34405	17938	16467	46895	24824	22071	37101	19887	17214
新吴区	28211	14662	13549	34906	18606	16300	25974	13981	11993
江苏无锡经济开发区	16501	8547	7954	20424	10843	9581	13519	7318	6201
江阴市	33020	16897	16123	44344	23413	20931	35571	18999	16572
宜兴市	22544	11724	10820	32136	16937	15199	25710	13662	12048
徐州市	**150639**	**79899**	**70740**	**214250**	**117735**	**96515**	**220325**	**121178**	**99147**
鼓楼区	19419	10184	9235	24341	13023	11318	22057	11914	10143
云龙区	25660	13442	12218	31683	17019	14664	24838	13445	11393
贾汪区	9298	5029	4269	13726	7803	5923	13986	7975	6011
泉山区	26887	14124	12763	35116	18758	16358	32761	17558	15203
铜山区	17989	9392	8597	25185	13817	11368	24477	13310	11167
丰县									
沛县									
睢宁县									
徐州经济技术开发区	222	125	97	366	201	165	433	247	186
新沂市	20531	11023	9508	32614	18093	14521	36264	19892	16372
邳州市	30633	16580	14053	51219	29021	22198	65509	36837	28672
常州市	**137431**	**71402**	**66029**	**185709**	**99141**	**86568**	**151971**	**81678**	**70293**
天宁区	20531	10655	9876	28582	15342	13240	24425	13071	11354
钟楼区	22000	11417	10583	31573	16739	14834	26587	14280	12307
新北区	30970	16043	14927	39656	21207	18449	30965	16523	14442
武进区	32345	16769	15576	43842	23517	20325	33578	18298	15280
金坛区	12223	6341	5882	16310	8576	7734	13819	7264	6555
江苏省常州市经济开发区	6253	3289	2964	8277	4431	3846	7428	4114	3314
溧阳市	13109	6888	6221	17469	9329	8140	15169	8128	7041

1-5a 续表 4

单位：人

地区	1-4岁			5-9岁			10-14岁		
	小计	男	女	小计	男	女	小计	男	女
苏州市	**298788**	**155889**	**142899**	**399142**	**211521**	**187621**	**296341**	**158908**	**137433**
虎丘区	32795	17212	15583	44358	23417	20941	31873	17091	14782
吴中区	38370	20045	18325	44280	23436	20844	31235	16941	14294
相城区	34470	17949	16521	42690	22558	20132	30655	16580	14075
姑苏区	29750	15548	14202	42473	22625	19848	36092	19296	16796
吴江区	29070	15080	13990	37505	19830	17675	26176	13992	12184
苏州工业园区									
常熟市	28912	15199	13713	42318	22525	19793	32167	17187	14980
张家港市	20754	10822	9932	31767	16833	14934	25408	13494	11914
昆山市	69419	36001	33418	92464	49125	43339	66810	35877	30933
太仓市	15248	8033	7215	21287	11172	10115	15925	8450	7475
南通市	**106856**	**55380**	**51476**	**155337**	**80980**	**74357**	**131638**	**68418**	**63220**
崇川区	25976	13516	12460	37032	19503	17529	30669	15906	14763
港闸区	15328	7925	7403	19462	10292	9170	14651	7869	6782
通州区	14054	7303	6751	20991	10887	10104	18271	9386	8885
如东县									
南通经济技术开发区									
通州湾示范区									
苏锡通科技产业园区									
启东市	10715	5513	5202	17291	8809	8482	16171	8228	7943
如皋市	14128	7375	6753	20106	10431	9675	16319	8677	7642
海门市	10999	5576	5423	18826	9748	9078	18834	9603	9231
海安市	15656	8172	7484	21629	11310	10319	16723	8749	7974
连云港市	**49081**	**25843**	**23238**	**71491**	**39064**	**32427**	**64864**	**35863**	**29001**
连云区	6844	3532	3312	8900	4778	4122	7512	4056	3456
海州区	26147	13746	12401	38021	20506	17515	33805	18546	15259
赣榆区	15363	8183	7180	23551	13237	10314	22546	12692	9854
东海县	420	222	198	589	318	271	570	332	238
灌云县									
灌南县									
连云港经济技术开发区									
连云港高新技术产业开发区									
江苏连云港徐圩新区	113	62	51	113	55	58	140	77	63
江苏省连云港市云台山风景名胜区	194	98	96	317	170	147	291	160	131
淮安市	**59192**	**30984**	**28208**	**89737**	**48837**	**40900**	**77146**	**42609**	**34537**
淮安区	13851	7194	6657	22579	12582	9997	19978	11268	8710
淮阴区	15806	8312	7494	23563	12831	10732	20035	11151	8884
清江浦区	23991	12656	11335	35111	19014	16097	28848	15753	13095
洪泽区	5544	2822	2722	8484	4410	4074	8285	4437	3848
涟水县									
盱眙县									
金湖县									
淮安经济技术开发区									
工业园区									
生态文旅区									
苏淮高新区									

1-5a 续表 5

单位：人

地区	1-4岁			5-9岁			10-14岁		
	小计	男	女	小计	男	女	小计	男	女
盐城市	**67126**	**35162**	**31964**	**101034**	**56031**	**45003**	**87474**	**49543**	**37931**
亭湖区	17780	9239	8541	28071	15641	12430	27074	15426	11648
盐都区	12379	6529	5850	17701	10102	7599	15197	8931	6266
大丰区	8986	4589	4397	13258	7066	6192	11386	6128	5258
响水县									
滨海县									
阜宁县									
射阳县									
建湖县									
盐城经济技术开发区	202	104	98	267	146	121	239	143	96
江苏省盐南高新区	17264	9215	8049	24848	13999	10849	19850	11511	8339
东台市	10515	5486	5029	16889	9077	7812	13728	7404	6324
扬州市	**75131**	**38914**	**36217**	**104376**	**55123**	**49253**	**87886**	**46806**	**41080**
广陵区	13640	7080	6560	19618	10407	9211	16878	9039	7839
邗江区	21866	11417	10449	29103	15405	13698	23008	12216	10792
江都区	11678	6034	5644	17125	9167	7958	15278	8180	7098
宝应县									
扬州经济技术开发区									
蜀冈瘦西湖景区	4905	2579	2326	7908	4195	3713	6208	3339	2869
生态新城	1106	567	539	1614	854	760	1499	834	665
仪征市	10694	5482	5212	13337	7017	6320	11832	6294	5538
高邮市	11242	5755	5487	15671	8078	7593	13183	6904	6279
镇江市	**61056**	**31769**	**29287**	**82827**	**43468**	**39359**	**69850**	**36683**	**33167**
京口区	10136	5261	4875	14375	7575	6800	12453	6509	5944
润州区	7613	4031	3582	9890	5151	4739	9013	4710	4303
丹徒区	6532	3372	3160	8391	4356	4035	6628	3475	3153
镇江新区									
江苏镇江高新区	2123	1093	1030	2633	1447	1186	2352	1254	1098
丹阳市	14838	7721	7117	21327	11209	10118	18149	9554	8595
扬中市	6772	3582	3190	10236	5412	4824	8261	4316	3945
句容市	13042	6709	6333	15975	8318	7657	12994	6865	6129
泰州市	**73756**	**38246**	**35510**	**108263**	**59048**	**49215**	**97099**	**54963**	**42136**
海陵区	17479	9009	8470	24845	13421	11424	19958	11005	8953
高港区	5728	2945	2783	7175	3818	3357	5378	2962	2416
姜堰区	12031	6321	5710	18604	10050	8554	18256	10351	7905
泰州医药高新技术产业开发区									
兴化市	12312	6332	5980	20529	11822	8707	21288	12771	8517
靖江市	12354	6337	6017	16718	8693	8025	14361	7644	6717
泰兴市	13852	7302	6550	20392	11244	9148	17858	10230	7628
宿迁市	**49639**	**26095**	**23544**	**76535**	**41365**	**35170**	**55147**	**30200**	**24947**
宿城区	22812	12060	10752	34677	18776	15901	25104	13731	11373
宿豫区	16117	8439	7678	22783	12366	10417	16208	8932	7276
沭阳县									
泗阳县									
泗洪县									
宿迁经济技术开发区									
宿迁市湖滨新区	3251	1714	1537	6098	3293	2805	5000	2754	2246
苏州宿迁工业园区	2595	1370	1225	4389	2405	1984	2301	1265	1036
宿迁市洋河新区	4864	2512	2352	8588	4525	4063	6534	3518	3016

1-5a 续表 6

单位：人

地区	15-19岁			20-24岁			25-29岁		
	小计	男	女	小计	男	女	小计	男	女
江　苏	**1987332**	**1075374**	**911958**	**2373213**	**1272851**	**1100362**	**3077044**	**1610267**	**1466777**
南京市	**411133**	**219105**	**192028**	**690735**	**363126**	**327609**	**689710**	**360204**	**329506**
玄武区	30310	15603	14707	63750	33019	30731	44497	23052	21445
秦淮区	23776	12796	10980	40828	21485	19343	55437	27556	27881
建邺区	18976	10448	8528	34246	17492	16754	48373	24317	24056
鼓楼区	36488	17951	18537	69535	32198	37337	62456	30222	32234
浦口区	15622	6821	8801	20650	9755	10895	27611	14444	13167
栖霞区	74469	38827	35642	119303	60600	58703	84151	45395	38756
雨花台区	20668	10868	9800	49157	26693	22464	66733	36562	30171
江宁区	102391	55524	46867	155039	83041	71998	149578	79881	69697
六合区	9541	5071	4470	6652	3378	3274	14695	7087	7608
溧水区	15101	7964	7137	18014	10341	7673	23715	13008	10707
高淳区	9343	5035	4308	7929	3997	3932	14903	7407	7496
南京江北新区	54448	32197	22251	105632	61127	44505	97561	51273	46288
无锡市	**208535**	**116035**	**92500**	**259817**	**144016**	**115801**	**394859**	**210512**	**184347**
锡山区	19351	11626	7725	26751	16003	10748	47160	26106	21054
惠山区	36386	20992	15394	32155	18353	13802	45565	24051	21514
滨湖区	36132	19619	16513	50127	26312	23815	39550	21065	18485
梁溪区	29770	16056	13714	44125	23000	21125	71307	36196	35111
新吴区	22353	12260	10093	32778	19337	13441	62092	33960	28132
江苏无锡经济开发区	9518	5223	4295	14787	8250	6537	26486	14048	12438
江阴市	31436	17935	13501	34316	19667	14649	61458	33601	27857
宜兴市	23589	12324	11265	24778	13094	11684	41241	21485	19756
徐州市	**173788**	**93311**	**80477**	**151237**	**79143**	**72094**	**186480**	**92951**	**93529**
鼓楼区	14864	8366	6498	18578	10574	8004	28386	14562	13824
云龙区	19486	9909	9577	23753	12049	11704	30035	14650	15385
贾汪区	14756	8313	6443	8637	4182	4455	9961	5103	4858
泉山区	31736	17516	14220	27521	14031	13490	37761	18410	19351
铜山区	32770	15924	16846	41268	21977	19291	23607	12221	11386
丰县									
沛县									
睢宁县									
徐州经济技术开发区	170	97	73	127	73	54	272	130	142
新沂市	21216	11727	9489	11709	6210	5499	22623	11438	11185
邳州市	38790	21459	17331	19644	10047	9597	33835	16437	17398
常州市	**167673**	**93730**	**73943**	**196490**	**111714**	**84776**	**264242**	**140028**	**124214**
天宁区	20227	10050	10177	23349	12235	11114	38460	19329	19131
钟楼区	26112	13917	12195	36617	19346	17271	42742	22416	20326
新北区	29903	16905	12998	37085	21452	15633	54828	28843	25985
武进区	51688	29802	21886	61585	36557	25028	65800	35615	30185
金坛区	12518	6978	5540	12190	6668	5522	22372	11645	10727
江苏省常州市经济开发区	10756	6412	4344	8622	5054	3568	13600	7523	6077
溧阳市	16469	9666	6803	17042	10402	6640	26440	14657	11783

1-5a　续表 7　　　　单位：人

地　区	15-19岁			20-24岁			25-29岁		
	小计	男	女	小计	男	女	小计	男	女
苏州市	**305608**	**169381**	**136227**	**431731**	**242511**	**189220**	**649049**	**351718**	**297331**
虎丘区	45806	24863	20943	64305	35788	28517	76314	42803	33511
吴中区	45364	24097	21267	67157	36227	30930	86801	46230	40571
相城区	26712	15305	11407	42724	24680	18044	76653	41808	34845
姑苏区	32758	17059	15699	50131	24850	25281	66335	32489	33846
吴江区	29616	17420	12196	40347	24179	16168	71232	39994	31238
苏州工业园区									
常熟市	34118	17925	16193	46078	24685	21393	70050	38066	31984
张家港市	25808	14357	11451	26328	15042	11286	33805	17502	16303
昆山市	51382	30396	20986	78547	47839	30708	141424	78890	62534
太仓市	14044	7959	6085	16114	9221	6893	26435	13936	12499
南通市	**148889**	**76821**	**72068**	**150360**	**78231**	**72129**	**200976**	**101956**	**99020**
崇川区	48529	24218	24311	60697	30169	30528	54732	28126	26606
港闸区	19467	10206	9261	26389	14655	11734	32109	16816	15293
通州区	15240	8097	7143	15066	7975	7091	26506	13360	13146
如东县									
南通经济技术开发区									
通州湾示范区									
苏锡通科技产业园区									
启东市	14927	7817	7110	12313	6387	5926	21228	10421	10807
如皋市	15041	7371	7670	9751	4861	4890	19090	9123	9967
海门市	18256	9735	8521	12387	6583	5804	21133	10454	10679
海安市	17429	9377	8052	13757	7601	6156	26178	13656	12522
连云港市	**45788**	**26330**	**19458**	**39650**	**22191**	**17459**	**66303**	**34456**	**31847**
连云区	3612	2039	1573	6435	3776	2659	10385	5828	4557
海州区	21080	11875	9205	22113	11757	10356	35171	17236	17935
赣榆区	20247	11875	8372	9108	5154	3954	18316	9639	8677
东海县	223	150	73	378	219	159	767	422	345
灌云县									
灌南县									
连云港经济技术开发区									
连云港高新技术产业开发区									
江苏连云港徐圩新区	462	295	167	1446	1179	267	1394	1182	212
江苏省连云港市云台山风景名胜区	164	96	68	170	106	64	270	149	121
淮安市	**77580**	**40894**	**36686**	**58916**	**27713**	**31203**	**91669**	**44965**	**46704**
淮安区	20319	11758	8561	11223	5663	5560	23001	11344	11657
淮阴区	25449	12660	12789	19751	8683	11068	25067	12384	12683
清江浦区	24404	12780	11624	23451	11184	12267	34988	17025	17963
洪泽区	7408	3696	3712	4491	2183	2308	8613	4212	4401
涟水县									
盱眙县									
金湖县									
淮安经济技术开发区									
工业园区									
生态文旅区									
苏淮高新区									

1-5a 续表 8

单位：人

地区	15-19岁			20-24岁			25-29岁		
	小计	男	女	小计	男	女	小计	男	女
盐城市	**99122**	**53829**	**45293**	**76116**	**40463**	**35653**	**102285**	**53238**	**49047**
亭湖区	35036	19922	15114	33486	18016	15470	28738	14901	13837
盐都区	9121	5280	3841	10127	5472	4655	19825	10497	9328
大丰区	8253	4305	3948	7030	3605	3425	14213	7072	7141
响水县									
滨海县									
阜宁县									
射阳县									
建湖县									
盐城经济技术开发区	734	394	340	162	93	69	281	164	117
江苏省盐南高新区	29263	14152	15111	14490	7099	7391	20966	10795	10171
东台市	16715	9776	6939	10821	6178	4643	18262	9809	8453
扬州市	**121790**	**64765**	**57025**	**113584**	**58881**	**54703**	**134730**	**68334**	**66396**
广陵区	21808	12395	9413	18541	9725	8816	29716	15414	14302
邗江区	52095	27181	24914	57135	28985	28150	38095	19001	19094
江都区	15361	8236	7125	10975	5746	5229	19958	9895	10063
宝应县									
扬州经济技术开发区									
蜀冈瘦西湖景区	6328	3019	3309	4680	2466	2214	7820	3959	3861
生态新城	971	550	421	1541	901	640	2578	1377	1201
仪征市	12402	6653	5749	9849	5485	4364	18149	9469	8680
高邮市	12825	6731	6094	10863	5573	5290	18414	9219	9195
镇江市	**76764**	**41368**	**35396**	**76737**	**41474**	**35263**	**109721**	**56455**	**53266**
京口区	19832	11364	8468	25657	14224	11433	19869	10415	9454
润州区	7813	4061	3752	8855	4587	4268	14601	7415	7186
丹徒区	5539	2975	2564	5317	2866	2451	11119	5814	5305
镇江新区									
江苏镇江高新区	1963	1077	886	2390	1326	1064	4440	2380	2060
丹阳市	20466	10577	9889	13716	7227	6489	26810	13747	13063
扬中市	6452	3463	2989	5822	3173	2649	11986	6162	5824
句容市	14699	7851	6848	14980	8071	6909	20896	10522	10374
泰州市	**97157**	**51280**	**45877**	**84408**	**41966**	**42442**	**125508**	**64535**	**60973**
海陵区	31073	15190	15883	37707	17494	20213	33217	17217	16000
高港区	5890	3276	2614	4726	2445	2281	9731	4992	4739
姜堰区	17723	9402	8321	10049	5180	4869	18725	9391	9334
泰州医药高新技术产业开发区									
兴化市	14771	8436	6335	9568	4931	4637	20919	10912	10007
靖江市	10883	5733	5150	9697	5123	4574	20611	10415	10196
泰兴市	16817	9243	7574	12661	6793	5868	22305	11608	10697
宿迁市	**53505**	**28525**	**24980**	**43432**	**21422**	**22010**	**61512**	**30915**	**30597**
宿城区	19897	9530	10367	23214	10933	12281	28577	14325	14252
宿豫区	12747	6351	6396	11261	5704	5557	20197	10216	9981
沭阳县									
泗阳县									
泗洪县									
宿迁经济技术开发区									
宿迁市湖滨新区	17020	10424	6596	4349	2336	2013	3913	2013	1900
苏州宿迁工业园区	681	426	255	940	521	419	2932	1445	1487
宿迁市洋河新区	3160	1794	1366	3668	1928	1740	5893	2916	2977

1-5a 续表 9

单位：人

地区	30-34岁			35-39岁			40-44岁		
	小计	男	女	小计	男	女	小计	男	女
江苏	**4392624**	**2208441**	**2184183**	**3225114**	**1607420**	**1617694**	**2949239**	**1469568**	**1479671**
南京市	**834721**	**422769**	**411952**	**634054**	**316465**	**317589**	**548108**	**277197**	**270911**
玄武区	45270	22467	22803	41259	19443	21816	37082	17697	19385
秦淮区	64064	30927	33137	58177	27222	30955	54668	26068	28600
建邺区	53438	26170	27268	49019	23549	25470	42353	21182	21171
鼓楼区	73596	34355	39241	79271	36272	42999	74494	35268	39226
浦口区	36004	18345	17659	22153	11432	10721	21778	11391	10387
栖霞区	97253	51326	45927	69051	35817	33234	57700	30131	27569
雨花台区	70178	37085	33093	48961	25602	23359	41467	21549	19918
江宁区	191186	98882	92304	127203	65846	61357	97396	51371	46025
六合区	22690	10698	11992	16997	8115	8882	18300	9015	9285
溧水区	30867	16275	14592	19443	9987	9456	20704	10840	9864
高淳区	21193	10142	11051	14119	6584	7535	15484	7352	8132
南京江北新区	128982	66097	62885	88401	46596	41805	66682	35333	31349
无锡市	**575783**	**294936**	**280847**	**413467**	**211089**	**202378**	**379113**	**194305**	**184808**
锡山区	67671	36296	31375	45245	24100	21145	38509	20518	17991
惠山区	68245	34827	33418	50372	26009	24363	44755	23549	21206
滨湖区	49242	25297	23945	36973	18579	18394	36958	18663	18295
梁溪区	100242	49500	50742	80581	40344	40237	71499	36057	35442
新吴区	94317	49220	45097	60774	31780	28994	46883	24341	22542
江苏无锡经济开发区	41836	21154	20682	32093	16336	15757	24383	12853	11530
江阴市	94254	48403	45851	65958	33260	32698	69887	35611	34276
宜兴市	59976	30239	29737	41471	20681	20790	46239	22713	23526
徐州市	**315669**	**152023**	**163646**	**233709**	**113531**	**120178**	**194632**	**93725**	**100907**
鼓楼区	44288	21645	22643	34442	16930	17512	30709	14822	15887
云龙区	52457	24986	27471	38154	18483	19671	30148	14608	15540
贾汪区	19273	9576	9697	13792	6915	6877	11364	5728	5636
泉山区	56535	26654	29881	46666	21963	24703	42517	19947	22570
铜山区	35702	17327	18375	26186	13192	12994	20343	10165	10178
丰县									
沛县									
睢宁县									
徐州经济技术开发区	483	248	235	306	153	153	257	133	124
新沂市	41464	19936	21528	27178	13402	13776	22667	10905	11762
邳州市	65467	31651	33816	46985	22493	24492	36627	17417	19210
常州市	**385178**	**195413**	**189765**	**283996**	**142608**	**141388**	**260269**	**130431**	**129838**
天宁区	55954	27407	28547	46318	22475	23843	44530	21815	22715
钟楼区	61729	31000	30729	49813	24937	24876	45611	22981	22630
新北区	84953	42816	42137	58824	29838	28986	48515	24629	23886
武进区	96331	49845	46486	65342	33500	31842	56120	28584	27536
金坛区	33556	17001	16555	24142	11931	12211	23367	11442	11925
江苏省常州市经济开发区	19322	10084	9238	13810	7145	6665	13468	6934	6534
溧阳市	33333	17260	16073	25747	12782	12965	28658	14046	14612

1-5a 续表 10

单位：人

地区	30-34岁			35-39岁			40-44岁		
	小计	男	女	小计	男	女	小计	男	女
苏州市	**950711**	**496161**	**454550**	**684530**	**355543**	**328987**	**532832**	**278444**	**254388**
虎丘区	105880	56291	49589	76073	39766	36307	52463	28121	24342
吴中区	124127	64838	59289	81604	43307	38297	58806	31207	27599
相城区	108620	57844	50776	70635	38078	32557	56076	30521	25555
姑苏区	87225	42268	44957	76073	37103	38970	61442	30609	30833
吴江区	101207	54606	46601	65761	35319	30442	46695	24536	22159
苏州工业园区									
常熟市	100006	52595	47411	69907	36463	33444	68928	35193	33735
张家港市	57428	28435	28993	45593	22654	22939	43815	21928	21887
昆山市	223599	117632	105967	164800	85478	79322	115141	61120	54021
太仓市	42619	21652	20967	34084	17375	16709	29466	15209	14257
南通市	**302236**	**147247**	**154989**	**224104**	**107977**	**116127**	**229227**	**109364**	**119863**
崇川区	75862	37582	38280	58701	28662	30039	54400	26696	27704
港闸区	47036	24205	22831	29006	15217	13789	26075	13405	12670
通州区	39068	18771	20297	27273	12888	14385	27737	13038	14699
如东县									
南通经济技术开发区									
通州湾示范区									
苏锡通科技产业园区									
启东市	31622	14642	16980	26420	11989	14431	28555	12894	15661
如皋市	34271	15940	18331	23310	10867	12443	26306	12061	14245
海门市	33285	15821	17464	29588	13759	15829	32212	14998	17214
海安市	41092	20286	20806	29806	14595	15211	33942	16272	17670
连云港市	**110006**	**53146**	**56860**	**81060**	**39798**	**41262**	**69176**	**33481**	**35695**
连云区	17604	9158	8446	11896	6242	5654	10412	5267	5145
海州区	58527	27508	31019	46361	22151	24210	41241	19605	21636
赣榆区	30969	14433	16536	21044	10179	10865	15991	7548	8443
东海县	950	516	434	617	340	277	384	211	173
灌云县									
灌南县									
连云港经济技术开发区									
连云港高新技术产业开发区									
江苏连云港徐圩新区	1465	1263	202	856	734	122	872	698	174
江苏省连云港市云台山风景名胜区	491	268	223	286	152	134	276	152	124
淮安市	**121947**	**56864**	**65083**	**90361**	**42101**	**48260**	**94200**	**44250**	**49950**
淮安区	27955	12609	15346	21361	9555	11806	22804	10476	12328
淮阴区	32485	15536	16949	20516	10025	10491	20546	9941	10605
清江浦区	50867	23768	27099	38990	18106	20884	39199	18393	20806
洪泽区	10640	4951	5689	9494	4415	5079	11651	5440	6211
涟水县									
盱眙县									
金湖县									
淮安经济技术开发区									
工业园区									
生态文旅区									
苏淮高新区									

1-5a 续表 11

单位：人

地 区	30-34岁			35-39岁			40-44岁		
	小计	男	女	小计	男	女	小计	男	女
盐城市	**171840**	**84249**	**87591**	**123118**	**58577**	**64541**	**122599**	**57860**	**64739**
亭湖区	46857	23110	23747	36809	17485	19324	38257	17978	20279
盐都区	31296	15551	15745	20548	9987	10561	18641	8981	9660
大丰区	25136	12115	13021	17356	8336	9020	19292	9115	10177
响水县									
滨海县									
阜宁县									
射阳县									
建湖县									
盐城经济技术开发区	472	221	251	326	161	165	333	162	171
江苏省盐南高新区	38961	18733	20228	28728	13607	15121	24895	11659	13236
东台市	29118	14519	14599	19351	9001	10350	21181	9965	11216
扬州市	**189329**	**92997**	**96332**	**144058**	**69127**	**74931**	**168403**	**81016**	**87387**
广陵区	38935	19783	19152	30199	15045	15154	32315	16008	16307
邗江区	53775	26084	27691	40013	19348	20665	40474	19394	21080
江都区	29567	14016	15551	22909	10342	12567	30349	13925	16424
宝应县									
扬州经济技术开发区									
蜀冈瘦西湖景区	12493	5985	6508	10504	5065	5439	10787	5313	5474
生态新城	4014	2151	1863	2884	1511	1373	3148	1628	1520
仪征市	24822	12688	12134	19054	9288	9766	24279	11941	12338
高邮市	25723	12290	13433	18495	8528	9967	27051	12807	14244
镇江市	**157152**	**77671**	**79481**	**122221**	**59707**	**62514**	**128023**	**63135**	**64888**
京口区	26084	12807	13277	23790	11609	12181	23823	11584	12239
润州区	19789	9756	10033	16383	7874	8509	17395	8308	9087
丹徒区	16343	8161	8182	12083	6137	5946	11534	5850	5684
镇江新区									
江苏镇江高新区	5761	2965	2796	4067	2091	1976	4360	2224	2136
丹阳市	40939	20273	20666	30066	14667	15399	31672	15630	16042
扬中市	16954	8436	8518	12806	6288	6518	14428	7160	7268
句容市	31282	15273	16009	23026	11041	11985	24811	12379	12432
泰州市	**177421**	**86765**	**90656**	**128262**	**60617**	**67645**	**168530**	**79667**	**88863**
海陵区	45080	22509	22571	31857	15630	16227	35954	17578	18376
高港区	12268	6118	6150	8449	4145	4304	10487	5098	5389
姜堰区	28637	13539	15098	22551	10039	12512	32384	14791	17593
泰州医药高新技术产业开发区									
兴化市	28520	13932	14588	20672	9796	10876	23409	10980	12429
靖江市	33077	16222	16855	22674	10814	11860	30517	14766	15751
泰兴市	29839	14445	15394	22059	10193	11866	35779	16454	19325
宿迁市	**100631**	**48200**	**52431**	**62174**	**30280**	**31894**	**54127**	**26693**	**27434**
宿城区	47692	22952	24740	30656	14833	15823	27406	13436	13970
宿豫区	31113	14885	16228	18918	9344	9574	16209	8201	8008
沭阳县									
泗阳县									
泗洪县									
宿迁经济技术开发区									
宿迁市湖滨新区	6687	3254	3433	3921	1942	1979	3370	1624	1746
苏州宿迁工业园区	6158	2753	3405	3410	1583	1827	1757	824	933
宿迁市洋河新区	8981	4356	4625	5269	2578	2691	5385	2608	2777

1-5a 续表 12

单位：人

地区	45-49岁			50-54岁			55-59岁		
	小计	男	女	小计	男	女	小计	男	女
江苏	**3074913**	**1544891**	**1530022**	**3432483**	**1694765**	**1737718**	**2824903**	**1388871**	**1436032**
南京市	**543122**	**280065**	**263057**	**601674**	**304263**	**297411**	**557082**	**277896**	**279186**
玄武区	34979	17668	17311	35691	17963	17728	35919	18172	17747
秦淮区	51227	25169	26058	56501	27558	28943	60541	30441	30100
建邺区	38114	19993	18121	38896	20161	18735	38213	19311	18902
鼓楼区	65075	32570	32505	66493	33115	33378	69675	34834	34841
浦口区	25080	13124	11956	29900	15694	14206	26271	13488	12783
栖霞区	57487	30327	27160	65866	34103	31763	60053	30784	29269
雨花台区	43092	22843	20249	47875	24476	23399	42473	21396	21077
江宁区	91997	47931	44066	103683	51131	52552	89991	42947	47044
六合区	18768	9188	9580	21821	10722	11099	18816	9101	9715
溧水区	27591	14596	12995	30631	16525	14106	23480	12355	11125
高淳区	22460	11084	11376	24419	12246	12173	19992	9824	10168
南京江北新区	67252	35572	31680	79898	40569	39329	71658	35243	36415
无锡市	**406069**	**207787**	**198282**	**424112**	**211425**	**212687**	**348665**	**170877**	**177788**
锡山区	41237	21916	19321	40546	20730	19816	30316	15005	15311
惠山区	47664	25040	22624	47216	24107	23109	35011	16901	18110
滨湖区	43057	22022	21035	45538	23066	22472	38647	19497	19150
梁溪区	75955	38251	37704	82643	40059	42584	74636	36337	38299
新吴区	45359	23125	22234	45378	21919	23459	38251	17876	20375
江苏无锡经济开发区	24454	12742	11712	25095	12743	12352	21302	10220	11082
江阴市	74139	37954	36185	75769	38264	37505	60856	30535	30321
宜兴市	54204	26737	27467	61927	30537	31390	49646	24506	25140
徐州市	**220394**	**108253**	**112141**	**245123**	**118401**	**126722**	**200983**	**100114**	**100869**
鼓楼区	33446	16658	16788	36812	18189	18623	33455	17041	16414
云龙区	30069	14983	15086	32078	15546	16532	28457	13823	14634
贾汪区	13128	6466	6662	15735	7660	8075	12964	6619	6345
泉山区	47191	22677	24514	52626	25127	27499	48562	24281	24281
铜山区	22880	11408	11472	27743	13491	14252	21825	10789	11036
丰县									
沛县									
睢宁县									
徐州经济技术开发区	283	137	146	412	191	221	335	174	161
新沂市	30270	14835	15435	33206	15944	17262	22490	11217	11273
邳州市	43127	21089	22038	46511	22253	24258	32895	16170	16725
常州市	**286750**	**143875**	**142875**	**291256**	**143161**	**148095**	**239811**	**117400**	**122411**
天宁区	48978	24414	24564	49876	24622	25254	42337	20662	21675
钟楼区	50523	25265	25258	53893	26668	27225	45392	22804	22588
新北区	48547	24514	24033	49548	23987	25561	41269	19545	21724
武进区	59472	30508	28964	54190	26880	27310	41317	20031	21286
金坛区	29698	14105	15593	32639	15326	17313	28329	13666	14663
江苏省常州市经济开发区	16445	8310	8135	16571	8432	8139	12562	6450	6112
溧阳市	33087	16759	16328	34539	17246	17293	28605	14242	14363

1-5a　续表 13　　　　单位：人

地　　区	45-49岁			50-54岁			55-59岁		
	小计	男	女	小计	男	女	小计	男	女
苏州市	**499960**	**259984**	**239976**	**524752**	**261246**	**263506**	**430522**	**207484**	**223038**
虎丘区	43928	23296	20632	46690	23074	23616	39288	18504	20784
吴中区	58728	30830	27898	64477	32499	31978	50601	24348	26253
相城区	57898	30952	26946	67397	34150	33247	50532	25186	25346
姑苏区	62923	31090	31833	71692	34591	37101	69532	34273	35259
吴江区	45576	23632	21944	48652	24463	24189	37435	18009	19426
苏州工业园区									
常熟市	69451	35501	33950	68818	34507	34311	56564	27686	28878
张家港市	42171	22008	20163	43717	21783	21934	32496	15744	16752
昆山市	89798	47407	42391	85920	42307	43613	71719	32856	38863
太仓市	29487	15268	14219	27389	13872	13517	22355	10878	11477
南通市	**242878**	**117241**	**125637**	**307133**	**150577**	**156556**	**253023**	**123585**	**129438**
崇川区	55698	27662	28036	69100	34548	34552	57337	28233	29104
港闸区	29032	14655	14377	37423	18797	18626	29307	14486	14821
通州区	31478	15009	16469	40370	19551	20819	33235	15958	17277
如东县									
南通经济技术开发区									
通州湾示范区									
苏锡通科技产业园区									
启东市	30498	14221	16277	35931	17209	18722	34556	16712	17844
如皋市	28531	13162	15369	39276	18717	20559	31233	15191	16042
海门市	30392	14669	15723	33277	16518	16759	29584	14265	15319
海安市	37249	17863	19386	51756	25237	26519	37771	18740	19031
连云港市	**78069**	**38985**	**39084**	**87069**	**43964**	**43105**	**69326**	**35632**	**33694**
连云区	13118	6912	6206	15298	8345	6953	12217	6587	5630
海州区	43373	21428	21945	47099	23417	23682	39637	20152	19485
赣榆区	19847	9450	10397	22182	10580	11602	15848	7841	8007
东海县	502	254	248	823	421	402	506	263	243
灌云县									
灌南县									
连云港经济技术开发区									
连云港高新技术产业开发区									
江苏连云港徐圩新区	1020	826	194	1282	1010	272	746	599	147
江苏省连云港市云台山风景名胜区	209	115	94	385	191	194	372	190	182
淮安市	**102161**	**49279**	**52882**	**123987**	**59681**	**64306**	**92283**	**45456**	**46827**
淮安区	24937	11733	13204	30049	14276	15773	23823	11271	12552
淮阴区	23131	11282	11849	28926	13829	15097	19502	9731	9771
清江浦区	39293	19104	20189	47573	22952	24621	37222	18530	18692
洪泽区	14800	7160	7640	17439	8624	8815	11736	5924	5812
涟水县									
盱眙县									
金湖县									
淮安经济技术开发区									
工业园区									
生态文旅区									
苏淮高新区									

1-5a 续表 14

单位：人

地区	45-49岁			50-54岁			55-59岁		
	小计	男	女	小计	男	女	小计	男	女
盐城市	**134711**	**65364**	**69347**	**168119**	**82190**	**85929**	**128181**	**63502**	**64679**
亭湖区	45029	21779	23250	54346	26677	27669	40033	20125	19908
盐都区	22247	10836	11411	27720	13265	14455	17736	8502	9234
大丰区	18437	9034	9403	22996	11311	11685	18788	9385	9403
响水县									
滨海县									
阜宁县									
射阳县									
建湖县									
盐城经济技术开发区	393	195	198	518	291	227	380	213	167
江苏省盐南高新区	24144	11940	12204	26817	12978	13839	20096	9635	10461
东台市	24461	11580	12881	35722	17668	18054	31148	15642	15506
扬州市	**181494**	**88303**	**93191**	**219704**	**106983**	**112721**	**165188**	**80726**	**84462**
广陵区	34549	17318	17231	42600	21495	21105	34228	17364	16864
邗江区	40535	19495	21040	47872	22761	25111	39046	18447	20599
江都区	31887	15222	16665	37679	17708	19971	26278	12357	13921
宝应县									
扬州经济技术开发区									
蜀冈瘦西湖景区	10921	5413	5508	12903	6497	6406	10782	5241	5541
生态新城	3521	1836	1685	4132	2085	2047	3066	1526	1540
仪征市	28144	13833	14311	37139	18530	18609	26725	13568	13157
高邮市	31937	15186	16751	37379	17907	19472	25063	12223	12840
镇江市	**150658**	**75470**	**75188**	**166862**	**82965**	**83897**	**143589**	**72227**	**71362**
京口区	27841	13798	14043	30881	15525	15356	28415	14297	14118
润州区	21707	10846	10861	24802	12253	12549	22777	11726	11051
丹徒区	13766	7055	6711	15614	7947	7667	13346	6866	6480
镇江新区									
江苏镇江高新区	5764	2973	2791	6781	3444	3337	5330	2831	2499
丹阳市	35821	17840	17981	37368	18259	19109	32032	15798	16234
扬中市	17214	8693	8521	19213	9637	9576	14566	7229	7337
句容市	28545	14265	14280	32203	15900	16303	27123	13480	13643
泰州市	**172988**	**82398**	**90590**	**210844**	**100195**	**110649**	**152830**	**72922**	**79908**
海陵区	36191	17312	18879	48955	23101	25854	38605	18148	20457
高港区	11887	5768	6119	14491	6879	7612	10050	4699	5351
姜堰区	28754	13373	15381	35392	16331	19061	23680	11037	12643
泰州医药高新技术产业开发区									
兴化市	24290	11702	12588	32803	16142	16661	26235	12937	13298
靖江市	31294	15139	16155	37416	17767	19649	27123	13103	14020
泰兴市	40572	19104	21468	41787	19975	21812	27137	12998	14139
宿迁市	**55659**	**27887**	**27772**	**61848**	**29714**	**32134**	**43420**	**21050**	**22370**
宿城区	26865	13507	13358	29039	13929	15110	21275	10282	10993
宿豫区	16637	8331	8306	18370	8813	9557	11614	5569	6045
沭阳县									
泗阳县									
泗洪县									
宿迁经济技术开发区									
宿迁市湖滨新区	4290	2117	2173	5318	2615	2703	3671	1854	1817
苏州宿迁工业园区	1226	599	627	1151	519	632	891	380	511
宿迁市洋河新区	6641	3333	3308	7970	3838	4132	5969	2965	3004

1-5a　续表 15　　　　　　　　　　　　　　　　　　　　单位：人

地　　区	60-64岁			65-69岁			70-74岁		
	小计	男	女	小计	男	女	小计	男	女
江　苏	**1973554**	**976253**	**997301**	**1914598**	**931209**	**983389**	**1283452**	**623680**	**659772**
南京市	**406102**	**200219**	**205883**	**375723**	**182798**	**192925**	**241714**	**118889**	**122825**
玄武区	30198	14772	15426	27370	12988	14382	18295	8910	9385
秦淮区	54596	26771	27825	49975	24067	25908	33540	16367	17173
建邺区	31994	15270	16724	28785	13808	14977	17553	8822	8731
鼓楼区	62513	30136	32377	58563	27917	30646	37861	18816	19045
浦口区	15385	7962	7423	15692	7889	7803	10317	5032	5285
栖霞区	43381	22348	21033	35899	17622	18277	23615	11539	12076
雨花台区	30728	15537	15191	25772	12734	13038	16174	8052	8122
江宁区	57357	27605	29752	55915	27403	28512	33565	16485	17080
六合区	12275	6137	6138	12226	5976	6250	8698	4192	4506
溧水区	10273	5412	4861	11745	5853	5892	8150	3894	4256
高淳区	8642	4344	4298	12153	6152	6001	8515	4359	4156
南京江北新区	48760	23925	24835	41628	20389	21239	25431	12421	13010
无锡市	**245897**	**122959**	**122938**	**249479**	**122666**	**126813**	**176866**	**86677**	**90189**
锡山区	18588	9473	9115	18260	8991	9269	12497	6134	6363
惠山区	22600	11259	11341	22554	11274	11280	16031	7935	8096
滨湖区	28946	14400	14546	30540	14821	15719	22810	11084	11726
梁溪区	63379	31530	31849	62248	30174	32074	42881	21265	21616
新吴区	27096	13545	13551	28262	13977	14285	20660	10067	10593
江苏无锡经济开发区	15189	7493	7696	14259	7131	7128	9165	4656	4509
江阴市	41113	20804	20309	40744	20278	20466	30445	14735	15710
宜兴市	28986	14455	14531	32612	16020	16592	22377	10801	11576
徐州市	**138997**	**69646**	**69351**	**138493**	**66379**	**72114**	**83921**	**39465**	**44456**
鼓楼区	24752	12581	12171	22140	10597	11543	13517	6459	7058
云龙区	20802	10328	10474	19843	9441	10402	11578	5528	6050
贾汪区	8695	4436	4259	9178	4518	4660	5459	2486	2973
泉山区	35448	17420	18028	34421	16339	18082	21553	10021	11532
铜山区	13494	6816	6678	15476	7498	7978	9192	4511	4681
丰县									
沛县									
睢宁县									
徐州经济技术开发区	276	144	132	240	116	124	167	94	73
新沂市	13234	6633	6601	13802	6659	7143	8255	3722	4533
邳州市	22296	11288	11008	23393	11211	12182	14200	6644	7556
常州市	**156995**	**79084**	**77911**	**158577**	**78059**	**80518**	**109996**	**53502**	**56494**
天宁区	32047	15935	16112	31576	15516	16060	22059	10743	11316
钟楼区	32058	16070	15988	32758	15967	16791	23131	11142	11989
新北区	26184	12888	13296	25989	12897	13092	17517	8523	8994
武进区	25734	13083	12651	25991	12794	13197	17980	8677	9303
金坛区	16704	8515	8189	17057	8415	8642	11487	5659	5828
江苏省常州市经济开发区	8525	4530	3995	8111	4084	4027	6143	2971	3172
溧阳市	15743	8063	7680	17095	8386	8709	11679	5787	5892

1-5a 续表 16

单位：人

地区	60-64岁			65-69岁			70-74岁		
	小计	男	女	小计	男	女	小计	男	女
苏州市	**301745**	**146155**	**155590**	**290578**	**141706**	**148872**	**188397**	**91897**	**96500**
虎丘区	29053	13824	15229	27356	13187	14169	16771	8049	8722
吴中区	33105	16155	16950	29738	14510	15228	18129	8831	9298
相城区	31658	15924	15734	32059	16175	15884	20909	10300	10609
姑苏区	62652	30860	31792	60048	29746	30302	42220	21078	21142
吴江区	23693	11442	12251	22742	11205	11537	13892	6853	7039
苏州工业园区									
常熟市	37104	18174	18930	36929	17747	19182	27287	13077	14210
张家港市	21299	10168	11131	21091	9886	11205	14204	6676	7528
昆山市	48289	22325	25964	45868	22101	23767	25714	12663	13051
太仓市	14892	7283	7609	14747	7149	7598	9271	4370	4901
南通市	**179143**	**88230**	**90913**	**174070**	**83839**	**90231**	**127372**	**60680**	**66692**
崇川区	39278	18995	20283	38490	18036	20454	27742	12891	14851
港闸区	18545	9447	9098	19213	9314	9899	13115	6270	6845
通州区	23133	11515	11618	23574	11591	11983	17854	8580	9274
如东县									
南通经济技术开发区									
通州湾示范区									
苏锡通科技产业园区									
启东市	27899	13384	14515	24834	11588	13246	17602	8110	9492
如皋市	21331	10667	10664	19950	9923	10027	15716	7602	8114
海门市	21898	10642	11256	20604	9921	10683	14488	6887	7601
海安市	27059	13580	13479	27405	13466	13939	20855	10340	10515
连云港市	**53915**	**26640**	**27275**	**51452**	**24366**	**27086**	**31803**	**14922**	**16881**
连云区	9098	4519	4579	9177	4408	4769	5539	2650	2889
海州区	31728	15671	16057	28877	13745	15132	18065	8596	9469
赣榆区	11966	5850	6116	12176	5637	6539	7581	3381	4200
东海县	494	231	263	607	275	332	316	147	169
灌云县									
灌南县									
连云港经济技术开发区									
连云港高新技术产业开发区									
江苏连云港徐圩新区	271	183	88	236	133	103	144	71	73
江苏省连云港市云台山风景名胜区	358	186	172	379	168	211	158	77	81
淮安市	**68261**	**33851**	**34410**	**57858**	**28173**	**29685**	**34835**	**17167**	**17668**
淮安区	17961	8869	9092	16053	7803	8250	9971	4880	5091
淮阴区	14078	7076	7002	10904	5287	5617	6639	3361	3278
清江浦区	28016	13794	14222	23966	11638	12328	14149	6872	7277
洪泽区	8206	4112	4094	6935	3445	3490	4076	2054	2022
涟水县									
盱眙县									
金湖县									
淮安经济技术开发区									
工业园区									
生态文旅区									
苏淮高新区									

1-5a 续表 17

单位：人

地区	60-64岁			65-69岁			70-74岁		
	小计	男	女	小计	男	女	小计	男	女
盐城市	**87591**	**43785**	**43806**	**78855**	**38794**	**40061**	**50932**	**24691**	**26241**
亭湖区	26955	13709	13246	24819	12206	12613	16803	8092	8711
盐都区	11276	5432	5844	10844	5346	5498	6631	3259	3372
大丰区	12712	6309	6403	10499	5074	5425	6407	3050	3357
响水县									
滨海县									
阜宁县									
射阳县									
建湖县									
盐城经济技术开发区	252	137	115	258	122	136	184	91	93
江苏省盐南高新区	13390	6439	6951	11417	5560	5857	6299	3107	3192
东台市	23006	11759	11247	21018	10486	10532	14608	7092	7516
扬州市	**109015**	**54277**	**54738**	**109386**	**53105**	**56281**	**78005**	**37723**	**40282**
广陵区	25349	12907	12442	23036	11298	11738	16441	7904	8537
邗江区	25672	12552	13120	25574	12382	13192	17336	8466	8870
江都区	16976	8292	8684	18058	8619	9439	12976	6317	6659
宝应县									
扬州经济技术开发区									
蜀冈瘦西湖景区	8197	4136	4061	7150	3425	3725	4982	2333	2649
生态新城	2009	1038	971	2053	1045	1008	1525	772	753
仪征市	15511	7629	7882	17284	8388	8896	13348	6517	6831
高邮市	15301	7723	7578	16231	7948	8283	11397	5414	5983
镇江市	**92446**	**46255**	**46191**	**93642**	**45321**	**48321**	**65588**	**31352**	**34236**
京口区	21581	10659	10922	20504	9761	10743	15137	7232	7905
润州区	16341	8277	8064	15503	7591	7912	10940	5289	5651
丹徒区	8335	4298	4037	8088	4019	4069	5433	2639	2794
镇江新区									
江苏镇江高新区	3382	1755	1627	3278	1619	1659	2320	1084	1236
丹阳市	19539	9634	9905	20767	9904	10863	14288	6747	7541
扬中市	9515	4723	4792	9073	4468	4605	6316	3039	3277
句容市	13753	6909	6844	16429	7959	8470	11154	5322	5832
泰州市	**103453**	**50296**	**53157**	**108976**	**52451**	**56525**	**77742**	**38478**	**39264**
海陵区	26809	13050	13759	29324	14164	15160	20599	10150	10449
高港区	7293	3592	3701	7905	3838	4067	6086	3054	3032
姜堰区	15619	7520	8099	17499	8314	9185	11760	5976	5784
泰州医药高新技术产业开发区									
兴化市	16658	8212	8446	17487	8445	9042	11348	5636	5712
靖江市	17567	8577	8990	17123	8247	8876	12336	5917	6419
泰兴市	19507	9345	10162	19638	9443	10195	15613	7745	7868
宿迁市	**29994**	**14856**	**15138**	**27509**	**13552**	**13957**	**16281**	**8237**	**8044**
宿城区	14943	7366	7577	13064	6359	6705	8186	4148	4038
宿豫区	7815	3754	4061	7242	3516	3726	3958	1998	1960
沭阳县									
泗阳县									
泗洪县									
宿迁经济技术开发区									
宿迁市湖滨新区	2730	1425	1305	2844	1503	1341	1486	793	693
苏州宿迁工业园区	512	243	269	376	167	209	120	59	61
宿迁市洋河新区	3994	2068	1926	3983	2007	1976	2531	1239	1292

1-5a 续表 18 　　单位：人

地区	75-79岁			80-84岁			85-89岁		
	小计	男	女	小计	男	女	小计	男	女
江 苏	**795531**	**375883**	**419648**	**544358**	**245536**	**298822**	**308985**	**127819**	**181166**
南京市	**148755**	**70257**	**78498**	**110207**	**50725**	**59482**	**65710**	**28488**	**37222**
玄武区	12620	5711	6909	10828	5038	5790	6740	3066	3674
秦淮区	21615	10085	11530	17577	7909	9668	10783	4691	6092
建邺区	10032	4826	5206	6873	3190	3683	4137	1730	2407
鼓楼区	24766	11474	13292	21165	9476	11689	13218	5759	7459
浦口区	6517	2957	3560	3981	1734	2247	2554	1031	1523
栖霞区	14431	6704	7727	10366	4722	5644	5982	2648	3334
雨花台区	9385	4383	5002	6711	2977	3734	3928	1679	2249
江宁区	19405	9594	9811	12238	5850	6388	6781	2932	3849
六合区	4765	2229	2536	3130	1442	1688	1884	822	1062
溧水区	4725	2301	2424	3016	1476	1540	1472	668	804
高淳区	5878	3160	2718	3446	1749	1697	2040	872	1168
南京江北新区	14616	6833	7783	10876	5162	5714	6191	2590	3601
无锡市	**100823**	**48930**	**51893**	**67349**	**30685**	**36664**	**37571**	**15425**	**22146**
锡山区	6715	3205	3510	3990	1864	2126	2162	859	1303
惠山区	8551	4192	4359	5371	2550	2821	2573	1037	1536
滨湖区	14306	6907	7399	9797	4676	5121	5448	2299	3149
梁溪区	25761	12616	13145	18945	8472	10473	11673	4892	6781
新吴区	10937	5461	5476	6954	3182	3772	3855	1513	2342
江苏无锡经济开发区	5004	2509	2495	3053	1384	1669	1595	662	933
江阴市	17684	8192	9492	11893	5154	6739	5594	2169	3425
宜兴市	11865	5848	6017	7346	3403	3943	4671	1994	2677
徐州市	**60003**	**26775**	**33228**	**41153**	**17834**	**23319**	**23515**	**9398**	**14117**
鼓楼区	8885	4028	4857	6250	2614	3636	3613	1417	2196
云龙区	7697	3536	4161	5340	2298	3042	3166	1271	1895
贾汪区	3704	1627	2077	2587	1134	1453	1553	515	1038
泉山区	15935	6942	8993	12228	5418	6810	6792	2934	3858
铜山区	6674	3026	3648	3804	1720	2084	2090	854	1236
丰县									
沛县									
睢宁县									
徐州经济技术开发区	116	53	63	65	32	33	52	19	33
新沂市	6171	2777	3394	4076	1765	2311	2381	906	1475
邳州市	10821	4786	6035	6803	2853	3950	3868	1482	2386
常州市	**63088**	**29515**	**33573**	**41584**	**18707**	**22877**	**23008**	**9444**	**13564**
天宁区	13388	6345	7043	9486	4277	5209	5631	2294	3337
钟楼区	13800	6562	7238	9255	4124	5131	5294	2122	3172
新北区	10017	4567	5450	6120	2682	3438	3018	1164	1854
武进区	9545	4496	5049	6014	2763	3251	3045	1238	1807
金坛区	6258	2894	3364	4339	1971	2368	2344	1016	1328
江苏省常州市经济开发区	3740	1683	2057	2513	1139	1374	1438	554	884
溧阳市	6340	2968	3372	3857	1751	2106	2238	1056	1182

1-5a 续表 19

单位：人

地区	75-79岁			80-84岁			85-89岁		
	小计	男	女	小计	男	女	小计	男	女
苏州市	**113295**	**54569**	**58726**	**73085**	**32619**	**40466**	**44715**	**18028**	**26687**
虎丘区	9498	4479	5019	6226	2693	3533	3594	1392	2202
吴中区	11090	5310	5780	6953	3125	3828	4078	1645	2433
相城区	11412	5554	5858	7398	3198	4200	4392	1630	2762
姑苏区	28056	13619	14437	19990	8949	11041	13194	5671	7523
吴江区	8256	4045	4211	5170	2284	2886	3027	1188	1839
苏州工业园区									
常熟市	15948	7578	8370	10652	4776	5876	6006	2346	3660
张家港市	8383	3917	4466	5129	2275	2854	2706	1080	1626
昆山市	14354	7099	7255	8027	3697	4330	5332	2106	3226
太仓市	6298	2968	3330	3540	1622	1918	2386	970	1416
南通市	**83230**	**39202**	**44028**	**60379**	**26570**	**33809**	**33764**	**13324**	**20440**
崇川区	17881	8295	9586	13104	5766	7338	7437	3045	4392
港闸区	8463	3896	4567	6658	2705	3953	3690	1293	2397
通州区	11470	5299	6171	7952	3399	4553	4335	1591	2744
如东县									
南通经济技术开发区									
通州湾示范区									
苏锡通科技产业园区									
启东市	10528	4849	5679	8183	3580	4603	4908	1859	3049
如皋市	11114	5235	5879	7931	3498	4433	4141	1623	2518
海门市	8806	4226	4580	5957	2667	3290	3600	1442	2158
海安市	14968	7402	7566	10594	4955	5639	5653	2471	3182
连云港市	**20682**	**9171**	**11511**	**13570**	**5905**	**7665**	**7439**	**3206**	**4233**
连云区	3461	1513	1948	2190	955	1235	1242	496	746
海州区	11988	5340	6648	8024	3556	4468	4385	1986	2399
赣榆区	4871	2149	2722	3148	1309	1839	1661	667	994
东海县	186	93	93	101	44	57	71	24	47
灌云县									
灌南县									
连云港经济技术开发区									
连云港高新技术产业开发区									
江苏连云港徐圩新区	64	22	42	56	19	37	32	13	19
江苏省连云港市云台山风景名胜区	112	54	58	51	22	29	48	20	28
淮安市	**24119**	**10983**	**13136**	**17183**	**7621**	**9562**	**8445**	**3505**	**4940**
淮安区	5882	2678	3204	4378	2000	2378	2222	964	1258
淮阴区	4835	2171	2664	3294	1445	1849	1561	595	966
清江浦区	10379	4723	5656	7674	3323	4351	3754	1573	2181
洪泽区	3023	1411	1612	1837	853	984	908	373	535
涟水县									
盱眙县									
金湖县									
淮安经济技术开发区									
工业园区									
生态文旅区									
苏淮高新区									

1-5a 续表 20

单位：人

地区	75-79岁			80-84岁			85-89岁		
	小计	男	女	小计	男	女	小计	男	女
盐城市	**34740**	**16223**	**18517**	**24558**	**11143**	**13415**	**12775**	**5478**	**7297**
亭湖区	11609	5385	6224	8407	3838	4569	4201	1888	2313
盐都区	4082	2018	2064	2667	1218	1449	1322	526	796
大丰区	4338	1974	2364	3140	1395	1745	1660	690	970
响水县									
滨海县									
阜宁县									
射阳县									
建湖县									
盐城经济技术开发区	159	61	98	99	30	69	51	19	32
江苏省盐南高新区	3846	1795	2051	2438	1141	1297	1278	528	750
东台市	10706	4990	5716	7807	3521	4286	4263	1827	2436
扬州市	**46598**	**22293**	**24305**	**31280**	**14463**	**16817**	**16615**	**7175**	**9440**
广陵区	10691	5030	5661	7441	3399	4042	3979	1759	2220
邗江区	9707	4688	5019	6407	3014	3393	3431	1519	1912
江都区	7322	3566	3756	4780	2257	2523	2545	1015	1530
宝应县									
扬州经济技术开发区									
蜀冈瘦西湖景区	3257	1528	1729	2249	1015	1234	1181	544	637
生态新城	906	408	498	506	217	289	276	109	167
仪征市	7604	3691	3913	5486	2606	2880	2795	1226	1569
高邮市	7111	3382	3729	4411	1955	2456	2408	1003	1405
镇江市	**37404**	**17779**	**19625**	**23916**	**11091**	**12825**	**13742**	**5792**	**7950**
京口区	9508	4481	5027	6810	3113	3697	3801	1696	2105
润州区	6513	3146	3367	4231	1983	2248	2419	1046	1373
丹徒区	2768	1260	1508	1642	739	903	978	365	613
镇江新区									
江苏镇江高新区	1276	628	648	770	358	412	402	174	228
丹阳市	7625	3612	4013	4557	2107	2450	2687	1083	1604
扬中市	3705	1780	1925	2312	1030	1282	1288	505	783
句容市	6009	2872	3137	3594	1761	1833	2167	923	1244
泰州市	**49925**	**24175**	**25750**	**31548**	**14466**	**17082**	**17366**	**6958**	**10408**
海陵区	13281	6526	6755	8278	3977	4301	4767	1997	2770
高港区	3645	1776	1869	2248	946	1302	1316	486	830
姜堰区	8143	4042	4101	5479	2591	2888	2989	1245	1744
泰州医药高新技术产业开发区									
兴化市	7780	3706	4074	4686	2115	2571	2511	1044	1467
靖江市	7632	3556	4076	4695	2074	2621	2339	915	1424
泰兴市	9444	4569	4875	6162	2763	3399	3444	1271	2173
宿迁市	**12869**	**6011**	**6858**	**8546**	**3707**	**4839**	**4320**	**1598**	**2722**
宿城区	6258	2869	3389	4164	1786	2378	2031	773	1258
宿豫区	3156	1537	1619	2116	999	1117	1079	408	671
沭阳县									
泗阳县									
泗洪县									
宿迁经济技术开发区									
宿迁市湖滨新区	1401	676	725	1069	441	628	566	214	352
苏州宿迁工业园区	69	33	36	30	13	17	19	8	11
宿迁市洋河新区	1985	896	1089	1167	468	699	625	195	430

1-5a 续表 21

单位：人

地　区	90-94岁			95-99岁			100岁及以上		
	小计	男	女	小计	男	女	小计	男	女
江　苏	**111489**	**41531**	**69958**	**24723**	**8156**	**16567**	**3131**	**926**	**2205**
南京市	**23377**	**9801**	**13576**	**5293**	**2076**	**3217**	**785**	**305**	**480**
玄武区	2412	1102	1310	515	210	305	97	41	56
秦淮区	3921	1640	2281	891	356	535	99	39	60
建邺区	1613	680	933	436	179	257	55	23	32
鼓楼区	5061	2262	2799	1100	454	646	158	52	106
浦口区	936	366	570	261	97	164	38	15	23
栖霞区	1962	822	1140	468	181	287	85	34	51
雨花台区	1323	517	806	318	127	191	54	23	31
江宁区	2284	909	1375	496	194	302	92	37	55
六合区	642	234	408	108	40	68	18	7	11
溧水区	491	190	301	92	31	61	10	4	6
高淳区	725	283	442	147	41	106	9	2	7
南京江北新区	2007	796	1211	461	166	295	70	28	42
无锡市	**14292**	**5009**	**9283**	**2924**	**923**	**2001**	**382**	**95**	**287**
锡山区	795	248	547	154	40	114	19	6	13
惠山区	1031	344	687	239	66	173	37	9	28
滨湖区	2092	792	1300	467	147	320	62	18	44
梁溪区	4394	1546	2848	847	279	568	125	28	97
新吴区	1551	508	1043	304	98	206	40	13	27
江苏无锡经济开发区	614	204	410	152	45	107	20	3	17
江阴市	2072	711	1361	397	123	274	48	9	39
宜兴市	1743	656	1087	364	125	239	31	9	22
徐州市	**8011**	**3012**	**4999**	**1934**	**647**	**1287**	**261**	**68**	**193**
鼓楼区	1352	528	824	296	91	205	47	16	31
云龙区	1140	456	684	271	104	167	26	5	21
贾汪区	518	174	344	145	49	96	13	5	8
泉山区	2110	879	1231	468	192	276	61	13	48
铜山区	685	234	451	140	41	99	23	6	17
丰县									
沛县									
睢宁县									
徐州经济技术开发区	10	6	4	4		4	1		1
新沂市	777	250	527	218	62	156	40	12	28
邳州市	1419	485	934	392	108	284	50	11	39
常州市	**9068**	**3380**	**5688**	**1935**	**619**	**1316**	**220**	**64**	**156**
天宁区	2193	844	1349	424	143	281	52	11	41
钟楼区	2018	754	1264	441	133	308	39	14	25
新北区	1129	362	767	244	63	181	23	2	21
武进区	1303	456	847	307	108	199	37	14	23
金坛区	893	370	523	186	61	125	23	5	18
江苏省常州市经济开发区	539	173	366	111	36	75	15	7	8
溧阳市	993	421	572	222	75	147	31	11	20

1-5a 续表 22

单位：人

地　区	90-94岁			95-99岁			100岁及以上		
	小计	男	女	小计	男	女	小计	男	女
苏州市	**17021**	**5728**	**11293**	**3550**	**959**	**2591**	**390**	**96**	**294**
虎丘区	1368	446	922	262	73	189	31	9	22
吴中区	1560	496	1064	334	94	240	48	14	34
相城区	1611	453	1158	304	75	229	35	6	29
姑苏区	5153	1965	3188	1146	365	781	121	26	95
吴江区	1095	377	718	225	47	178	23	12	11
苏州工业园区									
常熟市	2424	733	1691	491	113	378	45	9	36
张家港市	1001	326	675	239	70	169	20	2	18
昆山市	1876	627	1249	396	89	307	49	16	33
太仓市	933	305	628	153	33	120	18	2	16
南通市	**13242**	**4523**	**8719**	**3065**	**853**	**2212**	**367**	**70**	**297**
崇川区	3049	1145	1904	777	220	557	81	18	63
港闸区	1408	413	995	369	96	273	48	8	40
通州区	1799	570	1229	397	111	286	46	9	37
如东县									
南通经济技术开发区									
通州湾示范区									
苏锡通科技产业园区									
启东市	1835	597	1238	372	98	274	54	7	47
如皋市	1548	546	1002	347	90	257	44	10	34
海门市	1545	525	1020	349	94	255	40	9	31
海安市	2058	727	1331	454	144	310	54	9	45
连云港市	**2502**	**1059**	**1443**	**618**	**255**	**363**	**67**	**23**	**44**
连云区	420	177	243	91	31	60	5	3	2
海州区	1501	663	838	421	190	231	46	17	29
赣榆区	524	185	339	96	33	63	11	2	9
东海县	23	13	10	4		4	3		3
灌云县									
灌南县									
连云港经济技术开发区									
连云港高新技术产业开发区									
江苏连云港徐圩新区	13	8	5	4	1	3			
江苏省连云港市云台山风景名胜区	21	13	8	2		2	2	1	1
淮安市	**2515**	**1007**	**1508**	**663**	**253**	**410**	**93**	**33**	**60**
淮安区	669	292	377	177	78	99	32	14	18
淮阴区	496	171	325	115	31	84	20	6	14
清江浦区	1050	421	629	294	114	180	34	9	25
洪泽区	300	123	177	77	30	47	7	4	3
涟水县									
盱眙县									
金湖县									
淮安经济技术开发区									
工业园区									
生态文旅区									
苏淮高新区									

1-5a　续表 23

单位：人

地　区	90-94岁			95-99岁			100岁及以上		
	小计	男	女	小计	男	女	小计	男	女
盐城市	**3745**	**1483**	**2262**	**893**	**328**	**565**	**87**	**26**	**61**
亭湖区	1285	569	716	356	126	230	30	11	19
盐都区	300	114	186	69	34	35	2	1	1
大丰区	529	205	324	117	49	68	13	2	11
响水县									
滨海县									
阜宁县									
射阳县									
建湖县									
盐城经济技术开发区	17	5	12	1		1			
江苏省盐南高新区	355	131	224	100	37	63	5	1	4
东台市	1259	459	800	250	82	168	37	11	26
扬州市	**5361**	**2084**	**3277**	**1135**	**406**	**729**	**172**	**59**	**113**
广陵区	1384	583	801	327	118	209	51	15	36
邗江区	1118	414	704	225	83	142	30	9	21
江都区	801	301	500	181	57	124	33	18	15
宝应县									
扬州经济技术开发区									
蜀冈瘦西湖景区	391	172	219	75	26	49	21	5	16
生态新城	85	30	55	17	5	12	2	1	1
仪征市	871	324	547	159	54	105	16	3	13
高邮市	711	260	451	151	63	88	19	8	11
镇江市	**4703**	**1867**	**2836**	**1045**	**371**	**674**	**114**	**42**	**72**
京口区	1336	594	742	326	130	196	27	13	14
润州区	824	348	476	189	71	118	17	1	16
丹徒区	331	111	220	77	17	60	7	3	4
镇江新区									
江苏镇江高新区	185	68	117	47	15	32	2		2
丹阳市	884	330	554	178	54	124	24	10	14
扬中市	421	141	280	88	31	57	8	2	6
句容市	722	275	447	140	53	87	29	13	16
泰州市	**6207**	**2101**	**4106**	**1365**	**391**	**974**	**152**	**37**	**115**
海陵区	1596	587	1009	310	96	214	38	13	25
高港区	477	138	339	101	26	75	14	3	11
姜堰区	1053	360	693	201	58	143	19	4	15
泰州医药高新技术产业开发区									
兴化市	795	278	517	225	71	154	12	3	9
靖江市	955	309	646	217	51	166	24	6	18
泰兴市	1331	429	902	311	89	222	45	8	37
宿迁市	**1445**	**477**	**968**	**303**	**75**	**228**	**41**	**8**	**33**
宿城区	730	255	475	160	43	117	29	6	23
宿豫区	360	120	240	63	20	43	5		5
沭阳县									
泗阳县									
泗洪县									
宿迁经济技术开发区									
宿迁市湖滨新区	182	54	128	30	5	25	4	2	2
苏州宿迁工业园区	8	1	7						
宿迁市洋河新区	165	47	118	50	7	43	3		3

1-5b 各地区分年龄、性别的人口(镇)

单位：人

地 区	合计			0岁		
	合计	男	女	小计	男	女
江 苏	**21973116**	**11138540**	**10834576**	**148109**	**77097**	**71012**
南京市	**170602**	**87854**	**82748**	**1682**	**851**	**831**
玄武区						
秦淮区						
建邺区						
鼓楼区						
浦口区	1657	864	793	4	2	2
栖霞区						
雨花台区	8159	4387	3772	47	26	21
江宁区						
六合区	117207	58907	58300	1301	658	643
溧水区	29583	15018	14565	263	128	135
高淳区	13996	8678	5318	67	37	30
南京江北新区						
无锡市	**1173936**	**607972**	**565964**	**6877**	**3530**	**3347**
锡山区	274399	143715	130684	1441	743	698
惠山区	111704	58335	53369	723	375	348
滨湖区						
梁溪区						
新吴区						
江苏无锡经济开发区						
江阴市	494923	255175	239748	3108	1574	1534
宜兴市	292910	150747	142163	1605	838	767
徐州市	**2933378**	**1479079**	**1454299**	**25554**	**13481**	**12073**
鼓楼区						
云龙区	30431	16077	14354	203	112	91
贾汪区	80185	40959	39226	668	357	311
泉山区						
铜山区	356631	180851	175780	2943	1536	1407
丰县	504761	253724	251037	4223	2219	2004
沛县	596272	299098	297174	5452	2871	2581
睢宁县	614577	306676	307901	5425	2913	2512
徐州经济技术开发区	323210	166079	157131	3336	1746	1590
新沂市	175506	87803	87703	1416	744	672
邳州市	251805	127812	123993	1888	983	905
常州市	**629380**	**326012**	**303368**	**3620**	**1903**	**1717**
天宁区	46139	23733	22406	255	130	125
钟楼区						
新北区	120121	61195	58926	619	319	300
武进区	161131	83240	77891	812	435	377
金坛区	62244	31766	30478	386	208	178
江苏省常州市经济开发区	94545	49943	44602	610	329	281
溧阳市	145200	76135	69065	938	482	456

1-5b 续表 1

单位：人

地区	合计			0岁		
	合计	男	女	小计	男	女
苏州市	**3328788**	**1742691**	**1586097**	**21285**	**10930**	**10355**
虎丘区	4389	2173	2216	41	26	15
吴中区	206606	109787	96819	1208	632	576
相城区	58334	31322	27012	365	186	179
姑苏区						
吴江区	498456	261028	237428	2781	1410	1371
苏州工业园区	1133927	587651	546276	8415	4385	4030
常熟市	401938	215472	186466	1738	881	857
张家港市	549539	283792	265747	3463	1774	1689
昆山市	237811	124293	113518	1962	993	969
太仓市	237788	127173	110615	1312	643	669
南通市	**2298134**	**1155918**	**1142216**	**11073**	**5695**	**5378**
崇川区						
港闸区						
通州区	354224	177176	177048	1702	865	837
如东县	509593	249269	260324	2252	1148	1104
南通经济技术开发区	307213	163194	144019	1995	1053	942
通州湾示范区	41405	21170	20235	137	63	74
苏锡通科技产业园区	42940	23586	19354	222	119	103
启东市	201764	102024	99740	898	448	450
如皋市	400294	196952	203342	1969	1032	937
海门市	294175	149134	145041	1419	711	708
海安市	146526	73413	73113	479	256	223
连云港市	**1807355**	**914468**	**892887**	**14910**	**7788**	**7122**
连云区	1085	901	184			
海州区	61141	30974	30167	542	261	281
赣榆区	289686	147411	142275	2547	1337	1210
东海县	498360	251386	246974	4227	2242	1985
灌云县	358508	182554	175954	2938	1563	1375
灌南县	323820	163805	160015	2234	1118	1116
连云港经济技术开发区	71315	36728	34587	566	281	285
连云港高新技术产业开发区	171202	84173	87029	1647	883	764
江苏连云港徐圩新区	30208	15503	14705	192	94	98
江苏省连云港市云台山风景名胜区	2030	1033	997	17	9	8
淮安市	**1689171**	**837611**	**851560**	**12548**	**6620**	**5928**
淮安区	106305	53626	52679	613	312	301
淮阴区	111762	56931	54831	724	384	340
清江浦区	6728	3487	3241	39	19	20
洪泽区	25608	13024	12584	109	58	51
涟水县	465057	227967	237090	3573	1902	1671
盱眙县	374436	183269	191167	2646	1412	1234
金湖县	177633	87803	89830	1213	594	619
淮安经济技术开发区	293156	147922	145234	2394	1276	1118
工业园区	7650	3860	3790	70	48	22
生态文旅区	99460	48901	50559	1044	551	493
苏淮高新区	21376	10821	10555	123	64	59

1-5b 续表 2

单位：人

地区	合计			0岁		
	合计	男	女	小计	男	女
盐城市	**2614513**	**1307323**	**1307190**	**14268**	**7358**	**6910**
亭湖区	59977	31091	28886	327	159	168
盐都区	95956	48345	47611	490	240	250
大丰区	173570	87877	85693	642	352	290
响水县	268785	135381	133404	1750	899	851
滨海县	458804	229833	228971	2928	1526	1402
阜宁县	465096	231422	233674	2746	1406	1340
射阳县	452678	225305	227373	2283	1193	1090
建湖县	378759	188576	190183	1976	982	994
盐城经济技术开发区	69071	34612	34459	380	205	175
江苏省盐南高新区						
东台市	191817	94881	96936	746	396	350
扬州市	**1123640**	**554835**	**568805**	**5767**	**2980**	**2787**
广陵区	41872	21464	20408	154	82	72
邗江区	58725	29253	29472	300	149	151
江都区	227975	110581	117394	954	480	474
宝应县	391839	191375	200464	2039	1058	981
扬州经济技术开发区	220598	110954	109644	1386	736	650
蜀冈瘦西湖景区						
生态新城	11174	5549	5625	57	33	24
仪征市	55896	28148	27748	319	156	163
高邮市	115561	57511	58050	558	286	272
镇江市	**862339**	**445135**	**417204**	**5184**	**2685**	**2499**
京口区	4988	2741	2247	23	9	14
润州区						
丹徒区	92134	49762	42372	369	178	191
镇江新区	228749	118256	110493	1497	752	745
江苏镇江高新区						
丹阳市	396315	203619	192696	2206	1156	1050
扬中市	42994	21790	21204	188	102	86
句容市	97159	48967	48192	901	488	413
泰州市	**1065612**	**541878**	**523734**	**5823**	**3044**	**2779**
海陵区	24323	12284	12039	98	52	46
高港区	43555	21951	21604	290	148	142
姜堰区	95644	47803	47841	366	168	198
泰州医药高新技术产业开发区	208121	104814	103307	1653	879	774
兴化市	331213	171899	159314	1629	882	747
靖江市	122415	62365	60050	529	274	255
泰兴市	240341	120762	119579	1258	641	617
宿迁市	**2276268**	**1137764**	**1138504**	**19518**	**10232**	**9286**
宿城区	42029	20691	21338	382	200	182
宿豫区	57443	29102	28341	455	242	213
沭阳县	986247	498668	487579	8558	4496	4062
泗阳县	510517	253096	257421	4207	2211	1996
泗洪县	525208	257935	267273	4420	2305	2115
宿迁经济技术开发区	140638	71048	69590	1397	727	670
宿迁市湖滨新区	14186	7224	6962	99	51	48
苏州宿迁工业园区						
宿迁市洋河新区						

1-5b 续表 3

单位：人

地区	1-4岁			5-9岁			10-14岁		
	小计	男	女	小计	男	女	小计	男	女
江苏	**902918**	**472966**	**429952**	**1392571**	**747091**	**645480**	**1331094**	**724910**	**606184**
南京市	**9418**	**4852**	**4566**	**10354**	**5514**	**4840**	**7279**	**3871**	**3408**
玄武区									
秦淮区									
建邺区									
鼓楼区									
浦口区	23	11	12	47	23	24	37	20	17
栖霞区									
雨花台区	256	124	132	236	129	107	187	100	87
江宁区									
六合区	7452	3879	3573	8044	4303	3741	5205	2746	2459
溧水区	1388	684	704	1598	839	759	1389	746	643
高淳区	299	154	145	429	220	209	461	259	202
南京江北新区									
无锡市	**40071**	**20726**	**19345**	**54287**	**29056**	**25231**	**45908**	**24669**	**21239**
锡山区	8522	4435	4087	11678	6295	5383	10118	5420	4698
惠山区	4070	2091	1979	5472	2962	2510	4717	2589	2128
滨湖区									
梁溪区									
新吴区									
江苏无锡经济开发区									
江阴市	17812	9185	8627	23950	12794	11156	20001	10834	9167
宜兴市	9667	5015	4652	13187	7005	6182	11072	5826	5246
徐州市	**158575**	**83872**	**74703**	**248512**	**135570**	**112942**	**264588**	**146533**	**118055**
鼓楼区									
云龙区	1262	651	611	1860	1029	831	1619	874	745
贾汪区	3922	2119	1803	6344	3572	2772	7116	3969	3147
泉山区									
铜山区	18655	9842	8813	31115	16913	14202	34475	18981	15494
丰县	27144	14459	12685	41644	22704	18940	42000	23238	18762
沛县	32824	17325	15499	50975	27664	23311	55286	31497	23789
睢宁县	34388	18037	16351	54893	29800	25093	53101	29295	23806
徐州经济技术开发区	20124	10639	9485	24711	13529	11182	22319	12414	9905
新沂市	8909	4761	4148	15795	8648	7147	20265	10832	9433
邳州市	11347	6039	5308	21175	11711	9464	28407	15433	12974
常州市	**20175**	**10475**	**9700**	**28325**	**15008**	**13317**	**26203**	**14025**	**12178**
天宁区	1622	870	752	2104	1107	997	2017	1065	952
钟楼区									
新北区	3877	1981	1896	5561	2960	2601	4962	2645	2317
武进区	5121	2665	2456	7338	3900	3438	6895	3756	3139
金坛区	1576	791	785	2072	1123	949	2142	1116	1026
江苏省常州市经济开发区	3168	1686	1482	4691	2561	2130	4231	2310	1921
溧阳市	4811	2482	2329	6559	3357	3202	5956	3133	2823

1-5b 续表 4

单位：人

地区	1-4岁			5-9岁			10-14岁		
	小计	男	女	小计	男	女	小计	男	女
苏州市	**127948**	**66599**	**61349**	**181714**	**96892**	**84822**	**139743**	**75054**	**64689**
虎丘区	209	107	102	312	168	144	191	104	87
吴中区	7391	3814	3577	10879	5780	5099	8552	4629	3923
相城区	2079	1100	979	2782	1409	1373	2127	1124	1003
姑苏区									
吴江区	17356	9186	8170	24366	13156	11210	20178	10932	9246
苏州工业园区	51057	26460	24597	72987	38622	34365	50658	26907	23751
常熟市	11298	5956	5342	15568	8294	7274	13337	7114	6223
张家港市	20475	10518	9957	29994	16100	13894	25074	13576	11498
昆山市	10415	5428	4987	14028	7585	6443	10210	5478	4732
太仓市	7668	4030	3638	10798	5778	5020	9416	5190	4226
南通市	**63644**	**32927**	**30717**	**87997**	**45731**	**42266**	**78926**	**40669**	**38257**
崇川区									
港闸区									
通州区	10360	5436	4924	14142	7415	6727	12301	6237	6064
如东县	12111	6264	5847	17231	8918	8313	16705	8427	8278
南通经济技术开发区	12271	6378	5893	16059	8361	7698	11172	5932	5240
通州湾示范区	754	391	363	1037	544	493	1049	542	507
苏锡通科技产业园区	1062	543	519	1486	774	712	1308	686	622
启东市	4419	2260	2159	6532	3355	3177	6427	3264	3163
如皋市	11664	6011	5653	16226	8342	7884	16166	8456	7710
海门市	8234	4232	4002	11723	6164	5559	9874	5119	4755
海安市	2769	1412	1357	3561	1858	1703	3924	2006	1918
连云港市	**87584**	**46117**	**41467**	**143635**	**77492**	**66143**	**146120**	**79299**	**66821**
连云区	1	1		1	1		2	1	1
海州区	3033	1579	1454	4964	2673	2291	5007	2697	2310
赣榆区	13908	7318	6590	22931	12654	10277	25022	13791	11231
东海县	26625	14023	12602	44667	24029	20638	45285	24546	20739
灌云县	16321	8708	7613	27176	14509	12667	29040	15364	13676
灌南县	14529	7570	6959	28472	15241	13231	29663	16242	13421
连云港经济技术开发区	3097	1612	1485	3976	2177	1799	3515	1901	1614
连云港高新技术产业开发区	8876	4713	4163	9622	5222	4400	6841	3799	3042
江苏连云港徐圩新区	1080	528	552	1709	925	784	1655	903	752
江苏省连云港市云台山风景名胜区	114	65	49	117	61	56	90	55	35
淮安市	**79578**	**41697**	**37881**	**123187**	**65329**	**57858**	**118441**	**63627**	**54814**
淮安区	3572	1894	1678	5428	2840	2588	6042	3356	2686
淮阴区	4110	2170	1940	7336	3772	3564	8682	4591	4091
清江浦区	236	110	126	359	205	154	335	181	154
洪泽区	600	316	284	847	410	437	998	531	467
涟水县	23744	12328	11416	40175	21422	18753	39744	21483	18261
盱眙县	16442	8570	7872	26412	13763	12649	29783	15667	14116
金湖县	7601	4009	3592	9972	5191	4781	7971	4220	3751
淮安经济技术开发区	15143	8017	7126	20495	11104	9391	14625	7905	6720
工业园区	387	204	183	528	305	223	518	260	258
生态文旅区	6954	3671	3283	10537	5763	4774	8604	4845	3759
苏淮高新区	789	408	381	1098	554	544	1139	588	551

1-5b 续表 5

单位：人

地区	1-4岁			5-9岁			10-14岁		
	小计	男	女	小计	男	女	小计	男	女
盐城市	**93947**	**48936**	**45011**	**159728**	**86821**	**72907**	**176781**	**98202**	**78579**
亭湖区	1733	912	821	2595	1448	1147	2809	1591	1218
盐都区	3108	1601	1507	5289	2922	2367	5978	3467	2511
大丰区	3094	1619	1475	4238	2202	2036	4590	2431	2159
响水县	12121	6286	5835	20655	11286	9369	23705	13051	10654
滨海县	18742	9817	8925	34332	18815	15517	42834	23698	19136
阜宁县	19175	10102	9073	34732	19261	15471	36409	20575	15834
射阳县	15515	8006	7509	25219	13344	11875	27432	14684	12748
建湖县	13575	6971	6604	22750	12354	10396	23917	13828	10089
盐城经济技术开发区	2684	1424	1260	3525	1905	1620	2859	1595	1264
江苏省盐南高新区									
东台市	4200	2198	2002	6393	3284	3109	6248	3282	2966
扬州市	**36230**	**18885**	**17345**	**50945**	**26763**	**24182**	**48693**	**26180**	**22513**
广陵区	980	517	463	1493	808	685	1496	800	696
邗江区	1789	933	856	2401	1240	1161	2359	1276	1083
江都区	5788	2999	2789	8173	4234	3939	8358	4290	4068
宝应县	14296	7500	6796	21672	11596	10076	21254	11858	9396
扬州经济技术开发区	7781	4025	3756	10245	5376	4869	8474	4511	3963
蜀冈瘦西湖景区									
生态新城	302	150	152	369	187	182	348	178	170
仪征市	1983	1030	953	2563	1285	1278	2314	1198	1116
高邮市	3311	1731	1580	4029	2037	1992	4090	2069	2021
镇江市	**27122**	**14144**	**12978**	**36190**	**19065**	**17125**	**33251**	**17753**	**15498**
京口区	159	83	76	222	117	105	175	93	82
润州区									
丹徒区	1473	780	693	2075	1088	987	2236	1168	1068
镇江新区	8391	4336	4055	11248	5917	5331	10196	5305	4891
江苏镇江高新区									
丹阳市	12075	6296	5779	17374	9193	8181	16308	8875	7433
扬中市	1040	567	473	1335	678	657	1205	622	583
句容市	3984	2082	1902	3936	2072	1864	3131	1690	1441
泰州市	**34031**	**17711**	**16320**	**46872**	**25382**	**21490**	**44794**	**25884**	**18910**
海陵区	576	296	280	794	426	368	682	351	331
高港区	1655	868	787	1921	1007	914	1744	974	770
姜堰区	1865	967	898	2511	1309	1202	2880	1628	1252
泰州医药高新技术产业开发区	9265	4832	4433	11211	5991	5220	7926	4528	3398
兴化市	10773	5590	5183	16253	9044	7209	17011	10250	6761
靖江市	3023	1594	1429	4067	2124	1943	4200	2166	2034
泰兴市	6874	3564	3310	10115	5481	4634	10351	5987	4364
宿迁市	**124595**	**66025**	**58570**	**220825**	**118468**	**102357**	**200367**	**109144**	**91223**
宿城区	2355	1227	1128	4372	2281	2091	3983	2111	1872
宿豫区	2976	1591	1385	5333	2793	2540	5068	2698	2370
沭阳县	55543	29590	25953	94196	50888	43308	87326	47972	39354
泗阳县	25589	13553	12036	45776	24585	21191	46279	25212	21067
泗洪县	28754	14987	13767	55829	29675	26154	46277	24953	21324
宿迁经济技术开发区	8686	4702	3984	14075	7568	6507	10443	5650	4793
宿迁市湖滨新区	692	375	317	1244	678	566	991	548	443
苏州宿迁工业园区									
宿迁市洋河新区									

1-5b 续表 6

单位：人

地 区	15-19岁			20-24岁			25-29岁		
	小计	男	女	小计	男	女	小计	男	女
江 苏	**1001985**	**551448**	**450537**	**889315**	**486112**	**403203**	**1435907**	**755170**	**680737**
南京市	**3772**	**2160**	**1612**	**5338**	**2974**	**2364**	**15125**	**7925**	**7200**
玄武区									
秦淮区									
建邺区									
鼓楼区									
浦口区	34	24	10	46	28	18	93	59	34
栖霞区									
雨花台区	361	210	151	408	242	166	752	456	296
江宁区									
六合区	2615	1473	1142	3593	1877	1716	11409	5672	5737
溧水区	472	247	225	742	391	351	1836	961	875
高淳区	290	206	84	549	436	113	1035	777	258
南京江北新区									
无锡市	**35285**	**19814**	**15471**	**47983**	**27143**	**20840**	**83994**	**45431**	**38563**
锡山区	8911	5094	3817	14345	8401	5944	19713	10911	8802
惠山区	4021	2302	1719	4569	2559	2010	8342	4479	3863
滨湖区									
梁溪区									
新吴区									
江苏无锡经济开发区									
江阴市	14425	8018	6407	19923	11040	8883	37215	19889	17326
宜兴市	7928	4400	3528	9146	5143	4003	18724	10152	8572
徐州市	**153662**	**87130**	**66532**	**98050**	**52903**	**45147**	**196999**	**101745**	**95254**
鼓楼区									
云龙区	4092	2285	1807	6057	3476	2581	1530	753	777
贾汪区	2021	1229	792	2646	1528	1118	4771	2595	2176
泉山区									
铜山区	16838	9485	7353	9141	4920	4221	22446	11678	10768
丰县	26375	15297	11078	15748	8638	7110	36582	19090	17492
沛县	25933	15312	10621	16288	8708	7580	42617	22077	20540
睢宁县	27927	15858	12069	22829	11961	10868	43294	21808	21486
徐州经济技术开发区	23527	12751	10776	13938	7647	6291	25237	13461	11776
新沂市	10256	5535	4721	4303	2195	2108	8992	4426	4566
邳州市	16693	9378	7315	7100	3830	3270	11530	5857	5673
常州市	**23829**	**12946**	**10883**	**24057**	**13924**	**10133**	**42088**	**23282**	**18806**
天宁区	1857	1010	847	1815	1025	790	3101	1688	1413
钟楼区									
新北区	5617	3026	2591	4307	2437	1870	7811	4190	3621
武进区	5683	3084	2599	6214	3468	2746	11075	5979	5096
金坛区	805	442	363	1799	990	809	3206	1760	1446
江苏省常州市经济开发区	4690	2551	2139	5284	3281	2003	7578	4220	3358
溧阳市	5177	2833	2344	4638	2723	1915	9317	5445	3872

1-5b　续表 7　　　　单位：人

地　区	15-19岁			20-24岁			25-29岁		
	小计	男	女	小计	男	女	小计	男	女
苏州市	**113101**	**63949**	**49152**	**189131**	**107828**	**81303**	**296244**	**163045**	**133199**
虎丘区	72	30	42	170	77	93	340	156	184
吴中区	6289	3781	2508	10176	6073	4103	18121	10225	7896
相城区	2134	1221	913	2452	1515	937	4687	2665	2022
姑苏区									
吴江区	17507	10129	7378	24719	14477	10242	41119	22376	18743
苏州工业园区	44158	24392	19766	84511	46458	38053	123942	68216	55726
常熟市	14891	8611	6280	22237	13766	8471	30699	17585	13114
张家港市	14401	8126	6275	20088	11248	8840	38278	20261	18017
昆山市	7218	4039	3179	14462	8148	6314	20966	11385	9581
太仓市	6431	3620	2811	10316	6066	4250	18092	10176	7916
南通市	**86731**	**46433**	**40298**	**82395**	**46652**	**35743**	**133940**	**72141**	**61799**
崇川区									
港闸区									
通州区	7345	4001	3344	12160	6851	5309	22405	12085	10320
如东县	15745	8410	7335	12321	6564	5757	22176	11394	10782
南通经济技术开发区	18848	9637	9211	19813	11834	7979	29750	16269	13481
通州湾示范区	6753	3741	3012	1274	676	598	1608	893	715
苏锡通科技产业园区	869	535	334	2613	1752	861	3646	2218	1428
启东市	6575	3035	3540	9426	4871	4555	10515	5883	4632
如皋市	16722	9289	7433	8887	4816	4071	16726	8635	8091
海门市	9167	5351	3816	12466	7361	5105	21259	11519	9740
海安市	4707	2434	2273	3435	1927	1508	5855	3245	2610
连云港市	**126232**	**68575**	**57657**	**87539**	**46965**	**40574**	**115439**	**58805**	**56634**
连云区	7	5	2	37	34	3	112	87	25
海州区	3483	1850	1633	2544	1465	1079	4257	2207	2050
赣榆区	14318	8274	6044	9482	5574	3908	18772	10219	8553
东海县	33753	18918	14835	18322	10040	8282	33522	16502	17020
灌云县	20892	11530	9362	14935	8400	6535	23347	11885	11462
灌南县	18704	10770	7934	11068	6267	4801	17985	9043	8942
连云港经济技术开发区	5522	2998	2524	2958	1598	1360	5165	2735	2430
连云港高新技术产业开发区	28468	13556	14912	27085	12963	14122	10327	5073	5254
江苏连云港徐圩新区	1036	641	395	1038	586	452	1818	987	831
江苏省连云港市云台山风景名胜区	49	33	16	70	38	32	134	67	67
淮安市	**92483**	**49673**	**42810**	**66834**	**35283**	**31551**	**104896**	**51714**	**53182**
淮安区	3727	2114	1613	3019	1745	1274	5559	3018	2541
淮阴区	4213	2219	1994	3903	2125	1778	5922	3168	2754
清江浦区	164	91	73	233	141	92	413	224	189
洪泽区	556	307	249	733	373	360	928	482	446
涟水县	32005	17756	14249	15381	7914	7467	27678	13119	14559
盱眙县	16067	8414	7653	10657	5196	5461	20113	9581	10532
金湖县	5546	2974	2572	4941	2535	2406	10786	5347	5439
淮安经济技术开发区	25676	13281	12395	24500	13464	11036	24483	12546	11937
工业园区	182	101	81	311	180	131	620	301	319
生态文旅区	3869	2155	1714	2515	1256	1259	7299	3403	3896
苏淮高新区	478	261	217	641	354	287	1095	525	570

1-5b 续表 8 　　　　单位：人

地区	15-19岁			20-24岁			25-29岁		
	小计	男	女	小计	男	女	小计	男	女
盐城市	**119196**	**65080**	**54116**	**76785**	**40331**	**36454**	**116749**	**60409**	**56340**
亭湖区	2953	1679	1274	2203	1360	843	2965	1730	1235
盐都区	4604	2597	2007	2429	1356	1073	3759	2046	1713
大丰区	2999	1546	1453	4541	2486	2055	6143	3354	2789
响水县	14728	8184	6544	8735	4829	3906	13266	6681	6585
滨海县	24658	13424	11234	11868	6290	5578	22758	11400	11358
阜宁县	21868	11758	10110	11663	5983	5680	18611	9323	9288
射阳县	18793	9901	8892	12587	6551	6036	20530	10639	9891
建湖县	17626	10484	7142	10710	5881	4829	17071	8823	8248
盐城经济技术开发区	4767	2018	2749	8220	3618	4602	4716	2674	2042
江苏省盐南高新区									
东台市	6200	3489	2711	3829	1977	1852	6930	3739	3191
扬州市	**51170**	**27329**	**23841**	**40596**	**21424**	**19172**	**61940**	**31922**	**30018**
广陵区	1441	754	687	1245	682	563	2335	1274	1061
邗江区	3029	1677	1352	1738	930	808	3033	1509	1524
江都区	7087	3696	3391	6351	3347	3004	10092	5224	4868
宝应县	18220	9829	8391	11702	6123	5579	21834	11028	10806
扬州经济技术开发区	16541	8824	7717	14130	7443	6687	15723	8339	7384
蜀冈瘦西湖景区									
生态新城	252	131	121	378	208	170	574	311	263
仪征市	1136	626	510	1576	871	705	3195	1616	1579
高邮市	3464	1792	1672	3476	1820	1656	5154	2621	2533
镇江市	**34934**	**18998**	**15936**	**53488**	**29838**	**23650**	**55225**	**29941**	**25284**
京口区	88	53	35	225	154	71	354	216	138
润州区									
丹徒区	12028	7033	4995	18017	11026	6991	3794	2165	1629
镇江新区	7420	4438	2982	11222	6667	4555	16264	8744	7520
江苏镇江高新区									
丹阳市	10958	5574	5384	18716	9241	9475	24795	13622	11173
扬中市	739	393	346	1075	590	485	2084	1100	984
句容市	3701	1507	2194	4233	2160	2073	7934	4094	3840
泰州市	**40681**	**21630**	**19051**	**40148**	**21892**	**18256**	**60206**	**33531**	**26675**
海陵区	414	244	170	601	312	289	1103	602	501
高港区	811	453	358	1333	756	577	2667	1477	1190
姜堰区	2711	1476	1235	2316	1324	992	3499	1914	1585
泰州医药高新技术产业开发区	11328	5445	5883	13230	7160	6070	18244	9858	8386
兴化市	9115	5091	4024	8452	4694	3758	17985	10518	7467
靖江市	7181	3767	3414	7932	4087	3845	5621	3073	2548
泰兴市	9121	5154	3967	6284	3559	2725	11087	6089	4998
宿迁市	**120909**	**67731**	**53178**	**76971**	**38955**	**38016**	**153062**	**75279**	**77783**
宿城区	945	521	424	1461	739	722	2568	1243	1325
宿豫区	1083	595	488	1827	985	842	3018	1555	1463
沭阳县	51752	29134	22618	34663	17582	17081	73942	37163	36779
泗阳县	33320	19198	14122	16587	8535	8052	31761	15461	16300
泗洪县	27334	14673	12661	15864	7621	8243	29330	13568	15762
宿迁经济技术开发区	6215	3452	2763	6084	3235	2849	11644	5893	5751
宿迁市湖滨新区	260	158	102	485	258	227	799	396	403
苏州宿迁工业园区									
宿迁市洋河新区									

1-5b　续表 9　　单位：人

地　区	30-34岁			35-39岁			40-44岁		
	小计	男	女	小计	男	女	小计	男	女
江　苏	**2105522**	**1063262**	**1042260**	**1513018**	**754626**	**758392**	**1446875**	**716980**	**729895**
南京市	**22708**	**11691**	**11017**	**13353**	**6955**	**6398**	**11014**	**5978**	**5036**
玄武区									
秦淮区									
建邺区									
鼓楼区									
浦口区	104	51	53	64	33	31	70	35	35
栖霞区									
雨花台区	831	486	345	479	269	210	490	277	213
江宁区									
六合区	17768	8848	8920	10234	5162	5072	7834	4153	3681
溧水区	2709	1321	1388	1769	891	878	1810	933	877
高淳区	1296	985	311	807	600	207	810	580	230
南京江北新区									
无锡市	**123324**	**65743**	**57581**	**81939**	**42653**	**39286**	**94288**	**48089**	**46199**
锡山区	28584	15555	13029	19927	10485	9442	21695	11246	10449
惠山区	11599	6079	5520	8407	4430	3977	9410	4808	4602
滨湖区									
梁溪区									
新吴区									
江苏无锡经济开发区									
江阴市	57437	30311	27126	36707	18843	17864	43267	21843	21424
宜兴市	25704	13798	11906	16898	8895	8003	19916	10192	9724
徐州市	**290053**	**142589**	**147464**	**194065**	**95951**	**98114**	**167763**	**79751**	**88012**
鼓楼区									
云龙区	2484	1235	1249	1761	886	875	1245	644	601
贾汪区	8197	4107	4090	5809	3087	2722	4286	2172	2114
泉山区									
铜山区	34830	17168	17662	26073	13150	12923	20286	10139	10147
丰县	43079	21326	21753	30448	15018	15430	31000	14148	16852
沛县	58253	28069	30184	40460	19692	20768	38696	17800	20896
睢宁县	59793	28547	31246	39501	18778	20723	35228	16577	18651
徐州经济技术开发区	45717	23245	22472	26068	13434	12634	18684	9410	9274
新沂市	16325	7990	8335	10311	5033	5278	7726	3720	4006
邳州市	21375	10902	10473	13634	6873	6761	10612	5141	5471
常州市	**56284**	**30019**	**26265**	**41569**	**21849**	**19720**	**45483**	**23441**	**22042**
天宁区	4017	2033	1984	3040	1559	1481	3669	1856	1813
钟楼区									
新北区	11016	5740	5276	8263	4189	4074	8568	4309	4259
武进区	14994	7903	7091	11297	5756	5541	13025	6653	6372
金坛区	4388	2351	2037	3040	1651	1389	3101	1573	1528
江苏省常州市经济开发区	9442	5011	4431	6906	3591	3315	7690	3963	3727
溧阳市	12427	6981	5446	9023	5103	3920	9430	5087	4343

1-5b 续表 10

单位：人

地区	30-34岁			35-39岁			40-44岁		
	小计	男	女	小计	男	女	小计	男	女
苏州市	**430140**	**229857**	**200283**	**310874**	**163945**	**146929**	**247942**	**132019**	**115923**
虎丘区	378	193	185	309	149	160	199	99	100
吴中区	27616	15122	12494	19127	10292	8835	16060	8504	7556
相城区	6809	3774	3035	4571	2528	2043	4517	2493	2024
姑苏区									
吴江区	57570	30470	27100	38996	20415	18581	37856	19334	18522
苏州工业园区	171162	90636	80526	132414	68538	63876	81272	44055	37217
常熟市	44088	24830	19258	30362	16730	13632	30849	16584	14265
张家港市	61908	32450	29458	41598	21764	19834	40862	21234	19628
昆山市	34323	17817	16506	24424	12963	11461	17740	9582	8158
太仓市	26286	14565	11721	19073	10566	8507	18587	10134	8453
南通市	**191351**	**101068**	**90283**	**127215**	**65884**	**61331**	**135667**	**67451**	**68216**
崇川区									
港闸区									
通州区	31059	16580	14479	20351	10650	9701	20552	10294	10258
如东县	34246	16749	17497	24912	11829	13083	29844	13884	15960
南通经济技术开发区	42435	23115	19320	24458	13576	10882	20243	10980	9263
通州湾示范区	2230	1257	973	1591	875	716	1755	865	890
苏锡通科技产业园区	4412	2544	1868	2871	1608	1263	2997	1598	1399
启东市	14519	8060	6459	10476	5659	4817	10953	5717	5236
如皋市	26591	13366	13225	18924	9128	9796	23495	11164	12331
海门市	27653	14969	12684	16894	9140	7754	16799	8616	8183
海安市	8206	4428	3778	6738	3419	3319	9029	4333	4696
连云港市	**180774**	**88049**	**92725**	**122148**	**59829**	**62319**	**103621**	**50981**	**52640**
连云区	172	142	30	119	102	17	159	124	35
海州区	6301	3109	3192	4051	2080	1971	3674	1808	1866
赣榆区	27221	13609	13612	17039	8645	8394	12812	6420	6392
东海县	54961	26139	28822	35854	17048	18806	29610	14347	15263
灌云县	32477	16059	16418	23807	11836	11971	23266	11550	11716
灌南县	30339	14246	16093	24286	11594	12692	20613	10087	10526
连云港经济技术开发区	8375	4370	4005	5110	2641	2469	4038	2077	1961
连云港高新技术产业开发区	17988	8741	9247	10348	5106	5242	8029	3854	4175
江苏连云港徐圩新区	2700	1514	1186	1417	718	699	1322	663	659
江苏省连云港市云台山风景名胜区	240	120	120	117	59	58	98	51	47
淮安市	**150953**	**70762**	**80191**	**110351**	**51480**	**58871**	**105241**	**50282**	**54959**
淮安区	5557	2790	2767	4558	2230	2328	6032	2800	3232
淮阴区	7561	3965	3596	5380	2792	2588	6295	3181	3114
清江浦区	530	271	259	297	150	147	330	176	154
洪泽区	944	514	430	891	457	434	1286	638	648
涟水县	42080	18689	23391	30341	13383	16958	28582	13354	15228
盱眙县	31077	14329	16748	25871	11964	13907	23807	11326	12481
金湖县	15239	7339	7900	12021	5765	6256	13030	6244	6786
淮安经济技术开发区	33507	16306	17201	19279	9485	9794	16351	7782	8569
工业园区	846	389	457	460	245	215	473	235	238
生态文旅区	12031	5357	6674	10183	4473	5710	7860	3934	3926
苏淮高新区	1581	813	768	1070	536	534	1195	612	583

1-5b　续表 11　　　　单位：人

地　区	30-34岁			35-39岁			40-44岁		
	小计	男	女	小计	男	女	小计	男	女
盐城市	**203482**	**97943**	**105539**	**179745**	**84030**	**95715**	**176097**	**83469**	**92628**
亭湖区	4779	2574	2205	3366	1786	1580	3387	1699	1688
盐都区	7425	3721	3704	5952	2786	3166	6782	3248	3534
大丰区	8554	4700	3854	6317	3368	2949	9176	4592	4584
响水县	24322	11584	12738	20375	9663	10712	16481	8035	8446
滨海县	37021	17004	20017	36055	16680	19375	30501	14507	15994
阜宁县	36076	16544	19532	37798	17256	20542	33066	15466	17600
射阳县	33455	16260	17195	31876	14974	16902	32414	15264	17150
建湖县	33632	16160	17472	25531	11528	14003	29878	13894	15984
盐城经济技术开发区	7553	3993	3560	4156	2169	1987	3209	1633	1576
江苏省盐南高新区									
东台市	10665	5403	5262	8319	3820	4499	11203	5131	6072
扬州市	**83749**	**41418**	**42331**	**64498**	**30584**	**33914**	**87202**	**41278**	**45924**
广陵区	3466	1816	1650	2599	1400	1199	2920	1526	1394
邗江区	4460	2271	2189	3329	1604	1725	4424	2208	2216
江都区	13647	6743	6904	11247	5261	5986	17148	7894	9254
宝应县	28937	13743	15194	22695	10203	12492	34404	15675	18729
扬州经济技术开发区	22187	11368	10819	16370	8098	8272	15949	7910	8039
蜀冈瘦西湖景区									
生态新城	795	413	382	493	218	275	788	384	404
仪征市	3968	1952	2016	2955	1481	1474	3650	1861	1789
高邮市	6289	3112	3177	4810	2319	2491	7919	3820	4099
镇江市	**73861**	**38776**	**35085**	**53598**	**28067**	**25531**	**57354**	**29757**	**27597**
京口区	513	293	220	327	186	141	361	190	171
润州区									
丹徒区	4042	2069	1973	3418	1784	1634	3931	2051	1880
镇江新区	23156	11862	11294	17921	9141	8780	17749	9138	8611
江苏镇江高新区									
丹阳市	33421	17921	15500	23745	12648	11097	26614	13891	12723
扬中市	2821	1536	1285	2020	1112	908	2461	1257	1204
句容市	9908	5095	4813	6167	3196	2971	6238	3230	3008
泰州市	**79078**	**41582**	**37496**	**52826**	**26985**	**25841**	**71692**	**35345**	**36347**
海陵区	1461	783	678	919	500	419	1427	732	695
高港区	3131	1610	1521	1979	1009	970	2673	1345	1328
姜堰区	4134	2205	1929	3330	1687	1643	6048	2868	3180
泰州医药高新技术产业开发区	24311	12438	11873	14416	7272	7144	15008	7471	7537
兴化市	22612	12153	10459	14761	7700	7061	20718	10485	10233
靖江市	8881	4794	4087	6677	3530	3147	9090	4601	4489
泰兴市	14548	7599	6949	10744	5287	5457	16728	7843	8885
宿迁市	**219765**	**103765**	**116000**	**160837**	**76414**	**84423**	**143511**	**69139**	**74372**
宿城区	3674	1713	1961	2333	1093	1240	2434	1155	1279
宿豫区	5004	2446	2558	3465	1731	1734	3554	1873	1681
沭阳县	94278	45441	48837	74971	36286	38685	56973	28141	28832
泗阳县	47884	21895	25989	35726	16441	19285	34019	15892	18127
泗洪县	48840	22399	26441	32558	15097	17461	36163	17021	19142
宿迁经济技术开发区	18712	9149	9563	10998	5371	5627	9646	4700	4946
宿迁市湖滨新区	1373	722	651	786	395	391	722	357	365
苏州宿迁工业园区									
宿迁市洋河新区									

1-5b 续表 12

单位：人

地 区	45-49岁			50-54岁			55-59岁		
	小计	男	女	小计	男	女	小计	男	女
江 苏	**1700226**	**839431**	**860795**	**2102945**	**1031765**	**1071180**	**1616622**	**802133**	**814489**
南京市	**12835**	**6746**	**6089**	**15741**	**7704**	**8037**	**13467**	**6488**	**6979**
玄武区									
秦淮区									
建邺区									
鼓楼区									
浦口区	118	64	54	188	102	86	196	105	91
栖霞区									
雨花台区	576	306	270	715	391	324	659	332	327
江宁区									
六合区	8391	4352	4039	9920	4618	5302	8482	3949	4533
溧水区	2503	1246	1257	3261	1671	1590	2764	1384	1380
高淳区	1247	778	469	1657	922	735	1366	718	648
南京江北新区									
无锡市	**114549**	**58299**	**56250**	**122302**	**62423**	**59879**	**93199**	**47912**	**45287**
锡山区	26084	13471	12613	26279	13432	12847	21785	11233	10552
惠山区	11368	5965	5403	11167	5818	5349	8199	4236	3963
滨湖区									
梁溪区									
新吴区									
江苏无锡经济开发区									
江阴市	49791	25201	24590	50541	25965	24576	35625	18490	17135
宜兴市	27306	13662	13644	34315	17208	17107	27590	13953	13637
徐州市	**202411**	**97226**	**105185**	**252261**	**118757**	**133504**	**184260**	**88556**	**95704**
鼓楼区									
云龙区	1330	712	618	1852	946	906	1371	666	705
贾汪区	5457	2652	2805	7228	3465	3763	5643	2703	2940
泉山区									
铜山区	23216	11498	11718	30414	14444	15970	22022	10583	11439
丰县	39535	18929	20606	46430	21614	24816	30504	14872	15632
沛县	42123	19958	22165	52738	24954	27784	36951	17887	19064
睢宁县	44900	20720	24180	53893	24806	29087	40361	19149	21212
徐州经济技术开发区	19206	9675	9531	23013	11041	11972	18206	8714	9492
新沂市	11951	5831	6120	16126	7824	8302	11725	5600	6125
邳州市	14693	7251	7442	20567	9663	10904	17477	8382	9095
常州市	**59808**	**30151**	**29657**	**65951**	**33292**	**32659**	**54911**	**28239**	**26672**
天宁区	4783	2380	2403	4664	2367	2297	3625	1920	1705
钟楼区									
新北区	10929	5430	5499	12445	6220	6225	10627	5509	5118
武进区	16145	8178	7967	16470	8477	7993	13051	6724	6327
金坛区	5225	2531	2694	7497	3574	3923	7378	3739	3639
江苏省常州市经济开发区	9815	5080	4735	9157	4720	4437	6530	3387	3143
溧阳市	12911	6552	6359	15718	7934	7784	13700	6960	6740

1-5b　续表 13

单位：人

地　　区	45-49岁			50-54岁			55-59岁		
	小计	男	女	小计	男	女	小计	男	女
苏州市	**250538**	**130967**	**119571**	**272062**	**139464**	**132598**	**212383**	**106203**	**106180**
虎丘区	271	112	159	448	199	249	367	197	170
吴中区	16789	8703	8086	17935	9309	8626	13793	7151	6642
相城区	5281	2834	2447	5743	2989	2754	4295	2319	1976
姑苏区									
吴江区	46308	23656	22652	49777	25354	24423	36866	18738	18128
苏州工业园区	57488	30481	27007	59883	29476	30407	54601	24177	30424
常熟市	36893	19519	17374	39557	21124	18433	30129	16151	13978
张家港市	48351	25093	23258	57616	29549	28067	41487	21358	20129
昆山市	16986	8725	8261	18588	9318	9270	14701	7388	7313
太仓市	22171	11844	10327	22515	12146	10369	16144	8724	7420
南通市	**166864**	**81446**	**85418**	**247676**	**122648**	**125028**	**211699**	**105713**	**105986**
崇川区									
港闸区									
通州区	27378	13151	14227	37953	18496	19457	32458	15810	16648
如东县	35881	16917	18964	59915	29359	30556	52560	26333	26227
南通经济技术开发区	20569	11170	9399	25776	13607	12169	20756	10498	10258
通州湾示范区	2481	1286	1195	3512	1773	1739	3902	2026	1876
苏锡通科技产业园区	3497	1828	1669	4827	2701	2126	3719	2099	1620
启东市	14296	7611	6685	20215	10746	9469	20126	10298	9828
如皋市	30315	13791	16524	47444	22772	24672	37435	18617	18818
海门市	21101	10337	10764	29229	14035	15194	25408	12287	13121
海安市	11346	5355	5991	18805	9159	9646	15335	7745	7590
连云港市	**117573**	**58041**	**59532**	**145366**	**70994**	**74372**	**109261**	**54099**	**55162**
连云区	181	149	32	169	148	21	80	72	8
海州区	3686	1867	1819	5048	2457	2591	3505	1775	1730
赣榆区	19201	9347	9854	25776	12224	13552	19127	9022	10105
东海县	34115	16662	17453	40204	19711	20493	26424	12952	13472
灌云县	22871	11524	11347	28663	14054	14609	23822	12102	11720
灌南县	22295	10904	11391	26639	12995	13644	20615	10274	10341
连云港经济技术开发区	4880	2441	2439	5938	3019	2919	5149	2676	2473
连云港高新技术产业开发区	8108	4038	4070	9383	4605	4778	7947	3889	4058
江苏连云港徐圩新区	2106	1048	1058	3361	1691	1670	2430	1246	1184
江苏省连云港市云台山风景名胜区	130	61	69	185	90	95	162	91	71
淮安市	**130927**	**62966**	**67961**	**168694**	**80692**	**88002**	**118779**	**58305**	**60474**
淮安区	8383	4060	4323	12003	5969	6034	9171	4548	4623
淮阴区	8065	3926	4139	11715	5772	5943	9138	4623	4515
清江浦区	570	300	270	840	429	411	539	283	256
洪泽区	2344	1162	1182	3510	1788	1722	2627	1370	1257
涟水县	35191	16620	18571	43124	20091	23033	27799	13287	14512
盱眙县	30790	14847	15943	39411	18824	20587	29988	14818	15170
金湖县	19101	9243	9858	24531	11923	12608	14639	7387	7252
淮安经济技术开发区	18604	8905	9699	23788	11246	12542	17199	8362	8837
工业园区	506	251	255	702	334	368	509	264	245
生态文旅区	5445	2702	2743	6390	2932	3458	5174	2306	2868
苏淮高新区	1928	950	978	2680	1384	1296	1996	1057	939

1-5b 续表 14 单位：人

地区	45-49岁			50-54岁			55-59岁		
	小计	男	女	小计	男	女	小计	男	女
盐城市	**210335**	**101936**	**108399**	**277772**	**136498**	**141274**	**214573**	**107849**	**106724**
亭湖区	4810	2390	2420	7075	3555	3520	5581	2780	2801
盐都区	8335	4063	4272	10898	5329	5569	8157	3916	4241
大丰区	15235	7460	7775	24886	12853	12033	21726	11491	10235
响水县	18975	9375	9600	24135	11969	12166	18278	9242	9036
滨海县	33611	16349	17262	39904	19874	20030	30176	15246	14930
阜宁县	35660	17125	18535	44276	21346	22930	34636	16976	17660
射阳县	39701	19502	20199	52608	25949	26659	38896	19826	19070
建湖县	34681	16535	18146	43609	20689	22920	29686	14398	15288
盐城经济技术开发区	4358	2083	2275	6428	3199	3229	4739	2477	2262
江苏省盐南高新区									
东台市	14969	7054	7915	23953	11735	12218	22698	11497	11201
扬州市	**101532**	**48716**	**52816**	**133176**	**63906**	**69270**	**95204**	**46130**	**49074**
广陵区	3786	1869	1917	5010	2470	2540	4078	2037	2041
邗江区	5170	2533	2637	6710	3186	3524	5214	2559	2655
江都区	21465	10168	11297	29828	14008	15820	20695	9910	10785
宝应县	36200	17063	19137	46978	22407	24571	32015	15270	16745
扬州经济技术开发区	16560	8214	8346	19013	9161	9852	15474	7355	8119
蜀冈瘦西湖景区									
生态新城	1006	504	502	1328	654	674	959	478	481
仪征市	4882	2334	2548	7391	3617	3774	5382	2658	2724
高邮市	12463	6031	6432	16918	8403	8515	11387	5863	5524
镇江市	**76038**	**38826**	**37212**	**89383**	**45052**	**44331**	**76745**	**39107**	**37638**
京口区	486	277	209	563	324	239	442	257	185
润州区									
丹徒区	5690	2890	2800	7422	3754	3668	7225	3695	3530
镇江新区	19746	10273	9473	21385	10860	10525	18781	9555	9226
江苏镇江高新区									
丹阳市	38164	19339	18825	44462	22415	22047	36882	18796	18086
扬中市	3842	1981	1861	5393	2687	2706	4641	2367	2274
句容市	8110	4066	4044	10158	5012	5146	8774	4437	4337
泰州市	**87788**	**42672**	**45116**	**125406**	**61521**	**63885**	**90155**	**44434**	**45721**
海陵区	2034	956	1078	3454	1706	1748	2576	1291	1285
高港区	4175	1975	2200	5356	2639	2717	3788	1891	1897
姜堰区	8109	3763	4346	13236	6361	6875	9382	4643	4739
泰州医药高新技术产业开发区	14608	7159	7449	18778	8835	9943	13811	6192	7619
兴化市	25733	12793	12940	41578	20781	20797	30845	15438	15407
靖江市	10165	5215	4950	13260	6729	6531	9594	4877	4717
泰兴市	22964	10811	12153	29744	14470	15274	20159	10102	10057
宿迁市	**169028**	**81439**	**87589**	**187155**	**88814**	**98341**	**141986**	**69098**	**72888**
宿城区	3103	1470	1633	3830	1700	2130	3180	1532	1648
宿豫区	4187	2054	2133	5260	2570	2690	3962	1995	1967
沭阳县	69450	33535	35915	77600	37537	40063	60816	30177	30639
泗阳县	39007	18601	20406	42276	19935	22341	30826	14639	16187
泗洪县	42423	20463	21960	46125	21359	24766	35132	16890	18242
宿迁经济技术开发区	9821	4806	5015	10646	5006	5640	6947	3337	3610
宿迁市湖滨新区	1037	510	527	1418	707	711	1123	528	595
苏州宿迁工业园区									
宿迁市洋河新区									

1-5b　续表 15　　　　单位：人

地　区	60-64岁			65-69岁			70-74岁		
	小计	男	女	小计	男	女	小计	男	女
江　苏	**1162572**	**586803**	**575769**	**1220209**	**604055**	**616154**	**824955**	**403762**	**421193**
南京市	**7417**	**3759**	**3658**	**8272**	**4150**	**4122**	**5552**	**2760**	**2792**
玄武区									
秦淮区									
建邺区									
鼓楼区									
浦口区	123	64	59	143	69	74	114	50	64
栖霞区									
雨花台区	414	214	200	466	197	269	506	256	250
江宁区									
六合区	4628	2285	2343	4449	2212	2237	2676	1297	1379
溧水区	1565	800	765	2192	1161	1031	1452	699	753
高淳区	687	396	291	1022	511	511	804	458	346
南京江北新区									
无锡市	**56806**	**29964**	**26842**	**64957**	**32584**	**32373**	**48977**	**23746**	**25231**
锡山区	14017	7557	6460	15531	7794	7737	11563	5578	5985
惠山区	4994	2599	2395	5515	2716	2799	4188	2052	2136
滨湖区									
梁溪区									
新吴区									
江苏无锡经济开发区									
江阴市	21659	11358	10301	23835	11915	11920	17734	8545	9189
宜兴市	16136	8450	7686	20076	10159	9917	15492	7571	7921
徐州市	**122245**	**61202**	**61043**	**140651**	**69008**	**71643**	**90714**	**43915**	**46799**
鼓楼区									
云龙区	948	464	484	1140	558	582	728	374	354
贾汪区	3759	1841	1918	4689	2228	2461	3042	1397	1645
泉山区									
铜山区	15129	7504	7625	19079	9287	9792	12077	5816	6261
丰县	21335	10936	10399	24543	12069	12474	17856	8494	9362
沛县	24386	11856	12530	27558	13086	14472	18415	8729	9686
睢宁县	24564	12493	12071	27736	14157	13579	16951	8706	8245
徐州经济技术开发区	11335	5557	5778	11537	5568	5969	6863	3260	3603
新沂市	7228	3632	3596	9107	4472	4635	5462	2573	2889
邳州市	13561	6919	6642	15262	7583	7679	9320	4566	4754
常州市	**33538**	**17820**	**15718**	**38243**	**19595**	**18648**	**29367**	**14322**	**15045**
天宁区	2324	1225	1099	2615	1346	1269	2179	1055	1124
钟楼区									
新北区	6497	3395	3102	7147	3642	3505	5403	2585	2818
武进区	7947	4261	3686	9359	4725	4634	7133	3472	3661
金坛区	4884	2555	2329	5478	2939	2539	4049	2054	1995
江苏省常州市经济开发区	3755	2019	1736	3964	1971	1993	3273	1578	1695
溧阳市	8131	4365	3766	9680	4972	4708	7330	3578	3752

1-5b 续表 16 单位：人

地区	60-64岁			65-69岁			70-74岁		
	小计	男	女	小计	男	女	小计	男	女
苏州市	**144646**	**71494**	**73152**	**152235**	**74416**	**77819**	**103243**	**50616**	**52627**
虎丘区	351	177	174	311	168	143	200	100	100
吴中区	9065	4664	4401	8878	4423	4455	6290	3079	3211
相城区	2457	1316	1141	2984	1550	1434	2266	1086	1180
姑苏区									
吴江区	21398	11178	10220	23350	11736	11614	16046	8247	7799
苏州工业园区	45141	19848	25293	43776	20377	23399	24399	11855	12544
常熟市	19428	10188	9240	21122	10470	10652	16707	8109	8598
张家港市	26765	13740	13025	28455	14116	14339	21564	10485	11079
昆山市	8613	4318	4295	9328	4616	4712	6105	3014	3091
太仓市	11428	6065	5363	14031	6960	7071	9666	4641	5025
南通市	**165393**	**83030**	**82363**	**171015**	**85041**	**85974**	**132845**	**64544**	**68301**
崇川区									
港闸区									
通州区	23836	11755	12081	27275	13535	13740	21373	10426	10947
如东县	41249	20604	20645	42978	20836	22142	34870	16773	18097
南通经济技术开发区	12732	6422	6310	11993	5972	6021	7740	3860	3880
通州湾示范区	3365	1661	1704	3470	1735	1735	2578	1200	1378
苏锡通科技产业园区	2308	1264	1044	2312	1205	1107	1714	756	958
启东市	18127	9063	9064	17052	8161	8891	12081	5671	6410
如皋市	30192	15506	14686	31290	16107	15183	26341	13032	13309
海门市	21284	10459	10825	21357	10692	10665	15796	7617	8179
海安市	12300	6296	6004	13288	6798	6490	10352	5209	5143
连云港市	**90449**	**45071**	**45378**	**89319**	**43437**	**45882**	**51595**	**24920**	**26675**
连云区	24	22	2	12	6	6	7	5	2
海州区	3199	1561	1638	3216	1480	1736	1889	850	1039
赣榆区	16175	7876	8299	18263	8916	9347	11539	5491	6048
东海县	19298	9532	9766	20860	10011	10849	12317	6004	6313
灌云县	21237	10736	10501	20071	9974	10097	10661	5200	5461
灌南县	17950	9049	8901	15897	7845	8052	9209	4559	4650
连云港经济技术开发区	4124	2127	1997	3689	1730	1959	2070	1021	1049
连云港高新技术产业开发区	5852	2870	2982	4804	2237	2567	2512	1141	1371
江苏连云港徐圩新区	2423	1213	1210	2371	1179	1192	1312	609	703
江苏省连云港市云台山风景名胜区	167	85	82	136	59	77	79	40	39
淮安市	**92447**	**46777**	**45670**	**87847**	**43819**	**44028**	**49057**	**24497**	**24560**
淮安区	8221	4136	4085	9532	4719	4813	6438	3263	3175
淮阴区	8162	4213	3949	8077	4156	3921	4594	2406	2188
清江浦区	534	289	245	540	262	278	237	111	126
洪泽区	2410	1298	1112	2589	1314	1275	1551	769	782
涟水县	22247	11124	11123	21665	10669	10996	12588	6259	6329
盱眙县	22564	11419	11145	20916	10470	10446	10247	5043	5204
金湖县	9763	4863	4900	8738	4287	4451	4786	2321	2465
淮安经济技术开发区	12295	6310	5985	10265	5207	5058	5811	2925	2886
工业园区	481	254	227	486	233	253	192	95	97
生态文旅区	4185	2026	2159	3478	1713	1765	1689	858	831
苏淮高新区	1585	845	740	1561	789	772	924	447	477

1-5b　续表 17　　单位：人

地　区	60-64岁			65-69岁			70-74岁		
	小计	男	女	小计	男	女	小计	男	女
盐城市	**173480**	**88027**	**85453**	**164403**	**81233**	**83170**	**106760**	**51536**	**55224**
亭湖区	4203	2162	2041	4166	2070	2096	2795	1286	1509
盐都区	6030	2973	3057	6498	3256	3242	4292	2049	2243
大丰区	17292	8875	8417	15974	7890	8084	10867	5088	5779
响水县	16627	8236	8391	14995	7277	7718	8220	3884	4336
滨海县	28070	14179	13891	27201	13231	13970	16794	8132	8662
阜宁县	28924	14609	14315	27329	13687	13642	17701	8873	8828
射阳县	31048	16063	14985	27893	13986	13907	18038	8544	9494
建湖县	20037	9824	10213	21123	10207	10916	14080	6937	7143
盐城经济技术开发区	3523	1880	1643	3033	1522	1511	1978	942	1036
江苏省盐南高新区									
东台市	17726	9226	8500	16191	8107	8084	11995	5801	6194
扬州市	**63611**	**31568**	**32043**	**75218**	**36637**	**38581**	**55107**	**27173**	**27934**
广陵区	2947	1497	1450	2893	1508	1385	2270	1178	1092
邗江区	3604	1788	1816	4147	2037	2110	3309	1645	1664
江都区	14120	6935	7185	18780	9144	9636	14880	7283	7597
宝应县	20242	9951	10291	23515	11162	12353	16089	7862	8227
扬州经济技术开发区	11391	5502	5889	11366	5474	5892	7934	3882	4052
蜀冈瘦西湖景区									
生态新城	779	417	362	786	383	403	778	344	434
仪征市	3561	1894	1667	4350	2276	2074	3040	1580	1460
高邮市	6967	3584	3383	9381	4653	4728	6807	3399	3408
镇江市	**49481**	**25345**	**24136**	**54606**	**27816**	**26790**	**40036**	**19689**	**20347**
京口区	250	129	121	257	135	122	230	91	139
润州区									
丹徒区	5106	2608	2498	5849	2926	2923	4370	2222	2148
镇江新区	12687	6369	6318	12304	6171	6133	8565	4171	4394
江苏镇江高新区									
丹阳市	22967	11884	11083	26361	13660	12701	19604	9708	9896
扬中市	3391	1720	1671	3938	1981	1957	2952	1412	1540
句容市	5080	2635	2445	5897	2943	2954	4315	2085	2230
泰州市	**64856**	**32979**	**31877**	**78296**	**39601**	**38695**	**58557**	**29677**	**28880**
海陵区	1615	854	761	2317	1198	1119	1739	861	878
高港区	3016	1527	1489	3064	1515	1549	2397	1219	1178
姜堰区	7147	3701	3446	9376	4725	4651	7378	3840	3538
泰州医药高新技术产业开发区	9218	4466	4752	9497	4820	4677	6432	3359	3073
兴化市	20077	10231	9846	27205	13677	13528	19076	9589	9487
靖江市	7534	3808	3726	8922	4456	4466	6962	3458	3504
泰兴市	16249	8392	7857	17915	9210	8705	14573	7351	7222
宿迁市	**98203**	**49767**	**48436**	**95147**	**46718**	**48429**	**53145**	**26367**	**26778**
宿城区	1978	1043	935	1984	1063	921	1175	615	560
宿豫区	3405	1727	1678	3526	1736	1790	1967	1020	947
沭阳县	44976	23015	21961	40121	20004	20117	22363	10863	11500
泗阳县	22184	11112	11072	22462	10610	11852	12401	6185	6216
泗洪县	20003	10020	9983	22327	10951	11376	12129	6088	6041
宿迁经济技术开发区	4849	2424	2425	3856	1900	1956	2619	1368	1251
宿迁市湖滨新区	808	426	382	871	454	417	491	228	263
苏州宿迁工业园区									
宿迁市洋河新区									

1-5b 续表 18 单位：人

地 区	75-79岁			80-84岁			85-89岁		
	小计	男	女	小计	男	女	小计	男	女
江 苏	**549203**	**260717**	**288486**	**350680**	**156805**	**193875**	**193321**	**75776**	**117545**
南京市	**3545**	**1736**	**1809**	**2048**	**1045**	**1003**	**1174**	**510**	**664**
玄武区									
秦淮区									
建邺区									
鼓楼区									
浦口区	113	53	60	72	40	32	33	15	18
栖霞区									
雨花台区	335	164	171	248	124	124	134	54	80
江宁区									
六合区	1609	745	864	873	404	469	519	218	301
溧水区	920	460	460	521	271	250	296	130	166
高淳区	568	314	254	334	206	128	192	93	99
南京江北新区									
无锡市	**28268**	**13432**	**14836**	**17014**	**7646**	**9368**	**9369**	**3675**	**5694**
锡山区	6778	3139	3639	4076	1768	2308	2260	828	1432
惠山区	2426	1180	1246	1406	686	720	741	310	431
滨湖区									
梁溪区									
新吴区									
江苏无锡经济开发区									
江阴市	10491	4812	5679	6680	2864	3816	3214	1227	1987
宜兴市	8573	4301	4272	4852	2328	2524	3154	1310	1844
徐州市	**67490**	**30728**	**36762**	**40080**	**17587**	**22493**	**24171**	**9046**	**15125**
鼓楼区									
云龙区	467	217	250	239	105	134	155	60	95
贾汪区	2155	977	1178	1340	580	760	769	285	484
泉山区									
铜山区	8800	4149	4651	4891	2208	2683	2937	1136	1801
丰县	12315	5349	6966	7015	3014	4001	4758	1661	3097
沛县	12686	5668	7018	7651	3402	4249	4674	1791	2883
睢宁县	14198	6757	7441	8606	3805	4801	4772	1803	2969
徐州经济技术开发区	4570	2002	2568	2779	1207	1572	1481	583	898
新沂市	4507	2021	2486	2796	1218	1578	1679	573	1106
邳州市	7792	3588	4204	4763	2048	2715	2946	1154	1792
常州市	**17240**	**7966**	**9274**	**10496**	**4694**	**5802**	**5449**	**2166**	**3283**
天宁区	1168	554	614	791	363	428	332	124	208
钟楼区									
新北区	3168	1401	1767	1876	761	1115	955	313	642
武进区	4135	1933	2202	2429	1107	1322	1325	544	781
金坛区	2521	1182	1339	1509	702	807	810	351	459
江苏省常州市经济开发区	1882	885	997	1139	534	605	511	195	316
溧阳市	4366	2011	2355	2752	1227	1525	1516	639	877

1-5b　续表 19

单位：人

地　区	75-79岁			80-84岁			85-89岁		
	小计	男	女	小计	男	女	小计	男	女
苏州市	**63077**	**30178**	**32899**	**39604**	**17610**	**21994**	**22677**	**8601**	**14076**
虎丘区	122	67	55	63	29	34	27	13	14
吴中区	3932	1817	2115	2452	1079	1373	1412	536	876
相城区	1225	612	613	869	383	486	477	164	313
姑苏区									
吴江区	10040	5113	4927	6367	2989	3378	4014	1567	2447
苏州工业园区	13586	6643	6943	8067	3693	4374	4522	1809	2713
常熟市	10752	4877	5875	7037	3001	4036	3705	1306	2399
张家港市	13417	6203	7214	8818	3773	5045	4655	1736	2919
昆山市	3782	1894	1888	2044	935	1109	1330	490	840
太仓市	6221	2952	3269	3887	1728	2159	2535	980	1555
南通市	**89955**	**42776**	**47179**	**62128**	**27563**	**34565**	**34694**	**13339**	**21355**
崇川区									
港闸区									
通州区	13874	6627	7247	9559	4117	5442	5332	2017	3315
如东县	24292	11674	12618	16708	7811	8897	9106	3823	5283
南通经济技术开发区	4644	2212	2432	3194	1387	1807	1850	662	1188
通州湾示范区	1717	760	957	1195	546	649	715	253	462
苏锡通科技产业园区	1380	650	730	996	445	551	489	186	303
启东市	7506	3398	4108	6198	2637	3561	3767	1382	2385
如皋市	18168	8539	9629	11954	5094	6860	6557	2362	4195
海门市	10875	5205	5670	7211	3151	4060	4304	1591	2713
海安市	7499	3711	3788	5113	2375	2738	2574	1063	1511
连云港市	**35521**	**16708**	**18813**	**21802**	**9943**	**11859**	**12970**	**5318**	**7652**
连云区							1	1	
海州区	1330	617	713	797	374	423	444	196	248
赣榆区	7141	3249	3892	4344	1955	2389	2856	1084	1772
东海县	8731	4428	4303	5137	2473	2664	3215	1336	1879
灌云县	8081	3743	4338	4890	2185	2705	2841	1187	1654
灌南县	6292	2926	3366	3956	1815	2141	2031	850	1181
连云港经济技术开发区	1321	589	732	1019	427	592	570	217	353
连云港高新技术产业开发区	1587	708	879	987	447	540	553	244	309
江苏连云港徐圩新区	986	426	560	636	257	379	430	189	241
江苏省连云港市云台山风景名胜区	52	22	30	36	10	26	29	14	15
淮安市	**36408**	**17184**	**19224**	**23556**	**10512**	**13044**	**12023**	**4711**	**7312**
淮安区	3914	1894	2020	2665	1252	1413	1430	545	885
淮阴区	3619	1778	1841	2508	1073	1435	1197	452	745
清江浦区	233	115	118	179	84	95	101	40	61
洪泽区	1359	664	695	775	364	411	404	151	253
涟水县	8688	4195	4493	6061	2748	3313	3036	1166	1870
盱眙县	8952	4030	4922	5024	2153	2871	2558	1039	1519
金湖县	3750	1732	2018	2297	1086	1211	1214	546	668
淮安经济技术开发区	3985	1881	2104	2782	1218	1564	1420	530	890
工业园区	167	78	89	119	48	71	70	26	44
生态文旅区	1033	477	556	694	311	383	355	128	227
苏淮高新区	708	340	368	452	175	277	238	88	150

1-5b 续表 20

单位：人

地区	75-79岁			80-84岁			85-89岁		
	小计	男	女	小计	男	女	小计	男	女
盐城市	**69949**	**33059**	**36890**	**47348**	**21230**	**26118**	**24060**	**10132**	**13928**
亭湖区	2001	944	1057	1346	599	747	684	298	386
盐都区	2918	1464	1454	1857	873	984	883	340	543
大丰区	8033	3744	4289	5532	2372	3160	2747	1119	1628
响水县	5462	2451	3011	3368	1439	1929	1793	735	1058
滨海县	9581	4513	5068	6875	3215	3660	3398	1402	1996
阜宁县	11555	5453	6102	7364	3367	3997	3934	1718	2216
射阳县	10825	5005	5820	7906	3329	4577	4202	1744	2458
建湖县	9301	4670	4631	5936	2852	3084	2788	1257	1531
盐城经济技术开发区	1451	659	792	908	398	510	404	155	249
江苏省盐南高新区									
东台市	8822	4156	4666	6256	2786	3470	3227	1364	1863
扬州市	**32766**	**16172**	**16594**	**21117**	**9828**	**11289**	**10997**	**4440**	**6557**
广陵区	1293	646	647	815	355	460	432	164	268
邗江区	1755	851	904	1133	548	585	590	234	356
江都区	9342	4555	4787	5825	2749	3076	3048	1261	1787
宝应县	9619	4722	4897	6062	2783	3279	3040	1160	1880
扬州经济技术开发区	4617	2277	2340	3068	1440	1628	1713	753	960
蜀冈瘦西湖景区									
生态新城	502	248	254	371	155	216	213	101	112
仪征市	1538	815	723	1186	564	622	631	248	383
高邮市	4100	2058	2042	2657	1234	1423	1330	519	811
镇江市	**22070**	**10535**	**11535**	**12812**	**5803**	**7009**	**7563**	**2872**	**4691**
京口区	163	74	89	87	39	48	46	15	31
润州区									
丹徒区	2445	1160	1285	1356	643	713	872	369	503
镇江新区	4931	2362	2569	2780	1260	1520	1710	671	1039
江苏镇江高新区									
丹阳市	10207	4876	5331	6139	2724	3415	3691	1328	2363
扬中市	1955	916	1039	1112	501	611	532	189	343
句容市	2369	1147	1222	1338	636	702	712	300	412
泰州市	**39434**	**19563**	**19871**	**25261**	**11264**	**13997**	**13807**	**5307**	**8500**
海陵区	1144	571	573	759	320	439	440	178	262
高港区	1594	767	827	1057	453	604	633	243	390
姜堰区	5190	2628	2562	3511	1604	1907	1858	732	1126
泰州医药高新技术产业开发区	4322	2153	2169	2644	1164	1480	1554	582	972
兴化市	13199	6725	6474	8252	3853	4399	4406	1827	2579
靖江市	4186	2022	2164	2629	1127	1502	1287	477	810
泰兴市	9799	4697	5102	6409	2743	3666	3629	1268	2361
宿迁市	**43480**	**20680**	**22800**	**27414**	**12080**	**15334**	**14367**	**5659**	**8708**
宿城区	1104	513	591	693	307	386	341	131	210
宿豫区	1594	778	816	1014	429	585	540	218	322
沭阳县	17984	8360	9624	11809	5168	6641	6318	2462	3856
泗阳县	9522	4625	4897	6140	2731	3409	3154	1199	1955
泗洪县	10925	5295	5630	6213	2757	3456	3240	1342	1898
宿迁经济技术开发区	1921	903	1018	1231	557	674	596	233	363
宿迁市湖滨新区	430	206	224	314	131	183	178	74	104
苏州宿迁工业园区									
宿迁市洋河新区									

1-5b　续表 21　　　　单位：人

地　　区	90-94岁			95-99岁			100岁及以上		
	小计	男	女	小计	男	女	小计	男	女
江　苏	**67675**	**22643**	**45032**	**15537**	**4487**	**11050**	**1857**	**501**	**1356**
南京市	**413**	**137**	**276**	**79**	**40**	**39**	**16**	**8**	**8**
玄武区									
秦淮区									
建邺区									
鼓楼区									
浦口区	22	11	11	10	4	6	3	1	2
栖霞区									
雨花台区	46	20	26	10	9	1	3	1	2
江宁区									
六合区	167	40	127	36	16	20	2		2
溧水区	109	39	70	16	10	6	8	6	2
高淳区	69	27	42	7	1	6			
南京江北新区									
无锡市	**3735**	**1206**	**2529**	**730**	**214**	**516**	**74**	**17**	**57**
锡山区	914	283	631	159	46	113	19	1	18
惠山区	285	82	203	78	14	64	7	3	4
滨湖区									
梁溪区									
新吴区									
江苏无锡经济开发区									
江阴市	1242	389	853	242	69	173	24	9	15
宜兴市	1294	452	842	251	85	166	24	4	20
徐州市	**8682**	**2820**	**5862**	**2302**	**646**	**1656**	**290**	**63**	**227**
鼓楼区									
云龙区	58	18	40	28	12	16	2		2
贾汪区	259	82	177	59	13	46	5	1	4
泉山区									
铜山区	1004	349	655	236	60	176	24	5	19
丰县	1674	498	1176	485	138	347	68	13	55
沛县	1775	611	1164	460	121	339	71	20	51
睢宁县	1705	550	1155	465	148	317	47	8	39
徐州经济技术开发区	452	166	286	95	25	70	12	5	7
新沂市	496	148	348	120	26	94	11	1	10
邳州市	1259	398	861	354	103	251	50	10	40
常州市	**2215**	**743**	**1472**	**486**	**139**	**347**	**43**	**13**	**30**
天宁区	119	43	76	39	13	26	3		3
钟楼区									
新北区	388	123	265	77	19	58	8	1	7
武进区	546	178	368	126	38	88	11	4	7
金坛区	309	114	195	65	17	48	4	3	1
江苏省常州市经济开发区	185	61	124	38	9	29	6	1	5
溧阳市	668	224	444	141	43	98	11	4	7

1-5b 续表 22

单位：人

地区	90-94岁			95-99岁			100岁及以上		
	小计	男	女	小计	男	女	小计	男	女
苏州市	**8369**	**2566**	**5803**	**1644**	**404**	**1240**	**188**	**54**	**134**
虎丘区	6	1	5	2	1	1			
吴中区	523	151	372	105	21	84	13	2	11
相城区	175	47	128	34	4	30	5	3	2
姑苏区									
吴江区	1488	467	1021	315	84	231	39	14	25
苏州工业园区	1560	528	1032	290	82	208	38	13	25
常熟市	1276	327	949	250	47	203	15	2	13
张家港市	1855	586	1269	374	97	277	41	5	36
昆山市	478	148	330	95	23	72	13	6	7
太仓市	1008	311	697	179	45	134	24	9	15
南通市	**13468**	**4263**	**9205**	**3120**	**838**	**2282**	**338**	**66**	**272**
崇川区									
港闸区									
通州区	2223	670	1553	534	151	383	52	7	45
如东县	3565	1271	2294	833	261	572	93	20	73
南通经济技术开发区	715	214	501	179	50	129	21	5	16
通州湾示范区	229	69	160	49	13	36	4	1	3
苏锡通科技产业园区	161	60	101	48	15	33	3		3
启东市	1316	424	892	303	77	226	37	4	33
如皋市	2582	741	1841	583	135	448	63	17	46
海门市	1687	488	1199	395	82	313	40	8	32
海安市	990	326	664	196	54	142	25	4	21
连云港市	**4311**	**1662**	**2649**	**1040**	**333**	**707**	**146**	**42**	**104**
连云区	1	1							
海州区	145	56	89	24	10	14	2	2	
赣榆区	1002	349	653	184	50	134	26	7	19
东海县	982	374	608	220	61	159	31	8	23
灌云县	905	368	537	233	69	164	34	8	26
灌南县	743	294	449	262	105	157	38	11	27
连云港经济技术开发区	187	75	112	40	13	27	6	3	3
连云港高新技术产业开发区	187	68	119	46	16	30	5		5
江苏连云港徐圩新区	153	74	79	29	9	20	4	3	1
江苏省连云港市云台山风景名胜区	6	3	3	2		2			
淮安市	**3772**	**1315**	**2457**	**983**	**305**	**678**	**166**	**61**	**105**
淮安区	360	118	242	75	21	54	6	2	4
淮阴区	436	134	302	111	28	83	14	3	11
清江浦区	17	5	12	2	1	1			
洪泽区	125	50	75	21	7	14	1	1	
涟水县	929	312	617	330	105	225	96	41	55
盱眙县	884	345	539	206	54	152	21	5	16
金湖县	396	153	243	95	44	51	3		3
淮安经济技术开发区	436	137	299	105	30	75	13	5	8
工业园区	19	9	10	3		3	1		1
生态文旅区	99	29	70	15	7	8	7	4	3
苏淮高新区	71	23	48	20	8	12	4		4

1-5b　续表 23　　　　　　　　　　　　　　　　　　单位：人

地　　区	90-94岁			95-99岁			100岁及以上		
	小计	男	女	小计	男	女	小计	男	女
盐城市	**7115**	**2640**	**4475**	**1733**	**553**	**1180**	**207**	**51**	**156**
亭湖区	166	61	105	30	8	22	3		3
盐都区	230	86	144	40	12	28	2		2
大丰区	791	281	510	169	49	120	24	5	19
响水县	619	223	396	153	44	109	22	8	14
滨海县	1122	419	703	334	102	232	41	10	31
阜宁县	1195	458	737	340	125	215	38	11	27
射阳县	1152	437	715	269	97	172	36	7	29
建湖县	685	251	434	154	49	105	13	2	11
盐城经济技术开发区	140	48	92	36	14	22	4	1	3
江苏省盐南高新区									
东台市	1015	376	639	208	53	155	24	7	17
扬州市	**3403**	**1235**	**2168**	**639**	**228**	**411**	**80**	**39**	**41**
广陵区	172	62	110	44	17	27	3	2	1
邗江区	196	64	132	31	9	22	4	2	2
江都区	956	327	629	170	65	105	21	8	13
宝应县	837	317	520	179	64	115	10	1	9
扬州经济技术开发区	564	221	343	98	41	57	14	4	10
蜀冈瘦西湖景区									
生态新城	64	33	31	13	4	9	19	15	4
仪征市	233	74	159	39	9	30	4	3	1
高邮市	381	137	244	65	19	46	5	4	1
镇江市	**2754**	**871**	**1883**	**597**	**178**	**419**	**47**	**17**	**30**
京口区	15	4	11	2	2				
润州区									
丹徒区	336	120	216	71	30	41	9	3	6
镇江新区	632	211	421	150	47	103	14	6	8
江苏镇江高新区									
丹阳市	1333	393	940	277	74	203	16	5	11
扬中市	216	70	146	50	8	42	4	1	3
句容市	222	73	149	47	17	30	4	2	2
泰州市	**4757**	**1560**	**3197**	**1033**	**282**	**751**	**111**	**32**	**79**
海陵区	141	41	100	28	9	19	1	1	
高港区	231	63	168	36	11	25	4	1	3
姜堰区	652	222	430	128	34	94	17	4	13
泰州医药高新技术产业开发区	538	173	365	116	33	83	11	4	7
兴化市	1220	472	748	290	98	192	23	8	15
靖江市	541	160	381	122	23	99	12	3	9
泰兴市	1434	429	1005	313	74	239	43	11	32
宿迁市	**4681**	**1625**	**3056**	**1151**	**327**	**824**	**151**	**38**	**113**
宿城区	111	30	81	20	4	16	3		3
宿豫区	169	58	111	30	7	23	6	1	5
沭阳县	1981	667	1314	561	173	388	66	14	52
泗阳县	1109	389	720	252	75	177	36	12	24
泗洪县	1049	404	645	241	60	181	32	7	25
宿迁经济技术开发区	211	59	152	36	6	30	5	2	3
宿迁市湖滨新区	51	18	33	11	2	9	3	2	1
苏州宿迁工业园区									
宿迁市洋河新区									

1-5c 各地区分年龄、性别的人口(乡村)

单位：人

地区	合计			0岁		
	合计	男	女	小计	男	女
江苏	**22505633**	**11510786**	**10994847**	**134658**	**70399**	**64259**
南京市	**1229444**	**641078**	**588366**	**8079**	**4193**	**3886**
玄武区						
秦淮区						
建邺区						
鼓楼区						
浦口区	77354	39715	37639	577	270	307
栖霞区	62208	32733	29475	357	190	167
雨花台区						
江宁区	422658	226932	195726	2735	1445	1290
六合区	291016	147573	143443	1969	1033	936
溧水区	168506	86323	82183	1100	554	546
高淳区	186576	96147	90429	1221	645	576
南京江北新区	21126	11655	9471	120	56	64
无锡市	**1283927**	**676695**	**607232**	**5726**	**2956**	**2770**
锡山区	113320	59548	53772	614	335	279
惠山区	204850	109506	95344	900	460	440
滨湖区	43568	23365	20203	195	106	89
梁溪区						
新吴区	78112	44395	33717	349	186	163
江苏无锡经济开发区						
江阴市	448163	235402	212761	2097	1062	1035
宜兴市	395914	204479	191435	1571	807	764
徐州市	**3121902**	**1583308**	**1538594**	**25944**	**13777**	**12167**
鼓楼区						
云龙区						
贾汪区	183388	94860	88528	1483	791	692
泉山区						
铜山区	506727	259397	247330	4134	2198	1936
丰县	430439	215218	215221	3812	2021	1791
沛县	442065	222019	220046	4069	2191	1878
睢宁县	473976	240736	233240	3973	2124	1849
徐州经济技术开发区	53548	27560	25988	438	219	219
新沂市	420011	213498	206513	3078	1662	1416
邳州市	611748	310020	301728	4957	2571	2386
常州市	**1210265**	**630640**	**579625**	**6693**	**3468**	**3225**
天宁区	59176	30680	28496	280	157	123
钟楼区	43425	23778	19647	215	110	105
新北区	112496	58113	54383	555	289	266
武进区	359848	189384	170464	1703	858	845
金坛区	200047	103226	96821	1222	652	570
江苏省常州市经济开发区	145688	78573	67115	942	489	453
溧阳市	289585	146886	142699	1776	913	863

1-5c　续表 1　　　　单位：人

地　　区	合　　计			0岁		
	合计	男	女	小计	男	女
苏州市	**2329889**	**1246436**	**1083453**	**10635**	**5505**	**5130**
虎丘区	68893	37219	31674	418	221	197
吴中区	318222	169948	148274	1687	906	781
相城区	51681	29131	22550	253	123	130
姑苏区						
吴江区	383871	201256	182615	1757	899	858
苏州工业园区						
常熟市	446451	232375	214076	1639	855	784
张家港市	376151	197899	178252	1656	837	819
昆山市	440337	246810	193527	2477	1285	1192
太仓市	244283	131798	112485	748	379	369
南通市	**2283703**	**1105459**	**1178244**	**10299**	**5290**	**5009**
崇川区						
港闸区	3633	2128	1505	16	8	8
通州区	350111	170454	179657	1709	889	820
如东县	365585	177560	188025	1503	798	705
南通经济技术开发区						
通州湾示范区	50441	23434	27007	235	122	113
苏锡通科技产业园区	47240	23749	23491	282	134	148
启东市	387156	185783	201373	1542	778	764
如皋市	476569	231124	245445	2610	1303	1307
海门市	329799	156677	173122	1462	772	690
海安市	273169	134550	138619	940	486	454
连云港市	**1769795**	**902102**	**867693**	**14954**	**7900**	**7054**
连云区	2724	1523	1201	16	4	12
海州区	94029	48498	45531	764	412	352
赣榆区	434615	218628	215987	3739	1955	1784
东海县	540368	273934	266434	4974	2638	2336
灌云县	366539	188801	177738	2929	1565	1364
灌南县	288525	148560	139965	2231	1184	1047
连云港经济技术开发区	18933	9699	9234	135	61	74
连云港高新技术产业开发区						
江苏连云港徐圩新区	1168	677	491	8	5	3
江苏省连云港市云台山风景名胜区	22894	11782	11112	158	76	82
淮安市	**1564007**	**799731**	**764276**	**9599**	**4964**	**4635**
淮安区	357612	182369	175243	2302	1163	1139
淮阴区	317407	163645	153762	2042	1065	977
清江浦区	54526	28000	26526	396	206	190
洪泽区	114611	57551	57060	570	303	267
涟水县	364642	187100	177542	2327	1223	1104
盱眙县	232775	119154	113621	1403	706	697
金湖县	111823	56530	55293	479	260	219
淮安经济技术开发区						
工业园区	8423	4271	4152	67	33	34
生态文旅区						
苏淮高新区	2188	1111	1077	13	5	8

1-5c 续表 2

单位：人

地　　区	合　　计			0岁		
	合计	男	女	小计	男	女
盐城市	**2407973**	**1224725**	**1183248**	**11730**	**6004**	**5726**
亭湖区	95203	48728	46475	444	227	217
盐都区	256339	131246	125093	1181	585	596
大丰区	246106	124455	121651	854	443	411
响水县	190371	98473	91898	1354	708	646
滨海县	361280	186634	174646	2440	1250	1190
阜宁县	328940	169064	159876	1819	960	859
射阳县	306725	156161	150564	1284	641	643
建湖县	230587	117223	113364	847	427	420
盐城经济技术开发区	28574	14581	13993	168	77	91
江苏省盐南高新区						
东台市	363848	178160	185688	1339	686	653
扬州市	**1320893**	**666219**	**654674**	**6025**	**3142**	**2883**
广陵区	76379	41080	35299	231	120	111
邗江区	92028	45941	46087	459	247	212
江都区	364114	181095	183019	1385	698	687
宝应县	290380	146339	144041	1382	746	636
扬州经济技术开发区	18187	9208	8979	115	71	44
蜀冈瘦西湖景区						
生态新城	17473	8615	8858	66	46	20
仪征市	175576	89382	86194	900	454	446
高邮市	286756	144559	142197	1487	760	727
镇江市	**659591**	**338935**	**320656**	**3141**	**1685**	**1456**
京口区	6865	3518	3347	18	10	8
润州区	914	531	383	2	2	
丹徒区	100134	51269	48865	444	253	191
镇江新区	35064	18029	17035	139	73	66
江苏镇江高新区						
丹阳市	196316	100696	95620	748	393	355
扬中市	94028	48089	45939	475	254	221
句容市	226270	116803	109467	1315	700	615
泰州市	**1441583**	**731667**	**709916**	**6962**	**3623**	**3339**
海陵区	43834	22071	21763	194	106	88
高港区	78662	40040	38622	447	250	197
姜堰区	241312	120661	120651	979	503	476
泰州医药高新技术产业开发区	14570	7234	7336	96	57	39
兴化市	478355	244484	233871	2417	1207	1210
靖江市	209438	108463	100975	821	409	412
泰兴市	375412	188714	186698	2008	1091	917
宿迁市	**1882661**	**963791**	**918870**	**14871**	**7892**	**6979**
宿城区	231196	118429	112767	2129	1104	1025
宿豫区	146904	75634	71270	977	523	454
沭阳县	688731	353786	334945	5968	3186	2782
泗阳县	319045	161879	157166	2236	1173	1063
泗洪县	333532	170740	162792	2185	1174	1011
宿迁经济技术开发区	48607	25020	23587	454	237	217
宿迁市湖滨新区	51632	26767	24865	383	194	189
苏州宿迁工业园区						
宿迁市洋河新区	63014	31536	31478	539	301	238

1-5c　续表 3　　　　单位：人

地　区	1-4岁			5-9岁			10-14岁		
	小计	男	女	小计	男	女	小计	男	女
江　苏	**710439**	**371980**	**338459**	**1099808**	**585045**	**514763**	**1199770**	**646697**	**553073**
南京市	**40042**	**20979**	**19063**	**44752**	**23394**	**21358**	**39379**	**20393**	**18986**
玄武区									
秦淮区									
建邺区									
鼓楼区									
浦口区	2847	1497	1350	3034	1578	1456	2412	1256	1156
栖霞区	1894	979	915	2232	1121	1111	1818	946	872
雨花台区									
江宁区	14428	7622	6806	15525	8187	7338	11841	6113	5728
六合区	8963	4622	4341	9626	4949	4677	9349	4800	4549
溧水区	5358	2837	2521	6590	3529	3061	6725	3527	3198
高淳区	5975	3117	2858	7112	3720	3392	6734	3485	3249
南京江北新区	577	305	272	633	310	323	500	266	234
无锡市	**32475**	**17022**	**15453**	**44383**	**23623**	**20760**	**39080**	**20944**	**18136**
锡山区	3252	1713	1539	4545	2488	2057	3926	2134	1792
惠山区	5377	2855	2522	7610	4090	3520	6952	3701	3251
滨湖区	1244	641	603	1749	928	821	1372	727	645
梁溪区									
新吴区	1829	924	905	2644	1425	1219	2066	1124	942
江苏无锡经济开发区									
江阴市	12160	6382	5778	16078	8556	7522	14151	7694	6457
宜兴市	8613	4507	4106	11757	6136	5621	10613	5564	5049
徐州市	**143089**	**75928**	**67161**	**249252**	**134993**	**114259**	**305587**	**166718**	**138869**
鼓楼区									
云龙区									
贾汪区	8632	4610	4022	14658	8154	6504	17374	9625	7749
泉山区									
铜山区	24328	12800	11528	41376	22401	18975	47879	26125	21754
丰县	20236	10727	9509	32883	17617	15266	36641	20320	16321
沛县	21248	11115	10133	34986	18523	16463	39596	21931	17665
睢宁县	22233	11690	10543	35874	19145	16729	39132	21048	18084
徐州经济技术开发区	2345	1270	1075	4238	2311	1927	5542	3022	2520
新沂市	18183	9765	8418	34639	18798	15841	48091	25928	22163
邳州市	25884	13951	11933	50598	28044	22554	71332	38719	32613
常州市	**32918**	**17280**	**15638**	**43366**	**22957**	**20409**	**40222**	**21511**	**18711**
天宁区	1751	938	813	2316	1275	1041	2235	1201	1034
钟楼区	1275	713	562	1677	873	804	1441	773	668
新北区	3128	1588	1540	4341	2268	2073	4027	2173	1854
武进区	9957	5163	4794	13737	7350	6387	12949	6948	6001
金坛区	4390	2299	2091	5290	2762	2528	5138	2642	2496
江苏省常州市经济开发区	4425	2333	2092	6206	3383	2823	5068	2759	2309
溧阳市	7992	4246	3746	9799	5046	4753	9364	5015	4349

1-5c 续表 4

单位：人

地　区	1-4岁			5-9岁			10-14岁		
	小计	男	女	小计	男	女	小计	男	女
苏州市	**59840**	**31211**	**28629**	**78449**	**41312**	**37137**	**60461**	**32050**	**28411**
虎丘区	2481	1255	1226	3037	1599	1438	2146	1084	1062
吴中区	8863	4648	4215	11900	6199	5701	8722	4531	4191
相城区	1219	643	576	1588	850	738	1198	618	580
姑苏区									
吴江区	10456	5422	5034	13415	7031	6384	10217	5450	4767
苏州工业园区									
常熟市	9975	5201	4774	13037	6868	6169	10716	5694	5022
张家港市	9832	5091	4741	13626	7162	6464	11178	6005	5173
昆山市	12465	6545	5920	15525	8228	7297	10839	5828	5011
太仓市	4549	2406	2143	6321	3375	2946	5445	2840	2605
南通市	**49985**	**25779**	**24206**	**64985**	**33310**	**31675**	**63691**	**32648**	**31043**
崇川区									
港闸区	87	55	32	126	74	52	111	58	53
通州区	8703	4493	4210	11061	5589	5472	9399	4781	4618
如东县	6717	3480	3237	8191	4221	3970	8359	4206	4153
南通经济技术开发区									
通州湾示范区	1097	553	544	1290	650	640	1198	614	584
苏锡通科技产业园区	1416	747	669	2209	1130	1079	1766	933	833
启东市	6968	3566	3402	9335	4758	4577	9175	4508	4667
如皋市	13747	7100	6647	18350	9421	8929	18738	9891	8847
海门市	6876	3565	3311	9040	4657	4383	9149	4663	4486
海安市	4374	2220	2154	5383	2810	2573	5796	2994	2802
连云港市	**78930**	**41600**	**37330**	**139787**	**74386**	**65401**	**164477**	**87772**	**76705**
连云区	86	45	41	103	61	42	108	67	41
海州区	4071	2126	1945	6540	3410	3130	6704	3662	3042
赣榆区	20311	10782	9529	34804	18826	15978	39092	21153	17939
东海县	26018	13669	12349	47431	25134	22297	55539	29420	26119
灌云县	15181	7966	7215	26854	14124	12730	33309	17272	16037
灌南县	11419	6059	5360	21191	11250	9941	26913	14660	12253
连云港经济技术开发区	799	396	403	1204	705	499	1159	632	527
连云港高新技术产业开发区									
江苏连云港徐圩新区	60	31	29	66	33	33	54	30	24
江苏省连云港市云台山风景名胜区	985	526	459	1594	843	751	1599	876	723
淮安市	**49525**	**25642**	**23883**	**79465**	**41523**	**37942**	**98240**	**52056**	**46184**
淮安区	11844	6189	5655	19420	10242	9178	22565	12486	10079
淮阴区	10286	5379	4907	18586	9802	8784	23197	12233	10964
清江浦区	2109	1097	1012	3034	1612	1422	2677	1461	1216
洪泽区	2812	1491	1321	4291	2173	2118	4970	2595	2375
涟水县	13067	6688	6379	19876	10217	9659	25942	13683	12259
盱眙县	7124	3637	3487	11615	6083	5532	16191	8206	7985
金湖县	1893	953	940	2054	1091	963	2145	1090	1055
淮安经济技术开发区									
工业园区	325	172	153	495	251	244	475	260	215
生态文旅区									
苏淮高新区	65	36	29	94	52	42	78	42	36

1-5c 续表 5

单位：人

地区	1-4岁			5-9岁			10-14岁		
	小计	男	女	小计	男	女	小计	男	女
盐城市	**61560**	**32048**	**29512**	**99927**	**53908**	**46019**	**123701**	**68436**	**55265**
亭湖区	2566	1318	1248	3304	1802	1502	4090	2379	1711
盐都区	5818	3039	2779	8685	4855	3830	10189	5999	4190
大丰区	4246	2204	2042	5438	2919	2519	6033	3149	2884
响水县	7579	4035	3544	13485	7355	6130	16837	9166	7671
滨海县	12070	6287	5783	22366	12066	10300	31260	17146	14114
阜宁县	10371	5420	4951	18402	9882	8520	21749	12219	9530
射阳县	7160	3702	3458	11473	6034	5439	15106	8269	6837
建湖县	4337	2230	2107	6378	3475	2903	8094	4519	3575
盐城经济技术开发区	897	463	434	1179	612	567	1059	589	470
江苏省盐南高新区									
东台市	6516	3350	3166	9217	4908	4309	9284	5001	4283
扬州市	**28727**	**14893**	**13834**	**35177**	**18339**	**16838**	**36438**	**19423**	**17015**
广陵区	1473	795	678	2080	1118	962	2098	1095	1003
邗江区	2516	1266	1250	3310	1722	1588	3112	1652	1460
江都区	7148	3710	3438	9416	4905	4511	9932	5319	4613
宝应县	5883	3061	2822	7314	3833	3481	8802	4825	3977
扬州经济技术开发区	580	317	263	601	324	277	880	480	400
蜀冈瘦西湖景区									
生态新城	431	207	224	661	349	312	582	293	289
仪征市	4977	2599	2378	5651	2957	2694	5199	2717	2482
高邮市	5719	2938	2781	6144	3131	3013	5833	3042	2791
镇江市	**14934**	**7752**	**7182**	**19296**	**10060**	**9236**	**18390**	**9454**	**8936**
京口区	126	69	57	223	124	99	230	110	120
润州区	38	20	18	52	28	24	35	19	16
丹徒区	2060	1074	986	2925	1539	1386	3145	1608	1537
镇江新区	884	445	439	1298	689	609	1183	633	550
江苏镇江高新区									
丹阳市	4196	2191	2005	5805	3014	2791	6008	3124	2884
扬中市	2333	1224	1109	2715	1437	1278	2289	1218	1071
句容市	5297	2729	2568	6278	3229	3049	5500	2742	2758
泰州市	**34363**	**17838**	**16525**	**45082**	**24645**	**20437**	**48908**	**28500**	**20408**
海陵区	997	526	471	1485	798	687	1340	744	596
高港区	2296	1234	1062	2665	1418	1247	2740	1611	1129
姜堰区	4434	2329	2105	5577	3023	2554	6104	3391	2713
泰州医药高新技术产业开发区	467	241	226	630	361	269	532	282	250
兴化市	12721	6533	6188	18074	10128	7946	20765	12801	7964
靖江市	3693	1924	1769	4708	2517	2191	4787	2492	2295
泰兴市	9755	5051	4704	11943	6400	5543	12640	7179	5461
宿迁市	**84051**	**44008**	**40043**	**155887**	**82595**	**73292**	**161196**	**86792**	**74404**
宿城区	11445	5889	5556	19669	10317	9352	16893	8996	7897
宿豫区	5788	3092	2696	10419	5552	4867	10239	5470	4769
沭阳县	32892	17268	15624	59767	31826	27941	61120	33248	27872
泗阳县	12521	6530	5991	22828	12109	10719	29592	15906	13686
泗洪县	13797	7280	6517	29263	15447	13816	30883	16442	14441
宿迁经济技术开发区	2559	1306	1253	4331	2262	2069	3276	1771	1505
宿迁市湖滨新区	2154	1137	1017	4288	2291	1997	3805	2107	1698
苏州宿迁工业园区									
宿迁市洋河新区	2895	1506	1389	5322	2791	2531	5388	2852	2536

1-5c 续表 6

单位：人

地　区	15-19岁			20-24岁			25-29岁		
	小计	男	女	小计	男	女	小计	男	女
江　苏	**558141**	**314494**	**243647**	**697979**	**397804**	**300175**	**1138567**	**631168**	**507399**
南京市	**38988**	**20297**	**18691**	**47827**	**26539**	**21288**	**63966**	**35210**	**28756**
玄武区									
秦淮区									
建邺区									
鼓楼区									
浦口区	1394	757	637	2200	1198	1002	4939	2623	2316
栖霞区	869	493	376	1904	1096	808	3572	1967	1605
雨花台区									
江宁区	22648	12554	10094	24253	14671	9582	26059	14679	11380
六合区	5129	2696	2433	7080	3791	3289	12121	6270	5851
溧水区	5263	1796	3467	6231	2346	3885	6841	3827	3014
高淳区	3368	1810	1558	5154	2823	2331	8889	4945	3944
南京江北新区	317	191	126	1005	614	391	1545	899	646
无锡市	**32333**	**17562**	**14771**	**47536**	**28076**	**19460**	**79905**	**45767**	**34138**
锡山区	2184	1317	867	4443	2594	1849	7427	4095	3332
惠山区	8428	3696	4732	8149	4746	3403	12953	7635	5318
滨湖区	1938	1180	758	2115	1275	840	3131	1821	1310
梁溪区									
新吴区	3073	1990	1083	5788	3897	1891	8933	5595	3338
江苏无锡经济开发区									
江阴市	9842	5559	4283	16293	9375	6918	28412	15938	12474
宜兴市	6868	3820	3048	10748	6189	4559	19049	10683	8366
徐州市	**89000**	**51670**	**37330**	**86048**	**47666**	**38382**	**168057**	**90875**	**77182**
鼓楼区									
云龙区									
贾汪区	5071	3054	2017	5898	3520	2378	10100	5578	4522
泉山区									
铜山区	14375	8295	6080	12434	6822	5612	29997	16347	13650
丰县	12130	7328	4802	12617	7199	5418	26216	14397	11819
沛县	11613	7071	4542	11469	6305	5164	29064	15961	13103
睢宁县	10231	5597	4634	16100	8924	7176	26859	14581	12278
徐州经济技术开发区	1667	978	689	1347	727	620	2591	1382	1209
新沂市	12616	7431	5185	9665	5169	4496	18489	9595	8894
邳州市	21297	11916	9381	16518	9000	7518	24741	13034	11707
常州市	**26909**	**15727**	**11182**	**44231**	**26148**	**18083**	**72658**	**41125**	**31533**
天宁区	1106	606	500	2230	1232	998	3757	2075	1682
钟楼区	5973	3709	2264	2704	1787	917	2791	1560	1231
新北区	1817	1033	784	3664	2071	1593	6480	3530	2950
武进区	6829	3885	2944	13920	8240	5680	23498	13300	10198
金坛区	3222	1944	1278	6670	4061	2609	9931	5759	4172
江苏省常州市经济开发区	3324	1948	1376	6949	4180	2769	11401	6532	4869
溧阳市	4638	2602	2036	8094	4577	3517	14800	8369	6431

1-5c　续表 7

单位：人

地区	15-19岁			20-24岁			25-29岁		
	小计	男	女	小计	男	女	小计	男	女
苏州市	**58957**	**34976**	**23981**	**105679**	**65135**	**40544**	**176548**	**103103**	**73445**
虎丘区	1991	1122	869	3407	2087	1320	5844	3432	2412
吴中区	9206	5555	3651	14095	8604	5491	26479	15411	11068
相城区	1263	826	437	3004	2017	987	4745	2997	1748
姑苏区									
吴江区	8088	4724	3364	15679	9393	6286	25220	14217	11003
苏州工业园区									
常熟市	10207	5702	4505	15530	9147	6383	27774	15604	12170
张家港市	8932	4875	4057	12580	7324	5256	22477	12648	9829
昆山市	14080	9077	5003	30875	20090	10785	48256	29388	18868
太仓市	5190	3095	2095	10509	6473	4036	15753	9406	6347
南通市	**32198**	**17464**	**14734**	**52055**	**28133**	**23922**	**90049**	**46870**	**43179**
崇川区									
港闸区	76	45	31	109	71	38	200	121	79
通州区	4743	2601	2142	9716	5488	4228	16852	8897	7955
如东县	3346	1737	1609	6599	3437	3162	11815	5996	5819
南通经济技术开发区									
通州湾示范区	512	281	231	979	525	454	1606	784	822
苏锡通科技产业园区	895	521	374	1696	919	777	3250	1733	1517
启东市	4696	2468	2228	8309	4423	3886	14523	7643	6880
如皋市	9201	5094	4107	10142	5489	4653	18572	9543	9029
海门市	4707	2561	2146	8737	4682	4055	14028	7268	6760
海安市	4022	2156	1866	5768	3099	2669	9203	4885	4318
连云港市	**61572**	**35512**	**26060**	**61585**	**35680**	**25905**	**96616**	**51932**	**44684**
连云区	31	19	12	94	62	32	126	72	54
海州区	2748	1618	1130	3834	2300	1534	6195	3383	2812
赣榆区	12715	7331	5384	14032	8229	5803	26082	14381	11701
东海县	18092	10364	7728	16913	9514	7399	29446	15427	14019
灌云县	14172	7958	6214	14861	8603	6258	20422	10959	9463
灌南县	12659	7542	5117	10386	6088	4298	11928	6399	5529
连云港经济技术开发区	412	246	166	520	297	223	958	516	442
连云港高新技术产业开发区									
江苏连云港徐圩新区	36	26	10	52	33	19	65	33	32
江苏省连云港市云台山风景名胜区	707	408	299	893	554	339	1394	762	632
淮安市	**49236**	**27068**	**22168**	**48570**	**26902**	**21668**	**73052**	**40028**	**33024**
淮安区	10575	6067	4508	11271	6529	4742	18380	10231	8149
淮阴区	10463	5683	4780	10670	5822	4848	16166	8990	7176
清江浦区	1759	1039	720	2345	1320	1025	3613	1908	1705
洪泽区	3218	1741	1477	3292	1772	1520	4477	2417	2060
涟水县	13434	7449	5985	11637	6452	5185	16015	8788	7227
盱眙县	8244	4303	3941	7072	3740	3332	10281	5476	4805
金湖县	1280	640	640	1860	1028	832	3399	1832	1567
淮安经济技术开发区									
工业园区	219	119	100	355	197	158	613	320	293
生态文旅区									
苏淮高新区	44	27	17	68	42	26	108	66	42

1-5c 续表 8

单位：人

地 区	15-19岁			20-24岁			25-29岁		
	小计	男	女	小计	男	女	小计	男	女
盐城市	**58392**	**33027**	**25365**	**54582**	**30619**	**23963**	**77016**	**43248**	**33768**
亭湖区	1994	1158	836	2538	1430	1108	3053	1675	1378
盐都区	6051	3652	2399	5948	3536	2412	8257	4858	3399
大丰区	6583	3665	2918	5893	3179	2714	7407	4121	3286
响水县	6441	3707	2734	4946	2882	2064	7056	3828	3228
滨海县	12158	6902	5256	8508	4847	3661	13631	7569	6062
阜宁县	8248	4564	3684	7861	4434	3427	10133	5647	4486
射阳县	5755	3113	2642	6823	3688	3135	9740	5549	4191
建湖县	5462	3192	2270	4828	2695	2133	6183	3581	2602
盐城经济技术开发区	586	343	243	713	393	320	1150	618	532
江苏省盐南高新区									
东台市	5114	2731	2383	6524	3535	2989	10406	5802	4604
扬州市	**27843**	**15144**	**12699**	**34510**	**19339**	**15171**	**52235**	**29072**	**23163**
广陵区	1413	840	573	2326	1402	924	3979	2432	1547
邗江区	1872	1016	856	2546	1375	1171	4047	2152	1895
江都区	7117	3881	3236	9489	5426	4063	13456	7544	5912
宝应县	7616	4093	3523	7636	4309	3327	11018	6237	4781
扬州经济技术开发区	726	416	310	592	343	249	1063	572	491
蜀冈瘦西湖景区									
生态新城	323	166	157	491	283	208	880	457	423
仪征市	3393	1877	1516	4467	2455	2012	8254	4567	3687
高邮市	5383	2855	2528	6963	3746	3217	9538	5111	4427
镇江市	**11501**	**6387**	**5114**	**18213**	**10315**	**7898**	**30243**	**16813**	**13430**
京口区	151	79	72	184	108	76	258	152	106
润州区	20	14	6	36	23	13	65	40	25
丹徒区	1465	803	662	2514	1427	1087	3958	2150	1808
镇江新区	842	439	403	1139	644	495	1957	1077	880
江苏镇江高新区									
丹阳市	3052	1704	1348	5453	3097	2356	9307	5133	4174
扬中市	2054	1204	850	3065	1749	1316	4550	2500	2050
句容市	3917	2144	1773	5822	3267	2555	10148	5761	4387
泰州市	**24250**	**13623**	**10627**	**33094**	**18879**	**14215**	**56297**	**32887**	**23410**
海陵区	1339	732	607	1042	552	490	1766	904	862
高港区	1632	900	732	2396	1356	1040	3876	2232	1644
姜堰区	3933	2175	1758	5341	2942	2399	7343	4103	3240
泰州医药高新技术产业开发区	522	285	237	329	182	147	696	373	323
兴化市	7755	4526	3229	10237	5802	4435	19438	11765	7673
靖江市	2939	1592	1347	4563	2661	1902	7875	4592	3283
泰兴市	6130	3413	2717	9186	5384	3802	15303	8918	6385
宿迁市	**46962**	**26037**	**20925**	**64049**	**34373**	**29676**	**101925**	**54238**	**47687**
宿城区	5703	3149	2554	9547	5204	4343	14364	7710	6654
宿豫区	2997	1723	1274	4290	2283	2007	6509	3511	2998
沭阳县	15987	8796	7191	24020	12767	11253	42469	22694	19775
泗阳县	9648	5473	4175	10501	5815	4686	14199	7644	6555
泗洪县	8410	4497	3913	9743	5034	4709	15387	7943	7444
宿迁经济技术开发区	1071	583	488	1969	1107	862	3220	1703	1517
宿迁市湖滨新区	1019	604	415	1552	839	713	2594	1383	1211
苏州宿迁工业园区									
宿迁市洋河新区	2127	1212	915	2427	1324	1103	3183	1650	1533

1-5c 续表 9

单位：人

地　　区	30-34岁			35-39岁			40-44岁		
	小计	男	女	小计	男	女	小计	男	女
江　苏	**1558102**	**842382**	**715720**	**1043926**	**555666**	**488260**	**1119383**	**577551**	**541832**
南京市	**91596**	**49114**	**42482**	**61291**	**33310**	**27981**	**64742**	**35117**	**29625**
玄武区									
秦淮区									
建邺区									
鼓楼区									
浦口区	6393	3303	3090	3909	2129	1780	4215	2230	1985
栖霞区	5170	2794	2376	3493	1901	1592	3739	2059	1680
雨花台区									
江宁区	36169	19738	16431	26096	14488	11608	24287	13572	10715
六合区	20452	10494	9958	13725	7273	6452	15833	8362	7471
溧水区	10347	5642	4705	6643	3563	3080	7735	4284	3451
高淳区	11112	6016	5096	6256	3266	2990	7594	3826	3768
南京江北新区	1953	1127	826	1169	690	479	1339	784	555
无锡市	**115558**	**64642**	**50916**	**76800**	**41884**	**34916**	**88098**	**47216**	**40882**
锡山区	11485	6194	5291	8039	4373	3666	8758	4685	4073
惠山区	19157	10736	8421	14430	7984	6446	16484	9066	7418
滨湖区	4488	2518	1970	2882	1566	1316	3104	1694	1410
梁溪区									
新吴区	12548	7416	5132	7241	4080	3161	5903	3243	2660
江苏无锡经济开发区									
江阴市	43352	24052	19300	27725	14779	12946	33330	17718	15612
宜兴市	24528	13726	10802	16483	9102	7381	20519	10810	9709
徐州市	**240322**	**126163**	**114159**	**153780**	**79286**	**74494**	**133703**	**65942**	**67761**
鼓楼区									
云龙区									
贾汪区	17000	8946	8054	11320	6007	5313	9003	4756	4247
泉山区									
铜山区	44374	23275	21099	29587	15464	14123	23480	12037	11443
丰县	26416	13721	12695	18338	9222	9116	19276	8949	10327
沛县	33673	17528	16145	21632	11030	10602	20386	9563	10823
睢宁县	34703	18702	16001	19280	9972	9308	19693	9854	9839
徐州经济技术开发区	4995	2595	2400	3113	1646	1467	2684	1381	1303
新沂市	34042	17587	16455	21373	10995	10378	16740	8432	8308
邳州市	45119	23809	21310	29137	14950	14187	22441	10970	11471
常州市	**90912**	**50032**	**40880**	**64152**	**34664**	**29488**	**72238**	**37983**	**34255**
天宁区	4908	2660	2248	3387	1743	1644	4159	2169	1990
钟楼区	3778	2099	1679	2611	1447	1164	2415	1303	1112
新北区	9090	4966	4124	6352	3339	3013	6934	3652	3282
武进区	30233	16612	13621	22137	11925	10212	25265	13323	11942
金坛区	12564	7055	5509	7956	4457	3499	8744	4522	4222
江苏省常州市经济开发区	14620	8254	6366	10471	5778	4693	11684	6266	5418
溧阳市	15719	8386	7333	11238	5975	5263	13037	6748	6289

1-5c 续表 10

单位：人

地 区	30-34岁			35-39岁			40-44岁		
	小计	男	女	小计	男	女	小计	男	女
苏州市	**252762**	**144053**	**108709**	**159513**	**89680**	**69833**	**157733**	**85554**	**72179**
虎丘区	7927	4490	3437	5054	2822	2232	4441	2489	1952
吴中区	37961	21593	16368	24241	13481	10760	21756	11863	9893
相城区	6178	3710	2468	3580	2150	1430	3594	2082	1512
姑苏区									
吴江区	34788	18958	15830	21577	11716	9861	25621	13466	12155
苏州工业园区									
常熟市	40853	22609	18244	26816	14781	12035	29200	15622	13578
张家港市	35752	19856	15896	22853	12677	10176	25636	13753	11883
昆山市	67297	39991	27306	39355	22832	16523	30075	16751	13324
太仓市	22006	12846	9160	16037	9221	6816	17410	9528	7882
南通市	**118541**	**61181**	**57360**	**76950**	**39342**	**37608**	**95541**	**46094**	**49447**
崇川区									
港闸区	313	196	117	222	134	88	240	144	96
通州区	22262	11499	10763	12976	6671	6305	14071	6828	7243
如东县	15894	8023	7871	10052	5063	4989	13753	6389	7364
南通经济技术开发区									
通州湾示范区	2090	1016	1074	1445	735	710	1710	827	883
苏锡通科技产业园区	4452	2336	2116	2865	1543	1322	2865	1463	1402
启东市	18258	9939	8319	12765	6989	5776	14670	7510	7160
如皋市	27516	13689	13827	16986	7993	8993	22823	10542	12281
海门市	16260	8357	7903	11096	5766	5330	14057	6772	7285
海安市	11496	6126	5370	8543	4448	4095	11352	5619	5733
连云港市	**140613**	**73001**	**67612**	**92390**	**47404**	**44986**	**77214**	**38772**	**38442**
连云区	296	177	119	198	131	67	116	71	45
海州区	8916	4748	4168	5246	2810	2436	4581	2361	2220
赣榆区	37164	18344	18820	24042	11866	12176	17616	8493	9123
东海县	42523	22075	20448	27148	13977	13171	22366	11213	11153
灌云县	27022	14671	12351	17891	9433	8458	17250	8911	8339
灌南县	19605	10277	9328	15062	7743	7319	12960	6489	6471
连云港经济技术开发区	2303	1211	1092	1272	656	616	965	487	478
连云港高新技术产业开发区									
江苏连云港徐圩新区	146	96	50	78	42	36	88	52	36
江苏省连云港市云台山风景名胜区	2638	1402	1236	1453	746	707	1272	695	577
淮安市	**87592**	**47711**	**39881**	**60831**	**32195**	**28636**	**71931**	**36950**	**34981**
淮安区	18325	9666	8659	13896	7172	6724	17200	8475	8725
淮阴区	19639	11039	8600	12350	6553	5797	15747	8080	7667
清江浦区	4301	2226	2075	2533	1260	1273	3077	1581	1496
洪泽区	5151	2578	2573	4638	2275	2363	6467	3252	3215
涟水县	22746	12926	9820	14698	8091	6607	15346	8203	7143
盱眙县	12952	6892	6060	9622	5139	4483	9942	5195	4747
金湖县	3594	1954	1640	2581	1444	1137	3564	1859	1705
淮安经济技术开发区									
工业园区	737	365	372	429	219	210	481	259	222
生态文旅区									
苏淮高新区	147	65	82	84	42	42	107	46	61

1-5c　续表 11　　单位：人

地　区	30-34岁			35-39岁			40-44岁		
	小计	男	女	小计	男	女	小计	男	女
盐城市	**120997**	**64674**	**56323**	**95022**	**49934**	**45088**	**99878**	**50548**	**49330**
亭湖区	5598	3033	2565	3770	2051	1719	4638	2392	2246
盐都区	13440	7408	6032	8821	4749	4072	10255	5359	4896
大丰区	10115	5534	4581	6923	3695	3228	10372	5226	5146
响水县	13294	7008	6286	10747	5722	5025	7300	3792	3508
滨海县	20717	10696	10021	18457	9743	8714	15281	7723	7558
阜宁县	16611	8637	7974	15772	8147	7625	15086	7718	7368
射阳县	14402	7869	6533	12617	6762	5855	12704	6501	6203
建湖县	10867	5983	4884	7485	3824	3661	9271	4824	4447
盐城经济技术开发区	2003	1079	924	1169	611	558	1263	662	601
江苏省盐南高新区									
东台市	13950	7427	6523	9261	4630	4631	13708	6351	7357
扬州市	**62384**	**34082**	**28302**	**45879**	**24407**	**21472**	**69800**	**36224**	**33576**
广陵区	6208	3879	2329	4514	2758	1756	4920	2787	2133
邗江区	5712	3076	2636	4135	2119	2016	5339	2727	2612
江都区	16775	9161	7614	13107	7024	6083	20454	10699	9755
宝应县	11233	6141	5092	8144	4243	3901	14072	7259	6813
扬州经济技术开发区	1363	733	630	993	473	520	1512	716	796
蜀冈瘦西湖景区									
生态新城	1230	619	611	901	462	439	1139	590	549
仪征市	9638	5078	4560	7105	3736	3369	9255	4805	4450
高邮市	10225	5395	4830	6980	3592	3388	13109	6641	6468
镇江市	**39836**	**21808**	**18028**	**27989**	**15554**	**12435**	**33310**	**17665**	**15645**
京口区	415	215	200	401	214	187	410	204	206
润州区	125	71	54	56	28	28	63	37	26
丹徒区	5479	2873	2606	4665	2573	2092	5434	2867	2567
镇江新区	2520	1357	1163	1874	1014	860	2093	1093	1000
江苏镇江高新区									
丹阳市	12146	6625	5521	8530	4651	3879	10749	5660	5089
扬中市	5651	3131	2520	3708	2105	1603	4446	2330	2116
句容市	13500	7536	5964	8755	4969	3786	10115	5474	4641
泰州市	**64885**	**36112**	**28773**	**42269**	**22657**	**19612**	**68458**	**35079**	**33379**
海陵区	2263	1173	1090	1499	798	701	2326	1179	1147
高港区	4128	2322	1806	2663	1429	1234	4155	2122	2033
姜堰区	8366	4596	3770	6281	3270	3011	11663	5820	5843
泰州医药高新技术产业开发区	1047	541	506	665	345	320	868	382	486
兴化市	21138	11566	9572	12668	6702	5966	20101	10228	9873
靖江市	11518	6722	4796	7784	4510	3274	11252	6153	5099
泰兴市	16425	9192	7233	10709	5603	5106	18093	9195	8898
宿迁市	**132104**	**69809**	**62295**	**87060**	**45349**	**41711**	**86737**	**44407**	**42330**
宿城区	18751	9978	8773	10362	5354	5008	11281	5808	5473
宿豫区	10475	5707	4768	6405	3453	2952	6813	3628	3185
沭阳县	47345	25016	22329	34839	18414	16425	28910	14865	14045
泗阳县	19805	10437	9368	13681	6959	6722	15279	7622	7657
泗洪县	21872	11508	10364	14186	7287	6899	16350	8388	7962
宿迁经济技术开发区	5047	2640	2407	2532	1329	1203	2448	1235	1213
宿迁市湖滨新区	4419	2328	2091	2365	1250	1115	2393	1264	1129
苏州宿迁工业园区									
宿迁市洋河新区	4390	2195	2195	2690	1303	1387	3263	1597	1666

1-5c 续表 12

单位：人

地区	45-49岁			50-54岁			55-59岁		
	小计	男	女	小计	男	女	小计	男	女
江苏	**1639079**	**811474**	**827605**	**2424536**	**1200230**	**1224306**	**2021730**	**1016808**	**1004922**
南京市	**98042**	**50867**	**47175**	**143767**	**74771**	**68996**	**125427**	**65463**	**59964**
玄武区									
秦淮区									
建邺区									
鼓楼区									
浦口区	5949	3117	2832	8827	4567	4260	8240	4252	3988
栖霞区	4993	2641	2352	7176	3813	3363	6725	3623	3102
雨花台区									
江宁区	32498	17609	14889	45573	24518	21055	37803	20331	17472
六合区	22859	11328	11531	36135	18191	17944	31943	16333	15610
溧水区	13204	6939	6265	19271	10196	9075	17754	9356	8398
高淳区	16809	8250	8559	24379	12139	12240	20945	10455	10490
南京江北新区	1730	983	747	2406	1347	1059	2017	1113	904
无锡市	**118414**	**61202**	**57212**	**140597**	**72499**	**68098**	**114715**	**60308**	**54407**
锡山区	11001	5697	5304	11770	6002	5768	9744	5201	4543
惠山区	21669	11713	9956	21783	11877	9906	16077	8570	7507
滨湖区	4081	2157	1924	4427	2306	2121	3516	1876	1640
梁溪区									
新吴区	6222	3379	2843	6048	3249	2799	4664	2406	2258
江苏无锡经济开发区									
江阴市	43572	22336	21236	49840	25557	24283	38734	20501	18233
宜兴市	31869	15920	15949	46729	23508	23221	41980	21754	20226
徐州市	**203489**	**98126**	**105363**	**307522**	**143078**	**164444**	**236586**	**112800**	**123786**
鼓楼区									
云龙区									
贾汪区	11409	5601	5808	17205	8192	9013	12950	6135	6815
泉山区									
铜山区	32697	16038	16659	49697	23309	26388	37689	18094	19595
丰县	30715	14615	16100	43608	19625	23983	31615	14777	16838
沛县	28315	13627	14688	44665	20518	24147	31691	14523	17168
睢宁县	31855	14601	17254	50299	23324	26975	38974	18846	20128
徐州经济技术开发区	3854	1906	1948	5129	2424	2705	4083	1964	2119
新沂市	28656	14392	14264	41368	20040	21328	32857	15963	16894
邳州市	35988	17346	18642	55551	25646	29905	46727	22498	24229
常州市	**106639**	**53352**	**53287**	**134594**	**67163**	**67431**	**120347**	**62668**	**57679**
天宁区	6083	3011	3072	6271	3117	3154	5391	2854	2537
钟楼区	3298	1701	1597	4022	2034	1988	3389	1768	1621
新北区	9728	4892	4836	12847	6481	6366	11721	6147	5574
武进区	34653	17773	16880	38944	19939	19005	32993	17492	15501
金坛区	14470	6812	7658	23188	11043	12145	22989	11687	11302
江苏省常州市经济开发区	15720	8321	7399	16016	8534	7482	11615	6357	5258
溧阳市	22687	10842	11845	33306	16015	17291	32249	16363	15886

1-5c　续表 13

单位：人

地　　区	45-49岁			50-54岁			55-59岁		
	小计	男	女	小计	男	女	小计	男	女
苏州市	**194902**	**103365**	**91537**	**233596**	**124312**	**109284**	**186871**	**100332**	**86539**
虎丘区	5347	2934	2413	7003	3742	3261	5201	2884	2317
吴中区	24879	13062	11817	31095	16215	14880	25617	13657	11960
相城区	4137	2281	1856	5152	2833	2319	4064	2253	1811
姑苏区									
吴江区	33848	17580	16268	41933	21779	20154	32698	17234	15464
苏州工业园区									
常熟市	37483	19653	17830	45717	24018	21699	40539	21556	18983
张家港市	34647	18366	16281	43503	23256	20247	32357	17475	14882
昆山市	31348	16842	14506	34947	18861	16086	27080	14481	12599
太仓市	23213	12647	10566	24246	13608	10638	19315	10792	8523
南通市	**146535**	**66429**	**80106**	**263900**	**124916**	**138984**	**247914**	**119080**	**128834**
崇川区									
港闸区	258	167	91	448	293	155	386	260	126
通州区	22453	10369	12084	39068	18532	20536	37569	17880	19689
如东县	22963	10354	12609	46768	22586	24182	42419	21205	21214
南通经济技术开发区									
通州湾示范区	2676	1159	1517	4809	2092	2717	5565	2540	3025
苏锡通科技产业园区	3426	1711	1715	4530	2250	2280	4201	1992	2209
启东市	21885	10619	11266	38501	18666	19835	45911	21636	24275
如皋市	34574	14767	19807	59891	28029	31862	47252	23339	23913
海门市	20588	9366	11222	34426	15626	18800	34529	15451	19078
海安市	17712	7917	9795	35459	16842	18617	30082	14777	15305
连云港市	**103261**	**50446**	**52815**	**160313**	**77219**	**83094**	**128791**	**62622**	**66169**
连云区	171	102	69	259	165	94	258	141	117
海州区	6000	3036	2964	8631	4235	4396	6607	3349	3258
赣榆区	26704	12611	14093	39302	18099	21203	30786	14347	16439
东海县	32939	16018	16921	50275	24056	26219	37164	17711	19453
灌云县	18588	9375	9213	32174	15828	16346	28310	14238	14072
灌南县	16512	8068	8444	25849	12926	12923	22349	11168	11181
连云港经济技术开发区	1093	569	524	1694	840	854	1537	773	764
连云港高新技术产业开发区									
江苏连云港徐圩新区	88	57	31	113	71	42	87	49	38
江苏省连云港市云台山风景名胜区	1166	610	556	2016	999	1017	1693	846	847
淮安市	**112132**	**55376**	**56756**	**168524**	**84538**	**83986**	**137022**	**69382**	**67640**
淮安区	26259	12638	13621	36094	17722	18372	29639	14816	14823
淮阴区	21614	10478	11136	34008	16917	17091	27523	14000	13523
清江浦区	4111	2075	2036	5938	3010	2928	4492	2305	2187
洪泽区	9530	4764	4766	13869	7087	6782	10555	5301	5254
涟水县	24419	12134	12285	36582	18220	18362	30659	15166	15493
盱眙县	16829	8463	8366	25391	12939	12452	21205	11097	10108
金湖县	8663	4490	4173	15455	8026	7429	12037	6225	5812
淮安经济技术开发区									
工业园区	545	263	282	895	454	441	701	362	339
生态文旅区									
苏淮高新区	162	71	91	292	163	129	211	110	101

1-5c 续表 14

单位：人

地 区	45-49岁			50-54岁			55-59岁		
	小计	男	女	小计	男	女	小计	男	女
盐城市	**156083**	**76730**	**79353**	**265675**	**133740**	**131935**	**239268**	**121046**	**118222**
亭湖区	7189	3610	3579	12360	6288	6072	9809	5062	4747
盐都区	16940	8529	8411	27915	14004	13911	24216	11974	12242
大丰区	19089	9260	9829	33630	17590	16040	32203	16825	15378
响水县	9561	4707	4854	17022	8529	8493	14574	7443	7131
滨海县	21398	10884	10514	30744	15850	14894	28047	14420	13627
阜宁县	21032	10579	10453	32236	16128	16108	27955	13810	14145
射阳县	21290	10414	10876	38655	19753	18902	33650	17405	16245
建湖县	15043	7691	7352	25415	12838	12577	21215	10371	10844
盐城经济技术开发区	2058	1027	1031	3910	1991	1919	2986	1591	1395
江苏省盐南高新区									
东台市	22483	10029	12454	43788	20769	23019	44613	22145	22468
扬州市	**104370**	**51487**	**52883**	**166849**	**82469**	**84380**	**124962**	**61205**	**63757**
广陵区	6293	3477	2816	8480	4408	4072	7413	3708	3705
邗江区	7346	3591	3755	10896	5310	5586	9095	4376	4719
江都区	29523	14322	15201	45576	21887	23689	32219	15050	17169
宝应县	20301	10004	10297	35911	17843	18068	26846	13309	13537
扬州经济技术开发区	1345	690	655	1698	820	878	1335	638	697
蜀冈瘦西湖景区									
生态新城	1503	729	774	1808	827	981	1479	724	755
仪征市	14426	7118	7308	23909	11849	12060	18635	9347	9288
高邮市	23633	11556	12077	38571	19525	19046	27940	14053	13887
镇江市	**54930**	**28118**	**26812**	**78925**	**40246**	**38679**	**75096**	**39021**	**36075**
京口区	568	296	272	773	407	366	745	395	350
润州区	86	51	35	107	65	42	109	69	40
丹徒区	8258	4279	3979	11519	5979	5540	11820	6126	5694
镇江新区	2981	1569	1412	3561	1777	1784	3671	1877	1794
江苏镇江高新区									
丹阳市	17125	8737	8388	22871	11686	11185	21900	11345	10555
扬中市	7658	3897	3761	11611	5813	5798	10145	5207	4938
句容市	18254	9289	8965	28483	14519	13964	26706	14002	12704
泰州市	**108181**	**51329**	**56852**	**181669**	**88527**	**93142**	**135019**	**67035**	**67984**
海陵区	3101	1422	1679	5447	2597	2850	4335	2125	2210
高港区	6866	3241	3625	10081	4856	5225	6865	3335	3530
姜堰区	18136	8208	9928	32141	15150	16991	23116	11111	12005
泰州医药高新技术产业开发区	1052	482	570	1803	833	970	1339	612	727
兴化市	29763	14493	15270	55319	27374	27945	44104	21711	22393
靖江市	16411	8454	7957	27086	13954	13132	21021	11015	10006
泰兴市	32852	15029	17823	49792	23763	26029	34239	17126	17113
宿迁市	**132101**	**64647**	**67454**	**178605**	**86752**	**91853**	**149712**	**75846**	**73866**
宿城区	15991	7726	8265	22636	10531	12105	17737	8957	8780
宿豫区	9657	4864	4793	14066	6968	7098	12384	6354	6030
沭阳县	47244	22780	24464	63799	31696	32103	54872	28002	26870
泗阳县	21535	10423	11112	29446	14069	15377	23946	11800	12146
泗洪县	25987	13036	12951	33188	16184	17004	28093	14384	13709
宿迁经济技术开发区	3312	1611	1701	4589	2158	2431	3497	1702	1795
宿迁市湖滨新区	3806	1939	1867	5058	2447	2611	4313	2196	2117
苏州宿迁工业园区									
宿迁市洋河新区	4569	2268	2301	5823	2699	3124	4870	2451	2419

1-5c 续表 15 单位：人

地区	60-64岁			65-69岁			70-74岁		
	小计	男	女	小计	男	女	小计	男	女
江 苏	**1642688**	**849633**	**793055**	**1975072**	**1002673**	**972399**	**1438269**	**712049**	**726220**
南京市	**78339**	**41335**	**37004**	**104565**	**53858**	**50707**	**78668**	**39727**	**38941**
玄武区									
秦淮区									
建邺区									
鼓楼区									
浦口区	4778	2522	2256	6575	3415	3160	4584	2260	2324
栖霞区	4454	2338	2116	5074	2659	2415	3765	1879	1886
雨花台区									
江宁区	24636	12938	11698	28459	14649	13810	22551	11275	11276
六合区	23005	12251	10754	28475	14631	13844	19920	9998	9922
溧水区	10214	5392	4822	16690	8463	8227	12735	6383	6352
高淳区	9826	5143	4683	17655	9182	8473	13847	7273	6574
南京江北新区	1426	751	675	1637	859	778	1266	659	607
无锡市	**77560**	**41969**	**35591**	**97248**	**49956**	**47292**	**78480**	**38512**	**39968**
锡山区	6467	3511	2956	7373	3727	3646	5379	2591	2788
惠山区	10704	5689	5015	12638	6459	6179	10403	5168	5235
滨湖区	2222	1223	999	2438	1266	1172	1851	896	955
梁溪区									
新吴区	2839	1562	1277	3034	1557	1477	2250	1149	1101
江苏无锡经济开发区									
江阴市	26062	14335	11727	30596	15818	14778	25001	12341	12660
宜兴市	29266	15649	13617	41169	21129	20040	33596	16367	17229
徐州市	**174068**	**89464**	**84604**	**219487**	**112406**	**107081**	**143394**	**71610**	**71784**
鼓楼区									
云龙区									
贾汪区	9212	4561	4651	12174	6077	6097	7617	3770	3847
泉山区									
铜山区	26402	13614	12788	33038	16849	16189	20465	10668	9797
丰县	24795	12696	12099	31843	16426	15417	23623	11390	12233
沛县	23991	12002	11989	31181	15766	15415	22379	10994	11385
睢宁县	27012	14412	12600	34017	18312	15705	21473	11350	10123
徐州经济技术开发区	2585	1364	1221	3569	1793	1776	2097	1122	975
新沂市	22443	11376	11067	29492	14747	14745	17577	8482	9095
邳州市	37628	19439	18189	44173	22436	21737	28163	13834	14329
常州市	**79907**	**43551**	**36356**	**98550**	**51729**	**46821**	**78473**	**38645**	**39828**
天宁区	3709	2016	1693	4211	2251	1960	3352	1617	1735
钟楼区	1928	1039	889	2246	1198	1048	1716	839	877
新北区	7819	4254	3565	8742	4591	4151	6972	3484	3488
武进区	20875	11545	9330	25831	13453	12378	21297	10437	10860
金坛区	17321	9396	7925	20480	11063	9417	15560	7878	7682
江苏省常州市经济开发区	6355	3480	2875	7265	3739	3526	6270	3032	3238
溧阳市	21900	11821	10079	29775	15434	14341	23306	11358	11948

1-5c 续表 16 单位：人

地 区	60-64岁			65-69岁			70-74岁		
	小计	男	女	小计	男	女	小计	男	女
苏州市	**130310**	**69049**	**61261**	**163064**	**82003**	**81061**	**122937**	**59326**	**63611**
虎丘区	3401	1805	1596	3864	1957	1907	2988	1439	1549
吴中区	17696	9218	8478	19844	9809	10035	14186	6834	7352
相城区	2494	1368	1126	3207	1644	1563	2572	1267	1305
姑苏区									
吴江区	23140	12322	10818	30735	15495	15240	22522	11080	11442
苏州工业园区									
常熟市	29615	15600	14015	36767	18391	18376	29644	14154	15490
张家港市	22476	11996	10480	26455	13327	13128	21509	10407	11102
昆山市	16599	8664	7935	20864	10619	10245	15273	7410	7863
太仓市	14889	8076	6813	21328	10761	10567	14243	6735	7508
南通市	**222818**	**110289**	**112529**	**243850**	**121018**	**122832**	**196687**	**95253**	**101434**
崇川区									
港闸区	258	131	127	296	165	131	182	89	93
通州区	30337	14970	15367	35459	17671	17788	28896	14303	14593
如东县	36841	18391	18450	41243	20345	20898	35197	17000	18197
南通经济技术开发区									
通州湾示范区	5765	2841	2924	6321	3034	3287	5007	2327	2680
苏锡通科技产业园区	3302	1600	1702	3565	1766	1799	2597	1276	1321
启东市	45894	22013	23881	45997	21846	24151	34805	16161	18644
如皋市	39208	20369	18839	42672	22133	20539	36716	17984	18732
海门市	33271	15735	17536	37152	18293	18859	28579	13816	14763
海安市	27942	14239	13703	31145	15765	15380	24708	12297	12411
连云港市	**121425**	**60978**	**60447**	**133205**	**66646**	**66559**	**78182**	**37942**	**40240**
连云区	220	105	115	291	145	146	162	72	90
海州区	6288	3154	3134	6902	3276	3626	4171	1914	2257
赣榆区	27709	13462	14247	31977	16125	15852	20165	9900	10265
东海县	32835	16072	16763	37845	18573	19272	23238	11357	11881
灌云县	28627	14861	13766	28959	14932	14027	15190	7273	7917
灌南县	22528	11696	10832	23959	12125	11834	13537	6595	6942
连云港经济技术开发区	1423	749	674	1519	691	828	831	389	442
连云港高新技术产业开发区									
江苏连云港徐圩新区	88	48	40	78	43	35	36	18	18
江苏省连云港市云台山风景名胜区	1707	831	876	1675	736	939	852	424	428
淮安市	**129734**	**68583**	**61151**	**146841**	**75003**	**71838**	**93922**	**47215**	**46707**
淮安区	28300	14708	13592	33767	17273	16494	24498	12277	12221
淮阴区	25452	13639	11813	26463	13877	12586	15549	8201	7348
清江浦区	3939	2029	1910	4437	2216	2221	2084	1064	1020
洪泽区	10176	5202	4974	11285	5607	5678	7284	3589	3695
涟水县	30232	16092	14140	33969	17215	16754	22195	10907	11288
盱眙县	18814	10234	8580	21354	11163	10191	11790	5993	5797
金湖县	12107	6290	5817	14719	7234	7485	10102	4992	5110
淮安经济技术开发区									
工业园区	548	304	244	651	314	337	286	131	155
生态文旅区									
苏淮高新区	166	85	81	196	104	92	134	61	73

1-5c 续表 17

单位：人

地区	60-64岁			65-69岁			70-74岁		
	小计	男	女	小计	男	女	小计	男	女
盐城市	**238617**	**122483**	**116134**	**260866**	**131506**	**129360**	**183314**	**89773**	**93541**
亭湖区	9049	4644	4405	9194	4597	4597	6224	2985	3239
盐都区	21948	10802	11146	30386	14917	15469	23344	11664	11680
大丰区	27421	14169	13252	25236	12484	12752	17468	8252	9216
响水县	18092	9289	8803	18155	9290	8865	10080	4961	5119
滨海县	33834	17477	16357	36664	18631	18033	23558	11665	11893
阜宁县	30355	15829	14526	34391	17949	16442	23945	12071	11874
射阳县	32223	16889	15334	32390	16724	15666	22035	10486	11549
建湖县	21345	10392	10953	30271	14857	15414	22589	11489	11100
盐城经济技术开发区	2488	1294	1194	2492	1268	1224	1850	875	975
江苏省盐南高新区									
东台市	41862	21698	20164	41687	20789	20898	32221	15325	16896
扬州市	**101900**	**51210**	**50690**	**150234**	**74969**	**75265**	**123097**	**62150**	**60947**
广陵区	6067	2973	3094	6687	3385	3302	5643	2929	2714
邗江区	7089	3568	3521	9126	4436	4690	7369	3682	3687
江都区	27228	13228	14000	41198	20217	20981	35879	17878	18001
宝应县	23425	11640	11785	35870	17890	17980	28741	14489	14252
扬州经济技术开发区	1077	532	545	1526	746	780	1356	668	688
蜀冈瘦西湖景区									
生态新城	1319	670	649	1646	777	869	1367	678	689
仪征市	13427	7073	6354	17742	9114	8628	13449	6883	6566
高邮市	22268	11526	10742	36439	18404	18035	29293	14943	14350
镇江市	**52200**	**27215**	**24985**	**67966**	**34575**	**33391**	**53185**	**26046**	**27139**
京口区	576	303	273	719	349	370	488	235	253
润州区	41	26	15	37	20	17	17	9	8
丹徒区	8668	4414	4254	10624	5425	5199	8098	3988	4110
镇江新区	2848	1458	1390	3046	1528	1518	2273	1156	1117
江苏镇江高新区									
丹阳市	15656	8198	7458	19801	10211	9590	15782	7673	8109
扬中市	8222	4186	4036	9167	4458	4709	7071	3527	3544
句容市	16189	8630	7559	24572	12584	11988	19456	9458	9998
泰州市	**113541**	**58263**	**55278**	**156943**	**80420**	**76523**	**130158**	**66234**	**63924**
海陵区	3206	1643	1563	4747	2467	2280	3518	1845	1673
高港区	6030	3140	2890	7173	3732	3441	5835	3070	2765
姜堰区	19913	10143	9770	28548	14774	13774	23258	12326	10932
泰州医药高新技术产业开发区	1026	527	499	1206	649	557	896	470	426
兴化市	34389	17224	17165	56141	28270	27871	45637	22814	22823
靖江市	17945	9363	8582	22550	11643	10907	19070	9463	9607
泰兴市	31032	16223	14809	36578	18885	17693	31944	16246	15698
宿迁市	**122269**	**65244**	**57025**	**132253**	**68584**	**63669**	**77772**	**39616**	**38156**
宿城区	13785	7591	6194	14024	7678	6346	8972	4843	4129
宿豫区	11275	5861	5414	12731	6472	6259	7552	3964	3588
沭阳县	46800	24895	21905	45966	23863	22103	26061	12850	13211
泗阳县	22818	11975	10843	25914	12950	12964	15920	8129	7791
泗洪县	17932	9634	8298	23306	12197	11109	12902	6505	6397
宿迁经济技术开发区	2764	1563	1201	2556	1453	1103	1657	936	721
宿迁市湖滨新区	3316	1823	1493	3637	1903	1734	2004	1089	915
苏州宿迁工业园区									
宿迁市洋河新区	3579	1902	1677	4119	2068	2051	2704	1300	1404

1-5c 续表 18

单位：人

地　区	75-79岁			80-84岁			85-89岁		
	小计	男	女	小计	男	女	小计	男	女
江　苏	**972505**	**466039**	**506466**	**624962**	**278111**	**346851**	**353784**	**134697**	**219087**
南京市	**46634**	**23373**	**23261**	**28505**	**13738**	**14767**	**17078**	**6806**	**10272**
玄武区									
秦淮区									
建邺区									
鼓楼区									
浦口区	2905	1345	1560	1773	751	1022	1164	443	721
栖霞区	2421	1170	1251	1288	587	701	830	327	503
雨花台区									
江宁区	12373	6090	6283	7587	3650	3937	4743	1931	2812
六合区	10844	5172	5672	7203	3168	4035	4466	1626	2840
溧水区	7766	4060	3706	4606	2299	2307	2414	997	1417
高淳区	9714	5206	4508	5642	3076	2566	3143	1361	1782
南京江北新区	611	330	281	406	207	199	318	121	197
无锡市	**44310**	**21377**	**22933**	**27766**	**12583**	**15183**	**15292**	**6076**	**9216**
锡山区	3145	1440	1705	2053	847	1206	1170	431	739
惠山区	5583	2702	2881	3186	1521	1665	1548	595	953
滨湖区	1166	532	634	831	370	461	526	197	329
梁溪区									
新吴区	1223	620	603	725	337	388	452	158	294
江苏无锡经济开发区									
江阴市	14311	6749	7562	9747	4167	5580	4630	1793	2837
宜兴市	18882	9334	9548	11224	5341	5883	6966	2902	4064
徐州市	**112952**	**52193**	**60759**	**67121**	**29344**	**37777**	**42292**	**15492**	**26800**
鼓楼区									
云龙区									
贾汪区	5687	2740	2947	3372	1552	1820	2168	855	1313
泉山区									
铜山区	16688	7774	8914	9498	4293	5205	5856	2205	3651
丰县	16568	7215	9353	9372	3942	5430	6602	2238	4364
沛县	15425	7087	8338	8355	3573	4782	5481	1965	3516
睢宁县	19691	9365	10326	12236	5302	6934	7029	2602	4427
徐州经济技术开发区	1507	733	774	905	422	483	605	233	372
新沂市	13926	6589	7337	8995	3959	5036	5637	2015	3622
邳州市	23460	10690	12770	14388	6301	8087	8914	3379	5535
常州市	**46461**	**21554**	**24907**	**27927**	**12408**	**15519**	**15209**	**6062**	**9147**
天宁区	2034	945	1089	1134	519	615	577	207	370
钟楼区	919	424	495	567	234	333	304	115	189
新北区	4055	1766	2289	2371	998	1373	1217	414	803
武进区	12191	5855	6336	6854	3088	3766	3972	1536	2436
金坛区	9860	4570	5290	6050	2692	3358	3346	1372	1974
江苏省常州市经济开发区	3521	1623	1898	2268	1020	1248	1043	394	649
溧阳市	13881	6371	7510	8683	3857	4826	4750	2024	2726

1-5c　续表 19

单位：人

地　区	75-79岁			80-84岁			85-89岁		
	小计	男	女	小计	男	女	小计	男	女
苏州市	**79267**	**37213**	**42054**	**53090**	**22975**	**30115**	**31126**	**11385**	**19741**
虎丘区	1772	805	967	1367	599	768	809	325	484
吴中区	9087	4131	4956	5926	2530	3396	3424	1260	2164
相城区	1519	727	792	1024	460	564	612	200	412
姑苏区									
吴江区	13775	6862	6913	10072	4596	5476	5828	2264	3564
苏州工业园区									
常熟市	18778	8583	10195	12536	5325	7211	6701	2298	4403
张家港市	13901	6455	7446	9053	3798	5255	5011	1839	3172
昆山市	10205	4917	5288	6528	2870	3658	4491	1663	2828
太仓市	10230	4733	5497	6584	2797	3787	4250	1536	2714
南通市	**134122**	**63308**	**70814**	**94770**	**41385**	**53385**	**53348**	**20278**	**33070**
崇川区									
港闸区	89	44	45	112	40	72	76	26	50
通州区	19202	8997	10205	13751	5857	7894	7800	2958	4842
如东县	24277	11711	12566	16331	7605	8726	9048	3682	5366
南通经济技术开发区									
通州湾示范区	3471	1550	1921	2517	1077	1440	1491	527	964
苏锡通科技产业园区	1713	822	891	1222	532	690	656	231	425
启东市	21522	9784	11738	17309	7374	9935	10322	3774	6548
如皋市	25695	12020	13675	17766	7515	10251	9414	3519	5895
海门市	20174	9551	10623	13588	5806	7782	8194	2943	5251
海安市	17979	8829	9150	12174	5579	6595	6347	2618	3729
连云港市	**54198**	**26077**	**28121**	**32534**	**14887**	**17647**	**21276**	**8531**	**12745**
连云区	87	41	46	42	15	27	41	18	23
海州区	2745	1324	1421	1672	781	891	1018	454	564
赣榆区	12884	6208	6676	7964	3621	4343	5497	2217	3280
东海县	16208	8306	7902	9891	4742	5149	6906	2811	4095
灌云县	11714	5382	6332	6793	3028	3765	4341	1750	2591
灌南县	9537	4378	5159	5543	2427	3116	3069	1110	1959
连云港经济技术开发区	500	207	293	326	153	173	204	92	112
连云港高新技术产业开发区									
江苏连云港徐圩新区	8	4	4	6		6	6	3	3
江苏省连云港市云台山风景名胜区	515	227	288	297	120	177	194	76	118
淮安市	**70064**	**33411**	**36653**	**44484**	**19559**	**24925**	**24087**	**8983**	**15104**
淮安区	15304	7317	7987	10797	4752	6045	5466	2118	3348
淮阴区	12519	5954	6565	8560	3728	4832	4536	1655	2881
清江浦区	1667	804	863	1165	480	685	625	247	378
洪泽区	6112	2930	3182	3474	1598	1876	1763	669	1094
涟水县	14705	7179	7526	9651	4224	5427	5205	1750	3455
盱眙县	11302	5231	6071	6255	2685	3570	3782	1458	2324
金湖县	8106	3836	4270	4313	1979	2334	2559	1035	1524
淮安经济技术开发区									
工业园区	256	115	141	198	84	114	117	39	78
生态文旅区									
苏淮高新区	93	45	48	71	29	42	34	12	22

1-5c 续表 20

单位：人

地 区	75-79岁			80-84岁			85-89岁		
	小计	男	女	小计	男	女	小计	男	女
盐城市	**123237**	**59078**	**64159**	**81268**	**36554**	**44714**	**42202**	**16642**	**25560**
亭湖区	4467	2079	2388	2954	1277	1677	1460	575	885
盐都区	16124	8031	8093	10183	4720	5463	5199	2104	3095
大丰区	12849	5835	7014	8481	3642	4839	4335	1746	2589
响水县	6168	2868	3300	4143	1855	2288	2416	961	1455
滨海县	13780	6614	7166	9295	4269	5026	5093	1932	3161
阜宁县	16134	7965	8169	9956	4574	5382	5105	1972	3133
射阳县	13644	6216	7428	9481	3942	5539	4720	1750	2970
建湖县	15375	7919	7456	9431	4557	4874	4707	1913	2794
盐城经济技术开发区	1320	563	757	760	331	429	402	148	254
江苏省盐南高新区									
东台市	23376	10988	12388	16584	7387	9197	8765	3541	5224
扬州市	**72466**	**36508**	**35958**	**45223**	**20463**	**24760**	**24190**	**9075**	**15115**
广陵区	3134	1593	1541	1802	814	988	1121	420	701
邗江区	3654	1789	1865	2534	1170	1364	1319	499	820
江都区	21696	10969	10727	12835	5726	7109	7043	2642	4401
宝应县	17825	8906	8919	11154	4976	6178	5606	2058	3548
扬州经济技术开发区	652	351	301	426	201	225	231	85	146
蜀冈瘦西湖景区									
生态新城	746	358	388	503	235	268	267	102	165
仪征市	6521	3244	3277	4822	2171	2651	2723	1012	1711
高邮市	18238	9298	8940	11147	5170	5977	5880	2257	3623
镇江市	**29323**	**13817**	**15506**	**16893**	**7463**	**9430**	**9893**	**3626**	**6267**
京口区	287	127	160	160	70	90	93	35	58
润州区	9	3	6	7	5	2	6		6
丹徒区	4319	2003	2316	2574	1145	1429	1545	549	996
镇江新区	1303	642	661	839	356	483	393	136	257
江苏镇江高新区									
丹阳市	8369	3960	4409	4638	1984	2654	2886	964	1922
扬中市	4285	2042	2243	2545	1122	1423	1420	509	911
句容市	10751	5040	5711	6130	2781	3349	3550	1433	2117
泰州市	**88800**	**44463**	**44337**	**58384**	**26071**	**32313**	**31273**	**11686**	**19587**
海陵区	2506	1265	1241	1587	730	857	852	364	488
高港区	4096	1979	2117	2592	1113	1479	1448	512	936
姜堰区	16437	8406	8031	11003	5134	5869	6232	2495	3737
泰州医药高新技术产业开发区	617	301	316	419	181	238	245	93	152
兴化市	32216	16425	15791	21038	9617	11421	10866	4185	6681
靖江市	11743	5735	6008	7526	3240	4286	4083	1449	2634
泰兴市	21185	10352	10833	14219	6056	8163	7547	2588	4959
宿迁市	**70671**	**33667**	**37004**	**46997**	**20681**	**26316**	**26518**	**10055**	**16463**
宿城区	8177	3891	4286	5553	2360	3193	2908	1005	1903
宿豫区	6456	3094	3362	4371	1929	2442	2464	907	1557
沭阳县	22912	10498	12414	15410	6716	8694	9007	3399	5608
泗阳县	13254	6592	6662	8850	3884	4966	4856	1776	3080
泗洪县	13983	6831	7152	8871	4128	4743	5096	2137	2959
宿迁经济技术开发区	1511	736	775	1016	421	595	539	197	342
宿迁市湖滨新区	1893	898	995	1442	639	803	829	337	492
苏州宿迁工业园区									
宿迁市洋河新区	2485	1127	1358	1484	604	880	819	297	522

1-5c 续表 21

单位：人

地　　区	90-94岁			95-99岁			100岁及以上		
	小计	男	女	小计	男	女	小计	男	女
江　苏	**122260**	**38291**	**83969**	**26871**	**6873**	**19998**	**3104**	**722**	**2382**
南京市	**6159**	**2096**	**4063**	**1362**	**417**	**945**	**236**	**81**	**155**
玄武区									
秦淮区									
建邺区									
鼓楼区									
浦口区	480	147	333	126	41	85	33	14	19
栖霞区	325	124	201	90	21	69	19	5	14
雨花台区									
江宁区	1823	667	1156	472	167	305	99	38	61
六合区	1549	493	1056	326	83	243	44	9	35
溧水区	836	279	557	162	46	116	21	8	13
高淳区	1027	350	677	162	56	106	12	3	9
南京江北新区	119	36	83	24	3	21	8	4	4
无锡市	**6263**	**2160**	**4103**	**1238**	**336**	**902**	**150**	**25**	**125**
锡山区	435	142	293	98	31	67	12		12
惠山区	646	210	436	154	29	125	19	4	15
滨湖区	230	73	157	53	13	40	9		9
梁溪区									
新吴区	222	81	141	53	16	37	6	1	5
江苏无锡经济开发区									
江阴市	1864	603	1261	335	80	255	31	7	24
宜兴市	2866	1051	1815	545	167	378	73	13	60
徐州市	**15691**	**4695**	**10996**	**4030**	**1002**	**3028**	**488**	**80**	**408**
鼓楼区									
云龙区									
贾汪区	819	276	543	228	58	170	8	2	6
泉山区									
铜山区	2156	656	1500	514	120	394	63	13	50
丰县	2367	627	1740	669	152	517	97	14	83
沛县	2195	595	1600	591	147	444	60	4	56
睢宁县	2639	824	1815	604	152	452	69	9	60
徐州经济技术开发区	193	56	137	50	11	39	11	1	10
新沂市	1717	477	1240	386	89	297	41	7	34
邳州市	3605	1184	2421	988	273	715	139	30	109
常州市	**6379**	**2186**	**4193**	**1360**	**395**	**965**	**120**	**32**	**88**
天宁区	239	73	166	42	14	28	4		4
钟楼区	127	46	81	28	6	22	1		1
新北区	524	147	377	105	30	75	7		7
武进区	1629	557	1072	348	94	254	33	11	22
金坛区	1344	467	877	282	86	196	30	7	23
江苏省常州市经济开发区	420	122	298	98	26	72	7	3	4
溧阳市	2096	774	1322	457	139	318	38	11	27

1-5c　续表 22

单位：人

地　区	90-94岁			95-99岁			100岁及以上		
	小计	男	女	小计	男	女	小计	男	女
苏州市	**11647**	**3298**	**8349**	**2265**	**548**	**1717**	**237**	**51**	**186**
虎丘区	307	97	210	84	30	54	4	1	3
吴中区	1292	373	919	247	62	185	19	6	13
相城区	235	74	161	40	6	34	3	2	1
姑苏区									
吴江区	2077	645	1432	385	114	271	40	9	31
苏州工业园区									
常熟市	2448	632	1816	435	73	362	41	9	32
张家港市	2175	615	1560	481	125	356	61	12	49
昆山市	1447	393	1054	289	72	217	22	3	19
太仓市	1666	469	1197	304	66	238	47	9	38
南通市	**20462**	**6187**	**14275**	**4504**	**1091**	**3413**	**499**	**114**	**385**
崇川区									
港闸区	24	7	17	3		3	1		1
通州区	3239	968	2271	759	192	567	86	21	65
如东县	3431	1132	2299	754	176	578	84	23	61
南通经济技术开发区									
通州湾示范区	530	148	382	120	32	88	7		7
苏锡通科技产业园区	264	86	178	63	24	39	5		5
启东市	3840	1114	2726	837	195	642	92	19	73
如皋市	3815	1162	2653	781	195	586	100	27	73
海门市	3136	872	2264	686	143	543	64	12	52
海安市	2183	698	1485	501	134	367	60	12	48
连云港市	**6864**	**2349**	**4515**	**1435**	**408**	**1027**	**173**	**38**	**135**
连云区	15	7	8	4	3	1			
海州区	323	116	207	65	27	38	8	2	6
赣榆区	1720	575	1145	275	93	182	35	10	25
东海县	2129	729	1400	423	115	308	65	13	52
灌云县	1528	558	970	388	106	282	36	8	28
灌南县	1013	314	699	246	57	189	29	5	24
连云港经济技术开发区	61	24	37	18	5	13			
连云港高新技术产业开发区									
江苏连云港徐圩新区	4	2	2	1	1				
江苏省连云港市云台山风景名胜区	71	24	47	15	1	14			
淮安市	**7223**	**2165**	**5058**	**1750**	**423**	**1327**	**183**	**54**	**129**
淮安区	1390	434	956	285	81	204	35	13	22
淮阴区	1541	425	1116	447	112	335	49	13	36
清江浦区	183	50	133	39	9	30	2	1	1
洪泽区	559	177	382	109	27	82	9	3	6
涟水县	1464	392	1072	424	87	337	49	14	35
盱眙县	1276	437	839	301	72	229	30	5	25
金湖县	770	235	535	135	32	103	8	5	3
淮安经济技术开发区									
工业园区	25	9	16	4	1	3	1		1
生态文旅区									
苏淮高新区	15	6	9	6	2	4			

1-5c　续表 23　　单位：人

地　　区	90-94岁			95-99岁			100岁及以上		
	小计	男	女	小计	男	女	小计	男	女
盐城市	**11853**	**4014**	**7839**	**2527**	**650**	**1877**	**258**	**63**	**195**
亭湖区	395	114	281	97	28	69	10	4	6
盐都区	1194	408	786	228	49	179	17	4	13
大丰区	1246	440	806	261	75	186	23	2	21
响水县	869	300	569	228	60	168	24	7	17
滨海县	1571	553	1018	366	95	271	42	15	27
阜宁县	1411	473	938	329	74	255	39	12	27
射阳县	1296	392	904	245	54	191	32	8	24
建湖县	1160	372	788	254	71	183	30	3	27
盐城经济技术开发区	108	44	64	11	1	10	2	1	1
江苏省盐南高新区									
东台市	2603	918	1685	508	143	365	39	7	32
扬州市	**7072**	**2191**	**4881**	**1375**	**381**	**994**	**137**	**46**	**91**
广陵区	389	107	282	95	35	60	13	5	8
邗江区	476	145	331	67	20	47	9	3	6
江都区	2191	685	1506	405	113	292	42	11	31
宝应县	1322	398	924	258	71	187	21	8	13
扬州经济技术开发区	91	26	65	20	4	16	5	2	3
蜀冈瘦西湖景区									
生态新城	101	33	68	29	10	19	1		1
仪征市	904	286	618	164	36	128	15	4	11
高邮市	1598	511	1087	337	92	245	31	13	18
镇江市	**3566**	**1122**	**2444**	**694**	**177**	**517**	**67**	**16**	**51**
京口区	31	11	20	9	5	4			
润州区	2	1	1	1		1			
丹徒区	524	168	356	88	24	64	8	2	6
镇江新区	177	52	125	40	14	26	3		3
江苏镇江高新区									
丹阳市	1062	297	765	216	46	170	16	3	13
扬中市	514	154	360	91	20	71	13	2	11
句容市	1256	439	817	249	68	181	27	9	18
泰州市	**10515**	**3197**	**7318**	**2273**	**539**	**1734**	**259**	**60**	**199**
海陵区	229	80	149	50	21	29	5		5
高港区	548	155	393	117	32	85	13	1	12
姜堰区	2028	632	1396	429	113	316	50	17	33
泰州医药高新技术产业开发区	91	29	62	24	8	16			
兴化市	2892	944	1948	622	153	469	54	16	38
靖江市	1648	478	1170	370	92	278	45	5	40
泰兴市	3079	879	2200	661	120	541	92	21	71
宿迁市	**8566**	**2631**	**5935**	**2058**	**506**	**1552**	**297**	**62**	**235**
宿城区	977	259	718	247	70	177	45	9	36
宿豫区	819	233	586	193	42	151	24	4	20
沭阳县	2656	825	1831	597	159	438	90	23	67
泗阳县	1714	506	1208	449	98	351	53	9	44
泗洪县	1640	587	1053	395	104	291	63	13	50
宿迁经济技术开发区	198	57	141	54	12	42	7	1	6
宿迁市湖滨新区	287	87	200	66	11	55	9	1	8
苏州宿迁工业园区									
宿迁市洋河新区	275	77	198	57	10	47	6	2	4

1-6 各地区分性别、受教育程度的3岁及以上人口

单位：人

地区	3岁及以上人口			未上过学		
	合计	男	女	小计	男	女
江苏	**82756266**	**41994185**	**40762081**	**2803412**	**686569**	**2116843**
南京市	**9084321**	**4634442**	**4449879**	**262101**	**68700**	**193401**
玄武区	528315	263342	264973	2888	899	1989
秦淮区	727818	357845	369973	11137	2575	8562
建邺区	521956	262230	259726	8722	2392	6330
鼓楼区	924096	447530	476566	14097	3550	10547
浦口区	390257	198193	192064	15788	3952	11836
栖霞区	965780	499783	465997	18618	4344	14274
雨花台区	592910	309065	283845	17121	4097	13024
江宁区	1871299	974880	896419	65229	18846	46383
六合区	615884	308286	307598	41757	8230	33527
溧水区	478079	249442	228637	20476	6169	14307
高淳区	418213	213518	204695	31912	9960	21952
南京江北新区	1049714	550328	499386	14356	3686	10670
无锡市	**7295454**	**3762409**	**3533045**	**116244**	**29597**	**86647**
锡山区	861585	455401	406184	12860	3255	9605
惠山区	871994	457828	414166	17373	4610	12763
滨湖区	582335	298137	284198	9645	2488	7157
梁溪区	964315	481466	482849	13311	3144	10167
新吴区	701289	366690	334599	7978	2040	5938
江苏无锡经济开发区	312207	160618	151589	5155	1453	3702
江阴市	1740773	900198	840575	27075	6280	20795
宜兴市	1260956	642071	618885	22847	6327	16520
徐州市	**8808006**	**4433490**	**4374516**	**316205**	**86288**	**229917**
鼓楼区	412774	207582	205192	6277	1839	4438
云龙区	454651	225481	229170	8131	2353	5778
贾汪区	440142	225770	214372	26424	7568	18856
泉山区	602923	294916	308007	11352	3209	8143
铜山区	1201147	610216	590931	42885	11604	31281
丰县	906444	453731	452713	30487	7058	23429
沛县	1004968	503590	501378	35413	9357	26056
睢宁县	1054551	529537	525014	50307	12669	37638
徐州经济技术开发区	367231	188565	178666	11385	3241	8144
新沂市	941607	475290	466317	47027	13227	33800
邳州市	1421568	718812	702756	46517	14163	32354
常州市	**5160814**	**2650758**	**2510056**	**116311**	**30156**	**86155**
天宁区	654846	326880	327966	9409	2269	7140
钟楼区	644488	327118	317370	12289	3422	8867
新北区	859849	439462	420387	15767	3377	12390
武进区	1249135	654038	595097	22164	6332	15832
金坛区	573132	289826	283306	20953	5229	15724
江苏省常州市经济开发区	410907	217900	193007	7164	1914	5250
溧阳市	768457	395534	372923	28565	7613	20952

1-6　续表 1　　单位：人

地　区	3岁及以上人口			未上过学		
	合计	男	女	小计	男	女
苏州市	**12452881**	**6503878**	**5949003**	**335415**	**88526**	**246889**
虎丘区	811327	425519	385808	26084	6124	19960
吴中区	1354621	709935	644686	44723	12959	31764
相城区	867263	460263	407000	25861	7197	18664
姑苏区	906330	447464	458866	17238	4244	12994
吴江区	1510093	795447	714646	53442	14986	38456
苏州工业园区	1104256	572191	532065	26819	7025	19794
常熟市	1647598	856926	790672	37472	8201	29271
张家港市	1401836	722799	679037	34485	7932	26553
昆山市	2034754	1083930	950824	42754	13122	29632
太仓市	814803	429404	385399	26537	6736	19801
南通市	**7590393**	**3735088**	**3855305**	**246300**	**56990**	**189310**
崇川区	765281	377335	387946	16664	3997	12667
港闸区	393588	200499	193089	12565	3009	9556
通州区	1085976	533058	552918	37451	8809	28642
如东县	862805	420414	442391	43459	10428	33031
南通经济技术开发区	299941	159388	140553	4745	1472	3273
通州湾示范区	90594	43984	46610	3583	739	2844
苏锡通科技产业园区	88525	46487	42038	2339	629	1710
启东市	953152	460488	492664	29749	6622	23127
如皋市	1214357	589715	624642	35088	7842	27246
海门市	975763	476646	499117	25894	6115	19779
海安市	860411	427074	433337	34763	7328	27435
连云港市	**4466637**	**2265872**	**2200765**	**179544**	**48775**	**130769**
连云区	156239	82168	74071	6275	1425	4850
海州区	696949	348974	347975	24866	6650	18216
赣榆区	973453	491440	482013	39389	10967	28422
东海县	1014612	512691	501921	25978	7905	18073
灌云县	705453	361054	344399	38470	9529	28941
灌南县	596671	304214	292457	29287	8218	21069
连云港经济技术开发区	87729	45175	42554	5495	1395	4100
连云港高新技术产业开发区	165455	81101	84354	4359	1282	3077
江苏连云港徐圩新区	41338	24235	17103	2075	646	1429
江苏省连云港市云台山风景名胜区	28738	14820	13918	3350	758	2592
淮安市	**4442749**	**2219856**	**2222893**	**187137**	**43994**	**143143**
淮安区	767445	385244	382201	49996	11238	38758
淮阴区	729946	368771	361175	26700	6486	20214
清江浦区	562655	276974	285681	11217	2506	8711
洪泽区	279565	138897	140668	14823	3622	11201
涟水县	808248	404032	404216	25303	5994	19309
盱眙县	592768	294955	297813	32511	7844	24667
金湖县	283621	141330	142291	11975	2596	9379
淮安经济技术开发区	284250	143228	141022	8236	2300	5936
工业园区	15616	7887	7729	984	192	792
生态文旅区	95598	46890	48708	3194	767	2427
苏淮高新区	23037	11648	11389	2198	449	1749

1-6 续表 2

单位：人

地 区	3岁及以上人口			未上过学		
	合计	男	女	小计	男	女
盐城市	**6576658**	**3311210**	**3265448**	**344976**	**71820**	**273156**
亭湖区	670758	340634	330124	22553	5496	17057
盐都区	600957	305821	295136	32858	6290	26568
大丰区	635525	318632	316893	40598	7921	32677
响水县	447675	227919	219756	37715	8752	28963
滨海县	801565	406910	394655	51934	11811	40123
阜宁县	777329	391737	385592	37875	8455	29420
射阳县	746048	374673	371375	34381	6423	27958
建湖县	598851	300542	298309	19153	3845	15308
盐城经济技术开发区	100824	50837	49987	5062	974	4088
江苏省盐南高新区	322034	160125	161909	6416	1691	4725
东台市	875092	433380	441712	56431	10162	46269
扬州市	**4475301**	**2227108**	**2248193**	**215304**	**48265**	**167039**
广陵区	532620	272807	259813	11497	2881	8616
邗江区	711282	351786	359496	23001	5914	17087
江都区	911894	446297	465597	41995	8593	33402
宝应县	670108	331436	338672	48125	10395	37730
扬州经济技术开发区	233586	117429	116157	7935	1793	6142
蜀冈瘦西湖景区	131735	65232	66503	3817	1126	2691
生态新城	65152	33121	32031	2962	801	2161
仪征市	522005	263600	258405	28363	6411	21952
高邮市	696919	345400	351519	47609	10351	37258
镇江市	**3145664**	**1598205**	**1547459**	**82819**	**19209**	**63610**
京口区	349496	176554	172942	5947	1552	4395
润州区	235301	117306	117995	4785	1362	3423
丹徒区	340858	176594	164264	11665	2568	9097
镇江新区	258119	133416	124703	6053	1701	4352
江苏镇江高新区	58709	30334	28375	1452	313	1139
丹阳市	969505	491537	477968	21726	4630	17096
扬中市	309376	156459	152917	9005	1789	7216
句容市	624300	316005	308295	22186	5294	16892
泰州市	**4425069**	**2216109**	**2208960**	**182776**	**37444**	**145332**
海陵区	565520	278099	287421	21812	4558	17254
高港区	252270	126214	126056	6297	1160	5137
姜堰区	657247	323501	333746	30072	6838	23234
泰州医药高新技术产业开发区	216606	108879	107727	6699	1336	5363
兴化市	1106522	566524	539998	78937	16159	62778
靖江市	651648	327129	324519	9390	1736	7654
泰兴市	975256	485763	489493	29569	5657	23912
宿迁市	**4832319**	**2435760**	**2396559**	**218280**	**56805**	**161475**
宿城区	641538	321388	320150	28400	6586	21814
宿豫区	429962	217739	212223	22434	5380	17054
沭阳县	1622163	824541	797622	62423	18403	44020
泗阳县	806795	403033	403762	34032	7285	26747
泗洪县	834478	415890	418588	43864	12677	31187
宿迁经济技术开发区	182474	92465	90009	8565	1977	6588
宿迁市湖滨新区	139936	73431	66505	8506	2232	6274
苏州宿迁工业园区	28404	14005	14399	403	94	309
宿迁市洋河新区	146569	73268	73301	9653	2171	7482

1-6　续表 3　　　　单位：人

地　　区	学前教育			小　　学		
	小计	男	女	小计	男	女
江　苏	**2912866**	**1502630**	**1410236**	**19273379**	**8702944**	**10570435**
南京市	**305725**	**158135**	**147590**	**1485368**	**678107**	**807261**
玄武区	14313	7492	6821	52970	23073	29897
秦淮区	19236	9963	9273	78463	34473	43990
建邺区	17348	9060	8288	60571	28959	31612
鼓楼区	25849	13472	12377	101382	46282	55100
浦口区	14129	7306	6823	86151	38746	47405
栖霞区	28544	14735	13809	117166	53754	63412
雨花台区	20108	10520	9588	78147	36622	41525
江宁区	68126	35429	32697	320825	152224	168601
六合区	22443	11255	11188	175419	74687	100732
溧水区	17800	9032	8768	130230	61065	69165
高淳区	15691	7959	7732	133951	62476	71475
南京江北新区	42138	21912	20226	150093	65746	84347
无锡市	**229180**	**119484**	**109696**	**1395652**	**629120**	**766532**
锡山区	27291	14363	12928	185341	84700	100641
惠山区	28979	15300	13679	170987	80451	90536
滨湖区	14706	7643	7063	76912	34577	42335
梁溪区	29807	15710	14097	131468	57767	73701
新吴区	25226	13235	11991	115007	50807	64200
江苏无锡经济开发区	13970	7192	6778	51256	24281	26975
江阴市	54174	28036	26138	352682	157824	194858
宜兴市	35027	18005	17022	311999	138713	173286
徐州市	**393769**	**207486**	**186283**	**2428603**	**1121366**	**1307237**
鼓楼区	15520	8158	7362	57814	26919	30895
云龙区	21367	11277	10090	69581	33402	36179
贾汪区	18563	9995	8568	123338	59520	63818
泉山区	21277	11166	10111	80263	36725	43538
铜山区	53408	28130	25278	340005	160379	179626
丰县	42754	22711	20043	271401	119986	151415
沛县	45854	23777	22077	281323	128463	152860
睢宁县	52350	26771	25579	343544	152897	190647
徐州经济技术开发区	18219	9678	8541	75487	35866	39621
新沂市	41618	22154	19464	295295	136353	158942
邳州市	62839	33669	29170	490552	230856	259696
常州市	**161057**	**83993**	**77064**	**996015**	**453392**	**542623**
天宁区	20862	10890	9972	104329	46992	57337
钟楼区	19568	10249	9319	99482	45245	54237
新北区	31533	16470	15063	157917	69662	88255
武进区	40653	21242	19411	245340	114033	131307
金坛区	14996	7734	7262	133836	59540	74296
江苏省常州市经济开发区	11698	6139	5559	81533	38283	43250
溧阳市	21747	11269	10478	173578	79637	93941

1-6 续表 4

单位：人

地 区	学前教育			小 学		
	小计	男	女	小计	男	女
苏州市	**428032**	**220922**	**207110**	**2500489**	**1171254**	**1329235**
虎丘区	30201	15719	14482	141702	67267	74435
吴中区	48859	25232	23627	268899	127258	141641
相城区	33098	16793	16305	197873	95068	102805
姑苏区	26685	13876	12809	127849	56640	71209
吴江区	50783	26037	24746	361158	173694	187464
苏州工业园区	45112	23190	21922	175637	82585	93052
常熟市	41971	22008	19963	346035	157438	188597
张家港市	46180	23641	22539	321649	147458	174191
昆山市	80262	41735	38527	376025	176631	199394
太仓市	24881	12691	12190	183662	87215	96447
南通市	**206014**	**103406**	**102608**	**1969004**	**864071**	**1104933**
崇川区	23368	12043	11325	100766	45833	54933
港闸区	13507	6819	6688	71724	33392	38332
通州区	30802	15406	15396	317503	140140	177363
如东县	18627	9002	9625	274773	125307	149466
南通经济技术开发区	11005	5723	5282	57481	26759	30722
通州湾示范区	1680	813	867	26722	11496	15226
苏锡通科技产业园区	2221	1146	1075	22696	10420	12276
启东市	21285	10579	10706	259596	112932	146664
如皋市	37356	18739	18617	393415	163356	230059
海门市	24050	12179	11871	220286	94586	125700
海安市	22113	10957	11156	224042	99850	124192
连云港市	**195513**	**102627**	**92886**	**1113285**	**507300**	**605985**
连云区	6303	3300	3003	26851	12466	14385
海州区	29441	15565	13876	133650	61946	71704
赣榆区	45536	24410	21126	231710	109847	121863
东海县	47802	25014	22788	257445	119198	138247
灌云县	29492	15503	13989	224204	96705	127499
灌南县	24242	12111	12131	188368	82635	105733
连云港经济技术开发区	3413	1860	1553	15701	7467	8234
连云港高新技术产业开发区	7011	3688	3323	18444	8805	9639
江苏连云港徐圩新区	1096	560	536	9572	4672	4900
江苏省连云港市云台山风景名胜区	1177	616	561	7340	3559	3781
淮安市	**174261**	**90066**	**84195**	**1194428**	**516036**	**678392**
淮安区	27651	14186	13465	245050	110055	134995
淮阴区	28144	14654	13490	185288	79474	105814
清江浦区	23674	12434	11240	104217	46268	57949
洪泽区	9461	4482	4979	83861	35292	48569
涟水县	32814	17097	15717	203456	86706	116750
盱眙县	21838	11235	10603	196732	82394	114338
金湖县	9084	4501	4583	85293	34739	50554
淮安经济技术开发区	13778	7329	6449	56341	25488	30853
工业园区	623	334	289	4957	1957	3000
生态文旅区	6412	3424	2988	22889	10896	11993
苏淮高新区	782	390	392	6344	2767	3577

1-6 续表 5

单位：人

地 区	学前教育			小 学		
	小计	男	女	小计	男	女
盐城市	**215719**	**110252**	**105467**	**1774792**	**791927**	**982865**
亭湖区	20190	10558	9632	141568	63418	78150
盐都区	20742	10654	10088	168803	76598	92205
大丰区	16507	7983	8524	156804	70334	86470
响水县	18704	9887	8817	130637	60524	70113
滨海县	28392	14942	13450	237589	109240	128349
阜宁县	29339	15486	13853	231069	104587	126482
射阳县	22325	11030	11295	221904	94368	127536
建湖县	18422	9035	9387	169448	72911	96537
盐城经济技术开发区	3404	1812	1592	23560	10284	13276
江苏省盐南高新区	15128	8192	6936	51009	24567	26442
东台市	22566	10673	11893	242401	105096	137305
扬州市	**139978**	**68956**	**71022**	**1132974**	**509608**	**623366**
广陵区	15856	8155	7701	106957	48540	58417
邗江区	23640	12115	11525	136147	61617	74530
江都区	26265	12658	13607	266153	118248	147905
宝应县	21053	10498	10555	203338	90565	112773
扬州经济技术开发区	7345	3736	3609	41212	18700	22512
蜀冈瘦西湖景区	4771	2524	2247	22715	10543	12172
生态新城	1790	884	906	17939	8313	9626
仪征市	17164	8240	8924	132450	60217	72233
高邮市	22094	10146	11948	206063	92865	113198
镇江市	**90435**	**46419**	**44016**	**673378**	**289733**	**383645**
京口区	9336	4815	4521	47249	20795	26454
润州区	7480	3962	3518	36050	15885	20165
丹徒区	8900	4454	4446	79122	34502	44620
镇江新区	8198	4219	3979	51024	22775	28249
江苏镇江高新区	1807	919	888	11370	5032	6338
丹阳市	26735	13743	12992	217596	91447	126149
扬中市	9308	4803	4505	78472	33969	44503
句容市	18671	9504	9167	152495	65328	87167
泰州市	**135098**	**66977**	**68121**	**1213472**	**533264**	**680208**
海陵区	17851	8989	8862	116292	52425	63867
高港区	8263	4186	4077	66989	27339	39650
姜堰区	19551	9455	10096	187926	83621	104305
泰州医药高新技术产业开发区	8317	4379	3938	44120	19497	24623
兴化市	36591	17504	19087	379563	175869	203694
靖江市	16245	8311	7934	149681	62359	87322
泰兴市	28280	14153	14127	268901	112154	156747
宿迁市	**238085**	**123907**	**114178**	**1395919**	**637766**	**758153**
宿城区	32356	16928	15428	177314	80615	96699
宿豫区	21574	11326	10248	116846	52341	64505
沭阳县	80721	42381	38340	502315	234736	267579
泗阳县	36747	18841	17906	196126	85053	111073
泗洪县	41051	20968	20083	250362	114126	136236
宿迁经济技术开发区	10365	5478	4887	49198	23339	25859
宿迁市湖滨新区	5870	3149	2721	48845	22822	26023
苏州宿迁工业园区	2223	1182	1041	6016	2976	3040
宿迁市洋河新区	7178	3654	3524	48897	21758	27139

1-6 续表 6

单位：人

地区	初中			高中			大学专科		
	小计	男	女	小计	男	女	小计	男	女
江苏	**28227982**	**15058047**	**13169935**	**13721862**	**7673049**	**6048813**	**8187482**	**4412757**	**3774725**
南京市	**2147468**	**1152285**	**995183**	**1602185**	**857847**	**744338**	**1272479**	**674750**	**597729**
玄武区	88536	44452	44084	92949	44906	48043	73723	36537	37186
秦淮区	164249	80580	83669	177680	87431	90249	117668	59507	58161
建邺区	101862	53301	48561	96386	48042	48344	83737	42610	41127
鼓楼区	172849	83594	89255	186760	90209	96551	141110	69544	71566
浦口区	108080	60043	48037	69769	38661	31108	43883	22780	21103
栖霞区	227737	125968	101769	179667	99263	80404	139782	76649	63133
雨花台区	142829	77948	64881	104448	56073	48375	88462	47985	40477
江宁区	448997	245388	203609	292154	163111	129043	274445	147617	126828
六合区	191557	108570	82987	90992	54029	36963	58747	32801	25946
溧水区	138779	77338	61441	76038	45586	30452	51236	28411	22825
高淳区	120672	66131	54541	58928	35555	23373	33963	18948	15015
南京江北新区	241321	128972	112349	176414	94981	81433	165723	91361	74362
无锡市	**2662453**	**1423334**	**1239119**	**1260185**	**698189**	**561996**	**868620**	**468284**	**400336**
锡山区	348277	193786	154491	131527	75929	55598	85377	46416	38961
惠山区	337048	184087	152961	132790	75963	56827	115584	61672	53912
滨湖区	172111	90466	81645	103819	55061	48758	92596	50814	41782
梁溪区	288843	145736	143107	203425	104882	98543	148397	78412	69985
新吴区	250844	133948	116896	126625	71292	55333	102368	55962	46406
江苏无锡经济开发区	88752	47864	40888	47572	25626	21946	40494	20806	19688
江阴市	679670	363329	316341	326985	183904	143081	167685	91720	75965
宜兴市	496908	264118	232790	187442	105532	81910	116119	62482	53637
徐州市	**3229887**	**1698844**	**1531043**	**1261442**	**694871**	**566571**	**698989**	**377239**	**321750**
鼓楼区	120931	60164	60767	95140	48235	46905	72276	39468	32808
云龙区	117088	57615	59473	85154	42882	42272	67885	34960	32925
贾汪区	172061	92630	79431	58947	34251	24696	25293	14527	10766
泉山区	153622	73073	80549	138852	69328	69524	103741	53212	50529
铜山区	470633	250220	220413	142451	80143	62308	75797	40553	35244
丰县	370692	195522	175170	114940	66260	48680	54901	30834	24067
沛县	433161	223973	209188	117767	67080	50687	62629	35156	27473
睢宁县	394802	215044	179758	129433	75759	53674	56610	31724	24886
徐州经济技术开发区	121170	63227	57943	63822	35423	28399	51175	27102	24073
新沂市	349248	188967	160281	123823	69632	54191	57796	31368	26428
邳州市	526479	278409	248070	191113	105878	85235	70886	38335	32551
常州市	**1934757**	**1022685**	**912072**	**860634**	**476043**	**384591**	**571385**	**313645**	**257740**
天宁区	225065	115349	109716	122014	62958	59056	83249	42879	40370
钟楼区	212807	111095	101712	121710	64018	57692	80183	43221	36962
新北区	300756	157842	142914	133168	74640	58528	109002	58311	50691
武进区	496532	267088	229444	176274	98957	77317	154942	88031	66911
金坛区	223782	116061	107721	94923	54808	40115	50021	28267	21754
江苏省常州市经济开发区	186076	101459	84617	63071	35772	27299	38246	21976	16270
溧阳市	289739	153791	135948	149474	84890	64584	55742	30960	24782

1-6　续表 7　　　　　　　　　　　　　　　　　　　　　　单位：人

地　区	初　中			高　中			大学专科		
	小计	男	女	小计	男	女	小计	男	女
苏州市	**4175439**	**2296468**	**1878971**	**2143321**	**1220970**	**922351**	**1499292**	**801260**	**698032**
虎丘区	223242	125945	97297	144441	84097	60344	119113	61686	57427
吴中区	430733	239703	191030	243138	138546	104592	176115	93650	82465
相城区	303924	172294	131630	127217	73949	53268	98449	52176	46273
姑苏区	242958	122455	120503	192995	98987	94008	139271	71470	67801
吴江区	572059	317546	254513	230631	134462	96169	138996	75026	63970
苏州工业园区	233105	126557	106548	195840	111831	84009	165235	88051	77184
常熟市	695669	378892	316777	237464	136713	100751	157748	87082	70666
张家港市	519095	281657	237438	214527	120596	93931	143483	78033	65450
昆山市	635623	352688	282935	437253	252968	184285	280057	149800	130257
太仓市	319031	178731	140300	119815	68821	50994	80825	44286	36539
南通市	**2848138**	**1477185**	**1370953**	**1169368**	**637620**	**531748**	**636015**	**335379**	**300636**
崇川区	180828	90066	90762	153149	77943	75206	138059	72072	65987
港闸区	126315	67347	58968	65471	35929	29542	57421	29468	27953
通州区	424027	220826	203201	152244	84311	67933	74567	39096	35471
如东县	315233	161270	153963	128609	70924	57685	45391	24579	20812
南通经济技术开发区	95830	53912	41918	54254	29946	24308	50493	27779	22714
通州湾示范区	37328	19036	18292	15050	8567	6483	4221	2270	1951
苏锡通科技产业园区	40714	22334	18380	11937	7101	4836	5501	3186	2315
启东市	414135	212949	201186	124891	65922	58969	56158	28399	27759
如皋市	448548	235162	213386	172342	97690	74652	72332	38230	34102
海门市	439090	223948	215142	150893	80480	70413	66524	34900	31624
海安市	326090	170335	155755	140528	78807	61721	65348	35400	29948
连云港市	**1448830**	**773911**	**674919**	**855141**	**470949**	**384192**	**413188**	**222230**	**190958**
连云区	46259	24895	21364	33237	18863	14374	21030	11962	9068
海州区	207227	105894	101333	138753	73274	65479	93391	48955	44436
赣榆区	265935	137331	128604	224925	118535	106390	112764	61329	51435
东海县	332901	171272	161629	234414	126886	107528	78149	42433	35716
灌云县	284398	161623	122775	85786	52933	32853	27136	15792	11344
灌南县	238898	133332	105566	79005	47134	31871	23135	13243	9892
连云港经济技术开发区	23770	12572	11198	21778	12244	9534	10522	5900	4622
连云港高新技术产业开发区	24887	12542	12345	24348	12909	11439	41724	18963	22761
江苏连云港徐圩新区	13911	8423	5488	8562	5401	3161	3844	2781	1063
江苏省连云港市云台山风景名胜区	10644	6027	4617	4333	2770	1563	1493	872	621
淮安市	**1598292**	**854949**	**743343**	**704292**	**402270**	**302022**	**333547**	**182765**	**150782**
淮安区	276111	152183	123928	98493	58168	40325	42301	24272	18029
淮阴区	292337	157824	134513	113331	66961	46370	42064	23710	18354
清江浦区	164785	81011	83774	113481	59361	54120	71287	38136	33151
洪泽区	98904	54116	44788	45904	26869	19035	16675	9159	7516
涟水县	337874	176244	161630	139527	78946	60581	49485	28129	21356
盱眙县	215059	121111	93948	78950	46677	32273	27401	14816	12585
金湖县	90325	48714	41611	51637	31275	20362	22664	12784	9880
淮安经济技术开发区	81184	41430	39754	45671	24550	21121	48428	25130	23298
工业园区	6453	3837	2616	1452	903	549	865	508	357
生态文旅区	25564	12944	12620	13170	6806	6364	11420	5564	5856
苏淮高新区	9696	5535	4161	2676	1754	922	957	557	400

1-6 续表 8

单位：人

地区	初中			高中			大学专科		
	小计	男	女	小计	男	女	小计	男	女
盐城市	**2449235**	**1311256**	**1137979**	**1074610**	**632131**	**442479**	**431124**	**238482**	**192642**
亭湖区	210861	108741	102120	144484	79725	64759	72152	40241	31911
盐都区	216133	115729	100404	103993	63230	40763	38952	22399	16553
大丰区	231226	123723	107503	110703	65406	45297	49264	27154	22110
响水县	177688	98976	78712	52156	32182	19974	18589	10817	7772
滨海县	333481	183517	149964	100073	59021	41052	29491	16785	12706
阜宁县	320166	171411	148755	107177	63090	44087	33524	18655	14869
射阳县	289057	157885	131172	119723	72069	47654	38956	21981	16975
建湖县	240138	125198	114940	97427	58558	38869	33878	19516	14362
盐城经济技术开发区	33145	18334	14811	16315	10281	6034	7416	4362	3054
江苏省盐南高新区	69948	33123	36825	72427	37984	34443	61138	29794	31344
东台市	327392	174619	152773	150132	90585	59547	47764	26778	20986
扬州市	**1486430**	**782613**	**703817**	**704234**	**395595**	**308639**	**434845**	**235920**	**198925**
广陵区	173665	91663	82002	111528	61773	49755	65889	35319	30570
邗江区	178262	90280	87982	112502	59340	53162	110159	58648	51511
江都区	342317	177703	164614	123931	69998	53933	67076	36242	30834
宝应县	239195	128765	110430	94105	55419	38686	39195	21985	17210
扬州经济技术开发区	64804	33756	31048	40982	22133	18849	36974	20006	16968
蜀冈瘦西湖景区	34483	17120	17363	28359	14314	14045	18822	9938	8884
生态新城	26634	14192	12442	9327	5452	3875	4149	2251	1898
仪征市	174287	93080	81207	89691	51346	38345	47003	26456	20547
高邮市	252783	136054	116729	93809	55820	37989	45578	25075	20503
镇江市	**1129074**	**595772**	**533302**	**555661**	**316388**	**239273**	**322736**	**176384**	**146352**
京口区	91081	45438	45643	69296	35140	34156	48983	26419	22564
润州区	72837	36122	36715	51887	26650	25237	30633	16669	13964
丹徒区	121759	67014	54745	50696	29545	21151	31800	17016	14784
镇江新区	91683	47714	43969	50480	28717	21763	31952	18377	13575
江苏镇江高新区	21259	11479	9780	11103	6243	4860	6437	3593	2844
丹阳市	411339	218189	193150	162642	96277	66365	71536	38862	32674
扬中市	102278	53700	48578	51009	30256	20753	36311	20045	16266
句容市	216838	116116	100722	108548	63560	44988	65084	35403	29681
泰州市	**1519640**	**810753**	**708887**	**691810**	**399865**	**291945**	**382341**	**212829**	**169512**
海陵区	160610	82495	78115	97050	53076	43974	73929	39781	34148
高港区	90001	47841	42160	38755	22941	15814	25072	14095	10977
姜堰区	227034	117536	109498	99628	55732	43896	52592	28939	23653
泰州医药高新技术产业开发区	67305	35699	31606	29564	16821	12743	31383	16536	14847
兴化市	376771	214804	161967	152727	94667	58060	51154	29878	21276
靖江市	235478	122733	112745	117719	65736	51983	68536	38069	30467
泰兴市	362441	189645	172796	156367	90892	65475	79675	45531	34144
宿迁市	**1598339**	**857992**	**740347**	**838979**	**470311**	**368668**	**322921**	**173590**	**149331**
宿城区	201980	109646	92334	96623	54436	42187	48557	25632	22925
宿豫区	142230	78295	63935	70980	40374	30606	37385	20269	17116
沭阳县	529012	282013	246999	294790	163187	131603	88731	48335	40396
泗阳县	300251	159586	140665	163733	90985	72748	44891	24647	20244
泗洪县	261073	138587	122486	139998	77710	62288	65317	34884	30433
宿迁经济技术开发区	59410	31426	27984	31490	17580	13910	15628	8530	7098
宿迁市湖滨新区	40960	23853	17107	20388	13843	6545	12917	6203	6714
苏州宿迁工业园区	7100	3172	3928	4625	2482	2143	4080	2075	2005
宿迁市洋河新区	56323	31414	24909	16352	9714	6638	5415	3015	2400

1-6　续表 9　　　　单位：人

地　区	大学本科			硕士研究生			博士研究生		
	小计	男	女	小计	男	女	小计	男	女
江　苏	**6806564**	**3510224**	**3296340**	**727164**	**386818**	**340346**	**95555**	**61147**	**34408**
南京市	**1661497**	**854063**	**807434**	**297488**	**158367**	**139121**	**50010**	**32188**	**17822**
玄武区	150746	77184	73562	41099	21542	19557	11091	7257	3834
秦淮区	131355	67074	64281	24207	13610	10597	3823	2632	1191
建邺区	123150	61334	61816	27154	14598	12556	3026	1934	1092
鼓楼区	218049	106685	111364	54150	27999	26151	9850	6195	3655
浦口区	45748	23063	22685	6007	3189	2818	702	453	249
栖霞区	210768	103243	107525	35191	16761	18430	8307	5066	3241
雨花台区	120372	63244	57128	20011	11609	8402	1412	967	445
江宁区	337634	176652	160982	55908	30422	25486	7981	5191	2790
六合区	32669	17442	15227	2114	1151	963	186	121	65
溧水区	41183	20587	20596	2161	1144	1017	176	110	66
高淳区	21601	11656	9945	1378	766	612	117	67	50
南京江北新区	228222	125899	102323	28108	15576	12532	3339	2195	1144
无锡市	**689765**	**354310**	**335455**	**66931**	**36003**	**30928**	**6424**	**4088**	**2336**
锡山区	65970	34340	31630	4661	2435	2226	281	177	104
惠山区	63971	32898	31073	4922	2617	2305	340	230	110
滨湖区	95641	47757	47884	14562	7900	6662	2343	1431	912
梁溪区	133475	67324	66151	14545	7790	6755	1044	701	343
新吴区	66451	35573	30878	6422	3582	2840	368	251	117
江苏无锡经济开发区	53490	27095	26395	10336	5544	4792	1182	757	425
江阴市	124862	64873	59989	7120	3912	3208	520	320	200
宜兴市	85905	44450	41455	4363	2223	2140	346	221	125
徐州市	**434062**	**222739**	**211323**	**39128**	**20766**	**18362**	**5921**	**3891**	**2030**
鼓楼区	41225	20868	20357	3252	1721	1531	339	210	129
云龙区	78705	39550	39155	6102	3058	3044	638	384	254
贾汪区	14934	6969	7965	505	266	239	77	44	33
泉山区	81826	41772	40054	10043	5163	4880	1947	1268	679
铜山区	63543	32243	31300	10439	5543	4896	1986	1401	585
丰县	20063	10635	9428	1086	642	444	120	83	37
沛县	27453	14990	12463	1209	684	525	159	110	49
睢宁县	26052	13844	12208	1302	726	576	151	103	48
徐州经济技术开发区	23158	12342	10816	2628	1589	1039	187	97	90
新沂市	25541	12946	12595	1132	570	562	127	73	54
邳州市	31562	16580	14982	1430	804	626	190	118	72
常州市	**477855**	**247590**	**230265**	**38946**	**20779**	**18167**	**3854**	**2475**	**1379**
天宁区	81037	40952	40085	8172	4136	4036	709	455	254
钟楼区	90092	45369	44723	7582	3998	3584	775	501	274
新北区	101878	53708	48170	9020	4925	4095	808	527	281
武进区	103441	52895	50546	8800	4823	3977	989	637	352
金坛区	32281	16928	15353	2115	1123	992	225	136	89
江苏省常州市经济开发区	21763	11638	10125	1244	654	590	112	65	47
溧阳市	47363	26100	21263	2013	1120	893	236	154	82

1-6 续表 10

单位：人

地　　区	大学本科			硕士研究生			博士研究生		
	小计	男	女	小计	男	女	小计	男	女
苏州市	**1230048**	**628921**	**601127**	**128452**	**67814**	**60638**	**12393**	**7743**	**4650**
虎丘区	109906	55715	54191	15366	8156	7210	1272	810	462
吴中区	128556	65357	63199	12423	6493	5930	1175	737	438
相城区	73693	38869	34824	6572	3547	3025	576	370	206
姑苏区	138962	69325	69637	18095	9091	9004	2277	1376	901
吴江区	95268	49506	45762	7260	3880	3380	496	310	186
苏州工业园区	218869	109459	109410	39454	20898	18556	4185	2595	1590
常熟市	123930	62578	61352	6420	3453	2967	889	561	328
张家港市	115484	59805	55679	6466	3357	3109	467	320	147
昆山市	170282	90037	80245	11772	6501	5271	726	448	278
太仓市	55098	28270	26828	4624	2438	2186	330	216	114
南通市	**480528**	**242728**	**237800**	**31802**	**15737**	**16065**	**3224**	**1972**	**1252**
崇川区	136286	67304	68982	14512	7049	7463	1649	1028	621
港闸区	44072	23291	20781	2346	1148	1198	167	96	71
通州区	46584	23067	23517	2535	1244	1291	263	159	104
如东县	34699	17886	16813	1837	916	921	177	102	75
南通经济技术开发区	24158	12717	11441	1813	961	852	162	119	43
通州湾示范区	1894	996	898	100	60	40	16	7	9
苏锡通科技产业园区	2959	1582	1377	142	78	64	16	11	5
启东市	45437	22094	23343	1772	911	861	129	80	49
如皋市	52534	27334	25200	2504	1230	1274	238	132	106
海门市	46834	23302	23532	2015	1032	983	177	104	73
海安市	45071	23155	21916	2226	1108	1118	230	134	96
连云港市	**243675**	**130362**	**113313**	**15948**	**8743**	**7205**	**1513**	**975**	**538**
连云区	15303	8690	6613	920	532	388	61	35	26
海州区	64681	33937	30744	4526	2497	2029	414	256	158
赣榆区	49670	27021	22649	3202	1796	1406	322	204	118
东海县	36440	19108	17332	1313	759	554	170	116	54
灌云县	15275	8583	6692	628	350	278	64	36	28
灌南县	13127	7187	5940	566	322	244	43	32	11
连云港经济技术开发区	6385	3406	2979	632	308	324	33	23	10
连云港高新技术产业开发区	40247	20550	19697	4039	2096	1943	396	266	130
江苏连云港徐圩新区	2172	1678	494	102	71	31	4	3	1
江苏省连云港市云台山风景名胜区	375	202	173	20	12	8	6	4	2
淮安市	**235515**	**121289**	**114226**	**13301**	**7209**	**6092**	**1976**	**1278**	**698**
淮安区	26666	14481	12185	1099	606	493	78	55	23
淮阴区	40172	18595	21577	1583	854	729	327	213	114
清江浦区	68141	34017	34124	5132	2763	2369	721	478	243
洪泽区	9550	5151	4399	358	190	168	29	16	13
涟水县	18685	10277	8408	781	458	323	323	181	142
盱眙县	19459	10398	9061	741	428	313	77	52	25
金湖县	12089	6457	5632	514	243	271	40	21	19
淮安经济技术开发区	28369	15706	12663	1943	1089	854	300	206	94
工业园区	268	147	121	14	9	5			
生态文旅区	11756	5875	5881	1113	558	555	80	56	24
苏淮高新区	360	185	175	23	11	12	1		1

1-6 续表 11

单位：人

地区	大学本科			硕士研究生			博士研究生		
	小计	男	女	小计	男	女	小计	男	女
盐城市	**270393**	**146643**	**123750**	**14208**	**7685**	**6523**	**1601**	**1014**	**587**
亭湖区	55959	30747	25212	2499	1374	1125	492	334	158
盐都区	18427	10338	8089	965	533	432	84	50	34
大丰区	28890	15314	13576	1424	736	688	109	61	48
响水县	11690	6505	5185	446	247	199	50	29	21
滨海县	19651	11008	8643	872	527	345	82	59	23
阜宁县	17361	9576	7785	738	426	312	80	51	29
射阳县	18865	10456	8409	773	422	351	64	39	25
建湖县	19522	10993	8529	798	439	359	65	47	18
盐城经济技术开发区	11510	4577	6933	342	172	170	70	41	29
江苏省盐南高新区	41641	22477	19164	3956	2077	1879	371	220	151
东台市	26877	14652	12225	1395	732	663	134	83	51
扬州市	**330372**	**169755**	**160617**	**28548**	**14788**	**13760**	**2616**	**1608**	**1008**
广陵区	43542	22460	21082	3534	1928	1606	152	88	64
邗江区	113763	56724	57039	12443	6307	6136	1365	841	524
江都区	41688	21613	20075	2308	1160	1148	161	82	79
宝应县	23948	13149	10799	1060	605	455	89	55	34
扬州经济技术开发区	29761	14935	14826	4256	2178	2078	317	192	125
蜀冈瘦西湖景区	16985	8706	8279	1571	817	754	212	144	68
生态新城	2174	1124	1050	156	90	66	21	14	7
仪征市	31112	16787	14325	1762	944	818	173	119	54
高邮市	27399	14257	13142	1458	759	699	126	73	53
镇江市	**260786**	**136806**	**123980**	**26958**	**15004**	**11954**	**3817**	**2490**	**1327**
京口区	63100	33999	29101	12077	6794	5283	2427	1602	825
润州区	28314	14877	13437	3019	1598	1421	296	181	115
丹徒区	33181	18992	14189	3549	2385	1164	186	118	68
镇江新区	17248	9117	8131	1265	647	618	216	149	67
江苏镇江高新区	4743	2459	2284	475	250	225	63	46	17
丹阳市	54884	26861	28023	2838	1395	1443	209	133	76
扬中市	21865	11296	10569	1045	549	496	83	52	31
句容市	37451	19205	18246	2690	1386	1304	337	209	128
泰州市	**281875**	**145207**	**136668**	**16577**	**8811**	**7766**	**1480**	**959**	**521**
海陵区	73424	34359	39065	4164	2162	2002	388	254	134
高港区	15705	8025	7680	1107	576	531	81	51	30
姜堰区	38538	20367	18171	1756	916	840	150	97	53
泰州医药高新技术产业开发区	26152	12971	13181	2859	1515	1344	207	125	82
兴化市	29145	16658	12487	1477	883	594	157	102	55
靖江市	51890	26804	25086	2475	1230	1245	234	151	83
泰兴市	47021	26023	20998	2739	1529	1210	263	179	84
宿迁市	**210193**	**109811**	**100382**	**8877**	**5112**	**3765**	**726**	**466**	**260**
宿城区	53136	25678	27458	2997	1747	1250	175	120	55
宿豫区	17602	9236	8366	852	480	372	59	38	21
沭阳县	62278	34381	27897	1676	977	699	217	128	89
泗阳县	29593	15818	13775	1317	755	562	105	63	42
泗洪县	31621	16243	15378	1085	622	463	107	73	34
宿迁经济技术开发区	7448	3923	3525	348	201	147	22	11	11
宿迁市湖滨新区	2277	1227	1050	156	90	66	17	12	5
苏州宿迁工业园区	3663	1865	1798	284	150	134	10	9	1
宿迁市洋河新区	2575	1440	1135	162	90	72	14	12	2

1-6a　各地区分性别、受教育程度的3岁及以上人口(城市)

单位：人

地　　区	3岁及以上人口			未上过学		
	合计	男	女	小计	男	女
江　苏	**39272262**	**19863513**	**19408749**	**835451**	**214131**	**621320**
南京市	**7717401**	**3922748**	**3794653**	**157143**	**40422**	**116721**
玄武区	528315	263342	264973	2888	899	1989
秦淮区	727818	357845	369973	11137	2575	8562
建邺区	521956	262230	259726	8722	2392	6330
鼓楼区	924096	447530	476566	14097	3550	10547
浦口区	313195	158601	154594	8823	2131	6692
栖霞区	904834	467701	437133	17041	3999	13042
雨花台区	584929	304777	280152	16514	3965	12549
江宁区	1458144	752979	705165	37683	10711	26972
六合区	218669	107479	111190	8779	1589	7190
溧水区	284568	150444	134124	7831	2271	5560
高淳区	221888	110941	110947	10261	2881	7380
南京江北新区	1028989	538879	490110	13367	3459	9908
无锡市	**4883060**	**2501244**	**2381816**	**67853**	**17465**	**50388**
锡山区	481162	255966	225196	6651	1786	4865
惠山区	561327	293019	268308	10348	2791	7557
滨湖区	539548	275192	264356	8458	2197	6261
梁溪区	964315	481466	482849	13311	3144	10167
新吴区	624305	322857	301448	6867	1735	5132
江苏无锡经济开发区	312207	160618	151589	5155	1453	3702
江阴市	816490	419268	397222	9987	2154	7833
宜兴市	583706	292858	290848	7076	2205	4871
徐州市	**2936501**	**1468118**	**1468383**	**60068**	**17319**	**42749**
鼓楼区	412774	207582	205192	6277	1839	4438
云龙区	424965	209803	215162	7588	2209	5379
贾汪区	184285	94049	90236	6638	1873	4765
泉山区	602923	294916	308007	11352	3209	8143
铜山区	363543	183546	179997	7276	2017	5259
丰县						
沛县						
睢宁县						
徐州经济技术开发区	4496	2319	2177	160	37	123
新沂市	362252	182626	179626	10812	3214	7598
邳州市	581263	293277	287986	9965	2921	7044
常州市	**3355557**	**1712022**	**1643535**	**53474**	**14377**	**39097**
天宁区	551617	273597	278020	7529	1767	5762
钟楼区	601875	303793	298082	11041	3076	7965
新北区	631516	322321	309195	10555	2328	8227
武进区	737486	386227	351259	9900	2984	6916
金坛区	315270	157169	158101	6666	1902	4764
江苏省常州市经济开发区	175509	91914	83595	2702	667	2035
溧阳市	342284	177001	165283	5081	1653	3428

1-6a　续表 1

单位：人

地　区	3岁及以上人口			未上过学		
	合计	男	女	小计	男	女
苏州市	**6907909**	**3573691**	**3334218**	**156874**	**43238**	**113636**
虎丘区	739714	386985	352729	20984	4977	16007
吴中区	839782	435466	404316	25619	8018	17601
相城区	759387	400918	358469	22061	6146	15915
姑苏区	906330	447464	458866	17238	4244	12994
吴江区	644589	341916	302673	15696	4360	11336
苏州工业园区						
常熟市	812077	415736	396341	13600	3150	10450
张家港市	494609	250500	244109	8552	2211	6341
昆山市	1371261	720411	650850	24971	8032	16939
太仓市	340160	174295	165865	8153	2100	6053
南通市	**3081727**	**1511493**	**1570234**	**73043**	**17841**	**55202**
崇川区	765281	377335	387946	16664	3997	12667
港闸区	390008	198404	191604	12337	2962	9375
通州区	393756	191762	201994	11334	2775	8559
如东县						
南通经济技术开发区						
通州湾示范区						
苏锡通科技产业园区						
启东市	371926	176628	195298	5510	1492	4018
如皋市	353612	169912	183700	9107	2197	6910
海门市	361630	175905	185725	5446	1538	3908
海安市	445514	221547	223967	12645	2880	9765
连云港市	**992573**	**503249**	**489324**	**27999**	**7321**	**20678**
连云区	152485	79768	72717	6097	1383	4714
海州区	546187	271779	274408	14570	4012	10558
赣榆区	270418	136559	133859	6228	1585	4643
东海县	8347	4404	3943	46	16	30
灌云县						
灌南县						
连云港经济技术开发区						
连云港高新技术产业开发区						
江苏连云港徐圩新区	10672	8396	2276	343	122	221
江苏省连云港市云台山风景名胜区	4464	2343	2121	715	203	512
淮安市	**1267704**	**622988**	**644716**	**24794**	**5856**	**18938**
淮安区	313328	154300	159028	8716	1923	6793
淮阴区	309924	152954	156970	5543	1439	4104
清江浦区	502864	246251	256613	7496	1728	5768
洪泽区	141588	69483	72105	3039	766	2273
涟水县						
盱眙县						
金湖县						
淮安经济技术开发区						
工业园区						
生态文旅区						
苏淮高新区						

1-6a 续表 2

单位：人

地　区	3岁及以上人口			未上过学		
	合计	男	女	小计	男	女
盐城市	**1647185**	**827068**	**820117**	**46924**	**11121**	**35803**
亭湖区	518352	262219	256133	13705	3813	9892
盐都区	254314	129100	125214	6482	1477	5005
大丰区	220857	108926	111931	5543	1262	4281
响水县						
滨海县						
阜宁县						
射阳县						
建湖县						
盐城经济技术开发区	5259	2718	2541	315	78	237
江苏省盐南高新区	322034	160125	161909	6416	1691	4725
东台市	326369	163980	162389	14463	2800	11663
扬州市	**2071635**	**1027231**	**1044404**	**62327**	**15189**	**47138**
广陵区	415826	211031	204795	7588	2042	5546
邗江区	563236	277987	285249	12188	3161	9027
江都区	327982	158839	169143	8837	2005	6832
宝应县						
扬州经济技术开发区						
蜀冈瘦西湖景区	131735	65232	66503	3817	1126	2691
生态新城	36968	19192	17776	1267	421	846
仪征市	294918	148342	146576	11946	2756	9190
高邮市	300970	146608	154362	16684	3678	13006
镇江市	**1651410**	**828587**	**822823**	**30809**	**7506**	**23303**
京口区	337809	170387	167422	5464	1446	4018
润州区	234401	116785	117616	4774	1359	3415
丹徒区	150984	76844	74140	3775	863	2912
镇江新区						
江苏镇江高新区	58709	30334	28375	1452	313	1139
丹阳市	387271	192675	194596	6112	1403	4709
扬中市	174614	87802	86812	3658	803	2855
句容市	307622	153760	153862	5574	1319	4255
泰州市	**1962122**	**965468**	**996654**	**50927**	**10729**	**40198**
海陵区	498355	244256	254099	15701	3396	12305
高港区	132686	65635	67051	2893	497	2396
姜堰区	324598	157274	167324	7134	1678	5456
泰州医药高新技术产业开发区						
兴化市	311636	157597	154039	14713	2944	11769
靖江市	324277	158605	165672	3418	703	2715
泰兴市	370570	182101	188469	7068	1511	5557
宿迁市	**797478**	**399606**	**397872**	**23216**	**5747**	**17469**
宿城区	376937	186709	190228	9524	2256	7268
宿豫区	230953	115849	115104	4808	1292	3516
沭阳县						
泗阳县						
泗洪县						
宿迁经济技术开发区						
宿迁市湖滨新区	75844	40340	35504	3566	893	2673
苏州宿迁工业园区	28404	14005	14399	403	94	309
宿迁市洋河新区	85340	42703	42637	4915	1212	3703

1-6a　续表 3

单位：人

地　区	学前教育			小　学		
	小计	男	女	小计	男	女
江　苏	**1426684**	**743636**	**683048**	**6626887**	**3019661**	**3607226**
南京市	**262050**	**136289**	**125761**	**1039486**	**472806**	**566680**
玄武区	14313	7492	6821	52970	23073	29897
秦淮区	19236	9963	9273	78463	34473	43990
建邺区	17348	9060	8288	60571	28959	31612
鼓楼区	25849	13472	12377	101382	46282	55100
浦口区	11809	6110	5699	61351	27336	34015
栖霞区	26910	13929	12981	101079	46986	54093
雨花台区	19933	10442	9491	76727	35937	40790
江宁区	56011	29222	26789	205368	96285	109083
六合区	8183	4206	3977	45297	18385	26912
溧水区	11302	5825	5477	55743	26381	29362
高淳区	9480	4888	4592	56430	25561	30869
南京江北新区	41676	21680	19996	144105	63148	80957
无锡市	**168434**	**87952**	**80482**	**801411**	**360896**	**440515**
锡山区	17335	9128	8207	87631	40502	47129
惠山区	21273	11244	10029	103185	48573	54612
滨湖区	13714	7160	6554	67333	30100	37233
梁溪区	29807	15710	14097	131468	57767	73701
新吴区	23645	12399	11246	102597	45028	57569
江苏无锡经济开发区	13970	7192	6778	51256	24281	26975
江阴市	29136	14973	14163	145692	64274	81418
宜兴市	19554	10146	9408	112249	50371	61878
徐州市	**125468**	**67003**	**58465**	**546502**	**259475**	**287027**
鼓楼区	15520	8158	7362	57814	26919	30895
云龙区	20280	10699	9581	63474	30411	33063
贾汪区	7470	4067	3403	41180	20080	21100
泉山区	21277	11166	10111	80263	36725	43538
铜山区	15143	8036	7107	70725	33688	37037
丰县						
沛县						
睢宁县						
徐州经济技术开发区	187	102	85	1387	666	721
新沂市	16947	9124	7823	83981	39950	44031
邳州市	28644	15651	12993	147678	71036	76642
常州市	**117254**	**61272**	**55982**	**533640**	**243028**	**290612**
天宁区	18141	9446	8695	78703	35460	43243
钟楼区	18564	9721	8843	90491	41064	49427
新北区	25630	13479	12151	104274	46635	57639
武进区	28209	14684	13525	122433	56953	65480
金坛区	10284	5360	4924	54920	24418	30502
江苏省常州市经济开发区	5286	2744	2542	29935	13511	16424
溧阳市	11140	5838	5302	52884	24987	27897

1-6a 续表 4

单位：人

地区	学前教育			小学		
	小计	男	女	小计	男	女
苏州市	**259269**	**134533**	**124736**	**1181252**	**551558**	**629694**
虎丘区	28010	14574	13436	122261	57673	64588
吴中区	32096	16724	15372	136339	65281	71058
相城区	29943	15270	14673	167353	80468	86885
姑苏区	26685	13876	12809	127849	56640	71209
吴江区	25300	13031	12269	114024	53802	60222
苏州工业园区						
常熟市	24977	13081	11896	137140	62532	74608
张家港市	18792	9715	9077	85911	39366	46545
昆山市	60088	31335	28753	231288	108041	123247
太仓市	13378	6927	6451	59087	27755	31332
南通市	**99044**	**50520**	**48524**	**583500**	**262620**	**320880**
崇川区	23368	12043	11325	100766	45833	54933
港闸区	13417	6772	6645	70714	32857	37857
通州区	12933	6659	6274	94093	42357	51736
如东县						
南通经济技术开发区						
通州湾示范区						
苏锡通科技产业园区						
启东市	10479	5264	5215	76315	33374	42941
如皋市	13457	6845	6612	88561	38989	49572
海门市	10503	5361	5142	58846	26746	32100
海安市	14887	7576	7311	94205	42464	51741
连云港市	**43441**	**23204**	**20237**	**170929**	**80733**	**90196**
连云区	6226	3254	2972	25994	12080	13914
海州区	22787	12097	10690	90717	42344	48373
赣榆区	13817	7517	6300	50270	24059	26211
东海县	349	197	152	1283	586	697
灌云县						
灌南县						
连云港经济技术开发区						
连云港高新技术产业开发区						
江苏连云港徐圩新区	128	71	57	1530	1065	465
江苏省连云港市云台山风景名胜区	134	68	66	1135	599	536
淮安市	**54231**	**28317**	**25914**	**249555**	**109897**	**139658**
淮安区	12883	6731	6152	74855	33059	41796
淮阴区	14181	7534	6647	54898	24464	30434
清江浦区	21392	11298	10094	84677	37810	46867
洪泽区	5775	2754	3021	35125	14564	20561
涟水县						
盱眙县						
金湖县						
淮安经济技术开发区						
工业园区						
生态文旅区						
苏淮高新区						

1-6a　续表 5　　　　单位：人

地　区	学前教育			小　学		
	小计	男	女	小计	男	女
盐城市	**61717**	**32467**	**29250**	**300789**	**138632**	**162157**
亭湖区	16360	8591	7769	93621	42878	50743
盐都区	11226	6054	5172	51341	24041	27300
大丰区	8565	4382	4183	35885	16377	19508
响水县						
滨海县						
阜宁县						
射阳县						
建湖县						
盐城经济技术开发区	202	112	90	1145	551	594
江苏省盐南高新区	15128	8192	6936	51009	24567	26442
东台市	10236	5136	5100	67788	30218	37570
扬州市	**70868**	**36271**	**34597**	**375452**	**168503**	**206949**
广陵区	13295	6876	6419	72903	33296	39607
邗江区	19629	10156	9473	89750	40225	49525
江都区	11334	5851	5483	63801	28115	35686
宝应县						
扬州经济技术开发区						
蜀冈瘦西湖景区	4771	2524	2247	22715	10543	12172
生态新城	1017	521	496	9729	4662	5067
仪征市	9867	4959	4908	55701	25229	30472
高邮市	10955	5384	5571	60853	26433	34420
镇江市	**53990**	**28123**	**25867**	**282948**	**122153**	**160795**
京口区	9074	4693	4381	44056	19379	24677
润州区	7438	3944	3494	35815	15771	20044
丹徒区	5503	2828	2675	31118	13796	17322
镇江新区						
江苏镇江高新区	1807	919	888	11370	5032	6338
丹阳市	12851	6719	6132	67579	28129	39450
扬中市	6283	3338	2945	35990	15986	20004
句容市	11034	5682	5352	57020	24060	32960
泰州市	**67357**	**34647**	**32710**	**381926**	**166670**	**215256**
海陵区	16123	8175	7948	92137	40756	51381
高港区	4994	2568	2426	27660	11381	16279
姜堰区	12057	6120	5937	64379	28158	36221
泰州医药高新技术产业开发区						
兴化市	11195	5920	5275	72387	33063	39324
靖江市	10634	5407	5227	52223	21912	30311
泰兴市	12354	6457	5897	73140	31400	41740
宿迁市	**43561**	**23038**	**20523**	**179497**	**82690**	**96807**
宿城区	20010	10614	9396	77256	35590	41666
宿豫区	13754	7252	6502	49050	22357	26693
沭阳县						
泗阳县						
泗洪县						
宿迁经济技术开发区						
宿迁市湖滨新区	3179	1694	1485	20774	9663	11111
苏州宿迁工业园区	2223	1182	1041	6016	2976	3040
宿迁市洋河新区	4395	2296	2099	26401	12104	14297

1-6a 续表 6

单位：人

地区	初中			高中			大学专科		
	小计	男	女	小计	男	女	小计	男	女
江苏	**11492455**	**5914979**	**5577476**	**7561970**	**4042695**	**3519275**	**5457423**	**2894722**	**2562701**
南京市	**1715817**	**898132**	**817685**	**1421294**	**743779**	**677515**	**1172700**	**617103**	**555597**
玄武区	88536	44452	44084	92949	44906	48043	73723	36537	37186
秦淮区	164249	80580	83669	177680	87431	90249	117668	59507	58161
建邺区	101862	53301	48561	96386	48042	48344	83737	42610	41127
鼓楼区	172849	83594	89255	186760	90209	96551	141110	69544	71566
浦口区	83224	45485	37739	59113	32075	27038	38946	20032	18914
栖霞区	203997	112475	91522	168242	92288	75954	135582	74239	61343
雨花台区	140035	76354	63681	102872	55114	47758	87589	47448	40141
江宁区	312157	165273	146884	228461	124102	104359	238905	126850	112055
六合区	68880	35233	33647	42825	23828	18997	26034	14351	11683
溧水区	81360	44012	37348	53713	30862	22851	41322	22727	18595
高淳区	64334	32758	31576	38716	21906	16810	23999	12940	11059
南京江北新区	234334	124615	109719	173577	93016	80561	164085	90318	73767
无锡市	**1596781**	**837990**	**758791**	**889827**	**480971**	**408856**	**699868**	**375252**	**324616**
锡山区	177572	98756	78816	83517	47811	35706	58797	31881	26916
惠山区	196727	105379	91348	87293	49332	37961	89464	48065	41399
滨湖区	153353	79913	73440	97251	51050	46201	88669	48591	40078
梁溪区	288843	145736	143107	203425	104882	98543	148397	78412	69985
新吴区	211913	111108	100805	113438	62880	50558	95539	51948	43591
江苏无锡经济开发区	88752	47864	40888	47572	25626	21946	40494	20806	19688
江阴市	279147	147341	131806	155429	85491	69938	102330	55417	46913
宜兴市	200474	101893	98581	101902	53899	48003	76178	40132	36046
徐州市	**877889**	**438758**	**439131**	**585554**	**302403**	**283151**	**401158**	**210893**	**190265**
鼓楼区	120931	60164	60767	95140	48235	46905	72276	39468	32808
云龙区	108778	53160	55618	81686	40876	40810	66539	34236	32303
贾汪区	64160	32910	31250	34535	19391	15144	17568	9982	7586
泉山区	153622	73073	80549	138852	69328	69524	103741	53212	50529
铜山区	107352	55224	52128	51846	27155	24691	47695	24816	22879
丰县									
沛县									
睢宁县									
徐州经济技术开发区	2085	1134	951	489	280	209	132	67	65
新沂市	113422	57737	55685	72754	38898	33856	42824	22859	19965
邳州市	207539	105356	102183	110252	58240	52012	50383	26253	24130
常州市	**1110462**	**571945**	**538517**	**618566**	**331138**	**287428**	**463404**	**251567**	**211837**
天宁区	177555	89610	87945	108686	55343	53343	75905	38785	37120
钟楼区	195546	101406	94140	115451	60414	55037	73629	38903	34726
新北区	195506	100847	94659	100657	55275	45382	92688	49284	43404
武进区	249319	132707	116612	111055	60601	50454	121749	69277	52472
金坛区	112792	54472	58320	63659	34845	28814	38339	21273	17066
江苏省常州市经济开发区	68111	35854	32257	32962	18530	14432	23577	13641	9936
溧阳市	111633	57049	54584	86096	46130	39966	37517	20404	17113

1-6a　续表 7　　　　单位：人

地　区	初　中			高　中			大学专科		
	小计	男	女	小计	男	女	小计	男	女
苏州市	**2104114**	**1133491**	**970623**	**1312321**	**726336**	**585985**	**979348**	**514347**	**465001**
虎丘区	197924	110740	87184	135469	78599	56870	112524	57911	54613
吴中区	228994	124426	104568	161599	88958	72641	133745	70118	63627
相城区	260950	146640	114310	112093	64357	47736	90177	47354	42823
姑苏区	242958	122455	120503	192995	98987	94008	139271	71470	67801
吴江区	221983	123406	98577	117983	67417	50566	80671	43339	37332
苏州工业园区									
常熟市	312664	165150	147514	134931	74403	60528	93321	50589	42732
张家港市	142431	73738	68693	86895	45853	41042	71128	37435	33693
昆山市	388352	210051	178301	311941	176105	135836	209894	110142	99752
太仓市	107858	56885	50973	58415	31657	26758	48617	25989	22628
南通市	**984976**	**493526**	**491450**	**583483**	**301717**	**281766**	**393241**	**202374**	**190867**
崇川区	180828	90066	90762	153149	77943	75206	138059	72072	65987
港闸区	124954	66445	58509	64971	35589	29382	57182	29330	27852
通州区	137647	69317	68330	66842	34774	32068	39765	20404	19361
如东县									
南通经济技术开发区									
通州湾示范区									
苏锡通科技产业园区									
启东市	142048	68539	73509	70718	35020	35698	36312	17820	18492
如皋市	110937	54441	56496	64694	33613	31081	35544	17857	17687
海门市	135931	66847	69084	76438	38333	38105	39509	19883	19626
海安市	152631	77871	74760	86671	46445	40226	46870	25008	21862
连云港市	**258183**	**130084**	**128099**	**223682**	**117953**	**105729**	**151821**	**81330**	**70491**
连云区	44739	23809	20930	32482	18297	14185	20768	11766	9002
海州区	143995	70974	73021	121167	62406	58761	85995	44691	41304
赣榆区	62500	30551	31949	65891	34619	31272	40232	21572	18660
东海县	1705	880	825	2005	1068	937	2676	1504	1172
灌云县									
灌南县									
连云港经济技术开发区									
连云港高新技术产业开发区									
江苏连云港徐圩新区	3422	2813	609	1629	1248	381	2029	1715	314
江苏省连云港市云台山风景名胜区	1822	1057	765	508	315	193	121	82	39
淮安市	**397046**	**193049**	**203997**	**260804**	**139698**	**121106**	**140046**	**75987**	**64059**
淮安区	105566	51658	53908	59064	32488	26576	29604	16439	13165
淮阴区	103287	50324	52963	64426	35493	28933	29979	16563	13416
清江浦区	140177	66639	73538	107287	55414	51873	68615	36520	32095
洪泽区	48016	24428	23588	30027	16303	13724	11848	6465	5383
涟水县									
盱眙县									
金湖县									
淮安经济技术开发区									
工业园区									
生态文旅区									
苏淮高新区									

1-6a 续表 8 单位：人

地区	初中			高中			大学专科		
	小计	男	女	小计	男	女	小计	男	女
盐城市	**477105**	**235264**	**241841**	**384390**	**207665**	**176725**	**216032**	**115074**	**100958**
亭湖区	150244	74477	75767	121768	64758	57010	66015	36553	29462
盐都区	85397	41982	43415	57125	31671	25454	28226	15900	12326
大丰区	64671	30675	33996	52276	27567	24709	30958	16533	14425
响水县									
滨海县									
阜宁县									
射阳县									
建湖县									
盐城经济技术开发区	1816	995	821	1289	704	585	319	183	136
江苏省盐南高新区	69948	33123	36825	72427	37984	34443	61138	29794	31344
东台市	105029	54012	51017	79505	44981	34524	29376	16111	13265
扬州市	**616762**	**307825**	**308937**	**400390**	**213558**	**186832**	**281167**	**150449**	**130718**
广陵区	124417	63397	61020	95009	51518	43491	58425	31014	27411
邗江区	127587	63231	64356	92251	47326	44925	99896	52841	47055
江都区	111115	53403	57712	61554	32190	29364	40151	21333	18818
宝应县									
扬州经济技术开发区									
蜀冈瘦西湖景区	34483	17120	17363	28359	14314	14045	18822	9938	8884
生态新城	16005	8494	7511	5457	3179	2278	2110	1165	945
仪征市	93718	47467	46251	63129	34547	28582	33904	18931	14973
高邮市	109437	54713	54724	54631	30484	24147	27859	15227	12632
镇江市	**516321**	**259259**	**257062**	**338560**	**182118**	**156442**	**218923**	**118012**	**100911**
京口区	86177	42678	43499	67631	34072	33559	48194	25951	22243
润州区	72403	35841	36562	51784	26590	25194	30580	16636	13944
丹徒区	48223	25488	22735	29469	16264	13205	18906	10252	8654
镇江新区									
江苏镇江高新区	21259	11479	9780	11103	6243	4860	6437	3593	2844
丹阳市	136917	68368	68549	81479	44916	36563	45208	24028	21180
扬中市	52319	26211	26108	32558	18156	14402	25334	13731	11603
句容市	99023	49194	49829	64536	35877	28659	44264	23821	20443
泰州市	**606134**	**297394**	**308740**	**390034**	**210386**	**179648**	**249242**	**135530**	**113712**
海陵区	136719	68954	67765	90545	48941	41604	70686	38035	32651
高港区	44058	22301	21757	24046	13605	10441	16269	8885	7384
姜堰区	106276	50232	56044	63577	33335	30242	37904	20340	17564
泰州医药高新技术产业开发区									
兴化市	102049	52682	49367	62266	35497	26769	28883	16247	12636
靖江市	100251	47772	52479	71597	37389	34208	48122	25840	22282
泰兴市	116781	55453	61328	78003	41619	36384	47378	26183	21195
宿迁市	**230865**	**118262**	**112603**	**153065**	**84973**	**68092**	**90473**	**46804**	**43669**
宿城区	102909	51759	51150	73182	39499	33683	41113	21353	19760
宿豫区	68576	34723	33853	48503	25883	22620	30186	15994	14192
沭阳县									
泗阳县									
泗洪县									
宿迁经济技术开发区									
宿迁市湖滨新区	20237	11462	8775	15317	10552	4765	11071	5171	5900
苏州宿迁工业园区	7100	3172	3928	4625	2482	2143	4080	2075	2005
宿迁市洋河新区	32043	17146	14897	11438	6557	4881	4023	2211	1812

1-6a 续表 9

单位：人

地 区	大学本科			硕士研究生			博士研究生		
	小计	男	女	小计	男	女	小计	男	女
江 苏	**5178259**	**2656812**	**2521447**	**610164**	**323626**	**286538**	**82969**	**53251**	**29718**
南京市	**1606067**	**826236**	**779831**	**293332**	**156121**	**137211**	**49512**	**31860**	**17652**
玄武区	150746	77184	73562	41099	21542	19557	11091	7257	3834
秦淮区	131355	67074	64281	24207	13610	10597	3823	2632	1191
建邺区	123150	61334	61816	27154	14598	12556	3026	1934	1092
鼓楼区	218049	106685	111364	54150	27999	26151	9850	6195	3655
浦口区	43423	21903	21520	5829	3092	2737	677	437	240
栖霞区	208647	102054	106593	35048	16680	18368	8288	5051	3237
雨花台区	119879	62969	56910	19970	11581	8389	1410	967	443
江宁区	317690	166010	151680	54148	29501	24647	7721	5025	2696
六合区	17594	9294	8300	985	540	445	92	53	39
溧水区	31284	17285	13999	1873	991	882	140	90	50
高淳区	17481	9359	8122	1101	601	500	86	47	39
南京江北新区	226769	125085	101684	27768	15386	12382	3308	2172	1136
无锡市	**590263**	**303018**	**287245**	**62612**	**33860**	**28752**	**6011**	**3840**	**2171**
锡山区	45774	24009	21765	3676	1960	1716	209	133	76
惠山区	48638	25219	23419	4146	2237	1909	253	179	74
滨湖区	93962	46889	47073	14478	7868	6610	2330	1424	906
梁溪区	133475	67324	66151	14545	7790	6755	1044	701	343
新吴区	63698	34019	29679	6249	3495	2754	359	245	114
江苏无锡经济开发区	53490	27095	26395	10336	5544	4792	1182	757	425
江阴市	88400	46037	42363	5964	3324	2640	405	257	148
宜兴市	62826	32426	30400	3218	1642	1576	229	144	85
徐州市	**303470**	**152699**	**150771**	**31381**	**16252**	**15129**	**5011**	**3316**	**1695**
鼓楼区	41225	20868	20357	3252	1721	1531	339	210	129
云龙区	70009	34833	35176	5998	3009	2989	613	370	243
贾汪区	12353	5558	6795	335	165	170	46	23	23
泉山区	81826	41772	40054	10043	5163	4880	1947	1268	679
铜山区	51823	26072	25751	9804	5205	4599	1879	1333	546
丰县									
沛县									
睢宁县									
徐州经济技术开发区	52	30	22	4	3	1			
新沂市	20542	10377	10165	890	420	470	80	47	33
邳州市	25640	13189	12451	1055	566	489	107	65	42
常州市	**419297**	**217184**	**202113**	**35996**	**19261**	**16735**	**3464**	**2250**	**1214**
天宁区	76372	38676	37696	8029	4061	3968	697	449	248
钟楼区	88867	44745	44122	7518	3968	3550	768	496	272
新北区	92880	49258	43622	8567	4717	3850	759	498	261
武进区	85908	44003	41905	8034	4440	3594	879	578	301
金坛区	26950	14033	12917	1504	772	732	156	94	62
江苏省常州市经济开发区	12015	6462	5553	850	464	386	71	41	30
溧阳市	36305	20007	16298	1494	839	655	134	94	40

1-6a　续表 10　　　　　　　　　　　　　　　　　　　　　　单位：人

地　区	大学本科			硕士研究生			博士研究生		
	小计	男	女	小计	男	女	小计	男	女
苏州市	**826506**	**422997**	**403509**	**80856**	**42549**	**38307**	**7369**	**4642**	**2727**
虎丘区	106280	53747	52533	15009	7968	7041	1253	796	457
吴中区	109086	55413	53673	11252	5871	5381	1052	657	395
相城区	69908	36923	32985	6345	3404	2941	557	356	201
姑苏区	138962	69325	69637	18095	9091	9004	2277	1376	901
吴江区	62704	33158	29546	5888	3184	2704	340	219	121
苏州工业园区									
常熟市	89384	43513	45871	5372	2868	2504	688	450	238
张家港市	75530	39313	36217	5019	2616	2403	351	253	98
昆山市	134212	70906	63306	9913	5428	4485	602	371	231
太仓市	40440	20699	19741	3963	2119	1844	249	164	85
南通市	**337606**	**169432**	**168174**	**24391**	**11980**	**12411**	**2443**	**1483**	**960**
崇川区	136286	67304	68982	14512	7049	7463	1649	1028	621
港闸区	43924	23208	20716	2343	1146	1197	166	95	71
通州区	29353	14571	14782	1621	806	815	168	99	69
如东县									
南通经济技术开发区									
通州湾示范区									
苏锡通科技产业园区									
启东市	29171	14420	14751	1289	646	643	84	53	31
如皋市	29710	15186	14524	1483	717	766	119	67	52
海门市	33391	16373	17018	1460	767	693	106	57	49
海安市	35771	18370	17401	1683	849	834	151	84	67
连云港市	**108329**	**58037**	**50292**	**7539**	**4187**	**3352**	**650**	**400**	**250**
连云区	15203	8616	6587	915	528	387	61	35	26
海州区	62170	32590	29580	4393	2424	1969	393	241	152
赣榆区	29152	15364	13788	2139	1173	966	189	119	70
东海县	269	146	123	11	5	6	3	2	1
灌云县									
灌南县									
连云港经济技术开发区									
连云港高新技术产业开发区									
江苏连云港徐圩新区	1510	1305	205	79	55	24	2	2	
江苏省连云港市云台山风景名胜区	25	16	9	2	2		2	1	1
淮安市	**132699**	**65474**	**67225**	**7456**	**4001**	**3455**	**1073**	**709**	**364**
淮安区	21822	11560	10262	767	403	364	51	39	12
淮阴区	35990	16238	19752	1335	713	622	285	186	99
清江浦区	67413	33629	33784	5091	2740	2351	716	473	243
洪泽区	7474	4047	3427	263	145	118	21	11	10
涟水县									
盱眙县									
金湖县									
淮安经济技术开发区									
工业园区									
生态文旅区									
苏淮高新区									

1-6a　续表 11　　　　单位：人

地　区	大学本科			硕士研究生			博士研究生		
	小计	男	女	小计	男	女	小计	男	女
盐城市	**150353**	**81491**	**68862**	**8852**	**4710**	**4142**	**1023**	**644**	**379**
亭湖区	53803	29530	24273	2364	1302	1062	472	317	155
盐都区	13828	7611	6217	634	334	300	55	30	25
大丰区	21961	11606	10355	950	495	455	48	29	19
响水县									
滨海县									
阜宁县									
射阳县									
建湖县									
盐城经济技术开发区	153	84	69	18	11	7	2		2
江苏省盐南高新区	41641	22477	19164	3956	2077	1879	371	220	151
东台市	18967	10183	8784	930	491	439	75	48	27
扬州市	**241417**	**123210**	**118207**	**21222**	**10972**	**10250**	**2030**	**1254**	**776**
广陵区	40670	20951	19719	3378	1855	1523	141	82	59
邗江区	108399	54036	54363	12196	6187	6009	1340	824	516
江都区	29548	15141	14407	1559	758	801	83	43	40
宝应县									
扬州经济技术开发区									
蜀冈瘦西湖景区	16985	8706	8279	1571	817	754	212	144	68
生态新城	1255	666	589	112	73	39	16	11	5
仪征市	25081	13592	11489	1421	759	662	151	102	49
高邮市	19479	10118	9361	985	523	462	87	48	39
镇江市	**185129**	**97614**	**87515**	**21470**	**11679**	**9791**	**3260**	**2123**	**1137**
京口区	62735	33792	28943	12053	6776	5277	2425	1600	825
润州区	28295	14866	13429	3016	1597	1419	296	181	115
丹徒区	12685	6659	6026	1164	610	554	141	84	57
镇江新区									
江苏镇江高新区	4743	2459	2284	475	250	225	63	46	17
丹阳市	34818	17948	16870	2158	1072	1086	149	92	57
扬中市	17551	9063	8488	864	471	393	57	43	14
句容市	24302	12827	11475	1740	903	837	129	77	52
泰州市	**204598**	**103801**	**100797**	**11011**	**5739**	**5272**	**893**	**572**	**321**
海陵区	71978	33631	38347	4087	2120	1967	379	248	131
高港区	11843	5931	5912	865	430	435	58	37	21
姜堰区	31770	16625	15145	1402	729	673	99	57	42
泰州医药高新技术产业开发区									
兴化市	19214	10716	8498	852	480	372	77	48	29
靖江市	35986	18563	17423	1896	926	970	150	93	57
泰兴市	33807	18335	15472	1909	1054	855	130	89	41
宿迁市	**72525**	**35619**	**36906**	**4046**	**2315**	**1731**	**230**	**158**	**72**
宿城区	49946	23880	26066	2836	1649	1187	161	109	52
宿豫区	15339	7937	7402	700	389	311	37	22	15
沭阳县									
泗阳县									
泗洪县									
宿迁经济技术开发区									
宿迁市湖滨新区	1579	832	747	109	63	46	12	10	2
苏州宿迁工业园区	3663	1865	1798	284	150	134	10	9	1
宿迁市洋河新区	1998	1105	893	117	64	53	10	8	2

1-6b 各地区分性别、受教育程度的3岁及以上人口(镇)

单位：人

地 区	3岁及以上人口			未上过学		
	合计	男	女	小计	男	女
江 苏	**21433837**	**10857819**	**10576018**	**678423**	**169905**	**508518**
南京市	**164655**	**84809**	**79846**	**6697**	**1896**	**4801**
玄武区						
秦淮区						
建邺区						
鼓楼区						
浦口区	1644	857	787	169	51	118
栖霞区						
雨花台区	7981	4288	3693	607	132	475
江宁区						
六合区	112568	56527	56041	3177	618	2559
溧水区	28670	14566	14104	1168	391	777
高淳区	13792	8571	5221	1576	704	872
南京江北新区						
无锡市	**1149051**	**595193**	**553858**	**20090**	**4945**	**15145**
锡山区	269140	140977	128163	4340	1008	3332
惠山区	109124	57020	52104	2044	526	1518
滨湖区						
梁溪区						
新吴区						
江苏无锡经济开发区						
江阴市	483859	249530	234329	8317	1914	6403
宜兴市	286928	147666	139262	5389	1497	3892
徐州市	**2838588**	**1429158**	**1409430**	**84365**	**22956**	**61409**
鼓楼区						
云龙区	29686	15678	14008	543	144	399
贾汪区	77805	39695	38110	4739	1397	3342
泉山区						
铜山区	345602	175000	170602	11137	3033	8104
丰县	488728	245300	243428	11020	2718	8302
沛县	576475	288677	287798	15460	4241	11219
睢宁县	594308	296015	298293	17340	4381	12959
徐州经济技术开发区	310674	159481	151193	8289	2396	5893
新沂市	170275	85028	85247	7648	2004	5644
邳州市	245035	124284	120751	8189	2642	5547
常州市	**616899**	**319550**	**297349**	**15757**	**4058**	**11699**
天宁区	45136	23189	21947	728	202	526
钟楼区						
新北区	117842	60039	57803	2223	467	1756
武进区	158064	81638	76426	3087	893	2194
金坛区	61142	31203	29939	2741	620	2121
江苏省常州市经济开发区	92554	48914	43640	1625	467	1158
溧阳市	142161	74567	67594	5353	1409	3944

1-6b　续表 1　　　　单位：人

地　区	3岁及以上人口			未上过学		
	合计	男	女	小计	男	女
苏州市	**3252646**	**1703278**	**1549368**	**86055**	**22566**	**63489**
虎丘区	4247	2100	2147	235	51	184
吴中区	202243	107514	94729	6126	1798	4328
相城区	57037	30645	26392	2181	629	1552
姑苏区						
吴江区	488174	255689	232485	15325	4671	10654
苏州工业园区	1104256	572191	532065	26819	7025	19794
常熟市	395203	211990	183213	8320	1941	6379
张家港市	537096	277471	259625	14353	3055	11298
昆山市	231228	120904	110324	5167	1507	3660
太仓市	233162	124774	108388	7529	1889	5640
南通市	**2258837**	**1135622**	**1123215**	**69289**	**17179**	**52110**
崇川区						
港闸区						
通州区	347939	173912	174027	10832	2751	8081
如东县	502050	245370	256680	21061	5314	15747
南通经济技术开发区	299941	159388	140553	4745	1472	3273
通州湾示范区	40923	20929	19994	1307	288	1019
苏锡通科技产业园区	42192	23198	18994	1688	446	1242
启东市	198906	100559	98347	6659	1521	5138
如皋市	393036	193181	199855	9430	2008	7422
海门市	289054	146559	142495	6408	1757	4651
海安市	144796	72526	72270	7159	1622	5537
连云港市	**1754127**	**886765**	**867362**	**59322**	**16898**	**42424**
连云区	1085	901	184	7	3	4
海州区	59321	30068	29253	3039	804	2235
赣榆区	280989	142872	138117	12587	3502	9085
东海县	482583	243116	239467	9055	2790	6265
灌云县	348467	177292	171175	13924	3536	10388
灌南县	315429	159518	155911	10879	3506	7373
连云港经济技术开发区	69297	35714	33583	3688	926	2762
连云港高新技术产业开发区	165455	81101	84354	4359	1282	3077
江苏连云港徐圩新区	29534	15182	14352	1628	500	1128
江苏省连云港市云台山风景名胜区	1967	1001	966	156	49	107
淮安市	**1642846**	**813527**	**829319**	**59515**	**14451**	**45064**
淮安区	104124	52473	51651	7714	1805	5909
淮阴区	109267	55637	53630	4325	1071	3254
清江浦区	6587	3420	3167	612	118	494
洪泽区	25220	12817	12403	2063	562	1501
涟水县	451547	221015	230532	9884	2544	7340
盱眙县	364727	178220	186507	16009	3660	12349
金湖县	173237	85546	87691	5149	1146	4003
淮安经济技术开发区	284250	143228	141022	8236	2300	5936
工业园区	7405	3728	3677	485	108	377
生态文旅区	95598	46890	48708	3194	767	2427
苏淮高新区	20884	10553	10331	1844	370	1474

1-6b 续表 2 单位：人

地区	3岁及以上人口			未上过学		
	合计	男	女	小计	男	女
盐城市	**2560776**	**1279707**	**1281069**	**98897**	**21550**	**77347**
亭湖区	58876	30531	28345	1919	364	1555
盐都区	94143	47436	46707	3695	646	3049
大丰区	171468	86753	84715	12638	2451	10187
响水县	261914	131881	130033	15653	3691	11962
滨海县	448054	224274	223780	17059	4031	13028
阜宁县	454619	225977	228642	13009	3253	9756
射阳县	443827	220814	223013	14589	2914	11675
建湖县	371115	184746	186369	6837	1549	5288
盐城经济技术开发区	67560	33806	33754	2557	505	2052
江苏省盐南高新区						
东台市	189200	93489	95711	10941	2146	8795
扬州市	**1102176**	**543686**	**558490**	**41396**	**9412**	**31984**
广陵区	41277	21150	20127	1081	250	831
邗江区	57623	28676	28947	3449	878	2571
江都区	224463	108775	115688	8386	1768	6618
宝应县	383906	187259	196647	14980	3314	11666
扬州经济技术开发区	215788	108444	107344	6377	1537	4840
蜀冈瘦西湖景区						
生态新城	10973	5446	5527	551	131	420
仪征市	54666	27499	27167	2085	470	1615
高邮市	113480	56437	57043	4487	1064	3423
镇江市	**844940**	**436093**	**408847**	**22444**	**5333**	**17111**
京口区	4898	2693	2205	182	38	144
润州区						
丹徒区	91121	49236	41885	2687	646	2041
镇江新区	223611	115657	107954	4788	1279	3509
江苏镇江高新区						
丹阳市	388624	199593	189031	9416	2140	7276
扬中市	42350	21432	20918	1785	332	1453
句容市	94336	47482	46854	3586	898	2688
泰州市	**1044575**	**531011**	**513564**	**39565**	**8660**	**30905**
海陵区	23972	12105	11867	1709	322	1387
高港区	42483	21395	21088	1188	262	926
姜堰区	94434	47196	47238	5268	1288	3980
泰州医药高新技术产业开发区	202351	101821	100530	5858	1203	4655
兴化市	324875	168631	156244	16980	3850	13130
靖江市	120490	61353	59137	1784	332	1452
泰兴市	235970	118510	117460	6778	1403	5375
宿迁市	**2203721**	**1099420**	**1104301**	**75031**	**20001**	**55030**
宿城区	40648	19965	20683	2394	510	1884
宿豫区	55682	28188	27494	3019	784	2235
沭阳县	953904	481501	472403	29856	8876	20980
泗阳县	495404	245128	250276	12972	2721	10251
泗洪县	508886	249383	259503	21651	5879	15772
宿迁经济技术开发区	135419	68253	67166	4258	996	3262
宿迁市湖滨新区	13778	7002	6776	881	235	646
苏州宿迁工业园区						
宿迁市洋河新区						

1-6b　续表 3　　　　单位：人

地　区	学前教育			小　学		
	小计	男	女	小计	男	女
江　苏	**820270**	**425866**	**394404**	**5192668**	**2341557**	**2851111**
南京市	**7872**	**4034**	**3838**	**42015**	**18725**	**23290**
玄武区						
秦淮区						
建邺区						
鼓楼区						
浦口区	19	7	12	398	186	212
栖霞区						
雨花台区	175	78	97	1420	685	735
江宁区						
六合区	6040	3173	2867	26198	10990	15208
溧水区	1262	612	650	9124	4158	4966
高淳区	376	164	212	4875	2706	2169
南京江北新区						
无锡市	**33481**	**17498**	**15983**	**252367**	**114615**	**137752**
锡山区	7071	3726	3345	66742	30181	36561
惠山区	3331	1736	1595	20273	9512	10761
滨湖区						
梁溪区						
新吴区						
江苏无锡经济开发区						
江阴市	15120	7905	7215	94815	43175	51640
宜兴市	7959	4131	3828	70537	31747	38790
徐州市	**138544**	**73031**	**65513**	**762045**	**351700**	**410345**
鼓楼区						
云龙区	1087	578	509	6107	2991	3116
贾汪区	3477	1898	1579	22307	10541	11766
泉山区						
铜山区	16088	8451	7637	100135	47307	52828
丰县	24100	12965	11135	125417	56797	68620
沛县	27406	14426	12980	138082	64570	73512
睢宁县	31600	16249	15351	167148	74867	92281
徐州经济技术开发区	15922	8457	7465	57434	27396	30038
新沂市	8056	4303	3753	56014	25534	30480
邳州市	10808	5704	5104	89401	41697	47704
常州市	**17029**	**8850**	**8179**	**137767**	**62526**	**75241**
天宁区	1314	687	627	10154	4582	5572
钟楼区						
新北区	3313	1681	1632	24403	10432	13971
武进区	4214	2238	1976	34173	15710	18463
金坛区	1294	664	630	17421	7686	9735
江苏省常州市经济开发区	2672	1456	1216	17871	8423	9448
溧阳市	4222	2124	2098	33745	15693	18052

1-6b 续表 4

单位：人

地区	学前教育			小学		
	小计	男	女	小计	男	女
苏州市	**114523**	**59265**	**55258**	**670980**	**314402**	**356578**
虎丘区	180	96	84	1331	589	742
吴中区	8157	4226	3931	47352	22338	25014
相城区	1878	938	940	15595	7448	8147
姑苏区						
吴江区	15656	8208	7448	118366	57116	61250
苏州工业园区	45112	23190	21922	175637	82585	93052
常熟市	9057	4792	4265	85551	39055	46496
张家港市	18646	9534	9112	125539	57273	68266
昆山市	8979	4739	4240	48826	22943	25883
太仓市	6858	3542	3316	52783	25055	27728
南通市	**59180**	**29787**	**29393**	**600483**	**265789**	**334694**
崇川区						
港闸区						
通州区	9539	4757	4782	100944	44893	56051
如东县	12097	5892	6205	139203	63655	75548
南通经济技术开发区	11005	5723	5282	57481	26759	30722
通州湾示范区	689	343	346	9510	4212	5298
苏锡通科技产业园区	861	437	424	9557	4621	4936
启东市	4198	2129	2069	51698	23372	28326
如皋市	10671	5374	5297	128889	52968	75921
海门市	7416	3838	3578	64506	27833	36673
海安市	2704	1294	1410	38695	17476	21219
连云港市	**78253**	**41261**	**36992**	**399945**	**183576**	**216369**
连云区	1	1		34	20	14
海州区	2879	1526	1353	14590	6637	7953
赣榆区	12814	6817	5997	67868	32136	35732
东海县	23925	12579	11346	101474	48133	53341
灌云县	14886	7956	6930	93258	40931	52327
灌南县	13090	6737	6353	84600	37837	46763
连云港经济技术开发区	2642	1440	1202	11471	5407	6064
连云港高新技术产业开发区	7011	3688	3323	18444	8805	9639
江苏连云港徐圩新区	926	469	457	7780	3488	4292
江苏省连云港市云台山风景名胜区	79	48	31	426	182	244
淮安市	**73651**	**38564**	**35087**	**404455**	**174031**	**230424**
淮安区	3364	1700	1664	34898	15276	19622
淮阴区	3870	2043	1827	30543	12768	17775
清江浦区	205	107	98	1989	861	1128
洪泽区	532	263	269	9523	4260	5263
涟水县	21723	11413	10310	101422	44623	56799
盱眙县	15498	8029	7469	102941	42411	60530
金湖县	7235	3727	3508	35806	14030	21776
淮安经济技术开发区	13778	7329	6449	56341	25488	30853
工业园区	312	178	134	2267	883	1384
生态文旅区	6412	3424	2988	22889	10896	11993
苏淮高新区	722	351	371	5836	2535	3301

1-6b　续表 5　　　　单位：人

地　区	学前教育			小　学		
	小计	男	女	小计	男	女
盐城市	**90639**	**47078**	**43561**	**612693**	**272425**	**340268**
亭湖区	1580	843	737	15812	6616	9196
盐都区	3077	1601	1476	23272	10314	12958
大丰区	3249	1464	1785	45500	20418	25082
响水县	11350	6032	5318	63343	29016	34327
滨海县	17292	9194	8098	107023	48732	58291
阜宁县	19239	10238	9001	110842	50332	60510
射阳县	14510	7464	7046	104256	44953	59303
建湖县	13304	6847	6457	79723	34648	45075
盐城经济技术开发区	2402	1289	1113	13634	5923	7711
江苏省盐南高新区						
东台市	4636	2106	2530	49288	21473	27815
扬州市	**36419**	**17899**	**18520**	**269526**	**116573**	**152953**
广陵区	1038	500	538	9750	4234	5516
邗江区	1571	761	810	15502	7069	8433
江都区	6751	3055	3696	63770	27604	36166
宝应县	14518	7479	7039	91692	38797	52895
扬州经济技术开发区	6853	3486	3367	36444	16346	20098
蜀冈瘦西湖景区						
生态新城	262	137	125	3060	1345	1715
仪征市	2235	945	1290	17375	7680	9695
高邮市	3191	1536	1655	31933	13498	18435
镇江市	**23083**	**11883**	**11200**	**186331**	**81310**	**105021**
京口区	144	67	77	1217	527	690
润州区						
丹徒区	1443	730	713	16996	7415	9581
镇江新区	7321	3789	3532	41491	18368	23123
江苏镇江高新区						
丹阳市	10213	5251	4962	94139	40738	53401
扬中市	977	466	511	12961	5597	7364
句容市	2985	1580	1405	19527	8665	10862
泰州市	**31756**	**15858**	**15898**	**288269**	**127419**	**160850**
海陵区	592	276	316	8366	3875	4491
高港区	1352	688	664	12275	5011	7264
姜堰区	2262	1004	1258	29432	13145	16287
泰州医药高新技术产业开发区	7908	4164	3744	39541	17499	22042
兴化市	10666	5154	5512	104773	48239	56534
靖江市	2547	1330	1217	29337	12235	17102
泰兴市	6429	3242	3187	64545	27415	37130
宿迁市	**115840**	**60858**	**54982**	**565792**	**258466**	**307326**
宿城区	2121	1106	1015	13739	5828	7911
宿豫区	2710	1482	1228	17623	7519	10104
沭阳县	50667	26898	23769	255919	120024	135895
泗阳县	24041	12548	11493	102474	45503	56971
泗洪县	27673	14193	13480	137019	61242	75777
宿迁经济技术开发区	8004	4296	3708	33387	15721	17666
宿迁市湖滨新区	624	335	289	5631	2629	3002
苏州宿迁工业园区						
宿迁市洋河新区						

1-6b 续表 6

单位：人

地区	初中			高中			大学专科		
	小计	男	女	小计	男	女	小计	男	女
江苏	**7973118**	**4181534**	**3791584**	**3655380**	**2070058**	**1585322**	**1777560**	**970174**	**807386**
南京市	**49295**	**27075**	**22220**	**25460**	**14682**	**10778**	**20618**	**11452**	**9166**
玄武区									
秦淮区									
建邺区									
鼓楼区									
浦口区	484	266	218	320	197	123	149	94	55
栖霞区									
雨花台区	2794	1594	1200	1576	959	617	873	537	336
江宁区									
六合区	33229	17713	15516	17871	9924	7947	16134	8791	7343
溧水区	8638	4575	4063	4136	2484	1652	2746	1508	1238
高淳区	4150	2927	1223	1557	1118	439	716	522	194
南京江北新区									
无锡市	**485580**	**260487**	**225093**	**195778**	**111492**	**84286**	**94808**	**52062**	**42746**
锡山区	117861	65350	52511	35570	20756	14814	19997	10909	9088
惠山区	44510	23942	20568	18539	10515	8024	11323	6236	5087
滨湖区									
梁溪区									
新吴区									
江苏无锡经济开发区									
江阴市	198831	104950	93881	99361	55631	43730	41485	22766	18719
宜兴市	124378	66245	58133	42308	24590	17718	22003	12151	9852
徐州市	**1092731**	**563354**	**529377**	**436309**	**242946**	**193363**	**212680**	**115694**	**96986**
鼓楼区									
云龙区	8310	4455	3855	3468	2006	1462	1346	724	622
贾汪区	34129	18225	15904	9094	5347	3747	2958	1710	1248
泉山区									
铜山区	148644	77440	71204	47596	26934	20662	14735	8076	6659
丰县	189649	96922	92727	81420	44990	36430	40118	21987	18131
沛县	234079	117360	116719	86846	47450	39396	49684	27235	22449
睢宁县	218746	112870	105876	94084	52551	41533	42353	23032	19321
徐州经济技术开发区	96622	49697	46925	57784	31800	25984	49314	26058	23256
新沂市	69877	37250	32627	21136	11931	9205	5395	2962	2433
邳州市	92675	49135	43540	34881	19937	14944	6777	3910	2867
常州市	**280733**	**150668**	**130065**	**96488**	**55787**	**40701**	**41671**	**23478**	**18193**
天宁区	19656	10517	9139	6906	3861	3045	3656	2039	1617
钟楼区									
新北区	53906	28644	25262	19330	11161	8169	9022	4882	4140
武进区	75190	40054	35136	22797	12902	9895	11369	6275	5094
金坛区	28287	15398	12889	7470	4635	2835	2713	1574	1139
江苏省常州市经济开发区	42781	23131	19650	14753	8178	6575	7122	4130	2992
溧阳市	60913	32924	27989	25232	15050	10182	7789	4578	3211

1-6b 续表 7 单位：人

地区	初中			高中			大学专科		
	小计	男	女	小计	男	女	小计	男	女
苏州市	**1117492**	**613430**	**504062**	**525459**	**304310**	**221149**	**357124**	**194349**	**162775**
虎丘区	1303	721	582	484	284	200	453	239	214
吴中区	77272	43344	33928	33463	19680	13783	19401	10750	8651
相城区	22251	12859	9392	8300	5029	3271	4637	2651	1986
姑苏区									
吴江区	200932	109003	91929	74944	43483	31461	38673	20980	17693
苏州工业园区	233105	126557	106548	195840	111831	84009	165235	88051	77184
常熟市	184913	102936	81977	52904	31988	20916	31600	18177	13423
张家港市	216087	116641	99446	83745	48280	35465	49410	27545	21865
昆山市	76909	41988	34921	41963	23826	18137	29368	15662	13706
太仓市	104720	59381	45339	33816	19909	13907	18347	10294	8053
南通市	**917191**	**486396**	**430795**	**350047**	**195703**	**154344**	**157782**	**86800**	**70982**
崇川区									
港闸区									
通州区	152108	80528	71580	45681	25888	19793	18193	9731	8462
如东县	176438	89207	87231	89170	47458	41712	33969	18306	15663
南通经济技术开发区	95830	53912	41918	54254	29946	24308	50493	27779	22714
通州湾示范区	15068	7987	7081	10219	5872	4347	2841	1520	1321
苏锡通科技产业园区	18894	10811	8083	6396	3959	2437	3041	1880	1161
启东市	93593	50803	42790	23266	13269	9997	8643	4594	4049
如皋市	154070	82155	71915	58280	33536	24744	19131	10477	8654
海门市	150078	78667	71411	39713	22591	17122	13828	8141	5687
海安市	61112	32326	28786	23068	13184	9884	7643	4372	3271
连云港市	**565833**	**294668**	**271165**	**359956**	**197133**	**162823**	**173354**	**91118**	**82236**
连云区	560	469	91	352	294	58	94	80	14
海州区	24823	13026	11797	9055	5260	3795	3477	2011	1466
赣榆区	84680	44384	40296	64835	34808	30027	29329	16176	13153
东海县	145168	72670	72498	122716	64794	57922	50112	26470	23642
灌云县	136432	73249	63183	57362	33235	24127	19516	11084	8432
灌南县	120639	63220	57419	56337	31722	24615	18017	10078	7939
连云港经济技术开发区	18078	9517	8561	17815	9884	7931	9029	5050	3979
连云港高新技术产业开发区	24887	12542	12345	24348	12909	11439	41724	18963	22761
江苏连云港徐圩新区	9986	5272	4714	6780	4037	2743	1761	1035	726
江苏省连云港市云台山风景名胜区	580	319	261	356	190	166	295	171	124
淮安市	**585070**	**300809**	**284261**	**281325**	**157460**	**123865**	**146252**	**78389**	**67863**
淮安区	41089	23171	17918	11584	7265	4319	3896	2344	1552
淮阴区	51376	28010	23366	14315	8983	5332	3467	2011	1456
清江浦区	2823	1695	1128	663	469	194	210	126	84
洪泽区	9143	5224	3919	2731	1814	917	896	508	388
涟水县	175596	85171	90425	90487	48511	41976	36214	19934	16280
盱眙县	130577	68691	61886	60115	34372	25743	21894	11661	10233
金湖县	55909	27696	28213	39421	22656	16765	18494	10330	8164
淮安经济技术开发区	81184	41430	39754	45671	24550	21121	48428	25130	23298
工业园区	3011	1765	1246	736	449	287	448	265	183
生态文旅区	25564	12944	12620	13170	6806	6364	11420	5564	5856
苏淮高新区	8798	5012	3786	2432	1585	847	885	516	369

1-6b 续表 8 单位：人

地　区	初　中			高　中			大学专科		
	小计	男	女	小计	男	女	小计	男	女
盐城市	**1032514**	**524863**	**507651**	**463765**	**268198**	**195567**	**158361**	**89751**	**68610**
亭湖区	23110	12388	10722	11900	7612	4288	3298	2006	1292
盐都区	39463	19724	19739	18363	11394	6969	4276	2563	1713
大丰区	71034	38654	32380	26513	16637	9876	8722	5106	3616
响水县	105956	55165	50791	39351	23094	16257	15345	8862	6483
滨海县	186522	95250	91272	77298	43114	34184	24285	13611	10674
阜宁县	188048	93822	94226	80469	44778	35691	27199	14875	12324
射阳县	171532	87034	84498	90373	51320	39053	31505	17701	13804
建湖县	149490	72149	77341	74635	42912	31723	28766	16378	12388
盐城经济技术开发区	20008	10796	9212	11605	7282	4323	5973	3508	2465
江苏省盐南高新区									
东台市	77351	39881	37470	33258	20055	13203	8992	5141	3851
扬州市	**402064**	**204783**	**197281**	**181334**	**103015**	**78319**	**99468**	**54701**	**44767**
广陵区	17383	9137	8246	7191	4295	2896	3175	1859	1316
邗江区	20475	10723	9752	9447	5431	4016	4565	2522	2043
江都区	92907	46849	46058	31314	18043	13271	14002	7648	6354
宝应县	140560	69592	70968	70195	39428	30767	30835	17128	13707
扬州经济技术开发区	59120	30550	28570	38629	20816	17813	35385	19127	16258
蜀冈瘦西湖景区									
生态新城	4076	2190	1886	1575	897	678	981	517	464
仪征市	20748	11267	9481	6753	4124	2629	3649	2060	1589
高邮市	46795	24475	22320	16230	9981	6249	6876	3840	3036
镇江市	**339206**	**182051**	**157155**	**134030**	**79924**	**54106**	**71299**	**39697**	**31602**
京口区	2045	1207	838	708	481	227	388	238	150
润州区									
丹徒区	30702	17149	13553	9254	5624	3630	8669	4327	4342
镇江新区	77711	40216	37495	45025	25555	19470	29635	17090	12545
江苏镇江高新区									
丹阳市	180480	97527	82953	56771	35151	21620	19551	10994	8557
扬中市	16220	8688	7532	6065	3961	2104	3068	1727	1341
句容市	32048	17264	14784	16207	9152	7055	9988	5321	4667
泰州市	**386544**	**208364**	**178180**	**161315**	**96090**	**65225**	**77842**	**43723**	**34119**
海陵区	9154	5104	4050	2280	1496	784	1264	709	555
高港区	16500	8803	7697	5520	3426	2094	3739	2179	1560
姜堰区	36734	19569	17165	13238	7871	5367	4974	2911	2063
泰州医药高新技术产业开发区	61948	32760	29188	27926	15838	12088	30375	15975	14400
兴化市	120193	67055	53138	53195	32865	20330	12774	7713	5061
靖江市	46523	24894	21629	19608	11392	8216	8948	5259	3689
泰兴市	95492	50179	45313	39548	23202	16346	15768	8977	6791
宿迁市	**718865**	**364586**	**354279**	**444114**	**243318**	**200796**	**166301**	**88960**	**77341**
宿城区	17372	9546	7826	3174	1975	1199	1314	715	599
宿豫区	22575	12472	10103	6513	4022	2491	2421	1437	984
沭阳县	304342	154173	150169	192075	105640	86435	66030	35483	30547
泗阳县	167606	83197	84409	123447	66307	57140	37315	20215	17100
泗洪县	160676	81385	79291	90751	49907	40844	44637	23252	21385
宿迁经济技术开发区	41772	21311	20461	26823	14590	12233	14008	7554	6454
宿迁市湖滨新区	4522	2502	2020	1331	877	454	576	304	272
苏州宿迁工业园区									
宿迁市洋河新区									

1-6b　续表 9　　单位：人

地　区	大学本科			硕士研究生			博士研究生		
	小计	男	女	小计	男	女	小计	男	女
江　苏	**1233947**	**642857**	**591090**	**92974**	**49971**	**43003**	**9497**	**5897**	**3600**
南京市	**11753**	**6422**	**5331**	**890**	**487**	**403**	**55**	**36**	**19**
玄武区									
秦淮区									
建邺区									
鼓楼区									
浦口区	100	54	46	4	2	2	1		1
栖霞区									
雨花台区	493	275	218	41	28	13	2		2
江宁区									
六合区	9163	4908	4255	717	380	337	39	30	9
溧水区	1485	780	705	101	54	47	10	4	6
高淳区	512	405	107	27	23	4	3	2	1
南京江北新区									
无锡市	**63998**	**32611**	**31387**	**2718**	**1344**	**1374**	**231**	**139**	**92**
锡山区	16655	8592	8063	847	418	429	57	37	20
惠山区	8578	4282	4296	469	239	230	57	32	25
滨湖区									
梁溪区									
新吴区									
江苏无锡经济开发区									
江阴市	25138	12801	12337	726	353	373	66	35	31
宜兴市	13627	6936	6691	676	334	342	51	35	16
徐州市	**105671**	**55893**	**49778**	**5709**	**3266**	**2443**	**534**	**318**	**216**
鼓楼区									
云龙区	8696	4717	3979	104	49	55	25	14	11
贾汪区	1038	540	498	54	33	21	9	4	5
泉山区									
铜山区	6931	3586	3345	294	149	145	42	24	18
丰县	16252	8479	7773	695	404	291	57	38	19
沛县	23929	12848	11081	890	483	407	99	64	35
睢宁县	22041	11523	10518	912	488	424	84	54	30
徐州经济技术开发区	22542	12024	10518	2583	1557	1026	184	96	88
新沂市	2058	992	1066	79	46	33	12	6	6
邳州市	2184	1184	1000	98	57	41	22	18	4
常州市	**26232**	**13579**	**12653**	**1096**	**534**	**562**	**126**	**70**	**56**
天宁区	2635	1258	1377	78	39	39	9	4	5
钟楼区									
新北区	5365	2643	2722	262	116	146	18	13	5
武进区	6941	3436	3505	259	114	145	34	16	18
金坛区	1135	583	552	71	40	31	10	3	7
江苏省常州市经济开发区	5479	3000	2479	228	114	114	23	15	8
溧阳市	4677	2659	2018	198	111	87	32	19	13

1-6b 续表 10

单位：人

地　区	大学本科			硕士研究生			博士研究生		
	小计	男	女	小计	男	女	小计	男	女
苏州市	**332388**	**168814**	**163574**	**43961**	**23271**	**20690**	**4664**	**2871**	**1793**
虎丘区	250	115	135	11	5	6			
吴中区	9864	5053	4811	538	284	254	70	41	29
相城区	2094	1031	1063	93	54	39	8	6	2
姑苏区									
吴江区	23125	11633	11492	1043	528	515	110	67	43
苏州工业园区	218869	109459	109410	39454	20898	18556	4185	2595	1590
常熟市	22141	12698	9443	588	330	258	129	73	56
张家港市	28192	14541	13651	1058	564	494	66	38	28
昆山市	19172	9788	9384	796	428	368	48	23	25
太仓市	8681	4496	4185	380	180	200	48	28	20
南通市	**99342**	**51063**	**48279**	**5047**	**2595**	**2452**	**476**	**310**	**166**
崇川区									
港闸区									
通州区	10120	5109	5011	477	225	252	45	30	15
如东县	28564	14757	13807	1433	716	717	115	65	50
南通经济技术开发区	24158	12717	11441	1813	961	852	162	119	43
通州湾示范区	1220	661	559	58	40	18	11	6	5
苏锡通科技产业园区	1659	988	671	88	50	38	8	6	2
启东市	10631	4753	5878	195	105	90	23	13	10
如皋市	12025	6378	5647	485	253	232	55	32	23
海门市	6785	3563	3222	285	146	139	35	23	12
海安市	4180	2137	2043	213	99	114	22	16	6
连云港市	**109864**	**57963**	**51901**	**6945**	**3710**	**3235**	**655**	**438**	**217**
连云区	34	31	3	3	3				
海州区	1390	761	629	56	35	21	12	8	4
赣榆区	8452	4818	3634	391	209	182	33	22	11
东海县	29064	15051	14013	950	550	400	119	79	40
灌云县	12600	7025	5575	446	251	195	43	25	18
灌南县	11398	6140	5258	447	261	186	22	17	5
连云港经济技术开发区	5958	3182	2776	588	288	300	28	20	8
连云港高新技术产业开发区	40247	20550	19697	4039	2096	1943	396	266	130
江苏连云港徐圩新区	648	364	284	23	16	7	2	1	1
江苏省连云港市云台山风景名胜区	73	41	32	2	1	1			
淮安市	**86986**	**46726**	**40260**	**4815**	**2612**	**2203**	**777**	**485**	**292**
淮安区	1483	861	622	88	46	42	8	5	3
淮阴区	1289	704	585	74	41	33	8	6	2
清江浦区	82	43	39	3	1	2			
洪泽区	316	178	138	15	8	7	1		1
涟水县	15381	8334	7047	547	325	222	293	160	133
盱眙县	17033	9009	8024	603	349	254	57	38	19
金湖县	10795	5769	5026	399	178	221	29	14	15
淮安经济技术开发区	28369	15706	12663	1943	1089	854	300	206	94
工业园区	137	73	64	9	7	2			
生态文旅区	11756	5875	5881	1113	558	555	80	56	24
苏淮高新区	345	174	171	21	10	11	1		1

1-6b 续表 11

单位：人

地区	大学本科			硕士研究生			博士研究生		
	小计	男	女	小计	男	女	小计	男	女
盐城市	**99779**	**53549**	**46230**	**3765**	**2071**	**1694**	**363**	**222**	**141**
亭湖区	1175	661	514	76	36	40	6	5	1
盐都区	1888	1131	757	104	59	45	5	4	1
大丰区	3571	1906	1665	211	103	108	30	14	16
响水县	10523	5800	4723	361	204	157	32	17	15
滨海县	17783	9865	7918	736	437	299	56	40	16
阜宁县	15194	8316	6878	561	325	236	58	38	20
射阳县	16424	9090	7334	599	319	280	39	19	20
建湖县	17667	9885	7782	647	347	300	46	31	15
盐城经济技术开发区	11032	4324	6708	285	141	144	64	38	26
江苏省盐南高新区									
东台市	4522	2571	1951	185	100	85	27	16	11
扬州市	**65720**	**34055**	**31665**	**5797**	**2984**	**2813**	**452**	**264**	**188**
广陵区	1583	843	740	69	28	41	7	4	3
邗江区	2472	1225	1247	133	61	72	9	6	3
江都区	6929	3599	3330	363	189	174	41	20	21
宝应县	20265	11042	9223	801	446	355	60	33	27
扬州经济技术开发区	28550	14291	14259	4123	2105	2018	307	186	121
蜀冈瘦西湖景区生态新城	449	222	227	18	7	11	1		1
仪征市	1715	896	819	95	49	46	11	8	3
高邮市	3757	1937	1820	195	99	96	16	7	9
镇江市	**63308**	**32616**	**30692**	**4774**	**2970**	**1804**	**465**	**309**	**156**
京口区	201	123	78	12	11	1	1	1	
润州区									
丹徒区	19033	11585	7448	2305	1735	570	32	25	7
镇江新区	16216	8592	7624	1215	623	592	209	145	64
江苏镇江高新区									
丹阳市	17475	7511	9964	540	255	285	39	26	13
扬中市	1222	639	583	44	19	25	8	3	5
句容市	9161	4166	4995	658	327	331	176	109	67
泰州市	**54976**	**28525**	**26451**	**3953**	**2138**	**1815**	**355**	**234**	**121**
海陵区	578	301	277	25	19	6	4	3	1
高港区	1796	955	841	107	68	39	6	3	3
姜堰区	2410	1338	1072	103	60	43	13	10	3
泰州医药高新技术产业开发区	25760	12759	13001	2831	1500	1331	204	123	81
兴化市	6019	3576	2443	234	153	81	41	26	15
靖江市	11420	5736	5684	290	148	142	33	27	6
泰兴市	6993	3860	3133	363	190	173	54	42	12
宿迁市	**113930**	**61041**	**52889**	**3504**	**1989**	**1515**	**344**	**201**	**143**
宿城区	517	276	241	17	9	8			
宿豫区	778	446	332	38	24	14	5	2	3
沭阳县	53675	29637	24038	1175	676	499	165	94	71
泗阳县	26346	13950	12396	1123	641	482	80	46	34
泗洪县	25572	13018	12554	831	457	374	76	50	26
宿迁经济技术开发区	6843	3599	3244	308	178	130	16	8	8
宿迁市湖滨新区	199	115	84	12	4	8	2	1	1
苏州宿迁工业园区									
宿迁市洋河新区									

1-6c　各地区分性别、受教育程度的3岁及以上人口(乡村)

单位：人

地　区	3岁及以上人口			未上过学		
	合计	男	女	小计	男	女
江　苏	**22050167**	**11272853**	**10777314**	**1289538**	**302533**	**987005**
南京市	**1202265**	**626885**	**575380**	**98261**	**26382**	**71879**
玄武区						
秦淮区						
建邺区						
鼓楼区						
浦口区	75418	38735	36683	6796	1770	5026
栖霞区	60946	32082	28864	1577	345	1232
雨花台区						
江宁区	413155	221901	191254	27546	8135	19411
六合区	284647	144280	140367	29801	6023	23778
溧水区	164841	84432	80409	11477	3507	7970
高淳区	182533	94006	88527	20075	6375	13700
南京江北新区	20725	11449	9276	989	227	762
无锡市	**1263343**	**665972**	**597371**	**28301**	**7187**	**21114**
锡山区	111283	58458	52825	1869	461	1408
惠山区	201543	107789	93754	4981	1293	3688
滨湖区	42787	22945	19842	1187	291	896
梁溪区						
新吴区	76984	43833	33151	1111	305	806
江苏无锡经济开发区						
江阴市	440424	231400	209024	8771	2212	6559
宜兴市	390322	201547	188775	10382	2625	7757
徐州市	**3032917**	**1536214**	**1496703**	**171772**	**46013**	**125759**
鼓楼区						
云龙区						
贾汪区	178052	92026	86026	15047	4298	10749
泉山区						
铜山区	492002	251670	240332	24472	6554	17918
丰县	417716	208431	209285	19467	4340	15127
沛县	428493	214913	213580	19953	5116	14837
睢宁县	460243	233522	226721	32967	8288	24679
徐州经济技术开发区	52061	26765	25296	2936	808	2128
新沂市	409080	207636	201444	28567	8009	20558
邳州市	595270	301251	294019	28363	8600	19763
常州市	**1188358**	**619186**	**569172**	**47080**	**11721**	**35359**
天宁区	58093	30094	27999	1152	300	852
钟楼区	42613	23325	19288	1248	346	902
新北区	110491	57102	53389	2989	582	2407
武进区	353585	186173	167412	9177	2455	6722
金坛区	196720	101454	95266	11546	2707	8839
江苏省常州市经济开发区	142844	77072	65772	2837	780	2057
溧阳市	284012	143966	140046	18131	4551	13580

1-6c　续表 1　　　　单位：人

地　区	3岁及以上人口			未上过学		
	合计	男	女	小计	男	女
苏州市	**2292326**	**1226909**	**1065417**	**92486**	**22722**	**69764**
虎丘区	67366	36434	30932	4865	1096	3769
吴中区	312596	166955	145641	12978	3143	9835
相城区	50839	28700	22139	1619	422	1197
姑苏区						
吴江区	377330	197842	179488	22421	5955	16466
苏州工业园区						
常熟市	440318	229200	211118	15552	3110	12442
张家港市	370131	194828	175303	11580	2666	8914
昆山市	432265	242615	189650	12616	3583	9033
太仓市	241481	130335	111146	10855	2747	8108
南通市	**2249829**	**1087973**	**1161856**	**103968**	**21970**	**81998**
崇川区						
港闸区	3580	2095	1485	228	47	181
通州区	344281	167384	176897	15285	3283	12002
如东县	360755	175044	185711	22398	5114	17284
南通经济技术开发区						
通州湾示范区	49671	23055	26616	2276	451	1825
苏锡通科技产业园区	46333	23289	23044	651	183	468
启东市	382320	183301	199019	17580	3609	13971
如皋市	467709	226622	241087	16551	3637	12914
海门市	325079	154182	170897	14040	2820	11220
海安市	270101	133001	137100	14959	2826	12133
连云港市	**1719937**	**875858**	**844079**	**92223**	**24556**	**67667**
连云区	2669	1499	1170	171	39	132
海州区	91441	47127	44314	7257	1834	5423
赣榆区	422046	212009	210037	20574	5880	14694
东海县	523682	265171	258511	16877	5099	11778
灌云县	356986	183762	173224	24546	5993	18553
灌南县	281242	144696	136546	18408	4712	13696
连云港经济技术开发区	18432	9461	8971	1807	469	1338
连云港高新技术产业开发区						
江苏连云港徐圩新区	1132	657	475	104	24	80
江苏省连云港市云台山风景名胜区	22307	11476	10831	2479	506	1973
淮安市	**1532199**	**783341**	**748858**	**102828**	**23687**	**79141**
淮安区	349993	178471	171522	33566	7510	26056
淮阴区	310755	160180	150575	16832	3976	12856
清江浦区	53204	27303	25901	3109	660	2449
洪泽区	112757	56597	56160	9721	2294	7427
涟水县	356701	183017	173684	15419	3450	11969
盱眙县	228041	116735	111306	16502	4184	12318
金湖县	110384	55784	54600	6826	1450	5376
淮安经济技术开发区						
工业园区	8211	4159	4052	499	84	415
生态文旅区						
苏淮高新区	2153	1095	1058	354	79	275

1-6c 续表 2　　　　单位：人

地区	3岁及以上人口			未上过学		
	合计	男	女	小计	男	女
盐城市	**2368697**	**1204435**	**1164262**	**199155**	**39149**	**160006**
亭湖区	93530	47884	45646	6929	1319	5610
盐都区	252500	129285	123215	22681	4167	18514
大丰区	243200	122953	120247	22417	4208	18209
响水县	185761	96038	89723	22062	5061	17001
滨海县	353511	182636	170875	34875	7780	27095
阜宁县	322710	165760	156950	24866	5202	19664
射阳县	302221	153859	148362	19792	3509	16283
建湖县	227736	115796	111940	12316	2296	10020
盐城经济技术开发区	28005	14313	13692	2190	391	1799
江苏省盐南高新区						
东台市	359523	175911	183612	31027	5216	25811
扬州市	**1301490**	**656191**	**645299**	**111581**	**23664**	**87917**
广陵区	75517	40626	34891	2828	589	2239
邗江区	90423	45123	45300	7364	1875	5489
江都区	359449	178683	180766	24772	4820	19952
宝应县	286202	144177	142025	33145	7081	26064
扬州经济技术开发区	17798	8985	8813	1558	256	1302
蜀冈瘦西湖景区						
生态新城	17211	8483	8728	1144	249	895
仪征市	172421	87759	84662	14332	3185	11147
高邮市	282469	142355	140114	26438	5609	20829
镇江市	**649314**	**333525**	**315789**	**29566**	**6370**	**23196**
京口区	6789	3474	3315	301	68	233
润州区	900	521	379	11	3	8
丹徒区	98753	50514	48239	5203	1059	4144
镇江新区	34508	17759	16749	1265	422	843
江苏镇江高新区						
丹阳市	193610	99269	94341	6198	1087	5111
扬中市	92412	47225	45187	3562	654	2908
句容市	222342	114763	107579	13026	3077	9949
泰州市	**1418372**	**719630**	**698742**	**92284**	**18055**	**74229**
海陵区	43193	21738	21455	4402	840	3562
高港区	77101	39184	37917	2216	401	1815
姜堰区	238215	119031	119184	17670	3872	13798
泰州医药高新技术产业开发区	14255	7058	7197	841	133	708
兴化市	470011	240296	229715	47244	9365	37879
靖江市	206881	107171	99710	4188	701	3487
泰兴市	368716	185152	183564	15723	2743	12980
宿迁市	**1831120**	**936734**	**894386**	**120033**	**31057**	**88976**
宿城区	223953	114714	109239	16482	3820	12662
宿豫区	143327	73702	69625	14607	3304	11303
沭阳县	668259	343040	325219	32567	9527	23040
泗阳县	311391	157905	153486	21060	4564	16496
泗洪县	325592	166507	159085	22213	6798	15415
宿迁经济技术开发区	47055	24212	22843	4307	981	3326
宿迁市湖滨新区	50314	26089	24225	4059	1104	2955
苏州宿迁工业园区						
宿迁市洋河新区	61229	30565	30664	4738	959	3779

1-6c　续表 3

单位：人

地　区	学前教育			小　学		
	小计	男	女	小计	男	女
江　苏	**665912**	**333128**	**332784**	**7453824**	**3341726**	**4112098**
南京市	**35803**	**17812**	**17991**	**403867**	**186576**	**217291**
玄武区						
秦淮区						
建邺区						
鼓楼区						
浦口区	2301	1189	1112	24402	11224	13178
栖霞区	1634	806	828	16087	6768	9319
雨花台区						
江宁区	12115	6207	5908	115457	55939	59518
六合区	8220	3876	4344	103924	45312	58612
溧水区	5236	2595	2641	65363	30526	34837
高淳区	5835	2907	2928	72646	34209	38437
南京江北新区	462	232	230	5988	2598	3390
无锡市	**27265**	**14034**	**13231**	**341874**	**153609**	**188265**
锡山区	2885	1509	1376	30968	14017	16951
惠山区	4375	2320	2055	47529	22366	25163
滨湖区	992	483	509	9579	4477	5102
梁溪区						
新吴区	1581	836	745	12410	5779	6631
江苏无锡经济开发区						
江阴市	9918	5158	4760	112175	50375	61800
宜兴市	7514	3728	3786	129213	56595	72618
徐州市	**129757**	**67452**	**62305**	**1120056**	**510191**	**609865**
鼓楼区						
云龙区						
贾汪区	7616	4030	3586	59851	28899	30952
泉山区						
铜山区	22177	11643	10534	169145	79384	89761
丰县	18654	9746	8908	145984	63189	82795
沛县	18448	9351	9097	143241	63893	79348
睢宁县	20750	10522	10228	176396	78030	98366
徐州经济技术开发区	2110	1119	991	16666	7804	8862
新沂市	16615	8727	7888	155300	70869	84431
邳州市	23387	12314	11073	253473	118123	135350
常州市	**26774**	**13871**	**12903**	**324608**	**147838**	**176770**
天宁区	1407	757	650	15472	6950	8522
钟楼区	1004	528	476	8991	4181	4810
新北区	2590	1310	1280	29240	12595	16645
武进区	8230	4320	3910	88734	41370	47364
金坛区	3418	1710	1708	61495	27436	34059
江苏省常州市经济开发区	3740	1939	1801	33727	16349	17378
溧阳市	6385	3307	3078	86949	38957	47992

1-6c 续表 4

单位：人

地区	学前教育			小学		
	小计	男	女	小计	男	女
苏州市	**54240**	**27124**	**27116**	**648257**	**305294**	**342963**
虎丘区	2011	1049	962	18110	9005	9105
吴中区	8606	4282	4324	85208	39639	45569
相城区	1277	585	692	14925	7152	7773
姑苏区						
吴江区	9827	4798	5029	128768	62776	65992
苏州工业园区						
常熟市	7937	4135	3802	123344	55851	67493
张家港市	8742	4392	4350	110199	50819	59380
昆山市	11195	5661	5534	95911	45647	50264
太仓市	4645	2222	2423	71792	34405	37387
南通市	**47790**	**23099**	**24691**	**785021**	**335662**	**449359**
崇川区						
港闸区	90	47	43	1010	535	475
通州区	8330	3990	4340	122466	52890	69576
如东县	6530	3110	3420	135570	61652	73918
南通经济技术开发区						
通州湾示范区	991	470	521	17212	7284	9928
苏锡通科技产业园区	1360	709	651	13139	5799	7340
启东市	6608	3186	3422	131583	56186	75397
如皋市	13228	6520	6708	175965	71399	104566
海门市	6131	2980	3151	96934	40007	56927
海安市	4522	2087	2435	91142	39910	51232
连云港市	**73819**	**38162**	**35657**	**542411**	**242991**	**299420**
连云区	76	45	31	823	366	457
海州区	3775	1942	1833	28343	12965	15378
赣榆区	18905	10076	8829	113572	53652	59920
东海县	23528	12238	11290	154688	70479	84209
灌云县	14606	7547	7059	130946	55774	75172
灌南县	11152	5374	5778	103768	44798	58970
连云港经济技术开发区	771	420	351	4230	2060	2170
连云港高新技术产业开发区						
江苏连云港徐圩新区	42	20	22	262	119	143
江苏省连云港市云台山风景名胜区	964	500	464	5779	2778	3001
淮安市	**46379**	**23185**	**23194**	**540418**	**232108**	**308310**
淮安区	11404	5755	5649	135297	61720	73577
淮阴区	10093	5077	5016	99847	42242	57605
清江浦区	2077	1029	1048	17551	7597	9954
洪泽区	3154	1465	1689	39213	16468	22745
涟水县	11091	5684	5407	102034	42083	59951
盱眙县	6340	3206	3134	93791	39983	53808
金湖县	1849	774	1075	49487	20709	28778
淮安经济技术开发区						
工业园区	311	156	155	2690	1074	1616
生态文旅区						
苏淮高新区	60	39	21	508	232	276

1-6c　续表 5

单位：人

地　区	学前教育			小　学		
	小计	男	女	小计	男	女
盐城市	**63363**	**30707**	**32656**	**861310**	**380870**	**480440**
亭湖区	2250	1124	1126	32135	13924	18211
盐都区	6439	2999	3440	94190	42243	51947
大丰区	4693	2137	2556	75419	33539	41880
响水县	7354	3855	3499	67294	31508	35786
滨海县	11100	5748	5352	130566	60508	70058
阜宁县	10100	5248	4852	120227	54255	65972
射阳县	7815	3566	4249	117648	49415	68233
建湖县	5118	2188	2930	89725	38263	51462
盐城经济技术开发区	800	411	389	8781	3810	4971
江苏省盐南高新区						
东台市	7694	3431	4263	125325	53405	71920
扬州市	**32691**	**14786**	**17905**	**487996**	**224532**	**263464**
广陵区	1523	779	744	24304	11010	13294
邗江区	2440	1198	1242	30895	14323	16572
江都区	8180	3752	4428	138582	62529	76053
宝应县	6535	3019	3516	111646	51768	59878
扬州经济技术开发区	492	250	242	4768	2354	2414
蜀冈瘦西湖景区						
生态新城	511	226	285	5150	2306	2844
仪征市	5062	2336	2726	59374	27308	32066
高邮市	7948	3226	4722	113277	52934	60343
镇江市	**13362**	**6413**	**6949**	**204099**	**86270**	**117829**
京口区	118	55	63	1976	889	1087
润州区	42	18	24	235	114	121
丹徒区	1954	896	1058	31008	13291	17717
镇江新区	877	430	447	9533	4407	5126
江苏镇江高新区						
丹阳市	3671	1773	1898	55878	22580	33298
扬中市	2048	999	1049	29521	12386	17135
句容市	4652	2242	2410	75948	32603	43345
泰州市	**35985**	**16472**	**19513**	**543277**	**239175**	**304102**
海陵区	1136	538	598	15789	7794	7995
高港区	1917	930	987	27054	10947	16107
姜堰区	5232	2331	2901	94115	42318	51797
泰州医药高新技术产业开发区	409	215	194	4579	1998	2581
兴化市	14730	6430	8300	202403	94567	107836
靖江市	3064	1574	1490	68121	28212	39909
泰兴市	9497	4454	5043	131216	53339	77877
宿迁市	**78684**	**40011**	**38673**	**650630**	**296610**	**354020**
宿城区	10225	5208	5017	86319	39197	47122
宿豫区	5110	2592	2518	50173	22465	27708
沭阳县	30054	15483	14571	246396	114712	131684
泗阳县	12706	6293	6413	93652	39550	54102
泗洪县	13378	6775	6603	113343	52884	60459
宿迁经济技术开发区	2361	1182	1179	15811	7618	8193
宿迁市湖滨新区	2067	1120	947	22440	10530	11910
苏州宿迁工业园区						
宿迁市洋河新区	2783	1358	1425	22496	9654	12842

1-6c 续表 6

单位：人

地 区	初 中			高 中			大学专科		
	小计	男	女	小计	男	女	小计	男	女
江 苏	**8762409**	**4961534**	**3800875**	**2504512**	**1560296**	**944216**	**952499**	**547861**	**404638**
南京市	**382356**	**227078**	**155278**	**155431**	**99386**	**56045**	**79161**	**46195**	**32966**
玄武区									
秦淮区									
建邺区									
鼓楼区									
浦口区	24372	14292	10080	10336	6389	3947	4788	2654	2134
栖霞区	23740	13493	10247	11425	6975	4450	4200	2410	1790
雨花台区									
江宁区	136840	80115	56725	63693	39009	24684	35540	20767	14773
六合区	89448	55624	33824	30296	20277	10019	16579	9659	6920
溧水区	48781	28751	20030	18189	12240	5949	7168	4176	2992
高淳区	52188	30446	21742	18655	12531	6124	9248	5486	3762
南京江北新区	6987	4357	2630	2837	1965	872	1638	1043	595
无锡市	**580092**	**324857**	**255235**	**174580**	**105726**	**68854**	**73944**	**40970**	**32974**
锡山区	52844	29680	23164	12440	7362	5078	6583	3626	2957
惠山区	95811	54766	41045	26958	16116	10842	14797	7371	7426
滨湖区	18758	10553	8205	6568	4011	2557	3927	2223	1704
梁溪区									
新吴区	38931	22840	16091	13187	8412	4775	6829	4014	2815
江苏无锡经济开发区									
江阴市	201692	111038	90654	72195	42782	29413	23870	13537	10333
宜兴市	172056	95980	76076	43232	27043	16189	17938	10199	7739
徐州市	**1259267**	**696732**	**562535**	**239579**	**149522**	**90057**	**85151**	**50652**	**34499**
鼓楼区									
云龙区									
贾汪区	73772	41495	32277	15318	9513	5805	4767	2835	1932
泉山区									
铜山区	214637	117556	97081	43009	26054	16955	13367	7661	5706
丰县	181043	98600	82443	33520	21270	12250	14783	8847	5936
沛县	199082	106613	92469	30921	19630	11291	12945	7921	5024
睢宁县	176056	102174	73882	35349	23208	12141	14257	8692	5565
徐州经济技术开发区	22463	12396	10067	5549	3343	2206	1729	977	752
新沂市	165949	93980	71969	29933	18803	11130	9577	5547	4030
邳州市	226265	123918	102347	45980	27701	18279	13726	8172	5554
常州市	**543562**	**300072**	**243490**	**145580**	**89118**	**56462**	**66310**	**38600**	**27710**
天宁区	27854	15222	12632	6422	3754	2668	3688	2055	1633
钟楼区	17261	9689	7572	6259	3604	2655	6554	4318	2236
新北区	51344	28351	22993	13181	8204	4977	7292	4145	3147
武进区	172023	94327	77696	42422	25454	16968	21824	12479	9345
金坛区	82703	46191	36512	23794	15328	8466	8969	5420	3549
江苏省常州市经济开发区	75184	42474	32710	15356	9064	6292	7547	4205	3342
溧阳市	117193	63818	53375	38146	23710	14436	10436	5978	4458

1-6c 续表 7 单位：人

地　区	初　中			高　中			大学专科		
	小计	男	女	小计	男	女	小计	男	女
苏州市	**953833**	**549547**	**404286**	**305541**	**190324**	**115217**	**162820**	**92564**	**70256**
虎丘区	24015	14484	9531	8488	5214	3274	6136	3536	2600
吴中区	124467	71933	52534	48076	29908	18168	22969	12782	10187
相城区	20723	12795	7928	6824	4563	2261	3635	2171	1464
姑苏区									
吴江区	149144	85137	64007	37704	23562	14142	19652	10707	8945
苏州工业园区									
常熟市	198092	110806	87286	49629	30322	19307	32827	18316	14511
张家港市	160577	91278	69299	43887	26463	17424	22945	13053	9892
昆山市	170362	100649	69713	83349	53037	30312	40795	23996	16799
太仓市	106453	62465	43988	27584	17255	10329	13861	8003	5858
南通市	**945971**	**497263**	**448708**	**235838**	**140200**	**95638**	**84992**	**46205**	**38787**
崇川区									
港闸区	1361	902	459	500	340	160	239	138	101
通州区	134272	70981	63291	39721	23649	16072	16609	8961	7648
如东县	138795	72063	66732	39439	23466	15973	11422	6273	5149
南通经济技术开发区									
通州湾示范区	22260	11049	11211	4831	2695	2136	1380	750	630
苏锡通科技产业园区	21820	11523	10297	5541	3142	2399	2460	1306	1154
启东市	178494	93607	84887	30907	17633	13274	11203	5985	5218
如皋市	183541	98566	84975	49368	30541	18827	17657	9896	7761
海门市	153081	78434	74647	34742	19556	15186	13187	6876	6311
海安市	112347	60138	52209	30789	19178	11611	10835	6020	4815
连云港市	**624814**	**349159**	**275655**	**271503**	**155863**	**115640**	**88013**	**49782**	**38231**
连云区	960	617	343	403	272	131	168	116	52
海州区	38409	21894	16515	8531	5608	2923	3919	2253	1666
赣榆区	118755	62396	56359	94199	49108	45091	43203	23581	19622
东海县	186028	97722	88306	109693	61024	48669	25361	14459	10902
灌云县	147966	88374	59592	28424	19698	8726	7620	4708	2912
灌南县	118259	70112	48147	22668	15412	7256	5118	3165	1953
连云港经济技术开发区	5692	3055	2637	3963	2360	1603	1493	850	643
连云港高新技术产业开发区									
江苏连云港徐圩新区	503	338	165	153	116	37	54	31	23
江苏省连云港市云台山风景名胜区	8242	4651	3591	3469	2265	1204	1077	619	458
淮安市	**616176**	**361091**	**255085**	**162163**	**105112**	**57051**	**47249**	**28389**	**18860**
淮安区	129456	77354	52102	27845	18415	9430	8801	5489	3312
淮阴区	137674	79490	58184	34590	22485	12105	8618	5136	3482
清江浦区	21785	12677	9108	5531	3478	2053	2462	1490	972
洪泽区	41745	24464	17281	13146	8752	4394	3931	2186	1745
涟水县	162278	91073	71205	49040	30435	18605	13271	8195	5076
盱眙县	84482	52420	32062	18835	12305	6530	5507	3155	2352
金湖县	34416	21018	13398	12216	8619	3597	4170	2454	1716
淮安经济技术开发区									
工业园区	3442	2072	1370	716	454	262	417	243	174
生态文旅区									
苏淮高新区	898	523	375	244	169	75	72	41	31

1-6c 续表 8 单位：人

地区	初中			高中			大学专科		
	小计	男	女	小计	男	女	小计	男	女
盐城市	**939616**	**551129**	**388487**	**226455**	**156268**	**70187**	**56731**	**33657**	**23074**
亭湖区	37507	21876	15631	10816	7355	3461	2839	1682	1157
盐都区	91273	54023	37250	28505	20165	8340	6450	3936	2514
大丰区	95521	54394	41127	31914	21202	10712	9584	5515	4069
响水县	71732	43811	27921	12805	9088	3717	3244	1955	1289
滨海县	146959	88267	58692	22775	15907	6868	5206	3174	2032
阜宁县	132118	77589	54529	26708	18312	8396	6325	3780	2545
射阳县	117525	70851	46674	29350	20749	8601	7451	4280	3171
建湖县	90648	53049	37599	22792	15646	7146	5112	3138	1974
盐城经济技术开发区	11321	6543	4778	3421	2295	1126	1124	671	453
江苏省盐南高新区									
东台市	145012	80726	64286	37369	25549	11820	9396	5526	3870
扬州市	**467604**	**270005**	**197599**	**122510**	**79022**	**43488**	**54210**	**30770**	**23440**
广陵区	31865	19129	12736	9328	5960	3368	4289	2446	1843
邗江区	30200	16326	13874	10804	6583	4221	5698	3285	2413
江都区	138295	77451	60844	31063	19765	11298	12923	7261	5662
宝应县	98635	59173	39462	23910	15991	7919	8360	4857	3503
扬州经济技术开发区	5684	3206	2478	2353	1317	1036	1589	879	710
蜀冈瘦西湖景区									
生态新城	6553	3508	3045	2295	1376	919	1058	569	489
仪征市	59821	34346	25475	19809	12675	7134	9450	5465	3985
高邮市	96551	56866	39685	22948	15355	7593	10843	6008	4835
镇江市	**273547**	**154462**	**119085**	**83071**	**54346**	**28725**	**32514**	**18675**	**13839**
京口区	2859	1553	1306	957	587	370	401	230	171
润州区	434	281	153	103	60	43	53	33	20
丹徒区	42834	24377	18457	11973	7657	4316	4225	2437	1788
镇江新区	13972	7498	6474	5455	3162	2293	2317	1287	1030
江苏镇江高新区									
丹阳市	93942	52294	41648	24392	16210	8182	6777	3840	2937
扬中市	33739	18801	14938	12386	8139	4247	7909	4587	3322
句容市	85767	49658	36109	27805	18531	9274	10832	6261	4571
泰州市	**526962**	**304995**	**221967**	**140461**	**93389**	**47072**	**55257**	**33576**	**21681**
海陵区	14737	8437	6300	4225	2639	1586	1979	1037	942
高港区	29443	16737	12706	9189	5910	3279	5064	3031	2033
姜堰区	84024	47735	36289	22813	14526	8287	9714	5688	4026
泰州医药高新技术产业开发区	5357	2939	2418	1638	983	655	1008	561	447
兴化市	154529	95067	59462	37266	26305	10961	9497	5918	3579
靖江市	88704	50067	38637	26514	16955	9559	11466	6970	4496
泰兴市	150168	84013	66155	38816	26071	12745	16529	10371	6158
宿迁市	**648609**	**375144**	**273465**	**241800**	**142020**	**99780**	**66147**	**37826**	**28321**
宿城区	81699	48341	33358	20267	12962	7305	6130	3564	2566
宿豫区	51079	31100	19979	15964	10469	5495	4778	2838	1940
沭阳县	224670	127840	96830	102715	57547	45168	22701	12852	9849
泗阳县	132645	76389	56256	40286	24678	15608	7576	4432	3144
泗洪县	100397	57202	43195	49247	27803	21444	20680	11632	9048
宿迁经济技术开发区	17638	10115	7523	4667	2990	1677	1620	976	644
宿迁市湖滨新区	16201	9889	6312	3740	2414	1326	1270	728	542
苏州宿迁工业园区									
宿迁市洋河新区	24280	14268	10012	4914	3157	1757	1392	804	588

1-6c 续表 9

单位：人

地区	大学本科			硕士研究生			博士研究生		
	小计	男	女	小计	男	女	小计	男	女
江苏	**394358**	**210555**	**183803**	**24026**	**13221**	**10805**	**3089**	**1999**	**1090**
南京市	**43677**	**21405**	**22272**	**3266**	**1759**	**1507**	**443**	**292**	**151**
玄武区									
秦淮区									
建邺区									
鼓楼区									
浦口区	2225	1106	1119	174	95	79	24	16	8
栖霞区	2121	1189	932	143	81	62	19	15	4
雨花台区									
江宁区	19944	10642	9302	1760	921	839	260	166	94
六合区	5912	3240	2672	412	231	181	55	38	17
溧水区	8414	2522	5892	187	99	88	26	16	10
高淳区	3608	1892	1716	250	142	108	28	18	10
南京江北新区	1453	814	639	340	190	150	31	23	8
无锡市	**35504**	**18681**	**16823**	**1601**	**799**	**802**	**182**	**109**	**73**
锡山区	3541	1739	1802	138	57	81	15	7	8
惠山区	6755	3397	3358	307	141	166	30	19	11
滨湖区	1679	868	811	84	32	52	13	7	6
梁溪区									
新吴区	2753	1554	1199	173	87	86	9	6	3
江苏无锡经济开发区									
江阴市	11324	6035	5289	430	235	195	49	28	21
宜兴市	9452	5088	4364	469	247	222	66	42	24
徐州市	**24921**	**14147**	**10774**	**2038**	**1248**	**790**	**376**	**257**	**119**
鼓楼区									
云龙区									
贾汪区	1543	871	672	116	68	48	22	17	5
泉山区									
铜山区	4789	2585	2204	341	189	152	65	44	21
丰县	3811	2156	1655	391	238	153	63	45	18
沛县	3524	2142	1382	319	201	118	60	46	14
睢宁县	4011	2321	1690	390	238	152	67	49	18
徐州经济技术开发区	564	288	276	41	29	12	3	1	2
新沂市	2941	1577	1364	163	104	59	35	20	15
邳州市	3738	2207	1531	277	181	96	61	35	26
常州市	**32326**	**16827**	**15499**	**1854**	**984**	**870**	**264**	**155**	**109**
天宁区	2030	1018	1012	65	36	29	3	2	1
钟楼区	1225	624	601	64	30	34	7	5	2
新北区	3633	1807	1826	191	92	99	31	16	15
武进区	10592	5456	5136	507	269	238	76	43	33
金坛区	4196	2312	1884	540	311	229	59	39	20
江苏省常州市经济开发区	4269	2176	2093	166	76	90	18	9	9
溧阳市	6381	3434	2947	321	170	151	70	41	29

1-6c 续表 10

单位：人

地 区	大学本科			硕士研究生			博士研究生		
	小计	男	女	小计	男	女	小计	男	女
苏州市	**71154**	**37110**	**34044**	**3635**	**1994**	**1641**	**360**	**230**	**130**
虎丘区	3376	1853	1523	346	183	163	19	14	5
吴中区	9606	4891	4715	633	338	295	53	39	14
相城区	1691	915	776	134	89	45	11	8	3
姑苏区									
吴江区	9439	4715	4724	329	168	161	46	24	22
苏州工业园区									
常熟市	12405	6367	6038	460	255	205	72	38	34
张家港市	11762	5951	5811	389	177	212	50	29	21
昆山市	16898	9343	7555	1063	645	418	76	54	22
太仓市	5977	3075	2902	281	139	142	33	24	9
南通市	**43580**	**22233**	**21347**	**2364**	**1162**	**1202**	**305**	**179**	**126**
崇川区									
港闸区	148	83	65	3	2	1	1	1	
通州区	7111	3387	3724	437	213	224	50	30	20
如东县	6135	3129	3006	404	200	204	62	37	25
南通经济技术开发区									
通州湾示范区	674	335	339	42	20	22	5	1	4
苏锡通科技产业园区	1300	594	706	54	28	26	8	5	3
启东市	5635	2921	2714	288	160	128	22	14	8
如皋市	10799	5770	5029	536	260	276	64	33	31
海门市	6658	3366	3292	270	119	151	36	24	12
海安市	5120	2648	2472	330	160	170	57	34	23
连云港市	**25482**	**14362**	**11120**	**1464**	**846**	**618**	**208**	**137**	**71**
连云区	66	43	23	2	1	1			
海州区	1121	586	535	77	38	39	9	7	2
赣榆区	12066	6839	5227	672	414	258	100	63	37
东海县	7107	3911	3196	352	204	148	48	35	13
灌云县	2675	1558	1117	182	99	83	21	11	10
灌南县	1729	1047	682	119	61	58	21	15	6
连云港经济技术开发区	427	224	203	44	20	24	5	3	2
连云港高新技术产业开发区									
江苏连云港徐圩新区	14	9	5						
江苏省连云港市云台山风景名胜区	277	145	132	16	9	7	4	3	1
淮安市	**15830**	**9089**	**6741**	**1030**	**596**	**434**	**126**	**84**	**42**
淮安区	3361	2060	1301	244	157	87	19	11	8
淮阴区	2893	1653	1240	174	100	74	34	21	13
清江浦区	646	345	301	38	22	16	5	5	
洪泽区	1760	926	834	80	37	43	7	5	2
涟水县	3304	1943	1361	234	133	101	30	21	9
盱眙县	2426	1389	1037	138	79	59	20	14	6
金湖县	1294	688	606	115	65	50	11	7	4
淮安经济技术开发区									
工业园区	131	74	57	5	2	3			
生态文旅区									
苏淮高新区	15	11	4	2	1	1			

1-6c 续表 11

单位：人

地 区	大学本科			硕士研究生			博士研究生		
	小计	男	女	小计	男	女	小计	男	女
盐城市	**20261**	**11603**	**8658**	**1591**	**904**	**687**	**215**	**148**	**67**
亭湖区	981	556	425	59	36	23	14	12	2
盐都区	2711	1596	1115	227	140	87	24	16	8
大丰区	3358	1802	1556	263	138	125	31	18	13
响水县	1167	705	462	85	43	42	18	12	6
滨海县	1868	1143	725	136	90	46	26	19	7
阜宁县	2167	1260	907	177	101	76	22	13	9
射阳县	2441	1366	1075	174	103	71	25	20	5
建湖县	1855	1108	747	151	92	59	19	16	3
盐城经济技术开发区	325	169	156	39	20	19	4	3	1
江苏省盐南高新区									
东台市	3388	1898	1490	280	141	139	32	19	13
扬州市	**23235**	**12490**	**10745**	**1529**	**832**	**697**	**134**	**90**	**44**
广陵区	1289	666	623	87	45	42	4	2	2
邗江区	2892	1463	1429	114	59	55	16	11	5
江都区	5211	2873	2338	386	213	173	37	19	18
宝应县	3683	2107	1576	259	159	100	29	22	7
扬州经济技术开发区	1211	644	567	133	73	60	10	6	4
蜀冈瘦西湖景区									
生态新城	470	236	234	26	10	16	4	3	1
仪征市	4316	2299	2017	246	136	110	11	9	2
高邮市	4163	2202	1961	278	137	141	23	18	5
镇江市	**12349**	**6576**	**5773**	**714**	**355**	**359**	**92**	**58**	**34**
京口区	164	84	80	12	7	5	1	1	
润州区	19	11	8	3	1	2			
丹徒区	1463	748	715	80	40	40	13	9	4
镇江新区	1032	525	507	50	24	26	7	4	3
江苏镇江高新区									
丹阳市	2591	1402	1189	140	68	72	21	15	6
扬中市	3092	1594	1498	137	59	78	18	6	12
句容市	3988	2212	1776	292	156	136	32	23	9
泰州市	**22301**	**12881**	**9420**	**1613**	**934**	**679**	**232**	**153**	**79**
海陵区	868	427	441	52	23	29	5	3	2
高港区	2066	1139	927	135	78	57	17	11	6
姜堰区	4358	2404	1954	251	127	124	38	30	8
泰州医药高新技术产业开发区	392	212	180	28	15	13	3	2	1
兴化市	3912	2366	1546	391	250	141	39	28	11
靖江市	4484	2505	1979	289	156	133	51	31	20
泰兴市	6221	3828	2393	467	285	182	79	48	31
宿迁市	**23738**	**13151**	**10587**	**1327**	**808**	**519**	**152**	**107**	**45**
宿城区	2673	1522	1151	144	89	55	14	11	3
宿豫区	1485	853	632	114	67	47	17	14	3
沭阳县	8603	4744	3859	501	301	200	52	34	18
泗阳县	3247	1868	1379	194	114	80	25	17	8
泗洪县	6049	3225	2824	254	165	89	31	23	8
宿迁经济技术开发区	605	324	281	40	23	17	6	3	3
宿迁市湖滨新区	499	280	219	35	23	12	3	1	2
苏州宿迁工业园区									
宿迁市洋河新区	577	335	242	45	26	19	4	4	

1-7　各地区分性别的15岁及以上文盲人口

单位：人、%

地　区	15岁及以上人口			文盲人口			文盲人口占15岁及以上人口比重		
	合计	男	女	合计	男	女	合计	男	女
江　苏	**71856068**	**36156582**	**35699486**	**2210138**	**460255**	**1749883**	**3.08**	**1.27**	**4.90**
南京市	**8127066**	**4129533**	**3997533**	**198742**	**45514**	**153228**	**2.45**	**1.10**	**3.83**
玄武区	477832	236922	240910	1241	271	970	0.26	0.11	0.40
秦淮区	658216	321147	337069	7962	1412	6550	1.21	0.44	1.94
建邺区	463106	231151	231955	6235	1376	4859	1.35	0.60	2.09
鼓楼区	821488	393131	428357	9221	1728	7493	1.12	0.44	1.75
浦口区	350780	177499	173281	13033	3035	9998	3.72	1.71	5.77
栖霞区	877429	453427	424002	15045	2803	12242	1.71	0.62	2.89
雨花台区	532430	277111	255319	14003	2827	11176	2.63	1.02	4.38
江宁区	1674726	871128	803598	54500	14043	40457	3.25	1.61	5.03
六合区	548340	272944	275396	33352	5943	27409	6.08	2.18	9.95
溧水区	423198	220217	202981	13193	3586	9607	3.12	1.63	4.73
高淳区	369671	187821	181850	24047	6986	17061	6.50	3.72	9.38
南京江北新区	929850	487035	442815	6910	1504	5406	0.74	0.31	1.22
无锡市	**6495059**	**3336492**	**3158567**	**79228**	**15728**	**63500**	**1.22**	**0.47**	**2.01**
锡山区	763589	402820	360769	7085	1290	5795	0.93	0.32	1.61
惠山区	767089	401213	365876	13879	3005	10874	1.81	0.75	2.97
滨湖区	529700	270227	259473	7196	1504	5692	1.36	0.56	2.19
梁溪区	861011	426602	434409	10782	1964	8818	1.25	0.46	2.03
新吴区	619068	322918	296150	5478	1006	4472	0.88	0.31	1.51
江苏无锡经济开发区	269005	137656	131349	3260	664	2596	1.21	0.48	1.98
江阴市	1551792	799901	751891	22679	4182	18497	1.46	0.52	2.46
宜兴市	1133805	575155	558650	8869	2113	6756	0.78	0.37	1.21
徐州市	**7052482**	**3476191**	**3576291**	**237391**	**54357**	**183034**	**3.37**	**1.56**	**5.12**
鼓楼区	355832	177118	178714	3885	819	3066	1.09	0.46	1.72
云龙区	379987	185415	194572	6011	1339	4672	1.58	0.72	2.40
贾汪区	354838	178128	176710	22595	5862	16733	6.37	3.29	9.47
泉山区	520131	250764	269367	7597	1460	6137	1.46	0.58	2.28
铜山区	962355	480652	481703	33854	7918	25936	3.52	1.65	5.38
丰县	726617	355637	370980	25258	4946	20312	3.48	1.39	5.48
沛县	793901	388000	405901	26984	5723	21261	3.40	1.48	5.24
睢宁县	839534	413360	426174	35777	7691	28086	4.26	1.86	6.59
徐州经济技术开发区	297281	150289	146992	8955	2047	6908	3.01	1.36	4.70
新沂市	726918	358563	368355	33012	7952	25060	4.54	2.22	6.80
邳州市	1095088	538265	556823	33463	8600	24863	3.06	1.60	4.47
常州市	**4578259**	**2340759**	**2237500**	**84407**	**17209**	**67198**	**1.84**	**0.74**	**3.00**
天宁区	579620	286787	292833	6971	1297	5674	1.20	0.45	1.94
钟楼区	570043	287531	282512	7868	1533	6335	1.38	0.53	2.24
新北区	749260	380762	368498	11351	1725	9626	1.51	0.45	2.61
武进区	1104268	576500	527768	14912	3197	11715	1.35	0.55	2.22
金坛区	518177	261067	257110	16131	3445	12686	3.11	1.32	4.93
江苏省常州市经济开发区	367183	194187	172996	4629	913	3716	1.26	0.47	2.15
溧阳市	689708	353925	335783	22545	5099	17446	3.27	1.44	5.20

1-7 续表 1

单位：人、%

地 区	15岁及以上人口			文盲人口			文盲人口占15岁及以上人口比重		
	合计	男	女	合计	男	女	合计	男	女
苏州市	**11021073**	**5743803**	**5277270**	**226694**	**47076**	**179618**	**2.06**	**0.82**	**3.40**
虎丘区	709353	371486	337867	20862	4140	16722	2.94	1.11	4.95
吴中区	1208326	632359	575967	25809	5643	20166	2.14	0.89	3.50
相城区	765429	406239	359190	19098	4391	14707	2.50	1.08	4.09
姑苏区	810691	396611	414080	11904	2257	9647	1.47	0.57	2.33
吴江区	1346445	708409	638036	35426	8223	27203	2.63	1.16	4.26
苏州工业园区	950810	491277	459533	20899	4315	16584	2.20	0.88	3.61
常熟市	1491887	774158	717729	27849	4827	23022	1.87	0.62	3.21
张家港市	1235625	634481	601144	25531	4639	20892	2.07	0.73	3.48
昆山市	1772462	944381	828081	21153	4900	16253	1.19	0.52	1.96
太仓市	730045	384402	345643	18163	3741	14422	2.49	0.97	4.17
南通市	**6884695**	**3369618**	**3515077**	**205090**	**41366**	**163724**	**2.98**	**1.23**	**4.66**
崇川区	682895	334307	348588	13454	2586	10868	1.97	0.77	3.12
港闸区	350646	177817	172829	9936	1915	8021	2.83	1.08	4.64
通州区	981491	479237	502254	29880	6030	23850	3.04	1.26	4.75
如东县	802109	389367	412742	34187	7517	26670	4.26	1.93	6.46
南通经济技术开发区	265716	141470	124246	4014	1022	2992	1.51	0.72	2.41
通州湾示范区	85049	41125	43924	3650	790	2860	4.29	1.92	6.51
苏锡通科技产业园区	80429	42269	38160	2087	524	1563	2.59	1.24	4.10
启东市	875889	421234	454655	25725	4985	20740	2.94	1.18	4.56
如皋市	1086324	523007	563317	30841	6122	24719	2.84	1.17	4.39
海门市	883598	429143	454455	20969	4088	16881	2.37	0.95	3.71
海安市	790549	390642	399907	30347	5787	24560	3.84	1.48	6.14
连云港市	**3615248**	**1807746**	**1807502**	**149859**	**35419**	**114440**	**4.15**	**1.96**	**6.33**
连云区	135692	71150	64542	5306	1120	4186	3.91	1.57	6.49
海州区	583182	287545	295637	20477	4654	15823	3.51	1.62	5.35
赣榆区	777533	384135	393398	33442	8259	25183	4.30	2.15	6.40
东海县	790917	393242	397675	19991	5384	14607	2.53	1.37	3.67
灌云县	571299	290284	281015	34390	7621	26769	6.02	2.63	9.53
灌南县	475693	239041	236652	22199	4934	17265	4.67	2.06	7.30
连云港经济技术开发区	75797	38662	37135	5288	1264	4024	6.98	3.27	10.84
连云港高新技术产业开发区	144216	69556	74660	3525	865	2660	2.44	1.24	3.56
江苏连云港徐圩新区	36915	21867	15048	1913	563	1350	5.18	2.57	8.97
江苏省连云港市云台山风景名胜区	24004	12264	11740	3328	755	2573	13.86	6.16	21.92
淮安市	**3749671**	**1849680**	**1899991**	**153885**	**31890**	**121995**	**4.10**	**1.72**	**6.42**
淮安区	654948	323776	331172	43258	9052	34206	6.60	2.80	10.33
淮阴区	611521	305394	306127	24359	5236	19123	3.98	1.71	6.25
清江浦区	477372	230905	246467	8647	1587	7060	1.81	0.69	2.86
洪泽区	246663	121708	124955	12320	2740	9580	4.99	2.25	7.67
涟水县	661251	326121	335130	20829	3963	16866	3.15	1.22	5.03
盱眙县	495595	244379	251216	21051	4495	16556	4.25	1.84	6.59
金湖县	256128	126925	129203	10135	1871	8264	3.96	1.47	6.40
淮安经济技术开发区	240499	119620	120879	6607	1555	5052	2.75	1.30	4.18
工业园区	13208	6598	6610	1312	242	1070	9.93	3.67	16.19
生态文旅区	72321	34071	38250	2921	609	2312	4.04	1.79	6.04
苏淮高新区	20165	10183	9982	2446	540	1906	12.13	5.30	19.09

1-7 续表 2

单位：人、%

地 区	15岁及以上人口			文盲人口			文盲人口占15岁及以上人口比重		
	合计	男	女	合计	男	女	合计	男	女
盐城市	**5701111**	**2831558**	**2869553**	**303826**	**57164**	**246662**	**5.33**	**2.02**	**8.60**
亭湖区	590368	295800	294568	18194	3622	14572	3.08	1.22	4.95
盐都区	526011	263202	262809	28027	4766	23261	5.33	1.81	8.85
大丰区	581457	290039	291418	37830	7030	30800	6.51	2.42	10.57
响水县	361670	181068	180602	34517	7532	26985	9.54	4.16	14.94
滨海县	653112	325862	327250	48290	10311	37979	7.39	3.16	11.61
阜宁县	648633	320661	327972	32199	6274	25925	4.96	1.96	7.90
射阳县	653931	325593	328338	31003	5181	25822	4.74	1.59	7.86
建湖县	527472	261013	266459	14316	2413	11903	2.71	0.92	4.47
盐城经济技术开发区	89514	44682	44832	4755	822	3933	5.31	1.84	8.77
江苏省盐南高新区	267488	129337	138151	4968	987	3981	1.86	0.76	2.88
东台市	801455	394301	407154	49727	8226	41501	6.20	2.09	10.19
扬州市	**4032378**	**1993166**	**2039212**	**181479**	**36941**	**144538**	**4.50**	**1.85**	**7.09**
广陵区	479836	244769	235067	8536	1814	6722	1.78	0.74	2.86
邗江区	633047	310532	322515	17329	3990	13339	2.74	1.28	4.14
江都区	829570	402930	426640	34529	6462	28067	4.16	1.60	6.58
宝应县	599577	293237	306340	42423	8563	33860	7.08	2.92	11.05
扬州经济技术开发区	208723	104322	104401	6392	1234	5158	3.06	1.18	4.94
蜀冈瘦西湖景区	114721	56142	58579	3040	822	2218	2.65	1.46	3.79
生态新城	59065	29911	29154	2511	591	1920	4.25	1.98	6.59
仪征市	471203	237027	234176	24557	4950	19607	5.21	2.09	8.37
高邮市	636636	314296	322340	42162	8515	33647	6.62	2.71	10.44
镇江市	**2828749**	**1431814**	**1396935**	**64852**	**11843**	**53009**	**2.29**	**0.83**	**3.79**
京口区	315899	158946	156953	4223	765	3458	1.34	0.48	2.20
润州区	211886	105040	106846	3545	834	2711	1.67	0.79	2.54
丹徒区	309861	160465	149396	9624	1666	7958	3.11	1.04	5.33
镇江新区	228977	118135	110842	4493	944	3549	1.96	0.80	3.20
江苏镇江高新区	52518	27012	25506	1071	168	903	2.04	0.62	3.54
丹阳市	867350	437572	429778	15807	2369	13438	1.82	0.54	3.13
扬中市	277609	139737	137872	7472	1172	6300	2.69	0.84	4.57
句容市	564649	284907	279742	18617	3925	14692	3.30	1.38	5.25
泰州市	**3955042**	**1956616**	**1998426**	**149116**	**26317**	**122799**	**3.77**	**1.35**	**6.14**
海陵区	505632	245795	259837	18431	3326	15105	3.65	1.35	5.81
高港区	225523	111760	113763	4863	680	4183	2.16	0.61	3.68
姜堰区	592897	288339	304558	24662	5081	19581	4.16	1.76	6.43
泰州医药高新技术产业开发区	190911	94877	96034	5781	926	4855	3.03	0.98	5.06
兴化市	972614	489226	483388	65114	11727	53387	6.69	2.40	11.04
靖江市	592205	296062	296143	7039	1035	6004	1.19	0.35	2.03
泰兴市	875260	430557	444703	23226	3542	19684	2.65	0.82	4.43
宿迁市	**3815235**	**1889606**	**1925629**	**175569**	**39431**	**136138**	**4.60**	**2.09**	**7.07**
宿城区	516183	254327	261856	24435	5028	19407	4.73	1.98	7.41
宿豫区	345952	172541	173411	20100	4222	15878	5.81	2.45	9.16
沭阳县	1269608	633980	635628	41385	10151	31234	3.26	1.60	4.91
泗阳县	640534	313696	326838	28686	5235	23451	4.48	1.67	7.18
泗洪县	647332	316412	330920	37007	9624	27383	5.72	3.04	8.27
宿迁经济技术开发区	144024	71845	72179	7524	1554	5970	5.22	2.16	8.27
宿迁市湖滨新区	115013	59902	55111	7548	1808	5740	6.56	3.02	10.42
苏州宿迁工业园区	20280	9574	10706	308	38	270	1.52	0.40	2.52
宿迁市洋河新区	116309	57329	58980	8576	1771	6805	7.37	3.09	11.54

1-7a　各地区分性别的15岁及以上文盲人口(城市)

单位：人、%

地　区	15岁及以上人口			文盲人口			文盲人口占15岁及以上人口比重		
	合计	男	女	合计	男	女	合计	男	女
江　苏	**34296686**	**17203441**	**17093245**	**609919**	**123545**	**486374**	**1.78**	**0.72**	**2.85**
南京市	**6888005**	**3484648**	**3403357**	**112891**	**23817**	**89074**	**1.64**	**0.68**	**2.62**
玄武区	477832	236922	240910	1241	271	970	0.26	0.11	0.40
秦淮区	658216	321147	337069	7962	1412	6550	1.21	0.44	1.94
建邺区	463106	231151	231955	6235	1376	4859	1.35	0.60	2.09
鼓楼区	821488	393131	428357	9221	1728	7493	1.12	0.44	1.75
浦口区	280750	141577	139173	6786	1463	5323	2.42	1.03	3.82
栖霞区	821522	423930	397592	13686	2545	11141	1.67	0.60	2.80
雨花台区	524997	273103	251894	13431	2706	10725	2.56	0.99	4.26
江宁区	1296597	667563	629034	28934	6820	22114	2.23	1.02	3.52
六合区	192026	93454	98572	6916	1015	5901	3.60	1.09	5.99
溧水区	249520	131720	117800	4144	1054	3090	1.66	0.80	2.62
高淳区	191397	94633	96764	8024	2055	5969	4.19	2.17	6.17
南京江北新区	910554	476317	434237	6311	1372	4939	0.69	0.29	1.14
无锡市	**4306003**	**2194351**	**2111652**	**46753**	**8962**	**37791**	**1.09**	**0.41**	**1.79**
锡山区	419966	223120	196846	3732	698	3034	0.89	0.31	1.54
惠山区	486356	252495	233861	7822	1641	6181	1.61	0.65	2.64
滨湖区	490692	249264	241428	6191	1289	4902	1.26	0.52	2.03
梁溪区	861011	426602	434409	10782	1964	8818	1.25	0.46	2.03
新吴区	547844	282182	265662	4597	801	3796	0.84	0.28	1.43
江苏无锡经济开发区	269005	137656	131349	3260	664	2596	1.21	0.48	1.98
江阴市	718063	367405	350658	8211	1349	6862	1.14	0.37	1.96
宜兴市	513066	255627	257439	2158	556	1602	0.42	0.22	0.62
徐州市	**2418303**	**1184676**	**1233627**	**41216**	**8982**	**32234**	**1.70**	**0.76**	**2.61**
鼓楼区	355832	177118	178714	3885	819	3066	1.09	0.46	1.72
云龙区	354500	172004	182496	5400	1184	4216	1.52	0.69	2.31
贾汪区	151462	75506	75956	5094	1180	3914	3.36	1.56	5.15
泉山区	520131	250764	269367	7597	1460	6137	1.46	0.58	2.28
铜山区	303902	151200	152702	5576	1269	4307	1.83	0.84	2.82
丰县									
沛县									
睢宁县									
徐州经济技术开发区	3576	1800	1776	178	38	140	4.98	2.11	7.88
新沂市	281777	138400	143377	6936	1526	5410	2.46	1.10	3.77
邳州市	447123	217884	229239	6550	1506	5044	1.46	0.69	2.20
常州市	**2940136**	**1490734**	**1449402**	**34991**	**6612**	**28379**	**1.19**	**0.44**	**1.96**
天宁区	486885	239117	247768	5631	1024	4607	1.16	0.43	1.86
钟楼区	531226	266222	265004	7017	1339	5678	1.32	0.50	2.14
新北区	543713	275677	268036	7438	1134	6304	1.37	0.41	2.35
武进区	641801	334951	306850	5728	1173	4555	0.89	0.35	1.48
金坛区	278102	137668	140434	4503	994	3509	1.62	0.72	2.50
江苏省常州市经济开发区	156291	81521	74770	1778	314	1464	1.14	0.39	1.96
溧阳市	302118	155578	146540	2896	634	2262	0.96	0.41	1.54

1-7a　续表 1　　　　单位：人、%

地　区	15岁及以上人口			文盲人口			文盲人口占15岁及以上人口比重		
	合计	男	女	合计	男	女	合计	男	女
苏州市	**6042471**	**3114229**	**2928242**	**101564**	**21318**	**80246**	**1.68**	**0.68**	**2.74**
虎丘区	644906	336658	308248	16369	3221	13148	2.54	0.96	4.27
吴中区	742700	383763	358937	12693	2917	9776	1.71	0.76	2.72
相城区	667025	351839	315186	16337	3750	12587	2.45	1.07	3.99
姑苏区	810691	396611	414080	11904	2257	9647	1.47	0.57	2.33
吴江区	564644	299611	265033	10681	2359	8322	1.89	0.79	3.14
苏州工业园区									
常熟市	720806	367174	353632	9330	1610	7720	1.29	0.44	2.18
张家港市	425233	213853	211380	6094	1161	4933	1.43	0.54	2.33
昆山市	1172235	614648	557587	12261	2857	9404	1.05	0.46	1.69
太仓市	294231	150072	144159	5895	1186	4709	2.00	0.79	3.27
南通市	**2733458**	**1330290**	**1403168**	**59630**	**12207**	**47423**	**2.18**	**0.92**	**3.38**
崇川区	682895	334307	348588	13454	2586	10868	1.97	0.77	3.12
港闸区	347353	175884	171469	9767	1881	7886	2.81	1.07	4.60
通州区	346533	167312	179221	9046	1946	7100	2.61	1.16	3.96
如东县									
南通经济技术开发区									
通州湾示范区									
苏锡通科技产业园区									
启东市	332265	156364	175901	4137	880	3257	1.25	0.56	1.85
如皋市	308931	146487	162444	8357	1858	6499	2.71	1.27	4.00
海门市	317401	153215	164186	4203	968	3235	1.32	0.63	1.97
海安市	398080	196721	201359	10666	2088	8578	2.68	1.06	4.26
连云港市	**828495**	**413530**	**414965**	**22466**	**4910**	**17556**	**2.71**	**1.19**	**4.23**
连云区	132200	68906	63294	5160	1085	4075	3.90	1.57	6.44
海州区	459637	224893	234744	11273	2506	8767	2.45	1.11	3.73
赣榆区	215586	105912	109674	5070	1040	4030	2.35	0.98	3.67
东海县	6955	3623	3332	47	16	31	0.68	0.44	0.93
灌云县									
灌南县									
连云港经济技术开发区									
连云港高新技术产业开发区									
江苏连云港徐圩新区	10363	8236	2127	308	104	204	2.97	1.26	9.59
江苏省连云港市云台山风景名胜区	3754	1960	1794	608	159	449	16.20	8.11	25.03
淮安市	**1067076**	**513796**	**553280**	**19817**	**3781**	**16036**	**1.86**	**0.74**	**2.90**
淮安区	262817	126263	136554	7429	1406	6023	2.83	1.11	4.41
淮阴区	257315	124214	133101	4810	975	3835	1.87	0.78	2.88
清江浦区	425303	204309	220994	5429	961	4468	1.28	0.47	2.02
洪泽区	121641	59010	62631	2149	439	1710	1.77	0.74	2.73
涟水县									
盱眙县									
金湖县									
淮安经济技术开发区									
工业园区									
生态文旅区									
苏淮高新区									

1-7a　续表 2

单位：人、%

地　区	15岁及以上人口			文盲人口			文盲人口占15岁及以上人口比重		
	合计	男	女	合计	男	女	合计	男	女
盐城市	**1420267**	**701223**	**719044**	**38353**	**7386**	**30967**	**2.70**	**1.05**	**4.31**
亭湖区	453056	225817	227239	10301	2216	8085	2.27	0.98	3.56
盐都区	214454	106319	108135	5482	1061	4421	2.56	1.00	4.09
大丰区	190916	93026	97890	4613	859	3754	2.42	0.92	3.83
响水县									
滨海县									
阜宁县									
射阳县									
建湖县									
盐城经济技术开发区	4620	2359	2261	319	68	251	6.90	2.88	11.10
江苏省盐南高新区	267488	129337	138151	4968	987	3981	1.86	0.76	2.88
东台市	289733	144365	145368	12670	2195	10475	4.37	1.52	7.21
扬州市	**1835847**	**902717**	**933130**	**49235**	**10476**	**38759**	**2.68**	**1.16**	**4.15**
广陵区	371590	187560	184030	5063	1155	3908	1.36	0.62	2.12
邗江区	498540	243823	254717	8694	1905	6789	1.74	0.78	2.67
江都区	288635	137889	150746	6548	1287	5261	2.27	0.93	3.49
宝应县									
扬州经济技术开发区									
蜀冈瘦西湖景区	114721	56142	58579	3040	822	2218	2.65	1.46	3.79
生态新城	33234	17190	16044	1113	322	791	3.35	1.87	4.93
仪征市	263637	131893	131744	10081	2037	8044	3.82	1.54	6.11
高邮市	265490	128220	137270	14696	2948	11748	5.54	2.30	8.56
镇江市	**1464327**	**730342**	**733985**	**22418**	**3957**	**18461**	**1.53**	**0.54**	**2.52**
京口区	305222	153302	151920	3891	717	3174	1.27	0.47	2.09
润州区	211099	104578	106521	3537	832	2705	1.68	0.80	2.54
丹徒区	132320	67122	65198	2888	451	2437	2.18	0.67	3.74
镇江新区									
江苏镇江高新区	52518	27012	25506	1071	168	903	2.04	0.62	3.54
丹阳市	339439	167499	171940	3970	552	3418	1.17	0.33	1.99
扬中市	152167	75960	76207	2841	451	2390	1.87	0.59	3.14
句容市	271562	134869	136693	4220	786	3434	1.55	0.58	2.51
泰州市	**1714682**	**829698**	**884984**	**40615**	**7026**	**33589**	**2.37**	**0.85**	**3.80**
海陵区	443641	214739	228902	12866	2345	10521	2.90	1.09	4.60
高港区	117064	57279	59785	2346	293	2053	2.00	0.51	3.43
姜堰区	280657	133193	147464	5485	1167	4318	1.95	0.88	2.93
泰州医药高新技术产业开发区									
兴化市	262689	129278	133411	12531	2126	10405	4.77	1.64	7.80
靖江市	286180	138734	147446	2391	347	2044	0.84	0.25	1.39
泰兴市	324451	156475	167976	4996	748	4248	1.54	0.48	2.53
宿迁市	**637616**	**313207**	**324409**	**19970**	**4111**	**15859**	**3.13**	**1.31**	**4.89**
宿城区	304186	147332	156854	8081	1578	6503	2.66	1.07	4.15
宿豫区	182860	89766	93094	3790	708	3082	2.07	0.79	3.31
沭阳县									
泗阳县									
泗洪县									
宿迁经济技术开发区									
宿迁市湖滨新区	62851	33292	29559	3248	707	2541	5.17	2.12	8.60
苏州宿迁工业园区	20280	9574	10706	308	38	270	1.52	0.40	2.52
宿迁市洋河新区	67439	33243	34196	4543	1080	3463	6.74	3.25	10.13

1-7b 各地区分性别的15岁及以上文盲人口(镇)

单位：人、%

地区	15岁及以上人口			文盲人口			文盲人口占15岁及以上人口比重		
	合计	男	女	合计	男	女	合计	男	女
江苏	**18198424**	**9116476**	**9081948**	**527968**	**110212**	**417756**	**2.90**	**1.21**	**4.60**
南京市	**141869**	**72766**	**69103**	**4678**	**1160**	**3518**	**3.30**	**1.59**	**5.09**
玄武区									
秦淮区									
建邺区									
鼓楼区									
浦口区	1546	808	738	157	45	112	10.16	5.57	15.18
栖霞区									
雨花台区	7433	4008	3425	572	121	451	7.70	3.02	13.17
江宁区									
六合区	95205	47321	47884	2309	328	1981	2.43	0.69	4.14
溧水区	24945	12621	12324	582	171	411	2.33	1.35	3.33
高淳区	12740	8008	4732	1058	495	563	8.30	6.18	11.90
南京江北新区									
无锡市	**1026793**	**529991**	**496802**	**13325**	**2614**	**10711**	**1.30**	**0.49**	**2.16**
锡山区	242640	126822	115818	2266	405	1861	0.93	0.32	1.61
惠山区	96722	50318	46404	1782	384	1398	1.84	0.76	3.01
滨湖区									
梁溪区									
新吴区									
江苏无锡经济开发区									
江阴市	430052	220788	209264	7180	1319	5861	1.67	0.60	2.80
宜兴市	257379	132063	125316	2097	506	1591	0.81	0.38	1.27
徐州市	**2236149**	**1099623**	**1136526**	**61085**	**13552**	**47533**	**2.73**	**1.23**	**4.18**
鼓楼区									
云龙区	25487	13411	12076	611	155	456	2.40	1.16	3.78
贾汪区	62135	30942	31193	4267	1168	3099	6.87	3.77	9.93
泉山区									
铜山区	269443	133579	135864	8409	1917	6492	3.12	1.44	4.78
丰县	389750	191104	198646	8454	1668	6786	2.17	0.87	3.42
沛县	451735	219741	231994	10931	2264	8667	2.42	1.03	3.74
睢宁县	466770	226631	240139	11123	2224	8899	2.38	0.98	3.71
徐州经济技术开发区	252720	127751	124969	6065	1333	4732	2.40	1.04	3.79
新沂市	129121	62818	66303	5299	1191	4108	4.10	1.90	6.20
邳州市	188988	93646	95342	5926	1632	4294	3.14	1.74	4.50
常州市	**551057**	**284601**	**266456**	**11393**	**2345**	**9048**	**2.07**	**0.82**	**3.40**
天宁区	40141	20561	19580	495	104	391	1.23	0.51	2.00
钟楼区									
新北区	105102	53290	51812	1577	229	1348	1.50	0.43	2.60
武进区	140965	72484	68481	2094	478	1616	1.49	0.66	2.36
金坛区	56068	28528	27540	2057	415	1642	3.67	1.45	5.96
江苏省常州市经济开发区	81845	43057	38788	1024	227	797	1.25	0.53	2.05
溧阳市	126936	66681	60255	4146	892	3254	3.27	1.34	5.40

1-7b　续表 1

单位：人、%

地　区	15岁及以上人口			文盲人口			文盲人口占15岁及以上人口比重		
	合计	男	女	合计	男	女	合计	男	女
苏州市	**2858098**	**1493216**	**1364882**	**59174**	**12126**	**47048**	**2.07**	**0.81**	**3.45**
虎丘区	3636	1768	1868	220	44	176	6.05	2.49	9.42
吴中区	178576	94932	83644	3728	837	2891	2.09	0.88	3.46
相城区	50981	27503	23478	1590	389	1201	3.12	1.41	5.12
姑苏区									
吴江区	433775	226344	207431	7955	1917	6038	1.83	0.85	2.91
苏州工业园区	950810	491277	459533	20899	4315	16584	2.20	0.88	3.61
常熟市	359997	193227	166770	5750	1033	4717	1.60	0.53	2.83
张家港市	470533	241824	228709	10967	1869	9098	2.33	0.77	3.98
昆山市	201196	104809	96387	2816	690	2126	1.40	0.66	2.21
太仓市	208594	111532	97062	5249	1032	4217	2.52	0.93	4.34
南通市	**2056494**	**1030896**	**1025598**	**55827**	**11920**	**43907**	**2.71**	**1.16**	**4.28**
崇川区									
港闸区									
通州区	315719	157223	158496	8211	1727	6484	2.60	1.10	4.09
如东县	461294	224512	236782	16544	3701	12843	3.59	1.65	5.42
南通经济技术开发区	265716	141470	124246	4014	1022	2992	1.51	0.72	2.41
通州湾示范区	38428	19630	18798	1454	381	1073	3.78	1.94	5.71
苏锡通科技产业园区	38862	21464	17398	1391	340	1051	3.58	1.58	6.04
启东市	183488	92697	90791	5703	1122	4581	3.11	1.21	5.05
如皋市	354269	173111	181158	7454	1318	6136	2.10	0.76	3.39
海门市	262925	132908	130017	4825	1002	3823	1.84	0.75	2.94
海安市	135793	67881	67912	6231	1307	4924	4.59	1.93	7.25
连云港市	**1415106**	**703772**	**711334**	**47784**	**11471**	**36313**	**3.38**	**1.63**	**5.10**
连云区	1081	898	183	5	2	3	0.46	0.22	1.64
海州区	47595	23764	23831	2676	663	2013	5.62	2.79	8.45
赣榆区	225278	112311	112967	10657	2580	8077	4.73	2.30	7.15
东海县	377556	186546	191010	6569	1717	4852	1.74	0.92	2.54
灌云县	283033	142410	140623	11550	2438	9112	4.08	1.71	6.48
灌南县	248922	123634	125288	7746	1933	5813	3.11	1.56	4.64
连云港经济技术开发区	60161	30757	29404	3425	805	2620	5.69	2.62	8.91
连云港高新技术产业开发区	144216	69556	74660	3525	865	2660	2.44	1.24	3.56
江苏连云港徐圩新区	25572	13053	12519	1511	440	1071	5.91	3.37	8.55
江苏省连云港市云台山风景名胜区	1692	843	849	120	28	92	7.09	3.32	10.84
淮安市	**1355417**	**660338**	**695079**	**46396**	**9580**	**36816**	**3.42**	**1.45**	**5.30**
淮安区	90650	45224	45426	6561	1458	5103	7.24	3.22	11.23
淮阴区	90910	46014	44896	3930	849	3081	4.32	1.85	6.86
清江浦区	5759	2972	2787	552	108	444	9.58	3.63	15.93
洪泽区	23054	11709	11345	1662	431	1231	7.21	3.68	10.85
涟水县	357821	170832	186989	7768	1445	6323	2.17	0.85	3.38
盱眙县	299153	143857	155296	9431	1798	7633	3.15	1.25	4.92
金湖县	150876	73789	77087	4155	718	3437	2.75	0.97	4.46
淮安经济技术开发区	240499	119620	120879	6607	1555	5052	2.75	1.30	4.18
工业园区	6147	3043	3104	696	143	553	11.32	4.70	17.82
生态文旅区	72321	34071	38250	2921	609	2312	4.04	1.79	6.04
苏淮高新区	18227	9207	9020	2113	466	1647	11.59	5.06	18.26

1-7b 续表 2

单位：人、%

地　区	15岁及以上人口			文盲人口			文盲人口占15岁及以上人口比重		
	合计	男	女	合计	男	女	合计	男	女
盐城市	**2169789**	**1066006**	**1103783**	**85294**	**16357**	**68937**	**3.93**	**1.53**	**6.25**
亭湖区	52513	26981	25532	1692	284	1408	3.22	1.05	5.51
盐都区	81091	40115	40976	3188	482	2706	3.93	1.20	6.60
大丰区	161006	81273	79733	11731	2214	9517	7.29	2.72	11.94
响水县	210554	103859	106695	14219	3112	11107	6.75	3.00	10.41
滨海县	359968	175977	183991	15025	3230	11795	4.17	1.84	6.41
阜宁县	372034	180078	191956	10266	2052	8214	2.76	1.14	4.28
射阳县	382229	188078	194151	12435	2021	10414	3.25	1.07	5.36
建湖县	316541	154441	162100	5086	881	4205	1.61	0.57	2.59
盐城经济技术开发区	59623	29483	30140	2346	410	1936	3.93	1.39	6.42
江苏省盐南高新区									
东台市	174230	85721	88509	9306	1671	7635	5.34	1.95	8.63
扬州市	**982005**	**480027**	**501978**	**33907**	**6872**	**27035**	**3.45**	**1.43**	**5.39**
广陵区	37749	19257	18492	1081	218	863	2.86	1.13	4.67
邗江区	51876	25655	26221	2459	570	1889	4.74	2.22	7.20
江都区	204702	98578	106124	6601	1226	5375	3.22	1.24	5.06
宝应县	332578	159363	173215	12720	2534	10186	3.82	1.59	5.88
扬州经济技术开发区	192712	96306	96406	4852	1003	3849	2.52	1.04	3.99
蜀冈瘦西湖景区									
生态新城	10098	5001	5097	425	87	338	4.21	1.74	6.63
仪征市	48717	24479	24238	1836	362	1474	3.77	1.48	6.08
高邮市	103573	51388	52185	3933	872	3061	3.80	1.70	5.87
镇江市	**760592**	**391488**	**369104**	**17595**	**3350**	**14245**	**2.31**	**0.86**	**3.86**
京口区	4409	2439	1970	120	18	102	2.72	0.74	5.18
润州区									
丹徒区	85981	46548	39433	2188	425	1763	2.54	0.91	4.47
镇江新区	197417	101946	95471	3745	785	2960	1.90	0.77	3.10
江苏镇江高新区									
丹阳市	348352	178099	170253	6992	1193	5799	2.01	0.67	3.41
扬中市	39226	19821	19405	1568	258	1310	4.00	1.30	6.75
句容市	85207	42635	42572	2982	671	2311	3.50	1.57	5.43
泰州市	**934092**	**469857**	**464235**	**31693**	**5794**	**25899**	**3.39**	**1.23**	**5.58**
海陵区	22173	11159	11014	1520	245	1275	6.86	2.20	11.58
高港区	37945	18954	18991	996	183	813	2.62	0.97	4.28
姜堰区	88022	43731	44291	4279	919	3360	4.86	2.10	7.59
泰州医药高新技术产业开发区	178066	88584	89482	4956	812	4144	2.78	0.92	4.63
兴化市	285547	146133	139414	13221	2503	10718	4.63	1.71	7.69
靖江市	110596	56207	54389	1394	230	1164	1.26	0.41	2.14
泰兴市	211743	105089	106654	5327	902	4425	2.52	0.86	4.15
宿迁市	**1710963**	**833895**	**877068**	**59817**	**13071**	**46746**	**3.50**	**1.57**	**5.33**
宿城区	30937	14872	16065	2179	428	1751	7.04	2.88	10.90
宿豫区	43611	21778	21833	2758	616	2142	6.32	2.83	9.81
沭阳县	740624	365722	374902	21626	5091	16535	2.92	1.39	4.41
泗阳县	388666	187535	201131	10600	1713	8887	2.73	0.91	4.42
泗洪县	389928	186015	203913	18297	4290	14007	4.69	2.31	6.87
宿迁经济技术开发区	106037	52401	53636	3544	712	2832	3.34	1.36	5.28
宿迁市湖滨新区	11160	5572	5588	813	221	592	7.28	3.97	10.59
苏州宿迁工业园区									
宿迁市洋河新区									

1-7c 各地区分性别的15岁及以上文盲人口(乡村)

单位：人、%

地 区	15岁及以上人口			文盲人口			文盲人口占15岁及以上人口比重		
	合计	男	女	合计	男	女	合计	男	女
江 苏	**19360958**	**9836665**	**9524293**	**1072251**	**226498**	**845753**	**5.54**	**2.30**	**8.88**
南京市	**1097192**	**572119**	**525073**	**81173**	**20537**	**60636**	**7.40**	**3.59**	**11.55**
玄武区									
秦淮区									
建邺区									
鼓楼区									
浦口区	68484	35114	33370	6090	1527	4563	8.89	4.35	13.67
栖霞区	55907	29497	26410	1359	258	1101	2.43	0.87	4.17
雨花台区									
江宁区	378129	203565	174564	25566	7223	18343	6.76	3.55	10.51
六合区	261109	132169	128940	24127	4600	19527	9.24	3.48	15.14
溧水区	148733	75876	72857	8467	2361	6106	5.69	3.11	8.38
高淳区	165534	85180	80354	14965	4436	10529	9.04	5.21	13.10
南京江北新区	19296	10718	8578	599	132	467	3.10	1.23	5.44
无锡市	**1162263**	**612150**	**550113**	**19150**	**4152**	**14998**	**1.65**	**0.68**	**2.73**
锡山区	100983	52878	48105	1087	187	900	1.08	0.35	1.87
惠山区	184011	98400	85611	4275	980	3295	2.32	1.00	3.85
滨湖区	39008	20963	18045	1005	215	790	2.58	1.03	4.38
梁溪区									
新吴区	71224	40736	30488	881	205	676	1.24	0.50	2.22
江苏无锡经济开发区									
江阴市	403677	211708	191969	7288	1514	5774	1.81	0.72	3.01
宜兴市	363360	187465	175895	4614	1051	3563	1.27	0.56	2.03
徐州市	**2398030**	**1191892**	**1206138**	**135090**	**31823**	**103267**	**5.63**	**2.67**	**8.56**
鼓楼区									
云龙区									
贾汪区	141241	71680	69561	13234	3514	9720	9.37	4.90	13.97
泉山区									
铜山区	389010	195873	193137	19869	4732	15137	5.11	2.42	7.84
丰县	336867	164533	172334	16804	3278	13526	4.99	1.99	7.85
沛县	342166	168259	173907	16053	3459	12594	4.69	2.06	7.24
睢宁县	372764	186729	186035	24654	5467	19187	6.61	2.93	10.31
徐州经济技术开发区	40985	20738	20247	2712	676	2036	6.62	3.26	10.06
新沂市	316020	157345	158675	20777	5235	15542	6.57	3.33	9.79
邳州市	458977	226735	232242	20987	5462	15525	4.57	2.41	6.68
常州市	**1087066**	**565424**	**521642**	**38023**	**8252**	**29771**	**3.50**	**1.46**	**5.71**
天宁区	52594	27109	25485	845	169	676	1.61	0.62	2.65
钟楼区	38817	21309	17508	851	194	657	2.19	0.91	3.75
新北区	100445	51795	48650	2336	362	1974	2.33	0.70	4.06
武进区	321502	169065	152437	7090	1546	5544	2.21	0.91	3.64
金坛区	184007	94871	89136	9571	2036	7535	5.20	2.15	8.45
江苏省常州市经济开发区	129047	69609	59438	1827	372	1455	1.42	0.53	2.45
溧阳市	260654	131666	128988	15503	3573	11930	5.95	2.71	9.25

1-7c 续表 1

单位：人、%

地区	15岁及以上人口			文盲人口			文盲人口占15岁及以上人口比重		
	合计	男	女	合计	男	女	合计	男	女
苏州市	**2120504**	**1136358**	**984146**	**65956**	**13632**	**52324**	**3.11**	**1.20**	**5.32**
虎丘区	60811	33060	27751	4273	875	3398	7.03	2.65	12.24
吴中区	287050	153664	133386	9388	1889	7499	3.27	1.23	5.62
相城区	47423	26897	20526	1171	252	919	2.47	0.94	4.48
姑苏区									
吴江区	348026	182454	165572	16790	3947	12843	4.82	2.16	7.76
苏州工业园区									
常熟市	411084	213757	197327	12769	2184	10585	3.11	1.02	5.36
张家港市	339859	178804	161055	8470	1609	6861	2.49	0.90	4.26
昆山市	399031	224924	174107	6076	1353	4723	1.52	0.60	2.71
太仓市	227220	122798	104422	7019	1523	5496	3.09	1.24	5.26
南通市	**2094743**	**1008432**	**1086311**	**89633**	**17239**	**72394**	**4.28**	**1.71**	**6.66**
崇川区									
港闸区	3293	1933	1360	169	34	135	5.13	1.76	9.93
通州区	319239	154702	164537	12623	2357	10266	3.95	1.52	6.24
如东县	340815	164855	175960	17643	3816	13827	5.18	2.31	7.86
南通经济技术开发区									
通州湾示范区	46621	21495	25126	2196	409	1787	4.71	1.90	7.11
苏锡通科技产业园区	41567	20805	20762	696	184	512	1.67	0.88	2.47
启东市	360136	172173	187963	15885	2983	12902	4.41	1.73	6.86
如皋市	423124	203409	219715	15030	2946	12084	3.55	1.45	5.50
海门市	303272	143020	160252	11941	2118	9823	3.94	1.48	6.13
海安市	256676	126040	130636	13450	2392	11058	5.24	1.90	8.46
连云港市	**1371647**	**690444**	**681203**	**79609**	**19038**	**60571**	**5.80**	**2.76**	**8.89**
连云区	2411	1346	1065	141	33	108	5.85	2.45	10.14
海州区	75950	38888	37062	6528	1485	5043	8.60	3.82	13.61
赣榆区	336669	165912	170757	17715	4639	13076	5.26	2.80	7.66
东海县	406406	203073	203333	13375	3651	9724	3.29	1.80	4.78
灌云县	288266	147874	140392	22840	5183	17657	7.92	3.51	12.58
灌南县	226771	115407	111364	14453	3001	11452	6.37	2.60	10.28
连云港经济技术开发区	15636	7905	7731	1863	459	1404	11.91	5.81	18.16
连云港高新技术产业开发区									
江苏连云港徐圩新区	980	578	402	94	19	75	9.59	3.29	18.66
江苏省连云港市云台山风景名胜区	18558	9461	9097	2600	568	2032	14.01	6.00	22.34
淮安市	**1327178**	**675546**	**651632**	**87672**	**18529**	**69143**	**6.61**	**2.74**	**10.61**
淮安区	301481	152289	149192	29268	6188	23080	9.71	4.06	15.47
淮阴区	263296	135166	128130	15619	3412	12207	5.93	2.52	9.53
清江浦区	46310	23624	22686	2666	518	2148	5.76	2.19	9.47
洪泽区	101968	50989	50979	8509	1870	6639	8.34	3.67	13.02
涟水县	303430	155289	148141	13061	2518	10543	4.30	1.62	7.12
盱眙县	196442	100522	95920	11620	2697	8923	5.92	2.68	9.30
金湖县	105252	53136	52116	5980	1153	4827	5.68	2.17	9.26
淮安经济技术开发区									
工业园区	7061	3555	3506	616	99	517	8.72	2.78	14.75
生态文旅区									
苏淮高新区	1938	976	962	333	74	259	17.18	7.58	26.92

1-7c 续表 2

单位：人、%

地区	15岁及以上人口			文盲人口			文盲人口占15岁及以上人口比重		
	合计	男	女	合计	男	女	合计	男	女
盐城市	**2111055**	**1064329**	**1046726**	**180179**	**33421**	**146758**	**8.54**	**3.14**	**14.02**
亭湖区	84799	43002	41797	6201	1122	5079	7.31	2.61	12.15
盐都区	230466	116768	113698	19357	3223	16134	8.40	2.76	14.19
大丰区	229535	115740	113795	21486	3957	17529	9.36	3.42	15.40
响水县	151116	77209	73907	20298	4420	15878	13.43	5.72	21.48
滨海县	293144	149885	143259	33265	7081	26184	11.35	4.72	18.28
阜宁县	276599	140583	136016	21933	4222	17711	7.93	3.00	13.02
射阳县	271702	137515	134187	18568	3160	15408	6.83	2.30	11.48
建湖县	210931	106572	104359	9230	1532	7698	4.38	1.44	7.38
盐城经济技术开发区	25271	12840	12431	2090	344	1746	8.27	2.68	14.05
江苏省盐南高新区									
东台市	337492	164215	173277	27751	4360	23391	8.22	2.66	13.50
扬州市	**1214526**	**610422**	**604104**	**98337**	**19593**	**78744**	**8.10**	**3.21**	**13.03**
广陵区	70497	37952	32545	2392	441	1951	3.39	1.16	5.99
邗江区	82631	41054	41577	6176	1515	4661	7.47	3.69	11.21
江都区	336233	166463	169770	21380	3949	17431	6.36	2.37	10.27
宝应县	266999	133874	133125	29703	6029	23674	11.12	4.50	17.78
扬州经济技术开发区	16011	8016	7995	1540	231	1309	9.62	2.88	16.37
蜀冈瘦西湖景区									
生态新城	15733	7720	8013	973	182	791	6.18	2.36	9.87
仪征市	158849	80655	78194	12640	2551	10089	7.96	3.16	12.90
高邮市	267573	134688	132885	23533	4695	18838	8.79	3.49	14.18
镇江市	**603830**	**309984**	**293846**	**24839**	**4536**	**20303**	**4.11**	**1.46**	**6.91**
京口区	6268	3205	3063	212	30	182	3.38	0.94	5.94
润州区	787	462	325	8	2	6	1.02	0.43	1.85
丹徒区	91560	46795	44765	4548	790	3758	4.97	1.69	8.39
镇江新区	31560	16189	15371	748	159	589	2.37	0.98	3.83
江苏镇江高新区									
丹阳市	179559	91974	87585	4845	624	4221	2.70	0.68	4.82
扬中市	86216	43956	42260	3063	463	2600	3.55	1.05	6.15
句容市	207880	107403	100477	11415	2468	8947	5.49	2.30	8.90
泰州市	**1306268**	**657061**	**649207**	**76808**	**13497**	**63311**	**5.88**	**2.05**	**9.75**
海陵区	39818	19897	19921	4045	736	3309	10.16	3.70	16.61
高港区	70514	35527	34987	1521	204	1317	2.16	0.57	3.76
姜堰区	224218	111415	112803	14898	2995	11903	6.64	2.69	10.55
泰州医药高新技术产业开发区	12845	6293	6552	825	114	711	6.42	1.81	10.85
兴化市	424378	213815	210563	39362	7098	32264	9.28	3.32	15.32
靖江市	195429	101121	94308	3254	458	2796	1.67	0.45	2.96
泰兴市	339066	168993	170073	12903	1892	11011	3.81	1.12	6.47
宿迁市	**1466656**	**742504**	**724152**	**95782**	**22249**	**73533**	**6.53**	**3.00**	**10.15**
宿城区	181060	92123	88937	14175	3022	11153	7.83	3.28	12.54
宿豫区	119481	60997	58484	13552	2898	10654	11.34	4.75	18.22
沭阳县	528984	268258	260726	19759	5060	14699	3.74	1.89	5.64
泗阳县	251868	126161	125707	18086	3522	14564	7.18	2.79	11.59
泗洪县	257404	130397	127007	18710	5334	13376	7.27	4.09	10.53
宿迁经济技术开发区	37987	19444	18543	3980	842	3138	10.48	4.33	16.92
宿迁市湖滨新区	41002	21038	19964	3487	880	2607	8.50	4.18	13.06
苏州宿迁工业园区									
宿迁市洋河新区	48870	24086	24784	4033	691	3342	8.25	2.87	13.48

1-8 各地区家庭户规模

单位：户、%

地区	家庭户	一人户		二人户		三人户	
	户数	户数	比重	户数	比重	户数	比重
江苏	**29910849**	**6975663**	**23.32**	**9635959**	**32.22**	**6499826**	**21.73**
南京市	**3138775**	**766561**	**24.42**	**998752**	**31.82**	**792125**	**25.24**
玄武区	173057	42120	24.34	56297	32.53	48502	28.03
秦淮区	278725	69529	24.95	93762	33.64	73941	26.53
建邺区	190280	50578	26.58	55653	29.25	51085	26.85
鼓楼区	339954	85487	25.15	104631	30.78	95385	28.06
浦口区	142758	37229	26.08	45940	32.18	33899	23.75
栖霞区	299891	76138	25.39	97220	32.42	74709	24.91
雨花台区	201916	49607	24.57	63356	31.38	51184	25.35
江宁区	581866	138455	23.79	176686	30.37	142148	24.43
六合区	236154	50044	21.19	82042	34.74	55928	23.68
溧水区	173641	40698	23.44	60272	34.71	38600	22.23
高淳区	160829	34810	21.64	55939	34.78	35936	22.34
南京江北新区	359704	91866	25.54	106954	29.73	90808	25.25
无锡市	**2687898**	**594203**	**22.11**	**908682**	**33.81**	**622707**	**23.17**
锡山区	309453	70914	22.92	100713	32.55	64771	20.93
惠山区	302826	61591	20.34	95033	31.38	72884	24.07
滨湖区	204167	46166	22.61	71655	35.10	51291	25.12
梁溪区	385154	92519	24.02	128091	33.26	99472	25.83
新吴区	232528	48584	20.89	72687	31.26	58517	25.17
江苏无锡经济开发区	112781	21239	18.83	35700	31.65	31090	27.57
江阴市	647571	143249	22.12	220467	34.05	138644	21.41
宜兴市	493418	109941	22.28	184336	37.36	106038	21.49
徐州市	**3097995**	**650968**	**21.01**	**888016**	**28.66**	**676940**	**21.85**
鼓楼区	161988	38980	24.06	51749	31.95	42375	26.16
云龙区	164397	36161	22.00	49053	29.84	43181	26.27
贾汪区	151888	29559	19.46	44028	28.99	31999	21.07
泉山区	233914	53893	23.04	78586	33.60	59654	25.50
铜山区	404923	77081	19.04	116142	28.68	87259	21.55
丰县	336524	79194	23.53	104406	31.02	67269	19.99
沛县	359549	69631	19.37	104767	29.14	77447	21.54
睢宁县	360742	74220	20.57	94181	26.11	76424	21.19
徐州经济技术开发区	124718	24537	19.67	33543	26.90	30189	24.21
新沂市	327282	70790	21.63	84983	25.97	66039	20.18
邳州市	472070	96922	20.53	126578	26.81	95104	20.15
常州市	**1942531**	**449663**	**23.15**	**657275**	**33.84**	**450919**	**23.21**
天宁区	250802	53266	21.24	84889	33.85	65935	26.29
钟楼区	240409	53343	22.19	81819	34.03	61407	25.54
新北区	309823	66200	21.37	93384	30.14	76848	24.80
武进区	448200	105146	23.46	145330	32.43	99832	22.27
金坛区	238164	61878	25.98	90875	38.16	48188	20.23
江苏省常州市经济开发区	154507	35123	22.73	53090	34.36	33910	21.95
溧阳市	300626	74707	24.85	107888	35.89	64799	21.55

1-8　续表 1

单位：户、%

地　区	家庭户	一人户		二人户		三人户	
	户　数	户数	比重	户数	比重	户数	比重
苏州市	**4273563**	**1019593**	**23.86**	**1325080**	**31.01**	**889046**	**20.80**
虎丘区	244244	50805	20.80	67087	27.47	55408	22.69
吴中区	447304	111795	24.99	136954	30.62	87664	19.60
相城区	302332	77424	25.61	94183	31.15	56467	18.68
姑苏区	354555	90062	25.40	115314	32.52	89010	25.10
吴江区	531236	143763	27.06	162370	30.56	96037	18.08
苏州工业园区	330953	66365	20.05	91179	27.55	78873	23.83
常熟市	541027	111194	20.55	171737	31.74	108130	19.99
张家港市	521840	118119	22.64	174590	33.46	111750	21.41
昆山市	704966	176985	25.11	221407	31.41	146021	20.71
太仓市	295106	73081	24.76	90259	30.59	59686	20.23
南通市	**2897075**	**731861**	**25.26**	**1052673**	**36.34**	**578081**	**19.95**
崇川区	266974	57242	21.44	82559	30.92	71745	26.87
港闸区	138103	32435	23.49	41516	30.06	32891	23.82
通州区	400688	94133	23.49	143080	35.71	79798	19.92
如东县	340881	81663	23.96	130154	38.18	65834	19.31
南通经济技术开发区	91644	20395	22.25	29753	32.47	21934	23.93
通州湾示范区	41392	14742	35.62	18002	43.49	5259	12.71
苏锡通科技产业园区	33344	8707	26.11	13069	39.19	5803	17.40
启东市	436111	139394	31.96	192032	44.03	67702	15.52
如皋市	429888	90869	21.14	126564	29.44	89738	20.87
海门市	384993	110345	28.66	156218	40.58	70352	18.27
海安市	333057	81936	24.60	119726	35.95	67025	20.12
连云港市	**1547754**	**322523**	**20.84**	**435829**	**28.16**	**332839**	**21.50**
连云区	58302	13258	22.74	19276	33.06	14141	24.25
海州区	248485	50605	20.37	70919	28.54	61153	24.61
赣榆区	353011	69891	19.80	108568	30.75	73397	20.79
东海县	339057	69297	20.44	86267	25.44	68901	20.32
灌云县	245664	53240	21.67	67806	27.60	49665	20.22
灌南县	208108	45841	22.03	55782	26.80	43247	20.78
连云港经济技术开发区	30127	6987	23.19	8762	29.08	6774	22.48
连云港高新技术产业开发区	41929	8158	19.46	11403	27.20	11037	26.32
江苏连云港徐圩新区	14215	4104	28.87	4773	33.58	2633	18.52
江苏省连云港市云台山风景名胜区	8856	1142	12.90	2273	25.67	1891	21.35
淮安市	**1625374**	**379808**	**23.37**	**487490**	**29.99**	**350155**	**21.54**
淮安区	287962	71747	24.92	85983	29.86	58430	20.29
淮阴区	252610	55002	21.77	69722	27.60	54724	21.66
清江浦区	204020	44201	21.67	60155	29.48	49609	24.32
洪泽区	111305	28852	25.92	37477	33.67	22338	20.07
涟水县	294032	68335	23.24	84052	28.59	63823	21.71
盱眙县	224333	54541	24.31	68014	30.32	46860	20.89
金湖县	115882	28220	24.35	45595	39.35	22755	19.64
淮安经济技术开发区	90457	21435	23.70	25074	27.72	20205	22.34
工业园区	4993	959	19.21	1350	27.04	1032	20.67
生态文旅区	31477	4440	14.11	7657	24.33	8911	28.31
苏淮高新区	8303	2076	25.00	2411	29.04	1468	17.68

1-8 续表 2

单位：户、%

地　区	家庭户	一人户		二人户		三人户	
	户　数	户数	比重	户数	比重	户数	比重
盐城市	**2609831**	**655259**	**25.11**	**919538**	**35.23**	**528202**	**20.24**
亭湖区	242546	56328	23.22	78829	32.50	56396	23.25
盐都区	243030	63544	26.15	82566	33.97	49453	20.35
大丰区	276533	69413	25.10	118066	42.70	53948	19.51
响水县	162082	36566	22.56	46653	28.78	33396	20.60
滨海县	311931	81137	26.01	98215	31.49	59971	19.23
阜宁县	310422	85179	27.44	96232	31.00	62128	20.01
射阳县	310568	79993	25.76	116920	37.65	61727	19.88
建湖县	245608	62063	25.27	92323	37.59	49800	20.28
盐城经济技术开发区	32020	7278	22.73	9738	30.41	6305	19.69
江苏省盐南高新区	108352	19331	17.84	30191	27.86	30329	27.99
东台市	366739	94427	25.75	149805	40.85	64749	17.66
扬州市	**1606252**	**369472**	**23.00**	**541509**	**33.71**	**348211**	**21.68**
广陵区	185079	46017	24.86	57330	30.98	42569	23.00
邗江区	217770	42362	19.45	63567	29.19	53596	24.61
江都区	348516	85930	24.66	123752	35.51	69838	20.04
宝应县	260245	64576	24.81	91065	34.99	52277	20.09
扬州经济技术开发区	76593	16228	21.19	24233	31.64	19195	25.06
蜀冈瘦西湖景区	45881	8628	18.81	13683	29.82	12370	26.96
生态新城	19832	4062	20.48	5324	26.85	3984	20.09
仪征市	196979	46417	23.56	68247	34.65	42692	21.67
高邮市	255357	55252	21.64	94308	36.93	51690	20.24
镇江市	**1144197**	**264578**	**23.12**	**403055**	**35.23**	**252783**	**22.09**
京口区	126098	29301	23.24	44081	34.96	32426	25.71
润州区	90800	21516	23.70	31074	34.22	23501	25.88
丹徒区	109037	23386	21.45	37973	34.83	23559	21.61
镇江新区	87080	18220	20.92	29772	34.19	21286	24.44
江苏镇江高新区	20733	3938	18.99	7041	33.96	5510	26.58
丹阳市	361077	82322	22.80	126578	35.06	75817	21.00
扬中市	107740	22361	20.75	35140	32.62	22011	20.43
句容市	241632	63534	26.29	91396	37.82	48673	20.14
泰州市	**1707632**	**432115**	**25.30**	**598444**	**35.05**	**333901**	**19.55**
海陵区	193439	40200	20.78	63797	32.98	43553	22.52
高港区	90494	20301	22.43	27963	30.90	18223	20.14
姜堰区	269546	69477	25.78	98680	36.61	53555	19.87
泰州医药高新技术产业开发区	68622	14231	20.74	19250	28.05	15243	22.21
兴化市	454445	132343	29.12	168161	37.00	77632	17.08
靖江市	244175	53847	22.05	85101	34.85	50887	20.84
泰兴市	386911	101716	26.29	135492	35.02	74808	19.33
宿迁市	**1631972**	**339059**	**20.78**	**419616**	**25.71**	**343917**	**21.07**
宿城区	218724	46351	21.19	55384	25.32	47978	21.94
宿豫区	152193	33911	22.28	41162	27.05	31895	20.96
沭阳县	522896	97939	18.73	127239	24.33	109259	20.89
泗阳县	274233	56799	20.71	72581	26.47	57715	21.05
泗洪县	300263	68980	22.97	82558	27.50	62763	20.90
宿迁经济技术开发区	60238	11580	19.22	14201	23.57	13907	23.09
宿迁市湖滨新区	42768	10072	23.55	11202	26.19	7690	17.98
苏州宿迁工业园区	9370	1601	17.09	2044	21.81	2674	28.54
宿迁市洋河新区	51287	11826	23.06	13245	25.83	10036	19.57

1-8　续表 3　　　　单位：户、%

地　　区	四人户		五人户		六人户	
	户数	比重	户数	比重	户数	比重
江　苏	**3718062**	**12.43**	**1957228**	**6.54**	**837511**	**2.80**
南京市	**341825**	**10.89**	**171021**	**5.45**	**55888**	**1.78**
玄武区	16516	9.54	7437	4.30	1787	1.03
秦淮区	25729	9.23	12068	4.33	3029	1.09
建邺区	20220	10.63	9510	5.00	2806	1.47
鼓楼区	33802	9.94	15857	4.66	4089	1.20
浦口区	14243	9.98	7982	5.59	2672	1.87
栖霞区	31057	10.36	15528	5.18	4378	1.46
雨花台区	22470	11.13	11236	5.56	3339	1.65
江宁区	69252	11.90	37868	6.51	13565	2.33
六合区	26194	11.09	15155	6.42	5363	2.27
溧水区	20446	11.77	8988	5.18	3915	2.25
高淳区	19101	11.88	9470	5.89	4709	2.93
南京江北新区	42795	11.90	19922	5.54	6236	1.73
无锡市	**306954**	**11.42**	**179593**	**6.68**	**61455**	**2.29**
锡山区	38456	12.43	23598	7.63	8750	2.83
惠山区	40222	13.28	22759	7.52	8059	2.66
滨湖区	20798	10.19	10725	5.25	2888	1.41
梁溪区	39277	10.20	19422	5.04	5218	1.35
新吴区	29724	12.78	16794	7.22	5184	2.23
江苏无锡经济开发区	14803	13.13	7127	6.32	2452	2.17
江阴市	72657	11.22	49702	7.68	18638	2.88
宜兴市	51017	10.34	29466	5.97	10266	2.08
徐州市	**501661**	**16.19**	**209680**	**6.77**	**112731**	**3.64**
鼓楼区	19469	12.02	6460	3.99	2282	1.41
云龙区	24069	14.64	7750	4.71	3180	1.93
贾汪区	26663	17.55	10574	6.96	6078	4.00
泉山区	27878	11.92	9294	3.97	3433	1.47
铜山区	73855	18.24	28000	6.91	15495	3.83
丰县	49417	14.68	20397	6.06	10591	3.15
沛县	63456	17.65	24562	6.83	13544	3.77
睢宁县	59215	16.41	29937	8.30	17983	4.99
徐州经济技术开发区	23191	18.59	7698	6.17	3889	3.12
新沂市	56182	17.17	26324	8.04	14748	4.51
邳州市	78266	16.58	38684	8.19	21508	4.56
常州市	**222562**	**11.46**	**115201**	**5.93**	**37761**	**1.94**
天宁区	27822	11.09	13700	5.46	4285	1.71
钟楼区	27075	11.26	12605	5.24	3410	1.42
新北区	41231	13.31	23172	7.48	7388	2.38
武进区	55763	12.44	29451	6.57	9999	2.23
金坛区	21010	8.82	11797	4.95	3553	1.49
江苏省常州市经济开发区	18160	11.75	9658	6.25	3710	2.40
溧阳市	31501	10.48	14818	4.93	5416	1.80

1-8 续表 4

单位：户、%

地　　区	四人户		五人户		六人户	
	户数	比重	户数	比重	户数	比重
苏州市	**544999**	**12.75**	**319584**	**7.48**	**144316**	**3.38**
虎丘区	36551	14.96	21344	8.74	11095	4.54
吴中区	57223	12.79	33444	7.48	16623	3.72
相城区	37351	12.35	22075	7.30	12633	4.18
姑苏区	37279	10.51	16467	4.64	5654	1.59
吴江区	65618	12.35	39679	7.47	19417	3.66
苏州工业园区	51190	15.47	28959	8.75	12518	3.78
常熟市	72004	13.31	50870	9.40	20842	3.85
张家港市	61483	11.78	37467	7.18	15408	2.95
昆山市	88392	12.54	46755	6.63	21322	3.02
太仓市	37908	12.85	22524	7.63	8804	2.98
南通市	**302909**	**10.46**	**161229**	**5.57**	**52712**	**1.82**
崇川区	30691	11.50	17867	6.69	5161	1.93
港闸区	17281	12.51	10195	7.38	3009	2.18
通州区	46244	11.54	25728	6.42	8992	2.24
如东县	38338	11.25	18340	5.38	4897	1.44
南通经济技术开发区	11429	12.47	5939	6.48	1717	1.87
通州湾示范区	2263	5.47	855	2.07	217	0.52
苏锡通科技产业园区	3117	9.35	1777	5.33	588	1.76
启东市	24124	5.53	9975	2.29	2106	0.48
如皋市	62701	14.59	37956	8.83	16329	3.80
海门市	30100	7.82	13120	3.41	3546	0.92
海安市	36621	11.00	19477	5.85	6150	1.85
连云港市	**245031**	**15.83**	**114259**	**7.38**	**62854**	**4.06**
连云区	7084	12.15	2893	4.96	1254	2.15
海州区	36837	14.82	16662	6.71	8440	3.40
赣榆区	61186	17.33	23031	6.52	12170	3.45
东海县	56043	16.53	29739	8.77	17519	5.17
灌云县	37580	15.30	19060	7.76	10718	4.36
灌南县	32569	15.65	16364	7.86	9208	4.42
连云港经济技术开发区	3997	13.27	1993	6.62	1126	3.74
连云港高新技术产业开发区	6679	15.93	2840	6.77	1348	3.21
江苏连云港徐圩新区	1555	10.94	681	4.79	369	2.60
江苏省连云港市云台山风景名胜区	1501	16.95	996	11.25	702	7.93
淮安市	**213086**	**13.11**	**115844**	**7.13**	**58537**	**3.60**
淮安区	35803	12.43	21703	7.54	10850	3.77
淮阴区	36634	14.50	20567	8.14	11169	4.42
清江浦区	27755	13.60	14123	6.92	6477	3.17
洪泽区	12073	10.85	6700	6.02	3167	2.85
涟水县	41377	14.07	20494	6.97	10621	3.61
盱眙县	28758	12.82	15425	6.88	8044	3.59
金湖县	10788	9.31	5734	4.95	2428	2.10
淮安经济技术开发区	12359	13.66	7085	7.83	3461	3.83
工业园区	748	14.98	478	9.57	306	6.13
生态文旅区	5730	18.20	2799	8.89	1592	5.06
苏淮高新区	1061	12.78	736	8.86	422	5.08

1-8　续表 5　　　　单位：户、%

地　区	四人户		五人户		六人户	
	户数	比重	户数	比重	户数	比重
盐城市	**283462**	**10.86**	**140793**	**5.39**	**62218**	**2.38**
亭湖区	27903	11.50	14492	5.97	6255	2.58
盐都区	26110	10.74	13896	5.72	6044	2.49
大丰区	21262	7.69	10123	3.66	3217	1.16
响水县	23568	14.54	11944	7.37	6670	4.12
滨海县	39794	12.76	18603	5.96	9704	3.11
阜宁县	37318	12.02	17748	5.72	8639	2.78
射阳县	30675	9.88	13686	4.41	5903	1.90
建湖县	24473	9.96	11686	4.76	4464	1.82
盐城经济技术开发区	3916	12.23	2787	8.70	1598	4.99
江苏省盐南高新区	16405	15.14	8074	7.45	3258	3.01
东台市	32038	8.74	17754	4.84	6466	1.76
扬州市	**183042**	**11.40**	**111147**	**6.92**	**41268**	**2.57**
广陵区	21125	11.41	12638	6.83	3915	2.12
邗江区	29366	13.48	19319	8.87	7602	3.49
江都区	37751	10.83	21824	6.26	7239	2.08
宝应县	28139	10.81	16096	6.18	6509	2.50
扬州经济技术开发区	9290	12.13	5529	7.22	1630	2.13
蜀冈瘦西湖景区	5999	13.08	3735	8.14	1172	2.55
生态新城	2945	14.85	2151	10.85	900	4.54
仪征市	20728	10.52	12479	6.34	4976	2.53
高邮市	27699	10.85	17376	6.80	7325	2.87
镇江市	**121487**	**10.62**	**72209**	**6.31**	**23671**	**2.07**
京口区	11932	9.46	6398	5.07	1587	1.26
润州区	8553	9.42	4644	5.11	1219	1.34
丹徒区	12657	11.61	7948	7.29	2678	2.46
镇江新区	9845	11.31	5841	6.71	1689	1.94
江苏镇江高新区	2378	11.47	1390	6.70	408	1.97
丹阳市	40513	11.22	25318	7.01	8360	2.32
扬中市	13772	12.78	9558	8.87	3758	3.49
句容市	21837	9.04	11112	4.60	3972	1.64
泰州市	**179418**	**10.51**	**109978**	**6.44**	**43431**	**2.54**
海陵区	22816	11.79	15871	8.20	5862	3.03
高港区	11240	12.42	8140	9.00	3711	4.10
姜堰区	26920	9.99	14703	5.45	5050	1.87
泰州医药高新技术产业开发区	9459	13.78	6685	9.74	3036	4.42
兴化市	40989	9.02	22414	4.93	10582	2.33
靖江市	27323	11.19	19541	8.00	6088	2.49
泰兴市	40671	10.51	22624	5.85	9102	2.35
宿迁市	**271626**	**16.64**	**136690**	**8.38**	**80669**	**4.94**
宿城区	36904	16.87	17377	7.94	10371	4.74
宿豫区	24958	16.40	11401	7.49	6542	4.30
沭阳县	90500	17.31	48899	9.35	30210	5.78
泗阳县	44212	16.12	23611	8.61	12948	4.72
泗洪县	47015	15.66	21878	7.29	12178	4.06
宿迁经济技术开发区	11307	18.77	5101	8.47	3016	5.01
宿迁市湖滨新区	6854	16.03	3402	7.95	2492	5.83
苏州宿迁工业园区	2130	22.73	629	6.71	255	2.72
宿迁市洋河新区	7746	15.10	4392	8.56	2657	5.18

1-8 续表 6

单位：户、%

地　　区	七人户		八人户		九人户		十人及以上户	
	户数	比重	户数	比重	户数	比重	户数	比重
江　苏	**191310**	**0.64**	**54635**	**0.18**	**19086**	**0.06**	**21569**	**0.07**
南京市	**8430**	**0.27**	**2426**	**0.08**	**868**	**0.03**	**879**	**0.03**
玄武区	268	0.15	70	0.04	29	0.02	31	0.02
秦淮区	439	0.16	110	0.04	58	0.02	60	0.02
建邺区	312	0.16	70	0.04	24	0.01	22	0.01
鼓楼区	446	0.13	137	0.04	49	0.01	71	0.02
浦口区	484	0.34	198	0.14	59	0.04	52	0.04
栖霞区	604	0.20	158	0.05	44	0.01	55	0.02
雨花台区	479	0.24	151	0.07	47	0.02	47	0.02
江宁区	2403	0.41	801	0.14	332	0.06	356	0.06
六合区	1005	0.43	279	0.12	92	0.04	52	0.02
溧水区	535	0.31	111	0.06	31	0.02	45	0.03
高淳区	660	0.41	139	0.09	32	0.02	33	0.02
南京江北新区	795	0.22	202	0.06	71	0.02	55	0.02
无锡市	**10086**	**0.38**	**2421**	**0.09**	**817**	**0.03**	**980**	**0.04**
锡山区	1707	0.55	378	0.12	111	0.04	55	0.02
惠山区	1427	0.47	417	0.14	146	0.05	288	0.10
滨湖区	453	0.22	96	0.05	55	0.03	40	0.02
梁溪区	750	0.19	217	0.06	81	0.02	107	0.03
新吴区	752	0.32	168	0.07	63	0.03	55	0.02
江苏无锡经济开发区	267	0.24	74	0.07	20	0.02	9	0.01
江阴市	3064	0.47	638	0.10	206	0.03	306	0.05
宜兴市	1666	0.34	433	0.09	135	0.03	120	0.02
徐州市	**37514**	**1.21**	**11322**	**0.37**	**4516**	**0.15**	**4647**	**0.15**
鼓楼区	430	0.27	145	0.09	62	0.04	36	0.02
云龙区	631	0.38	202	0.12	88	0.05	82	0.05
贾汪区	1963	1.29	548	0.36	247	0.16	229	0.15
泉山区	719	0.31	224	0.10	118	0.05	115	0.05
铜山区	4804	1.19	1328	0.33	516	0.13	443	0.11
丰县	3284	0.98	988	0.29	401	0.12	577	0.17
沛县	4204	1.17	1147	0.32	420	0.12	371	0.10
睢宁县	6059	1.68	1637	0.45	597	0.17	489	0.14
徐州经济技术开发区	1073	0.86	320	0.26	152	0.12	126	0.10
新沂市	5572	1.70	1598	0.49	582	0.18	464	0.14
邳州市	8775	1.86	3185	0.67	1333	0.28	1715	0.36
常州市	**6532**	**0.34**	**1552**	**0.08**	**503**	**0.03**	**563**	**0.03**
天宁区	640	0.26	149	0.06	58	0.02	58	0.02
钟楼区	563	0.23	132	0.05	31	0.01	24	0.01
新北区	1197	0.39	272	0.09	78	0.03	53	0.02
武进区	1881	0.42	462	0.10	164	0.04	172	0.04
金坛区	599	0.25	151	0.06	49	0.02	64	0.03
江苏省常州市经济开发区	664	0.43	125	0.08	33	0.02	34	0.02
溧阳市	988	0.33	261	0.09	90	0.03	158	0.05

1-8 续表 7

单位：户、%

地 区	七人户		八人户		九人户		十人及以上户	
	户数	比重	户数	比重	户数	比重	户数	比重
苏州市	**23488**	**0.55**	**5266**	**0.12**	**1104**	**0.03**	**1087**	**0.03**
虎丘区	1579	0.65	305	0.12	47	0.02	23	0.01
吴中区	2629	0.59	668	0.15	138	0.03	166	0.04
相城区	1709	0.57	369	0.12	75	0.02	46	0.02
姑苏区	619	0.17	113	0.03	21	0.01	16	
吴江区	3289	0.62	732	0.14	171	0.03	160	0.03
苏州工业园区	1429	0.43	332	0.10	69	0.02	39	0.01
常熟市	4659	0.86	1078	0.20	231	0.04	282	0.05
张家港市	2271	0.44	475	0.09	129	0.02	148	0.03
昆山市	3110	0.44	720	0.10	142	0.02	112	0.02
太仓市	2194	0.74	474	0.16	81	0.03	95	0.03
南通市	**10974**	**0.38**	**3316**	**0.11**	**969**	**0.03**	**2351**	**0.08**
崇川区	865	0.32	501	0.19	115	0.04	228	0.09
港闸区	509	0.37	178	0.13	42	0.03	47	0.03
通州区	1700	0.42	475	0.12	177	0.04	361	0.09
如东县	1063	0.31	233	0.07	68	0.02	291	0.09
南通经济技术开发区	244	0.27	120	0.13	26	0.03	87	0.09
通州湾示范区	40	0.10	10	0.02	2		2	
苏锡通科技产业园区	154	0.46	57	0.17	18	0.05	54	0.16
启东市	359	0.08	124	0.03	56	0.01	239	0.05
如皋市	4145	0.96	1067	0.25	258	0.06	261	0.06
海门市	620	0.16	191	0.05	80	0.02	421	0.11
海安市	1275	0.38	360	0.11	127	0.04	360	0.11
连云港市	**21998**	**1.42**	**7250**	**0.47**	**2866**	**0.19**	**2305**	**0.15**
连云区	245	0.42	85	0.15	28	0.05	38	0.07
海州区	2549	1.03	784	0.32	317	0.13	219	0.09
赣榆区	3468	0.98	840	0.24	283	0.08	177	0.05
东海县	7055	2.08	2469	0.73	949	0.28	818	0.24
灌云县	4492	1.83	1730	0.70	742	0.30	631	0.26
灌南县	3263	1.57	1055	0.51	438	0.21	341	0.16
连云港经济技术开发区	325	1.08	94	0.31	42	0.14	27	0.09
连云港高新技术产业开发区	283	0.67	104	0.25	39	0.09	38	0.09
江苏连云港徐圩新区	74	0.52	15	0.11	5	0.04	6	0.04
江苏省连云港市云台山风景名胜区	244	2.76	74	0.84	23	0.26	10	0.11
淮安市	**14059**	**0.86**	**4006**	**0.25**	**1281**	**0.08**	**1108**	**0.07**
淮安区	2495	0.87	636	0.22	189	0.07	126	0.04
淮阴区	3183	1.26	938	0.37	338	0.13	333	0.13
清江浦区	1176	0.58	345	0.17	110	0.05	69	0.03
洪泽区	512	0.46	120	0.11	38	0.03	28	0.03
涟水县	3406	1.16	1126	0.38	388	0.13	410	0.14
盱眙县	1878	0.84	558	0.25	148	0.07	107	0.05
金湖县	292	0.25	44	0.04	15	0.01	11	0.01
淮安经济技术开发区	639	0.71	148	0.16	32	0.04	19	0.02
工业园区	101	2.02	16	0.32	2	0.04	1	0.02
生态文旅区	269	0.85	57	0.18	18	0.06	4	0.01
苏淮高新区	108	1.30	18	0.22	3	0.04		

1-8 续表 8

单位：户、%

地　区	七人户		八人户		九人户		十人及以上户	
	户数	比重	户数	比重	户数	比重	户数	比重
盐城市	**13120**	**0.50**	**3984**	**0.15**	**1471**	**0.06**	**1784**	**0.07**
亭湖区	1249	0.51	485	0.20	212	0.09	397	0.16
盐都区	965	0.40	273	0.11	92	0.04	87	0.04
大丰区	367	0.13	67	0.02	22	0.01	48	0.02
响水县	2115	1.30	703	0.43	292	0.18	175	0.11
滨海县	2808	0.90	983	0.32	380	0.12	336	0.11
阜宁县	2046	0.66	544	0.18	229	0.07	359	0.12
射阳县	1054	0.34	301	0.10	100	0.03	209	0.07
建湖县	613	0.25	128	0.05	30	0.01	28	0.01
盐城经济技术开发区	291	0.91	75	0.23	16	0.05	16	0.05
江苏省盐南高新区	522	0.48	161	0.15	30	0.03	51	0.05
东台市	1090	0.30	264	0.07	68	0.02	78	0.02
扬州市	**7553**	**0.47**	**1950**	**0.12**	**575**	**0.04**	**1525**	**0.09**
广陵区	758	0.41	297	0.16	123	0.07	307	0.17
邗江区	1442	0.66	328	0.15	86	0.04	102	0.05
江都区	1327	0.38	314	0.09	104	0.03	437	0.13
宝应县	1061	0.41	245	0.09	67	0.03	210	0.08
扬州经济技术开发区	252	0.33	91	0.12	23	0.03	122	0.16
蜀冈瘦西湖景区	176	0.38	68	0.15	25	0.05	25	0.05
生态新城	258	1.30	103	0.52	36	0.18	69	0.35
仪征市	971	0.49	253	0.13	58	0.03	158	0.08
高邮市	1308	0.51	251	0.10	53	0.02	95	0.04
镇江市	**4062**	**0.36**	**1111**	**0.10**	**377**	**0.03**	**864**	**0.08**
京口区	228	0.18	69	0.05	14	0.01	62	0.05
润州区	150	0.17	39	0.04	13	0.01	91	0.10
丹徒区	538	0.49	154	0.14	57	0.05	87	0.08
镇江新区	287	0.33	72	0.08	29	0.03	39	0.04
江苏镇江高新区	46	0.22	9	0.04	2	0.01	11	0.05
丹阳市	1469	0.41	394	0.11	141	0.04	165	0.05
扬中市	740	0.69	211	0.20	58	0.05	131	0.12
句容市	604	0.25	163	0.07	63	0.03	278	0.12
泰州市	**7428**	**0.43**	**1689**	**0.10**	**452**	**0.03**	**776**	**0.05**
海陵区	1017	0.53	210	0.11	44	0.02	69	0.04
高港区	729	0.81	142	0.16	24	0.03	21	0.02
姜堰区	829	0.31	187	0.07	45	0.02	100	0.04
泰州医药高新技术产业开发区	545	0.79	123	0.18	22	0.03	28	0.04
兴化市	1531	0.34	365	0.08	116	0.03	312	0.07
靖江市	1074	0.44	209	0.09	60	0.02	45	0.02
泰兴市	1703	0.44	453	0.12	141	0.04	201	0.05
宿迁市	**26066**	**1.60**	**8342**	**0.51**	**3287**	**0.20**	**2700**	**0.17**
宿城区	2870	1.31	872	0.40	321	0.15	296	0.14
宿豫区	1613	1.06	447	0.29	165	0.11	99	0.07
沭阳县	11550	2.21	4137	0.79	1722	0.33	1441	0.28
泗阳县	4051	1.48	1256	0.46	551	0.20	509	0.19
泗洪县	3555	1.18	925	0.31	258	0.09	153	0.05
宿迁经济技术开发区	776	1.29	231	0.38	82	0.14	37	0.06
宿迁市湖滨新区	718	1.68	198	0.46	67	0.16	73	0.17
苏州宿迁工业园区	36	0.38	1	0.01				
宿迁市洋河新区	897	1.75	275	0.54	121	0.24	92	0.18

1-8a 各地区家庭户规模(城市)

单位：户、%

地区	家庭户户数	一人户		二人户		三人户	
		户数	比重	户数	比重	户数	比重
江 苏	**13771191**	**3067551**	**22.28**	**4276759**	**31.06**	**3400163**	**24.69**
南京市	**2631956**	**645032**	**24.51**	**814547**	**30.95**	**690218**	**26.22**
玄武区	173057	42120	24.34	56297	32.53	48502	28.03
秦淮区	278725	69529	24.95	93762	33.64	73941	26.53
建邺区	190280	50578	26.58	55653	29.25	51085	26.85
鼓楼区	339954	85487	25.15	104631	30.78	95385	28.06
浦口区	111597	29094	26.07	34374	30.80	27546	24.68
栖霞区	278725	71218	25.55	89602	32.15	70671	25.36
雨花台区	198694	48578	24.45	62043	31.23	50648	25.49
江宁区	447363	106203	23.74	128929	28.82	115625	25.85
六合区	82675	15832	19.15	28687	34.70	21952	26.55
溧水区	95335	20079	21.06	29468	30.91	24568	25.77
高淳区	83273	16526	19.85	27103	32.55	20804	24.98
南京江北新区	352278	89788	25.49	103998	29.52	89491	25.40
无锡市	**1767422**	**375498**	**21.25**	**569448**	**32.22**	**449550**	**25.44**
锡山区	172814	41157	23.82	53494	30.95	38591	22.33
惠山区	185253	34169	18.44	53057	28.64	48654	26.26
滨湖区	189359	43297	22.87	66262	34.99	48104	25.40
梁溪区	385154	92519	24.02	128091	33.26	99472	25.83
新吴区	210181	42284	20.12	64524	30.70	54755	26.05
江苏无锡经济开发区	112781	21239	18.83	35700	31.65	31090	27.57
江阴市	295084	57427	19.46	95580	32.39	74135	25.12
宜兴市	216796	43406	20.02	72740	33.55	54749	25.25
徐州市	**1026190**	**218363**	**21.28**	**298187**	**29.06**	**249188**	**24.28**
鼓楼区	161988	38980	24.06	51749	31.95	42375	26.16
云龙区	157691	34752	22.04	47355	30.03	41908	26.58
贾汪区	60138	11302	18.79	16893	28.09	13607	22.63
泉山区	233914	53893	23.04	78586	33.60	59654	25.50
铜山区	108087	19613	18.15	30513	28.23	25522	23.61
丰县							
沛县							
睢宁县							
徐州经济技术开发区	1516	268	17.68	401	26.45	280	18.47
新沂市	124693	27666	22.19	29652	23.78	26551	21.29
邳州市	178163	31889	17.90	43038	24.16	39291	22.05
常州市	**1232773**	**272399**	**22.10**	**395118**	**32.05**	**318534**	**25.84**
天宁区	213374	45660	21.40	72605	34.03	58037	27.20
钟楼区	225800	49284	21.83	76926	34.07	58805	26.04
新北区	224711	46845	20.85	64744	28.81	60500	26.92
武进区	259174	63664	24.56	79580	30.71	62401	24.08
金坛区	123450	27874	22.58	41485	33.60	30948	25.07
江苏省常州市经济开发区	63326	12719	20.08	21095	33.31	16012	25.29
溧阳市	122938	26353	21.44	38683	31.47	31831	25.89

1-8a 续表 1

单位：户、%

地　区	家庭户户数	一人户		二人户		三人户	
		户数	比重	户数	比重	户数	比重
苏州市	**2348822**	**543170**	**23.13**	**701569**	**29.87**	**534034**	**22.74**
虎丘区	219593	44514	20.27	58903	26.82	51393	23.40
吴中区	270333	66882	24.74	79507	29.41	58435	21.62
相城区	263516	65533	24.87	81551	30.95	50821	19.29
姑苏区	354555	90062	25.40	115314	32.52	89010	25.10
吴江区	218560	59405	27.18	63054	28.85	43166	19.75
苏州工业园区							
常熟市	271462	54973	20.25	82792	30.50	61291	22.58
张家港市	167957	29685	17.67	49347	29.38	45183	26.90
昆山市	461608	105458	22.85	136305	29.53	105220	22.79
太仓市	121238	26658	21.99	34796	28.70	29515	24.34
南通市	**1123578**	**253968**	**22.60**	**380931**	**33.90**	**267297**	**23.79**
崇川区	266974	57242	21.44	82559	30.92	71745	26.87
港闸区	136933	32027	23.39	41163	30.06	32735	23.91
通州区	141467	30529	21.58	48437	34.24	32826	23.20
如东县							
南通经济技术开发区							
通州湾示范区							
苏锡通科技产业园区							
启东市	160623	44546	27.73	67443	41.99	33041	20.57
如皋市	125278	25624	20.45	36075	28.80	27942	22.30
海门市	129764	28122	21.67	49967	38.51	31939	24.61
海安市	162539	35878	22.07	55287	34.01	37069	22.81
连云港市	**356218**	**74081**	**20.80**	**104209**	**29.25**	**87908**	**24.68**
连云区	57016	12809	22.47	18807	32.99	13981	24.52
海州区	200551	42380	21.13	59082	29.46	51271	25.57
赣榆区	92013	16366	17.79	24860	27.02	21699	23.58
东海县	2811	728	25.90	601	21.38	497	17.68
灌云县							
灌南县							
连云港经济技术开发区							
连云港高新技术产业开发区							
江苏连云港徐圩新区	2388	1555	65.12	469	19.64	179	7.50
江苏省连云港市云台山风景名胜区	1439	243	16.89	390	27.10	281	19.53
淮安市	**445247**	**93256**	**20.94**	**127640**	**28.67**	**106964**	**24.02**
淮安区	108666	22861	21.04	30705	28.26	24551	22.59
淮阴区	100217	18369	18.33	25994	25.94	24999	24.94
清江浦区	184128	40332	21.90	54862	29.80	45604	24.77
洪泽区	52236	11694	22.39	16079	30.78	11810	22.61
涟水县							
盱眙县							
金湖县							
淮安经济技术开发区							
工业园区							
生态文旅区							
苏淮高新区							

1-8a　续表 2　　　　单位：户、%

地　　区	家庭户户　数	一人户		二人户		三人户	
		户数	比重	户数	比重	户数	比重
盐城市	**599130**	**128690**	**21.48**	**189166**	**31.57**	**149536**	**24.96**
亭湖区	183381	42813	23.35	56786	30.97	44553	24.30
盐都区	92520	18631	20.14	25292	27.34	24170	26.12
大丰区	90362	20151	22.30	31357	34.70	24063	26.63
响水县							
滨海县							
阜宁县							
射阳县							
建湖县							
盐城经济技术开发区	1783	605	33.93	497	27.87	273	15.31
江苏省盐南高新区	108352	19331	17.84	30191	27.86	30329	27.99
东台市	122732	27159	22.13	45043	36.70	26148	21.30
扬州市	**697137**	**145698**	**20.90**	**218039**	**31.28**	**172840**	**24.79**
广陵区	145406	36912	25.39	43876	30.17	34874	23.98
邗江区	167623	32924	19.64	48132	28.71	43490	25.95
江都区	116849	23222	19.87	38509	32.96	28324	24.24
宝应县							
扬州经济技术开发区							
蜀冈瘦西湖景区	45881	8628	18.81	13683	29.82	12370	26.96
生态新城	10349	2176	21.03	2468	23.85	2120	20.49
仪征市	112441	26670	23.72	38808	34.51	26663	23.71
高邮市	98588	15166	15.38	32563	33.03	24999	25.36
镇江市	**593296**	**130622**	**22.02**	**194485**	**32.78**	**148726**	**25.07**
京口区	121582	28168	23.17	42358	34.84	31637	26.02
润州区	90458	21374	23.63	30968	34.23	23451	25.92
丹徒区	49632	9415	18.97	15120	30.46	12656	25.50
镇江新区							
江苏镇江高新区	20733	3938	18.99	7041	33.96	5510	26.58
丹阳市	142375	30028	21.09	44946	31.57	35786	25.14
扬中市	58882	11692	19.86	16946	28.78	13468	22.87
句容市	109634	26007	23.72	37106	33.85	26218	23.91
泰州市	**690350**	**135374**	**19.61**	**221261**	**32.05**	**165514**	**23.98**
海陵区	166485	33449	20.09	53437	32.10	39250	23.58
高港区	45210	8929	19.75	13317	29.46	9738	21.54
姜堰区	119676	23048	19.26	38234	31.95	30860	25.79
泰州医药高新技术产业开发区							
兴化市	111235	23524	21.15	37061	33.32	25642	23.05
靖江市	113923	19677	17.27	34483	30.27	29020	25.47
泰兴市	133821	26747	19.99	44729	33.42	31004	23.17
宿迁市	**259072**	**51400**	**19.84**	**62159**	**23.99**	**59854**	**23.10**
宿城区	124924	24437	19.56	30578	24.48	29965	23.99
宿豫区	76404	14438	18.90	17914	23.45	18116	23.71
沭阳县							
泗阳县							
泗洪县							
宿迁经济技术开发区							
宿迁市湖滨新区	19397	4356	22.46	4490	23.15	3501	18.05
苏州宿迁工业园区	9370	1601	17.09	2044	21.81	2674	28.54
宿迁市洋河新区	28977	6568	22.67	7133	24.62	5598	19.32

1-8a 续表 3

单位：户、%

地区	四人户		五人户		六人户	
	户数	比重	户数	比重	户数	比重
江 苏	**1723277**	**12.51**	**887297**	**6.44**	**333330**	**2.42**
南京市	**289962**	**11.02**	**140897**	**5.35**	**43045**	**1.64**
玄武区	16516	9.54	7437	4.30	1787	1.03
秦淮区	25729	9.23	12068	4.33	3029	1.09
建邺区	20220	10.63	9510	5.00	2806	1.47
鼓楼区	33802	9.94	15857	4.66	4089	1.20
浦口区	11436	10.25	6491	5.82	2107	1.89
栖霞区	28929	10.38	13876	4.98	3773	1.35
雨花台区	22261	11.20	11145	5.61	3301	1.66
江宁区	55555	12.42	29256	6.54	9818	2.19
六合区	9055	10.95	5156	6.24	1600	1.94
溧水区	12845	13.47	5665	5.94	2398	2.52
高淳区	11370	13.65	4846	5.82	2243	2.69
南京江北新区	42244	11.99	19590	5.56	6094	1.73
无锡市	**211586**	**11.97**	**115981**	**6.56**	**37408**	**2.12**
锡山区	21989	12.72	12342	7.14	4353	2.52
惠山区	27662	14.93	14850	8.02	5296	2.86
滨湖区	19045	10.06	9605	5.07	2502	1.32
梁溪区	39277	10.20	19422	5.04	5218	1.35
新吴区	27569	13.12	15434	7.34	4718	2.24
江苏无锡经济开发区	14803	13.13	7127	6.32	2452	2.17
江阴市	36002	12.20	22509	7.63	7823	2.65
宜兴市	25239	11.64	14692	6.78	5046	2.33
徐州市	**161499**	**15.74**	**57996**	**5.65**	**27663**	**2.70**
鼓楼区	19469	12.02	6460	3.99	2282	1.41
云龙区	22927	14.54	7228	4.58	2783	1.76
贾汪区	10893	18.11	3965	6.59	2358	3.92
泉山区	27878	11.92	9294	3.97	3433	1.47
铜山区	20056	18.56	7026	6.50	3750	3.47
丰县						
沛县						
睢宁县						
徐州经济技术开发区	324	21.37	141	9.30	62	4.09
新沂市	24015	19.26	9382	7.52	4856	3.89
邳州市	35937	20.17	14500	8.14	8139	4.57
常州市	**148927**	**12.08**	**71560**	**5.80**	**21679**	**1.76**
天宁区	23075	10.81	10465	4.90	2996	1.40
钟楼区	25490	11.29	11618	5.15	3046	1.35
新北区	31011	13.80	15937	7.09	4816	2.14
武进区	32801	12.66	14875	5.74	4825	1.86
金坛区	13104	10.61	7469	6.05	2123	1.72
江苏省常州市经济开发区	7976	12.60	3924	6.20	1331	2.10
溧阳市	15470	12.58	7272	5.92	2542	2.07

1-8a 续表 4

单位：户、%

地区	四人户		五人户		六人户	
	户数	比重	户数	比重	户数	比重
苏州市	**308664**	**13.14**	**170020**	**7.24**	**77390**	**3.29**
虎丘区	33768	15.38	19401	8.83	9960	4.54
吴中区	35666	13.19	19048	7.05	9159	3.39
相城区	33364	12.66	19362	7.35	11135	4.23
姑苏区	37279	10.51	16467	4.64	5654	1.59
吴江区	28151	12.88	15811	7.23	7604	3.48
苏州工业园区						
常熟市	36024	13.27	23987	8.84	9759	3.59
张家港市	23511	14.00	13739	8.18	5671	3.38
昆山市	64304	13.93	32986	7.15	14893	3.23
太仓市	16597	13.69	9219	7.60	3555	2.93
南通市	**123958**	**11.03**	**69060**	**6.15**	**21611**	**1.92**
崇川区	30691	11.50	17867	6.69	5161	1.93
港闸区	17170	12.54	10108	7.38	2967	2.17
通州区	16342	11.55	9196	6.50	3156	2.23
如东县						
南通经济技术开发区						
通州湾示范区						
苏锡通科技产业园区						
启东市	10300	6.41	4248	2.64	779	0.48
如皋市	17871	14.27	11293	9.01	4881	3.90
海门市	12375	9.54	5736	4.42	1273	0.98
海安市	19209	11.82	10612	6.53	3394	2.09
连云港市	**55013**	**15.44**	**21287**	**5.98**	**10094**	**2.83**
连云区	6987	12.25	2827	4.96	1226	2.15
海州区	28756	14.34	11950	5.96	5160	2.57
赣榆区	18571	20.18	6052	6.58	3352	3.64
东海县	377	13.41	264	9.39	229	8.15
灌云县						
灌南县						
连云港经济技术开发区						
连云港高新技术产业开发区						
江苏连云港徐圩新区	98	4.10	40	1.68	25	1.05
江苏省连云港市云台山风景名胜区	224	15.57	154	10.70	102	7.09
淮安市	**63064**	**14.16**	**34057**	**7.65**	**16206**	**3.64**
淮安区	14785	13.61	9677	8.91	4891	4.50
淮阴区	16894	16.86	8357	8.34	4269	4.26
清江浦区	24921	13.53	12141	6.59	5116	2.78
洪泽区	6464	12.37	3882	7.43	1930	3.69
涟水县						
盱眙县						
金湖县						
淮安经济技术开发区						
工业园区						
生态文旅区						
苏淮高新区						

1-8a 续表 5

单位：户、%

地 区	四人户		五人户		六人户	
	户数	比重	户数	比重	户数	比重
盐城市	**73713**	**12.30**	**38596**	**6.44**	**15159**	**2.53**
亭湖区	21656	11.81	11085	6.04	4605	2.51
盐都区	13074	14.13	7484	8.09	3156	3.41
大丰区	9309	10.30	4129	4.57	1176	1.30
响水县						
滨海县						
阜宁县						
射阳县						
建湖县						
盐城经济技术开发区	203	11.39	115	6.45	77	4.32
江苏省盐南高新区	16405	15.14	8074	7.45	3258	3.01
东台市	13066	10.65	7709	6.28	2887	2.35
扬州市	**84722**	**12.15**	**52539**	**7.54**	**18484**	**2.65**
广陵区	16379	11.26	9512	6.54	2869	1.97
邗江区	22325	13.32	14207	8.48	5245	3.13
江都区	14397	12.32	8892	7.61	2818	2.41
宝应县						
扬州经济技术开发区						
蜀冈瘦西湖景区	5999	13.08	3735	8.14	1172	2.55
生态新城	1637	15.82	1173	11.33	515	4.98
仪征市	11256	10.01	6279	5.58	2193	1.95
高邮市	12729	12.91	8741	8.87	3672	3.72
镇江市	**65638**	**11.06**	**38843**	**6.55**	**12059**	**2.03**
京口区	11513	9.47	6089	5.01	1497	1.23
润州区	8532	9.43	4636	5.13	1208	1.34
丹徒区	6537	13.17	4094	8.25	1382	2.78
镇江新区						
江苏镇江高新区	2378	11.47	1390	6.70	408	1.97
丹阳市	16890	11.86	10932	7.68	3171	2.23
扬中市	8049	13.67	5769	9.80	2309	3.92
句容市	11739	10.71	5933	5.41	2084	1.90
泰州市	**87409**	**12.66**	**55925**	**8.10**	**20411**	**2.96**
海陵区	20159	12.11	14006	8.41	5045	3.03
高港区	6180	13.67	4536	10.03	2032	4.49
姜堰区	15339	12.82	8791	7.35	2840	2.37
泰州医药高新技术产业开发区						
兴化市	14065	12.64	7141	6.42	3191	2.87
靖江市	14682	12.89	11732	10.30	3574	3.14
泰兴市	16984	12.69	9719	7.26	3729	2.79
宿迁市	**49122**	**18.96**	**20536**	**7.93**	**12121**	**4.68**
宿城区	23377	18.71	9471	7.58	5426	4.34
宿豫区	15396	20.15	6274	8.21	3470	4.54
沭阳县						
泗阳县						
泗洪县						
宿迁经济技术开发区						
宿迁市湖滨新区	3536	18.23	1674	8.63	1308	6.74
苏州宿迁工业园区	2130	22.73	629	6.71	255	2.72
宿迁市洋河新区	4683	16.16	2488	8.59	1662	5.74

1-8a　续表 6　　　　单位：户、%

地　区	七人户		八人户		九人户		十人及以上户	
	户数	比重	户数	比重	户数	比重	户数	比重
江　苏	**55989**	**0.41**	**15124**	**0.11**	**5073**	**0.04**	**6628**	**0.05**
南京市	**5643**	**0.21**	**1504**	**0.06**	**556**	**0.02**	**552**	**0.02**
玄武区	268	0.15	70	0.04	29	0.02	31	0.02
秦淮区	439	0.16	110	0.04	58	0.02	60	0.02
建邺区	312	0.16	70	0.04	24	0.01	22	0.01
鼓楼区	446	0.13	137	0.04	49	0.01	71	0.02
浦口区	344	0.31	129	0.12	44	0.04	32	0.03
栖霞区	468	0.17	124	0.04	27	0.01	37	0.01
雨花台区	476	0.24	151	0.08	46	0.02	45	0.02
江宁区	1346	0.30	342	0.08	144	0.03	145	0.03
六合区	267	0.32	72	0.09	33	0.04	21	0.03
溧水区	235	0.25	39	0.04	17	0.02	21	0.02
高淳区	277	0.33	70	0.08	19	0.02	15	0.02
南京江北新区	765	0.22	190	0.05	66	0.02	52	0.01
无锡市	**5535**	**0.31**	**1309**	**0.07**	**467**	**0.03**	**640**	**0.04**
锡山区	702	0.41	128	0.07	39	0.02	19	0.01
惠山区	898	0.48	281	0.15	110	0.06	276	0.15
滨湖区	377	0.20	81	0.04	50	0.03	36	0.02
梁溪区	750	0.19	217	0.06	81	0.02	107	0.03
新吴区	660	0.31	141	0.07	52	0.02	44	0.02
江苏无锡经济开发区	267	0.24	74	0.07	20	0.02	9	0.01
江阴市	1204	0.41	220	0.07	76	0.03	108	0.04
宜兴市	677	0.31	167	0.08	39	0.02	41	0.02
徐州市	**8147**	**0.79**	**2655**	**0.26**	**1206**	**0.12**	**1286**	**0.13**
鼓楼区	430	0.27	145	0.09	62	0.04	36	0.02
云龙区	489	0.31	145	0.09	54	0.03	50	0.03
贾汪区	689	1.15	229	0.38	103	0.17	99	0.16
泉山区	719	0.31	224	0.10	118	0.05	115	0.05
铜山区	1009	0.93	320	0.30	156	0.14	122	0.11
丰县								
沛县								
睢宁县								
徐州经济技术开发区	25	1.65	10	0.66	4	0.26	1	0.07
新沂市	1682	1.35	454	0.36	209	0.17	226	0.18
邳州市	3104	1.74	1128	0.63	500	0.28	637	0.36
常州市	**3267**	**0.27**	**740**	**0.06**	**254**	**0.02**	**295**	**0.02**
天宁区	393	0.18	78	0.04	35	0.02	30	0.01
钟楼区	483	0.21	105	0.05	21	0.01	22	0.01
新北区	655	0.29	140	0.06	42	0.02	21	0.01
武进区	718	0.28	171	0.07	67	0.03	72	0.03
金坛区	319	0.26	79	0.06	21	0.02	28	0.02
江苏省常州市经济开发区	206	0.33	37	0.06	11	0.02	15	0.02
溧阳市	493	0.40	130	0.11	57	0.05	107	0.09

1-8a 续表 7 单位：户、%

地　区	七人户		八人户		九人户		十人及以上户	
	户数	比重	户数	比重	户数	比重	户数	比重
苏州市	**10676**	**0.45**	**2338**	**0.10**	**509**	**0.02**	**452**	**0.02**
虎丘区	1336	0.61	251	0.11	46	0.02	21	0.01
吴中区	1170	0.43	294	0.11	73	0.03	99	0.04
相城区	1375	0.52	272	0.10	66	0.03	37	0.01
姑苏区	619	0.17	113	0.03	21	0.01	16	
吴江区	1016	0.46	234	0.11	67	0.03	52	0.02
苏州工业园区								
常熟市	1941	0.72	469	0.17	102	0.04	124	0.05
张家港市	602	0.36	150	0.09	36	0.02	33	0.02
昆山市	1918	0.42	403	0.09	75	0.02	46	0.01
太仓市	699	0.58	152	0.13	23	0.02	24	0.02
南通市	**4095**	**0.36**	**1490**	**0.13**	**407**	**0.04**	**761**	**0.07**
崇川区	865	0.32	501	0.19	115	0.04	228	0.09
港闸区	500	0.37	177	0.13	41	0.03	45	0.03
通州区	570	0.40	182	0.13	75	0.05	154	0.11
如东县								
南通经济技术开发区								
通州湾示范区								
苏锡通科技产业园区								
启东市	136	0.08	42	0.03	17	0.01	71	0.04
如皋市	1139	0.91	319	0.25	72	0.06	62	0.05
海门市	175	0.13	76	0.06	27	0.02	74	0.06
海安市	710	0.44	193	0.12	60	0.04	127	0.08
连云港市	**2442**	**0.69**	**705**	**0.20**	**283**	**0.08**	**196**	**0.06**
连云区	239	0.42	77	0.14	28	0.05	35	0.06
海州区	1269	0.63	400	0.20	173	0.09	110	0.05
赣榆区	825	0.90	183	0.20	70	0.08	35	0.04
东海县	73	2.60	26	0.92	8	0.28	8	0.28
灌云县								
灌南县								
连云港经济技术开发区								
连云港高新技术产业开发区								
江苏连云港徐圩新区	8	0.34	5	0.21	3	0.13	6	0.25
江苏省连云港市云台山风景名胜区	28	1.95	14	0.97	1	0.07	2	0.14
淮安市	**2801**	**0.63**	**794**	**0.18**	**254**	**0.06**	**211**	**0.05**
淮安区	845	0.78	227	0.21	66	0.06	58	0.05
淮阴区	895	0.89	268	0.27	87	0.09	85	0.08
清江浦区	794	0.43	230	0.12	79	0.04	49	0.03
洪泽区	267	0.51	69	0.13	22	0.04	19	0.04
涟水县								
盱眙县								
金湖县								
淮安经济技术开发区								
工业园区								
生态文旅区								
苏淮高新区								

1-8a 续表 8 单位：户、%

地 区	七人户		八人户		九人户		十人及以上户	
	户数	比重	户数	比重	户数	比重	户数	比重
盐城市	**2559**	**0.43**	**848**	**0.14**	**316**	**0.05**	**547**	**0.09**
亭湖区	944	0.51	393	0.21	181	0.10	365	0.20
盐都区	465	0.50	131	0.14	58	0.06	59	0.06
大丰区	123	0.14	20	0.02	7	0.01	27	0.03
响水县								
滨海县								
阜宁县								
射阳县								
建湖县								
盐城经济技术开发区	10	0.56	3	0.17				
江苏省盐南高新区	522	0.48	161	0.15	30	0.03	51	0.05
东台市	495	0.40	140	0.11	40	0.03	45	0.04
扬州市	**3081**	**0.44**	**866**	**0.12**	**269**	**0.04**	**599**	**0.09**
广陵区	490	0.34	201	0.14	73	0.05	220	0.15
邗江区	934	0.56	227	0.14	56	0.03	83	0.05
江都区	442	0.38	105	0.09	42	0.04	98	0.08
宝应县								
扬州经济技术开发区								
蜀冈瘦西湖景区	176	0.38	68	0.15	25	0.05	25	0.05
生态新城	143	1.38	56	0.54	20	0.19	41	0.40
仪征市	361	0.32	97	0.09	27	0.02	87	0.08
高邮市	535	0.54	112	0.11	26	0.03	45	0.05
镇江市	**1783**	**0.30**	**462**	**0.08**	**148**	**0.02**	**530**	**0.09**
京口区	196	0.16	51	0.04	12	0.01	61	0.05
润州区	147	0.16	38	0.04	13	0.01	91	0.10
丹徒区	262	0.53	78	0.16	32	0.06	56	0.11
镇江新区								
江苏镇江高新区	46	0.22	9	0.04	2	0.01	11	0.05
丹阳市	452	0.32	105	0.07	29	0.02	36	0.03
扬中市	429	0.73	123	0.21	28	0.05	69	0.12
句容市	251	0.23	58	0.05	32	0.03	206	0.19
泰州市	**3256**	**0.47**	**732**	**0.11**	**163**	**0.02**	**305**	**0.04**
海陵区	863	0.52	172	0.10	38	0.02	66	0.04
高港区	374	0.83	77	0.17	14	0.03	13	0.03
姜堰区	419	0.35	98	0.08	20	0.02	27	0.02
泰州医药高新技术产业开发区								
兴化市	432	0.39	90	0.08	21	0.02	68	0.06
靖江市	560	0.49	125	0.11	31	0.03	39	0.03
泰兴市	608	0.45	170	0.13	39	0.03	92	0.07
宿迁市	**2704**	**1.04**	**681**	**0.26**	**241**	**0.09**	**254**	**0.10**
宿城区	1141	0.91	282	0.23	102	0.08	145	0.12
宿豫区	622	0.81	128	0.17	29	0.04	17	0.02
沭阳县								
泗阳县								
泗洪县								
宿迁经济技术开发区								
宿迁市湖滨新区	361	1.86	95	0.49	35	0.18	41	0.21
苏州宿迁工业园区	36	0.38	1	0.01				
宿迁市洋河新区	544	1.88	175	0.60	75	0.26	51	0.18

1-8b　各地区家庭户规模(镇)

单位：户、%

地　区	家庭户户数	一人户		二人户		三人户	
		户数	比重	户数	比重	户数	比重
江　苏	**7566565**	**1725822**	**22.81**	**2373782**	**31.37**	**1569985**	**20.75**
南京市	**61470**	**13321**	**21.67**	**20267**	**32.97**	**15544**	**25.29**
玄武区							
秦淮区							
建邺区							
鼓楼区							
浦口区	676	212	31.36	326	48.22	90	13.31
栖霞区							
雨花台区	3222	1029	31.94	1313	40.75	536	16.64
江宁区							
六合区	41840	8188	19.57	12805	30.60	11844	28.31
溧水区	11547	2905	25.16	4314	37.36	2294	19.87
高淳区	4185	987	23.58	1509	36.06	780	18.64
南京江北新区							
无锡市	**432644**	**97708**	**22.58**	**152983**	**35.36**	**88309**	**20.41**
锡山区	95118	20394	21.44	32847	34.53	18544	19.50
惠山区	40394	7892	19.54	13749	34.04	10038	24.85
滨湖区							
梁溪区							
新吴区							
江苏无锡经济开发区							
江阴市	182442	42534	23.31	63169	34.62	36044	19.76
宜兴市	114690	26888	23.44	43218	37.68	23683	20.65
徐州市	**959692**	**192671**	**20.08**	**257968**	**26.88**	**207224**	**21.59**
鼓楼区							
云龙区	6706	1409	21.01	1698	25.32	1273	18.98
贾汪区	27576	5544	20.10	7904	28.66	5634	20.43
泉山区							
铜山区	116804	21414	18.33	31467	26.94	24809	21.24
丰县	170213	39077	22.96	49285	28.95	34729	20.40
沛县	202394	38272	18.91	56596	27.96	45296	22.38
睢宁县	194707	37178	19.09	47702	24.50	43292	22.23
徐州经济技术开发区	105477	21371	20.26	28181	26.72	26168	24.81
新沂市	56612	11599	20.49	14151	25.00	11339	20.03
邳州市	79203	16807	21.22	20984	26.49	14684	18.54
常州市	**232616**	**55563**	**23.89**	**83312**	**35.82**	**46860**	**20.14**
天宁区	15893	3215	20.23	5127	32.26	3530	22.21
钟楼区							
新北区	43625	10271	23.54	14566	33.39	8660	19.85
武进区	58726	13200	22.48	20696	35.24	12199	20.77
金坛区	26729	7135	26.69	11750	43.96	4369	16.35
江苏省常州市经济开发区	34404	7876	22.89	11716	34.05	7519	21.86
溧阳市	53239	13866	26.04	19457	36.55	10583	19.88

1-8b　续表 1

单位：户、%

地　区	家庭户	一人户		二人户		三人户	
	户　数	户数	比重	户数	比重	户数	比重
苏州市	**1104093**	**258421**	**23.41**	**340862**	**30.87**	**227425**	**20.60**
虎丘区	1588	315	19.84	547	34.45	293	18.45
吴中区	68593	16804	24.50	21659	31.58	12380	18.05
相城区	22260	7141	32.08	6828	30.67	3364	15.11
姑苏区							
吴江区	178932	49705	27.78	57130	31.93	32424	18.12
苏州工业园区	330953	66365	20.05	91179	27.55	78873	23.83
常熟市	126129	28286	22.43	40109	31.80	22635	17.95
张家港市	204151	46014	22.54	69473	34.03	42954	21.04
昆山市	85575	21207	24.78	27035	31.59	18092	21.14
太仓市	85912	22584	26.29	26902	31.31	16410	19.10
南通市	**826252**	**215811**	**26.12**	**302000**	**36.55**	**153288**	**18.55**
崇川区							
港闸区							
通州区	126732	31584	24.92	46245	36.49	22827	18.01
如东县	193728	46992	24.26	72768	37.56	38478	19.86
南通经济技术开发区	91644	20395	22.25	29753	32.47	21934	23.93
通州湾示范区	15727	5392	34.28	6879	43.74	2059	13.09
苏锡通科技产业园区	13590	3296	24.25	5141	37.83	2414	17.76
启东市	81657	26633	32.62	35289	43.22	11663	14.28
如皋市	137354	32076	23.35	40689	29.62	27074	19.71
海门市	107628	32785	30.46	43517	40.43	16926	15.73
海安市	58192	16658	28.63	21719	37.32	9913	17.03
连云港市	**581526**	**125387**	**21.56**	**154594**	**26.58**	**122888**	**21.13**
连云区	363	240	66.12	119	32.78	3	0.83
海州区	19119	3852	20.15	4573	23.92	3993	20.88
赣榆区	98301	18895	19.22	29624	30.14	19779	20.12
东海县	154854	32471	20.97	36089	23.31	32406	20.93
灌云县	121040	27891	23.04	32882	27.17	24443	20.19
灌南县	109329	25095	22.95	28166	25.76	23126	21.15
连云港经济技术开发区	24367	6143	25.21	7290	29.92	5558	22.81
连云港高新技术产业开发区	41929	8158	19.46	11403	27.20	11037	26.32
江苏连云港徐圩新区	11542	2507	21.72	4221	36.57	2404	20.83
江苏省连云港市云台山风景名胜区	682	135	19.79	227	33.28	139	20.38
淮安市	**576710**	**126515**	**21.94**	**168896**	**29.29**	**128571**	**22.29**
淮安区	41016	11478	27.98	13345	32.54	7460	18.19
淮阴区	38474	9577	24.89	10693	27.79	7201	18.72
清江浦区	2197	453	20.62	683	31.09	426	19.39
洪泽区	11306	3715	32.86	4426	39.15	1685	14.90
涟水县	156440	33336	21.31	42683	27.28	36006	23.02
盱眙县	131387	27371	20.83	39037	29.71	29779	22.67
金湖县	64181	12515	19.50	22538	35.12	15105	23.54
淮安经济技术开发区	90457	21435	23.70	25074	27.72	20205	22.34
工业园区	2385	396	16.60	621	26.04	524	21.97
生态文旅区	31477	4440	14.11	7657	24.33	8911	28.31
苏淮高新区	7390	1799	24.34	2139	28.94	1269	17.17

1-8b 续表 2

单位：户、%

地 区	家庭户户 数	一人户		二人户		三人户	
		户数	比重	户数	比重	户数	比重
盐城市	**991364**	**243355**	**24.55**	**335958**	**33.89**	**204542**	**20.63**
亭湖区	21322	4906	23.01	7693	36.08	4366	20.48
盐都区	37813	9708	25.67	13768	36.41	7420	19.62
大丰区	77747	21310	27.41	36224	46.59	12369	15.91
响水县	91943	19372	21.07	25656	27.90	19802	21.54
滨海县	170144	43807	25.75	50434	29.64	34558	20.31
阜宁县	175419	47066	26.83	50785	28.95	36909	21.04
射阳县	180052	45591	25.32	64382	35.76	38629	21.45
建湖县	136374	25676	18.83	47383	34.74	33121	24.29
盐城经济技术开发区	19544	4174	21.36	5448	27.88	4057	20.76
江苏省盐南高新区							
东台市	81006	21745	26.84	34185	42.20	13311	16.43
扬州市	**388064**	**83617**	**21.55**	**132427**	**34.13**	**84329**	**21.73**
广陵区	13682	2770	20.25	4612	33.71	3009	21.99
邗江区	19160	3690	19.26	6133	32.01	4072	21.25
江都区	88416	23588	26.68	33079	37.41	16160	18.28
宝应县	134574	25906	19.25	43777	32.53	31503	23.41
扬州经济技术开发区	69623	14405	20.69	22008	31.61	17570	25.24
蜀冈瘦西湖景区							
生态新城	3846	847	22.02	1232	32.03	731	19.01
仪征市	19592	4319	22.04	6513	33.24	3910	19.96
高邮市	39171	8092	20.66	15073	38.48	7374	18.83
镇江市	**296154**	**68627**	**23.17**	**106519**	**35.97**	**61089**	**20.63**
京口区	1952	547	28.02	747	38.27	366	18.75
润州区							
丹徒区	22953	5260	22.92	8666	37.76	4334	18.88
镇江新区	75019	15172	20.22	25203	33.60	18982	25.30
江苏镇江高新区							
丹阳市	142739	33579	23.52	51502	36.08	27306	19.13
扬中市	15694	3517	22.41	5819	37.08	2720	17.33
句容市	37797	10552	27.92	14582	38.58	7381	19.53
泰州市	**390516**	**104471**	**26.75**	**137010**	**35.08**	**70377**	**18.02**
海陵区	9346	2059	22.03	3756	40.19	1630	17.44
高港区	14969	3131	20.92	4737	31.65	2908	19.43
姜堰区	41043	12395	30.20	16706	40.70	6413	15.63
泰州医药高新技术产业开发区	63554	13180	20.74	17603	27.70	14326	22.54
兴化市	124635	35657	28.61	45561	36.56	20750	16.65
靖江市	43005	10418	24.23	15757	36.64	7859	18.27
泰兴市	93964	27631	29.41	32890	35.00	16491	17.55
宿迁市	**725464**	**140355**	**19.35**	**180986**	**24.95**	**159539**	**21.99**
宿城区	14235	3126	21.96	3615	25.40	2923	20.53
宿豫区	20251	4777	23.59	5770	28.49	3926	19.39
沭阳县	301507	54899	18.21	71064	23.57	65570	21.75
泗阳县	162084	30300	18.69	41192	25.41	36239	22.36
泗洪县	177230	37434	21.12	47194	26.63	39015	22.01
宿迁经济技术开发区	45075	8557	18.98	10674	23.68	10930	24.25
宿迁市湖滨新区	5082	1262	24.83	1477	29.06	936	18.42
苏州宿迁工业园区							
宿迁市洋河新区							

1-8b　续表 3　　　　单位：户、%

地　区	四人户		五人户		六人户	
	户数	比重	户数	比重	户数	比重
江　苏	**1031821**	**13.64**	**525472**	**6.94**	**248184**	**3.28**
南京市	**7457**	**12.13**	**3392**	**5.52**	**1240**	**2.02**
玄武区						
秦淮区						
建邺区						
鼓楼区						
浦口区	35	5.18	12	1.78	1	0.15
栖霞区						
雨花台区	209	6.49	91	2.82	38	1.18
江宁区						
六合区	5528	13.21	2536	6.06	807	1.93
溧水区	1240	10.74	503	4.36	231	2.00
高淳区	445	10.63	250	5.97	163	3.89
南京江北新区						
无锡市	**47131**	**10.89**	**31434**	**7.27**	**12203**	**2.82**
锡山区	11424	12.01	7934	8.34	3042	3.20
惠山区	4843	11.99	2757	6.83	912	2.26
滨湖区						
梁溪区						
新吴区						
江苏无锡经济开发区						
江阴市	19401	10.63	14205	7.79	5936	3.25
宜兴市	11463	9.99	6538	5.70	2313	2.02
徐州市	**173326**	**18.06**	**69779**	**7.27**	**38784**	**4.04**
鼓楼区						
云龙区	1142	17.03	522	7.78	397	5.92
贾汪区	4872	17.67	1933	7.01	1117	4.05
泉山区						
铜山区	23275	19.93	8732	7.48	4847	4.15
丰县	27806	16.34	10743	6.31	5490	3.23
沛县	38510	19.03	13300	6.57	7273	3.59
睢宁县	35623	18.30	16326	8.38	9809	5.04
徐州经济技术开发区	19527	18.51	6071	5.76	2991	2.84
新沂市	10072	17.79	4954	8.75	2898	5.12
邳州市	12499	15.78	7198	9.09	3962	5.00
常州市	**25634**	**11.02**	**14583**	**6.27**	**5329**	**2.29**
天宁区	1972	12.41	1339	8.43	545	3.43
钟楼区						
新北区	5180	11.87	3442	7.89	1209	2.77
武进区	6788	11.56	4048	6.89	1405	2.39
金坛区	2043	7.64	1025	3.83	322	1.20
江苏省常州市经济开发区	4095	11.90	2151	6.25	861	2.50
溧阳市	5556	10.44	2578	4.84	987	1.85

1-8b 续表 4 单位：户、%

地　区	四人户		五人户		六人户	
	户数	比重	户数	比重	户数	比重
苏州市	**144771**	**13.11**	**85935**	**7.78**	**38504**	**3.49**
虎丘区	218	13.73	131	8.25	78	4.91
吴中区	8900	12.98	5319	7.75	2928	4.27
相城区	2375	10.67	1478	6.64	848	3.81
姑苏区						
吴江区	20516	11.47	11739	6.56	6137	3.43
苏州工业园区	51190	15.47	28959	8.75	12518	3.78
常熟市	16383	12.99	12077	9.58	5019	3.98
张家港市	23962	11.74	14567	7.14	5959	2.92
昆山市	10559	12.34	5619	6.57	2544	2.97
太仓市	10668	12.42	6046	7.04	2473	2.88
南通市	**88051**	**10.66**	**45832**	**5.55**	**15640**	**1.89**
崇川区						
港闸区						
通州区	14373	11.34	7942	6.27	2911	2.30
如东县	21089	10.89	10580	5.46	2803	1.45
南通经济技术开发区	11429	12.47	5939	6.48	1717	1.87
通州湾示范区	928	5.90	342	2.17	100	0.64
苏锡通科技产业园区	1370	10.08	867	6.38	304	2.24
启东市	5113	6.26	2137	2.62	574	0.70
如皋市	19443	14.16	11352	8.26	4909	3.57
海门市	8715	8.10	3815	3.54	1351	1.26
海安市	5591	9.61	2858	4.91	971	1.67
连云港市	**97349**	**16.74**	**43311**	**7.45**	**24212**	**4.16**
连云区			1	0.28		
海州区	3321	17.37	1717	8.98	1064	5.57
赣榆区	17650	17.96	6916	7.04	3768	3.83
东海县	28086	18.14	13015	8.40	7590	4.90
灌云县	18817	15.55	8835	7.30	4808	3.97
灌南县	18233	16.68	7989	7.31	4562	4.17
连云港经济技术开发区	3063	12.57	1346	5.52	713	2.93
连云港高新技术产业开发区	6679	15.93	2840	6.77	1348	3.21
江苏连云港徐圩新区	1408	12.20	608	5.27	328	2.84
江苏省连云港市云台山风景名胜区	92	13.49	44	6.45	31	4.55
淮安市	**80655**	**13.99**	**42636**	**7.39**	**22072**	**3.83**
淮安区	4506	10.99	2540	6.19	1260	3.07
淮阴区	5163	13.42	3134	8.15	1757	4.57
清江浦区	269	12.24	180	8.19	123	5.60
洪泽区	866	7.66	411	3.64	165	1.46
涟水县	24306	15.54	11307	7.23	6007	3.84
盱眙县	18525	14.10	9923	7.55	5247	3.99
金湖县	7564	11.79	4312	6.72	1912	2.98
淮安经济技术开发区	12359	13.66	7085	7.83	3461	3.83
工业园区	405	16.98	244	10.23	145	6.08
生态文旅区	5730	18.20	2799	8.89	1592	5.06
苏淮高新区	962	13.02	701	9.49	403	5.45

1-8b　续表 5　　　　单位：户、%

地　区	四人户		五人户		六人户	
	户数	比重	户数	比重	户数	比重
盐城市	**118009**	**11.90**	**54954**	**5.54**	**25994**	**2.62**
亭湖区	2308	10.82	1227	5.75	652	3.06
盐都区	4024	10.64	1836	4.86	878	2.32
大丰区	4709	6.06	2246	2.89	769	0.99
响水县	14655	15.94	6913	7.52	3879	4.22
滨海县	23461	13.79	10200	5.99	5380	3.16
阜宁县	23150	13.20	10387	5.92	5192	2.96
射阳县	19015	10.56	7967	4.42	3433	1.91
建湖县	17563	12.88	8661	6.35	3447	2.53
盐城经济技术开发区	2613	13.37	1888	9.66	1075	5.50
江苏省盐南高新区						
东台市	6511	8.04	3629	4.48	1289	1.59
扬州市	**45646**	**11.76**	**28054**	**7.23**	**11037**	**2.84**
广陵区	1648	12.05	1112	8.13	381	2.78
邗江区	2486	12.97	1765	9.21	806	4.21
江都区	8482	9.59	4914	5.56	1700	1.92
宝应县	17539	13.03	10483	7.79	4364	3.24
扬州经济技术开发区	8509	12.22	5170	7.43	1506	2.16
蜀冈瘦西湖景区						
生态新城	470	12.22	351	9.13	138	3.59
仪征市	2349	11.99	1514	7.73	789	4.03
高邮市	4163	10.63	2745	7.01	1353	3.45
镇江市	**32317**	**10.91**	**19209**	**6.49**	**6560**	**2.22**
京口区	164	8.40	92	4.71	31	1.59
润州区						
丹徒区	2438	10.62	1546	6.74	511	2.23
镇江新区	8670	11.56	5150	6.86	1506	2.01
江苏镇江高新区						
丹阳市	16052	11.25	9679	6.78	3595	2.52
扬中市	1892	12.06	1199	7.64	421	2.68
句容市	3101	8.20	1543	4.08	496	1.31
泰州市	**40120**	**10.27**	**24728**	**6.33**	**10883**	**2.79**
海陵区	921	9.85	671	7.18	250	2.67
高港区	1868	12.48	1430	9.55	694	4.64
姜堰区	3153	7.68	1597	3.89	567	1.38
泰州医药高新技术产业开发区	8880	13.97	6149	9.68	2759	4.34
兴化市	11471	9.20	6847	5.49	3467	2.78
靖江市	4624	10.75	3080	7.16	1023	2.38
泰兴市	9203	9.79	4954	5.27	2123	2.26
宿迁市	**131355**	**18.11**	**61625**	**8.49**	**35726**	**4.92**
宿城区	2342	16.45	1207	8.48	712	5.00
宿豫区	3052	15.07	1458	7.20	878	4.34
沭阳县	56714	18.81	27586	9.15	16644	5.52
泗阳县	28979	17.88	14299	8.82	7889	4.87
泗洪县	30704	17.32	13165	7.43	7392	4.17
宿迁经济技术开发区	8813	19.55	3555	7.89	1988	4.41
宿迁市湖滨新区	751	14.78	355	6.99	223	4.39
苏州宿迁工业园区						
宿迁市洋河新区						

1-8b 续表 6

单位：户、%

地区	七人户		八人户		九人户		十人及以上户	
	户数	比重	户数	比重	户数	比重	户数	比重
江　苏	**59986**	**0.79**	**17223**	**0.23**	**6402**	**0.08**	**7888**	**0.10**
南京市	**177**	**0.29**	**38**	**0.06**	**12**	**0.02**	**22**	**0.04**
玄武区								
秦淮区								
建邺区								
鼓楼区								
浦口区								
栖霞区								
雨花台区	3	0.09			1	0.03	2	0.06
江宁区								
六合区	92	0.22	28	0.07	7	0.02	5	0.01
溧水区	47	0.41	6	0.05	2	0.02	5	0.04
高淳区	35	0.84	4	0.10	2	0.05	10	0.24
南京江北新区								
无锡市	**2162**	**0.50**	**503**	**0.12**	**134**	**0.03**	**77**	**0.02**
锡山区	693	0.73	175	0.18	44	0.05	21	0.02
惠山区	154	0.38	36	0.09	11	0.03	2	
滨湖区								
梁溪区								
新吴区								
江苏无锡经济开发区								
江阴市	907	0.50	179	0.10	35	0.02	32	0.02
宜兴市	408	0.36	113	0.10	44	0.04	22	0.02
徐州市	**12706**	**1.32**	**3802**	**0.40**	**1562**	**0.16**	**1870**	**0.19**
鼓楼区								
云龙区	142	2.12	57	0.85	34	0.51	32	0.48
贾汪区	387	1.40	94	0.34	53	0.19	38	0.14
泉山区								
铜山区	1470	1.26	445	0.38	168	0.14	177	0.15
丰县	1746	1.03	607	0.36	257	0.15	473	0.28
沛县	2114	1.04	591	0.29	225	0.11	217	0.11
睢宁县	3263	1.68	881	0.45	327	0.17	306	0.16
徐州经济技术开发区	736	0.70	223	0.21	111	0.11	98	0.09
新沂市	1128	1.99	294	0.52	109	0.19	68	0.12
邳州市	1720	2.17	610	0.77	278	0.35	461	0.58
常州市	**951**	**0.41**	**251**	**0.11**	**63**	**0.03**	**70**	**0.03**
天宁区	105	0.66	38	0.24	10	0.06	12	0.08
钟楼区								
新北区	218	0.50	54	0.12	14	0.03	11	0.03
武进区	278	0.47	71	0.12	22	0.04	19	0.03
金坛区	59	0.22	13	0.05	4	0.01	9	0.03
江苏省常州市经济开发区	151	0.44	26	0.08	4	0.01	5	0.01
溧阳市	140	0.26	49	0.09	9	0.02	14	0.03

1-8b　续表 7

单位：户、%

地　区	七人户		八人户		九人户		十人及以上户	
	户数	比重	户数	比重	户数	比重	户数	比重
苏州市	**6178**	**0.56**	**1344**	**0.12**	**328**	**0.03**	**325**	**0.03**
虎丘区	6	0.38						
吴中区	448	0.65	112	0.16	22	0.03	21	0.03
相城区	176	0.79	41	0.18	4	0.02	5	0.02
姑苏区								
吴江区	954	0.53	213	0.12	50	0.03	64	0.04
苏州工业园区	1429	0.43	332	0.10	69	0.02	39	0.01
常熟市	1193	0.95	253	0.20	75	0.06	99	0.08
张家港市	954	0.47	159	0.08	60	0.03	49	0.02
昆山市	394	0.46	90	0.11	19	0.02	16	0.02
太仓市	624	0.73	144	0.17	29	0.03	32	0.04
南通市	**3325**	**0.40**	**948**	**0.11**	**340**	**0.04**	**1017**	**0.12**
崇川区								
港闸区								
通州区	539	0.43	130	0.10	58	0.05	123	0.10
如东县	584	0.30	134	0.07	46	0.02	254	0.13
南通经济技术开发区	244	0.27	120	0.13	26	0.03	87	0.09
通州湾示范区	18	0.11	6	0.04	2	0.01	1	0.01
苏锡通科技产业园区	97	0.71	41	0.30	14	0.10	46	0.34
启东市	103	0.13	37	0.05	24	0.03	84	0.10
如皋市	1272	0.93	324	0.24	96	0.07	119	0.09
海门市	262	0.24	82	0.08	35	0.03	140	0.13
海安市	206	0.35	74	0.13	39	0.07	163	0.28
连云港市	**8566**	**1.47**	**2880**	**0.50**	**1201**	**0.21**	**1138**	**0.20**
连云区								
海州区	399	2.09	127	0.66	42	0.22	31	0.16
赣榆区	1169	1.19	320	0.33	105	0.11	75	0.08
东海县	3098	2.00	1106	0.71	480	0.31	513	0.33
灌云县	1966	1.62	764	0.63	338	0.28	296	0.24
灌南县	1411	1.29	403	0.37	176	0.16	168	0.15
连云港经济技术开发区	173	0.71	47	0.19	19	0.08	15	0.06
连云港高新技术产业开发区	283	0.67	104	0.25	39	0.09	38	0.09
江苏连云港徐圩新区	58	0.50	8	0.07				
江苏省连云港市云台山风景名胜区	9	1.32	1	0.15	2	0.29	2	0.29
淮安市	**4959**	**0.86**	**1406**	**0.24**	**474**	**0.08**	**526**	**0.09**
淮安区	309	0.75	79	0.19	23	0.06	16	0.04
淮阴区	569	1.48	197	0.51	76	0.20	107	0.28
清江浦区	44	2.00	11	0.50	6	0.27	2	0.09
洪泽区	29	0.26	6	0.05	2	0.02	1	0.01
涟水县	1710	1.09	560	0.36	222	0.14	303	0.19
盱眙县	1056	0.80	296	0.23	83	0.06	70	0.05
金湖县	197	0.31	26	0.04	9	0.01	3	
淮安经济技术开发区	639	0.71	148	0.16	32	0.04	19	0.02
工业园区	40	1.68	9	0.38			1	0.04
生态文旅区	269	0.85	57	0.18	18	0.06	4	0.01
苏淮高新区	97	1.31	17	0.23	3	0.04		

1-8b 续表 8

单位：户、%

地区	七人户		八人户		九人户		十人及以上户	
	户数	比重	户数	比重	户数	比重	户数	比重
盐城市	**5435**	**0.55**	**1648**	**0.17**	**630**	**0.06**	**839**	**0.08**
亭湖区	115	0.54	34	0.16	10	0.05	11	0.05
盐都区	120	0.32	41	0.11	6	0.02	12	0.03
大丰区	82	0.11	20	0.03	6	0.01	12	0.02
响水县	1063	1.16	339	0.37	157	0.17	107	0.12
滨海县	1445	0.85	502	0.30	189	0.11	168	0.10
阜宁县	1164	0.66	316	0.18	147	0.08	303	0.17
射阳县	600	0.33	192	0.11	66	0.04	177	0.10
建湖县	407	0.30	80	0.06	18	0.01	18	0.01
盐城经济技术开发区	206	1.05	56	0.29	13	0.07	14	0.07
江苏省盐南高新区								
东台市	233	0.29	68	0.08	18	0.02	17	0.02
扬州市	**1917**	**0.49**	**459**	**0.12**	**120**	**0.03**	**458**	**0.12**
广陵区	84	0.61	29	0.21	13	0.10	24	0.18
邗江区	157	0.82	37	0.19	6	0.03	8	0.04
江都区	312	0.35	62	0.07	15	0.02	104	0.12
宝应县	665	0.49	147	0.11	40	0.03	150	0.11
扬州经济技术开发区	227	0.33	85	0.12	22	0.03	121	0.17
蜀冈瘦西湖景区生态新城	33	0.86	16	0.42	6	0.16	22	0.57
仪征市	148	0.76	33	0.17	4	0.02	13	0.07
高邮市	291	0.74	50	0.13	14	0.04	16	0.04
镇江市	**1231**	**0.42**	**310**	**0.10**	**115**	**0.04**	**177**	**0.06**
京口区	3	0.15	2	0.10				
润州区								
丹徒区	136	0.59	35	0.15	9	0.04	18	0.08
镇江新区	234	0.31	50	0.07	19	0.03	33	0.04
江苏镇江高新区								
丹阳市	699	0.49	182	0.13	68	0.05	77	0.05
扬中市	74	0.47	18	0.11	8	0.05	26	0.17
句容市	85	0.22	23	0.06	11	0.03	23	0.06
泰州市	**1924**	**0.49**	**490**	**0.13**	**180**	**0.05**	**333**	**0.09**
海陵区	48	0.51	6	0.06	3	0.03	2	0.02
高港区	152	1.02	36	0.24	7	0.05	6	0.04
姜堰区	107	0.26	41	0.10	13	0.03	51	0.12
泰州医药高新技术产业开发区	497	0.78	113	0.18	20	0.03	27	0.04
兴化市	483	0.39	139	0.11	75	0.06	185	0.15
靖江市	199	0.46	33	0.08	11	0.03	1	
泰兴市	438	0.47	122	0.13	51	0.05	61	0.06
宿迁市	**10455**	**1.44**	**3144**	**0.43**	**1243**	**0.17**	**1036**	**0.14**
宿城区	210	1.48	76	0.53	14	0.10	10	0.07
宿豫区	276	1.36	68	0.34	26	0.13	20	0.10
沭阳县	5562	1.84	1902	0.63	829	0.27	737	0.24
泗阳县	2115	1.30	590	0.36	262	0.16	219	0.14
泗洪县	1816	1.02	379	0.21	84	0.05	47	0.03
宿迁经济技术开发区	421	0.93	112	0.25	24	0.05	1	
宿迁市湖滨新区	55	1.08	17	0.33	4	0.08	2	0.04
苏州宿迁工业园区								
宿迁市洋河新区								

1-8c 各地区家庭户规模(乡村)

单位：户、%

地区	家庭户户数	一人户 户数	一人户 比重	二人户 户数	二人户 比重	三人户 户数	三人户 比重
江苏	**8573093**	**2182290**	**25.46**	**2985418**	**34.82**	**1529678**	**17.84**
南京市	**445349**	**108208**	**24.30**	**163938**	**36.81**	**86363**	**19.39**
玄武区							
秦淮区							
建邺区							
鼓楼区							
浦口区	30485	7923	25.99	11240	36.87	6263	20.54
栖霞区	21166	4920	23.24	7618	35.99	4038	19.08
雨花台区							
江宁区	134503	32252	23.98	47757	35.51	26523	19.72
六合区	111639	26024	23.31	40550	36.32	22132	19.82
溧水区	66759	17714	26.53	26490	39.68	11738	17.58
高淳区	73371	17297	23.57	27327	37.24	14352	19.56
南京江北新区	7426	2078	27.98	2956	39.81	1317	17.73
无锡市	**487832**	**120997**	**24.80**	**186251**	**38.18**	**84848**	**17.39**
锡山区	41521	9363	22.55	14372	34.61	7636	18.39
惠山区	77179	19530	25.30	28227	36.57	14192	18.39
滨湖区	14808	2869	19.37	5393	36.42	3187	21.52
梁溪区							
新吴区	22347	6300	28.19	8163	36.53	3762	16.83
江苏无锡经济开发区							
江阴市	170045	43288	25.46	61718	36.30	28465	16.74
宜兴市	161932	39647	24.48	68378	42.23	27606	17.05
徐州市	**1112113**	**239934**	**21.57**	**331861**	**29.84**	**220528**	**19.83**
鼓楼区							
云龙区							
贾汪区	64174	12713	19.81	19231	29.97	12758	19.88
泉山区							
铜山区	180032	36054	20.03	54162	30.08	36928	20.51
丰县	166311	40117	24.12	55121	33.14	32540	19.57
沛县	157155	31359	19.95	48171	30.65	32151	20.46
睢宁县	166035	37042	22.31	46479	27.99	33132	19.95
徐州经济技术开发区	17725	2898	16.35	4961	27.99	3741	21.11
新沂市	145977	31525	21.60	41180	28.21	28149	19.28
邳州市	214704	48226	22.46	62556	29.14	41129	19.16
常州市	**477142**	**121701**	**25.51**	**178845**	**37.48**	**85525**	**17.92**
天宁区	21535	4391	20.39	7157	33.23	4368	20.28
钟楼区	14609	4059	27.78	4893	33.49	2602	17.81
新北区	41487	9084	21.90	14074	33.92	7688	18.53
武进区	130300	28282	21.71	45054	34.58	25232	19.36
金坛区	87985	26869	30.54	37640	42.78	12871	14.63
江苏省常州市经济开发区	56777	14528	25.59	20279	35.72	10379	18.28
溧阳市	124449	34488	27.71	49748	39.97	22385	17.99

1-8c 续表 1

单位：户、%

地区	家庭户户数	一人户		二人户		三人户	
		户数	比重	户数	比重	户数	比重
苏州市	**820648**	**218002**	**26.56**	**282649**	**34.44**	**127587**	**15.55**
虎丘区	23063	5976	25.91	7637	33.11	3722	16.14
吴中区	108378	28109	25.94	35788	33.02	16849	15.55
相城区	16556	4750	28.69	5804	35.06	2282	13.78
姑苏区							
吴江区	133744	34653	25.91	42186	31.54	20447	15.29
苏州工业园区							
常熟市	143436	27935	19.48	48836	34.05	24204	16.87
张家港市	149732	42420	28.33	55770	37.25	23613	15.77
昆山市	157783	50320	31.89	58067	36.80	22709	14.39
太仓市	87956	23839	27.10	28561	32.47	13761	15.65
南通市	**947245**	**262082**	**27.67**	**369742**	**39.03**	**157496**	**16.63**
崇川区							
港闸区	1170	408	34.87	353	30.17	156	13.33
通州区	132489	32020	24.17	48398	36.53	24145	18.22
如东县	147153	34671	23.56	57386	39.00	27356	18.59
南通经济技术开发区							
通州湾示范区	25665	9350	36.43	11123	43.34	3200	12.47
苏锡通科技产业园区	19754	5411	27.39	7928	40.13	3389	17.16
启东市	193831	68215	35.19	89300	46.07	22998	11.86
如皋市	167256	33169	19.83	49800	29.77	34722	20.76
海门市	147601	49438	33.49	62734	42.50	21487	14.56
海安市	112326	29400	26.17	42720	38.03	20043	17.84
连云港市	**610010**	**123055**	**20.17**	**177026**	**29.02**	**122043**	**20.01**
连云区	923	209	22.64	350	37.92	157	17.01
海州区	28815	4373	15.18	7264	25.21	5889	20.44
赣榆区	162697	34630	21.28	54084	33.24	31919	19.62
东海县	181392	36098	19.90	49577	27.33	35998	19.85
灌云县	124624	25349	20.34	34924	28.02	25222	20.24
灌南县	98779	20746	21.00	27616	27.96	20121	20.37
连云港经济技术开发区	5760	844	14.65	1472	25.56	1216	21.11
连云港高新技术产业开发区							
江苏连云港徐圩新区	285	42	14.74	83	29.12	50	17.54
江苏省连云港市云台山风景名胜区	6735	764	11.34	1656	24.59	1471	21.84
淮安市	**603417**	**160037**	**26.52**	**190954**	**31.65**	**114620**	**19.00**
淮安区	138280	37408	27.05	41933	30.32	26419	19.11
淮阴区	113919	27056	23.75	33035	29.00	22524	19.77
清江浦区	17695	3416	19.30	4610	26.05	3579	20.23
洪泽区	47763	13443	28.15	16972	35.53	8843	18.51
涟水县	137592	34999	25.44	41369	30.07	27817	20.22
盱眙县	92946	27170	29.23	28977	31.18	17081	18.38
金湖县	51701	15705	30.38	23057	44.60	7650	14.80
淮安经济技术开发区							
工业园区	2608	563	21.59	729	27.95	508	19.48
生态文旅区							
苏淮高新区	913	277	30.34	272	29.79	199	21.80

1-8c 续表 2 单位：户、%

地 区	家庭户	一人户		二人户		三人户	
	户 数	户数	比重	户数	比重	户数	比重
盐城市	**1019337**	**283214**	**27.78**	**394414**	**38.69**	**174124**	**17.08**
亭湖区	37843	8609	22.75	14350	37.92	7477	19.76
盐都区	112697	35205	31.24	43506	38.60	17863	15.85
大丰区	108424	27952	25.78	50485	46.56	17516	16.16
响水县	70139	17194	24.51	20997	29.94	13594	19.38
滨海县	141787	37330	26.33	47781	33.70	25413	17.92
阜宁县	135003	38113	28.23	45447	33.66	25219	18.68
射阳县	130516	34402	26.36	52538	40.25	23098	17.70
建湖县	109234	36387	33.31	44940	41.14	16679	15.27
盐城经济技术开发区	10693	2499	23.37	3793	35.47	1975	18.47
江苏省盐南高新区							
东台市	163001	45523	27.93	70577	43.30	25290	15.52
扬州市	**521051**	**140157**	**26.90**	**191043**	**36.66**	**91042**	**17.47**
广陵区	25991	6335	24.37	8842	34.02	4686	18.03
邗江区	30987	5748	18.55	9302	30.02	6034	19.47
江都区	143251	39120	27.31	52164	36.41	25354	17.70
宝应县	125671	38670	30.77	47288	37.63	20774	16.53
扬州经济技术开发区	6970	1823	26.15	2225	31.92	1625	23.31
蜀冈瘦西湖景区							
生态新城	5637	1039	18.43	1624	28.81	1133	20.10
仪征市	64946	15428	23.76	22926	35.30	12119	18.66
高邮市	117598	31994	27.21	46672	39.69	19317	16.43
镇江市	**254747**	**65329**	**25.64**	**102051**	**40.06**	**42968**	**16.87**
京口区	2564	586	22.85	976	38.07	423	16.50
润州区	342	142	41.52	106	30.99	50	14.62
丹徒区	36452	8711	23.90	14187	38.92	6569	18.02
镇江新区	12061	3048	25.27	4569	37.88	2304	19.10
江苏镇江高新区							
丹阳市	75963	18715	24.64	30130	39.66	12725	16.75
扬中市	33164	7152	21.57	12375	37.31	5823	17.56
句容市	94201	26975	28.64	39708	42.15	15074	16.00
泰州市	**626766**	**192270**	**30.68**	**240173**	**38.32**	**98010**	**15.64**
海陵区	17608	4692	26.65	6604	37.51	2673	15.18
高港区	30315	8241	27.18	9909	32.69	5577	18.40
姜堰区	108827	34034	31.27	43740	40.19	16282	14.96
泰州医药高新技术产业开发区	5068	1051	20.74	1647	32.50	917	18.09
兴化市	218575	73162	33.47	85539	39.13	31240	14.29
靖江市	87247	23752	27.22	34861	39.96	14008	16.06
泰兴市	159126	47338	29.75	57873	36.37	27313	17.16
宿迁市	**647436**	**147304**	**22.75**	**176471**	**27.26**	**124524**	**19.23**
宿城区	79565	18788	23.61	21191	26.63	15090	18.97
宿豫区	55538	14696	26.46	17478	31.47	9853	17.74
沭阳县	221389	43040	19.44	56175	25.37	43689	19.73
泗阳县	112149	26499	23.63	31389	27.99	21476	19.15
泗洪县	123033	31546	25.64	35364	28.74	23748	19.30
宿迁经济技术开发区	15163	3023	19.94	3527	23.26	2977	19.63
宿迁市湖滨新区	18289	4454	24.35	5235	28.62	3253	17.79
苏州宿迁工业园区							
宿迁市洋河新区	22310	5258	23.57	6112	27.40	4438	19.89

1-8c 续表 3　　　　单位：户、%

地　区	四人户		五人户		六人户	
	户数	比重	户数	比重	户数	比重
江　苏	**962964**	**11.23**	**544459**	**6.35**	**255997**	**2.99**
南京市	**44406**	**9.97**	**26732**	**6.00**	**11603**	**2.61**
玄武区						
秦淮区						
建邺区						
鼓楼区						
浦口区	2772	9.09	1479	4.85	564	1.85
栖霞区	2128	10.05	1652	7.80	605	2.86
雨花台区						
江宁区	13697	10.18	8612	6.40	3747	2.79
六合区	11611	10.40	7463	6.68	2956	2.65
溧水区	6361	9.53	2820	4.22	1286	1.93
高淳区	7286	9.93	4374	5.96	2303	3.14
南京江北新区	551	7.42	332	4.47	142	1.91
无锡市	**48237**	**9.89**	**32178**	**6.60**	**11844**	**2.43**
锡山区	5043	12.15	3322	8.00	1355	3.26
惠山区	7717	10.00	5152	6.68	1851	2.40
滨湖区	1753	11.84	1120	7.56	386	2.61
梁溪区						
新吴区	2155	9.64	1360	6.09	466	2.09
江苏无锡经济开发区						
江阴市	17254	10.15	12988	7.64	4879	2.87
宜兴市	14315	8.84	8236	5.09	2907	1.80
徐州市	**166836**	**15.00**	**81905**	**7.36**	**46284**	**4.16**
鼓楼区						
云龙区						
贾汪区	10898	16.98	4676	7.29	2603	4.06
泉山区						
铜山区	30524	16.95	12242	6.80	6898	3.83
丰县	21611	12.99	9654	5.80	5101	3.07
沛县	24946	15.87	11262	7.17	6271	3.99
睢宁县	23592	14.21	13611	8.20	8174	4.92
徐州经济技术开发区	3340	18.84	1486	8.38	836	4.72
新沂市	22095	15.14	11988	8.21	6994	4.79
邳州市	29830	13.89	16986	7.91	9407	4.38
常州市	**48001**	**10.06**	**29058**	**6.09**	**10753**	**2.25**
天宁区	2775	12.89	1896	8.80	744	3.45
钟楼区	1585	10.85	987	6.76	364	2.49
新北区	5040	12.15	3793	9.14	1363	3.29
武进区	16174	12.41	10528	8.08	3769	2.89
金坛区	5863	6.66	3303	3.75	1108	1.26
江苏省常州市经济开发区	6089	10.72	3583	6.31	1518	2.67
溧阳市	10475	8.42	4968	3.99	1887	1.52

1-8c　续表 4　　单位：户、%

地　区	四人户		五人户		六人户	
	户数	比重	户数	比重	户数	比重
苏州市	**91564**	**11.16**	**63629**	**7.75**	**28422**	**3.46**
虎丘区	2565	11.12	1812	7.86	1057	4.58
吴中区	12657	11.68	9077	8.38	4536	4.19
相城区	1612	9.74	1235	7.46	650	3.93
姑苏区						
吴江区	16951	12.67	12129	9.07	5676	4.24
苏州工业园区						
常熟市	19597	13.66	14806	10.32	6064	4.23
张家港市	14010	9.36	9161	6.12	3778	2.52
昆山市	13529	8.57	8150	5.17	3885	2.46
太仓市	10643	12.10	7259	8.25	2776	3.16
南通市	**90900**	**9.60**	**46337**	**4.89**	**15461**	**1.63**
崇川区						
港闸区	111	9.49	87	7.44	42	3.59
通州区	15529	11.72	8590	6.48	2925	2.21
如东县	17249	11.72	7760	5.27	2094	1.42
南通经济技术开发区						
通州湾示范区	1335	5.20	513	2.00	117	0.46
苏锡通科技产业园区	1747	8.84	910	4.61	284	1.44
启东市	8711	4.49	3590	1.85	753	0.39
如皋市	25387	15.18	15311	9.15	6539	3.91
海门市	9010	6.10	3569	2.42	922	0.62
海安市	11821	10.52	6007	5.35	1785	1.59
连云港市	**92669**	**15.19**	**49661**	**8.14**	**28548**	**4.68**
连云区	97	10.51	65	7.04	28	3.03
海州区	4760	16.52	2995	10.39	2216	7.69
赣榆区	24965	15.34	10063	6.19	5050	3.10
东海县	27580	15.20	16460	9.07	9700	5.35
灌云县	18763	15.06	10225	8.20	5910	4.74
灌南县	14336	14.51	8375	8.48	4646	4.70
连云港经济技术开发区	934	16.22	647	11.23	413	7.17
连云港高新技术产业开发区						
江苏连云港徐圩新区	49	17.19	33	11.58	16	5.61
江苏省连云港市云台山风景名胜区	1185	17.59	798	11.85	569	8.45
淮安市	**69367**	**11.50**	**39151**	**6.49**	**20259**	**3.36**
淮安区	16512	11.94	9486	6.86	4699	3.40
淮阴区	14577	12.80	9076	7.97	5143	4.51
清江浦区	2565	14.50	1802	10.18	1238	7.00
洪泽区	4743	9.93	2407	5.04	1072	2.24
涟水县	17071	12.41	9187	6.68	4614	3.35
盱眙县	10233	11.01	5502	5.92	2797	3.01
金湖县	3224	6.24	1422	2.75	516	1.00
淮安经济技术开发区						
工业园区	343	13.15	234	8.97	161	6.17
生态文旅区						
苏淮高新区	99	10.84	35	3.83	19	2.08

1-8c 续表 5

单位：户、%

地　区	四人户		五人户		六人户	
	户数	比重	户数	比重	户数	比重
盐城市	**91740**	**9.00**	**47243**	**4.63**	**21065**	**2.07**
亭湖区	3939	10.41	2180	5.76	998	2.64
盐都区	9012	8.00	4576	4.06	2010	1.78
大丰区	7244	6.68	3748	3.46	1272	1.17
响水县	8913	12.71	5031	7.17	2791	3.98
滨海县	16333	11.52	8403	5.93	4324	3.05
阜宁县	14168	10.49	7361	5.45	3447	2.55
射阳县	11660	8.93	5719	4.38	2470	1.89
建湖县	6910	6.33	3025	2.77	1017	0.93
盐城经济技术开发区	1100	10.29	784	7.33	446	4.17
江苏省盐南高新区						
东台市	12461	7.64	6416	3.94	2290	1.40
扬州市	**52674**	**10.11**	**30554**	**5.86**	**11747**	**2.25**
广陵区	3098	11.92	2014	7.75	665	2.56
邗江区	4555	14.70	3347	10.80	1551	5.01
江都区	14872	10.38	8018	5.60	2721	1.90
宝应县	10600	8.43	5613	4.47	2145	1.71
扬州经济技术开发区	781	11.21	359	5.15	124	1.78
蜀冈瘦西湖景区						
生态新城	838	14.87	627	11.12	247	4.38
仪征市	7123	10.97	4686	7.22	1994	3.07
高邮市	10807	9.19	5890	5.01	2300	1.96
镇江市	**23532**	**9.24**	**14157**	**5.56**	**5052**	**1.98**
京口区	255	9.95	217	8.46	59	2.30
润州区	21	6.14	8	2.34	11	3.22
丹徒区	3682	10.10	2308	6.33	785	2.15
镇江新区	1175	9.74	691	5.73	183	1.52
江苏镇江高新区						
丹阳市	7571	9.97	4707	6.20	1594	2.10
扬中市	3831	11.55	2590	7.81	1028	3.10
句容市	6997	7.43	3636	3.86	1392	1.48
泰州市	**51889**	**8.28**	**29325**	**4.68**	**12137**	**1.94**
海陵区	1736	9.86	1194	6.78	567	3.22
高港区	3192	10.53	2174	7.17	985	3.25
姜堰区	8428	7.74	4315	3.97	1643	1.51
泰州医药高新技术产业开发区	579	11.42	536	10.58	277	5.47
兴化市	15453	7.07	8426	3.85	3924	1.80
靖江市	8017	9.19	4729	5.42	1491	1.71
泰兴市	14484	9.10	7951	5.00	3250	2.04
宿迁市	**91149**	**14.08**	**54529**	**8.42**	**32822**	**5.07**
宿城区	11185	14.06	6699	8.42	4233	5.32
宿豫区	6510	11.72	3669	6.61	2194	3.95
沭阳县	33786	15.26	21313	9.63	13566	6.13
泗阳县	15233	13.58	9312	8.30	5059	4.51
泗洪县	16311	13.26	8713	7.08	4786	3.89
宿迁经济技术开发区	2494	16.45	1546	10.20	1028	6.78
宿迁市湖滨新区	2567	14.04	1373	7.51	961	5.25
苏州宿迁工业园区						
宿迁市洋河新区	3063	13.73	1904	8.53	995	4.46

1-8c　续表 6　　　　单位：户、%

地　区	七人户		八人户		九人户		十人及以上户	
	户数	比重	户数	比重	户数	比重	户数	比重
江　苏	**75335**	**0.88**	**22288**	**0.26**	**7611**	**0.09**	**7053**	**0.08**
南京市	**2610**	**0.59**	**884**	**0.20**	**300**	**0.07**	**305**	**0.07**
玄武区								
秦淮区								
建邺区								
鼓楼区								
浦口区	140	0.46	69	0.23	15	0.05	20	0.07
栖霞区	136	0.64	34	0.16	17	0.08	18	0.09
雨花台区								
江宁区	1057	0.79	459	0.34	188	0.14	211	0.16
六合区	646	0.58	179	0.16	52	0.05	26	0.02
溧水区	253	0.38	66	0.10	12	0.02	19	0.03
高淳区	348	0.47	65	0.09	11	0.01	8	0.01
南京江北新区	30	0.40	12	0.16	5	0.07	3	0.04
无锡市	**2389**	**0.49**	**609**	**0.12**	**216**	**0.04**	**263**	**0.05**
锡山区	312	0.75	75	0.18	28	0.07	15	0.04
惠山区	375	0.49	100	0.13	25	0.03	10	0.01
滨湖区	76	0.51	15	0.10	5	0.03	4	0.03
梁溪区								
新吴区	92	0.41	27	0.12	11	0.05	11	0.05
江苏无锡经济开发区								
江阴市	953	0.56	239	0.14	95	0.06	166	0.10
宜兴市	581	0.36	153	0.09	52	0.03	57	0.04
徐州市	**16661**	**1.50**	**4865**	**0.44**	**1748**	**0.16**	**1491**	**0.13**
鼓楼区								
云龙区								
贾汪区	887	1.38	225	0.35	91	0.14	92	0.14
泉山区								
铜山区	2325	1.29	563	0.31	192	0.11	144	0.08
丰县	1538	0.92	381	0.23	144	0.09	104	0.06
沛县	2090	1.33	556	0.35	195	0.12	154	0.10
睢宁县	2796	1.68	756	0.46	270	0.16	183	0.11
徐州经济技术开发区	312	1.76	87	0.49	37	0.21	27	0.15
新沂市	2762	1.89	850	0.58	264	0.18	170	0.12
邳州市	3951	1.84	1447	0.67	555	0.26	617	0.29
常州市	**2314**	**0.48**	**561**	**0.12**	**186**	**0.04**	**198**	**0.04**
天宁区	142	0.66	33	0.15	13	0.06	16	0.07
钟楼区	80	0.55	27	0.18	10	0.07	2	0.01
新北区	324	0.78	78	0.19	22	0.05	21	0.05
武进区	885	0.68	220	0.17	75	0.06	81	0.06
金坛区	221	0.25	59	0.07	24	0.03	27	0.03
江苏省常州市经济开发区	307	0.54	62	0.11	18	0.03	14	0.02
溧阳市	355	0.29	82	0.07	24	0.02	37	0.03

1-8c 续表 7　　单位：户、%

地区	七人户		八人户		九人户		十人及以上户	
	户数	比重	户数	比重	户数	比重	户数	比重
苏州市	**6634**	**0.81**	**1584**	**0.19**	**267**	**0.03**	**310**	**0.04**
虎丘区	237	1.03	54	0.23	1		2	0.01
吴中区	1011	0.93	262	0.24	43	0.04	46	0.04
相城区	158	0.95	56	0.34	5	0.03	4	0.02
姑苏区								
吴江区	1319	0.99	285	0.21	54	0.04	44	0.03
苏州工业园区								
常熟市	1525	1.06	356	0.25	54	0.04	59	0.04
张家港市	715	0.48	166	0.11	33	0.02	66	0.04
昆山市	798	0.51	227	0.14	48	0.03	50	0.03
太仓市	871	0.99	178	0.20	29	0.03	39	0.04
南通市	**3554**	**0.38**	**878**	**0.09**	**222**	**0.02**	**573**	**0.06**
崇川区								
港闸区	9	0.77	1	0.09	1	0.09	2	0.17
通州区	591	0.45	163	0.12	44	0.03	84	0.06
如东县	479	0.33	99	0.07	22	0.01	37	0.03
南通经济技术开发区								
通州湾示范区	22	0.09	4	0.02			1	
苏锡通科技产业园区	57	0.29	16	0.08	4	0.02	8	0.04
启东市	120	0.06	45	0.02	15	0.01	84	0.04
如皋市	1734	1.04	424	0.25	90	0.05	80	0.05
海门市	183	0.12	33	0.02	18	0.01	207	0.14
海安市	359	0.32	93	0.08	28	0.02	70	0.06
连云港市	**10990**	**1.80**	**3665**	**0.60**	**1382**	**0.23**	**971**	**0.16**
连云区	6	0.65	8	0.87			3	0.33
海州区	881	3.06	257	0.89	102	0.35	78	0.27
赣榆区	1474	0.91	337	0.21	108	0.07	67	0.04
东海县	3884	2.14	1337	0.74	461	0.25	297	0.16
灌云县	2526	2.03	966	0.78	404	0.32	335	0.27
灌南县	1852	1.87	652	0.66	262	0.27	173	0.18
连云港经济技术开发区	152	2.64	47	0.82	23	0.40	12	0.21
连云港高新技术产业开发区								
江苏连云港徐圩新区	8	2.81	2	0.70	2	0.70		
江苏省连云港市云台山风景名胜区	207	3.07	59	0.88	20	0.30	6	0.09
淮安市	**6299**	**1.04**	**1806**	**0.30**	**553**	**0.09**	**371**	**0.06**
淮安区	1341	0.97	330	0.24	100	0.07	52	0.04
淮阴区	1719	1.51	473	0.42	175	0.15	141	0.12
清江浦区	338	1.91	104	0.59	25	0.14	18	0.10
洪泽区	216	0.45	45	0.09	14	0.03	8	0.02
涟水县	1696	1.23	566	0.41	166	0.12	107	0.08
盱眙县	822	0.88	262	0.28	65	0.07	37	0.04
金湖县	95	0.18	18	0.03	6	0.01	8	0.02
淮安经济技术开发区								
工业园区	61	2.34	7	0.27	2	0.08		
生态文旅区								
苏淮高新区	11	1.20	1	0.11				

1-8c 续表 8

单位：户、%

地 区	七人户		八人户		九人户		十人及以上户	
	户数	比重	户数	比重	户数	比重	户数	比重
盐城市	**5126**	**0.50**	**1488**	**0.15**	**525**	**0.05**	**398**	**0.04**
亭湖区	190	0.50	58	0.15	21	0.06	21	0.06
盐都区	380	0.34	101	0.09	28	0.02	16	0.01
大丰区	162	0.15	27	0.02	9	0.01	9	0.01
响水县	1052	1.50	364	0.52	135	0.19	68	0.10
滨海县	1363	0.96	481	0.34	191	0.13	168	0.12
阜宁县	882	0.65	228	0.17	82	0.06	56	0.04
射阳县	454	0.35	109	0.08	34	0.03	32	0.02
建湖县	206	0.19	48	0.04	12	0.01	10	0.01
盐城经济技术开发区	75	0.70	16	0.15	3	0.03	2	0.02
江苏省盐南高新区								
东台市	362	0.22	56	0.03	10	0.01	16	0.01
扬州市	**2555**	**0.49**	**625**	**0.12**	**186**	**0.04**	**468**	**0.09**
广陵区	184	0.71	67	0.26	37	0.14	63	0.24
邗江区	351	1.13	64	0.21	24	0.08	11	0.04
江都区	573	0.40	147	0.10	47	0.03	235	0.16
宝应县	396	0.32	98	0.08	27	0.02	60	0.05
扬州经济技术开发区	25	0.36	6	0.09	1	0.01	1	0.01
蜀冈瘦西湖景区								
生态新城	82	1.45	31	0.55	10	0.18	6	0.11
仪征市	462	0.71	123	0.19	27	0.04	58	0.09
高邮市	482	0.41	89	0.08	13	0.01	34	0.03
镇江市	**1048**	**0.41**	**339**	**0.13**	**114**	**0.04**	**157**	**0.06**
京口区	29	1.13	16	0.62	2	0.08	1	0.04
润州区	3	0.88	1	0.29				
丹徒区	140	0.38	41	0.11	16	0.04	13	0.04
镇江新区	53	0.44	22	0.18	10	0.08	6	0.05
江苏镇江高新区								
丹阳市	318	0.42	107	0.14	44	0.06	52	0.07
扬中市	237	0.71	70	0.21	22	0.07	36	0.11
句容市	268	0.28	82	0.09	20	0.02	49	0.05
泰州市	**2248**	**0.36**	**467**	**0.07**	**109**	**0.02**	**138**	**0.02**
海陵区	106	0.60	32	0.18	3	0.02	1	0.01
高港区	203	0.67	29	0.10	3	0.01	2	0.01
姜堰区	303	0.28	48	0.04	12	0.01	22	0.02
泰州医药高新技术产业开发区	48	0.95	10	0.20	2	0.04	1	0.02
兴化市	616	0.28	136	0.06	20	0.01	59	0.03
靖江市	315	0.36	51	0.06	18	0.02	5	0.01
泰兴市	657	0.41	161	0.10	51	0.03	48	0.03
宿迁市	**12907**	**1.99**	**4517**	**0.70**	**1803**	**0.28**	**1410**	**0.22**
宿城区	1519	1.91	514	0.65	205	0.26	141	0.18
宿豫区	715	1.29	251	0.45	110	0.20	62	0.11
沭阳县	5988	2.70	2235	1.01	893	0.40	704	0.32
泗阳县	1936	1.73	666	0.59	289	0.26	290	0.26
泗洪县	1739	1.41	546	0.44	174	0.14	106	0.09
宿迁经济技术开发区	355	2.34	119	0.78	58	0.38	36	0.24
宿迁市湖滨新区	302	1.65	86	0.47	28	0.15	30	0.16
苏州宿迁工业园区								
宿迁市洋河新区	353	1.58	100	0.45	46	0.21	41	0.18

1-9 各地区家庭户类别

单位：户、%

地区	家庭户户数	一代户		二代户	
		户数	比重	户数	比重
江苏	**29910849**	**15025242**	**50.23**	**10302199**	**34.44**
南京市	**3138775**	**1623710**	**51.73**	**1110112**	**35.37**
玄武区	173057	88004	50.85	66526	38.44
秦淮区	278725	148776	53.38	100587	36.09
建邺区	190280	98512	51.77	69513	36.53
鼓楼区	339954	169406	49.83	131534	38.69
浦口区	142758	77211	54.09	47521	33.29
栖霞区	299891	161955	54.00	102967	34.33
雨花台区	201916	107158	53.07	70123	34.73
江宁区	581866	296836	51.01	198654	34.14
六合区	236154	118219	50.06	79614	33.71
溧水区	173641	92681	53.38	59580	34.31
高淳区	160829	81270	50.53	55893	34.75
南京江北新区	359704	183682	51.06	127600	35.47
无锡市	**2687898**	**1402135**	**52.16**	**901906**	**33.55**
锡山区	309453	162794	52.61	96942	31.33
惠山区	302826	149047	49.22	107050	35.35
滨湖区	204167	109640	53.70	71230	34.89
梁溪区	385154	200901	52.16	139539	36.23
新吴区	232528	113479	48.80	83520	35.92
江苏无锡经济开发区	112781	52755	46.78	44003	39.02
江阴市	647571	341015	52.66	203094	31.36
宜兴市	493418	272504	55.23	156528	31.72
徐州市	**3097995**	**1361132**	**43.94**	**1283371**	**41.43**
鼓楼区	161988	79829	49.28	66466	41.03
云龙区	164397	73637	44.79	72825	44.30
贾汪区	151888	65896	43.38	63833	42.03
泉山区	233914	116589	49.84	94575	40.43
铜山区	404923	173274	42.79	174347	43.06
丰县	336524	163935	48.71	129510	38.48
沛县	359549	152260	42.35	154768	43.05
睢宁县	360742	144273	39.99	142163	39.41
徐州经济技术开发区	124718	51690	41.45	56261	45.11
新沂市	327282	138514	42.32	136005	41.56
邳州市	472070	201235	42.63	192618	40.80
常州市	**1942531**	**1015943**	**52.30**	**669399**	**34.46**
天宁区	250802	125081	49.87	94846	37.82
钟楼区	240409	121807	50.67	90204	37.52
新北区	309823	144560	46.66	113799	36.73
武进区	448200	234055	52.22	151062	33.70
金坛区	238164	142359	59.77	69103	29.01
江苏省常州市经济开发区	154507	83626	54.12	50629	32.77
溧阳市	300626	164455	54.70	99756	33.18

1-9 续表 1

单位：户、%

地区	家庭户户数	一代户户数	一代户比重	二代户户数	二代户比重
苏州市	**4273563**	**2205927**	**51.62**	**1354318**	**31.69**
虎丘区	244244	111860	45.80	83646	34.25
吴中区	447304	239651	53.58	132183	29.55
相城区	302332	164013	54.25	88027	29.12
姑苏区	354555	184465	52.03	130026	36.67
吴江区	531236	286762	53.98	150981	28.42
苏州工业园区	330953	149454	45.16	116484	35.20
常熟市	541027	267672	49.47	162579	30.05
张家港市	521840	276017	52.89	166315	31.87
昆山市	704966	372572	52.85	230462	32.69
太仓市	295106	153461	52.00	93615	31.72
南通市	**2897075**	**1607128**	**55.47**	**865580**	**29.88**
崇川区	266974	135229	50.65	95041	35.60
港闸区	138103	69153	50.07	47532	34.42
通州区	400688	212424	53.01	121027	30.20
如东县	340881	188477	55.29	99619	29.22
南通经济技术开发区	91644	47231	51.54	30921	33.74
通州湾示范区	41392	29780	71.95	8541	20.63
苏锡通科技产业园区	33344	20747	62.22	8800	26.39
启东市	436111	301403	69.11	105359	24.16
如皋市	429888	186479	43.38	136545	31.76
海门市	384993	237773	61.76	109758	28.51
海安市	333057	178432	53.57	102437	30.76
连云港市	**1547754**	**668439**	**43.19**	**623445**	**40.28**
连云区	58302	29311	50.27	22312	38.27
海州区	248485	107524	43.27	103928	41.82
赣榆区	353011	157092	44.50	150944	42.76
东海县	339057	137615	40.59	134351	39.62
灌云县	245664	106995	43.55	93531	38.07
灌南县	208108	88188	42.38	80523	38.69
连云港经济技术开发区	30127	14222	47.21	10979	36.44
连云港高新技术产业开发区	41929	16254	38.77	18948	45.19
江苏连云港徐圩新区	14215	8080	56.84	4557	32.06
江苏省连云港市云台山风景名胜区	8856	3158	35.66	3372	38.08
淮安市	**1625374**	**745817**	**45.89**	**585413**	**36.02**
淮安区	287962	134792	46.81	95121	33.03
淮阴区	252610	108893	43.11	93466	37.00
清江浦区	204020	89772	44.00	80894	39.65
洪泽区	111305	58401	52.47	35064	31.50
涟水县	294032	127579	43.39	113254	38.52
盱眙县	224333	104874	46.75	79238	35.32
金湖县	115882	66790	57.64	34302	29.60
淮安经济技术开发区	90457	39993	44.21	34200	37.81
工业园区	4993	2013	40.32	1707	34.19
生态文旅区	31477	8640	27.45	15969	50.73
苏淮高新区	8303	4070	49.02	2198	26.47

1-9 续表 2

单位：户、%

地 区	家庭户	一代户		二代户	
	户 数	户数	比重	户数	比重
盐城市	**2609831**	**1398922**	**53.60**	**851649**	**32.63**
亭湖区	242546	121905	50.26	86334	35.59
盐都区	243030	130952	53.88	77373	31.84
大丰区	276533	173600	62.78	76144	27.54
响水县	162082	72084	44.47	60516	37.34
滨海县	311931	155470	49.84	110281	35.35
阜宁县	310422	158246	50.98	104592	33.69
射阳县	310568	174991	56.35	97836	31.50
建湖县	245608	135231	55.06	80284	32.69
盐城经济技术开发区	32020	15401	48.10	9532	29.77
江苏省盐南高新区	108352	41013	37.85	49586	45.76
东台市	366739	220029	60.00	99171	27.04
扬州市	**1606252**	**807826**	**50.29**	**519924**	**32.37**
广陵区	185079	95526	51.61	61372	33.16
邗江区	217770	92321	42.39	79101	36.32
江都区	348516	182252	52.29	107156	30.75
宝应县	260245	134972	51.86	82651	31.76
扬州经济技术开发区	76593	36110	47.15	27592	36.02
蜀冈瘦西湖景区	45881	19755	43.06	17834	38.87
生态新城	19832	8939	45.07	5799	29.24
仪征市	196979	103365	52.48	61858	31.40
高邮市	255357	134586	52.71	76561	29.98
镇江市	**1144197**	**611553**	**53.45**	**367118**	**32.09**
京口区	126098	66078	52.40	44778	35.51
润州区	90800	47316	52.11	32435	35.72
丹徒区	109037	56395	51.72	34110	31.28
镇江新区	87080	44739	51.38	29760	34.18
江苏镇江高新区	20733	9870	47.61	7732	37.29
丹阳市	361077	192166	53.22	113042	31.31
扬中市	107740	52836	49.04	33301	30.91
句容市	241632	142153	58.83	71960	29.78
泰州市	**1707632**	**920363**	**53.90**	**516775**	**30.26**
海陵区	193439	93302	48.23	63450	32.80
高港区	90494	42524	46.99	27342	30.21
姜堰区	269546	147929	54.88	84180	31.23
泰州医药高新技术产业开发区	68622	30030	43.76	22524	32.82
兴化市	454445	272792	60.03	125562	27.63
靖江市	244175	125492	51.39	74997	30.71
泰兴市	386911	208294	53.84	118720	30.68
宿迁市	**1631972**	**656347**	**40.22**	**653189**	**40.02**
宿城区	218724	87725	40.11	89817	41.06
宿豫区	152193	65675	43.15	60501	39.75
沭阳县	522896	196920	37.66	209632	40.09
泗阳县	274233	110827	40.41	107143	39.07
泗洪县	300263	129933	43.27	119536	39.81
宿迁经济技术开发区	60238	21894	36.35	26906	44.67
宿迁市湖滨新区	42768	19136	44.74	15167	35.46
苏州宿迁工业园区	9370	2490	26.57	5663	60.44
宿迁市洋河新区	51287	21747	42.40	18824	36.70

1-9　续表 3　　　　单位：户、%

地　　区	三代户		四代户		五代及以上户	
	户数	比重	户数	比重	户数	比重
江　苏	**4378053**	**14.64**	**205124**	**0.69**	**231**	
南京市	**395246**	**12.59**	**9702**	**0.31**	**5**	
玄武区	18299	10.57	228	0.13		
秦淮区	29007	10.41	354	0.13	1	
建邺区	21993	11.56	262	0.14		
鼓楼区	38581	11.35	433	0.13		
浦口区	17438	12.22	588	0.41		
栖霞区	34348	11.45	621	0.21		
雨花台区	24257	12.01	378	0.19		
江宁区	84006	14.44	2369	0.41	1	
六合区	36271	15.36	2049	0.87	1	
溧水区	20776	11.96	602	0.35	2	
高淳区	22595	14.05	1071	0.67		
南京江北新区	47675	13.25	747	0.21		
无锡市	**370241**	**13.77**	**13608**	**0.51**	**8**	
锡山区	47099	15.22	2613	0.84	5	
惠山区	45233	14.94	1496	0.49		
滨湖区	22735	11.14	562	0.28		
梁溪区	43680	11.34	1033	0.27	1	
新吴区	34629	14.89	900	0.39		
江苏无锡经济开发区	15806	14.01	217	0.19		
江阴市	98716	15.24	4744	0.73	2	
宜兴市	62343	12.63	2043	0.41		
徐州市	**436385**	**14.09**	**17087**	**0.55**	**20**	
鼓楼区	15457	9.54	236	0.15		
云龙区	17688	10.76	247	0.15		
贾汪区	21564	14.20	594	0.39	1	
泉山区	22409	9.58	341	0.15		
铜山区	55549	13.72	1752	0.43	1	
丰县	41307	12.27	1769	0.53	3	
沛县	50385	14.01	2131	0.59	5	
睢宁县	70426	19.52	3876	1.07	4	
徐州经济技术开发区	16372	13.13	395	0.32		
新沂市	50650	15.48	2110	0.64	3	
邳州市	74578	15.80	3636	0.77	3	
常州市	**248388**	**12.79**	**8795**	**0.45**	**6**	
天宁区	30020	11.97	855	0.34		
钟楼区	27760	11.55	638	0.27		
新北区	49487	15.97	1977	0.64		
武进区	60427	13.48	2651	0.59	5	
金坛区	25958	10.90	744	0.31		
江苏省常州市经济开发区	19457	12.59	795	0.51		
溧阳市	35279	11.74	1135	0.38	1	

1-9 续表 4

单位：户、%

地区	三代户		四代户		五代及以上户	
	户数	比重	户数	比重	户数	比重
苏州市	**669608**	**15.67**	**43623**	**1.02**	**87**	
虎丘区	45956	18.82	2777	1.14	5	
吴中区	70531	15.77	4935	1.10	4	
相城区	47718	15.78	2566	0.85	8	
姑苏区	39500	11.14	564	0.16		
吴江区	86819	16.34	6664	1.25	10	
苏州工业园区	63371	19.15	1644	0.50		
常熟市	98631	18.23	12121	2.24	24	
张家港市	75980	14.56	3527	0.68	1	
昆山市	97729	13.86	4194	0.59	9	
太仓市	43373	14.70	4631	1.57	26	0.01
南通市	**399658**	**13.80**	**24677**	**0.85**	**32**	
崇川区	35683	13.37	1020	0.38	1	
港闸区	20476	14.83	940	0.68	2	
通州区	63097	15.75	4137	1.03	3	
如东县	48914	14.35	3864	1.13	7	
南通经济技术开发区	13142	14.34	350	0.38		
通州湾示范区	3004	7.26	67	0.16		
苏锡通科技产业园区	3648	10.94	149	0.45		
启东市	28861	6.62	488	0.11		
如皋市	97883	22.77	8966	2.09	15	
海门市	36351	9.44	1111	0.29		
海安市	48599	14.59	3585	1.08	4	
连云港市	**245478**	**15.86**	**10378**	**0.67**	**14**	
连云区	6552	11.24	127	0.22		
海州区	35963	14.47	1069	0.43	1	
赣榆区	43419	12.30	1555	0.44	1	
东海县	63317	18.67	3768	1.11	6	
灌云县	43378	17.66	1759	0.72	1	
灌南县	37771	18.15	1623	0.78	3	
连云港经济技术开发区	4756	15.79	170	0.56		
连云港高新技术产业开发区	6582	15.70	144	0.34	1	
江苏连云港徐圩新区	1525	10.73	53	0.37		
江苏省连云港市云台山风景名胜区	2215	25.01	110	1.24	1	0.01
淮安市	**280062**	**17.23**	**14074**	**0.87**	**8**	
淮安区	54740	19.01	3309	1.15		
淮阴区	47940	18.98	2309	0.91	2	
清江浦区	32088	15.73	1266	0.62		
洪泽区	17022	15.29	817	0.73	1	
涟水县	50785	17.27	2412	0.82	2	
盱眙县	38127	17.00	2093	0.93	1	
金湖县	14055	12.13	734	0.63	1	
淮安经济技术开发区	15689	17.34	575	0.64		
工业园区	1176	23.55	97	1.94		
生态文旅区	6599	20.96	269	0.85		
苏淮高新区	1841	22.17	193	2.32	1	0.01

1-9　续表 5　　　　　　　　　　　　　　　　　　　　　　　　　　　　单位：户、%

地　区	三代户		四代户		五代及以上户	
	户数	比重	户数	比重	户数	比重
盐城市	**345357**	**13.23**	**13900**	**0.53**	**3**	
亭湖区	33020	13.61	1287	0.53		
盐都区	33402	13.74	1303	0.54		
大丰区	25837	9.34	951	0.34	1	
响水县	28396	17.52	1086	0.67		
滨海县	44755	14.35	1425	0.46		
阜宁县	45961	14.81	1623	0.52		
射阳县	36421	11.73	1320	0.43		
建湖县	29065	11.83	1028	0.42		
盐城经济技术开发区	6580	20.55	507	1.58		
江苏省盐南高新区	17256	15.93	497	0.46		
东台市	44664	12.18	2873	0.78	2	
扬州市	**264125**	**16.44**	**14363**	**0.89**	**14**	
广陵区	27106	14.65	1072	0.58	3	
邗江区	43870	20.15	2474	1.14	4	
江都区	56211	16.13	2896	0.83	1	
宝应县	40600	15.60	2020	0.78	2	
扬州经济技术开发区	12390	16.18	501	0.65		
蜀冈瘦西湖景区	8027	17.50	265	0.58		
生态新城	4796	24.18	298	1.50		
仪征市	29934	15.20	1821	0.92	1	
高邮市	41191	16.13	3016	1.18	3	
镇江市	**159054**	**13.90**	**6469**	**0.57**	**3**	
京口区	14944	11.85	298	0.24		
润州区	10821	11.92	228	0.25		
丹徒区	17683	16.22	849	0.78		
镇江新区	12203	14.01	378	0.43		
江苏镇江高新区	3046	14.69	85	0.41		
丹阳市	53703	14.87	2165	0.60	1	
扬中市	20307	18.85	1294	1.20	2	
句容市	26347	10.90	1172	0.49		
泰州市	**255614**	**14.97**	**14869**	**0.87**	**11**	
海陵区	34636	17.91	2050	1.06	1	
高港区	19080	21.08	1546	1.71	2	
姜堰区	35622	13.22	1814	0.67	1	
泰州医药高新技术产业开发区	15052	21.93	1016	1.48		
兴化市	53553	11.78	2535	0.56	3	
靖江市	40823	16.72	2860	1.17	3	
泰兴市	56848	14.69	3048	0.79	1	
宿迁市	**308837**	**18.92**	**13579**	**0.83**	**20**	
宿城区	39478	18.05	1703	0.78	1	
宿豫区	24975	16.41	1041	0.68	1	
沭阳县	110869	21.20	5465	1.05	10	
泗阳县	54028	19.70	2233	0.81	2	
泗洪县	49010	16.32	1781	0.59	3	
宿迁经济技术开发区	10992	18.25	445	0.74	1	
宿迁市湖滨新区	8023	18.76	441	1.03	1	
苏州宿迁工业园区	1198	12.79	19	0.20		
宿迁市洋河新区	10264	20.01	451	0.88	1	

1-9a 各地区家庭户类别(城市)

单位：户、%

地区	家庭户户数	一代户		二代户	
		户数	比重	户数	比重
江 苏	**13771191**	**6631282**	**48.15**	**5142568**	**37.34**
南京市	**2631956**	**1338444**	**50.85**	**963974**	**36.63**
玄武区	173057	88004	50.85	66526	38.44
秦淮区	278725	148776	53.38	100587	36.09
建邺区	190280	98512	51.77	69513	36.53
鼓楼区	339954	169406	49.83	131534	38.69
浦口区	111597	58641	52.55	38588	34.58
栖霞区	278725	149733	53.72	97492	34.98
雨花台区	198694	104921	52.81	69356	34.91
江宁区	447363	219542	49.07	161170	36.03
六合区	82675	39128	47.33	31349	37.92
溧水区	95335	44843	47.04	38140	40.01
高淳区	83273	38118	45.77	33898	40.71
南京江北新区	352278	178820	50.76	125821	35.72
无锡市	**1767422**	**872182**	**49.35**	**645856**	**36.54**
锡山区	172814	88963	51.48	57941	33.53
惠山区	185253	83077	44.85	71817	38.77
滨湖区	189359	101465	53.58	66792	35.27
梁溪区	385154	200901	52.16	139539	36.23
新吴区	210181	99547	47.36	77892	37.06
江苏无锡经济开发区	112781	52755	46.78	44003	39.02
江阴市	295084	140184	47.51	107726	36.51
宜兴市	216796	105290	48.57	80146	36.97
徐州市	**1026190**	**453922**	**44.23**	**449073**	**43.76**
鼓楼区	161988	79829	49.28	66466	41.03
云龙区	157691	70841	44.92	70260	44.56
贾汪区	60138	24709	41.09	26455	43.99
泉山区	233914	116589	49.84	94575	40.43
铜山区	108087	44706	41.36	48609	44.97
丰县					
沛县					
睢宁县					
徐州经济技术开发区	1516	595	39.25	644	42.48
新沂市	124693	51571	41.36	56845	45.59
邳州市	178163	65082	36.53	85219	47.83
常州市	**1232773**	**604116**	**49.00**	**471040**	**38.21**
天宁区	213374	106008	49.68	83291	39.04
钟楼区	225800	113120	50.10	86300	38.22
新北区	224711	99816	44.42	89367	39.77
武进区	259174	131835	50.87	95586	36.88
金坛区	123450	63638	51.55	43651	35.36
江苏省常州市经济开发区	63326	31299	49.43	23851	37.66
溧阳市	122938	58400	47.50	48994	39.85

1-9a 续表 1

单位：户、%

地区	家庭户	一代户		二代户	
	户数	户数	比重	户数	比重
苏州市	**2348822**	**1155477**	**49.19**	**815725**	**34.73**
虎丘区	219593	97981	44.62	77511	35.30
吴中区	270333	140512	51.98	89056	32.94
相城区	263516	140117	53.17	79439	30.15
姑苏区	354555	184465	52.03	130026	36.67
吴江区	218560	113767	52.05	68695	31.43
苏州工业园区					
常熟市	271462	129407	47.67	91064	33.55
张家港市	167957	73192	43.58	65755	39.15
昆山市	461608	220400	47.75	168781	36.56
太仓市	121238	55636	45.89	45398	37.45
南通市	**1123578**	**565516**	**50.33**	**394127**	**35.08**
崇川区	266974	135229	50.65	95041	35.60
港闸区	136933	68393	49.95	47320	34.56
通州区	141467	67968	48.05	50698	35.84
如东县					
南通经济技术开发区					
通州湾示范区					
苏锡通科技产业园区					
启东市	160623	97701	60.83	51419	32.01
如皋市	125278	52592	41.98	43442	34.68
海门市	129764	65762	50.68	49179	37.90
海安市	162539	77871	47.91	57028	35.09
连云港市	**356218**	**156676**	**43.98**	**153787**	**43.17**
连云区	57016	28396	49.80	22089	38.74
海州区	200551	89506	44.63	85791	42.78
赣榆区	92013	35079	38.12	44184	48.02
东海县	2811	1155	41.09	906	32.23
灌云县					
灌南县					
连云港经济技术开发区					
连云港高新技术产业开发区					
江苏连云港徐圩新区	2388	1987	83.21	287	12.02
江苏省连云港市云台山风景名胜区	1439	553	38.43	530	36.83
淮安市	**445247**	**188490**	**42.33**	**177771**	**39.93**
淮安区	108666	44633	41.07	40406	37.18
淮阴区	100217	38165	38.08	43863	43.77
清江浦区	184128	81631	44.33	74727	40.58
洪泽区	52236	24061	46.06	18775	35.94
涟水县					
盱眙县					
金湖县					
淮安经济技术开发区					
工业园区					
生态文旅区					
苏淮高新区					

1-9a 续表 2

单位：户、%

地　区	家庭户	一代户		二代户	
	户　数	户数	比重	户数	比重
盐城市	**599130**	**278658**	**46.51**	**232303**	**38.77**
亭湖区	183381	88985	48.52	69425	37.86
盐都区	92520	38555	41.67	37332	40.35
大丰区	90362	45946	50.85	34727	38.43
响水县					
滨海县					
阜宁县					
射阳县					
建湖县					
盐城经济技术开发区	1783	982	55.08	476	26.70
江苏省盐南高新区	108352	41013	37.85	49586	45.76
东台市	122732	63177	51.48	40757	33.21
扬州市	**697137**	**320487**	**45.97**	**253654**	**36.39**
广陵区	145406	73981	50.88	50589	34.79
邗江区	167623	69707	41.59	64366	38.40
江都区	116849	51550	44.12	43377	37.12
宝应县					
扬州经济技术开发区					
蜀冈瘦西湖景区	45881	19755	43.06	17834	38.87
生态新城	10349	4413	42.64	3138	30.32
仪征市	112441	59178	52.63	38099	33.88
高邮市	98588	41903	42.50	36251	36.77
镇江市	**593296**	**292830**	**49.36**	**213104**	**35.92**
京口区	121582	63369	52.12	43623	35.88
润州区	90458	47085	52.05	32348	35.76
丹徒区	49632	22336	45.00	18432	37.14
镇江新区					
江苏镇江高新区	20733	9870	47.61	7732	37.29
丹阳市	142375	67165	47.17	51611	36.25
扬中市	58882	25676	43.61	20824	35.37
句容市	109634	57329	52.29	38534	35.15
泰州市	**690350**	**307624**	**44.56**	**255035**	**36.94**
海陵区	166485	77382	46.48	57113	34.31
高港区	45210	19430	42.98	14947	33.06
姜堰区	119676	50496	42.19	48971	40.92
泰州医药高新技术产业开发区					
兴化市	111235	51667	46.45	43257	38.89
靖江市	113923	47521	41.71	41242	36.20
泰兴市	133821	61128	45.68	49505	36.99
宿迁市	**259072**	**96860**	**37.39**	**117119**	**45.21**
宿城区	124924	47017	37.64	56917	45.56
宿豫区	76404	27466	35.95	36133	47.29
沭阳县					
泗阳县					
泗洪县					
宿迁经济技术开发区					
宿迁市湖滨新区	19397	8013	41.31	7426	38.28
苏州宿迁工业园区	9370	2490	26.57	5663	60.44
宿迁市洋河新区	28977	11874	40.98	10980	37.89

1-9a　续表 3　　　　单位：户、%

地　区	三代户		四代户		五代及以上户	
	户数	比重	户数	比重	户数	比重
江　苏	**1931843**	**14.03**	**65431**	**0.48**	**67**	
南京市	**324089**	**12.31**	**5448**	**0.21**	**1**	
玄武区	18299	10.57	228	0.13		
秦淮区	29007	10.41	354	0.13	1	
建邺区	21993	11.56	262	0.14		
鼓楼区	38581	11.35	433	0.13		
浦口区	13928	12.48	440	0.39		
栖霞区	31053	11.14	447	0.16		
雨花台区	24050	12.10	367	0.18		
江宁区	65494	14.64	1157	0.26		
六合区	11727	14.18	471	0.57		
溧水区	12144	12.74	208	0.22		
高淳区	10871	13.05	386	0.46		
南京江北新区	46942	13.33	695	0.20		
无锡市	**242757**	**13.74**	**6624**	**0.37**	**3**	
锡山区	25105	14.53	805	0.47		
惠山区	29576	15.97	783	0.42		
滨湖区	20667	10.91	435	0.23		
梁溪区	43680	11.34	1033	0.27	1	
新吴区	31970	15.21	772	0.37		
江苏无锡经济开发区	15806	14.01	217	0.19		
江阴市	45344	15.37	1828	0.62	2	
宜兴市	30609	14.12	751	0.35		
徐州市	**120350**	**11.73**	**2844**	**0.28**	**1**	
鼓楼区	15457	9.54	236	0.15		
云龙区	16368	10.38	222	0.14		
贾汪区	8781	14.60	193	0.32		
泉山区	22409	9.58	341	0.15		
铜山区	14460	13.38	312	0.29		
丰县						
沛县						
睢宁县						
徐州经济技术开发区	268	17.68	9	0.59		
新沂市	15748	12.63	528	0.42	1	
邳州市	26859	15.08	1003	0.56		
常州市	**154061**	**12.50**	**3554**	**0.29**	**2**	
天宁区	23621	11.07	454	0.21		
钟楼区	25860	11.45	520	0.23		
新北区	34556	15.38	972	0.43		
武进区	31071	11.99	681	0.26	1	
金坛区	15824	12.82	337	0.27		
江苏省常州市经济开发区	7948	12.55	228	0.36		
溧阳市	15181	12.35	362	0.29	1	

1-9a 续表 4

单位：户、%

地 区	三代户		四代户		五代及以上户	
	户数	比重	户数	比重	户数	比重
苏州市	**361110**	**15.37**	**16478**	**0.70**	**32**	
虎丘区	41765	19.02	2332	1.06	4	
吴中区	39139	14.48	1624	0.60	2	
相城区	42075	15.97	1881	0.71	4	
姑苏区	39500	11.14	564	0.16		
吴江区	34349	15.72	1747	0.80	2	
苏州工业园区						
常熟市	47029	17.32	3953	1.46	9	
张家港市	28303	16.85	707	0.42		
昆山市	70168	15.20	2255	0.49	4	
太仓市	18782	15.49	1415	1.17	7	0.01
南通市	**156025**	**13.89**	**7898**	**0.70**	**12**	
崇川区	35683	13.37	1020	0.38	1	
港闸区	20297	14.82	921	0.67	2	
通州区	21705	15.34	1095	0.77	1	
如东县						
南通经济技术开发区						
通州湾示范区						
苏锡通科技产业园区						
启东市	11339	7.06	164	0.10		
如皋市	26771	21.37	2468	1.97	5	
海门市	14517	11.19	306	0.24		
海安市	25713	15.82	1924	1.18	3	
连云港市	**44664**	**12.54**	**1090**	**0.31**	**1**	
连云区	6407	11.24	124	0.22		
海州区	24734	12.33	519	0.26	1	
赣榆区	12371	13.44	379	0.41		
东海县	697	24.80	53	1.89		
灌云县						
灌南县						
连云港经济技术开发区						
连云港高新技术产业开发区						
江苏连云港徐圩新区	112	4.69	2	0.08		
江苏省连云港市云台山风景名胜区	343	23.84	13	0.90		
淮安市	**76104**	**17.09**	**2881**	**0.65**	**1**	
淮安区	22486	20.69	1141	1.05		
淮阴区	17540	17.50	649	0.65		
清江浦区	27006	14.67	764	0.41		
洪泽区	9072	17.37	327	0.63	1	
涟水县						
盱眙县						
金湖县						
淮安经济技术开发区						
工业园区						
生态文旅区						
苏淮高新区						

1-9a 续表 5

单位：户、%

地区	三代户		四代户		五代及以上户	
	户数	比重	户数	比重	户数	比重
盐城市	**85090**	**14.20**	**3078**	**0.51**	**1**	
亭湖区	24151	13.17	820	0.45		
盐都区	16096	17.40	537	0.58		
大丰区	9440	10.45	249	0.28		
响水县						
滨海县						
阜宁县						
射阳县						
建湖县						
盐城经济技术开发区	307	17.22	18	1.01		
江苏省盐南高新区	17256	15.93	497	0.46		
东台市	17840	14.54	957	0.78	1	
扬州市	**118120**	**16.94**	**4872**	**0.70**	**4**	
广陵区	20285	13.95	550	0.38	1	
邗江区	32010	19.10	1538	0.92	2	
江都区	21220	18.16	702	0.60		
宝应县						
扬州经济技术开发区						
蜀冈瘦西湖景区	8027	17.50	265	0.58		
生态新城	2637	25.48	161	1.56		
仪征市	14568	12.96	596	0.53		
高邮市	19373	19.65	1060	1.08	1	
镇江市	**84706**	**14.28**	**2654**	**0.45**	**2**	
京口区	14319	11.78	271	0.22		
润州区	10797	11.94	228	0.25		
丹徒区	8545	17.22	319	0.64		
镇江新区						
江苏镇江高新区	3046	14.69	85	0.41		
丹阳市	22995	16.15	604	0.42		
扬中市	11676	19.83	704	1.20	2	
句容市	13328	12.16	443	0.40		
泰州市	**121233**	**17.56**	**6452**	**0.93**	**6**	
海陵区	30304	18.20	1685	1.01	1	
高港区	10010	22.14	822	1.82	1	
姜堰区	19367	16.18	841	0.70	1	
泰州医药高新技术产业开发区						
兴化市	15691	14.11	619	0.56	1	
靖江市	23669	20.78	1489	1.31	2	
泰兴市	22192	16.58	996	0.74		
宿迁市	**43534**	**16.80**	**1558**	**0.60**	**1**	
宿城区	20278	16.23	711	0.57	1	
宿豫区	12446	16.29	359	0.47		
沭阳县						
泗阳县						
泗洪县						
宿迁经济技术开发区						
宿迁市湖滨新区	3747	19.32	211	1.09		
苏州宿迁工业园区	1198	12.79	19	0.20		
宿迁市洋河新区	5865	20.24	258	0.89		

1-9b 各地区家庭户类别(镇)

单位：户、%

地　区	家庭户	一代户		二代户	
	户　数	户数	比重	户数	比重
江　苏	**7566565**	**3664305**	**48.43**	**2693879**	**35.60**
南京市	**61470**	**30034**	**48.86**	**22565**	**36.71**
玄武区					
秦淮区					
建邺区					
鼓楼区					
浦口区	676	496	73.37	145	21.45
栖霞区					
雨花台区	3222	2237	69.43	767	23.81
江宁区					
六合区	41840	18479	44.17	16758	40.05
溧水区	11547	6506	56.34	3717	32.19
高淳区	4185	2316	55.34	1178	28.15
南京江北新区					
无锡市	**432644**	**235642**	**54.47**	**131807**	**30.47**
锡山区	95118	50381	52.97	28092	29.53
惠山区	40394	20168	49.93	14572	36.07
滨湖区					
梁溪区					
新吴区					
江苏无锡经济开发区					
江阴市	182442	99930	54.77	53550	29.35
宜兴市	114690	65163	56.82	35593	31.03
徐州市	**959692**	**395244**	**41.18**	**417840**	**43.54**
鼓楼区					
云龙区	6706	2796	41.69	2565	38.25
贾汪区	27576	12169	44.13	11396	41.33
泉山区					
铜山区	116804	46867	40.12	53204	45.55
丰县	170213	78981	46.40	70087	41.18
沛县	202394	81843	40.44	93355	46.13
睢宁县	194707	71585	36.77	84636	43.47
徐州经济技术开发区	105477	44033	41.75	48075	45.58
新沂市	56612	22358	39.49	24189	42.73
邳州市	79203	34612	43.70	30333	38.30
常州市	**232616**	**127865**	**54.97**	**72525**	**31.18**
天宁区	15893	7864	49.48	5310	33.41
钟楼区					
新北区	43625	22873	52.43	13264	30.40
武进区	58726	31637	53.87	18642	31.74
金坛区	26729	17685	66.16	6515	24.37
江苏省常州市经济开发区	34404	18290	53.16	11644	33.84
溧阳市	53239	29516	55.44	17150	32.21

1-9b　续表 1　　　　单位：户、%

地区	家庭户户数	一代户		二代户	
		户数	比重	户数	比重
苏州市	**1104093**	**566850**	**51.34**	**348405**	**31.56**
虎丘区	1588	790	49.75	481	30.29
吴中区	68593	36413	53.09	19855	28.95
相城区	22260	13379	60.10	5436	24.42
姑苏区					
吴江区	178932	99433	55.57	51844	28.97
苏州工业园区	330953	149454	45.16	116484	35.20
常熟市	126129	65034	51.56	35075	27.81
张家港市	204151	108544	53.17	65552	32.11
昆山市	85575	46967	54.88	27319	31.92
太仓市	85912	46836	54.52	26359	30.68
南通市	**826252**	**469769**	**56.86**	**234706**	**28.41**
崇川区					
港闸区					
通州区	126732	71378	56.32	35268	27.83
如东县	193728	105530	54.47	58799	30.35
南通经济技术开发区	91644	47231	51.54	30921	33.74
通州湾示范区	15727	11137	70.81	3457	21.98
苏锡通科技产业园区	13590	8252	60.72	3549	26.11
启东市	81657	57123	69.95	18531	22.69
如皋市	137354	63178	46.00	41691	30.35
海门市	107628	71089	66.05	26818	24.92
海安市	58192	34851	59.89	15672	26.93
连云港市	**581526**	**242931**	**41.77**	**244224**	**42.00**
连云区	363	360	99.17	2	0.55
海州区	19119	7224	37.78	7930	41.48
赣榆区	98301	42850	43.59	41966	42.69
东海县	154854	59249	38.26	68107	43.98
灌云县	121040	52838	43.65	48422	40.00
灌南县	109329	45856	41.94	45388	41.52
连云港经济技术开发区	24367	11999	49.24	9033	37.07
连云港高新技术产业开发区	41929	16254	38.77	18948	45.19
江苏连云港徐圩新区	11542	5986	51.86	4167	36.10
江苏省连云港市云台山风景名胜区	682	315	46.19	261	38.27
淮安市	**576710**	**248267**	**43.05**	**223012**	**38.67**
淮安区	41016	21310	51.96	12350	30.11
淮阴区	38474	18057	46.93	12547	32.61
清江浦区	2197	1018	46.34	640	29.13
洪泽区	11306	7385	65.32	2743	24.26
涟水县	156440	61285	39.17	67761	43.31
盱眙县	131387	55114	41.95	51294	39.04
金湖县	64181	31030	48.35	22687	35.35
淮安经济技术开发区	90457	39993	44.21	34200	37.81
工业园区	2385	877	36.77	885	37.11
生态文旅区	31477	8640	27.45	15969	50.73
苏淮高新区	7390	3558	48.15	1936	26.20

1-9b 续表 2

单位：户、%

地 区	家庭户 户 数	一代户 户数	一代户 比重	二代户 户数	二代户 比重
盐城市	**991364**	**506159**	**51.06**	**349171**	**35.22**
亭湖区	21322	11392	53.43	6604	30.97
盐都区	37813	20289	53.66	12796	33.84
大丰区	77747	53754	69.14	17662	22.72
响水县	91943	38246	41.60	37573	40.87
滨海县	170144	80052	47.05	66014	38.80
阜宁县	175419	85297	48.62	64208	36.60
射阳县	180052	96813	53.77	62564	34.75
建湖县	136374	61202	44.88	54487	39.95
盐城经济技术开发区	19544	8758	44.81	6141	31.42
江苏省盐南高新区					
东台市	81006	50356	62.16	21122	26.07
扬州市	**388064**	**188348**	**48.54**	**130021**	**33.51**
广陵区	13682	6891	50.37	4257	31.11
邗江区	19160	8614	44.96	6270	32.72
江都区	88416	49249	55.70	25816	29.20
宝应县	134574	58529	43.49	50296	37.37
扬州经济技术开发区	69623	32722	47.00	25101	36.05
蜀冈瘦西湖景区					
生态新城	3846	1960	50.96	1064	27.67
仪征市	19592	9616	49.08	5986	30.55
高邮市	39171	20767	53.02	11231	28.67
镇江市	**296154**	**162919**	**55.01**	**90897**	**30.69**
京口区	1952	1199	61.42	565	28.94
润州区					
丹徒区	22953	12802	55.77	6393	27.85
镇江新区	75019	37631	50.16	26529	35.36
江苏镇江高新区					
丹阳市	142739	79262	55.53	42373	29.69
扬中市	15694	8885	56.61	3978	25.35
句容市	37797	23140	61.22	11059	29.26
泰州市	**390516**	**218497**	**55.95**	**111345**	**28.51**
海陵区	9346	5414	57.93	2351	25.16
高港区	14969	7076	47.27	4276	28.57
姜堰区	41043	26513	64.60	10126	24.67
泰州医药高新技术产业开发区	63554	27719	43.61	21074	33.16
兴化市	124635	75070	60.23	33172	26.62
靖江市	43005	23368	54.34	12771	29.70
泰兴市	93964	53337	56.76	27575	29.35
宿迁市	**725464**	**271780**	**37.46**	**317361**	**43.75**
宿城区	14235	5706	40.08	5731	40.26
宿豫区	20251	9247	45.66	7600	37.53
沭阳县	301507	108204	35.89	132604	43.98
泗阳县	162084	59948	36.99	70101	43.25
泗洪县	177230	70215	39.62	77999	44.01
宿迁经济技术开发区	45075	16016	35.53	21563	47.84
宿迁市湖滨新区	5082	2444	48.09	1763	34.69
苏州宿迁工业园区					
宿迁市洋河新区					

1-9b　续表 3

单位：户、%

地　区	三代户		四代户		五代及以上户	
	户数	比重	户数	比重	户数	比重
江　苏	**1153326**	**15.24**	**54995**	**0.73**	**60**	
南京市	**8619**	**14.02**	**252**	**0.41**		
玄武区						
秦淮区						
建邺区						
鼓楼区						
浦口区	35	5.18				
栖霞区						
雨花台区	207	6.42	11	0.34		
江宁区						
六合区	6453	15.42	150	0.36		
溧水区	1276	11.05	48	0.42		
高淳区	648	15.48	43	1.03		
南京江北新区						
无锡市	**61780**	**14.28**	**3410**	**0.79**	**5**	
锡山区	15442	16.23	1198	1.26	5	0.01
惠山区	5459	13.51	195	0.48		
滨湖区						
梁溪区						
新吴区						
江苏无锡经济开发区						
江阴市	27415	15.03	1547	0.85		
宜兴市	13464	11.74	470	0.41		
徐州市	**141163**	**14.71**	**5442**	**0.57**	**3**	
鼓楼区						
云龙区	1320	19.68	25	0.37		
贾汪区	3922	14.22	89	0.32		
泉山区						
铜山区	16200	13.87	533	0.46		
丰县	20425	12.00	719	0.42	1	
沛县	26223	12.96	971	0.48	2	
睢宁县	36782	18.89	1704	0.88		
徐州经济技术开发区	13102	12.42	267	0.25		
新沂市	9684	17.11	381	0.67		
邳州市	13505	17.05	753	0.95		
常州市	**30784**	**13.23**	**1440**	**0.62**	**2**	
天宁区	2586	16.27	133	0.84		
钟楼区						
新北区	7073	16.21	415	0.95		
武进区	7974	13.58	471	0.80	2	
金坛区	2451	9.17	78	0.29		
江苏省常州市经济开发区	4316	12.55	154	0.45		
溧阳市	6384	11.99	189	0.36		

1-9b 续表 4 单位：户、%

地区	三代户		四代户		五代及以上户	
	户数	比重	户数	比重	户数	比重
苏州市	**178056**	**16.13**	**10764**	**0.97**	**18**	
虎丘区	309	19.46	8	0.50		
吴中区	11435	16.67	890	1.30		
相城区	3116	14.00	329	1.48		
姑苏区						
吴江区	25975	14.52	1677	0.94	3	
苏州工业园区	63371	19.15	1644	0.50		
常熟市	22831	18.10	3183	2.52	6	
张家港市	28702	14.06	1353	0.66		
昆山市	10784	12.60	503	0.59	2	
太仓市	11533	13.42	1177	1.37	7	0.01
南通市	**114683**	**13.88**	**7086**	**0.86**	**8**	
崇川区						
港闸区						
通州区	18839	14.87	1246	0.98	1	
如东县	27472	14.18	1925	0.99	2	
南通经济技术开发区	13142	14.34	350	0.38		
通州湾示范区	1109	7.05	24	0.15		
苏锡通科技产业园区	1706	12.55	83	0.61		
启东市	5871	7.19	132	0.16		
如皋市	29982	21.83	2498	1.82	5	
海门市	9377	8.71	344	0.32		
海安市	7185	12.35	484	0.83		
连云港市	**90844**	**15.62**	**3524**	**0.61**	**3**	
连云区	1	0.28				
海州区	3813	19.94	152	0.80		
赣榆区	13014	13.24	471	0.48		
东海县	26157	16.89	1341	0.87		
灌云县	19101	15.78	679	0.56		
灌南县	17481	15.99	602	0.55	2	
连云港经济技术开发区	3252	13.35	83	0.34		
连云港高新技术产业开发区	6582	15.70	144	0.34	1	
江苏连云港徐圩新区	1341	11.62	48	0.42		
江苏省连云港市云台山风景名胜区	102	14.96	4	0.59		
淮安市	**100782**	**17.48**	**4646**	**0.81**	**3**	
淮安区	6906	16.84	450	1.10		
淮阴区	7522	19.55	348	0.90		
清江浦区	480	21.85	59	2.69		
洪泽区	1139	10.07	39	0.34		
涟水县	26293	16.81	1101	0.70		
盱眙县	23787	18.10	1191	0.91	1	
金湖县	10082	15.71	381	0.59	1	
淮安经济技术开发区	15689	17.34	575	0.64		
工业园区	573	24.03	50	2.10		
生态文旅区	6599	20.96	269	0.85		
苏淮高新区	1712	23.17	183	2.48	1	0.01

1-9b　续表 5　　　　　　　　　　　　　　　　　　　　　　　　单位：户、%

地　区	三代户		四代户		五代及以上户	
	户数	比重	户数	比重	户数	比重
盐城市	**131274**	**13.24**	**4759**	**0.48**	**1**	
亭湖区	3176	14.90	150	0.70		
盐都区	4568	12.08	160	0.42		
大丰区	6078	7.82	252	0.32	1	
响水县	15630	17.00	494	0.54		
滨海县	23395	13.75	683	0.40		
阜宁县	25096	14.31	818	0.47		
射阳县	20049	11.14	626	0.35		
建湖县	20033	14.69	652	0.48		
盐城经济技术开发区	4287	21.94	358	1.83		
江苏省盐南高新区						
东台市	8962	11.06	566	0.70		
扬州市	**66056**	**17.02**	**3634**	**0.94**	**5**	
广陵区	2371	17.33	162	1.18	1	0.01
邗江区	3976	20.75	299	1.56	1	0.01
江都区	12622	14.28	728	0.82	1	
宝应县	24678	18.34	1071	0.80		
扬州经济技术开发区	11378	16.34	422	0.61		
蜀冈瘦西湖景区						
生态新城	769	19.99	53	1.38		
仪征市	3694	18.85	295	1.51	1	0.01
高邮市	6568	16.77	604	1.54	1	
镇江市	**40559**	**13.70**	**1779**	**0.60**		
京口区	186	9.53	2	0.10		
润州区						
丹徒区	3552	15.48	206	0.90		
镇江新区	10543	14.05	316	0.42		
江苏镇江高新区						
丹阳市	20112	14.09	992	0.69		
扬中市	2686	17.11	145	0.92		
句容市	3480	9.21	118	0.31		
泰州市	**57321**	**14.68**	**3350**	**0.86**	**3**	
海陵区	1474	15.77	107	1.14		
高港区	3343	22.33	273	1.82	1	0.01
姜堰区	4205	10.25	199	0.48		
泰州医药高新技术产业开发区	13841	21.78	920	1.45		
兴化市	15728	12.62	665	0.53		
靖江市	6368	14.81	497	1.16	1	
泰兴市	12362	13.16	689	0.73	1	
宿迁市	**131405**	**18.11**	**4909**	**0.68**	**9**	
宿城区	2669	18.75	129	0.91		
宿豫区	3237	15.98	167	0.82		
沭阳县	58299	19.34	2394	0.79	6	
泗阳县	30899	19.06	1135	0.70	1	
泗洪县	28209	15.92	806	0.45	1	
宿迁经济技术开发区	7250	16.08	245	0.54	1	
宿迁市湖滨新区	842	16.57	33	0.65		
苏州宿迁工业园区						
宿迁市洋河新区						

1-9c 各地区家庭户类别(乡村)

单位：户、%

地 区	家庭户户数	一代户		二代户	
		户数	比重	户数	比重
江 苏	**8573093**	**4729655**	**55.17**	**2465752**	**28.76**
南京市	**445349**	**255232**	**57.31**	**123573**	**27.75**
玄武区					
秦淮区					
建邺区					
鼓楼区					
浦口区	30485	18074	59.29	8788	28.83
栖霞区	21166	12222	57.74	5475	25.87
雨花台区					
江宁区	134503	77294	57.47	37484	27.87
六合区	111639	60612	54.29	31507	28.22
溧水区	66759	41332	61.91	17723	26.55
高淳区	73371	40836	55.66	20817	28.37
南京江北新区	7426	4862	65.47	1779	23.96
无锡市	**487832**	**294311**	**60.33**	**124243**	**25.47**
锡山区	41521	23450	56.48	10909	26.27
惠山区	77179	45802	59.35	20661	26.77
滨湖区	14808	8175	55.21	4438	29.97
梁溪区					
新吴区	22347	13932	62.34	5628	25.18
江苏无锡经济开发区					
江阴市	170045	100901	59.34	41818	24.59
宜兴市	161932	102051	63.02	40789	25.19
徐州市	**1112113**	**511966**	**46.04**	**416458**	**37.45**
鼓楼区					
云龙区					
贾汪区	64174	29018	45.22	25982	40.49
泉山区					
铜山区	180032	81701	45.38	72534	40.29
丰县	166311	84954	51.08	59423	35.73
沛县	157155	70417	44.81	61413	39.08
睢宁县	166035	72688	43.78	57527	34.65
徐州经济技术开发区	17725	7062	39.84	7542	42.55
新沂市	145977	64585	44.24	54971	37.66
邳州市	214704	101541	47.29	77066	35.89
常州市	**477142**	**283962**	**59.51**	**125834**	**26.37**
天宁区	21535	11209	52.05	6245	29.00
钟楼区	14609	8687	59.46	3904	26.72
新北区	41487	21871	52.72	11168	26.92
武进区	130300	70583	54.17	36834	28.27
金坛区	87985	61036	69.37	18937	21.52
江苏省常州市经济开发区	56777	34037	59.95	15134	26.66
溧阳市	124449	76539	61.50	33612	27.01

1-9c　续表 1　　　　单位：户、%

地　区	家庭户	一代户		二代户	
	户　数	户数	比重	户数	比重
苏州市	**820648**	**483600**	**58.93**	**190188**	**23.18**
虎丘区	23063	13089	56.75	5654	24.52
吴中区	108378	62726	57.88	23272	21.47
相城区	16556	10517	63.52	3152	19.04
姑苏区					
吴江区	133744	73562	55.00	30442	22.76
苏州工业园区					
常熟市	143436	73231	51.05	36440	25.41
张家港市	149732	94281	62.97	35008	23.38
昆山市	157783	105205	66.68	34362	21.78
太仓市	87956	50989	57.97	21858	24.85
南通市	**947245**	**571843**	**60.37**	**236747**	**24.99**
崇川区					
港闸区	1170	760	64.96	212	18.12
通州区	132489	73078	55.16	35061	26.46
如东县	147153	82947	56.37	40820	27.74
南通经济技术开发区					
通州湾示范区	25665	18643	72.64	5084	19.81
苏锡通科技产业园区	19754	12495	63.25	5251	26.58
启东市	193831	146579	75.62	35409	18.27
如皋市	167256	70709	42.28	51412	30.74
海门市	147601	100922	68.37	33761	22.87
海安市	112326	65710	58.50	29737	26.47
连云港市	**610010**	**268832**	**44.07**	**225434**	**36.96**
连云区	923	555	60.13	221	23.94
海州区	28815	10794	37.46	10207	35.42
赣榆区	162697	79163	48.66	64794	39.82
东海县	181392	77211	42.57	65338	36.02
灌云县	124624	54157	43.46	45109	36.20
灌南县	98779	42332	42.86	35135	35.57
连云港经济技术开发区	5760	2223	38.59	1946	33.78
连云港高新技术产业开发区					
江苏连云港徐圩新区	285	107	37.54	103	36.14
江苏省连云港市云台山风景名胜区	6735	2290	34.00	2581	38.32
淮安市	**603417**	**309060**	**51.22**	**184630**	**30.60**
淮安区	138280	68849	49.79	42365	30.64
淮阴区	113919	52671	46.24	37056	32.53
清江浦区	17695	7123	40.25	5527	31.23
洪泽区	47763	26955	56.43	13546	28.36
涟水县	137592	66294	48.18	45493	33.06
盱眙县	92946	49760	53.54	27944	30.06
金湖县	51701	35760	69.17	11615	22.47
淮安经济技术开发区					
工业园区	2608	1136	43.56	822	31.52
生态文旅区					
苏淮高新区	913	512	56.08	262	28.70

1-9c 续表 2 单位：户、%

地 区	家庭户	一代户		二代户	
	户 数	户数	比重	户数	比重
盐城市	**1019337**	**614105**	**60.25**	**270175**	**26.50**
亭湖区	37843	21528	56.89	10305	27.23
盐都区	112697	72108	63.98	27245	24.18
大丰区	108424	73900	68.16	23755	21.91
响水县	70139	33838	48.24	22943	32.71
滨海县	141787	75418	53.19	44267	31.22
阜宁县	135003	72949	54.04	40384	29.91
射阳县	130516	78178	59.90	35272	27.03
建湖县	109234	74029	67.77	25797	23.62
盐城经济技术开发区	10693	5661	52.94	2915	27.26
江苏省盐南高新区					
东台市	163001	106496	65.33	37292	22.88
扬州市	**521051**	**298991**	**57.38**	**136249**	**26.15**
广陵区	25991	14654	56.38	6526	25.11
邗江区	30987	14000	45.18	8465	27.32
江都区	143251	81453	56.86	37963	26.50
宝应县	125671	76443	60.83	32355	25.75
扬州经济技术开发区	6970	3388	48.61	2491	35.74
蜀冈瘦西湖景区					
生态新城	5637	2566	45.52	1597	28.33
仪征市	64946	34571	53.23	17773	27.37
高邮市	117598	71916	61.15	29079	24.73
镇江市	**254747**	**155804**	**61.16**	**63117**	**24.78**
京口区	2564	1510	58.89	590	23.01
润州区	342	231	67.54	87	25.44
丹徒区	36452	21257	58.32	9285	25.47
镇江新区	12061	7108	58.93	3231	26.79
江苏镇江高新区					
丹阳市	75963	45739	60.21	19058	25.09
扬中市	33164	18275	55.10	8499	25.63
句容市	94201	61684	65.48	22367	23.74
泰州市	**626766**	**394242**	**62.90**	**150395**	**24.00**
海陵区	17608	10506	59.67	3986	22.64
高港区	30315	16018	52.84	8119	26.78
姜堰区	108827	70920	65.17	25083	23.05
泰州医药高新技术产业开发区	5068	2311	45.60	1450	28.61
兴化市	218575	146055	66.82	49133	22.48
靖江市	87247	54603	62.58	20984	24.05
泰兴市	159126	93829	58.97	41640	26.17
宿迁市	**647436**	**287707**	**44.44**	**218709**	**33.78**
宿城区	79565	35002	43.99	27169	34.15
宿豫区	55538	28962	52.15	16768	30.19
沭阳县	221389	88716	40.07	77028	34.79
泗阳县	112149	50879	45.37	37042	33.03
泗洪县	123033	59718	48.54	41537	33.76
宿迁经济技术开发区	15163	5878	38.77	5343	35.24
宿迁市湖滨新区	18289	8679	47.45	5978	32.69
苏州宿迁工业园区					
宿迁市洋河新区	22310	9873	44.25	7844	35.16

1-9c 续表 3

单位：户、%

地区	三代户		四代户		五代及以上户	
	户数	比重	户数	比重	户数	比重
江 苏	**1292884**	**15.08**	**84698**	**0.99**	**104**	
南京市	**62538**	**14.04**	**4002**	**0.90**	**4**	
玄武区						
秦淮区						
建邺区						
鼓楼区						
浦口区	3475	11.40	148	0.49		
栖霞区	3295	15.57	174	0.82		
雨花台区						
江宁区	18512	13.76	1212	0.90	1	
六合区	18091	16.20	1428	1.28	1	
溧水区	7356	11.02	346	0.52	2	
高淳区	11076	15.10	642	0.88		
南京江北新区	733	9.87	52	0.70		
无锡市	**65704**	**13.47**	**3574**	**0.73**		
锡山区	6552	15.78	610	1.47		
惠山区	10198	13.21	518	0.67		
滨湖区	2068	13.97	127	0.86		
梁溪区						
新吴区	2659	11.90	128	0.57		
江苏无锡经济开发区						
江阴市	25957	15.26	1369	0.81		
宜兴市	18270	11.28	822	0.51		
徐州市	**174872**	**15.72**	**8801**	**0.79**	**16**	
鼓楼区						
云龙区						
贾汪区	8861	13.81	312	0.49	1	
泉山区						
铜山区	24889	13.82	907	0.50	1	
丰县	20882	12.56	1050	0.63	2	
沛县	24162	15.37	1160	0.74	3	
睢宁县	33644	20.26	2172	1.31	4	
徐州经济技术开发区	3002	16.94	119	0.67		
新沂市	25218	17.28	1201	0.82	2	
邳州市	34214	15.94	1880	0.88	3	
常州市	**63543**	**13.32**	**3801**	**0.80**	**2**	
天宁区	3813	17.71	268	1.24		
钟楼区	1900	13.01	118	0.81		
新北区	7858	18.94	590	1.42		
武进区	21382	16.41	1499	1.15	2	
金坛区	7683	8.73	329	0.37		
江苏省常州市经济开发区	7193	12.67	413	0.73		
溧阳市	13714	11.02	584	0.47		

1-9c 续表 4

单位：户、%

地区	三代户		四代户		五代及以上户	
	户数	比重	户数	比重	户数	比重
苏州市	**130442**	**15.90**	**16381**	**2.00**	**37**	
虎丘区	3882	16.83	437	1.89	1	
吴中区	19957	18.41	2421	2.23	2	
相城区	2527	15.26	356	2.15	4	0.02
姑苏区						
吴江区	26495	19.81	3240	2.42	5	
苏州工业园区						
常熟市	28771	20.06	4985	3.48	9	0.01
张家港市	18975	12.67	1467	0.98	1	
昆山市	16777	10.63	1436	0.91	3	
太仓市	13058	14.85	2039	2.32	12	0.01
南通市	**128950**	**13.61**	**9693**	**1.02**	**12**	
崇川区						
港闸区	179	15.30	19	1.62		
通州区	22553	17.02	1796	1.36	1	
如东县	21442	14.57	1939	1.32	5	
南通经济技术开发区						
通州湾示范区	1895	7.38	43	0.17		
苏锡通科技产业园区	1942	9.83	66	0.33		
启东市	11651	6.01	192	0.10		
如皋市	41130	24.59	4000	2.39	5	
海门市	12457	8.44	461	0.31		
海安市	15701	13.98	1177	1.05	1	
连云港市	**109970**	**18.03**	**5764**	**0.94**	**10**	
连云区	144	15.60	3	0.33		
海州区	7416	25.74	398	1.38		
赣榆区	18034	11.08	705	0.43	1	
东海县	36463	20.10	2374	1.31	6	
灌云县	24277	19.48	1080	0.87	1	
灌南县	20290	20.54	1021	1.03	1	
连云港经济技术开发区	1504	26.11	87	1.51		
连云港高新技术产业开发区						
江苏连云港徐圩新区	72	25.26	3	1.05		
江苏省连云港市云台山风景名胜区	1770	26.28	93	1.38	1	0.01
淮安市	**103176**	**17.10**	**6547**	**1.08**	**4**	
淮安区	25348	18.33	1718	1.24		
淮阴区	22878	20.08	1312	1.15	2	
清江浦区	4602	26.01	443	2.50		
洪泽区	6811	14.26	451	0.94		
涟水县	24492	17.80	1311	0.95	2	
盱眙县	14340	15.43	902	0.97		
金湖县	3973	7.68	353	0.68		
淮安经济技术开发区						
工业园区	603	23.12	47	1.80		
生态文旅区						
苏淮高新区	129	14.13	10	1.10		

1-9c　续表 5　　　　单位：户、%

地　区	三代户		四代户		五代及以上户	
	户数	比重	户数	比重	户数	比重
盐城市	**128993**	**12.65**	**6063**	**0.59**	**1**	
亭湖区	5693	15.04	317	0.84		
盐都区	12738	11.30	606	0.54		
大丰区	10319	9.52	450	0.42		
响水县	12766	18.20	592	0.84		
滨海县	21360	15.06	742	0.52		
阜宁县	20865	15.46	805	0.60		
射阳县	16372	12.54	694	0.53		
建湖县	9032	8.27	376	0.34		
盐城经济技术开发区	1986	18.57	131	1.23		
江苏省盐南高新区						
东台市	17862	10.96	1350	0.83	1	
扬州市	**79949**	**15.34**	**5857**	**1.12**	**5**	
广陵区	4450	17.12	360	1.39	1	
邗江区	7884	25.44	637	2.06	1	
江都区	22369	15.62	1466	1.02		
宝应县	15922	12.67	949	0.76	2	
扬州经济技术开发区	1012	14.52	79	1.13		
蜀冈瘦西湖景区						
生态新城	1390	24.66	84	1.49		
仪征市	11672	17.97	930	1.43		
高邮市	15250	12.97	1352	1.15	1	
镇江市	**33789**	**13.26**	**2036**	**0.80**	**1**	
京口区	439	17.12	25	0.98		
润州区	24	7.02				
丹徒区	5586	15.32	324	0.89		
镇江新区	1660	13.76	62	0.51		
江苏镇江高新区						
丹阳市	10596	13.95	569	0.75	1	
扬中市	5945	17.93	445	1.34		
句容市	9539	10.13	611	0.65		
泰州市	**77060**	**12.29**	**5067**	**0.81**	**2**	
海陵区	2858	16.23	258	1.47		
高港区	5727	18.89	451	1.49		
姜堰区	12050	11.07	774	0.71		
泰州医药高新技术产业开发区	1211	23.90	96	1.89		
兴化市	22134	10.13	1251	0.57	2	
靖江市	10786	12.36	874	1.00		
泰兴市	22294	14.01	1363	0.86		
宿迁市	**133898**	**20.68**	**7112**	**1.10**	**10**	
宿城区	16531	20.78	863	1.08		
宿豫区	9292	16.73	515	0.93	1	
沭阳县	52570	23.75	3071	1.39	4	
泗阳县	23129	20.62	1098	0.98	1	
泗洪县	20801	16.91	975	0.79	2	
宿迁经济技术开发区	3742	24.68	200	1.32		
宿迁市湖滨新区	3434	18.78	197	1.08	1	0.01
苏州宿迁工业园区						
宿迁市洋河新区	4399	19.72	193	0.87	1	

1-10 各地区分性别、月份的出生人口
(2019.11.1-2020.10.31)

单位：人

地 区	出生人口			2019年11月		
	合计	男	女	小计	男	女
江 苏	**563733**	**294029**	**269704**	**60724**	**31527**	**29197**
南京市	**66027**	**34610**	**31417**	**7050**	**3708**	**3342**
玄武区	2714	1457	1257	319	172	147
秦淮区	3818	1993	1825	431	231	200
建邺区	3538	1850	1688	358	177	181
鼓楼区	4560	2416	2144	464	242	222
浦口区	3158	1652	1506	271	152	119
栖霞区	6102	3203	2899	663	343	320
雨花台区	4706	2486	2220	529	272	257
江宁区	15782	8232	7550	1725	924	801
六合区	4992	2590	2402	499	244	255
溧水区	3746	1932	1814	384	204	180
高淳区	3118	1689	1429	302	171	131
南京江北新区	9793	5110	4683	1105	576	529
无锡市	**46317**	**24087**	**22230**	**5121**	**2616**	**2505**
锡山区	5650	2983	2667	640	316	324
惠山区	6131	3108	3023	673	332	341
滨湖区	2958	1570	1388	342	180	162
梁溪区	6062	3164	2898	613	321	292
新吴区	5528	2889	2639	570	299	271
江苏无锡经济开发区	2661	1399	1262	293	147	146
江阴市	10643	5513	5130	1217	623	594
宜兴市	6684	3461	3223	773	398	375
徐州市	**76571**	**40496**	**36075**	**8538**	**4466**	**4072**
鼓楼区	3497	1800	1697	370	180	190
云龙区	4657	2463	2194	515	278	237
贾汪区	3662	1978	1684	407	221	186
泉山区	4891	2549	2342	486	249	237
铜山区	9946	5220	4726	1099	558	541
丰县	8040	4243	3797	950	495	455
沛县	9529	5067	4462	1039	532	507
睢宁县	9411	5045	4366	1105	585	520
徐州经济技术开发区	3827	1995	1832	399	216	183
新沂市	7723	4115	3608	872	473	399
邳州市	11388	6021	5367	1296	679	617
常州市	**33576**	**17569**	**16007**	**3691**	**1908**	**1783**
天宁区	3707	1932	1775	435	229	206
钟楼区	3945	2026	1919	443	228	215
新北区	6384	3356	3028	694	364	330
武进区	7463	3917	3546	901	469	432
金坛区	3948	2128	1820	354	193	161
江苏省常州市经济开发区	2964	1561	1403	323	165	158
溧阳市	5165	2649	2516	541	260	281

1-10　续表 1　　　　单位：人

地　区	出生人口			2019年11月		
	合计	男	女	小计	男	女
苏州市	**84813**	**43905**	**40908**	**9023**	**4732**	**4291**
虎丘区	5746	3024	2722	602	314	288
吴中区	10457	5434	5023	1063	552	511
相城区	6822	3524	3298	767	388	379
姑苏区	5081	2675	2406	529	305	224
吴江区	9841	5129	4712	1093	566	527
苏州工业园区	8424	4394	4030	865	447	418
常熟市	7844	4052	3792	868	453	415
张家港市	8315	4238	4077	955	488	467
昆山市	17872	9236	8636	1814	957	857
太仓市	4411	2199	2212	467	262	205
南通市	**38941**	**20124**	**18817**	**4228**	**2195**	**2033**
崇川区	3996	2102	1894	463	241	222
港闸区	2766	1456	1310	314	174	140
通州区	5833	2973	2860	614	320	294
如东县	3759	1948	1811	362	172	190
南通经济技术开发区	1996	1054	942	226	115	111
通州湾示范区	372	185	187	41	23	18
苏锡通科技产业园区	504	253	251	60	32	28
启东市	4397	2226	2171	462	231	231
如皋市	6691	3425	3266	698	368	330
海门市	4632	2400	2232	543	283	260
海安市	3995	2102	1893	445	236	209
连云港市	**38168**	**20084**	**18084**	**4042**	**2120**	**1922**
连云区	1143	582	561	122	59	63
海州区	5809	3047	2762	597	301	296
赣榆区	8787	4650	4137	889	480	409
东海县	9301	4934	4367	1026	544	482
灌云县	5876	3132	2744	609	321	288
灌南县	4468	2304	2164	486	254	232
连云港经济技术开发区	701	342	359	74	31	43
连云港高新技术产业开发区	1647	883	764	205	112	93
江苏连云港徐圩新区	219	107	112	19	10	9
江苏省连云港市云台山风景名胜区	217	103	114	15	8	7
淮安市	**32079**	**16747**	**15332**	**3242**	**1667**	**1575**
淮安区	5054	2549	2505	514	254	260
淮阴区	5673	2978	2695	543	287	256
清江浦区	4385	2291	2094	471	245	226
洪泽区	1606	850	756	163	76	87
涟水县	5906	3128	2778	592	320	272
盱眙县	4049	2118	1931	393	204	189
金湖县	1692	854	838	183	96	87
淮安经济技术开发区	2397	1278	1119	251	122	129
工业园区	137	81	56	16	12	4
生态文旅区	1044	551	493	107	47	60
苏淮高新区	136	69	67	9	4	5

1-10 续表 2

单位：人

地区	出生人口			2019年11月		
	合计	男	女	小计	男	女
盐城市	**37283**	**19213**	**18070**	**3939**	**2010**	**1929**
亭湖区	3852	1949	1903	411	194	217
盐都区	3778	1939	1839	365	181	184
大丰区	2878	1511	1367	312	153	159
响水县	3106	1609	1497	297	158	139
滨海县	5378	2781	2597	522	272	250
阜宁县	4568	2368	2200	493	251	242
射阳县	3576	1837	1739	376	197	179
建湖县	2826	1412	1414	319	164	155
盐城经济技术开发区	579	301	278	68	40	28
江苏省盐南高新区	2772	1456	1316	349	189	160
东台市	3970	2050	1920	427	211	216
扬州市	**23838**	**12307**	**11531**	**2652**	**1331**	**1321**
广陵区	2726	1416	1310	300	157	143
邗江区	4399	2273	2126	533	274	259
江都区	4115	2067	2048	477	232	245
宝应县	3424	1806	1618	359	182	177
扬州经济技术开发区	1502	808	694	164	88	76
蜀冈瘦西湖景区	767	398	369	94	47	47
生态新城	369	210	159	44	30	14
仪征市	2818	1423	1395	296	139	157
高邮市	3718	1906	1812	385	182	203
镇江市	**18773**	**9697**	**9076**	**2023**	**1012**	**1011**
京口区	1760	871	889	198	89	109
润州区	1367	707	660	160	82	78
丹徒区	1940	995	945	192	89	103
镇江新区	1636	825	811	217	110	107
江苏镇江高新区	438	205	233	42	12	30
丹阳市	5477	2842	2635	582	305	277
扬中市	1668	904	764	187	98	89
句容市	4487	2348	2139	445	227	218
泰州市	**24572**	**12696**	**11876**	**2679**	**1412**	**1267**
海陵区	3231	1621	1610	336	189	147
高港区	1768	938	830	206	114	92
姜堰区	3251	1641	1610	319	163	156
泰州医药高新技术产业开发区	1749	936	813	187	101	86
兴化市	5867	2989	2878	678	337	341
靖江市	3293	1677	1616	360	184	176
泰兴市	5413	2894	2519	593	324	269
宿迁市	**42775**	**22494**	**20281**	**4496**	**2350**	**2146**
宿城区	6474	3339	3135	706	369	337
宿豫区	4067	2157	1910	401	229	172
沭阳县	14542	7693	6849	1565	823	742
泗阳县	6450	3388	3062	631	322	309
泗洪县	6610	3484	3126	689	351	338
宿迁经济技术开发区	1858	968	890	210	101	109
宿迁市湖滨新区	1038	539	499	102	52	50
苏州宿迁工业园区	426	219	207	54	25	29
宿迁市洋河新区	1310	707	603	138	78	60

1-10 续表 3 单位：人

地区	2019年12月			2020年1月		
	小计	男	女	小计	男	女
江 苏	**56321**	**29164**	**27157**	**53643**	**27818**	**25825**
南京市	**6520**	**3379**	**3141**	**6188**	**3205**	**2983**
玄武区	267	133	134	230	131	99
秦淮区	383	175	208	350	183	167
建邺区	365	192	173	338	181	157
鼓楼区	486	250	236	441	220	221
浦口区	304	160	144	296	163	133
栖霞区	616	317	299	578	292	286
雨花台区	471	244	227	455	255	200
江宁区	1546	821	725	1474	743	731
六合区	503	283	220	439	221	218
溧水区	392	184	208	351	188	163
高淳区	261	136	125	312	160	152
南京江北新区	926	484	442	924	468	456
无锡市	**4993**	**2572**	**2421**	**4471**	**2323**	**2148**
锡山区	647	336	311	578	305	273
惠山区	659	307	352	578	301	277
滨湖区	327	171	156	288	158	130
梁溪区	647	351	296	579	303	276
新吴区	564	287	277	502	252	250
江苏无锡经济开发区	289	161	128	255	122	133
江阴市	1131	577	554	1045	541	504
宜兴市	729	382	347	646	341	305
徐州市	**7548**	**3901**	**3647**	**7625**	**4057**	**3568**
鼓楼区	353	189	164	347	173	174
云龙区	496	245	251	442	238	204
贾汪区	364	193	171	388	194	194
泉山区	484	228	256	487	251	236
铜山区	963	483	480	988	521	467
丰县	755	394	361	810	454	356
沛县	815	426	389	900	494	406
睢宁县	925	470	455	970	507	463
徐州经济技术开发区	402	213	189	376	198	178
新沂市	810	428	382	767	414	353
邳州市	1181	632	549	1150	613	537
常州市	**3560**	**1890**	**1670**	**3043**	**1589**	**1454**
天宁区	412	214	198	354	178	176
钟楼区	407	215	192	362	182	180
新北区	735	397	338	601	317	284
武进区	817	425	392	668	351	317
金坛区	385	212	173	350	196	154
江苏省常州市经济开发区	338	185	153	275	142	133
溧阳市	466	242	224	433	223	210

1-10 续表 4

单位：人

地区	2019年12月			2020年1月		
	小计	男	女	小计	男	女
苏州市	**8435**	**4316**	**4119**	**7875**	**4080**	**3795**
虎丘区	578	290	288	574	294	280
吴中区	952	484	468	998	514	484
相城区	674	367	307	603	311	292
姑苏区	543	277	266	483	260	223
吴江区	960	491	469	936	479	457
苏州工业园区	830	416	414	791	420	371
常熟市	856	414	442	770	399	371
张家港市	884	456	428	796	422	374
昆山市	1652	866	786	1532	797	735
太仓市	506	255	251	392	184	208
南通市	**3876**	**1994**	**1882**	**3613**	**1913**	**1700**
崇川区	421	206	215	403	210	193
港闸区	315	149	166	246	142	104
通州区	613	310	303	553	295	258
如东县	376	211	165	344	184	160
南通经济技术开发区	207	114	93	210	110	100
通州湾示范区	30	14	16	31	16	15
苏锡通科技产业园区	51	23	28	50	36	14
启东市	402	206	196	354	183	171
如皋市	615	318	297	613	309	304
海门市	425	225	200	441	219	222
海安市	421	218	203	368	209	159
连云港市	**3745**	**1977**	**1768**	**3677**	**1921**	**1756**
连云区	125	71	54	117	57	60
海州区	563	296	267	561	290	271
赣榆区	892	481	411	806	437	369
东海县	927	498	429	883	459	424
灌云县	504	260	244	569	301	268
灌南县	473	240	233	458	235	223
连云港经济技术开发区	61	30	31	78	41	37
连云港高新技术产业开发区	163	86	77	164	79	85
江苏连云港徐圩新区	18	9	9	20	9	11
江苏省连云港市云台山风景名胜区	19	6	13	21	13	8
淮安市	**3030**	**1594**	**1436**	**2923**	**1511**	**1412**
淮安区	449	240	209	446	214	232
淮阴区	528	265	263	505	272	233
清江浦区	409	216	193	402	194	208
洪泽区	146	81	65	156	90	66
涟水县	578	312	266	577	308	269
盱眙县	383	203	180	389	208	181
金湖县	164	76	88	129	60	69
淮安经济技术开发区	239	127	112	205	107	98
工业园区	11	5	6	12	7	5
生态文旅区	113	65	48	90	44	46
苏淮高新区	10	4	6	12	7	5

1-10 续表 5

单位：人

地 区	2019年12月			2020年1月		
	小计	男	女	小计	男	女
盐城市	**3572**	**1877**	**1695**	**3518**	**1782**	**1736**
亭湖区	378	192	186	398	205	193
盐都区	329	174	155	350	170	180
大丰区	299	169	130	256	131	125
响水县	308	166	142	296	147	149
滨海县	482	236	246	503	246	257
阜宁县	444	242	202	429	207	222
射阳县	335	169	166	323	162	161
建湖县	249	123	126	278	152	126
盐城经济技术开发区	58	32	26	53	24	29
江苏省盐南高新区	304	162	142	283	155	128
东台市	386	212	174	349	183	166
扬州市	**2522**	**1288**	**1234**	**2295**	**1146**	**1149**
广陵区	286	151	135	292	140	152
邗江区	508	259	249	421	201	220
江都区	438	213	225	366	189	177
宝应县	322	162	160	318	163	155
扬州经济技术开发区	163	89	74	152	80	72
蜀冈瘦西湖景区	63	37	26	75	37	38
生态新城	51	24	27	34	17	17
仪征市	298	145	153	298	150	148
高邮市	393	208	185	339	169	170
镇江市	**1885**	**973**	**912**	**1771**	**916**	**855**
京口区	167	85	82	165	84	81
润州区	141	76	65	117	60	57
丹徒区	190	86	104	202	112	90
镇江新区	162	86	76	163	83	80
江苏镇江高新区	46	23	23	41	20	21
丹阳市	571	303	268	513	267	246
扬中市	148	82	66	172	91	81
句容市	460	232	228	398	199	199
泰州市	**2426**	**1190**	**1236**	**2437**	**1249**	**1188**
海陵区	319	153	166	323	165	158
高港区	142	69	73	178	89	89
姜堰区	314	143	171	335	162	173
泰州医药高新技术产业开发区	168	84	84	162	83	79
兴化市	604	293	311	586	313	273
靖江市	354	156	198	325	172	153
泰兴市	525	292	233	528	265	263
宿迁市	**4209**	**2213**	**1996**	**4207**	**2126**	**2081**
宿城区	618	310	308	692	346	346
宿豫区	431	231	200	372	200	172
沭阳县	1437	771	666	1432	730	702
泗阳县	651	330	321	585	276	309
泗洪县	641	356	285	669	334	335
宿迁经济技术开发区	177	89	88	177	94	83
宿迁市湖滨新区	93	48	45	105	52	53
苏州宿迁工业园区	38	16	22	51	28	23
宿迁市洋河新区	123	62	61	124	66	58

1-10 续表 6

单位：人

地区	2020年2月			2020年3月			2020年4月		
	小计	男	女	小计	男	女	小计	男	女
江苏	**47739**	**24857**	**22882**	**49931**	**25901**	**24030**	**44978**	**23264**	**21714**
南京市	**5508**	**2896**	**2612**	**5679**	**2957**	**2722**	**5249**	**2771**	**2478**
玄武区	230	123	107	232	123	109	220	127	93
秦淮区	288	135	153	362	192	170	308	165	143
建邺区	290	157	133	297	153	144	273	148	125
鼓楼区	355	194	161	353	181	172	417	229	188
浦口区	256	127	129	256	132	124	240	123	117
栖霞区	504	263	241	529	269	260	486	243	243
雨花台区	398	205	193	389	208	181	389	205	184
江宁区	1312	686	626	1402	717	685	1196	614	582
六合区	411	210	201	438	238	200	422	220	202
溧水区	341	174	167	338	172	166	278	155	123
高淳区	293	168	125	249	150	99	247	137	110
南京江北新区	830	454	376	834	422	412	773	405	368
无锡市	**3813**	**2005**	**1808**	**4121**	**2139**	**1982**	**3597**	**1880**	**1717**
锡山区	450	234	216	466	252	214	444	233	211
惠山区	478	257	221	558	283	275	500	239	261
滨湖区	233	126	107	259	136	123	246	131	115
梁溪区	494	257	237	557	304	253	490	261	229
新吴区	438	225	213	493	261	232	454	260	194
江苏无锡经济开发区	233	128	105	225	122	103	241	123	118
江阴市	907	459	448	937	456	481	730	377	353
宜兴市	580	319	261	626	325	301	492	256	236
徐州市	**6722**	**3559**	**3163**	**6784**	**3538**	**3246**	**6258**	**3265**	**2993**
鼓楼区	282	148	134	324	165	159	313	155	158
云龙区	375	223	152	376	201	175	373	178	195
贾汪区	351	195	156	347	186	161	308	175	133
泉山区	470	236	234	429	225	204	370	211	159
铜山区	893	433	460	827	443	384	780	435	345
丰县	722	377	345	710	372	338	628	323	305
沛县	768	400	368	835	456	379	792	422	370
睢宁县	829	449	380	877	456	421	814	428	386
徐州经济技术开发区	380	195	185	333	162	171	304	155	149
新沂市	677	392	285	681	352	329	618	291	327
邳州市	975	511	464	1045	520	525	958	492	466
常州市	**2819**	**1442**	**1377**	**2947**	**1519**	**1428**	**2497**	**1264**	**1233**
天宁区	337	155	182	300	146	154	307	157	150
钟楼区	340	165	175	356	168	188	275	139	136
新北区	524	269	255	584	321	263	471	237	234
武进区	696	371	325	686	357	329	522	252	270
金坛区	296	153	143	346	191	155	286	152	134
江苏省常州市经济开发区	248	129	119	249	125	124	247	125	122
溧阳市	378	200	178	426	211	215	389	202	187

1-10 续表 7

单位：人

地 区	2020年2月			2020年3月			2020年4月		
	小计	男	女	小计	男	女	小计	男	女
苏州市	**7055**	**3661**	**3394**	**7544**	**3869**	**3675**	**6216**	**3167**	**3049**
虎丘区	510	273	237	532	281	251	432	217	215
吴中区	833	446	387	896	467	429	690	367	323
相城区	540	285	255	554	261	293	570	277	293
姑苏区	479	233	246	447	223	224	388	206	182
吴江区	882	472	410	921	475	446	752	405	347
苏州工业园区	691	355	336	718	371	347	596	300	296
常熟市	648	357	291	713	368	345	588	301	287
张家港市	730	363	367	779	408	371	608	303	305
昆山市	1359	697	662	1564	809	755	1282	635	647
太仓市	383	180	203	420	206	214	310	156	154
南通市	**3254**	**1649**	**1605**	**3437**	**1777**	**1660**	**3187**	**1616**	**1571**
崇川区	382	186	196	339	180	159	323	174	149
港闸区	230	126	104	249	135	114	213	108	105
通州区	481	248	233	500	259	241	482	233	249
如东县	276	140	136	349	187	162	324	148	176
南通经济技术开发区	151	81	70	177	82	95	182	89	93
通州湾示范区	39	18	21	36	20	16	21	13	8
苏锡通科技产业园区	40	18	22	42	21	21	41	18	23
启东市	335	165	170	360	172	188	358	182	176
如皋市	573	295	278	598	286	312	507	268	239
海门市	416	206	210	408	217	191	408	219	189
海安市	331	166	165	379	218	161	328	164	164
连云港市	**3232**	**1721**	**1511**	**3471**	**1856**	**1615**	**3181**	**1639**	**1542**
连云区	103	43	60	137	72	65	83	41	42
海州区	523	294	229	489	262	227	462	238	224
赣榆区	746	386	360	824	433	391	732	374	358
东海县	784	423	361	836	456	380	777	404	373
灌云县	480	265	215	550	293	257	487	260	227
灌南县	378	198	180	380	191	189	402	206	196
连云港经济技术开发区	48	25	23	69	37	32	63	31	32
连云港高新技术产业开发区	135	72	63	143	88	55	138	72	66
江苏连云港徐圩新区	14	7	7	26	12	14	19	8	11
江苏省连云港市云台山风景名胜区	21	8	13	17	12	5	18	5	13
淮安市	**2619**	**1368**	**1251**	**2923**	**1504**	**1419**	**2692**	**1408**	**1284**
淮安区	427	216	211	520	266	254	389	192	197
淮阴区	441	229	212	545	287	258	468	254	214
清江浦区	357	177	180	361	182	179	365	191	174
洪泽区	116	66	50	139	69	70	150	87	63
涟水县	481	242	239	530	280	250	496	264	232
盱眙县	337	184	153	350	171	179	345	167	178
金湖县	142	79	63	163	80	83	158	80	78
淮安经济技术开发区	192	104	88	208	108	100	206	110	96
工业园区	14	8	6	10	6	4	15	5	10
生态文旅区	97	55	42	81	45	36	86	51	35
苏淮高新区	15	8	7	16	10	6	14	7	7

1-10 续表 8

单位：人

地　区	2020年2月			2020年3月			2020年4月		
	小计	男	女	小计	男	女	小计	男	女
盐城市	**3275**	**1686**	**1589**	**3299**	**1721**	**1578**	**3085**	**1565**	**1520**
亭湖区	382	195	187	362	205	157	303	150	153
盐都区	329	153	176	334	171	163	321	168	153
大丰区	250	128	122	248	139	109	213	113	100
响水县	267	135	132	292	150	142	264	127	137
滨海县	506	275	231	482	266	216	485	240	245
阜宁县	405	198	207	406	210	196	400	211	189
射阳县	311	155	156	325	161	164	308	166	142
建湖县	232	112	120	238	108	130	216	108	108
盐城经济技术开发区	42	23	19	48	20	28	47	19	28
江苏省盐南高新区	211	115	96	254	126	128	214	110	104
东台市	340	197	143	310	165	145	314	153	161
扬州市	**2033**	**1067**	**966**	**2124**	**1098**	**1026**	**1949**	**1002**	**947**
广陵区	243	125	118	246	125	121	239	123	116
邗江区	391	212	179	379	207	172	344	160	184
江都区	374	195	179	365	177	188	322	168	154
宝应县	265	143	122	326	178	148	291	156	135
扬州经济技术开发区	118	69	49	117	60	57	115	63	52
蜀冈瘦西湖景区	59	26	33	66	36	30	74	37	37
生态新城	26	16	10	27	15	12	35	14	21
仪征市	241	128	113	266	124	142	225	116	109
高邮市	316	153	163	332	176	156	304	165	139
镇江市	**1630**	**818**	**812**	**1681**	**878**	**803**	**1558**	**808**	**750**
京口区	143	72	71	161	76	85	168	91	77
润州区	102	57	45	129	65	64	119	52	67
丹徒区	163	77	86	180	114	66	162	96	66
镇江新区	143	66	77	155	79	76	129	70	59
江苏镇江高新区	46	24	22	38	16	22	37	17	20
丹阳市	476	242	234	478	236	242	442	212	230
扬中市	161	89	72	143	67	76	133	78	55
句容市	396	191	205	397	225	172	368	192	176
泰州市	**2088**	**1095**	**993**	**2166**	**1073**	**1093**	**2000**	**1005**	**995**
海陵区	288	142	146	291	148	143	280	122	158
高港区	155	85	70	137	60	77	120	63	57
姜堰区	282	147	135	309	151	158	253	132	121
泰州医药高新技术产业开发区	141	79	62	154	80	74	129	65	64
兴化市	538	279	259	539	261	278	522	267	255
靖江市	273	140	133	263	134	129	286	146	140
泰兴市	411	223	188	473	239	234	410	210	200
宿迁市	**3691**	**1890**	**1801**	**3755**	**1972**	**1783**	**3509**	**1874**	**1635**
宿城区	549	296	253	555	281	274	510	251	259
宿豫区	379	185	194	359	191	168	326	173	153
沭阳县	1231	623	608	1263	662	601	1262	686	576
泗阳县	556	286	270	567	307	260	489	280	209
泗洪县	573	299	274	613	313	300	542	282	260
宿迁经济技术开发区	149	78	71	183	102	81	146	73	73
宿迁市湖滨新区	95	37	58	83	49	34	98	47	51
苏州宿迁工业园区	36	19	17	33	16	17	30	16	14
宿迁市洋河新区	123	67	56	99	51	48	106	66	40

1-10　续表 9　　　　单位：人

地　区	2020年5月			2020年6月			2020年7月		
	小计	男	女	小计	男	女	小计	男	女
江　苏	**43179**	**22684**	**20495**	**44820**	**23488**	**21332**	**45285**	**23758**	**21527**
南京市	**4877**	**2558**	**2319**	**5102**	**2701**	**2401**	**5399**	**2900**	**2499**
玄武区	184	105	79	198	105	93	249	122	127
秦淮区	304	173	131	279	159	120	296	148	148
建邺区	275	142	133	297	163	134	281	153	128
鼓楼区	339	177	162	382	221	161	382	199	183
浦口区	244	122	122	273	145	128	274	142	132
栖霞区	450	237	213	475	250	225	525	304	221
雨花台区	314	170	144	367	184	183	384	217	167
江宁区	1196	653	543	1218	645	573	1302	697	605
六合区	378	185	193	368	187	181	402	202	200
溧水区	244	115	129	267	139	128	316	174	142
高淳区	237	124	113	226	113	113	245	157	88
南京江北新区	712	355	357	752	390	362	743	385	358
无锡市	**3465**	**1794**	**1671**	**3585**	**1885**	**1700**	**3633**	**1863**	**1770**
锡山区	397	201	196	433	255	178	434	239	195
惠山区	428	235	193	474	240	234	475	255	220
滨湖区	223	120	103	234	127	107	222	102	120
梁溪区	477	249	228	454	221	233	492	238	254
新吴区	425	224	201	454	224	230	472	251	221
江苏无锡经济开发区	211	95	116	219	121	98	180	105	75
江阴市	815	433	382	805	435	370	838	415	423
宜兴市	489	237	252	512	262	250	520	258	262
徐州市	**6149**	**3295**	**2854**	**6422**	**3419**	**3003**	**6150**	**3295**	**2855**
鼓楼区	276	141	135	270	146	124	280	145	135
云龙区	358	188	170	397	206	191	355	200	155
贾汪区	277	159	118	295	173	122	248	130	118
泉山区	392	224	168	407	220	187	393	211	182
铜山区	784	410	374	843	431	412	815	442	373
丰县	636	349	287	687	329	358	626	327	299
沛县	787	420	367	856	482	374	803	398	405
睢宁县	762	421	341	797	440	357	757	406	351
徐州经济技术开发区	310	157	153	303	162	141	297	152	145
新沂市	656	339	317	642	343	299	605	328	277
邳州市	911	487	424	925	487	438	971	556	415
常州市	**2586**	**1389**	**1197**	**2585**	**1362**	**1223**	**2914**	**1535**	**1379**
天宁区	294	169	125	250	129	121	297	166	131
钟楼区	293	161	132	338	190	148	338	167	171
新北区	491	260	231	514	262	252	570	298	272
武进区	590	312	278	574	295	279	640	347	293
金坛区	309	164	145	279	162	117	334	177	157
江苏省常州市经济开发区	224	129	95	208	108	100	295	144	151
溧阳市	385	194	191	422	216	206	440	236	204

1-10 续表 10

单位：人

地　区	2020年5月			2020年6月			2020年7月		
	小计	男	女	小计	男	女	小计	男	女
苏州市	**6540**	**3394**	**3146**	**6639**	**3406**	**3233**	**6767**	**3532**	**3235**
虎丘区	454	255	199	442	242	200	503	266	237
吴中区	803	404	399	744	387	357	831	433	398
相城区	495	249	246	551	295	256	559	280	279
姑苏区	392	222	170	394	193	201	427	230	197
吴江区	740	387	353	818	435	383	746	387	359
苏州工业园区	602	338	264	700	366	334	616	353	263
常熟市	603	302	301	614	329	285	672	364	308
张家港市	656	335	321	588	275	313	641	320	321
昆山市	1450	730	720	1433	715	718	1421	723	698
太仓市	345	172	173	355	169	186	351	176	175
南通市	**2967**	**1509**	**1458**	**3093**	**1588**	**1505**	**3079**	**1591**	**1488**
崇川区	324	166	158	278	150	128	321	174	147
港闸区	188	97	91	239	125	114	206	101	105
通州区	475	244	231	487	250	237	485	238	247
如东县	309	172	137	290	154	136	292	154	138
南通经济技术开发区	137	76	61	155	77	78	170	97	73
通州湾示范区	30	9	21	33	17	16	29	18	11
苏锡通科技产业园区	34	14	20	46	22	24	43	19	24
启东市	310	152	158	347	178	169	330	167	163
如皋市	539	282	257	561	278	283	526	272	254
海门市	332	153	179	372	194	178	369	199	170
海安市	289	144	145	285	143	142	308	152	156
连云港市	**2968**	**1585**	**1383**	**3138**	**1653**	**1485**	**3053**	**1591**	**1462**
连云区	93	49	44	78	42	36	80	37	43
海州区	435	240	195	504	242	262	472	236	236
赣榆区	687	375	312	682	356	326	708	384	324
东海县	737	380	357	762	427	335	741	397	344
灌云县	472	258	214	524	277	247	462	250	212
灌南县	359	188	171	362	196	166	371	176	195
连云港经济技术开发区	42	22	20	54	26	28	47	19	28
连云港高新技术产业开发区	120	62	58	130	65	65	123	65	58
江苏连云港徐圩新区	12	7	5	21	10	11	23	16	7
江苏省连云港市云台山风景名胜区	11	4	7	21	12	9	26	11	15
淮安市	**2503**	**1341**	**1162**	**2660**	**1414**	**1246**	**2645**	**1372**	**1273**
淮安区	396	211	185	424	217	207	372	195	177
淮阴区	474	260	214	480	269	211	462	228	234
清江浦区	358	180	178	347	185	162	387	216	171
洪泽区	118	61	57	122	67	55	159	75	84
涟水县	452	241	211	505	260	245	471	263	208
盱眙县	303	160	143	316	172	144	349	172	177
金湖县	125	67	58	140	60	80	148	73	75
淮安经济技术开发区	188	110	78	216	117	99	189	98	91
工业园区	9	6	3	7	4	3	12	10	2
生态文旅区	68	37	31	95	61	34	84	37	47
苏淮高新区	12	8	4	8	2	6	12	5	7

1-10　续表 11　　　　单位：人

地　区	2020年5月			2020年6月			2020年7月		
	小计	男	女	小计	男	女	小计	男	女
盐城市	**2852**	**1472**	**1380**	**2909**	**1524**	**1385**	**2929**	**1534**	**1395**
亭湖区	286	149	137	320	161	159	317	159	158
盐都区	290	153	137	318	166	152	293	156	137
大丰区	212	119	93	225	123	102	207	110	97
响水县	228	119	109	251	138	113	256	130	126
滨海县	438	220	218	393	210	183	429	224	205
阜宁县	344	187	157	353	185	168	352	179	173
射阳县	242	121	121	282	154	128	299	150	149
建湖县	230	107	123	230	108	122	220	119	101
盐城经济技术开发区	51	32	19	30	16	14	49	27	22
江苏省盐南高新区	204	110	94	221	117	104	217	106	111
东台市	327	155	172	286	146	140	290	174	116
扬州市	**1806**	**902**	**904**	**1766**	**933**	**833**	**1830**	**979**	**851**
广陵区	217	111	106	201	110	91	190	102	88
邗江区	302	152	150	316	172	144	335	172	163
江都区	299	152	147	318	160	158	345	178	167
宝应县	286	140	146	260	147	113	249	147	102
扬州经济技术开发区	115	52	63	107	57	50	118	64	54
蜀冈瘦西湖景区	49	29	20	63	32	31	54	28	26
生态新城	27	16	11	28	16	12	30	14	16
仪征市	209	96	113	222	121	101	226	127	99
高邮市	302	154	148	251	118	133	283	147	136
镇江市	**1364**	**714**	**650**	**1482**	**756**	**726**	**1512**	**756**	**756**
京口区	128	69	59	144	57	87	144	74	70
润州区	109	54	55	105	48	57	124	72	52
丹徒区	132	67	65	147	76	71	173	81	92
镇江新区	110	56	54	110	57	53	131	56	75
江苏镇江高新区	32	13	19	43	20	23	26	12	14
丹阳市	391	204	187	425	207	218	451	222	229
扬中市	124	62	62	130	77	53	120	71	49
句容市	338	189	149	378	214	164	343	168	175
泰州市	**1780**	**934**	**846**	**1874**	**978**	**896**	**1920**	**1007**	**913**
海陵区	242	131	111	237	111	126	250	123	127
高港区	128	75	53	144	76	68	142	76	66
姜堰区	211	110	101	261	147	114	235	107	128
泰州医药高新技术产业开发区	125	63	62	134	73	61	161	88	73
兴化市	459	233	226	415	205	210	431	227	204
靖江市	209	97	112	253	123	130	294	165	129
泰兴市	406	225	181	430	243	187	407	221	186
宿迁市	**3322**	**1797**	**1525**	**3565**	**1869**	**1696**	**3454**	**1803**	**1651**
宿城区	508	275	233	529	266	263	528	278	250
宿豫区	312	168	144	326	181	145	331	161	170
沭阳县	1131	626	505	1187	616	571	1144	605	539
泗阳县	508	268	240	582	295	287	534	271	263
泗洪县	523	282	241	556	302	254	547	292	255
宿迁经济技术开发区	119	60	59	158	77	81	151	82	69
宿迁市湖滨新区	83	48	35	71	46	25	82	42	40
苏州宿迁工业园区	30	18	12	29	17	12	40	23	17
宿迁市洋河新区	108	52	56	127	69	58	97	49	48

1-10 续表 12

单位：人

地　区	2020年8月			2020年9月			2020年10月		
	小计	男	女	小计	男	女	小计	男	女
江　苏	**45414**	**23815**	**21599**	**38853**	**20436**	**18417**	**32846**	**17317**	**15529**
南京市	**5147**	**2677**	**2470**	**5036**	**2628**	**2408**	**4272**	**2230**	**2042**
玄武区	192	111	81	206	110	96	187	95	92
秦淮区	264	152	112	330	169	161	223	111	112
建邺区	281	141	140	284	142	142	199	101	98
鼓楼区	332	171	161	333	182	151	276	150	126
浦口区	281	153	128	230	115	115	233	118	115
栖霞区	479	252	227	449	249	200	348	184	164
雨花台区	369	190	179	351	192	159	290	144	146
江宁区	1240	614	626	1164	598	566	1007	520	487
六合区	390	212	178	373	183	190	369	205	164
溧水区	319	160	159	294	156	138	222	111	111
高淳区	236	118	118	245	127	118	265	128	137
南京江北新区	764	403	361	777	405	372	653	363	290
无锡市	**3793**	**2025**	**1768**	**3316**	**1746**	**1570**	**2409**	**1239**	**1170**
锡山区	471	251	220	404	208	196	286	153	133
惠山区	516	286	230	434	207	227	358	166	192
滨湖区	247	126	121	212	118	94	125	75	50
梁溪区	476	247	229	469	247	222	314	165	149
新吴区	458	235	223	410	217	193	288	154	134
江苏无锡经济开发区	207	116	91	185	102	83	123	57	66
江阴市	875	476	399	768	434	334	575	287	288
宜兴市	543	288	255	434	213	221	340	182	158
徐州市	**6048**	**3189**	**2859**	**4901**	**2621**	**2280**	**3426**	**1891**	**1535**
鼓楼区	267	131	136	240	138	102	175	89	86
云龙区	396	201	195	336	169	167	238	136	102
贾汪区	301	145	156	214	121	93	162	86	76
泉山区	410	209	201	312	160	152	251	125	126
铜山区	821	441	380	672	364	308	461	259	202
丰县	660	369	291	548	281	267	308	173	135
沛县	783	412	371	671	365	306	480	260	220
睢宁县	697	405	292	470	252	218	408	226	182
徐州经济技术开发区	301	161	140	272	143	129	150	81	69
新沂市	542	279	263	501	273	228	352	203	149
邳州市	870	436	434	665	355	310	441	253	188
常州市	**2756**	**1445**	**1311**	**2349**	**1283**	**1066**	**1829**	**943**	**886**
天宁区	296	143	153	267	160	107	158	86	72
钟楼区	308	146	162	280	147	133	205	118	87
新北区	496	264	232	438	234	204	266	133	133
武进区	606	339	267	442	233	209	321	166	155
金坛区	327	182	145	312	160	152	370	186	184
江苏省常州市经济开发区	263	143	120	206	119	87	88	47	41
溧阳市	460	228	232	404	230	174	421	207	214

1-10　续表 13　　　　单位：人

地　区	2020年8月			2020年9月			2020年10月		
	小计	男	女	小计	男	女	小计	男	女
苏州市	**7106**	**3675**	**3431**	**5960**	**3151**	**2809**	**5653**	**2922**	**2731**
虎丘区	442	232	210	413	222	191	264	138	126
吴中区	983	534	449	717	354	363	947	492	455
相城区	582	323	259	505	256	249	422	232	190
姑苏区	401	212	189	369	196	173	229	118	111
吴江区	777	377	400	607	343	264	609	312	297
苏州工业园区	674	339	335	685	371	314	656	318	338
常熟市	655	313	342	512	278	234	345	174	171
张家港市	700	364	336	539	287	252	439	217	222
昆山市	1512	802	710	1323	697	626	1530	808	722
太仓市	380	179	201	290	147	143	212	113	99
南通市	**2984**	**1557**	**1427**	**2659**	**1353**	**1306**	**2564**	**1382**	**1182**
崇川区	275	146	129	231	128	103	236	141	95
港闸区	201	115	86	167	86	81	198	98	100
通州区	460	236	224	384	200	184	299	140	159
如东县	290	138	152	280	145	135	267	143	124
南通经济技术开发区	149	90	59	116	58	58	116	65	51
通州湾示范区	28	15	13	22	10	12	32	12	20
苏锡通科技产业园区	33	20	13	37	14	23	27	16	11
启东市	381	193	188	324	168	156	434	229	205
如皋市	540	271	269	516	242	274	405	236	169
海门市	333	185	148	305	159	146	280	141	139
海安市	294	148	146	277	143	134	270	161	109
连云港市	**2954**	**1525**	**1429**	**2494**	**1290**	**1204**	**2213**	**1206**	**1007**
连云区	80	43	37	70	41	29	55	27	28
海州区	493	254	239	400	219	181	310	175	135
赣榆区	655	331	324	614	314	300	552	299	253
东海县	668	340	328	628	314	314	532	292	240
灌云县	521	270	251	318	172	146	380	205	175
灌南县	333	175	158	270	138	132	196	107	89
连云港经济技术开发区	50	29	21	50	19	31	65	32	33
连云港高新技术产业开发区	122	68	54	113	62	51	91	52	39
江苏连云港徐圩新区	14	4	10	15	6	9	18	9	9
江苏省连云港市云台山风景名胜区	18	11	7	16	5	11	14	8	6
淮安市	**2713**	**1399**	**1314**	**2260**	**1215**	**1045**	**1869**	**954**	**915**
淮安区	414	195	219	366	193	173	337	156	181
淮阴区	482	243	239	410	226	184	335	158	177
清江浦区	364	196	168	335	189	146	229	120	109
洪泽区	158	84	74	110	57	53	69	37	32
涟水县	476	232	244	390	207	183	358	199	159
盱眙县	354	195	159	281	155	126	249	127	122
金湖县	141	72	69	99	52	47	100	59	41
淮安经济技术开发区	215	122	93	179	96	83	109	57	52
工业园区	14	10	4	11	6	5	6	2	4
生态文旅区	82	42	40	70	31	39	71	36	35
苏淮高新区	13	8	5	9	3	6	6	3	3

1-10 续表 14

单位：人

地区	2020年8月			2020年9月			2020年10月		
	小计	男	女	小计	男	女	小计	男	女
盐城市	**3054**	**1590**	**1464**	**2550**	**1297**	**1253**	**2301**	**1155**	**1146**
亭湖区	308	161	147	225	100	125	162	78	84
盐都区	319	177	142	265	143	122	265	127	138
大丰区	221	109	112	220	109	111	215	108	107
响水县	264	134	130	221	117	104	162	88	74
滨海县	424	222	202	326	169	157	388	201	187
阜宁县	384	200	184	309	173	136	249	125	124
射阳县	300	161	139	240	121	119	235	120	115
建湖县	210	107	103	193	100	93	211	104	107
盐城经济技术开发区	46	30	16	45	22	23	42	16	26
江苏省盐南高新区	250	125	125	184	96	88	81	45	36
东台市	328	164	164	322	147	175	291	143	148
扬州市	**1872**	**972**	**900**	**1542**	**810**	**732**	**1447**	**779**	**668**
广陵区	227	122	105	150	71	79	135	79	56
邗江区	317	166	151	275	139	136	278	159	119
江都区	301	148	153	273	130	143	237	125	112
宝应县	268	141	127	232	123	109	248	124	124
扬州经济技术开发区	122	67	55	105	65	40	106	54	52
蜀冈瘦西湖景区	62	33	29	61	29	32	47	27	20
生态新城	27	17	10	26	21	5	14	10	4
仪征市	244	126	118	165	90	75	128	61	67
高邮市	304	152	152	255	142	113	254	140	114
镇江市	**1521**	**812**	**709**	**1289**	**696**	**593**	**1057**	**558**	**499**
京口区	143	81	62	107	51	56	92	42	50
润州区	110	54	56	86	49	37	65	38	27
丹徒区	140	69	71	123	58	65	136	70	66
镇江新区	141	68	73	103	54	49	72	40	32
江苏镇江高新区	30	16	14	35	18	17	22	14	8
丹阳市	460	263	197	384	214	170	304	167	137
扬中市	133	69	64	96	53	43	121	67	54
句容市	364	192	172	355	199	156	245	120	125
泰州市	**2010**	**1081**	**929**	**1709**	**858**	**851**	**1483**	**814**	**669**
海陵区	256	141	115	202	81	121	207	115	92
高港区	152	84	68	137	76	61	127	71	56
姜堰区	261	137	124	247	126	121	224	116	108
泰州医药高新技术产业开发区	133	76	57	140	68	72	115	76	39
兴化市	455	239	216	380	204	176	260	131	129
靖江市	293	157	136	206	112	94	177	91	86
泰兴市	460	247	213	397	191	206	373	214	159
宿迁市	**3456**	**1868**	**1588**	**2788**	**1488**	**1300**	**2323**	**1244**	**1079**
宿城区	481	258	223	399	208	191	399	201	198
宿豫区	348	185	163	260	124	136	222	129	93
沭阳县	1133	608	525	881	475	406	876	468	408
泗阳县	544	303	241	489	279	210	314	171	143
泗洪县	561	301	260	447	241	206	249	131	118
宿迁经济技术开发区	158	85	73	122	71	51	108	56	52
宿迁市湖滨新区	88	47	41	70	36	34	68	35	33
苏州宿迁工业园区	30	15	15	34	16	18	21	10	11
宿迁市洋河新区	113	66	47	86	38	48	66	43	23

1-10a　各地区分性别、月份的出生人口
(2019.11.1-2020.10.31)(城市)

单位：人

地　　区	出生人口			2019年11月		
	合计	男	女	小计	男	女
江　苏	**280664**	**146343**	**134321**	**30800**	**15978**	**14822**
南京市	**56255**	**29557**	**26698**	**6133**	**3255**	**2878**
玄武区	2714	1457	1257	319	172	147
秦淮区	3818	1993	1825	431	231	200
建邺区	3538	1850	1688	358	177	181
鼓楼区	4560	2416	2144	464	242	222
浦口区	2576	1379	1197	238	138	100
栖霞区	5744	3013	2731	630	328	302
雨花台区	4659	2460	2199	523	269	254
江宁区	13045	6785	6260	1443	772	671
六合区	1720	897	823	186	105	81
溧水区	2383	1250	1133	261	143	118
高淳区	1825	1003	822	183	107	76
南京江北新区	9673	5054	4619	1097	571	526
无锡市	**33707**	**17594**	**16113**	**3733**	**1906**	**1827**
锡山区	3594	1904	1690	401	198	203
惠山区	4507	2272	2235	491	239	252
滨湖区	2763	1464	1299	316	167	149
梁溪区	6062	3164	2898	613	321	292
新吴区	5179	2703	2476	538	281	257
江苏无锡经济开发区	2661	1399	1262	293	147	146
江阴市	5435	2874	2561	650	333	317
宜兴市	3506	1814	1692	431	220	211
徐州市	**25010**	**13203**	**11807**	**2722**	**1415**	**1307**
鼓楼区	3497	1800	1697	370	180	190
云龙区	4454	2351	2103	491	265	226
贾汪区	1511	830	681	152	83	69
泉山区	4891	2549	2342	486	249	237
铜山区	2852	1479	1373	317	157	160
丰县						
沛县						
睢宁县						
徐州经济技术开发区	52	29	23	3	1	2
新沂市	3221	1704	1517	373	208	165
邳州市	4532	2461	2071	530	272	258
常州市	**23249**	**12189**	**11060**	**2663**	**1373**	**1290**
天宁区	3172	1645	1527	378	200	178
钟楼区	3730	1916	1814	416	212	204
新北区	5210	2748	2462	588	315	273
武进区	4943	2621	2322	614	318	296
金坛区	2338	1266	1072	236	129	107
江苏省常州市经济开发区	1411	742	669	152	74	78
溧阳市	2445	1251	1194	279	125	154

1-10a 续表 1

单位：人

地　区	出生人口			2019年11月		
	合计	男	女	小计	男	女
苏州市	**52874**	**27455**	**25419**	**5634**	**2962**	**2672**
虎丘区	5286	2776	2510	569	295	274
吴中区	7562	3896	3666	758	397	361
相城区	6202	3214	2988	702	355	347
姑苏区	5081	2675	2406	529	305	224
吴江区	5303	2820	2483	572	298	274
苏州工业园区						
常熟市	4464	2314	2150	517	275	242
张家港市	3193	1625	1568	380	191	189
昆山市	13432	6958	6474	1379	723	656
太仓市	2351	1177	1174	228	123	105
南通市	**17545**	**9131**	**8414**	**1979**	**1020**	**959**
崇川区	3996	2102	1894	463	241	222
港闸区	2750	1448	1302	312	173	139
通州区	2418	1217	1201	253	126	127
如东县						
南通经济技术开发区						
通州湾示范区						
苏锡通科技产业园区						
启东市	1955	1000	955	205	93	112
如皋市	2104	1087	1017	257	138	119
海门市	1750	917	833	202	105	97
海安市	2572	1360	1212	287	144	143
连云港市	**8282**	**4380**	**3902**	**868**	**459**	**409**
连云区	1127	578	549	120	58	62
海州区	4501	2372	2129	465	244	221
赣榆区	2498	1355	1143	266	149	117
东海县	95	49	46	15	8	7
灌云县						
灌南县						
连云港经济技术开发区						
连云港高新技术产业开发区						
江苏连云港徐圩新区	19	8	11			
江苏省连云港市云台山风景名胜区	42	18	24	2		2
淮安市	**9910**	**5151**	**4759**	**1003**	**505**	**498**
淮安区	2131	1070	1061	219	107	112
淮阴区	2905	1528	1377	269	134	135
清江浦区	3949	2065	1884	427	221	206
洪泽区	925	488	437	88	43	45
涟水县						
盱眙县						
金湖县						
淮安经济技术开发区						
工业园区						
生态文旅区						
苏淮高新区						

1-10a　续表 2

单位：人

地　区	出生人口			2019年11月		
	合计	男	女	小计	男	女
盐城市	**11249**	**5831**	**5418**	**1271**	**632**	**639**
亭湖区	3080	1562	1518	331	153	178
盐都区	2103	1112	991	210	109	101
大丰区	1382	716	666	161	80	81
响水县						
滨海县						
阜宁县						
射阳县						
建湖县						
盐城经济技术开发区	31	19	12	5	3	2
江苏省盐南高新区	2772	1456	1316	349	189	160
东台市	1881	966	915	215	98	117
扬州市	**12036**	**6177**	**5859**	**1406**	**695**	**711**
广陵区	2340	1213	1127	261	132	129
邗江区	3639	1876	1763	433	219	214
江都区	1774	887	887	222	112	110
宝应县						
扬州经济技术开发区						
蜀冈瘦西湖景区	767	398	369	94	47	47
生态新城	246	131	115	28	17	11
仪征市	1599	813	786	172	75	97
高邮市	1671	859	812	196	93	103
镇江市	**10438**	**5322**	**5116**	**1125**	**547**	**578**
京口区	1719	852	867	194	87	107
润州区	1365	705	660	160	82	78
丹徒区	1127	564	563	116	54	62
镇江新区						
江苏镇江高新区	438	205	233	42	12	30
丹阳市	2517	1290	1227	267	132	135
扬中市	1005	548	457	110	56	54
句容市	2267	1158	1109	236	124	112
泰州市	**11772**	**6015**	**5757**	**1338**	**708**	**630**
海陵区	2938	1463	1475	313	179	134
高港区	1029	538	491	127	64	63
姜堰区	1904	968	936	192	100	92
泰州医药高新技术产业开发区						
兴化市	1819	898	921	230	109	121
靖江市	1942	993	949	228	117	111
泰兴市	2140	1155	985	248	139	109
宿迁市	**8337**	**4338**	**3999**	**925**	**501**	**424**
宿城区	3949	2027	1922	454	245	209
宿豫区	2634	1392	1242	269	148	121
沭阳县						
泗阳县						
泗洪县						
宿迁经济技术开发区	2	1	1			
宿迁市湖滨新区	556	294	262	58	33	25
苏州宿迁工业园区	426	219	207	54	25	29
宿迁市洋河新区	770	405	365	90	50	40

1-10a 续表 3

单位：人

地　区	2019年12月			2020年1月		
	小计	男	女	小计	男	女
江　苏	**28686**	**14835**	**13851**	**26711**	**13837**	**12874**
南京市	**5604**	**2902**	**2702**	**5309**	**2754**	**2555**
玄武区	267	133	134	230	131	99
秦淮区	383	175	208	350	183	167
建邺区	365	192	173	338	181	157
鼓楼区	486	250	236	441	220	221
浦口区	248	125	123	250	143	107
栖霞区	584	304	280	541	268	273
雨花台区	462	239	223	450	250	200
江宁区	1292	696	596	1222	616	606
六合区	186	104	82	150	70	80
溧水区	267	119	148	229	130	99
高淳区	154	85	69	192	97	95
南京江北新区	910	480	430	916	465	451
无锡市	**3635**	**1883**	**1752**	**3283**	**1684**	**1599**
锡山区	397	204	193	382	194	188
惠山区	480	217	263	423	209	214
滨湖区	308	160	148	275	150	125
梁溪区	647	351	296	579	303	276
新吴区	531	270	261	473	231	242
江苏无锡经济开发区	289	161	128	255	122	133
江阴市	588	312	276	555	291	264
宜兴市	395	208	187	341	184	157
徐州市	**2627**	**1355**	**1272**	**2519**	**1316**	**1203**
鼓楼区	353	189	164	347	173	174
云龙区	478	233	245	429	230	199
贾汪区	173	97	76	175	95	80
泉山区	484	228	256	487	251	236
铜山区	272	135	137	300	156	144
丰县						
沛县						
睢宁县						
徐州经济技术开发区	6	4	2	9	6	3
新沂市	369	198	171	291	148	143
邳州市	492	271	221	481	257	224
常州市	**2483**	**1314**	**1169**	**2124**	**1118**	**1006**
天宁区	361	180	181	305	153	152
钟楼区	378	201	177	341	169	172
新北区	590	322	268	490	262	228
武进区	539	289	250	454	245	209
金坛区	247	129	118	202	119	83
江苏省常州市经济开发区	156	91	65	124	65	59
溧阳市	212	102	110	208	105	103

1-10a 续表 4

单位：人

地区	2019年12月			2020年1月		
	小计	男	女	小计	男	女
苏州市	**5115**	**2648**	**2467**	**4831**	**2497**	**2334**
虎丘区	530	266	264	530	274	256
吴中区	667	339	328	710	365	345
相城区	608	333	275	548	284	264
姑苏区	543	277	266	483	260	223
吴江区	490	258	232	471	240	231
苏州工业园区						
常熟市	473	233	240	413	220	193
张家港市	309	173	136	297	152	145
昆山市	1231	634	597	1163	600	563
太仓市	264	135	129	216	102	114
南通市	**1806**	**923**	**883**	**1602**	**850**	**752**
崇川区	421	206	215	403	210	193
港闸区	311	146	165	245	141	104
通州区	245	135	110	234	128	106
如东县						
南通经济技术开发区						
通州湾示范区						
苏锡通科技产业园区						
启东市	176	87	89	138	72	66
如皋市	219	116	103	207	104	103
海门市	154	79	75	157	79	78
海安市	280	154	126	218	116	102
连云港市	**872**	**468**	**404**	**798**	**414**	**384**
连云区	122	71	51	117	57	60
海州区	448	237	211	423	218	205
赣榆区	283	150	133	242	134	108
东海县	11	7	4	8	2	6
灌云县						
灌南县						
连云港经济技术开发区						
连云港高新技术产业开发区						
江苏连云港徐圩新区	1	1		3	1	2
江苏省连云港市云台山风景名胜区	7	2	5	5	2	3
淮安市	**923**	**485**	**438**	**893**	**446**	**447**
淮安区	204	109	95	191	90	101
淮阴区	264	142	122	256	138	118
清江浦区	370	191	179	358	171	187
洪泽区	85	43	42	88	47	41
涟水县						
盱眙县						
金湖县						
淮安经济技术开发区						
工业园区						
生态文旅区						
苏淮高新区						

1-10a 续表 5

单位：人

地　区	2019年12月			2020年1月		
	小计	男	女	小计	男	女
盐城市	**1124**	**600**	**524**	**1099**	**596**	**503**
亭湖区	310	159	151	327	177	150
盐都区	183	98	85	186	94	92
大丰区	149	79	70	127	70	57
响水县						
滨海县						
阜宁县						
射阳县						
建湖县						
盐城经济技术开发区	4	2	2	2	1	1
江苏省盐南高新区	304	162	142	283	155	128
东台市	174	100	74	174	99	75
扬州市	**1340**	**694**	**646**	**1215**	**603**	**612**
广陵区	243	129	114	250	116	134
邗江区	419	207	212	347	170	177
江都区	202	108	94	177	89	88
宝应县						
扬州经济技术开发区						
蜀冈瘦西湖景区	63	37	26	75	37	38
生态新城	35	14	21	20	9	11
仪征市	172	91	81	188	96	92
高邮市	206	108	98	158	86	72
镇江市	**1077**	**528**	**549**	**988**	**510**	**478**
京口区	161	83	78	161	83	78
润州区	141	76	65	117	60	57
丹徒区	120	50	70	131	80	51
镇江新区						
江苏镇江高新区	46	23	23	41	20	21
丹阳市	258	136	122	236	114	122
扬中市	99	52	47	103	57	46
句容市	252	108	144	199	96	103
泰州市	**1243**	**600**	**643**	**1200**	**620**	**580**
海陵区	294	140	154	291	144	147
高港区	87	41	46	106	54	52
姜堰区	193	80	113	201	103	98
泰州医药高新技术产业开发区						
兴化市	196	104	92	187	100	87
靖江市	226	104	122	190	107	83
泰兴市	247	131	116	225	112	113
宿迁市	**837**	**435**	**402**	**850**	**429**	**421**
宿城区	372	182	190	417	203	214
宿豫区	296	165	131	248	131	117
沭阳县						
泗阳县						
泗洪县						
宿迁经济技术开发区						
宿迁市湖滨新区	54	32	22	55	24	31
苏州宿迁工业园区	38	16	22	51	28	23
宿迁市洋河新区	77	40	37	79	43	36

1-10a 续表 6

单位：人

地区	2020年2月			2020年3月			2020年4月		
	小计	男	女	小计	男	女	小计	男	女
江　苏	**23706**	**12351**	**11355**	**24524**	**12712**	**11812**	**22091**	**11429**	**10662**
南京市	**4679**	**2454**	**2225**	**4808**	**2496**	**2312**	**4452**	**2359**	**2093**
玄武区	230	123	107	232	123	109	220	127	93
秦淮区	288	135	153	362	192	170	308	165	143
建邺区	290	157	133	297	153	144	273	148	125
鼓楼区	355	194	161	353	181	172	417	229	188
浦口区	203	104	99	199	103	96	207	115	92
栖霞区	472	245	227	497	257	240	452	226	226
雨花台区	395	203	192	386	207	179	382	202	180
江宁区	1088	565	523	1150	581	569	983	504	479
六合区	132	66	66	152	81	71	142	72	70
溧水区	233	114	119	223	120	103	168	96	72
高淳区	173	98	75	134	82	52	140	78	62
南京江北新区	820	450	370	823	416	407	760	397	363
无锡市	**2745**	**1416**	**1329**	**3012**	**1595**	**1417**	**2670**	**1401**	**1269**
锡山区	275	139	136	314	173	141	302	160	142
惠山区	353	183	170	417	213	204	367	179	188
滨湖区	217	116	101	243	129	114	223	121	102
梁溪区	494	257	237	557	304	253	490	261	229
新吴区	416	213	203	459	241	218	429	247	182
江苏无锡经济开发区	233	128	105	225	122	103	241	123	118
江阴市	451	219	232	457	226	231	381	197	184
宜兴市	306	161	145	340	187	153	237	113	124
徐州市	**2238**	**1223**	**1015**	**2097**	**1090**	**1007**	**2063**	**1057**	**1006**
鼓楼区	282	148	134	324	165	159	313	155	158
云龙区	355	211	144	357	187	170	366	176	190
贾汪区	150	95	55	128	66	62	130	75	55
泉山区	470	236	234	429	225	204	370	211	159
铜山区	268	123	145	196	100	96	231	120	111
丰县									
沛县									
睢宁县									
徐州经济技术开发区	4	2	2	4	3	1	3	1	2
新沂市	288	168	120	273	141	132	277	119	158
邳州市	421	240	181	386	203	183	373	200	173
常州市	**1987**	**1015**	**972**	**2008**	**1033**	**975**	**1700**	**870**	**830**
天宁区	286	129	157	248	121	127	259	132	127
钟楼区	330	162	168	336	158	178	262	132	130
新北区	424	216	208	471	256	215	384	194	190
武进区	466	245	221	431	226	205	353	174	179
金坛区	179	97	82	203	115	88	154	88	66
江苏省常州市经济开发区	118	65	53	117	63	54	117	55	62
溧阳市	184	101	83	202	94	108	171	95	76

1-10a 续表 7

单位：人

地　　区	2020年2月			2020年3月			2020年4月		
	小计	男	女	小计	男	女	小计	男	女
苏州市	**4301**	**2249**	**2052**	**4656**	**2368**	**2288**	**3944**	**2023**	**1921**
虎丘区	478	253	225	493	264	229	394	197	197
吴中区	590	316	274	623	315	308	505	257	248
相城区	498	262	236	501	233	268	511	246	265
姑苏区	479	233	246	447	223	224	388	206	182
吴江区	438	244	194	502	266	236	418	243	175
苏州工业园区									
常熟市	351	195	156	404	206	198	335	164	171
张家港市	270	140	130	297	145	152	240	124	116
昆山市	992	506	486	1186	620	566	978	498	480
太仓市	205	100	105	203	96	107	175	88	87
南通市	**1516**	**766**	**750**	**1562**	**821**	**741**	**1453**	**763**	**690**
崇川区	382	186	196	339	180	159	323	174	149
港闸区	230	126	104	248	135	113	212	108	104
通州区	206	103	103	204	92	112	211	98	113
如东县									
南通经济技术开发区									
通州湾示范区									
苏锡通科技产业园区									
启东市	153	80	73	178	91	87	163	79	84
如皋市	193	92	101	190	92	98	170	102	68
海门市	153	82	71	160	88	72	162	88	74
海安市	199	97	102	243	143	100	212	114	98
连云港市	**755**	**392**	**363**	**753**	**409**	**344**	**642**	**321**	**321**
连云区	103	43	60	135	71	64	81	41	40
海州区	424	238	186	370	202	168	350	175	175
赣榆区	213	106	107	238	127	111	195	100	95
东海县	9	3	6	8	7	1	7	2	5
灌云县									
灌南县									
连云港经济技术开发区									
连云港高新技术产业开发区									
江苏连云港徐圩新区				1	1		5	2	3
江苏省连云港市云台山风景名胜区	6	2	4	1	1		4	1	3
淮安市	**773**	**401**	**372**	**886**	**448**	**438**	**837**	**438**	**399**
淮安区	163	84	79	214	108	106	181	91	90
淮阴区	212	112	100	287	145	142	241	132	109
清江浦区	327	163	164	315	161	154	335	170	165
洪泽区	71	42	29	70	34	36	80	45	35
涟水县									
盱眙县									
金湖县									
淮安经济技术开发区									
工业园区									
生态文旅区									
苏淮高新区									

1-10a　续表 8　　单位：人

地　区	2020年2月			2020年3月			2020年4月		
	小计	男	女	小计	男	女	小计	男	女
盐城市	**1009**	**529**	**480**	**1016**	**544**	**472**	**884**	**450**	**434**
亭湖区	307	159	148	301	171	130	237	113	124
盐都区	190	89	101	192	103	89	179	93	86
大丰区	130	68	62	127	68	59	98	55	43
响水县									
滨海县									
阜宁县									
射阳县									
建湖县									
盐城经济技术开发区	3	1	2	4	4				
江苏省盐南高新区	211	115	96	254	126	128	214	110	104
东台市	168	97	71	138	72	66	156	79	77
扬州市	**1025**	**528**	**497**	**1059**	**541**	**518**	**949**	**473**	**476**
广陵区	201	103	98	214	111	103	200	100	100
邗江区	332	176	156	304	168	136	287	132	155
江都区	159	76	83	158	68	90	115	62	53
宝应县									
扬州经济技术开发区									
蜀冈瘦西湖景区	59	26	33	66	36	30	74	37	37
生态新城	15	9	6	18	10	8	26	10	16
仪征市	126	70	56	155	73	82	117	61	56
高邮市	133	68	65	144	75	69	130	71	59
镇江市	**922**	**482**	**440**	**957**	**489**	**468**	**897**	**468**	**429**
京口区	140	69	71	160	76	84	164	89	75
润州区	100	55	45	129	65	64	119	52	67
丹徒区	95	43	52	114	67	47	89	52	37
镇江新区									
江苏镇江高新区	46	24	22	38	16	22	37	17	20
丹阳市	223	120	103	214	105	109	223	103	120
扬中市	108	61	47	92	38	54	76	49	27
句容市	210	110	100	210	122	88	189	106	83
泰州市	**1023**	**524**	**499**	**1018**	**515**	**503**	**929**	**454**	**475**
海陵区	257	128	129	265	132	133	259	110	149
高港区	91	49	42	76	38	38	70	37	33
姜堰区	165	87	78	172	84	88	131	69	62
泰州医药高新技术产业开发区									
兴化市	172	94	78	180	81	99	147	70	77
靖江市	167	79	88	148	79	69	164	84	80
泰兴市	171	87	84	177	101	76	158	84	74
宿迁市	**733**	**372**	**361**	**692**	**363**	**329**	**671**	**352**	**319**
宿城区	331	181	150	331	167	164	309	152	157
宿豫区	230	109	121	230	126	104	219	117	102
沭阳县									
泗阳县									
泗洪县									
宿迁经济技术开发区				1	1				
宿迁市湖滨新区	56	24	32	39	24	15	52	28	24
苏州宿迁工业园区	36	19	17	33	16	17	30	16	14
宿迁市洋河新区	80	39	41	58	29	29	61	39	22

1-10a 续表 9 单位：人

地　区	2020年5月			2020年6月			2020年7月		
	小计	男	女	小计	男	女	小计	男	女
江　苏	**21361**	**11208**	**10153**	**21913**	**11474**	**10439**	**22569**	**11906**	**10663**
南京市	**4220**	**2221**	**1999**	**4353**	**2307**	**2046**	**4600**	**2479**	**2121**
玄武区	184	105	79	198	105	93	249	122	127
秦淮区	304	173	131	279	159	120	296	148	148
建邺区	275	142	133	297	163	134	281	153	128
鼓楼区	339	177	162	382	221	161	382	199	183
浦口区	209	109	100	204	114	90	221	117	104
栖霞区	426	222	204	457	240	217	491	280	211
雨花台区	313	170	143	363	182	181	380	213	167
江宁区	1000	533	467	997	523	474	1076	581	495
六合区	135	72	63	135	62	73	155	79	76
溧水区	165	83	82	179	93	86	190	109	81
高淳区	162	81	81	118	58	60	148	99	49
南京江北新区	708	354	354	744	387	357	731	379	352
无锡市	**2543**	**1325**	**1218**	**2617**	**1391**	**1226**	**2647**	**1377**	**1270**
锡山区	272	149	123	265	157	108	280	159	121
惠山区	313	164	149	348	176	172	335	183	152
滨湖区	205	107	98	218	117	101	208	95	113
梁溪区	477	249	228	454	221	233	492	238	254
新吴区	400	209	191	422	211	211	440	233	207
江苏无锡经济开发区	211	95	116	219	121	98	180	105	75
江阴市	416	233	183	412	233	179	441	233	208
宜兴市	249	119	130	279	155	124	271	131	140
徐州市	**2017**	**1088**	**929**	**2035**	**1109**	**926**	**1985**	**1100**	**885**
鼓楼区	276	141	135	270	146	124	280	145	135
云龙区	341	179	162	381	197	184	336	192	144
贾汪区	112	62	50	111	68	43	97	46	51
泉山区	392	224	168	407	220	187	393	211	182
铜山区	237	130	107	245	133	112	243	136	107
丰县									
沛县									
睢宁县									
徐州经济技术开发区	9	3	6	3	2	1	4	3	1
新沂市	279	142	137	258	146	112	270	154	116
邳州市	371	207	164	360	197	163	362	213	149
常州市	**1804**	**960**	**844**	**1797**	**940**	**857**	**2014**	**1068**	**946**
天宁区	246	142	104	212	106	106	262	149	113
钟楼区	280	156	124	313	175	138	323	161	162
新北区	391	202	189	432	214	218	460	241	219
武进区	402	216	186	386	201	185	415	227	188
金坛区	201	100	101	149	85	64	203	108	95
江苏省常州市经济开发区	109	61	48	101	50	51	140	74	66
溧阳市	175	83	92	204	109	95	211	108	103

1-10a 续表 10

单位：人

地区	2020年5月			2020年6月			2020年7月		
	小计	男	女	小计	男	女	小计	男	女
苏州市	**4081**	**2114**	**1967**	**4088**	**2107**	**1981**	**4327**	**2262**	**2065**
虎丘区	426	238	188	393	212	181	469	247	222
吴中区	563	288	275	521	270	251	587	301	286
相城区	445	224	221	504	269	235	508	262	246
姑苏区	392	222	170	394	193	201	427	230	197
吴江区	388	205	183	439	235	204	422	222	200
苏州工业园区									
常熟市	358	186	172	354	192	162	406	221	185
张家港市	257	120	137	206	97	109	243	118	125
昆山市	1067	538	529	1067	541	526	1066	561	505
太仓市	185	93	92	210	98	112	199	100	99
南通市	**1318**	**658**	**660**	**1383**	**729**	**654**	**1339**	**685**	**654**
崇川区	324	166	158	278	150	128	321	174	147
港闸区	186	96	90	237	124	113	205	101	104
通州区	196	97	99	208	103	105	184	87	97
如东县									
南通经济技术开发区									
通州湾示范区									
苏锡通科技产业园区									
启东市	134	69	65	144	82	62	150	71	79
如皋市	158	84	74	176	94	82	143	69	74
海门市	123	54	69	149	75	74	143	84	59
海安市	197	92	105	191	101	90	193	99	94
连云港市	**663**	**371**	**292**	**657**	**332**	**325**	**664**	**339**	**325**
连云区	90	49	41	78	42	36	77	35	42
海州区	347	195	152	385	184	201	377	190	187
赣榆区	214	118	96	179	98	81	200	109	91
东海县	9	6	3	7	4	3	7	3	4
灌云县									
灌南县									
连云港经济技术开发区									
连云港高新技术产业开发区									
江苏连云港徐圩新区	1	1		3		3			
江苏省连云港市云台山风景名胜区	2	2		5	4	1	3	2	1
淮安市	**800**	**415**	**385**	**799**	**441**	**358**	**830**	**440**	**390**
淮安区	163	83	80	179	99	80	137	71	66
淮阴区	251	139	112	235	134	101	256	127	129
清江浦区	320	160	160	311	169	142	341	192	149
洪泽区	66	33	33	74	39	35	96	50	46
涟水县									
盱眙县									
金湖县									
淮安经济技术开发区									
工业园区									
生态文旅区									
苏淮高新区									

1-10a 续表 11 单位：人

地区	2020年5月			2020年6月			2020年7月		
	小计	男	女	小计	男	女	小计	男	女
盐城市	**835**	**441**	**394**	**927**	**480**	**447**	**855**	**454**	**401**
亭湖区	222	118	104	269	136	133	240	124	116
盐都区	163	92	71	186	94	92	162	88	74
大丰区	102	56	46	114	60	54	90	51	39
响水县									
滨海县									
阜宁县									
射阳县									
建湖县									
盐城经济技术开发区							4	4	
江苏省盐南高新区	204	110	94	221	117	104	217	106	111
东台市	144	65	79	137	73	64	142	81	61
扬州市	**857**	**448**	**409**	**859**	**445**	**414**	**939**	**482**	**457**
广陵区	187	100	87	165	94	71	169	89	80
邗江区	243	128	115	257	136	121	279	142	137
江都区	122	62	60	129	59	70	162	85	77
宝应县									
扬州经济技术开发区									
蜀冈瘦西湖景区	49	29	20	63	32	31	54	28	26
生态新城	15	9	6	20	11	9	23	10	13
仪征市	104	48	56	115	60	55	134	74	60
高邮市	137	72	65	110	53	57	118	54	64
镇江市	**745**	**386**	**359**	**821**	**389**	**432**	**826**	**425**	**401**
京口区	125	68	57	143	56	87	134	70	64
润州区	109	54	55	105	48	57	124	72	52
丹徒区	63	33	30	77	38	39	81	34	47
镇江新区									
江苏镇江高新区	32	13	19	43	20	23	26	12	14
丹阳市	170	89	81	195	88	107	217	111	106
扬中市	74	40	34	75	41	34	74	44	30
句容市	172	89	83	183	98	85	170	82	88
泰州市	**822**	**433**	**389**	**922**	**466**	**456**	**889**	**463**	**426**
海陵区	222	116	106	215	101	114	219	107	112
高港区	76	47	29	93	49	44	89	49	40
姜堰区	134	68	66	148	80	68	133	59	74
泰州医药高新技术产业开发区									
兴化市	120	61	59	130	55	75	123	64	59
靖江市	104	54	50	155	74	81	179	100	79
泰兴市	166	87	79	181	107	74	146	84	62
宿迁市	**656**	**348**	**308**	**655**	**338**	**317**	**654**	**332**	**322**
宿城区	322	176	146	330	157	173	313	165	148
宿豫区	190	96	94	193	104	89	212	102	110
沭阳县									
泗阳县									
泗洪县									
宿迁经济技术开发区				1		1			
宿迁市湖滨新区	49	27	22	37	23	14	39	18	21
苏州宿迁工业园区	30	18	12	29	17	12	40	23	17
宿迁市洋河新区	65	31	34	65	37	28	50	24	26

1-10a　续表 12　　单位：人

地　区	2020年8月			2020年9月			2020年10月		
	小计	男	女	小计	男	女	小计	男	女
江　苏	**22562**	**11787**	**10775**	**19715**	**10368**	**9347**	**16026**	**8458**	**7568**
南京市	**4325**	**2251**	**2074**	**4283**	**2246**	**2037**	**3489**	**1833**	**1656**
玄武区	192	111	81	206	110	96	187	95	92
秦淮区	264	152	112	330	169	161	223	111	112
建邺区	281	141	140	284	142	142	199	101	98
鼓楼区	332	171	161	333	182	151	276	150	126
浦口区	228	121	107	189	101	88	180	89	91
栖霞区	456	241	215	420	233	187	318	169	149
雨花台区	368	190	178	350	192	158	287	143	144
江宁区	1015	494	521	959	487	472	820	433	387
六合区	126	72	54	121	57	64	100	57	43
溧水区	176	89	87	176	98	78	116	56	60
高淳区	131	70	61	148	77	71	142	71	71
南京江北新区	756	399	357	767	398	369	641	358	283
无锡市	**2767**	**1464**	**1303**	**2399**	**1289**	**1110**	**1656**	**863**	**793**
锡山区	304	154	150	244	135	109	158	82	76
惠山区	370	210	160	324	161	163	286	138	148
滨湖区	236	122	114	199	111	88	115	69	46
梁溪区	476	247	229	469	247	222	314	165	149
新吴区	416	212	204	387	210	177	268	145	123
江苏无锡经济开发区	207	116	91	185	102	83	123	57	66
江阴市	458	253	205	376	220	156	250	124	126
宜兴市	300	150	150	215	103	112	142	83	59
徐州市	**1981**	**1004**	**977**	**1633**	**858**	**775**	**1093**	**588**	**505**
鼓楼区	267	131	136	240	138	102	175	89	86
云龙区	374	190	184	316	161	155	230	130	100
贾汪区	133	67	66	87	41	46	63	35	28
泉山区	410	209	201	312	160	152	251	125	126
铜山区	236	125	111	212	115	97	95	49	46
丰县									
沛县									
睢宁县									
徐州经济技术开发区	2	1	1	3	2	1	2	1	1
新沂市	238	116	122	205	106	99	100	58	42
邳州市	321	165	156	258	135	123	177	101	76
常州市	**1854**	**976**	**878**	**1620**	**884**	**736**	**1195**	**638**	**557**
天宁区	254	122	132	226	137	89	135	74	61
钟楼区	290	137	153	265	139	126	196	114	82
新北区	386	212	174	372	200	172	222	114	108
武进区	408	234	174	280	143	137	195	103	92
金坛区	178	99	79	187	97	90	199	100	99
江苏省常州市经济开发区	130	66	64	94	51	43	53	27	26
溧阳市	208	106	102	196	117	79	195	106	89

1-10a 续表 13　　　　单位：人

地　区	2020年8月			2020年9月			2020年10月		
	小计	男	女	小计	男	女	小计	男	女
苏州市	**4462**	**2337**	**2125**	**3768**	**1976**	**1792**	**3667**	**1912**	**1755**
虎丘区	393	207	186	375	201	174	236	122	114
吴中区	740	400	340	519	248	271	779	400	379
相城区	539	303	236	461	233	228	377	210	167
姑苏区	401	212	189	369	196	173	229	118	111
吴江区	441	220	221	348	194	154	374	195	179
苏州工业园区									
常熟市	357	168	189	292	155	137	204	99	105
张家港市	276	144	132	246	142	104	172	79	93
昆山市	1113	583	530	1004	524	480	1186	630	556
太仓市	202	100	102	154	83	71	110	59	51
南通市	**1331**	**703**	**628**	**1140**	**607**	**533**	**1116**	**606**	**510**
崇川区	275	146	129	231	128	103	236	141	95
港闸区	201	115	86	166	86	80	197	97	100
通州区	205	109	96	150	79	71	122	60	62
如东县									
南通经济技术开发区									
通州湾示范区									
苏锡通科技产业园区									
启东市	168	86	82	148	83	65	198	107	91
如皋市	150	71	79	151	74	77	90	51	39
海门市	142	84	58	109	59	50	96	40	56
海安市	190	92	98	185	98	87	177	110	67
连云港市	**649**	**345**	**304**	**554**	**305**	**249**	**407**	**225**	**182**
连云区	79	43	36	70	41	29	55	27	28
海州区	379	194	185	309	171	138	224	124	100
赣榆区	181	101	80	166	91	75	121	72	49
东海县	6	5	1	6	2	4	2		2
灌云县									
灌南县									
连云港经济技术开发区									
连云港高新技术产业开发区									
江苏连云港徐圩新区	1		1				4	2	2
江苏省连云港市云台山风景名胜区	3	2	1	3		3	1		1
淮安市	**857**	**437**	**420**	**782**	**422**	**360**	**527**	**273**	**254**
淮安区	187	84	103	178	88	90	115	56	59
淮阴区	246	126	120	221	117	104	167	82	85
清江浦区	332	182	150	310	177	133	203	108	95
洪泽区	92	45	47	73	40	33	42	27	15
涟水县									
盱眙县									
金湖县									
淮安经济技术开发区									
工业园区									
生态文旅区									
苏淮高新区									

1-10a　续表 14　　　　　　　　　　　　　　　　　　　　　　　　单位：人

地　区	2020年8月			2020年9月			2020年10月		
	小计	男	女	小计	男	女	小计	男	女
盐城市	**944**	**475**	**469**	**740**	**356**	**384**	**545**	**274**	**271**
亭湖区	244	123	121	179	78	101	113	51	62
盐都区	185	102	83	135	77	58	132	73	59
大丰区	100	45	55	90	42	48	94	42	52
响水县									
滨海县									
阜宁县									
射阳县									
建湖县									
盐城经济技术开发区	1		1	4	2	2	4	2	2
江苏省盐南高新区	250	125	125	184	96	88	81	45	36
东台市	164	80	84	148	61	87	121	61	60
扬州市	**961**	**506**	**455**	**753**	**384**	**369**	**673**	**378**	**295**
广陵区	202	109	93	124	59	65	124	71	53
邗江区	270	140	130	233	118	115	235	140	95
江都区	132	69	63	113	51	62	83	46	37
宝应县									
扬州经济技术开发区									
蜀冈瘦西湖景区	62	33	29	61	29	32	47	27	20
生态新城	18	11	7	19	15	4	9	6	3
仪征市	145	81	64	93	49	44	78	35	43
高邮市	132	63	69	110	63	47	97	53	44
镇江市	**808**	**429**	**379**	**697**	**373**	**324**	**575**	**296**	**279**
京口区	140	80	60	106	50	56	91	41	50
润州区	110	54	56	86	49	37	65	38	27
丹徒区	82	39	43	72	31	41	87	43	44
镇江新区									
江苏镇江高新区	30	16	14	35	18	17	22	14	8
丹阳市	198	110	88	178	102	76	138	80	58
扬中市	76	44	32	50	31	19	68	35	33
句容市	172	86	86	170	92	78	104	45	59
泰州市	**942**	**498**	**444**	**796**	**396**	**400**	**650**	**338**	**312**
海陵区	235	131	104	182	76	106	186	99	87
高港区	73	42	31	79	38	41	62	30	32
姜堰区	161	86	75	158	88	70	116	64	52
泰州医药高新技术产业开发区									
兴化市	133	58	75	123	65	58	78	37	41
靖江市	170	90	80	116	60	56	95	45	50
泰兴市	170	91	79	138	69	69	113	63	50
宿迁市	**681**	**362**	**319**	**550**	**272**	**278**	**433**	**234**	**199**
宿城区	306	165	141	248	131	117	216	103	113
宿豫区	234	130	104	184	86	98	129	78	51
沭阳县									
泗阳县									
泗洪县									
宿迁经济技术开发区									
宿迁市湖滨新区	46	21	25	37	20	17	34	20	14
苏州宿迁工业园区	30	15	15	34	16	18	21	10	11
宿迁市洋河新区	65	31	34	47	19	28	33	23	10

1-10b 各地区分性别、月份的出生人口(2019.11.1-2020.10.31)(镇)

单位：人

地 区	出生人口			2019年11月		
	合计	男	女	小计	男	女
江 苏	**148232**	**77181**	**71051**	**16188**	**8371**	**7817**
南京市	**1683**	**852**	**831**	**167**	**80**	**87**
玄武区						
秦淮区						
建邺区						
鼓楼区						
浦口区	4	2	2			
栖霞区						
雨花台区	47	26	21	6	3	3
江宁区						
六合区	1302	659	643	125	56	69
溧水区	263	128	135	28	17	11
高淳区	67	37	30	8	4	4
南京江北新区						
无锡市	**6882**	**3535**	**3347**	**761**	**379**	**382**
锡山区	1442	744	698	174	83	91
惠山区	724	376	348	75	39	36
滨湖区						
梁溪区						
新吴区						
江苏无锡经济开发区						
江阴市	3111	1577	1534	339	172	167
宜兴市	1605	838	767	173	85	88
徐州市	**25579**	**13494**	**12085**	**2928**	**1549**	**1379**
鼓楼区						
云龙区	203	112	91	24	13	11
贾汪区	668	357	311	80	47	33
泉山区						
铜山区	2951	1538	1413	337	172	165
丰县	4224	2220	2004	513	271	242
沛县	5454	2872	2582	581	302	279
睢宁县	5433	2917	2516	663	358	305
徐州经济技术开发区	3337	1747	1590	353	197	156
新沂市	1420	748	672	165	79	86
邳州市	1889	983	906	212	110	102
常州市	**3624**	**1906**	**1718**	**359**	**186**	**173**
天宁区	255	130	125	25	12	13
钟楼区						
新北区	619	319	300	59	25	34
武进区	814	436	378	91	51	40
金坛区	387	209	178	30	17	13
江苏省常州市经济开发区	610	329	281	64	39	25
溧阳市	939	483	456	90	42	48

1-10b　续表 1　　　　单位：人

地　区	出生人口			2019年11月		
	合计	男	女	小计	男	女
苏州市	**21300**	**10941**	**10359**	**2311**	**1203**	**1108**
虎丘区	41	26	15	4	2	2
吴中区	1208	632	576	134	70	64
相城区	366	186	180	47	25	22
姑苏区						
吴江区	2781	1410	1371	337	181	156
苏州工业园区	8424	4394	4030	865	447	418
常熟市	1739	881	858	192	90	102
张家港市	3466	1776	1690	387	194	193
昆山市	1963	993	970	192	108	84
太仓市	1312	643	669	153	86	67
南通市	**11080**	**5698**	**5382**	**1175**	**601**	**574**
崇川区						
港闸区						
通州区	1704	866	838	188	101	87
如东县	2253	1148	1105	214	98	116
南通经济技术开发区	1996	1054	942	226	115	111
通州湾示范区	137	63	74	13	6	7
苏锡通科技产业园区	222	119	103	28	17	11
启东市	898	448	450	93	50	43
如皋市	1970	1033	937	191	101	90
海门市	1419	711	708	166	80	86
海安市	481	256	225	56	33	23
连云港市	**14915**	**7792**	**7123**	**1647**	**870**	**777**
连云区						
海州区	543	262	281	56	23	33
赣榆区	2549	1339	1210	256	137	119
东海县	4227	2242	1985	488	257	231
灌云县	2940	1564	1376	320	179	141
灌南县	2234	1118	1116	240	124	116
连云港经济技术开发区	566	281	285	62	27	35
连云港高新技术产业开发区	1647	883	764	205	112	93
江苏连云港徐圩新区	192	94	98	19	10	9
江苏省连云港市云台山风景名胜区	17	9	8	1	1	
淮安市	**12555**	**6625**	**5930**	**1332**	**683**	**649**
淮安区	614	313	301	65	28	37
淮阴区	725	384	341	85	51	34
清江浦区	39	19	20	4	3	1
洪泽区	110	59	51	13	4	9
涟水县	3574	1903	1671	379	208	171
盱眙县	2646	1412	1234	266	136	130
金湖县	1213	594	619	144	74	70
淮安经济技术开发区	2397	1278	1119	251	122	129
工业园区	70	48	22	10	7	3
生态文旅区	1044	551	493	107	47	60
苏淮高新区	123	64	59	8	3	5

1-10b 续表 2

单位：人

地 区	出生人口			2019年11月		
	合计	男	女	小计	男	女
盐城市	**14284**	**7369**	**6915**	**1551**	**797**	**754**
亭湖区	327	159	168	38	19	19
盐都区	491	241	250	51	23	28
大丰区	642	352	290	66	30	36
响水县	1751	900	851	169	91	78
滨海县	2933	1530	1403	312	163	149
阜宁县	2748	1407	1341	309	157	152
射阳县	2287	1195	1092	254	133	121
建湖县	1978	984	994	228	115	113
盐城经济技术开发区	380	205	175	45	26	19
江苏省盐南高新区						
东台市	747	396	351	79	40	39
扬州市	**5772**	**2985**	**2787**	**667**	**350**	**317**
广陵区	155	83	72	20	14	6
邗江区	300	149	151	42	25	17
江都区	955	481	474	110	56	54
宝应县	2041	1060	981	243	125	118
扬州经济技术开发区	1387	737	650	147	77	70
蜀冈瘦西湖景区						
生态新城	57	33	24	8	7	1
仪征市	319	156	163	38	17	21
高邮市	558	286	272	59	29	30
镇江市	**5190**	**2688**	**2502**	**600**	**302**	**298**
京口区	23	9	14	4	2	2
润州区						
丹徒区	369	178	191	36	14	22
镇江新区	1497	752	745	201	100	101
江苏镇江高新区						
丹阳市	2211	1159	1052	229	123	106
扬中市	188	102	86	29	19	10
句容市	902	488	414	101	44	57
泰州市	**5828**	**3049**	**2779**	**625**	**318**	**307**
海陵区	98	52	46	11	6	5
高港区	292	150	142	32	18	14
姜堰区	366	168	198	38	14	24
泰州医药高新技术产业开发区	1653	879	774	179	97	82
兴化市	1630	883	747	184	97	87
靖江市	529	274	255	56	26	30
泰兴市	1260	643	617	125	60	65
宿迁市	**19540**	**10247**	**9293**	**2065**	**1053**	**1012**
宿城区	383	200	183	34	19	15
宿豫区	455	242	213	47	24	23
沭阳县	8566	4501	4065	911	468	443
泗阳县	4212	2215	1997	442	226	216
泗洪县	4423	2308	2115	468	238	230
宿迁经济技术开发区	1402	730	672	156	75	81
宿迁市湖滨新区	99	51	48	7	3	4
苏州宿迁工业园区						
宿迁市洋河新区						

1-10b 续表 3

单位：人

地 区	2019年12月			2020年1月		
	小计	男	女	小计	男	女
江 苏	**14967**	**7790**	**7177**	**14369**	**7437**	**6932**
南京市	**163**	**90**	**73**	**153**	**80**	**73**
玄武区						
秦淮区						
建邺区						
鼓楼区						
浦口区	1	1				
栖霞区						
雨花台区	9	5	4	5	5	
江宁区						
六合区	122	67	55	113	61	52
溧水区	28	16	12	25	6	19
高淳区	3	1	2	10	8	2
南京江北新区						
无锡市	**772**	**385**	**387**	**653**	**352**	**301**
锡山区	182	93	89	145	83	62
惠山区	77	39	38	61	41	20
滨湖区						
梁溪区						
新吴区						
江苏无锡经济开发区						
江阴市	333	161	172	292	144	148
宜兴市	180	92	88	155	84	71
徐州市	**2515**	**1287**	**1228**	**2566**	**1341**	**1225**
鼓楼区						
云龙区	18	12	6	13	8	5
贾汪区	60	25	35	57	23	34
泉山区						
铜山区	278	146	132	306	155	151
丰县	417	217	200	424	231	193
沛县	469	233	236	509	278	231
睢宁县	542	279	263	561	284	277
徐州经济技术开发区	357	184	173	327	165	162
新沂市	157	76	81	168	89	79
邳州市	217	115	102	201	108	93
常州市	**374**	**203**	**171**	**341**	**178**	**163**
天宁区	24	16	8	18	11	7
钟楼区						
新北区	72	37	35	68	31	37
武进区	91	49	42	80	37	43
金坛区	33	22	11	32	20	12
江苏省常州市经济开发区	70	34	36	62	33	29
溧阳市	84	45	39	81	46	35

1-10b 续表 4 单位：人

地区	2019年12月			2020年1月		
	小计	男	女	小计	男	女
苏州市	**2243**	**1121**	**1122**	**2012**	**1057**	**955**
虎丘区	4	1	3	4	3	1
吴中区	131	61	70	115	59	56
相城区	30	15	15	37	20	17
姑苏区						
吴江区	301	148	153	271	138	133
苏州工业园区	830	416	414	791	420	371
常熟市	204	94	110	174	89	85
张家港市	390	197	193	338	186	152
昆山市	191	111	80	170	85	85
太仓市	162	78	84	112	57	55
南通市	**1095**	**581**	**514**	**1067**	**571**	**496**
崇川区						
港闸区						
通州区	189	94	95	173	91	82
如东县	224	125	99	220	116	104
南通经济技术开发区	207	114	93	210	110	100
通州湾示范区	10	5	5	13	5	8
苏锡通科技产业园区	23	12	11	22	16	6
启东市	85	50	35	75	38	37
如皋市	174	90	84	160	89	71
海门市	136	69	67	142	70	72
海安市	47	22	25	52	36	16
连云港市	**1483**	**768**	**715**	**1465**	**759**	**706**
连云区						
海州区	52	26	26	60	31	29
赣榆区	252	131	121	217	125	92
东海县	430	226	204	416	222	194
灌云县	255	131	124	286	145	141
灌南县	263	137	126	238	114	124
连云港经济技术开发区	49	22	27	66	34	32
连云港高新技术产业开发区	163	86	77	164	79	85
江苏连云港徐圩新区	17	8	9	15	7	8
江苏省连云港市云台山风景名胜区	2	1	1	3	2	1
淮安市	**1243**	**670**	**573**	**1158**	**615**	**543**
淮安区	52	33	19	59	36	23
淮阴区	62	29	33	61	34	27
清江浦区	3	2	1	8	4	4
洪泽区	8	7	1	8	5	3
涟水县	351	193	158	361	198	163
盱眙县	272	145	127	256	138	118
金湖县	128	62	66	93	39	54
淮安经济技术开发区	239	127	112	205	107	98
工业园区	5	3	2	8	5	3
生态文旅区	113	65	48	90	44	46
苏淮高新区	10	4	6	9	5	4

1-10b　续表 5　　　　单位：人

地区	2019年12月			2020年1月		
	小计	男	女	小计	男	女
盐城市	**1352**	**695**	**657**	**1356**	**685**	**671**
亭湖区	23	13	10	22	10	12
盐都区	48	26	22	54	26	28
大丰区	75	43	32	51	26	25
响水县	165	91	74	174	85	89
滨海县	260	127	133	286	143	143
阜宁县	270	141	129	274	124	150
射阳县	227	111	116	211	114	97
建湖县	175	83	92	183	106	77
盐城经济技术开发区	42	24	18	39	20	19
江苏省盐南高新区						
东台市	67	36	31	62	31	31
扬州市	**627**	**326**	**301**	**577**	**290**	**287**
广陵区	21	11	10	21	10	11
邗江区	42	25	17	27	11	16
江都区	105	48	57	88	46	42
宝应县	208	104	104	217	108	109
扬州经济技术开发区	152	85	67	139	72	67
蜀冈瘦西湖景区						
生态新城	8	5	3	6	3	3
仪征市	35	17	18	30	15	15
高邮市	56	31	25	49	25	24
镇江市	**528**	**287**	**241**	**502**	**258**	**244**
京口区	4	1	3	4	1	3
润州区						
丹徒区	31	16	15	38	17	21
镇江新区	150	78	72	153	77	76
江苏镇江高新区						
丹阳市	231	124	107	210	115	95
扬中市	12	7	5	23	9	14
句容市	100	61	39	74	39	35
泰州市	**581**	**311**	**270**	**589**	**298**	**291**
海陵区	8	6	2	13	10	3
高港区	23	12	11	27	12	15
姜堰区	37	18	19	38	18	20
泰州医药高新技术产业开发区	158	80	78	153	78	75
兴化市	174	91	83	184	96	88
靖江市	59	30	29	54	30	24
泰兴市	122	74	48	120	54	66
宿迁市	**1991**	**1066**	**925**	**1930**	**953**	**977**
宿城区	36	20	16	49	25	24
宿豫区	47	24	23	39	21	18
沭阳县	910	496	414	852	428	424
泗阳县	426	218	208	402	188	214
泗洪县	431	237	194	444	211	233
宿迁经济技术开发区	134	70	64	135	73	62
宿迁市湖滨新区	7	1	6	9	7	2
苏州宿迁工业园区						
宿迁市洋河新区						

1-10b 续表 6

单位：人

地区	2020年2月			2020年3月			2020年4月		
	小计	男	女	小计	男	女	小计	男	女
江　苏	**12719**	**6628**	**6091**	**13217**	**6820**	**6397**	**11702**	**6028**	**5674**
南京市	**152**	**78**	**74**	**136**	**61**	**75**	**138**	**72**	**66**
玄武区									
秦淮区									
建邺区									
鼓楼区									
浦口区	1		1						
栖霞区									
雨花台区	3	2	1	3	1	2	7	3	4
江宁区									
六合区	118	59	59	109	46	63	107	55	52
溧水区	27	15	12	17	10	7	20	12	8
高淳区	3	2	1	7	4	3	4	2	2
南京江北新区									
无锡市	**584**	**323**	**261**	**608**	**294**	**314**	**486**	**254**	**232**
锡山区	126	61	65	95	52	43	103	53	50
惠山区	52	34	18	65	30	35	65	33	32
滨湖区									
梁溪区									
新吴区									
江苏无锡经济开发区									
江阴市	262	145	117	287	132	155	202	100	102
宜兴市	144	83	61	161	80	81	116	68	48
徐州市	**2339**	**1226**	**1113**	**2299**	**1220**	**1079**	**2077**	**1072**	**1005**
鼓楼区									
云龙区	20	12	8	19	14	5	7	2	5
贾汪区	74	39	35	67	41	26	58	29	29
泉山区									
铜山区	280	133	147	270	152	118	216	113	103
丰县	399	208	191	373	199	174	340	175	165
沛县	446	228	218	472	257	215	473	250	223
睢宁县	484	266	218	504	267	237	460	246	214
徐州经济技术开发区	335	180	155	283	136	147	265	137	128
新沂市	133	74	59	121	61	60	92	45	47
邳州市	168	86	82	190	93	97	166	75	91
常州市	**286**	**132**	**154**	**329**	**170**	**159**	**283**	**140**	**143**
天宁区	30	11	19	21	8	13	28	12	16
钟楼区									
新北区	52	25	27	51	32	19	49	25	24
武进区	74	42	32	84	45	39	45	25	20
金坛区	25	9	16	32	16	16	33	16	17
江苏省常州市经济开发区	43	16	27	59	27	32	44	23	21
溧阳市	62	29	33	82	42	40	84	39	45

1-10b 续表 7

单位：人

地 区	2020年2月			2020年3月			2020年4月		
	小计	男	女	小计	男	女	小计	男	女
苏州市	**1846**	**927**	**919**	**1907**	**995**	**912**	**1460**	**723**	**737**
虎丘区	4	3	1	2	1	1	3	3	
吴中区	111	55	56	124	75	49	82	49	33
相城区	24	13	11	31	17	14	30	15	15
姑苏区									
吴江区	257	128	129	248	129	119	191	86	105
苏州工业园区	691	355	336	718	371	347	596	300	296
常熟市	149	82	67	167	84	83	125	70	55
张家港市	321	152	169	312	173	139	231	114	117
昆山市	173	88	85	163	74	89	123	50	73
太仓市	116	51	65	142	71	71	79	36	43
南通市	**901**	**461**	**440**	**1008**	**503**	**505**	**910**	**449**	**461**
崇川区									
港闸区									
通州区	136	75	61	159	79	80	116	62	54
如东县	165	79	86	218	115	103	201	90	111
南通经济技术开发区	151	81	70	177	82	95	182	89	93
通州湾示范区	16	11	5	11	6	5	5	1	4
苏锡通科技产业园区	17	9	8	20	9	11	17	8	9
启东市	76	33	43	67	28	39	81	47	34
如皋市	150	78	72	181	93	88	156	82	74
海门市	150	73	77	124	66	58	115	56	59
海安市	40	22	18	51	25	26	37	14	23
连云港市	**1225**	**674**	**551**	**1360**	**723**	**637**	**1265**	**642**	**623**
连云区									
海州区	40	15	25	52	25	27	36	19	17
赣榆区	221	130	91	263	141	122	224	111	113
东海县	363	203	160	376	202	174	359	181	178
灌云县	237	135	102	262	141	121	252	130	122
灌南县	176	94	82	178	83	95	194	100	94
连云港经济技术开发区	37	19	18	61	32	29	48	23	25
连云港高新技术产业开发区	135	72	63	143	88	55	138	72	66
江苏连云港徐圩新区	13	6	7	25	11	14	13	5	8
江苏省连云港市云台山风景名胜区	3		3				1	1	
淮安市	**1007**	**542**	**465**	**1070**	**556**	**514**	**1010**	**540**	**470**
淮安区	53	29	24	68	29	39	37	17	20
淮阴区	51	29	22	64	34	30	54	26	28
清江浦区				1	1		3	3	
洪泽区	3	2	1	8	4	4	11	6	5
涟水县	282	141	141	309	166	143	284	158	126
盱眙县	215	122	93	189	98	91	213	108	105
金湖县	97	51	46	121	58	63	97	50	47
淮安经济技术开发区	192	104	88	208	108	100	206	110	96
工业园区	5	2	3	6	4	2	6	4	2
生态文旅区	97	55	42	81	45	36	86	51	35
苏淮高新区	12	7	5	15	9	6	13	7	6

1-10b 续表 8

单位：人

地　区	2020年2月			2020年3月			2020年4月		
	小计	男	女	小计	男	女	小计	男	女
盐城市	**1291**	**678**	**613**	**1280**	**640**	**640**	**1162**	**602**	**560**
亭湖区	36	19	17	32	17	15	32	14	18
盐都区	45	21	24	48	20	28	38	13	25
大丰区	46	24	22	52	32	20	52	29	23
响水县	151	71	80	166	80	86	152	76	76
滨海县	295	163	132	260	141	119	234	114	120
阜宁县	260	129	131	241	125	116	229	129	100
射阳县	205	107	98	204	97	107	207	115	92
建湖县	169	84	85	170	79	91	137	73	64
盐城经济技术开发区	25	17	8	35	11	24	28	13	15
江苏省盐南高新区									
东台市	59	43	16	72	38	34	53	26	27
扬州市	**491**	**259**	**232**	**499**	**249**	**250**	**469**	**249**	**220**
广陵区	15	9	6	13	5	8	17	9	8
邗江区	21	12	9	32	14	18	21	8	13
江都区	90	49	41	83	41	42	82	40	42
宝应县	164	84	80	178	94	84	167	93	74
扬州经济技术开发区	105	63	42	110	54	56	105	57	48
蜀冈瘦西湖景区									
生态新城	6	2	4	4	2	2	3	1	2
仪征市	29	12	17	29	13	16	28	15	13
高邮市	61	28	33	50	26	24	46	26	20
镇江市	**443**	**214**	**229**	**458**	**240**	**218**	**395**	**194**	**201**
京口区							1	1	
润州区									
丹徒区	34	16	18	26	21	5	32	15	17
镇江新区	128	59	69	142	71	71	114	59	55
江苏镇江高新区									
丹阳市	187	94	93	199	94	105	159	76	83
扬中市	15	7	8	12	10	2	18	8	10
句容市	79	38	41	79	44	35	71	35	36
泰州市	**504**	**268**	**236**	**513**	**247**	**266**	**479**	**249**	**230**
海陵区	9	2	7	5	2	3	7	4	3
高港区	34	19	15	28	11	17	19	8	11
姜堰区	28	13	15	36	16	20	30	16	14
泰州医药高新技术产业开发区	137	77	60	143	72	71	124	61	63
兴化市	154	82	72	143	78	65	153	83	70
靖江市	41	24	17	48	24	24	46	23	23
泰兴市	101	51	50	110	44	66	100	54	46
宿迁市	**1650**	**846**	**804**	**1750**	**922**	**828**	**1568**	**842**	**726**
宿城区	27	18	9	26	11	15	30	14	16
宿豫区	45	23	22	41	17	24	35	19	16
沭阳县	724	372	352	738	396	342	719	389	330
泗阳县	370	183	187	387	209	178	312	179	133
泗洪县	360	193	167	411	208	203	355	185	170
宿迁经济技术开发区	114	56	58	138	76	62	108	54	54
宿迁市湖滨新区	10	1	9	9	5	4	9	2	7
苏州宿迁工业园区									
宿迁市洋河新区									

1-10b　续表 9　　单位：人

地　　区	2020年5月			2020年6月			2020年7月		
	小计	男	女	小计	男	女	小计	男	女
江　苏	**11373**	**5931**	**5442**	**11963**	**6227**	**5736**	**11820**	**6219**	**5601**
南京市	**132**	**66**	**66**	**125**	**63**	**62**	**130**	**70**	**60**
玄武区									
秦淮区									
建邺区									
鼓楼区									
浦口区	1	1		1		1			
栖霞区									
雨花台区	1		1	4	2	2	4	4	
江宁区									
六合区	106	58	48	99	51	48	97	50	47
溧水区	18	5	13	16	7	9	24	12	12
高淳区	6	2	4	5	3	2	5	4	1
南京江北新区									
无锡市	**481**	**236**	**245**	**552**	**286**	**266**	**525**	**263**	**262**
锡山区	85	34	51	117	69	48	101	53	48
惠山区	50	30	20	57	28	29	67	32	35
滨湖区									
梁溪区									
新吴区									
江苏无锡经济开发区									
江阴市	238	122	116	268	140	128	239	116	123
宜兴市	108	50	58	110	49	61	118	62	56
徐州市	**2046**	**1074**	**972**	**2109**	**1108**	**1001**	**2071**	**1079**	**992**
鼓楼区									
云龙区	17	9	8	16	9	7	19	8	11
贾汪区	53	33	20	52	29	23	51	28	23
泉山区									
铜山区	210	98	112	236	123	113	249	134	115
丰县	342	188	154	346	165	181	310	156	154
沛县	466	236	230	478	269	209	475	240	235
睢宁县	435	234	201	452	240	212	434	234	200
徐州经济技术开发区	269	138	131	269	145	124	253	129	124
新沂市	118	63	55	105	51	54	107	55	52
邳州市	136	75	61	155	77	78	173	95	78
常州市	**272**	**157**	**115**	**274**	**152**	**122**	**337**	**187**	**150**
天宁区	25	18	7	13	8	5	25	10	15
钟楼区									
新北区	49	28	21	50	33	17	61	33	28
武进区	65	37	28	67	30	37	72	43	29
金坛区	31	16	15	27	16	11	30	20	10
江苏省常州市经济开发区	36	20	16	51	31	20	61	31	30
溧阳市	66	38	28	66	34	32	88	50	38

1-10b 续表 10 单位：人

地区	2020年5月			2020年6月			2020年7月		
	小计	男	女	小计	男	女	小计	男	女
苏州市	**1624**	**841**	**783**	**1716**	**871**	**845**	**1614**	**855**	**759**
虎丘区	2	1	1	2	1	1	4	3	1
吴中区	101	48	53	98	47	51	101	51	50
相城区	35	19	16	33	17	16	26	7	19
姑苏区									
吴江区	210	103	107	244	124	120	195	106	89
苏州工业园区	602	338	264	700	366	334	616	353	263
常熟市	123	56	67	134	70	64	143	74	69
张家港市	279	145	134	253	126	127	274	142	132
昆山市	184	88	96	157	71	86	154	71	83
太仓市	88	43	45	95	49	46	101	48	53
南通市	**835**	**429**	**406**	**900**	**444**	**456**	**912**	**484**	**428**
崇川区									
港闸区									
通州区	139	76	63	129	66	63	151	73	78
如东县	177	97	80	177	94	83	164	86	78
南通经济技术开发区	137	76	61	155	77	78	170	97	73
通州湾示范区	14	2	12	11	5	6	13	8	5
苏锡通科技产业园区	17	8	9	20	7	13	22	9	13
启东市	60	29	31	81	37	44	69	33	36
如皋市	166	87	79	181	93	88	166	88	78
海门市	94	38	56	104	48	56	116	69	47
海安市	31	16	15	42	17	25	41	21	20
连云港市	**1141**	**618**	**523**	**1225**	**620**	**605**	**1146**	**606**	**540**
连云区									
海州区	25	13	12	53	22	31	40	20	20
赣榆区	180	105	75	197	95	102	206	110	96
东海县	342	184	158	325	176	149	325	178	147
灌云县	233	130	103	276	137	139	215	123	92
灌南县	194	98	96	182	96	86	180	80	100
连云港经济技术开发区	37	21	16	44	19	25	32	15	17
连云港高新技术产业开发区	120	62	58	130	65	65	123	65	58
江苏连云港徐圩新区	10	5	5	18	10	8	22	15	7
江苏省连云港市云台山风景名胜区							3		3
淮安市	**974**	**533**	**441**	**1074**	**574**	**500**	**990**	**502**	**488**
淮安区	52	28	24	50	28	22	48	19	29
淮阴区	60	33	27	68	40	28	54	29	25
清江浦区	4	1	3	5	2	3	3	1	2
洪泽区	10	6	4	10	4	6	9	5	4
涟水县	287	149	138	293	150	143	268	149	119
盱眙县	202	111	91	220	123	97	212	102	110
金湖县	87	47	40	105	43	62	106	51	55
淮安经济技术开发区	188	110	78	216	117	99	189	98	91
工业园区	4	3	1	6	4	2	6	6	
生态文旅区	68	37	31	95	61	34	84	37	47
苏淮高新区	12	8	4	6	2	4	11	5	6

1-10b　续表 11　　　　单位：人

地　区	2020年5月			2020年6月			2020年7月		
	小计	男	女	小计	男	女	小计	男	女
盐城市	**1063**	**528**	**535**	**1076**	**573**	**503**	**1151**	**604**	**547**
亭湖区	27	13	14	20	8	12	38	19	19
盐都区	43	17	26	31	22	9	32	20	12
大丰区	44	23	21	45	29	16	53	30	23
响水县	121	64	57	154	85	69	143	74	69
滨海县	230	117	113	196	113	83	231	124	107
阜宁县	206	109	97	211	110	101	214	103	111
射阳县	140	68	72	186	103	83	190	99	91
建湖县	153	67	86	163	66	97	167	86	81
盐城经济技术开发区	35	24	11	19	11	8	30	15	15
江苏省盐南高新区									
东台市	64	26	38	51	26	25	53	34	19
扬州市	**454**	**212**	**242**	**448**	**232**	**216**	**420**	**237**	**183**
广陵区	6	3	3	9	5	4	7	4	3
邗江区	27	9	18	18	11	7	22	12	10
江都区	66	31	35	83	46	37	77	43	34
宝应县	163	79	84	165	89	76	138	82	56
扬州经济技术开发区	110	50	60	100	52	48	110	59	51
蜀冈瘦西湖景区									
生态新城	6	3	3	3		3	4	3	1
仪征市	31	15	16	26	13	13	20	12	8
高邮市	45	22	23	44	16	28	42	22	20
镇江市	**390**	**208**	**182**	**393**	**206**	**187**	**419**	**200**	**219**
京口区	1		1	1	1		6	3	3
润州区									
丹徒区	33	14	19	27	8	19	45	18	27
镇江新区	105	55	50	97	48	49	121	56	65
江苏镇江高新区									
丹阳市	167	87	80	175	92	83	170	81	89
扬中市	13	7	6	15	11	4	8	6	2
句容市	71	45	26	78	46	32	69	36	33
泰州市	**449**	**223**	**226**	**417**	**233**	**184**	**459**	**253**	**206**
海陵区	8	6	2	10	3	7	12	5	7
高港区	19	9	10	23	14	9	17	10	7
姜堰区	25	10	15	31	16	15	28	14	14
泰州医药高新技术产业开发区	122	61	61	126	69	57	149	82	67
兴化市	132	68	64	110	71	39	114	63	51
靖江市	44	17	27	34	14	20	40	26	14
泰兴市	99	52	47	83	46	37	99	53	46
宿迁市	**1512**	**806**	**706**	**1654**	**865**	**789**	**1646**	**879**	**767**
宿城区	33	16	17	30	14	16	37	19	18
宿豫区	38	21	17	44	23	21	39	24	15
沭阳县	650	355	295	723	381	342	704	372	332
泗阳县	334	172	162	358	188	170	356	188	168
泗洪县	357	190	167	369	196	173	386	210	176
宿迁经济技术开发区	95	48	47	120	55	65	121	65	56
宿迁市湖滨新区	5	4	1	10	8	2	3	1	2
苏州宿迁工业园区									
宿迁市洋河新区									

1-10b 续表 12 单位：人

地区	2020年8月			2020年9月			2020年10月		
	小计	男	女	小计	男	女	小计	男	女
江 苏	**11974**	**6304**	**5670**	**9906**	**5233**	**4673**	**8034**	**4193**	**3841**
南京市	**134**	**70**	**64**	**130**	**66**	**64**	**123**	**56**	**67**
玄武区									
秦淮区									
建邺区									
鼓楼区									
浦口区									
栖霞区									
雨花台区	1		1	1		1	3	1	2
江宁区									
六合区	103	54	49	107	55	52	96	47	49
溧水区	23	13	10	16	8	8	21	7	14
高淳区	7	3	4	6	3	3	3	1	2
南京江北新区									
无锡市	**575**	**324**	**251**	**490**	**239**	**251**	**395**	**200**	**195**
锡山区	117	66	51	116	51	65	81	46	35
惠山区	76	46	30	49	16	33	30	8	22
滨湖区									
梁溪区									
新吴区									
江苏无锡经济开发区									
江阴市	247	133	114	218	117	101	186	95	91
宜兴市	135	79	56	107	55	52	98	51	47
徐州市	**2017**	**1104**	**913**	**1602**	**865**	**737**	**1010**	**569**	**441**
鼓楼区									
云龙区	22	11	11	20	8	12	8	6	2
贾汪区	53	28	25	41	25	16	22	10	12
泉山区									
铜山区	247	137	110	190	98	92	132	77	55
丰县	351	192	159	273	144	129	136	74	62
沛县	461	247	214	373	200	173	251	132	119
睢宁县	398	231	167	271	144	127	229	134	95
徐州经济技术开发区	267	146	121	238	125	113	121	65	56
新沂市	92	45	47	89	63	26	73	47	26
邳州市	126	67	59	107	58	49	38	24	14
常州市	**339**	**173**	**166**	**230**	**132**	**98**	**200**	**96**	**104**
天宁区	21	12	9	15	7	8	10	5	5
钟楼区									
新北区	60	26	34	25	14	11	23	10	13
武进区	68	32	36	47	28	19	30	17	13
金坛区	42	23	19	30	13	17	42	21	21
江苏省常州市经济开发区	52	31	21	50	34	16	18	10	8
溧阳市	96	49	47	63	36	27	77	33	44

1-10b 续表 13

单位：人

地 区	2020年8月			2020年9月			2020年10月		
	小计	男	女	小计	男	女	小计	男	女
苏州市	**1744**	**884**	**860**	**1467**	**794**	**673**	**1356**	**670**	**686**
虎丘区	7	4	3	4	3	1	1	1	
吴中区	104	57	47	70	44	26	37	16	21
相城区	24	11	13	23	14	9	26	13	13
姑苏区									
吴江区	219	103	116	139	79	60	169	85	84
苏州工业园区	674	339	335	685	371	314	656	318	338
常熟市	137	68	69	122	72	50	69	32	37
张家港市	284	145	139	211	107	104	186	95	91
昆山市	190	107	83	123	64	59	143	76	67
太仓市	105	50	55	90	40	50	69	34	35
南通市	**838**	**429**	**409**	**743**	**372**	**371**	**696**	**374**	**322**
崇川区									
港闸区									
通州区	132	60	72	113	55	58	79	34	45
如东县	174	76	98	166	90	76	153	82	71
南通经济技术开发区	149	90	59	116	58	58	116	65	51
通州湾示范区	8	3	5	10	5	5	13	6	7
苏锡通科技产业园区	13	9	4	11	5	6	12	10	2
启东市	72	38	34	58	30	28	81	35	46
如皋市	158	79	79	152	70	82	135	83	52
海门市	99	53	46	93	46	47	80	43	37
海安市	33	21	12	24	13	11	27	16	11
连云港市	**1167**	**577**	**590**	**972**	**495**	**477**	**819**	**440**	**379**
连云区									
海州区	60	29	31	42	20	22	27	19	8
赣榆区	189	78	111	182	87	95	162	89	73
东海县	311	155	156	276	141	135	216	117	99
灌云县	248	124	124	174	96	78	182	93	89
灌南县	181	90	91	132	66	66	76	36	40
连云港经济技术开发区	40	26	14	39	16	23	51	27	24
连云港高新技术产业开发区	122	68	54	113	62	51	91	52	39
江苏连云港徐圩新区	13	4	9	13	6	7	14	7	7
江苏省连云港市云台山风景名胜区	3	3		1	1				
淮安市	**1103**	**576**	**527**	**872**	**459**	**413**	**722**	**375**	**347**
淮安区	58	30	28	32	18	14	40	18	22
淮阴区	62	28	34	58	32	26	46	19	27
清江浦区	3	1	2	2		2	3	1	2
洪泽区	19	12	7	8	3	5	3	1	2
涟水县	299	140	159	239	122	117	222	129	93
盱眙县	239	133	106	199	116	83	163	80	83
金湖县	104	52	52	74	37	37	57	30	27
淮安经济技术开发区	215	122	93	179	96	83	109	57	52
工业园区	10	8	2	2	1	1	2	1	1
生态文旅区	82	42	40	70	31	39	71	36	35
苏淮高新区	12	8	4	9	3	6	6	3	3

1-10b 续表 14

单位：人

地区	2020年8月			2020年9月			2020年10月		
	小计	男	女	小计	男	女	小计	男	女
盐城市	**1139**	**600**	**539**	**1013**	**533**	**480**	**850**	**434**	**416**
亭湖区	25	13	12	19	5	14	15	9	6
盐都区	44	20	24	33	15	18	24	18	6
大丰区	52	32	20	60	29	31	46	25	21
响水县	148	79	69	126	61	65	82	43	39
滨海县	235	112	123	189	105	84	205	108	97
阜宁县	222	118	104	190	103	87	122	59	63
射阳县	189	106	83	148	81	67	126	61	65
建湖县	144	73	71	145	79	66	144	73	71
盐城经济技术开发区	30	21	9	25	12	13	27	11	16
江苏省盐南高新区									
东台市	50	26	24	78	43	35	59	27	32
扬州市	**427**	**220**	**207**	**366**	**201**	**165**	**327**	**160**	**167**
广陵区	10	4	6	10	5	5	6	4	2
邗江区	18	7	11	15	9	6	15	6	9
江都区	64	29	35	65	35	30	42	17	25
宝应县	139	71	68	131	68	63	128	63	65
扬州经济技术开发区	112	60	52	97	58	39	100	50	50
蜀冈瘦西湖景区									
生态新城	5	4	1	3	2	1	1	1	
仪征市	30	17	13	16	7	9	7	3	4
高邮市	49	28	21	29	17	12	28	16	12
镇江市	**440**	**243**	**197**	**354**	**198**	**156**	**268**	**138**	**130**
京口区	2		2						
润州区									
丹徒区	23	14	9	22	12	10	22	13	9
镇江新区	128	63	65	96	52	44	62	34	28
江苏镇江高新区									
丹阳市	199	120	79	158	87	71	127	66	61
扬中市	13	6	7	17	7	10	13	5	8
句容市	75	40	35	61	40	21	44	20	24
泰州市	**482**	**256**	**226**	**385**	**191**	**194**	**345**	**202**	**143**
海陵区	4	2	2	7	2	5	4	4	
高港区	29	15	14	16	8	8	25	14	11
姜堰区	20	9	11	31	14	17	24	10	14
泰州医药高新技术产业开发区	125	69	56	129	63	66	108	70	38
兴化市	130	74	56	86	44	42	66	36	30
靖江市	48	25	23	27	18	9	32	17	15
泰兴市	126	62	64	89	42	47	86	51	35
宿迁市	**1569**	**848**	**721**	**1282**	**688**	**594**	**923**	**479**	**444**
宿城区	33	19	14	23	11	12	25	14	11
宿豫区	32	19	13	22	12	10	26	15	11
沭阳县	638	330	308	536	282	254	461	232	229
泗阳县	349	201	148	301	170	131	175	93	82
泗洪县	383	203	180	299	151	148	160	86	74
宿迁经济技术开发区	119	66	53	93	57	36	69	35	34
宿迁市湖滨新区	15	10	5	8	5	3	7	4	3
苏州宿迁工业园区									
宿迁市洋河新区									

1-10c 各地区分性别、月份的出生人口
(2019.11.1-2020.10.31)(乡村)

单位：人

地 区	出生人口			2019年11月		
	合计	男	女	小计	男	女
江 苏	**134837**	**70505**	**64332**	**13736**	**7178**	**6558**
南京市	**8089**	**4201**	**3888**	**750**	**373**	**377**
玄武区						
秦淮区						
建邺区						
鼓楼区						
浦口区	578	271	307	33	14	19
栖霞区	358	190	168	33	15	18
雨花台区						
江宁区	2737	1447	1290	282	152	130
六合区	1970	1034	936	188	83	105
溧水区	1100	554	546	95	44	51
高淳区	1226	649	577	111	60	51
南京江北新区	120	56	64	8	5	3
无锡市	**5728**	**2958**	**2770**	**627**	**331**	**296**
锡山区	614	335	279	65	35	30
惠山区	900	460	440	107	54	53
滨湖区	195	106	89	26	13	13
梁溪区						
新吴区	349	186	163	32	18	14
江苏无锡经济开发区						
江阴市	2097	1062	1035	228	118	110
宜兴市	1573	809	764	169	93	76
徐州市	**25982**	**13799**	**12183**	**2888**	**1502**	**1386**
鼓楼区						
云龙区						
贾汪区	1483	791	692	175	91	84
泉山区						
铜山区	4143	2203	1940	445	229	216
丰县	3816	2023	1793	437	224	213
沛县	4075	2195	1880	458	230	228
睢宁县	3978	2128	1850	442	227	215
徐州经济技术开发区	438	219	219	43	18	25
新沂市	3082	1663	1419	334	186	148
邳州市	4967	2577	2390	554	297	257
常州市	**6703**	**3474**	**3229**	**669**	**349**	**320**
天宁区	280	157	123	32	17	15
钟楼区	215	110	105	27	16	11
新北区	555	289	266	47	24	23
武进区	1706	860	846	196	100	96
金坛区	1223	653	570	88	47	41
江苏省常州市经济开发区	943	490	453	107	52	55
溧阳市	1781	915	866	172	93	79

1-10c 续表 1

单位：人

地　　区	出生人口			2019年11月		
	合计	男	女	小计	男	女
苏州市	**10639**	**5509**	**5130**	**1078**	**567**	**511**
虎丘区	419	222	197	29	17	12
吴中区	1687	906	781	171	85	86
相城区	254	124	130	18	8	10
姑苏区						
吴江区	1757	899	858	184	87	97
苏州工业园区						
常熟市	1641	857	784	159	88	71
张家港市	1656	837	819	188	103	85
昆山市	2477	1285	1192	243	126	117
太仓市	748	379	369	86	53	33
南通市	**10316**	**5295**	**5021**	**1074**	**574**	**500**
崇川区						
港闸区	16	8	8	2	1	1
通州区	1711	890	821	173	93	80
如东县	1506	800	706	148	74	74
南通经济技术开发区						
通州湾示范区	235	122	113	28	17	11
苏锡通科技产业园区	282	134	148	32	15	17
启东市	1544	778	766	164	88	76
如皋市	2617	1305	1312	250	129	121
海门市	1463	772	691	175	98	77
海安市	942	486	456	102	59	43
连云港市	**14971**	**7912**	**7059**	**1527**	**791**	**736**
连云区	16	4	12	2	1	1
海州区	765	413	352	76	34	42
赣榆区	3740	1956	1784	367	194	173
东海县	4979	2643	2336	523	279	244
灌云县	2936	1568	1368	289	142	147
灌南县	2234	1186	1048	246	130	116
连云港经济技术开发区	135	61	74	12	4	8
连云港高新技术产业开发区						
江苏连云港徐圩新区	8	5	3			
江苏省连云港市云台山风景名胜区	158	76	82	12	7	5
淮安市	**9614**	**4971**	**4643**	**907**	**479**	**428**
淮安区	2309	1166	1143	230	119	111
淮阴区	2043	1066	977	189	102	87
清江浦区	397	207	190	40	21	19
洪泽区	571	303	268	62	29	33
涟水县	2332	1225	1107	213	112	101
盱眙县	1403	706	697	127	68	59
金湖县	479	260	219	39	22	17
淮安经济技术开发区						
工业园区	67	33	34	6	5	1
生态文旅区						
苏淮高新区	13	5	8	1	1	

1-10c 续表 2

单位：人

地区	出生人口			2019年11月		
	合计	男	女	小计	男	女
盐城市	**11750**	**6013**	**5737**	**1117**	**581**	**536**
亭湖区	445	228	217	42	22	20
盐都区	1184	586	598	104	49	55
大丰区	854	443	411	85	43	42
响水县	1355	709	646	128	67	61
滨海县	2445	1251	1194	210	109	101
阜宁县	1820	961	859	184	94	90
射阳县	1289	642	647	122	64	58
建湖县	848	428	420	91	49	42
盐城经济技术开发区	168	77	91	18	11	7
江苏省盐南高新区						
东台市	1342	688	654	133	73	60
扬州市	**6030**	**3145**	**2885**	**579**	**286**	**293**
广陵区	231	120	111	19	11	8
邗江区	460	248	212	58	30	28
江都区	1386	699	687	145	64	81
宝应县	1383	746	637	116	57	59
扬州经济技术开发区	115	71	44	17	11	6
蜀冈瘦西湖景区						
生态新城	66	46	20	8	6	2
仪征市	900	454	446	86	47	39
高邮市	1489	761	728	130	60	70
镇江市	**3145**	**1687**	**1458**	**298**	**163**	**135**
京口区	18	10	8			
润州区	2	2				
丹徒区	444	253	191	40	21	19
镇江新区	139	73	66	16	10	6
江苏镇江高新区						
丹阳市	749	393	356	86	50	36
扬中市	475	254	221	48	23	25
句容市	1318	702	616	108	59	49
泰州市	**6972**	**3632**	**3340**	**716**	**386**	**330**
海陵区	195	106	89	12	4	8
高港区	447	250	197	47	32	15
姜堰区	981	505	476	89	49	40
泰州医药高新技术产业开发区	96	57	39	8	4	4
兴化市	2418	1208	1210	264	131	133
靖江市	822	410	412	76	41	35
泰兴市	2013	1096	917	220	125	95
宿迁市	**14898**	**7909**	**6989**	**1506**	**796**	**710**
宿城区	2142	1112	1030	218	105	113
宿豫区	978	523	455	85	57	28
沭阳县	5976	3192	2784	654	355	299
泗阳县	2238	1173	1065	189	96	93
泗洪县	2187	1176	1011	221	113	108
宿迁经济技术开发区	454	237	217	54	26	28
宿迁市湖滨新区	383	194	189	37	16	21
苏州宿迁工业园区						
宿迁市洋河新区	540	302	238	48	28	20

1-10c 续表 3

单位：人

地 区	2019年12月			2020年1月		
	小计	男	女	小计	男	女
江 苏	**12668**	**6539**	**6129**	**12563**	**6544**	**6019**
南京市	**753**	**387**	**366**	**726**	**371**	**355**
玄武区						
秦淮区						
建邺区						
鼓楼区						
浦口区	55	34	21	46	20	26
栖霞区	32	13	19	37	24	13
雨花台区						
江宁区	254	125	129	252	127	125
六合区	195	112	83	176	90	86
溧水区	97	49	48	97	52	45
高淳区	104	50	54	110	55	55
南京江北新区	16	4	12	8	3	5
无锡市	**586**	**304**	**282**	**535**	**287**	**248**
锡山区	68	39	29	51	28	23
惠山区	102	51	51	94	51	43
滨湖区	19	11	8	13	8	5
梁溪区						
新吴区	33	17	16	29	21	8
江苏无锡经济开发区						
江阴市	210	104	106	198	106	92
宜兴市	154	82	72	150	73	77
徐州市	**2406**	**1259**	**1147**	**2540**	**1400**	**1140**
鼓楼区						
云龙区						
贾汪区	131	71	60	156	76	80
泉山区						
铜山区	413	202	211	382	210	172
丰县	338	177	161	386	223	163
沛县	346	193	153	391	216	175
睢宁县	383	191	192	409	223	186
徐州经济技术开发区	39	25	14	40	27	13
新沂市	284	154	130	308	177	131
邳州市	472	246	226	468	248	220
常州市	**703**	**373**	**330**	**578**	**293**	**285**
天宁区	27	18	9	31	14	17
钟楼区	29	14	15	21	13	8
新北区	73	38	35	43	24	19
武进区	187	87	100	134	69	65
金坛区	105	61	44	116	57	59
江苏省常州市经济开发区	112	60	52	89	44	45
溧阳市	170	95	75	144	72	72

1-10c　续表 4　　　　　　　　　　　　　　　　　　　　　　　　　　　　单位：人

地　区	2019年12月			2020年1月		
	小计	男	女	小计	男	女
苏州市	**1077**	**547**	**530**	**1032**	**526**	**506**
虎丘区	44	23	21	40	17	23
吴中区	154	84	70	173	90	83
相城区	36	19	17	18	7	11
姑苏区						
吴江区	169	85	84	194	101	93
苏州工业园区						
常熟市	179	87	92	183	90	93
张家港市	185	86	99	161	84	77
昆山市	230	121	109	199	112	87
太仓市	80	42	38	64	25	39
南通市	**975**	**490**	**485**	**944**	**492**	**452**
崇川区						
港闸区	4	3	1	1	1	
通州区	179	81	98	146	76	70
如东县	152	86	66	124	68	56
南通经济技术开发区						
通州湾示范区	20	9	11	18	11	7
苏锡通科技产业园区	28	11	17	28	20	8
启东市	141	69	72	141	73	68
如皋市	222	112	110	246	116	130
海门市	135	77	58	142	70	72
海安市	94	42	52	98	57	41
连云港市	**1390**	**741**	**649**	**1414**	**748**	**666**
连云区	3		3			
海州区	63	33	30	78	41	37
赣榆区	357	200	157	347	178	169
东海县	486	265	221	459	235	224
灌云县	249	129	120	283	156	127
灌南县	210	103	107	220	121	99
连云港经济技术开发区	12	8	4	12	7	5
连云港高新技术产业开发区						
江苏连云港徐圩新区				2	1	1
江苏省连云港市云台山风景名胜区	10	3	7	13	9	4
淮安市	**864**	**439**	**425**	**872**	**450**	**422**
淮安区	193	98	95	196	88	108
淮阴区	202	94	108	188	100	88
清江浦区	36	23	13	36	19	17
洪泽区	53	31	22	60	38	22
涟水县	227	119	108	216	110	106
盱眙县	111	58	53	133	70	63
金湖县	36	14	22	36	21	15
淮安经济技术开发区						
工业园区	6	2	4	4	2	2
生态文旅区						
苏淮高新区				3	2	1

1-10c 续表 5

单位：人

地　区	2019年12月			2020年1月		
	小计	男	女	小计	男	女
盐城市	**1096**	**582**	**514**	**1063**	**501**	**562**
亭湖区	45	20	25	49	18	31
盐都区	98	50	48	110	50	60
大丰区	75	47	28	78	35	43
响水县	143	75	68	122	62	60
滨海县	222	109	113	217	103	114
阜宁县	174	101	73	155	83	72
射阳县	108	58	50	112	48	64
建湖县	74	40	34	95	46	49
盐城经济技术开发区	12	6	6	12	3	9
江苏省盐南高新区						
东台市	145	76	69	113	53	60
扬州市	**555**	**268**	**287**	**503**	**253**	**250**
广陵区	22	11	11	21	14	7
邗江区	47	27	20	47	20	27
江都区	131	57	74	101	54	47
宝应县	114	58	56	101	55	46
扬州经济技术开发区	11	4	7	13	8	5
蜀冈瘦西湖景区						
生态新城	8	5	3	8	5	3
仪征市	91	37	54	80	39	41
高邮市	131	69	62	132	58	74
镇江市	**280**	**158**	**122**	**281**	**148**	**133**
京口区	2	1	1			
润州区						
丹徒区	39	20	19	33	15	18
镇江新区	12	8	4	10	6	4
江苏镇江高新区						
丹阳市	82	43	39	67	38	29
扬中市	37	23	14	46	25	21
句容市	108	63	45	125	64	61
泰州市	**602**	**279**	**323**	**648**	**331**	**317**
海陵区	17	7	10	19	11	8
高港区	32	16	16	45	23	22
姜堰区	84	45	39	96	41	55
泰州医药高新技术产业开发区	10	4	6	9	5	4
兴化市	234	98	136	215	117	98
靖江市	69	22	47	81	35	46
泰兴市	156	87	69	183	99	84
宿迁市	**1381**	**712**	**669**	**1427**	**744**	**683**
宿城区	210	108	102	226	118	108
宿豫区	88	42	46	85	48	37
沭阳县	527	275	252	580	302	278
泗阳县	225	112	113	183	88	95
泗洪县	210	119	91	225	123	102
宿迁经济技术开发区	43	19	24	42	21	21
宿迁市湖滨新区	32	15	17	41	21	20
苏州宿迁工业园区						
宿迁市洋河新区	46	22	24	45	23	22

1-10c 续表 6

单位：人

地 区	2020年2月			2020年3月			2020年4月		
	小计	男	女	小计	男	女	小计	男	女
江 苏	**11314**	**5878**	**5436**	**12190**	**6369**	**5821**	**11185**	**5807**	**5378**
南京市	**677**	**364**	**313**	**735**	**400**	**335**	**659**	**340**	**319**
玄武区									
秦淮区									
建邺区									
鼓楼区									
浦口区	52	23	29	57	29	28	33	8	25
栖霞区	32	18	14	32	12	20	34	17	17
雨花台区									
江宁区	224	121	103	252	136	116	213	110	103
六合区	161	85	76	177	111	66	173	93	80
溧水区	81	45	36	98	42	56	90	47	43
高淳区	117	68	49	108	64	44	103	57	46
南京江北新区	10	4	6	11	6	5	13	8	5
无锡市	**484**	**266**	**218**	**501**	**250**	**251**	**441**	**225**	**216**
锡山区	49	34	15	57	27	30	39	20	19
惠山区	73	40	33	76	40	36	68	27	41
滨湖区	16	10	6	16	7	9	23	10	13
梁溪区									
新吴区	22	12	10	34	20	14	25	13	12
江苏无锡经济开发区									
江阴市	194	95	99	193	98	95	147	80	67
宜兴市	130	75	55	125	58	67	139	75	64
徐州市	**2145**	**1110**	**1035**	**2388**	**1228**	**1160**	**2118**	**1136**	**982**
鼓楼区									
云龙区									
贾汪区	127	61	66	152	79	73	120	71	49
泉山区									
铜山区	345	177	168	361	191	170	333	202	131
丰县	323	169	154	337	173	164	288	148	140
沛县	322	172	150	363	199	164	319	172	147
睢宁县	345	183	162	373	189	184	354	182	172
徐州经济技术开发区	41	13	28	46	23	23	36	17	19
新沂市	256	150	106	287	150	137	249	127	122
邳州市	386	185	201	469	224	245	419	217	202
常州市	**546**	**295**	**251**	**610**	**316**	**294**	**514**	**254**	**260**
天宁区	21	15	6	31	17	14	20	13	7
钟楼区	10	3	7	20	10	10	13	7	6
新北区	48	28	20	62	33	29	38	18	20
武进区	156	84	72	171	86	85	124	53	71
金坛区	92	47	45	111	60	51	99	48	51
江苏省常州市经济开发区	87	48	39	73	35	38	86	47	39
溧阳市	132	70	62	142	75	67	134	68	66

1-10c 续表 7

单位：人

地区	2020年2月			2020年3月			2020年4月		
	小计	男	女	小计	男	女	小计	男	女
苏州市	**908**	**485**	**423**	**981**	**506**	**475**	**812**	**421**	**391**
虎丘区	28	17	11	37	16	21	35	17	18
吴中区	132	75	57	149	77	72	103	61	42
相城区	18	10	8	22	11	11	29	16	13
姑苏区									
吴江区	187	100	87	171	80	91	143	76	67
苏州工业园区									
常熟市	148	80	68	142	78	64	128	67	61
张家港市	139	71	68	170	90	80	137	65	72
昆山市	194	103	91	215	115	100	181	87	94
太仓市	62	29	33	75	39	36	56	32	24
南通市	**837**	**422**	**415**	**867**	**453**	**414**	**824**	**404**	**420**
崇川区									
港闸区				1		1	1		1
通州区	139	70	69	137	88	49	155	73	82
如东县	111	61	50	131	72	59	123	58	65
南通经济技术开发区									
通州湾示范区	23	7	16	25	14	11	16	12	4
苏锡通科技产业园区	23	9	14	22	12	10	24	10	14
启东市	106	52	54	115	53	62	114	56	58
如皋市	230	125	105	227	101	126	181	84	97
海门市	113	51	62	124	63	61	131	75	56
海安市	92	47	45	85	50	35	79	36	43
连云港市	**1252**	**655**	**597**	**1358**	**724**	**634**	**1274**	**676**	**598**
连云区				2	1	1	2		2
海州区	59	41	18	67	35	32	76	44	32
赣榆区	312	150	162	323	165	158	313	163	150
东海县	412	217	195	452	247	205	411	221	190
灌云县	243	130	113	288	152	136	235	130	105
灌南县	202	104	98	202	108	94	208	106	102
连云港经济技术开发区	11	6	5	8	5	3	15	8	7
连云港高新技术产业开发区									
江苏连云港徐圩新区	1	1					1	1	
江苏省连云港市云台山风景名胜区	12	6	6	16	11	5	13	3	10
淮安市	**839**	**425**	**414**	**967**	**500**	**467**	**845**	**430**	**415**
淮安区	211	103	108	238	129	109	171	84	87
淮阴区	178	88	90	194	108	86	173	96	77
清江浦区	30	14	16	45	20	25	27	18	9
洪泽区	42	22	20	61	31	30	59	36	23
涟水县	199	101	98	221	114	107	212	106	106
盱眙县	122	62	60	161	73	88	132	59	73
金湖县	45	28	17	42	22	20	61	30	31
淮安经济技术开发区									
工业园区	9	6	3	4	2	2	9	1	8
生态文旅区									
苏淮高新区	3	1	2	1	1		1		1

1-10c　续表 8

单位：人

地　　区	2020年2月			2020年3月			2020年4月		
	小计	男	女	小计	男	女	小计	男	女
盐城市	**975**	**479**	**496**	**1003**	**537**	**466**	**1039**	**513**	**526**
亭湖区	39	17	22	29	17	12	34	23	11
盐都区	94	43	51	94	48	46	104	62	42
大丰区	74	36	38	69	39	30	63	29	34
响水县	116	64	52	126	70	56	112	51	61
滨海县	211	112	99	222	125	97	251	126	125
阜宁县	145	69	76	165	85	80	171	82	89
射阳县	106	48	58	121	64	57	101	51	50
建湖县	63	28	35	68	29	39	79	35	44
盐城经济技术开发区	14	5	9	9	5	4	19	6	13
江苏省盐南高新区									
东台市	113	57	56	100	55	45	105	48	57
扬州市	**517**	**280**	**237**	**566**	**308**	**258**	**531**	**280**	**251**
广陵区	27	13	14	19	9	10	22	14	8
邗江区	38	24	14	43	25	18	36	20	16
江都区	125	70	55	124	68	56	125	66	59
宝应县	101	59	42	148	84	64	124	63	61
扬州经济技术开发区	13	6	7	7	6	1	10	6	4
蜀冈瘦西湖景区									
生态新城	5	5		5	3	2	6	3	3
仪征市	86	46	40	82	38	44	80	40	40
高邮市	122	57	65	138	75	63	128	68	60
镇江市	**265**	**122**	**143**	**266**	**149**	**117**	**266**	**146**	**120**
京口区	3	3		1		1	3	1	2
润州区	2	2							
丹徒区	34	18	16	40	26	14	41	29	12
镇江新区	15	7	8	13	8	5	15	11	4
江苏镇江高新区									
丹阳市	66	28	38	65	37	28	60	33	27
扬中市	38	21	17	39	19	20	39	21	18
句容市	107	43	64	108	59	49	108	51	57
泰州市	**561**	**303**	**258**	**635**	**311**	**324**	**592**	**302**	**290**
海陵区	22	12	10	21	14	7	14	8	6
高港区	30	17	13	33	11	22	31	18	13
姜堰区	89	47	42	101	51	50	92	47	45
泰州医药高新技术产业开发区	4	2	2	11	8	3	5	4	1
兴化市	212	103	109	216	102	114	222	114	108
靖江市	65	37	28	67	31	36	76	39	37
泰兴市	139	85	54	186	94	92	152	72	80
宿迁市	**1308**	**672**	**636**	**1313**	**687**	**626**	**1270**	**680**	**590**
宿城区	191	97	94	198	103	95	171	85	86
宿豫区	104	53	51	88	48	40	72	37	35
沭阳县	507	251	256	525	266	259	543	297	246
泗阳县	186	103	83	180	98	82	177	101	76
泗洪县	213	106	107	202	105	97	187	97	90
宿迁经济技术开发区	35	22	13	44	25	19	38	19	19
宿迁市湖滨新区	29	12	17	35	20	15	37	17	20
苏州宿迁工业园区									
宿迁市洋河新区	43	28	15	41	22	19	45	27	18

1-10c 续表 9 单位：人

地 区	2020年5月			2020年6月			2020年7月		
	小计	男	女	小计	男	女	小计	男	女
江 苏	**10445**	**5545**	**4900**	**10944**	**5787**	**5157**	**10896**	**5633**	**5263**
南京市	**525**	**271**	**254**	**624**	**331**	**293**	**669**	**351**	**318**
玄武区									
秦淮区									
建邺区									
鼓楼区									
浦口区	34	12	22	68	31	37	53	25	28
栖霞区	24	15	9	18	10	8	34	24	10
雨花台区									
江宁区	196	120	76	221	122	99	226	116	110
六合区	137	55	82	134	74	60	150	73	77
溧水区	61	27	34	72	39	33	102	53	49
高淳区	69	41	28	103	52	51	92	54	38
南京江北新区	4	1	3	8	3	5	12	6	6
无锡市	**441**	**233**	**208**	**416**	**208**	**208**	**461**	**223**	**238**
锡山区	40	18	22	51	29	22	53	27	26
惠山区	65	41	24	69	36	33	73	40	33
滨湖区	18	13	5	16	10	6	14	7	7
梁溪区									
新吴区	25	15	10	32	13	19	32	18	14
江苏无锡经济开发区									
江阴市	161	78	83	125	62	63	158	66	92
宜兴市	132	68	64	123	58	65	131	65	66
徐州市	**2086**	**1133**	**953**	**2278**	**1202**	**1076**	**2094**	**1116**	**978**
鼓楼区									
云龙区									
贾汪区	112	64	48	132	76	56	100	56	44
泉山区									
铜山区	337	182	155	362	175	187	323	172	151
丰县	294	161	133	341	164	177	316	171	145
沛县	321	184	137	378	213	165	328	158	170
睢宁县	327	187	140	345	200	145	323	172	151
徐州经济技术开发区	32	16	16	31	15	16	40	20	20
新沂市	259	134	125	279	146	133	228	119	109
邳州市	404	205	199	410	213	197	436	248	188
常州市	**510**	**272**	**238**	**514**	**270**	**244**	**563**	**280**	**283**
天宁区	23	9	14	25	15	10	10	7	3
钟楼区	13	5	8	25	15	10	15	6	9
新北区	51	30	21	32	15	17	49	24	25
武进区	123	59	64	121	64	57	153	77	76
金坛区	77	48	29	103	61	42	101	49	52
江苏省常州市经济开发区	79	48	31	56	27	29	94	39	55
溧阳市	144	73	71	152	73	79	141	78	63

1-10c　续表 10　　　　单位：人

地　区	2020年5月			2020年6月			2020年7月		
	小计	男	女	小计	男	女	小计	男	女
苏州市	**835**	**439**	**396**	**835**	**428**	**407**	**826**	**415**	**411**
虎丘区	26	16	10	47	29	18	30	16	14
吴中区	139	68	71	125	70	55	143	81	62
相城区	15	6	9	14	9	5	25	11	14
姑苏区									
吴江区	142	79	63	135	76	59	129	59	70
苏州工业园区									
常熟市	122	60	62	126	67	59	123	69	54
张家港市	120	70	50	129	52	77	124	60	64
昆山市	199	104	95	209	103	106	201	91	110
太仓市	72	36	36	50	22	28	51	28	23
南通市	**814**	**422**	**392**	**810**	**415**	**395**	**828**	**422**	**406**
崇川区									
港闸区	2	1	1	2	1	1	1		1
通州区	140	71	69	150	81	69	150	78	72
如东县	132	75	57	113	60	53	128	68	60
南通经济技术开发区									
通州湾示范区	16	7	9	22	12	10	16	10	6
苏锡通科技产业园区	17	6	11	26	15	11	21	10	11
启东市	116	54	62	122	59	63	111	63	48
如皋市	215	111	104	204	91	113	217	115	102
海门市	115	61	54	119	71	48	110	46	64
海安市	61	36	25	52	25	27	74	32	42
连云港市	**1164**	**596**	**568**	**1256**	**701**	**555**	**1243**	**646**	**597**
连云区	3		3				3	2	1
海州区	63	32	31	66	36	30	55	26	29
赣榆区	293	152	141	306	163	143	302	165	137
东海县	386	190	196	430	247	183	409	216	193
灌云县	239	128	111	248	140	108	247	127	120
灌南县	165	90	75	180	100	80	191	96	95
连云港经济技术开发区	5	1	4	10	7	3	15	4	11
连云港高新技术产业开发区									
江苏连云港徐圩新区	1	1					1	1	
江苏省连云港市云台山风景名胜区	9	2	7	16	8	8	20	9	11
淮安市	**729**	**393**	**336**	**787**	**399**	**388**	**825**	**430**	**395**
淮安区	181	100	81	195	90	105	187	105	82
淮阴区	163	88	75	177	95	82	152	72	80
清江浦区	34	19	15	31	14	17	43	23	20
洪泽区	42	22	20	38	24	14	54	20	34
涟水县	165	92	73	212	110	102	203	114	89
盱眙县	101	49	52	96	49	47	137	70	67
金湖县	38	20	18	35	17	18	42	22	20
淮安经济技术开发区									
工业园区	5	3	2	1		1	6	4	2
生态文旅区									
苏淮高新区				2		2	1		1

1-10c 续表 11 单位：人

地区	2020年5月			2020年6月			2020年7月		
	小计	男	女	小计	男	女	小计	男	女
盐城市	**954**	**503**	**451**	**906**	**471**	**435**	**923**	**476**	**447**
亭湖区	37	18	19	31	17	14	39	16	23
盐都区	84	44	40	101	50	51	99	48	51
大丰区	66	40	26	66	34	32	64	29	35
响水县	107	55	52	97	53	44	113	56	57
滨海县	208	103	105	197	97	100	198	100	98
阜宁县	138	78	60	142	75	67	138	76	62
射阳县	102	53	49	96	51	45	109	51	58
建湖县	77	40	37	67	42	25	53	33	20
盐城经济技术开发区	16	8	8	11	5	6	15	8	7
江苏省盐南高新区									
东台市	119	64	55	98	47	51	95	59	36
扬州市	**495**	**242**	**253**	**459**	**256**	**203**	**471**	**260**	**211**
广陵区	24	8	16	27	11	16	14	9	5
邗江区	32	15	17	41	25	16	34	18	16
江都区	111	59	52	106	55	51	106	50	56
宝应县	123	61	62	95	58	37	111	65	46
扬州经济技术开发区	5	2	3	7	5	2	8	5	3
蜀冈瘦西湖景区									
生态新城	6	4	2	5	5		3	1	2
仪征市	74	33	41	81	48	33	72	41	31
高邮市	120	60	60	97	49	48	123	71	52
镇江市	**229**	**120**	**109**	**268**	**161**	**107**	**267**	**131**	**136**
京口区	2	1	1				4	1	3
润州区									
丹徒区	36	20	16	43	30	13	47	29	18
镇江新区	5	1	4	13	9	4	10		10
江苏镇江高新区									
丹阳市	54	28	26	55	27	28	64	30	34
扬中市	37	15	22	40	25	15	38	21	17
句容市	95	55	40	117	70	47	104	50	54
泰州市	**509**	**278**	**231**	**535**	**279**	**256**	**572**	**291**	**281**
海陵区	12	9	3	12	7	5	19	11	8
高港区	33	19	14	28	13	15	36	17	19
姜堰区	52	32	20	82	51	31	74	34	40
泰州医药高新技术产业开发区	3	2	1	8	4	4	12	6	6
兴化市	207	104	103	175	79	96	194	100	94
靖江市	61	26	35	64	35	29	75	39	36
泰兴市	141	86	55	166	90	76	162	84	78
宿迁市	**1154**	**643**	**511**	**1256**	**666**	**590**	**1154**	**592**	**562**
宿城区	153	83	70	169	95	74	178	94	84
宿豫区	84	51	33	89	54	35	80	35	45
沭阳县	481	271	210	464	235	229	440	233	207
泗阳县	174	96	78	224	107	117	178	83	95
泗洪县	166	92	74	187	106	81	161	82	79
宿迁经济技术开发区	24	12	12	37	22	15	30	17	13
宿迁市湖滨新区	29	17	12	24	15	9	40	23	17
苏州宿迁工业园区									
宿迁市洋河新区	43	21	22	62	32	30	47	25	22

1-10c　续表 12

单位：人

地　区	2020年8月			2020年9月			2020年10月		
	小计	男	女	小计	男	女	小计	男	女
江　苏	**10878**	**5724**	**5154**	**9232**	**4835**	**4397**	**8786**	**4666**	**4120**
南京市	**688**	**356**	**332**	**623**	**316**	**307**	**660**	**341**	**319**
玄武区									
秦淮区									
建邺区									
鼓楼区									
浦口区	53	32	21	41	14	27	53	29	24
栖霞区	23	11	12	29	16	13	30	15	15
雨花台区									
江宁区	225	120	105	205	111	94	187	87	100
六合区	161	86	75	145	71	74	173	101	72
溧水区	120	58	62	102	50	52	85	48	37
高淳区	98	45	53	91	47	44	120	56	64
南京江北新区	8	4	4	10	7	3	12	5	7
无锡市	**451**	**237**	**214**	**427**	**218**	**209**	**358**	**176**	**182**
锡山区	50	31	19	44	22	22	47	25	22
惠山区	70	30	40	61	30	31	42	20	22
滨湖区	11	4	7	13	7	6	10	6	4
梁溪区									
新吴区	42	23	19	23	7	16	20	9	11
江苏无锡经济开发区									
江阴市	170	90	80	174	97	77	139	68	71
宜兴市	108	59	49	112	55	57	100	48	52
徐州市	**2050**	**1081**	**969**	**1666**	**898**	**768**	**1323**	**734**	**589**
鼓楼区									
云龙区									
贾汪区	115	50	65	86	55	31	77	41	36
泉山区									
铜山区	338	179	159	270	151	119	234	133	101
丰县	309	177	132	275	137	138	172	99	73
沛县	322	165	157	298	165	133	229	128	101
睢宁县	299	174	125	199	108	91	179	92	87
徐州经济技术开发区	32	14	18	31	16	15	27	15	12
新沂市	212	118	94	207	104	103	179	98	81
邳州市	423	204	219	300	162	138	226	128	98
常州市	**563**	**296**	**267**	**499**	**267**	**232**	**434**	**209**	**225**
天宁区	21	9	12	26	16	10	13	7	6
钟楼区	18	9	9	15	8	7	9	4	5
新北区	50	26	24	41	20	21	21	9	12
武进区	130	73	57	115	62	53	96	46	50
金坛区	107	60	47	95	50	45	129	65	64
江苏省常州市经济开发区	81	46	35	62	34	28	17	10	7
溧阳市	156	73	83	145	77	68	149	68	81

1-10c 续表 13 单位：人

地区	2020年8月			2020年9月			2020年10月		
	小计	男	女	小计	男	女	小计	男	女
苏州市	**900**	**454**	**446**	**725**	**381**	**344**	**630**	**340**	**290**
虎丘区	42	21	21	34	18	16	27	15	12
吴中区	139	77	62	128	62	66	131	76	55
相城区	19	9	10	21	9	12	19	9	10
姑苏区									
吴江区	117	54	63	120	70	50	66	32	34
苏州工业园区									
常熟市	161	77	84	98	51	47	72	43	29
张家港市	140	75	65	82	38	44	81	43	38
昆山市	209	112	97	196	109	87	201	102	99
太仓市	73	29	44	46	24	22	33	20	13
南通市	**815**	**425**	**390**	**776**	**374**	**402**	**752**	**402**	**350**
崇川区									
港闸区				1		1	1	1	
通州区	123	67	56	121	66	55	98	46	52
如东县	116	62	54	114	55	59	114	61	53
南通经济技术开发区									
通州湾示范区	20	12	8	12	5	7	19	6	13
苏锡通科技产业园区	20	11	9	26	9	17	15	6	9
启东市	141	69	72	118	55	63	155	87	68
如皋市	232	121	111	213	98	115	180	102	78
海门市	92	48	44	103	54	49	104	58	46
海安市	71	35	36	68	32	36	66	35	31
连云港市	**1138**	**603**	**535**	**968**	**490**	**478**	**987**	**541**	**446**
连云区	1		1						
海州区	54	31	23	49	28	21	59	32	27
赣榆区	285	152	133	266	136	130	269	138	131
东海县	351	180	171	346	171	175	314	175	139
灌云县	273	146	127	144	76	68	198	112	86
灌南县	152	85	67	138	72	66	120	71	49
连云港经济技术开发区	10	3	7	11	3	8	14	5	9
连云港高新技术产业开发区									
江苏连云港徐圩新区				2		2			
江苏省连云港市云台山风景名胜区	12	6	6	12	4	8	13	8	5
淮安市	**753**	**386**	**367**	**606**	**334**	**272**	**620**	**306**	**314**
淮安区	169	81	88	156	87	69	182	82	100
淮阴区	174	89	85	131	77	54	122	57	65
清江浦区	29	13	16	23	12	11	23	11	12
洪泽区	47	27	20	29	14	15	24	9	15
涟水县	177	92	85	151	85	66	136	70	66
盱眙县	115	62	53	82	39	43	86	47	39
金湖县	37	20	17	25	15	10	43	29	14
淮安经济技术开发区									
工业园区	4	2	2	9	5	4	4	1	3
生态文旅区									
苏淮高新区	1		1						

1-10c 续表 14

单位：人

地 区	2020年8月			2020年9月			2020年10月		
	小计	男	女	小计	男	女	小计	男	女
盐城市	**971**	**515**	**456**	**797**	**408**	**389**	**906**	**447**	**459**
亭湖区	39	25	14	27	17	10	34	18	16
盐都区	90	55	35	97	51	46	109	36	73
大丰区	69	32	37	70	38	32	75	41	34
响水县	116	55	61	95	56	39	80	45	35
滨海县	189	110	79	137	64	73	183	93	90
阜宁县	162	82	80	119	70	49	127	66	61
射阳县	111	55	56	92	40	52	109	59	50
建湖县	66	34	32	48	21	27	67	31	36
盐城经济技术开发区	15	9	6	16	8	8	11	3	8
江苏省盐南高新区									
东台市	114	58	56	96	43	53	111	55	56
扬州市	**484**	**246**	**238**	**423**	**225**	**198**	**447**	**241**	**206**
广陵区	15	9	6	16	7	9	5	4	1
邗江区	29	19	10	27	12	15	28	13	15
江都区	105	50	55	95	44	51	112	62	50
宝应县	129	70	59	101	55	46	120	61	59
扬州经济技术开发区	10	7	3	8	7	1	6	4	2
蜀冈瘦西湖景区									
生态新城	4	2	2	4	4		4	3	1
仪征市	69	28	41	56	34	22	43	23	20
高邮市	123	61	62	116	62	54	129	71	58
镇江市	**273**	**140**	**133**	**238**	**125**	**113**	**214**	**124**	**90**
京口区	1	1		1	1		1	1	
润州区									
丹徒区	35	16	19	29	15	14	27	14	13
镇江新区	13	5	8	7	2	5	10	6	4
江苏镇江高新区									
丹阳市	63	33	30	48	25	23	39	21	18
扬中市	44	19	25	29	15	14	40	27	13
句容市	117	66	51	124	67	57	97	55	42
泰州市	**586**	**327**	**259**	**528**	**271**	**257**	**488**	**274**	**214**
海陵区	17	8	9	13	3	10	17	12	5
高港区	50	27	23	42	30	12	40	27	13
姜堰区	80	42	38	58	24	34	84	42	42
泰州医药高新技术产业开发区	8	7	1	11	5	6	7	6	1
兴化市	192	107	85	171	95	76	116	58	58
靖江市	75	42	33	63	34	29	50	29	21
泰兴市	164	94	70	170	80	90	174	100	74
宿迁市	**1206**	**658**	**548**	**956**	**528**	**428**	**967**	**531**	**436**
宿城区	142	74	68	128	66	62	158	84	74
宿豫区	82	36	46	54	26	28	67	36	31
沭阳县	495	278	217	345	193	152	415	236	179
泗阳县	195	102	93	188	109	79	139	78	61
泗洪县	178	98	80	148	90	58	89	45	44
宿迁经济技术开发区	39	19	20	29	14	15	39	21	18
宿迁市湖滨新区	27	16	11	25	11	14	27	11	16
苏州宿迁工业园区									
宿迁市洋河新区	48	35	13	39	19	20	33	20	13

1-11　各地区分性别、月份的死亡人口

(2019.11.1-2020.10.31)

单位：人

地　　区	死亡人口			2019年11月		
	合计	男	女	小计	男	女
江　苏	**513741**	**284791**	**228950**	**40421**	**22591**	**17830**
南京市	**40146**	**22719**	**17427**	**3092**	**1757**	**1335**
玄武区	2641	1447	1194	196	112	84
秦淮区	5378	3038	2340	442	271	171
建邺区	1590	932	658	125	78	47
鼓楼区	5421	3015	2406	423	219	204
浦口区	2217	1213	1004	165	83	82
栖霞区	2780	1633	1147	204	120	84
雨花台区	1946	1120	826	145	82	63
江宁区	4340	2521	1819	303	173	130
六合区	4565	2498	2067	352	208	144
溧水区	2742	1542	1200	219	124	95
高淳区	3057	1773	1284	251	129	122
南京江北新区	3469	1987	1482	267	158	109
无锡市	**38010**	**21429**	**16581**	**2969**	**1699**	**1270**
锡山区	3707	2062	1645	337	201	136
惠山区	3265	1882	1383	230	134	96
滨湖区	2832	1578	1254	209	97	112
梁溪区	7073	3985	3088	531	297	234
新吴区	2587	1475	1112	201	119	82
江苏无锡经济开发区	885	510	375	59	36	23
江阴市	8570	4822	3748	628	347	281
宜兴市	9091	5115	3976	774	468	306
徐州市	**57160**	**32126**	**25034**	**4520**	**2579**	**1941**
鼓楼区	1889	1092	797	149	86	63
云龙区	1983	1162	821	151	94	57
贾汪区	3102	1718	1384	248	139	109
泉山区	3418	1949	1469	261	153	108
铜山区	7048	3983	3065	502	289	213
丰县	6729	3653	3076	592	323	269
沛县	6831	3864	2967	539	332	207
睢宁县	7755	4325	3430	605	333	272
徐州经济技术开发区	1439	853	586	120	73	47
新沂市	6258	3514	2744	483	267	216
邳州市	10708	6013	4695	870	490	380
常州市	**26345**	**14723**	**11622**	**2034**	**1146**	**888**
天宁区	3130	1757	1373	225	112	113
钟楼区	2660	1524	1136	172	106	66
新北区	3774	2053	1721	281	154	127
武进区	4734	2556	2178	401	210	191
金坛区	4446	2502	1944	357	211	146
江苏省常州市经济开发区	1882	1050	832	167	94	73
溧阳市	5719	3281	2438	431	259	172

1-11　续表 1　　　　单位：人

地　　区	死亡人口			2019年11月		
	合计	男	女	小计	男	女
苏州市	**46240**	**24973**	**21267**	**3682**	**2023**	**1659**
虎丘区	2173	1217	956	147	87	60
吴中区	4370	2354	2016	359	191	168
相城区	2775	1506	1269	213	113	100
姑苏区	4714	2609	2105	364	202	162
吴江区	5707	3122	2585	441	238	203
苏州工业园区	2084	1128	956	143	77	66
常熟市	9372	4840	4532	817	441	376
张家港市	6406	3608	2798	512	298	214
昆山市	5330	2852	2478	444	260	184
太仓市	3309	1737	1572	242	116	126
南通市	**66145**	**35905**	**30240**	**5413**	**2932**	**2481**
崇川区	2844	1589	1255	229	131	98
港闸区	1680	894	786	127	75	52
通州区	9570	5211	4359	747	392	355
如东县	9983	5448	4535	818	424	394
南通经济技术开发区	917	502	415	75	39	36
通州湾示范区	1129	604	525	86	48	38
苏锡通科技产业园区	468	254	214	31	18	13
启东市	10530	5665	4865	859	472	387
如皋市	11990	6549	5441	980	527	453
海门市	8236	4431	3805	693	395	298
海安市	8798	4758	4040	768	411	357
连云港市	**28305**	**16091**	**12214**	**2204**	**1290**	**914**
连云区	791	435	356	53	30	23
海州区	3534	2082	1452	265	159	106
赣榆区	7034	4020	3014	581	340	241
东海县	6636	3742	2894	578	340	238
灌云县	4870	2742	2128	338	197	141
灌南县	4194	2350	1844	299	167	132
连云港经济技术开发区	532	308	224	41	29	12
连云港高新技术产业开发区	245	141	104	15	8	7
江苏连云港徐圩新区	280	167	113	17	9	8
江苏省连云港市云台山风景名胜区	189	104	85	17	11	6
淮安市	**33586**	**18567**	**15019**	**2588**	**1403**	**1185**
淮安区	7606	4174	3432	581	322	259
淮阴区	5285	2977	2308	469	265	204
清江浦区	3318	1936	1382	223	121	102
洪泽区	2309	1227	1082	163	85	78
涟水县	6664	3696	2968	557	304	253
盱眙县	4686	2534	2152	339	174	165
金湖县	2507	1340	1167	174	90	84
淮安经济技术开发区	643	354	289	46	20	26
工业园区	118	64	54	10	8	2
生态文旅区	217	140	77	11	4	7
苏淮高新区	233	125	108	15	10	5

1-11 续表 2 单位：人

地　区	死亡人口			2019年11月		
	合计	男	女	小计	男	女
盐城市	**52890**	**28838**	**24052**	**4028**	**2247**	**1781**
亭湖区	3793	2137	1656	311	182	129
盐都区	5305	2904	2401	411	230	181
大丰区	5323	2851	2472	391	215	176
响水县	3234	1854	1380	259	163	96
滨海县	5780	3126	2654	454	257	197
阜宁县	6792	3720	3072	521	296	225
射阳县	5750	3065	2685	421	218	203
建湖县	5252	2905	2347	357	207	150
盐城经济技术开发区	701	384	317	48	26	22
江苏省盐南高新区	718	379	339	41	25	16
东台市	10242	5513	4729	814	428	386
扬州市	**35364**	**19496**	**15868**	**2832**	**1573**	**1259**
广陵区	3230	1745	1485	249	146	103
邗江区	2817	1577	1240	210	113	97
江都区	8459	4622	3837	651	354	297
宝应县	7389	4066	3323	613	337	276
扬州经济技术开发区	1204	659	545	86	51	35
蜀冈瘦西湖景区	542	301	241	50	28	22
生态新城	522	297	225	40	24	16
仪征市	4262	2342	1920	343	180	163
高邮市	6939	3887	3052	590	340	250
镇江市	**21391**	**11698**	**9693**	**1672**	**930**	**742**
京口区	2056	1166	890	157	94	63
润州区	1452	841	611	111	66	45
丹徒区	2302	1189	1113	198	105	93
镇江新区	1714	917	797	155	82	73
江苏镇江高新区	213	108	105	14	9	5
丹阳市	7129	3879	3250	519	289	230
扬中市	2366	1292	1074	202	103	99
句容市	4159	2306	1853	316	182	134
泰州市	**35482**	**19943**	**15539**	**2652**	**1474**	**1178**
海陵区	2963	1698	1265	219	114	105
高港区	2222	1236	986	162	95	67
姜堰区	5987	3354	2633	471	263	208
泰州医药高新技术产业开发区	1170	625	545	102	62	40
兴化市	8930	5069	3861	584	320	264
靖江市	4320	2397	1923	269	159	110
泰兴市	9890	5564	4326	845	461	384
宿迁市	**32677**	**18283**	**14394**	**2735**	**1538**	**1197**
宿城区	4156	2369	1787	321	193	128
宿豫区	2951	1661	1290	236	137	99
沭阳县	10593	5848	4745	885	479	406
泗阳县	6096	3413	2683	460	263	197
泗洪县	5902	3327	2575	573	323	250
宿迁经济技术开发区	793	437	356	65	38	27
宿迁市湖滨新区	1169	641	528	106	58	48
苏州宿迁工业园区	11	8	3			
宿迁市洋河新区	1006	579	427	89	47	42

1-11　续表 3　　　　单位：人

地　区	2019年12月			2020年1月		
	小计	男	女	小计	男	女
江　苏	**43380**	**23845**	**19535**	**46245**	**25174**	**21071**
南京市	**3380**	**1868**	**1512**	**3541**	**1973**	**1568**
玄武区	245	133	112	256	140	116
秦淮区	478	281	197	497	289	208
建邺区	144	78	66	129	73	56
鼓楼区	475	278	197	496	268	228
浦口区	185	97	88	210	103	107
栖霞区	235	127	108	229	139	90
雨花台区	137	66	71	172	104	68
江宁区	324	179	145	355	211	144
六合区	366	183	183	373	212	161
溧水区	224	129	95	250	130	120
高淳区	251	142	109	276	149	127
南京江北新区	316	175	141	298	155	143
无锡市	**3343**	**1880**	**1463**	**3420**	**1971**	**1449**
锡山区	333	185	148	300	163	137
惠山区	297	180	117	299	177	122
滨湖区	264	157	107	237	143	94
梁溪区	551	310	241	703	413	290
新吴区	220	133	87	240	137	103
江苏无锡经济开发区	69	43	26	63	34	29
江阴市	753	394	359	747	418	329
宜兴市	856	478	378	831	486	345
徐州市	**4808**	**2659**	**2149**	**5251**	**2825**	**2426**
鼓楼区	127	78	49	153	90	63
云龙区	141	87	54	190	109	81
贾汪区	274	146	128	293	178	115
泉山区	304	182	122	323	182	141
铜山区	528	294	234	633	336	297
丰县	597	341	256	666	340	326
沛县	630	321	309	608	330	278
睢宁县	643	347	296	770	395	375
徐州经济技术开发区	127	68	59	127	82	45
新沂市	503	275	228	549	277	272
邳州市	934	520	414	939	506	433
常州市	**2160**	**1234**	**926**	**2504**	**1366**	**1138**
天宁区	258	158	100	306	160	146
钟楼区	198	114	84	258	141	117
新北区	321	179	142	365	192	173
武进区	407	228	179	472	251	221
金坛区	351	209	142	412	229	183
江苏省常州市经济开发区	158	75	83	170	104	66
溧阳市	467	271	196	521	289	232

1-11 续表 4

单位：人

地区	2019年12月			2020年1月		
	小计	男	女	小计	男	女
苏州市	**4058**	**2190**	**1868**	**4344**	**2287**	**2057**
虎丘区	169	87	82	192	108	84
吴中区	391	226	165	414	225	189
相城区	263	143	120	237	133	104
姑苏区	395	227	168	409	230	179
吴江区	522	285	237	611	335	276
苏州工业园区	182	93	89	176	89	87
常熟市	857	439	418	958	483	475
张家港市	557	315	242	586	303	283
昆山市	449	233	216	469	236	233
太仓市	273	142	131	292	145	147
南通市	**5778**	**3097**	**2681**	**6157**	**3250**	**2907**
崇川区	250	141	109	274	149	125
港闸区	158	70	88	151	72	79
通州区	860	465	395	911	467	444
如东县	846	471	375	944	518	426
南通经济技术开发区	76	36	40	95	49	46
通州湾示范区	98	48	50	113	62	51
苏锡通科技产业园区	39	23	16	41	26	15
启东市	881	470	411	1009	539	470
如皋市	1085	564	521	1088	568	520
海门市	749	397	352	735	387	348
海安市	736	412	324	796	413	383
连云港市	**2477**	**1385**	**1092**	**2433**	**1360**	**1073**
连云区	60	25	35	70	40	30
海州区	308	177	131	300	179	121
赣榆区	629	357	272	604	322	282
东海县	629	356	273	650	358	292
灌云县	408	223	185	323	176	147
灌南县	334	183	151	376	213	163
连云港经济技术开发区	56	33	23	43	28	15
连云港高新技术产业开发区	16	10	6	22	14	8
江苏连云港徐圩新区	23	13	10	32	24	8
江苏省连云港市云台山风景名胜区	14	8	6	13	6	7
淮安市	**2661**	**1443**	**1218**	**2918**	**1587**	**1331**
淮安区	663	364	299	682	388	294
淮阴区	371	188	183	462	249	213
清江浦区	288	183	105	267	135	132
洪泽区	172	90	82	208	103	105
涟水县	502	274	228	572	308	264
盱眙县	382	203	179	396	212	184
金湖县	195	89	106	228	127	101
淮安经济技术开发区	47	24	23	53	31	22
工业园区	8	3	5	13	8	5
生态文旅区	17	13	4	22	15	7
苏淮高新区	16	12	4	15	11	4

1-11　续表 5　　　　单位：人

地　区	2019年12月			2020年1月		
	小计	男	女	小计	男	女
盐城市	**4252**	**2365**	**1887**	**4503**	**2446**	**2057**
亭湖区	274	151	123	330	176	154
盐都区	446	250	196	467	255	212
大丰区	424	211	213	472	246	226
响水县	284	159	125	261	154	107
滨海县	439	244	195	420	233	187
阜宁县	549	308	241	515	282	233
射阳县	433	250	183	460	245	215
建湖县	389	221	168	453	260	193
盐城经济技术开发区	63	32	31	73	41	32
江苏省盐南高新区	42	22	20	64	31	33
东台市	909	517	392	988	523	465
扬州市	**3075**	**1697**	**1378**	**3201**	**1770**	**1431**
广陵区	294	164	130	307	168	139
邗江区	241	136	105	244	136	108
江都区	726	394	332	772	398	374
宝应县	654	342	312	668	365	303
扬州经济技术开发区	94	41	53	120	61	59
蜀冈瘦西湖景区	35	19	16	53	34	19
生态新城	51	34	17	60	33	27
仪征市	354	204	150	336	201	135
高邮市	626	363	263	641	374	267
镇江市	**1862**	**1021**	**841**	**1788**	**915**	**873**
京口区	200	114	86	190	99	91
润州区	135	78	57	117	59	58
丹徒区	168	89	79	208	103	105
镇江新区	134	59	75	121	66	55
江苏镇江高新区	20	9	11	15	9	6
丹阳市	627	347	280	585	312	273
扬中市	213	118	95	190	99	91
句容市	365	207	158	362	168	194
泰州市	**2806**	**1525**	**1281**	**3200**	**1758**	**1442**
海陵区	242	141	101	256	138	118
高港区	190	114	76	213	116	97
姜堰区	487	259	228	564	316	248
泰州医药高新技术产业开发区	78	38	40	118	57	61
兴化市	639	366	273	795	458	337
靖江市	323	153	170	337	173	164
泰兴市	847	454	393	917	500	417
宿迁市	**2720**	**1481**	**1239**	**2985**	**1666**	**1319**
宿城区	377	195	182	355	192	163
宿豫区	261	138	123	264	149	115
沭阳县	948	557	391	952	511	441
泗阳县	455	233	222	525	308	217
泗洪县	426	219	207	570	333	237
宿迁经济技术开发区	50	26	24	82	49	33
宿迁市湖滨新区	111	60	51	132	67	65
苏州宿迁工业园区	1		1			
宿迁市洋河新区	91	53	38	105	57	48

1-11 续表 6 单位：人

地区	2020年2月			2020年3月			2020年4月		
	小计	男	女	小计	男	女	小计	男	女
江苏	**44564**	**24247**	**20317**	**43875**	**24109**	**19766**	**40641**	**22393**	**18248**
南京市	**3408**	**1923**	**1485**	**3337**	**1847**	**1490**	**3179**	**1788**	**1391**
玄武区	231	113	118	206	109	97	201	110	91
秦淮区	430	242	188	468	234	234	431	231	200
建邺区	132	72	60	120	66	54	146	81	65
鼓楼区	481	274	207	457	246	211	446	245	201
浦口区	218	125	93	191	110	81	171	88	83
栖霞区	236	125	111	232	135	97	214	131	83
雨花台区	188	103	85	160	85	75	152	100	52
江宁区	314	170	144	349	209	140	376	215	161
六合区	398	208	190	379	212	167	335	178	157
溧水区	220	137	83	222	124	98	194	119	75
高淳区	269	158	111	278	166	112	244	143	101
南京江北新区	291	196	95	275	151	124	269	147	122
无锡市	**3312**	**1884**	**1428**	**3242**	**1807**	**1435**	**3098**	**1708**	**1390**
锡山区	272	165	107	320	172	148	300	168	132
惠山区	291	163	128	273	158	115	268	143	125
滨湖区	261	151	110	228	142	86	231	127	104
梁溪区	682	382	300	693	382	311	579	316	263
新吴区	232	125	107	215	113	102	205	114	91
江苏无锡经济开发区	81	51	30	73	41	32	80	50	30
江阴市	682	396	286	652	376	276	717	399	318
宜兴市	811	451	360	788	423	365	718	391	327
徐州市	**5211**	**2874**	**2337**	**5159**	**2901**	**2258**	**4555**	**2529**	**2026**
鼓楼区	157	94	63	177	102	75	153	77	76
云龙区	164	94	70	170	121	49	141	78	63
贾汪区	293	152	141	306	180	126	261	133	128
泉山区	274	159	115	283	165	118	275	149	126
铜山区	683	381	302	672	378	294	539	292	247
丰县	602	314	288	571	303	268	503	278	225
沛县	630	367	263	640	331	309	542	324	218
睢宁县	724	397	327	702	389	313	645	337	308
徐州经济技术开发区	139	81	58	150	93	57	124	76	48
新沂市	584	315	269	587	336	251	544	315	229
邳州市	961	520	441	901	503	398	828	470	358
常州市	**2241**	**1204**	**1037**	**2338**	**1269**	**1069**	**2146**	**1170**	**976**
天宁区	260	142	118	250	130	120	230	124	106
钟楼区	222	125	97	247	142	105	218	124	94
新北区	310	161	149	322	170	152	300	163	137
武进区	435	236	199	432	224	208	401	202	199
金坛区	376	197	179	388	206	182	349	202	147
江苏省常州市经济开发区	137	69	68	157	99	58	171	95	76
溧阳市	501	274	227	542	298	244	477	260	217

1-11　续表 7

单位：人

地　区	2020年2月			2020年3月			2020年4月		
	小计	男	女	小计	男	女	小计	男	女
苏州市	**4066**	**2089**	**1977**	**3924**	**2135**	**1789**	**3656**	**2028**	**1628**
虎丘区	192	105	87	176	98	78	178	91	87
吴中区	375	192	183	341	196	145	379	202	177
相城区	249	130	119	261	149	112	199	108	91
姑苏区	434	237	197	387	213	174	383	223	160
吴江区	547	288	259	502	275	227	455	260	195
苏州工业园区	171	81	90	170	103	67	151	87	64
常熟市	819	404	415	814	411	403	718	386	332
张家港市	537	290	247	553	312	241	491	284	207
昆山市	476	241	235	441	235	206	464	251	213
太仓市	266	121	145	279	143	136	238	136	102
南通市	**5853**	**3167**	**2686**	**5467**	**2904**	**2563**	**5122**	**2744**	**2378**
崇川区	255	153	102	254	143	111	220	126	94
港闸区	152	90	62	137	74	63	112	59	53
通州区	832	447	385	818	433	385	727	408	319
如东县	879	462	417	820	419	401	768	417	351
南通经济技术开发区	85	48	37	75	29	46	90	49	41
通州湾示范区	100	53	47	106	53	53	85	43	42
苏锡通科技产业园区	38	23	15	33	18	15	46	20	26
启东市	936	491	445	842	447	395	879	460	419
如皋市	1036	583	453	989	540	449	899	479	420
海门市	725	380	345	683	357	326	672	358	314
海安市	815	437	378	710	391	319	624	325	299
连云港市	**2498**	**1399**	**1099**	**2564**	**1455**	**1109**	**2223**	**1243**	**980**
连云区	66	38	28	80	48	32	33	15	18
海州区	297	180	117	324	202	122	278	167	111
赣榆区	605	343	262	585	347	238	579	326	253
东海县	623	337	286	632	346	286	508	287	221
灌云县	423	228	195	477	250	227	408	217	191
灌南县	360	202	158	359	195	164	327	183	144
连云港经济技术开发区	43	24	19	58	36	22	30	16	14
连云港高新技术产业开发区	24	14	10	22	13	9	17	10	7
江苏连云港徐圩新区	31	20	11	10	6	4	23	13	10
江苏省连云港市云台山风景名胜区	26	13	13	17	12	5	20	9	11
淮安市	**2757**	**1517**	**1240**	**2916**	**1571**	**1345**	**2613**	**1460**	**1153**
淮安区	673	359	314	657	362	295	612	330	282
淮阴区	422	242	180	476	276	200	399	238	161
清江浦区	240	134	106	260	152	108	267	166	101
洪泽区	192	93	99	234	115	119	184	105	79
涟水县	560	321	239	605	314	291	499	264	235
盱眙县	366	195	171	372	190	182	365	202	163
金湖县	209	119	90	205	103	102	199	111	88
淮安经济技术开发区	54	34	20	69	33	36	48	25	23
工业园区	12	7	5	9	6	3	11	7	4
生态文旅区	10	6	4	15	12	3	17	9	8
苏淮高新区	19	7	12	14	8	6	12	3	9

1-11 续表 8

单位：人

地区	2020年2月			2020年3月			2020年4月		
	小计	男	女	小计	男	女	小计	男	女
盐城市	**4527**	**2364**	**2163**	**4515**	**2427**	**2088**	**4236**	**2281**	**1955**
亭湖区	299	150	149	315	177	138	336	192	144
盐都区	416	217	199	443	247	196	409	222	187
大丰区	484	262	222	461	238	223	435	224	211
响水县	298	156	142	286	146	140	262	154	108
滨海县	478	252	226	506	275	231	442	239	203
阜宁县	568	315	253	618	323	295	582	299	283
射阳县	503	244	259	491	258	233	432	234	198
建湖县	424	226	198	435	238	197	378	208	170
盐城经济技术开发区	53	29	24	46	32	14	64	28	36
江苏省盐南高新区	59	30	29	53	26	27	67	35	32
东台市	945	483	462	861	467	394	829	446	383
扬州市	**3036**	**1646**	**1390**	**2937**	**1666**	**1271**	**2741**	**1473**	**1268**
广陵区	234	130	104	301	147	154	258	127	131
邗江区	233	124	109	241	137	104	225	108	117
江都区	755	394	361	708	412	296	665	368	297
宝应县	607	343	264	590	335	255	584	320	264
扬州经济技术开发区	127	73	54	94	55	39	107	53	54
蜀冈瘦西湖景区	44	23	21	53	30	23	45	17	28
生态新城	48	25	23	43	21	22	43	25	18
仪征市	361	203	158	348	190	158	327	172	155
高邮市	627	331	296	559	339	220	487	283	204
镇江市	**1787**	**968**	**819**	**1783**	**926**	**857**	**1796**	**999**	**797**
京口区	180	119	61	191	104	87	185	108	77
润州区	116	70	46	131	69	62	121	72	49
丹徒区	164	81	83	172	87	85	161	86	75
镇江新区	146	79	67	131	66	65	139	77	62
江苏镇江高新区	25	11	14	18	11	7	15	7	8
丹阳市	591	295	296	578	292	286	649	357	292
扬中市	218	117	101	219	108	111	208	116	92
句容市	347	196	151	343	189	154	318	176	142
泰州市	**3046**	**1670**	**1376**	**2873**	**1624**	**1249**	**2702**	**1564**	**1138**
海陵区	253	132	121	225	127	98	226	142	84
高港区	175	102	73	161	78	83	196	113	83
姜堰区	486	272	214	497	278	219	466	253	213
泰州医药高新技术产业开发区	105	51	54	86	43	43	67	43	24
兴化市	747	400	347	688	392	296	663	395	268
靖江市	382	194	188	399	236	163	302	155	147
泰兴市	898	519	379	817	470	347	782	463	319
宿迁市	**2822**	**1542**	**1280**	**2820**	**1577**	**1243**	**2574**	**1406**	**1168**
宿城区	393	207	186	353	204	149	322	175	147
宿豫区	224	109	115	280	171	109	222	126	96
沭阳县	893	478	415	925	516	409	875	475	400
泗阳县	538	298	240	550	290	260	428	231	197
泗洪县	509	304	205	501	284	217	470	256	214
宿迁经济技术开发区	82	35	47	64	36	28	80	44	36
宿迁市湖滨新区	81	48	33	76	39	37	105	54	51
苏州宿迁工业园区	1	1		1		1	1	1	
宿迁市洋河新区	101	62	39	70	37	33	71	44	27

1-11　续表 9

单位：人

地　区	2020年5月			2020年6月			2020年7月		
	小计	男	女	小计	男	女	小计	男	女
江　苏	**42789**	**23636**	**19153**	**40094**	**22588**	**17506**	**39471**	**22203**	**17268**
南京市	**3306**	**1867**	**1439**	**3105**	**1812**	**1293**	**3148**	**1810**	**1338**
玄武区	230	133	97	226	127	99	186	104	82
秦淮区	421	243	178	412	233	179	407	227	180
建邺区	150	95	55	117	74	43	119	66	53
鼓楼区	457	229	228	425	256	169	433	256	177
浦口区	176	105	71	152	87	65	155	91	64
栖霞区	234	154	80	211	124	87	225	128	97
雨花台区	152	76	76	146	96	50	164	102	62
江宁区	366	217	149	321	204	117	366	225	141
六合区	378	214	164	361	198	163	377	196	181
溧水区	203	107	96	196	107	89	209	113	96
高淳区	233	119	114	239	143	96	222	134	88
南京江北新区	306	175	131	299	163	136	285	168	117
无锡市	**3103**	**1700**	**1403**	**2793**	**1552**	**1241**	**2960**	**1732**	**1228**
锡山区	270	144	126	267	137	130	318	173	145
惠山区	271	150	121	249	154	95	254	148	106
滨湖区	249	124	125	210	103	107	194	111	83
梁溪区	626	336	290	544	295	249	498	307	191
新吴区	216	117	99	218	149	69	189	112	77
江苏无锡经济开发区	82	47	35	66	42	24	76	45	31
江阴市	722	398	324	601	336	265	707	419	288
宜兴市	667	384	283	638	336	302	724	417	307
徐州市	**4874**	**2764**	**2110**	**4648**	**2628**	**2020**	**4178**	**2391**	**1787**
鼓楼区	173	108	65	142	83	59	150	80	70
云龙区	150	77	73	166	89	77	149	90	59
贾汪区	247	132	115	240	136	104	221	128	93
泉山区	295	169	126	281	168	113	273	147	126
铜山区	634	375	259	558	332	226	480	287	193
丰县	550	285	265	528	272	256	483	274	209
沛县	558	324	234	550	307	243	503	298	205
睢宁县	641	352	289	625	378	247	587	341	246
徐州经济技术开发区	98	54	44	108	52	56	99	59	40
新沂市	539	313	226	535	303	232	444	239	205
邳州市	989	575	414	915	508	407	789	448	341
常州市	**2130**	**1206**	**924**	**1957**	**1146**	**811**	**2009**	**1147**	**862**
天宁区	234	138	96	234	137	97	248	149	99
钟楼区	193	111	82	216	130	86	217	113	104
新北区	326	177	149	260	143	117	279	165	114
武进区	416	223	193	382	224	158	307	167	140
金坛区	355	199	156	335	199	136	372	204	168
江苏省常州市经济开发区	138	74	64	129	73	56	158	86	72
溧阳市	468	284	184	401	240	161	428	263	165

1-11 续表 10

单位：人

地　区	2020年5月			2020年6月			2020年7月		
	小计	男	女	小计	男	女	小计	男	女
苏州市	**3720**	**2023**	**1697**	**3488**	**1852**	**1636**	**3623**	**1984**	**1639**
虎丘区	170	95	75	191	99	92	176	110	66
吴中区	341	192	149	368	181	187	357	187	170
相城区	243	130	113	217	124	93	208	114	94
姑苏区	432	243	189	340	194	146	329	174	155
吴江区	454	258	196	400	212	188	441	238	203
苏州工业园区	162	86	76	144	64	80	172	95	77
常熟市	713	356	357	689	353	336	744	398	346
张家港市	504	275	229	464	274	190	505	278	227
昆山市	433	250	183	427	218	209	419	240	179
太仓市	268	138	130	248	133	115	272	150	122
南通市	**5396**	**2919**	**2477**	**5072**	**2866**	**2206**	**5083**	**2859**	**2224**
崇川区	239	129	110	211	117	94	219	130	89
港闸区	145	74	71	133	76	57	123	73	50
通州区	791	446	345	712	416	296	730	400	330
如东县	817	443	374	791	440	351	734	434	300
南通经济技术开发区	76	49	27	59	34	25	65	42	23
通州湾示范区	96	53	43	85	46	39	88	45	43
苏锡通科技产业园区	44	27	17	36	16	20	35	17	18
启东市	825	423	402	780	447	333	850	454	396
如皋市	923	499	424	940	549	391	926	525	401
海门市	685	364	321	606	349	257	633	345	288
海安市	755	412	343	719	376	343	680	394	286
连云港市	**2443**	**1355**	**1088**	**2238**	**1261**	**977**	**2025**	**1170**	**855**
连云区	30	17	13	108	49	59	74	46	28
海州区	371	231	140	173	94	79	258	150	108
赣榆区	571	300	271	556	325	231	536	293	243
东海县	532	289	243	507	299	208	449	259	190
灌云县	492	276	216	440	252	188	338	200	138
灌南县	365	199	166	326	173	153	300	180	120
连云港经济技术开发区	28	13	15	70	34	36	32	19	13
连云港高新技术产业开发区	20	10	10	29	18	11	17	12	5
江苏连云港徐圩新区	19	14	5	19	10	9	13	7	6
江苏省连云港市云台山风景名胜区	15	6	9	10	7	3	8	4	4
淮安市	**2766**	**1506**	**1260**	**2694**	**1518**	**1176**	**2676**	**1492**	**1184**
淮安区	641	338	303	559	312	247	530	268	262
淮阴区	450	242	208	450	247	203	406	243	163
清江浦区	264	164	100	248	144	104	286	163	123
洪泽区	171	101	70	187	106	81	174	96	78
涟水县	523	279	244	547	307	240	544	319	225
盱眙县	404	222	182	385	207	178	403	219	184
金湖县	179	90	89	211	124	87	231	127	104
淮安经济技术开发区	71	33	38	62	44	18	52	33	19
工业园区	5	2	3	9	7	2	10	4	6
生态文旅区	20	12	8	18	12	6	18	10	8
苏淮高新区	38	23	15	18	8	10	22	10	12

1-11 续表 11

单位：人

地 区	2020年5月			2020年6月			2020年7月		
	小计	男	女	小计	男	女	小计	男	女
盐城市	**4493**	**2407**	**2086**	**4179**	**2329**	**1850**	**4201**	**2278**	**1923**
亭湖区	335	193	142	274	165	109	326	178	148
盐都区	435	247	188	366	217	149	429	232	197
大丰区	421	221	200	402	225	177	418	235	183
响水县	296	166	130	258	157	101	234	134	100
滨海县	530	277	253	515	272	243	478	245	233
阜宁县	585	315	270	592	338	254	558	304	254
射阳县	487	237	250	515	260	255	441	247	194
建湖县	460	250	210	400	234	166	457	243	214
盐城经济技术开发区	57	35	22	46	27	19	55	26	29
江苏省盐南高新区	72	36	36	61	33	28	58	37	21
东台市	815	430	385	750	401	349	747	397	350
扬州市	**2927**	**1634**	**1293**	**2680**	**1473**	**1207**	**2785**	**1533**	**1252**
广陵区	267	151	116	266	154	112	238	116	122
邗江区	235	119	116	224	135	89	205	130	75
江都区	669	381	288	617	330	287	699	385	314
宝应县	605	339	266	582	326	256	567	294	273
扬州经济技术开发区	93	51	42	75	46	29	90	48	42
蜀冈瘦西湖景区	55	31	24	50	29	21	29	18	11
生态新城	39	23	16	45	24	21	32	21	11
仪征市	386	198	188	330	173	157	350	208	142
高邮市	578	341	237	491	256	235	575	313	262
镇江市	**1834**	**1017**	**817**	**1694**	**972**	**722**	**1615**	**858**	**757**
京口区	202	121	81	156	81	75	151	72	79
润州区	158	88	70	113	73	40	82	49	33
丹徒区	185	96	89	206	116	90	170	78	92
镇江新区	149	74	75	155	82	73	148	79	69
江苏镇江高新区	11	8	3	11	7	4	24	10	14
丹阳市	597	325	272	541	302	239	547	310	237
扬中市	184	99	85	175	104	71	177	97	80
句容市	348	206	142	337	207	130	316	163	153
泰州市	**2982**	**1676**	**1306**	**2832**	**1619**	**1213**	**2812**	**1612**	**1200**
海陵区	269	150	119	205	126	79	237	139	98
高港区	207	123	84	165	89	76	164	83	81
姜堰区	450	248	202	472	268	204	441	272	169
泰州医药高新技术产业开发区	97	55	42	89	52	37	101	53	48
兴化市	765	409	356	767	447	320	773	449	324
靖江市	359	205	154	332	192	140	369	218	151
泰兴市	835	486	349	802	445	357	727	398	329
宿迁市	**2815**	**1562**	**1253**	**2714**	**1560**	**1154**	**2356**	**1337**	**1019**
宿城区	328	188	140	310	198	112	340	195	145
宿豫区	255	145	110	228	135	93	201	108	93
沭阳县	882	469	413	836	475	361	803	434	369
泗阳县	576	321	255	626	351	275	414	246	168
泗洪县	502	285	217	472	257	215	406	247	159
宿迁经济技术开发区	87	48	39	51	29	22	57	30	27
宿迁市湖滨新区	105	54	51	93	58	35	72	40	32
苏州宿迁工业园区	2	2					2	2	
宿迁市洋河新区	78	50	28	98	57	41	61	35	26

1-11　续表 12　　　　　　　　　　　　　　　　　　　　　　　　单位：人

地　区	2020年8月			2020年9月			2020年10月		
	小计	男	女	小计	男	女	小计	男	女
江　苏	**43298**	**24161**	**19137**	**41911**	**23482**	**18429**	**47052**	**26362**	**20690**
南京市	**3435**	**2002**	**1433**	**3391**	**1958**	**1433**	**3824**	**2114**	**1710**
玄武区	217	132	85	238	125	113	209	109	100
秦淮区	444	249	195	437	257	180	511	281	230
建邺区	128	82	46	138	75	63	142	92	50
鼓楼区	426	234	192	428	245	183	474	265	209
浦口区	165	103	62	208	115	93	221	106	115
栖霞区	231	135	96	252	157	95	277	158	119
雨花台区	167	108	59	159	97	62	204	101	103
江宁区	398	225	173	419	249	170	449	244	205
六合区	426	246	180	360	188	172	460	255	205
溧水区	266	147	119	239	141	98	300	164	136
高淳区	261	157	104	239	150	89	294	183	111
南京江北新区	306	184	122	274	159	115	283	156	127
无锡市	**3126**	**1754**	**1372**	**3234**	**1819**	**1415**	**3410**	**1923**	**1487**
锡山区	339	183	156	295	163	132	356	208	148
惠山区	282	160	122	268	156	112	283	159	124
滨湖区	230	129	101	251	133	118	268	161	107
梁溪区	512	294	218	596	354	242	558	299	259
新吴区	221	119	102	214	120	94	216	117	99
江苏无锡经济开发区	63	37	26	82	39	43	91	45	46
江阴市	751	419	332	780	443	337	830	477	353
宜兴市	728	413	315	748	411	337	808	457	351
徐州市	**4575**	**2612**	**1963**	**4253**	**2473**	**1780**	**5128**	**2891**	**2237**
鼓楼区	144	87	57	169	88	81	195	119	76
云龙区	158	86	72	175	109	66	228	128	100
贾汪区	236	127	109	215	133	82	268	134	134
泉山区	279	153	126	295	169	126	275	153	122
铜山区	568	322	246	586	337	249	665	360	305
丰县	513	299	214	460	254	206	664	370	294
沛县	523	301	222	509	288	221	599	341	258
睢宁县	662	384	278	501	299	202	650	373	277
徐州经济技术开发区	118	74	44	103	72	31	126	69	57
新沂市	490	288	202	440	259	181	560	327	233
邳州市	884	491	393	800	465	335	898	517	381
常州市	**2235**	**1283**	**952**	**2269**	**1247**	**1022**	**2322**	**1305**	**1017**
天宁区	287	172	115	328	179	149	270	156	114
钟楼区	249	149	100	253	144	109	217	125	92
新北区	328	185	143	338	184	154	344	180	164
武进区	341	181	160	345	193	152	395	217	178
金坛区	375	221	154	382	204	178	394	221	173
江苏省常州市经济开发区	143	87	56	172	90	82	182	104	78
溧阳市	512	288	224	451	253	198	520	302	218

1-11　续表 13

单位：人

地　　区	2020年8月			2020年9月			2020年10月		
	小计	男	女	小计	男	女	小计	男	女
苏州市	**3928**	**2126**	**1802**	**3648**	**2006**	**1642**	**4103**	**2230**	**1873**
虎丘区	208	127	81	173	104	69	201	106	95
吴中区	359	175	184	324	184	140	362	203	159
相城区	229	116	113	222	113	109	234	133	101
姑苏区	428	231	197	392	223	169	421	212	209
吴江区	453	243	210	418	233	185	463	257	206
苏州工业园区	199	109	90	190	102	88	224	142	82
常熟市	782	400	382	699	378	321	762	391	371
张家港市	513	304	209	521	294	227	663	381	282
昆山市	475	263	212	417	221	196	416	204	212
太仓市	282	158	124	292	154	138	357	201	156
南通市	**5525**	**3006**	**2519**	**5434**	**2911**	**2523**	**5845**	**3250**	**2595**
崇川区	233	132	101	255	133	122	205	105	100
港闸区	153	79	74	145	73	72	144	79	65
通州区	873	481	392	736	396	340	833	460	373
如东县	779	428	351	833	449	384	954	543	411
南通经济技术开发区	78	49	29	79	43	36	64	35	29
通州湾示范区	83	45	38	83	47	36	106	61	45
苏锡通科技产业园区	46	26	20	37	19	18	42	21	21
启东市	808	448	360	872	454	418	989	560	429
如皋市	1033	547	486	981	539	442	1110	629	481
海门市	709	393	316	716	382	334	630	324	306
海安市	730	378	352	697	376	321	768	433	335
连云港市	**2418**	**1400**	**1018**	**2241**	**1317**	**924**	**2541**	**1456**	**1085**
连云区	76	37	39	63	41	22	78	49	29
海州区	322	189	133	279	155	124	359	199	160
赣榆区	603	361	242	554	344	210	631	362	269
东海县	496	268	228	461	282	179	571	321	250
灌云县	430	263	167	390	226	164	403	234	169
灌南县	403	232	171	369	200	169	376	223	153
连云港经济技术开发区	35	17	18	47	27	20	49	32	17
连云港高新技术产业开发区	12	7	5	26	14	12	25	11	14
江苏连云港徐圩新区	29	19	10	39	20	19	25	12	13
江苏省连云港市云台山风景名胜区	12	7	5	13	8	5	24	13	11
淮安市	**2847**	**1593**	**1254**	**2761**	**1558**	**1203**	**3389**	**1919**	**1470**
淮安区	674	373	301	580	323	257	754	435	319
淮阴区	407	234	173	420	225	195	553	328	225
清江浦区	300	174	126	319	178	141	356	222	134
洪泽区	203	109	94	199	115	84	222	109	113
涟水县	582	323	259	537	323	214	636	360	276
盱眙县	364	216	148	390	220	170	520	274	246
金湖县	225	112	113	207	117	90	244	131	113
淮安经济技术开发区	45	29	16	50	22	28	46	26	20
工业园区	6	4	2	12	3	9	13	5	8
生态文旅区	25	13	12	20	17	3	24	17	7
苏淮高新区	16	6	10	27	15	12	21	12	9

1-11 续表 14

单位：人

地区	2020年8月			2020年9月			2020年10月		
	小计	男	女	小计	男	女	小计	男	女
盐城市	**4498**	**2442**	**2056**	**4496**	**2448**	**2048**	**4962**	**2804**	**2158**
亭湖区	299	163	136	351	208	143	343	202	141
盐都区	457	232	225	485	259	226	541	296	245
大丰区	450	258	192	438	241	197	527	275	252
响水县	267	151	116	242	132	110	287	182	105
滨海县	470	256	214	489	265	224	559	311	248
阜宁县	578	310	268	549	290	259	577	340	237
射阳县	480	262	218	508	271	237	579	339	240
建湖县	493	275	218	512	270	242	494	273	221
盐城经济技术开发区	69	41	28	54	31	23	73	36	37
江苏省盐南高新区	67	31	36	68	37	31	66	36	30
东台市	868	463	405	800	444	356	916	514	402
扬州市	**3090**	**1661**	**1429**	**2982**	**1642**	**1340**	**3078**	**1728**	**1350**
广陵区	261	142	119	245	129	116	310	171	139
邗江区	244	136	108	220	134	86	295	169	126
江都区	748	392	356	723	393	330	726	421	305
宝应县	716	388	328	607	333	274	596	344	252
扬州经济技术开发区	85	43	42	101	56	45	132	81	51
蜀冈瘦西湖景区	35	19	16	50	28	22	43	25	18
生态新城	40	22	18	36	18	18	45	27	18
仪征市	372	202	170	400	230	170	355	181	174
高邮市	589	317	272	600	321	279	576	309	267
镇江市	**1861**	**1013**	**848**	**1762**	**1009**	**753**	**1937**	**1070**	**867**
京口区	166	94	72	137	81	56	141	79	62
润州区	151	89	62	104	63	41	113	65	48
丹徒区	231	123	108	187	94	93	252	131	121
镇江新区	155	90	65	140	76	64	141	87	54
江苏镇江高新区	19	7	12	19	10	9	22	10	12
丹阳市	601	330	271	629	352	277	665	368	297
扬中市	174	100	74	181	111	70	225	120	105
句容市	364	180	184	365	222	143	378	210	168
泰州市	**3130**	**1763**	**1367**	**2994**	**1688**	**1306**	**3453**	**1970**	**1483**
海陵区	242	148	94	273	152	121	316	189	127
高港区	204	123	81	165	96	69	220	104	116
姜堰区	525	282	243	502	278	224	626	365	261
泰州医药高新技术产业开发区	96	48	48	99	53	46	132	70	62
兴化市	838	486	352	794	446	348	877	501	376
靖江市	413	227	186	372	221	151	463	264	199
泰兴市	812	449	363	789	442	347	819	477	342
宿迁市	**2630**	**1506**	**1124**	**2446**	**1406**	**1040**	**3060**	**1702**	**1358**
宿城区	324	189	135	313	187	126	420	246	174
宿豫区	263	152	111	209	126	83	308	165	143
沭阳县	832	465	367	815	471	344	947	518	429
泗阳县	512	312	200	439	245	194	573	315	258
泗洪县	476	253	223	466	265	201	531	301	230
宿迁经济技术开发区	60	42	18	47	25	22	68	35	33
宿迁市湖滨新区	98	55	43	85	47	38	105	61	44
苏州宿迁工业园区	1		1	1	1		1	1	
宿迁市洋河新区	64	38	26	71	39	32	107	60	47

1-11a　各地区分性别、月份的死亡人口(2019.11.1-2020.10.31)(城市)

单位：人

地　　区	死亡人口			2019年11月		
	合计	男	女	小计	男	女
江　苏	**167557**	**94011**	**73546**	**12778**	**7253**	**5525**
南京市	**31203**	**17629**	**13574**	**2392**	**1368**	**1024**
玄武区	2641	1447	1194	196	112	84
秦淮区	5378	3038	2340	442	271	171
建邺区	1590	932	658	125	78	47
鼓楼区	5421	3015	2406	423	219	204
浦口区	1420	768	652	104	49	55
栖霞区	2276	1333	943	174	101	73
雨花台区	1873	1071	802	141	79	62
江宁区	2955	1727	1228	202	116	86
六合区	2177	1185	992	156	94	62
溧水区	1223	663	560	93	54	39
高淳区	998	583	415	83	44	39
南京江北新区	3251	1867	1384	253	151	102
无锡市	**23420**	**13276**	**10144**	**1761**	**1022**	**739**
锡山区	1367	753	614	105	60	45
惠山区	2171	1266	905	159	97	62
滨湖区	2628	1461	1167	193	89	104
梁溪区	7073	3985	3088	531	297	234
新吴区	2587	1475	1112	201	119	82
江苏无锡经济开发区	885	510	375	59	36	23
江阴市	3792	2153	1639	255	149	106
宜兴市	2917	1673	1244	258	175	83
徐州市	**13278**	**7565**	**5713**	**1002**	**593**	**409**
鼓楼区	1889	1092	797	149	86	63
云龙区	1873	1096	777	144	90	54
贾汪区	1231	695	536	108	58	50
泉山区	3418	1949	1469	261	153	108
铜山区	1318	738	580	78	50	28
丰县						
沛县						
睢宁县						
徐州经济技术开发区	31	21	10			
新沂市	1307	723	584	85	46	39
邳州市	2211	1251	960	177	110	67
常州市	**12421**	**7022**	**5399**	**910**	**508**	**402**
天宁区	2541	1439	1102	174	89	85
钟楼区	2453	1403	1050	154	94	60
新北区	1977	1088	889	132	75	57
武进区	1602	890	712	142	69	73
金坛区	1560	913	647	125	77	48
江苏省常州市经济开发区	846	467	379	77	41	36
溧阳市	1442	822	620	106	63	43

1-11a 续表 1

单位：人

地　　区	死亡人口			2019年11月		
	合计	男	女	小计	男	女
苏州市	**21284**	**11727**	**9557**	**1701**	**960**	**741**
虎丘区	1773	991	782	123	72	51
吴中区	2164	1205	959	180	91	89
相城区	2119	1178	941	160	89	71
姑苏区	4714	2609	2105	364	202	162
吴江区	1691	924	767	131	76	55
苏州工业园区						
常熟市	3580	1898	1682	315	195	120
张家港市	1430	819	611	116	61	55
昆山市	3135	1736	1399	271	154	117
太仓市	678	367	311	41	20	21
南通市	**17095**	**9388**	**7707**	**1370**	**754**	**616**
崇川区	2844	1589	1255	229	131	98
港闸区	1680	894	786	127	75	52
通州区	2571	1378	1193	192	103	89
如东县						
南通经济技术开发区						
通州湾示范区						
苏锡通科技产业园区						
启东市	2843	1591	1252	241	137	104
如皋市	2457	1409	1048	197	103	94
海门市	1481	835	646	110	61	49
海安市	3219	1692	1527	274	144	130
连云港市	**4754**	**2751**	**2003**	**360**	**217**	**143**
连云区	759	422	337	51	28	23
海州区	2572	1511	1061	191	114	77
赣榆区	1296	746	550	113	73	40
东海县	27	18	9			
灌云县						
灌南县						
连云港经济技术开发区						
连云港高新技术产业开发区						
江苏连云港徐圩新区	44	28	16	1	1	
江苏省连云港市云台山风景名胜区	56	26	30	4	1	3
淮安市	**6510**	**3695**	**2815**	**445**	**245**	**200**
淮安区	1782	989	793	118	65	53
淮阴区	1121	614	507	88	50	38
清江浦区	2834	1666	1168	187	102	85
洪泽区	773	426	347	52	28	24
涟水县						
盱眙县						
金湖县						
淮安经济技术开发区						
工业园区						
生态文旅区						
苏淮高新区						

1-11a　续表 2　　　　单位：人

地　区	死亡人口			2019年11月		
	合计	男	女	小计	男	女
盐城市	**7374**	**4096**	**3278**	**554**	**304**	**250**
亭湖区	2307	1326	981	174	98	76
盐都区	1082	606	476	86	48	38
大丰区	726	408	318	47	23	24
响水县						
滨海县						
阜宁县						
射阳县						
建湖县						
盐城经济技术开发区	44	26	18			
江苏省盐南高新区	718	379	339	41	25	16
东台市	2497	1351	1146	206	110	96
扬州市	**9469**	**5215**	**4254**	**752**	**424**	**328**
广陵区	2120	1125	995	153	94	59
邗江区	1511	851	660	109	62	47
江都区	1243	699	544	86	53	33
宝应县						
扬州经济技术开发区						
蜀冈瘦西湖景区	542	301	241	50	28	22
生态新城	190	102	88	16	9	7
仪征市	2194	1205	989	206	109	97
高邮市	1669	932	737	132	69	63
镇江市	**8738**	**4877**	**3861**	**668**	**384**	**284**
京口区	1943	1113	830	145	89	56
润州区	1419	822	597	110	65	45
丹徒区	543	273	270	46	26	20
镇江新区	44	25	19	3	3	
江苏镇江高新区	213	108	105	14	9	5
丹阳市	1899	1073	826	141	88	53
扬中市	1208	658	550	98	48	50
句容市	1469	805	664	111	56	55
泰州市	**8269**	**4641**	**3628**	**585**	**317**	**268**
海陵区	2201	1285	916	170	94	76
高港区	712	391	321	53	33	20
姜堰区	1388	775	613	100	52	48
泰州医药高新技术产业开发区						
兴化市	870	485	385	38	18	20
靖江市	1252	677	575	69	40	29
泰兴市	1846	1028	818	155	80	75
宿迁市	**3742**	**2129**	**1613**	**278**	**157**	**121**
宿城区	1779	1035	744	128	73	55
宿豫区	828	473	355	54	33	21
沭阳县						
泗阳县						
泗洪县						
宿迁经济技术开发区	37	12	25	6	1	5
宿迁市湖滨新区	629	337	292	56	30	26
苏州宿迁工业园区	11	8	3			
宿迁市洋河新区	458	264	194	34	20	14

1-11a 续表 3 单位：人

地 区	2019年12月			2020年1月		
	小计	男	女	小计	男	女
江 苏	**14066**	**7905**	**6161**	**15028**	**8292**	**6736**
南京市	**2652**	**1460**	**1192**	**2760**	**1547**	**1213**
玄武区	245	133	112	256	140	116
秦淮区	478	281	197	497	289	208
建邺区	144	78	66	129	73	56
鼓楼区	475	278	197	496	268	228
浦口区	126	69	57	132	68	64
栖霞区	187	98	89	183	113	70
雨花台区	133	63	70	168	101	67
江宁区	208	118	90	236	141	95
六合区	174	74	100	177	106	71
溧水区	97	54	43	117	60	57
高淳区	88	50	38	92	42	50
南京江北新区	297	164	133	277	146	131
无锡市	**2000**	**1157**	**843**	**2085**	**1206**	**879**
锡山区	119	63	56	96	47	49
惠山区	204	125	79	193	114	79
滨湖区	247	147	100	218	130	88
梁溪区	551	310	241	703	413	290
新吴区	220	133	87	240	137	103
江苏无锡经济开发区	69	43	26	63	34	29
江阴市	326	185	141	327	179	148
宜兴市	264	151	113	245	152	93
徐州市	**1034**	**601**	**433**	**1225**	**675**	**550**
鼓楼区	127	78	49	153	90	63
云龙区	131	83	48	178	100	78
贾汪区	127	68	59	139	81	58
泉山区	304	182	122	323	182	141
铜山区	88	50	38	131	67	64
丰县						
沛县						
睢宁县						
徐州经济技术开发区	2	1	1	1	1	
新沂市	80	39	41	112	54	58
邳州市	175	100	75	188	100	88
常州市	**1029**	**599**	**430**	**1194**	**666**	**528**
天宁区	210	125	85	250	132	118
钟楼区	184	106	78	235	131	104
新北区	169	95	74	194	99	95
武进区	140	82	58	166	92	74
金坛区	123	81	42	140	89	51
江苏省常州市经济开发区	72	34	38	84	52	32
溧阳市	131	76	55	125	71	54

1-11a 续表 4

单位：人

地区	2019年12月			2020年1月		
	小计	男	女	小计	男	女
苏州市	**1830**	**1033**	**797**	**1914**	**1038**	**876**
虎丘区	135	70	65	162	91	71
吴中区	195	129	66	195	107	88
相城区	196	111	85	171	103	68
姑苏区	395	227	168	409	230	179
吴江区	154	94	60	179	99	80
苏州工业园区						
常熟市	328	170	158	359	186	173
张家港市	110	59	51	129	67	62
昆山市	264	140	124	261	130	131
太仓市	53	33	20	49	25	24
南通市	**1452**	**781**	**671**	**1539**	**807**	**732**
崇川区	250	141	109	274	149	125
港闸区	158	70	88	151	72	79
通州区	213	121	92	248	114	134
如东县						
南通经济技术开发区						
通州湾示范区						
苏锡通科技产业园区						
启东市	234	123	111	258	146	112
如皋市	229	127	102	216	116	100
海门市	125	66	59	127	72	55
海安市	243	133	110	265	138	127
连云港市	**421**	**231**	**190**	**412**	**232**	**180**
连云区	57	25	32	65	37	28
海州区	228	130	98	228	133	95
赣榆区	128	70	58	108	58	50
东海县	1		1	1		1
灌云县						
灌南县						
连云港经济技术开发区						
连云港高新技术产业开发区						
江苏连云港徐圩新区	4	4		4	2	2
江苏省连云港市云台山风景名胜区	3	2	1	6	2	4
淮安市	**532**	**310**	**222**	**589**	**308**	**281**
淮安区	149	83	66	172	100	72
淮阴区	74	31	43	105	54	51
清江浦区	242	162	80	233	114	119
洪泽区	67	34	33	79	40	39
涟水县						
盱眙县						
金湖县						
淮安经济技术开发区						
工业园区						
生态文旅区						
苏淮高新区						

1-11a 续表 5

单位：人

地区	2019年12月			2020年1月		
	小计	男	女	小计	男	女
盐城市	**540**	**294**	**246**	**679**	**364**	**315**
亭湖区	158	93	65	216	121	95
盐都区	77	45	32	99	51	48
大丰区	40	16	24	40	17	23
响水县						
滨海县						
阜宁县						
射阳县						
建湖县						
盐城经济技术开发区	5	2	3	11	7	4
江苏省盐南高新区	42	22	20	64	31	33
东台市	218	116	102	249	137	112
扬州市	**843**	**476**	**367**	**846**	**480**	**366**
广陵区	208	114	94	221	115	106
邗江区	133	76	57	135	71	64
江都区	110	64	46	97	45	52
宝应县						
扬州经济技术开发区						
蜀冈瘦西湖景区	35	19	16	53	34	19
生态新城	10	7	3	23	13	10
仪征市	198	109	89	159	103	56
高邮市	149	87	62	158	99	59
镇江市	**786**	**451**	**335**	**727**	**365**	**362**
京口区	191	110	81	178	93	85
润州区	132	77	55	115	59	56
丹徒区	38	17	21	47	24	23
镇江新区	1		1	1	1	
江苏镇江高新区	20	9	11	15	9	6
丹阳市	171	109	62	135	70	65
扬中市	100	50	50	106	54	52
句容市	133	79	54	130	55	75
泰州市	**605**	**325**	**280**	**707**	**407**	**300**
海陵区	170	101	69	176	106	70
高港区	53	27	26	69	37	32
姜堰区	106	60	46	132	81	51
泰州医药高新技术产业开发区						
兴化市	53	26	27	85	57	28
靖江市	76	33	43	93	48	45
泰兴市	147	78	69	152	78	74
宿迁市	**342**	**187**	**155**	**351**	**197**	**154**
宿城区	168	89	79	155	88	67
宿豫区	80	43	37	65	39	26
沭阳县						
泗阳县						
泗洪县						
宿迁经济技术开发区	4	2	2	2	1	1
宿迁市湖滨新区	47	24	23	77	39	38
苏州宿迁工业园区	1		1			
宿迁市洋河新区	42	29	13	52	30	22

1-11a　续表 6　　　　单位：人

地　区	2020年2月			2020年3月			2020年4月		
	小计	男	女	小计	男	女	小计	男	女
江　苏	**14433**	**7937**	**6496**	**14275**	**7976**	**6299**	**13463**	**7502**	**5961**
南京市	**2624**	**1469**	**1155**	**2598**	**1434**	**1164**	**2477**	**1376**	**1101**
玄武区	231	113	118	206	109	97	201	110	91
秦淮区	430	242	188	468	234	234	431	231	200
建邺区	132	72	60	120	66	54	146	81	65
鼓楼区	481	274	207	457	246	211	446	245	201
浦口区	133	80	53	133	76	57	105	52	53
栖霞区	195	101	94	194	113	81	174	107	67
雨花台区	178	96	82	155	82	73	146	94	52
江宁区	206	109	97	236	148	88	250	143	107
六合区	196	104	92	182	103	79	163	77	86
溧水区	92	47	45	92	54	38	92	56	36
高淳区	81	49	32	90	56	34	68	39	29
南京江北新区	269	182	87	265	147	118	255	141	114
无锡市	**2098**	**1174**	**924**	**1995**	**1104**	**891**	**1916**	**1073**	**843**
锡山区	94	61	33	104	53	51	120	76	44
惠山区	200	107	93	168	98	70	177	99	78
滨湖区	247	145	102	208	131	77	217	117	100
梁溪区	682	382	300	693	382	311	579	316	263
新吴区	232	125	107	215	113	102	205	114	91
江苏无锡经济开发区	81	51	30	73	41	32	80	50	30
江阴市	290	160	130	286	163	123	327	194	133
宜兴市	272	143	129	248	123	125	211	107	104
徐州市	**1122**	**629**	**493**	**1182**	**697**	**485**	**1069**	**583**	**486**
鼓楼区	157	94	63	177	102	75	153	77	76
云龙区	153	86	67	161	114	47	133	71	62
贾汪区	102	54	48	118	67	51	98	54	44
泉山区	274	159	115	283	165	118	275	149	126
铜山区	127	69	58	122	67	55	97	50	47
丰县									
沛县									
睢宁县									
徐州经济技术开发区	5	2	3	7	5	2	3	3	
新沂市	116	58	58	133	79	54	141	83	58
邳州市	188	107	81	181	98	83	169	96	73
常州市	**1037**	**575**	**462**	**1091**	**595**	**496**	**1007**	**549**	**458**
天宁区	215	118	97	209	112	97	187	104	83
钟楼区	209	119	90	232	133	99	207	116	91
新北区	152	77	75	173	92	81	163	92	71
武进区	134	80	54	152	80	72	123	61	62
金坛区	139	82	57	136	73	63	119	67	52
江苏省常州市经济开发区	54	22	32	60	40	20	84	46	38
溧阳市	134	77	57	129	65	64	124	63	61

1-11a 续表 7

单位：人

地区	2020年2月			2020年3月			2020年4月		
	小计	男	女	小计	男	女	小计	男	女
苏州市	**1897**	**963**	**934**	**1828**	**988**	**840**	**1764**	**1008**	**756**
虎丘区	151	82	69	139	77	62	137	70	67
吴中区	190	102	88	168	102	66	198	103	95
相城区	181	95	86	213	123	90	163	90	73
姑苏区	434	237	197	387	213	174	383	223	160
吴江区	154	78	76	149	75	74	169	102	67
苏州工业园区									
常熟市	336	160	176	325	150	175	270	152	118
张家港市	117	52	65	139	75	64	110	70	40
昆山市	281	140	141	251	141	110	275	162	113
太仓市	53	17	36	57	32	25	59	36	23
南通市	**1554**	**878**	**676**	**1433**	**789**	**644**	**1344**	**729**	**615**
崇川区	255	153	102	254	143	111	220	126	94
港闸区	152	90	62	137	74	63	112	59	53
通州区	230	129	101	215	99	116	201	121	80
如东县									
南通经济技术开发区									
通州湾示范区									
苏锡通科技产业园区									
启东市	251	136	115	234	136	98	248	130	118
如皋市	213	124	89	211	125	86	197	110	87
海门市	131	81	50	116	65	51	139	75	64
海安市	322	165	157	266	147	119	227	108	119
连云港市	**406**	**246**	**160**	**418**	**255**	**163**	**330**	**183**	**147**
连云区	64	38	26	77	47	30	33	15	18
海州区	206	129	77	238	148	90	170	99	71
赣榆区	116	69	47	95	54	41	118	66	52
东海县	3	3					3	2	1
灌云县									
灌南县									
连云港经济技术开发区									
连云港高新技术产业开发区									
江苏连云港徐圩新区	5	3	2	4	3	1	1		1
江苏省连云港市云台山风景名胜区	12	4	8	4	3	1	5	1	4
淮安市	**525**	**293**	**232**	**564**	**333**	**231**	**499**	**296**	**203**
淮安区	180	95	85	167	96	71	131	76	55
淮阴区	87	56	31	102	65	37	71	40	31
清江浦区	200	111	89	224	133	91	224	136	88
洪泽区	58	31	27	71	39	32	73	44	29
涟水县									
盱眙县									
金湖县									
淮安经济技术开发区									
工业园区									
生态文旅区									
苏淮高新区									

1-11a　续表 8　　单位：人

地　区	2020年2月			2020年3月			2020年4月		
	小计	男	女	小计	男	女	小计	男	女
盐城市	**620**	**319**	**301**	**619**	**361**	**258**	**616**	**345**	**271**
亭湖区	185	90	95	201	119	82	206	119	87
盐都区	74	40	34	79	50	29	82	41	41
大丰区	77	44	33	79	46	33	56	31	25
响水县									
滨海县									
阜宁县									
射阳县									
建湖县									
盐城经济技术开发区	4	1	3	3	3		4	1	3
江苏省盐南高新区	59	30	29	53	26	27	67	35	32
东台市	221	114	107	204	117	87	201	118	83
扬州市	**818**	**448**	**370**	**790**	**444**	**346**	**734**	**378**	**356**
广陵区	157	82	75	181	82	99	168	84	84
邗江区	132	73	59	141	84	57	119	55	64
江都区	114	59	55	95	62	33	81	43	38
宝应县									
扬州经济技术开发区									
蜀冈瘦西湖景区	44	23	21	53	30	23	45	17	28
生态新城	21	10	11	14	5	9	10	6	4
仪征市	179	107	72	166	96	70	196	98	98
高邮市	171	94	77	140	85	55	115	75	40
镇江市	**740**	**413**	**327**	**755**	**402**	**353**	**750**	**436**	**314**
京口区	162	111	51	185	103	82	176	102	74
润州区	113	67	46	124	66	58	120	71	49
丹徒区	47	22	25	37	18	19	36	18	18
镇江新区	2		2	3	1	2	5	3	2
江苏镇江高新区	25	11	14	18	11	7	15	7	8
丹阳市	150	79	71	163	86	77	171	100	71
扬中市	131	63	68	116	56	60	108	66	42
句容市	110	60	50	109	61	48	119	69	50
泰州市	**690**	**375**	**315**	**679**	**384**	**295**	**639**	**370**	**269**
海陵区	186	99	87	169	95	74	163	97	66
高港区	46	27	19	53	21	32	61	36	25
姜堰区	105	65	40	120	73	47	107	56	51
泰州医药高新技术产业开发区									
兴化市	75	34	41	57	32	25	77	44	33
靖江市	121	62	59	124	75	49	80	40	40
泰兴市	157	88	69	156	88	68	151	97	54
宿迁市	**302**	**155**	**147**	**323**	**190**	**133**	**318**	**176**	**142**
宿城区	167	82	85	154	91	63	145	86	59
宿豫区	54	26	28	96	61	35	76	36	40
沭阳县									
泗阳县									
泗洪县									
宿迁经济技术开发区				4	2	2	5	3	2
宿迁市湖滨新区	37	23	14	37	19	18	57	28	29
苏州宿迁工业园区	1	1		1		1	1	1	
宿迁市洋河新区	43	23	20	31	17	14	34	22	12

1-11a 续表 9 单位：人

地 区	2020年5月			2020年6月			2020年7月		
	小计	男	女	小计	男	女	小计	男	女
江 苏	**14239**	**7947**	**6292**	**13024**	**7404**	**5620**	**12898**	**7405**	**5493**
南京市	**2598**	**1465**	**1133**	**2432**	**1423**	**1009**	**2476**	**1447**	**1029**
玄武区	230	133	97	226	127	99	186	104	82
秦淮区	421	243	178	412	233	179	407	227	180
建邺区	150	95	55	117	74	43	119	66	53
鼓楼区	457	229	228	425	256	169	433	256	177
浦口区	109	63	46	102	57	45	107	66	41
栖霞区	190	125	65	170	101	69	188	109	79
雨花台区	145	72	73	138	91	47	158	98	60
江宁区	248	145	103	218	143	75	254	156	98
六合区	176	96	80	169	86	83	180	102	78
溧水区	92	51	41	99	55	44	99	56	43
高淳区	91	50	41	72	46	26	77	48	29
南京江北新区	289	163	126	284	154	130	268	159	109
无锡市	**1984**	**1082**	**902**	**1749**	**993**	**756**	**1799**	**1061**	**738**
锡山区	102	56	46	97	50	47	128	64	64
惠山区	189	107	82	148	93	55	176	103	73
滨湖区	230	116	114	198	96	102	186	104	82
梁溪区	626	336	290	544	295	249	498	307	191
新吴区	216	117	99	218	149	69	189	112	77
江苏无锡经济开发区	82	47	35	66	42	24	76	45	31
江阴市	305	169	136	279	159	120	305	184	121
宜兴市	234	134	100	199	109	90	241	142	99
徐州市	**1169**	**671**	**498**	**1110**	**629**	**481**	**1038**	**577**	**461**
鼓楼区	173	108	65	142	83	59	150	80	70
云龙区	143	73	70	161	87	74	146	89	57
贾汪区	99	57	42	101	62	39	87	51	36
泉山区	295	169	126	281	168	113	273	147	126
铜山区	112	71	41	105	60	45	100	53	47
丰县									
沛县									
睢宁县									
徐州经济技术开发区							2	2	
新沂市	118	64	54	119	65	54	95	52	43
邳州市	229	129	100	201	104	97	185	103	82
常州市	**996**	**573**	**423**	**949**	**566**	**383**	**963**	**555**	**408**
天宁区	190	115	75	193	112	81	202	121	81
钟楼区	179	103	76	199	121	78	197	103	94
新北区	169	92	77	136	77	59	153	86	67
武进区	146	82	64	136	82	54	108	62	46
金坛区	113	66	47	117	66	51	134	80	54
江苏省常州市经济开发区	67	37	30	64	39	25	71	42	29
溧阳市	132	78	54	104	69	35	98	61	37

1-11a　续表 10　　　　单位：人

地　区	2020年5月			2020年6月			2020年7月		
	小计	男	女	小计	男	女	小计	男	女
苏州市	**1784**	**998**	**786**	**1629**	**877**	**752**	**1602**	**905**	**697**
虎丘区	141	80	61	152	79	73	147	91	56
吴中区	175	101	74	168	91	77	180	92	88
相城区	186	101	85	180	106	74	148	86	62
姑苏区	432	243	189	340	194	146	329	174	155
吴江区	136	74	62	122	58	64	118	60	58
苏州工业园区									
常熟市	277	144	133	272	138	134	265	150	115
张家港市	106	59	47	87	55	32	108	64	44
昆山市	271	168	103	250	130	120	256	154	102
太仓市	60	28	32	58	26	32	51	34	17
南通市	**1454**	**787**	**667**	**1288**	**713**	**575**	**1312**	**756**	**556**
崇川区	239	129	110	211	117	94	219	130	89
港闸区	145	74	71	133	76	57	123	73	50
通州区	214	116	98	193	108	85	200	113	87
如东县									
南通经济技术开发区									
通州湾示范区									
苏锡通科技产业园区									
启东市	230	120	110	201	119	82	231	128	103
如皋市	193	111	82	183	112	71	169	105	64
海门市	135	80	55	100	53	47	123	62	61
海安市	298	157	141	267	128	139	247	145	102
连云港市	**457**	**271**	**186**	**357**	**194**	**163**	**355**	**198**	**157**
连云区	28	16	12	105	48	57	73	45	28
海州区	314	195	119	128	69	59	189	106	83
赣榆区	106	54	52	108	68	40	90	44	46
东海县	4	3	1	5	2	3	1	1	
灌云县									
灌南县									
连云港经济技术开发区									
连云港高新技术产业开发区									
江苏连云港徐圩新区				7	5	2	1	1	
江苏省连云港市云台山风景名胜区	5	3	2	4	2	2	1	1	
淮安市	**528**	**289**	**239**	**511**	**296**	**215**	**507**	**298**	**209**
淮安区	165	75	90	123	70	53	121	63	58
淮阴区	86	46	40	106	58	48	90	58	32
清江浦区	218	136	82	223	131	92	241	142	99
洪泽区	59	32	27	59	37	22	55	35	20
涟水县									
盱眙县									
金湖县									
淮安经济技术开发区									
工业园区									
生态文旅区									
苏淮高新区									

1-11a 续表 11 单位：人

地　　区	2020年5月			2020年6月			2020年7月		
	小计	男	女	小计	男	女	小计	男	女
盐城市	**618**	**331**	**287**	**543**	**323**	**220**	**611**	**352**	**259**
亭湖区	194	116	78	151	98	53	212	126	86
盐都区	101	62	39	81	46	35	87	48	39
大丰区	51	26	25	54	33	21	77	46	31
响水县									
滨海县									
阜宁县									
射阳县									
建湖县									
盐城经济技术开发区	1	1		5	4	1	2	1	1
江苏省盐南高新区	72	36	36	61	33	28	58	37	21
东台市	199	90	109	191	109	82	175	94	81
扬州市	**822**	**439**	**383**	**784**	**426**	**358**	**702**	**400**	**302**
广陵区	191	112	79	187	109	78	150	73	77
邗江区	109	54	55	130	74	56	89	62	27
江都区	100	59	41	105	55	50	111	65	46
宝应县									
扬州经济技术开发区									
蜀冈瘦西湖景区	55	31	24	50	29	21	29	18	11
生态新城	19	11	8	21	13	8	11	5	6
仪征市	210	97	113	162	85	77	185	106	79
高邮市	138	75	63	129	61	68	127	71	56
镇江市	**785**	**455**	**330**	**688**	**386**	**302**	**614**	**328**	**286**
京口区	196	118	78	152	80	72	139	66	73
润州区	156	86	70	111	71	40	77	48	29
丹徒区	34	18	16	49	29	20	45	19	26
镇江新区	5	3	2	7	3	4	6	5	1
江苏镇江高新区	11	8	3	11	7	4	24	10	14
丹阳市	156	86	70	163	86	77	134	80	54
扬中市	92	54	38	82	45	37	84	51	33
句容市	135	82	53	113	65	48	105	49	56
泰州市	**745**	**419**	**326**	**684**	**392**	**292**	**650**	**367**	**283**
海陵区	206	112	94	159	95	64	174	106	68
高港区	54	36	18	55	31	24	55	27	28
姜堰区	124	70	54	108	59	49	116	65	51
泰州医药高新技术产业开发区									
兴化市	81	47	34	80	48	32	70	40	30
靖江市	108	57	51	114	71	43	99	51	48
泰兴市	172	97	75	168	88	80	136	78	58
宿迁市	**299**	**167**	**132**	**300**	**186**	**114**	**269**	**161**	**108**
宿城区	130	72	58	143	96	47	138	91	47
宿豫区	67	41	26	60	34	26	48	27	21
沭阳县									
泗阳县									
泗洪县									
宿迁经济技术开发区	6	2	4	1		1	3		3
宿迁市湖滨新区	55	27	28	51	29	22	46	23	23
苏州宿迁工业园区	2	2					2	2	
宿迁市洋河新区	39	23	16	45	27	18	32	18	14

1-11a　续表 12　　　　单位：人

地　区	2020年8月			2020年9月			2020年10月		
	小计	男	女	小计	男	女	小计	男	女
江　苏	**14041**	**7892**	**6149**	**14076**	**7992**	**6084**	**15236**	**8506**	**6730**
南京市	**2605**	**1504**	**1101**	**2655**	**1536**	**1119**	**2934**	**1600**	**1334**
玄武区	217	132	85	238	125	113	209	109	100
秦淮区	444	249	195	437	257	180	511	281	230
建邺区	128	82	46	138	75	63	142	92	50
鼓楼区	426	234	192	428	245	183	474	265	209
浦口区	94	55	39	136	76	60	139	57	82
栖霞区	185	104	81	199	129	70	237	132	105
雨花台区	160	102	58	156	94	62	195	99	96
江宁区	277	154	123	302	183	119	318	171	147
六合区	212	126	86	173	93	80	219	124	95
溧水区	111	57	54	117	63	54	122	56	66
高淳区	69	39	30	81	51	30	106	69	37
南京江北新区	282	170	112	250	145	105	262	145	117
无锡市	**1924**	**1085**	**839**	**2043**	**1170**	**873**	**2066**	**1149**	**917**
锡山区	151	80	71	118	64	54	133	79	54
惠山区	185	109	76	186	105	81	186	109	77
滨湖区	213	121	92	226	118	108	245	147	98
梁溪区	512	294	218	596	354	242	558	299	259
新吴区	221	119	102	214	120	94	216	117	99
江苏无锡经济开发区	63	37	26	82	39	43	91	45	46
江阴市	362	197	165	352	202	150	378	212	166
宜兴市	217	128	89	269	168	101	259	141	118
徐州市	**1007**	**579**	**428**	**1091**	**626**	**465**	**1229**	**705**	**524**
鼓楼区	144	87	57	169	88	81	195	119	76
云龙区	151	84	67	159	98	61	213	121	92
贾汪区	81	46	35	77	43	34	94	54	40
泉山区	279	153	126	295	169	126	275	153	122
铜山区	102	59	43	122	71	51	134	71	63
丰县									
沛县									
睢宁县									
徐州经济技术开发区	3	2	1	4	3	1	4	2	2
新沂市	82	45	37	96	57	39	130	81	49
邳州市	165	103	62	169	97	72	184	104	80
常州市	**1067**	**617**	**450**	**1113**	**612**	**501**	**1065**	**607**	**458**
天宁区	232	143	89	278	150	128	201	118	83
钟楼区	228	133	95	230	128	102	199	116	83
新北区	178	107	71	182	100	82	176	96	80
武进区	112	56	56	108	69	39	135	75	60
金坛区	131	74	57	133	68	65	150	90	60
江苏省常州市经济开发区	65	40	25	76	38	38	72	36	36
溧阳市	121	64	57	106	59	47	132	76	56

1-11a 续表 13

单位：人

地　　区	2020年8月			2020年9月			2020年10月		
	小计	男	女	小计	男	女	小计	男	女
苏州市	**1838**	**1009**	**829**	**1663**	**952**	**711**	**1834**	**996**	**838**
虎丘区	169	99	70	146	87	59	171	93	78
吴中区	168	80	88	168	100	68	179	107	72
相城区	181	92	89	158	83	75	182	99	83
姑苏区	428	231	197	392	223	169	421	212	209
吴江区	129	61	68	120	68	52	130	79	51
苏州工业园区									
常熟市	305	165	140	254	144	110	274	144	130
张家港市	120	84	36	121	75	46	167	98	69
昆山市	278	161	117	240	135	105	237	121	116
太仓市	60	36	24	64	37	27	73	43	30
南通市	**1453**	**801**	**652**	**1392**	**736**	**656**	**1504**	**857**	**647**
崇川区	233	132	101	255	133	122	205	105	100
港闸区	153	79	74	145	73	72	144	79	65
通州区	228	120	108	206	105	101	231	129	102
如东县									
南通经济技术开发区									
通州湾示范区									
苏锡通科技产业园区									
启东市	197	126	71	246	134	112	272	156	116
如皋市	236	128	108	174	92	82	239	156	83
海门市	128	79	49	123	74	49	124	67	57
海安市	278	137	141	243	125	118	289	165	124
连云港市	**416**	**235**	**181**	**375**	**225**	**150**	**447**	**264**	**183**
连云区	74	37	37	59	40	19	73	46	27
海州区	227	128	99	200	112	88	253	148	105
赣榆区	105	63	42	95	63	32	114	64	50
东海县	3	3		5	4	1	1		1
灌云县									
灌南县									
连云港经济技术开发区									
连云港高新技术产业开发区									
江苏连云港徐圩新区	2	1	1	13	6	7	2	2	
江苏省连云港市云台山风景名胜区	5	3	2	3		3	4	4	
淮安市	**568**	**321**	**247**	**596**	**324**	**272**	**646**	**382**	**264**
淮安区	156	88	68	142	79	63	158	99	59
淮阴区	93	49	44	103	42	61	116	65	51
清江浦区	255	152	103	282	159	123	305	188	117
洪泽区	64	32	32	69	44	25	67	30	37
涟水县									
盱眙县									
金湖县									
淮安经济技术开发区									
工业园区									
生态文旅区									
苏淮高新区									

1-11a　续表 14　　　　单位：人

地　区	2020年8月			2020年9月			2020年10月		
	小计	男	女	小计	男	女	小计	男	女
盐城市	**609**	**323**	**286**	**653**	**380**	**273**	**712**	**400**	**312**
亭湖区	179	96	83	206	125	81	225	125	100
盐都区	88	49	39	101	61	40	127	65	62
大丰区	65	39	26	67	41	26	73	46	27
响水县									
滨海县									
阜宁县									
射阳县									
建湖县									
盐城经济技术开发区	2	1	1	5	3	2	2	2	
江苏省盐南高新区	67	31	36	68	37	31	66	36	30
东台市	208	107	101	206	113	93	219	126	93
扬州市	**758**	**412**	**346**	**808**	**444**	**364**	**812**	**444**	**368**
广陵区	148	75	73	168	86	82	188	99	89
邗江区	138	85	53	116	64	52	160	91	69
江都区	125	67	58	117	65	52	102	62	40
宝应县									
扬州经济技术开发区									
蜀冈瘦西湖景区	35	19	16	50	28	22	43	25	18
生态新城	20	10	10	9	4	5	16	9	7
仪征市	170	91	79	192	115	77	171	89	82
高邮市	122	65	57	156	82	74	132	69	63
镇江市	**768**	**427**	**341**	**704**	**416**	**288**	**753**	**414**	**339**
京口区	155	91	64	130	77	53	134	73	61
润州区	149	88	61	102	61	41	110	63	47
丹徒区	60	33	27	46	22	24	58	27	31
镇江新区	3	2	1	6	3	3	2	1	1
江苏镇江高新区	19	7	12	19	10	9	22	10	12
丹阳市	170	100	70	181	97	84	164	92	72
扬中市	75	43	32	90	62	28	126	66	60
句容市	137	63	74	130	84	46	137	82	55
泰州市	**717**	**391**	**326**	**710**	**413**	**297**	**858**	**481**	**377**
海陵区	183	116	67	197	112	85	248	152	96
高港区	73	47	26	59	34	25	81	35	46
姜堰区	122	61	61	107	59	48	141	74	67
泰州医药高新技术产业开发区									
兴化市	71	38	33	85	51	34	98	50	48
靖江市	119	62	57	109	67	42	140	71	69
泰兴市	149	67	82	153	90	63	150	99	51
宿迁市	**311**	**188**	**123**	**273**	**158**	**115**	**376**	**207**	**169**
宿城区	132	83	49	139	84	55	180	100	80
宿豫区	81	50	31	59	37	22	88	46	42
沭阳县									
泗阳县									
泗洪县									
宿迁经济技术开发区				2		2	4	1	3
宿迁市湖滨新区	70	40	30	38	18	20	58	37	21
苏州宿迁工业园区	1		1	1	1		1	1	
宿迁市洋河新区	27	15	12	34	18	16	45	22	23

1-11b 各地区分性别、月份的死亡人口
(2019.11.1-2020.10.31)(镇)

单位：人

地　区	死亡人口			2019年11月		
	合计	男	女	小计	男	女
江　苏	**138675**	**77270**	**61405**	**10984**	**6065**	**4919**
南京市	**954**	**545**	**409**	**79**	**40**	**39**
玄武区						
秦淮区						
建邺区						
鼓楼区						
浦口区	46	25	21	5	1	4
栖霞区						
雨花台区	73	49	24	4	3	1
江宁区						
六合区	431	241	190	37	20	17
溧水区	320	182	138	24	14	10
高淳区	84	48	36	9	2	7
南京江北新区						
无锡市	**8081**	**4579**	**3502**	**660**	**371**	**289**
锡山区	1507	851	656	137	86	51
惠山区	668	385	283	36	23	13
滨湖区						
梁溪区						
新吴区						
江苏无锡经济开发区						
江阴市	2670	1518	1152	208	112	96
宜兴市	3236	1825	1411	279	150	129
徐州市	**16757**	**9530**	**7227**	**1328**	**737**	**591**
鼓楼区						
云龙区	110	66	44	7	4	3
贾汪区	514	284	230	39	18	21
泉山区						
铜山区	2035	1153	882	160	92	68
丰县	2350	1281	1069	200	113	87
沛县	3344	1920	1424	266	159	107
睢宁县	3336	1922	1414	266	144	122
徐州经济技术开发区	1038	609	429	80	48	32
新沂市	1226	688	538	79	37	42
邳州市	2804	1607	1197	231	122	109
常州市	**4472**	**2487**	**1985**	**366**	**210**	**156**
天宁区	174	97	77	16	9	7
钟楼区						
新北区	716	396	320	57	31	26
武进区	1213	665	548	114	64	50
金坛区	782	415	367	56	27	29
江苏省常州市经济开发区	307	161	146	22	14	8
溧阳市	1280	753	527	101	65	36

1-11b 续表 1

单位：人

地 区	死亡人口			2019年11月		
	合计	男	女	小计	男	女
苏州市	**15293**	**8201**	**7092**	**1200**	**620**	**580**
虎丘区	114	65	49	3	2	1
吴中区	1005	532	473	87	48	39
相城区	250	127	123	19	8	11
姑苏区						
吴江区	2795	1513	1282	204	99	105
苏州工业园区	2084	1128	956	143	77	66
常熟市	3329	1699	1630	296	139	157
张家港市	3229	1821	1408	244	144	100
昆山市	1045	547	498	95	52	43
太仓市	1442	769	673	109	51	58
南通市	**22114**	**12043**	**10071**	**1861**	**985**	**876**
崇川区						
港闸区						
通州区	3543	1945	1598	306	152	154
如东县	4833	2667	2166	389	201	188
南通经济技术开发区	917	502	415	75	39	36
通州湾示范区	635	336	299	51	29	22
苏锡通科技产业园区	239	131	108	16	8	8
启东市	1961	1072	889	151	85	66
如皋市	4230	2304	1926	359	196	163
海门市	3891	2060	1831	340	192	148
海安市	1865	1026	839	174	83	91
连云港市	**8705**	**4986**	**3719**	**675**	**389**	**286**
连云区						
海州区	276	171	105	13	7	6
赣榆区	2138	1245	893	165	92	73
东海县	1713	968	745	158	93	65
灌云县	1878	1063	815	140	80	60
灌南县	1791	1019	772	134	76	58
连云港经济技术开发区	417	236	181	33	24	9
连云港高新技术产业开发区	245	141	104	15	8	7
江苏连云港徐圩新区	236	139	97	16	8	8
江苏省连云港市云台山风景名胜区	11	4	7	1	1	
淮安市	**9493**	**5381**	**4112**	**745**	**401**	**344**
淮安区	1191	672	519	83	47	36
淮阴区	1332	763	569	131	66	65
清江浦区	32	17	15	2		2
洪泽区	276	149	127	29	17	12
涟水县	2778	1613	1165	239	132	107
盱眙县	1580	875	705	100	56	44
金湖县	1129	630	499	83	44	39
淮安经济技术开发区	643	354	289	46	20	26
工业园区	118	64	54	10	8	2
生态文旅区	217	140	77	11	4	7
苏淮高新区	197	104	93	11	7	4

1-11b 续表 2

单位：人

地　　区	死亡人口			2019年11月		
	合计	男	女	小计	男	女
盐城市	**17064**	**9491**	**7573**	**1275**	**728**	**547**
亭湖区	378	224	154	30	19	11
盐都区	1643	895	748	128	62	66
大丰区	1790	963	827	149	85	64
响水县	1479	880	599	120	82	38
滨海县	2130	1173	957	153	96	57
阜宁县	2739	1541	1198	207	118	89
射阳县	2220	1220	1000	158	83	75
建湖县	2129	1211	918	144	88	56
盐城经济技术开发区	606	336	270	45	26	19
江苏省盐南高新区						
东台市	1950	1048	902	141	69	72
扬州市	**8843**	**4969**	**3874**	**676**	**380**	**296**
广陵区	277	157	120	15	9	6
邗江区	322	175	147	15	7	8
江都区	2262	1227	1035	167	83	84
宝应县	2828	1620	1208	237	129	108
扬州经济技术开发区	1020	553	467	71	45	26
蜀冈瘦西湖景区						
生态新城	118	74	44	11	9	2
仪征市	483	278	205	29	17	12
高邮市	1533	885	648	131	81	50
镇江市	**6387**	**3475**	**2912**	**477**	**264**	**213**
京口区	35	20	15	2	2	
润州区						
丹徒区	597	303	294	57	30	27
镇江新区	1470	785	685	129	66	63
江苏镇江高新区						
丹阳市	2794	1537	1257	191	106	85
扬中市	662	359	303	59	33	26
句容市	829	471	358	39	27	12
泰州市	**8299**	**4687**	**3612**	**653**	**375**	**278**
海陵区	251	133	118	13	7	6
高港区	555	326	229	36	21	15
姜堰区	1317	729	588	111	57	54
泰州医药高新技术产业开发区	1102	592	510	99	60	39
兴化市	1818	1051	767	130	82	48
靖江市	937	522	415	57	33	24
泰兴市	2319	1334	985	207	115	92
宿迁市	**12213**	**6896**	**5317**	**989**	**565**	**424**
宿城区	202	112	90	17	12	5
宿豫区	442	259	183	38	22	16
沭阳县	4859	2724	2135	409	224	185
泗阳县	3257	1837	1420	240	143	97
泗洪县	2704	1532	1172	230	130	100
宿迁经济技术开发区	549	317	232	36	24	12
宿迁市湖滨新区	200	115	85	19	10	9
苏州宿迁工业园区						
宿迁市洋河新区						

1-11b　续表 3　　　　单位：人

地　区	2019年12月			2020年1月		
	小计	男	女	小计	男	女
江　苏	**11727**	**6477**	**5250**	**12456**	**6867**	**5589**
南京市	**75**	**42**	**33**	**73**	**37**	**36**
玄武区						
秦淮区						
建邺区						
鼓楼区						
浦口区	6	3	3	4	2	2
栖霞区						
雨花台区	4	3	1	4	3	1
江宁区						
六合区	37	23	14	34	15	19
溧水区	20	9	11	25	12	13
高淳区	8	4	4	6	5	1
南京江北新区						
无锡市	**727**	**401**	**326**	**717**	**414**	**303**
锡山区	134	83	51	129	78	51
惠山区	54	32	22	63	35	28
滨湖区						
梁溪区						
新吴区						
江苏无锡经济开发区						
江阴市	239	119	120	219	123	96
宜兴市	300	167	133	306	178	128
徐州市	**1458**	**811**	**647**	**1574**	**861**	**713**
鼓楼区						
云龙区	10	4	6	12	9	3
贾汪区	50	30	20	50	30	20
泉山区						
铜山区	145	82	63	194	110	84
丰县	210	114	96	224	114	110
沛县	312	171	141	300	167	133
睢宁县	260	140	120	344	175	169
徐州经济技术开发区	90	47	43	100	61	39
新沂市	111	63	48	119	64	55
邳州市	270	160	110	231	131	100
常州市	**364**	**221**	**143**	**439**	**248**	**191**
天宁区	19	11	8	13	8	5
钟楼区						
新北区	58	34	24	76	45	31
武进区	108	64	44	127	76	51
金坛区	62	38	24	73	40	33
江苏省常州市经济开发区	29	12	17	31	18	13
溧阳市	88	62	26	119	61	58

1-11b 续表 4 单位：人

地 区	2019年12月			2020年1月		
	小计	男	女	小计	男	女
苏州市	**1372**	**732**	**640**	**1434**	**749**	**685**
虎丘区	4	2	2	8	5	3
吴中区	89	44	45	90	48	42
相城区	29	17	12	20	10	10
姑苏区						
吴江区	258	137	121	285	154	131
苏州工业园区	182	93	89	176	89	87
常熟市	302	158	144	313	156	157
张家港市	293	170	123	299	159	140
昆山市	87	49	38	114	64	50
太仓市	128	62	66	129	64	65
南通市	**1945**	**1077**	**868**	**2056**	**1073**	**983**
崇川区						
港闸区						
通州区	305	161	144	306	162	144
如东县	414	261	153	444	236	208
南通经济技术开发区	76	36	40	95	49	46
通州湾示范区	51	26	25	75	40	35
苏锡通科技产业园区	20	10	10	29	20	9
启东市	164	93	71	203	101	102
如皋市	390	196	194	386	209	177
海门市	364	200	164	356	174	182
海安市	161	94	67	162	82	80
连云港市	**751**	**431**	**320**	**734**	**426**	**308**
连云区						
海州区	22	14	8	18	11	7
赣榆区	188	113	75	176	95	81
东海县	165	91	74	163	88	75
灌云县	152	87	65	133	79	54
灌南县	148	83	65	156	94	62
连云港经济技术开发区	41	24	17	37	22	15
连云港高新技术产业开发区	16	10	6	22	14	8
江苏连云港徐圩新区	19	9	10	28	22	6
江苏省连云港市云台山风景名胜区				1	1	
淮安市	**718**	**385**	**333**	**809**	**466**	**343**
淮安区	102	55	47	114	68	46
淮阴区	92	47	45	116	65	51
清江浦区	1		1			
洪泽区	17	10	7	19	10	9
涟水县	215	124	91	243	135	108
盱眙县	125	62	63	118	67	51
金湖县	83	39	44	100	59	41
淮安经济技术开发区	47	24	23	53	31	22
工业园区	8	3	5	13	8	5
生态文旅区	17	13	4	22	15	7
苏淮高新区	11	8	3	11	8	3

1-11b 续表 5

单位：人

地 区	2019年12月			2020年1月		
	小计	男	女	小计	男	女
盐城市	**1391**	**780**	**611**	**1407**	**808**	**599**
亭湖区	23	14	9	24	10	14
盐都区	150	87	63	133	78	55
大丰区	139	68	71	137	76	61
响水县	133	74	59	131	75	56
滨海县	173	92	81	163	101	62
阜宁县	217	122	95	207	122	85
射阳县	146	82	64	187	103	84
建湖县	170	105	65	189	113	76
盐城经济技术开发区	54	28	26	58	32	26
江苏省盐南高新区						
东台市	186	108	78	178	98	80
扬州市	**722**	**401**	**321**	**844**	**462**	**382**
广陵区	26	16	10	20	13	7
邗江区	30	17	13	29	18	11
江都区	178	96	82	231	121	110
宝应县	220	122	98	252	141	111
扬州经济技术开发区	74	34	40	104	51	53
蜀冈瘦西湖景区						
生态新城	10	8	2	13	6	7
仪征市	34	20	14	48	31	17
高邮市	150	88	62	147	81	66
镇江市	**531**	**285**	**246**	**535**	**296**	**239**
京口区	1	1		2	1	1
润州区						
丹徒区	46	21	25	54	28	26
镇江新区	118	54	64	100	57	43
江苏镇江高新区						
丹阳市	233	128	105	244	139	105
扬中市	58	36	22	46	24	22
句容市	75	45	30	89	47	42
泰州市	**680**	**368**	**312**	**757**	**420**	**337**
海陵区	24	12	12	32	14	18
高港区	59	40	19	48	28	20
姜堰区	97	45	52	134	77	57
泰州医药高新技术产业开发区	74	36	38	111	53	58
兴化市	136	82	54	153	94	59
靖江市	81	43	38	74	37	37
泰兴市	209	110	99	205	117	88
宿迁市	**993**	**543**	**450**	**1077**	**607**	**470**
宿城区	17	8	9	9	6	3
宿豫区	34	20	14	42	23	19
沭阳县	416	234	182	416	227	189
泗阳县	246	129	117	288	166	122
泗洪县	217	117	100	246	145	101
宿迁经济技术开发区	34	19	15	59	32	27
宿迁市湖滨新区	29	16	13	17	8	9
苏州宿迁工业园区						
宿迁市洋河新区						

1-11b 续表 6 单位：人

地区	2020年2月			2020年3月			2020年4月		
	小计	男	女	小计	男	女	小计	男	女
江 苏	**12029**	**6539**	**5490**	**11960**	**6610**	**5350**	**10944**	**6113**	**4831**
南京市	**90**	**53**	**37**	**73**	**44**	**29**	**63**	**37**	**26**
玄武区									
秦淮区									
建邺区									
鼓楼区									
浦口区	2		2	4	4		4	1	3
栖霞区									
雨花台区	10	7	3	5	3	2	6	6	
江宁区									
六合区	48	24	24	36	21	15	22	12	10
溧水区	23	17	6	24	13	11	24	13	11
高淳区	7	5	2	4	3	1	7	5	2
南京江北新区									
无锡市	**684**	**418**	**266**	**679**	**386**	**293**	**664**	**358**	**306**
锡山区	121	71	50	128	71	57	115	57	58
惠山区	62	41	21	70	42	28	62	32	30
滨湖区									
梁溪区									
新吴区									
江苏无锡经济开发区									
江阴市	230	143	87	195	113	82	220	117	103
宜兴市	271	163	108	286	160	126	267	152	115
徐州市	**1559**	**867**	**692**	**1504**	**844**	**660**	**1339**	**802**	**537**
鼓楼区									
云龙区	11	8	3	9	7	2	8	7	1
贾汪区	46	23	23	49	33	16	45	18	27
泉山区									
铜山区	223	117	106	175	97	78	160	89	71
丰县	184	96	88	200	105	95	175	96	79
沛县	303	184	119	302	152	150	259	161	98
睢宁县	320	178	142	325	195	130	275	163	112
徐州经济技术开发区	86	49	37	100	62	38	93	61	32
新沂市	115	67	48	106	57	49	85	55	30
邳州市	271	145	126	238	136	102	239	152	87
常州市	**388**	**197**	**191**	**397**	**214**	**183**	**376**	**207**	**169**
天宁区	13	6	7	13	6	7	11	5	6
钟楼区									
新北区	59	31	28	64	33	31	56	34	22
武进区	116	62	54	102	58	44	105	54	51
金坛区	61	30	31	76	32	44	69	38	31
江苏省常州市经济开发区	21	9	12	24	12	12	24	13	11
溧阳市	118	59	59	118	73	45	111	63	48

1-11b 续表 7 单位：人

地区	2020年2月			2020年3月			2020年4月		
	小计	男	女	小计	男	女	小计	男	女
苏州市	**1327**	**686**	**641**	**1370**	**770**	**600**	**1168**	**642**	**526**
虎丘区	12	6	6	17	9	8	19	11	8
吴中区	88	45	43	81	46	35	66	31	35
相城区	18	7	11	25	12	13	14	7	7
姑苏区									
吴江区	278	141	137	267	151	116	196	111	85
苏州工业园区	171	81	90	170	103	67	151	87	64
常熟市	287	149	138	299	157	142	260	141	119
张家港市	275	155	120	278	170	108	264	154	110
昆山市	80	42	38	97	53	44	99	47	52
太仓市	118	60	58	136	69	67	99	53	46
南通市	**1982**	**1042**	**940**	**1776**	**935**	**841**	**1721**	**926**	**795**
崇川区									
港闸区									
通州区	310	157	153	302	169	133	291	167	124
如东县	438	230	208	382	190	192	372	200	172
南通经济技术开发区	85	48	37	75	29	46	90	49	41
通州湾示范区	61	33	28	58	31	27	44	22	22
苏锡通科技产业园区	14	8	6	21	13	8	22	11	11
启东市	192	101	91	150	76	74	151	85	66
如皋市	369	194	175	315	174	141	323	170	153
海门市	334	162	172	339	183	156	303	155	148
海安市	179	109	70	134	70	64	125	67	58
连云港市	**758**	**404**	**354**	**799**	**450**	**349**	**686**	**401**	**285**
连云区									
海州区	31	14	17	20	15	5	32	26	6
赣榆区	173	93	80	180	101	79	171	99	72
东海县	144	79	65	180	102	78	137	78	59
灌云县	171	90	81	176	91	85	150	84	66
灌南县	150	79	71	175	100	75	135	78	57
连云港经济技术开发区	36	17	19	39	25	14	21	12	9
连云港高新技术产业开发区	24	14	10	22	13	9	17	10	7
江苏连云港徐圩新区	26	17	9	6	3	3	22	13	9
江苏省连云港市云台山风景名胜区	3	1	2	1		1	1	1	
淮安市	**746**	**421**	**325**	**882**	**481**	**401**	**714**	**394**	**320**
淮安区	92	46	46	118	62	56	97	59	38
淮阴区	96	59	37	124	72	52	108	62	46
清江浦区	3	2	1	3	1	2	5	3	2
洪泽区	21	10	11	31	14	17	18	8	10
涟水县	232	136	96	268	147	121	210	119	91
盱眙县	114	61	53	131	72	59	106	50	56
金湖县	97	54	43	100	54	46	83	49	34
淮安经济技术开发区	54	34	20	69	33	36	48	25	23
工业园区	12	7	5	9	6	3	11	7	4
生态文旅区	10	6	4	15	12	3	17	9	8
苏淮高新区	15	6	9	14	8	6	11	3	8

1-11b 续表 8

单位：人

地区	2020年2月			2020年3月			2020年4月		
	小计	男	女	小计	男	女	小计	男	女
盐城市	**1444**	**782**	**662**	**1439**	**781**	**658**	**1321**	**727**	**594**
亭湖区	36	19	17	29	16	13	37	23	14
盐都区	119	70	49	143	84	59	128	67	61
大丰区	169	90	79	171	85	86	141	74	67
响水县	143	75	68	129	76	53	118	75	43
滨海县	176	94	82	170	91	79	150	84	66
阜宁县	218	127	91	247	130	117	229	120	109
射阳县	179	90	89	183	98	85	166	99	67
建湖县	176	97	79	165	86	79	139	77	62
盐城经济技术开发区	46	27	19	39	25	14	56	26	30
江苏省盐南高新区									
东台市	182	93	89	163	90	73	157	82	75
扬州市	**764**	**410**	**354**	**768**	**447**	**321**	**699**	**375**	**324**
广陵区	15	7	8	33	18	15	22	10	12
邗江区	24	11	13	25	12	13	21	10	11
江都区	203	96	107	204	111	93	187	98	89
宝应县	235	138	97	237	153	84	241	137	104
扬州经济技术开发区	105	61	44	83	47	36	87	43	44
蜀冈瘦西湖景区									
生态新城	10	6	4	9	4	5	13	7	6
仪征市	45	24	21	45	19	26	24	15	9
高邮市	127	67	60	132	83	49	104	55	49
镇江市	**537**	**283**	**254**	**539**	**269**	**270**	**534**	**283**	**251**
京口区	5	2	3	4	1	3	4	3	1
润州区									
丹徒区	44	23	21	45	20	25	41	20	21
镇江新区	130	70	60	115	58	57	118	64	54
江苏镇江高新区									
丹阳市	239	120	119	233	113	120	251	132	119
扬中市	52	30	22	61	32	29	56	27	29
句容市	67	38	29	81	45	36	64	37	27
泰州市	**675**	**370**	**305**	**657**	**382**	**275**	**671**	**401**	**270**
海陵区	19	10	9	19	10	9	16	12	4
高港区	46	32	14	36	23	13	59	39	20
姜堰区	102	61	41	122	70	52	104	51	53
泰州医药高新技术产业开发区	95	47	48	80	40	40	61	40	21
兴化市	124	61	63	145	83	62	152	90	62
靖江市	72	38	34	81	52	29	78	43	35
泰兴市	217	121	96	174	104	70	201	126	75
宿迁市	**1075**	**606**	**469**	**1077**	**607**	**470**	**988**	**560**	**428**
宿城区	32	14	18	17	13	4	14	8	6
宿豫区	36	20	16	37	26	11	36	25	11
沭阳县	432	256	176	422	243	179	419	242	177
泗阳县	264	142	122	301	161	140	222	122	100
泗洪县	230	136	94	239	133	106	220	120	100
宿迁经济技术开发区	66	27	39	45	27	18	61	33	28
宿迁市湖滨新区	15	11	4	16	4	12	16	10	6
苏州宿迁工业园区									
宿迁市洋河新区									

1-11b 续表 9

单位：人

地 区	2020年5月			2020年6月			2020年7月		
	小计	男	女	小计	男	女	小计	男	女
江 苏	**11517**	**6416**	**5101**	**10799**	**6143**	**4656**	**10636**	**5994**	**4642**
南京市	**88**	**53**	**35**	**74**	**42**	**32**	**75**	**43**	**32**
玄武区									
秦淮区									
建邺区									
鼓楼区									
浦口区	6	4	2	5	4	1	2	1	1
栖霞区									
雨花台区	7	4	3	8	5	3	6	4	2
江宁区									
六合区	36	23	13	34	21	13	32	19	13
溧水区	31	16	15	18	8	10	31	16	15
高淳区	8	6	2	9	4	5	4	3	1
南京江北新区									
无锡市	**600**	**335**	**265**	**590**	**309**	**281**	**670**	**392**	**278**
锡山区	108	58	50	111	51	60	135	80	55
惠山区	49	24	25	70	43	27	41	20	21
滨湖区									
梁溪区									
新吴区									
江苏无锡经济开发区									
江阴市	216	122	94	175	99	76	235	137	98
宜兴市	227	131	96	234	116	118	259	155	104
徐州市	**1424**	**806**	**618**	**1323**	**787**	**536**	**1168**	**676**	**492**
鼓楼区									
云龙区	7	4	3	5	2	3	3	1	2
贾汪区	42	21	21	32	24	8	32	17	15
泉山区									
铜山区	181	109	72	189	109	80	133	81	52
丰县	217	116	101	162	88	74	178	95	83
沛县	253	140	113	267	159	108	241	139	102
睢宁县	278	155	123	255	162	93	249	155	94
徐州经济技术开发区	78	41	37	77	39	38	74	44	30
新沂市	118	73	45	102	64	38	83	38	45
邳州市	250	147	103	234	140	94	175	106	69
常州市	**385**	**215**	**170**	**326**	**173**	**153**	**325**	**195**	**130**
天宁区	15	10	5	12	9	3	8	4	4
钟楼区									
新北区	62	30	32	49	27	22	57	37	20
武进区	105	55	50	97	51	46	76	40	36
金坛区	71	45	26	65	33	32	62	33	29
江苏省常州市经济开发区	21	6	15	18	10	8	18	9	9
溧阳市	111	69	42	85	43	42	104	72	32

1-11b 续表 10

单位：人

地 区	2020年5月			2020年6月			2020年7月		
	小计	男	女	小计	男	女	小计	男	女
苏州市	**1195**	**646**	**549**	**1124**	**591**	**533**	**1215**	**666**	**549**
虎丘区	13	7	6	14	8	6	6	4	2
吴中区	76	43	33	89	36	53	85	45	40
相城区	17	8	9	10	5	5	32	20	12
姑苏区									
吴江区	233	134	99	202	110	92	242	133	109
苏州工业园区	162	86	76	144	64	80	172	95	77
常熟市	249	125	124	251	131	120	263	140	123
张家港市	260	140	120	234	135	99	242	130	112
昆山市	77	39	38	76	40	36	73	42	31
太仓市	108	64	44	104	62	42	100	57	43
南通市	**1812**	**998**	**814**	**1717**	**983**	**734**	**1685**	**957**	**728**
崇川区									
港闸区									
通州区	310	187	123	263	158	105	269	148	121
如东县	393	214	179	391	215	176	354	214	140
南通经济技术开发区	76	49	27	59	34	25	65	42	23
通州湾示范区	49	25	24	49	24	25	45	22	23
苏锡通科技产业园区	23	14	9	17	8	9	13	7	6
启东市	167	90	77	128	75	53	158	84	74
如皋市	331	182	149	363	211	152	341	192	149
海门市	314	157	157	305	180	125	284	161	123
海安市	149	80	69	142	78	64	156	87	69
连云港市	**792**	**442**	**350**	**680**	**375**	**305**	**600**	**359**	**241**
连云区									
海州区	19	13	6	13	7	6	18	12	6
赣榆区	192	115	77	171	103	68	173	109	64
东海县	142	74	68	117	68	49	106	66	40
灌云县	213	113	100	157	92	65	132	73	59
灌南县	165	92	73	125	57	68	119	70	49
连云港经济技术开发区	20	11	9	56	25	31	23	11	12
连云港高新技术产业开发区	20	10	10	29	18	11	17	12	5
江苏连云港徐圩新区	19	14	5	12	5	7	12	6	6
江苏省连云港市云台山风景名胜区	2		2						
淮安市	**796**	**454**	**342**	**780**	**465**	**315**	**774**	**437**	**337**
淮安区	91	49	42	84	58	26	87	43	44
淮阴区	106	59	47	127	77	50	101	58	43
清江浦区				1		1	4	3	1
洪泽区	30	19	11	26	14	12	20	9	11
涟水县	205	123	82	224	132	92	228	138	90
盱眙县	148	88	60	141	74	67	132	72	60
金湖县	84	48	36	75	40	35	106	61	45
淮安经济技术开发区	71	33	38	62	44	18	52	33	19
工业园区	5	2	3	9	7	2	10	4	6
生态文旅区	20	12	8	18	12	6	18	10	8
苏淮高新区	36	21	15	13	7	6	16	6	10

1-11b 续表 11

单位：人

地 区	2020年5月			2020年6月			2020年7月		
	小计	男	女	小计	男	女	小计	男	女
盐城市	**1467**	**812**	**655**	**1388**	**775**	**613**	**1379**	**743**	**636**
亭湖区	40	27	13	24	13	11	35	18	17
盐都区	139	80	59	110	61	49	149	79	70
大丰区	155	84	71	127	70	57	135	74	61
响水县	139	80	59	113	74	39	106	58	48
滨海县	182	99	83	200	107	93	183	93	90
阜宁县	232	127	105	254	150	104	247	132	115
射阳县	178	87	91	214	116	98	160	100	60
建湖县	192	102	90	146	87	59	182	102	80
盐城经济技术开发区	53	33	20	38	21	17	49	22	27
江苏省盐南高新区									
东台市	157	93	64	162	76	86	133	65	68
扬州市	**687**	**393**	**294**	**657**	**382**	**275**	**735**	**406**	**329**
广陵区	20	9	11	26	13	13	30	13	17
邗江区	34	16	18	30	19	11	25	15	10
江都区	169	94	75	172	99	73	167	91	76
宝应县	224	126	98	209	118	91	256	144	112
扬州经济技术开发区	78	44	34	65	39	26	80	40	40
蜀冈瘦西湖景区									
生态新城	6	3	3	8	6	2	11	7	4
仪征市	35	22	13	44	27	17	42	21	21
高邮市	121	79	42	103	61	42	124	75	49
镇江市	**520**	**282**	**238**	**464**	**269**	**195**	**544**	**300**	**244**
京口区	3	2	1	3	1	2	1		1
润州区									
丹徒区	49	25	24	41	20	21	40	22	18
镇江新区	132	65	67	130	70	60	126	65	61
江苏镇江高新区									
丹阳市	217	126	91	189	108	81	248	147	101
扬中市	52	26	26	51	35	16	58	29	29
句容市	67	38	29	50	35	15	71	37	34
泰州市	**667**	**379**	**288**	**636**	**376**	**260**	**636**	**359**	**277**
海陵区	21	13	8	22	16	6	19	10	9
高港区	55	33	22	42	27	15	41	17	24
姜堰区	87	50	37	82	55	27	95	59	36
泰州医药高新技术产业开发区	91	53	38	82	47	35	99	53	46
兴化市	171	88	83	167	96	71	147	86	61
靖江市	68	38	30	63	32	31	76	45	31
泰兴市	174	104	70	178	103	75	159	89	70
宿迁市	**1084**	**601**	**483**	**1040**	**616**	**424**	**830**	**461**	**369**
宿城区	21	11	10	10	5	5	14	9	5
宿豫区	36	17	19	40	26	14	35	20	15
沭阳县	389	205	184	393	233	160	347	175	172
泗阳县	319	180	139	329	187	142	214	122	92
泗洪县	235	138	97	216	130	86	178	106	72
宿迁经济技术开发区	62	35	27	36	25	11	32	21	11
宿迁市湖滨新区	22	15	7	16	10	6	10	8	2
苏州宿迁工业园区									
宿迁市洋河新区									

1-11b 续表 12

单位：人

地 区	2020年8月			2020年9月			2020年10月		
	小计	男	女	小计	男	女	小计	男	女
江 苏	**11604**	**6499**	**5105**	**11251**	**6309**	**4942**	**12768**	**7238**	**5530**
南京市	**95**	**55**	**40**	**60**	**37**	**23**	**109**	**62**	**47**
玄武区									
秦淮区									
建邺区									
鼓楼区									
浦口区	1		1	1	1		6	4	2
栖霞区									
雨花台区	7	6	1	3	3		9	2	7
江宁区									
六合区	40	20	20	25	12	13	50	31	19
溧水区	38	24	14	25	17	8	37	23	14
高淳区	9	5	4	6	4	2	7	2	5
南京江北新区									
无锡市	**673**	**379**	**294**	**668**	**383**	**285**	**749**	**433**	**316**
锡山区	118	63	55	130	75	55	141	78	63
惠山区	58	32	26	50	32	18	53	29	24
滨湖区									
梁溪区									
新吴区									
江苏无锡经济开发区									
江阴市	224	131	93	252	148	104	257	154	103
宜兴市	273	153	120	236	128	108	298	172	126
徐州市	**1368**	**757**	**611**	**1235**	**732**	**503**	**1477**	**850**	**627**
鼓楼区									
云龙区	7	2	5	16	11	5	15	7	8
贾汪区	40	23	17	44	29	15	45	18	27
泉山区									
铜山区	158	82	76	153	92	61	164	93	71
丰县	188	108	80	172	95	77	240	141	99
沛县	272	163	109	260	151	109	309	174	135
睢宁县	265	149	116	213	128	85	286	178	108
徐州经济技术开发区	89	56	33	75	51	24	96	50	46
新沂市	115	62	53	96	53	43	97	55	42
邳州市	234	112	122	206	122	84	225	134	91
常州市	**345**	**196**	**149**	**353**	**190**	**163**	**408**	**221**	**187**
天宁区	14	9	5	19	11	8	21	9	12
钟楼区									
新北区	66	33	33	56	34	22	56	27	29
武进区	79	47	32	88	43	45	96	51	45
金坛区	54	33	21	67	35	32	66	31	35
江苏省常州市经济开发区	24	13	11	32	14	18	43	31	12
溧阳市	108	61	47	91	53	38	126	72	54

1-11b　续表 13　　　　单位：人

地　区	2020年8月			2020年9月			2020年10月		
	小计	男	女	小计	男	女	小计	男	女
苏州市	**1258**	**676**	**582**	**1191**	**631**	**560**	**1439**	**792**	**647**
虎丘区	13	8	5	3	2	1	2	1	1
吴中区	89	50	39	72	40	32	93	56	37
相城区	23	9	14	19	10	9	24	14	10
姑苏区									
吴江区	191	114	77	202	104	98	237	125	112
苏州工业园区	199	109	90	190	102	88	224	142	82
常熟市	274	134	140	253	126	127	282	143	139
张家港市	245	134	111	250	136	114	345	194	151
昆山市	91	45	46	75	37	38	81	37	44
太仓市	133	73	60	127	74	53	151	80	71
南通市	**1789**	**989**	**800**	**1825**	**983**	**842**	**1945**	**1095**	**850**
崇川区									
港闸区									
通州区	301	178	123	262	132	130	318	174	144
如东县	378	206	172	408	223	185	470	277	193
南通经济技术开发区	78	49	29	79	43	36	64	35	29
通州湾示范区	45	26	19	53	29	24	54	29	25
苏锡通科技产业园区	27	13	14	19	11	8	18	8	10
启东市	160	87	73	155	81	74	182	114	68
如皋市	314	162	152	360	210	150	379	208	171
海门市	330	177	153	334	169	165	288	150	138
海安市	156	91	65	155	85	70	172	100	72
连云港市	**733**	**438**	**295**	**697**	**417**	**280**	**800**	**454**	**346**
连云区									
海州区	30	20	10	19	10	9	41	22	19
赣榆区	188	111	77	165	107	58	196	107	89
东海县	125	66	59	110	70	40	166	93	73
灌云县	159	105	54	157	91	66	138	78	60
灌南县	161	95	66	153	88	65	170	107	63
连云港经济技术开发区	31	16	15	41	23	18	39	26	13
连云港高新技术产业开发区	12	7	5	26	14	12	25	11	14
江苏连云港徐圩新区	27	18	9	26	14	12	23	10	13
江苏省连云港市云台山风景名胜区							2		2
淮安市	**780**	**459**	**321**	**788**	**462**	**326**	**961**	**556**	**405**
淮安区	104	57	47	90	55	35	129	73	56
淮阴区	100	63	37	100	56	44	131	79	52
清江浦区	4		4				9	8	1
洪泽区	25	13	12	14	10	4	26	15	11
涟水县	231	137	94	235	145	90	248	145	103
盱眙县	125	81	44	147	86	61	193	106	87
金湖县	101	57	44	94	54	40	123	71	52
淮安经济技术开发区	45	29	16	50	22	28	46	26	20
工业园区	6	4	2	12	3	9	13	5	8
生态文旅区	25	13	12	20	17	3	24	17	7
苏淮高新区	14	5	9	26	14	12	19	11	8

1-11b 续表 14　　　　单位：人

地　区	2020年8月			2020年9月			2020年10月		
	小计	男	女	小计	男	女	小计	男	女
盐城市	**1491**	**823**	**668**	**1501**	**836**	**665**	**1561**	**896**	**665**
亭湖区	35	20	15	34	21	13	31	24	7
盐都区	136	68	68	154	84	70	154	75	79
大丰区	157	90	67	136	80	56	174	87	87
响水县	110	65	45	125	74	51	112	72	40
滨海县	184	93	91	190	106	84	206	117	89
阜宁县	222	125	97	238	135	103	221	133	88
射阳县	210	113	97	207	110	97	232	139	93
建湖县	215	125	90	209	110	99	202	119	83
盐城经济技术开发区	58	36	22	45	27	18	65	33	32
江苏省盐南高新区									
东台市	164	88	76	163	89	74	164	97	67
扬州市	**777**	**450**	**327**	**753**	**406**	**347**	**761**	**457**	**304**
广陵区	31	23	8	14	8	6	25	18	7
邗江区	32	21	11	28	15	13	29	14	15
江都区	196	118	78	207	108	99	181	112	69
宝应县	260	152	108	230	118	112	227	142	85
扬州经济技术开发区	72	33	39	88	47	41	113	69	44
蜀冈瘦西湖景区									
生态新城	5	2	3	9	7	2	13	9	4
仪征市	46	31	15	44	25	19	47	26	21
高邮市	135	70	65	133	78	55	126	67	59
镇江市	**557**	**308**	**249**	**539**	**306**	**233**	**610**	**330**	**280**
京口区	5	3	2	2	1	1	3	3	
润州区									
丹徒区	60	34	26	53	29	24	67	31	36
镇江新区	137	80	57	114	62	52	121	74	47
江苏镇江高新区									
丹阳市	234	127	107	239	142	97	276	149	127
扬中市	54	29	25	57	28	29	58	30	28
句容市	67	35	32	74	44	30	85	43	42
泰州市	**734**	**405**	**329**	**712**	**394**	**318**	**821**	**458**	**363**
海陵区	25	13	12	22	9	13	19	7	12
高港区	49	28	21	37	19	18	47	19	28
姜堰区	123	69	54	110	55	55	150	80	70
泰州医药高新技术产业开发区	94	47	47	92	49	43	124	67	57
兴化市	157	91	66	171	100	71	165	98	67
靖江市	95	46	49	90	56	34	102	59	43
泰兴市	191	111	80	190	106	84	214	128	86
宿迁市	**1004**	**564**	**440**	**929**	**532**	**397**	**1127**	**634**	**493**
宿城区	13	6	7	17	11	6	21	9	12
宿豫区	33	21	12	25	14	11	50	25	25
沭阳县	415	230	185	384	219	165	417	236	181
泗阳县	266	162	104	249	148	101	319	175	144
泗洪县	224	108	116	210	115	95	259	154	105
宿迁经济技术开发区	42	32	10	30	16	14	46	26	20
宿迁市湖滨新区	11	5	6	14	9	5	15	9	6
苏州宿迁工业园区									
宿迁市洋河新区									

1-11c　各地区分性别、月份的死亡人口
(2019.11.1-2020.10.31)(乡村)

单位：人

地　区	死亡人口			2019年11月		
	合计	男	女	小计	男	女
江　苏	**207509**	**113510**	**93999**	**16659**	**9273**	**7386**
南京市	**7989**	**4545**	**3444**	**621**	**349**	**272**
玄武区						
秦淮区						
建邺区						
鼓楼区						
浦口区	751	420	331	56	33	23
栖霞区	504	300	204	30	19	11
雨花台区						
江宁区	1385	794	591	101	57	44
六合区	1957	1072	885	159	94	65
溧水区	1199	697	502	102	56	46
高淳区	1975	1142	833	159	83	76
南京江北新区	218	120	98	14	7	7
无锡市	**6509**	**3574**	**2935**	**548**	**306**	**242**
锡山区	833	458	375	95	55	40
惠山区	426	231	195	35	14	21
滨湖区	204	117	87	16	8	8
梁溪区						
新吴区						
江苏无锡经济开发区						
江阴市	2108	1151	957	165	86	79
宜兴市	2938	1617	1321	237	143	94
徐州市	**27125**	**15031**	**12094**	**2190**	**1249**	**941**
鼓楼区						
云龙区						
贾汪区	1357	739	618	101	63	38
泉山区						
铜山区	3695	2092	1603	264	147	117
丰县	4379	2372	2007	392	210	182
沛县	3487	1944	1543	273	173	100
睢宁县	4419	2403	2016	339	189	150
徐州经济技术开发区	370	223	147	40	25	15
新沂市	3725	2103	1622	319	184	135
邳州市	5693	3155	2538	462	258	204
常州市	**9452**	**5214**	**4238**	**758**	**428**	**330**
天宁区	415	221	194	35	14	21
钟楼区	207	121	86	18	12	6
新北区	1081	569	512	92	48	44
武进区	1919	1001	918	145	77	68
金坛区	2104	1174	930	176	107	69
江苏省常州市经济开发区	729	422	307	68	39	29
溧阳市	2997	1706	1291	224	131	93

1-11c 续表 1

单位：人

地 区	死亡人口			2019年11月		
	合计	男	女	小计	男	女
苏州市	**9663**	**5045**	**4618**	**781**	**443**	**338**
虎丘区	286	161	125	21	13	8
吴中区	1201	617	584	92	52	40
相城区	406	201	205	34	16	18
姑苏区						
吴江区	1221	685	536	106	63	43
苏州工业园区						
常熟市	2463	1243	1220	206	107	99
张家港市	1747	968	779	152	93	59
昆山市	1150	569	581	78	54	24
太仓市	1189	601	588	92	45	47
南通市	**26936**	**14474**	**12462**	**2182**	**1193**	**989**
崇川区						
港闸区						
通州区	3456	1888	1568	249	137	112
如东县	5150	2781	2369	429	223	206
南通经济技术开发区						
通州湾示范区	494	268	226	35	19	16
苏锡通科技产业园区	229	123	106	15	10	5
启东市	5726	3002	2724	467	250	217
如皋市	5303	2836	2467	424	228	196
海门市	2864	1536	1328	243	142	101
海安市	3714	2040	1674	320	184	136
连云港市	**14846**	**8354**	**6492**	**1169**	**684**	**485**
连云区	32	13	19	2	2	
海州区	686	400	286	61	38	23
赣榆区	3600	2029	1571	303	175	128
东海县	4896	2756	2140	420	247	173
灌云县	2992	1679	1313	198	117	81
灌南县	2403	1331	1072	165	91	74
连云港经济技术开发区	115	72	43	8	5	3
连云港高新技术产业开发区						
江苏连云港徐圩新区						
江苏省连云港市云台山风景名胜区	122	74	48	12	9	3
淮安市	**17583**	**9491**	**8092**	**1398**	**757**	**641**
淮安区	4633	2513	2120	380	210	170
淮阴区	2832	1600	1232	250	149	101
清江浦区	452	253	199	34	19	15
洪泽区	1260	652	608	82	40	42
涟水县	3886	2083	1803	318	172	146
盱眙县	3106	1659	1447	239	118	121
金湖县	1378	710	668	91	46	45
淮安经济技术开发区						
工业园区						
生态文旅区						
苏淮高新区	36	21	15	4	3	1

1-11c　续表 2

单位：人

地　　区	死亡人口			2019年11月		
	合计	男	女	小计	男	女
盐城市	**28452**	**15251**	**13201**	**2199**	**1215**	**984**
亭湖区	1108	587	521	107	65	42
盐都区	2580	1403	1177	197	120	77
大丰区	2807	1480	1327	195	107	88
响水县	1755	974	781	139	81	58
滨海县	3650	1953	1697	301	161	140
阜宁县	4053	2179	1874	314	178	136
射阳县	3530	1845	1685	263	135	128
建湖县	3123	1694	1429	213	119	94
盐城经济技术开发区	51	22	29	3		3
江苏省盐南高新区						
东台市	5795	3114	2681	467	249	218
扬州市	**17052**	**9312**	**7740**	**1404**	**769**	**635**
广陵区	833	463	370	81	43	38
邗江区	984	551	433	86	44	42
江都区	4954	2696	2258	398	218	180
宝应县	4561	2446	2115	376	208	168
扬州经济技术开发区	184	106	78	15	6	9
蜀冈瘦西湖景区						
生态新城	214	121	93	13	6	7
仪征市	1585	859	726	108	54	54
高邮市	3737	2070	1667	327	190	137
镇江市	**6266**	**3346**	**2920**	**527**	**282**	**245**
京口区	78	33	45	10	3	7
润州区	33	19	14	1	1	
丹徒区	1162	613	549	95	49	46
镇江新区	200	107	93	23	13	10
江苏镇江高新区						
丹阳市	2436	1269	1167	187	95	92
扬中市	496	275	221	45	22	23
句容市	1861	1030	831	166	99	67
泰州市	**18914**	**10615**	**8299**	**1414**	**782**	**632**
海陵区	511	280	231	36	13	23
高港区	955	519	436	73	41	32
姜堰区	3282	1850	1432	260	154	106
泰州医药高新技术产业开发区	68	33	35	3	2	1
兴化市	6242	3533	2709	416	220	196
靖江市	2131	1198	933	143	86	57
泰兴市	5725	3202	2523	483	266	217
宿迁市	**16722**	**9258**	**7464**	**1468**	**816**	**652**
宿城区	2175	1222	953	176	108	68
宿豫区	1681	929	752	144	82	62
沭阳县	5734	3124	2610	476	255	221
泗阳县	2839	1576	1263	220	120	100
泗洪县	3198	1795	1403	343	193	150
宿迁经济技术开发区	207	108	99	23	13	10
宿迁市湖滨新区	340	189	151	31	18	13
苏州宿迁工业园区						
宿迁市洋河新区	548	315	233	55	27	28

1-11c 续表 3

单位：人

地 区	2019年12月			2020年1月		
	小计	男	女	小计	男	女
江 苏	**17587**	**9463**	**8124**	**18761**	**10015**	**8746**
南京市	**653**	**366**	**287**	**708**	**389**	**319**
玄武区						
秦淮区						
建邺区						
鼓楼区						
浦口区	53	25	28	74	33	41
栖霞区	48	29	19	46	26	20
雨花台区						
江宁区	116	61	55	119	70	49
六合区	155	86	69	162	91	71
溧水区	107	66	41	108	58	50
高淳区	155	88	67	178	102	76
南京江北新区	19	11	8	21	9	12
无锡市	**616**	**322**	**294**	**618**	**351**	**267**
锡山区	80	39	41	75	38	37
惠山区	39	23	16	43	28	15
滨湖区	17	10	7	19	13	6
梁溪区						
新吴区						
江苏无锡经济开发区						
江阴市	188	90	98	201	116	85
宜兴市	292	160	132	280	156	124
徐州市	**2316**	**1247**	**1069**	**2452**	**1289**	**1163**
鼓楼区						
云龙区						
贾汪区	97	48	49	104	67	37
泉山区						
铜山区	295	162	133	308	159	149
丰县	387	227	160	442	226	216
沛县	318	150	168	308	163	145
睢宁县	383	207	176	426	220	206
徐州经济技术开发区	35	20	15	26	20	6
新沂市	312	173	139	318	159	159
邳州市	489	260	229	520	275	245
常州市	**767**	**414**	**353**	**871**	**452**	**419**
天宁区	29	22	7	43	20	23
钟楼区	14	8	6	23	10	13
新北区	94	50	44	95	48	47
武进区	159	82	77	179	83	96
金坛区	166	90	76	199	100	99
江苏省常州市经济开发区	57	29	28	55	34	21
溧阳市	248	133	115	277	157	120

1-11c　续表 4

单位：人

地　区	2019年12月			2020年1月		
	小计	男	女	小计	男	女
苏州市	**856**	**425**	**431**	**996**	**500**	**496**
虎丘区	30	15	15	22	12	10
吴中区	107	53	54	129	70	59
相城区	38	15	23	46	20	26
姑苏区						
吴江区	110	54	56	147	82	65
苏州工业园区						
常熟市	227	111	116	286	141	145
张家港市	154	86	68	158	77	81
昆山市	98	44	54	94	42	52
太仓市	92	47	45	114	56	58
南通市	**2381**	**1239**	**1142**	**2562**	**1370**	**1192**
崇川区						
港闸区						
通州区	342	183	159	357	191	166
如东县	432	210	222	500	282	218
南通经济技术开发区						
通州湾示范区	47	22	25	38	22	16
苏锡通科技产业园区	19	13	6	12	6	6
启东市	483	254	229	548	292	256
如皋市	466	241	225	486	243	243
海门市	260	131	129	252	141	111
海安市	332	185	147	369	193	176
连云港市	**1305**	**723**	**582**	**1287**	**702**	**585**
连云区	3		3	5	3	2
海州区	58	33	25	54	35	19
赣榆区	313	174	139	320	169	151
东海县	463	265	198	486	270	216
灌云县	256	136	120	190	97	93
灌南县	186	100	86	220	119	101
连云港经济技术开发区	15	9	6	6	6	
连云港高新技术产业开发区						
江苏连云港徐圩新区						
江苏省连云港市云台山风景名胜区	11	6	5	6	3	3
淮安市	**1411**	**748**	**663**	**1520**	**813**	**707**
淮安区	412	226	186	396	220	176
淮阴区	205	110	95	241	130	111
清江浦区	45	21	24	34	21	13
洪泽区	88	46	42	110	53	57
涟水县	287	150	137	329	173	156
盱眙县	257	141	116	278	145	133
金湖县	112	50	62	128	68	60
淮安经济技术开发区						
工业园区						
生态文旅区						
苏淮高新区	5	4	1	4	3	1

1-11c 续表 5

单位：人

地 区	2019年12月			2020年1月		
	小计	男	女	小计	男	女
盐城市	**2321**	**1291**	**1030**	**2417**	**1274**	**1143**
亭湖区	93	44	49	90	45	45
盐都区	219	118	101	235	126	109
大丰区	245	127	118	295	153	142
响水县	151	85	66	130	79	51
滨海县	266	152	114	257	132	125
阜宁县	332	186	146	308	160	148
射阳县	287	168	119	273	142	131
建湖县	219	116	103	264	147	117
盐城经济技术开发区	4	2	2	4	2	2
江苏省盐南高新区						
东台市	505	293	212	561	288	273
扬州市	**1510**	**820**	**690**	**1511**	**828**	**683**
广陵区	60	34	26	66	40	26
邗江区	78	43	35	80	47	33
江都区	438	234	204	444	232	212
宝应县	434	220	214	416	224	192
扬州经济技术开发区	20	7	13	16	10	6
蜀冈瘦西湖景区						
生态新城	31	19	12	24	14	10
仪征市	122	75	47	129	67	62
高邮市	327	188	139	336	194	142
镇江市	**545**	**285**	**260**	**526**	**254**	**272**
京口区	8	3	5	10	5	5
润州区	3	1	2	2		2
丹徒区	84	51	33	107	51	56
镇江新区	15	5	10	20	8	12
江苏镇江高新区						
丹阳市	223	110	113	206	103	103
扬中市	55	32	23	38	21	17
句容市	157	83	74	143	66	77
泰州市	**1521**	**832**	**689**	**1736**	**931**	**805**
海陵区	48	28	20	48	18	30
高港区	78	47	31	96	51	45
姜堰区	284	154	130	298	158	140
泰州医药高新技术产业开发区	4	2	2	7	4	3
兴化市	450	258	192	557	307	250
靖江市	166	77	89	170	88	82
泰兴市	491	266	225	560	305	255
宿迁市	**1385**	**751**	**634**	**1557**	**862**	**695**
宿城区	192	98	94	191	98	93
宿豫区	147	75	72	157	87	70
沭阳县	532	323	209	536	284	252
泗阳县	209	104	105	237	142	95
泗洪县	209	102	107	324	188	136
宿迁经济技术开发区	12	5	7	21	16	5
宿迁市湖滨新区	35	20	15	38	20	18
苏州宿迁工业园区						
宿迁市洋河新区	49	24	25	53	27	26

1-11c 续表 6

单位：人

地区	2020年2月			2020年3月			2020年4月		
	小计	男	女	小计	男	女	小计	男	女
江　苏	**18102**	**9771**	**8331**	**17640**	**9523**	**8117**	**16234**	**8778**	**7456**
南京市	**694**	**401**	**293**	**666**	**369**	**297**	**639**	**375**	**264**
玄武区									
秦淮区									
建邺区									
鼓楼区									
浦口区	83	45	38	54	30	24	62	35	27
栖霞区	41	24	17	38	22	16	40	24	16
雨花台区									
江宁区	108	61	47	113	61	52	126	72	54
六合区	154	80	74	161	88	73	150	89	61
溧水区	105	73	32	106	57	49	78	50	28
高淳区	181	104	77	184	107	77	169	99	70
南京江北新区	22	14	8	10	4	6	14	6	8
无锡市	**530**	**292**	**238**	**568**	**317**	**251**	**518**	**277**	**241**
锡山区	57	33	24	88	48	40	65	35	30
惠山区	29	15	14	35	18	17	29	12	17
滨湖区	14	6	8	20	11	9	14	10	4
梁溪区									
新吴区									
江苏无锡经济开发区									
江阴市	162	93	69	171	100	71	170	88	82
宜兴市	268	145	123	254	140	114	240	132	108
徐州市	**2530**	**1378**	**1152**	**2473**	**1360**	**1113**	**2147**	**1144**	**1003**
鼓楼区									
云龙区									
贾汪区	145	75	70	139	80	59	118	61	57
泉山区									
铜山区	333	195	138	375	214	161	282	153	129
丰县	418	218	200	371	198	173	328	182	146
沛县	327	183	144	338	179	159	283	163	120
睢宁县	404	219	185	377	194	183	370	174	196
徐州经济技术开发区	48	30	18	43	26	17	28	12	16
新沂市	353	190	163	348	200	148	318	177	141
邳州市	502	268	234	482	269	213	420	222	198
常州市	**816**	**432**	**384**	**850**	**460**	**390**	**763**	**414**	**349**
天宁区	32	18	14	28	12	16	32	15	17
钟楼区	13	6	7	15	9	6	11	8	3
新北区	99	53	46	85	45	40	81	37	44
武进区	185	94	91	178	86	92	173	87	86
金坛区	176	85	91	176	101	75	161	97	64
江苏省常州市经济开发区	62	38	24	73	47	26	63	36	27
溧阳市	249	138	111	295	160	135	242	134	108

1-11c 续表 7

单位：人

地　区	2020年2月			2020年3月			2020年4月		
	小计	男	女	小计	男	女	小计	男	女
苏州市	**842**	**440**	**402**	**726**	**377**	**349**	**724**	**378**	**346**
虎丘区	29	17	12	20	12	8	22	10	12
吴中区	97	45	52	92	48	44	115	68	47
相城区	50	28	22	23	14	9	22	11	11
姑苏区									
吴江区	115	69	46	86	49	37	90	47	43
苏州工业园区									
常熟市	196	95	101	190	104	86	188	93	95
张家港市	145	83	62	136	67	69	117	60	57
昆山市	115	59	56	93	41	52	90	42	48
太仓市	95	44	51	86	42	44	80	47	33
南通市	**2317**	**1247**	**1070**	**2258**	**1180**	**1078**	**2057**	**1089**	**968**
崇川区									
港闸区									
通州区	292	161	131	301	165	136	235	120	115
如东县	441	232	209	438	229	209	396	217	179
南通经济技术开发区									
通州湾示范区	39	20	19	48	22	26	41	21	20
苏锡通科技产业园区	24	15	9	12	5	7	24	9	15
启东市	493	254	239	458	235	223	480	245	235
如皋市	454	265	189	463	241	222	379	199	180
海门市	260	137	123	228	109	119	230	128	102
海安市	314	163	151	310	174	136	272	150	122
连云港市	**1334**	**749**	**585**	**1347**	**750**	**597**	**1207**	**659**	**548**
连云区	2		2	3	1	2			
海州区	60	37	23	66	39	27	76	42	34
赣榆区	316	181	135	310	192	118	290	161	129
东海县	476	255	221	452	244	208	368	207	161
灌云县	252	138	114	301	159	142	258	133	125
灌南县	210	123	87	184	95	89	192	105	87
连云港经济技术开发区	7	7		19	11	8	9	4	5
连云港高新技术产业开发区									
江苏连云港徐圩新区									
江苏省连云港市云台山风景名胜区	11	8	3	12	9	3	14	7	7
淮安市	**1486**	**803**	**683**	**1470**	**757**	**713**	**1400**	**770**	**630**
淮安区	401	218	183	372	204	168	384	195	189
淮阴区	239	127	112	250	139	111	220	136	84
清江浦区	37	21	16	33	18	15	38	27	11
洪泽区	113	52	61	132	62	70	93	53	40
涟水县	328	185	143	337	167	170	289	145	144
盱眙县	252	134	118	241	118	123	259	152	107
金湖县	112	65	47	105	49	56	116	62	54
淮安经济技术开发区									
工业园区									
生态文旅区									
苏淮高新区	4	1	3				1		1

1-11c　续表 8　　　　单位：人

地　　区	2020年2月			2020年3月			2020年4月		
	小计	男	女	小计	男	女	小计	男	女
盐城市	**2463**	**1263**	**1200**	**2457**	**1285**	**1172**	**2299**	**1209**	**1090**
亭湖区	78	41	37	85	42	43	93	50	43
盐都区	223	107	116	221	113	108	199	114	85
大丰区	238	128	110	211	107	104	238	119	119
响水县	155	81	74	157	70	87	144	79	65
滨海县	302	158	144	336	184	152	292	155	137
阜宁县	350	188	162	371	193	178	353	179	174
射阳县	324	154	170	308	160	148	266	135	131
建湖县	248	129	119	270	152	118	239	131	108
盐城经济技术开发区	3	1	2	4	4		4	1	3
江苏省盐南高新区									
东台市	542	276	266	494	260	234	471	246	225
扬州市	**1454**	**788**	**666**	**1379**	**775**	**604**	**1308**	**720**	**588**
广陵区	62	41	21	87	47	40	68	33	35
邗江区	77	40	37	75	41	34	85	43	42
江都区	438	239	199	409	239	170	397	227	170
宝应县	372	205	167	353	182	171	343	183	160
扬州经济技术开发区	22	12	10	11	8	3	20	10	10
蜀冈瘦西湖景区									
生态新城	17	9	8	20	12	8	20	12	8
仪征市	137	72	65	137	75	62	107	59	48
高邮市	329	170	159	287	171	116	268	153	115
镇江市	**510**	**272**	**238**	**489**	**255**	**234**	**512**	**280**	**232**
京口区	13	6	7	2		2	5	3	2
润州区	3	3		7	3	4	1	1	
丹徒区	73	36	37	90	49	41	84	48	36
镇江新区	14	9	5	13	7	6	16	10	6
江苏镇江高新区									
丹阳市	202	96	106	182	93	89	227	125	102
扬中市	35	24	11	42	20	22	44	23	21
句容市	170	98	72	153	83	70	135	70	65
泰州市	**1681**	**925**	**756**	**1537**	**858**	**679**	**1392**	**793**	**599**
海陵区	48	23	25	37	22	15	47	33	14
高港区	83	43	40	72	34	38	76	38	38
姜堰区	279	146	133	255	135	120	255	146	109
泰州医药高新技术产业开发区	10	4	6	6	3	3	6	3	3
兴化市	548	305	243	486	277	209	434	261	173
靖江市	189	94	95	194	109	85	144	72	72
泰兴市	524	310	214	487	278	209	430	240	190
宿迁市	**1445**	**781**	**664**	**1420**	**780**	**640**	**1268**	**670**	**598**
宿城区	194	111	83	182	100	82	163	81	82
宿豫区	134	63	71	147	84	63	110	65	45
沭阳县	461	222	239	503	273	230	456	233	223
泗阳县	274	156	118	249	129	120	206	109	97
泗洪县	279	168	111	262	151	111	250	136	114
宿迁经济技术开发区	16	8	8	15	7	8	14	8	6
宿迁市湖滨新区	29	14	15	23	16	7	32	16	16
苏州宿迁工业园区									
宿迁市洋河新区	58	39	19	39	20	19	37	22	15

1-11c 续表 9

单位：人

地 区	2020年5月			2020年6月			2020年7月		
	小计	男	女	小计	男	女	小计	男	女
江 苏	**17033**	**9273**	**7760**	**16271**	**9041**	**7230**	**15937**	**8804**	**7133**
南京市	**620**	**349**	**271**	**599**	**347**	**252**	**597**	**320**	**277**
玄武区									
秦淮区									
建邺区									
鼓楼区									
浦口区	61	38	23	45	26	19	46	24	22
栖霞区	44	29	15	41	23	18	37	19	18
雨花台区									
江宁区	118	72	46	103	61	42	112	69	43
六合区	166	95	71	158	91	67	165	75	90
溧水区	80	40	40	79	44	35	79	41	38
高淳区	134	63	71	158	93	65	141	83	58
南京江北新区	17	12	5	15	9	6	17	9	8
无锡市	**519**	**283**	**236**	**454**	**250**	**204**	**491**	**279**	**212**
锡山区	60	30	30	59	36	23	55	29	26
惠山区	33	19	14	31	18	13	37	25	12
滨湖区	19	8	11	12	7	5	8	7	1
梁溪区									
新吴区									
江苏无锡经济开发区									
江阴市	201	107	94	147	78	69	167	98	69
宜兴市	206	119	87	205	111	94	224	120	104
徐州市	**2281**	**1287**	**994**	**2215**	**1212**	**1003**	**1972**	**1138**	**834**
鼓楼区									
云龙区									
贾汪区	106	54	52	107	50	57	102	60	42
泉山区									
铜山区	341	195	146	264	163	101	247	153	94
丰县	333	169	164	366	184	182	305	179	126
沛县	305	184	121	283	148	135	262	159	103
睢宁县	363	197	166	370	216	154	338	186	152
徐州经济技术开发区	20	13	7	31	13	18	23	13	10
新沂市	303	176	127	314	174	140	266	149	117
邳州市	510	299	211	480	264	216	429	239	190
常州市	**749**	**418**	**331**	**682**	**407**	**275**	**721**	**397**	**324**
天宁区	29	13	16	29	16	13	38	24	14
钟楼区	14	8	6	17	9	8	20	10	10
新北区	95	55	40	75	39	36	69	42	27
武进区	165	86	79	149	91	58	123	65	58
金坛区	171	88	83	153	100	53	176	91	85
江苏省常州市经济开发区	50	31	19	47	24	23	69	35	34
溧阳市	225	137	88	212	128	84	226	130	96

1-11c 续表 10 单位：人

地 区	2020年5月			2020年6月			2020年7月		
	小计	男	女	小计	男	女	小计	男	女
苏州市	**741**	**379**	**362**	**735**	**384**	**351**	**806**	**413**	**393**
虎丘区	16	8	8	25	12	13	23	15	8
吴中区	90	48	42	111	54	57	92	50	42
相城区	40	21	19	27	13	14	28	8	20
姑苏区									
吴江区	85	50	35	76	44	32	81	45	36
苏州工业园区									
常熟市	187	87	100	166	84	82	216	108	108
张家港市	138	76	62	143	84	59	155	84	71
昆山市	85	43	42	101	48	53	90	44	46
太仓市	100	46	54	86	45	41	121	59	62
南通市	**2130**	**1134**	**996**	**2067**	**1170**	**897**	**2086**	**1146**	**940**
崇川区									
港闸区									
通州区	267	143	124	256	150	106	261	139	122
如东县	424	229	195	400	225	175	380	220	160
南通经济技术开发区									
通州湾示范区	47	28	19	36	22	14	43	23	20
苏锡通科技产业园区	21	13	8	19	8	11	22	10	12
启东市	428	213	215	451	253	198	461	242	219
如皋市	399	206	193	394	226	168	416	228	188
海门市	236	127	109	201	116	85	226	122	104
海安市	308	175	133	310	170	140	277	162	115
连云港市	**1194**	**642**	**552**	**1201**	**692**	**509**	**1070**	**613**	**457**
连云区	2	1	1	3	1	2	1	1	
海州区	38	23	15	32	18	14	51	32	19
赣榆区	273	131	142	277	154	123	273	140	133
东海县	386	212	174	385	229	156	342	192	150
灌云县	279	163	116	283	160	123	206	127	79
灌南县	200	107	93	201	116	85	181	110	71
连云港经济技术开发区	8	2	6	14	9	5	9	8	1
连云港高新技术产业开发区									
江苏连云港徐圩新区									
江苏省连云港市云台山风景名胜区	8	3	5	6	5	1	7	3	4
淮安市	**1442**	**763**	**679**	**1403**	**757**	**646**	**1395**	**757**	**638**
淮安区	385	214	171	352	184	168	322	162	160
淮阴区	258	137	121	217	112	105	215	127	88
清江浦区	46	28	18	24	13	11	41	18	23
洪泽区	82	50	32	102	55	47	99	52	47
涟水县	318	156	162	323	175	148	316	181	135
盱眙县	256	134	122	244	133	111	271	147	124
金湖县	95	42	53	136	84	52	125	66	59
淮安经济技术开发区									
工业园区									
生态文旅区									
苏淮高新区	2	2		5	1	4	6	4	2

1-11c 续表 11 单位：人

地区	2020年5月			2020年6月			2020年7月		
	小计	男	女	小计	男	女	小计	男	女
盐城市	**2408**	**1264**	**1144**	**2248**	**1231**	**1017**	**2211**	**1183**	**1028**
亭湖区	101	50	51	99	54	45	79	34	45
盐都区	195	105	90	175	110	65	193	105	88
大丰区	215	111	104	221	122	99	206	115	91
响水县	157	86	71	145	83	62	128	76	52
滨海县	348	178	170	315	165	150	295	152	143
阜宁县	353	188	165	338	188	150	311	172	139
射阳县	309	150	159	301	144	157	281	147	134
建湖县	268	148	120	254	147	107	275	141	134
盐城经济技术开发区	3	1	2	3	2	1	4	3	1
江苏省盐南高新区									
东台市	459	247	212	397	216	181	439	238	201
扬州市	**1418**	**802**	**616**	**1239**	**665**	**574**	**1348**	**727**	**621**
广陵区	56	30	26	53	32	21	58	30	28
邗江区	92	49	43	64	42	22	91	53	38
江都区	400	228	172	340	176	164	421	229	192
宝应县	381	213	168	373	208	165	311	150	161
扬州经济技术开发区	15	7	8	10	7	3	10	8	2
蜀冈瘦西湖景区									
生态新城	14	9	5	16	5	11	10	9	1
仪征市	141	79	62	124	61	63	123	81	42
高邮市	319	187	132	259	134	125	324	167	157
镇江市	**529**	**280**	**249**	**542**	**317**	**225**	**457**	**230**	**227**
京口区	3	1	2	1		1	11	6	5
润州区	2	2		2	2		5	1	4
丹徒区	102	53	49	116	67	49	85	37	48
镇江新区	12	6	6	18	9	9	16	9	7
江苏镇江高新区									
丹阳市	224	113	111	189	108	81	165	83	82
扬中市	40	19	21	42	24	18	35	17	18
句容市	146	86	60	174	107	67	140	77	63
泰州市	**1570**	**878**	**692**	**1512**	**851**	**661**	**1526**	**886**	**640**
海陵区	42	25	17	24	15	9	44	23	21
高港区	98	54	44	68	31	37	68	39	29
姜堰区	239	128	111	282	154	128	230	148	82
泰州医药高新技术产业开发区	6	2	4	7	5	2	2		2
兴化市	513	274	239	520	303	217	556	323	233
靖江市	183	110	73	155	89	66	194	122	72
泰兴市	489	285	204	456	254	202	432	231	201
宿迁市	**1432**	**794**	**638**	**1374**	**758**	**616**	**1257**	**715**	**542**
宿城区	177	105	72	157	97	60	188	95	93
宿豫区	152	87	65	128	75	53	118	61	57
沭阳县	493	264	229	443	242	201	456	259	197
泗阳县	257	141	116	297	164	133	200	124	76
泗洪县	267	147	120	256	127	129	228	141	87
宿迁经济技术开发区	19	11	8	14	4	10	22	9	13
宿迁市湖滨新区	28	12	16	26	19	7	16	9	7
苏州宿迁工业园区									
宿迁市洋河新区	39	27	12	53	30	23	29	17	12

1-11c　续表 12　　　　　　　　　　　　　　　　　　单位：人

地　区	2020年8月			2020年9月			2020年10月		
	小计	男	女	小计	男	女	小计	男	女
江　苏	**17653**	**9770**	**7883**	**16584**	**9181**	**7403**	**19048**	**10618**	**8430**
南京市	**735**	**443**	**292**	**676**	**385**	**291**	**781**	**452**	**329**
玄武区									
秦淮区									
建邺区									
鼓楼区									
浦口区	70	48	22	71	38	33	76	45	31
栖霞区	46	31	15	53	28	25	40	26	14
雨花台区									
江宁区	121	71	50	117	66	51	131	73	58
六合区	174	100	74	162	83	79	191	100	91
溧水区	117	66	51	97	61	36	141	85	56
高淳区	183	113	70	152	95	57	181	112	69
南京江北新区	24	14	10	24	14	10	21	11	10
无锡市	**529**	**290**	**239**	**523**	**266**	**257**	**595**	**341**	**254**
锡山区	70	40	30	47	24	23	82	51	31
惠山区	39	19	20	32	19	13	44	21	23
滨湖区	17	8	9	25	15	10	23	14	9
梁溪区									
新吴区									
江苏无锡经济开发区									
江阴市	165	91	74	176	93	83	195	111	84
宜兴市	238	132	106	243	115	128	251	144	107
徐州市	**2200**	**1276**	**924**	**1927**	**1115**	**812**	**2422**	**1336**	**1086**
鼓楼区									
云龙区									
贾汪区	115	58	57	94	61	33	129	62	67
泉山区									
铜山区	308	181	127	311	174	137	367	196	171
丰县	325	191	134	288	159	129	424	229	195
沛县	251	138	113	249	137	112	290	167	123
睢宁县	397	235	162	288	171	117	364	195	169
徐州经济技术开发区	26	16	10	24	18	6	26	17	9
新沂市	293	181	112	248	149	99	333	191	142
邳州市	485	276	209	425	246	179	489	279	210
常州市	**823**	**470**	**353**	**803**	**445**	**358**	**849**	**477**	**372**
天宁区	41	20	21	31	18	13	48	29	19
钟楼区	21	16	5	23	16	7	18	9	9
新北区	84	45	39	100	50	50	112	57	55
武进区	150	78	72	149	81	68	164	91	73
金坛区	190	114	76	182	101	81	178	100	78
江苏省常州市经济开发区	54	34	20	64	38	26	67	37	30
溧阳市	283	163	120	254	141	113	262	154	108

1-11c 续表 13

单位：人

地 区	2020年8月			2020年9月			2020年10月		
	小计	男	女	小计	男	女	小计	男	女
苏州市	**832**	**441**	**391**	**794**	**423**	**371**	**830**	**442**	**388**
虎丘区	26	20	6	24	15	9	28	12	16
吴中区	102	45	57	84	44	40	90	40	50
相城区	25	15	10	45	20	25	28	20	8
姑苏区									
吴江区	133	68	65	96	61	35	96	53	43
苏州工业园区									
常熟市	203	101	102	192	108	84	206	104	102
张家港市	148	86	62	150	83	67	151	89	62
昆山市	106	57	49	102	49	53	98	46	52
太仓市	89	49	40	101	43	58	133	78	55
南通市	**2283**	**1216**	**1067**	**2217**	**1192**	**1025**	**2396**	**1298**	**1098**
崇川区									
港闸区									
通州区	344	183	161	268	159	109	284	157	127
如东县	401	222	179	425	226	199	484	266	218
南通经济技术开发区									
通州湾示范区	38	19	19	30	18	12	52	32	20
苏锡通科技产业园区	19	13	6	18	8	10	24	13	11
启东市	451	235	216	471	239	232	535	290	245
如皋市	483	257	226	447	237	210	492	265	227
海门市	251	137	114	259	139	120	218	107	111
海安市	296	150	146	299	166	133	307	168	139
连云港市	**1269**	**727**	**542**	**1169**	**675**	**494**	**1294**	**738**	**556**
连云区	2		2	4	1	3	5	3	2
海州区	65	41	24	60	33	27	65	29	36
赣榆区	310	187	123	294	174	120	321	191	130
东海县	368	199	169	346	208	138	404	228	176
灌云县	271	158	113	233	135	98	265	156	109
灌南县	242	137	105	216	112	104	206	116	90
连云港经济技术开发区	4	1	3	6	4	2	10	6	4
连云港高新技术产业开发区									
江苏连云港徐圩新区									
江苏省连云港市云台山风景名胜区	7	4	3	10	8	2	18	9	9
淮安市	**1499**	**813**	**686**	**1377**	**772**	**605**	**1782**	**981**	**801**
淮安区	414	228	186	348	189	159	467	263	204
淮阴区	214	122	92	217	127	90	306	184	122
清江浦区	41	22	19	37	19	18	42	26	16
洪泽区	114	64	50	116	61	55	129	64	65
涟水县	351	186	165	302	178	124	388	215	173
盱眙县	239	135	104	243	134	109	327	168	159
金湖县	124	55	69	113	63	50	121	60	61
淮安经济技术开发区									
工业园区									
生态文旅区									
苏淮高新区	2	1	1	1	1		2	1	1

1-11c　续表 14　　　　单位：人

地　区	2020年8月			2020年9月			2020年10月		
	小计	男	女	小计	男	女	小计	男	女
盐城市	**2398**	**1296**	**1102**	**2342**	**1232**	**1110**	**2689**	**1508**	**1181**
亭湖区	85	47	38	111	62	49	87	53	34
盐都区	233	115	118	230	114	116	260	156	104
大丰区	228	129	99	235	120	115	280	142	138
响水县	157	86	71	117	58	59	175	110	65
滨海县	286	163	123	299	159	140	353	194	159
阜宁县	356	185	171	311	155	156	356	207	149
射阳县	270	149	121	301	161	140	347	200	147
建湖县	278	150	128	303	160	143	292	154	138
盐城经济技术开发区	9	4	5	4	1	3	6	1	5
江苏省盐南高新区									
东台市	496	268	228	431	242	189	533	291	242
扬州市	**1555**	**799**	**756**	**1421**	**792**	**629**	**1505**	**827**	**678**
广陵区	82	44	38	63	35	28	97	54	43
邗江区	74	30	44	76	55	21	106	64	42
江都区	427	207	220	399	220	179	443	247	196
宝应县	456	236	220	377	215	162	369	202	167
扬州经济技术开发区	13	10	3	13	9	4	19	12	7
蜀冈瘦西湖景区生态新城	15	10	5	18	7	11	16	9	7
仪征市	156	80	76	164	90	74	137	66	71
高邮市	332	182	150	311	161	150	318	173	145
镇江市	**536**	**278**	**258**	**519**	**287**	**232**	**574**	**326**	**248**
京口区	6		6	5	3	2	4	3	1
润州区	2	1	1	2	2		3	2	1
丹徒区	111	56	55	88	43	45	127	73	54
镇江新区	15	8	7	20	11	9	18	12	6
江苏镇江高新区									
丹阳市	197	103	94	209	113	96	225	127	98
扬中市	45	28	17	34	21	13	41	24	17
句容市	160	82	78	161	94	67	156	85	71
泰州市	**1679**	**967**	**712**	**1572**	**881**	**691**	**1774**	**1031**	**743**
海陵区	34	19	15	54	31	23	49	30	19
高港区	82	48	34	69	43	26	92	50	42
姜堰区	280	152	128	285	164	121	335	211	124
泰州医药高新技术产业开发区	2	1	1	7	4	3	8	3	5
兴化市	610	357	253	538	295	243	614	353	261
靖江市	199	119	80	173	98	75	221	134	87
泰兴市	472	271	201	446	246	200	455	250	205
宿迁市	**1315**	**754**	**561**	**1244**	**716**	**528**	**1557**	**861**	**696**
宿城区	179	100	79	157	92	65	219	137	82
宿豫区	149	81	68	125	75	50	170	94	76
沭阳县	417	235	182	431	252	179	530	282	248
泗阳县	246	150	96	190	97	93	254	140	114
泗洪县	252	145	107	256	150	106	272	147	125
宿迁经济技术开发区	18	10	8	15	9	6	18	8	10
宿迁市湖滨新区	17	10	7	33	20	13	32	15	17
苏州宿迁工业园区									
宿迁市洋河新区	37	23	14	37	21	16	62	38	24

1-12 各地区家庭户的住房间数和面积

地　　区	家庭户户　数(户)	家庭户人　数(人)	平均每户住房建筑面积(平方米/户)	平均每户住房间数(间/户)	人均住房建筑面积(平方米/人)	人　　均住房间数(间/人)
江　苏	**28069197**	**74167282**	**123.67**	**3.10**	**46.80**	**1.17**
南京市	**2989186**	**7533482**	**99.93**	**2.68**	**39.65**	**1.06**
玄武区	162013	397785	78.97	2.41	32.16	0.98
秦淮区	270427	652176	73.49	2.27	30.47	0.94
建邺区	182690	450553	90.03	2.46	36.50	1.00
鼓楼区	330573	809784	76.43	2.31	31.20	0.94
浦口区	128982	325964	117.05	2.94	46.32	1.16
栖霞区	286053	706791	90.18	2.57	36.50	1.04
雨花台区	194859	488754	83.06	2.41	33.12	0.96
江宁区	545243	1428716	118.04	3.01	45.05	1.15
六合区	225875	586619	130.72	3.31	50.33	1.27
溧水区	162153	412315	126.19	2.96	49.63	1.17
高淳区	153963	400475	140.82	3.12	54.14	1.20
南京江北新区	346355	873550	90.15	2.51	35.74	0.99
无锡市	**2489496**	**6521035**	**114.61**	**2.53**	**43.75**	**0.96**
锡山区	273720	740652	112.48	2.51	41.57	0.93
惠山区	280856	771683	113.89	2.62	41.45	0.95
滨湖区	192383	481096	107.62	2.53	43.04	1.01
梁溪区	372763	921262	90.59	2.30	36.66	0.93
新吴区	218963	587136	102.50	2.52	38.23	0.94
江苏无锡经济开发区	108891	291034	106.51	2.54	39.85	0.95
江阴市	584970	1566885	128.78	2.60	48.08	0.97
宜兴市	456950	1161287	128.46	2.58	50.55	1.02
徐州市	**2967464**	**8351242**	**136.71**	**3.64**	**48.58**	**1.30**
鼓楼区	158933	393300	89.85	2.50	36.31	1.01
云龙区	160209	417493	101.36	2.69	38.89	1.03
贾汪区	146514	420524	123.52	3.64	43.04	1.27
泉山区	230784	572036	97.23	2.62	39.23	1.06
铜山区	392842	1125896	167.24	4.26	58.35	1.49
丰县	320774	858503	163.40	5.08	61.05	1.90
沛县	343149	982686	123.05	3.62	42.97	1.26
睢宁县	334102	992549	150.39	3.69	50.62	1.24
徐州经济技术开发区	119835	337506	121.85	3.28	43.27	1.17
新沂市	303655	903177	155.75	3.39	52.36	1.14
邳州市	456667	1347572	136.12	3.60	46.13	1.22
常州市	**1839105**	**4679832**	**115.91**	**2.63**	**45.55**	**1.03**
天宁区	241646	615150	104.87	2.54	41.20	1.00
钟楼区	230505	579853	100.65	2.42	40.01	0.96
新北区	296456	794452	129.45	2.72	48.31	1.01
武进区	417736	1083910	121.35	2.59	46.77	1.00
金坛区	221132	530271	119.89	2.80	50.00	1.17
江苏省常州市经济开发区	146508	376225	101.64	2.36	39.58	0.92
溧阳市	285122	699971	119.78	2.86	48.79	1.17

注：本表数据为居住在普通住宅的家庭户。

1-12 续表 1

地　区	家庭户户　数(户)	家庭户人　数(人)	平均每户住房建筑面积(平方米/户)	平均每户住房间数(间/户)	人均住房建筑面积(平方米/人)	人　均住房间数(间/人)
苏州市	**3918580**	**10543771**	**111.90**	**2.67**	**41.59**	**0.99**
虎丘区	232817	664281	99.02	2.59	34.71	0.91
吴中区	414570	1099567	110.94	2.67	41.83	1.01
相城区	265753	720559	101.07	2.48	37.28	0.92
姑苏区	343117	840623	79.79	2.27	32.57	0.93
吴江区	476920	1257417	112.26	2.77	42.58	1.05
苏州工业园区	310434	889205	97.39	2.46	34.00	0.86
常熟市	484137	1389643	146.55	3.18	51.06	1.11
张家港市	468737	1252729	126.64	2.69	47.38	1.01
昆山市	664227	1728505	99.62	2.48	38.28	0.95
太仓市	257868	701242	135.59	2.98	49.86	1.10
南通市	**2765455**	**6809817**	**138.61**	**3.32**	**56.29**	**1.35**
崇川区	257148	676337	101.57	2.56	38.62	0.97
港闸区	128667	342185	108.36	2.67	40.74	1.01
通州区	377254	962373	149.31	3.48	58.53	1.37
如东县	324880	801804	163.59	3.64	66.28	1.48
南通经济技术开发区	86455	226567	105.76	2.50	40.36	0.95
通州湾示范区	39544	78600	146.32	3.06	73.62	1.54
苏锡通科技产业园区	30323	74045	122.62	3.04	50.22	1.24
启东市	417613	861863	119.29	2.58	57.80	1.25
如皋市	413998	1163505	175.66	4.21	62.50	1.50
海门市	374679	832489	123.66	3.31	55.65	1.49
海安市	314894	790049	146.91	3.78	58.55	1.51
连云港市	**1470410**	**4232084**	**151.18**	**3.78**	**52.53**	**1.31**
连云区	55225	142334	113.40	3.12	44.00	1.21
海州区	240896	671957	125.98	3.14	45.16	1.13
赣榆区	342064	955018	156.70	3.90	56.13	1.40
东海县	325849	983803	183.27	4.10	60.70	1.36
灌云县	228294	668672	137.52	3.82	46.95	1.30
灌南县	188394	557550	150.39	4.09	50.82	1.38
连云港经济技术开发区	27797	77577	133.99	3.25	48.01	1.17
连云港高新技术产业开发区	41271	115462	139.30	3.10	49.79	1.11
江苏连云港徐圩新区	12072	31274	118.90	4.19	45.90	1.62
江苏省连云港市云台山风景名胜区	8548	28437	201.41	4.93	60.54	1.48
淮安市	**1491756**	**4090028**	**133.65**	**3.62**	**48.75**	**1.32**
淮安区	265743	720736	139.41	3.51	51.40	1.29
淮阴区	233019	673538	158.13	4.34	54.71	1.50
清江浦区	192791	525303	116.27	3.00	42.67	1.10
洪泽区	98253	252330	119.12	3.70	46.38	1.44
涟水县	275507	763808	139.87	3.96	50.45	1.43
盱眙县	200732	546016	131.76	3.58	48.44	1.32
金湖县	106434	261455	116.98	3.20	47.62	1.30
淮安经济技术开发区	77099	218748	116.50	2.98	41.06	1.05
工业园区	4906	14644	117.11	3.29	39.24	1.10
生态文旅区	30083	92924	114.69	2.95	37.13	0.95
苏淮高新区	7189	20526	127.64	4.20	44.71	1.47

1-12 续表 2

地　区	家庭户户数(户)	家庭户人数(人)	平均每户住房建筑面积(平方米/户)	平均每户住房间数(间/户)	人均住房建筑面积(平方米/人)	人均住房间数(间/人)
盐城市	**2412425**	**6097135**	**115.46**	**3.14**	**45.68**	**1.24**
亭湖区	222079	582927	116.27	3.30	44.30	1.26
盐都区	226998	569445	110.49	3.13	44.04	1.25
大丰区	259662	599040	126.93	2.83	55.02	1.23
响水县	149970	427195	121.91	3.49	42.80	1.23
滨海县	279898	744193	111.96	3.13	42.11	1.18
阜宁县	278466	720896	105.83	3.33	40.88	1.29
射阳县	285087	696519	102.97	3.11	42.15	1.27
建湖县	226502	552985	103.45	2.84	42.37	1.16
盐城经济技术开发区	28465	80392	115.83	2.88	41.01	1.02
江苏省盐南高新区	104644	294732	118.88	3.00	42.21	1.07
东台市	350654	828811	134.20	3.25	56.78	1.38
扬州市	**1526984**	**3974307**	**126.74**	**3.27**	**48.69**	**1.26**
广陵区	172585	446379	110.71	2.90	42.80	1.12
邗江区	211236	590554	134.81	3.21	48.22	1.15
江都区	331359	833737	136.57	3.41	54.28	1.35
宝应县	247285	624314	113.32	3.39	44.88	1.34
扬州经济技术开发区	72609	193909	114.98	3.04	43.05	1.14
蜀冈瘦西湖景区	44996	123456	109.07	2.92	39.75	1.06
生态新城	17056	52082	213.52	4.52	69.92	1.48
仪征市	183570	473203	139.47	3.37	54.11	1.31
高邮市	246288	636673	122.48	3.23	47.38	1.25
镇江市	**1094512**	**2778883**	**123.36**	**2.95**	**48.59**	**1.16**
京口区	121816	300189	98.12	2.61	39.82	1.06
润州区	88050	216911	96.36	2.58	39.11	1.05
丹徒区	105311	275068	134.02	3.52	51.31	1.35
镇江新区	83852	217918	108.09	2.83	41.59	1.09
江苏镇江高新区	20400	53183	111.82	2.76	42.89	1.06
丹阳市	344367	887347	125.31	2.79	48.63	1.08
扬中市	103066	284166	170.52	3.46	61.85	1.25
句容市	227650	544101	124.71	3.10	52.18	1.30
泰州市	**1624110**	**4091392**	**139.70**	**3.27**	**55.46**	**1.30**
海陵区	186658	501602	123.95	3.03	46.13	1.13
高港区	85991	237051	184.07	3.56	66.77	1.29
姜堰区	258007	628197	127.47	3.36	52.35	1.38
泰州医药高新技术产业开发区	65648	188409	145.22	3.22	50.60	1.12
兴化市	428026	1013049	101.98	3.00	43.09	1.27
靖江市	229964	606407	184.90	3.53	70.12	1.34
泰兴市	369816	916677	160.44	3.44	64.73	1.39
宿迁市	**1479714**	**4464274**	**128.97**	**3.63**	**42.75**	**1.20**
宿城区	201863	599097	139.74	3.60	47.08	1.21
宿豫区	139757	401876	126.59	3.34	44.02	1.16
沭阳县	482482	1524797	129.61	3.84	41.01	1.22
泗阳县	249123	742478	140.15	3.88	47.02	1.30
泗洪县	260016	751040	106.84	3.05	36.99	1.06
宿迁经济技术开发区	56090	171489	123.84	3.56	40.51	1.17
宿迁市湖滨新区	36822	112228	134.98	3.90	44.29	1.28
苏州宿迁工业园区	9100	26753	116.44	2.95	39.61	1.00
宿迁市洋河新区	44461	134516	151.34	4.21	50.02	1.39

1-12a　各地区家庭户的住房间数和面积(城市)

地　　区	家庭户户　数(户)	家庭户人　数(人)	平均每户住房建筑面积(平方米/户)	平均每户住房间数(间/户)	人均住房建筑面积(平方米/人)	人　　均住房间数(间/人)
江　苏	**13068320**	**34518638**	**107.65**	**2.72**	**40.75**	**1.03**
南京市	**2517714**	**6340767**	**89.85**	**2.52**	**35.68**	**1.00**
玄武区	162013	397785	78.97	2.41	32.16	0.98
秦淮区	270427	652176	73.49	2.27	30.47	0.94
建邺区	182690	450553	90.03	2.46	36.50	1.00
鼓楼区	330573	809784	76.43	2.31	31.20	0.94
浦口区	101644	259213	111.63	2.82	43.77	1.10
栖霞区	266468	656123	83.93	2.45	34.08	0.99
雨花台区	191832	482333	83.11	2.41	33.06	0.96
江宁区	424570	1114994	101.79	2.73	38.76	1.04
六合区	79732	208953	111.54	2.95	42.56	1.12
溧水区	88400	238103	108.72	2.71	40.36	1.01
高淳区	79425	212503	128.92	3.00	48.18	1.12
南京江北新区	339940	858247	88.93	2.49	35.22	0.98
无锡市	**1670583**	**4403883**	**105.33**	**2.49**	**39.95**	**0.95**
锡山区	153886	412237	100.97	2.42	37.69	0.90
惠山区	176241	499884	109.00	2.64	38.43	0.93
滨湖区	179533	446373	105.04	2.51	42.25	1.01
梁溪区	372763	921262	90.59	2.30	36.66	0.93
新吴区	200785	540932	102.60	2.53	38.08	0.94
江苏无锡经济开发区	108891	291034	106.51	2.54	39.85	0.95
江阴市	275351	751224	119.44	2.61	43.78	0.95
宜兴市	203133	540937	115.65	2.54	43.43	0.95
徐州市	**986881**	**2689274**	**122.90**	**3.04**	**45.10**	**1.12**
鼓楼区	158933	393300	89.85	2.50	36.31	1.01
云龙区	153928	397997	97.87	2.61	37.85	1.01
贾汪区	57073	165135	118.41	3.28	40.93	1.13
泉山区	230784	572036	97.23	2.62	39.23	1.06
铜山区	106025	303105	175.87	4.24	61.52	1.48
丰县						
沛县						
睢宁县						
徐州经济技术开发区	1110	3391	203.20	4.31	66.51	1.41
新沂市	109663	332570	170.65	3.34	56.27	1.10
邳州市	169365	521740	148.53	3.47	48.22	1.13
常州市	**1179670**	**3038901**	**103.77**	**2.53**	**40.28**	**0.98**
天宁区	207004	519369	97.02	2.52	38.67	1.00
钟楼区	218202	548619	98.25	2.42	39.08	0.96
新北区	217377	583235	117.56	2.68	43.82	1.00
武进区	241659	619193	100.14	2.45	39.08	0.95
金坛区	116698	299777	109.44	2.60	42.60	1.01
江苏省常州市经济开发区	61631	161109	95.72	2.45	36.62	0.94
溧阳市	117099	307599	106.50	2.66	40.54	1.01

注：本表数据为居住在普通住宅的家庭户。

1-12a 续表 1

地 区	家庭户户数(户)	家庭户人数(人)	平均每户住房建筑面积(平方米/户)	平均每户住房间数(间/户)	人均住房建筑面积(平方米/人)	人均住房间数(间/人)
苏州市	**2203921**	**5928287**	**99.73**	**2.52**	**37.07**	**0.94**
虎丘区	211142	605188	96.62	2.57	33.71	0.90
吴中区	253234	669710	97.28	2.52	36.78	0.95
相城区	233283	636421	99.09	2.49	36.32	0.91
姑苏区	343117	840623	79.79	2.27	32.57	0.93
吴江区	197815	520375	97.42	2.60	37.03	0.99
苏州工业园区						
常熟市	255231	716890	116.37	2.78	41.43	0.99
张家港市	156966	447200	122.19	2.66	42.89	0.93
昆山市	443962	1190263	97.56	2.46	36.39	0.92
太仓市	109171	301617	117.20	2.68	42.42	0.97
南通市	**1066813**	**2739555**	**119.51**	**2.88**	**46.54**	**1.12**
崇川区	257148	676337	101.57	2.56	38.62	0.97
港闸区	127979	340244	108.13	2.67	40.67	1.00
通州区	132567	347680	126.74	2.98	48.32	1.14
如东县						
南通经济技术开发区						
通州湾示范区						
苏锡通科技产业园区						
启东市	152252	333629	112.14	2.57	51.17	1.17
如皋市	117961	336842	148.56	3.48	52.03	1.22
海门市	126641	305565	109.71	2.77	45.47	1.15
海安市	152265	399258	146.09	3.42	55.71	1.31
连云港市	**342661**	**938818**	**125.24**	**3.23**	**45.71**	**1.18**
连云区	54438	140189	112.62	3.09	43.73	1.20
海州区	195472	526274	115.26	2.99	42.81	1.11
赣榆区	87818	257479	152.61	3.76	52.05	1.28
东海县	2803	8484	193.46	5.52	63.92	1.82
灌云县						
灌南县						
连云港经济技术开发区						
连云港高新技术产业开发区						
江苏连云港徐圩新区	758	1991	116.58	3.07	44.38	1.17
江苏省连云港市云台山风景名胜区	1372	4401	161.05	4.22	50.21	1.31
淮安市	**411519**	**1160118**	**114.46**	**3.07**	**40.60**	**1.09**
淮安区	96827	283311	119.35	3.11	40.79	1.06
淮阴区	94091	279291	130.43	3.54	43.94	1.19
清江浦区	174465	468812	104.52	2.80	38.90	1.04
洪泽区	46136	128704	109.23	3.05	39.15	1.09
涟水县						
盱眙县						
金湖县						
淮安经济技术开发区						
工业园区						
生态文旅区						
苏淮高新区						

1-12a　续表 2

地　　区	家庭户户　数(户)	家庭户人　数(人)	平均每户住房建筑面积(平方米/户)	平均每户住房间数(间/户)	人均住房建筑面积(平方米/人)	人　　均住房间数(间/人)
盐城市	**560695**	**1497635**	**117.13**	**3.07**	**43.85**	**1.15**
亭湖区	167168	443100	108.62	3.08	40.98	1.16
盐都区	87753	247402	112.84	3.00	40.02	1.06
大丰区	84480	212627	115.93	2.97	46.06	1.18
响水县						
滨海县						
阜宁县						
射阳县						
建湖县						
盐城经济技术开发区	646	2049	125.28	2.93	39.50	0.92
江苏省盐南高新区	104644	294732	118.88	3.00	42.21	1.07
东台市	116004	297725	131.89	3.23	51.39	1.26
扬州市	**663236**	**1783944**	**117.19**	**2.97**	**43.57**	**1.10**
广陵区	136158	349106	93.23	2.65	36.36	1.03
邗江区	163182	451913	124.47	3.05	44.95	1.10
江都区	109860	295594	129.96	3.10	48.30	1.15
宝应县						
扬州经济技术开发区						
蜀冈瘦西湖景区	44996	123456	109.07	2.92	39.75	1.06
生态新城	8642	27252	199.77	4.39	63.35	1.39
仪征市	105643	266709	119.57	3.01	47.36	1.19
高邮市	94755	269914	117.95	2.98	41.41	1.05
镇江市	**568503**	**1475897**	**113.31**	**2.79**	**43.65**	**1.07**
京口区	117690	289731	96.18	2.56	39.07	1.04
润州区	88033	216873	96.35	2.58	39.11	1.05
丹徒区	48571	133550	127.70	3.15	46.44	1.15
镇江新区						
江苏镇江高新区	20400	53183	111.82	2.76	42.89	1.06
丹阳市	134676	360174	116.98	2.75	43.74	1.03
扬中市	56378	161041	152.47	3.27	53.38	1.14
句容市	102755	261345	114.69	2.83	45.09	1.11
泰州市	**656048**	**1798735**	**132.44**	**3.07**	**48.30**	**1.12**
海陵区	160533	436508	121.41	2.95	44.65	1.08
高港区	42724	123354	160.56	3.28	55.61	1.14
姜堰区	113324	307996	126.11	3.00	46.40	1.11
泰州医药高新技术产业开发区						
兴化市	101269	272687	109.46	2.84	40.65	1.05
靖江市	110635	314547	158.90	3.26	55.89	1.15
泰兴市	127563	343643	137.82	3.21	51.16	1.19
宿迁市	**240076**	**722824**	**120.45**	**3.09**	**40.00**	**1.03**
宿城区	118085	350453	123.87	3.11	41.74	1.05
宿豫区	71758	215449	107.19	2.80	35.70	0.93
沭阳县						
泗阳县						
泗洪县						
宿迁经济技术开发区						
宿迁市湖滨新区	15995	52268	122.07	3.29	37.36	1.01
苏州宿迁工业园区	9100	26753	116.44	2.95	39.61	1.00
宿迁市洋河新区	25138	77901	142.62	3.74	46.02	1.21

1-12b 各地区家庭户的住房间数和面积(镇)

地　　区	家庭户户　数(户)	家庭户人　数(人)	平均每户住房建筑面积(平方米/户)	平均每户住房间数(间/户)	人均住房建筑面积(平方米/人)	人　　均住房间数(间/人)
江　苏	**7018112**	**19120380**	**127.75**	**3.17**	**46.89**	**1.16**
南京市	**58342**	**151061**	**105.61**	**2.78**	**40.79**	**1.07**
玄武区						
秦淮区						
建邺区						
鼓楼区						
浦口区	655	1301	94.37	2.60	47.51	1.31
栖霞区						
雨花台区	3027	6421	79.89	2.22	37.66	1.05
江宁区						
六合区	39811	106156	97.67	2.73	36.63	1.02
溧水区	10994	26906	124.67	2.71	50.94	1.11
高淳区	3855	10277	155.40	3.91	58.29	1.47
南京江北新区						
无锡市	**389074**	**1028814**	**125.44**	**2.56**	**47.44**	**0.97**
锡山区	85561	234480	123.82	2.65	45.18	0.97
惠山区	38234	101711	118.17	2.61	44.42	0.98
滨湖区						
梁溪区						
新吴区						
江苏无锡经济开发区						
江阴市	160350	428457	128.17	2.51	47.97	0.94
宜兴市	104929	264166	125.24	2.56	49.75	1.02
徐州市	**910009**	**2651583**	**139.48**	**3.69**	**47.87**	**1.27**
鼓楼区						
云龙区	6281	19496	186.71	4.78	60.15	1.54
贾汪区	27116	77452	124.73	3.64	43.67	1.27
泉山区						
铜山区	113541	334705	162.62	4.12	55.17	1.40
丰县	157816	436920	151.20	4.52	54.61	1.63
沛县	192162	555788	121.54	3.39	42.02	1.17
睢宁县	180334	550519	146.91	3.40	48.12	1.12
徐州经济技术开发区	101774	282817	111.22	3.01	40.02	1.08
新沂市	53154	161900	160.46	3.42	52.68	1.12
邳州市	77831	231986	132.99	3.75	44.62	1.26
常州市	**219007**	**553859**	**122.95**	**2.60**	**48.62**	**1.03**
天宁区	14427	40392	138.25	2.79	49.38	1.00
钟楼区						
新北区	40973	107764	129.23	2.56	49.14	0.98
武进区	55982	144261	130.57	2.58	50.67	1.00
金坛区	24962	55819	117.72	2.63	52.64	1.18
江苏省常州市经济开发区	32379	83702	102.86	2.36	39.79	0.91
溧阳市	50284	121921	120.48	2.75	49.69	1.13

注：本表数据为居住在普通住宅的家庭户。

1-12b　续表 1

地　区	家庭户户　数（户）	家庭户人　数（人）	平均每户住房建筑面积（平方米/户）	平均每户住房间数（间/户）	人均住房建筑面积（平方米/人）	人　均住房间数（间/人）
苏州市	**1004858**	**2743135**	**112.03**	**2.63**	**41.04**	**0.96**
虎丘区	1573	4286	91.98	2.25	33.76	0.83
吴中区	61526	167526	115.65	2.61	42.48	0.96
相城区	20542	51396	96.47	2.33	38.56	0.93
姑苏区						
吴江区	161700	414357	100.17	2.57	39.09	1.00
苏州工业园区	310434	889205	97.39	2.46	34.00	0.86
常熟市	104348	305927	155.86	3.44	53.16	1.17
张家港市	187808	497564	121.09	2.59	45.70	0.98
昆山市	81358	211398	107.37	2.49	41.32	0.96
太仓市	75569	201476	121.30	2.65	45.50	0.99
南通市	**781735**	**1920548**	**141.32**	**3.40**	**57.52**	**1.38**
崇川区						
港闸区						
通州区	117499	294595	143.02	3.32	57.04	1.32
如东县	182056	452031	154.61	3.56	62.27	1.43
南通经济技术开发区	86455	226567	105.76	2.50	40.36	0.95
通州湾示范区	14436	29521	139.44	2.86	68.19	1.40
苏锡通科技产业园区	12640	32541	120.46	3.12	46.79	1.21
启东市	77185	160929	121.62	2.76	58.33	1.32
如皋市	132861	363578	175.62	4.21	64.18	1.54
海门市	104178	230961	118.36	3.25	53.39	1.47
海安市	54425	129825	143.12	3.88	60.00	1.63
连云港市	**541883**	**1586639**	**150.66**	**3.67**	**51.45**	**1.25**
连云区	3	6	74.33	2.00	37.17	1.00
海州区	18145	55749	143.62	3.31	46.74	1.08
赣榆区	95807	272757	165.84	4.07	58.25	1.43
东海县	147621	451633	166.32	3.68	54.36	1.20
灌云县	110076	318260	140.96	3.59	48.75	1.24
灌南县	94931	282907	139.30	3.79	46.74	1.27
连云港经济技术开发区	22346	59658	121.12	2.95	45.37	1.11
连云港高新技术产业开发区	41271	115462	139.30	3.10	49.79	1.11
江苏连云港徐圩新区	11045	28403	116.76	4.22	45.40	1.64
江苏省连云港市云台山风景名胜区	638	1804	166.61	4.37	58.92	1.55
淮安市	**527583**	**1483985**	**128.46**	**3.38**	**45.67**	**1.20**
淮安区	37929	96661	139.30	3.68	54.66	1.44
淮阴区	34332	98886	177.84	4.63	61.74	1.61
清江浦区	2107	6135	199.99	3.90	68.68	1.34
洪泽区	10029	21953	132.55	3.56	60.55	1.63
涟水县	145441	417861	130.31	3.59	45.36	1.25
盱眙县	121206	342269	130.66	3.28	46.27	1.16
金湖县	60590	162670	105.35	2.84	39.24	1.06
淮安经济技术开发区	77099	218748	116.50	2.98	41.06	1.05
工业园区	2376	7261	92.81	2.75	30.37	0.90
生态文旅区	30083	92924	114.69	2.95	37.13	0.95
苏淮高新区	6391	18617	126.22	4.13	43.33	1.42

1-12b 续表 2

地　　区	家庭户户　数(户)	家庭户人　数(人)	平均每户住房建筑面积(平方米/户)	平均每户住房间数(间/户)	人均住房建筑面积(平方米/人)	人　　均住房间数(间/人)
盐城市	**899407**	**2343926**	**115.29**	**3.07**	**44.24**	**1.18**
亭湖区	19561	51141	139.60	3.65	53.40	1.39
盐都区	34479	86205	116.34	3.46	46.53	1.38
大丰区	72478	158309	124.57	2.68	57.03	1.23
响水县	85229	247810	118.81	3.34	40.86	1.15
滨海县	148994	407020	113.40	3.00	41.51	1.10
阜宁县	153988	413580	107.63	3.10	40.07	1.15
射阳县	161056	403421	109.37	3.08	43.66	1.23
建湖县	129788	346998	112.51	2.88	42.08	1.08
盐城经济技术开发区	18491	53757	109.62	2.87	37.71	0.99
江苏省盐南高新区						
东台市	75343	175685	133.88	3.19	57.42	1.37
扬州市	**369353**	**980415**	**126.08**	**3.25**	**47.50**	**1.22**
广陵区	12879	34994	158.15	3.59	58.20	1.32
邗江区	18545	52120	152.05	3.51	54.10	1.25
江都区	83304	202710	128.46	3.27	52.79	1.35
宝应县	129186	354683	114.96	3.27	41.87	1.19
扬州经济技术开发区	66090	177732	109.92	2.88	40.87	1.07
蜀冈瘦西湖景区						
生态新城	3236	9359	211.91	4.23	73.27	1.46
仪征市	18200	49652	167.14	3.47	61.26	1.27
高邮市	37913	99165	136.24	3.29	52.09	1.26
镇江市	**284803**	**721889**	**120.99**	**2.83**	**47.73**	**1.12**
京口区	1769	4208	101.62	2.51	42.72	1.05
润州区						
丹徒区	21904	55600	140.56	3.56	55.37	1.40
镇江新区	72246	189743	104.89	2.73	39.94	1.04
江苏镇江高新区						
丹阳市	136891	348736	123.85	2.71	48.61	1.07
扬中市	15201	39349	177.47	3.41	68.56	1.32
句容市	36792	84253	107.94	2.81	47.14	1.23
泰州市	**369514**	**924736**	**136.71**	**3.24**	**54.63**	**1.29**
海陵区	9123	22968	131.18	3.61	52.10	1.43
高港区	14287	40127	181.35	3.54	64.57	1.26
姜堰区	39102	87242	117.70	3.24	52.75	1.45
泰州医药高新技术产业开发区	60865	174777	140.34	3.13	48.87	1.09
兴化市	116988	283083	108.03	3.08	44.65	1.27
靖江市	40136	102693	168.71	3.41	65.94	1.33
泰兴市	89013	213846	159.23	3.37	66.28	1.40
宿迁市	**662544**	**2029790**	**120.80**	**3.26**	**39.43**	**1.06**
宿城区	13011	38728	135.49	3.27	45.52	1.10
宿豫区	18478	53034	134.81	3.39	46.97	1.18
沭阳县	276203	876471	124.65	3.51	39.28	1.11
泗阳县	150099	456218	132.33	3.41	43.54	1.12
泗洪县	157809	465047	104.87	2.78	35.59	0.94
宿迁经济技术开发区	42656	128037	102.11	2.70	34.02	0.90
宿迁市湖滨新区	4288	12255	136.24	3.79	47.67	1.33
苏州宿迁工业园区						
宿迁市洋河新区						

1-12c　各地区家庭户的住房间数和面积(乡村)

地　区	家庭户户　数(户)	家庭户人　数(人)	平均每户住房建筑面积(平方米/户)	平均每户住房间数(间/户)	人均住房建筑面积(平方米/人)	人　均住房间数(间/人)
江　苏	**7982765**	**20528264**	**146.29**	**3.66**	**56.89**	**1.42**
南京市	**413130**	**1041654**	**160.54**	**3.68**	**63.67**	**1.46**
玄武区						
秦淮区						
建邺区						
鼓楼区						
浦口区	26683	65450	138.25	3.43	56.36	1.40
栖霞区	19585	50668	175.33	4.18	67.77	1.62
雨花台区						
江宁区	120673	313722	175.19	3.98	67.39	1.53
六合区	106332	271510	157.48	3.80	61.67	1.49
溧水区	62759	147306	151.06	3.36	64.36	1.43
高淳区	70683	177695	153.40	3.22	61.02	1.28
南京江北新区	6415	15303	154.64	3.63	64.83	1.52
无锡市	**429839**	**1088338**	**140.90**	**2.62**	**55.65**	**1.04**
锡山区	34273	93935	135.89	2.52	49.58	0.92
惠山区	66381	170088	124.43	2.54	48.56	0.99
滨湖区	12850	34723	143.71	2.89	53.18	1.07
梁溪区						
新吴区	18178	46204	101.35	2.38	39.88	0.94
江苏无锡经济开发区						
江阴市	149269	387204	146.66	2.67	56.54	1.03
宜兴市	148888	356184	148.21	2.65	61.95	1.11
徐州市	**1070574**	**3010385**	**147.10**	**4.17**	**52.31**	**1.48**
鼓楼区						
云龙区						
贾汪区	62325	177937	127.67	3.97	44.72	1.39
泉山区						
铜山区	173276	488086	164.99	4.37	58.57	1.55
丰县	162958	421583	175.21	5.63	67.73	2.18
沛县	150987	426898	124.97	3.91	44.20	1.38
睢宁县	153768	442030	154.48	4.03	53.74	1.40
徐州经济技术开发区	16951	51298	180.35	4.82	59.59	1.59
新沂市	140838	408707	142.37	3.43	49.06	1.18
邳州市	209471	593846	127.25	3.66	44.89	1.29
常州市	**440428**	**1087072**	**144.91**	**2.91**	**58.71**	**1.18**
天宁区	20215	55389	161.47	2.62	58.93	0.95
钟楼区	12303	31234	143.17	2.43	56.39	0.96
新北区	38106	103453	197.51	3.08	72.75	1.13
武进区	120095	320456	159.74	2.90	59.87	1.09
金坛区	79472	174675	135.93	3.14	61.85	1.43
江苏省常州市经济开发区	52498	131414	107.83	2.25	43.08	0.90
溧阳市	117739	270451	132.70	3.11	57.77	1.36

注：本表数据为居住在普通住宅的家庭户。

1-12c 续表 1

地 区	家庭户户数(户)	家庭户人数(人)	平均每户住房建筑面积(平方米/户)	平均每户住房间数(间/户)	人均住房建筑面积(平方米/人)	人均住房间数(间/人)
苏州市	**709801**	**1872349**	**149.53**	**3.17**	**56.69**	**1.20**
虎丘区	20102	54807	124.78	2.82	45.77	1.03
吴中区	99810	262331	142.70	3.08	54.29	1.17
相城区	11928	32742	147.76	2.70	53.83	0.98
姑苏区						
吴江区	117405	322685	153.93	3.34	56.01	1.22
苏州工业园区						
常熟市	124558	366826	200.61	3.78	68.12	1.28
张家港市	123963	307965	140.69	2.87	56.63	1.16
昆山市	138907	326844	101.67	2.56	43.21	1.09
太仓市	73128	198149	177.82	3.77	65.63	1.39
南通市	**916907**	**2149714**	**158.52**	**3.77**	**67.61**	**1.61**
崇川区						
港闸区	688	1941	150.40	3.51	53.31	1.24
通州区	127188	320098	178.64	4.16	70.98	1.65
如东县	142824	349773	175.03	3.76	71.47	1.53
南通经济技术开发区						
通州湾示范区	25108	49079	150.28	3.17	76.88	1.62
苏锡通科技产业园区	17683	41504	124.17	2.98	52.90	1.27
启东市	188176	367305	124.12	2.52	63.59	1.29
如皋市	163176	463085	195.29	4.73	68.81	1.67
海门市	143860	295963	139.76	3.83	67.94	1.86
海安市	108204	260966	149.97	4.22	62.18	1.75
连云港市	**585866**	**1706627**	**166.83**	**4.19**	**57.27**	**1.44**
连云区	784	2139	167.72	4.92	61.47	1.81
海州区	27279	89934	191.11	4.10	57.97	1.24
赣榆区	158439	424782	153.45	3.88	57.23	1.45
东海县	175425	523686	197.37	4.44	66.12	1.49
灌云县	118218	350412	134.33	4.03	45.32	1.36
灌南县	93463	274643	161.67	4.40	55.02	1.50
连云港经济技术开发区	5451	17919	186.74	4.49	56.81	1.36
连云港高新技术产业开发区						
江苏连云港徐圩新区	269	880	213.51	6.21	65.27	1.90
江苏省连云港市云台山风景名胜区	6538	22232	213.27	5.13	62.72	1.51
淮安市	**552654**	**1445925**	**152.89**	**4.25**	**58.44**	**1.63**
淮安区	130987	340764	154.27	3.76	59.30	1.44
淮阴区	104596	295361	176.58	4.95	62.53	1.75
清江浦区	16219	50356	231.84	5.04	74.67	1.62
洪泽区	42088	101673	126.77	4.44	52.48	1.84
涟水县	130066	345947	150.56	4.37	56.60	1.64
盱眙县	79526	203747	133.43	4.04	52.08	1.58
金湖县	45844	98785	132.34	3.67	61.41	1.70
淮安经济技术开发区						
工业园区	2530	7383	139.94	3.79	47.95	1.30
生态文旅区						
苏淮高新区	798	1909	139.02	4.78	58.11	2.00

1-12c 续表 2

地 区	家庭户户数(户)	家庭户人数(人)	平均每户住房建筑面积(平方米/户)	平均每户住房间数(间/户)	人均住房建筑面积(平方米/人)	人均住房间数(间/人)
盐城市	**952323**	**2255574**	**114.63**	**3.25**	**48.40**	**1.37**
亭湖区	35350	88686	139.54	4.15	55.62	1.65
盐都区	104766	235838	106.60	3.14	47.35	1.39
大丰区	102704	228104	137.65	2.83	61.98	1.27
响水县	64741	179385	125.99	3.70	45.47	1.33
滨海县	130904	337173	110.32	3.27	42.83	1.27
阜宁县	124478	307316	103.61	3.61	41.97	1.46
射阳县	124031	293098	94.66	3.14	40.06	1.33
建湖县	96714	205987	91.29	2.80	42.86	1.31
盐城经济技术开发区	9328	24586	127.48	2.91	48.37	1.11
江苏省盐南高新区						
东台市	159307	355401	136.04	3.29	60.98	1.48
扬州市	**494395**	**1209948**	**140.03**	**3.69**	**57.22**	**1.51**
广陵区	23548	62279	185.80	3.95	70.25	1.49
邗江区	29509	86521	181.12	3.92	61.77	1.34
江都区	138195	335433	146.71	3.73	60.44	1.54
宝应县	118099	269631	111.52	3.52	48.84	1.54
扬州经济技术开发区	6519	16177	166.27	4.61	67.00	1.86
蜀冈瘦西湖景区						
生态新城	5178	15471	237.48	4.92	79.48	1.65
仪征市	59727	156842	166.24	3.98	63.31	1.51
高邮市	113620	267594	121.67	3.43	51.66	1.46
镇江市	**241206**	**581097**	**149.81**	**3.49**	**62.19**	**1.45**
京口区	2357	6250	192.55	4.78	72.61	1.80
润州区	17	38	145.71	4.00	65.18	1.79
丹徒区	34836	85918	138.74	4.01	56.25	1.62
镇江新区	11606	28175	128.04	3.47	52.74	1.43
江苏镇江高新区						
丹阳市	72800	178437	143.48	3.03	58.54	1.23
扬中市	31487	83776	199.47	3.82	74.97	1.43
句容市	88103	198503	143.41	3.53	63.65	1.57
泰州市	**598548**	**1367921**	**149.51**	**3.52**	**65.42**	**1.54**
海陵区	17002	42126	144.08	3.50	58.15	1.41
高港区	28980	73570	220.07	3.96	86.69	1.56
姜堰区	105581	232959	132.54	3.80	60.07	1.72
泰州医药高新技术产业开发区	4783	13632	207.30	4.23	72.74	1.49
兴化市	209769	457279	95.00	3.03	43.58	1.39
靖江市	79193	189167	229.43	3.96	96.05	1.66
泰兴市	153240	359188	179.98	3.67	76.78	1.57
宿迁市	**577094**	**1711660**	**141.89**	**4.27**	**47.84**	**1.44**
宿城区	70767	209916	167.00	4.49	56.30	1.51
宿豫区	49521	133393	151.65	4.10	56.30	1.52
沭阳县	206279	648326	136.25	4.29	43.35	1.36
泗阳县	99024	286260	152.00	4.58	52.58	1.59
泗洪县	102207	285993	109.89	3.46	39.27	1.24
宿迁经济技术开发区	13434	43452	192.85	6.31	59.62	1.95
宿迁市湖滨新区	16539	47705	147.15	4.51	51.01	1.56
苏州宿迁工业园区						
宿迁市洋河新区	19323	56615	162.68	4.83	55.52	1.65

第一部分　全部数据资料

第二卷　民族

2-1 全省各民族人口及比重

单位：人、%

民 族	人口数	男	女	各民族人口占总人口的比重
总 计	**84748016**	**43031586**	**41716430**	**100.00**
汉 族	84126802	42720406	41406396	99.27
蒙古族	21800	10999	10801	0.03
回 族	140119	71878	68241	0.17
藏 族	12573	5948	6625	0.01
维吾尔族	10500	5038	5462	0.01
苗 族	87900	44443	43457	0.10
彝 族	47316	24478	22838	0.06
壮 族	31498	13523	17975	0.04
布依族	40073	19807	20266	0.05
朝鲜族	17129	8634	8495	0.02
满 族	35520	18135	17385	0.04
侗 族	24413	11438	12975	0.03
瑶 族	6415	2922	3493	0.01
白 族	9905	4872	5033	0.01
土家族	63406	32059	31347	0.07
哈尼族	7143	3311	3832	0.01
哈萨克族	1385	565	820	
傣 族	4706	2229	2477	0.01
黎 族	3032	1297	1735	
傈僳族	3084	1220	1864	
佤 族	2456	1299	1157	
畲 族	3179	1693	1486	
高山族	92	44	48	
拉祜族	2454	945	1509	
水 族	17576	10069	7507	0.02
东乡族	2209	1251	958	
纳西族	522	190	332	
景颇族	913	407	506	
柯尔克孜族	382	188	194	
土 族	1209	571	638	
达斡尔族	592	294	298	
仫佬族	1521	756	765	
羌 族	1646	892	754	
布朗族	559	234	325	
撒拉族	578	334	244	
毛南族	536	296	240	
仡佬族	6160	3469	2691	0.01
锡伯族	916	422	494	
阿昌族	577	304	273	
普米族	104	46	58	
塔吉克族	30	12	18	
怒 族	129	39	90	
乌孜别克族	23	14	9	
俄罗斯族	182	78	104	
鄂温克族	125	55	70	
德昂族	47	18	29	
保安族	81	49	32	
裕固族	43	22	21	
京 族	59	26	33	
塔塔尔族	8	5	3	
独龙族	20	4	16	
鄂伦春族	70	31	39	
赫哲族	34	19	15	
门巴族	64	28	36	
珞巴族	18	6	12	
基诺族	33	10	23	
未定族称人口	7867	4162	3705	0.01
入 籍	283	102	181	

2-1a　全省各民族人口及比重(城市)

单位：人、%

民　族	人口数	男	女	各民族人口占总人口的比重
总　计	**40269267**	**20382260**	**19887007**	**100.00**
汉　族	39923014	20205200	19717814	99.14
蒙古族	15597	7931	7666	0.04
回　族	103609	52929	50680	0.26
藏　族	7576	3689	3887	0.02
维吾尔族	8155	3852	4303	0.02
苗　族	35794	18971	16823	0.09
彝　族	20645	11381	9264	0.05
壮　族	16998	7447	9551	0.04
布依族	14872	7715	7157	0.04
朝鲜族	12126	6139	5987	0.03
满　族	26911	13669	13242	0.07
侗　族	11249	5854	5395	0.03
瑶　族	3715	1750	1965	0.01
白　族	4903	2559	2344	0.01
土家族	31164	15901	15263	0.08
哈尼族	3194	1623	1571	0.01
哈萨克族	1174	487	687	
傣　族	1775	865	910	
黎　族	1717	770	947	
傈僳族	1121	510	611	
佤　族	927	524	403	
畲　族	2080	1108	972	0.01
高山族	62	29	33	
拉祜族	854	412	442	
水　族	5555	3204	2351	0.01
东乡族	1547	898	649	
纳西族	304	125	179	
景颇族	334	166	168	
柯尔克孜族	263	119	144	
土　族	699	352	347	
达斡尔族	407	200	207	
仫佬族	844	424	420	
羌　族	687	370	317	
布朗族	210	108	102	
撒拉族	415	243	172	
毛南族	327	182	145	
仡佬族	3289	1876	1413	0.01
锡伯族	706	324	382	
阿昌族	266	149	117	
普米族	54	30	24	
塔吉克族	26	8	18	
怒　族	45	17	28	
乌孜别克族	18	12	6	
俄罗斯族	143	57	86	
鄂温克族	87	40	47	
德昂族	19	8	11	
保安族	50	30	20	
裕固族	32	16	16	
京　族	35	17	18	
塔塔尔族	6	4	2	
独龙族	10	4	6	
鄂伦春族	52	21	31	
赫哲族	23	11	12	
门巴族	46	20	26	
珞巴族	12	4	8	
基诺族	10	5	5	
未定族称人口	3411	1862	1549	0.01
入　籍	103	39	64	

2-1b　全省各民族人口及比重(镇)

单位：人、%

民　族	人口数	男	女	各民族人口占总人口的比重
总　计	**21973116**	**11138540**	**10834576**	**100.00**
汉　族	21829747	11066550	10763197	99.35
蒙古族	4280	2107	2173	0.02
回　族	21990	11495	10495	0.10
藏　族	4235	1948	2287	0.02
维吾尔族	2029	1038	991	0.01
苗　族	23356	11792	11564	0.11
彝　族	11513	5873	5640	0.05
壮　族	7311	3174	4137	0.03
布依族	15003	7603	7400	0.07
朝鲜族	4343	2158	2185	0.02
满　族	6515	3345	3170	0.03
侗　族	6243	2935	3308	0.03
瑶　族	1472	654	818	0.01
白　族	2500	1253	1247	0.01
土家族	16588	8580	8008	0.08
哈尼族	1574	709	865	0.01
哈萨克族	157	56	101	
傣　族	1214	598	616	0.01
黎　族	649	266	383	
傈僳族	712	276	436	
佤　族	659	333	326	
畲　族	649	357	292	
高山族	17	8	9	
拉祜族	670	247	423	
水　族	3083	1723	1360	0.01
东乡族	484	251	233	
纳西族	120	45	75	
景颇族	262	127	135	
柯尔克孜族	115	68	47	
土　族	285	134	151	
达斡尔族	119	58	61	
仫佬族	367	189	178	
羌　族	509	283	226	
布朗族	147	59	88	
撒拉族	131	75	56	
毛南族	121	64	57	
仡佬族	1478	823	655	0.01
锡伯族	163	76	87	
阿昌族	166	88	78	
普米族	33	9	24	
塔吉克族	3	3		
怒　族	32	7	25	
乌孜别克族	5	2	3	
俄罗斯族	32	17	15	
鄂温克族	27	11	16	
德昂族	5		5	
保安族	23	15	8	
裕固族	4	2	2	
京　族	8	4	4	
塔塔尔族	2	1	1	
独龙族	4		4	
鄂伦春族	11	6	5	
赫哲族	4	3	1	
门巴族	18	8	10	
珞巴族	5	2	3	
基诺族	8	4	4	
未定族称人口	1838	992	846	0.01
入　籍	78	36	42	

2-1c 全省各民族人口及比重(乡村)

单位：人、%

民 族	人口数	男	女	各民族人口占总人口的比重
总 计	**22505633**	**11510786**	**10994847**	**100.00**
汉 族	22374041	11448656	10925385	99.42
蒙古族	1923	961	962	0.01
回 族	14520	7454	7066	0.06
藏 族	762	311	451	
维吾尔族	316	148	168	
苗 族	28750	13680	15070	0.13
彝 族	15158	7224	7934	0.07
壮 族	7189	2902	4287	0.03
布依族	10198	4489	5709	0.05
朝鲜族	660	337	323	
满 族	2094	1121	973	0.01
侗 族	6921	2649	4272	0.03
瑶 族	1228	518	710	0.01
白 族	2502	1060	1442	0.01
土家族	15654	7578	8076	0.07
哈尼族	2375	979	1396	0.01
哈萨克族	54	22	32	
傣 族	1717	766	951	0.01
黎 族	666	261	405	
傈僳族	1251	434	817	0.01
佤 族	870	442	428	
畲 族	450	228	222	
高山族	13	7	6	
拉祜族	930	286	644	
水 族	8938	5142	3796	0.04
东乡族	178	102	76	
纳西族	98	20	78	
景颇族	317	114	203	
柯尔克孜族	4	1	3	
土 族	225	85	140	
达斡尔族	66	36	30	
仫佬族	310	143	167	
羌 族	450	239	211	
布朗族	202	67	135	
撒拉族	32	16	16	
毛南族	88	50	38	
仡佬族	1393	770	623	0.01
锡伯族	47	22	25	
阿昌族	145	67	78	
普米族	17	7	10	
塔吉克族	1	1		
怒 族	52	15	37	
乌孜别克族				
俄罗斯族	7	4	3	
鄂温克族	11	4	7	
德昂族	23	10	13	
保安族	8	4	4	
裕固族	7	4	3	
京 族	16	5	11	
塔塔尔族				
独龙族	6		6	
鄂伦春族	7	4	3	
赫哲族	7	5	2	
门巴族				
珞巴族	1		1	
基诺族	15	1	14	
未定族称人口	2618	1308	1310	0.01
入 籍	102	27	75	

2-2　全省各民族分年龄、性别的人口

单位：人

年龄组	合计			汉族		
	合计	男	女	小计	男	女
总　计	**84748016**	**43031586**	**41716430**	**84126802**	**42720406**	**41406396**
0-4岁	3818627	1995956	1822671	3785523	1978825	1806698
5-9岁	4712756	2518917	2193839	4677167	2500226	2176941
10-14岁	4360565	2360131	2000434	4334915	2346726	1988189
15-19岁	3547458	1941316	1606142	3498207	1915189	1583018
20-24岁	3960507	2156767	1803740	3868877	2107561	1761316
25-29岁	5651518	2996605	2654913	5590630	2963711	2626919
30-34岁	8056248	4114085	3942163	7983818	4077294	3906524
35-39岁	5782058	2917712	2864346	5719994	2887605	2832389
40-44岁	5515497	2764099	2751398	5464405	2740759	2723646
45-49岁	6414218	3195796	3218422	6365947	3174668	3191279
50-54岁	7959964	3926760	4033204	7925575	3911171	4014404
55-59岁	6463255	3207812	3255443	6442726	3198123	3244603
60-64岁	4778814	2412689	2366125	4767168	2407023	2360145
65-69岁	5109879	2537937	2571942	5099955	2533200	2566755
70-74岁	3546676	1739491	1807185	3540247	1736432	1803815
75-79岁	2317239	1102639	1214600	2313337	1100887	1212450
80-84岁	1520000	680452	839548	1517483	679334	838149
85-89岁	856090	338292	517798	854732	337737	516995
90-94岁	301424	102465	198959	300977	102304	198673
95-99岁	67131	19516	47615	67036	19485	47551
100岁及以上	8092	2149	5943	8083	2146	5937

2-2　续表 1

单位：人

年龄组	蒙古族			回族			藏族		
	小计	男	女	小计	男	女	小计	男	女
总　计	**21800**	**10999**	**10801**	**140119**	**71878**	**68241**	**12573**	**5948**	**6625**
0-4岁	1669	893	776	8888	4602	4286	155	79	76
5-9岁	1717	892	825	10127	5267	4860	135	75	60
10-14岁	1049	499	550	7845	4064	3781	157	76	81
15-19岁	1454	746	708	8443	4578	3865	3702	1732	1970
20-24岁	2963	1577	1386	11278	6025	5253	6078	2889	3189
25-29岁	2107	1119	988	10582	5613	4969	672	361	311
30-34岁	2854	1448	1406	13733	7078	6655	529	263	266
35-39岁	2573	1207	1366	10976	5660	5316	305	133	172
40-44岁	1480	742	738	8860	4623	4237	238	100	138
45-49岁	1185	571	614	8234	4169	4065	241	103	138
50-54岁	753	387	366	8727	4356	4371	154	60	94
55-59岁	641	276	365	8183	4104	4079	87	35	52
60-64岁	538	249	289	6580	3368	3212	46	15	31
65-69岁	386	180	206	6331	3162	3169	30	11	19
70-74岁	198	107	91	4788	2333	2455	17	7	10
75-79岁	102	52	50	3041	1404	1637	13	4	9
80-84岁	80	34	46	1925	863	1062	9	2	7
85-89岁	36	10	26	1115	449	666	3	1	2
90-94岁	13	9	4	378	131	247	1	1	
95-99岁	2	1	1	79	27	52	1	1	
100岁及以上				6	2	4			

2-2 续表 2

单位：人

年龄组	维吾尔族			苗族			彝族		
	小计	男	女	小计	男	女	小计	男	女
总计	**10500**	**5038**	**5462**	**87900**	**44443**	**43457**	**47316**	**24478**	**22838**
0-4岁	222	110	112	3658	1897	1761	1544	803	741
5-9岁	361	189	172	3406	1837	1569	1631	876	755
10-14岁	138	76	62	2562	1331	1231	1185	614	571
15-19岁	3288	1331	1957	6160	3433	2727	4512	2742	1770
20-24岁	3423	1644	1779	14193	8072	6121	9226	5325	3901
25-29岁	994	545	449	10501	5808	4693	6434	3534	2900
30-34岁	655	376	279	11357	5887	5470	6161	3201	2960
35-39岁	371	226	145	9465	4635	4830	4709	2258	2451
40-44岁	270	159	111	8746	3784	4962	4366	1823	2543
45-49岁	238	113	125	8943	3759	5184	3846	1613	2233
50-54岁	156	84	72	5570	2434	3136	2277	1054	1223
55-59岁	110	52	58	2152	1033	1119	954	439	515
60-64岁	69	37	32	540	264	276	248	111	137
65-69岁	58	28	30	321	136	185	113	47	66
70-74岁	55	20	35	156	75	81	56	21	35
75-79岁	49	20	29	99	33	66	30	7	23
80-84岁	35	21	14	46	17	29	17	6	11
85-89岁	7	6	1	21	6	15	4	3	1
90-94岁	1	1		1	1		3	1	2
95-99岁				2		2			
100岁及以上				1	1				

2-2 续表 3

单位：人

年龄组	壮族			布依族			朝鲜族		
	小计	男	女	小计	男	女	小计	男	女
总计	**31498**	**13523**	**17975**	**40073**	**19807**	**20266**	**17129**	**8634**	**8495**
0-4岁	1476	747	729	1847	983	864	1546	794	752
5-9岁	1598	785	813	2409	1314	1095	1627	793	834
10-14岁	1146	591	555	1789	1005	784	1092	537	555
15-19岁	2816	1368	1448	2949	1622	1327	621	306	315
20-24岁	6089	2764	3325	6164	3286	2878	782	403	379
25-29岁	2594	1191	1403	4168	2278	1890	920	459	461
30-34岁	3693	1521	2172	4434	2318	2116	2249	1101	1148
35-39岁	3834	1470	2364	4222	2039	2183	2731	1405	1326
40-44岁	2963	1164	1799	4357	1956	2401	1733	959	774
45-49岁	2160	815	1345	3834	1521	2313	1152	695	457
50-54岁	1641	553	1088	2268	852	1416	629	345	284
55-59岁	829	271	558	1023	419	604	503	223	280
60-64岁	289	121	168	289	101	188	584	209	375
65-69岁	199	86	113	173	69	104	546	236	310
70-74岁	89	37	52	80	22	58	242	117	125
75-79岁	45	19	26	38	14	24	86	30	56
80-84岁	22	12	10	20	6	14	53	14	39
85-89岁	13	8	5	6	2	4	27	8	19
90-94岁	2		2	2		2	6		6
95-99岁				1		1			
100岁及以上									

2-2　续表 4　　单位：人

年龄组	满族			侗族			瑶族		
	小计	男	女	小计	男	女	小计	男	女
总　计	**35520**	**18135**	**17385**	**24413**	**11438**	**12975**	**6415**	**2922**	**3493**
0-4岁	3188	1642	1546	1054	565	489	434	212	222
5-9岁	3094	1561	1533	1142	596	546	400	220	180
10-14岁	1793	905	888	842	429	413	269	142	127
15-19岁	2301	1220	1081	1634	872	762	500	229	271
20-24岁	3893	2085	1808	3566	2011	1555	1102	532	570
25-29岁	3077	1652	1425	2283	1352	931	593	278	315
30-34岁	4728	2503	2225	2674	1370	1304	850	365	485
35-39岁	3879	1920	1959	2504	1152	1352	874	355	519
40-44岁	2451	1229	1222	2276	836	1440	544	233	311
45-49岁	1694	854	840	3179	994	2185	386	171	215
50-54岁	1429	702	727	2040	750	1290	240	101	139
55-59岁	1303	604	699	831	339	492	109	37	72
60-64岁	1105	544	561	192	89	103	53	20	33
65-69岁	805	354	451	95	41	54	38	15	23
70-74岁	306	140	166	54	24	30	13	6	7
75-79岁	183	79	104	26	11	15	8	5	3
80-84岁	182	88	94	18	6	12	1	1	
85-89岁	77	40	37	2	1	1			
90-94岁	24	11	13	1		1	1		1
95-99岁	8	2	6						
100岁及以上									

2-2　续表 5　　单位：人

年龄组	白族			土家族			哈尼族		
	小计	男	女	小计	男	女	小计	男	女
总　计	**9905**	**4872**	**5033**	**63406**	**32059**	**31347**	**7143**	**3311**	**3832**
0-4岁	392	196	196	3587	1801	1786	234	115	119
5-9岁	395	213	182	3615	1884	1731	232	132	100
10-14岁	302	153	149	2758	1451	1307	163	88	75
15-19岁	1073	661	412	4184	2244	1940	482	287	195
20-24岁	1903	1049	854	8732	4848	3884	1078	579	499
25-29岁	968	517	451	6295	3417	2878	1023	572	451
30-34岁	1207	580	627	7262	3746	3516	1205	568	637
35-39岁	908	400	508	6048	3047	3001	1032	441	591
40-44岁	930	367	563	5144	2366	2778	755	261	494
45-49岁	833	299	534	6960	3036	3924	506	163	343
50-54岁	466	191	275	4998	2357	2641	274	70	204
55-59岁	214	106	108	2311	1161	1150	104	24	80
60-64岁	103	47	56	627	318	309	29	7	22
65-69岁	81	39	42	509	233	276	13	2	11
70-74岁	61	25	36	194	73	121	4	1	3
75-79岁	33	12	21	99	42	57			
80-84岁	21	10	11	51	22	29	7	1	6
85-89岁	10	4	6	25	12	13	1		1
90-94岁	4	3	1	6	1	5			
95-99岁	1		1	1		1			
100岁及以上							1		1

2-2 续表 6

单位：人

年龄组	哈萨克族			傣族			黎族		
	小计	男	女	小计	男	女	小计	男	女
总　计	**1385**	**565**	**820**	**4706**	**2229**	**2477**	**3032**	**1297**	**1735**
0-4岁	10	4	6	110	60	50	151	76	75
5-9岁	11	4	7	104	49	55	170	89	81
10-14岁	8	5	3	105	53	52	113	53	60
15-19岁	475	179	296	346	218	128	299	161	138
20-24岁	649	272	377	733	417	316	640	332	308
25-29岁	115	62	53	557	280	277	357	152	205
30-34岁	39	10	29	770	362	408	363	133	230
35-39岁	27	13	14	649	290	359	310	104	206
40-44岁	25	9	16	512	214	298	245	73	172
45-49岁	8	2	6	412	154	258	173	52	121
50-54岁	9	3	6	245	88	157	100	31	69
55-59岁	5	1	4	113	30	83	51	15	36
60-64岁	3		3	31	10	21	31	14	17
65-69岁				12	3	9	12	5	7
70-74岁	1	1		5	1	4	9	5	4
75-79岁							5	1	4
80-84岁				1		1	2	1	1
85-89岁				1		1	1		1
90-94岁									
95-99岁									
100岁及以上									

2-2 续表 7

单位：人

年龄组	傈僳族			佤族			畲族		
	小计	男	女	小计	男	女	小计	男	女
总　计	**3084**	**1220**	**1864**	**2456**	**1299**	**1157**	**3179**	**1693**	**1486**
0-4岁	119	54	65	30	11	19	243	142	101
5-9岁	83	37	46	34	15	19	262	141	121
10-14岁	75	40	35	26	13	13	195	112	83
15-19岁	199	109	90	180	106	74	230	112	118
20-24岁	494	255	239	350	203	147	390	217	173
25-29岁	418	207	211	400	212	188	291	162	129
30-34岁	511	182	329	488	251	237	385	184	201
35-39岁	439	148	291	416	216	200	359	178	181
40-44岁	329	81	248	266	144	122	285	150	135
45-49岁	233	67	166	151	76	75	247	143	104
50-54岁	114	29	85	81	36	45	134	65	69
55-59岁	44	6	38	20	10	10	72	36	36
60-64岁	9	1	8	8	3	5	42	23	19
65-69岁	10	2	8	3	1	2	22	11	11
70-74岁	4	1	3	2	1	1	13	11	2
75-79岁	2		2	1	1		7	5	2
80-84岁	1	1					1		1
85-89岁									
90-94岁							1	1	
95-99岁									
100岁及以上									

2-2　续表 8　　　单位：人

年龄组	高山族			拉祜族			水族		
	小计	男	女	小计	男	女	小计	男	女
总　计	**92**	**44**	**48**	**2454**	**945**	**1509**	**17576**	**10069**	**7507**
0-4岁	4	1	3	54	25	29	1026	552	474
5-9岁	5	2	3	57	32	25	1526	927	599
10-14岁	6	2	4	39	20	19	946	584	362
15-19岁	7	3	4	199	108	91	793	460	333
20-24岁	4	3	1	363	199	164	2036	1230	806
25-29岁	6	2	4	320	153	167	1981	1168	813
30-34岁	7	5	2	490	193	297	2627	1506	1121
35-39岁	10	4	6	365	95	270	2490	1429	1061
40-44岁	4	2	2	278	66	212	1804	958	846
45-49岁	2	1	1	143	28	115	1279	685	594
50-54岁	9	2	7	77	17	60	715	376	339
55-59岁	12	5	7	44	6	38	253	143	110
60-64岁	7	3	4	14	2	12	46	26	20
65-69岁	4	4		9	1	8	32	16	16
70-74岁	2	2		1		1	16	6	10
75-79岁	1	1		1		1	3	2	1
80-84岁	1	1					2	1	1
85-89岁							1		1
90-94岁	1	1							
95-99岁									
100岁及以上									

2-2　续表 9　　　单位：人

年龄组	东乡族			纳西族			景颇族		
	小计	男	女	小计	男	女	小计	男	女
总　计	**2209**	**1251**	**958**	**522**	**190**	**332**	**913**	**407**	**506**
0-4岁	145	78	67	13	5	8	36	17	19
5-9岁	186	94	92	19	10	9	29	16	13
10-14岁	114	66	48	15	7	8	17	8	9
15-19岁	214	136	78	55	29	26	35	21	14
20-24岁	378	220	158	191	75	116	148	78	70
25-29岁	420	228	192	40	19	21	130	57	73
30-34岁	317	177	140	36	14	22	177	72	105
35-39岁	176	110	66	28	6	22	153	70	83
40-44岁	93	51	42	40	8	32	90	34	56
45-49岁	85	50	35	36	3	33	61	21	40
50-54岁	42	23	19	20	4	16	26	9	17
55-59岁	23	10	13	11	2	9	8	3	5
60-64岁	7	4	3	4	1	3	1		1
65-69岁	2		2	3	1	2	1	1	
70-74岁	6	4	2	4	1	3	1		1
75-79岁				2		2			
80-84岁	1		1	2	2				
85-89岁				3	3				
90-94岁									
95-99岁									
100岁及以上									

2-2 续表 10

单位：人

年龄组	柯尔克孜族			土　族			达斡尔族		
	小计	男	女	小计	男	女	小计	男	女
总　计	**382**	**188**	**194**	**1209**	**571**	**638**	**592**	**294**	**298**
0-4岁	2		2	68	34	34	54	26	28
5-9岁	5	1	4	54	19	35	50	26	24
10-14岁	1	1		41	20	21	26	12	14
15-19岁	99	38	61	127	66	61	34	16	18
20-24岁	138	68	70	267	137	130	68	37	31
25-29岁	59	30	29	129	67	62	71	37	34
30-34岁	32	22	10	135	57	78	83	44	39
35-39岁	15	10	5	106	55	51	80	43	37
40-44岁	16	10	6	77	38	39	43	22	21
45-49岁	11	5	6	81	27	54	28	11	17
50-54岁	3	2	1	75	30	45	16	7	9
55-59岁	1	1		33	16	17	8	2	6
60-64岁				10	4	6	16	8	8
65-69岁				3	1	2	11	2	9
70-74岁				2		2	2	1	1
75-79岁							2		2
80-84岁				1		1			
85-89岁									
90-94岁									
95-99岁									
100岁及以上									

2-2 续表 11

单位：人

年龄组	仫佬族			羌　族			布朗族		
	小计	男	女	小计	男	女	小计	男	女
总　计	**1521**	**756**	**765**	**1646**	**892**	**754**	**559**	**234**	**325**
0-4岁	82	41	41	67	39	28	14	7	7
5-9岁	86	45	41	83	35	48	13	5	8
10-14岁	53	32	21	56	28	28	15	9	6
15-19岁	127	60	67	85	40	45	44	25	19
20-24岁	315	165	150	196	119	77	95	56	39
25-29岁	137	80	57	177	105	72	66	35	31
30-34岁	169	75	94	223	133	90	92	41	51
35-39岁	163	84	79	143	64	79	85	20	65
40-44岁	133	64	69	152	78	74	56	11	45
45-49岁	134	59	75	237	109	128	46	18	28
50-54岁	73	29	44	145	92	53	24	3	21
55-59岁	31	16	15	52	37	15	5	2	3
60-64岁	7	3	4	13	6	7	2	1	1
65-69岁	6		6	9	6	3	1	1	
70-74岁	3	2	1	6	1	5	1		1
75-79岁				1		1			
80-84岁	1	1							
85-89岁	1		1						
90-94岁									
95-99岁									
100岁及以上				1		1			

2-2　续表 12

单位：人

年龄组	撒拉族			毛南族			仡佬族		
	小计	男	女	小计	男	女	小计	男	女
总　计	**578**	**334**	**244**	**536**	**296**	**240**	**6160**	**3469**	**2691**
0-4岁	30	17	13	25	12	13	268	143	125
5-9岁	49	23	26	15	13	2	234	123	111
10-14岁	51	29	22	15	6	9	194	100	94
15-19岁	57	31	26	31	13	18	505	278	227
20-24岁	100	63	37	95	49	46	1485	858	627
25-29岁	65	45	20	69	44	25	626	388	238
30-34岁	70	43	27	59	33	26	514	298	216
35-39岁	59	32	27	57	34	23	500	269	231
40-44岁	47	25	22	47	29	18	525	276	249
45-49岁	28	15	13	52	27	25	651	348	303
50-54岁	14	9	5	43	19	24	372	214	158
55-59岁	4	2	2	19	10	9	188	118	70
60-64岁				4	2	2	38	23	15
65-69岁	1		1	4	4		30	19	11
70-74岁	1		1				13	6	7
75-79岁							10	4	6
80-84岁	2		2				6	4	2
85-89岁				1	1		1		1
90-94岁									
95-99岁									
100岁及以上									

2-2　续表 13

单位：人

年龄组	锡伯族			阿昌族			普米族		
	小计	男	女	小计	男	女	小计	男	女
总　计	**916**	**422**	**494**	**577**	**304**	**273**	**104**	**46**	**58**
0-4岁	69	37	32	16	11	5	3	1	2
5-9岁	76	40	36	13	7	6	10	5	5
10-14岁	41	21	20	4	3	1	1		1
15-19岁	83	36	47	33	25	8	9	4	5
20-24岁	137	53	84	87	49	38	20	9	11
25-29岁	101	53	48	93	44	49	11	5	6
30-34岁	102	46	56	114	57	57	15	5	10
35-39岁	82	40	42	85	49	36	13	9	4
40-44岁	51	23	28	63	27	36	9	4	5
45-49岁	57	24	33	47	22	25	9	3	6
50-54岁	37	15	22	20	10	10			
55-59岁	35	17	18	2		2	3		3
60-64岁	15	7	8						
65-69岁	13	4	9				1	1	
70-74岁	6	2	4						
75-79岁	6	2	4						
80-84岁	3	1	2						
85-89岁	2	1	1						
90-94岁									
95-99岁									
100岁及以上									

2-2　续表 14　　单位：人

年龄组	塔吉克族			怒　族			乌孜别克族		
	小计	男	女	小计	男	女	小计	男	女
总　计	**30**	**12**	**18**	**129**	**39**	**90**	**23**	**14**	**9**
0-4岁				6	1	5			
5-9岁				3	1	2	1	1	
10-14岁	1		1	4	1	3	1	1	
15-19岁	12	4	8	5	3	2	5	2	3
20-24岁	16	8	8	20	7	13	6	3	3
25-29岁	1		1	31	12	19	2	1	1
30-34岁				18	9	9	3	2	1
35-39岁				14	2	12	1	1	
40-44岁				15	2	13			
45-49岁				6		6	1		1
50-54岁				4		4	2	2	
55-59岁									
60-64岁				2		2			
65-69岁				1	1				
70-74岁									
75-79岁							1	1	
80-84岁									
85-89岁									
90-94岁									
95-99岁									
100岁及以上									

2-2　续表 15　　单位：人

年龄组	俄罗斯族			鄂温克族			德 昂 族		
	小计	男	女	小计	男	女	小计	男	女
总　计	**182**	**78**	**104**	**125**	**55**	**70**	**47**	**18**	**29**
0-4岁	9	2	7	9	5	4	3	3	
5-9岁	16	5	11	8	5	3	1		1
10-14岁	10	5	5	6	2	4			
15-19岁	20	10	10	5	1	4	2		2
20-24岁	31	17	14	20	7	13	12	8	4
25-29岁	15	6	9	15	8	7	6	1	5
30-34岁	13	6	7	14	7	7	7	2	5
35-39岁	15	9	6	19	11	8	6	2	4
40-44岁	11	2	9	8	2	6	7	1	6
45-49岁	15	6	9	5	1	4	2		2
50-54岁	8	2	6	3		3	1	1	
55-59岁	7	2	5	5	2	3			
60-64岁	2	1	1	5	3	2			
65-69岁	6	4	2						
70-74岁	3		3	2	1	1			
75-79岁				1		1			
80-84岁	1	1							
85-89岁									
90-94岁									
95-99岁									
100岁及以上									

2-2　续表 16　　　　单位：人

年龄组	保安族			裕固族			京　族		
	小计	男	女	小计	男	女	小计	男	女
总　计	**81**	**49**	**32**	**43**	**22**	**21**	**59**	**26**	**33**
0-4岁	5	4	1	1		1	5	3	2
5-9岁	5	2	3	2	2		6	2	4
10-14岁	3	2	1				2		2
15-19岁	11	9	2	4	4		6	5	1
20-24岁	16	8	8	16	11	5	18	9	9
25-29岁	16	6	10	9	5	4	5	2	3
30-34岁	10	8	2	2		2	3	2	1
35-39岁	3	1	2	1		1	3		3
40-44岁	2		2	4		4	4		4
45-49岁	7	7		1		1	1	1	
50-54岁	2	1	1	2		2	3	1	2
55-59岁									
60-64岁				1		1	2		2
65-69岁	1	1							
70-74岁									
75-79岁									
80-84岁							1	1	
85-89岁									
90-94岁									
95-99岁									
100岁及以上									

2-2　续表 17　　　　单位：人

年龄组	塔塔尔族			独龙族			鄂伦春族		
	小计	男	女	小计	男	女	小计	男	女
总　计	**8**	**5**	**3**	**20**	**4**	**16**	**70**	**31**	**39**
0-4岁	1	1		1		1	7	3	4
5-9岁							9	7	2
10-14岁							4	3	1
15-19岁	1		1	3	2	1	1		1
20-24岁				3	1	2	4	2	2
25-29岁	1		1	3	1	2	5	2	3
30-34岁	2	2		2		2	10	3	7
35-39岁	1	1		3		3	11	3	8
40-44岁				3		3	7	3	4
45-49岁				1		1	6	2	4
50-54岁							1		1
55-59岁	2	1	1				2		2
60-64岁							1	1	
65-69岁				1		1	2	2	
70-74岁									
75-79岁									
80-84岁									
85-89岁									
90-94岁									
95-99岁									
100岁及以上									

2-2 续表 18 单位：人

年龄组	赫哲族			门巴族			珞巴族		
	小计	男	女	小计	男	女	小计	男	女
总　计	**34**	**19**	**15**	**64**	**28**	**36**	**18**	**6**	**12**
0-4岁	2	1	1						
5-9岁	5	1	4	1	1				
10-14岁	2	1	1	1	1				
15-19岁	1	1		24	8	16	6	1	5
20-24岁	4	4		35	16	19	11	5	6
25-29岁	2		2	2	1	1			
30-34岁	1	1							
35-39岁	6	3	3						
40-44岁	6	4	2						
45-49岁	3	3							
50-54岁				1	1		1		1
55-59岁	1		1						
60-64岁	1		1						
65-69岁									
70-74岁									
75-79岁									
80-84岁									
85-89岁									
90-94岁									
95-99岁									
100岁及以上									

2-2 续表 19 单位：人

年龄组	基诺族			未定族称人口			入　籍		
	小计	男	女	小计	男	女	小计	男	女
总　计	**33**	**10**	**23**	**7867**	**4162**	**3705**	**283**	**102**	**181**
0-4岁	4		4	488	265	223	30	11	19
5-9岁	1	1		456	264	192	12	7	5
10-14岁	1		1	357	199	158	11	5	6
15-19岁	5	4	1	740	422	318	15	6	9
20-24岁	4	3	1	1511	821	690	54	23	31
25-29岁	3	2	1	890	505	385	32	11	21
30-34岁	4		4	889	471	418	43	10	33
35-39岁	4		4	716	346	370	20	8	12
40-44岁	3		3	699	322	377	20	5	15
45-49岁	2		2	599	275	324	20	7	13
50-54岁	1		1	337	170	167	7	2	5
55-59岁	1		1	112	69	43	8	4	4
60-64岁				31	19	12	1	1	
65-69岁				24	7	17	2		2
70-74岁				10	4	6	3	1	2
75-79岁				5	2	3	2	1	1
80-84岁				3	1	2	1		1
85-89岁									
90-94岁							2		2
95-99岁									
100岁及以上									

2-2a 全省各民族分年龄、性别的人口(城市)

单位：人

年龄组	合计			汉族		
	合计	男	女	小计	男	女
总 计	**40269267**	**20382260**	**19887007**	**39923014**	**20205200**	**19717814**
0-4岁	1922503	1003514	918989	1903109	993488	909621
5-9岁	2220377	1186781	1033596	2200265	1176358	1023907
10-14岁	1829701	988524	841177	1815715	981336	834379
15-19岁	1987332	1075374	911958	1954012	1058028	895984
20-24岁	2373213	1272851	1100362	2313417	1241403	1072014
25-29岁	3077044	1610267	1466777	3044342	1592654	1451688
30-34岁	4392624	2208441	2184183	4354436	2188942	2165494
35-39岁	3225114	1607420	1617694	3193101	1591360	1601741
40-44岁	2949239	1469568	1479671	2925416	1457774	1467642
45-49岁	3074913	1544891	1530022	3054792	1534946	1519846
50-54岁	3432483	1694765	1737718	3417433	1687217	1730216
55-59岁	2824903	1388871	1436032	2813605	1383307	1430298
60-64岁	1973554	976253	997301	1965517	972269	993248
65-69岁	1914598	931209	983389	1907491	927781	979710
70-74岁	1283452	623680	659772	1278552	621282	657270
75-79岁	795531	375883	419648	792560	374535	418025
80-84岁	544358	245536	298822	542419	244681	297738
85-89岁	308985	127819	181166	307916	127379	180537
90-94岁	111489	41531	69958	111140	41405	69735
95-99岁	24723	8156	16567	24651	8131	16520
100岁及以上	3131	926	2205	3125	924	2201

2-2a 续表 1

单位：人

年龄组	蒙古族			回族			藏族		
	小计	男	女	小计	男	女	小计	男	女
总 计	**15597**	**7931**	**7666**	**103609**	**52929**	**50680**	**7576**	**3689**	**3887**
0-4岁	1256	673	583	6432	3341	3091	90	50	40
5-9岁	1230	635	595	7309	3795	3514	79	47	32
10-14岁	728	342	386	5668	2894	2774	92	45	47
15-19岁	1149	586	563	6515	3532	2983	2140	1027	1113
20-24岁	2401	1286	1115	8564	4514	4050	3840	1834	2006
25-29岁	1493	779	714	7473	3902	3571	420	229	191
30-34岁	1947	1005	942	9710	4936	4774	296	168	128
35-39岁	1732	813	919	8415	4314	4101	162	75	87
40-44岁	992	514	478	6670	3476	3194	119	58	61
45-49岁	711	346	365	5681	2897	2784	135	64	71
50-54岁	470	240	230	5733	2947	2786	89	42	47
55-59岁	446	194	252	6072	3078	2994	44	21	23
60-64岁	396	195	201	5217	2636	2581	20	9	11
65-69岁	301	143	158	4955	2458	2497	19	8	11
70-74岁	159	93	66	3932	1915	2017	12	5	7
75-79岁	82	43	39	2443	1124	1319	11	4	7
80-84岁	63	28	35	1552	680	872	4	1	3
85-89岁	29	7	22	900	365	535	3	1	2
90-94岁	11	8	3	301	102	199	1	1	
95-99岁	1	1		63	22	41			
100岁及以上				4	1	3			

2-2a 续表 2

单位：人

年龄组	维吾尔族			苗 族			彝 族		
	小计	男	女	小计	男	女	小计	男	女
总 计	**8155**	**3852**	**4303**	**35794**	**18971**	**16823**	**20645**	**11381**	**9264**
0-4岁	149	76	73	1446	722	724	578	300	278
5-9岁	269	137	132	1292	680	612	558	312	246
10-14岁	93	50	43	878	461	417	379	212	167
15-19岁	2683	1064	1619	3411	1873	1538	2693	1645	1048
20-24岁	2797	1325	1472	7674	4325	3349	5242	2968	2274
25-29岁	760	417	343	4362	2461	1901	2946	1652	1294
30-34岁	455	263	192	4586	2410	2176	2534	1382	1152
35-39岁	250	155	95	3591	1872	1719	1844	969	875
40-44岁	179	105	74	2961	1418	1543	1536	733	803
45-49岁	156	79	77	2753	1316	1437	1187	578	609
50-54岁	113	63	50	1761	874	887	700	383	317
55-59岁	79	38	41	653	349	304	304	178	126
60-64岁	44	26	18	167	86	81	84	40	44
65-69岁	32	14	18	130	59	71	37	18	19
70-74岁	35	10	25	64	38	26	11	5	6
75-79岁	35	13	22	35	14	21	6	2	4
80-84岁	22	14	8	15	8	7	4	3	1
85-89岁	3	2	1	12	3	9	1	1	
90-94岁	1	1		1	1		1		1
95-99岁				1		1			
100岁及以上				1	1				

2-2a 续表 3

单位：人

年龄组	壮 族			布依族			朝鲜族		
	小计	男	女	小计	男	女	小计	男	女
总 计	**16998**	**7447**	**9551**	**14872**	**7715**	**7157**	**12126**	**6139**	**5987**
0-4岁	823	417	406	550	292	258	1108	562	546
5-9岁	838	412	426	591	319	272	1121	537	584
10-14岁	584	283	301	443	252	191	746	362	384
15-19岁	2039	995	1044	1803	956	847	474	232	242
20-24岁	4401	1961	2440	3619	1881	1738	615	322	293
25-29岁	1374	607	767	1633	935	698	687	349	338
30-34岁	1818	736	1082	1480	802	678	1643	806	837
35-39岁	1774	677	1097	1302	677	625	1895	990	905
40-44岁	1244	509	735	1225	595	630	1226	683	543
45-49岁	781	339	442	1128	511	617	794	490	304
50-54岁	578	219	359	658	293	365	441	240	201
55-59岁	353	110	243	292	136	156	335	153	182
60-64岁	162	69	93	80	37	43	389	138	251
65-69岁	120	57	63	38	16	22	369	161	208
70-74岁	57	29	28	19	10	9	154	74	80
75-79岁	28	13	15	8	2	6	64	22	42
80-84岁	14	8	6	1		1	43	12	31
85-89岁	8	6	2	2	1	1	19	6	13
90-94岁	2		2				3		3
95-99岁									
100岁及以上									

2-2a 续表 4

单位：人

年龄组	满族			侗族			瑶族		
	小计	男	女	小计	男	女	小计	男	女
总 计	**26911**	**13669**	**13242**	**11249**	**5854**	**5395**	**3715**	**1750**	**1965**
0-4岁	2439	1250	1189	547	297	250	277	145	132
5-9岁	2396	1208	1188	515	275	240	261	145	116
10-14岁	1352	684	668	354	165	189	161	91	70
15-19岁	1847	975	872	1054	541	513	353	157	196
20-24岁	3177	1682	1495	2339	1292	1047	765	358	407
25-29岁	2300	1245	1055	1153	686	467	340	153	187
30-34岁	3556	1840	1716	1313	690	623	488	214	274
35-39岁	2868	1408	1460	1112	558	554	476	203	273
40-44岁	1731	864	867	819	382	437	256	118	138
45-49岁	1140	592	548	950	429	521	137	77	60
50-54岁	981	468	513	634	308	326	87	42	45
55-59岁	950	430	520	299	143	156	47	15	32
60-64岁	858	427	431	74	41	33	29	11	18
65-69岁	640	280	360	46	25	21	24	13	11
70-74岁	253	118	135	25	15	10	9	5	4
75-79岁	163	72	91	6	4	2	4	3	1
80-84岁	167	79	88	7	2	5			
85-89岁	65	35	30	2	1	1			
90-94岁	21	10	11				1		1
95-99岁	7	2	5						
100岁及以上									

2-2a 续表 5

单位：人

年龄组	白族			土家族			哈尼族		
	小计	男	女	小计	男	女	小计	男	女
总 计	**4903**	**2559**	**2344**	**31164**	**15901**	**15263**	**3194**	**1623**	**1571**
0-4岁	212	105	107	1966	991	975	115	59	56
5-9岁	190	109	81	1864	955	909	101	59	42
10-14岁	146	74	72	1257	651	606	67	37	30
15-19岁	769	474	295	2733	1389	1344	324	182	142
20-24岁	1209	647	562	5744	3098	2646	603	307	296
25-29岁	488	256	232	3306	1737	1569	499	264	235
30-34岁	539	275	264	3615	1807	1808	554	278	276
35-39岁	363	163	200	2848	1443	1405	409	206	203
40-44岁	335	156	179	2156	1033	1123	265	126	139
45-49岁	283	123	160	2455	1196	1259	142	62	80
50-54岁	140	68	72	1667	844	823	67	24	43
55-59岁	93	43	50	858	433	425	31	13	18
60-64岁	55	29	26	287	147	140	8	4	4
65-69岁	34	16	18	247	111	136	5	1	4
70-74岁	20	14	6	85	33	52	2	1	1
75-79岁	16	4	12	44	19	25			
80-84岁	8	2	6	17	7	10	2		2
85-89岁	2		2	13	7	6			
90-94岁	1	1		2		2			
95-99岁									
100岁及以上									

2-2a 续表 6

单位：人

年龄组	哈萨克族			傣族			黎族		
	小计	男	女	小计	男	女	小计	男	女
总 计	**1174**	**487**	**687**	**1775**	**865**	**910**	**1717**	**770**	**947**
0-4岁	6	3	3	52	28	24	81	43	38
5-9岁	9	3	6	39	18	21	87	45	42
10-14岁	6	3	3	33	18	15	57	28	29
15-19岁	410	159	251	197	119	78	220	118	102
20-24岁	585	249	336	401	216	185	456	243	213
25-29岁	91	47	44	220	108	112	198	86	112
30-34岁	25	6	19	275	116	159	184	68	116
35-39岁	16	7	9	219	96	123	152	48	104
40-44岁	12	6	6	143	63	80	116	35	81
45-49岁	3	1	2	101	45	56	75	22	53
50-54岁	3	1	2	49	23	26	37	10	27
55-59岁	5	1	4	29	10	19	22	8	14
60-64岁	2		2	11	2	9	17	10	7
65-69岁				3	2	1	6	2	4
70-74岁	1	1		1	1		5	3	2
75-79岁							1		1
80-84岁				1		1	2	1	1
85-89岁				1		1	1		1
90-94岁									
95-99岁									
100岁及以上									

2-2a 续表 7

单位：人

年龄组	傈僳族			佤族			畲族		
	小计	男	女	小计	男	女	小计	男	女
总 计	**1121**	**510**	**611**	**927**	**524**	**403**	**2080**	**1108**	**972**
0-4岁	36	17	19	10	4	6	160	93	67
5-9岁	30	12	18	13	6	7	193	103	90
10-14岁	16	12	4	8	4	4	136	76	60
15-19岁	111	57	54	98	52	46	161	79	82
20-24岁	255	133	122	146	88	58	282	150	132
25-29岁	162	87	75	155	90	65	178	99	79
30-34岁	192	78	114	163	81	82	238	117	121
35-39岁	140	55	85	152	92	60	227	112	115
40-44岁	90	30	60	87	49	38	184	96	88
45-49岁	58	18	40	50	29	21	150	92	58
50-54岁	18	7	11	30	19	11	67	32	35
55-59岁	7	2	5	8	6	2	39	20	19
60-64岁				3	2	1	34	20	14
65-69岁	5	2	3	2	1	1	16	9	7
70-74岁				2	1	1	9	7	2
75-79岁	1		1				4	2	2
80-84岁							1		1
85-89岁									
90-94岁							1	1	
95-99岁									
100岁及以上									

2-2a　续表 8　　　　单位：人

年龄组	高山族			拉祜族			水族		
	小计	男	女	小计	男	女	小计	男	女
总　计	**62**	**29**	**33**	**854**	**412**	**442**	**5555**	**3204**	**2351**
0-4岁	3	1	2	16	9	7	299	160	139
5-9岁	4	2	2	19	11	8	440	267	173
10-14岁	3	1	2	10	4	6	299	190	109
15-19岁	4	1	3	111	63	48	366	197	169
20-24岁	4	3	1	170	94	76	870	512	358
25-29岁	5	1	4	129	62	67	596	356	240
30-34岁	7	5	2	169	81	88	826	483	343
35-39岁	6	1	5	112	52	60	782	462	320
40-44岁	2	2		61	19	42	472	253	219
45-49岁	2	1	1	33	10	23	315	165	150
50-54岁	6	1	5	16	6	10	190	102	88
55-59岁	8	4	4	4		4	68	40	28
60-64岁	3	1	2	2	1	1	15	8	7
65-69岁	2	2		1		1	6	3	3
70-74岁	1	1		1		1	9	5	4
75-79岁							1	1	
80-84岁	1	1							
85-89岁							1		1
90-94岁	1	1							
95-99岁									
100岁及以上									

2-2a　续表 9　　　　单位：人

年龄组	东乡族			纳西族			景颇族		
	小计	男	女	小计	男	女	小计	男	女
总　计	**1547**	**898**	**649**	**304**	**125**	**179**	**334**	**166**	**168**
0-4岁	92	50	42	9	4	5	13	7	6
5-9岁	105	56	49	8	3	5	9	3	6
10-14岁	58	37	21	9	3	6	5	2	3
15-19岁	170	112	58	39	22	17	20	11	9
20-24岁	307	181	126	136	50	86	65	37	28
25-29岁	321	177	144	19	10	9	39	21	18
30-34岁	216	124	92	22	9	13	71	31	40
35-39岁	110	67	43	15	4	11	48	29	19
40-44岁	63	33	30	14	4	10	33	13	20
45-49岁	63	38	25	9	2	7	19	8	11
50-54岁	23	14	9	7	4	3	8	2	6
55-59岁	13	5	8	3	2	1	4	2	2
60-64岁	4	3	1	2	1	1			
65-69岁				2	1	1			
70-74岁	2	1	1	3	1	2			
75-79岁				2		2			
80-84岁				2	2				
85-89岁				3	3				
90-94岁									
95-99岁									
100岁及以上									

2-2a 续表 10

单位：人

年龄组	柯尔克孜族			土 族			达斡尔族		
	小计	男	女	小计	男	女	小计	男	女
总 计	**263**	**119**	**144**	**699**	**352**	**347**	**407**	**200**	**207**
0-4岁	1		1	34	17	17	41	20	21
5-9岁	5	1	4	29	8	21	37	19	18
10-14岁	1	1		23	14	9	13	5	8
15-19岁	88	35	53	95	44	51	29	15	14
20-24岁	108	51	57	183	99	84	55	29	26
25-29岁	31	15	16	75	42	33	50	25	25
30-34岁	11	8	3	68	29	39	60	34	26
35-39岁	7	3	4	61	29	32	48	19	29
40-44岁	4	2	2	42	26	16	25	13	12
45-49岁	4	1	3	29	10	19	15	8	7
50-54岁	2	1	1	36	20	16	8	5	3
55-59岁	1	1		21	12	9	4	2	2
60-64岁				3	2	1	9	4	5
65-69岁							10	1	9
70-74岁							1	1	
75-79岁							2		2
80-84岁									
85-89岁									
90-94岁									
95-99岁									
100岁及以上									

2-2a 续表 11

单位：人

年龄组	仫佬族			羌 族			布朗族		
	小计	男	女	小计	男	女	小计	男	女
总 计	**844**	**424**	**420**	**687**	**370**	**317**	**210**	**108**	**102**
0-4岁	47	25	22	32	21	11	3	2	1
5-9岁	46	26	20	41	13	28	4	1	3
10-14岁	19	8	11	26	13	13	4	2	2
15-19岁	86	36	50	49	22	27	25	15	10
20-24岁	215	111	104	118	72	46	47	28	19
25-29岁	79	49	30	78	45	33	32	17	15
30-34岁	95	43	52	88	52	36	36	22	14
35-39岁	78	40	38	51	21	30	24	7	17
40-44岁	57	30	27	53	30	23	13	5	8
45-49岁	64	31	33	84	41	43	13	6	7
50-54岁	32	12	20	37	22	15	5	1	4
55-59岁	18	9	9	20	14	6	2	1	1
60-64岁	3	2	1	4	1	3			
65-69岁	3		3	3	2	1	1	1	
70-74岁	1	1		2	1	1	1		1
75-79岁									
80-84岁	1	1							
85-89岁									
90-94岁									
95-99岁									
100岁及以上				1		1			

2-2a　续表 12

单位：人

年龄组	撒拉族			毛南族			仡佬族		
	小计	男	女	小计	男	女	小计	男	女
总　计	**415**	**243**	**172**	**327**	**182**	**145**	**3289**	**1876**	**1413**
0-4岁	17	9	8	15	7	8	143	69	74
5-9岁	29	13	16	9	8	1	88	41	47
10-14岁	35	21	14	6	3	3	92	42	50
15-19岁	42	26	16	25	10	15	349	185	164
20-24岁	82	52	30	70	34	36	1007	578	429
25-29岁	47	31	16	42	28	14	353	220	133
30-34岁	51	32	19	38	18	20	251	156	95
35-39岁	43	23	20	34	20	14	228	132	96
40-44岁	35	21	14	26	17	9	223	120	103
45-49岁	17	8	9	23	14	9	268	160	108
50-54岁	10	6	4	22	13	9	163	104	59
55-59岁	3	1	2	10	5	5	75	45	30
60-64岁				3	1	2	15	10	5
65-69岁	1		1	3	3		15	6	9
70-74岁	1		1				8	3	5
75-79岁							7	3	4
80-84岁	2		2				3	2	1
85-89岁				1	1		1		1
90-94岁									
95-99岁									
100岁及以上									

2-2a　续表 13

单位：人

年龄组	锡伯族			阿昌族			普米族		
	小计	男	女	小计	男	女	小计	男	女
总　计	**706**	**324**	**382**	**266**	**149**	**117**	**54**	**30**	**24**
0-4岁	54	31	23	8	6	2	2	1	1
5-9岁	62	33	29	5	3	2	2	2	
10-14岁	32	17	15	2	2		1		1
15-19岁	67	27	40	18	12	6	5	2	3
20-24岁	122	46	76	48	31	17	13	7	6
25-29岁	73	39	34	39	23	16	7	4	3
30-34岁	76	34	42	57	27	30	8	4	4
35-39岁	66	33	33	33	18	15	7	6	1
40-44岁	36	15	21	28	13	15	5	3	2
45-49岁	38	15	23	20	10	10	4	1	3
50-54岁	23	11	12	8	4	4			
55-59岁	25	10	15						
60-64岁	11	5	6						
65-69岁	10	3	7						
70-74岁	3	1	2						
75-79岁	4	2	2						
80-84岁	2	1	1						
85-89岁	2	1	1						
90-94岁									
95-99岁									
100岁及以上									

2-2a 续表 14

单位：人

年龄组	塔吉克族			怒 族			乌孜别克族		
	小计	男	女	小计	男	女	小计	男	女
总 计	**26**	**8**	**18**	**45**	**17**	**28**	**18**	**12**	**6**
0-4岁				2		2			
5-9岁				1	1		1	1	
10-14岁	1		1	1	1		1	1	
15-19岁	10	2	8	1	1		4	2	2
20-24岁	14	6	8	10	4	6	4	2	2
25-29岁	1		1	15	5	10	2	1	1
30-34岁				7	4	3	3	2	1
35-39岁				1		1	1	1	
40-44岁				5		5			
45-49岁				1		1			
50-54岁							2	2	
55-59岁									
60-64岁									
65-69岁				1	1				
70-74岁									
75-79岁									
80-84岁									
85-89岁									
90-94岁									
95-99岁									
100岁及以上									

2-2a 续表 15

单位：人

年龄组	俄罗斯族			鄂温克族			德 昂 族		
	小计	男	女	小计	男	女	小计	男	女
总 计	**143**	**57**	**86**	**87**	**40**	**47**	**19**	**8**	**11**
0-4岁	6	1	5	7	4	3	1	1	
5-9岁	9	2	7	5	3	2			
10-14岁	8	4	4	2	1	1			
15-19岁	16	7	9	4	1	3			
20-24岁	29	15	14	16	4	12	7	4	3
25-29岁	13	4	9	10	6	4	1		1
30-34岁	10	5	5	9	5	4	1		1
35-39岁	9	5	4	11	8	3	4	2	2
40-44岁	10	2	8	6	2	4	4	1	3
45-49岁	10	4	6	5	1	4	1		1
50-54岁	6	2	4	2		2			
55-59岁	6	1	5	2	1	1			
60-64岁	2	1	1	5	3	2			
65-69岁	5	3	2						
70-74岁	3		3	2	1	1			
75-79岁				1		1			
80-84岁	1	1							
85-89岁									
90-94岁									
95-99岁									
100岁及以上									

2-2a　续表 16

单位：人

年龄组	保安族			裕固族			京族		
	小计	男	女	小计	男	女	小计	男	女
总　计	**50**	**30**	**20**	**32**	**16**	**16**	**35**	**17**	**18**
0-4岁	2	1	1	1		1	2	1	1
5-9岁				2	2		4	2	2
10-14岁							2		2
15-19岁	9	7	2	3	3		4	3	1
20-24岁	14	7	7	14	9	5	15	9	6
25-29岁	10	5	5	3	2	1	3	1	2
30-34岁	3	3		2		2	1		1
35-39岁	2		2	1		1	1		1
40-44岁	2		2	3		3	2		2
45-49岁	6	6		1		1			
50-54岁	1		1	1		1			
55-59岁									
60-64岁				1		1			
65-69岁	1	1							
70-74岁									
75-79岁									
80-84岁							1	1	
85-89岁									
90-94岁									
95-99岁									
100岁及以上									

2-2a　续表 17

单位：人

年龄组	塔塔尔族			独龙族			鄂伦春族		
	小计	男	女	小计	男	女	小计	男	女
总　计	**6**	**4**	**2**	**10**	**4**	**6**	**52**	**21**	**31**
0-4岁	1	1		1		1	6	2	4
5-9岁							7	6	1
10-14岁							3	2	1
15-19岁				3	2	1	1		1
20-24岁				2	1	1	3	2	1
25-29岁	1		1	2	1	1	3		3
30-34岁	2	2					9	2	7
35-39岁	1	1		2		2	7	1	6
40-44岁							3	1	2
45-49岁							6	2	4
50-54岁									
55-59岁	1		1				1		1
60-64岁							1	1	
65-69岁							2	2	
70-74岁									
75-79岁									
80-84岁									
85-89岁									
90-94岁									
95-99岁									
100岁及以上									

2-2a 续表 18

单位：人

年龄组	赫哲族			门巴族			珞巴族		
	小计	男	女	小计	男	女	小计	男	女
总　计	**23**	**11**	**12**	**46**	**20**	**26**	**12**	**4**	**8**
0-4岁	1		1						
5-9岁	4	1	3	1	1				
10-14岁	2	1	1						
15-19岁	1	1		19	7	12	4	1	3
20-24岁	3	3		25	11	14	8	3	5
25-29岁	2		2	1	1				
30-34岁									
35-39岁	2		2						
40-44岁	5	3	2						
45-49岁	2	2							
50-54岁									
55-59岁									
60-64岁	1		1						
65-69岁									
70-74岁									
75-79岁									
80-84岁									
85-89岁									
90-94岁									
95-99岁									
100岁及以上									

2-2a 续表 19

单位：人

年龄组	基诺族			未定族称人口			入籍		
	小计	男	女	小计	男	女	小计	男	女
总　计	**10**	**5**	**5**	**3411**	**1862**	**1549**	**103**	**39**	**64**
0-4岁				193	105	88	9	3	6
5-9岁	1	1		143	79	64	7	2	5
10-14岁				121	67	54	3	2	1
15-19岁	3	2	1	457	255	202	9	5	4
20-24岁	2	2		873	465	408	22	7	15
25-29岁				372	231	141	10	2	8
30-34岁	2		2	366	202	164	12	4	8
35-39岁	1		1	264	141	123	6	2	4
40-44岁	1		1	235	114	121	9	3	6
45-49岁				195	93	102	4	2	2
50-54岁				116	67	49	3	2	1
55-59岁				40	25	15	3	3	
60-64岁				15	10	5	1	1	
65-69岁				10	3	7	2		2
70-74岁				6	3	3	1	1	
75-79岁				3	1	2			
80-84岁				2	1	1	1		1
85-89岁									
90-94岁							1		1
95-99岁									
100岁及以上									

2-2b　全省各民族分年龄、性别的人口(镇)

单位：人

年龄组	合计			汉族		
	合计	男	女	小计	男	女
总　计	**21973116**	**11138540**	**10834576**	**21829747**	**11066550**	**10763197**
0-4岁	1051027	550063	500964	1043350	546072	497278
5-9岁	1392571	747091	645480	1383720	742437	641283
10-14岁	1331094	724910	606184	1324443	721321	603122
15-19岁	1001985	551448	450537	991442	545904	445538
20-24岁	889315	486112	403203	869868	475747	394121
25-29岁	1435907	755170	680737	1421504	747381	674123
30-34岁	2105522	1063262	1042260	2087880	1054295	1033585
35-39岁	1513018	754626	758392	1497452	747051	750401
40-44岁	1446875	716980	729895	1433925	710979	722946
45-49岁	1700226	839431	860795	1687894	833921	853973
50-54岁	2102945	1031765	1071180	2094818	1028011	1066807
55-59岁	1616622	802133	814489	1612580	800173	812407
60-64岁	1162572	586803	575769	1160654	585929	574725
65-69岁	1220209	604055	616154	1218698	603350	615348
70-74岁	824955	403762	421193	824189	403446	420743
75-79岁	549203	260717	288486	548735	260520	288215
80-84岁	350680	156805	193875	350398	156673	193725
85-89岁	193321	75776	117545	193184	75726	117458
90-94岁	67675	22643	45032	67637	22632	45005
95-99岁	15537	4487	11050	15521	4482	11039
100岁及以上	1857	501	1356	1855	500	1355

2-2b　续表 1

单位：人

年龄组	蒙古族			回族			藏族		
	小计	男	女	小计	男	女	小计	男	女
总　计	**4280**	**2107**	**2173**	**21990**	**11495**	**10495**	**4235**	**1948**	**2287**
0-4岁	312	172	140	1552	800	752	40	20	20
5-9岁	384	201	183	1872	966	906	30	15	15
10-14岁	225	113	112	1432	779	653	37	15	22
15-19岁	226	112	114	1380	732	648	1487	670	817
20-24岁	419	208	211	1844	1020	824	2104	982	1122
25-29岁	414	223	191	1968	1077	891	163	86	77
30-34岁	615	286	329	2592	1365	1227	126	55	71
35-39岁	569	258	311	1767	938	829	69	34	35
40-44岁	294	152	142	1418	765	653	68	26	42
45-49岁	301	151	150	1414	731	683	43	20	23
50-54岁	157	83	74	1502	740	762	28	10	18
55-59岁	122	51	71	966	489	477	18	7	11
60-64岁	112	40	72	685	346	339	8	4	4
65-69岁	69	33	36	643	319	324	5	1	4
70-74岁	27	12	15	374	173	201	4	2	2
75-79岁	18	8	10	286	129	157	2		2
80-84岁	8	2	6	165	80	85	2		2
85-89岁	6	2	4	91	32	59			
90-94岁	1		1	27	9	18			
95-99岁	1		1	10	4	6	1	1	
100岁及以上				2	1	1			

2-2b 续表 2 单位：人

年龄组	维吾尔族			苗族			彝族		
	小计	男	女	小计	男	女	小计	男	女
总计	**2029**	**1038**	**991**	**23356**	**11792**	**11564**	**11513**	**5873**	**5640**
0-4岁	61	28	33	1011	546	465	410	215	195
5-9岁	82	46	36	983	535	448	446	236	210
10-14岁	39	23	16	791	418	373	330	183	147
15-19岁	598	262	336	1475	824	651	983	549	434
20-24岁	576	294	282	3279	1817	1462	2107	1208	899
25-29岁	181	100	81	2766	1508	1258	1547	828	719
30-34岁	161	96	65	3035	1552	1483	1564	788	776
35-39岁	95	61	34	2615	1286	1329	1201	587	614
40-44岁	68	42	26	2400	1041	1359	1080	460	620
45-49岁	53	25	28	2551	1131	1420	992	408	584
50-54岁	31	17	14	1523	684	839	543	262	281
55-59岁	18	9	9	586	288	298	210	105	105
60-64岁	19	10	9	164	88	76	49	20	29
65-69岁	15	7	8	89	41	48	22	12	10
70-74岁	10	4	6	40	15	25	15	7	8
75-79岁	9	4	5	25	10	15	10	2	8
80-84岁	9	6	3	17	6	11	3	2	1
85-89岁	4	4		5	2	3			
90-94岁							1	1	
95-99岁				1		1			
100岁及以上									

2-2b 续表 3 单位：人

年龄组	壮族			布依族			朝鲜族		
	小计	男	女	小计	男	女	小计	男	女
总计	**7311**	**3174**	**4137**	**15003**	**7603**	**7400**	**4343**	**2158**	**2185**
0-4岁	347	167	180	878	488	390	363	194	169
5-9岁	395	190	205	1250	676	574	440	220	220
10-14岁	299	166	133	915	526	389	307	153	154
15-19岁	534	241	293	784	451	333	129	64	65
20-24岁	1173	502	671	1678	874	804	148	68	80
25-29岁	639	325	314	1502	792	710	192	90	102
30-34岁	924	394	530	1786	951	835	519	256	263
35-39岁	1036	403	633	1779	895	884	747	371	376
40-44岁	781	311	470	1830	880	950	452	244	208
45-49岁	516	221	295	1334	572	762	312	179	133
50-54岁	351	130	221	661	273	388	155	91	64
55-59岁	172	72	100	333	145	188	128	48	80
60-64岁	63	26	37	109	28	81	176	66	110
65-69岁	44	14	30	82	30	52	162	68	94
70-74岁	23	5	18	43	9	34	76	36	40
75-79岁	8	4	4	19	6	13	20	7	13
80-84岁	4	2	2	15	6	9	8	2	6
85-89岁	2	1	1	4	1	3	6	1	5
90-94岁							3		3
95-99岁				1		1			
100岁及以上									

2-2b　续表 4　　　　单位：人

年龄组	满　族			侗　族			瑶　族		
	小计	男	女	小计	男	女	小计	男	女
总　计	**6515**	**3345**	**3170**	**6243**	**2935**	**3308**	**1472**	**654**	**818**
0-4岁	609	316	293	267	141	126	95	41	54
5-9岁	584	297	287	312	170	142	82	41	41
10-14岁	349	178	171	240	134	106	66	34	32
15-19岁	377	199	178	348	187	161	106	50	56
20-24岁	552	302	250	708	407	301	219	99	120
25-29岁	554	290	264	581	354	227	144	69	75
30-34岁	867	484	383	698	359	339	186	77	109
35-39岁	778	394	384	667	315	352	209	82	127
40-44岁	513	255	258	648	242	406	131	62	69
45-49岁	366	179	187	886	279	607	110	46	64
50-54岁	296	149	147	576	223	353	64	29	35
55-59岁	251	115	136	200	83	117	30	13	17
60-64岁	197	92	105	54	23	31	18	7	11
65-69岁	136	60	76	27	11	16	7	2	5
70-74岁	44	18	26	13	1	12	2		2
75-79岁	16	5	11	12	4	8	3	2	1
80-84岁	13	8	5	5	2	3			
85-89岁	10	4	6						
90-94岁	2		2	1		1			
95-99岁	1		1						
100岁及以上									

2-2b　续表 5　　　　单位：人

年龄组	白　族			土家族			哈尼族		
	小计	男	女	小计	男	女	小计	男	女
总　计	**2500**	**1253**	**1247**	**16588**	**8580**	**8008**	**1574**	**709**	**865**
0-4岁	101	52	49	895	441	454	50	20	30
5-9岁	92	47	45	1016	535	481	49	22	27
10-14岁	73	35	38	872	446	426	43	26	17
15-19岁	199	126	73	862	480	382	75	50	25
20-24岁	457	261	196	1770	1013	757	238	121	117
25-29岁	270	147	123	1548	894	654	216	124	92
30-34岁	335	152	183	1927	1007	920	246	110	136
35-39岁	259	123	136	1722	864	858	253	107	146
40-44岁	257	107	150	1457	715	742	181	58	123
45-49岁	231	91	140	1993	918	1075	127	42	85
50-54岁	114	56	58	1449	715	734	61	21	40
55-59岁	41	26	15	665	354	311	22	5	17
60-64岁	17	9	8	172	86	86	5	1	4
65-69岁	18	8	10	139	75	64	3	1	2
70-74岁	18	5	13	54	20	34	1		1
75-79岁	9	3	6	19	5	14			
80-84岁	5	4	1	21	9	12	4	1	3
85-89岁	3	1	2	5	2	3			
90-94岁	1		1	1	1				
95-99岁				1		1			
100岁及以上									

2-2b 续表 6

单位：人

年龄组	哈萨克族			傣族			黎族		
	小计	男	女	小计	男	女	小计	男	女
总　计	**157**	**56**	**101**	**1214**	**598**	**616**	**649**	**266**	**383**
0-4岁	2		2	19	12	7	31	13	18
5-9岁				26	15	11	44	20	24
10-14岁				28	16	12	27	13	14
15-19岁	60	18	42	90	52	38	52	26	26
20-24岁	58	21	37	184	102	82	131	62	69
25-29岁	15	8	7	158	74	84	80	31	49
30-34岁	6	3	3	213	114	99	81	34	47
35-39岁	6	3	3	188	85	103	83	28	55
40-44岁	6	1	5	133	58	75	46	12	34
45-49岁	1		1	90	38	52	33	14	19
50-54岁	3	2	1	53	21	32	22	6	16
55-59岁				23	9	14	10	3	7
60-64岁				6	2	4	5	1	4
65-69岁				3		3	1	1	
70-74岁							2	1	1
75-79岁							1	1	
80-84岁									
85-89岁									
90-94岁									
95-99岁									
100岁及以上									

2-2b 续表 7

单位：人

年龄组	傈僳族			佤族			畲族		
	小计	男	女	小计	男	女	小计	男	女
总　计	**712**	**276**	**436**	**659**	**333**	**326**	**649**	**357**	**292**
0-4岁	29	10	19	8	3	5	49	31	18
5-9岁	14	5	9	11	4	7	42	25	17
10-14岁	16	7	9	7	3	4	38	23	15
15-19岁	31	18	13	46	32	14	44	22	22
20-24岁	95	48	47	94	56	38	67	46	21
25-29岁	106	43	63	91	46	45	77	42	35
30-34岁	128	49	79	136	58	78	87	41	46
35-39岁	114	43	71	103	46	57	88	42	46
40-44岁	80	23	57	80	48	32	50	30	20
45-49岁	60	18	42	46	24	22	45	24	21
50-54岁	28	10	18	24	8	16	32	13	19
55-59岁	6	1	5	10	4	6	20	11	9
60-64岁	2		2	3	1	2	1		1
65-69岁	1		1				4	2	2
70-74岁	2	1	1				2	2	
75-79岁							3	3	
80-84岁									
85-89岁									
90-94岁									
95-99岁									
100岁及以上									

2-2b　续表 8　　　　单位：人

年龄组	高山族			拉祜族			水　族		
	小计	男	女	小计	男	女	小计	男	女
总　计	**17**	**8**	**9**	**670**	**247**	**423**	**3083**	**1723**	**1360**
0-4岁	1		1	13	5	8	169	94	75
5-9岁	1		1	14	8	6	287	173	114
10-14岁	1		1	16	12	4	197	118	79
15-19岁	3	2	1	42	22	20	135	78	57
20-24岁				89	43	46	321	189	132
25-29岁	1	1		97	46	51	321	182	139
30-34岁				138	60	78	462	252	210
35-39岁	2	2		104	21	83	431	244	187
40-44岁	1		1	82	18	64	333	174	159
45-49岁				39	4	35	239	131	108
50-54岁	2	1	1	17	5	12	118	55	63
55-59岁	2	1	1	13	3	10	49	24	25
60-64岁	2		2	2		2	9	6	3
65-69岁	1	1		4		4	10	3	7
70-74岁							1		1
75-79岁							1		1
80-84岁									
85-89岁									
90-94岁									
95-99岁									
100岁及以上									

2-2b　续表 9　　　　单位：人

年龄组	东乡族			纳西族			景颇族		
	小计	男	女	小计	男	女	小计	男	女
总　计	**484**	**251**	**233**	**120**	**45**	**75**	**262**	**127**	**135**
0-4岁	40	22	18	3	1	2	9		9
5-9岁	59	25	34	3	2	1	7	5	2
10-14岁	42	22	20	3	1	2	3	2	1
15-19岁	37	21	16	11	5	6	10	6	4
20-24岁	52	26	26	44	22	22	41	25	16
25-29岁	70	37	33	13	6	7	51	21	30
30-34岁	75	36	39	5	4	1	45	24	21
35-39岁	43	27	16	5	1	4	44	21	23
40-44岁	24	13	11	14	2	12	23	11	12
45-49岁	17	10	7	15	1	14	18	8	10
50-54岁	10	5	5	2		2	7	2	5
55-59岁	9	4	5				2	1	1
60-64岁				1		1	1		1
65-69岁	2		2	1		1	1	1	
70-74岁	4	3	1						
75-79岁									
80-84岁									
85-89岁									
90-94岁									
95-99岁									
100岁及以上									

2-2b 续表 10 单位：人

年龄组	柯尔克孜族			土族			达斡尔族		
	小计	男	女	小计	男	女	小计	男	女
总计	**115**	**68**	**47**	**285**	**134**	**151**	**119**	**58**	**61**
0-4岁	1		1	20	9	11	10	5	5
5-9岁				21	11	10	11	6	5
10-14岁				10	4	6	7	5	2
15-19岁	10	3	7	22	17	5	5	1	4
20-24岁	30	17	13	70	34	36	11	6	5
25-29岁	27	15	12	27	13	14	13	5	8
30-34岁	21	14	7	33	14	19	19	7	12
35-39岁	8	7	1	22	14	8	19	14	5
40-44岁	11	8	3	19	6	13	6	2	4
45-49岁	6	3	3	19	6	13	6	1	5
50-54岁	1	1		14	4	10	5	2	3
55-59岁				4	2	2	1		1
60-64岁				3		3	5	3	2
65-69岁							1	1	
70-74岁				1		1			
75-79岁									
80-84岁									
85-89岁									
90-94岁									
95-99岁									
100岁及以上									

2-2b 续表 11 单位：人

年龄组	仫佬族			羌族			布朗族		
	小计	男	女	小计	男	女	小计	男	女
总计	**367**	**189**	**178**	**509**	**283**	**226**	**147**	**59**	**88**
0-4岁	24	12	12	21	7	14	3	2	1
5-9岁	20	9	11	25	13	12	1		1
10-14岁	23	16	7	18	9	9	4	4	
15-19岁	27	16	11	21	11	10	11	8	3
20-24岁	65	33	32	40	21	19	30	15	15
25-29岁	28	16	12	57	38	19	12	6	6
30-34岁	34	12	22	79	47	32	30	12	18
35-39岁	51	26	25	54	30	24	20	5	15
40-44岁	40	22	18	46	23	23	16	2	14
45-49岁	31	14	17	70	35	35	12	3	9
50-54岁	13	8	5	48	29	19	7	1	6
55-59岁	5	3	2	20	14	6	1	1	
60-64岁	1	1		4	3	1			
65-69岁	2		2	3	3				
70-74岁	2	1	1	3		3			
75-79岁									
80-84岁									
85-89岁	1		1						
90-94岁									
95-99岁									
100岁及以上									

2-2b　续表 12

单位：人

年龄组	撒拉族			毛南族			仡佬族		
	小计	男	女	小计	男	女	小计	男	女
总　计	**131**	**75**	**56**	**121**	**64**	**57**	**1478**	**823**	**655**
0-4岁	8	5	3	4	3	1	65	38	27
5-9岁	18	9	9	4	3	1	71	41	30
10-14岁	13	8	5	6	3	3	54	28	26
15-19岁	13	5	8	3	2	1	95	55	40
20-24岁	12	8	4	23	13	10	311	169	142
25-29岁	15	12	3	20	12	8	133	78	55
30-34岁	14	8	6	7	4	3	126	70	56
35-39岁	12	6	6	12	7	5	145	74	71
40-44岁	11	4	7	14	8	6	143	77	66
45-49岁	11	7	4	10	4	6	164	92	72
50-54岁	3	2	1	13	3	10	91	45	46
55-59岁	1	1		4	1	3	56	41	15
60-64岁							15	7	8
65-69岁				1	1		5	5	
70-74岁							1		1
75-79岁							1	1	
80-84岁							2	2	
85-89岁									
90-94岁									
95-99岁									
100岁及以上									

2-2b　续表 13

单位：人

年龄组	锡伯族			阿昌族			普米族		
	小计	男	女	小计	男	女	小计	男	女
总　计	**163**	**76**	**87**	**166**	**88**	**78**	**33**	**9**	**24**
0-4岁	12	6	6	4	3	1	1		1
5-9岁	10	5	5	4	3	1	6	1	5
10-14岁	8	3	5						
15-19岁	16	9	7	8	8		3	1	2
20-24岁	12	5	7	23	11	12	6	2	4
25-29岁	18	10	8	34	15	19	4	1	3
30-34岁	21	9	12	36	19	17	4	1	3
35-39岁	14	6	8	22	15	7	2	1	1
40-44岁	10	5	5	16	6	10	2		2
45-49岁	15	8	7	11	5	6	3	1	2
50-54岁	10	2	8	8	3	5			
55-59岁	6	5	1				1		1
60-64岁	3	1	2						
65-69岁	2	1	1				1	1	
70-74岁	3	1	2						
75-79岁	2		2						
80-84岁	1		1						
85-89岁									
90-94岁									
95-99岁									
100岁及以上									

2-2b 续表 14

单位：人

年龄组	塔吉克族			怒　族			乌孜别克族		
	小计	男	女	小计	男	女	小计	男	女
总　计	**3**	**3**		**32**	**7**	**25**	**5**	**2**	**3**
0-4岁				3	1	2			
5-9岁				2		2			
10-14岁				1		1			
15-19岁	2	2		2		2	1		1
20-24岁	1	1		4	1	3	2	1	1
25-29岁				3		3			
30-34岁				5	2	3			
35-39岁				5	1	4			
40-44岁				4	2	2			
45-49岁				1		1	1		1
50-54岁				1		1			
55-59岁									
60-64岁				1		1			
65-69岁									
70-74岁									
75-79岁							1	1	
80-84岁									
85-89岁									
90-94岁									
95-99岁									
100岁及以上									

2-2b 续表 15

单位：人

年龄组	俄罗斯族			鄂温克族			德 昂 族		
	小计	男	女	小计	男	女	小计	男	女
总　计	**32**	**17**	**15**	**27**	**11**	**16**	**5**		**5**
0-4岁	3	1	2	1	1				
5-9岁	7	3	4	2	1	1			
10-14岁	1		1	3	1	2			
15-19岁	3	2	1	1		1			
20-24岁	1	1		4	3	1	1		1
25-29岁	1	1		2		2			
30-34岁	3	1	2	4	2	2	2		2
35-39岁	5	4	1	5	2	3	1		1
40-44岁	1		1	2		2			
45-49岁	3	2	1				1		1
50-54岁	2		2						
55-59岁	1	1		3	1	2			
60-64岁									
65-69岁	1	1							
70-74岁									
75-79岁									
80-84岁									
85-89岁									
90-94岁									
95-99岁									
100岁及以上									

2-2b　续表 16

单位：人

年龄组	保安族			裕固族			京族		
	小计	男	女	小计	男	女	小计	男	女
总　计	**23**	**15**	**8**	**4**	**2**	**2**	**8**	**4**	**4**
0-4岁	3	3							
5-9岁	3	1	2				1		1
10-14岁	2	1	1						
15-19岁	2	2					1	1	
20-24岁	1	1					1		1
25-29岁	4	1	3	4	2	2	1	1	
30-34岁	6	4	2				2	2	
35-39岁	1	1					1		1
40-44岁									
45-49岁	1	1							
50-54岁									
55-59岁									
60-64岁							1		1
65-69岁									
70-74岁									
75-79岁									
80-84岁									
85-89岁									
90-94岁									
95-99岁									
100岁及以上									

2-2b　续表 17

单位：人

年龄组	塔塔尔族			独龙族			鄂伦春族		
	小计	男	女	小计	男	女	小计	男	女
总　计	**2**	**1**	**1**	**4**		**4**	**11**	**6**	**5**
0-4岁							1	1	
5-9岁							2	1	1
10-14岁									
15-19岁	1		1						
20-24岁							1		1
25-29岁							1	1	
30-34岁				1		1	1	1	
35-39岁				1		1	3	1	2
40-44岁							1	1	
45-49岁				1		1			
50-54岁									
55-59岁	1	1					1		1
60-64岁									
65-69岁				1		1			
70-74岁									
75-79岁									
80-84岁									
85-89岁									
90-94岁									
95-99岁									
100岁及以上									

2-2b 续表 18 单位：人

年龄组	赫哲族			门巴族			珞巴族		
	小计	男	女	小计	男	女	小计	男	女
总　计	**4**	**3**	**1**	**18**	**8**	**10**	**5**	**2**	**3**
0-4岁									
5-9岁	1		1						
10-14岁				1	1				
15-19岁				5	1	4	2		2
20-24岁	1	1		10	5	5	3	2	1
25-29岁				1		1			
30-34岁	1	1							
35-39岁	1	1							
40-44岁									
45-49岁									
50-54岁				1	1				
55-59岁									
60-64岁									
65-69岁									
70-74岁									
75-79岁									
80-84岁									
85-89岁									
90-94岁									
95-99岁									
100岁及以上									

2-2b 续表 19 单位：人

年龄组	基诺族			未定族称人口			入　籍		
	小计	男	女	小计	男	女	小计	男	女
总　计	**8**	**4**	**4**	**1838**	**992**	**846**	**78**	**36**	**42**
0-4岁				121	58	63	8	4	4
5-9岁				115	66	49	2	2	
10-14岁				100	58	42	4	2	2
15-19岁	1	1		161	99	62	3	1	2
20-24岁	2	1	1	315	185	130	19	13	6
25-29岁	2	2		223	112	111	8	4	4
30-34岁				221	127	94	15	3	12
35-39岁				176	75	101	9	4	5
40-44岁	1		1	156	85	71	1		1
45-49岁	1		1	131	62	69	2	1	1
50-54岁				79	42	37	2		2
55-59岁	1		1	28	17	11	2	1	1
60-64岁				5	3	2			
65-69岁				5	2	3			
70-74岁				1		1			
75-79岁				1	1		2	1	1
80-84岁									
85-89岁									
90-94岁							1		1
95-99岁									
100岁及以上									

2-2c　全省各民族分年龄、性别的人口(乡村)

单位：人

年龄组	合　计			汉　族		
	合计	男	女	小计	男	女
总　计	**22505633**	**11510786**	**10994847**	**22374041**	**11448656**	**10925385**
0-4岁	845097	442379	402718	839064	439265	399799
5-9岁	1099808	585045	514763	1093182	581431	511751
10-14岁	1199770	646697	553073	1194757	644069	550688
15-19岁	558141	314494	243647	552753	311257	241496
20-24岁	697979	397804	300175	685592	390411	295181
25-29岁	1138567	631168	507399	1124784	623676	501108
30-34岁	1558102	842382	715720	1541502	834057	707445
35-39岁	1043926	555666	488260	1029441	549194	480247
40-44岁	1119383	577551	541832	1105064	572006	533058
45-49岁	1639079	811474	827605	1623261	805801	817460
50-54岁	2424536	1200230	1224306	2413324	1195943	1217381
55-59岁	2021730	1016808	1004922	2016541	1014643	1001898
60-64岁	1642688	849633	793055	1640997	848825	792172
65-69岁	1975072	1002673	972399	1973766	1002069	971697
70-74岁	1438269	712049	726220	1437506	711704	725802
75-79岁	972505	466039	506466	972042	465832	506210
80-84岁	624962	278111	346851	624666	277980	346686
85-89岁	353784	134697	219087	353632	134632	219000
90-94岁	122260	38291	83969	122200	38267	83933
95-99岁	26871	6873	19998	26864	6872	19992
100岁及以上	3104	722	2382	3103	722	2381

2-2c　续表 1

单位：人

年龄组	蒙古族			回　族			藏　族		
	小计	男	女	小计	男	女	小计	男	女
总　计	**1923**	**961**	**962**	**14520**	**7454**	**7066**	**762**	**311**	**451**
0-4岁	101	48	53	904	461	443	25	9	16
5-9岁	103	56	47	946	506	440	26	13	13
10-14岁	96	44	52	745	391	354	28	16	12
15-19岁	79	48	31	548	314	234	75	35	40
20-24岁	143	83	60	870	491	379	134	73	61
25-29岁	200	117	83	1141	634	507	89	46	43
30-34岁	292	157	135	1431	777	654	107	40	67
35-39岁	272	136	136	794	408	386	74	24	50
40-44岁	194	76	118	772	382	390	51	16	35
45-49岁	173	74	99	1139	541	598	63	19	44
50-54岁	126	64	62	1492	669	823	37	8	29
55-59岁	73	31	42	1145	537	608	25	7	18
60-64岁	30	14	16	678	386	292	18	2	16
65-69岁	16	4	12	733	385	348	6	2	4
70-74岁	12	2	10	482	245	237	1		1
75-79岁	2	1	1	312	151	161			
80-84岁	9	4	5	208	103	105	3	1	2
85-89岁	1	1		124	52	72			
90-94岁	1	1		50	20	30			
95-99岁				6	1	5			
100岁及以上									

2-2c 续表 2

单位：人

年龄组	维吾尔族			苗族			彝族		
	小计	男	女	小计	男	女	小计	男	女
总 计	**316**	**148**	**168**	**28750**	**13680**	**15070**	**15158**	**7224**	**7934**
0-4岁	12	6	6	1201	629	572	556	288	268
5-9岁	10	6	4	1131	622	509	627	328	299
10-14岁	6	3	3	893	452	441	476	219	257
15-19岁	7	5	2	1274	736	538	836	548	288
20-24岁	50	25	25	3240	1930	1310	1877	1149	728
25-29岁	53	28	25	3373	1839	1534	1941	1054	887
30-34岁	39	17	22	3736	1925	1811	2063	1031	1032
35-39岁	26	10	16	3259	1477	1782	1664	702	962
40-44岁	23	12	11	3385	1325	2060	1750	630	1120
45-49岁	29	9	20	3639	1312	2327	1667	627	1040
50-54岁	12	4	8	2286	876	1410	1034	409	625
55-59岁	13	5	8	913	396	517	440	156	284
60-64岁	6	1	5	209	90	119	115	51	64
65-69岁	11	7	4	102	36	66	54	17	37
70-74岁	10	6	4	52	22	30	30	9	21
75-79岁	5	3	2	39	9	30	14	3	11
80-84岁	4	1	3	14	3	11	10	1	9
85-89岁				4	1	3	3	2	1
90-94岁							1		1
95-99岁									
100岁及以上									

2-2c 续表 3

单位：人

年龄组	壮族			布依族			朝鲜族		
	小计	男	女	小计	男	女	小计	男	女
总 计	**7189**	**2902**	**4287**	**10198**	**4489**	**5709**	**660**	**337**	**323**
0-4岁	306	163	143	419	203	216	75	38	37
5-9岁	365	183	182	568	319	249	66	36	30
10-14岁	263	142	121	431	227	204	39	22	17
15-19岁	243	132	111	362	215	147	18	10	8
20-24岁	515	301	214	867	531	336	19	13	6
25-29岁	581	259	322	1033	551	482	41	20	21
30-34岁	951	391	560	1168	565	603	87	39	48
35-39岁	1024	390	634	1141	467	674	89	44	45
40-44岁	938	344	594	1302	481	821	55	32	23
45-49岁	863	255	608	1372	438	934	46	26	20
50-54岁	712	204	508	949	286	663	33	14	19
55-59岁	304	89	215	398	138	260	40	22	18
60-64岁	64	26	38	100	36	64	19	5	14
65-69岁	35	15	20	53	23	30	15	7	8
70-74岁	9	3	6	18	3	15	12	7	5
75-79岁	9	2	7	11	6	5	2	1	1
80-84岁	4	2	2	4		4	2		2
85-89岁	3	1	2				2	1	1
90-94岁				2		2			
95-99岁									
100岁及以上									

2-2c　续表 4　　　　单位：人

年龄组	满族			侗族			瑶族		
	小计	男	女	小计	男	女	小计	男	女
总　计	**2094**	**1121**	**973**	**6921**	**2649**	**4272**	**1228**	**518**	**710**
0-4岁	140	76	64	240	127	113	62	26	36
5-9岁	114	56	58	315	151	164	57	34	23
10-14岁	92	43	49	248	130	118	42	17	25
15-19岁	77	46	31	232	144	88	41	22	19
20-24岁	164	101	63	519	312	207	118	75	43
25-29岁	223	117	106	549	312	237	109	56	53
30-34岁	305	179	126	663	321	342	176	74	102
35-39岁	233	118	115	725	279	446	189	70	119
40-44岁	207	110	97	809	212	597	157	53	104
45-49岁	188	83	105	1343	286	1057	139	48	91
50-54岁	152	85	67	830	219	611	89	30	59
55-59岁	102	59	43	332	113	219	32	9	23
60-64岁	50	25	25	64	25	39	6	2	4
65-69岁	29	14	15	22	5	17	7		7
70-74岁	9	4	5	16	8	8	2	1	1
75-79岁	4	2	2	8	3	5	1		1
80-84岁	2	1	1	6	2	4	1	1	
85-89岁	2	1	1						
90-94岁	1	1							
95-99岁									
100岁及以上									

2-2c　续表 5　　　　单位：人

年龄组	白族			土家族			哈尼族		
	小计	男	女	小计	男	女	小计	男	女
总　计	**2502**	**1060**	**1442**	**15654**	**7578**	**8076**	**2375**	**979**	**1396**
0-4岁	79	39	40	726	369	357	69	36	33
5-9岁	113	57	56	735	394	341	82	51	31
10-14岁	83	44	39	629	354	275	53	25	28
15-19岁	105	61	44	589	375	214	83	55	28
20-24岁	237	141	96	1218	737	481	237	151	86
25-29岁	210	114	96	1441	786	655	308	184	124
30-34岁	333	153	180	1720	932	788	405	180	225
35-39岁	286	114	172	1478	740	738	370	128	242
40-44岁	338	104	234	1531	618	913	309	77	232
45-49岁	319	85	234	2512	922	1590	237	59	178
50-54岁	212	67	145	1882	798	1084	146	25	121
55-59岁	80	37	43	788	374	414	51	6	45
60-64岁	31	9	22	168	85	83	16	2	14
65-69岁	29	15	14	123	47	76	5		5
70-74岁	23	6	17	55	20	35	1		1
75-79岁	8	5	3	36	18	18			
80-84岁	8	4	4	13	6	7	1		1
85-89岁	5	3	2	7	3	4	1		1
90-94岁	2	2		3		3			
95-99岁	1		1						
100岁及以上							1		1

2-2c 续表 6

单位：人

年龄组	哈萨克族			傣族			黎族		
	小计	男	女	小计	男	女	小计	男	女
总　计	**54**	**22**	**32**	**1717**	**766**	**951**	**666**	**261**	**405**
0-4岁	2	1	1	39	20	19	39	20	19
5-9岁	2	1	1	39	16	23	39	24	15
10-14岁	2	2		44	19	25	29	12	17
15-19岁	5	2	3	59	47	12	27	17	10
20-24岁	6	2	4	148	99	49	53	27	26
25-29岁	9	7	2	179	98	81	79	35	44
30-34岁	8	1	7	282	132	150	98	31	67
35-39岁	5	3	2	242	109	133	75	28	47
40-44岁	7	2	5	236	93	143	83	26	57
45-49岁	4	1	3	221	71	150	65	16	49
50-54岁	3		3	143	44	99	41	15	26
55-59岁				61	11	50	19	4	15
60-64岁	1		1	14	6	8	9	3	6
65-69岁				6	1	5	5	2	3
70-74岁				4		4	2	1	1
75-79岁							3		3
80-84岁									
85-89岁									
90-94岁									
95-99岁									
100岁及以上									

2-2c 续表 7

单位：人

年龄组	傈僳族			佤族			畲族		
	小计	男	女	小计	男	女	小计	男	女
总　计	**1251**	**434**	**817**	**870**	**442**	**428**	**450**	**228**	**222**
0-4岁	54	27	27	12	4	8	34	18	16
5-9岁	39	20	19	10	5	5	27	13	14
10-14岁	43	21	22	11	6	5	21	13	8
15-19岁	57	34	23	36	22	14	25	11	14
20-24岁	144	74	70	110	59	51	41	21	20
25-29岁	150	77	73	154	76	78	36	21	15
30-34岁	191	55	136	189	112	77	60	26	34
35-39岁	185	50	135	161	78	83	44	24	20
40-44岁	159	28	131	99	47	52	51	24	27
45-49岁	115	31	84	55	23	32	52	27	25
50-54岁	68	12	56	27	9	18	35	20	15
55-59岁	31	3	28	2		2	13	5	8
60-64岁	7	1	6	2		2	7	3	4
65-69岁	4		4	1		1	2		2
70-74岁	2		2				2	2	
75-79岁	1		1	1	1				
80-84岁	1	1							
85-89岁									
90-94岁									
95-99岁									
100岁及以上									

2-2c　续表 8　　　　单位：人

年龄组	高山族			拉祜族			水族		
	小计	男	女	小计	男	女	小计	男	女
总　计	**13**	**7**	**6**	**930**	**286**	**644**	**8938**	**5142**	**3796**
0-4岁				25	11	14	558	298	260
5-9岁				24	13	11	799	487	312
10-14岁	2	1	1	13	4	9	450	276	174
15-19岁				46	23	23	292	185	107
20-24岁				104	62	42	845	529	316
25-29岁				94	45	49	1064	630	434
30-34岁				183	52	131	1339	771	568
35-39岁	2	1	1	149	22	127	1277	723	554
40-44岁	1		1	135	29	106	999	531	468
45-49岁				71	14	57	725	389	336
50-54岁	1		1	44	6	38	407	219	188
55-59岁	2		2	27	3	24	136	79	57
60-64岁	2	2		10	1	9	22	12	10
65-69岁	1	1		4	1	3	16	10	6
70-74岁	1	1					6	1	5
75-79岁	1	1		1		1	1	1	
80-84岁							2	1	1
85-89岁									
90-94岁									
95-99岁									
100岁及以上									

2-2c　续表 9　　　　单位：人

年龄组	东乡族			纳西族			景颇族		
	小计	男	女	小计	男	女	小计	男	女
总　计	**178**	**102**	**76**	**98**	**20**	**78**	**317**	**114**	**203**
0-4岁	13	6	7	1		1	14	10	4
5-9岁	22	13	9	8	5	3	13	8	5
10-14岁	14	7	7	3	3		9	4	5
15-19岁	7	3	4	5	2	3	5	4	1
20-24岁	19	13	6	11	3	8	42	16	26
25-29岁	29	14	15	8	3	5	40	15	25
30-34岁	26	17	9	9	1	8	61	17	44
35-39岁	23	16	7	8	1	7	61	20	41
40-44岁	6	5	1	12	2	10	34	10	24
45-49岁	5	2	3	12		12	24	5	19
50-54岁	9	4	5	11		11	11	5	6
55-59岁	1	1		8		8	2		2
60-64岁	3	1	2	1		1			
65-69岁									
70-74岁				1		1	1		1
75-79岁									
80-84岁	1		1						
85-89岁									
90-94岁									
95-99岁									
100岁及以上									

2-2c 续表 10

单位：人

年龄组	柯尔克孜族			土　族			达斡尔族		
	小计	男	女	小计	男	女	小计	男	女
总　计	**4**	**1**	**3**	**225**	**85**	**140**	**66**	**36**	**30**
0-4岁				14	8	6	3	1	2
5-9岁				4		4	2	1	1
10-14岁				8	2	6	6	2	4
15-19岁	1		1	10	5	5			
20-24岁				14	4	10	2	2	
25-29岁	1		1	27	12	15	8	7	1
30-34岁				34	14	20	4	3	1
35-39岁				23	12	11	13	10	3
40-44岁	1		1	16	6	10	12	7	5
45-49岁	1	1		33	11	22	7	2	5
50-54岁				25	6	19	3		3
55-59岁				8	2	6	3		3
60-64岁				4	2	2	2	1	1
65-69岁				3	1	2			
70-74岁				1		1	1		1
75-79岁									
80-84岁				1		1			
85-89岁									
90-94岁									
95-99岁									
100岁及以上									

2-2c 续表 11

单位：人

年龄组	仫佬族			羌　族			布朗族		
	小计	男	女	小计	男	女	小计	男	女
总　计	**310**	**143**	**167**	**450**	**239**	**211**	**202**	**67**	**135**
0-4岁	11	4	7	14	11	3	8	3	5
5-9岁	20	10	10	17	9	8	8	4	4
10-14岁	11	8	3	12	6	6	7	3	4
15-19岁	14	8	6	15	7	8	8	2	6
20-24岁	35	21	14	38	26	12	18	13	5
25-29岁	30	15	15	42	22	20	22	12	10
30-34岁	40	20	20	56	34	22	26	7	19
35-39岁	34	18	16	38	13	25	41	8	33
40-44岁	36	12	24	53	25	28	27	4	23
45-49岁	39	14	25	83	33	50	21	9	12
50-54岁	28	9	19	60	41	19	12	1	11
55-59岁	8	4	4	12	9	3	2		2
60-64岁	3		3	5	2	3	2	1	1
65-69岁	1		1	3	1	2			
70-74岁				1		1			
75-79岁				1		1			
80-84岁									
85-89岁									
90-94岁									
95-99岁									
100岁及以上									

2-2c　续表 12　　单位：人

年龄组	撒拉族			毛南族			仡佬族		
	小计	男	女	小计	男	女	小计	男	女
总　计	**32**	**16**	**16**	**88**	**50**	**38**	**1393**	**770**	**623**
0-4岁	5	3	2	6	2	4	60	36	24
5-9岁	2	1	1	2	2		75	41	34
10-14岁	3		3	3		3	48	30	18
15-19岁	2		2	3	1	2	61	38	23
20-24岁	6	3	3	2	2		167	111	56
25-29岁	3	2	1	7	4	3	140	90	50
30-34岁	5	3	2	14	11	3	137	72	65
35-39岁	4	3	1	11	7	4	127	63	64
40-44岁	1		1	7	4	3	159	79	80
45-49岁				19	9	10	219	96	123
50-54岁	1	1		8	3	5	118	65	53
55-59岁				5	4	1	57	32	25
60-64岁				1	1		8	6	2
65-69岁							10	8	2
70-74岁							4	3	1
75-79岁							2		2
80-84岁							1		1
85-89岁									
90-94岁									
95-99岁									
100岁及以上									

2-2c　续表 13　　单位：人

年龄组	锡伯族			阿昌族			普米族		
	小计	男	女	小计	男	女	小计	男	女
总　计	**47**	**22**	**25**	**145**	**67**	**78**	**17**	**7**	**10**
0-4岁	3		3	4	2	2			
5-9岁	4	2	2	4	1	3	2	2	
10-14岁	1	1		2	1	1			
15-19岁				7	5	2	1	1	
20-24岁	3	2	1	16	7	9	1		1
25-29岁	10	4	6	20	6	14			
30-34岁	5	3	2	21	11	10	3		3
35-39岁	2	1	1	30	16	14	4	2	2
40-44岁	5	3	2	19	8	11	2	1	1
45-49岁	4	1	3	16	7	9	2	1	1
50-54岁	4	2	2	4	3	1			
55-59岁	4	2	2	2		2	2		2
60-64岁	1	1							
65-69岁	1		1						
70-74岁									
75-79岁									
80-84岁									
85-89岁									
90-94岁									
95-99岁									
100岁及以上									

2-2c 续表 14

单位：人

年龄组	塔吉克族			怒族			乌孜别克族		
	小计	男	女	小计	男	女	小计	男	女
总 计	**1**	**1**		**52**	**15**	**37**			
0-4岁				1		1			
5-9岁									
10-14岁				2		2			
15-19岁				2	2				
20-24岁	1	1		6	2	4			
25-29岁				13	7	6			
30-34岁				6	3	3			
35-39岁				8	1	7			
40-44岁				6		6			
45-49岁				4		4			
50-54岁				3		3			
55-59岁									
60-64岁				1		1			
65-69岁									
70-74岁									
75-79岁									
80-84岁									
85-89岁									
90-94岁									
95-99岁									
100岁及以上									

2-2c 续表 15

单位：人

年龄组	俄罗斯族			鄂温克族			德昂族		
	小计	男	女	小计	男	女	小计	男	女
总 计	**7**	**4**	**3**	**11**	**4**	**7**	**23**	**10**	**13**
0-4岁				1		1	2	2	
5-9岁				1	1		1		1
10-14岁	1	1		1		1			
15-19岁	1	1					2		2
20-24岁	1	1					4	4	
25-29岁	1	1		3	2	1	5	1	4
30-34岁				1		1	4	2	2
35-39岁	1		1	3	1	2	1		1
40-44岁							3		3
45-49岁	2		2						
50-54岁				1		1	1	1	
55-59岁									
60-64岁									
65-69岁									
70-74岁									
75-79岁									
80-84岁									
85-89岁									
90-94岁									
95-99岁									
100岁及以上									

2-2c　续表 16　　　　单位：人

年龄组	保安族			裕固族			京族		
	小计	男	女	小计	男	女	小计	男	女
总　计	**8**	**4**	**4**	**7**	**4**	**3**	**16**	**5**	**11**
0-4岁							3	2	1
5-9岁	2	1	1				1		1
10-14岁	1	1							
15-19岁				1	1		1	1	
20-24岁	1		1	2	2		2		2
25-29岁	2		2	2	1	1	1		1
30-34岁	1	1							
35-39岁							1		1
40-44岁				1		1	2		2
45-49岁							1	1	
50-54岁	1	1		1		1	3	1	2
55-59岁									
60-64岁							1		1
65-69岁									
70-74岁									
75-79岁									
80-84岁									
85-89岁									
90-94岁									
95-99岁									
100岁及以上									

2-2c　续表 17　　　　单位：人

年龄组	塔塔尔族			独龙族			鄂伦春族		
	小计	男	女	小计	男	女	小计	男	女
总　计				**6**		**6**	**7**	**4**	**3**
0-4岁									
5-9岁									
10-14岁							1	1	
15-19岁									
20-24岁				1		1			
25-29岁				1		1	1	1	
30-34岁				1		1			
35-39岁							1	1	
40-44岁				3		3	3	1	2
45-49岁									
50-54岁							1		1
55-59岁									
60-64岁									
65-69岁									
70-74岁									
75-79岁									
80-84岁									
85-89岁									
90-94岁									
95-99岁									
100岁及以上									

2-2c 续表 18

单位：人

年龄组	赫哲族			门巴族			珞巴族		
	小计	男	女	小计	男	女	小计	男	女
总　计	**7**	**5**	**2**				**1**		**1**
0-4岁	1	1							
5-9岁									
10-14岁									
15-19岁									
20-24岁									
25-29岁									
30-34岁									
35-39岁	3	2	1						
40-44岁	1	1							
45-49岁	1	1							
50-54岁							1		1
55-59岁	1		1						
60-64岁									
65-69岁									
70-74岁									
75-79岁									
80-84岁									
85-89岁									
90-94岁									
95-99岁									
100岁及以上									

2-2c 续表 19

单位：人

年龄组	基诺族			未定族称人口			入籍		
	小计	男	女	小计	男	女	小计	男	女
总　计	**15**	**1**	**14**	**2618**	**1308**	**1310**	**102**	**27**	**75**
0-4岁	4		4	174	102	72	13	4	9
5-9岁				198	119	79	3	3	
10-14岁	1		1	136	74	62	4	1	3
15-19岁	1	1		122	68	54	3		3
20-24岁				323	171	152	13	3	10
25-29岁	1		1	295	162	133	14	5	9
30-34岁	2		2	302	142	160	16	3	13
35-39岁	3		3	276	130	146	5	2	3
40-44岁	1		1	308	123	185	10	2	8
45-49岁	1		1	273	120	153	14	4	10
50-54岁	1		1	142	61	81	2		2
55-59岁				44	27	17	3		3
60-64岁				11	6	5			
65-69岁				9	2	7			
70-74岁				3	1	2	2		2
75-79岁				1		1			
80-84岁				1		1			
85-89岁									
90-94岁									
95-99岁									
100岁及以上									

2-3　全省各民族分性别、受教育程度的3岁及以上人口

单位：人

民　族	3岁及以上人口			未上过学		
	合计	男	女	小计	男	女
总　计	**82756266**	**41994185**	**40762081**	**2803412**	**686569**	**2116843**
汉　族	82152833	41692217	40460616	2792928	683529	2109399
蒙古族	20923	10540	10383	166	65	101
回　族	135532	69478	66054	2322	730	1592
藏　族	12483	5902	6581	103	31	72
维吾尔族	10425	4999	5426	97	45	52
苗　族	85743	43322	42421	2096	507	1589
彝　族	46441	24038	22403	1184	398	786
壮　族	30751	13134	17617	300	83	217
布依族	39059	19281	19778	759	182	577
朝鲜族	16320	8235	8085	115	57	58
满　族	33856	17271	16585	283	136	147
侗　族	23850	11143	12707	346	82	264
瑶　族	6196	2812	3384	111	37	74
白　族	9702	4772	4930	149	41	108
土家族	61416	31046	30370	826	252	574
哈尼族	7013	3251	3762	237	37	200
哈萨克族	1378	562	816	4	2	2
傣　族	4642	2194	2448	68	20	48
黎　族	2958	1260	1698	48	8	40
傈僳族	3027	1193	1834	104	19	85
佤　族	2437	1293	1144	41	7	34
畲　族	3054	1612	1442	42	18	24
高山族	89	43	46			
拉祜族	2427	934	1493	86	17	69
水　族	17014	9775	7239	362	105	257
东乡族	2139	1215	924	91	37	54
纳西族	516	187	329	6		6
景颇族	897	400	497	19	7	12
柯尔克孜族	381	188	193	1	1	
土　族	1174	549	625	17	7	10
达斡尔族	568	283	285	9	4	5
仫佬族	1478	736	742	21	2	19
羌　族	1613	871	742	28	9	19
布朗族	550	229	321	16	2	14
撒拉族	559	321	238	22	7	15
毛南族	519	289	230	8	3	5
仡佬族	6004	3375	2629	91	17	74
锡伯族	881	406	475	4	2	2
阿昌族	568	297	271	3	1	2
普米族	104	46	58	5		5
塔吉克族	30	12	18			
怒　族	126	39	87	3		3
乌孜别克族	23	14	9			
俄罗斯族	178	77	101			
鄂温克族	120	52	68	1		1
德昂族	44	15	29			
保安族	79	47	32	3	2	1
裕固族	42	22	20			
京　族	57	24	33	8	3	5
塔塔尔族	7	4	3			
独龙族	19	4	15			
鄂伦春族	67	29	38			
赫哲族	32	18	14			
门巴族	64	28	36			
珞巴族	18	6	12			
基诺族	31	10	21			
未定族称人口	7549	3991	3558	254	56	198
入　籍	260	94	166	25	1	24

2-3　续表 1　　单位：人

民　族	学前教育			小　学		
	小计	男	女	小计	男	女
总　计	**2912866**	**1502630**	**1410236**	**19273379**	**8702944**	**10570435**
汉　族	2890095	1490874	1399221	19152626	8649184	10503442
蒙古族	1154	621	533	2786	1344	1442
回　族	6576	3359	3217	22718	10859	11859
藏　族	106	52	54	650	303	347
维吾尔族	232	121	111	757	401	356
苗　族	2171	1134	1037	21893	9463	12430
彝　族	971	524	447	11762	5298	6464
壮　族	1064	503	561	5059	2026	3033
布依族	1327	712	615	9588	4083	5505
朝鲜族	1057	537	520	2215	1021	1194
满　族	2182	1109	1073	4565	2195	2370
侗　族	696	385	311	5307	1832	3475
瑶　族	285	141	144	1059	465	594
白　族	257	129	128	1794	694	1100
土家族	2344	1171	1173	13074	5813	7261
哈尼族	158	88	70	1866	723	1143
哈萨克族	4	1	3	29	5	24
傣　族	72	35	37	933	343	590
黎　族	114	61	53	543	208	335
傈僳族	83	33	50	823	248	575
佤　族	19	6	13	684	345	339
畲　族	169	91	78	583	284	299
高山族	2	1	1	10	4	6
拉祜族	51	27	24	733	207	526
水　族	777	458	319	5362	2788	2574
东乡族	107	56	51	621	310	311
纳西族	16	4	12	63	16	47
景颇族	24	12	12	211	89	122
柯尔克孜族	4	1	3	18	10	8
土　族	44	14	30	173	63	110
达斡尔族	30	15	15	75	38	37
仫佬族	62	32	30	270	131	139
羌　族	47	24	23	328	158	170
布朗族	8	4	4	160	48	112
撒拉族	25	11	14	174	86	88
毛南族	11	7	4	94	47	47
仡佬族	159	73	86	1209	610	599
锡伯族	56	33	23	87	43	44
阿昌族	12	7	5	124	61	63
普米族	3	2	1	16	6	10
塔吉克族						
怒　族	5	1	4	30	7	23
乌孜别克族	1	1				
俄罗斯族	11	5	6	16	3	13
鄂温克族	6	4	2	9	5	4
德昂族				10	1	9
保安族	3	1	2	13	5	8
裕固族				4	4	
京　族	2	2		9	1	8
塔塔尔族				1	1	
独龙族				5		5
鄂伦春族	5	2	3	12	7	5
赫哲族	2	1	1	5	1	4
门巴族	1	1		3	2	1
珞巴族						
基诺族	2		2	6	1	5
未定族称人口	243	139	104	2157	1041	1116
入　籍	11	5	6	57	13	44

2-3　续表 2　　　　单位：人

民　族	初　中			高　中			大学专科		
	小计	男	女	小计	男	女	小计	男	女
总　计	**28227982**	**15058047**	**13169935**	**13721862**	**7673049**	**6048813**	**8187482**	**4412757**	**3774725**
汉　族	28016743	14945308	13071435	13635805	7626987	6008818	8128319	4382900	3745419
蒙古族	4450	2304	2146	2851	1515	1336	2736	1368	1368
回　族	36049	19304	16745	26567	14375	12192	17056	8898	8158
藏　族	1241	655	586	1611	656	955	6025	3004	3021
维吾尔族	1543	950	593	3446	1411	2035	1539	840	699
苗　族	39018	21298	17720	9396	5356	4040	4846	2528	2318
彝　族	21623	11959	9664	5634	3264	2370	2589	1350	1239
壮　族	10787	4793	5994	3899	1792	2107	2985	1225	1760
布依族	18079	9609	8470	3789	2117	1672	1959	960	999
朝鲜族	2030	995	1035	2613	1324	1289	2560	1366	1194
满　族	6155	3289	2866	4598	2410	2188	4459	2230	2229
侗　族	10281	5132	5149	2791	1515	1276	1657	816	841
瑶　族	2031	960	1071	842	411	431	600	258	342
白　族	3699	1925	1774	1518	893	625	815	389	426
土家族	23770	12655	11115	8433	4622	3811	5302	2682	2620
哈尼族	3396	1756	1640	775	414	361	332	136	196
哈萨克族	82	47	35	415	147	268	197	100	97
傣　族	2418	1247	1171	635	335	300	254	109	145
黎　族	1008	427	581	390	155	235	321	141	180
傈僳族	1483	647	836	325	156	169	105	48	57
佤　族	1289	733	556	292	154	138	73	32	41
畲　族	975	558	417	485	259	226	283	148	135
高山族	25	9	16	21	9	12	12	7	5
拉祜族	1183	535	648	226	84	142	95	46	49
水　族	8473	5208	3265	1126	731	395	476	261	215
东乡族	706	412	294	492	339	153	69	37	32
纳西族	116	30	86	58	28	30	84	37	47
景颇族	500	222	278	93	47	46	40	17	23
柯尔克孜族	79	51	28	125	51	74	43	26	17
土　族	337	163	174	177	97	80	150	68	82
达斡尔族	129	71	58	63	36	27	64	27	37
仫佬族	541	293	248	185	98	87	100	42	58
羌　族	671	374	297	253	164	89	125	59	66
布朗族	250	123	127	68	29	39	22	7	15
撒拉族	171	106	65	100	71	29	32	19	13
毛南族	220	140	80	57	39	18	31	13	18
仡佬族	2351	1461	890	729	439	290	501	254	247
锡伯族	108	53	55	104	49	55	126	55	71
阿昌族	309	159	150	96	56	40	17	10	7
普米族	44	20	24	12	6	6	11	6	5
塔吉克族	1	1		12	4	8	10	4	6
怒　族	65	22	43	16	6	10	6	3	3
乌孜别克族	1	1		8	5	3	3	2	1
俄罗斯族	23	11	12	27	10	17	20	12	8
鄂温克族	31	12	19	20	10	10	17	9	8
德昂族	25	8	17	9	6	3			
保安族	22	14	8	33	23	10	1		1
裕固族	8	3	5	5	3	2	2		2
京　族	7	3	4	6	2	4	2	1	1
塔塔尔族				4	2	2	1	1	
独龙族	9	1	8	3	2	1	1	1	
鄂伦春族	10	8	2	10	3	7	7	3	4
赫哲族	11	10	1	3	2	1	4	2	2
门巴族	2	1	1	5		5	38	18	20
珞巴族	2		2	2		2	10	5	5
基诺族	14	4	10	3	1	2	5	3	2
未定族称人口	3315	1936	1379	586	325	261	315	160	155
入　籍	73	31	42	15	4	11	30	14	16

2-3 续表 3

单位：人

民 族	大学本科			硕士研究生			博士研究生		
	小计	男	女	小计	男	女	小计	男	女
总 计	**6806564**	**3510224**	**3296340**	**727164**	**386818**	**340346**	**95555**	**61147**	**34408**
汉 族	6724199	3470547	3253652	718127	382610	335517	93991	60278	33713
蒙古族	5581	2790	2791	1022	457	565	177	76	101
回 族	20925	10293	10632	2896	1416	1480	423	244	179
藏 族	2679	1175	1504	60	21	39	8	5	3
维吾尔族	2677	1164	1513	101	51	50	33	16	17
苗 族	5895	2819	3076	381	188	193	47	29	18
彝 族	2531	1188	1343	125	45	80	22	12	10
壮 族	6170	2479	3691	416	186	230	71	47	24
布依族	3440	1565	1875	101	43	58	17	10	7
朝鲜族	5143	2656	2487	476	222	254	111	57	54
满 族	9460	4891	4569	1826	834	992	328	177	151
侗 族	2569	1282	1287	172	82	90	31	17	14
瑶 族	1130	480	650	114	44	70	24	16	8
白 族	1333	637	696	108	45	63	29	19	10
土家族	6719	3375	3344	792	380	412	156	96	60
哈尼族	228	86	142	18	9	9	3	2	1
哈萨克族	624	252	372	22	8	14	1		1
傣 族	253	101	152	8	3	5	1	1	
黎 族	507	247	260	25	12	13	2	1	1
傈僳族	99	40	59	4	1	3	1	1	
佤 族	36	14	22	2	1	1	1	1	
畲 族	432	209	223	72	40	32	13	5	8
高山族	19	13	6						
拉祜族	48	17	31	4	1	3	1		1
水 族	420	216	204	13	4	9	5	4	1
东乡族	48	23	25	5	1	4			
纳西族	153	67	86	17	3	14	3	2	1
景颇族	10	6	4						
柯尔克孜族	109	47	62	2	1	1			
土 族	247	125	122	26	9	17	3	3	
达斡尔族	169	80	89	22	8	14	7	4	3
仫佬族	280	125	155	16	10	6	3	3	
羌 族	143	73	70	15	10	5	3		3
布朗族	24	15	9	2	1	1			
撒拉族	33	20	13	1	1		1		1
毛南族	93	39	54	4	1	3	1		1
仡佬族	916	496	420	44	21	23	4	4	
锡伯族	323	141	182	58	24	34	15	6	9
阿昌族	7	3	4						
普米族	11	5	6	2	1	1			
塔吉克族	7	3	4						
怒 族	1		1						
乌孜别克族	10	5	5						
俄罗斯族	66	29	37	13	6	7	2	1	1
鄂温克族	31	11	20	3	1	2	2		2
德昂族									
保安族	3	2	1	1		1			
裕固族	21	12	9	2		2			
京 族	22	12	10	1		1			
塔塔尔族	1		1						
独龙族	1		1						
鄂伦春族	15	6	9	7		7	1		1
赫哲族	5	1	4	2	1	1			
门巴族	15	6	9						
珞巴族	4	1	3						
基诺族	1	1							
未定族称人口	640	317	323	30	11	19	9	6	3
入 籍	38	17	21	6	5	1	5	4	1

2-3a 全省各民族分性别、受教育程度的3岁及以上人口(城市)

单位：人

民族	3岁及以上人口			未上过学		
	合计	男	女	小计	男	女
总 计	**39272262**	**19863513**	**19408749**	**835451**	**214131**	**621320**
汉 族	38936305	19691818	19244487	830974	212625	618349
蒙古族	14940	7586	7354	107	42	65
回 族	100320	51177	49143	1357	460	897
藏 族	7528	3659	3869	57	19	38
维吾尔族	8101	3822	4279	58	27	31
苗 族	34955	18550	16405	691	194	497
彝 族	20301	11210	9091	434	161	273
壮 族	16584	7225	9359	130	42	88
布依族	14551	7544	7007	210	52	158
朝鲜族	11550	5866	5684	81	43	38
满 族	25641	13016	12625	203	102	101
侗 族	10943	5693	5250	106	31	75
瑶 族	3575	1675	1900	57	26	31
白 族	4789	2508	2281	54	18	36
土家族	30079	15343	14736	351	118	233
哈尼族	3130	1591	1539	104	24	80
哈萨克族	1170	485	685	3	2	1
傣 族	1745	849	896	20	7	13
黎 族	1678	749	929	16	3	13
傈僳族	1101	501	600	21	3	18
佤 族	922	522	400	11	4	7
畲 族	1999	1057	942	25	7	18
高山族	60	28	32			
拉祜族	846	408	438	19	7	12
水 族	5389	3120	2269	98	32	66
东乡族	1497	873	624	59	26	33
纳西族	301	123	178	2		2
景颇族	330	165	165	7	3	4
柯尔克孜族	262	119	143			
土 族	681	342	339	12	7	5
达斡尔族	388	191	197	6	2	4
仫佬族	820	412	408	8	1	7
羌 族	670	357	313	8	4	4
布朗族	209	107	102	3		3
撒拉族	403	235	168	13	5	8
毛南族	316	177	139	5	2	3
仡佬族	3207	1829	1378	46	10	36
锡伯族	682	313	369	4	2	2
阿昌族	263	146	117	2	1	1
普米族	54	30	24			
塔吉克族	26	8	18			
怒 族	44	17	27			
乌孜别克族	18	12	6			
俄罗斯族	141	56	85			
鄂温克族	83	38	45	1		1
德昂族	18	7	11			
保安族	49	29	20	2	1	1
裕固族	31	16	15			
京 族	35	17	18	4	2	2
塔塔尔族	5	3	2			
独龙族	9	4	5			
鄂伦春族	50	20	30			
赫哲族	22	11	11			
门巴族	46	20	26			
珞巴族	12	4	8			
基诺族	10	5	5			
未定族称人口	3281	1789	1492	79	15	64
入 籍	97	36	61	3	1	2

2-3a 续表 1

单位：人

民 族	学前教育			小 学		
	小计	男	女	小计	男	女
总 计	**1426684**	**743636**	**683048**	**6626887**	**3019661**	**3607226**
汉 族	1413303	736780	676523	6574861	2994644	3580217
蒙古族	867	465	402	1752	856	896
回 族	4763	2409	2354	14468	7068	7400
藏 族	61	31	30	298	155	143
维吾尔族	161	84	77	515	276	239
苗 族	869	440	429	7138	3416	3722
彝 族	343	194	149	4058	2051	2007
壮 族	567	265	302	2011	859	1152
布依族	346	185	161	2793	1296	1497
朝鲜族	753	378	375	1476	682	794
满 族	1687	862	825	3241	1558	1683
侗 族	353	204	149	1768	786	982
瑶 族	176	90	86	513	266	247
白 族	131	71	60	623	288	335
土家族	1266	619	647	5068	2383	2685
哈尼族	74	43	31	722	349	373
哈萨克族	3	1	2	12	3	9
傣 族	36	17	19	236	97	139
黎 族	62	35	27	223	92	131
傈僳族	22	8	14	217	78	139
佤 族	8	2	6	225	132	93
畲 族	118	66	52	363	177	186
高山族	2	1	1	6	3	3
拉祜族	19	12	7	194	77	117
水 族	232	147	85	1510	763	747
东乡族	66	39	27	390	192	198
纳西族	10	3	7	20	6	14
景颇族	10	5	5	85	45	40
柯尔克孜族	3	1	2	7	3	4
土 族	22	8	14	77	33	44
达斡尔族	21	10	11	49	25	24
仫佬族	33	19	14	129	62	67
羌 族	25	11	14	108	47	61
布朗族	2	1	1	44	16	28
撒拉族	13	3	10	122	60	62
毛南族	7	4	3	55	30	25
仡佬族	78	31	47	544	293	251
锡伯族	46	28	18	66	36	30
阿昌族	7	4	3	78	42	36
普米族	3	2	1	6	3	3
塔吉克族						
怒 族	1		1	9	4	5
乌孜别克族	1	1				
俄罗斯族	7	2	5	9		9
鄂温克族	4	3	1	5	3	2
德昂族				3		3
保安族	1		1	6	1	5
裕固族				2	2	
京 族	2	2		3		3
塔塔尔族						
独龙族				2		2
鄂伦春族	4	1	3	8	6	2
赫哲族	2	1	1	4	1	3
门巴族	1	1				
珞巴族						
基诺族				2	1	1
未定族称人口	89	47	42	748	391	357
入 籍	4		4	15	4	11

2-3a　续表 2　　　　单位：人

民　族	初　中			高　中			大学专科		
	小计	男	女	小计	男	女	小计	男	女
总　计	**11492455**	**5914979**	**5577476**	**7561970**	**4042695**	**3519275**	**5457423**	**2894722**	**2562701**
汉　族	11400908	5864312	5536596	7506197	4013261	3492936	5415961	2873727	2542234
蒙古族	2506	1336	1170	1997	1059	938	2040	1033	1007
回　族	22885	12069	10816	21167	11217	9950	14188	7354	6834
藏　族	659	391	268	1037	457	580	2970	1522	1448
维吾尔族	1031	648	383	2776	1109	1667	1027	575	452
苗　族	13854	8061	5793	4543	2594	1949	2920	1493	1427
彝　族	8604	5093	3511	3161	1886	1275	1527	795	732
壮　族	4167	1913	2254	2236	1030	1206	2098	910	1188
布依族	5644	3280	2364	1663	915	748	1121	545	576
朝鲜族	1375	678	697	1877	965	912	1852	1001	851
满　族	3907	2060	1847	3410	1749	1661	3519	1766	1753
侗　族	3996	2257	1739	1472	816	656	1027	500	527
瑶　族	875	426	449	508	240	268	418	185	233
白　族	1379	762	617	853	535	318	562	266	296
土家族	9017	4942	4075	4536	2378	2158	3684	1823	1861
哈尼族	1428	804	624	419	226	193	185	69	116
哈萨克族	55	34	21	348	126	222	155	85	70
傣　族	823	442	381	291	145	146	145	68	77
黎　族	468	207	261	262	101	161	213	100	113
傈僳族	555	269	286	158	89	69	53	25	28
佤　族	459	274	185	154	82	72	37	16	21
畲　族	533	309	224	338	184	154	192	105	87
高山族	11	2	9	15	6	9	9	5	4
拉祜族	444	239	205	89	39	50	39	20	19
水　族	2522	1593	929	419	270	149	254	136	118
东乡族	477	278	199	414	296	118	44	21	23
纳西族	39	14	25	32	15	17	59	29	30
景颇族	163	79	84	37	22	15	21	7	14
柯尔克孜族	23	15	8	96	38	58	27	17	10
土　族	146	75	71	99	59	40	95	42	53
达斡尔族	60	31	29	46	27	19	46	21	25
仫佬族	255	144	111	105	55	50	63	29	34
羌　族	203	121	82	105	63	42	80	36	44
布朗族	97	61	36	24	9	15	14	4	10
撒拉族	110	70	40	89	63	26	24	14	10
毛南族	120	81	39	33	22	11	18	8	10
仡佬族	1014	664	350	418	250	168	316	156	160
锡伯族	53	20	33	76	39	37	92	39	53
阿昌族	120	65	55	42	26	16	7	5	2
普米族	25	14	11	5	3	2	8	6	2
塔吉克族				10	2	8	9	3	6
怒　族	23	10	13	8	2	6	2	1	1
乌孜别克族	1	1		6	4	2	1	1	
俄罗斯族	17	10	7	23	7	16	17	10	7
鄂温克族	22	9	13	12	8	4	9	6	3
德昂族	12	4	8	3	3				
保安族	9	6	3	26	19	7	1		1
裕固族	2		2	5	3	2	2		2
京　族	3	1	2	3	1	2	2	1	1
塔塔尔族				3	2	1	1	1	
独龙族	4	1	3	2	2		1	1	
鄂伦春族	8	6	2	5	1	4	5	1	4
赫哲族	6	5	1	2	1	1	3	2	1
门巴族	2	1	1	5		5	25	13	12
珞巴族				1		1	7	3	4
基诺族	3	1	2	1		1	3	2	1
未定族称人口	1315	785	530	301	172	129	207	111	96
入　籍	18	6	12	7	2	5	18	8	10

2-3a 续表 3

单位：人

民 族	大学本科			硕士研究生			博士研究生		
	小计	男	女	小计	男	女	小计	男	女
总 计	**5178259**	**2656812**	**2521447**	**610164**	**323626**	**286538**	**82969**	**53251**	**29718**
汉 族	5110232	2624003	2486229	602322	320004	282318	81547	52462	29085
蒙古族	4647	2342	2305	865	385	480	159	68	91
回 族	18467	9076	9391	2631	1295	1336	394	229	165
藏 族	2387	1061	1326	52	18	34	7	5	2
维吾尔族	2415	1044	1371	86	44	42	32	15	17
苗 族	4574	2168	2406	323	156	167	43	28	15
彝 族	2044	981	1063	109	38	71	21	11	10
壮 族	4950	2006	2944	359	158	201	66	42	24
布依族	2677	1230	1447	83	33	50	14	8	6
朝鲜族	3701	1918	1783	351	160	191	84	41	43
满 族	7822	4053	3769	1552	700	852	300	166	134
侗 族	2040	1014	1026	152	70	82	29	15	14
瑶 族	905	389	516	99	37	62	24	16	8
白 族	1066	514	552	96	38	58	25	16	9
土家族	5317	2664	2653	695	328	367	145	88	57
哈尼族	180	68	112	16	7	9	2	1	1
哈萨克族	574	228	346	19	6	13	1		1
傣 族	185	69	116	8	3	5	1	1	
黎 族	410	200	210	22	10	12	2	1	1
傈僳族	70	27	43	4	1	3	1	1	
佤 族	25	10	15	2	1	1	1	1	
畲 族	357	170	187	62	35	27	11	4	7
高山族	17	11	6						
拉祜族	37	13	24	4	1	3	1		1
水 族	338	172	166	12	4	8	4	3	1
东乡族	43	21	22	4		4			
纳西族	121	51	70	15	3	12	3	2	1
景颇族	7	4	3						
柯尔克孜族	104	44	60	2	1	1			
土 族	204	107	97	23	8	15	3	3	
达斡尔族	133	64	69	20	7	13	7	4	3
仫佬族	212	93	119	14	8	6	1	1	
羌 族	125	66	59	13	9	4	3		3
布朗族	23	15	8	2	1	1			
撒拉族	30	19	11	1	1		1		1
毛南族	73	29	44	4	1	3	1		1
仡佬族	748	403	345	39	18	21	4	4	
锡伯族	282	123	159	48	20	28	15	6	9
阿昌族	7	3	4						
普米族	6	2	4	1		1			
塔吉克族	7	3	4						
怒 族	1		1						
乌孜别克族	9	5	4						
俄罗斯族	56	23	33	10	3	7	2	1	1
鄂温克族	26	9	17	2		2	2		2
德昂族									
保安族	3	2	1	1		1			
裕固族	18	11	7	2		2			
京 族	17	10	7	1		1			
塔塔尔族	1		1						
独龙族									
鄂伦春族	13	5	8	6		6	1		1
赫哲族	3		3	2	1	1			
门巴族	13	5	8						
珞巴族	4	1	3						
基诺族	1	1							
未定族称人口	506	252	254	27	10	17	9	6	3
入 籍	26	10	16	3	3		3	2	1

2-3b　全省各民族分性别、受教育程度的3岁及以上人口(镇)

单位：人

民　族	3岁及以上人口			未上过学		
	合计	男	女	小计	男	女
总　计	**21433837**	**10857819**	**10576018**	**678423**	**169905**	**508518**
汉　族	21294551	10787929	10506622	676020	169175	506845
蒙古族	4115	2016	2099	39	17	22
回　族	21188	11093	10095	408	121	287
藏　族	4211	1936	2275	25	8	17
维吾尔族	2011	1030	981	33	16	17
苗　族	22765	11478	11287	506	136	370
彝　族	11286	5762	5524	268	109	159
壮　族	7133	3085	4048	66	18	48
布依族	14548	7358	7190	286	90	196
朝鲜族	4154	2056	2098	26	11	15
满　族	6199	3177	3022	55	22	33
侗　族	6119	2869	3250	87	22	65
瑶　族	1428	633	795	21	4	17
白　族	2456	1229	1227	34	9	25
土家族	16095	8341	7754	207	70	137
哈尼族	1545	699	846	39	3	36
哈萨克族	156	56	100	1		1
傣　族	1200	589	611	16	6	10
黎　族	634	260	374	10	1	9
傈僳族	700	273	427	23	7	16
佤　族	653	332	321	11	1	10
畲　族	625	338	287	11	8	3
高山族	16	8	8			
拉祜族	661	244	417	23	1	22
水　族	2993	1675	1318	69	19	50
东乡族	468	242	226	19	6	13
纳西族	118	44	74			
景颇族	258	127	131	7	3	4
柯尔克孜族	115	68	47	1	1	
土　族	275	128	147			
达斡尔族	116	57	59	2	2	
仫佬族	355	182	173	5		5
羌　族	497	278	219	11	2	9
布朗族	145	58	87	2		2
撒拉族	125	71	54	9	2	7
毛南族	119	63	56			
仡佬族	1437	798	639	21	2	19
锡伯族	155	71	84			
阿昌族	163	86	77	1		1
普米族	33	9	24	3		3
塔吉克族	3	3				
怒　族	31	7	24	1		1
乌孜别克族	5	2	3			
俄罗斯族	30	17	13			
鄂温克族	26	10	16			
德昂族	5		5			
保安族	22	14	8	1	1	
裕固族	4	2	2			
京　族	8	4	4			
塔塔尔族	2	1	1			
独龙族	4		4			
鄂伦春族	10	5	5			
赫哲族	4	3	1			
门巴族	18	8	10			
珞巴族	5	2	3			
基诺族	8	4	4			
未定族称人口	1758	954	804	50	12	38
入　籍	73	35	38	6		6

2-3b 续表 1

单位：人

民 族	学前教育			小 学		
	小计	男	女	小计	男	女
总 计	**820270**	**425866**	**394404**	**5192668**	**2341557**	**2851111**
汉 族	814894	423060	391834	5162111	2327917	2834194
蒙古族	228	124	104	664	324	340
回 族	1162	621	541	4610	2151	2459
藏 族	29	13	16	179	89	90
维吾尔族	59	29	30	189	109	80
苗 族	600	328	272	5915	2562	3353
彝 族	255	135	120	2799	1245	1554
壮 族	246	114	132	1243	521	722
布依族	685	371	314	3528	1611	1917
朝鲜族	258	138	120	628	286	342
满 族	414	203	211	974	473	501
侗 族	193	103	90	1349	476	873
瑶 族	75	33	42	225	93	132
白 族	70	33	37	436	166	270
土家族	600	306	294	3823	1740	2083
哈尼族	36	18	18	421	152	269
哈萨克族	1		1			
傣 族	13	8	5	245	100	145
黎 族	21	9	12	136	55	81
傈僳族	21	9	12	169	49	120
佤 族	4	2	2	252	121	131
畲 族	35	18	17	103	51	52
高山族				3	1	2
拉祜族	8	3	5	205	63	142
水 族	132	76	56	962	487	475
东乡族	32	14	18	175	86	89
纳西族	3		3	12	3	9
景颇族	6	1	5	45	20	25
柯尔克孜族	1		1	9	6	3
土 族	15	4	11	49	17	32
达斡尔族	8	5	3	18	10	8
仫佬族	20	9	11	58	31	27
羌 族	10	4	6	121	60	61
布朗族	1	1		46	17	29
撒拉族	7	5	2	45	24	21
毛南族	3	2	1	22	11	11
仡佬族	39	19	20	294	144	150
锡伯族	7	3	4	17	6	11
阿昌族	2	2		22	11	11
普米族				7	1	6
塔吉克族						
怒 族	4	1	3	7		7
乌孜别克族						
俄罗斯族	4	3	1	6	2	4
鄂温克族				4	2	2
德昂族				1		1
保安族	2	1	1	5	3	2
裕固族						
京 族				1		1
塔塔尔族				1	1	
独龙族				1		1
鄂伦春族	1	1		1		1
赫哲族				1		1
门巴族				3	2	1
珞巴族						
基诺族				1		1
未定族称人口	62	33	29	517	255	262
入 籍	4	4		10	3	7

2-3b　续表 2

单位：人

民　族	初　中			高　中			大学专科		
	小计	男	女	小计	男	女	小计	男	女
总　计	**7973118**	**4181534**	**3791584**	**3655380**	**2070058**	**1585322**	**1777560**	**970174**	**807386**
汉　族	7915835	4150903	3764932	3638026	2060656	1577370	1764501	963817	800684
蒙古族	1096	539	557	578	308	270	539	253	286
回　族	7363	4099	3264	3478	2004	1474	1934	1029	905
藏　族	285	137	148	474	149	325	2945	1433	1512
维吾尔族	389	239	150	623	287	336	484	248	236
苗　族	11133	5997	5136	2276	1284	992	1200	611	589
彝　族	5633	3062	2571	1236	701	535	676	332	344
壮　族	2937	1330	1607	903	433	470	630	215	415
布依族	7412	3937	3475	1378	782	596	602	279	323
朝鲜族	531	258	273	635	305	330	622	313	309
满　族	1457	813	644	843	439	404	760	373	387
侗　族	3015	1501	1514	678	360	318	355	179	176
瑶　族	578	278	300	184	89	95	134	54	80
白　族	1122	605	517	379	214	165	178	87	91
土家族	7228	3947	3281	2013	1156	857	1014	509	505
哈尼族	779	395	384	142	77	65	88	38	50
哈萨克族	11	4	7	58	17	41	39	13	26
傣　族	625	324	301	171	99	72	72	25	47
黎　族	237	97	140	63	26	37	82	31	51
傈僳族	353	151	202	79	31	48	33	17	16
佤　族	298	165	133	64	34	30	14	6	8
畲　族	260	151	109	84	44	40	59	28	31
高山族	6	2	4	4	2	2	1	1	
拉祜族	327	144	183	58	17	41	31	14	17
水　族	1494	903	591	199	120	79	75	39	36
东乡族	156	89	67	64	33	31	18	12	6
纳西族	36	10	26	16	7	9	23	8	15
景颇族	154	78	76	28	15	13	15	8	7
柯尔克孜族	56	36	20	27	13	14	16	9	7
土　族	83	44	39	45	26	19	42	19	23
达斡尔族	36	22	14	6	2	4	14	4	10
仫佬族	137	76	61	46	24	22	28	10	18
羌　族	221	134	87	88	56	32	28	14	14
布朗族	64	27	37	25	11	14	6	2	4
撒拉族	50	31	19	4	4		8	5	3
毛南族	52	28	24	16	12	4	9	2	7
仡佬族	631	377	254	169	104	65	134	68	66
锡伯族	41	25	16	21	7	14	29	11	18
阿昌族	106	52	54	27	18	9	5	3	2
普米族	9	3	6	5	1	4	3		3
塔吉克族				2	2		1	1	
怒　族	15	4	11	1	1		3	1	2
乌孜别克族				2	1	1	2	1	1
俄罗斯族	4	1	3	3	2	1	3	2	1
鄂温克族	7	3	4	6	1	5	6	2	4
德昂族	3		3	1		1			
保安族	11	6	5	3	3				
裕固族	1	1							
京　族	1	1		2	1	1			
塔塔尔族				1		1			
独龙族	2		2	1		1			
鄂伦春族	1	1		3	1	2	2	2	
赫哲族	1	1		1	1				
门巴族							13	5	8
珞巴族	1		1	1		1	3	2	1
基诺族	5	3	2	1	1		1		1
未定族称人口	806	488	318	136	76	60	70	34	36
入　籍	24	12	12	3	1	2	10	5	5

2-3b 续表 3

单位：人

民 族	大学本科			硕士研究生			博士研究生		
	小计	男	女	小计	男	女	小计	男	女
总 计	**1233947**	**642857**	**591090**	**92974**	**49971**	**43003**	**9497**	**5897**	**3600**
汉 族	1221860	637104	584756	91935	49471	42464	9369	5826	3543
蒙古族	813	381	432	143	64	79	15	6	9
回 族	1972	946	1026	235	110	125	26	12	14
藏 族	271	106	165	3	1	2			
维吾尔族	220	96	124	13	5	8	1	1	
苗 族	1082	533	549	50	26	24	3	1	2
彝 族	407	174	233	11	3	8	1	1	
壮 族	1055	426	629	48	23	25	5	5	
布依族	643	279	364	12	7	5	2	2	
朝鲜族	1314	672	642	113	57	56	27	16	11
满 族	1429	730	699	240	114	126	27	10	17
侗 族	423	216	207	17	10	7	2	2	
瑶 族	197	75	122	14	7	7			
白 族	222	106	116	11	6	5	4	3	1
土家族	1122	566	556	79	40	39	9	7	2
哈尼族	37	13	24	2	2		1	1	
哈萨克族	43	20	23	3	2	1			
傣 族	58	27	31						
黎 族	83	40	43	2	1	1			
傈僳族	22	9	13						
佤 族	10	3	7						
畲 族	61	32	29	10	5	5	2	1	1
高山族	2	2							
拉祜族	9	2	7						
水 族	62	31	31						
东乡族	4	2	2						
纳西族	26	16	10	2		2			
景颇族	3	2	1						
柯尔克孜族	5	3	2						
土 族	39	17	22	2	1	1			
达斡尔族	31	12	19	1		1			
仫佬族	57	28	29	2	2		2	2	
羌 族	16	7	9	2	1	1			
布朗族	1		1						
撒拉族	2		2						
毛南族	17	8	9						
仡佬族	144	81	63	5	3	2			
锡伯族	32	16	16	8	3	5			
阿昌族									
普米族	5	3	2	1	1				
塔吉克族									
怒 族									
乌孜别克族	1		1						
俄罗斯族	8	5	3	2	2				
鄂温克族	2	1	1	1	1				
德昂族									
保安族									
裕固族	3	1	2						
京 族	4	2	2						
塔塔尔族									
独龙族									
鄂伦春族	1		1	1		1			
赫哲族	1	1							
门巴族	2	1	1						
珞巴族									
基诺族									
未定族称人口	114	55	59	3	1	2			
入 籍	12	7	5	3	2	1	1	1	

2-3c　全省各民族分性别、受教育程度的3岁及以上人口(乡村)

单位：人

民　族	3岁及以上人口			未上过学		
	合计	男	女	小计	男	女
总　计	**22050167**	**11272853**	**10777314**	**1289538**	**302533**	**987005**
汉　族	21921977	11212470	10709507	1285934	301729	984205
蒙古族	1868	938	930	20	6	14
回　族	14024	7208	6816	557	149	408
藏　族	744	307	437	21	4	17
维吾尔族	313	147	166	6	2	4
苗　族	28023	13294	14729	899	177	722
彝　族	14854	7066	7788	482	128	354
壮　族	7034	2824	4210	104	23	81
布依族	9960	4379	5581	263	40	223
朝鲜族	616	313	303	8	3	5
满　族	2016	1078	938	25	12	13
侗　族	6788	2581	4207	153	29	124
瑶　族	1193	504	689	33	7	26
白　族	2457	1035	1422	61	14	47
土家族	15242	7362	7880	268	64	204
哈尼族	2338	961	1377	94	10	84
哈萨克族	52	21	31			
傣　族	1697	756	941	32	7	25
黎　族	646	251	395	22	4	18
傈僳族	1226	419	807	60	9	51
佤　族	862	439	423	19	2	17
畲　族	430	217	213	6	3	3
高山族	13	7	6			
拉祜族	920	282	638	44	9	35
水　族	8632	4980	3652	195	54	141
东乡族	174	100	74	13	5	8
纳西族	97	20	77	4		4
景颇族	309	108	201	5	1	4
柯尔克孜族	4	1	3			
土　族	218	79	139	5		5
达斡尔族	64	35	29	1		1
仫佬族	303	142	161	8	1	7
羌　族	446	236	210	9	3	6
布朗族	196	64	132	11	2	9
撒拉族	31	15	16			
毛南族	84	49	35	3	1	2
仡佬族	1360	748	612	24	5	19
锡伯族	44	22	22			
阿昌族	142	65	77			
普米族	17	7	10	2		2
塔吉克族	1	1				
怒　族	51	15	36	2		2
乌孜别克族						
俄罗斯族	7	4	3			
鄂温克族	11	4	7			
德昂族	21	8	13			
保安族	8	4	4			
裕固族	7	4	3			
京　族	14	3	11	4	1	3
塔塔尔族						
独龙族	6		6			
鄂伦春族	7	4	3			
赫哲族	6	4	2			
门巴族						
珞巴族	1		1			
基诺族	13	1	12			
未定族称人口	2510	1248	1262	125	29	96
入　籍	90	23	67	16		16

2-3c 续表 1

单位：人

民 族	学前教育			小 学		
	小计	男	女	小计	男	女
总 计	**665912**	**333128**	**332784**	**7453824**	**3341726**	**4112098**
汉 族	661898	331034	330864	7415654	3326623	4089031
蒙古族	59	32	27	370	164	206
回 族	651	329	322	3640	1640	2000
藏 族	16	8	8	173	59	114
维吾尔族	12	8	4	53	16	37
苗 族	702	366	336	8840	3485	5355
彝 族	373	195	178	4905	2002	2903
壮 族	251	124	127	1805	646	1159
布依族	296	156	140	3267	1176	2091
朝鲜族	46	21	25	111	53	58
满 族	81	44	37	350	164	186
侗 族	150	78	72	2190	570	1620
瑶 族	34	18	16	321	106	215
白 族	56	25	31	735	240	495
土家族	478	246	232	4183	1690	2493
哈尼族	48	27	21	723	222	501
哈萨克族				17	2	15
傣 族	23	10	13	452	146	306
黎 族	31	17	14	184	61	123
傈僳族	40	16	24	437	121	316
佤 族	7	2	5	207	92	115
畲 族	16	7	9	117	56	61
高山族				1		1
拉祜族	24	12	12	334	67	267
水 族	413	235	178	2890	1538	1352
东乡族	9	3	6	56	32	24
纳西族	3	1	2	31	7	24
景颇族	8	6	2	81	24	57
柯尔克孜族				2	1	1
土 族	7	2	5	47	13	34
达斡尔族	1		1	8	3	5
仫佬族	9	4	5	83	38	45
羌 族	12	9	3	99	51	48
布朗族	5	2	3	70	15	55
撒拉族	5	3	2	7	2	5
毛南族	1	1		17	6	11
仡佬族	42	23	19	371	173	198
锡伯族	3	2	1	4	1	3
阿昌族	3	1	2	24	8	16
普米族				3	2	1
塔吉克族						
怒 族				14	3	11
乌孜别克族						
俄罗斯族				1	1	
鄂温克族	2	1	1			
德昂族				6	1	5
保安族				2	1	1
裕固族				2	2	
京 族				5	1	4
塔塔尔族						
独龙族				2		2
鄂伦春族				3	1	2
赫哲族						
门巴族						
珞巴族						
基诺族	2		2	3		3
未定族称人口	92	59	33	892	395	497
入 籍	3	1	2	32	6	26

2-3c　续表 2

单位：人

民　族	初　中			高　中			大学专科		
	小计	男	女	小计	男	女	小计	男	女
总　计	**8762409**	**4961534**	**3800875**	**2504512**	**1560296**	**944216**	**952499**	**547861**	**404638**
汉　族	8700000	4930093	3769907	2491582	1553070	938512	947857	545356	402501
蒙古族	848	429	419	276	148	128	157	82	75
回　族	5801	3136	2665	1922	1154	768	934	515	419
藏　族	297	127	170	100	50	50	110	49	61
维吾尔族	123	63	60	47	15	32	28	17	11
苗　族	14031	7240	6791	2577	1478	1099	726	424	302
彝　族	7386	3804	3582	1237	677	560	386	223	163
壮　族	3683	1550	2133	760	329	431	257	100	157
布依族	5023	2392	2631	748	420	328	236	136	100
朝鲜族	124	59	65	101	54	47	86	52	34
满　族	791	416	375	345	222	123	180	91	89
侗　族	3270	1374	1896	641	339	302	275	137	138
瑶　族	578	256	322	150	82	68	48	19	29
白　族	1198	558	640	286	144	142	75	36	39
土家族	7525	3766	3759	1884	1088	796	604	350	254
哈尼族	1189	557	632	214	111	103	59	29	30
哈萨克族	16	9	7	9	4	5	3	2	1
傣　族	970	481	489	173	91	82	37	16	21
黎　族	303	123	180	65	28	37	26	10	16
傈僳族	575	227	348	88	36	52	19	6	13
佤　族	532	294	238	74	38	36	22	10	12
畲　族	182	98	84	63	31	32	32	15	17
高山族	8	5	3	2	1	1	2	1	1
拉祜族	412	152	260	79	28	51	25	12	13
水　族	4457	2712	1745	508	341	167	147	86	61
东乡族	73	45	28	14	10	4	7	4	3
纳西族	41	6	35	10	6	4	2		2
景颇族	183	65	118	28	10	18	4	2	2
柯尔克孜族				2		2			
土　族	108	44	64	33	12	21	13	7	6
达斡尔族	33	18	15	11	7	4	4	2	2
仫佬族	149	73	76	34	19	15	9	3	6
羌　族	247	119	128	60	45	15	17	9	8
布朗族	89	35	54	19	9	10	2	1	1
撒拉族	11	5	6	7	4	3			
毛南族	48	31	17	8	5	3	4	3	1
仡佬族	706	420	286	142	85	57	51	30	21
锡伯族	14	8	6	7	3	4	5	5	
阿昌族	83	42	41	27	12	15	5	2	3
普米族	10	3	7	2	2				
塔吉克族	1	1							
怒　族	27	8	19	7	3	4	1	1	
乌孜别克族									
俄罗斯族	2		2	1	1				
鄂温克族	2		2	2	1	1	2	1	1
德昂族	10	4	6	5	3	2			
保安族	2	2		4	1	3			
裕固族	5	2	3						
京　族	3	1	2	1		1			
塔塔尔族									
独龙族	3		3						
鄂伦春族	1	1		2	1	1			
赫哲族	4	4					1		1
门巴族									
珞巴族	1		1						
基诺族	6		6	1		1	1	1	
未定族称人口	1194	663	531	149	77	72	38	15	23
入　籍	31	13	18	5	1	4	2	1	1

2-3c 续表 3

单位：人

民　族	大学本科			硕士研究生			博士研究生		
	小计	男	女	小计	男	女	小计	男	女
总　计	**394358**	**210555**	**183803**	**24026**	**13221**	**10805**	**3089**	**1999**	**1090**
汉　族	392107	209440	182667	23870	13135	10735	3075	1990	1085
蒙古族	121	67	54	14	8	6	3	2	1
回　族	486	271	215	30	11	19	3	3	
藏　族	21	8	13	5	2	3	1		1
维吾尔族	42	24	18	2	2				
苗　族	239	118	121	8	6	2	1		1
彝　族	80	33	47	5	4	1			
壮　族	165	47	118	9	5	4			
布依族	120	56	64	6	3	3	1		1
朝鲜族	128	66	62	12	5	7			
满　族	209	108	101	34	20	14	1	1	
侗　族	106	52	54	3	2	1			
瑶　族	28	16	12	1		1			
白　族	45	17	28	1	1				
土家族	280	145	135	18	12	6	2	1	1
哈尼族	11	5	6						
哈萨克族	7	4	3						
傣　族	10	5	5						
黎　族	14	7	7	1	1				
傈僳族	7	4	3						
佤　族	1	1							
畲　族	14	7	7						
高山族									
拉祜族	2	2							
水　族	20	13	7	1		1	1	1	
东乡族	1		1	1	1				
纳西族	6		6						
景颇族									
柯尔克孜族									
土　族	4	1	3	1		1			
达斡尔族	5	4	1	1	1				
仫佬族	11	4	7						
羌　族	2		2						
布朗族									
撒拉族	1	1							
毛南族	3	2	1						
仡佬族	24	12	12						
锡伯族	9	2	7	2	1	1			
阿昌族									
普米族									
塔吉克族									
怒　族									
乌孜别克族									
俄罗斯族	2	1	1	1	1				
鄂温克族	3	1	2						
德昂族									
保安族									
裕固族									
京　族	1		1						
塔塔尔族									
独龙族	1		1						
鄂伦春族	1	1							
赫哲族	1		1						
门巴族									
珞巴族									
基诺族									
未定族称人口	20	10	10						
入　籍							1	1	

2-4　全省各民族按户口登记地、性别分的户口登记地在外乡镇街道的人口

单位：人

民　族	户口登记地					
	合　计			省　内		
	合计	男	女	小计	男	女
总　计	**29979948**	**15793646**	**14186302**	**19671338**	**9902505**	**9768833**
汉　族	29531195	15553798	13977397	19619432	9879275	9740157
蒙古族	13961	7342	6619	2607	1257	1350
回　族	63272	33452	29820	27726	13540	14186
藏　族	11111	5411	5700	395	135	260
维吾尔族	9044	4306	4738	559	286	273
苗　族	76066	41628	34438	2565	837	1728
彝　族	41921	23192	18729	1224	367	857
壮　族	23849	11381	12468	1726	619	1107
布依族	35480	18846	16634	1139	342	797
朝鲜族	8458	4362	4096	1764	840	924
满　族	20727	11152	9575	4526	2240	2286
侗　族	18643	10240	8403	1268	426	842
瑶　族	4742	2335	2407	397	150	247
白　族	7725	4174	3551	572	233	339
土家族	50691	27790	22901	3152	1175	1977
哈尼族	6013	3115	2898	317	90	227
哈萨克族	1183	490	693	85	37	48
傣　族	3918	2083	1835	161	37	124
黎　族	2362	1079	1283	187	61	126
傈僳族	2356	1088	1268	123	19	104
佤　族	2228	1269	959	64	21	43
畲　族	2439	1351	1088	196	99	97
高山族	30	12	18	17	7	10
拉祜族	1902	870	1032	104	19	85
水　族	16995	9864	7131	110	36	74
东乡族	2153	1219	934	19	10	9
纳西族	351	138	213	44	16	28
景颇族	750	374	376	22	4	18
柯尔克孜族	347	173	174	21	8	13
土　族	915	476	439	73	25	48
达斡尔族	361	188	173	69	30	39
仫佬族	1224	656	568	66	22	44
羌　族	1441	812	629	57	30	27
布朗族	424	216	208	24	6	18
撒拉族	545	316	229	8	4	4
毛南族	471	269	202	26	8	18
仡佬族	5557	3254	2303	158	55	103
锡伯族	467	218	249	122	54	68
阿昌族	544	295	249	8	2	6
普米族	78	38	40	6	3	3
塔吉克族	29	11	18	1		1
怒　族	98	32	66	5	4	1
乌孜别克族	16	8	8	6	4	2
俄罗斯族	93	45	48	48	23	25
鄂温克族	80	37	43	13	4	9
德昂族	34	16	18			
保安族	77	48	29			
裕固族	27	14	13	5	4	1
京　族	35	17	18	6	2	4
塔塔尔族	6	4	2	3	2	1
独龙族	16	4	12	3	2	1
鄂伦春族	35	16	19	8	3	5
赫哲族	18	12	6	4	3	1
门巴族	60	27	33	1	1	
珞巴族	16	6	10			
基诺族	19	8	11	2		2
未定族称人口	7220	4005	3215	85	27	58
入　籍	130	64	66	9	1	8

2-4 续表 单位：人

民族	户口登记地					
	省内			省外		
	其中市辖区内人户分离					
	小计	男	女	小计	男	女
总　计	**6316191**	**3052541**	**3263650**	**10308610**	**5891141**	**4417469**
汉　族	6284983	3037727	3247256	9911763	5674523	4237240
蒙古族	1584	795	789	11354	6085	5269
回　族	20073	9763	10310	35546	19912	15634
藏　族	128	57	71	10716	5276	5440
维吾尔族	361	187	174	8485	4020	4465
苗　族	826	326	500	73501	40791	32710
彝　族	400	151	249	40697	22825	17872
壮　族	751	312	439	22123	10762	11361
布依族	336	122	214	34341	18504	15837
朝鲜族	826	386	440	6694	3522	3172
满　族	2884	1445	1439	16201	8912	7289
侗　族	465	182	283	17375	9814	7561
瑶　族	180	71	109	4345	2185	2160
白　族	197	83	114	7153	3941	3212
土家族	1277	550	727	47539	26615	20924
哈尼族	115	47	68	5696	3025	2671
哈萨克族	68	30	38	1098	453	645
傣　族	49	15	34	3757	2046	1711
黎　族	72	30	42	2175	1018	1157
傈僳族	25	4	21	2233	1069	1164
佤　族	20	8	12	2164	1248	916
畲　族	101	54	47	2243	1252	991
高山族	8	4	4	13	5	8
拉祜族	16	6	10	1798	851	947
水　族	32	15	17	16885	9828	7057
东乡族	8	4	4	2134	1209	925
纳西族	22	8	14	307	122	185
景颇族	9	2	7	728	370	358
柯尔克孜族	17	6	11	326	165	161
土　族	25	11	14	842	451	391
达斡尔族	37	14	23	292	158	134
仫佬族	32	10	22	1158	634	524
羌　族	21	11	10	1384	782	602
布朗族	4	3	1	400	210	190
撒拉族	3	2	1	537	312	225
毛南族	11	3	8	445	261	184
仡佬族	56	24	32	5399	3199	2200
锡伯族	69	31	38	345	164	181
阿昌族	2		2	536	293	243
普米族	2	1	1	72	35	37
塔吉克族				28	11	17
怒　族	2	2		93	28	65
乌孜别克族	6	4	2	10	4	6
俄罗斯族	38	18	20	45	22	23
鄂温克族	7	2	5	67	33	34
德昂族				34	16	18
保安族				77	48	29
裕固族	2	2		22	10	12
京　族	6	2	4	29	15	14
塔塔尔族	2	1	1	3	2	1
独龙族				13	2	11
鄂伦春族	3	1	2	27	13	14
赫哲族	3	2	1	14	9	5
门巴族	1	1		59	26	33
珞巴族				16	6	10
基诺族				17	8	9
未定族称人口	22	6	16	7135	3978	3157
入　籍	4		4	121	63	58

2-4a　全省各民族按户口登记地、性别分的户口登记地在外乡镇街道的人口(城市)

单位：人

民　族	户口登记地					
	合　计			省　内		
	合计	男	女	小计	男	女
总　计	**19322446**	**10089794**	**9232652**	**13198725**	**6615555**	**6583170**
汉　族	19083346	9963388	9119958	13156954	6596438	6560516
蒙古族	9633	5051	4582	2109	1034	1075
回　族	46392	24275	22117	23726	11535	12191
藏　族	6824	3352	3472	196	83	113
维吾尔族	7016	3273	3743	455	233	222
苗　族	31918	17537	14381	1756	619	1137
彝　族	19136	10792	8344	813	272	541
壮　族	13237	6044	7193	1301	492	809
布依族	13519	7266	6253	775	258	517
朝鲜族	6134	3174	2960	1309	619	690
满　族	15058	8000	7058	3691	1844	1847
侗　族	9531	5242	4289	886	319	567
瑶　族	2756	1330	1426	304	119	185
白　族	4048	2169	1879	414	176	238
土家族	24817	13246	11571	2400	902	1498
哈尼族	2921	1527	1394	213	69	144
哈萨克族	1007	424	583	72	31	41
傣　族	1599	804	795	109	25	84
黎　族	1409	649	760	141	52	89
傈僳族	977	476	501	67	12	55
佤　族	878	511	367	38	15	23
畲　族	1553	849	704	156	80	76
高山族	21	8	13	13	6	7
拉祜族	796	397	399	62	15	47
水　族	5386	3127	2259	65	29	36
东乡族	1510	876	634	15	8	7
纳西族	227	89	138	34	12	22
景颇族	295	158	137	9	1	8
柯尔克孜族	229	104	125	19	7	12
土　族	556	293	263	54	21	33
达斡尔族	239	118	121	55	24	31
仫佬族	699	358	341	50	16	34
羌　族	560	315	245	45	22	23
布朗族	191	101	90	9	3	6
撒拉族	397	232	165	8	4	4
毛南族	295	165	130	18	6	12
仡佬族	3011	1750	1261	129	45	84
锡伯族	353	162	191	102	45	57
阿昌族	259	146	113	2		2
普米族	50	28	22	4	3	1
塔吉克族	25	7	18	1		1
怒　族	40	14	26	3	3	
乌孜别克族	13	7	6	6	4	2
俄罗斯族	70	33	37	43	20	23
鄂温克族	58	26	32	8	1	7
德昂族	15	8	7			
保安族	48	30	18			
裕固族	19	10	9	4	4	
京　族	24	11	13	6	2	4
塔塔尔族	4	3	1	3	2	1
独龙族	10	4	6	3	2	1
鄂伦春族	24	10	14	7	2	5
赫哲族	10	6	4	2	1	1
门巴族	44	19	25	1	1	
珞巴族	12	4	8			
基诺族	9	4	5	1		1
未定族称人口	3194	1774	1420	54	19	35
入　籍	44	18	26	5		5

2-4a 续表

单位：人

民族	户口登记地					
	省内			省外		
	其中市辖区内人户分离					
	小计	男	女	小计	男	女
总计	**5819763**	**2813273**	**3006490**	**6123721**	**3474239**	**2649482**
汉族	5789930	2799077	2990853	5926392	3366950	2559442
蒙古族	1516	758	758	7524	4017	3507
回族	19462	9453	10009	22666	12740	9926
藏族	121	54	67	6628	3269	3359
维吾尔族	336	174	162	6561	3040	3521
苗族	721	292	429	30162	16918	13244
彝族	358	139	219	18323	10520	7803
壮族	702	290	412	11936	5552	6384
布依族	295	105	190	12744	7008	5736
朝鲜族	790	366	424	4825	2555	2270
满族	2766	1388	1378	11367	6156	5211
侗族	386	159	227	8645	4923	3722
瑶族	173	70	103	2452	1211	1241
白族	177	76	101	3634	1993	1641
土家族	1186	511	675	22417	12344	10073
哈尼族	107	46	61	2708	1458	1250
哈萨克族	64	28	36	935	393	542
傣族	47	14	33	1490	779	711
黎族	63	26	37	1268	597	671
傈僳族	20	3	17	910	464	446
佤族	17	7	10	840	496	344
畲族	96	53	43	1397	769	628
高山族	7	4	3	8	2	6
拉祜族	14	5	9	734	382	352
水族	23	14	9	5321	3098	2223
东乡族	7	3	4	1495	868	627
纳西族	21	7	14	193	77	116
景颇族	2	1	1	286	157	129
柯尔克孜族	17	6	11	210	97	113
土族	23	11	12	502	272	230
达斡尔族	36	13	23	184	94	90
仫佬族	29	9	20	649	342	307
羌族	20	10	10	515	293	222
布朗族	4	3	1	182	98	84
撒拉族	3	2	1	389	228	161
毛南族	9	3	6	277	159	118
仡佬族	56	24	32	2882	1705	1177
锡伯族	69	31	38	251	117	134
阿昌族	1		1	257	146	111
普米族	1	1		46	25	21
塔吉克族				24	7	17
怒族	2	2		37	11	26
乌孜别克族	6	4	2	7	3	4
俄罗斯族	37	17	20	27	13	14
鄂温克族	6	1	5	50	25	25
德昂族				15	8	7
保安族				48	30	18
裕固族	2	2		15	6	9
京族	6	2	4	18	9	9
塔塔尔族	2	1	1	1	1	
独龙族				7	2	5
鄂伦春族	3	1	2	17	8	9
赫哲族	2	1	1	8	5	3
门巴族	1	1		43	18	25
珞巴族				12	4	8
基诺族				8	4	4
未定族称人口	17	5	12	3140	1755	1385
入籍	4		4	39	18	21

2-4b 全省各民族按户口登记地、性别分的户口登记地在外乡镇街道的人口(镇)

单位：人

民族	户口登记地					
	合计			省内		
	合计	男	女	小计	男	女
总 计	**7509748**	**3930657**	**3579091**	**5050916**	**2534026**	**2516890**
汉 族	7396180	3870351	3525829	5043325	2530937	2512388
蒙古族	2933	1488	1445	381	166	215
回 族	11980	6435	5545	3120	1560	1560
藏 族	3762	1799	1963	183	44	139
维吾尔族	1797	906	891	66	35	31
苗 族	20627	11140	9487	556	150	406
彝 族	10365	5553	4812	283	65	218
壮 族	5805	2771	3034	313	94	219
布依族	14073	7407	6666	262	56	206
朝鲜族	1957	981	976	341	159	182
满 族	4153	2251	1902	657	309	348
侗 族	4883	2683	2200	257	72	185
瑶 族	1175	567	608	74	24	50
白 族	2025	1099	926	112	38	74
土家族	13977	7719	6258	542	201	341
哈尼族	1341	666	675	66	17	49
哈萨克族	143	51	92	4	2	2
傣 族	1066	567	499	31	7	24
黎 族	527	221	306	34	6	28
傈僳族	594	253	341	32	4	28
佤 族	611	329	282	19	5	14
畲 族	520	300	220	29	13	16
高山族	7	4	3	3	1	2
拉祜族	497	219	278	29	3	26
水 族	2962	1685	1277	27	4	23
东乡族	467	242	225	1		1
纳西族	83	37	46	7	3	4
景颇族	232	123	109	11	1	10
柯尔克孜族	114	68	46	2	1	1
土 族	212	112	100	16	4	12
达斡尔族	78	40	38	8	2	6
仫佬族	289	166	123	13	5	8
羌 族	482	275	207	9	5	4
布朗族	117	55	62	13	3	10
撒拉族	123	71	52			
毛南族	106	58	48	8	2	6
仡佬族	1341	777	564	23	7	16
锡伯族	89	44	45	15	7	8
阿昌族	160	85	75	6	2	4
普米族	18	6	12	2		2
塔吉克族	3	3				
怒 族	23	7	16	1	1	
乌孜别克族	3	1	2			
俄罗斯族	20	10	10	3	1	2
鄂温克族	17	9	8	4	2	2
德昂族	3		3			
保安族	23	15	8			
裕固族	4	2	2	1		1
京 族	5	3	2			
塔塔尔族	2	1	1			
独龙族	2		2			
鄂伦春族	4	2	2			
赫哲族	3	2	1			
门巴族	16	8	8			
珞巴族	4	2	2			
基诺族	6	4	2	1		1
未定族称人口	1698	959	739	22	7	15
入 籍	41	25	16	4	1	3

2-4b 续表

单位：人

民族	户口登记地					
	省内			省外		
	其中市辖区内人户分离					
	小计	男	女	小计	男	女
总　计	**277378**	**134317**	**143061**	**2458832**	**1396631**	**1062201**
汉　族	276614	133973	142641	2352855	1339414	1013441
蒙古族	33	18	15	2552	1322	1230
回　族	400	208	192	8860	4875	3985
藏　族	3	2	1	3579	1755	1824
维吾尔族	16	10	6	1731	871	860
苗　族	40	8	32	20071	10990	9081
彝　族	15	3	12	10082	5488	4594
壮　族	20	9	11	5492	2677	2815
布依族	24	10	14	13811	7351	6460
朝鲜族	15	5	10	1616	822	794
满　族	62	27	35	3496	1942	1554
侗　族	40	11	29	4626	2611	2015
瑶　族	4	1	3	1101	543	558
白　族	8	3	5	1913	1061	852
土家族	43	18	25	13435	7518	5917
哈尼族	1	1		1275	649	626
哈萨克族				139	49	90
傣　族	1	1		1035	560	475
黎　族	7	4	3	493	215	278
傈僳族	1		1	562	249	313
佤　族	1	1		592	324	268
畲　族	4	1	3	491	287	204
高山族	1		1	4	3	1
拉祜族	1		1	468	216	252
水　族	5	1	4	2935	1681	1254
东乡族				466	242	224
纳西族				76	34	42
景颇族	7	1	6	221	122	99
柯尔克孜族				112	67	45
土　族	1		1	196	108	88
达斡尔族				70	38	32
仫佬族	2		2	276	161	115
羌　族	1	1		473	270	203
布朗族				104	52	52
撒拉族				123	71	52
毛南族	2		2	98	56	42
仡佬族				1318	770	548
锡伯族				74	37	37
阿昌族	1		1	154	83	71
普米族	1		1	16	6	10
塔吉克族				3	3	
怒　族				22	6	16
乌孜别克族				3	1	2
俄罗斯族				17	9	8
鄂温克族				13	7	6
德昂族				3		3
保安族				23	15	8
裕固族				3	2	1
京　族				5	3	2
塔塔尔族				2	1	1
独龙族				2		2
鄂伦春族				4	2	2
赫哲族				3	2	1
门巴族				16	8	8
珞巴族				4	2	2
基诺族				5	4	1
未定族称人口	4		4	1676	952	724
入　籍				37	24	13

2-4c　全省各民族按户口登记地、性别分的户口登记地在外乡镇街道的人口(乡村)

单位：人

民　族	户口登记地					
	合　计			省　内		
	合计	男	女	小计	男	女
总　计	**3147754**	**1773195**	**1374559**	**1421697**	**752924**	**668773**
汉　族	3051669	1720059	1331610	1419153	751900	667253
蒙古族	1395	803	592	117	57	60
回　族	4900	2742	2158	880	445	435
藏　族	525	260	265	16	8	8
维吾尔族	231	127	104	38	18	20
苗　族	23521	12951	10570	253	68	185
彝　族	12420	6847	5573	128	30	98
壮　族	4807	2566	2241	112	33	79
布依族	7888	4173	3715	102	28	74
朝鲜族	367	207	160	114	62	52
满　族	1516	901	615	178	87	91
侗　族	4229	2315	1914	125	35	90
瑶　族	811	438	373	19	7	12
白　族	1652	906	746	46	19	27
土家族	11897	6825	5072	210	72	138
哈尼族	1751	922	829	38	4	34
哈萨克族	33	15	18	9	4	5
傣　族	1253	712	541	21	5	16
黎　族	426	209	217	12	3	9
傈僳族	785	359	426	24	3	21
佤　族	739	429	310	7	1	6
畲　族	366	202	164	11	6	5
高山族	2		2	1		1
拉祜族	609	254	355	13	1	12
水　族	8647	5052	3595	18	3	15
东乡族	176	101	75	3	2	1
纳西族	41	12	29	3	1	2
景颇族	223	93	130	2	2	
柯尔克孜族	4	1	3			
土　族	147	71	76	3		3
达斡尔族	44	30	14	6	4	2
仫佬族	236	132	104	3	1	2
羌　族	399	222	177	3	3	
布朗族	116	60	56	2		2
撒拉族	25	13	12			
毛南族	70	46	24			
仡佬族	1205	727	478	6	3	3
锡伯族	25	12	13	5	2	3
阿昌族	125	64	61			
普米族	10	4	6			
塔吉克族	1	1				
怒　族	35	11	24	1		1
乌孜别克族						
俄罗斯族	3	2	1	2	2	
鄂温克族	5	2	3	1	1	
德昂族	16	8	8			
保安族	6	3	3			
裕固族	4	2	2			
京　族	6	3	3			
塔塔尔族						
独龙族	4		4			
鄂伦春族	7	4	3	1	1	
赫哲族	5	4	1	2	2	
门巴族						
珞巴族						
基诺族	4		4			
未定族称人口	2328	1272	1056	9	1	8
入　籍	45	21	24			

2-4c 续表 单位：人

民族	户口登记地					
	省内			省外		
	其中市辖区内人户分离					
	小计	男	女	小计	男	女
总计	**219050**	**104951**	**114099**	**1726057**	**1020271**	**705786**
汉族	218439	104677	113762	1632516	968159	664357
蒙古族	35	19	16	1278	746	532
回族	211	102	109	4020	2297	1723
藏族	4	1	3	509	252	257
维吾尔族	9	3	6	193	109	84
苗族	65	26	39	23268	12883	10385
彝族	27	9	18	12292	6817	5475
壮族	29	13	16	4695	2533	2162
布依族	17	7	10	7786	4145	3641
朝鲜族	21	15	6	253	145	108
满族	56	30	26	1338	814	524
侗族	39	12	27	4104	2280	1824
瑶族	3		3	792	431	361
白族	12	4	8	1606	887	719
土家族	48	21	27	11687	6753	4934
哈尼族	7		7	1713	918	795
哈萨克族	4	2	2	24	11	13
傣族	1		1	1232	707	525
黎族	2		2	414	206	208
傈僳族	4	1	3	761	356	405
佤族	2		2	732	428	304
畲族	1		1	355	196	159
高山族				1		1
拉祜族	1	1		596	253	343
水族	4		4	8629	5049	3580
东乡族	1	1		173	99	74
纳西族	1	1		38	11	27
景颇族				221	91	130
柯尔克孜族				4	1	3
土族	1		1	144	71	73
达斡尔族	1	1		38	26	12
仫佬族	1	1		233	131	102
羌族				396	219	177
布朗族				114	60	54
撒拉族				25	13	12
毛南族				70	46	24
仡佬族				1199	724	475
锡伯族				20	10	10
阿昌族				125	64	61
普米族				10	4	6
塔吉克族				1	1	
怒族				34	11	23
乌孜别克族						
俄罗斯族	1	1		1		1
鄂温克族	1	1		4	1	3
德昂族				16	8	8
保安族				6	3	3
裕固族				4	2	2
京族				6	3	3
塔塔尔族						
独龙族				4		4
鄂伦春族				6	3	3
赫哲族	1	1		3	2	1
门巴族						
珞巴族						
基诺族				4		4
未定族称人口	1	1		2319	1271	1048
入籍				45	21	24

第一部分　全部数据资料

第三卷　年龄

3-1　全省分年龄、性别的人口

单位：人、%

年　龄	人　口　数			占总人口比重			性别比
	合计	男	女	合计	男	女	(女=100)
总　计	**84748016**	**43031586**	**41716430**	**100.00**	**50.78**	**49.22**	**103.15**
0-4岁	**3818627**	**1995956**	**1822671**	**4.51**	**2.36**	**2.15**	**109.51**
0	563212	293718	269494	0.66	0.35	0.32	108.99
1	690471	359734	330737	0.81	0.42	0.39	108.77
2	738067	383949	354118	0.87	0.45	0.42	108.42
3	896354	468266	428088	1.06	0.55	0.51	109.39
4	930523	490289	440234	1.10	0.58	0.52	111.37
5-9岁	**4712756**	**2518917**	**2193839**	**5.56**	**2.97**	**2.59**	**114.82**
5	882882	468452	414430	1.04	0.55	0.49	113.04
6	952348	507135	445213	1.12	0.60	0.53	113.91
7	934015	498866	435149	1.10	0.59	0.51	114.64
8	1012449	542773	469676	1.19	0.64	0.55	115.56
9	931062	501691	429371	1.10	0.59	0.51	116.84
10-14岁	**4360565**	**2360131**	**2000434**	**5.15**	**2.78**	**2.36**	**117.98**
10	894076	482796	411280	1.05	0.57	0.49	117.39
11	902123	487756	414367	1.06	0.58	0.49	117.71
12	883032	477677	405355	1.04	0.56	0.48	117.84
13	862907	467656	395251	1.02	0.55	0.47	118.32
14	818427	444246	374181	0.97	0.52	0.44	118.72
15-19岁	**3547458**	**1941316**	**1606142**	**4.19**	**2.29**	**1.90**	**120.87**
15	771800	421252	350548	0.91	0.50	0.41	120.17
16	731946	401535	330411	0.86	0.47	0.39	121.53
17	659462	363358	296104	0.78	0.43	0.35	122.71
18	664535	364756	299779	0.78	0.43	0.35	121.67
19	719715	390415	329300	0.85	0.46	0.39	118.56
20-24岁	**3960507**	**2156767**	**1803740**	**4.67**	**2.54**	**2.13**	**119.57**
20	756516	410830	345686	0.89	0.48	0.41	118.84
21	721363	392539	328824	0.85	0.46	0.39	119.38
22	785346	430065	355281	0.93	0.51	0.42	121.05
23	818410	446931	371479	0.97	0.53	0.44	120.31
24	878872	476402	402470	1.04	0.56	0.47	118.37
25-29岁	**5651518**	**2996605**	**2654913**	**6.67**	**3.54**	**3.13**	**112.87**
25	1003852	542425	461427	1.18	0.64	0.54	117.55
26	1011412	542037	469375	1.19	0.64	0.55	115.48
27	1101635	583642	517993	1.30	0.69	0.61	112.67
28	1190640	626514	564126	1.40	0.74	0.67	111.06
29	1343979	701987	641992	1.59	0.83	0.76	109.35

3-1 续表 1 单位：人、%

年 龄	人口数			占总人口比重			性别比
	合计	男	女	合计	男	女	(女=100)
30-34岁	**8056248**	**4114085**	**3942163**	**9.51**	**4.85**	**4.65**	**104.36**
30	1798062	934754	863308	2.12	1.10	1.02	108.28
31	1739885	890125	849760	2.05	1.05	1.00	104.75
32	1545121	784642	760479	1.82	0.93	0.90	103.18
33	1632942	827982	804960	1.93	0.98	0.95	102.86
34	1340238	676582	663656	1.58	0.80	0.78	101.95
35-39岁	**5782058**	**2917712**	**2864346**	**6.82**	**3.44**	**3.38**	**101.86**
35	1107422	559739	547683	1.31	0.66	0.65	102.20
36	1091729	550634	541095	1.29	0.65	0.64	101.76
37	1093439	551395	542044	1.29	0.65	0.64	101.73
38	1315410	665359	650051	1.55	0.79	0.77	102.35
39	1174058	590585	583473	1.39	0.70	0.69	101.22
40-44岁	**5515497**	**2764099**	**2751398**	**6.51**	**3.26**	**3.25**	**100.46**
40	990932	497777	493155	1.17	0.59	0.58	100.94
41	1165748	585209	580539	1.38	0.69	0.69	100.80
42	1125480	563048	562432	1.33	0.66	0.66	100.11
43	1082134	541524	540610	1.28	0.64	0.64	100.17
44	1151203	576541	574662	1.36	0.68	0.68	100.33
45-49岁	**6414218**	**3195796**	**3218422**	**7.57**	**3.77**	**3.80**	**99.30**
45	1127377	563019	564358	1.33	0.66	0.67	99.76
46	1184240	589463	594777	1.40	0.70	0.70	99.11
47	1224188	610739	613449	1.44	0.72	0.72	99.56
48	1339057	667775	671282	1.58	0.79	0.79	99.48
49	1539356	764800	774556	1.82	0.90	0.91	98.74
50-54岁	**7959964**	**3926760**	**4033204**	**9.39**	**4.63**	**4.76**	**97.36**
50	1671372	824548	846824	1.97	0.97	1.00	97.37
51	1638245	808406	829839	1.93	0.95	0.98	97.42
52	1706174	839352	866822	2.01	0.99	1.02	96.83
53	1359318	667822	691496	1.60	0.79	0.82	96.58
54	1584855	786632	798223	1.87	0.93	0.94	98.55
55-59岁	**6463255**	**3207812**	**3255443**	**7.63**	**3.79**	**3.84**	**98.54**
55	1510028	747142	762886	1.78	0.88	0.90	97.94
56	1393248	688757	704491	1.64	0.81	0.83	97.77
57	1631583	815619	815964	1.93	0.96	0.96	99.96
58	1234777	615291	619486	1.46	0.73	0.73	99.32
59	693619	341003	352616	0.82	0.40	0.42	96.71
60-64岁	**4778814**	**2412689**	**2366125**	**5.64**	**2.85**	**2.79**	**101.97**
60	764420	380783	383637	0.90	0.45	0.45	99.26
61	770991	390928	380063	0.91	0.46	0.45	102.86
62	1007825	514319	493506	1.19	0.61	0.58	104.22
63	1184697	600725	583972	1.40	0.71	0.69	102.87
64	1050881	525934	524947	1.24	0.62	0.62	100.19

3-1　续表 2

单位：人、%

年　龄	人　口　数			占总人口比重			性别比
	合计	男	女	合计	男	女	(女=100)
65-69岁	**5109879**	**2537937**	**2571942**	**6.03**	**2.99**	**3.03**	**98.68**
65	1140532	572861	567671	1.35	0.68	0.67	100.91
66	1133096	565927	567169	1.34	0.67	0.67	99.78
67	984471	487186	497285	1.16	0.57	0.59	97.97
68	1026619	507686	518933	1.21	0.60	0.61	97.83
69	825161	404277	420884	0.97	0.48	0.50	96.05
70-74岁	**3546676**	**1739491**	**1807185**	**4.18**	**2.05**	**2.13**	**96.25**
70	785608	387635	397973	0.93	0.46	0.47	97.40
71	798656	395649	403007	0.94	0.47	0.48	98.17
72	720763	351241	369522	0.85	0.41	0.44	95.05
73	647614	315962	331652	0.76	0.37	0.39	95.27
74	594035	289004	305031	0.70	0.34	0.36	94.75
75-79岁	**2317239**	**1102639**	**1214600**	**2.73**	**1.30**	**1.43**	**90.78**
75	523003	253034	269969	0.62	0.30	0.32	93.73
76	519304	250526	268778	0.61	0.30	0.32	93.21
77	426256	202541	223715	0.50	0.24	0.26	90.54
78	414764	194538	220226	0.49	0.23	0.26	88.34
79	433912	202000	231912	0.51	0.24	0.27	87.10
80-84岁	**1520000**	**680452**	**839548**	**1.79**	**0.80**	**0.99**	**81.05**
80	363828	168188	195640	0.43	0.20	0.23	85.97
81	311752	140998	170754	0.37	0.17	0.20	82.57
82	325771	146611	179160	0.38	0.17	0.21	81.83
83	266749	117002	149747	0.31	0.14	0.18	78.13
84	251900	107653	144247	0.30	0.13	0.17	74.63
85-89岁	**856090**	**338292**	**517798**	**1.01**	**0.40**	**0.61**	**65.33**
85	230932	95254	135678	0.27	0.11	0.16	70.21
86	204487	82016	122471	0.24	0.10	0.14	66.97
87	177830	69740	108090	0.21	0.08	0.13	64.52
88	135202	51359	83843	0.16	0.06	0.10	61.26
89	107639	39923	67716	0.13	0.05	0.08	58.96
90-94岁	**301424**	**102465**	**198959**	**0.36**	**0.12**	**0.23**	**51.50**
90	97070	34793	62277	0.11	0.04	0.07	55.87
91	73018	24917	48101	0.09	0.03	0.06	51.80
92	61619	20676	40943	0.07	0.02	0.05	50.50
93	40118	12857	27261	0.05	0.02	0.03	47.16
94	29599	9222	20377	0.03	0.01	0.02	45.26
95-99岁	**67131**	**19516**	**47615**	**0.08**	**0.02**	**0.06**	**40.99**
95	23666	7169	16497	0.03	0.01	0.02	43.46
96	17581	5097	12484	0.02	0.01	0.01	40.83
97	11956	3368	8588	0.01		0.01	39.22
98	8027	2229	5798	0.01		0.01	38.44
99	5901	1653	4248	0.01		0.01	38.91
100岁及以上	**8092**	**2149**	**5943**	**0.01**		**0.01**	**36.16**

3-1a 全省分年龄、性别的人口(城市)

单位：人、%

年 龄	人口数 合计	人口数 男	人口数 女	占总人口比重 合计	占总人口比重 男	占总人口比重 女	性别比(女=100)
总 计	**40269267**	**20382260**	**19887007**	**100.00**	**50.61**	**49.39**	**102.49**
0-4岁	**1922503**	**1003514**	**918989**	**4.77**	**2.49**	**2.28**	**109.20**
0	280445	146222	134223	0.70	0.36	0.33	108.94
1	348174	181356	166818	0.86	0.45	0.41	108.71
2	368386	191169	177217	0.91	0.47	0.44	107.87
3	455484	237518	217966	1.13	0.59	0.54	108.97
4	470014	247249	222765	1.17	0.61	0.55	110.99
5-9岁	**2220377**	**1186781**	**1033596**	**5.51**	**2.95**	**2.57**	**114.82**
5	426956	226214	200742	1.06	0.56	0.50	112.69
6	469649	249744	219905	1.17	0.62	0.55	113.57
7	442805	237197	205608	1.10	0.59	0.51	115.36
8	470975	252651	218324	1.17	0.63	0.54	115.72
9	409992	220975	189017	1.02	0.55	0.47	116.91
10-14岁	**1829701**	**988524**	**841177**	**4.54**	**2.45**	**2.09**	**117.52**
10	383624	207022	176602	0.95	0.51	0.44	117.23
11	374542	202577	171965	0.93	0.50	0.43	117.80
12	371184	200678	170506	0.92	0.50	0.42	117.70
13	364924	196736	168188	0.91	0.49	0.42	116.97
14	335427	181511	153916	0.83	0.45	0.38	117.93
15-19岁	**1987332**	**1075374**	**911958**	**4.94**	**2.67**	**2.26**	**117.92**
15	364332	197231	167101	0.90	0.49	0.41	118.03
16	388909	211889	177020	0.97	0.53	0.44	119.70
17	363049	198765	164284	0.90	0.49	0.41	120.99
18	399463	216100	183363	0.99	0.54	0.46	117.85
19	471579	251389	220190	1.17	0.62	0.55	114.17
20-24岁	**2373213**	**1272851**	**1100362**	**5.89**	**3.16**	**2.73**	**115.68**
20	501259	267317	233942	1.24	0.66	0.58	114.27
21	457588	244957	212631	1.14	0.61	0.53	115.20
22	459620	248598	211022	1.14	0.62	0.52	117.81
23	464744	250008	214736	1.15	0.62	0.53	116.43
24	490002	261971	228031	1.22	0.65	0.57	114.88
25-29岁	**3077044**	**1610267**	**1466777**	**7.64**	**4.00**	**3.64**	**109.78**
25	551165	293399	257766	1.37	0.73	0.64	113.82
26	553106	292153	260953	1.37	0.73	0.65	111.96
27	601321	314708	286613	1.49	0.78	0.71	109.80
28	647861	336339	311522	1.61	0.84	0.77	107.97
29	723591	373668	349923	1.80	0.93	0.87	106.79

3-1a　续表 1　　　　单位：人、%

年　龄	人口数			占总人口比重			性别比
	合计	男	女	合计	男	女	(女=100)
30-34岁	**4392624**	**2208441**	**2184183**	**10.91**	**5.48**	**5.42**	**101.11**
30	952836	488114	464722	2.37	1.21	1.15	105.03
31	940604	473916	466688	2.34	1.18	1.16	101.55
32	849891	425749	424142	2.11	1.06	1.05	100.38
33	903742	450203	453539	2.24	1.12	1.13	99.26
34	745551	370459	375092	1.85	0.92	0.93	98.76
35-39岁	**3225114**	**1607420**	**1617694**	**8.01**	**3.99**	**4.02**	**99.36**
35	609760	304181	305579	1.51	0.76	0.76	99.54
36	601465	300183	301282	1.49	0.75	0.75	99.64
37	612466	305291	307175	1.52	0.76	0.76	99.39
38	745662	371943	373719	1.85	0.92	0.93	99.52
39	655761	325822	329939	1.63	0.81	0.82	98.75
40-44岁	**2949239**	**1469568**	**1479671**	**7.32**	**3.65**	**3.67**	**99.32**
40	550722	274033	276689	1.37	0.68	0.69	99.04
41	636496	316375	320121	1.58	0.79	0.79	98.83
42	602190	298761	303429	1.50	0.74	0.75	98.46
43	568177	283636	284541	1.41	0.70	0.71	99.68
44	591654	296763	294891	1.47	0.74	0.73	100.63
45-49岁	**3074913**	**1544891**	**1530022**	**7.64**	**3.84**	**3.80**	**100.97**
45	568352	285359	282993	1.41	0.71	0.70	100.84
46	582586	292528	290058	1.45	0.73	0.72	100.85
47	591273	297487	293786	1.47	0.74	0.73	101.26
48	629797	317739	312058	1.56	0.79	0.77	101.82
49	702905	351778	351127	1.75	0.87	0.87	100.19
50-54岁	**3432483**	**1694765**	**1737718**	**8.52**	**4.21**	**4.32**	**97.53**
50	745608	370600	375008	1.85	0.92	0.93	98.82
51	715298	353737	361561	1.78	0.88	0.90	97.84
52	738151	363626	374525	1.83	0.90	0.93	97.09
53	568007	278151	289856	1.41	0.69	0.72	95.96
54	665419	328651	336768	1.65	0.82	0.84	97.59
55-59岁	**2824903**	**1388871**	**1436032**	**7.02**	**3.45**	**3.57**	**96.72**
55	644717	316963	327754	1.60	0.79	0.81	96.71
56	618450	303486	314964	1.54	0.75	0.78	96.36
57	731757	361270	370487	1.82	0.90	0.92	97.51
58	527486	259908	267578	1.31	0.65	0.66	97.13
59	302493	147244	155249	0.75	0.37	0.39	94.84
60-64岁	**1973554**	**976253**	**997301**	**4.90**	**2.42**	**2.48**	**97.89**
60	339986	167434	172552	0.84	0.42	0.43	97.03
61	329632	164147	165485	0.82	0.41	0.41	99.19
62	417715	208968	208747	1.04	0.52	0.52	100.11
63	480745	237682	243063	1.19	0.59	0.60	97.79
64	405476	198022	207454	1.01	0.49	0.52	95.45

3-1a 续表 2 单位：人、%

年 龄	人口数			占总人口比重			性别比
	合计	男	女	合计	男	女	(女=100)
65-69岁	**1914598**	**931209**	**983389**	**4.75**	**2.31**	**2.44**	**94.69**
65	435240	213185	222055	1.08	0.53	0.55	96.01
66	436046	213131	222915	1.08	0.53	0.55	95.61
67	363493	175690	187803	0.90	0.44	0.47	93.55
68	376458	182381	194077	0.93	0.45	0.48	93.97
69	303361	146822	156539	0.75	0.36	0.39	93.79
70-74岁	**1283452**	**623680**	**659772**	**3.19**	**1.55**	**1.64**	**94.53**
70	290067	142003	148064	0.72	0.35	0.37	95.91
71	291645	142580	149065	0.72	0.35	0.37	95.65
72	256805	123801	133004	0.64	0.31	0.33	93.08
73	235292	113998	121294	0.58	0.28	0.30	93.98
74	209643	101298	108345	0.52	0.25	0.27	93.50
75-79岁	**795531**	**375883**	**419648**	**1.98**	**0.93**	**1.04**	**89.57**
75	179769	86194	93575	0.45	0.21	0.23	92.11
76	177802	85113	92689	0.44	0.21	0.23	91.83
77	143962	68005	75957	0.36	0.17	0.19	89.53
78	142271	66352	75919	0.35	0.16	0.19	87.40
79	151727	70219	81508	0.38	0.17	0.20	86.15
80-84岁	**544358**	**245536**	**298822**	**1.35**	**0.61**	**0.74**	**82.17**
80	129504	59733	69771	0.32	0.15	0.17	85.61
81	114423	51580	62843	0.28	0.13	0.16	82.08
82	115065	52346	62719	0.29	0.13	0.16	83.46
83	94913	42247	52666	0.24	0.10	0.13	80.22
84	90453	39630	50823	0.22	0.10	0.13	77.98
85-89岁	**308985**	**127819**	**181166**	**0.77**	**0.32**	**0.45**	**70.55**
85	83547	35367	48180	0.21	0.09	0.12	73.41
86	72637	30314	42323	0.18	0.08	0.11	71.63
87	63875	26244	37631	0.16	0.07	0.09	69.74
88	49581	20147	29434	0.12	0.05	0.07	68.45
89	39345	15747	23598	0.10	0.04	0.06	66.73
90-94岁	**111489**	**41531**	**69958**	**0.28**	**0.10**	**0.17**	**59.37**
90	35597	13866	21731	0.09	0.03	0.05	63.81
91	27267	10203	17064	0.07	0.03	0.04	59.79
92	22838	8408	14430	0.06	0.02	0.04	58.27
93	14792	5250	9542	0.04	0.01	0.02	55.02
94	10995	3804	7191	0.03	0.01	0.02	52.90
95-99岁	**24723**	**8156**	**16567**	**0.06**	**0.02**	**0.04**	**49.23**
95	8731	2975	5756	0.02	0.01	0.01	51.69
96	6466	2126	4340	0.02	0.01	0.01	48.99
97	4349	1379	2970	0.01		0.01	46.43
98	3080	973	2107	0.01		0.01	46.18
99	2097	703	1394	0.01			50.43
100岁及以上	**3131**	**926**	**2205**	**0.01**		**0.01**	**42.00**

3-1b 全省分年龄、性别的人口(镇)

单位：人、%

年 龄	人口数			占总人口比重			性别比
	合计	男	女	合计	男	女	(女=100)
总 计	**21973116**	**11138540**	**10834576**	**100.00**	**50.69**	**49.31**	**102.81**
0-4岁	**1051027**	**550063**	**500964**	**4.78**	**2.50**	**2.28**	**109.80**
0	148109	77097	71012	0.67	0.35	0.32	108.57
1	187509	97860	89649	0.85	0.45	0.41	109.16
2	203661	105764	97897	0.93	0.48	0.45	108.04
3	250366	131063	119303	1.14	0.60	0.54	109.86
4	261382	138279	123103	1.19	0.63	0.56	112.33
5-9岁	**1392571**	**747091**	**645480**	**6.34**	**3.40**	**2.94**	**115.74**
5	254619	135483	119136	1.16	0.62	0.54	113.72
6	275179	147036	128143	1.25	0.67	0.58	114.74
7	276831	148185	128646	1.26	0.67	0.59	115.19
8	301895	162473	139422	1.37	0.74	0.63	116.53
9	284047	153914	130133	1.29	0.70	0.59	118.27
10-14岁	**1331094**	**724910**	**606184**	**6.06**	**3.30**	**2.76**	**119.59**
10	273324	148441	124883	1.24	0.68	0.57	118.86
11	276265	150272	125993	1.26	0.68	0.57	119.27
12	269256	146386	122870	1.23	0.67	0.56	119.14
13	260665	142421	118244	1.19	0.65	0.54	120.45
14	251584	137390	114194	1.14	0.63	0.52	120.31
15-19岁	**1001985**	**551448**	**450537**	**4.56**	**2.51**	**2.05**	**122.40**
15	250153	137142	113011	1.14	0.62	0.51	121.35
16	236575	130169	106406	1.08	0.59	0.48	122.33
17	201644	111514	90130	0.92	0.51	0.41	123.73
18	161044	89481	71563	0.73	0.41	0.33	125.04
19	152569	83142	69427	0.69	0.38	0.32	119.75
20-24岁	**889315**	**486112**	**403203**	**4.05**	**2.21**	**1.83**	**120.56**
20	153577	84429	69148	0.70	0.38	0.31	122.10
21	152297	83542	68755	0.69	0.38	0.31	121.51
22	179381	98427	80954	0.82	0.45	0.37	121.58
23	192021	105062	86959	0.87	0.48	0.40	120.82
24	212039	114652	97387	0.96	0.52	0.44	117.73
25-29岁	**1435907**	**755170**	**680737**	**6.53**	**3.44**	**3.10**	**110.93**
25	247219	133039	114180	1.13	0.61	0.52	116.52
26	253889	135553	118336	1.16	0.62	0.54	114.55
27	279575	146988	132587	1.27	0.67	0.60	110.86
28	305046	159244	145802	1.39	0.72	0.66	109.22
29	350178	180346	169832	1.59	0.82	0.77	106.19

3-1b 续表 1

单位：人、%

年 龄	人口数			占总人口比重			性别比
	合计	男	女	合计	男	女	(女=100)
30-34岁	**2105522**	**1063262**	**1042260**	**9.58**	**4.84**	**4.74**	**102.02**
30	479678	246208	233470	2.18	1.12	1.06	105.46
31	456639	230395	226244	2.08	1.05	1.03	101.83
32	400576	201176	199400	1.82	0.92	0.91	100.89
33	421612	211865	209747	1.92	0.96	0.95	101.01
34	347017	173618	173399	1.58	0.79	0.79	100.13
35-39岁	**1513018**	**754626**	**758392**	**6.89**	**3.43**	**3.45**	**99.50**
35	293359	146695	146664	1.34	0.67	0.67	100.02
36	291207	144857	146350	1.33	0.66	0.67	98.98
37	286281	142534	143747	1.30	0.65	0.65	99.16
38	337316	168856	168460	1.54	0.77	0.77	100.24
39	304855	151684	153171	1.39	0.69	0.70	99.03
40-44岁	**1446875**	**716980**	**729895**	**6.58**	**3.26**	**3.32**	**98.23**
40	256179	127445	128734	1.17	0.58	0.59	99.00
41	303766	150443	153323	1.38	0.68	0.70	98.12
42	295591	146505	149086	1.35	0.67	0.68	98.27
43	285336	140964	144372	1.30	0.64	0.66	97.64
44	306003	151623	154380	1.39	0.69	0.70	98.21
45-49岁	**1700226**	**839431**	**860795**	**7.74**	**3.82**	**3.92**	**97.52**
45	298491	147365	151126	1.36	0.67	0.69	97.51
46	313717	154626	159091	1.43	0.70	0.72	97.19
47	323235	160012	163223	1.47	0.73	0.74	98.03
48	354910	175516	179394	1.62	0.80	0.82	97.84
49	409873	201912	207961	1.87	0.92	0.95	97.09
50-54岁	**2102945**	**1031765**	**1071180**	**9.57**	**4.70**	**4.87**	**96.32**
50	447284	219110	228174	2.04	1.00	1.04	96.03
51	432502	212277	220225	1.97	0.97	1.00	96.39
52	449145	219435	229710	2.04	1.00	1.05	95.53
53	359890	176478	183412	1.64	0.80	0.83	96.22
54	414124	204465	209659	1.88	0.93	0.95	97.52
55-59岁	**1616622**	**802133**	**814489**	**7.36**	**3.65**	**3.71**	**98.48**
55	389120	192337	196783	1.77	0.88	0.90	97.74
56	347256	171511	175745	1.58	0.78	0.80	97.59
57	402509	201498	201011	1.83	0.92	0.91	100.24
58	307681	153184	154497	1.40	0.70	0.70	99.15
59	170056	83603	86453	0.77	0.38	0.39	96.70
60-64岁	**1162572**	**586803**	**575769**	**5.29**	**2.67**	**2.62**	**101.92**
60	186382	92973	93409	0.85	0.42	0.43	99.53
61	189483	96376	93107	0.86	0.44	0.42	103.51
62	245444	125343	120101	1.12	0.57	0.55	104.36
63	285197	144476	140721	1.30	0.66	0.64	102.67
64	256066	127635	128431	1.17	0.58	0.58	99.38

3-1b　续表 2　　　　单位：人、%

年　龄	人　口　数			占总人口比重			性别比
	合计	男	女	合计	男	女	(女=100)
65-69岁	**1220209**	**604055**	**616154**	**5.55**	**2.75**	**2.80**	**98.04**
65	275642	138255	137387	1.25	0.63	0.63	100.63
66	269235	133697	135538	1.23	0.61	0.62	98.64
67	236603	116582	120021	1.08	0.53	0.55	97.13
68	243603	120519	123084	1.11	0.55	0.56	97.92
69	195126	95002	100124	0.89	0.43	0.46	94.88
70-74岁	**824955**	**403762**	**421193**	**3.75**	**1.84**	**1.92**	**95.86**
70	183262	90057	93205	0.83	0.41	0.42	96.62
71	185114	91813	93301	0.84	0.42	0.42	98.41
72	167755	81469	86286	0.76	0.37	0.39	94.42
73	149519	72866	76653	0.68	0.33	0.35	95.06
74	139305	67557	71748	0.63	0.31	0.33	94.16
75-79岁	**549203**	**260717**	**288486**	**2.50**	**1.19**	**1.31**	**90.37**
75	124631	60311	64320	0.57	0.27	0.29	93.77
76	122963	59250	63713	0.56	0.27	0.29	93.00
77	101123	47770	53353	0.46	0.22	0.24	89.54
78	98943	46304	52639	0.45	0.21	0.24	87.97
79	101543	47082	54461	0.46	0.21	0.25	86.45
80-84岁	**350680**	**156805**	**193875**	**1.60**	**0.71**	**0.88**	**80.88**
80	84985	39246	45739	0.39	0.18	0.21	85.80
81	71652	32448	39204	0.33	0.15	0.18	82.77
82	75514	33764	41750	0.34	0.15	0.19	80.87
83	61353	26964	34389	0.28	0.12	0.16	78.41
84	57176	24383	32793	0.26	0.11	0.15	74.35
85-89岁	**193321**	**75776**	**117545**	**0.88**	**0.34**	**0.53**	**64.47**
85	52642	21636	31006	0.24	0.10	0.14	69.78
86	46486	18482	28004	0.21	0.08	0.13	66.00
87	39873	15550	24323	0.18	0.07	0.11	63.93
88	30275	11263	19012	0.14	0.05	0.09	59.24
89	24045	8845	15200	0.11	0.04	0.07	58.19
90-94岁	**67675**	**22643**	**45032**	**0.31**	**0.10**	**0.20**	**50.28**
90	21939	7701	14238	0.10	0.04	0.06	54.09
91	16222	5466	10756	0.07	0.02	0.05	50.82
92	13745	4534	9211	0.06	0.02	0.04	49.22
93	9063	2868	6195	0.04	0.01	0.03	46.30
94	6706	2074	4632	0.03	0.01	0.02	44.78
95-99岁	**15537**	**4487**	**11050**	**0.07**	**0.02**	**0.05**	**40.61**
95	5371	1671	3700	0.02	0.01	0.02	45.16
96	4055	1129	2926	0.02	0.01	0.01	38.59
97	2777	770	2007	0.01		0.01	38.37
98	1875	533	1342	0.01		0.01	39.72
99	1459	384	1075	0.01			35.72
100岁及以上	**1857**	**501**	**1356**	**0.01**		**0.01**	**36.95**

3-1c 全省分年龄、性别的人口(乡村)

单位：人、%

年 龄	人口数			占总人口比重			性别比
	合计	男	女	合计	男	女	(女=100)
总 计	**22505633**	**11510786**	**10994847**	**100.00**	**51.15**	**48.85**	**104.69**
0-4岁	**845097**	**442379**	**402718**	**3.76**	**1.97**	**1.79**	**109.85**
0	134658	70399	64259	0.60	0.31	0.29	109.56
1	154788	80518	74270	0.69	0.36	0.33	108.41
2	166020	87016	79004	0.74	0.39	0.35	110.14
3	190504	99685	90819	0.85	0.44	0.40	109.76
4	199127	104761	94366	0.88	0.47	0.42	111.02
5-9岁	**1099808**	**585045**	**514763**	**4.89**	**2.60**	**2.29**	**113.65**
5	201307	106755	94552	0.89	0.47	0.42	112.91
6	207520	110355	97165	0.92	0.49	0.43	113.57
7	214379	113484	100895	0.95	0.50	0.45	112.48
8	239579	127649	111930	1.06	0.57	0.50	114.04
9	237023	126802	110221	1.05	0.56	0.49	115.04
10-14岁	**1199770**	**646697**	**553073**	**5.33**	**2.87**	**2.46**	**116.93**
10	237128	127333	109795	1.05	0.57	0.49	115.97
11	251316	134907	116409	1.12	0.60	0.52	115.89
12	242592	130613	111979	1.08	0.58	0.50	116.64
13	237318	128499	108819	1.05	0.57	0.48	118.09
14	231416	125345	106071	1.03	0.56	0.47	118.17
15-19岁	**558141**	**314494**	**243647**	**2.48**	**1.40**	**1.08**	**129.08**
15	157315	86879	70436	0.70	0.39	0.31	123.34
16	106462	59477	46985	0.47	0.26	0.21	126.59
17	94769	53079	41690	0.42	0.24	0.19	127.32
18	104028	59175	44853	0.46	0.26	0.20	131.93
19	95567	55884	39683	0.42	0.25	0.18	140.83
20-24岁	**697979**	**397804**	**300175**	**3.10**	**1.77**	**1.33**	**132.52**
20	101680	59084	42596	0.45	0.26	0.19	138.71
21	111478	64040	47438	0.50	0.28	0.21	135.00
22	146345	83040	63305	0.65	0.37	0.28	131.17
23	161645	91861	69784	0.72	0.41	0.31	131.64
24	176831	99779	77052	0.79	0.44	0.34	129.50
25-29岁	**1138567**	**631168**	**507399**	**5.06**	**2.80**	**2.25**	**124.39**
25	205468	115987	89481	0.91	0.52	0.40	129.62
26	204417	114331	90086	0.91	0.51	0.40	126.91
27	220739	121946	98793	0.98	0.54	0.44	123.44
28	237733	130931	106802	1.06	0.58	0.47	122.59
29	270210	147973	122237	1.20	0.66	0.54	121.05

3-1c　续表 1　　单位：人、%

年　龄	人　口　数			占总人口比重			性别比
	合计	男	女	合计	男	女	(女=100)
30-34岁	**1558102**	**842382**	**715720**	**6.92**	**3.74**	**3.18**	**117.70**
30	365548	200432	165116	1.62	0.89	0.73	121.39
31	342642	185814	156828	1.52	0.83	0.70	118.48
32	294654	157717	136937	1.31	0.70	0.61	115.17
33	307588	165914	141674	1.37	0.74	0.63	117.11
34	247670	132505	115165	1.10	0.59	0.51	115.06
35-39岁	**1043926**	**555666**	**488260**	**4.64**	**2.47**	**2.17**	**113.81**
35	204303	108863	95440	0.91	0.48	0.42	114.06
36	199057	105594	93463	0.88	0.47	0.42	112.98
37	194692	103570	91122	0.87	0.46	0.40	113.66
38	232432	124560	107872	1.03	0.55	0.48	115.47
39	213442	113079	100363	0.95	0.50	0.45	112.67
40-44岁	**1119383**	**577551**	**541832**	**4.97**	**2.57**	**2.41**	**106.59**
40	184031	96299	87732	0.82	0.43	0.39	109.76
41	225486	118391	107095	1.00	0.53	0.48	110.55
42	227699	117782	109917	1.01	0.52	0.49	107.16
43	228621	116924	111697	1.02	0.52	0.50	104.68
44	253546	128155	125391	1.13	0.57	0.56	102.20
45-49岁	**1639079**	**811474**	**827605**	**7.28**	**3.61**	**3.68**	**98.05**
45	260534	130295	130239	1.16	0.58	0.58	100.04
46	287937	142309	145628	1.28	0.63	0.65	97.72
47	309680	153240	156440	1.38	0.68	0.70	97.95
48	354350	174520	179830	1.57	0.78	0.80	97.05
49	426578	211110	215468	1.90	0.94	0.96	97.98
50-54岁	**2424536**	**1200230**	**1224306**	**10.77**	**5.33**	**5.44**	**98.03**
50	478480	234838	243642	2.13	1.04	1.08	96.39
51	490445	242392	248053	2.18	1.08	1.10	97.72
52	518878	256291	262587	2.31	1.14	1.17	97.60
53	431421	213193	218228	1.92	0.95	0.97	97.69
54	505312	253516	251796	2.25	1.13	1.12	100.68
55-59岁	**2021730**	**1016808**	**1004922**	**8.98**	**4.52**	**4.47**	**101.18**
55	476191	237842	238349	2.12	1.06	1.06	99.79
56	427542	213760	213782	1.90	0.95	0.95	99.99
57	497317	252851	244466	2.21	1.12	1.09	103.43
58	399610	202199	197411	1.78	0.90	0.88	102.43
59	221070	110156	110914	0.98	0.49	0.49	99.32
60-64岁	**1642688**	**849633**	**793055**	**7.30**	**3.78**	**3.52**	**107.13**
60	238052	120376	117676	1.06	0.53	0.52	102.29
61	251876	130405	121471	1.12	0.58	0.54	107.35
62	344666	180008	164658	1.53	0.80	0.73	109.32
63	418755	218567	200188	1.86	0.97	0.89	109.18
64	389339	200277	189062	1.73	0.89	0.84	105.93

3-1c　续表 2　　　　　　单位：人、%

年　龄	人　口　数			占总人口比重			性别比
	合计	男	女	合计	男	女	(女=100)
65-69岁	**1975072**	**1002673**	**972399**	**8.78**	**4.46**	**4.32**	**103.11**
65	429650	221421	208229	1.91	0.98	0.93	106.34
66	427815	219099	208716	1.90	0.97	0.93	104.97
67	384375	194914	189461	1.71	0.87	0.84	102.88
68	406558	204786	201772	1.81	0.91	0.90	101.49
69	326674	162453	164221	1.45	0.72	0.73	98.92
70-74岁	**1438269**	**712049**	**726220**	**6.39**	**3.16**	**3.23**	**98.05**
70	312279	155575	156704	1.39	0.69	0.70	99.28
71	321897	161256	160641	1.43	0.72	0.71	100.38
72	296203	145971	150232	1.32	0.65	0.67	97.16
73	262803	129098	133705	1.17	0.57	0.59	96.55
74	245087	120149	124938	1.09	0.53	0.56	96.17
75-79岁	**972505**	**466039**	**506466**	**4.32**	**2.07**	**2.25**	**92.02**
75	218603	106529	112074	0.97	0.47	0.50	95.05
76	218539	106163	112376	0.97	0.47	0.50	94.47
77	181171	86766	94405	0.81	0.39	0.42	91.91
78	173550	81882	91668	0.77	0.36	0.41	89.32
79	180642	84699	95943	0.80	0.38	0.43	88.28
80-84岁	**624962**	**278111**	**346851**	**2.78**	**1.24**	**1.54**	**80.18**
80	149339	69209	80130	0.66	0.31	0.36	86.37
81	125677	56970	68707	0.56	0.25	0.31	82.92
82	135192	60501	74691	0.60	0.27	0.33	81.00
83	110483	47791	62692	0.49	0.21	0.28	76.23
84	104271	43640	60631	0.46	0.19	0.27	71.98
85-89岁	**353784**	**134697**	**219087**	**1.57**	**0.60**	**0.97**	**61.48**
85	94743	38251	56492	0.42	0.17	0.25	67.71
86	85364	33220	52144	0.38	0.15	0.23	63.71
87	74082	27946	46136	0.33	0.12	0.20	60.57
88	55346	19949	35397	0.25	0.09	0.16	56.36
89	44249	15331	28918	0.20	0.07	0.13	53.02
90-94岁	**122260**	**38291**	**83969**	**0.54**	**0.17**	**0.37**	**45.60**
90	39534	13226	26308	0.18	0.06	0.12	50.27
91	29529	9248	20281	0.13	0.04	0.09	45.60
92	25036	7734	17302	0.11	0.03	0.08	44.70
93	16263	4739	11524	0.07	0.02	0.05	41.12
94	11898	3344	8554	0.05	0.01	0.04	39.09
95-99岁	**26871**	**6873**	**19998**	**0.12**	**0.03**	**0.09**	**34.37**
95	9564	2523	7041	0.04	0.01	0.03	35.83
96	7060	1842	5218	0.03	0.01	0.02	35.30
97	4830	1219	3611	0.02	0.01	0.02	33.76
98	3072	723	2349	0.01		0.01	30.78
99	2345	566	1779	0.01		0.01	31.82
100岁及以上	**3104**	**722**	**2382**	**0.01**		**0.01**	**30.31**

3-2　各地区人口年龄构成(一)

单位：人、%

地　区	人口数				比重			
	合计	0-14岁	15-64岁	65岁及以上	合计	0-14岁	15-64岁	65岁及以上
江　苏	**84748016**	**12891948**	**58129537**	**13726531**	**100.00**	**15.21**	**68.59**	**16.20**
南京市	**9314685**	**1187619**	**6851196**	**1275870**	**100.00**	**12.75**	**73.55**	**13.70**
玄武区	537825	59993	398955	78877	100.00	11.15	74.18	14.67
秦淮区	740809	82593	519815	138401	100.00	11.15	70.17	18.68
建邺区	534257	71151	393622	69484	100.00	13.32	73.68	13.01
鼓楼区	940387	118899	659596	161892	100.00	12.64	70.14	17.22
浦口区	401334	50554	292334	58446	100.00	12.60	72.84	14.56
栖霞区	987835	110406	770809	106620	100.00	11.18	78.03	10.79
雨花台区	608780	76350	467017	65413	100.00	12.54	76.71	10.74
江宁区	1926117	251391	1465843	208883	100.00	13.05	76.10	10.84
六合区	632961	84621	433711	114629	100.00	13.37	68.52	18.11
溧水区	491336	68138	342753	80445	100.00	13.87	69.76	16.37
高淳区	429173	59502	282560	87111	100.00	13.86	65.84	20.30
南京江北新区	1083871	154021	824181	105669	100.00	14.21	76.04	9.75
无锡市	**7462135**	**967076**	**5401502**	**1093557**	**100.00**	**12.96**	**72.39**	**14.65**
锡山区	882387	118798	658032	105557	100.00	13.46	74.57	11.96
惠山区	893675	126586	661879	105210	100.00	14.16	74.06	11.77
滨湖区	592984	63284	437074	92626	100.00	10.67	73.71	15.62
梁溪区	985465	124454	694137	166874	100.00	12.63	70.44	16.93
新吴区	720215	101147	538540	80528	100.00	14.04	74.77	11.18
江苏无锡经济开发区	322109	53104	235143	33862	100.00	16.49	73.00	10.51
江阴市	1779515	227723	1292938	258854	100.00	12.80	72.66	14.55
宜兴市	1285785	151980	883759	250046	100.00	11.82	68.73	19.45
徐州市	**9083790**	**2031308**	**5715356**	**1337126**	**100.00**	**22.36**	**62.92**	**14.72**
鼓楼区	425143	69311	299732	56100	100.00	16.30	70.50	13.20
云龙区	471566	91579	328109	51878	100.00	19.42	69.58	11.00
贾汪区	453555	98717	287290	67548	100.00	21.77	63.34	14.89
泉山区	619784	99653	426563	93568	100.00	16.08	68.82	15.10
铜山区	1237760	275405	786945	175410	100.00	22.25	63.58	14.17
丰县	935200	208583	566762	159855	100.00	22.30	60.60	17.09
沛县	1038337	244436	634944	158957	100.00	23.54	61.15	15.31
睢宁县	1088553	249019	667296	172238	100.00	22.88	61.30	15.82
徐州经济技术开发区	381407	84126	259900	37381	100.00	22.06	68.14	9.80
新沂市	969922	243004	589249	137669	100.00	25.05	60.75	14.19
邳州市	1462563	367475	868566	226522	100.00	25.13	59.39	15.49
常州市	**5278121**	**699862**	**3792765**	**785494**	**100.00**	**13.26**	**71.86**	**14.88**
天宁区	668906	89286	475972	103648	100.00	13.35	71.16	15.50
钟楼区	658537	88494	477399	92644	100.00	13.44	72.49	14.07
新北区	883125	133865	642188	107072	100.00	15.16	72.72	12.12
武进区	1277487	173219	942827	161441	100.00	13.56	73.80	12.64
金坛区	585081	66904	403893	114284	100.00	11.43	69.03	19.53
江苏省常州市经济开发区	419893	52710	312683	54500	100.00	12.55	74.47	12.98
溧阳市	785092	95384	537803	151905	100.00	12.15	68.50	19.35

3-2 续表 1

单位：人、%

地　　区	人口数				比重			
	合计	0-14岁	15-64岁	65岁及以上	合计	0-14岁	15-64岁	65岁及以上
苏州市	**12748262**	**1727189**	**9435372**	**1585701**	**100.00**	**13.55**	**74.01**	**12.44**
虎丘区	832499	123146	632321	77032	100.00	14.79	75.95	9.25
吴中区	1388972	180646	1058766	149560	100.00	13.01	76.23	10.77
相城区	891055	125626	670062	95367	100.00	14.10	75.20	10.70
姑苏区	924083	113392	640763	169928	100.00	12.27	69.34	18.39
吴江区	1545023	198578	1144922	201523	100.00	12.85	74.10	13.04
苏州工业园区	1133927	183117	854572	96238	100.00	16.15	75.36	8.49
常熟市	1677050	185163	1223891	267996	100.00	11.04	72.98	15.98
张家港市	1432044	196419	1025027	210598	100.00	13.72	71.58	14.71
昆山市	2092496	320034	1588552	183910	100.00	15.29	75.92	8.79
太仓市	831113	101068	596496	133549	100.00	12.16	71.77	16.07
南通市	**7726635**	**841940**	**5133401**	**1751294**	**100.00**	**10.90**	**66.44**	**22.67**
崇川区	780564	97669	574334	108561	100.00	12.51	73.58	13.91
港闸区	403176	52530	296899	53747	100.00	13.03	73.64	13.33
通州区	1106601	125110	724650	256841	100.00	11.31	65.48	23.21
如东县	875178	73069	539299	262810	100.00	8.35	61.62	30.03
南通经济技术开发区	307213	41497	235380	30336	100.00	13.51	76.62	9.87
通州湾示范区	91846	6797	55628	29421	100.00	7.40	60.57	32.03
苏锡通科技产业园区	90180	9751	63241	17188	100.00	10.81	70.13	19.06
启东市	967313	91424	624589	251300	100.00	9.45	64.57	25.98
如皋市	1238448	152124	791036	295288	100.00	12.28	63.87	23.84
海门市	991782	108184	654971	228627	100.00	10.91	66.04	23.05
海安市	874334	83785	573374	217175	100.00	9.58	65.58	24.84
连云港市	**4599360**	**984112**	**2942544**	**672704**	**100.00**	**21.40**	**63.98**	**14.63**
连云区	160390	24698	112904	22788	100.00	15.40	70.39	14.21
海州区	717281	134099	485124	98058	100.00	18.70	67.63	13.67
赣榆区	1003844	226311	621593	155940	100.00	22.54	61.92	15.53
东海县	1047357	256440	641408	149509	100.00	24.48	61.24	14.27
灌云县	725047	153748	454634	116665	100.00	21.21	62.70	16.09
灌南县	612345	136652	380332	95361	100.00	22.32	62.11	15.57
连云港经济技术开发区	90248	14451	63436	12361	100.00	16.01	70.29	13.70
连云港高新技术产业开发区	171202	26986	133535	10681	100.00	15.76	78.00	6.24
江苏连云港徐圩新区	42124	5209	30306	6609	100.00	12.37	71.94	15.69
江苏省连云港市云台山风景名胜区	29522	5518	19272	4732	100.00	18.69	65.28	16.03
淮安市	**4556230**	**806559**	**3001594**	**748077**	**100.00**	**17.70**	**65.88**	**16.42**
淮安区	785272	130324	499602	155346	100.00	16.60	63.62	19.78
淮阴区	748791	137270	493437	118084	100.00	18.33	65.90	15.77
清江浦区	578451	101079	404561	72811	100.00	17.47	69.94	12.59
洪泽区	285097	38434	192080	54583	100.00	13.48	67.37	19.15
涟水县	829699	168448	520196	141055	100.00	20.30	62.70	17.00
盱眙县	607211	111616	390697	104898	100.00	18.38	64.34	17.28
金湖县	289456	33328	194137	61991	100.00	11.51	67.07	21.42
淮安经济技术开发区	293156	52657	215682	24817	100.00	17.96	73.57	8.47
工业园区	16073	2865	10613	2595	100.00	17.82	66.03	16.15
生态文旅区	99460	27139	64951	7370	100.00	27.29	65.30	7.41
苏淮高新区	23564	3399	15638	4527	100.00	14.42	66.36	19.21

3-2　续表 2

单位：人、%

地　　区	人口数				比重			
	合计	0-14岁	15-64岁	65岁及以上	合计	0-14岁	15-64岁	65岁及以上
盐城市	**6709629**	**1008518**	**4367426**	**1333685**	**100.00**	**15.03**	**65.09**	**19.88**
亭湖区	684239	93871	486866	103502	100.00	13.72	71.15	15.13
盐都区	614128	88117	396699	129312	100.00	14.35	64.60	21.06
大丰区	645603	64146	440718	140739	100.00	9.94	68.26	21.80
响水县	459156	97486	284955	76715	100.00	21.23	62.06	16.71
滨海县	820084	166972	497397	155715	100.00	20.36	60.65	18.99
阜宁县	794036	145403	487867	160766	100.00	18.31	61.44	20.25
射阳县	759403	105472	499767	154164	100.00	13.89	65.81	20.30
建湖县	609346	81874	389575	137897	100.00	13.44	63.93	22.63
盐城经济技术开发区	103004	13490	73846	15668	100.00	13.10	71.69	15.21
江苏省盐南高新区	332220	64732	241750	25738	100.00	19.48	72.77	7.75
东台市	888410	86955	567986	233469	100.00	9.79	63.93	26.28
扬州市	**4559797**	**527419**	**3120705**	**911673**	**100.00**	**11.57**	**68.44**	**19.99**
广陵区	542314	62478	389680	90156	100.00	11.52	71.86	16.62
邗江区	726906	93859	533500	99547	100.00	12.91	73.39	13.69
江都区	926577	97007	608563	221007	100.00	10.47	65.68	23.85
宝应县	682219	82642	439429	160148	100.00	12.11	64.41	23.47
扬州经济技术开发区	238785	30062	175042	33681	100.00	12.59	73.31	14.11
蜀冈瘦西湖景区	134507	19786	95415	19306	100.00	14.71	70.94	14.35
生态新城	66346	7281	46289	12776	100.00	10.97	69.77	19.26
仪征市	532571	61368	366279	104924	100.00	11.52	68.78	19.70
高邮市	709572	72936	466508	170128	100.00	10.28	65.74	23.98
镇江市	**3210418**	**381669**	**2266523**	**562226**	**100.00**	**11.89**	**70.60**	**17.51**
京口区	355757	39858	255863	60036	100.00	11.20	71.92	16.88
润州区	239892	28006	171171	40715	100.00	11.67	71.35	16.97
丹徒区	347264	37403	247449	62412	100.00	10.77	71.26	17.97
镇江新区	263813	34836	189817	39160	100.00	13.20	71.95	14.84
江苏镇江高新区	60064	7546	44238	8280	100.00	12.56	73.65	13.79
丹阳市	988900	121550	695942	171408	100.00	12.29	70.38	17.33
扬中市	315462	37853	218533	59076	100.00	12.00	69.27	18.73
句容市	639266	74617	443510	121139	100.00	11.67	69.38	18.95
泰州市	**4512762**	**557720**	**2961900**	**993142**	**100.00**	**12.36**	**65.63**	**22.01**
海陵区	577016	71384	407376	98256	100.00	12.37	70.60	17.03
高港区	258590	33067	172893	52630	100.00	12.79	66.86	20.35
姜堰区	668408	75511	429659	163238	100.00	11.30	64.28	24.42
泰州医药高新技术产业开发区	222691	31780	162299	28612	100.00	14.27	72.88	12.85
兴化市	1128204	155590	684633	287981	100.00	13.79	60.68	25.53
靖江市	663408	71203	455188	137017	100.00	10.73	68.61	20.65
泰兴市	994445	119185	649852	225408	100.00	11.99	65.35	22.67
宿迁市	**4986192**	**1170957**	**3139253**	**675982**	**100.00**	**23.48**	**62.96**	**13.56**
宿城区	663947	147764	435227	80956	100.00	22.26	65.55	12.19
宿豫区	444947	98995	284517	61435	100.00	22.25	63.94	13.81
沭阳县	1674978	405370	1045706	223902	100.00	24.20	62.43	13.37
泗阳县	829562	189028	514448	126086	100.00	22.79	62.01	15.20
泗洪县	858740	211408	524920	122412	100.00	24.62	61.13	14.25
宿迁经济技术开发区	189245	45221	126011	18013	100.00	23.90	66.59	9.52
宿迁市湖滨新区	143573	28560	94915	20098	100.00	19.89	66.11	14.00
苏州宿迁工业园区	29991	9711	19658	622	100.00	32.38	65.55	2.07
宿迁市洋河新区	151209	34900	93851	22458	100.00	23.08	62.07	14.85

3-2a 各地区人口年龄构成(一)(城市)

单位：人、%

地区	人口数				比重			
	合计	0-14岁	15-64岁	65岁及以上	合计	0-14岁	15-64岁	65岁及以上
江苏	**40269267**	**5972581**	**29310419**	**4986267**	**100.00**	**14.83**	**72.79**	**12.38**
南京市	**7914639**	**1026634**	**5916441**	**971564**	**100.00**	**12.97**	**74.75**	**12.28**
玄武区	537825	59993	398955	78877	100.00	11.15	74.18	14.67
秦淮区	740809	82593	519815	138401	100.00	11.15	70.17	18.68
建邺区	534257	71151	393622	69484	100.00	13.32	73.68	13.01
鼓楼区	940387	118899	659596	161892	100.00	12.64	70.14	17.22
浦口区	322323	41573	240454	40296	100.00	12.90	74.60	12.50
栖霞区	925627	104105	728714	92808	100.00	11.25	78.73	10.03
雨花台区	600621	75624	461332	63665	100.00	12.59	76.81	10.60
江宁区	1503459	206862	1165821	130776	100.00	13.76	77.54	8.70
六合区	224738	32712	160555	31471	100.00	14.56	71.44	14.00
溧水区	293247	43727	219819	29701	100.00	14.91	74.96	10.13
高淳区	228601	37204	158484	32913	100.00	16.27	69.33	14.40
南京江北新区	1062745	152191	809274	101280	100.00	14.32	76.15	9.53
无锡市	**5004272**	**698269**	**3656317**	**649686**	**100.00**	**13.95**	**73.06**	**12.98**
锡山区	494668	74702	375374	44592	100.00	15.10	75.88	9.01
惠山区	577121	90765	429969	56387	100.00	15.73	74.50	9.77
滨湖区	549416	58724	405170	85522	100.00	10.69	73.75	15.57
梁溪区	985465	124454	694137	166874	100.00	12.63	70.44	16.93
新吴区	642103	94259	475281	72563	100.00	14.68	74.02	11.30
江苏无锡经济开发区	322109	53104	235143	33862	100.00	16.49	73.00	10.51
江阴市	836429	118366	609186	108877	100.00	14.15	72.83	13.02
宜兴市	596961	83895	432057	81009	100.00	14.05	72.38	13.57
徐州市	**3028510**	**610207**	**2061012**	**357291**	**100.00**	**20.15**	**68.05**	**11.80**
鼓楼区	425143	69311	299732	56100	100.00	16.30	70.50	13.20
云龙区	441135	86635	305439	49061	100.00	19.64	69.24	11.12
贾汪区	189982	38520	128305	23157	100.00	20.28	67.54	12.19
泉山区	619784	99653	426563	93568	100.00	16.08	68.82	15.10
铜山区	374402	70500	265818	38084	100.00	18.83	71.00	10.17
丰县								
沛县								
睢宁县								
徐州经济技术开发区	4649	1073	2921	655	100.00	23.08	62.83	14.09
新沂市	374405	92628	246057	35720	100.00	24.74	65.72	9.54
邳州市	599010	151887	386177	60946	100.00	25.36	64.47	10.17
常州市	**3438476**	**498340**	**2532660**	**407476**	**100.00**	**14.49**	**73.66**	**11.85**
天宁区	563591	76706	402076	84809	100.00	13.61	71.34	15.05
钟楼区	615112	83886	444490	86736	100.00	13.64	72.26	14.10
新北区	650508	106795	479656	64057	100.00	16.42	73.74	9.85
武进区	756508	114707	577579	64222	100.00	15.16	76.35	8.49
金坛区	322790	44688	235515	42587	100.00	13.84	72.96	13.19
江苏省常州市经济开发区	179660	23369	133681	22610	100.00	13.01	74.41	12.58
溧阳市	350307	48189	259663	42455	100.00	13.76	74.12	12.12

3-2a　续表 1

单位：人、%

地　区	人口数				比重			
	合计	0-14岁	15-64岁	65岁及以上	合计	0-14岁	15-64岁	65岁及以上
苏州市	**7089585**	**1047114**	**5311440**	**731031**	**100.00**	**14.77**	**74.92**	**10.31**
虎丘区	759217	114311	579800	65106	100.00	15.06	76.37	8.58
吴中区	864144	121444	670770	71930	100.00	14.05	77.62	8.32
相城区	781040	114015	588905	78120	100.00	14.60	75.40	10.00
姑苏区	924083	113392	640763	169928	100.00	12.27	69.34	18.39
吴江区	662696	98052	510214	54430	100.00	14.80	76.99	8.21
苏州工业园区								
常熟市	828661	107855	621024	99782	100.00	13.02	74.94	12.04
张家港市	506354	81121	372460	52773	100.00	16.02	73.56	10.42
昆山市	1414348	242113	1070619	101616	100.00	17.12	75.70	7.18
太仓市	349042	54811	256885	37346	100.00	15.70	73.60	10.70
南通市	**3144798**	**411340**	**2237969**	**495489**	**100.00**	**13.08**	**71.16**	**15.76**
崇川区	780564	97669	574334	108561	100.00	12.51	73.58	13.91
港闸区	399543	52190	294389	52964	100.00	13.06	73.68	13.26
通州区	402266	55733	279106	67427	100.00	13.85	69.38	16.76
如东县								
南通经济技术开发区								
通州湾示范区								
苏锡通科技产业园区								
启东市	378393	46128	263949	68316	100.00	12.19	69.76	18.05
如皋市	361585	52654	248140	60791	100.00	14.56	68.63	16.81
海门市	367808	50407	262012	55389	100.00	13.70	71.24	15.06
海安市	454639	56559	316039	82041	100.00	12.44	69.51	18.05
连云港市	**1022210**	**193715**	**700362**	**128133**	**100.00**	**18.95**	**68.51**	**12.53**
连云区	156581	24381	110075	22125	100.00	15.57	70.30	14.13
海州区	562111	102474	386330	73307	100.00	18.23	68.73	13.04
赣榆区	279543	63957	185518	30068	100.00	22.88	66.36	10.76
东海县	8629	1674	5644	1311	100.00	19.40	65.41	15.19
灌云县								
灌南县								
连云港经济技术开发区								
连云港高新技术产业开发区								
江苏连云港徐圩新区	10748	385	9814	549	100.00	3.58	91.31	5.11
江苏省连云港市云台山风景名胜区	4598	844	2981	773	100.00	18.36	64.83	16.81
淮安市	**1303052**	**235976**	**921365**	**145711**	**100.00**	**18.11**	**70.71**	**11.18**
淮安区	321355	58538	223433	39384	100.00	18.22	69.53	12.26
淮阴区	319622	62307	229451	27864	100.00	19.49	71.79	8.72
清江浦区	517197	91894	364003	61300	100.00	17.77	70.38	11.85
洪泽区	144878	23237	104478	17163	100.00	16.04	72.11	11.85
涟水县								
盱眙县								
金湖县								
淮安经济技术开发区								
工业园区								
生态文旅区								
苏淮高新区								

3-2a 续表 2

单位：人、%

地　　区	人口数				比重			
	合计	0-14岁	15-64岁	65岁及以上	合计	0-14岁	15-64岁	65岁及以上
盐城市	**1687143**	**266876**	**1213682**	**206585**	**100.00**	**15.82**	**71.94**	**12.24**
亭湖区	529059	76003	385546	67510	100.00	14.37	72.87	12.76
盐都区	261833	47379	188537	25917	100.00	18.10	72.01	9.90
大丰区	225927	35011	164213	26703	100.00	15.50	72.68	11.82
响水县								
滨海县								
阜宁县								
射阳县								
建湖县								
盐城经济技术开发区	5359	739	3851	769	100.00	13.79	71.86	14.35
江苏省盐南高新区	332220	64732	241750	25738	100.00	19.48	72.77	7.75
东台市	332745	43012	229785	59948	100.00	12.93	69.06	18.02
扬州市	**2115264**	**279417**	**1547295**	**288552**	**100.00**	**13.21**	**73.15**	**13.64**
广陵区	424063	52473	308240	63350	100.00	12.37	72.69	14.94
邗江区	576153	77613	434712	63828	100.00	13.47	75.45	11.08
江都区	334488	45853	241939	46696	100.00	13.71	72.33	13.96
宝应县								
扬州经济技术开发区								
蜀冈瘦西湖景区	134507	19786	95415	19306	100.00	14.71	70.94	14.35
生态新城	37699	4465	27864	5370	100.00	11.84	73.91	14.24
仪征市	301099	37462	216074	47563	100.00	12.44	71.76	15.80
高邮市	307255	41765	223051	42439	100.00	13.59	72.59	13.81
镇江市	**1688488**	**224161**	**1224173**	**240154**	**100.00**	**13.28**	**72.50**	**14.22**
京口区	343904	38682	247773	57449	100.00	11.25	72.05	16.70
润州区	238978	27879	170463	40636	100.00	11.67	71.33	17.00
丹徒区	154996	22676	112996	19324	100.00	14.63	72.90	12.47
镇江新区								
江苏镇江高新区	60064	7546	44238	8280	100.00	12.56	73.65	13.79
丹阳市	396269	56830	288429	51010	100.00	14.34	72.79	12.87
扬中市	178440	26273	128956	23211	100.00	14.72	72.27	13.01
句容市	315837	44275	231318	40244	100.00	14.02	73.24	12.74
泰州市	**2005567**	**290885**	**1421401**	**293281**	**100.00**	**14.50**	**70.87**	**14.62**
海陵区	508859	65218	365448	78193	100.00	12.82	71.82	15.37
高港区	136373	19309	95272	21792	100.00	14.16	69.86	15.98
姜堰区	331452	50795	233514	47143	100.00	15.32	70.45	14.22
泰州医药高新技术产业开发区								
兴化市	318636	55947	217845	44844	100.00	17.56	68.37	14.07
靖江市	331555	45375	240859	45321	100.00	13.69	72.65	13.67
泰兴市	378692	54241	268463	55988	100.00	14.32	70.89	14.78
宿迁市	**827263**	**189647**	**566302**	**71314**	**100.00**	**22.92**	**68.45**	**8.62**
宿城区	390722	86536	269564	34622	100.00	22.15	68.99	8.86
宿豫区	240600	57740	164881	17979	100.00	24.00	68.53	7.47
沭阳县								
泗阳县								
泗洪县								
宿迁经济技术开发区								
宿迁市湖滨新区	77755	14904	55269	7582	100.00	19.17	71.08	9.75
苏州宿迁工业园区	29991	9711	19658	622	100.00	32.38	65.55	2.07
宿迁市洋河新区	88195	20756	56930	10509	100.00	23.53	64.55	11.92

3-2b　各地区人口年龄构成(一)(镇)

单位：人、%

地　区	人口数				比重			
	合计	0-14岁	15-64岁	65岁及以上	合计	0-14岁	15-64岁	65岁及以上
江　苏	**21973116**	**3774692**	**14974987**	**3223437**	**100.00**	**17.18**	**68.15**	**14.67**
南京市	**170602**	**28733**	**120770**	**21099**	**100.00**	**16.84**	**70.79**	**12.37**
玄武区								
秦淮区								
建邺区								
鼓楼区								
浦口区	1657	111	1036	510	100.00	6.70	62.52	30.78
栖霞区								
雨花台区	8159	726	5685	1748	100.00	8.90	69.68	21.42
江宁区								
六合区	117207	22002	84874	10331	100.00	18.77	72.41	8.81
溧水区	29583	4638	19431	5514	100.00	15.68	65.68	18.64
高淳区	13996	1256	9744	2996	100.00	8.97	69.62	21.41
南京江北新区								
无锡市	**1173936**	**147143**	**853669**	**173124**	**100.00**	**12.53**	**72.72**	**14.75**
锡山区	274399	31759	201340	41300	100.00	11.57	73.37	15.05
惠山区	111704	14982	82076	14646	100.00	13.41	73.48	13.11
滨湖区								
梁溪区								
新吴区								
江苏无锡经济开发区								
江阴市	494923	64871	366590	63462	100.00	13.11	74.07	12.82
宜兴市	292910	35531	203663	53716	100.00	12.13	69.53	18.34
徐州市	**2933378**	**697229**	**1861769**	**374380**	**100.00**	**23.77**	**63.47**	**12.76**
鼓楼区								
云龙区	30431	4944	22670	2817	100.00	16.25	74.50	9.26
贾汪区	80185	18050	49817	12318	100.00	22.51	62.13	15.36
泉山区								
铜山区	356631	87188	220395	49048	100.00	24.45	61.80	13.75
丰县	504761	115011	321036	68714	100.00	22.79	63.60	13.61
沛县	596272	144537	378445	73290	100.00	24.24	63.47	12.29
睢宁县	614577	147807	392290	74480	100.00	24.05	63.83	12.12
徐州经济技术开发区	323210	70490	224931	27789	100.00	21.81	69.59	8.60
新沂市	175506	46385	104943	24178	100.00	26.43	59.79	13.78
邳州市	251805	62817	147242	41746	100.00	24.95	58.47	16.58
常州市	**629380**	**78323**	**447518**	**103539**	**100.00**	**12.44**	**71.10**	**16.45**
天宁区	46139	5998	32895	7246	100.00	13.00	71.30	15.70
钟楼区								
新北区	120121	15019	86080	19022	100.00	12.50	71.66	15.84
武进区	161131	20166	115901	25064	100.00	12.52	71.93	15.56
金坛区	62244	6176	41323	14745	100.00	9.92	66.39	23.69
江苏省常州市经济开发区	94545	12700	70847	10998	100.00	13.43	74.93	11.63
溧阳市	145200	18264	100472	26464	100.00	12.58	69.20	18.23

3-2b 续表 1

单位：人、%

地　区	人口数				比重			
	合计	0-14岁	15-64岁	65岁及以上	合计	0-14岁	15-64岁	65岁及以上
苏州市	**3328788**	**470690**	**2467061**	**391037**	**100.00**	**14.14**	**74.11**	**11.75**
虎丘区	4389	753	2905	731	100.00	17.16	66.19	16.66
吴中区	206606	28030	154971	23605	100.00	13.57	75.01	11.43
相城区	58334	7353	42946	8035	100.00	12.60	73.62	13.77
姑苏区								
吴江区	498456	64681	372116	61659	100.00	12.98	74.65	12.37
苏州工业园区	1133927	183117	854572	96238	100.00	16.15	75.36	8.49
常熟市	401938	41941	299133	60864	100.00	10.43	74.42	15.14
张家港市	549539	79006	391354	79179	100.00	14.38	71.21	14.41
昆山市	237811	36615	178021	23175	100.00	15.40	74.86	9.75
太仓市	237788	29194	171043	37551	100.00	12.28	71.93	15.79
南通市	**2298134**	**241640**	**1548931**	**507563**	**100.00**	**10.51**	**67.40**	**22.09**
崇川区								
港闸区								
通州区	354224	38505	235497	80222	100.00	10.87	66.48	22.65
如东县	509593	48299	328849	132445	100.00	9.48	64.53	25.99
南通经济技术开发区	307213	41497	235380	30336	100.00	13.51	76.62	9.87
通州湾示范区	41405	2977	28471	9957	100.00	7.19	68.76	24.05
苏锡通科技产业园区	42940	4078	31759	7103	100.00	9.50	73.96	16.54
启东市	201764	18276	135228	48260	100.00	9.06	67.02	23.92
如皋市	400294	46025	256731	97538	100.00	11.50	64.14	24.37
海门市	294175	31250	201260	61665	100.00	10.62	68.42	20.96
海安市	146526	10733	95756	40037	100.00	7.32	65.35	27.32
连云港市	**1807355**	**392249**	**1198402**	**216704**	**100.00**	**21.70**	**66.31**	**11.99**
连云区	1085	4	1060	21	100.00	0.37	97.70	1.94
海州区	61141	13546	39748	7847	100.00	22.16	65.01	12.83
赣榆区	289686	64408	179923	45355	100.00	22.23	62.11	15.66
东海县	498360	120804	326063	51493	100.00	24.24	65.43	10.33
灌云县	358508	75475	235317	47716	100.00	21.05	65.64	13.31
灌南县	323820	74898	210494	38428	100.00	23.13	65.00	11.87
连云港经济技术开发区	71315	11154	51259	8902	100.00	15.64	71.88	12.48
连云港高新技术产业开发区	171202	26986	133535	10681	100.00	15.76	78.00	6.24
江苏连云港徐圩新区	30208	4636	19651	5921	100.00	15.35	65.05	19.60
江苏省连云港市云台山风景名胜区	2030	338	1352	340	100.00	16.65	66.60	16.75
淮安市	**1689171**	**333754**	**1141605**	**213812**	**100.00**	**19.76**	**67.58**	**12.66**
淮安区	106305	15655	66230	24420	100.00	14.73	62.30	22.97
淮阴区	111762	20852	70354	20556	100.00	18.66	62.95	18.39
清江浦区	6728	969	4450	1309	100.00	14.40	66.14	19.46
洪泽区	25608	2554	16229	6825	100.00	9.97	63.37	26.65
涟水县	465057	107236	304428	53393	100.00	23.06	65.46	11.48
盱眙县	374436	75283	250345	48808	100.00	20.11	66.86	13.04
金湖县	177633	26757	129597	21279	100.00	15.06	72.96	11.98
淮安经济技术开发区	293156	52657	215682	24817	100.00	17.96	73.57	8.47
工业园区	7650	1503	5090	1057	100.00	19.65	66.54	13.82
生态文旅区	99460	27139	64951	7370	100.00	27.29	65.30	7.41
苏淮高新区	21376	3149	14249	3978	100.00	14.73	66.66	18.61

3-2b　续表 2

单位：人、%

地　区	人口数				比重			
	合计	0-14岁	15-64岁	65岁及以上	合计	0-14岁	15-64岁	65岁及以上
盐城市	**2614513**	**444724**	**1748214**	**421575**	**100.00**	**17.01**	**66.87**	**16.12**
亭湖区	59977	7464	41322	11191	100.00	12.44	68.90	18.66
盐都区	95956	14865	64371	16720	100.00	15.49	67.08	17.42
大丰区	173570	12564	116869	44137	100.00	7.24	67.33	25.43
响水县	268785	58231	175922	34632	100.00	21.66	65.45	12.88
滨海县	458804	98836	294622	65346	100.00	21.54	64.22	14.24
阜宁县	465096	93062	302578	69456	100.00	20.01	65.06	14.93
射阳县	452678	70449	311908	70321	100.00	15.56	68.90	15.53
建湖县	378759	62218	262461	54080	100.00	16.43	69.29	14.28
盐城经济技术开发区	69071	9448	51669	7954	100.00	13.68	74.81	11.52
江苏省盐南高新区								
东台市	191817	17587	126492	47738	100.00	9.17	65.94	24.89
扬州市	**1123640**	**141635**	**782678**	**199327**	**100.00**	**12.61**	**69.66**	**17.74**
广陵区	41872	4123	29827	7922	100.00	9.85	71.23	18.92
邗江区	58725	6849	40711	11165	100.00	11.66	69.32	19.01
江都区	227975	23273	151680	53022	100.00	10.21	66.53	23.26
宝应县	391839	59261	273227	59351	100.00	15.12	69.73	15.15
扬州经济技术开发区	220598	27886	163338	29374	100.00	12.64	74.04	13.32
蜀冈瘦西湖景区								
生态新城	11174	1076	7352	2746	100.00	9.63	65.80	24.57
仪征市	55896	7179	37696	11021	100.00	12.84	67.44	19.72
高邮市	115561	11988	78847	24726	100.00	10.37	68.23	21.40
镇江市	**862339**	**101747**	**620107**	**140485**	**100.00**	**11.80**	**71.91**	**16.29**
京口区	4988	579	3609	800	100.00	11.61	72.35	16.04
润州区								
丹徒区	92134	6153	70673	15308	100.00	6.68	76.71	16.61
镇江新区	228749	31332	166331	31086	100.00	13.70	72.71	13.59
江苏镇江高新区								
丹阳市	396315	47963	280724	67628	100.00	12.10	70.83	17.06
扬中市	42994	3768	28467	10759	100.00	8.76	66.21	25.02
句容市	97159	11952	70303	14904	100.00	12.30	72.36	15.34
泰州市	**1065612**	**131520**	**712836**	**221256**	**100.00**	**12.34**	**66.89**	**20.76**
海陵区	24323	2150	15604	6569	100.00	8.84	64.15	27.01
高港区	43555	5610	28929	9016	100.00	12.88	66.42	20.70
姜堰区	95644	7622	59912	28110	100.00	7.97	62.64	29.39
泰州医药高新技术产业开发区	208121	30055	152952	25114	100.00	14.44	73.49	12.07
兴化市	331213	45666	211876	73671	100.00	13.79	63.97	22.24
靖江市	122415	11819	85935	24661	100.00	9.65	70.20	20.15
泰兴市	240341	28598	157628	54115	100.00	11.90	65.59	22.52
宿迁市	**2276268**	**565305**	**1471427**	**239536**	**100.00**	**24.83**	**64.64**	**10.52**
宿城区	42029	11092	25506	5431	100.00	26.39	60.69	12.92
宿豫区	57443	13832	34765	8846	100.00	24.08	60.52	15.40
沭阳县	986247	245623	639421	101203	100.00	24.90	64.83	10.26
泗阳县	510517	121851	333590	55076	100.00	23.87	65.34	10.79
泗洪县	525208	135280	333772	56156	100.00	25.76	63.55	10.69
宿迁经济技术开发区	140638	34601	95562	10475	100.00	24.60	67.95	7.45
宿迁市湖滨新区	14186	3026	8811	2349	100.00	21.33	62.11	16.56
苏州宿迁工业园区								
宿迁市洋河新区								

3-2c 各地区人口年龄构成(一)(乡村)

单位：人、%

地区	人口数				比重			
	合计	0-14岁	15-64岁	65岁及以上	合计	0-14岁	15-64岁	65岁及以上
江苏	**22505633**	**3144675**	**13844131**	**5516827**	**100.00**	**13.97**	**61.51**	**24.51**
南京市	**1229444**	**132252**	**813985**	**283207**	**100.00**	**10.76**	**66.21**	**23.04**
玄武区								
秦淮区								
建邺区								
鼓楼区								
浦口区	77354	8870	50844	17640	100.00	11.47	65.73	22.80
栖霞区	62208	6301	42095	13812	100.00	10.13	67.67	22.20
雨花台区								
江宁区	422658	44529	300022	78107	100.00	10.54	70.98	18.48
六合区	291016	29907	188282	72827	100.00	10.28	64.70	25.03
溧水区	168506	19773	103503	45230	100.00	11.73	61.42	26.84
高淳区	186576	21042	114332	51202	100.00	11.28	61.28	27.44
南京江北新区	21126	1830	14907	4389	100.00	8.66	70.56	20.78
无锡市	**1283927**	**121664**	**891516**	**270747**	**100.00**	**9.48**	**69.44**	**21.09**
锡山区	113320	12337	81318	19665	100.00	10.89	71.76	17.35
惠山区	204850	20839	149834	34177	100.00	10.17	73.14	16.68
滨湖区	43568	4560	31904	7104	100.00	10.47	73.23	16.31
梁溪区								
新吴区	78112	6888	63259	7965	100.00	8.82	80.98	10.20
江苏无锡经济开发区								
江阴市	448163	44486	317162	86515	100.00	9.93	70.77	19.30
宜兴市	395914	32554	248039	115321	100.00	8.22	62.65	29.13
徐州市	**3121902**	**723872**	**1792575**	**605455**	**100.00**	**23.19**	**57.42**	**19.39**
鼓楼区								
云龙区								
贾汪区	183388	42147	109168	32073	100.00	22.98	59.53	17.49
泉山区								
铜山区	506727	117717	300732	88278	100.00	23.23	59.35	17.42
丰县	430439	93572	245726	91141	100.00	21.74	57.09	21.17
沛县	442065	99899	256499	85667	100.00	22.60	58.02	19.38
睢宁县	473976	101212	275006	97758	100.00	21.35	58.02	20.63
徐州经济技术开发区	53548	12563	32048	8937	100.00	23.46	59.85	16.69
新沂市	420011	103991	238249	77771	100.00	24.76	56.72	18.52
邳州市	611748	152771	335147	123830	100.00	24.97	54.79	20.24
常州市	**1210265**	**123199**	**812587**	**274479**	**100.00**	**10.18**	**67.14**	**22.68**
天宁区	59176	6582	41001	11593	100.00	11.12	69.29	19.59
钟楼区	43425	4608	32909	5908	100.00	10.61	75.78	13.61
新北区	112496	12051	76452	23993	100.00	10.71	67.96	21.33
武进区	359848	38346	249347	72155	100.00	10.66	69.29	20.05
金坛区	200047	16040	127055	56952	100.00	8.02	63.51	28.47
江苏省常州市经济开发区	145688	16641	108155	20892	100.00	11.42	74.24	14.34
溧阳市	289585	28931	177668	82986	100.00	9.99	61.35	28.66

3-2c 续表 1

单位：人、%

地区	人口数				比重			
	合计	0-14岁	15-64岁	65岁及以上	合计	0-14岁	15-64岁	65岁及以上
苏州市	**2329889**	**209385**	**1656871**	**463633**	**100.00**	**8.99**	**71.11**	**19.90**
虎丘区	68893	8082	49616	11195	100.00	11.73	72.02	16.25
吴中区	318222	31172	233025	54025	100.00	9.80	73.23	16.98
相城区	51681	4258	38211	9212	100.00	8.24	73.94	17.82
姑苏区								
吴江区	383871	35845	262592	85434	100.00	9.34	68.41	22.26
苏州工业园区								
常熟市	446451	35367	303734	107350	100.00	7.92	68.03	24.05
张家港市	376151	36292	261213	78646	100.00	9.65	69.44	20.91
昆山市	440337	41306	339912	59119	100.00	9.38	77.19	13.43
太仓市	244283	17063	168568	58652	100.00	6.98	69.01	24.01
南通市	**2283703**	**188960**	**1346501**	**748242**	**100.00**	**8.27**	**58.96**	**32.76**
崇川区								
港闸区	3633	340	2510	783	100.00	9.36	69.09	21.55
通州区	350111	30872	210047	109192	100.00	8.82	59.99	31.19
如东县	365585	24770	210450	130365	100.00	6.78	57.57	35.66
南通经济技术开发区								
通州湾示范区	50441	3820	27157	19464	100.00	7.57	53.84	38.59
苏锡通科技产业园区	47240	5673	31482	10085	100.00	12.01	66.64	21.35
启东市	387156	27020	225412	134724	100.00	6.98	58.22	34.80
如皋市	476569	53445	286165	136959	100.00	11.21	60.05	28.74
海门市	329799	26527	191699	111573	100.00	8.04	58.13	33.83
海安市	273169	16493	161579	95097	100.00	6.04	59.15	34.81
连云港市	**1769795**	**398148**	**1043780**	**327867**	**100.00**	**22.50**	**58.98**	**18.53**
连云区	2724	313	1769	642	100.00	11.49	64.94	23.57
海州区	94029	18079	59046	16904	100.00	19.23	62.80	17.98
赣榆区	434615	97946	256152	80517	100.00	22.54	58.94	18.53
东海县	540368	133962	309701	96705	100.00	24.79	57.31	17.90
灌云县	366539	78273	219317	68949	100.00	21.35	59.83	18.81
灌南县	288525	61754	169838	56933	100.00	21.40	58.86	19.73
连云港经济技术开发区	18933	3297	12177	3459	100.00	17.41	64.32	18.27
连云港高新技术产业开发区								
江苏连云港徐圩新区	1168	188	841	139	100.00	16.10	72.00	11.90
江苏省连云港市云台山风景名胜区	22894	4336	14939	3619	100.00	18.94	65.25	15.81
淮安市	**1564007**	**236829**	**938624**	**388554**	**100.00**	**15.14**	**60.01**	**24.84**
淮安区	357612	56131	209939	91542	100.00	15.70	58.71	25.60
淮阴区	317407	54111	193632	69664	100.00	17.05	61.00	21.95
清江浦区	54526	8216	36108	10202	100.00	15.07	66.22	18.71
洪泽区	114611	12643	71373	30595	100.00	11.03	62.27	26.69
涟水县	364642	61212	215768	87662	100.00	16.79	59.17	24.04
盱眙县	232775	36333	140352	56090	100.00	15.61	60.30	24.10
金湖县	111823	6571	64540	40712	100.00	5.88	57.72	36.41
淮安经济技术开发区								
工业园区	8423	1362	5523	1538	100.00	16.17	65.57	18.26
生态文旅区								
苏淮高新区	2188	250	1389	549	100.00	11.43	63.48	25.09

3-2c 续表 2

单位：人、%

地　区	人口数				比重			
	合计	0-14岁	15-64岁	65岁及以上	合计	0-14岁	15-64岁	65岁及以上
盐城市	**2407973**	**296918**	**1405530**	**705525**	**100.00**	**12.33**	**58.37**	**29.30**
亭湖区	95203	10404	59998	24801	100.00	10.93	63.02	26.05
盐都区	256339	25873	143791	86675	100.00	10.09	56.09	33.81
大丰区	246106	16571	159636	69899	100.00	6.73	64.86	28.40
响水县	190371	39255	109033	42083	100.00	20.62	57.27	22.11
滨海县	361280	68136	202775	90369	100.00	18.86	56.13	25.01
阜宁县	328940	52341	185289	91310	100.00	15.91	56.33	27.76
射阳县	306725	35023	187859	83843	100.00	11.42	61.25	27.33
建湖县	230587	19656	127114	83817	100.00	8.52	55.13	36.35
盐城经济技术开发区	28574	3303	18326	6945	100.00	11.56	64.14	24.31
江苏省盐南高新区								
东台市	363848	26356	211709	125783	100.00	7.24	58.19	34.57
扬州市	**1320893**	**106367**	**790732**	**423794**	**100.00**	**8.05**	**59.86**	**32.08**
广陵区	76379	5882	51613	18884	100.00	7.70	67.57	24.72
邗江区	92028	9397	58077	24554	100.00	10.21	63.11	26.68
江都区	364114	27881	214944	121289	100.00	7.66	59.03	33.31
宝应县	290380	23381	166202	100797	100.00	8.05	57.24	34.71
扬州经济技术开发区	18187	2176	11704	4307	100.00	11.96	64.35	23.68
蜀冈瘦西湖景区								
生态新城	17473	1740	11073	4660	100.00	9.96	63.37	26.67
仪征市	175576	16727	112509	46340	100.00	9.53	64.08	26.39
高邮市	286756	19183	164610	102963	100.00	6.69	57.40	35.91
镇江市	**659591**	**55761**	**422243**	**181587**	**100.00**	**8.45**	**64.02**	**27.53**
京口区	6865	597	4481	1787	100.00	8.70	65.27	26.03
润州区	914	127	708	79	100.00	13.89	77.46	8.64
丹徒区	100134	8574	63780	27780	100.00	8.56	63.69	27.74
镇江新区	35064	3504	23486	8074	100.00	9.99	66.98	23.03
江苏镇江高新区								
丹阳市	196316	16757	126789	52770	100.00	8.54	64.58	26.88
扬中市	94028	7812	61110	25106	100.00	8.31	64.99	26.70
句容市	226270	18390	141889	65991	100.00	8.13	62.71	29.16
泰州市	**1441583**	**135315**	**827663**	**478605**	**100.00**	**9.39**	**57.41**	**33.20**
海陵区	43834	4016	26324	13494	100.00	9.16	60.05	30.78
高港区	78662	8148	48692	21822	100.00	10.36	61.90	27.74
姜堰区	241312	17094	136233	87985	100.00	7.08	56.46	36.46
泰州医药高新技术产业开发区	14570	1725	9347	3498	100.00	11.84	64.15	24.01
兴化市	478355	53977	254912	169466	100.00	11.28	53.29	35.43
靖江市	209438	14009	128394	67035	100.00	6.69	61.30	32.01
泰兴市	375412	36346	223761	115305	100.00	9.68	59.60	30.71
宿迁市	**1882661**	**416005**	**1101524**	**365132**	**100.00**	**22.10**	**58.51**	**19.39**
宿城区	231196	50136	140157	40903	100.00	21.69	60.62	17.69
宿豫区	146904	27423	84871	34610	100.00	18.67	57.77	23.56
沭阳县	688731	159747	406285	122699	100.00	23.19	58.99	17.82
泗阳县	319045	67177	180858	71010	100.00	21.06	56.69	22.26
泗洪县	333532	76128	191148	66256	100.00	22.82	57.31	19.86
宿迁经济技术开发区	48607	10620	30449	7538	100.00	21.85	62.64	15.51
宿迁市湖滨新区	51632	10630	30835	10167	100.00	20.59	59.72	19.69
苏州宿迁工业园区								
宿迁市洋河新区	63014	14144	36921	11949	100.00	22.45	58.59	18.96

3-3 各地区人口年龄构成(二)

单位：人、%

地区	人口数				比重			
	合计	0-15岁	16-59岁	60岁及以上	合计	0-15岁	16-59岁	60岁及以上
江苏	**84748016**	**13663748**	**52578923**	**18505345**	**100.00**	**16.12**	**62.04**	**21.84**
南京市	**9314685**	**1250251**	**6296706**	**1767728**	**100.00**	**13.42**	**67.60**	**18.98**
玄武区	537825	63536	365214	109075	100.00	11.81	67.91	20.28
秦淮区	740809	87481	460331	192997	100.00	11.81	62.14	26.05
建邺区	534257	75078	357701	101478	100.00	14.05	66.95	18.99
鼓楼区	940387	125610	590372	224405	100.00	13.36	62.78	23.86
浦口区	401334	53103	269499	78732	100.00	13.23	67.15	19.62
栖霞区	987835	116140	717240	154455	100.00	11.76	72.61	15.64
雨花台区	608780	79967	432258	96555	100.00	13.14	71.00	15.86
江宁区	1926117	265539	1369702	290876	100.00	13.79	71.11	15.10
六合区	632961	89397	389027	154537	100.00	14.12	61.46	24.41
溧水区	491336	71491	317348	102497	100.00	14.55	64.59	20.86
高淳区	429173	62861	260046	106266	100.00	14.65	60.59	24.76
南京江北新区	1083871	160048	767968	155855	100.00	14.77	70.85	14.38
无锡市	**7462135**	**1019739**	**4968576**	**1473820**	**100.00**	**13.67**	**66.58**	**19.75**
锡山区	882387	124347	613411	144629	100.00	14.09	69.52	16.39
惠山区	893675	134033	616134	143508	100.00	15.00	68.94	16.06
滨湖区	592984	68134	401056	123794	100.00	11.49	67.63	20.88
梁溪区	985465	131626	623586	230253	100.00	13.36	63.28	23.36
新吴区	720215	105825	503927	110463	100.00	14.69	69.97	15.34
江苏无锡经济开发区	322109	55184	217874	49051	100.00	17.13	67.64	15.23
江阴市	1779515	239953	1191874	347688	100.00	13.48	66.98	19.54
宜兴市	1285785	160637	800714	324434	100.00	12.49	62.27	25.23
徐州市	**9083790**	**2156006**	**5155348**	**1772436**	**100.00**	**23.73**	**56.75**	**19.51**
鼓楼区	425143	72499	271792	80852	100.00	17.05	63.93	19.02
云龙区	471566	95463	302475	73628	100.00	20.24	64.14	15.61
贾汪区	453555	104432	259909	89214	100.00	23.03	57.30	19.67
泉山区	619784	106921	383847	129016	100.00	17.25	61.93	20.82
铜山区	1237760	291706	715619	230435	100.00	23.57	57.82	18.62
丰县	935200	220754	508461	205985	100.00	23.61	54.37	22.03
沛县	1038337	257912	573091	207334	100.00	24.84	55.19	19.97
睢宁县	1088553	261457	603282	223814	100.00	24.02	55.42	20.56
徐州经济技术开发区	381407	90432	239398	51577	100.00	23.71	62.77	13.52
新沂市	969922	260586	528762	180574	100.00	26.87	54.52	18.62
邳州市	1462563	393844	768712	300007	100.00	26.93	52.56	20.51
常州市	**5278121**	**739687**	**3482500**	**1055934**	**100.00**	**14.01**	**65.98**	**20.01**
天宁区	668906	94340	432838	141728	100.00	14.10	64.71	21.19
钟楼区	658537	93843	438064	126630	100.00	14.25	66.52	19.23
新北区	883125	140732	594821	147572	100.00	15.94	67.35	16.71
武进区	1277487	182137	879353	215997	100.00	14.26	68.83	16.91
金坛区	585081	70947	360941	153193	100.00	12.13	61.69	26.18
江苏省常州市经济开发区	419893	56463	290295	73135	100.00	13.45	69.14	17.42
溧阳市	785092	101225	486188	197679	100.00	12.89	61.93	25.18

3-3 续表 1

单位：人、%

地　区	人口数				比重			
	合计	0-15岁	16-59岁	60岁及以上	合计	0-15岁	16-59岁	60岁及以上
苏州市	**12748262**	**1809835**	**8776025**	**2162402**	**100.00**	**14.20**	**68.84**	**16.96**
虎丘区	832499	129090	593572	109837	100.00	15.51	71.30	13.19
吴中区	1388972	189348	990198	209426	100.00	13.63	71.29	15.08
相城区	891055	131321	627758	131976	100.00	14.74	70.45	14.81
姑苏区	924083	119382	572121	232580	100.00	12.92	61.91	25.17
吴江区	1545023	208483	1066786	269754	100.00	13.49	69.05	17.46
苏州工业园区	1133927	189777	802771	141379	100.00	16.74	70.80	12.47
常熟市	1677050	196246	1126661	354143	100.00	11.70	67.18	21.12
张家港市	1432044	206987	943919	281138	100.00	14.45	65.91	19.63
昆山市	2092496	332961	1502124	257411	100.00	15.91	71.79	12.30
太仓市	831113	106240	550115	174758	100.00	12.78	66.19	21.03
南通市	**7726635**	**896730**	**4511257**	**2318648**	**100.00**	**11.61**	**58.39**	**30.01**
崇川区	780564	104135	528590	147839	100.00	13.34	67.72	18.94
港闸区	403176	55758	274868	72550	100.00	13.83	68.18	17.99
通州区	1106601	131836	640618	334147	100.00	11.91	57.89	30.20
如东县	875178	77989	456289	340900	100.00	8.91	52.14	38.95
南通经济技术开发区	307213	43787	220358	43068	100.00	14.25	71.73	14.02
通州湾示范区	91846	7710	45585	38551	100.00	8.39	49.63	41.97
苏锡通科技产业园区	90180	10124	57258	22798	100.00	11.23	63.49	25.28
启东市	967313	97220	526873	343220	100.00	10.05	54.47	35.48
如皋市	1238448	162916	689513	386019	100.00	13.15	55.68	31.17
海门市	991782	115505	571197	305080	100.00	11.65	57.59	30.76
海安市	874334	89750	500108	284476	100.00	10.26	57.20	32.54
连云港市	**4599360**	**1045827**	**2615040**	**938493**	**100.00**	**22.74**	**56.86**	**20.40**
连云区	160390	25629	102631	32130	100.00	15.98	63.99	20.03
海州区	717281	141476	436532	139273	100.00	19.72	60.86	19.42
赣榆区	1003844	240027	552027	211790	100.00	23.91	54.99	21.10
东海县	1047357	272453	572768	202136	100.00	26.01	54.69	19.30
灌云县	725047	163565	394953	166529	100.00	22.56	54.47	22.97
灌南县	612345	145413	331093	135839	100.00	23.75	54.07	22.18
连云港经济技术开发区	90248	16095	56245	17908	100.00	17.83	62.32	19.84
连云港高新技术产业开发区	171202	29834	124835	16533	100.00	17.43	72.92	9.66
江苏连云港徐圩新区	42124	5580	27153	9391	100.00	13.25	64.46	22.29
江苏省连云港市云台山风景名胜区	29522	5755	16803	6964	100.00	19.49	56.92	23.59
淮安市	**4556230**	**863000**	**2654711**	**1038519**	**100.00**	**18.94**	**58.27**	**22.79**
淮安区	785272	140049	435395	209828	100.00	17.83	55.45	26.72
淮阴区	748791	146830	436185	165776	100.00	19.61	58.25	22.14
清江浦区	578451	107400	365751	105300	100.00	18.57	63.23	18.20
洪泽区	285097	41327	168395	75375	100.00	14.50	59.07	26.44
涟水县	829699	182332	453833	193534	100.00	21.98	54.70	23.33
盱眙县	607211	119087	341848	146276	100.00	19.61	56.30	24.09
金湖县	289456	35253	170342	83861	100.00	12.18	58.85	28.97
淮安经济技术开发区	293156	55696	200348	37112	100.00	19.00	68.34	12.66
工业园区	16073	2958	9491	3624	100.00	18.40	59.05	22.55
生态文旅区	99460	28528	59377	11555	100.00	28.68	59.70	11.62
苏淮高新区	23564	3540	13746	6278	100.00	15.02	58.33	26.64

3-3　续表 2

单位：人、%

地　区	人口数				比重			
	合计	0-15岁	16-59岁	60岁及以上	合计	0-15岁	16-59岁	60岁及以上
盐城市	**6709629**	**1082258**	**3793998**	**1833373**	**100.00**	**16.13**	**56.55**	**27.32**
亭湖区	684239	101790	438740	143709	100.00	14.88	64.12	21.00
盐都区	614128	93388	352174	168566	100.00	15.21	57.35	27.45
大丰区	645603	68507	378932	198164	100.00	10.61	58.69	30.69
响水县	459156	104582	243140	111434	100.00	22.78	52.95	24.27
滨海县	820084	180390	422075	217619	100.00	22.00	51.47	26.54
阜宁县	794036	154746	419245	220045	100.00	19.49	52.80	27.71
射阳县	759403	112968	429000	217435	100.00	14.88	56.49	28.63
建湖县	609346	88457	341610	179279	100.00	14.52	56.06	29.42
盐城经济技术开发区	103004	14215	66858	21931	100.00	13.80	64.91	21.29
江苏省盐南高新区	332220	69975	223117	39128	100.00	21.06	67.16	11.78
东台市	888410	93240	479107	316063	100.00	10.50	53.93	35.58
扬州市	**4559797**	**565468**	**2808130**	**1186199**	**100.00**	**12.40**	**61.58**	**26.01**
广陵区	542314	67801	349994	124519	100.00	12.50	64.54	22.96
邗江区	726906	100187	490807	135912	100.00	13.78	67.52	18.70
江都区	926577	103912	543334	279331	100.00	11.21	58.64	30.15
宝应县	682219	89026	389378	203815	100.00	13.05	57.08	29.88
扬州经济技术开发区	238785	32354	160282	46149	100.00	13.55	67.12	19.33
蜀冈瘦西湖景区	134507	21377	85627	27503	100.00	15.89	63.66	20.45
生态新城	66346	7631	41832	16883	100.00	11.50	63.05	25.45
仪征市	532571	65409	329739	137423	100.00	12.28	61.91	25.80
高邮市	709572	77771	417137	214664	100.00	10.96	58.79	30.25
镇江市	**3210418**	**405102**	**2048963**	**756353**	**100.00**	**12.62**	**63.82**	**23.56**
京口区	355757	42897	230417	82443	100.00	12.06	64.77	23.17
润州区	239892	29765	153030	57097	100.00	12.41	63.79	23.80
丹徒区	347264	40218	222525	84521	100.00	11.58	64.08	24.34
镇江新区	263813	36542	172576	54695	100.00	13.85	65.42	20.73
江苏镇江高新区	60064	7952	40450	11662	100.00	13.24	67.34	19.42
丹阳市	988900	129049	630281	229570	100.00	13.05	63.74	23.21
扬中市	315462	40041	195217	80204	100.00	12.69	61.88	25.42
句容市	639266	78638	404467	156161	100.00	12.30	63.27	24.43
泰州市	**4512762**	**595075**	**2642695**	**1274992**	**100.00**	**13.19**	**58.56**	**28.25**
海陵区	577016	76610	370520	129886	100.00	13.28	64.21	22.51
高港区	258590	34979	154642	68969	100.00	13.53	59.80	26.67
姜堰区	668408	81779	380712	205917	100.00	12.23	56.96	30.81
泰州医药高新技术产业开发区	222691	33442	150393	38856	100.00	15.02	67.53	17.45
兴化市	1128204	164460	604639	359105	100.00	14.58	53.59	31.83
靖江市	663408	76107	407238	180063	100.00	11.47	61.39	27.14
泰兴市	994445	127698	574551	292196	100.00	12.84	57.78	29.38
宿迁市	**4986192**	**1234770**	**2824974**	**926448**	**100.00**	**24.76**	**56.66**	**18.58**
宿城区	663947	153865	398420	111662	100.00	23.17	60.01	16.82
宿豫区	444947	103837	257180	83930	100.00	23.34	57.80	18.86
沭阳县	1674978	427737	931563	315678	100.00	25.54	55.62	18.85
泗阳县	829562	201579	456895	171088	100.00	24.30	55.08	20.62
泗洪县	858740	221691	476702	160347	100.00	25.82	55.51	18.67
宿迁经济技术开发区	189245	47416	116203	25626	100.00	25.06	61.40	13.54
宿迁市湖滨新区	143573	32523	84098	26952	100.00	22.65	58.58	18.77
苏州宿迁工业园区	29991	9913	18944	1134	100.00	33.05	63.17	3.78
宿迁市洋河新区	151209	36209	84969	30031	100.00	23.95	56.19	19.86

3-3a 各地区人口年龄构成(二)(城市)

单位：人、%

地区	人口数				比重			
	合计	0-15岁	16-59岁	60岁及以上	合计	0-15岁	16-59岁	60岁及以上
江苏	**40269267**	**6336913**	**26972533**	**6959821**	**100.00**	**15.74**	**66.98**	**17.28**
南京市	**7914639**	**1081186**	**5455787**	**1377666**	**100.00**	**13.66**	**68.93**	**17.41**
玄武区	537825	63536	365214	109075	100.00	11.81	67.91	20.28
秦淮区	740809	87481	460331	192997	100.00	11.81	62.14	26.05
建邺区	534257	75078	357701	101478	100.00	14.05	66.95	18.99
鼓楼区	940387	125610	590372	224405	100.00	13.36	62.78	23.86
浦口区	322323	43698	222944	55681	100.00	13.56	69.17	17.27
栖霞区	925627	109627	679811	136189	100.00	11.84	73.44	14.71
雨花台区	600621	79215	427013	94393	100.00	13.19	71.10	15.72
江宁区	1503459	217724	1097602	188133	100.00	14.48	73.01	12.51
六合区	224738	35211	145781	43746	100.00	15.67	64.87	19.47
溧水区	293247	46183	207090	39974	100.00	15.75	70.62	13.63
高淳区	228601	39684	147362	41555	100.00	17.36	64.46	18.18
南京江北新区	1062745	158139	754566	150040	100.00	14.88	71.00	14.12
无锡市	**5004272**	**736507**	**3372182**	**895583**	**100.00**	**14.72**	**67.39**	**17.90**
锡山区	494668	78252	353236	63180	100.00	15.82	71.41	12.77
惠山区	577121	95855	402279	78987	100.00	16.61	69.70	13.69
滨湖区	549416	63178	371770	114468	100.00	11.50	67.67	20.83
梁溪区	985465	131626	623586	230253	100.00	13.36	63.28	23.36
新吴区	642103	98450	443994	99659	100.00	15.33	69.15	15.52
江苏无锡经济开发区	322109	55184	217874	49051	100.00	17.13	67.64	15.23
江阴市	836429	125115	561324	149990	100.00	14.96	67.11	17.93
宜兴市	596961	88847	398119	109995	100.00	14.88	66.69	18.43
徐州市	**3028510**	**651902**	**1880320**	**496288**	**100.00**	**21.53**	**62.09**	**16.39**
鼓楼区	425143	72499	271792	80852	100.00	17.05	63.93	19.02
云龙区	441135	90110	281162	69863	100.00	20.43	63.74	15.84
贾汪区	189982	41722	116408	31852	100.00	21.96	61.27	16.77
泉山区	619784	106921	383847	129016	100.00	17.25	61.93	20.82
铜山区	374402	75092	247732	51578	100.00	20.06	66.17	13.78
丰县								
沛县								
睢宁县								
徐州经济技术开发区	4649	1146	2572	931	100.00	24.65	55.32	20.03
新沂市	374405	100390	225061	48954	100.00	26.81	60.11	13.08
邳州市	599010	164022	351746	83242	100.00	27.38	58.72	13.90
常州市	**3438476**	**527547**	**2346458**	**564471**	**100.00**	**15.34**	**68.24**	**16.42**
天宁区	563591	81090	365645	116856	100.00	14.39	64.88	20.73
钟楼区	615112	88747	407571	118794	100.00	14.43	66.26	19.31
新北区	650508	111881	448386	90241	100.00	17.20	68.93	13.87
武进区	756508	120595	545957	89956	100.00	15.94	72.17	11.89
金坛区	322790	47863	215636	59291	100.00	14.83	66.80	18.37
江苏省常州市经济开发区	179660	25613	122912	31135	100.00	14.26	68.41	17.33
溧阳市	350307	51758	240351	58198	100.00	14.78	68.61	16.61

3-3a 续表 1

单位：人、%

地区	人口数				比重			
	合计	0-15岁	16-59岁	60岁及以上	合计	0-15岁	16-59岁	60岁及以上
苏州市	**7089585**	**1097973**	**4958836**	**1032776**	**100.00**	**15.49**	**69.95**	**14.57**
虎丘区	759217	119804	545254	94159	100.00	15.78	71.82	12.40
吴中区	864144	127214	631895	105035	100.00	14.72	73.12	12.15
相城区	781040	119094	552168	109778	100.00	15.25	70.70	14.06
姑苏区	924083	119382	572121	232580	100.00	12.92	61.91	25.17
吴江区	662696	102611	481962	78123	100.00	15.48	72.73	11.79
苏州工业园区								
常熟市	828661	114157	577618	136886	100.00	13.78	69.70	16.52
张家港市	506354	86349	345933	74072	100.00	17.05	68.32	14.63
昆山市	1414348	251753	1012690	149905	100.00	17.80	71.60	10.60
太仓市	349042	57609	239195	52238	100.00	16.50	68.53	14.97
南通市	**3144798**	**439909**	**2030257**	**674632**	**100.00**	**13.99**	**64.56**	**21.45**
崇川区	780564	104135	528590	147839	100.00	13.34	67.72	18.94
港闸区	399543	55403	272631	71509	100.00	13.87	68.24	17.90
通州区	402266	59361	252345	90560	100.00	14.76	62.73	22.51
如东县								
南通经济技术开发区								
通州湾示范区								
苏锡通科技产业园区								
启东市	378393	49598	232580	96215	100.00	13.11	61.47	25.43
如皋市	361585	56219	223244	82122	100.00	15.55	61.74	22.71
海门市	367808	54616	235905	77287	100.00	14.85	64.14	21.01
海安市	454639	60577	284962	109100	100.00	13.32	62.68	24.00
连云港市	**1022210**	**205130**	**635032**	**182048**	**100.00**	**20.07**	**62.12**	**17.81**
连云区	156581	25308	100050	31223	100.00	16.16	63.90	19.94
海州区	562111	107978	349098	105035	100.00	19.21	62.10	18.69
赣榆区	279543	68730	168779	42034	100.00	24.59	60.38	15.04
东海县	8629	1737	5087	1805	100.00	20.13	58.95	20.92
灌云县								
灌南县								
连云港经济技术开发区								
连云港高新技术产业开发区								
江苏连云港徐圩新区	10748	490	9438	820	100.00	4.56	87.81	7.63
江苏省连云港市云台山风景名胜区	4598	887	2580	1131	100.00	19.29	56.11	24.60
淮安市	**1303052**	**254302**	**834778**	**213972**	**100.00**	**19.52**	**64.06**	**16.42**
淮安区	321355	64080	199930	57345	100.00	19.94	62.21	17.84
淮阴区	319622	67273	210407	41942	100.00	21.05	65.83	13.12
清江浦区	517197	97725	330156	89316	100.00	18.90	63.84	17.27
洪泽区	144878	25224	94285	25369	100.00	17.41	65.08	17.51
涟水县								
盱眙县								
金湖县								
淮安经济技术开发区								
工业园区								
生态文旅区								
苏淮高新区								

3-3a 续表 2

单位：人、%

地区	人口数				比重			
	合计	0-15岁	16-59岁	60岁及以上	合计	0-15岁	16-59岁	60岁及以上
盐城市	**1687143**	**286945**	**1106022**	**294176**	**100.00**	**17.01**	**65.56**	**17.44**
亭湖区	529059	82695	351899	94465	100.00	15.63	66.51	17.86
盐都区	261833	49853	174787	37193	100.00	19.04	66.76	14.20
大丰区	225927	37083	149429	39415	100.00	16.41	66.14	17.45
响水县								
滨海县								
阜宁县								
射阳县								
建湖县								
盐城经济技术开发区	5359	935	3403	1021	100.00	17.45	63.50	19.05
江苏省盐南高新区	332220	69975	223117	39128	100.00	21.06	67.16	11.78
东台市	332745	46404	203387	82954	100.00	13.95	61.12	24.93
扬州市	**2115264**	**300482**	**1417215**	**397567**	**100.00**	**14.21**	**67.00**	**18.80**
广陵区	424063	57156	278208	88699	100.00	13.48	65.61	20.92
邗江区	576153	82813	403840	89500	100.00	14.37	70.09	15.53
江都区	334488	49361	221455	63672	100.00	14.76	66.21	19.04
宝应县								
扬州经济技术开发区								
蜀冈瘦西湖景区	134507	21377	85627	27503	100.00	15.89	63.66	20.45
生态新城	37699	4671	25649	7379	100.00	12.39	68.04	19.57
仪征市	301099	40418	197607	63074	100.00	13.42	65.63	20.95
高邮市	307255	44686	204829	57740	100.00	14.54	66.66	18.79
镇江市	**1688488**	**239850**	**1116038**	**332600**	**100.00**	**14.21**	**66.10**	**19.70**
京口区	343904	41663	223211	79030	100.00	12.11	64.91	22.98
润州区	238978	29634	152367	56977	100.00	12.40	63.76	23.84
丹徒区	154996	23935	103402	27659	100.00	15.44	66.71	17.84
镇江新区								
江苏镇江高新区	60064	7952	40450	11662	100.00	13.24	67.34	19.42
丹阳市	396269	61685	264035	70549	100.00	15.57	66.63	17.80
扬中市	178440	27954	117760	32726	100.00	15.67	65.99	18.34
句容市	315837	47027	214813	53997	100.00	14.89	68.01	17.10
泰州市	**2005567**	**312931**	**1295902**	**396734**	**100.00**	**15.60**	**64.62**	**19.78**
海陵区	508859	69734	334123	105002	100.00	13.70	65.66	20.63
高港区	136373	20600	86688	29085	100.00	15.11	63.57	21.33
姜堰区	331452	55455	213235	62762	100.00	16.73	64.33	18.94
泰州医药高新技术产业开发区								
兴化市	318636	60387	196747	61502	100.00	18.95	61.75	19.30
靖江市	331555	48304	220363	62888	100.00	14.57	66.46	18.97
泰兴市	378692	58451	244746	75495	100.00	15.43	64.63	19.94
宿迁市	**827263**	**202249**	**523706**	**101308**	**100.00**	**24.45**	**63.31**	**12.25**
宿城区	390722	90888	250269	49565	100.00	23.26	64.05	12.69
宿豫区	240600	61408	153398	25794	100.00	25.52	63.76	10.72
沭阳县								
泗阳县								
泗洪县								
宿迁经济技术开发区								
宿迁市湖滨新区	77755	18524	48919	10312	100.00	23.82	62.91	13.26
苏州宿迁工业园区	29991	9913	18944	1134	100.00	33.05	63.17	3.78
宿迁市洋河新区	88195	21516	52176	14503	100.00	24.40	59.16	16.44

3-3b 各地区人口年龄构成(二)(镇)

单位：人、%

地区	人口数				比重			
	合计	0-15岁	16-59岁	60岁及以上	合计	0-15岁	16-59岁	60岁及以上
江 苏	**21973116**	**4024845**	**13562262**	**4386009**	**100.00**	**18.32**	**61.72**	**19.96**
南京市	**170602**	**29728**	**112358**	**28516**	**100.00**	**17.43**	**65.86**	**16.71**
玄武区								
秦淮区								
建邺区								
鼓楼区								
浦口区	1657	117	907	633	100.00	7.06	54.74	38.20
栖霞区								
雨花台区	8159	752	5245	2162	100.00	9.22	64.28	26.50
江宁区								
六合区	117207	22774	79474	14959	100.00	19.43	67.81	12.76
溧水区	29583	4774	17730	7079	100.00	16.14	59.93	23.93
高淳区	13996	1311	9002	3683	100.00	9.37	64.32	26.31
南京江北新区								
无锡市	**1173936**	**154959**	**789047**	**229930**	**100.00**	**13.20**	**67.21**	**19.59**
锡山区	274399	33267	185815	55317	100.00	12.12	67.72	20.16
惠山区	111704	15875	76189	19640	100.00	14.21	68.21	17.58
滨湖区								
梁溪区								
新吴区								
江苏无锡经济开发区								
江阴市	494923	68222	341580	85121	100.00	13.78	69.02	17.20
宜兴市	292910	37595	185463	69852	100.00	12.84	63.32	23.85
徐州市	**2933378**	**744659**	**1692094**	**496625**	**100.00**	**25.39**	**57.68**	**16.93**
鼓楼区								
云龙区	30431	5353	21313	3765	100.00	17.59	70.04	12.37
贾汪区	80185	18717	45391	16077	100.00	23.34	56.61	20.05
泉山区								
铜山区	356631	93135	199319	64177	100.00	26.12	55.89	18.00
丰县	504761	122665	292047	90049	100.00	24.30	57.86	17.84
沛县	596272	153142	345454	97676	100.00	25.68	57.94	16.38
睢宁县	614577	156588	358945	99044	100.00	25.48	58.41	16.12
徐州经济技术开发区	323210	75943	208143	39124	100.00	23.50	64.40	12.10
新沂市	175506	50584	93516	31406	100.00	28.82	53.28	17.89
邳州市	251805	68532	127966	55307	100.00	27.22	50.82	21.96
常州市	**629380**	**83613**	**408690**	**137077**	**100.00**	**13.28**	**64.94**	**21.78**
天宁区	46139	6373	30196	9570	100.00	13.81	65.45	20.74
钟楼区								
新北区	120121	16339	78263	25519	100.00	13.60	65.15	21.24
武进区	161131	21597	106523	33011	100.00	13.40	66.11	20.49
金坛区	62244	6384	36231	19629	100.00	10.26	58.21	31.54
江苏省常州市经济开发区	94545	13552	66240	14753	100.00	14.33	70.06	15.60
溧阳市	145200	19368	91237	34595	100.00	13.34	62.84	23.83

3-3b 续表 1

单位：人、%

地　　区	人口数				比重			
	合计	0-15岁	16-59岁	60岁及以上	合计	0-15岁	16-59岁	60岁及以上
苏州市	**3328788**	**491446**	**2301659**	**535683**	**100.00**	**14.76**	**69.14**	**16.09**
虎丘区	4389	783	2524	1082	100.00	17.84	57.51	24.65
吴中区	206606	29264	144672	32670	100.00	14.16	70.02	15.81
相城区	58334	7792	40050	10492	100.00	13.36	68.66	17.99
姑苏区								
吴江区	498456	68268	347131	83057	100.00	13.70	69.64	16.66
苏州工业园区	1133927	189777	802771	141379	100.00	16.74	70.80	12.47
常熟市	401938	44620	277026	80292	100.00	11.10	68.92	19.98
张家港市	549539	82435	361160	105944	100.00	15.00	65.72	19.28
昆山市	237811	37842	168181	31788	100.00	15.91	70.72	13.37
太仓市	237788	30665	158144	48979	100.00	12.90	66.51	20.60
南通市	**2298134**	**258426**	**1366752**	**672956**	**100.00**	**11.25**	**59.47**	**29.28**
崇川区								
港闸区								
通州区	354224	40345	209821	104058	100.00	11.39	59.23	29.38
如东县	509593	52132	283767	173694	100.00	10.23	55.69	34.08
南通经济技术开发区	307213	43787	220358	43068	100.00	14.25	71.73	14.02
通州湾示范区	41405	3733	24350	13322	100.00	9.02	58.81	32.17
苏锡通科技产业园区	42940	4227	29302	9411	100.00	9.84	68.24	21.92
启东市	201764	19317	116060	66387	100.00	9.57	57.52	32.90
如皋市	400294	50236	222328	127730	100.00	12.55	55.54	31.91
海门市	294175	32941	178285	82949	100.00	11.20	60.61	28.20
海安市	146526	11708	82481	52337	100.00	7.99	56.29	35.72
连云港市	**1807355**	**422647**	**1077555**	**307153**	**100.00**	**23.38**	**59.62**	**16.99**
连云区	1085	4	1036	45	100.00	0.37	95.48	4.15
海州区	61141	14689	35406	11046	100.00	24.02	57.91	18.07
赣榆区	289686	68504	159652	61530	100.00	23.65	55.11	21.24
东海县	498360	130369	297200	70791	100.00	26.16	59.64	14.20
灌云县	358508	81103	208452	68953	100.00	22.62	58.14	19.23
灌南县	323820	80213	187229	56378	100.00	24.77	57.82	17.41
连云港经济技术开发区	71315	12683	45606	13026	100.00	17.78	63.95	18.27
连云港高新技术产业开发区	171202	29834	124835	16533	100.00	17.43	72.92	9.66
江苏连云港徐圩新区	30208	4893	16971	8344	100.00	16.20	56.18	27.62
江苏省连云港市云台山风景名胜区	2030	355	1168	507	100.00	17.49	57.54	24.98
淮安市	**1689171**	**357454**	**1025458**	**306259**	**100.00**	**21.16**	**60.71**	**18.13**
淮安区	106305	16678	56986	32641	100.00	15.69	53.61	30.71
淮阴区	111762	22170	60874	28718	100.00	19.84	54.47	25.70
清江浦区	6728	1014	3871	1843	100.00	15.07	57.54	27.39
洪泽区	25608	2690	13683	9235	100.00	10.50	53.43	36.06
涟水县	465057	117209	272208	75640	100.00	25.20	58.53	16.26
盱眙县	374436	80311	222753	71372	100.00	21.45	59.49	19.06
金湖县	177633	28330	118261	31042	100.00	15.95	66.58	17.48
淮安经济技术开发区	293156	55696	200348	37112	100.00	19.00	68.34	12.66
工业园区	7650	1549	4563	1538	100.00	20.25	59.65	20.10
生态文旅区	99460	28528	59377	11555	100.00	28.68	59.70	11.62
苏淮高新区	21376	3279	12534	5563	100.00	15.34	58.64	26.02

3-3b 续表 2

单位：人、%

地区	人口数				比重			
	合计	0-15岁	16-59岁	60岁及以上	合计	0-15岁	16-59岁	60岁及以上
盐城市	**2614513**	**480285**	**1539173**	**595055**	**100.00**	**18.37**	**58.87**	**22.76**
亭湖区	59977	8108	36475	15394	100.00	13.52	60.81	25.67
盐都区	95956	16087	57119	22750	100.00	16.76	59.53	23.71
大丰区	173570	13272	98869	61429	100.00	7.65	56.96	35.39
响水县	268785	63070	154456	51259	100.00	23.46	57.46	19.07
滨海县	458804	107586	257802	93416	100.00	23.45	56.19	20.36
阜宁县	465096	99715	267001	98380	100.00	21.44	57.41	21.15
射阳县	452678	76236	275073	101369	100.00	16.84	60.77	22.39
建湖县	378759	67226	237416	74117	100.00	17.75	62.68	19.57
盐城经济技术开发区	69071	9830	47764	11477	100.00	14.23	69.15	16.62
江苏省盐南高新区								
东台市	191817	19155	107198	65464	100.00	9.99	55.89	34.13
扬州市	**1123640**	**152292**	**708410**	**262938**	**100.00**	**13.55**	**63.05**	**23.40**
广陵区	41872	4430	26573	10869	100.00	10.58	63.46	25.96
邗江区	58725	7609	36347	14769	100.00	12.96	61.89	25.15
江都区	227975	24976	135857	67142	100.00	10.96	59.59	29.45
宝应县	391839	63897	248349	79593	100.00	16.31	63.38	20.31
扬州经济技术开发区	220598	30001	149832	40765	100.00	13.60	67.92	18.48
蜀冈瘦西湖景区								
生态新城	11174	1129	6520	3525	100.00	10.10	58.35	31.55
仪征市	55896	7465	33849	14582	100.00	13.36	60.56	26.09
高邮市	115561	12785	71083	31693	100.00	11.06	61.51	27.43
镇江市	**862339**	**106959**	**565414**	**189966**	**100.00**	**12.40**	**65.57**	**22.03**
京口区	4988	601	3337	1050	100.00	12.05	66.90	21.05
润州区								
丹徒区	92134	7275	64445	20414	100.00	7.90	69.95	22.16
镇江新区	228749	32844	152132	43773	100.00	14.36	66.51	19.14
江苏镇江高新区								
丹阳市	396315	49943	255777	90595	100.00	12.60	64.54	22.86
扬中市	42994	3949	24895	14150	100.00	9.19	57.90	32.91
句容市	97159	12347	64828	19984	100.00	12.71	66.72	20.57
泰州市	**1065612**	**140200**	**639300**	**286112**	**100.00**	**13.16**	**59.99**	**26.85**
海陵区	24323	2261	13878	8184	100.00	9.30	57.06	33.65
高港区	43555	5838	25685	12032	100.00	13.40	58.97	27.62
姜堰区	95644	8236	52151	35257	100.00	8.61	54.53	36.86
泰州医药高新技术产业开发区	208121	31601	142188	34332	100.00	15.18	68.32	16.50
兴化市	331213	48186	189279	93748	100.00	14.55	57.15	28.30
靖江市	122415	13076	77144	32195	100.00	10.68	63.02	26.30
泰兴市	240341	31002	138975	70364	100.00	12.90	57.82	29.28
宿迁市	**2276268**	**602177**	**1336352**	**337739**	**100.00**	**26.45**	**58.71**	**14.84**
宿城区	42029	11361	23259	7409	100.00	27.03	55.34	17.63
宿豫区	57443	14156	31036	12251	100.00	24.64	54.03	21.33
沭阳县	986247	262652	577416	146179	100.00	26.63	58.55	14.82
泗阳县	510517	131536	301721	77260	100.00	25.77	59.10	15.13
泗洪县	525208	142847	306202	76159	100.00	27.20	58.30	14.50
宿迁经济技术开发区	140638	36527	88787	15324	100.00	25.97	63.13	10.90
宿迁市湖滨新区	14186	3098	7931	3157	100.00	21.84	55.91	22.25
苏州宿迁工业园区								
宿迁市洋河新区								

3-3c 各地区人口年龄构成(二)(乡村)

单位：人、%

地区	人口数				比重			
	合计	0-15岁	16-59岁	60岁及以上	合计	0-15岁	16-59岁	60岁及以上
江苏	**22505633**	**3301990**	**12044128**	**7159515**	**100.00**	**14.67**	**53.52**	**31.81**
南京市	**1229444**	**139337**	**728561**	**361546**	**100.00**	**11.33**	**59.26**	**29.41**
玄武区								
秦淮区								
建邺区								
鼓楼区								
浦口区	77354	9288	45648	22418	100.00	12.01	59.01	28.98
栖霞区	62208	6513	37429	18266	100.00	10.47	60.17	29.36
雨花台区								
江宁区	422658	47815	272100	102743	100.00	11.31	64.38	24.31
六合区	291016	31412	163772	95832	100.00	10.79	56.28	32.93
溧水区	168506	20534	92528	55444	100.00	12.19	54.91	32.90
高淳区	186576	21866	103682	61028	100.00	11.72	55.57	32.71
南京江北新区	21126	1909	13402	5815	100.00	9.04	63.44	27.53
无锡市	**1283927**	**128273**	**807347**	**348307**	**100.00**	**9.99**	**62.88**	**27.13**
锡山区	113320	12828	74360	26132	100.00	11.32	65.62	23.06
惠山区	204850	22303	137666	44881	100.00	10.89	67.20	21.91
滨湖区	43568	4956	29286	9326	100.00	11.38	67.22	21.41
梁溪区								
新吴区	78112	7375	59933	10804	100.00	9.44	76.73	13.83
江苏无锡经济开发区								
江阴市	448163	46616	288970	112577	100.00	10.40	64.48	25.12
宜兴市	395914	34195	217132	144587	100.00	8.64	54.84	36.52
徐州市	**3121902**	**759445**	**1582934**	**779523**	**100.00**	**24.33**	**50.70**	**24.97**
鼓楼区								
云龙区								
贾汪区	183388	43993	98110	41285	100.00	23.99	53.50	22.51
泉山区								
铜山区	506727	123479	268568	114680	100.00	24.37	53.00	22.63
丰县	430439	98089	216414	115936	100.00	22.79	50.28	26.93
沛县	442065	104770	227637	109658	100.00	23.70	51.49	24.81
睢宁县	473976	104869	244337	124770	100.00	22.13	51.55	26.32
徐州经济技术开发区	53548	13343	28683	11522	100.00	24.92	53.57	21.52
新沂市	420011	109612	210185	100214	100.00	26.10	50.04	23.86
邳州市	611748	161290	289000	161458	100.00	26.37	47.24	26.39
常州市	**1210265**	**128527**	**727352**	**354386**	**100.00**	**10.62**	**60.10**	**29.28**
天宁区	59176	6877	36997	15302	100.00	11.62	62.52	25.86
钟楼区	43425	5096	30493	7836	100.00	11.74	70.22	18.04
新北区	112496	12512	68172	31812	100.00	11.12	60.60	28.28
武进区	359848	39945	226873	93030	100.00	11.10	63.05	25.85
金坛区	200047	16700	109074	74273	100.00	8.35	54.52	37.13
江苏省常州市经济开发区	145688	17298	101143	27247	100.00	11.87	69.42	18.70
溧阳市	289585	30099	154600	104886	100.00	10.39	53.39	36.22

3-3c　续表 1

单位：人、%

地　区	人口数				比　重			
	合计	0-15岁	16-59岁	60岁及以上	合计	0-15岁	16-59岁	60岁及以上
苏州市	**2329889**	**220416**	**1515530**	**593943**	**100.00**	**9.46**	**65.05**	**25.49**
虎丘区	68893	8503	45794	14596	100.00	12.34	66.47	21.19
吴中区	318222	32870	213631	71721	100.00	10.33	67.13	22.54
相城区	51681	4435	35540	11706	100.00	8.58	68.77	22.65
姑苏区								
吴江区	383871	37604	237693	108574	100.00	9.80	61.92	28.28
苏州工业园区								
常熟市	446451	37469	272017	136965	100.00	8.39	60.93	30.68
张家港市	376151	38203	236826	101122	100.00	10.16	62.96	26.88
昆山市	440337	43366	321253	75718	100.00	9.85	72.96	17.20
太仓市	244283	17966	152776	73541	100.00	7.35	62.54	30.10
南通市	**2283703**	**198395**	**1114248**	**971060**	**100.00**	**8.69**	**48.79**	**42.52**
崇川区								
港闸区	3633	355	2237	1041	100.00	9.77	61.57	28.65
通州区	350111	32130	178452	139529	100.00	9.18	50.97	39.85
如东县	365585	25857	172522	167206	100.00	7.07	47.19	45.74
南通经济技术开发区								
通州湾示范区	50441	3977	21235	25229	100.00	7.88	42.10	50.02
苏锡通科技产业园区	47240	5897	27956	13387	100.00	12.48	59.18	28.34
启东市	387156	28305	178233	180618	100.00	7.31	46.04	46.65
如皋市	476569	56461	243941	176167	100.00	11.85	51.19	36.97
海门市	329799	27948	157007	144844	100.00	8.47	47.61	43.92
海安市	273169	17465	132665	123039	100.00	6.39	48.57	45.04
连云港市	**1769795**	**418050**	**902453**	**449292**	**100.00**	**23.62**	**50.99**	**25.39**
连云区	2724	317	1545	862	100.00	11.64	56.72	31.64
海州区	94029	18809	52028	23192	100.00	20.00	55.33	24.66
赣榆区	434615	102793	223596	108226	100.00	23.65	51.45	24.90
东海县	540368	140347	270481	129540	100.00	25.97	50.05	23.97
灌云县	366539	82462	186501	97576	100.00	22.50	50.88	26.62
灌南县	288525	65200	143864	79461	100.00	22.60	49.86	27.54
连云港经济技术开发区	18933	3412	10639	4882	100.00	18.02	56.19	25.79
连云港高新技术产业开发区								
江苏连云港徐圩新区	1168	197	744	227	100.00	16.87	63.70	19.43
江苏省连云港市云台山风景名胜区	22894	4513	13055	5326	100.00	19.71	57.02	23.26
淮安市	**1564007**	**251244**	**794475**	**518288**	**100.00**	**16.06**	**50.80**	**33.14**
淮安区	357612	59291	178479	119842	100.00	16.58	49.91	33.51
淮阴区	317407	57387	164904	95116	100.00	18.08	51.95	29.97
清江浦区	54526	8661	31724	14141	100.00	15.88	58.18	25.93
洪泽区	114611	13413	60427	40771	100.00	11.70	52.72	35.57
涟水县	364642	65123	181625	117894	100.00	17.86	49.81	32.33
盱眙县	232775	38776	119095	74904	100.00	16.66	51.16	32.18
金湖县	111823	6923	52081	52819	100.00	6.19	46.57	47.23
淮安经济技术开发区								
工业园区	8423	1409	4928	2086	100.00	16.73	58.51	24.77
生态文旅区								
苏淮高新区	2188	261	1212	715	100.00	11.93	55.39	32.68

3-3c 续表 2 单位：人、%

地 区	人口数				比重			
	合计	0-15岁	16-59岁	60岁及以上	合计	0-15岁	16-59岁	60岁及以上
盐城市	**2407973**	**315028**	**1148803**	**944142**	**100.00**	**13.08**	**47.71**	**39.21**
亭湖区	95203	10987	50366	33850	100.00	11.54	52.90	35.56
盐都区	256339	27448	120268	108623	100.00	10.71	46.92	42.37
大丰区	246106	18152	130634	97320	100.00	7.38	53.08	39.54
响水县	190371	41512	88684	60175	100.00	21.81	46.58	31.61
滨海县	361280	72804	164273	124203	100.00	20.15	45.47	34.38
阜宁县	328940	55031	152244	121665	100.00	16.73	46.28	36.99
射阳县	306725	36732	153927	116066	100.00	11.98	50.18	37.84
建湖县	230587	21231	104194	105162	100.00	9.21	45.19	45.61
盐城经济技术开发区	28574	3450	15691	9433	100.00	12.07	54.91	33.01
江苏省盐南高新区								
东台市	363848	27681	168522	167645	100.00	7.61	46.32	46.08
扬州市	**1320893**	**112694**	**682505**	**525694**	**100.00**	**8.53**	**51.67**	**39.80**
广陵区	76379	6215	45213	24951	100.00	8.14	59.20	32.67
邗江区	92028	9765	50620	31643	100.00	10.61	55.00	34.38
江都区	364114	29575	186022	148517	100.00	8.12	51.09	40.79
宝应县	290380	25129	141029	124222	100.00	8.65	48.57	42.78
扬州经济技术开发区	18187	2353	10450	5384	100.00	12.94	57.46	29.60
蜀冈瘦西湖景区								
生态新城	17473	1831	9663	5979	100.00	10.48	55.30	34.22
仪征市	175576	17526	98283	59767	100.00	9.98	55.98	34.04
高邮市	286756	20300	141225	125231	100.00	7.08	49.25	43.67
镇江市	**659591**	**58293**	**367511**	**233787**	**100.00**	**8.84**	**55.72**	**35.44**
京口区	6865	633	3869	2363	100.00	9.22	56.36	34.42
润州区	914	131	663	120	100.00	14.33	72.54	13.13
丹徒区	100134	9008	54678	36448	100.00	9.00	54.60	36.40
镇江新区	35064	3698	20444	10922	100.00	10.55	58.30	31.15
江苏镇江高新区								
丹阳市	196316	17421	110469	68426	100.00	8.87	56.27	34.86
扬中市	94028	8138	52562	33328	100.00	8.65	55.90	35.44
句容市	226270	19264	124826	82180	100.00	8.51	55.17	36.32
泰州市	**1441583**	**141944**	**707493**	**592146**	**100.00**	**9.85**	**49.08**	**41.08**
海陵区	43834	4615	22519	16700	100.00	10.53	51.37	38.10
高港区	78662	8541	42269	27852	100.00	10.86	53.73	35.41
姜堰区	241312	18088	115326	107898	100.00	7.50	47.79	44.71
泰州医药高新技术产业开发区	14570	1841	8205	4524	100.00	12.64	56.31	31.05
兴化市	478355	55887	218613	203855	100.00	11.68	45.70	42.62
靖江市	209438	14727	109731	84980	100.00	7.03	52.39	40.58
泰兴市	375412	38245	190830	146337	100.00	10.19	50.83	38.98
宿迁市	**1882661**	**430344**	**964916**	**487401**	**100.00**	**22.86**	**51.25**	**25.89**
宿城区	231196	51616	124892	54688	100.00	22.33	54.02	23.65
宿豫区	146904	28273	72746	45885	100.00	19.25	49.52	31.23
沭阳县	688731	165085	354147	169499	100.00	23.97	51.42	24.61
泗阳县	319045	70043	155174	93828	100.00	21.95	48.64	29.41
泗洪县	333532	78844	170500	84188	100.00	23.64	51.12	25.24
宿迁经济技术开发区	48607	10889	27416	10302	100.00	22.40	56.40	21.19
宿迁市湖滨新区	51632	10901	27248	13483	100.00	21.11	52.77	26.11
苏州宿迁工业园区								
宿迁市洋河新区	63014	14693	32793	15528	100.00	23.32	52.04	24.64

第一部分　全部数据资料

第四卷　教育

4-1　全省分年龄、性别、受教育程度的3岁及以上人口

单位：人

年龄	3岁及以上人口			未上过学		
	合计	男	女	小计	男	女
总　计	**82756266**	**41994185**	**40762081**	**2803412**	**686569**	**2116843**
3	896354	468266	428088	160507	84178	76329
4	930523	490289	440234	48496	25645	22851
5-9岁	**4712756**	**2518917**	**2193839**	**37795**	**20048**	**17747**
5	882882	468452	414430	20174	10636	9538
6	952348	507135	445213	8002	4239	3763
7	934015	498866	435149	3782	2033	1749
8	1012449	542773	469676	3095	1656	1439
9	931062	501691	429371	2742	1484	1258
10-14岁	**4360565**	**2360131**	**2000434**	**13560**	**7484**	**6076**
10	894076	482796	411280	2776	1517	1259
11	902123	487756	414367	3109	1695	1414
12	883032	477677	405355	2845	1543	1302
13	862907	467656	395251	2660	1478	1182
14	818427	444246	374181	2170	1251	919
15-19岁	**3547458**	**1941316**	**1606142**	**5796**	**3355**	**2441**
15	771800	421252	350548	1372	792	580
16	731946	401535	330411	1133	640	493
17	659462	363358	296104	1113	611	502
18	664535	364756	299779	1085	644	441
19	719715	390415	329300	1093	668	425
20-24岁	**3960507**	**2156767**	**1803740**	**6512**	**3909**	**2603**
20	756516	410830	345686	1256	766	490
21	721363	392539	328824	1152	703	449
22	785346	430065	355281	1245	739	506
23	818410	446931	371479	1432	866	566
24	878872	476402	402470	1427	835	592
25-29岁	**5651518**	**2996605**	**2654913**	**9764**	**5388**	**4376**
25	1003852	542425	461427	1632	928	704
26	1011412	542037	469375	1681	948	733
27	1101635	583642	517993	1834	1031	803
28	1190640	626514	564126	2192	1217	975
29	1343979	701987	641992	2425	1264	1161
30-34岁	**8056248**	**4114085**	**3942163**	**16257**	**8164**	**8093**
30	1798062	934754	863308	3418	1794	1624
31	1739885	890125	849760	3364	1767	1597
32	1545121	784642	760479	3004	1470	1534
33	1632942	827982	804960	3455	1729	1726
34	1340238	676582	663656	3016	1404	1612
35-39岁	**5782058**	**2917712**	**2864346**	**15750**	**6888**	**8862**
35	1107422	559739	547683	2739	1323	1416
36	1091729	550634	541095	2835	1245	1590
37	1093439	551395	542044	2908	1264	1644
38	1315410	665359	650051	3604	1583	2021
39	1174058	590585	583473	3664	1473	2191
40-44岁	**5515497**	**2764099**	**2751398**	**23546**	**8416**	**15130**
40	990932	497777	493155	3419	1303	2116
41	1165748	585209	580539	4407	1664	2743
42	1125480	563048	562432	4848	1757	3091
43	1082134	541524	540610	4992	1732	3260
44	1151203	576541	574662	5880	1960	3920

4-1 续表 1

单位：人

年 龄	3岁及以上人口			未上过学		
	合计	男	女	小计	男	女
45-49岁	**6414218**	**3195796**	**3218422**	**49787**	**13720**	**36067**
45	1127377	563019	564358	6578	2017	4561
46	1184240	589463	594777	7847	2264	5583
47	1224188	610739	613449	9400	2567	6833
48	1339057	667775	671282	11727	3117	8610
49	1539356	764800	774556	14235	3755	10480
50-54岁	**7959964**	**3926760**	**4033204**	**104285**	**24985**	**79300**
50	1671372	824548	846824	17467	4426	13041
51	1638245	808406	829839	19696	4986	14710
52	1706174	839352	866822	22603	5408	17195
53	1359318	667822	691496	20120	4636	15484
54	1584855	786632	798223	24399	5529	18870
55-59岁	**6463255**	**3207812**	**3255443**	**126148**	**24637**	**101511**
55	1510028	747142	762886	24511	5363	19148
56	1393248	688757	704491	23488	4960	18528
57	1631583	815619	815964	29949	5905	24044
58	1234777	615291	619486	28682	5069	23613
59	693619	341003	352616	19518	3340	16178
60-64岁	**4778814**	**2412689**	**2366125**	**237895**	**47559**	**190336**
60	764420	380783	383637	24944	4649	20295
61	770991	390928	380063	31685	6391	25294
62	1007825	514319	493506	49593	10226	39367
63	1184697	600725	583972	65157	13254	51903
64	1050881	525934	524947	66516	13039	53477
65-69岁	**5109879**	**2537937**	**2571942**	**407501**	**84614**	**322887**
65	1140532	572861	567671	78667	15795	62872
66	1133096	565927	567169	84209	17137	67072
67	984471	487186	497285	81692	17047	64645
68	1026619	507686	518933	89457	19222	70235
69	825161	404277	420884	73476	15413	58063
70-74岁	**3546676**	**1739491**	**1807185**	**378769**	**80503**	**298266**
70	785608	387635	397973	73625	16024	57601
71	798656	395649	403007	82360	18223	64137
72	720763	351241	369522	79438	16742	62696
73	647614	315962	331652	72346	15166	57180
74	594035	289004	305031	71000	14348	56652
75-79岁	**2317239**	**1102639**	**1214600**	**370246**	**75571**	**294675**
75	523003	253034	269969	69967	14168	55799
76	519304	250526	268778	77596	15890	61706
77	426256	202541	223715	69996	14469	55527
78	414764	194538	220226	71737	14424	57313
79	433912	202000	231912	80950	16620	64330
80-84岁	**1520000**	**680452**	**839548**	**366845**	**79379**	**287466**
80	363828	168188	195640	73781	15465	58316
81	311752	140998	170754	71189	15361	55828
82	325771	146611	179160	81034	17857	63177
83	266749	117002	149747	70534	15468	55066
84	251900	107653	144247	70307	15228	55079
85岁及以上	**1232737**	**462422**	**770315**	**423953**	**82126**	**341827**

4-1 续表 2

单位：人

年龄	学前教育			小学		
	小计	男	女	小计	男	女
总计	**2912866**	**1502630**	**1410236**	**19273379**	**8702944**	**10570435**
3	735847	384088	351759			
4	882027	464644	417383			
5-9岁	**1100632**	**583109**	**517523**	**3500976**	**1874984**	**1625992**
5	750975	397916	353059	111733	59900	51833
6	269054	143305	125749	661921	352260	309661
7	44029	22975	21054	870345	465046	405299
8	22065	11391	10674	966590	518155	448435
9	14509	7522	6987	890387	479623	410764
10-14岁	**43685**	**22979**	**20706**	**2170775**	**1173588**	**997187**
10	11319	5847	5472	845369	456142	389227
11	9202	4830	4372	805964	435818	370146
12	7463	3973	3490	350999	191434	159565
13	7648	4091	3557	118297	63688	54609
14	8053	4238	3815	50146	26506	23640
15-19岁	**9963**	**5386**	**4577**	**72071**	**39709**	**32362**
15	4655	2492	2163	20492	10954	9538
16	2504	1328	1176	13914	7544	6370
17	1170	640	530	13005	7274	5731
18	998	568	430	12705	7120	5585
19	636	358	278	11955	6817	5138
20-24岁	**2327**	**1230**	**1097**	**60474**	**34401**	**26073**
20	685	371	314	10910	6269	4641
21	396	214	182	9949	5712	4237
22	369	198	171	11886	6840	5046
23	416	214	202	13081	7458	5623
24	461	233	228	14648	8122	6526
25-29岁	**2186**	**1052**	**1134**	**108769**	**56769**	**52000**
25	502	269	233	17238	9512	7726
26	409	211	198	18178	9716	8462
27	365	174	191	20698	10895	9803
28	425	192	233	23621	12155	11466
29	485	206	279	29034	14491	14543
30-34岁	**2611**	**1144**	**1467**	**223319**	**102246**	**121073**
30	657	303	354	42225	20761	21464
31	588	242	346	44742	21142	23600
32	514	228	286	43406	19698	23708
33	486	196	290	49375	22004	27371
34	366	175	191	43571	18641	24930
35-39岁	**1590**	**676**	**914**	**227999**	**92546**	**135453**
35	316	126	190	40140	16735	23405
36	296	124	172	42600	17525	25075
37	322	145	177	42642	17410	25232
38	347	146	201	50931	20661	30270
39	309	135	174	51686	20215	31471
40-44岁	**1762**	**722**	**1040**	**397779**	**153830**	**243949**
40	260	114	146	52058	20138	31920
41	350	149	201	72886	28604	44282
42	346	143	203	80479	31016	49463
43	371	152	219	87549	33981	53568
44	435	164	271	104807	40091	64716

4-1 续表 3

单位：人

年 龄	学前教育			小 学		
	小计	男	女	小计	男	女
45-49岁	**3263**	**1191**	**2072**	**831895**	**305270**	**526625**
45	429	166	263	117493	44477	73016
46	550	199	351	137095	50889	86206
47	598	220	378	155665	57225	98440
48	740	255	485	187697	68081	119616
49	946	351	595	233945	84598	149347
50-54岁	**7155**	**2298**	**4857**	**1667509**	**616985**	**1050524**
50	1124	377	747	285664	102801	182863
51	1370	465	905	333446	124908	208538
52	1565	477	1088	368722	136505	232217
53	1385	422	963	313789	115428	198361
54	1711	557	1154	365888	137343	228545
55-59岁	**8251**	**2280**	**5971**	**1482730**	**538291**	**944439**
55	1676	461	1215	341278	125553	215725
56	1630	469	1161	306133	111614	194519
57	2029	567	1462	358813	132150	226663
58	1771	471	1300	298653	106515	192138
59	1145	312	833	177853	62459	115394
60-64岁	**12967**	**3618**	**9349**	**1685094**	**668345**	**1016749**
60	1400	333	1067	208622	76021	132601
61	1698	490	1208	244585	95374	149211
62	2682	761	1921	354487	142228	212259
63	3590	1006	2584	449743	181980	267763
64	3597	1028	2569	427657	172742	254915
65-69岁	**23355**	**6479**	**16876**	**2410312**	**1035523**	**1374789**
65	4550	1275	3275	496432	206865	289567
66	4743	1281	3462	518455	221041	297414
67	4689	1279	3410	471375	204214	267161
68	5075	1464	3611	506752	221835	284917
69	4298	1180	3118	417298	181568	235730
70-74岁	**22571**	**6635**	**15936**	**1893472**	**862352**	**1031120**
70	4428	1225	3203	408987	182656	226331
71	4878	1453	3425	430539	198034	232505
72	4857	1449	3408	395475	181095	214380
73	4325	1316	3009	347766	158738	189028
74	4083	1192	2891	310705	141829	168876
75-79岁	**19620**	**5673**	**13947**	**1180381**	**543955**	**636426**
75	3881	1103	2778	268731	122872	145859
76	4208	1225	2983	263937	122291	141646
77	3669	1046	2623	215439	99268	116171
78	3774	1124	2650	210755	97200	113555
79	4088	1175	2913	221519	102324	119195
80-84岁	**16770**	**5044**	**11726**	**769751**	**356950**	**412801**
80	3568	1093	2475	184709	85861	98848
81	3224	958	2266	158394	73663	84731
82	3718	1137	2581	165844	77867	87977
83	3212	982	2230	134237	62013	72224
84	3048	874	2174	126567	57546	69021
85岁及以上	**16284**	**4382**	**11902**	**590073**	**247200**	**342873**

4-1 续表 4

单位：人

年 龄	初中			高中			大学专科		
	小计	男	女	小计	男	女	小计	男	女
总 计	**28227982**	**15058047**	**13169935**	**13721862**	**7673049**	**6048813**	**8187482**	**4412757**	**3774725**
3									
4									
5-9岁	**73222**	**40698**	**32524**	**131**	**78**	**53**			
5									
6	13371	7331	6040						
7	15859	8812	7047						
8	20636	11539	9097	63	32	31			
9	23356	13016	10340	68	46	22			
10-14岁	**2064063**	**1119025**	**945038**	**67785**	**36734**	**31051**	**566**	**252**	**314**
10	34467	19219	15248	92	48	44	29	12	17
11	83677	45317	38360	120	68	52	36	21	15
12	521457	280584	240873	201	114	87	42	15	27
13	716435	388478	327957	17776	9871	7905	61	29	32
14	708027	385427	322600	49596	26633	22963	398	175	223
15-19岁	**690271**	**405468**	**284803**	**1743452**	**965340**	**778112**	**589269**	**313488**	**275781**
15	299580	168073	131507	411873	221402	190471	31667	16399	15268
16	128451	74457	53994	528468	288452	240016	53993	27274	26719
17	89379	54320	35059	459029	251934	207095	75062	39212	35850
18	84035	52525	31510	219258	128114	91144	183537	98123	85414
19	88826	56093	32733	124824	75438	49386	245010	132480	112530
20-24岁	**719729**	**431707**	**288022**	**676711**	**408977**	**267734**	**1114045**	**606868**	**507177**
20	102427	64190	38237	113781	69293	44488	243696	133674	110022
21	114769	70622	44147	114502	69590	44912	197279	108372	88907
22	145270	87932	57338	135494	82400	53094	213715	115676	98039
23	164751	97354	67397	147414	89249	58165	223103	121000	102103
24	192512	111609	80903	165520	98445	67075	236252	128146	108106
25-29岁	**1448111**	**794499**	**653612**	**1178744**	**670006**	**508738**	**1441640**	**765498**	**676142**
25	230489	131886	98603	195934	115681	80253	268414	145193	123221
26	242894	136374	106520	202669	117575	85094	265817	143254	122563
27	277238	152252	124986	228324	130171	98153	282935	150868	132067
28	317011	171493	145518	254603	142542	112061	297462	156287	141175
29	380479	202494	177985	297214	164037	133177	327012	169896	157116
30-34岁	**2508612**	**1283043**	**1225569**	**1850182**	**989955**	**860227**	**1825017**	**926438**	**898579**
30	541662	286257	255405	411942	224602	187340	423504	217546	205958
31	532043	274834	257209	402451	216010	186441	402685	203463	199222
32	475914	242473	233441	357624	190203	167421	352497	177240	175257
33	518250	260855	257395	375719	199501	176218	363244	184061	179183
34	440743	218624	222119	302446	159639	142807	283087	144128	138959
35-39岁	**2126695**	**1048005**	**1078690**	**1322809**	**691110**	**631699**	**1029110**	**525001**	**504109**
35	391845	193718	198127	246210	129706	116504	213939	109474	104465
36	405468	199295	206173	238986	124773	114213	195615	100336	95279
37	404241	199159	205082	242120	125941	116179	192648	98175	94473
38	479721	237531	242190	308529	161164	147365	231666	117773	113893
39	445420	218302	227118	286964	149526	137438	195242	99243	95999
40-44岁	**2498747**	**1227105**	**1271642**	**1311405**	**688959**	**622446**	**681323**	**355499**	**325824**
40	396121	193804	202317	246748	129120	117628	150702	77033	73669
41	500492	245917	254575	290999	151807	139192	156419	80715	75704
42	510937	250630	260307	271244	142416	128828	138537	72075	66462
43	517716	254296	263420	249141	131378	117763	119936	63466	56470
44	573481	282458	291023	253273	134238	119035	115729	62210	53519

4-1 续表 5 单位：人

年 龄	初 中			高 中			大学专科		
	小计	男	女	小计	男	女	小计	男	女
45-49岁	**3419941**	**1700631**	**1719310**	**1250752**	**680513**	**570239**	**471539**	**264176**	**207363**
45	576787	283867	292920	237246	126582	110664	102830	56528	46302
46	623881	307331	316550	238164	127799	110365	96488	53710	42778
47	652401	324553	327848	238479	129285	109194	91248	51206	40042
48	724503	362067	362436	253880	140139	113741	88745	50389	38356
49	842369	422813	419556	282983	156708	126275	92228	52343	39885
50-54岁	**4383339**	**2238903**	**2144436**	**1186994**	**669947**	**517047**	**339038**	**198693**	**140345**
50	919030	461825	457205	289382	161047	128335	89407	51025	38382
51	901112	457907	443205	251968	141619	110349	72640	41889	30751
52	938756	480007	458749	247660	139760	107900	70304	40911	29393
53	751050	387123	363927	183319	104168	79151	49219	29490	19729
54	873391	452041	421350	214665	123353	91312	57468	35378	22090
55-59岁	**3187075**	**1661729**	**1525346**	**1237580**	**702384**	**535196**	**248546**	**155126**	**93420**
55	817200	419837	397363	225364	130500	94864	55940	34633	21307
56	723438	370289	353149	243193	138939	104254	55073	34041	21032
57	800543	418034	382509	329328	185586	143742	66259	41158	25101
58	560502	300210	260292	271063	153137	117926	45353	28899	16454
59	285392	153359	132033	168632	94222	74410	25921	16395	9526
60-64岁	**1761377**	**1034694**	**726683**	**879906**	**521499**	**358407**	**137356**	**90735**	**46621**
60	297799	165173	132626	190716	107207	83509	26752	17218	9534
61	290128	167545	122583	168257	97618	70639	23497	15471	8026
62	372167	220847	151320	188123	112235	75888	28053	18750	9303
63	430726	257881	172845	189785	115494	74291	31452	20792	10660
64	370557	223248	147309	143025	88945	54080	27602	18504	9098
65-69岁	**1643552**	**1003846**	**639706**	**462697**	**297534**	**165163**	**116848**	**78452**	**38396**
65	388534	237269	151265	131724	84310	47414	28776	19104	9672
66	376890	229354	147536	110632	71522	39110	27340	18147	9193
67	313884	190935	122949	82761	53411	29350	21858	14692	7166
68	318124	195023	123101	77906	50171	27735	21169	14345	6824
69	246120	151265	94855	59674	38120	21554	17705	12164	5541
70-74岁	**889528**	**553621**	**335907**	**249768**	**157689**	**92079**	**80046**	**55616**	**24430**
70	219602	135669	83933	55544	35672	19872	17062	11925	5137
71	197951	123846	74105	58143	36758	21385	18330	12709	5621
72	168600	104832	63768	50666	31713	18953	16253	11371	4882
73	156337	97170	59167	45500	28511	16989	15377	10775	4602
74	147038	92104	54934	39915	25035	14880	13024	8836	4188
75-79岁	**487817**	**309764**	**178053**	**167864**	**105762**	**62102**	**55005**	**36713**	**18292**
75	125803	79847	45956	35560	22141	13419	11378	7588	3790
76	117180	74656	42524	37565	23620	13945	11517	7758	3759
77	88274	56340	31934	32091	20136	11955	10255	6789	3466
78	79457	50043	29414	31476	19905	11571	10788	7174	3614
79	77103	48878	28225	31172	19960	11212	11067	7404	3663
80-84岁	**207569**	**132252**	**75317**	**87332**	**56198**	**31134**	**39139**	**27181**	**11958**
80	59644	37802	21842	24653	15860	8793	9883	6759	3124
81	44382	28131	16251	18977	12017	6960	8461	5800	2661
82	42152	27176	14976	17799	11578	6221	8274	5826	2448
83	32384	20682	11702	13901	9006	4895	6706	4694	2012
84	29007	18461	10546	12002	7737	4265	5815	4102	1713
85岁及以上	**118334**	**73057**	**45277**	**47750**	**30364**	**17386**	**18995**	**13021**	**5974**

4-1 续表 6　　　　单位：人

年龄	大学本科			硕士研究生			博士研究生		
	小计	男	女	小计	男	女	小计	男	女
总　计	**6806564**	**3510224**	**3296340**	**727164**	**386818**	**340346**	**95555**	**61147**	**34408**
3									
4									
5-9岁									
5									
6									
7									
8									
9									
10-14岁	**124**	**63**	**61**	**7**	**6**	**1**			
10	24	11	13						
11	15	7	8						
12	23	13	10	2	1	1			
13	27	18	9	3	3				
14	35	14	21	2	2				
15-19岁	**436034**	**208223**	**227811**	**524**	**286**	**238**	**78**	**61**	**17**
15	2156	1137	1019	2	1	1	3	2	1
16	3465	1824	1641	2	2		16	14	2
17	20625	9310	11315	68	46	22	11	11	
18	162736	77564	85172	172	91	81	9	7	2
19	247052	118388	128664	280	146	134	39	27	12
20-24岁	**1255688**	**608111**	**647577**	**120626**	**59010**	**61616**	**4395**	**2554**	**1841**
20	283043	135931	147112	657	298	359	61	38	23
21	278594	135167	143427	4558	2067	2491	164	92	72
22	249214	122203	127011	27520	13731	13789	633	346	287
23	223739	108925	114814	43205	21143	22062	1269	722	547
24	221098	105885	115213	44686	21771	22915	2268	1356	912
25-29岁	**1265972**	**605862**	**660110**	**173897**	**84042**	**89855**	**22435**	**13489**	**8946**
25	243829	116058	127771	41959	20620	21339	3855	2278	1577
26	240043	114333	125710	35178	16911	18267	4543	2715	1828
27	252274	119714	132560	33145	15652	17493	4822	2885	1937
28	258688	124375	134313	31965	15434	16531	4673	2819	1854
29	271138	131382	139756	31650	15425	16225	4542	2792	1750
30-34岁	**1440711**	**706448**	**734263**	**167372**	**82891**	**84481**	**22167**	**13756**	**8411**
30	330969	161451	169518	38394	18777	19617	5291	3263	2028
31	312491	151680	160811	36555	17918	18637	4966	3069	1897
32	275838	134867	140971	32177	15851	16326	4147	2612	1535
33	285633	140824	144809	32648	16263	16385	4132	2549	1583
34	235780	117626	118154	27598	14082	13516	3631	2263	1368
35-39岁	**923507**	**479827**	**443680**	**117899**	**63151**	**54748**	**16699**	**10508**	**6191**
35	185848	94623	91225	23308	12103	11205	3077	1931	1146
36	179422	93005	86417	23292	12329	10963	3215	2002	1213
37	181629	94629	87000	23633	12595	11038	3296	2077	1219
38	210533	109847	100686	26338	14315	12023	3741	2339	1402
39	166075	87723	78352	21328	11809	9519	3370	2159	1211
40-44岁	**524310**	**283248**	**241062**	**64689**	**38659**	**26030**	**11936**	**7661**	**4275**
40	122581	65158	57423	16337	9400	6937	2706	1707	999
41	121532	65242	56290	15772	9292	6480	2891	1819	1072
42	103984	55815	48169	12652	7613	5039	2453	1583	870
43	90036	48905	41131	10334	6305	4029	2059	1309	750
44	86177	48128	38049	9594	6049	3545	1827	1243	584

4-1 续表 7

单位：人

年 龄	大学本科			硕士研究生			博士研究生		
	小计	男	女	小计	男	女	小计	男	女
45-49岁	**343964**	**201396**	**142568**	**35896**	**24030**	**11866**	**7181**	**4869**	**2312**
45	76149	42874	33275	8324	5477	2847	1541	1031	510
46	71071	41269	29802	7661	5002	2659	1483	1000	483
47	67667	39862	27805	7220	4815	2405	1510	1006	504
48	63957	38373	25584	6434	4419	2015	1374	935	439
49	65120	39018	26102	6257	4317	1940	1273	897	376
50-54岁	**244820**	**155742**	**89078**	**22154**	**15790**	**6364**	**4670**	**3417**	**1253**
50	62452	38322	24130	5696	3927	1769	1150	798	352
51	52287	32550	19737	4786	3403	1383	940	679	261
52	50913	32301	18612	4655	3267	1388	996	716	280
53	36571	23716	12855	3160	2298	862	705	541	164
54	42597	28853	13744	3857	2895	962	879	683	196
55-59岁	**154461**	**108726**	**45735**	**14627**	**11488**	**3139**	**3837**	**3151**	**686**
55	39354	27154	12200	3757	2884	873	948	757	191
56	35804	24914	10890	3498	2707	791	991	824	167
57	39663	28215	11448	3959	3131	828	1040	873	167
58	25851	18615	7236	2319	1893	426	583	482	101
59	13789	9828	3961	1094	873	221	275	215	60
60-64岁	**58418**	**41591**	**16827**	**4639**	**3705**	**934**	**1162**	**943**	**219**
60	12864	9115	3749	1068	853	215	255	214	41
61	10116	7215	2901	816	651	165	209	173	36
62	11590	8364	3226	895	726	169	235	182	53
63	12959	9284	3675	1022	829	193	263	205	58
64	10889	7613	3276	838	646	192	200	169	31
65-69岁	**42935**	**29425**	**13510**	**2230**	**1721**	**509**	**449**	**343**	**106**
65	10999	7577	3422	703	552	151	147	114	33
66	10150	6923	3227	563	441	122	114	81	33
67	7764	5267	2497	380	287	93	68	54	14
68	7725	5312	2413	349	268	81	62	46	16
69	6297	4346	1951	235	173	62	58	48	10
70-74岁	**31370**	**22189**	**9181**	**983**	**771**	**212**	**169**	**115**	**54**
70	6089	4264	1825	232	174	58	39	26	13
71	6177	4418	1759	238	180	58	40	28	12
72	5275	3889	1386	168	127	41	31	23	8
73	5782	4142	1640	142	118	24	39	26	13
74	8047	5476	2571	203	172	31	20	12	8
75-79岁	**35424**	**24490**	**10934**	**743**	**609**	**134**	**139**	**102**	**37**
75	7462	5132	2330	192	161	31	29	22	7
76	7103	4918	2185	168	144	24	30	24	6
77	6365	4357	2008	148	122	26	19	14	5
78	6644	4566	2078	106	83	23	27	19	8
79	7850	5517	2333	129	99	30	34	23	11
80-84岁	**32004**	**22990**	**9014**	**482**	**379**	**103**	**108**	**79**	**29**
80	7472	5251	2221	93	76	17	25	21	4
81	6997	4968	2029	106	85	21	22	15	7
82	6813	5066	1747	112	87	25	25	17	8
83	5663	4078	1585	95	69	26	17	10	7
84	5059	3627	1432	76	62	14	19	16	3
85岁及以上	**16822**	**11893**	**4929**	**396**	**280**	**116**	**130**	**99**	**31**

4-1a　全省分年龄、性别、受教育程度的3岁及以上人口(城市)

单位：人

年龄	3岁及以上人口			未上过学		
	合计	男	女	小计	男	女
总　计	**39272262**	**19863513**	**19408749**	**835451**	**214131**	**621320**
3	455484	237518	217966	73174	38313	34861
4	470014	247249	222765	21506	11382	10124
5-9岁	**2220377**	**1186781**	**1033596**	**16890**	**8930**	**7960**
5	426956	226214	200742	9055	4736	4319
6	469649	249744	219905	3657	1962	1695
7	442805	237197	205608	1675	892	783
8	470975	252651	218324	1374	740	634
9	409992	220975	189017	1129	600	529
10-14岁	**1829701**	**988524**	**841177**	**5106**	**2716**	**2390**
10	383624	207022	176602	1113	595	518
11	374542	202577	171965	1232	634	598
12	371184	200678	170506	1036	550	486
13	364924	196736	168188	980	531	449
14	335427	181511	153916	745	406	339
15-19岁	**1987332**	**1075374**	**911958**	**2359**	**1265**	**1094**
15	364332	197231	167101	485	264	221
16	388909	211889	177020	487	244	243
17	363049	198765	164284	502	248	254
18	399463	216100	183363	454	252	202
19	471579	251389	220190	431	257	174
20-24岁	**2373213**	**1272851**	**1100362**	**2688**	**1554**	**1134**
20	501259	267317	233942	528	311	217
21	457588	244957	212631	507	302	205
22	459620	248598	211022	515	282	233
23	464744	250008	214736	581	341	240
24	490002	261971	228031	557	318	239
25-29岁	**3077044**	**1610267**	**1466777**	**3656**	**1983**	**1673**
25	551165	293399	257766	608	336	272
26	553106	292153	260953	657	380	277
27	601321	314708	286613	687	368	319
28	647861	336339	311522	815	426	389
29	723591	373668	349923	889	473	416
30-34岁	**4392624**	**2208441**	**2184183**	**5881**	**2974**	**2907**
30	952836	488114	464722	1193	627	566
31	940604	473916	466688	1250	647	603
32	849891	425749	424142	1119	540	579
33	903742	450203	453539	1245	641	604
34	745551	370459	375092	1074	519	555
35-39岁	**3225114**	**1607420**	**1617694**	**5409**	**2484**	**2925**
35	609760	304181	305579	976	486	490
36	601465	300183	301282	966	434	532
37	612466	305291	307175	967	447	520
38	745662	371943	373719	1271	600	671
39	655761	325822	329939	1229	517	712
40-44岁	**2949239**	**1469568**	**1479671**	**8178**	**3018**	**5160**
40	550722	274033	276689	1204	453	751
41	636496	316375	320121	1559	642	917
42	602190	298761	303429	1686	601	1085
43	568177	283636	284541	1757	634	1123
44	591654	296763	294891	1972	688	1284

4-1a 续表 1

单位：人

年 龄	3岁及以上人口			未上过学		
	合计	男	女	小计	男	女
45-49岁	**3074913**	**1544891**	**1530022**	**17628**	**4897**	**12731**
45	568352	285359	282993	2275	704	1571
46	582586	292528	290058	2766	845	1921
47	591273	297487	293786	3379	914	2465
48	629797	317739	312058	4251	1152	3099
49	702905	351778	351127	4957	1282	3675
50-54岁	**3432483**	**1694765**	**1737718**	**36257**	**8886**	**27371**
50	745608	370600	375008	6208	1594	4614
51	715298	353737	361561	6871	1783	5088
52	738151	363626	374525	7858	1892	5966
53	568007	278151	289856	6987	1647	5340
54	665419	328651	336768	8333	1970	6363
55-59岁	**2824903**	**1388871**	**1436032**	**42958**	**8379**	**34579**
55	644717	316963	327754	8343	1820	6523
56	618450	303486	314964	8255	1795	6460
57	731757	361270	370487	10382	2065	8317
58	527486	259908	267578	9783	1680	8103
59	302493	147244	155249	6195	1019	5176
60-64岁	**1973554**	**976253**	**997301**	**73497**	**14167**	**59330**
60	339986	167434	172552	7702	1428	6274
61	329632	164147	165485	9761	1909	7852
62	417715	208968	208747	15494	3099	12395
63	480745	237682	243063	20543	3976	16567
64	405476	198022	207454	19997	3755	16242
65-69岁	**1914598**	**931209**	**983389**	**116467**	**23629**	**92838**
65	435240	213185	222055	23288	4423	18865
66	436046	213131	222915	25201	4963	20238
67	363493	175690	187803	23068	4690	18378
68	376458	182381	194077	24820	5265	19555
69	303361	146822	156539	20090	4288	15802
70-74岁	**1283452**	**623680**	**659772**	**96802**	**20986**	**75816**
70	290067	142003	148064	19632	4439	15193
71	291645	142580	149065	21364	4768	16596
72	256805	123801	133004	20178	4279	15899
73	235292	113998	121294	18253	3946	14307
74	209643	101298	108345	17375	3554	13821
75-79岁	**795531**	**375883**	**419648**	**89296**	**17548**	**71748**
75	179769	86194	93575	16678	3373	13305
76	177802	85113	92689	18517	3745	14772
77	143962	68005	75957	16440	3200	13240
78	142271	66352	75919	17380	3365	14015
79	151727	70219	81508	20281	3865	16416
80-84岁	**544358**	**245536**	**298822**	**96453**	**19147**	**77306**
80	129504	59733	69771	18747	3579	15168
81	114423	51580	62843	19132	3760	15372
82	115065	52346	62719	21385	4437	16948
83	94913	42247	52666	18474	3745	14729
84	90453	39630	50823	18715	3626	15089
85岁及以上	**448328**	**178432**	**269896**	**121246**	**21873**	**99373**

4-1a 续表 2

单位：人

年 龄	学前教育			小 学		
	小计	男	女	小计	男	女
总 计	**1426684**	**743636**	**683048**	**6626887**	**3019661**	**3607226**
3	382310	199205	183105			
4	448508	235867	212641			
5-9岁	**537819**	**284860**	**252959**	**1635630**	**876333**	**759297**
5	374087	197910	176177	43814	23568	20246
6	127647	68050	59597	332738	176670	156068
7	19339	10219	9120	415208	222403	192805
8	10203	5299	4904	450884	241900	208984
9	6543	3382	3161	392986	211792	181194
10-14岁	**18579**	**9779**	**8800**	**880819**	**476288**	**404531**
10	5122	2665	2457	363844	196241	167603
11	4006	2103	1903	337446	182523	154923
12	3209	1677	1532	126344	69145	57199
13	3097	1674	1423	37538	20083	17455
14	3145	1660	1485	15647	8296	7351
15-19岁	**4894**	**2617**	**2277**	**28021**	**15507**	**12514**
15	2059	1084	975	7108	3763	3345
16	1257	662	595	5405	2938	2467
17	644	344	300	5433	3027	2406
18	567	321	246	5293	2977	2316
19	367	206	161	4782	2802	1980
20-24岁	**1182**	**612**	**570**	**23070**	**13727**	**9343**
20	374	197	177	4388	2598	1790
21	217	112	105	3861	2308	1553
22	181	97	84	4460	2684	1776
23	193	91	102	4840	2911	1929
24	217	115	102	5521	3226	2295
25-29岁	**1044**	**480**	**564**	**39304**	**21828**	**17476**
25	229	119	110	6309	3654	2655
26	194	98	96	6583	3703	2880
27	161	86	75	7678	4299	3379
28	208	85	123	8451	4693	3758
29	252	92	160	10283	5479	4804
30-34岁	**1410**	**602**	**808**	**79198**	**38335**	**40863**
30	340	146	194	14712	7580	7132
31	319	138	181	15705	7958	7747
32	273	117	156	15422	7413	8009
33	274	103	171	17665	8361	9304
34	204	98	106	15694	7023	8671
35-39岁	**738**	**329**	**409**	**79674**	**34248**	**45426**
35	164	64	100	14050	6140	7910
36	139	66	73	14777	6408	8369
37	139	64	75	14848	6449	8399
38	160	71	89	17926	7759	10167
39	136	64	72	18073	7492	10581
40-44岁	**718**	**318**	**400**	**140668**	**57122**	**83546**
40	124	56	68	18481	7520	10961
41	149	70	79	25908	10547	15361
42	147	68	79	28711	11516	17195
43	142	62	80	30900	12651	18249
44	156	62	94	36668	14888	21780

4-1a 续表 3

单位：人

年龄	学前教育			小学		
	小计	男	女	小计	男	女
45-49岁	**1115**	**470**	**645**	**284968**	**111080**	**173888**
45	158	71	87	41205	16499	24706
46	181	71	110	47515	18880	28635
47	214	90	124	54162	21310	32852
48	237	100	137	64151	24782	39369
49	325	138	187	77935	29609	48326
50-54岁	**2300**	**821**	**1479**	**550042**	**210447**	**339595**
50	372	140	232	94612	35440	59172
51	430	174	256	111738	43540	68198
52	519	176	343	122420	46908	75512
53	433	141	292	102386	38604	63782
54	546	190	356	118886	45955	72931
55-59岁	**2447**	**774**	**1673**	**462143**	**171112**	**291031**
55	528	178	350	109830	41522	68308
56	494	145	349	97928	36552	61376
57	622	199	423	112946	42200	70746
58	492	154	338	90033	32802	57231
59	311	98	213	51406	18036	33370
60-64岁	**3155**	**977**	**2178**	**482887**	**185248**	**297639**
60	366	86	280	60803	22144	38659
61	427	146	281	71479	27436	44043
62	677	216	461	102642	39990	62652
63	876	260	616	129806	50297	79509
64	809	269	540	118157	45381	72776
65-69岁	**4963**	**1486**	**3477**	**670352**	**274464**	**395888**
65	1010	311	699	138672	55030	83642
66	1042	309	733	146971	60068	86903
67	982	289	693	129956	53762	76194
68	1025	315	710	139951	58330	81621
69	904	262	642	114802	47274	67528
70-74岁	**4458**	**1360**	**3098**	**534764**	**229607**	**305157**
70	896	277	619	115540	49028	66512
71	983	306	677	123551	53495	70056
72	955	284	671	112112	48468	63644
73	845	257	588	98922	42484	56438
74	779	236	543	84639	36132	48507
75-79岁	**3669**	**1056**	**2613**	**312751**	**132295**	**180456**
75	726	209	517	70744	29990	40754
76	747	215	532	68946	29460	39486
77	704	201	503	55772	23632	32140
78	687	184	503	55900	23473	32427
79	805	247	558	61389	25740	35649
80-84岁	**3496**	**1015**	**2481**	**228181**	**95141**	**133040**
80	702	211	491	52760	22110	30650
81	687	208	479	47685	19816	27869
82	786	234	552	48797	20641	28156
83	658	184	474	40057	16482	23575
84	663	178	485	38882	16092	22790
85岁及以上	**3879**	**1008**	**2871**	**194415**	**76879**	**117536**

4-1a　续表 4　　　　单位：人

年 龄	初 中			高 中			大学专科		
	小计	男	女	小计	男	女	小计	男	女
总 计	**11492455**	**5914979**	**5577476**	**7561970**	**4042695**	**3519275**	**5457423**	**2894722**	**2562701**
3									
4									
5-9岁	**29967**	**16621**	**13346**	**71**	**37**	**34**			
5									
6	5607	3062	2545						
7	6583	3683	2900						
8	8483	4700	3783	31	12	19			
9	9294	5176	4118	40	25	15			
10-14岁	**893700**	**482919**	**410781**	**31001**	**16609**	**14392**	**408**	**170**	**238**
10	13468	7484	5984	38	21	17	20	8	12
11	31772	17268	14504	53	31	22	21	12	9
12	240459	129240	111219	97	53	44	25	6	19
13	314887	169795	145092	8365	4627	3738	40	14	26
14	293114	159132	133982	22448	11877	10571	302	130	172
15-19岁	**275265**	**165350**	**109915**	**942062**	**519398**	**422664**	**401244**	**211853**	**189391**
15	113040	63485	49555	219698	117468	102230	20540	10433	10107
16	50623	29972	20651	291976	158802	133174	36753	18021	18732
17	37462	23809	13653	254269	139211	115058	49995	25490	24505
18	35888	23124	12764	113302	66190	47112	122752	65194	57558
19	38252	24960	13292	62817	37727	25090	171204	92715	78489
20-24岁	**293391**	**182178**	**111213**	**324115**	**195577**	**128538**	**685612**	**375337**	**310275**
20	44066	28601	15465	56998	34323	22675	168357	93044	75313
21	48448	30879	17569	56060	33997	22063	123970	68880	55090
22	59611	37234	22377	64778	39447	25331	125922	68616	57306
23	65740	40070	25670	69050	41881	27169	129916	70344	59572
24	75526	45394	30132	77229	45929	31300	137447	74453	62994
25-29岁	**550503**	**310845**	**239658**	**561357**	**316916**	**244441**	**855031**	**449455**	**405576**
25	88807	52422	36385	91541	53799	37742	156126	84239	71887
26	92170	53394	38776	95730	55443	40287	155940	83443	72497
27	105488	59789	45699	108941	61892	47049	167274	88439	78835
28	120452	66802	53650	122238	67748	54490	178291	92422	85869
29	143586	78438	65148	142907	78034	64873	197400	100912	96488
30-34岁	**960139**	**495120**	**465019**	**933051**	**486157**	**446894**	**1162966**	**575176**	**587790**
30	202089	108574	93515	198774	106427	92347	256488	129039	127449
31	200296	104834	95462	199927	104786	95141	253414	124947	128467
32	182991	94353	88638	182028	94707	87321	227151	111356	115795
33	201464	101549	99915	194376	99883	94493	238203	117178	121025
34	173299	85810	87489	157946	80354	77592	187710	92656	95054
35-39岁	**844933**	**412285**	**432648**	**727064**	**363415**	**363649**	**724145**	**358015**	**366130**
35	153938	76005	77933	128967	65365	63602	144269	71341	72928
36	159281	78047	81234	127121	63637	63484	135340	67124	68216
37	160058	78376	81682	132859	66105	66754	136773	67472	69301
38	192273	93701	98572	174476	86996	87480	167124	82609	84515
39	179383	86156	93227	163641	81312	82329	140639	69469	71170
40-44岁	**1040874**	**501892**	**538982**	**778113**	**390568**	**387545**	**502683**	**255925**	**246758**
40	163482	78832	84650	143721	71581	72140	110247	54878	55369
41	208708	100322	108386	173033	86247	86786	115173	57926	57247
42	213466	102517	110949	161134	80726	80408	102300	51815	50485
43	215992	104584	111408	149309	75257	74052	89129	46031	43098
44	239226	115637	123589	150916	76757	74159	85834	45275	40559

4-1a 续表 5

单位：人

年 龄	初中			高中			大学专科		
	小计	男	女	小计	男	女	小计	男	女
45-49岁	**1390089**	**677149**	**712940**	**728011**	**380340**	**347671**	**347782**	**190540**	**157242**
45	239534	116130	123404	141104	72272	68832	76604	41113	35491
46	257255	124604	132651	140268	72159	68109	71230	38857	32373
47	266378	129718	136660	139481	72792	66689	67371	36935	30436
48	293539	143779	149760	146129	77579	68550	64958	36133	28825
49	333383	162918	170465	161029	85538	75491	67619	37502	30117
50-54岁	**1714707**	**839498**	**875209**	**668494**	**357654**	**310840**	**245697**	**140434**	**105263**
50	359454	175525	183929	164999	87771	77228	65169	36479	28690
51	353721	172861	180860	143800	76921	66879	52815	29655	23160
52	370146	181654	188492	140597	75210	65387	51469	29148	22321
53	290347	142555	147792	100962	54059	46903	35170	20570	14600
54	341039	166903	174136	118136	63693	54443	41074	24582	16492
55-59岁	**1283496**	**628040**	**655456**	**708516**	**369964**	**338552**	**184617**	**111368**	**73249**
55	324778	156935	167843	125683	67910	57773	40440	24345	16095
56	297892	143571	154321	140420	74319	66101	40795	24312	16483
57	330919	162198	168721	190610	98736	91874	49650	29734	19916
58	218406	109502	108904	151235	77842	73393	33871	20881	12990
59	111501	55834	55667	100568	51157	49411	19861	12096	7765
60-64岁	**714883**	**380865**	**334018**	**538343**	**288000**	**250343**	**106628**	**68316**	**38312**
60	119403	61171	58232	118998	61114	57884	20785	12997	7788
61	116091	61425	54666	104345	54920	49425	18140	11592	6548
62	150481	81307	69174	115869	62427	53442	21849	14202	7647
63	177234	95475	81759	115785	63406	52379	24462	15612	8850
64	151674	81487	70187	83346	46133	37213	21392	13913	7479
65-69岁	**728878**	**394373**	**334505**	**263765**	**151153**	**112612**	**91568**	**59668**	**31900**
65	165087	89651	75436	74757	42502	32255	22392	14346	8046
66	169134	91415	77719	62962	36262	26700	21519	13839	7680
67	138972	74427	64545	46445	26643	19802	17164	11204	5960
68	142808	77284	65524	44370	25496	18874	16637	10990	5647
69	112877	61596	51281	35231	20250	14981	13856	9289	4567
70-74岁	**398090**	**218791**	**179299**	**159272**	**91484**	**67788**	**62484**	**42115**	**20369**
70	101829	56020	45809	33397	19370	14027	13385	9119	4266
71	88563	48974	39589	37185	21343	15842	14553	9829	4724
72	73706	40251	33455	32800	18759	14041	12544	8477	4067
73	69981	38252	31729	30235	17320	12915	11995	8158	3837
74	64011	35294	28717	25655	14692	10963	10007	6532	3475
75-79岁	**209682**	**115829**	**93853**	**106699**	**60744**	**45955**	**41801**	**26740**	**15061**
75	53649	29760	23889	22591	12724	9867	8727	5578	3149
76	50309	27878	22431	24069	13722	10347	8872	5743	3129
77	37008	20493	16515	20451	11565	8886	7880	5014	2866
78	34381	18791	15590	19973	11434	8539	8042	5104	2938
79	34335	18907	15428	19615	11299	8316	8280	5301	2979
80-84岁	**99658**	**55891**	**43767**	**58103**	**34248**	**23855**	**29628**	**19602**	**10026**
80	27497	15247	12250	15749	9157	6592	7349	4774	2575
81	21469	11776	9693	12658	7328	5330	6456	4242	2214
82	20028	11380	8648	11777	7019	4758	6202	4165	2037
83	15909	9051	6858	9537	5701	3836	5154	3435	1719
84	14755	8437	6318	8382	5043	3339	4467	2986	1481
85岁及以上	**64200**	**37333**	**26867**	**33933**	**20431**	**13502**	**15129**	**10008**	**5121**

4-1a　续表 6

单位：人

年　龄	大学本科			硕士研究生			博士研究生		
	小计	男	女	小计	男	女	小计	男	女
总　计	**5178259**	**2656812**	**2521447**	**610164**	**323626**	**286538**	**82969**	**53251**	**29718**
3									
4									
5-9岁									
5									
6									
7									
8									
9									
10-14岁	**85**	**41**	**44**	**3**	**2**	**1**			
10	19	8	11						
11	12	6	6						
12	13	7	6	1		1			
13	16	11	5	1	1				
14	25	9	16	1	1				
15-19岁	**333023**	**159119**	**173904**	**397**	**214**	**183**	**67**	**51**	**16**
15	1397	731	666	2	1	1	3	2	1
16	2390	1234	1156	2	2		16	14	2
17	14684	6591	8093	49	34	15	11	11	
18	121067	57967	63100	134	71	63	6	4	2
19	193485	92596	100889	210	106	104	31	20	11
20-24岁	**938377**	**452756**	**485621**	**101109**	**48946**	**52163**	**3669**	**2164**	**1505**
20	225972	107970	118002	529	245	284	47	28	19
21	220657	106740	113917	3738	1661	2077	130	78	52
22	180952	88777	92175	22692	11179	11513	509	282	227
23	156948	76163	80785	36422	17597	18825	1054	610	444
24	153848	73106	80742	37728	18264	19464	1929	1166	763
25-29岁	**906767**	**429801**	**476966**	**140236**	**67407**	**72829**	**19146**	**11552**	**7594**
25	170282	80190	90092	33975	16672	17303	3288	1968	1320
26	170027	79990	90037	27933	13384	14549	3872	2318	1554
27	180585	84983	95602	26376	12368	14008	4131	2484	1647
28	187524	89372	98152	25855	12360	13495	4027	2431	1596
29	198349	95266	103083	26097	12623	13474	3828	2351	1477
30-34岁	**1090433**	**529043**	**561390**	**140505**	**69219**	**71286**	**19041**	**11815**	**7226**
30	243096	117599	125497	31621	15337	16284	4523	2785	1738
31	234715	113002	121713	30693	14952	15741	4285	2652	1633
32	210325	101783	108542	27067	13276	13791	3515	2204	1311
33	219373	106604	112769	27583	13673	13910	3559	2211	1348
34	182924	90055	92869	23541	11981	11560	3159	1963	1196
35-39岁	**727711**	**373784**	**353927**	**100768**	**53655**	**47113**	**14672**	**9205**	**5467**
35	144761	72754	72007	19935	10329	9606	2700	1697	1003
36	140974	72163	68811	20046	10551	9495	2821	1753	1068
37	143704	73896	69808	20232	10670	9562	2886	1812	1074
38	166754	86064	80690	22382	12095	10287	3296	2048	1248
39	131518	68907	62611	18173	10010	8163	2969	1895	1074
40-44岁	**412099**	**221110**	**190989**	**55331**	**32840**	**22491**	**10575**	**6775**	**3800**
40	97137	51250	45887	13963	7967	5996	2363	1496	867
41	95885	51106	44779	13509	7900	5609	2572	1615	957
42	81793	43667	38126	10775	6453	4322	2178	1398	780
43	70241	37880	32361	8858	5360	3498	1849	1177	672
44	67043	37207	29836	8226	5160	3066	1613	1089	524

4-1a 续表 7 单位：人

年龄	大学本科			硕士研究生			博士研究生		
	小计	男	女	小计	男	女	小计	男	女
45-49岁	**267910**	**155351**	**112559**	**31050**	**20726**	**10324**	**6360**	**4338**	**2022**
45	58968	32960	26008	7132	4680	2452	1372	930	442
46	55439	31899	23540	6635	4330	2305	1297	883	414
47	52664	30670	21994	6275	4162	2113	1349	896	453
48	49729	29557	20172	5572	3817	1755	1231	840	391
49	51110	30265	20845	5436	3737	1699	1111	789	322
50-54岁	**191469**	**120209**	**71260**	**19349**	**13751**	**5598**	**4168**	**3065**	**1103**
50	48779	29525	19254	4973	3398	1575	1042	728	314
51	40908	25246	15662	4162	2941	1221	853	616	237
52	40211	25171	15040	4069	2850	1219	862	617	245
53	28343	18069	10274	2747	2012	735	632	494	138
54	33228	22198	11030	3398	2550	848	779	610	169
55-59岁	**124273**	**86191**	**38082**	**13005**	**10197**	**2808**	**3448**	**2846**	**602**
55	30951	21031	9920	3323	2547	776	841	675	166
56	28651	19639	9012	3114	2399	715	901	754	147
57	32184	22582	9602	3511	2768	743	933	788	145
58	21047	14901	6146	2087	1707	380	532	439	93
59	11440	8038	3402	970	776	194	241	190	51
60-64岁	**49046**	**34559**	**14487**	**4120**	**3310**	**810**	**995**	**811**	**184**
60	10769	7548	3221	934	756	178	226	190	36
61	8493	5994	2499	724	578	146	172	147	25
62	9681	6903	2778	812	662	150	210	162	48
63	10912	7748	3164	910	739	171	217	169	48
64	9191	6366	2825	740	575	165	170	143	27
65-69岁	**36231**	**24597**	**11634**	**1987**	**1538**	**449**	**387**	**301**	**86**
65	9288	6336	2952	616	484	132	130	102	28
66	8612	5802	2810	507	400	107	98	73	25
67	6510	4373	2137	337	255	82	59	47	12
68	6486	4425	2061	310	238	72	51	38	13
69	5335	3661	1674	217	161	56	49	41	8
70-74岁	**26585**	**18560**	**8025**	**865**	**682**	**183**	**132**	**95**	**37**
70	5159	3578	1581	198	149	49	31	23	8
71	5193	3674	1519	219	167	52	34	24	10
72	4350	3161	1189	139	106	33	21	16	5
73	4902	3453	1449	129	106	23	30	22	8
74	6981	4694	2287	180	154	26	16	10	6
75-79岁	**30865**	**21044**	**9821**	**659**	**547**	**112**	**109**	**80**	**29**
75	6458	4395	2063	170	146	24	26	19	7
76	6170	4202	1968	150	130	20	22	18	4
77	5558	3778	1780	135	112	23	14	10	4
78	5799	3915	1884	89	71	18	20	15	5
79	6880	4754	2126	115	88	27	27	18	9
80-84岁	**28327**	**20091**	**8236**	**423**	**334**	**89**	**89**	**67**	**22**
80	6602	4570	2032	82	69	13	16	16	
81	6225	4365	1860	92	73	19	19	12	7
82	5969	4378	1591	99	76	23	22	16	6
83	5025	3578	1447	83	62	21	16	9	7
84	4506	3200	1306	67	54	13	16	14	2
85岁及以上	**15058**	**10556**	**4502**	**357**	**258**	**99**	**111**	**86**	**25**

4-1b 全省分年龄、性别、受教育程度的3岁及以上人口(镇)

单位：人

年 龄	3岁及以上人口			未上过学		
	合计	男	女	小计	男	女
总 计	**21433837**	**10857819**	**10576018**	**678423**	**169905**	**508518**
3	250366	131063	119303	45935	24039	21896
4	261382	138279	123103	13834	7273	6561
5-9岁	**1392571**	**747091**	**645480**	**10924**	**5819**	**5105**
5	254619	135483	119136	5931	3146	2785
6	275179	147036	128143	2280	1211	1069
7	276831	148185	128646	1086	574	512
8	301895	162473	139422	850	449	401
9	284047	153914	130133	777	439	338
10-14岁	**1331094**	**724910**	**606184**	**3975**	**2241**	**1734**
10	273324	148441	124883	810	448	362
11	276265	150272	125993	888	499	389
12	269256	146386	122870	861	491	370
13	260665	142421	118244	783	421	362
14	251584	137390	114194	633	382	251
15-19岁	**1001985**	**551448**	**450537**	**1453**	**898**	**555**
15	250153	137142	113011	359	223	136
16	236575	130169	106406	273	168	105
17	201644	111514	90130	252	148	104
18	161044	89481	71563	271	173	98
19	152569	83142	69427	298	186	112
20-24岁	**889315**	**486112**	**403203**	**1527**	**936**	**591**
20	153577	84429	69148	329	199	130
21	152297	83542	68755	258	158	100
22	179381	98427	80954	279	175	104
23	192021	105062	86959	330	206	124
24	212039	114652	97387	331	198	133
25-29岁	**1435907**	**755170**	**680737**	**2445**	**1370**	**1075**
25	247219	133039	114180	424	247	177
26	253889	135553	118336	379	201	178
27	279575	146988	132587	485	291	194
28	305046	159244	145802	578	333	245
29	350178	180346	169832	579	298	281
30-34岁	**2105522**	**1063262**	**1042260**	**3992**	**2014**	**1978**
30	479678	246208	233470	867	462	405
31	456639	230395	226244	807	440	367
32	400576	201176	199400	726	357	369
33	421612	211865	209747	849	420	429
34	347017	173618	173399	743	335	408
35-39岁	**1513018**	**754626**	**758392**	**3867**	**1651**	**2216**
35	293359	146695	146664	645	297	348
36	291207	144857	146350	723	327	396
37	286281	142534	143747	730	301	429
38	337316	168856	168460	865	374	491
39	304855	151684	153171	904	352	552
40-44岁	**1446875**	**716980**	**729895**	**5642**	**1960**	**3682**
40	256179	127445	128734	834	314	520
41	303766	150443	153323	1057	376	681
42	295591	146505	149086	1147	403	744
43	285336	140964	144372	1182	404	778
44	306003	151623	154380	1422	463	959

4-1b 续表 1

单位：人

年 龄	3岁及以上人口			未上过学		
	合计	男	女	小计	男	女
45-49岁	**1700226**	**839431**	**860795**	**11740**	**3123**	**8617**
45	298491	147365	151126	1637	513	1124
46	313717	154626	159091	1824	489	1335
47	323235	160012	163223	2208	592	1616
48	354910	175516	179394	2696	667	2029
49	409873	201912	207961	3375	862	2513
50-54岁	**2102945**	**1031765**	**1071180**	**24015**	**5539**	**18476**
50	447284	219110	228174	4063	1009	3054
51	432502	212277	220225	4568	1096	3472
52	449145	219435	229710	5161	1154	4007
53	359890	176478	183412	4614	1044	3570
54	414124	204465	209659	5609	1236	4373
55-59岁	**1616622**	**802133**	**814489**	**29142**	**5460**	**23682**
55	389120	192337	196783	5660	1212	4448
56	347256	171511	175745	5271	1064	4207
57	402509	201498	201011	6764	1274	5490
58	307681	153184	154497	6693	1139	5554
59	170056	83603	86453	4754	771	3983
60-64岁	**1162572**	**586803**	**575769**	**59094**	**11475**	**47619**
60	186382	92973	93409	6385	1159	5226
61	189483	96376	93107	8079	1521	6558
62	245444	125343	120101	12352	2468	9884
63	285197	144476	140721	15898	3139	12759
64	256066	127635	128431	16380	3188	13192
65-69岁	**1220209**	**604055**	**616154**	**98017**	**20118**	**77899**
65	275642	138255	137387	19172	3834	15338
66	269235	133697	135538	20182	4017	16165
67	236603	116582	120021	19946	4104	15842
68	243603	120519	123084	21283	4508	16775
69	195126	95002	100124	17434	3655	13779
70-74岁	**824955**	**403762**	**421193**	**88281**	**18771**	**69510**
70	183262	90057	93205	17058	3597	13461
71	185114	91813	93301	19052	4227	14825
72	167755	81469	86286	18328	3956	14372
73	149519	72866	76653	16922	3538	13384
74	139305	67557	71748	16921	3453	13468
75-79岁	**549203**	**260717**	**288486**	**88358**	**18328**	**70030**
75	124631	60311	64320	16781	3495	13286
76	122963	59250	63713	18545	3909	14636
77	101123	47770	53353	16787	3559	13228
78	98943	46304	52639	17137	3424	13713
79	101543	47082	54461	19108	3941	15167
80-84岁	**350680**	**156805**	**193875**	**87369**	**19177**	**68192**
80	84985	39246	45739	17661	3740	13921
81	71652	32448	39204	17013	3723	13290
82	75514	33764	41750	19326	4245	15081
83	61353	26964	34389	16903	3791	13112
84	57176	24383	32793	16466	3678	12788
85岁及以上	**278390**	**103407**	**174983**	**98813**	**19713**	**79100**

4-1b　续表 2

单位：人

年　龄	学前教育			小　学		
	小计	男	女	小计	男	女
总　计	**820270**	**425866**	**394404**	**5192668**	**2341557**	**2851111**
3	204431	107024	97407			
4	247548	131006	116542			
5-9岁	**317091**	**168540**	**148551**	**1040238**	**559126**	**481112**
5	215908	114758	101150	32780	17579	15201
6	77273	41347	35926	191199	102038	89161
7	12733	6616	6117	257683	138011	119672
8	6607	3413	3194	287664	154782	132882
9	4570	2406	2164	270912	146716	124196
10-14岁	**14140**	**7550**	**6590**	**662458**	**359784**	**302674**
10	3558	1816	1742	257756	139885	117871
11	2930	1563	1367	246148	133841	112307
12	2436	1332	1104	107548	58786	48762
13	2537	1378	1159	35548	19084	16464
14	2679	1461	1218	15458	8188	7270
15-19岁	**2908**	**1588**	**1320**	**21360**	**11854**	**9506**
15	1464	799	665	6179	3316	2863
16	722	382	340	4171	2296	1875
17	325	181	144	3913	2230	1683
18	241	137	104	3660	2065	1595
19	156	89	67	3437	1947	1490
20-24岁	**652**	**350**	**302**	**17223**	**9585**	**7638**
20	185	108	77	3009	1692	1317
21	102	54	48	2748	1564	1184
22	102	51	51	3386	1918	1468
23	129	72	57	3775	2065	1710
24	134	65	69	4305	2346	1959
25-29岁	**624**	**306**	**318**	**32717**	**16430**	**16287**
25	147	84	63	5171	2752	2419
26	110	56	54	5446	2844	2602
27	121	51	70	6051	3039	3012
28	118	55	63	7219	3582	3637
29	128	60	68	8830	4213	4617
30-34岁	**631**	**258**	**373**	**67797**	**29399**	**38398**
30	158	67	91	12819	6088	6731
31	139	52	87	13518	6043	7475
32	140	61	79	13224	5624	7600
33	107	35	72	14991	6318	8673
34	87	43	44	13245	5326	7919
35-39岁	**382**	**144**	**238**	**68383**	**26168**	**42215**
35	66	27	39	12331	4879	7452
36	80	25	55	13031	5045	7986
37	81	34	47	12798	4912	7886
38	86	35	51	15064	5759	9305
39	69	23	46	15159	5573	9586
40-44岁	**429**	**172**	**257**	**112666**	**41835**	**70831**
40	57	25	32	15004	5543	9461
41	82	34	48	20971	7852	13119
42	73	33	40	22743	8438	14305
43	107	39	68	24679	9172	15507
44	110	41	69	29269	10830	18439

4-1b 续表 3

单位：人

年 龄	学前教育			小 学		
	小计	男	女	小计	男	女
45-49岁	**745**	**232**	**513**	**223341**	**79729**	**143612**
45	96	34	62	32195	11794	20401
46	122	38	84	37157	13314	23843
47	149	48	101	41717	14900	26817
48	176	48	128	50069	17735	32334
49	202	64	138	62203	21986	40217
50-54岁	**1757**	**557**	**1200**	**438786**	**159852**	**278934**
50	263	94	169	75803	26852	48951
51	341	106	235	87845	32455	55390
52	392	107	285	97548	35403	62145
53	349	109	240	81959	29882	52077
54	412	141	271	95631	35260	60371
55-59岁	**2034**	**516**	**1518**	**383702**	**137306**	**246396**
55	409	100	309	89118	32242	56876
56	410	107	303	78683	28477	50206
57	484	137	347	92362	33497	58865
58	458	106	352	77033	26885	50148
59	273	66	207	46506	16205	30301
60-64岁	**3223**	**885**	**2338**	**438930**	**171276**	**267654**
60	333	75	258	55773	20097	35676
61	438	109	329	65067	24956	40111
62	672	195	477	92631	36721	55910
63	871	258	613	115515	45925	69590
64	909	248	661	109944	43577	66367
65-69岁	**5672**	**1525**	**4147**	**604257**	**254807**	**349450**
65	1147	292	855	126591	52033	74558
66	1109	299	810	129957	54143	75814
67	1163	303	860	118365	50199	68166
68	1222	368	854	125897	54273	71624
69	1031	263	768	103447	44159	59288
70-74岁	**5440**	**1589**	**3851**	**460175**	**206097**	**254078**
70	1087	278	809	99761	43701	56060
71	1180	340	840	104317	47475	56842
72	1167	351	816	95744	42931	52813
73	1010	320	690	84148	37819	46329
74	996	300	696	76205	34171	42034
75-79岁	**4822**	**1413**	**3409**	**294296**	**133431**	**160865**
75	919	268	651	67319	30319	37000
76	1080	312	768	65792	30083	35709
77	899	266	633	53755	24263	29492
78	929	273	656	52859	24035	28824
79	995	294	701	54571	24731	29840
80-84岁	**3942**	**1177**	**2765**	**186734**	**86383**	**100351**
80	836	246	590	45425	20925	24500
81	768	235	533	38534	18012	20522
82	855	268	587	40276	18744	21532
83	789	244	545	32246	14963	17283
84	694	184	510	30253	13739	16514
85岁及以上	**3799**	**1034**	**2765**	**139605**	**58495**	**81110**

4-1b 续表 4

单位：人

年 龄	初中			高中			大学专科		
	小计	男	女	小计	男	女	小计	男	女
总 计	**7973118**	**4181534**	**3791584**	**3655380**	**2070058**	**1585322**	**1777560**	**970174**	**807386**
3									
4									
5-9岁	**24277**	**13578**	**10699**	**41**	**28**	**13**			
5									
6	4427	2440	1987						
7	5329	2984	2345						
8	6749	3813	2936	25	16	9			
9	7772	4341	3431	16	12	4			
10-14岁	**627645**	**342904**	**284741**	**22722**	**12354**	**10368**	**128**	**63**	**65**
10	11153	6267	4886	36	19	17	7	3	4
11	26243	14338	11905	43	25	18	11	6	5
12	158329	85732	72597	61	33	28	14	8	6
13	216203	118418	97785	5572	3105	2467	16	11	5
14	215717	118149	97568	17010	9172	7838	80	35	45
15-19岁	**196919**	**114972**	**81947**	**576435**	**318697**	**257738**	**126741**	**67284**	**59457**
15	90163	50927	39236	143916	77486	66430	7584	4128	3456
16	36104	20870	15234	182518	99530	82988	12097	6562	5535
17	24247	14533	9714	151837	83361	68476	17111	9300	7811
18	22661	13983	8678	65930	38626	27304	39679	21077	18602
19	23744	14659	9085	32234	19694	12540	50270	26217	24053
20-24岁	**200964**	**116346**	**84618**	**179822**	**107777**	**72045**	**247840**	**132759**	**115081**
20	27132	16584	10548	27718	17174	10544	48830	25774	23056
21	30993	18493	12500	28815	17462	11353	43038	22963	20075
22	40184	23448	16736	35804	21565	14239	48934	26249	22685
23	46722	26637	20085	40837	24307	16530	51515	27873	23642
24	55933	31184	24749	46648	27269	19379	55523	29900	25623
25-29岁	**441531**	**232910**	**208621**	**342267**	**191026**	**151241**	**347910**	**184239**	**163671**
25	67974	37575	30399	55697	32341	23356	64104	34269	29835
26	73570	39798	33772	58254	33190	25064	64253	34576	29677
27	84787	44866	39921	66475	37289	29186	68387	36258	32129
28	97306	50670	46636	74375	40863	33512	71656	37754	33902
29	117894	60001	57893	87466	47343	40123	79510	41382	38128
30-34岁	**780743**	**383079**	**397664**	**539416**	**286435**	**252981**	**426566**	**219818**	**206748**
30	169416	85884	83532	122953	65998	56955	104345	53879	50466
31	166194	81940	84254	118217	62784	55433	95442	48724	46718
32	147971	72344	75627	103417	54457	48960	81061	41445	39616
33	160177	77569	82608	107950	57009	50941	82052	42543	39509
34	136985	65342	71643	86879	46187	40692	63666	33227	30439
35-39岁	**673816**	**320275**	**353541**	**370603**	**196379**	**174224**	**214444**	**113492**	**100952**
35	123969	58902	65067	71818	38101	33717	47965	25428	22537
36	129915	61318	68597	69613	36743	32870	42523	22632	19891
37	129290	61186	68104	68390	36087	32303	39557	21002	18555
38	151252	72471	78781	83406	44390	39016	45484	23908	21576
39	139390	66398	72992	77376	41058	36318	38915	20522	18393
40-44岁	**748668**	**359032**	**389636**	**338525**	**182262**	**156263**	**132665**	**71777**	**60888**
40	120830	57382	63448	65162	35089	30073	29557	15641	13916
41	151393	72489	78904	74976	39788	35188	30507	16301	14206
42	153041	73396	79645	69976	37705	32271	27023	14684	12339
43	153745	73568	80177	63648	34514	29134	23042	12709	10333
44	169659	82197	87462	64763	35166	29597	22536	12442	10094

4-1b 续表 5

单位：人

年 龄	初中			高中			大学专科		
	小计	男	女	小计	男	女	小计	男	女
45-49岁	**979243**	**480481**	**498762**	**320273**	**178015**	**142258**	**93272**	**54350**	**38922**
45	168199	81283	86916	60364	32973	27391	19731	11325	8406
46	179670	87367	92303	60928	33514	27414	19229	11033	8196
47	186124	91495	94629	60775	33633	27142	18083	10630	7453
48	205419	101418	104001	65310	36809	28501	17871	10515	7356
49	239831	118918	120913	72896	41086	31810	18358	10847	7511
50-54岁	**1220273**	**616876**	**603397**	**299647**	**173579**	**126068**	**69251**	**42417**	**26834**
50	262504	130355	132149	73945	42022	31923	18080	10625	7455
51	251692	126705	124987	62888	36262	26626	14674	8847	5827
52	260104	131602	128502	62104	36015	26089	13920	8520	5400
53	207906	106114	101792	47022	27539	19483	10472	6576	3896
54	238067	122100	115967	53688	31741	21947	12105	7849	4256
55-59岁	**844712**	**437885**	**406827**	**282005**	**168367**	**113638**	**47321**	**31815**	**15506**
55	219711	112617	107094	54971	33005	21966	11446	7462	3984
56	189919	96525	93394	55707	33321	22386	10695	7156	3539
57	209751	109001	100750	74038	44134	29904	12225	8228	3997
58	149101	79275	69826	61700	36640	25060	8392	5780	2612
59	76230	40467	35763	35589	21267	14322	4563	3189	1374
60-64岁	**450872**	**266455**	**184417**	**179371**	**114146**	**65225**	**22833**	**16355**	**6478**
60	78719	43774	34945	38758	23291	15467	4518	3149	1369
61	76143	44281	31862	34206	21461	12745	4077	2922	1155
62	95427	56875	38552	38076	24456	13620	4650	3366	1284
63	108079	65444	42635	37919	24678	13241	5138	3708	1430
64	92504	56081	36423	30412	20260	10152	4450	3210	1240
65-69岁	**388086**	**241716**	**146370**	**100456**	**68833**	**31623**	**18138**	**13041**	**5097**
65	94018	58151	35867	28667	19567	9100	4577	3311	1266
66	88408	54756	33652	24169	16613	7556	4150	2963	1187
67	74363	46217	28146	18309	12537	5772	3422	2479	943
68	74088	46723	27365	16850	11600	5250	3226	2307	919
69	57209	35869	21340	12461	8516	3945	2763	1981	782
70-74岁	**206896**	**132243**	**74653**	**47935**	**32879**	**15056**	**12337**	**9248**	**3089**
70	50463	32018	18445	11526	7960	3566	2592	1934	658
71	46194	29714	16480	10903	7455	3448	2686	2000	686
72	39595	25163	14432	9535	6472	3063	2634	2010	624
73	36074	23128	12946	8310	5763	2547	2352	1761	591
74	34570	22220	12350	7661	5229	2432	2073	1543	530
75-79岁	**116602**	**75690**	**40912**	**32384**	**22475**	**9909**	**8964**	**6538**	**2426**
75	30094	19548	10546	6866	4722	2144	1804	1333	471
76	27810	18108	9702	7171	4935	2236	1784	1307	477
77	21299	13813	7486	6089	4211	1878	1625	1179	446
78	19272	12383	6889	6142	4273	1869	1881	1368	513
79	18127	11838	6289	6116	4334	1782	1870	1351	519
80-84岁	**47175**	**31306**	**15869**	**16014**	**11472**	**4542**	**6496**	**4966**	**1530**
80	13922	9167	4755	4776	3394	1382	1686	1253	433
81	9929	6574	3355	3421	2401	1020	1358	1012	346
82	9620	6462	3158	3323	2389	934	1426	1093	333
83	7335	4875	2460	2473	1832	641	1090	853	237
84	6369	4228	2141	2021	1456	565	936	755	181
85岁及以上	**24696**	**15786**	**8910**	**7464**	**5334**	**2130**	**2654**	**2012**	**642**

4-1b　续表 6　　　　　　　　　　　　　　　　　　　　　　　　　　单位：人

年　龄	大学本科			硕士研究生			博士研究生		
	小计	男	女	小计	男	女	小计	男	女
总　计	**1233947**	**642857**	**591090**	**92974**	**49971**	**43003**	**9497**	**5897**	**3600**
3									
4									
5-9岁									
5									
6									
7									
8									
9									
10-14岁	**25**	**13**	**12**	**1**	**1**				
10	4	3	1						
11	2		2						
12	7	4	3						
13	5	3	2	1	1				
14	7	3	4						
15-19岁	**76080**	**36108**	**39972**	**82**	**41**	**41**	**7**	**6**	**1**
15	488	263	225						
16	690	361	329						
17	3947	1756	2191	12	5	7			
18	28574	13405	15169	25	12	13	3	3	
19	42381	20323	22058	45	24	21	4	3	1
20-24岁	**226780**	**111076**	**115704**	**14018**	**7032**	**6986**	**489**	**251**	**238**
20	46283	22858	23425	80	33	47	11	7	4
21	45769	22567	23202	548	270	278	26	11	15
22	47273	23261	24012	3341	1726	1615	78	34	44
23	43630	21321	22309	4939	2511	2428	144	70	74
24	43825	21069	22756	5110	2492	2618	230	129	101
25-29岁	**242296**	**116158**	**126138**	**23978**	**11511**	**12467**	**2139**	**1220**	**919**
25	47846	22938	24908	5476	2627	2849	380	206	174
26	46423	22259	24164	5028	2387	2641	426	242	184
27	47937	22633	25304	4881	2306	2575	451	255	196
28	48900	23546	25354	4467	2194	2273	427	247	180
29	51190	24782	26408	4126	1997	2129	455	270	185
30-34岁	**262467**	**130032**	**132435**	**21688**	**10884**	**10804**	**2222**	**1343**	**879**
30	63433	30941	32492	5162	2575	2587	525	314	211
31	57222	27826	29396	4633	2310	2323	467	276	191
32	49411	24522	24889	4188	2096	2092	438	270	168
33	50842	25613	25229	4228	2121	2107	416	237	179
34	41559	21130	20429	3477	1782	1695	376	246	130
35-39岁	**164385**	**86914**	**77471**	**15441**	**8524**	**6917**	**1697**	**1079**	**618**
35	33324	17337	15987	2953	1540	1413	288	184	104
36	32083	16961	15122	2900	1597	1303	339	209	130
37	31993	17051	14942	3091	1742	1349	351	219	132
38	37180	19674	17506	3607	2005	1602	372	240	132
39	29805	15891	13914	2890	1640	1250	347	227	120
40-44岁	**98483**	**53837**	**44646**	**8601**	**5331**	**3270**	**1196**	**774**	**422**
40	22247	11955	10292	2182	1311	871	306	185	121
41	22396	12148	10248	2104	1280	824	280	175	105
42	19625	10620	9005	1718	1061	657	245	165	80
43	17402	9582	7820	1349	858	491	182	118	64
44	16813	9532	7281	1248	821	427	183	131	52

4-1b 续表 7

单位：人

年 龄	大学本科			硕士研究生			博士研究生		
	小计	男	女	小计	男	女	小计	男	女
45-49岁	**66498**	**40011**	**26487**	**4390**	**3027**	**1363**	**724**	**463**	**261**
45	15034	8615	6419	1081	736	345	154	92	62
46	13684	8150	5534	947	623	324	156	98	58
47	13189	8020	5169	849	597	252	141	97	44
48	12468	7698	4770	771	543	228	130	83	47
49	12123	7528	4595	742	528	214	143	93	50
50-54岁	**46289**	**30810**	**15479**	**2489**	**1823**	**666**	**438**	**312**	**126**
50	11899	7630	4269	638	464	174	89	59	30
51	9869	6339	3530	553	415	138	72	52	20
52	9269	6172	3097	528	373	155	119	89	30
53	7127	4911	2216	372	259	113	69	44	25
54	8125	5758	2367	398	312	86	89	68	21
55-59岁	**25945**	**19384**	**6561**	**1421**	**1132**	**289**	**340**	**268**	**72**
55	7322	5331	1991	385	293	92	98	75	23
56	6159	4534	1625	332	265	67	80	62	18
57	6404	4834	1570	391	319	72	90	74	16
58	4052	3151	901	207	170	37	45	38	7
59	2008	1534	474	106	85	21	27	19	8
60-64岁	**7680**	**5771**	**1909**	**438**	**338**	**100**	**131**	**102**	**29**
60	1754	1320	434	119	90	29	23	18	5
61	1368	1043	325	80	65	15	25	18	7
62	1548	1195	353	69	53	16	19	14	5
63	1647	1222	425	92	73	19	38	29	9
64	1363	991	372	78	57	21	26	23	3
65-69岁	**5339**	**3831**	**1508**	**200**	**153**	**47**	**44**	**31**	**13**
65	1386	1004	382	74	57	17	10	6	4
66	1203	865	338	46	33	13	11	8	3
67	993	712	281	34	25	9	8	6	2
68	996	707	289	31	26	5	10	7	3
69	761	543	218	15	12	3	5	4	1
70-74岁	**3773**	**2848**	**925**	**91**	**70**	**21**	**27**	**17**	**10**
70	751	552	199	18	14	4	6	3	3
71	761	587	174	17	12	5	4	3	1
72	720	562	158	25	18	7	7	6	1
73	684	522	162	12	11	1	7	4	3
74	857	625	232	19	15	4	3	1	2
75-79岁	**3695**	**2779**	**916**	**64**	**50**	**14**	**18**	**13**	**5**
75	831	613	218	15	11	4	2	2	
76	761	580	181	13	11	2	7	5	2
77	655	468	187	11	9	2	3	2	1
78	706	535	171	12	9	3	5	4	1
79	742	583	159	13	10	3	1		1
80-84岁	**2894**	**2278**	**616**	**43**	**37**	**6**	**13**	**9**	**4**
80	667	514	153	6	4	2	6	3	3
81	616	479	137	11	10	1	2	2	
82	675	552	123	11	10	1	2	1	1
83	508	399	109	8	6	2	1	1	
84	428	334	94	7	7		2	2	
85岁及以上	**1318**	**1007**	**311**	**29**	**17**	**12**	**12**	**9**	**3**

4-1c　全省分年龄、性别、受教育程度的3岁及以上人口(乡村)

单位：人

年　龄	3岁及以上人口			未上过学		
	合计	男	女	小计	男	女
总　计	**22050167**	**11272853**	**10777314**	**1289538**	**302533**	**987005**
3	190504	99685	90819	41398	21826	19572
4	199127	104761	94366	13156	6990	6166
5-9岁	**1099808**	**585045**	**514763**	**9981**	**5299**	**4682**
5	201307	106755	94552	5188	2754	2434
6	207520	110355	97165	2065	1066	999
7	214379	113484	100895	1021	567	454
8	239579	127649	111930	871	467	404
9	237023	126802	110221	836	445	391
10-14岁	**1199770**	**646697**	**553073**	**4479**	**2527**	**1952**
10	237128	127333	109795	853	474	379
11	251316	134907	116409	989	562	427
12	242592	130613	111979	948	502	446
13	237318	128499	108819	897	526	371
14	231416	125345	106071	792	463	329
15-19岁	**558141**	**314494**	**243647**	**1984**	**1192**	**792**
15	157315	86879	70436	528	305	223
16	106462	59477	46985	373	228	145
17	94769	53079	41690	359	215	144
18	104028	59175	44853	360	219	141
19	95567	55884	39683	364	225	139
20-24岁	**697979**	**397804**	**300175**	**2297**	**1419**	**878**
20	101680	59084	42596	399	256	143
21	111478	64040	47438	387	243	144
22	146345	83040	63305	451	282	169
23	161645	91861	69784	521	319	202
24	176831	99779	77052	539	319	220
25-29岁	**1138567**	**631168**	**507399**	**3663**	**2035**	**1628**
25	205468	115987	89481	600	345	255
26	204417	114331	90086	645	367	278
27	220739	121946	98793	662	372	290
28	237733	130931	106802	799	458	341
29	270210	147973	122237	957	493	464
30-34岁	**1558102**	**842382**	**715720**	**6384**	**3176**	**3208**
30	365548	200432	165116	1358	705	653
31	342642	185814	156828	1307	680	627
32	294654	157717	136937	1159	573	586
33	307588	165914	141674	1361	668	693
34	247670	132505	115165	1199	550	649
35-39岁	**1043926**	**555666**	**488260**	**6474**	**2753**	**3721**
35	204303	108863	95440	1118	540	578
36	199057	105594	93463	1146	484	662
37	194692	103570	91122	1211	516	695
38	232432	124560	107872	1468	609	859
39	213442	113079	100363	1531	604	927
40-44岁	**1119383**	**577551**	**541832**	**9726**	**3438**	**6288**
40	184031	96299	87732	1381	536	845
41	225486	118391	107095	1791	646	1145
42	227699	117782	109917	2015	753	1262
43	228621	116924	111697	2053	694	1359
44	253546	128155	125391	2486	809	1677

4-1c 续表 1

单位：人

年 龄	3岁及以上人口			未上过学		
	合计	男	女	小计	男	女
45-49岁	**1639079**	**811474**	**827605**	**20419**	**5700**	**14719**
45	260534	130295	130239	2666	800	1866
46	287937	142309	145628	3257	930	2327
47	309680	153240	156440	3813	1061	2752
48	354350	174520	179830	4780	1298	3482
49	426578	211110	215468	5903	1611	4292
50-54岁	**2424536**	**1200230**	**1224306**	**44013**	**10560**	**33453**
50	478480	234838	243642	7196	1823	5373
51	490445	242392	248053	8257	2107	6150
52	518878	256291	262587	9584	2362	7222
53	431421	213193	218228	8519	1945	6574
54	505312	253516	251796	10457	2323	8134
55-59岁	**2021730**	**1016808**	**1004922**	**54048**	**10798**	**43250**
55	476191	237842	238349	10508	2331	8177
56	427542	213760	213782	9962	2101	7861
57	497317	252851	244466	12803	2566	10237
58	399610	202199	197411	12206	2250	9956
59	221070	110156	110914	8569	1550	7019
60-64岁	**1642688**	**849633**	**793055**	**105304**	**21917**	**83387**
60	238052	120376	117676	10857	2062	8795
61	251876	130405	121471	13845	2961	10884
62	344666	180008	164658	21747	4659	17088
63	418755	218567	200188	28716	6139	22577
64	389339	200277	189062	30139	6096	24043
65-69岁	**1975072**	**1002673**	**972399**	**193017**	**40867**	**152150**
65	429650	221421	208229	36207	7538	28669
66	427815	219099	208716	38826	8157	30669
67	384375	194914	189461	38678	8253	30425
68	406558	204786	201772	43354	9449	33905
69	326674	162453	164221	35952	7470	28482
70-74岁	**1438269**	**712049**	**726220**	**193686**	**40746**	**152940**
70	312279	155575	156704	36935	7988	28947
71	321897	161256	160641	41944	9228	32716
72	296203	145971	150232	40932	8507	32425
73	262803	129098	133705	37171	7682	29489
74	245087	120149	124938	36704	7341	29363
75-79岁	**972505**	**466039**	**506466**	**192592**	**39695**	**152897**
75	218603	106529	112074	36508	7300	29208
76	218539	106163	112376	40534	8236	32298
77	181171	86766	94405	36769	7710	29059
78	173550	81882	91668	37220	7635	29585
79	180642	84699	95943	41561	8814	32747
80-84岁	**624962**	**278111**	**346851**	**183023**	**41055**	**141968**
80	149339	69209	80130	37373	8146	29227
81	125677	56970	68707	35044	7878	27166
82	135192	60501	74691	40323	9175	31148
83	110483	47791	62692	35157	7932	27225
84	104271	43640	60631	35126	7924	27202
85岁及以上	**506019**	**180583**	**325436**	**203894**	**40540**	**163354**

4-1c 续表 2

单位：人

年 龄	学前教育			小 学		
	小计	男	女	小计	男	女
总 计	**665912**	**333128**	**332784**	**7453824**	**3341726**	**4112098**
3	149106	77859	71247			
4	185971	97771	88200			
5-9岁	**245722**	**129709**	**116013**	**825108**	**439525**	**385583**
5	160980	85248	75732	35139	18753	16386
6	64134	33908	30226	137984	73552	64432
7	11957	6140	5817	197454	104632	92822
8	5255	2679	2576	228042	121473	106569
9	3396	1734	1662	226489	121115	105374
10-14岁	**10966**	**5650**	**5316**	**627498**	**337516**	**289982**
10	2639	1366	1273	223769	120016	103753
11	2266	1164	1102	222370	119454	102916
12	1818	964	854	117107	63503	53604
13	2014	1039	975	45211	24521	20690
14	2229	1117	1112	19041	10022	9019
15-19岁	**2161**	**1181**	**980**	**22690**	**12348**	**10342**
15	1132	609	523	7205	3875	3330
16	525	284	241	4338	2310	2028
17	201	115	86	3659	2017	1642
18	190	110	80	3752	2078	1674
19	113	63	50	3736	2068	1668
20-24岁	**493**	**268**	**225**	**20181**	**11089**	**9092**
20	126	66	60	3513	1979	1534
21	77	48	29	3340	1840	1500
22	86	50	36	4040	2238	1802
23	94	51	43	4466	2482	1984
24	110	53	57	4822	2550	2272
25-29岁	**518**	**266**	**252**	**36748**	**18511**	**18237**
25	126	66	60	5758	3106	2652
26	105	57	48	6149	3169	2980
27	83	37	46	6969	3557	3412
28	99	52	47	7951	3880	4071
29	105	54	51	9921	4799	5122
30-34岁	**570**	**284**	**286**	**76324**	**34512**	**41812**
30	159	90	69	14694	7093	7601
31	130	52	78	15519	7141	8378
32	101	50	51	14760	6661	8099
33	105	58	47	16719	7325	9394
34	75	34	41	14632	6292	8340
35-39岁	**470**	**203**	**267**	**79942**	**32130**	**47812**
35	86	35	51	13759	5716	8043
36	77	33	44	14792	6072	8720
37	102	47	55	14996	6049	8947
38	101	40	61	17941	7143	10798
39	104	48	56	18454	7150	11304
40-44岁	**615**	**232**	**383**	**144445**	**54873**	**89572**
40	79	33	46	18573	7075	11498
41	119	45	74	26007	10205	15802
42	126	42	84	29025	11062	17963
43	122	51	71	31970	12158	19812
44	169	61	108	38870	14373	24497

4-1c 续表 3

单位：人

年 龄	学前教育			小 学		
	小计	男	女	小计	男	女
45-49岁	**1403**	**489**	**914**	**323586**	**114461**	**209125**
45	175	61	114	44093	16184	27909
46	247	90	157	52423	18695	33728
47	235	82	153	59786	21015	38771
48	327	107	220	73477	25564	47913
49	419	149	270	93807	33003	60804
50-54岁	**3098**	**920**	**2178**	**678681**	**246686**	**431995**
50	489	143	346	115249	40509	74740
51	599	185	414	133863	48913	84950
52	654	194	460	148754	54194	94560
53	603	172	431	129444	46942	82502
54	753	226	527	151371	56128	95243
55-59岁	**3770**	**990**	**2780**	**636885**	**229873**	**407012**
55	739	183	556	142330	51789	90541
56	726	217	509	129522	46585	82937
57	923	231	692	153505	56453	97052
58	821	211	610	131587	46828	84759
59	561	148	413	79941	28218	51723
60-64岁	**6589**	**1756**	**4833**	**763277**	**311821**	**451456**
60	701	172	529	92046	33780	58266
61	833	235	598	108039	42982	65057
62	1333	350	983	159214	65517	93697
63	1843	488	1355	204422	85758	118664
64	1879	511	1368	199556	83784	115772
65-69岁	**12720**	**3468**	**9252**	**1135703**	**506252**	**629451**
65	2393	672	1721	231169	99802	131367
66	2592	673	1919	241527	106830	134697
67	2544	687	1857	223054	100253	122801
68	2828	781	2047	240904	109232	131672
69	2363	655	1708	199049	90135	108914
70-74岁	**12673**	**3686**	**8987**	**898533**	**426648**	**471885**
70	2445	670	1775	193686	89927	103759
71	2715	807	1908	202671	97064	105607
72	2735	814	1921	187619	89696	97923
73	2470	739	1731	164696	78435	86261
74	2308	656	1652	149861	71526	78335
75-79岁	**11129**	**3204**	**7925**	**573334**	**278229**	**295105**
75	2236	626	1610	130668	62563	68105
76	2381	698	1683	129199	62748	66451
77	2066	579	1487	105912	51373	54539
78	2158	667	1491	101996	49692	52304
79	2288	634	1654	105559	51853	53706
80-84岁	**9332**	**2852**	**6480**	**354836**	**175426**	**179410**
80	2030	636	1394	86524	42826	43698
81	1769	515	1254	72175	35835	36340
82	2077	635	1442	76771	38482	38289
83	1765	554	1211	61934	30568	31366
84	1691	512	1179	57432	27715	29717
85岁及以上	**8606**	**2340**	**6266**	**256053**	**111826**	**144227**

4-1c　续表 4

单位：人

年　龄	初　中			高　中			大学专科		
	小计	男	女	小计	男	女	小计	男	女
总　计	**8762409**	**4961534**	**3800875**	**2504512**	**1560296**	**944216**	**952499**	**547861**	**404638**
3									
4									
5-9岁	**18978**	**10499**	**8479**	**19**	**13**	**6**			
5									
6	3337	1829	1508						
7	3947	2145	1802						
8	5404	3026	2378	7	4	3			
9	6290	3499	2791	12	9	3			
10-14岁	**542718**	**293202**	**249516**	**14062**	**7771**	**6291**	**30**	**19**	**11**
10	9846	5468	4378	18	8	10	2	1	1
11	25662	13711	11951	24	12	12	4	3	1
12	122669	65612	57057	43	28	15	3	1	2
13	185345	100265	85080	3839	2139	1700	5	4	1
14	199196	108146	91050	10138	5584	4554	16	10	6
15-19岁	**218087**	**125146**	**92941**	**224955**	**127245**	**97710**	**61284**	**34351**	**26933**
15	96377	53661	42716	48259	26448	21811	3543	1838	1705
16	41724	23615	18109	53974	30120	23854	5143	2691	2452
17	27670	15978	11692	52923	29362	23561	7956	4422	3534
18	25486	15418	10068	40026	23298	16728	21106	11852	9254
19	26830	16474	10356	29773	18017	11756	23536	13548	9988
20-24岁	**225374**	**133183**	**92191**	**172774**	**105623**	**67151**	**180593**	**98772**	**81821**
20	31229	19005	12224	29065	17796	11269	26509	14856	11653
21	35328	21250	14078	29627	18131	11496	30271	16529	13742
22	45475	27250	18225	34912	21388	13524	38859	20811	18048
23	52289	30647	21642	37527	23061	14466	41672	22783	18889
24	61053	35031	26022	41643	25247	16396	43282	23793	19489
25-29岁	**456077**	**250744**	**205333**	**275120**	**162064**	**113056**	**238699**	**131804**	**106895**
25	73708	41889	31819	48696	29541	19155	48184	26685	21499
26	77154	43182	33972	48685	28942	19743	45624	25235	20389
27	86963	47597	39366	52908	30990	21918	47274	26171	21103
28	99253	54021	45232	57990	33931	24059	47515	26111	21404
29	118999	64055	54944	66841	38660	28181	50102	27602	22500
30-34岁	**767730**	**404844**	**362886**	**377715**	**217363**	**160352**	**235485**	**131444**	**104041**
30	170157	91799	78358	90215	52177	38038	62671	34628	28043
31	165553	88060	77493	84307	48440	35867	53829	29792	24037
32	144952	75776	69176	72179	41039	31140	44285	24439	19846
33	156609	81737	74872	73393	42609	30784	42989	24340	18649
34	130459	67472	62987	57621	33098	24523	31711	18245	13466
35-39岁	**607946**	**315445**	**292501**	**225142**	**131316**	**93826**	**90521**	**53494**	**37027**
35	113938	58811	55127	45425	26240	19185	21705	12705	9000
36	116272	59930	56342	42252	24393	17859	17752	10580	7172
37	114893	59597	55296	40871	23749	17122	16318	9701	6617
38	136196	71359	64837	50647	29778	20869	19058	11256	7802
39	126647	65748	60899	45947	27156	18791	15688	9252	6436
40-44岁	**709205**	**366181**	**343024**	**194767**	**116129**	**78638**	**45975**	**27797**	**18178**
40	111809	57590	54219	37865	22450	15415	10898	6514	4384
41	140391	73106	67285	42990	25772	17218	10739	6488	4251
42	144430	74717	69713	40134	23985	16149	9214	5576	3638
43	147979	76144	71835	36184	21607	14577	7765	4726	3039
44	164596	84624	79972	37594	22315	15279	7359	4493	2866

4-1c 续表 5

单位：人

年 龄	初 中			高 中			大学专科		
	小计	男	女	小计	男	女	小计	男	女
45-49岁	**1050609**	**543001**	**507608**	**202468**	**122158**	**80310**	**30485**	**19286**	**11199**
45	169054	86454	82600	35778	21337	14441	6495	4090	2405
46	186956	95360	91596	36968	22126	14842	6029	3820	2209
47	199899	103340	96559	38223	22860	15363	5794	3641	2153
48	225545	116870	108675	42441	25751	16690	5916	3741	2175
49	269155	140977	128178	49058	30084	18974	6251	3994	2257
50-54岁	**1448359**	**782529**	**665830**	**218853**	**138714**	**80139**	**24090**	**15842**	**8248**
50	297072	155945	141127	50438	31254	19184	6158	3921	2237
51	295699	158341	137358	45280	28436	16844	5151	3387	1764
52	308506	166751	141755	44959	28535	16424	4915	3243	1672
53	252797	138454	114343	35335	22570	12765	3577	2344	1233
54	294285	163038	131247	42841	27919	14922	4289	2947	1342
55-59岁	**1058867**	**595804**	**463063**	**247059**	**164053**	**83006**	**16608**	**11943**	**4665**
55	272711	150285	122426	44710	29585	15125	4054	2826	1228
56	235627	130193	105434	47066	31299	15767	3583	2573	1010
57	259873	146835	113038	64680	42716	21964	4384	3196	1188
58	192995	111433	81562	58128	38655	19473	3090	2238	852
59	97661	57058	40603	32475	21798	10677	1497	1110	387
60-64岁	**595622**	**387374**	**208248**	**162192**	**119353**	**42839**	**7895**	**6064**	**1831**
60	99677	60228	39449	32960	22802	10158	1449	1072	377
61	97894	61839	36055	29706	21237	8469	1280	957	323
62	126259	82665	43594	34178	25352	8826	1554	1182	372
63	145413	96962	48451	36081	27410	8671	1852	1472	380
64	126379	85680	40699	29267	22552	6715	1760	1381	379
65-69岁	**526588**	**367757**	**158831**	**98476**	**77548**	**20928**	**7142**	**5743**	**1399**
65	129429	89467	39962	28300	22241	6059	1807	1447	360
66	119348	83183	36165	23501	18647	4854	1671	1345	326
67	100549	70291	30258	18007	14231	3776	1272	1009	263
68	101228	71016	30212	16686	13075	3611	1306	1048	258
69	76034	53800	22234	11982	9354	2628	1086	894	192
70-74岁	**284542**	**202587**	**81955**	**42561**	**33326**	**9235**	**5225**	**4253**	**972**
70	67310	47631	19679	10621	8342	2279	1085	872	213
71	63194	45158	18036	10055	7960	2095	1091	880	211
72	55299	39418	15881	8331	6482	1849	1075	884	191
73	50282	35790	14492	6955	5428	1527	1030	856	174
74	48457	34590	13867	6599	5114	1485	944	761	183
75-79岁	**161533**	**118245**	**43288**	**28781**	**22543**	**6238**	**4240**	**3435**	**805**
75	42060	30539	11521	6103	4695	1408	847	677	170
76	39061	28670	10391	6325	4963	1362	861	708	153
77	29967	22034	7933	5551	4360	1191	750	596	154
78	25804	18869	6935	5361	4198	1163	865	702	163
79	24641	18133	6508	5441	4327	1114	917	752	165
80-84岁	**60736**	**45055**	**15681**	**13215**	**10478**	**2737**	**3015**	**2613**	**402**
80	18225	13388	4837	4128	3309	819	848	732	116
81	12984	9781	3203	2898	2288	610	647	546	101
82	12504	9334	3170	2699	2170	529	646	568	78
83	9140	6756	2384	1891	1473	418	462	406	56
84	7883	5796	2087	1599	1238	361	412	361	51
85岁及以上	**29438**	**19938**	**9500**	**6353**	**4599**	**1754**	**1212**	**1001**	**211**

4-1c 续表 6

单位：人

年 龄	大学本科			硕士研究生			博士研究生		
	小计	男	女	小计	男	女	小计	男	女
总 计	**394358**	**210555**	**183803**	**24026**	**13221**	**10805**	**3089**	**1999**	**1090**
3									
4									
5-9岁									
5									
6									
7									
8									
9									
10-14岁	**14**	**9**	**5**	**3**	**3**				
10	1		1						
11	1	1							
12	3	2	1	1	1				
13	6	4	2	1	1				
14	3	2	1	1	1				
15-19岁	**26931**	**12996**	**13935**	**45**	**31**	**14**	**4**	**4**	
15	271	143	128						
16	385	229	156						
17	1994	963	1031	7	7				
18	13095	6192	6903	13	8	5			
19	11186	5469	5717	25	16	9	4	4	
20-24岁	**90531**	**44279**	**46252**	**5499**	**3032**	**2467**	**237**	**139**	**98**
20	10788	5103	5685	48	20	28	3	3	
21	12168	5860	6308	272	136	136	8	3	5
22	20989	10165	10824	1487	826	661	46	30	16
23	23161	11441	11720	1844	1035	809	71	42	29
24	23425	11710	11715	1848	1015	833	109	61	48
25-29岁	**116909**	**59903**	**57006**	**9683**	**5124**	**4559**	**1150**	**717**	**433**
25	25701	12930	12771	2508	1321	1187	187	104	83
26	23593	12084	11509	2217	1140	1077	245	155	90
27	23752	12098	11654	1888	978	910	240	146	94
28	22264	11457	10807	1643	880	763	219	141	78
29	21599	11334	10265	1427	805	622	259	171	88
30-34岁	**87811**	**47373**	**40438**	**5179**	**2788**	**2391**	**904**	**598**	**306**
30	24440	12911	11529	1611	865	746	243	164	79
31	20554	10852	9702	1229	656	573	214	141	73
32	16102	8562	7540	922	479	443	194	138	56
33	15418	8607	6811	837	469	368	157	101	56
34	11297	6441	4856	580	319	261	96	54	42
35-39岁	**31411**	**19129**	**12282**	**1690**	**972**	**718**	**330**	**224**	**106**
35	7763	4532	3231	420	234	186	89	50	39
36	6365	3881	2484	346	181	165	55	40	15
37	5932	3682	2250	310	183	127	59	46	13
38	6599	4109	2490	349	215	134	73	51	22
39	4752	2925	1827	265	159	106	54	37	17
40-44岁	**13728**	**8301**	**5427**	**757**	**488**	**269**	**165**	**112**	**53**
40	3197	1953	1244	192	122	70	37	26	11
41	3251	1988	1263	159	112	47	39	29	10
42	2566	1528	1038	159	99	60	30	20	10
43	2393	1443	950	127	87	40	28	14	14
44	2321	1389	932	120	68	52	31	23	8

4-1c 续表 7

单位：人

年 龄	大学本科			硕士研究生			博士研究生		
	小计	男	女	小计	男	女	小计	男	女
45-49岁	**9556**	**6034**	**3522**	**456**	**277**	**179**	**97**	**68**	**29**
45	2147	1299	848	111	61	50	15	9	6
46	1948	1220	728	79	49	30	30	19	11
47	1814	1172	642	96	56	40	20	13	7
48	1760	1118	642	91	59	32	13	12	1
49	1887	1225	662	79	52	27	19	15	4
50-54岁	**7062**	**4723**	**2339**	**316**	**216**	**100**	**64**	**40**	**24**
50	1774	1167	607	85	65	20	19	11	8
51	1510	965	545	71	47	24	15	11	4
52	1433	958	475	58	44	14	15	10	5
53	1101	736	365	41	27	14	4	3	1
54	1244	897	347	61	33	28	11	5	6
55-59岁	**4243**	**3151**	**1092**	**201**	**159**	**42**	**49**	**37**	**12**
55	1081	792	289	49	44	5	9	7	2
56	994	741	253	52	43	9	10	8	2
57	1075	799	276	57	44	13	17	11	6
58	752	563	189	25	16	9	6	5	1
59	341	256	85	18	12	6	7	6	1
60-64岁	**1692**	**1261**	**431**	**81**	**57**	**24**	**36**	**30**	**6**
60	341	247	94	15	7	8	6	6	
61	255	178	77	12	8	4	12	8	4
62	361	266	95	14	11	3	6	6	
63	400	314	86	20	17	3	8	7	1
64	335	256	79	20	14	6	4	3	1
65-69岁	**1365**	**997**	**368**	**43**	**30**	**13**	**18**	**11**	**7**
65	325	237	88	13	11	2	7	6	1
66	335	256	79	10	8	2	5		5
67	261	182	79	9	7	2	1	1	
68	243	180	63	8	4	4	1	1	
69	201	142	59	3		3	4	3	1
70-74岁	**1012**	**781**	**231**	**27**	**19**	**8**	**10**	**3**	**7**
70	179	134	45	16	11	5	2		2
71	223	157	66	2	1	1	2	1	1
72	205	166	39	4	3	1	3	1	2
73	196	167	29	1	1		2		2
74	209	157	52	4	3	1	1	1	
75-79岁	**864**	**667**	**197**	**20**	**12**	**8**	**12**	**9**	**3**
75	173	124	49	7	4	3	1	1	
76	172	136	36	5	3	2	1	1	
77	152	111	41	2	1	1	2	2	
78	139	116	23	5	3	2	2		2
79	228	180	48	1	1		6	5	1
80-84岁	**783**	**621**	**162**	**16**	**8**	**8**	**6**	**3**	**3**
80	203	167	36	5	3	2	3	2	1
81	156	124	32	3	2	1	1	1	
82	169	136	33	2	1	1	1		1
83	130	101	29	4	1	3			
84	125	93	32	2	1	1	1		1
85岁及以上	**446**	**330**	**116**	**10**	**5**	**5**	**7**	**4**	**3**

4-2　各地区分性别、受教育程度的15岁及以上人口

单位：人

地　　区	15岁及以上人口			未上过学		
	合计	男	女	小计	男	女
江　苏	**71856068**	**36156582**	**35699486**	**2543054**	**549214**	**1993840**
南京市	**8127066**	**4129533**	**3997533**	**239783**	**57033**	**182750**
玄武区	477832	236922	240910	2157	531	1626
秦淮区	658216	321147	337069	9598	1793	7805
建邺区	463106	231151	231955	7288	1664	5624
鼓楼区	821488	393131	428357	11813	2352	9461
浦口区	350780	177499	173281	14916	3486	11430
栖霞区	877429	453427	424002	16412	3194	13218
雨花台区	532430	277111	255319	15369	3185	12184
江宁区	1674726	871128	803598	59725	15914	43811
六合区	548340	272944	275396	40238	7448	32790
溧水区	423198	220217	202981	19261	5528	13733
高淳区	369671	187821	181850	30724	9341	21383
南京江北新区	929850	487035	442815	12282	2597	9685
无锡市	**6495059**	**3336492**	**3158567**	**97922**	**19984**	**77938**
锡山区	763589	402820	360769	10511	2036	8475
惠山区	767089	401213	365876	14829	3246	11583
滨湖区	529700	270227	259473	8144	1726	6418
梁溪区	861011	426602	434409	11333	2087	9246
新吴区	619068	322918	296150	6391	1235	5156
江苏无锡经济开发区	269005	137656	131349	4158	903	3255
江阴市	1551792	799901	751891	23053	4191	18862
宜兴市	1133805	575155	558650	19503	4560	14943
徐州市	**7052482**	**3476191**	**3576291**	**279760**	**66621**	**213139**
鼓楼区	355832	177118	178714	4888	1096	3792
云龙区	379987	185415	194572	6458	1485	4973
贾汪区	354838	178128	176710	24171	6307	17864
泉山区	520131	250764	269367	8472	1654	6818
铜山区	962355	480652	481703	38610	9331	29279
丰县	726617	355637	370980	27514	5415	22099
沛县	793901	388000	405901	30474	6671	23803
睢宁县	839534	413360	426174	46638	10643	35995
徐州经济技术开发区	297281	150289	146992	9444	2182	7262
新沂市	726918	358563	368355	42013	10583	31430
邳州市	1095088	538265	556823	41078	11254	29824
常州市	**4578259**	**2340759**	**2237500**	**99583**	**21303**	**78280**
天宁区	579620	286787	292833	8013	1527	6486
钟楼区	570043	287531	282512	9841	2097	7744
新北区	749260	380762	368498	13382	2145	11237
武进区	1104268	576500	527768	17753	3994	13759
金坛区	518177	261067	257110	18771	4087	14684
江苏省常州市经济开发区	367183	194187	172996	5954	1274	4680
溧阳市	689708	353925	335783	25869	6179	19690

4-2 续表 1 单位：人

地　区	15岁及以上人口			未上过学		
	合计	男	女	小计	男	女
苏州市	**11021073**	**5743803**	**5277270**	**294669**	**67254**	**227415**
虎丘区	709353	371486	337867	23467	4768	18699
吴中区	1208326	632359	575967	38087	9527	28560
相城区	765429	406239	359190	22622	5460	17162
姑苏区	810691	396611	414080	15091	3133	11958
吴江区	1346445	708409	638036	48212	12299	35913
苏州工业园区	950810	491277	459533	23003	5029	17974
常熟市	1491887	774158	717729	34306	6522	27784
张家港市	1235625	634481	601144	30765	6011	24754
昆山市	1772462	944381	828081	35011	9070	25941
太仓市	730045	384402	345643	24105	5435	18670
南通市	**6884695**	**3369618**	**3515077**	**227135**	**46945**	**180190**
崇川区	682895	334307	348588	14330	2778	11552
港闸区	350646	177817	172829	11227	2282	8945
通州区	981491	479237	502254	34420	7229	27191
如东县	802109	389367	412742	41795	9553	32242
南通经济技术开发区	265716	141470	124246	3895	1016	2879
通州湾示范区	85049	41125	43924	3402	633	2769
苏锡通科技产业园区	80429	42269	38160	2121	512	1609
启东市	875889	421234	454655	27506	5462	22044
如皋市	1086324	523007	563317	32434	6480	25954
海门市	883598	429143	454455	22917	4554	18363
海安市	790549	390642	399907	33088	6446	26642
连云港市	**3615248**	**1807746**	**1807502**	**158903**	**37824**	**121079**
连云区	135692	71150	64542	5876	1220	4656
海州区	583182	287545	295637	22041	5141	16900
赣榆区	777533	384135	393398	35565	8945	26620
东海县	790917	393242	397675	23047	6355	16692
灌云县	571299	290284	281015	34761	7524	27237
灌南县	475693	239041	236652	23676	5271	18405
连云港经济技术开发区	75797	38662	37135	5202	1252	3950
连云港高新技术产业开发区	144216	69556	74660	3652	893	2759
江苏连云港徐圩新区	36915	21867	15048	1911	562	1349
江苏省连云港市云台山风景名胜区	24004	12264	11740	3172	661	2511
淮安市	**3749671**	**1849680**	**1899991**	**173158**	**36616**	**136542**
淮安区	654948	323776	331172	47975	10128	37847
淮阴区	611521	305394	306127	24256	5176	19080
清江浦区	477372	230905	246467	10096	1898	8198
洪泽区	246663	121708	124955	14125	3252	10873
涟水县	661251	326121	335130	21940	4260	17680
盱眙县	495595	244379	251216	30368	6761	23607
金湖县	256128	126925	129203	11207	2168	9039
淮安经济技术开发区	240499	119620	120879	7245	1792	5453
工业园区	13208	6598	6610	945	171	774
生态文旅区	72321	34071	38250	2855	581	2274
苏淮高新区	20165	10183	9982	2146	429	1717

4-2　续表 2

单位：人

地区	15岁及以上人口			未上过学		
	合计	男	女	小计	男	女
盐城市	**5701111**	**2831558**	**2869553**	**324613**	**61111**	**263502**
亭湖区	590368	295800	294568	20185	4244	15941
盐都区	526011	263202	262809	31479	5554	25925
大丰区	581457	290039	291418	39384	7285	32099
响水县	361670	181068	180602	35644	7687	27957
滨海县	653112	325862	327250	48969	10232	38737
阜宁县	648633	320661	327972	34475	6703	27772
射阳县	653931	325593	328338	32331	5333	26998
建湖县	527472	261013	266459	17839	3138	14701
盐城经济技术开发区	89514	44682	44832	4721	802	3919
江苏省盐南高新区	267488	129337	138151	5141	1024	4117
东台市	801455	394301	407154	54445	9109	45336
扬州市	**4032378**	**1993166**	**2039212**	**204960**	**42870**	**162090**
广陵区	479836	244769	235067	10427	2317	8110
邗江区	633047	310532	322515	21248	5013	16235
江都区	829570	402930	426640	40082	7613	32469
宝应县	599577	293237	306340	46547	9530	37017
扬州经济技术开发区	208723	104322	104401	7334	1478	5856
蜀冈瘦西湖景区	114721	56142	58579	3543	981	2562
生态新城	59065	29911	29154	2798	725	2073
仪征市	471203	237027	234176	26949	5659	21290
高邮市	636636	314296	322340	46032	9554	36478
镇江市	**2828749**	**1431814**	**1396935**	**73712**	**14345**	**59367**
京口区	315899	158946	156953	5082	1086	3996
润州区	211886	105040	106846	4157	1018	3139
丹徒区	309861	160465	149396	10662	2023	8639
镇江新区	228977	118135	110842	5169	1210	3959
江苏镇江高新区	52518	27012	25506	1265	210	1055
丹阳市	867350	437572	429778	18617	2980	15637
扬中市	277609	139737	137872	8067	1311	6756
句容市	564649	284907	279742	20693	4507	16186
泰州市	**3955042**	**1956616**	**1998426**	**172121**	**31847**	**140274**
海陵区	505632	245795	259837	20517	3883	16634
高港区	225523	111760	113763	5735	865	4870
姜堰区	592897	288339	304558	28817	6173	22644
泰州医药高新技术产业开发区	190911	94877	96034	6082	1025	5057
兴化市	972614	489226	483388	75117	14132	60985
靖江市	592205	296062	296143	8465	1262	7203
泰兴市	875260	430557	444703	27388	4507	22881
宿迁市	**3815235**	**1889606**	**1925629**	**196735**	**45461**	**151274**
宿城区	516183	254327	261856	26288	5444	20844
宿豫区	345952	172541	173411	20689	4454	16235
沭阳县	1269608	633980	635628	53181	13497	39684
泗阳县	640534	313696	326838	31163	5778	25385
泗洪县	647332	316412	330920	40093	10736	29357
宿迁经济技术开发区	144024	71845	72179	8006	1673	6333
宿迁市湖滨新区	115013	59902	55111	7939	1945	5994
苏州宿迁工业园区	20280	9574	10706	288	33	255
宿迁市洋河新区	116309	57329	58980	9088	1901	7187

4-2 续表 3　　单位：人

地　区	学前教育			小　学		
	小计	男	女	小计	男	女
江　苏	**150675**	**47810**	**102865**	**13601628**	**5654372**	**7947256**
南京市	**11801**	**4214**	**7587**	**1014304**	**428720**	**585584**
玄武区	283	90	193	27752	9865	17887
秦淮区	276	87	189	43270	15808	27462
建邺区	343	149	194	30875	13228	17647
鼓楼区	505	162	343	47801	17660	30141
浦口区	843	323	520	67627	29074	38553
栖霞区	634	252	382	74111	31059	43052
雨花台区	406	151	255	49571	21415	28156
江宁区	2630	997	1633	226485	102437	124048
六合区	1971	563	1408	142332	57369	84963
溧水区	1626	552	1074	102452	46106	56346
高淳区	1576	611	965	109903	49625	60278
南京江北新区	708	277	431	92125	35074	57051
无锡市	**3975**	**1209**	**2766**	**985965**	**410384**	**575581**
锡山区	468	116	352	134683	57537	77146
惠山区	420	170	250	117038	51223	65815
滨湖区	292	97	195	50754	20659	30095
梁溪区	309	95	214	78950	29927	49023
新吴区	281	95	186	73010	28449	44561
江苏无锡经济开发区	168	56	112	29275	12465	16810
江阴市	906	260	646	256063	106245	149818
宜兴市	1131	320	811	246192	103879	142313
徐州市	**18833**	**6678**	**12155**	**1494283**	**609970**	**884313**
鼓楼区	385	132	253	29646	11747	17899
云龙区	279	113	166	31121	12622	18499
贾汪区	845	320	525	77413	33641	43772
泉山区	520	199	321	38555	14325	24230
铜山区	2121	790	1331	211820	90532	121288
丰县	1232	380	852	175226	67555	107671
沛县	1678	494	1184	167070	65806	101264
睢宁县	4369	1388	2981	226002	89353	136649
徐州经济技术开发区	368	144	224	40790	16842	23948
新沂市	2079	740	1339	182591	74859	107732
邳州市	4957	1978	2979	314049	132688	181361
常州市	**3120**	**1070**	**2050**	**701074**	**295737**	**405337**
天宁区	203	81	122	65905	26289	39616
钟楼区	210	59	151	61687	25136	36551
新北区	397	98	299	101945	39855	62090
武进区	713	264	449	171655	74386	97269
金坛区	543	190	353	107002	45450	61552
江苏省常州市经济开发区	308	90	218	58734	25823	32911
溧阳市	746	288	458	134146	58798	75348

4-2　续表 4

单位：人

地　区	学前教育			小　学		
	小计	男	女	小计	男	女
苏州市	**18549**	**6528**	**12021**	**1763977**	**778169**	**985808**
虎丘区	883	366	517	88948	39117	49831
吴中区	2958	1086	1872	198023	89586	108437
相城区	1993	715	1278	146513	67585	78928
姑苏区	872	273	599	78966	30560	48406
吴江区	4016	1421	2595	277882	129504	148378
苏州工业园区	1165	401	764	93654	39004	54650
常熟市	217	68	149	263928	113487	150441
张家港市	1878	597	1281	235450	101198	134252
昆山市	2821	1063	1758	240751	104276	136475
太仓市	1746	538	1208	139862	63852	76010
南通市	**14717**	**4431**	**10286**	**1609206**	**677506**	**931700**
崇川区	749	257	492	59117	24017	35100
港闸区	553	189	364	50448	22013	28435
通州区	2376	688	1688	263805	112371	151434
如东县	2944	898	2046	243610	109348	134262
南通经济技术开发区	103	52	51	40068	17712	22356
通州湾示范区	195	55	140	23935	10085	13850
苏锡通科技产业园区	46	14	32	18448	8207	10241
启东市	1510	410	1100	219640	92705	126935
如皋市	2585	769	1816	327707	129076	198631
海门市	1310	447	863	172991	70301	102690
海安市	2346	652	1694	189437	81671	107766
连云港市	**8234**	**2765**	**5469**	**652630**	**259345**	**393285**
连云区	238	84	154	16595	6934	9661
海州区	801	336	465	74781	30141	44640
赣榆区	1188	407	781	126455	52045	74410
东海县	1239	400	839	136111	54243	81868
灌云县	1356	482	874	149898	57748	92150
灌南县	3006	889	2117	119076	45388	73688
连云港经济技术开发区	130	52	78	9504	4051	5453
连云港高新技术产业开发区	169	64	105	8142	3181	4961
江苏连云港徐圩新区	76	40	36	7269	3427	3842
江苏省连云港市云台山风景名胜区	31	11	20	4799	2187	2612
淮安市	**7258**	**2231**	**5027**	**836940**	**324567**	**512373**
淮安区	1794	592	1202	185042	77108	107934
淮阴区	1003	339	664	123384	46235	77149
清江浦区	389	109	280	60218	22340	37878
洪泽区	1607	412	1195	67366	26682	40684
涟水县	232	82	150	128245	46799	81446
盱眙县	1135	382	753	146560	56346	90214
金湖县	686	152	534	72170	27838	44332
淮安经济技术开发区	265	106	159	34076	13434	20642
工业园区	11	4	7	3614	1239	2375
生态文旅区	60	26	34	11494	4596	6898
苏淮高新区	76	27	49	4771	1950	2821

4-2 续表 5

单位：人

地　区	学前教育			小　学		
	小计	男	女	小计	男	女
盐城市	**16596**	**4656**	**11940**	**1317065**	**539510**	**777555**
亭湖区	918	300	618	100492	40358	60134
盐都区	1930	508	1422	129169	53750	75419
大丰区	2443	660	1783	128875	55496	73379
响水县	682	250	432	85936	36045	49891
滨海县	812	295	517	159371	66277	93094
阜宁县	997	343	654	162374	66399	95975
射阳县	2228	547	1681	173659	68564	105095
建湖县	2119	513	1606	133487	52987	80500
盐城经济技术开发区	105	34	71	17712	7111	10601
江苏省盐南高新区	241	104	137	22584	8303	14281
东台市	4121	1102	3019	203406	84220	119186
扬州市	**18035**	**5444**	**12591**	**914290**	**393809**	**520481**
广陵区	974	343	631	80821	34625	46196
邗江区	1179	427	752	97548	41217	56331
江都区	4361	1252	3109	225590	96793	128797
宝应县	3072	975	2097	168131	71534	96597
扬州经济技术开发区	384	145	239	29053	12253	16800
蜀冈瘦西湖景区	105	38	67	14055	5929	8126
生态新城	209	61	148	14931	6722	8209
仪征市	2781	794	1987	107988	47373	60615
高邮市	4970	1409	3561	176173	77363	98810
镇江市	**4054**	**1196**	**2858**	**514533**	**206351**	**308182**
京口区	312	107	205	30471	11995	18476
润州区	282	115	167	25160	10272	14888
丹徒区	581	140	441	63527	26375	37152
镇江新区	332	134	198	36643	15209	21434
江苏镇江高新区	56	20	36	8373	3379	4994
丹阳市	896	211	685	164625	63436	101189
扬中市	638	170	468	62448	25571	36877
句容市	957	299	658	123286	50114	73172
泰州市	**15940**	**4207**	**11733**	**971683**	**399078**	**572605**
海陵区	1448	430	1018	85371	35580	49791
高港区	413	80	333	53762	20142	33620
姜堰区	3393	1016	2377	155897	66104	89793
泰州医药高新技术产业开发区	172	61	111	31355	12544	18811
兴化市	7333	1848	5485	306967	133768	173199
靖江市	332	83	249	120581	47122	73459
泰兴市	2849	689	2160	217750	83818	133932
宿迁市	**9563**	**3181**	**6382**	**825678**	**331226**	**494452**
宿城区	672	223	449	107581	43271	64310
宿豫区	489	178	311	70538	27361	43177
沭阳县	3450	1274	2176	301479	126165	175314
泗阳县	2040	504	1536	106468	36996	69472
泗洪县	2276	759	1517	144142	57385	86757
宿迁经济技术开发区	337	140	197	27871	11814	16057
宿迁市湖滨新区	96	50	46	34599	15141	19458
苏州宿迁工业园区	12	4	8	1357	399	958
宿迁市洋河新区	191	49	142	31643	12694	18949

4-2　续表 6

单位：人

地　区	初　中			高　中			大学专科		
	小计	男	女	小计	男	女	小计	男	女
江　苏	**26090697**	**13898324**	**12192373**	**13653946**	**7636237**	**6017709**	**8186916**	**4412505**	**3774411**
南京市	**1982297**	**1064871**	**917426**	**1597474**	**855357**	**742117**	**1272436**	**674730**	**597706**
玄武区	78312	39151	39161	92676	44770	47906	73719	36534	37185
秦淮区	150719	73412	77307	177302	87226	90076	117667	59506	58161
建邺区	91449	47751	43698	96084	47883	48201	83737	42610	41127
鼓楼区	152027	72637	79390	186188	89899	96289	141106	69542	71564
浦口区	101522	56592	44930	69537	38540	30997	43881	22780	21101
栖霞区	212997	118162	94835	179236	99045	80191	139775	76646	63129
雨花台区	132584	72597	59987	104248	55959	48289	88459	47984	40475
江宁区	418931	229419	189512	290998	162484	128514	274437	147613	126824
六合区	179335	102145	77190	90750	53905	36845	58747	32801	25946
溧水区	129378	72345	57033	75726	45434	30292	51236	28411	22825
高淳区	111712	61373	50339	58700	35435	23265	33962	18948	15014
南京江北新区	223331	119287	104044	176029	94777	81252	165710	91355	74355
无锡市	**2518306**	**1345666**	**1172640**	**1257225**	**696597**	**560628**	**868567**	**468261**	**400306**
锡山区	330379	183979	146400	131263	75788	55475	85373	46412	38961
惠山区	317577	173401	144176	132421	75762	56659	115573	61668	53905
滨湖区	161833	84938	76895	103544	54910	48634	92590	50810	41780
梁溪区	269929	135580	134349	203062	104699	98363	148379	78406	69973
新吴区	237471	126649	110822	126314	71126	55188	102360	55958	46402
江苏无锡经济开发区	82437	44457	37980	47465	25573	21892	40494	20806	19688
江阴市	645245	344841	300404	326343	183540	142803	167680	91719	75961
宜兴市	473435	251821	221614	186813	105199	81614	116118	62482	53636
徐州市	**2831044**	**1479346**	**1351698**	**1250574**	**688987**	**561587**	**698893**	**377206**	**321687**
鼓楼区	109094	53849	55245	94735	48032	46703	72271	39466	32805
云龙区	104034	50573	53461	84768	42672	42096	67882	34958	32924
贾汪区	153122	82064	71058	58496	33998	24498	25275	14519	10756
泉山区	136753	64142	72611	138287	69034	69253	103729	53207	50522
铜山区	416597	220650	195947	141459	79611	61848	75781	40552	35229
丰县	332405	174286	158119	114081	65813	48268	54892	30829	24063
沛县	386439	197605	188834	116792	66486	50306	62629	35156	27473
睢宁县	350911	190857	160054	127501	74724	52777	56610	31724	24886
徐州经济技术开发区	106055	54764	51291	63492	35231	28261	51159	27098	24061
新沂市	293142	158507	134635	122511	68921	53590	57784	31365	26419
邳州市	442492	232049	210443	188452	104465	83987	70881	38332	32549
常州市	**1824603**	**963566**	**861037**	**857865**	**474604**	**383261**	**571362**	**313635**	**257727**
天宁区	210576	107644	102932	121756	62824	58932	83249	42879	40370
钟楼区	198256	103276	94980	121424	63876	57548	80177	43219	36958
新北区	280075	146770	133305	132762	74428	58334	108994	58306	50688
武进区	470251	252804	217447	175727	98666	77061	154939	88031	66908
金坛区	212730	110293	102437	94491	54594	39897	50019	28266	21753
江苏省常州市经济开发区	177978	97012	80966	62845	35656	27189	38245	21975	16270
溧阳市	274737	145767	128970	148860	84560	64300	55739	30959	24780

4-2 续表 7

单位：人

地区	初中			高中			大学专科		
	小计	男	女	小计	男	女	小计	男	女
苏州市	**3937298**	**2168974**	**1768324**	**2136485**	**1217180**	**919305**	**1499223**	**801232**	**697991**
虎丘区	206376	117008	89368	144024	83861	60163	119111	61685	57426
吴中区	408567	227787	180780	242441	138148	104293	176102	93642	82460
相城区	288231	163789	124442	126782	73729	53053	98447	52175	46272
姑苏区	224654	112677	111977	192504	98706	93798	139270	71470	67800
吴江区	544629	302545	242084	229699	133924	95775	138987	75023	63964
苏州工业园区	209943	114319	95624	195307	111526	83781	165232	88048	77184
常熟市	667632	364041	303591	236839	136371	100468	157727	87078	70649
张家港市	487922	264997	222925	213726	120170	93556	143473	78028	65445
昆山市	595334	331062	264272	435714	252126	183588	280051	149798	130253
太仓市	304010	170749	133261	119449	68619	50830	80823	44285	36538
南通市	**2717658**	**1409765**	**1307893**	**1164446**	**635169**	**529277**	**635982**	**335366**	**300616**
崇川区	165675	82173	83502	152530	77634	74896	138047	72067	65980
港闸区	119221	63545	55676	65205	35789	29416	57407	29464	27943
通州区	405558	211478	194080	151385	83906	67479	74566	39095	35471
如东县	303365	155306	148059	128292	70780	57512	45390	24578	20812
南通经济技术开发区	90969	51275	39694	54056	29839	24217	50492	27779	22713
通州湾示范区	36328	18497	17831	14958	8522	6436	4221	2270	1951
苏锡通科技产业园区	39295	21601	17694	11901	7078	4823	5501	3186	2315
启东市	399314	205467	193847	124424	65707	58717	56158	28399	27759
如皋市	424784	222670	202114	171208	97087	74121	72330	38229	34101
海门市	420497	214300	206197	150336	80204	70132	66522	34899	31623
海安市	312652	163453	149199	140151	78623	61528	65348	35400	29948
连云港市	**1272514**	**678180**	**594334**	**848664**	**467334**	**381330**	**413175**	**222225**	**190950**
连云区	42548	22900	19648	33121	18793	14328	21030	11962	9068
海州区	184740	93544	91196	137811	72742	65069	93390	48954	44436
赣榆区	224857	114662	110195	223513	117728	105785	112762	61328	51434
东海县	281864	143930	137934	232590	125901	106689	78146	42433	35713
灌云县	257302	147314	109988	84882	52457	32425	27134	15790	11344
灌南县	214982	120113	94869	78083	46596	31487	23134	13243	9891
连云港经济技术开发区	21706	11475	10231	21684	12196	9488	10521	5899	4622
连云港高新技术产业开发区	21713	10761	10952	24137	12782	11355	41721	18963	22758
江苏连云港徐圩新区	13012	7930	5082	8525	5375	3150	3844	2781	1063
江苏省连云港市云台山风景名胜区	9790	5551	4239	4318	2764	1554	1493	872	621
淮安市	**1448948**	**774266**	**674682**	**699084**	**399483**	**299601**	**333495**	**182744**	**150751**
淮安区	252658	139005	113653	97359	57543	39816	42279	24259	18020
淮阴区	266091	143668	122423	112643	66606	46037	42062	23708	18354
清江浦区	148511	72108	76403	112878	59057	53821	71287	38136	33151
洪泽区	91284	50103	41181	45670	26743	18927	16674	9159	7515
涟水县	303153	157621	145532	138412	78316	60096	49481	28128	21353
盱眙县	191779	108992	82787	78075	46204	31871	27401	14816	12585
金湖县	85274	46065	39209	51484	31197	20287	22664	12784	9880
淮安经济技术开发区	74504	37743	36761	45392	24419	20973	48405	25125	23280
工业园区	6043	3620	2423	1448	900	548	865	508	357
生态文旅区	20476	10065	10411	13067	6750	6317	11420	5564	5856
苏淮高新区	9175	5276	3899	2656	1748	908	957	557	400

4-2　续表 8

单位：人

地　区	初中			高中			大学专科		
	小计	男	女	小计	男	女	小计	男	女
盐城市	**2257489**	**1204023**	**1053466**	**1068095**	**628486**	**439609**	**431056**	**238433**	**192623**
亭湖区	194134	99023	95111	143592	79224	64368	72099	40197	31902
盐都区	201442	107101	94341	103563	62969	40594	38952	22399	16553
大丰区	220672	118063	102609	110398	65271	45127	49262	27153	22109
响水县	156867	87522	69345	51768	31967	19801	18589	10817	7772
滨海县	294484	162068	132416	99382	58612	40770	29489	16784	12705
阜宁县	293064	156066	136998	106021	62443	43578	33523	18654	14869
射阳县	268574	146863	121711	118483	71389	47094	38955	21981	16974
建湖县	222786	115095	107691	96978	58285	38693	33878	19516	14362
盐城经济技术开发区	31361	17321	14040	16277	10262	6015	7416	4362	3054
江苏省盐南高新区	60433	27615	32818	71991	37725	34266	61130	29792	31338
东台市	313672	167286	146386	149642	90339	59303	47763	26778	20985
扬州市	**1397892**	**735213**	**662679**	**700838**	**393766**	**307072**	**434832**	**235914**	**198918**
广陵区	163524	86225	77299	110973	61464	49509	65889	35319	30570
邗江区	163541	82374	81167	111813	58984	52829	110151	58646	51505
江都区	325001	168519	156482	123304	69657	53647	67075	36241	30834
宝应县	223892	120250	103642	93643	55154	38489	39195	21985	17210
扬州经济技术开发区	59847	31102	28745	40799	22034	18765	36972	20005	16967
蜀冈瘦西湖景区	31189	15341	15848	28239	14248	13991	18822	9938	8884
生态新城	25346	13489	11857	9282	5436	3846	4148	2250	1898
仪征市	164083	87717	76366	89353	51178	38175	47003	26456	20547
高邮市	241469	130196	111273	93432	55611	37821	45577	25074	20503
镇江市	**1068371**	**563802**	**504569**	**553793**	**315441**	**238352**	**322728**	**176380**	**146348**
京口区	84364	41907	42457	69086	35038	34048	48982	26419	22563
润州区	68365	33774	34591	51661	26536	25125	30632	16669	13963
丹徒区	115865	63971	51894	50513	29447	21066	31798	17014	14784
镇江新区	85845	44669	41176	50307	28623	21684	31952	18377	13575
江苏镇江高新区	20029	10826	9203	11077	6229	4848	6437	3593	2844
丹阳市	391652	207666	183986	162095	96028	66067	71534	38862	32672
扬中市	96343	50600	45743	50810	30144	20666	36310	20044	16266
句容市	205908	110389	95519	108244	63396	44848	65083	35402	29681
泰州市	**1425111**	**756049**	**669062**	**687972**	**397661**	**290311**	**382291**	**212801**	**169490**
海陵区	149764	76500	73264	96647	52852	43795	73913	39777	34136
高港区	85013	45050	39963	38640	22880	15760	25068	14092	10976
姜堰区	212688	109301	103387	99067	55426	43641	52591	28939	23652
泰州医药高新技术产业开发区	63287	33373	29914	29416	16728	12688	31381	16535	14846
兴化市	350055	198240	151815	151211	93717	57494	51153	29878	21275
靖江市	222611	115913	106698	117109	65449	51660	68510	38049	30461
泰兴市	341693	177672	164021	155882	90609	65273	79675	45531	34144
宿迁市	**1409166**	**754603**	**654563**	**831431**	**466172**	**365259**	**322876**	**173578**	**149298**
宿城区	181008	98232	82776	95771	53980	41791	48556	25632	22924
宿豫区	128013	70491	57522	70325	40034	30291	37385	20269	17116
沭阳县	466228	247438	218790	292370	161786	130584	88730	48335	40395
泗阳县	262763	139035	123728	162196	90101	72095	44889	24646	20243
泗洪县	223732	118562	105170	138973	77153	61820	65310	34882	30428
宿迁经济技术开发区	53385	28112	25273	30980	17442	13538	15627	8529	7098
宿迁市湖滨新区	37034	21660	15374	20012	13582	6430	12884	6195	6689
苏州宿迁工业园区	5996	2577	3419	4590	2462	2128	4080	2075	2005
宿迁市洋河新区	51007	28496	22511	16214	9632	6582	5415	3015	2400

4-2 续表 9

单位：人

地区	大学本科			硕士研究生			博士研究生		
	小计	男	女	小计	男	女	小计	男	女
江苏	**6806440**	**3510161**	**3296279**	**727157**	**386812**	**340345**	**95555**	**61147**	**34408**
南京市	**1661474**	**854053**	**807421**	**297487**	**158367**	**139120**	**50010**	**32188**	**17822**
玄武区	150743	77182	73561	41099	21542	19557	11091	7257	3834
秦淮区	131354	67073	64281	24207	13610	10597	3823	2632	1191
建邺区	123150	61334	61816	27154	14598	12556	3026	1934	1092
鼓楼区	218048	106685	111363	54150	27999	26151	9850	6195	3655
浦口区	45745	23062	22683	6007	3189	2818	702	453	249
栖霞区	210766	103242	107524	35191	16761	18430	8307	5066	3241
雨花台区	120371	63244	57127	20010	11609	8401	1412	967	445
江宁区	337631	176651	160980	55908	30422	25486	7981	5191	2790
六合区	32667	17441	15226	2114	1151	963	186	121	65
溧水区	41182	20587	20595	2161	1144	1017	176	110	66
高淳区	21599	11655	9944	1378	766	612	117	67	50
南京江北新区	228218	125897	102321	28108	15576	12532	3339	2195	1144
无锡市	**689744**	**354300**	**335444**	**66931**	**36003**	**30928**	**6424**	**4088**	**2336**
锡山区	65970	34340	31630	4661	2435	2226	281	177	104
惠山区	63969	32896	31073	4922	2617	2305	340	230	110
滨湖区	95638	47756	47882	14562	7900	6662	2343	1431	912
梁溪区	133460	67317	66143	14545	7790	6755	1044	701	343
新吴区	66451	35573	30878	6422	3582	2840	368	251	117
江苏无锡经济开发区	53490	27095	26395	10336	5544	4792	1182	757	425
江阴市	124862	64873	59989	7120	3912	3208	520	320	200
宜兴市	85904	44450	41454	4363	2223	2140	346	221	125
徐州市	**434048**	**222728**	**211320**	**39126**	**20764**	**18362**	**5921**	**3891**	**2030**
鼓楼区	41222	20865	20357	3252	1721	1531	339	210	129
云龙区	78705	39550	39155	6102	3058	3044	638	384	254
贾汪区	14934	6969	7965	505	266	239	77	44	33
泉山区	81825	41772	40053	10043	5163	4880	1947	1268	679
铜山区	63542	32242	31300	10439	5543	4896	1986	1401	585
丰县	20061	10634	9427	1086	642	444	120	83	37
沛县	27451	14988	12463	1209	684	525	159	110	49
睢宁县	26051	13843	12208	1301	725	576	151	103	48
徐州经济技术开发区	23158	12342	10816	2628	1589	1039	187	97	90
新沂市	25539	12945	12594	1132	570	562	127	73	54
邳州市	31560	16578	14982	1429	803	626	190	118	72
常州市	**477852**	**247590**	**230262**	**38946**	**20779**	**18167**	**3854**	**2475**	**1379**
天宁区	81037	40952	40085	8172	4136	4036	709	455	254
钟楼区	90091	45369	44722	7582	3998	3584	775	501	274
新北区	101877	53708	48169	9020	4925	4095	808	527	281
武进区	103441	52895	50546	8800	4823	3977	989	637	352
金坛区	32281	16928	15353	2115	1123	992	225	136	89
江苏省常州市经济开发区	21763	11638	10125	1244	654	590	112	65	47
溧阳市	47362	26100	21262	2013	1120	893	236	154	82

4-2 续表 10

单位：人

地区	大学本科			硕士研究生			博士研究生		
	小计	男	女	小计	男	女	小计	男	女
苏州市	**1230027**	**628909**	**601118**	**128452**	**67814**	**60638**	**12393**	**7743**	**4650**
虎丘区	109906	55715	54191	15366	8156	7210	1272	810	462
吴中区	128550	65353	63197	12423	6493	5930	1175	737	438
相城区	73693	38869	34824	6572	3547	3025	576	370	206
姑苏区	138962	69325	69637	18095	9091	9004	2277	1376	901
吴江区	95264	49503	45761	7260	3880	3380	496	310	186
苏州工业园区	218867	109457	109410	39454	20898	18556	4185	2595	1590
常熟市	123929	62577	61352	6420	3453	2967	889	561	328
张家港市	115478	59803	55675	6466	3357	3109	467	320	147
昆山市	170282	90037	80245	11772	6501	5271	726	448	278
太仓市	55096	28270	26826	4624	2438	2186	330	216	114
南通市	**480525**	**242727**	**237798**	**31802**	**15737**	**16065**	**3224**	**1972**	**1252**
崇川区	136286	67304	68982	14512	7049	7463	1649	1028	621
港闸区	44072	23291	20781	2346	1148	1198	167	96	71
通州区	46583	23067	23516	2535	1244	1291	263	159	104
如东县	34699	17886	16813	1837	916	921	177	102	75
南通经济技术开发区	24158	12717	11441	1813	961	852	162	119	43
通州湾示范区	1894	996	898	100	60	40	16	7	9
苏锡通科技产业园区	2959	1582	1377	142	78	64	16	11	5
启东市	45436	22093	23343	1772	911	861	129	80	49
如皋市	52534	27334	25200	2504	1230	1274	238	132	106
海门市	46833	23302	23531	2015	1032	983	177	104	73
海安市	45071	23155	21916	2226	1108	1118	230	134	96
连云港市	**243668**	**130356**	**113312**	**15947**	**8742**	**7205**	**1513**	**975**	**538**
连云区	15303	8690	6613	920	532	388	61	35	26
海州区	64678	33934	30744	4526	2497	2029	414	256	158
赣榆区	49669	27020	22649	3202	1796	1406	322	204	118
东海县	36438	19106	17332	1312	758	554	170	116	54
灌云县	15274	8583	6691	628	350	278	64	36	28
灌南县	13127	7187	5940	566	322	244	43	32	11
连云港经济技术开发区	6385	3406	2979	632	308	324	33	23	10
连云港高新技术产业开发区	40247	20550	19697	4039	2096	1943	396	266	130
江苏连云港徐圩新区	2172	1678	494	102	71	31	4	3	1
江苏省连云港市云台山风景名胜区	375	202	173	20	12	8	6	4	2
淮安市	**235512**	**121287**	**114225**	**13300**	**7208**	**6092**	**1976**	**1278**	**698**
淮安区	26664	14480	12184	1099	606	493	78	55	23
淮阴区	40172	18595	21577	1583	854	729	327	213	114
清江浦区	68141	34017	34124	5131	2762	2369	721	478	243
洪泽区	9550	5151	4399	358	190	168	29	16	13
涟水县	18684	10276	8408	781	458	323	323	181	142
盱眙县	19459	10398	9061	741	428	313	77	52	25
金湖县	12089	6457	5632	514	243	271	40	21	19
淮安经济技术开发区	28369	15706	12663	1943	1089	854	300	206	94
工业园区	268	147	121	14	9	5			
生态文旅区	11756	5875	5881	1113	558	555	80	56	24
苏淮高新区	360	185	175	23	11	12	1		1

4-2 续表 11

单位：人

地 区	大学本科			硕士研究生			博士研究生		
	小计	男	女	小计	男	女	小计	男	女
盐城市	**270389**	**146641**	**123748**	**14207**	**7684**	**6523**	**1601**	**1014**	**587**
亭湖区	55957	30746	25211	2499	1374	1125	492	334	158
盐都区	18427	10338	8089	965	533	432	84	50	34
大丰区	28890	15314	13576	1424	736	688	109	61	48
响水县	11688	6504	5184	446	247	199	50	29	21
滨海县	19651	11008	8643	872	527	345	82	59	23
阜宁县	17361	9576	7785	738	426	312	80	51	29
射阳县	18865	10456	8409	772	421	351	64	39	25
建湖县	19522	10993	8529	798	439	359	65	47	18
盐城经济技术开发区	11510	4577	6933	342	172	170	70	41	29
江苏省盐南高新区	41641	22477	19164	3956	2077	1879	371	220	151
东台市	26877	14652	12225	1395	732	663	134	83	51
扬州市	**330367**	**169754**	**160613**	**28548**	**14788**	**13760**	**2616**	**1608**	**1008**
广陵区	43542	22460	21082	3534	1928	1606	152	88	64
邗江区	113759	56723	57036	12443	6307	6136	1365	841	524
江都区	41688	21613	20075	2308	1160	1148	161	82	79
宝应县	23948	13149	10799	1060	605	455	89	55	34
扬州经济技术开发区	29761	14935	14826	4256	2178	2078	317	192	125
蜀冈瘦西湖景区	16985	8706	8279	1571	817	754	212	144	68
生态新城	2174	1124	1050	156	90	66	21	14	7
仪征市	31111	16787	14324	1762	944	818	173	119	54
高邮市	27399	14257	13142	1458	759	699	126	73	53
镇江市	**260783**	**136805**	**123978**	**26958**	**15004**	**11954**	**3817**	**2490**	**1327**
京口区	63098	33998	29100	12077	6794	5283	2427	1602	825
润州区	28314	14877	13437	3019	1598	1421	296	181	115
丹徒区	33180	18992	14188	3549	2385	1164	186	118	68
镇江新区	17248	9117	8131	1265	647	618	216	149	67
江苏镇江高新区	4743	2459	2284	475	250	225	63	46	17
丹阳市	54884	26861	28023	2838	1395	1443	209	133	76
扬中市	21865	11296	10569	1045	549	496	83	52	31
句容市	37451	19205	18246	2690	1386	1304	337	209	128
泰州市	**281867**	**145203**	**136664**	**16577**	**8811**	**7766**	**1480**	**959**	**521**
海陵区	73420	34357	39063	4164	2162	2002	388	254	134
高港区	15704	8024	7680	1107	576	531	81	51	30
姜堰区	38538	20367	18171	1756	916	840	150	97	53
泰州医药高新技术产业开发区	26152	12971	13181	2859	1515	1344	207	125	82
兴化市	29144	16658	12486	1477	883	594	157	102	55
靖江市	51888	26803	25085	2475	1230	1245	234	151	83
泰兴市	47021	26023	20998	2739	1529	1210	263	179	84
宿迁市	**210184**	**109808**	**100376**	**8876**	**5111**	**3765**	**726**	**466**	**260**
宿城区	53135	25678	27457	2997	1747	1250	175	120	55
宿豫区	17602	9236	8366	852	480	372	59	38	21
沭阳县	62277	34380	27897	1676	977	699	217	128	89
泗阳县	29593	15818	13775	1317	755	562	105	63	42
泗洪县	31615	16241	15374	1084	621	463	107	73	34
宿迁经济技术开发区	7448	3923	3525	348	201	147	22	11	11
宿迁市湖滨新区	2276	1227	1049	156	90	66	17	12	5
苏州宿迁工业园区	3663	1865	1798	284	150	134	10	9	1
宿迁市洋河新区	2575	1440	1135	162	90	72	14	12	2

4-2a 各地区分性别、受教育程度的15岁及以上人口(城市)

单位：人

地区	15岁及以上人口			未上过学		
	合计	男	女	小计	男	女
江 苏	**34296686**	**17203441**	**17093245**	**718775**	**152790**	**565985**
南京市	**6888005**	**3484648**	**3403357**	**138442**	**30640**	**107802**
玄武区	477832	236922	240910	2157	531	1626
秦淮区	658216	321147	337069	9598	1793	7805
建邺区	463106	231151	231955	7288	1664	5624
鼓楼区	821488	393131	428357	11813	2352	9461
浦口区	280750	141577	139173	8217	1796	6421
栖霞区	821522	423930	397592	14937	2904	12033
雨花台区	524997	273103	251894	14776	3058	11718
江宁区	1296597	667563	629034	33312	8387	24925
六合区	192026	93454	98572	8248	1304	6944
溧水区	249520	131720	117800	7086	1877	5209
高淳区	191397	94633	96764	9678	2582	7096
南京江北新区	910554	476317	434237	11332	2392	8940
无锡市	**4306003**	**2194351**	**2111652**	**55610**	**11032**	**44578**
锡山区	419966	223120	196846	5183	1032	4151
惠山区	486356	252495	233861	8548	1820	6728
滨湖区	490692	249264	241428	7045	1478	5567
梁溪区	861011	426602	434409	11333	2087	9246
新吴区	547844	282182	265662	5440	1009	4431
江苏无锡经济开发区	269005	137656	131349	4158	903	3255
江阴市	718063	367405	350658	8406	1357	7049
宜兴市	513066	255627	257439	5497	1346	4151
徐州市	**2418303**	**1184676**	**1233627**	**48205**	**11019**	**37186**
鼓楼区	355832	177118	178714	4888	1096	3792
云龙区	354500	172004	182496	5982	1375	4607
贾汪区	151462	75506	75956	5716	1360	4356
泉山区	520131	250764	269367	8472	1654	6818
铜山区	303902	151200	152702	6127	1433	4694
丰县						
沛县						
睢宁县						
徐州经济技术开发区	3576	1800	1776	146	32	114
新沂市	281777	138400	143377	8693	2095	6598
邳州市	447123	217884	229239	8181	1974	6207
常州市	**2940136**	**1490734**	**1449402**	**42492**	**8562**	**33930**
天宁区	486885	239117	247768	6457	1194	5263
钟楼区	531226	266222	265004	8754	1843	6911
新北区	543713	275677	268036	8692	1371	7321
武进区	641801	334951	306850	7309	1608	5701
金坛区	278102	137668	140434	5361	1216	4145
江苏省常州市经济开发区	156291	81521	74770	2275	448	1827
溧阳市	302118	155578	146540	3644	882	2762

4-2a 续表 1

单位：人

地区	15岁及以上人口			未上过学		
	合计	男	女	小计	男	女
苏州市	**6042471**	**3114229**	**2928242**	**132246**	**30390**	**101856**
虎丘区	644906	336658	308248	18630	3744	14886
吴中区	742700	383763	358937	20974	5609	15365
相城区	667025	351839	315186	19177	4602	14575
姑苏区	810691	396611	414080	15091	3133	11958
吴江区	564644	299611	265033	13229	3105	10124
苏州工业园区						
常熟市	720806	367174	353632	11931	2282	9649
张家港市	425233	213853	211380	7080	1454	5626
昆山市	1172235	614648	557587	19135	4987	14148
太仓市	294231	150072	144159	6999	1474	5525
南通市	**2733458**	**1330290**	**1403168**	**64413**	**13312**	**51101**
崇川区	682895	334307	348588	14330	2778	11552
港闸区	347353	175884	171469	11012	2243	8769
通州区	346533	167312	179221	10195	2184	8011
如东县						
南通经济技术开发区						
通州湾示范区						
苏锡通科技产业园区						
启东市	332265	156364	175901	4558	997	3561
如皋市	308931	146487	162444	8289	1765	6524
海门市	317401	153215	164186	4445	1025	3420
海安市	398080	196721	201359	11584	2320	9264
连云港市	**828495**	**413530**	**414965**	**24424**	**5419**	**19005**
连云区	132200	68906	63294	5701	1180	4521
海州区	459637	224893	234744	12400	2856	9544
赣榆区	215586	105912	109674	5294	1076	4218
东海县	6955	3623	3332	30	8	22
灌云县						
灌南县						
连云港经济技术开发区						
连云港高新技术产业开发区						
江苏连云港徐圩新区	10363	8236	2127	337	120	217
江苏省连云港市云台山风景名胜区	3754	1960	1794	662	179	483
淮安市	**1067076**	**513796**	**553280**	**21631**	**4153**	**17478**
淮安区	262817	126263	136554	8048	1555	6493
淮阴区	257315	124214	133101	4438	851	3587
清江浦区	425303	204309	220994	6497	1180	5317
洪泽区	121641	59010	62631	2648	567	2081
涟水县						
盱眙县						
金湖县						
淮安经济技术开发区						
工业园区						
生态文旅区						
苏淮高新区						

4-2a 续表 2

单位：人

地 区	15岁及以上人口			未上过学		
	合计	男	女	小计	男	女
盐城市	**1420267**	**701223**	**719044**	**41629**	**8304**	**33325**
亭湖区	453056	225817	227239	11719	2757	8962
盐都区	214454	106319	108135	5809	1116	4693
大丰区	190916	93026	97890	4981	973	4008
响水县						
滨海县						
阜宁县						
射阳县						
建湖县						
盐城经济技术开发区	4620	2359	2261	304	75	229
江苏省盐南高新区	267488	129337	138151	5141	1024	4117
东台市	289733	144365	145368	13675	2359	11316
扬州市	**1835847**	**902717**	**933130**	**57101**	**12473**	**44628**
广陵区	371590	187560	184030	6705	1576	5129
邗江区	498540	243823	254717	10741	2404	8337
江都区	288635	137889	150746	8049	1589	6460
宝应县						
扬州经济技术开发区						
蜀冈瘦西湖景区	114721	56142	58579	3543	981	2562
生态新城	33234	17190	16044	1189	383	806
仪征市	263637	131893	131744	11116	2332	8784
高邮市	265490	128220	137270	15758	3208	12550
镇江市	**1464327**	**730342**	**733985**	**25936**	**4938**	**20998**
京口区	305222	153302	151920	4631	1000	3631
润州区	211099	104578	106521	4148	1016	3132
丹徒区	132320	67122	65198	3166	541	2625
镇江新区						
江苏镇江高新区	52518	27012	25506	1265	210	1055
丹阳市	339439	167499	171940	4841	746	4095
扬中市	152167	75960	76207	3066	501	2565
句容市	271562	134869	136693	4819	924	3895
泰州市	**1714682**	**829698**	**884984**	**46211**	**8252**	**37959**
海陵区	443641	214739	228902	14584	2805	11779
高港区	117064	57279	59785	2579	348	2231
姜堰区	280657	133193	147464	6419	1300	5119
泰州医药高新技术产业开发区						
兴化市	262689	129278	133411	13672	2380	11292
靖江市	286180	138734	147446	2850	408	2442
泰兴市	324451	156475	167976	6107	1011	5096
宿迁市	**637616**	**313207**	**324409**	**20435**	**4296**	**16139**
宿城区	304186	147332	156854	8443	1669	6774
宿豫区	182860	89766	93094	3886	804	3082
沭阳县						
泗阳县						
泗洪县						
宿迁经济技术开发区						
宿迁市湖滨新区	62851	33292	29559	3225	718	2507
苏州宿迁工业园区	20280	9574	10706	288	33	255
宿迁市洋河新区	67439	33243	34196	4593	1072	3521

4-2a 续表 3

单位：人

地 区	学前教育			小 学		
	小计	男	女	小计	男	女
江 苏	**39468**	**13925**	**25543**	**4110438**	**1667040**	**2443398**
南京市	**6413**	**2367**	**4046**	**632095**	**256678**	**375417**
玄武区	283	90	193	27752	9865	17887
秦淮区	276	87	189	43270	15808	27462
建邺区	343	149	194	30875	13228	17647
鼓楼区	505	162	343	47801	17660	30141
浦口区	604	229	375	46228	19438	26790
栖霞区	592	242	350	60525	25570	34955
雨花台区	403	150	253	48413	20878	27535
江宁区	1722	671	1051	127874	55287	72587
六合区	257	68	189	32353	11551	20802
溧水区	394	125	269	38586	17079	21507
高淳区	361	128	233	41536	17464	24072
南京江北新区	673	266	407	86882	32850	54032
无锡市	**2131**	**728**	**1403**	**508163**	**204534**	**303629**
锡山区	178	53	125	56127	23565	32562
惠山区	303	130	173	64860	27804	37056
滨湖区	264	88	176	43203	17276	25927
梁溪区	309	95	214	78950	29927	49023
新吴区	257	87	170	63681	24330	39351
江苏无锡经济开发区	168	56	112	29275	12465	16810
江阴市	379	118	261	96009	37905	58104
宜兴市	273	101	172	76058	31262	44796
徐州市	**3842**	**1513**	**2329**	**280707**	**113052**	**167655**
鼓楼区	385	132	253	29646	11747	17899
云龙区	250	101	149	27347	10892	16455
贾汪区	202	67	135	23834	10194	13640
泉山区	520	199	321	38555	14325	24230
铜山区	331	138	193	39499	16632	22867
丰县						
沛县						
睢宁县						
徐州经济技术开发区	1	1		941	415	526
新沂市	439	166	273	42238	16844	25394
邳州市	1714	709	1005	78647	32003	46644
常州市	**1558**	**566**	**992**	**324720**	**131148**	**193572**
天宁区	151	58	93	45684	17674	28010
钟楼区	182	51	131	54653	21987	32666
新北区	212	60	152	60068	23090	36978
武进区	430	170	260	73999	30779	43220
金坛区	185	73	112	37003	15016	21987
江苏省常州市经济开发区	139	38	101	20155	8193	11962
溧阳市	259	116	143	33158	14409	18749

4-2a　续表 4　　　　单位：人

地　区	学前教育			小　学		
	小计	男	女	小计	男	女
苏州市	**8301**	**3130**	**5171**	**740591**	**316347**	**424244**
虎丘区	782	326	456	73174	31438	41736
吴中区	1564	644	920	89965	40530	49435
相城区	1579	598	981	120842	55534	65308
姑苏区	872	273	599	78966	30560	48406
吴江区	1260	462	798	73846	32593	41253
苏州工业园区						
常熟市	124	34	90	89325	36875	52450
张家港市	279	95	184	50171	20255	29916
昆山市	1480	583	897	128764	53284	75480
太仓市	361	115	246	35538	15278	20260
南通市	**3944**	**1277**	**2667**	**407821**	**170860**	**236961**
崇川区	749	257	492	59117	24017	35100
港闸区	541	186	355	49573	21556	28017
通州区	536	157	379	69918	29807	40111
如东县						
南通经济技术开发区						
通州湾示范区						
苏锡通科技产业园区						
启东市	414	114	300	55927	22983	32944
如皋市	613	190	423	65843	27021	38822
海门市	249	124	125	36567	15311	21256
海安市	842	249	593	70876	30165	40711
连云港市	**986**	**389**	**597**	**86707**	**34448**	**52259**
连云区	237	84	153	15876	6630	9246
海州区	514	211	303	46244	18190	28054
赣榆区	199	70	129	21829	8037	13792
东海县	1		1	622	226	396
灌云县						
灌南县						
连云港经济技术开发区						
连云港高新技术产业开发区						
江苏连云港徐圩新区	32	24	8	1392	988	404
江苏省连云港市云台山风景名胜区	3		3	744	377	367
淮安市	**1354**	**372**	**982**	**146046**	**52987**	**93059**
淮安区	302	82	220	48321	18066	30255
淮阴区	146	66	80	27817	9537	18280
清江浦区	184	54	130	44756	16071	28685
洪泽区	722	170	552	25152	9313	15839
涟水县						
盱眙县						
金湖县						
淮安经济技术开发区						
工业园区						
生态文旅区						
苏淮高新区						

4-2a 续表 5

单位：人

地　区	学前教育			小　学		
	小计	男	女	小计	男	女
盐城市	**2315**	**757**	**1558**	**183272**	**72755**	**110517**
亭湖区	609	214	395	60405	24251	36154
盐都区	312	113	199	30467	11917	18550
大丰区	406	129	277	20516	8192	12324
响水县						
滨海县						
阜宁县						
射阳县						
建湖县						
盐城经济技术开发区	1	1		837	374	463
江苏省盐南高新区	241	104	137	22584	8303	14281
东台市	746	196	550	48463	19718	28745
扬州市	**3589**	**1231**	**2358**	**260665**	**107635**	**153030**
广陵区	580	228	352	51211	21759	29452
邗江区	754	281	473	57959	23459	34500
江都区	427	155	272	45090	18036	27054
宝应县						
扬州经济技术开发区						
蜀冈瘦西湖景区	105	38	67	14055	5929	8126
生态新城	43	14	29	7882	3664	4218
仪征市	856	277	579	41001	17458	23543
高邮市	824	238	586	43467	17330	26137
镇江市	**1452**	**494**	**958**	**190479**	**73705**	**116774**
京口区	300	106	194	27797	10867	16930
润州区	282	115	167	24974	10189	14785
丹徒区	165	35	130	21865	9011	12854
镇江新区						
江苏镇江高新区	56	20	36	8373	3379	4994
丹阳市	211	65	146	43261	15331	27930
扬中市	151	47	104	24585	9989	14596
句容市	287	106	181	39624	14939	24685
泰州市	**3072**	**896**	**2176**	**256449**	**97272**	**159177**
海陵区	973	289	684	64026	25422	38604
高港区	160	31	129	20027	7270	12757
姜堰区	802	236	566	42768	16276	26492
泰州医药高新技术产业开发区						
兴化市	558	208	350	46196	17803	28393
靖江市	109	34	75	33742	12232	21510
泰兴市	470	98	372	49690	18269	31421
宿迁市	**511**	**205**	**306**	**92723**	**35619**	**57104**
宿城区	220	80	140	37778	14108	23670
宿豫区	177	69	108	23715	8532	15183
沭阳县						
泗阳县						
泗洪县						
宿迁经济技术开发区						
宿迁市湖滨新区	50	30	20	13593	5788	7805
苏州宿迁工业园区	12	4	8	1357	399	958
宿迁市洋河新区	52	22	30	16280	6792	9488

4-2a　续表 6

单位：人

地　区	初　中			高　中			大学专科		
	小计	男	女	小计	男	女	小计	男	女
江　苏	**10568788**	**5415439**	**5153349**	**7530898**	**4026049**	**3504849**	**5457015**	**2894552**	**2562463**
南京市	**1572414**	**822113**	**750301**	**1417093**	**741560**	**675533**	**1172657**	**617083**	**555574**
玄武区	78312	39151	39161	92676	44770	47906	73719	36534	37185
秦淮区	150719	73412	77307	177302	87226	90076	117667	59506	58161
建邺区	91449	47751	43698	96084	47883	48201	83737	42610	41127
鼓楼区	152027	72637	79390	186188	89899	96289	141106	69542	71564
浦口区	77915	42678	35237	58916	31973	26943	38944	20032	18912
栖霞区	190078	105109	84969	167834	92085	75749	135575	74236	61339
雨花台区	129888	71052	58836	102674	55001	47673	87586	47447	40139
江宁区	287758	152277	135481	227477	123560	103917	238897	126846	112051
六合区	63775	32536	31239	42689	23758	18931	26034	14351	11683
溧水区	75352	40791	34561	53483	30755	22728	41322	22727	18595
高淳区	58585	29679	28906	38572	21834	16738	23998	12940	11058
南京江北新区	216556	115040	101516	173198	92816	80382	164072	90312	73760
无锡市	**1493731**	**782293**	**711438**	**887675**	**479818**	**407857**	**699826**	**375236**	**324590**
锡山区	166671	92765	73906	83351	47722	35629	58797	31881	26916
惠山区	183128	97858	85270	87024	49185	37839	89456	48063	41393
滨湖区	143755	74744	69011	96995	50911	46084	88663	48587	40076
梁溪区	269929	135580	134349	203062	104699	98363	148379	78406	69973
新吴区	199460	104315	95145	113169	62738	50431	95531	51944	43587
江苏无锡经济开发区	82437	44457	37980	47465	25573	21892	40494	20806	19688
江阴市	261076	137689	123387	155095	85301	69794	102329	55417	46912
宜兴市	187275	94885	92390	101514	53689	47825	76177	40132	36045
徐州市	**762809**	**375584**	**387225**	**581793**	**300374**	**281419**	**401093**	**210874**	**190219**
鼓楼区	109094	53849	55245	94735	48032	46703	72271	39466	32805
云龙区	96449	46515	49934	81316	40675	40641	66536	34234	32302
贾汪区	57106	28901	28205	34320	19264	15056	17550	9974	7576
泉山区	136753	64142	72611	138287	69034	69253	103729	53207	50522
铜山区	95236	48586	46650	51524	26986	24538	47679	24815	22864
丰县									
沛县									
睢宁县									
徐州经济技术开发区	1813	974	839	487	278	209	132	67	65
新沂市	93953	47043	46910	72129	38551	33578	42814	22858	19956
邳州市	172405	85574	86831	108995	57554	51441	50382	26253	24129
常州市	**1032737**	**530141**	**502596**	**616487**	**330062**	**286425**	**463388**	**251560**	**211828**
天宁区	165125	82990	82135	108465	55230	53235	75905	38785	37120
钟楼区	181678	93949	87729	115180	60280	54900	73627	38903	34724
新北区	179522	92295	87227	100333	55109	45224	92681	49279	43402
武进区	232819	123698	109121	110677	60398	50279	121746	69277	52469
金坛区	105304	50518	54786	63302	34674	28628	38337	21272	17065
江苏省常州市经济开发区	64376	33778	30598	32833	18456	14377	23577	13641	9936
溧阳市	103913	52913	51000	85697	45915	39782	37515	20403	17112

4-2a 续表 7　　　　单位：人

地　区	初　中			高　中			大学专科		
	小计	男	女	小计	男	女	小计	男	女
苏州市	**1959315**	**1055894**	**903421**	**1308007**	**723958**	**584049**	**979292**	**514328**	**464964**
虎丘区	182175	102348	79827	135081	78381	56700	112522	57910	54612
吴中区	213971	116254	97717	161109	88678	72431	133732	70110	63622
相城区	246732	138909	107823	111710	64160	47550	90175	47353	42822
姑苏区	224654	112677	111977	192504	98706	93798	139270	71470	67800
吴江区	209172	116395	92777	117542	67160	50382	80664	43336	37328
苏州工业园区									
常熟市	296088	156338	139750	134594	74229	60365	93301	50586	42715
张家港市	129139	66764	62375	86542	45669	40873	71125	37435	33690
昆山市	357549	193538	164011	310692	175411	135281	209888	110140	99748
太仓市	99835	52671	47164	58233	31564	26669	48615	25988	22627
南通市	**918838**	**459202**	**459636**	**580792**	**300381**	**280411**	**393213**	**202364**	**190849**
崇川区	165675	82173	83502	152530	77634	74896	138047	72067	65980
港闸区	117919	62673	55246	64707	35451	29256	57168	29326	27842
通州区	128695	64763	63932	66283	34521	31762	39765	20404	19361
如东县									
南通经济技术开发区									
通州湾示范区									
苏锡通科技产业园区									
启东市	134117	64462	69655	70394	34870	35524	36312	17820	18492
如皋市	103000	50266	52734	64330	33418	30912	35544	17857	17687
海门市	125567	61513	64054	76110	38163	37947	39507	19882	19625
海安市	143865	73352	70513	86438	46324	40114	46870	25008	21862
连云港市	**225722**	**112137**	**113585**	**222322**	**117187**	**105135**	**151819**	**81329**	**70490**
连云区	41073	21840	19233	32366	18227	14139	20768	11766	9002
海州区	127189	61752	65437	120343	61942	58401	85994	44690	41304
赣榆区	51036	24086	26950	65517	34415	31102	40231	21572	18659
东海县	1378	688	690	1965	1044	921	2676	1504	1172
灌云县									
灌南县									
连云港经济技术开发区									
连云港高新技术产业开发区									
江苏连云港徐圩新区	3357	2782	575	1625	1245	380	2029	1715	314
江苏省连云港市云台山风景名胜区	1689	989	700	506	314	192	121	82	39
淮安市	**357646**	**171292**	**186354**	**259153**	**138838**	**120315**	**140021**	**75972**	**64049**
淮安区	95504	45983	49521	58422	32150	26272	29582	16426	13156
淮阴区	93221	44740	48481	64106	35322	28784	29977	16561	13416
清江浦区	125311	58516	66795	106721	55127	51594	68615	36520	32095
洪泽区	43610	22053	21557	29904	16239	13665	11847	6465	5382
涟水县									
盱眙县									
金湖县									
淮安经济技术开发区									
工业园区									
生态文旅区									
苏淮高新区									

4-2a　续表 8

单位：人

地　　区	初中			高中			大学专科		
	小计	男	女	小计	男	女	小计	男	女
盐城市	**434420**	**210939**	**223481**	**382436**	**206596**	**175840**	**215969**	**115028**	**100941**
亭湖区	136751	66622	70129	120973	64316	56657	65962	36509	29453
盐都区	78235	37771	40464	56888	31527	25361	28226	15900	12326
大丰区	59006	27582	31424	52091	27487	24604	30957	16533	14424
响水县									
滨海县									
阜宁县									
射阳县									
建湖县									
盐城经济技术开发区	1706	931	775	1280	700	580	319	183	136
江苏省盐南高新区	60433	27615	32818	71991	37725	34266	61130	29792	31338
东台市	98289	50418	47871	79213	44841	34372	29375	16111	13264
扬州市	**570278**	**283006**	**287272**	**398391**	**212490**	**185901**	**281159**	**150447**	**130712**
广陵区	115935	58840	57095	94545	51255	43290	58425	31014	27411
邗江区	115607	56768	58839	91659	47025	44634	99889	52840	47049
江都区	102510	48830	53680	61218	32004	29214	40151	21333	18818
宝应县									
扬州经济技术开发区									
蜀冈瘦西湖景区	31189	15341	15848	28239	14248	13991	18822	9938	8884
生态新城	15193	8044	7149	5434	3170	2264	2110	1165	945
仪征市	87221	44018	43203	62887	34424	28463	33904	18931	14973
高邮市	102623	51165	51458	54409	30364	24045	27858	15226	12632
镇江市	**480345**	**240273**	**240072**	**337340**	**181506**	**155834**	**218918**	**118011**	**100907**
京口区	79666	39240	40426	67424	33971	33453	48193	25951	22242
润州区	67949	33502	34447	51560	26476	25084	30579	16636	13943
丹徒区	44872	23726	21146	29356	16204	13152	18906	10252	8654
镇江新区									
江苏镇江高新区	20029	10826	9203	11077	6229	4848	6437	3593	2844
丹阳市	127616	63427	64189	81179	44790	36389	45206	24028	21178
扬中市	48144	24041	24103	32416	18075	14341	25333	13730	11603
句容市	92069	45511	46558	64328	35761	28567	44264	23821	20443
泰州市	**555298**	**268445**	**286853**	**387935**	**209200**	**178735**	**249221**	**135524**	**113697**
海陵区	126727	63429	63298	90221	48766	41455	70670	38031	32639
高港区	41301	20788	20513	23966	13562	10404	16266	8883	7383
姜堰区	96286	44493	51793	63207	33137	30070	37904	20340	17564
泰州医药高新技术产业开发区									
兴化市	91716	46375	45341	61522	35021	26501	28882	16247	12635
靖江市	92099	43430	48669	71228	37208	34020	48121	25840	22281
泰兴市	107169	49930	57239	77791	41506	36285	47378	26183	21195
宿迁市	**205235**	**104120**	**101115**	**151474**	**84079**	**67395**	**90439**	**46796**	**43643**
宿城区	91150	45325	45825	72541	39159	33382	41112	21353	19759
宿豫区	60811	30384	30427	48009	25635	22374	30186	15994	14192
沭阳县									
泗阳县									
泗洪县									
宿迁经济技术开发区									
宿迁市湖滨新区	18258	10371	7887	14988	10317	4671	11038	5163	5875
苏州宿迁工业园区	5996	2577	3419	4590	2462	2128	4080	2075	2005
宿迁市洋河新区	29020	15463	13557	11346	6506	4840	4023	2211	1812

4-2a 续表 9 单位：人

地 区	大学本科			硕士研究生			博士研究生		
	小计	男	女	小计	男	女	小计	男	女
江 苏	**5178174**	**2656771**	**2521403**	**610161**	**323624**	**286537**	**82969**	**53251**	**29718**
南京市	**1606048**	**826226**	**779822**	**293331**	**156121**	**137210**	**49512**	**31860**	**17652**
玄武区	150743	77182	73561	41099	21542	19557	11091	7257	3834
秦淮区	131354	67073	64281	24207	13610	10597	3823	2632	1191
建邺区	123150	61334	61816	27154	14598	12556	3026	1934	1092
鼓楼区	218048	106685	111363	54150	27999	26151	9850	6195	3655
浦口区	43420	21902	21518	5829	3092	2737	677	437	240
栖霞区	208645	102053	106592	35048	16680	18368	8288	5051	3237
雨花台区	119878	62969	56909	19969	11581	8388	1410	967	443
江宁区	317688	166009	151679	54148	29501	24647	7721	5025	2696
六合区	17593	9293	8300	985	540	445	92	53	39
溧水区	31284	17285	13999	1873	991	882	140	90	50
高淳区	17480	9358	8122	1101	601	500	86	47	39
南京江北新区	226765	125083	101682	27768	15386	12382	3308	2172	1136
无锡市	**590244**	**303010**	**287234**	**62612**	**33860**	**28752**	**6011**	**3840**	**2171**
锡山区	45774	24009	21765	3676	1960	1716	209	133	76
惠山区	48638	25219	23419	4146	2237	1909	253	179	74
滨湖区	93959	46888	47071	14478	7868	6610	2330	1424	906
梁溪区	133460	67317	66143	14545	7790	6755	1044	701	343
新吴区	63698	34019	29679	6249	3495	2754	359	245	114
江苏无锡经济开发区	53490	27095	26395	10336	5544	4792	1182	757	425
江阴市	88400	46037	42363	5964	3324	2640	405	257	148
宜兴市	62825	32426	30399	3218	1642	1576	229	144	85
徐州市	**303463**	**152693**	**150770**	**31380**	**16251**	**15129**	**5011**	**3316**	**1695**
鼓楼区	41222	20865	20357	3252	1721	1531	339	210	129
云龙区	70009	34833	35176	5998	3009	2989	613	370	243
贾汪区	12353	5558	6795	335	165	170	46	23	23
泉山区	81825	41772	40053	10043	5163	4880	1947	1268	679
铜山区	51823	26072	25751	9804	5205	4599	1879	1333	546
丰县									
沛县									
睢宁县									
徐州经济技术开发区	52	30	22	4	3	1			
新沂市	20541	10376	10165	890	420	470	80	47	33
邳州市	25638	13187	12451	1054	565	489	107	65	42
常州市	**419294**	**217184**	**202110**	**35996**	**19261**	**16735**	**3464**	**2250**	**1214**
天宁区	76372	38676	37696	8029	4061	3968	697	449	248
钟楼区	88866	44745	44121	7518	3968	3550	768	496	272
新北区	92879	49258	43621	8567	4717	3850	759	498	261
武进区	85908	44003	41905	8034	4440	3594	879	578	301
金坛区	26950	14033	12917	1504	772	732	156	94	62
江苏省常州市经济开发区	12015	6462	5553	850	464	386	71	41	30
溧阳市	36304	20007	16297	1494	839	655	134	94	40

4-2a 续表 10 单位：人

地 区	大学本科			硕士研究生			博士研究生		
	小计	男	女	小计	男	女	小计	男	女
苏州市	**826494**	**422991**	**403503**	**80856**	**42549**	**38307**	**7369**	**4642**	**2727**
虎丘区	106280	53747	52533	15009	7968	7041	1253	796	457
吴中区	109081	55410	53671	11252	5871	5381	1052	657	395
相城区	69908	36923	32985	6345	3404	2941	557	356	201
姑苏区	138962	69325	69637	18095	9091	9004	2277	1376	901
吴江区	62703	33157	29546	5888	3184	2704	340	219	121
苏州工业园区									
常熟市	89383	43512	45871	5372	2868	2504	688	450	238
张家港市	75527	39312	36215	5019	2616	2403	351	253	98
昆山市	134212	70906	63306	9913	5428	4485	602	371	231
太仓市	40438	20699	19739	3963	2119	1844	249	164	85
南通市	**337603**	**169431**	**168172**	**24391**	**11980**	**12411**	**2443**	**1483**	**960**
崇川区	136286	67304	68982	14512	7049	7463	1649	1028	621
港闸区	43924	23208	20716	2343	1146	1197	166	95	71
通州区	29352	14571	14781	1621	806	815	168	99	69
如东县									
南通经济技术开发区									
通州湾示范区									
苏锡通科技产业园区									
启东市	29170	14419	14751	1289	646	643	84	53	31
如皋市	29710	15186	14524	1483	717	766	119	67	52
海门市	33390	16373	17017	1460	767	693	106	57	49
海安市	35771	18370	17401	1683	849	834	151	84	67
连云港市	**108326**	**58034**	**50292**	**7539**	**4187**	**3352**	**650**	**400**	**250**
连云区	15203	8616	6587	915	528	387	61	35	26
海州区	62167	32587	29580	4393	2424	1969	393	241	152
赣榆区	29152	15364	13788	2139	1173	966	189	119	70
东海县	269	146	123	11	5	6	3	2	1
灌云县									
灌南县									
连云港经济技术开发区									
连云港高新技术产业开发区									
江苏连云港徐圩新区	1510	1305	205	79	55	24	2	2	
江苏省连云港市云台山风景名胜区	25	16	9	2	2		2	1	1
淮安市	**132697**	**65473**	**67224**	**7455**	**4000**	**3455**	**1073**	**709**	**364**
淮安区	21820	11559	10261	767	403	364	51	39	12
淮阴区	35990	16238	19752	1335	713	622	285	186	99
清江浦区	67413	33629	33784	5090	2739	2351	716	473	243
洪泽区	7474	4047	3427	263	145	118	21	11	10
涟水县									
盱眙县									
金湖县									
淮安经济技术开发区									
工业园区									
生态文旅区									
苏淮高新区									

4-2a 续表 11 单位：人

地区	大学本科			硕士研究生			博士研究生		
	小计	男	女	小计	男	女	小计	男	女
盐城市	**150351**	**81490**	**68861**	**8852**	**4710**	**4142**	**1023**	**644**	**379**
亭湖区	53801	29529	24272	2364	1302	1062	472	317	155
盐都区	13828	7611	6217	634	334	300	55	30	25
大丰区	21961	11606	10355	950	495	455	48	29	19
响水县									
滨海县									
阜宁县									
射阳县									
建湖县									
盐城经济技术开发区	153	84	69	18	11	7	2		2
江苏省盐南高新区	41641	22477	19164	3956	2077	1879	371	220	151
东台市	18967	10183	8784	930	491	439	75	48	27
扬州市	**241412**	**123209**	**118203**	**21222**	**10972**	**10250**	**2030**	**1254**	**776**
广陵区	40670	20951	19719	3378	1855	1523	141	82	59
邗江区	108395	54035	54360	12196	6187	6009	1340	824	516
江都区	29548	15141	14407	1559	758	801	83	43	40
宝应县									
扬州经济技术开发区									
蜀冈瘦西湖景区	16985	8706	8279	1571	817	754	212	144	68
生态新城	1255	666	589	112	73	39	16	11	5
仪征市	25080	13592	11488	1421	759	662	151	102	49
高邮市	19479	10118	9361	985	523	462	87	48	39
镇江市	**185127**	**97613**	**87514**	**21470**	**11679**	**9791**	**3260**	**2123**	**1137**
京口区	62733	33791	28942	12053	6776	5277	2425	1600	825
润州区	28295	14866	13429	3016	1597	1419	296	181	115
丹徒区	12685	6659	6026	1164	610	554	141	84	57
镇江新区									
江苏镇江高新区	4743	2459	2284	475	250	225	63	46	17
丹阳市	34818	17948	16870	2158	1072	1086	149	92	57
扬中市	17551	9063	8488	864	471	393	57	43	14
句容市	24302	12827	11475	1740	903	837	129	77	52
泰州市	**204592**	**103798**	**100794**	**11011**	**5739**	**5272**	**893**	**572**	**321**
海陵区	71974	33629	38345	4087	2120	1967	379	248	131
高港区	11842	5930	5912	865	430	435	58	37	21
姜堰区	31770	16625	15145	1402	729	673	99	57	42
泰州医药高新技术产业开发区									
兴化市	19214	10716	8498	852	480	372	77	48	29
靖江市	35985	18563	17422	1896	926	970	150	93	57
泰兴市	33807	18335	15472	1909	1054	855	130	89	41
宿迁市	**72523**	**35619**	**36904**	**4046**	**2315**	**1731**	**230**	**158**	**72**
宿城区	49945	23880	26065	2836	1649	1187	161	109	52
宿豫区	15339	7937	7402	700	389	311	37	22	15
沭阳县									
泗阳县									
泗洪县									
宿迁经济技术开发区									
宿迁市湖滨新区	1578	832	746	109	63	46	12	10	2
苏州宿迁工业园区	3663	1865	1798	284	150	134	10	9	1
宿迁市洋河新区	1998	1105	893	117	64	53	10	8	2

4-2b 各地区分性别、受教育程度的15岁及以上人口(镇)

单位：人

地区	15岁及以上人口			未上过学		
	合计	男	女	小计	男	女
江 苏	**18198424**	**9116476**	**9081948**	**603755**	**130533**	**473222**
南京市	**141869**	**72766**	**69103**	**6237**	**1675**	**4562**
玄武区						
秦淮区						
建邺区						
鼓楼区						
浦口区	1546	808	738	160	46	114
栖霞区						
雨花台区	7433	4008	3425	593	127	466
江宁区						
六合区	95205	47321	47884	2852	455	2397
溧水区	24945	12621	12324	1102	365	737
高淳区	12740	8008	4732	1530	682	848
南京江北新区						
无锡市	**1026793**	**529991**	**496802**	**17099**	**3385**	**13714**
锡山区	242640	126822	115818	3726	694	3032
惠山区	96722	50318	46404	1806	395	1411
滨湖区						
梁溪区						
新吴区						
江苏无锡经济开发区						
江阴市	430052	220788	209264	7022	1228	5794
宜兴市	257379	132063	125316	4545	1068	3477
徐州市	**2236149**	**1099623**	**1136526**	**73019**	**16798**	**56221**
鼓楼区						
云龙区	25487	13411	12076	476	110	366
贾汪区	62135	30942	31193	4400	1201	3199
泉山区						
铜山区	269443	133579	135864	9867	2320	7547
丰县	389750	191104	198646	9539	1895	7644
沛县	451735	219741	231994	12671	2744	9927
睢宁县	466770	226631	240139	15449	3363	12086
徐州经济技术开发区	252720	127751	124969	6615	1486	5129
新沂市	129121	62818	66303	6836	1580	5256
邳州市	188988	93646	95342	7166	2099	5067
常州市	**551057**	**284601**	**266456**	**13841**	**3058**	**10783**
天宁区	40141	20561	19580	600	134	466
钟楼区						
新北区	105102	53290	51812	1950	324	1626
武进区	140965	72484	68481	2461	568	1893
金坛区	56068	28528	27540	2547	520	2027
江苏省常州市经济开发区	81845	43057	38788	1355	317	1038
溧阳市	126936	66681	60255	4928	1195	3733

4-2b 续表 1 单位：人

地区	15岁及以上人口			未上过学		
	合计	男	女	小计	男	女
苏州市	**2858098**	**1493216**	**1364882**	**75651**	**17139**	**58512**
虎丘区	3636	1768	1868	222	42	180
吴中区	178576	94932	83644	5063	1253	3810
相城区	50981	27503	23478	1932	495	1437
姑苏区						
吴江区	433775	226344	207431	13649	3797	9852
苏州工业园区	950810	491277	459533	23003	5029	17974
常熟市	359997	193227	166770	7554	1523	6031
张家港市	470533	241824	228709	13041	2380	10661
昆山市	201196	104809	96387	4376	1106	3270
太仓市	208594	111532	97062	6811	1514	5297
南通市	**2056494**	**1030896**	**1025598**	**63136**	**13985**	**49151**
崇川区						
港闸区						
通州区	315719	157223	158496	9672	2144	7528
如东县	461294	224512	236782	19988	4753	15235
南通经济技术开发区	265716	141470	124246	3895	1016	2879
通州湾示范区	38428	19630	18798	1225	246	979
苏锡通科技产业园区	38862	21464	17398	1596	395	1201
启东市	183488	92697	90791	6098	1241	4857
如皋市	354269	173111	181158	8527	1556	6971
海门市	262925	132908	130017	5256	1150	4106
海安市	135793	67881	67912	6879	1484	5395
连云港市	**1415106**	**703772**	**711334**	**50633**	**12265**	**38368**
连云区	1081	898	183	7	3	4
海州区	47595	23764	23831	2766	655	2111
赣榆区	225278	112311	112967	11322	2821	8501
东海县	377556	186546	191010	7738	2065	5673
灌云县	283033	142410	140623	12100	2555	9545
灌南县	248922	123634	125288	7986	2007	5979
连云港经济技术开发区	60161	30757	29404	3459	814	2645
连云港高新技术产业开发区	144216	69556	74660	3652	893	2759
江苏连云港徐圩新区	25572	13053	12519	1474	420	1054
江苏省连云港市云台山风景名胜区	1692	843	849	129	32	97
淮安市	**1355417**	**660338**	**695079**	**53706**	**11370**	**42336**
淮安区	90650	45224	45426	7432	1641	5791
淮阴区	90910	46014	44896	3950	872	3078
清江浦区	5759	2972	2787	599	113	486
洪泽区	23054	11709	11345	1997	528	1469
涟水县	357821	170832	186989	7985	1540	6445
盱眙县	299153	143857	155296	14843	3058	11785
金湖县	150876	73789	77087	4530	792	3738
淮安经济技术开发区	240499	119620	120879	7245	1792	5453
工业园区	6147	3043	3104	468	101	367
生态文旅区	72321	34071	38250	2855	581	2274
苏淮高新区	18227	9207	9020	1802	352	1450

4-2b 续表 2

单位：人

地 区	15岁及以上人口			未上过学		
	合计	男	女	小计	男	女
盐城市	**2169789**	**1066006**	**1103783**	**90546**	**17206**	**73340**
亭湖区	52513	26981	25532	1796	305	1491
盐都区	81091	40115	40976	3512	553	2959
大丰区	161006	81273	79733	12338	2300	10038
响水县	210554	103859	106695	14510	3125	11385
滨海县	359968	175977	183991	15384	3151	12233
阜宁县	372034	180078	191956	11042	2243	8799
射阳县	382229	188078	194151	13202	2155	11047
建湖县	316541	154441	162100	5930	1066	4864
盐城经济技术开发区	59623	29483	30140	2316	383	1933
江苏省盐南高新区						
东台市	174230	85721	88509	10516	1925	8591
扬州市	**982005**	**480027**	**501978**	**38799**	**8041**	**30758**
广陵区	37749	19257	18492	991	208	783
邗江区	51876	25655	26221	3335	820	2515
江都区	204702	98578	106124	7920	1530	6390
宝应县	332578	159363	173215	13920	2722	11198
扬州经济技术开发区	192712	96306	96406	5835	1258	4577
蜀冈瘦西湖景区						
生态新城	10098	5001	5097	509	114	395
仪征市	48717	24479	24238	1948	395	1553
高邮市	103573	51388	52185	4341	994	3347
镇江市	**760592**	**391488**	**369104**	**19821**	**3931**	**15890**
京口区	4409	2439	1970	164	28	136
润州区						
丹徒区	85981	46548	39433	2545	567	1978
镇江新区	197417	101946	95471	4024	858	3166
江苏镇江高新区						
丹阳市	348352	178099	170253	8124	1452	6672
扬中市	39226	19821	19405	1678	270	1408
句容市	85207	42635	42572	3286	756	2530
泰州市	**934092**	**469857**	**464235**	**36694**	**7180**	**29514**
海陵区	22173	11159	11014	1627	283	1344
高港区	37945	18954	18991	1095	210	885
姜堰区	88022	43731	44291	5083	1195	3888
泰州医药高新技术产业开发区	178066	88584	89482	5277	907	4370
兴化市	285547	146133	139414	15690	3178	12512
靖江市	110596	56207	54389	1639	265	1374
泰兴市	211743	105089	106654	6283	1142	5141
宿迁市	**1710963**	**833895**	**877068**	**64573**	**14500**	**50073**
宿城区	30937	14872	16065	2236	438	1798
宿豫区	43611	21778	21833	2769	651	2118
沭阳县	740624	365722	374902	24192	5868	18324
泗阳县	388666	187535	201131	11320	1856	9464
泗洪县	389928	186015	203913	19359	4695	14664
宿迁经济技术开发区	106037	52401	53636	3860	777	3083
宿迁市湖滨新区	11160	5572	5588	837	215	622
苏州宿迁工业园区						
宿迁市洋河新区						

4-2b 续表 3

单位：人

地　　区	学前教育			小　学		
	小计	男	女	小计	男	女
江　苏	**37060**	**11746**	**25314**	**3489972**	**1422647**	**2067325**
南京市	**316**	**88**	**228**	**30863**	**12773**	**18090**
玄武区						
秦淮区						
建邺区						
鼓楼区						
浦口区	1		1	341	156	185
栖霞区						
雨花台区	3	1	2	1158	537	621
江宁区						
六合区	74	14	60	17744	6509	11235
溧水区	103	35	68	7280	3153	4127
高淳区	135	38	97	4340	2418	1922
南京江北新区						
无锡市	**558**	**167**	**391**	**189218**	**80660**	**108558**
锡山区	140	36	104	52879	22780	30099
惠山区	44	18	26	13894	6023	7871
滨湖区						
梁溪区						
新吴区						
江苏无锡经济开发区						
江阴市	209	59	150	67230	28332	38898
宜兴市	165	54	111	55215	23525	31690
徐州市	**5621**	**1916**	**3705**	**441457**	**176068**	**265389**
鼓楼区						
云龙区	29	12	17	3774	1730	2044
贾汪区	147	65	82	13843	5820	8023
泉山区						
铜山区	426	158	268	59389	25091	34298
丰县	503	187	316	72941	28069	44872
沛县	656	197	459	71348	27697	43651
睢宁县	2037	575	1462	98114	37241	60873
徐州经济技术开发区	324	130	194	28894	11740	17154
新沂市	352	124	228	34415	13822	20593
邳州市	1147	468	679	58739	24858	33881
常州市	**387**	**123**	**264**	**104043**	**44612**	**59431**
天宁区	20	10	10	7604	3251	4353
钟楼区						
新北区	71	10	61	17874	6955	10919
武进区	66	21	45	25415	11053	14362
金坛区	70	31	39	14858	6325	8533
江苏省常州市经济开发区	50	19	31	12247	5359	6888
溧阳市	110	32	78	26045	11669	14376

4-2b　续表 4　　单位：人

地　区	学前教育			小　学		
	小计	男	女	小计	男	女
苏州市	**4223**	**1460**	**2763**	**464712**	**204024**	**260688**
虎丘区	1		1	1001	414	587
吴中区	343	123	220	35995	16243	19752
相城区	71	26	45	12582	5882	6700
姑苏区						
吴江区	1173	439	734	90447	42093	48354
苏州工业园区	1165	401	764	93654	39004	54650
常熟市	19	5	14	66836	29068	37768
张家港市	863	273	590	91070	38642	52428
昆山市	183	63	120	33084	14495	18589
太仓市	405	130	275	40043	18183	21860
南通市	**4466**	**1381**	**3085**	**496788**	**212157**	**284631**
崇川区						
港闸区						
通州区	773	221	552	84361	36197	48164
如东县	1644	511	1133	118534	53035	65499
南通经济技术开发区	103	52	51	40068	17712	22356
通州湾示范区	56	13	43	8257	3560	4697
苏锡通科技产业园区	18	5	13	7801	3705	4096
启东市	334	110	224	43788	19379	24409
如皋市	643	205	438	108838	42629	66209
海门市	430	144	286	50833	20730	30103
海安市	465	120	345	34308	15210	19098
连云港市	**2774**	**934**	**1840**	**217962**	**85269**	**132693**
连云区				32	19	13
海州区	115	58	57	8499	3370	5129
赣榆区	408	143	265	37790	15528	22262
东海县	525	169	356	45890	18099	27791
灌云县	527	188	339	57777	22153	35624
灌南县	883	255	628	47104	17621	29483
连云港经济技术开发区	102	41	61	6734	2821	3913
连云港高新技术产业开发区	169	64	105	8142	3181	4961
江苏连云港徐圩新区	44	16	28	5704	2366	3338
江苏省连云港市云台山风景名胜区	1		1	290	111	179
淮安市	**1591**	**549**	**1042**	**258425**	**96153**	**162272**
淮安区	227	89	138	27798	11466	16332
淮阴区	97	38	59	21152	7865	13287
清江浦区	2		2	1519	604	915
洪泽区	59	12	47	8459	3728	4731
涟水县	110	42	68	53095	18680	34415
盱眙县	501	154	347	69666	25014	44652
金湖县	195	57	138	25246	8497	16749
淮安经济技术开发区	265	106	159	34076	13434	20642
工业园区	2		2	1550	493	1057
生态文旅区	60	26	34	11494	4596	6898
苏淮高新区	73	25	48	4370	1776	2594

4-2b 续表 5

单位：人

地　区	学前教育			小　学		
	小计	男	女	小计	男	女
盐城市	**4289**	**1272**	**3017**	**410888**	**161527**	**249361**
亭湖区	73	18	55	12495	4759	7736
盐都区	148	40	108	16298	6343	9955
大丰区	750	177	573	40036	17542	22494
响水县	324	124	200	37008	14536	22472
滨海县	293	117	176	61561	23664	37897
阜宁县	508	179	329	67600	26085	41515
射阳县	555	171	384	72567	28069	44498
建湖县	552	160	392	52477	19518	32959
盐城经济技术开发区	53	21	32	9528	3694	5834
江苏省盐南高新区						
东台市	1033	265	768	41318	17317	24001
扬州市	**4686**	**1402**	**3284**	**209672**	**84780**	**124892**
广陵区	192	53	139	7915	3239	4676
邗江区	94	22	72	12640	5535	7105
江都区	1702	434	1268	53865	22486	31379
宝应县	1184	451	733	66354	25050	41304
扬州经济技术开发区	322	123	199	24956	10248	14708
蜀冈瘦西湖景区						
生态新城	40	16	24	2633	1135	1498
仪征市	627	148	479	14353	6131	8222
高邮市	525	155	370	26956	10956	16000
镇江市	**878**	**280**	**598**	**143458**	**58549**	**84909**
京口区	7	1	6	979	393	586
润州区						
丹徒区	128	48	80	14401	6044	8357
镇江新区	179	81	98	28602	11602	17000
江苏镇江高新区						
丹阳市	311	70	241	72903	29361	43542
扬中市	146	47	99	11410	4794	6616
句容市	107	33	74	15163	6355	8808
泰州市	**3636**	**951**	**2685**	**230927**	**95613**	**135314**
海陵区	159	47	112	7386	3370	4016
高港区	82	21	61	9971	3773	6198
姜堰区	758	219	539	26204	11417	14787
泰州医药高新技术产业开发区	165	58	107	27490	10958	16532
兴化市	1829	450	1379	83548	35998	47550
靖江市	64	13	51	24471	9722	14749
泰兴市	579	143	436	51857	20375	31482
宿迁市	**3635**	**1223**	**2412**	**291559**	**110462**	**181097**
宿城区	27	8	19	8245	2964	5281
宿豫区	68	33	35	10651	3874	6777
沭阳县	1295	491	804	135517	54579	80938
泗阳县	893	238	655	45452	14772	30680
泗洪县	1071	337	734	70392	25554	44838
宿迁经济技术开发区	271	112	159	17207	6938	10269
宿迁市湖滨新区	10	4	6	4095	1781	2314
苏州宿迁工业园区						
宿迁市洋河新区						

4-2b　续表 6　　　　单位：人

地　区	初中			高中			大学专科		
	小计	男	女	小计	男	女	小计	男	女
江　苏	**7321196**	**3825052**	**3496144**	**3632617**	**2057676**	**1574941**	**1777432**	**970111**	**807321**
南京市	**45737**	**25182**	**20555**	**25401**	**14651**	**10750**	**20618**	**11452**	**9166**
玄武区									
秦淮区									
建邺区									
鼓楼区									
浦口区	470	259	211	320	197	123	149	94	55
栖霞区									
雨花台区	2696	1545	1151	1574	958	616	873	537	336
江宁区									
六合区	30641	16324	14317	17842	9910	7932	16134	8791	7343
溧水区	8002	4252	3750	4116	2470	1646	2746	1508	1238
高淳区	3928	2802	1126	1549	1116	433	716	522	194
南京江北新区									
无锡市	**462800**	**248342**	**214458**	**195369**	**111283**	**84086**	**94802**	**52060**	**42742**
锡山区	112840	62637	50203	35500	20720	14780	19996	10908	9088
惠山区	42054	22602	19452	18499	10492	8007	11321	6235	5086
滨湖区									
梁溪区									
新吴区									
江苏无锡经济开发区									
江阴市	189000	99674	89326	99179	55540	43639	41482	22766	18716
宜兴市	118906	63429	55477	42191	24531	17660	22003	12151	9852
徐州市	**959192**	**488927**	**470265**	**432296**	**240757**	**191539**	**212655**	**115684**	**96971**
鼓楼区									
云龙区	7585	4058	3527	3452	1997	1455	1346	724	622
贾汪区	30661	16260	14401	9025	5309	3716	2958	1710	1248
泉山区									
铜山区	130494	67422	63072	47266	26754	20512	14735	8076	6659
丰县	168800	85340	83460	80851	44708	36143	40112	21984	18128
沛县	206288	101434	104854	86172	47041	39131	49684	27235	22449
睢宁县	193109	98561	94548	92672	51795	40877	42353	23032	19321
徐州经济技术开发区	84770	43019	41751	57510	31645	25865	49298	26054	23244
新沂市	59032	31458	27574	20944	11829	9115	5394	2961	2433
邳州市	78453	41375	37078	34404	19679	14725	6775	3908	2867
常州市	**267461**	**143518**	**123943**	**96203**	**55630**	**40573**	**41668**	**23477**	**18191**
天宁区	18655	9978	8677	6884	3848	3036	3656	2039	1617
钟楼区									
新北区	51272	27221	24051	19269	11126	8143	9021	4882	4139
武进区	71688	38139	33549	22732	12862	9870	11369	6275	5094
金坛区	27210	14829	12381	7454	4623	2831	2713	1574	1139
江苏省常州市经济开发区	40632	21942	18690	14710	8162	6548	7121	4129	2992
溧阳市	58004	31409	26595	25154	15009	10145	7788	4578	3210

4-2b 续表 7

单位：人

地　　区	初　　中			高　　中			大学专科		
	小计	男	女	小计	男	女	小计	男	女
苏州市	**1051665**	**577988**	**473677**	**523727**	**303312**	**220415**	**357113**	**194341**	**162772**
虎丘区	1214	669	545	484	284	200	453	239	214
吴中区	73950	41573	32377	33352	19612	13740	19401	10750	8651
相城区	21297	12346	8951	8267	5012	3255	4637	2651	1986
姑苏区									
吴江区	190940	103511	87429	74618	43297	31321	38671	20980	17691
苏州工业园区	209943	114319	95624	195307	111526	83781	165232	88048	77184
常熟市	178384	99464	78920	52747	31890	20857	31599	18176	13423
张家港市	203402	109737	93665	83439	48109	35330	49405	27541	21864
昆山市	72346	39495	32851	41823	23749	18074	29368	15662	13706
太仓市	100189	56874	43315	33690	19833	13857	18347	10294	8053
南通市	**880814**	**467597**	**413217**	**348647**	**195010**	**153637**	**157778**	**86798**	**70980**
崇川区									
港闸区									
通州区	146565	77768	68797	45514	25799	19715	18192	9730	8462
如东县	168131	85024	83107	88917	47346	41571	33968	18305	15663
南通经济技术开发区	90969	51275	39694	54056	29839	24217	50492	27779	22713
通州湾示范区	14626	7755	6871	10134	5829	4305	2841	1520	1321
苏锡通科技产业园区	18268	10483	7785	6383	3952	2431	3041	1880	1161
启东市	90581	49263	41318	23195	13239	9956	8643	4594	4049
如皋市	146736	78278	68458	57830	33303	24527	19130	10477	8653
海门市	145858	76467	69391	39615	22544	17071	13828	8141	5687
海安市	59080	31284	27796	23003	13159	9844	7643	4372	3271
连云港市	**495975**	**256608**	**239367**	**356953**	**195470**	**161483**	**173346**	**91115**	**82231**
连云区	559	468	91	352	294	58	94	80	14
海州区	22296	11644	10652	8984	5222	3762	3477	2011	1466
赣榆区	73108	38018	35090	64445	34576	29869	29329	16176	13153
东海县	121347	59769	61578	121812	64294	57518	50111	26470	23641
灌云县	123299	66220	57079	56728	32911	23817	19514	11082	8432
灌南县	107405	55911	51494	55661	31344	24317	18016	10078	7938
连云港经济技术开发区	16531	8698	7833	17733	9844	7889	9028	5049	3979
连云港高新技术产业开发区	21713	10761	10952	24137	12782	11355	41721	18963	22758
江苏连云港徐圩新区	9168	4820	4348	6748	4015	2733	1761	1035	726
江苏省连云港市云台山风景名胜区	549	299	250	353	188	165	295	171	124
淮安市	**523773**	**267782**	**255991**	**279120**	**156279**	**122841**	**146225**	**78383**	**67842**
淮安区	38266	21579	16687	11452	7193	4259	3896	2344	1552
淮阴区	46680	25553	21127	14193	8924	5269	3467	2011	1456
清江浦区	2682	1617	1065	662	468	194	210	126	84
洪泽区	8595	4942	3653	2716	1805	911	896	508	388
涟水县	154509	73749	80760	89692	48070	41622	36210	19933	16277
盱眙县	115075	60550	54525	59481	34024	25457	21894	11661	10233
金湖县	51870	25553	26317	39318	22599	16719	18494	10330	8164
淮安经济技术开发区	74504	37743	36761	45392	24419	20973	48405	25125	23280
工业园区	2798	1656	1142	735	448	287	448	265	183
生态文旅区	20476	10065	10411	13067	6750	6317	11420	5564	5856
苏淮高新区	8318	4775	3543	2412	1579	833	885	516	369

4-2b　续表 8

单位：人

地　区	初　中			高　中			大学专科		
	小计	男	女	小计	男	女	小计	男	女
盐城市	**941435**	**474102**	**467333**	**460369**	**266310**	**194059**	**158358**	**89749**	**68609**
亭湖区	21735	11598	10137	11859	7593	4266	3298	2006	1292
盐都区	36578	18071	18507	18282	11351	6931	4276	2563	1713
大丰区	68881	37510	31371	26468	16616	9852	8721	5105	3616
响水县	93377	48250	45127	39076	22942	16134	15345	8862	6483
滨海县	163086	82272	80814	76785	42820	33965	24284	13611	10673
阜宁县	170325	83751	86574	79548	44267	35281	27198	14874	12324
射阳县	158005	79797	78208	89334	50758	38576	31505	17701	13804
建湖县	136183	64372	71811	74273	42684	31589	28766	16378	12388
盐城经济技术开发区	18788	10102	8686	11584	7272	4312	5973	3508	2465
江苏省盐南高新区									
东台市	74477	38379	36098	33160	20007	13153	8992	5141	3851
扬州市	**376962**	**191272**	**185690**	**180452**	**102530**	**77922**	**99465**	**54699**	**44766**
广陵区	16665	8752	7913	7152	4271	2881	3175	1859	1316
邗江区	19228	10059	9169	9401	5406	3995	4564	2521	2043
江都区	88722	44704	44018	31158	17968	13190	14002	7648	6354
宝应县	129330	63279	66051	69829	39212	30617	30835	17128	13707
扬州经济技术开发区	54777	28244	26533	38459	20725	17734	35383	19126	16257
蜀冈瘦西湖景区生态新城	3898	2094	1804	1569	896	673	981	517	464
仪征市	19592	10678	8914	6727	4114	2613	3649	2060	1589
高邮市	44750	23462	21288	16157	9938	6219	6876	3840	3036
镇江市	**322977**	**173429**	**149548**	**133614**	**79708**	**53906**	**71298**	**39696**	**31602**
京口区	1950	1163	787	707	481	226	388	238	150
润州区									
丹徒区	29639	16606	13033	9231	5612	3619	8668	4326	4342
镇江新区	72466	37488	34978	44871	25467	19404	29635	17090	12545
江苏镇江高新区									
丹阳市	172815	93365	79450	56594	35065	21529	19551	10994	8557
扬中市	15605	8372	7233	6045	3950	2095	3068	1727	1341
句容市	30502	16435	14067	16166	9133	7033	9988	5321	4667
泰州市	**365462**	**196027**	**169435**	**160276**	**95489**	**64787**	**77815**	**43701**	**34114**
海陵区	8853	4932	3921	2277	1495	782	1264	709	555
高港区	15644	8327	7317	5506	3419	2087	3738	2178	1560
姜堰区	35318	18750	16568	13159	7831	5328	4974	2911	2063
泰州医药高新技术产业开发区	58179	30556	27623	27787	15749	12038	30373	15974	14399
兴化市	112713	62464	50249	52700	32575	20125	12774	7713	5061
靖江市	44296	23732	20564	19460	11326	8134	8924	5239	3685
泰兴市	90459	47266	43193	39387	23094	16293	15768	8977	6791
宿迁市	**626943**	**314278**	**312665**	**440190**	**241247**	**198943**	**166291**	**88956**	**77335**
宿城区	15437	8502	6935	3144	1960	1184	1314	715	599
宿豫区	20406	11313	9093	6475	3998	2477	2421	1437	984
沭阳县	268147	134199	133948	190430	104696	85734	66029	35483	30546
泗阳县	143804	70144	73660	122335	65674	56661	37313	20214	17099
泗洪县	137866	69075	68791	90135	49580	40555	44631	23250	21381
宿迁经济技术开发区	37174	18767	18407	26351	14469	11882	14007	7553	6454
宿迁市湖滨新区	4109	2278	1831	1320	870	450	576	304	272
苏州宿迁工业园区									
宿迁市洋河新区									

4-2b 续表 9

单位：人

地区	大学本科			硕士研究生			博士研究生		
	小计	男	女	小计	男	女	小计	男	女
江 苏	**1233922**	**642844**	**591078**	**92973**	**49970**	**43003**	**9497**	**5897**	**3600**
南京市	**11752**	**6422**	**5330**	**890**	**487**	**403**	**55**	**36**	**19**
玄武区									
秦淮区									
建邺区									
鼓楼区									
浦口区	100	54	46	4	2	2	1		1
栖霞区									
雨花台区	493	275	218	41	28	13	2		2
江宁区									
六合区	9162	4908	4254	717	380	337	39	30	9
溧水区	1485	780	705	101	54	47	10	4	6
高淳区	512	405	107	27	23	4	3	2	1
南京江北新区									
无锡市	**63998**	**32611**	**31387**	**2718**	**1344**	**1374**	**231**	**139**	**92**
锡山区	16655	8592	8063	847	418	429	57	37	20
惠山区	8578	4282	4296	469	239	230	57	32	25
滨湖区									
梁溪区									
新吴区									
江苏无锡经济开发区									
江阴市	25138	12801	12337	726	353	373	66	35	31
宜兴市	13627	6936	6691	676	334	342	51	35	16
徐州市	**105666**	**55889**	**49777**	**5709**	**3266**	**2443**	**534**	**318**	**216**
鼓楼区									
云龙区	8696	4717	3979	104	49	55	25	14	11
贾汪区	1038	540	498	54	33	21	9	4	5
泉山区									
铜山区	6930	3585	3345	294	149	145	42	24	18
丰县	16252	8479	7773	695	404	291	57	38	19
沛县	23927	12846	11081	890	483	407	99	64	35
睢宁县	22040	11522	10518	912	488	424	84	54	30
徐州经济技术开发区	22542	12024	10518	2583	1557	1026	184	96	88
新沂市	2057	992	1065	79	46	33	12	6	6
邳州市	2184	1184	1000	98	57	41	22	18	4
常州市	**26232**	**13579**	**12653**	**1096**	**534**	**562**	**126**	**70**	**56**
天宁区	2635	1258	1377	78	39	39	9	4	5
钟楼区									
新北区	5365	2643	2722	262	116	146	18	13	5
武进区	6941	3436	3505	259	114	145	34	16	18
金坛区	1135	583	552	71	40	31	10	3	7
江苏省常州市经济开发区	5479	3000	2479	228	114	114	23	15	8
溧阳市	4677	2659	2018	198	111	87	32	19	13

4-2b　续表 10

单位：人

地　区	大学本科			硕士研究生			博士研究生		
	小计	男	女	小计	男	女	小计	男	女
苏州市	**332382**	**168810**	**163572**	**43961**	**23271**	**20690**	**4664**	**2871**	**1793**
虎丘区	250	115	135	11	5	6			
吴中区	9864	5053	4811	538	284	254	70	41	29
相城区	2094	1031	1063	93	54	39	8	6	2
姑苏区									
吴江区	23124	11632	11492	1043	528	515	110	67	43
苏州工业园区	218867	109457	109410	39454	20898	18556	4185	2595	1590
常熟市	22141	12698	9443	588	330	258	129	73	56
张家港市	28189	14540	13649	1058	564	494	66	38	28
昆山市	19172	9788	9384	796	428	368	48	23	25
太仓市	8681	4496	4185	380	180	200	48	28	20
南通市	**99342**	**51063**	**48279**	**5047**	**2595**	**2452**	**476**	**310**	**166**
崇川区									
港闸区									
通州区	10120	5109	5011	477	225	252	45	30	15
如东县	28564	14757	13807	1433	716	717	115	65	50
南通经济技术开发区	24158	12717	11441	1813	961	852	162	119	43
通州湾示范区	1220	661	559	58	40	18	11	6	5
苏锡通科技产业园区	1659	988	671	88	50	38	8	6	2
启东市	10631	4753	5878	195	105	90	23	13	10
如皋市	12025	6378	5647	485	253	232	55	32	23
海门市	6785	3563	3222	285	146	139	35	23	12
海安市	4180	2137	2043	213	99	114	22	16	6
连云港市	**109863**	**57963**	**51900**	**6945**	**3710**	**3235**	**655**	**438**	**217**
连云区	34	31	3	3	3				
海州区	1390	761	629	56	35	21	12	8	4
赣榆区	8452	4818	3634	391	209	182	33	22	11
东海县	29064	15051	14013	950	550	400	119	79	40
灌云县	12599	7025	5574	446	251	195	43	25	18
灌南县	11398	6140	5258	447	261	186	22	17	5
连云港经济技术开发区	5958	3182	2776	588	288	300	28	20	8
连云港高新技术产业开发区	40247	20550	19697	4039	2096	1943	396	266	130
江苏连云港徐圩新区	648	364	284	23	16	7	2	1	1
江苏省连云港市云台山风景名胜区	73	41	32	2	1	1			
淮安市	**86985**	**46725**	**40260**	**4815**	**2612**	**2203**	**777**	**485**	**292**
淮安区	1483	861	622	88	46	42	8	5	3
淮阴区	1289	704	585	74	41	33	8	6	2
清江浦区	82	43	39	3	1	2			
洪泽区	316	178	138	15	8	7	1		1
涟水县	15380	8333	7047	547	325	222	293	160	133
盱眙县	17033	9009	8024	603	349	254	57	38	19
金湖县	10795	5769	5026	399	178	221	29	14	15
淮安经济技术开发区	28369	15706	12663	1943	1089	854	300	206	94
工业园区	137	73	64	9	7	2			
生态文旅区	11756	5875	5881	1113	558	555	80	56	24
苏淮高新区	345	174	171	21	10	11	1		1

4-2b 续表 11

单位：人

地　区	大学本科			硕士研究生			博士研究生		
	小计	男	女	小计	男	女	小计	男	女
盐城市	**99777**	**53548**	**46229**	**3764**	**2070**	**1694**	**363**	**222**	**141**
亭湖区	1175	661	514	76	36	40	6	5	1
盐都区	1888	1131	757	104	59	45	5	4	1
大丰区	3571	1906	1665	211	103	108	30	14	16
响水县	10521	5799	4722	361	204	157	32	17	15
滨海县	17783	9865	7918	736	437	299	56	40	16
阜宁县	15194	8316	6878	561	325	236	58	38	20
射阳县	16424	9090	7334	598	318	280	39	19	20
建湖县	17667	9885	7782	647	347	300	46	31	15
盐城经济技术开发区	11032	4324	6708	285	141	144	64	38	26
江苏省盐南高新区									
东台市	4522	2571	1951	185	100	85	27	16	11
扬州市	**65720**	**34055**	**31665**	**5797**	**2984**	**2813**	**452**	**264**	**188**
广陵区	1583	843	740	69	28	41	7	4	3
邗江区	2472	1225	1247	133	61	72	9	6	3
江都区	6929	3599	3330	363	189	174	41	20	21
宝应县	20265	11042	9223	801	446	355	60	33	27
扬州经济技术开发区	28550	14291	14259	4123	2105	2018	307	186	121
蜀冈瘦西湖景区									
生态新城	449	222	227	18	7	11	1		1
仪征市	1715	896	819	95	49	46	11	8	3
高邮市	3757	1937	1820	195	99	96	16	7	9
镇江市	**63307**	**32616**	**30691**	**4774**	**2970**	**1804**	**465**	**309**	**156**
京口区	201	123	78	12	11	1	1	1	
润州区									
丹徒区	19032	11585	7447	2305	1735	570	32	25	7
镇江新区	16216	8592	7624	1215	623	592	209	145	64
江苏镇江高新区									
丹阳市	17475	7511	9964	540	255	285	39	26	13
扬中市	1222	639	583	44	19	25	8	3	5
句容市	9161	4166	4995	658	327	331	176	109	67
泰州市	**54974**	**28524**	**26450**	**3953**	**2138**	**1815**	**355**	**234**	**121**
海陵区	578	301	277	25	19	6	4	3	1
高港区	1796	955	841	107	68	39	6	3	3
姜堰区	2410	1338	1072	103	60	43	13	10	3
泰州医药高新技术产业开发区	25760	12759	13001	2831	1500	1331	204	123	81
兴化市	6018	3576	2442	234	153	81	41	26	15
靖江市	11419	5735	5684	290	148	142	33	27	6
泰兴市	6993	3860	3133	363	190	173	54	42	12
宿迁市	**113924**	**61039**	**52885**	**3504**	**1989**	**1515**	**344**	**201**	**143**
宿城区	517	276	241	17	9	8			
宿豫区	778	446	332	38	24	14	5	2	3
沭阳县	53674	29636	24038	1175	676	499	165	94	71
泗阳县	26346	13950	12396	1123	641	482	80	46	34
泗洪县	25567	13017	12550	831	457	374	76	50	26
宿迁经济技术开发区	6843	3599	3244	308	178	130	16	8	8
宿迁市湖滨新区	199	115	84	12	4	8	2	1	1
苏州宿迁工业园区									
宿迁市洋河新区									

4-2c　各地区分性别、受教育程度的15岁及以上人口(乡村)

单位：人

地　区	15岁及以上人口			未上过学		
	合计	男	女	小计	男	女
江　苏	**19360958**	**9836665**	**9524293**	**1220524**	**265891**	**954633**
南京市	**1097192**	**572119**	**525073**	**95104**	**24718**	**70386**
玄武区						
秦淮区						
建邺区						
鼓楼区						
浦口区	68484	35114	33370	6539	1644	4895
栖霞区	55907	29497	26410	1475	290	1185
雨花台区						
江宁区	378129	203565	174564	26413	7527	18886
六合区	261109	132169	128940	29138	5689	23449
溧水区	148733	75876	72857	11073	3286	7787
高淳区	165534	85180	80354	19516	6077	13439
南京江北新区	19296	10718	8578	950	205	745
无锡市	**1162263**	**612150**	**550113**	**25213**	**5567**	**19646**
锡山区	100983	52878	48105	1602	310	1292
惠山区	184011	98400	85611	4475	1031	3444
滨湖区	39008	20963	18045	1099	248	851
梁溪区						
新吴区	71224	40736	30488	951	226	725
江苏无锡经济开发区						
江阴市	403677	211708	191969	7625	1606	6019
宜兴市	363360	187465	175895	9461	2146	7315
徐州市	**2398030**	**1191892**	**1206138**	**158536**	**38804**	**119732**
鼓楼区						
云龙区						
贾汪区	141241	71680	69561	14055	3746	10309
泉山区						
铜山区	389010	195873	193137	22616	5578	17038
丰县	336867	164533	172334	17975	3520	14455
沛县	342166	168259	173907	17803	3927	13876
睢宁县	372764	186729	186035	31189	7280	23909
徐州经济技术开发区	40985	20738	20247	2683	664	2019
新沂市	316020	157345	158675	26484	6908	19576
邳州市	458977	226735	232242	25731	7181	18550
常州市	**1087066**	**565424**	**521642**	**43250**	**9683**	**33567**
天宁区	52594	27109	25485	956	199	757
钟楼区	38817	21309	17508	1087	254	833
新北区	100445	51795	48650	2740	450	2290
武进区	321502	169065	152437	7983	1818	6165
金坛区	184007	94871	89136	10863	2351	8512
江苏省常州市经济开发区	129047	69609	59438	2324	509	1815
溧阳市	260654	131666	128988	17297	4102	13195

4-2c 续表 1

单位：人

地　区	15岁及以上人口			未上过学		
	合计	男	女	小计	男	女
苏州市	**2120504**	**1136358**	**984146**	**86772**	**19725**	**67047**
虎丘区	60811	33060	27751	4615	982	3633
吴中区	287050	153664	133386	12050	2665	9385
相城区	47423	26897	20526	1513	363	1150
姑苏区						
吴江区	348026	182454	165572	21334	5397	15937
苏州工业园区						
常熟市	411084	213757	197327	14821	2717	12104
张家港市	339859	178804	161055	10644	2177	8467
昆山市	399031	224924	174107	11500	2977	8523
太仓市	227220	122798	104422	10295	2447	7848
南通市	**2094743**	**1008432**	**1086311**	**99586**	**19648**	**79938**
崇川区						
港闸区	3293	1933	1360	215	39	176
通州区	319239	154702	164537	14553	2901	11652
如东县	340815	164855	175960	21807	4800	17007
南通经济技术开发区						
通州湾示范区	46621	21495	25126	2177	387	1790
苏锡通科技产业园区	41567	20805	20762	525	117	408
启东市	360136	172173	187963	16850	3224	13626
如皋市	423124	203409	219715	15618	3159	12459
海门市	303272	143020	160252	13216	2379	10837
海安市	256676	126040	130636	14625	2642	11983
连云港市	**1371647**	**690444**	**681203**	**83846**	**20140**	**63706**
连云区	2411	1346	1065	168	37	131
海州区	75950	38888	37062	6875	1630	5245
赣榆区	336669	165912	170757	18949	5048	13901
东海县	406406	203073	203333	15279	4282	10997
灌云县	288266	147874	140392	22661	4969	17692
灌南县	226771	115407	111364	15690	3264	12426
连云港经济技术开发区	15636	7905	7731	1743	438	1305
连云港高新技术产业开发区						
江苏连云港徐圩新区	980	578	402	100	22	78
江苏省连云港市云台山风景名胜区	18558	9461	9097	2381	450	1931
淮安市	**1327178**	**675546**	**651632**	**97821**	**21093**	**76728**
淮安区	301481	152289	149192	32495	6932	25563
淮阴区	263296	135166	128130	15868	3453	12415
清江浦区	46310	23624	22686	3000	605	2395
洪泽区	101968	50989	50979	9480	2157	7323
涟水县	303430	155289	148141	13955	2720	11235
盱眙县	196442	100522	95920	15525	3703	11822
金湖县	105252	53136	52116	6677	1376	5301
淮安经济技术开发区						
工业园区	7061	3555	3506	477	70	407
生态文旅区						
苏淮高新区	1938	976	962	344	77	267

4-2c　续表 2

单位：人

地　区	15岁及以上人口			未上过学		
	合计	男	女	小计	男	女
盐城市	**2111055**	**1064329**	**1046726**	**192438**	**35601**	**156837**
亭湖区	84799	43002	41797	6670	1182	5488
盐都区	230466	116768	113698	22158	3885	18273
大丰区	229535	115740	113795	22065	4012	18053
响水县	151116	77209	73907	21134	4562	16572
滨海县	293144	149885	143259	33585	7081	26504
阜宁县	276599	140583	136016	23433	4460	18973
射阳县	271702	137515	134187	19129	3178	15951
建湖县	210931	106572	104359	11909	2072	9837
盐城经济技术开发区	25271	12840	12431	2101	344	1757
江苏省盐南高新区						
东台市	337492	164215	173277	30254	4825	25429
扬州市	**1214526**	**610422**	**604104**	**109060**	**22356**	**86704**
广陵区	70497	37952	32545	2731	533	2198
邗江区	82631	41054	41577	7172	1789	5383
江都区	336233	166463	169770	24113	4494	19619
宝应县	266999	133874	133125	32627	6808	25819
扬州经济技术开发区	16011	8016	7995	1499	220	1279
蜀冈瘦西湖景区						
生态新城	15733	7720	8013	1100	228	872
仪征市	158849	80655	78194	13885	2932	10953
高邮市	267573	134688	132885	25933	5352	20581
镇江市	**603830**	**309984**	**293846**	**27955**	**5476**	**22479**
京口区	6268	3205	3063	287	58	229
润州区	787	462	325	9	2	7
丹徒区	91560	46795	44765	4951	915	4036
镇江新区	31560	16189	15371	1145	352	793
江苏镇江高新区						
丹阳市	179559	91974	87585	5652	782	4870
扬中市	86216	43956	42260	3323	540	2783
句容市	207880	107403	100477	12588	2827	9761
泰州市	**1306268**	**657061**	**649207**	**89216**	**16415**	**72801**
海陵区	39818	19897	19921	4306	795	3511
高港区	70514	35527	34987	2061	307	1754
姜堰区	224218	111415	112803	17315	3678	13637
泰州医药高新技术产业开发区	12845	6293	6552	805	118	687
兴化市	424378	213815	210563	45755	8574	37181
靖江市	195429	101121	94308	3976	589	3387
泰兴市	339066	168993	170073	14998	2354	12644
宿迁市	**1466656**	**742504**	**724152**	**111727**	**26665**	**85062**
宿城区	181060	92123	88937	15609	3337	12272
宿豫区	119481	60997	58484	14034	2999	11035
沭阳县	528984	268258	260726	28989	7629	21360
泗阳县	251868	126161	125707	19843	3922	15921
泗洪县	257404	130397	127007	20734	6041	14693
宿迁经济技术开发区	37987	19444	18543	4146	896	3250
宿迁市湖滨新区	41002	21038	19964	3877	1012	2865
苏州宿迁工业园区						
宿迁市洋河新区	48870	24086	24784	4495	829	3666

4-2c 续表 3 单位：人

地　区	学前教育			小　学		
	小计	男	女	小计	男	女
江　苏	**74147**	**22139**	**52008**	**6001218**	**2564685**	**3436533**
南京市	**5072**	**1759**	**3313**	**351346**	**159269**	**192077**
玄武区						
秦淮区						
建邺区						
鼓楼区						
浦口区	238	94	144	21058	9480	11578
栖霞区	42	10	32	13586	5489	8097
雨花台区						
江宁区	908	326	582	98611	47150	51461
六合区	1640	481	1159	92235	39309	52926
溧水区	1129	392	737	56586	25874	30712
高淳区	1080	445	635	64027	29743	34284
南京江北新区	35	11	24	5243	2224	3019
无锡市	**1286**	**314**	**972**	**288584**	**125190**	**163394**
锡山区	150	27	123	25677	11192	14485
惠山区	73	22	51	38284	17396	20888
滨湖区	28	9	19	7551	3383	4168
梁溪区						
新吴区	24	8	16	9329	4119	5210
江苏无锡经济开发区						
江阴市	318	83	235	92824	40008	52816
宜兴市	693	165	528	114919	49092	65827
徐州市	**9370**	**3249**	**6121**	**772119**	**320850**	**451269**
鼓楼区						
云龙区						
贾汪区	496	188	308	39736	17627	22109
泉山区						
铜山区	1364	494	870	112932	48809	64123
丰县	729	193	536	102285	39486	62799
沛县	1022	297	725	95722	38109	57613
睢宁县	2332	813	1519	127888	52112	75776
徐州经济技术开发区	43	13	30	10955	4687	6268
新沂市	1288	450	838	105938	44193	61745
邳州市	2096	801	1295	176663	75827	100836
常州市	**1175**	**381**	**794**	**272311**	**119977**	**152334**
天宁区	32	13	19	12617	5364	7253
钟楼区	28	8	20	7034	3149	3885
新北区	114	28	86	24003	9810	14193
武进区	217	73	144	72241	32554	39687
金坛区	288	86	202	55141	24109	31032
江苏省常州市经济开发区	119	33	86	26332	12271	14061
溧阳市	377	140	237	74943	32720	42223

4-2c　续表 4

单位：人

地　　区	学前教育			小　　学		
	小计	男	女	小计	男	女
苏州市	**6025**	**1938**	**4087**	**558674**	**257798**	**300876**
虎丘区	100	40	60	14773	7265	7508
吴中区	1051	319	732	72063	32813	39250
相城区	343	91	252	13089	6169	6920
姑苏区						
吴江区	1583	520	1063	113589	54818	58771
苏州工业园区						
常熟市	74	29	45	107767	47544	60223
张家港市	736	229	507	94209	42301	51908
昆山市	1158	417	741	78903	36497	42406
太仓市	980	293	687	64281	30391	33890
南通市	**6307**	**1773**	**4534**	**704597**	**294489**	**410108**
崇川区						
港闸区	12	3	9	875	457	418
通州区	1067	310	757	109526	46367	63159
如东县	1300	387	913	125076	56313	68763
南通经济技术开发区						
通州湾示范区	139	42	97	15678	6525	9153
苏锡通科技产业园区	28	9	19	10647	4502	6145
启东市	762	186	576	119925	50343	69582
如皋市	1329	374	955	153026	59426	93600
海门市	631	179	452	85591	34260	51331
海安市	1039	283	756	84253	36296	47957
连云港市	**4474**	**1442**	**3032**	**347961**	**139628**	**208333**
连云区	1		1	687	285	402
海州区	172	67	105	20038	8581	11457
赣榆区	581	194	387	66836	28480	38356
东海县	713	231	482	89599	35918	53681
灌云县	829	294	535	92121	35595	56526
灌南县	2123	634	1489	71972	27767	44205
连云港经济技术开发区	28	11	17	2770	1230	1540
连云港高新技术产业开发区						
江苏连云港徐圩新区				173	73	100
江苏省连云港市云台山风景名胜区	27	11	16	3765	1699	2066
淮安市	**4313**	**1310**	**3003**	**432469**	**175427**	**257042**
淮安区	1265	421	844	108923	47576	61347
淮阴区	760	235	525	74415	28833	45582
清江浦区	203	55	148	13943	5665	8278
洪泽区	826	230	596	33755	13641	20114
涟水县	122	40	82	75150	28119	47031
盱眙县	634	228	406	76894	31332	45562
金湖县	491	95	396	46924	19341	27583
淮安经济技术开发区						
工业园区	9	4	5	2064	746	1318
生态文旅区						
苏淮高新区	3	2	1	401	174	227

4-2c 续表 5

单位：人

地　区	学前教育			小　学		
	小计	男	女	小计	男	女
盐城市	**9992**	**2627**	**7365**	**722905**	**305228**	**417677**
亭湖区	236	68	168	27592	11348	16244
盐都区	1470	355	1115	82404	35490	46914
大丰区	1287	354	933	68323	29762	38561
响水县	358	126	232	48928	21509	27419
滨海县	519	178	341	97810	42613	55197
阜宁县	489	164	325	94774	40314	54460
射阳县	1673	376	1297	101092	40495	60597
建湖县	1567	353	1214	81010	33469	47541
盐城经济技术开发区	51	12	39	7347	3043	4304
江苏省盐南高新区						
东台市	2342	641	1701	113625	47185	66440
扬州市	**9760**	**2811**	**6949**	**443953**	**201394**	**242559**
广陵区	202	62	140	21695	9627	12068
邗江区	331	124	207	26949	12223	14726
江都区	2232	663	1569	126635	56271	70364
宝应县	1888	524	1364	101777	46484	55293
扬州经济技术开发区	62	22	40	4097	2005	2092
蜀冈瘦西湖景区						
生态新城	126	31	95	4416	1923	2493
仪征市	1298	369	929	52634	23784	28850
高邮市	3621	1016	2605	105750	49077	56673
镇江市	**1724**	**422**	**1302**	**180596**	**74097**	**106499**
京口区	5		5	1695	735	960
润州区				186	83	103
丹徒区	288	57	231	27261	11320	15941
镇江新区	153	53	100	8041	3607	4434
江苏镇江高新区						
丹阳市	374	76	298	48461	18744	29717
扬中市	341	76	265	26453	10788	15665
句容市	563	160	403	68499	28820	39679
泰州市	**9232**	**2360**	**6872**	**484307**	**206193**	**278114**
海陵区	316	94	222	13959	6788	7171
高港区	171	28	143	23764	9099	14665
姜堰区	1833	561	1272	86925	38411	48514
泰州医药高新技术产业开发区	7	3	4	3865	1586	2279
兴化市	4946	1190	3756	177223	79967	97256
靖江市	159	36	123	62368	25168	37200
泰兴市	1800	448	1352	116203	45174	71029
宿迁市	**5417**	**1753**	**3664**	**441396**	**185145**	**256251**
宿城区	425	135	290	61558	26199	35359
宿豫区	244	76	168	36172	14955	21217
沭阳县	2155	783	1372	165962	71586	94376
泗阳县	1147	266	881	61016	22224	38792
泗洪县	1205	422	783	73750	31831	41919
宿迁经济技术开发区	66	28	38	10664	4876	5788
宿迁市湖滨新区	36	16	20	16911	7572	9339
苏州宿迁工业园区						
宿迁市洋河新区	139	27	112	15363	5902	9461

4-2c 续表 6

单位：人

地区	初中			高中			大学专科		
	小计	男	女	小计	男	女	小计	男	女
江 苏	**8200713**	**4657833**	**3542880**	**2490431**	**1552512**	**937919**	**952469**	**547842**	**404627**
南京市	**364146**	**217576**	**146570**	**154980**	**99146**	**55834**	**79161**	**46195**	**32966**
玄武区									
秦淮区									
建邺区									
鼓楼区									
浦口区	23137	13655	9482	10301	6370	3931	4788	2654	2134
栖霞区	22919	13053	9866	11402	6960	4442	4200	2410	1790
雨花台区									
江宁区	131173	77142	54031	63521	38924	24597	35540	20767	14773
六合区	84919	53285	31634	30219	20237	9982	16579	9659	6920
溧水区	46024	27302	18722	18127	12209	5918	7168	4176	2992
高淳区	49199	28892	20307	18579	12485	6094	9248	5486	3762
南京江北新区	6775	4247	2528	2831	1961	870	1638	1043	595
无锡市	**561775**	**315031**	**246744**	**174181**	**105496**	**68685**	**73939**	**40965**	**32974**
锡山区	50868	28577	22291	12412	7346	5066	6580	3623	2957
惠山区	92395	52941	39454	26898	16085	10813	14796	7370	7426
滨湖区	18078	10194	7884	6549	3999	2550	3927	2223	1704
梁溪区									
新吴区	38011	22334	15677	13145	8388	4757	6829	4014	2815
江苏无锡经济开发区									
江阴市	195169	107478	87691	72069	42699	29370	23869	13536	10333
宜兴市	167254	93507	73747	43108	26979	16129	17938	10199	7739
徐州市	**1109043**	**614835**	**494208**	**236485**	**147856**	**88629**	**85145**	**50648**	**34497**
鼓楼区									
云龙区									
贾汪区	65355	36903	28452	15151	9425	5726	4767	2835	1932
泉山区									
铜山区	190867	104642	86225	42669	25871	16798	13367	7661	5706
丰县	163605	88946	74659	33230	21105	12125	14780	8845	5935
沛县	180151	96171	83980	30620	19445	11175	12945	7921	5024
睢宁县	157802	92296	65506	34829	22929	11900	14257	8692	5565
徐州经济技术开发区	19472	10771	8701	5495	3308	2187	1729	977	752
新沂市	140157	80006	60151	29438	18541	10897	9576	5546	4030
邳州市	191634	105100	86534	45053	27232	17821	13724	8171	5553
常州市	**524405**	**289907**	**234498**	**145175**	**88912**	**56263**	**66306**	**38598**	**27708**
天宁区	26796	14676	12120	6407	3746	2661	3688	2055	1633
钟楼区	16578	9327	7251	6244	3596	2648	6550	4316	2234
新北区	49281	27254	22027	13160	8193	4967	7292	4145	3147
武进区	165744	90967	74777	42318	25406	16912	21824	12479	9345
金坛区	80216	44946	35270	23735	15297	8438	8969	5420	3549
江苏省常州市经济开发区	72970	41292	31678	15302	9038	6264	7547	4205	3342
溧阳市	112820	61445	51375	38009	23636	14373	10436	5978	4458

4-2c 续表 7

单位：人

地 区	初 中			高 中			大学专科		
	小计	男	女	小计	男	女	小计	男	女
苏州市	**926318**	**535092**	**391226**	**304751**	**189910**	**114841**	**162818**	**92563**	**70255**
虎丘区	22987	13991	8996	8459	5196	3263	6136	3536	2600
吴中区	120646	69960	50686	47980	29858	18122	22969	12782	10187
相城区	20202	12534	7668	6805	4557	2248	3635	2171	1464
姑苏区									
吴江区	144517	82639	61878	37539	23467	14072	19652	10707	8945
苏州工业园区									
常熟市	193160	108239	84921	49498	30252	19246	32827	18316	14511
张家港市	155381	88496	66885	43745	26392	17353	22943	13052	9891
昆山市	165439	98029	67410	83199	52966	30233	40795	23996	16799
太仓市	103986	61204	42782	27526	17222	10304	13861	8003	5858
南通市	**918006**	**482966**	**435040**	**235007**	**139778**	**95229**	**84991**	**46204**	**38787**
崇川区									
港闸区	1302	872	430	498	338	160	239	138	101
通州区	130298	68947	61351	39588	23586	16002	16609	8961	7648
如东县	135234	70282	64952	39375	23434	15941	11422	6273	5149
南通经济技术开发区									
通州湾示范区	21702	10742	10960	4824	2693	2131	1380	750	630
苏锡通科技产业园区	21027	11118	9909	5518	3126	2392	2460	1306	1154
启东市	174616	91742	82874	30835	17598	13237	11203	5985	5218
如皋市	175048	94126	80922	49048	30366	18682	17656	9895	7761
海门市	149072	76320	72752	34611	19497	15114	13187	6876	6311
海安市	109707	58817	50890	30710	19140	11570	10835	6020	4815
连云港市	**550817**	**309435**	**241382**	**269389**	**154677**	**114712**	**88010**	**49781**	**38229**
连云区	916	592	324	403	272	131	168	116	52
海州区	35255	20148	15107	8484	5578	2906	3919	2253	1666
赣榆区	100713	52558	48155	93551	48737	44814	43202	23580	19622
东海县	159139	83473	75666	108813	60563	48250	25359	14459	10900
灌云县	134003	81094	52909	28154	19546	8608	7620	4708	2912
灌南县	107577	64202	43375	22422	15252	7170	5118	3165	1953
连云港经济技术开发区	5175	2777	2398	3951	2352	1599	1493	850	643
连云港高新技术产业开发区									
江苏连云港徐圩新区	487	328	159	152	115	37	54	31	23
江苏省连云港市云台山风景名胜区	7552	4263	3289	3459	2262	1197	1077	619	458
淮安市	**567529**	**335192**	**232337**	**160811**	**104366**	**56445**	**47249**	**28389**	**18860**
淮安区	118888	71443	47445	27485	18200	9285	8801	5489	3312
淮阴区	126190	73375	52815	34344	22360	11984	8618	5136	3482
清江浦区	20518	11975	8543	5495	3462	2033	2462	1490	972
洪泽区	39079	23108	15971	13050	8699	4351	3931	2186	1745
涟水县	148644	83872	64772	48720	30246	18474	13271	8195	5076
盱眙县	76704	48442	28262	18594	12180	6414	5507	3155	2352
金湖县	33404	20512	12892	12166	8598	3568	4170	2454	1716
淮安经济技术开发区									
工业园区	3245	1964	1281	713	452	261	417	243	174
生态文旅区									
苏淮高新区	857	501	356	244	169	75	72	41	31

4-2c 续表 8

单位：人

地区	初中			高中			大学专科		
	小计	男	女	小计	男	女	小计	男	女
盐城市	**881634**	**518982**	**362652**	**225290**	**155580**	**69710**	**56729**	**33656**	**23073**
亭湖区	35648	20803	14845	10760	7315	3445	2839	1682	1157
盐都区	86629	51259	35370	28393	20091	8302	6450	3936	2514
大丰区	92785	52971	39814	31839	21168	10671	9584	5515	4069
响水县	63490	39272	24218	12692	9025	3667	3244	1955	1289
滨海县	131398	79796	51602	22597	15792	6805	5205	3173	2032
阜宁县	122739	72315	50424	26473	18176	8297	6325	3780	2545
射阳县	110569	67066	43503	29149	20631	8518	7450	4280	3170
建湖县	86603	50723	35880	22705	15601	7104	5112	3138	1974
盐城经济技术开发区	10867	6288	4579	3413	2290	1123	1124	671	453
江苏省盐南高新区									
东台市	140906	78489	62417	37269	25491	11778	9396	5526	3870
扬州市	**450652**	**260935**	**189717**	**121995**	**78746**	**43249**	**54208**	**30768**	**23440**
广陵区	30924	18633	12291	9276	5938	3338	4289	2446	1843
邗江区	28706	15547	13159	10753	6553	4200	5698	3285	2413
江都区	133769	74985	58784	30928	19685	11243	12922	7260	5662
宝应县	94562	56971	37591	23814	15942	7872	8360	4857	3503
扬州经济技术开发区	5070	2858	2212	2340	1309	1031	1589	879	710
蜀冈瘦西湖景区									
生态新城	6255	3351	2904	2279	1370	909	1057	568	489
仪征市	57270	33021	24249	19739	12640	7099	9450	5465	3985
高邮市	94096	55569	38527	22866	15309	7557	10843	6008	4835
镇江市	**265049**	**150100**	**114949**	**82839**	**54227**	**28612**	**32512**	**18673**	**13839**
京口区	2748	1504	1244	955	586	369	401	230	171
润州区	416	272	144	101	60	41	53	33	20
丹徒区	41354	23639	17715	11926	7631	4295	4224	2436	1788
镇江新区	13379	7181	6198	5436	3156	2280	2317	1287	1030
江苏镇江高新区									
丹阳市	91221	50874	40347	24322	16173	8149	6777	3840	2937
扬中市	32594	18187	14407	12349	8119	4230	7909	4587	3322
句容市	83337	48443	34894	27750	18502	9248	10831	6260	4571
泰州市	**504351**	**291577**	**212774**	**139761**	**92972**	**46789**	**55255**	**33576**	**21679**
海陵区	14184	8139	6045	4149	2591	1558	1979	1037	942
高港区	28068	15935	12133	9168	5899	3269	5064	3031	2033
姜堰区	81084	46058	35026	22701	14458	8243	9713	5688	4025
泰州医药高新技术产业开发区	5108	2817	2291	1629	979	650	1008	561	447
兴化市	145626	89401	56225	36989	26121	10868	9497	5918	3579
靖江市	86216	48751	37465	26421	16915	9506	11465	6970	4495
泰兴市	144065	80476	63589	38704	26009	12695	16529	10371	6158
宿迁市	**576988**	**336205**	**240783**	**239767**	**140846**	**98921**	**66146**	**37826**	**28320**
宿城区	74421	44405	30016	20086	12861	7225	6130	3564	2566
宿豫区	46796	28794	18002	15841	10401	5440	4778	2838	1940
沭阳县	198081	113239	84842	101940	57090	44850	22701	12852	9849
泗阳县	118959	68891	50068	39861	24427	15434	7576	4432	3144
泗洪县	85866	49487	36379	48838	27573	21265	20679	11632	9047
宿迁经济技术开发区	16211	9345	6866	4629	2973	1656	1620	976	644
宿迁市湖滨新区	14667	9011	5656	3704	2395	1309	1270	728	542
苏州宿迁工业园区									
宿迁市洋河新区	21987	13033	8954	4868	3126	1742	1392	804	588

4-2c 续表 9 单位：人

地 区	大学本科			硕士研究生			博士研究生		
	小计	男	女	小计	男	女	小计	男	女
江 苏	**394344**	**210546**	**183798**	**24023**	**13218**	**10805**	**3089**	**1999**	**1090**
南京市	**43674**	**21405**	**22269**	**3266**	**1759**	**1507**	**443**	**292**	**151**
玄武区									
秦淮区									
建邺区									
鼓楼区									
浦口区	2225	1106	1119	174	95	79	24	16	8
栖霞区	2121	1189	932	143	81	62	19	15	4
雨花台区									
江宁区	19943	10642	9301	1760	921	839	260	166	94
六合区	5912	3240	2672	412	231	181	55	38	17
溧水区	8413	2522	5891	187	99	88	26	16	10
高淳区	3607	1892	1715	250	142	108	28	18	10
南京江北新区	1453	814	639	340	190	150	31	23	8
无锡市	**35502**	**18679**	**16823**	**1601**	**799**	**802**	**182**	**109**	**73**
锡山区	3541	1739	1802	138	57	81	15	7	8
惠山区	6753	3395	3358	307	141	166	30	19	11
滨湖区	1679	868	811	84	32	52	13	7	6
梁溪区									
新吴区	2753	1554	1199	173	87	86	9	6	3
江苏无锡经济开发区									
江阴市	11324	6035	5289	430	235	195	49	28	21
宜兴市	9452	5088	4364	469	247	222	66	42	24
徐州市	**24919**	**14146**	**10773**	**2037**	**1247**	**790**	**376**	**257**	**119**
鼓楼区									
云龙区									
贾汪区	1543	871	672	116	68	48	22	17	5
泉山区									
铜山区	4789	2585	2204	341	189	152	65	44	21
丰县	3809	2155	1654	391	238	153	63	45	18
沛县	3524	2142	1382	319	201	118	60	46	14
睢宁县	4011	2321	1690	389	237	152	67	49	18
徐州经济技术开发区	564	288	276	41	29	12	3	1	2
新沂市	2941	1577	1364	163	104	59	35	20	15
邳州市	3738	2207	1531	277	181	96	61	35	26
常州市	**32326**	**16827**	**15499**	**1854**	**984**	**870**	**264**	**155**	**109**
天宁区	2030	1018	1012	65	36	29	3	2	1
钟楼区	1225	624	601	64	30	34	7	5	2
新北区	3633	1807	1826	191	92	99	31	16	15
武进区	10592	5456	5136	507	269	238	76	43	33
金坛区	4196	2312	1884	540	311	229	59	39	20
江苏省常州市经济开发区	4269	2176	2093	166	76	90	18	9	9
溧阳市	6381	3434	2947	321	170	151	70	41	29

4-2c　续表 10

单位：人

地　区	大学本科			硕士研究生			博士研究生		
	小计	男	女	小计	男	女	小计	男	女
苏州市	**71151**	**37108**	**34043**	**3635**	**1994**	**1641**	**360**	**230**	**130**
虎丘区	3376	1853	1523	346	183	163	19	14	5
吴中区	9605	4890	4715	633	338	295	53	39	14
相城区	1691	915	776	134	89	45	11	8	3
姑苏区									
吴江区	9437	4714	4723	329	168	161	46	24	22
苏州工业园区									
常熟市	12405	6367	6038	460	255	205	72	38	34
张家港市	11762	5951	5811	389	177	212	50	29	21
昆山市	16898	9343	7555	1063	645	418	76	54	22
太仓市	5977	3075	2902	281	139	142	33	24	9
南通市	**43580**	**22233**	**21347**	**2364**	**1162**	**1202**	**305**	**179**	**126**
崇川区									
港闸区	148	83	65	3	2	1	1	1	
通州区	7111	3387	3724	437	213	224	50	30	20
如东县	6135	3129	3006	404	200	204	62	37	25
南通经济技术开发区									
通州湾示范区	674	335	339	42	20	22	5	1	4
苏锡通科技产业园区	1300	594	706	54	28	26	8	5	3
启东市	5635	2921	2714	288	160	128	22	14	8
如皋市	10799	5770	5029	536	260	276	64	33	31
海门市	6658	3366	3292	270	119	151	36	24	12
海安市	5120	2648	2472	330	160	170	57	34	23
连云港市	**25479**	**14359**	**11120**	**1463**	**845**	**618**	**208**	**137**	**71**
连云区	66	43	23	2	1	1			
海州区	1121	586	535	77	38	39	9	7	2
赣榆区	12065	6838	5227	672	414	258	100	63	37
东海县	7105	3909	3196	351	203	148	48	35	13
灌云县	2675	1558	1117	182	99	83	21	11	10
灌南县	1729	1047	682	119	61	58	21	15	6
连云港经济技术开发区	427	224	203	44	20	24	5	3	2
连云港高新技术产业开发区									
江苏连云港徐圩新区	14	9	5						
江苏省连云港市云台山风景名胜区	277	145	132	16	9	7	4	3	1
淮安市	**15830**	**9089**	**6741**	**1030**	**596**	**434**	**126**	**84**	**42**
淮安区	3361	2060	1301	244	157	87	19	11	8
淮阴区	2893	1653	1240	174	100	74	34	21	13
清江浦区	646	345	301	38	22	16	5	5	
洪泽区	1760	926	834	80	37	43	7	5	2
涟水县	3304	1943	1361	234	133	101	30	21	9
盱眙县	2426	1389	1037	138	79	59	20	14	6
金湖县	1294	688	606	115	65	50	11	7	4
淮安经济技术开发区									
工业园区	131	74	57	5	2	3			
生态文旅区									
苏淮高新区	15	11	4	2	1	1			

4-2c 续表 11

单位：人

地　区	大学本科			硕士研究生			博士研究生		
	小计	男	女	小计	男	女	小计	男	女
盐城市	**20261**	**11603**	**8658**	**1591**	**904**	**687**	**215**	**148**	**67**
亭湖区	981	556	425	59	36	23	14	12	2
盐都区	2711	1596	1115	227	140	87	24	16	8
大丰区	3358	1802	1556	263	138	125	31	18	13
响水县	1167	705	462	85	43	42	18	12	6
滨海县	1868	1143	725	136	90	46	26	19	7
阜宁县	2167	1260	907	177	101	76	22	13	9
射阳县	2441	1366	1075	174	103	71	25	20	5
建湖县	1855	1108	747	151	92	59	19	16	3
盐城经济技术开发区	325	169	156	39	20	19	4	3	1
江苏省盐南高新区									
东台市	3388	1898	1490	280	141	139	32	19	13
扬州市	**23235**	**12490**	**10745**	**1529**	**832**	**697**	**134**	**90**	**44**
广陵区	1289	666	623	87	45	42	4	2	2
邗江区	2892	1463	1429	114	59	55	16	11	5
江都区	5211	2873	2338	386	213	173	37	19	18
宝应县	3683	2107	1576	259	159	100	29	22	7
扬州经济技术开发区	1211	644	567	133	73	60	10	6	4
蜀冈瘦西湖景区									
生态新城	470	236	234	26	10	16	4	3	1
仪征市	4316	2299	2017	246	136	110	11	9	2
高邮市	4163	2202	1961	278	137	141	23	18	5
镇江市	**12349**	**6576**	**5773**	**714**	**355**	**359**	**92**	**58**	**34**
京口区	164	84	80	12	7	5	1	1	
润州区	19	11	8	3	1	2			
丹徒区	1463	748	715	80	40	40	13	9	4
镇江新区	1032	525	507	50	24	26	7	4	3
江苏镇江高新区									
丹阳市	2591	1402	1189	140	68	72	21	15	6
扬中市	3092	1594	1498	137	59	78	18	6	12
句容市	3988	2212	1776	292	156	136	32	23	9
泰州市	**22301**	**12881**	**9420**	**1613**	**934**	**679**	**232**	**153**	**79**
海陵区	868	427	441	52	23	29	5	3	2
高港区	2066	1139	927	135	78	57	17	11	6
姜堰区	4358	2404	1954	251	127	124	38	30	8
泰州医药高新技术产业开发区	392	212	180	28	15	13	3	2	1
兴化市	3912	2366	1546	391	250	141	39	28	11
靖江市	4484	2505	1979	289	156	133	51	31	20
泰兴市	6221	3828	2393	467	285	182	79	48	31
宿迁市	**23737**	**13150**	**10587**	**1326**	**807**	**519**	**152**	**107**	**45**
宿城区	2673	1522	1151	144	89	55	14	11	3
宿豫区	1485	853	632	114	67	47	17	14	3
沭阳县	8603	4744	3859	501	301	200	52	34	18
泗阳县	3247	1868	1379	194	114	80	25	17	8
泗洪县	6048	3224	2824	253	164	89	31	23	8
宿迁经济技术开发区	605	324	281	40	23	17	6	3	3
宿迁市湖滨新区	499	280	219	35	23	12	3	1	2
苏州宿迁工业园区									
宿迁市洋河新区	577	335	242	45	26	19	4	4	

4-3 各地区分性别、受教育程度的16-59岁人口

单位：人

地　区	16-59岁人口			未上过学		
	合计	男	女	小计	男	女
江　苏	**52578923**	**26799700**	**25779223**	**356473**	**98670**	**257803**
南京市	**6296706**	**3236897**	**3059809**	**44594**	**10944**	**33650**
玄武区	365214	183196	182018	456	154	302
秦淮区	460331	226696	233635	1920	488	1432
建邺区	357701	180509	177192	1568	512	1056
鼓楼区	590372	283313	307059	2330	622	1708
浦口区	269499	137801	131698	2411	645	1766
栖霞区	717240	374575	342665	2966	876	2090
雨花台区	432258	228120	204138	3629	951	2678
江宁区	1369702	721038	648664	11203	3125	8078
六合区	389027	194711	194316	7593	1099	6494
溧水区	317348	167157	150191	3035	645	2390
高淳区	260046	131374	128672	4983	1082	3901
南京江北新区	767968	408407	359561	2500	745	1755
无锡市	**4968576**	**2589297**	**2379279**	**23022**	**6054**	**16968**
锡山区	613411	329190	284221	2961	722	2239
惠山区	616134	326390	289744	5214	1256	3958
滨湖区	401056	207802	193254	2099	518	1581
梁溪区	623586	312089	311497	2694	680	2014
新吴区	503927	266576	237351	1412	362	1050
江苏无锡经济开发区	217874	112477	105397	1720	419	1301
江阴市	1191874	624021	567853	3819	1091	2728
宜兴市	800714	410752	389962	3103	1006	2097
徐州市	**5155348**	**2561502**	**2593846**	**44018**	**12115**	**31903**
鼓楼区	271792	137071	134721	851	348	503
云龙区	302475	148596	153879	1055	406	649
贾汪区	259909	132610	127299	3719	996	2723
泉山区	383847	186622	197225	1009	370	639
铜山区	715619	360119	355500	5836	1755	4081
丰县	508461	251753	256708	3579	994	2585
沛县	573091	282533	290558	3867	1206	2661
睢宁县	603282	295645	307637	8748	1966	6782
徐州经济技术开发区	239398	122173	117225	1546	447	1099
新沂市	528762	263490	265272	7150	1631	5519
邳州市	768712	380890	387822	6658	1996	4662
常州市	**3482500**	**1803040**	**1679460**	**20854**	**5841**	**15013**
天宁区	432838	215699	217139	2323	574	1749
钟楼区	438064	223875	214189	3307	878	2429
新北区	594821	306018	288803	2744	637	2107
武进区	879353	465300	414053	5456	1551	3905
金坛区	360941	182543	178398	2243	674	1569
江苏省常州市经济开发区	290295	156172	134123	1746	462	1284
溧阳市	486188	253433	232755	3035	1065	1970

4-3 续表 1 单位：人

地区	16-59岁人口			未上过学		
	合计	男	女	小计	男	女
苏州市	**8776025**	**4665937**	**4110088**	**40719**	**12438**	**28281**
虎丘区	593572	316425	277147	2898	723	2175
吴中区	990198	527571	462627	7687	2815	4872
相城区	627758	338866	288892	4247	1311	2936
姑苏区	572121	281188	290933	2715	791	1924
吴江区	1066786	570846	495940	3276	953	2323
苏州工业园区	802771	422907	379864	3309	820	2489
常熟市	1126661	600380	526281	2187	672	1515
张家港市	943919	495139	448780	4370	1188	3182
昆山市	1502124	814557	687567	6288	2030	4258
太仓市	550115	298058	252057	3742	1135	2607
南通市	**4511257**	**2243526**	**2267731**	**19755**	**7480**	**12275**
崇川区	528590	262419	266171	1504	456	1048
港闸区	274868	142231	132637	1520	493	1027
通州区	640618	317850	322768	3315	1223	2092
如东县	456289	223703	232586	2401	1042	1359
南通经济技术开发区	220358	119604	100754	660	236	424
通州湾示范区	45585	22841	22744	270	106	164
苏锡通科技产业园区	57258	31151	26107	313	96	217
启东市	526873	261120	265753	1994	947	1047
如皋市	689513	331644	357869	3369	1155	2214
海门市	571197	282504	288693	2312	937	1375
海安市	500108	248459	251649	2097	789	1308
连云港市	**2615040**	**1322915**	**1292125**	**21807**	**6299**	**15508**
连云区	102631	55459	47172	742	227	515
海州区	436532	217522	219010	3117	963	2154
赣榆区	552027	276067	275960	2821	819	2002
东海县	572768	286666	286102	2306	670	1636
灌云县	394953	203677	191276	6133	1613	4520
灌南县	331093	167898	163195	4693	1395	3298
连云港经济技术开发区	56245	29293	26952	610	175	435
连云港高新技术产业开发区	124835	60279	64556	688	226	462
江苏连云港徐圩新区	27153	17125	10028	250	111	139
江苏省连云港市云台山风景名胜区	16803	8929	7874	447	100	347
淮安市	**2654711**	**1311687**	**1343024**	**20552**	**4939**	**15613**
淮安区	435395	215687	219708	5747	1336	4411
淮阴区	436185	218169	218016	1376	401	975
清江浦区	365751	177185	188566	1160	286	874
洪泽区	168395	83423	84972	1223	364	859
涟水县	453833	224062	229771	3293	976	2317
盱眙县	341848	168567	173281	4907	900	4007
金湖县	170342	85241	85101	276	91	185
淮安经济技术开发区	200348	99755	100593	1503	382	1121
工业园区	9491	4805	4686	167	38	129
生态文旅区	59377	27749	31628	629	111	518
苏淮高新区	13746	7044	6702	271	54	217

4-3 续表 2

单位：人

地区	16-59岁人口			未上过学		
	合计	男	女	小计	男	女
盐城市	**3793998**	**1899150**	**1894848**	**37620**	**11201**	**26419**
亭湖区	438740	221529	217211	2494	889	1605
盐都区	352174	178395	173779	2726	790	1936
大丰区	378932	192888	186044	3090	1073	2017
响水县	243140	123270	119870	6752	1650	5102
滨海县	422075	211977	210098	7997	2179	5818
阜宁县	419245	206334	212911	4722	1399	3323
射阳县	429000	216012	212988	3879	1121	2758
建湖县	341610	169446	172164	1519	553	966
盐城经济技术开发区	66858	33669	33189	469	163	306
江苏省盐南高新区	223117	107684	115433	644	196	448
东台市	479107	237946	241161	3328	1188	2140
扬州市	**2808130**	**1396890**	**1411240**	**22546**	**6810**	**15736**
广陵区	349994	181016	168978	1531	584	947
邗江区	490807	241457	249350	2876	909	1967
江都区	543334	265099	278235	3157	1032	2125
宝应县	389378	191249	198129	4960	1342	3618
扬州经济技术开发区	160282	80815	79467	986	292	694
蜀冈瘦西湖景区	85627	42235	43392	786	439	347
生态新城	41832	21531	20301	277	112	165
仪征市	329739	167209	162530	2965	849	2116
高邮市	417137	206279	210858	5008	1251	3757
镇江市	**2048963**	**1052220**	**996743**	**10339**	**3324**	**7015**
京口区	230417	117975	112442	855	302	553
润州区	153030	76323	76707	870	350	520
丹徒区	222525	117634	104891	1246	392	854
镇江新区	172576	90627	81949	959	386	573
江苏镇江高新区	40450	21103	19347	235	57	178
丹阳市	630281	322038	308243	3211	974	2237
扬中市	195217	100090	95127	785	255	530
句容市	404467	206430	198037	2178	608	1570
泰州市	**2642695**	**1315218**	**1327477**	**15262**	**3804**	**11458**
海陵区	370520	179968	190552	1731	425	1306
高港区	154642	77304	77338	432	144	288
姜堰区	380712	183373	197339	2007	595	1412
泰州医药高新技术产业开发区	150393	74968	75425	520	125	395
兴化市	604639	308275	296364	7520	1429	6091
靖江市	407238	206796	200442	694	258	436
泰兴市	574551	284534	290017	2358	828	1530
宿迁市	**2824974**	**1401421**	**1423553**	**35385**	**7421**	**27964**
宿城区	398420	195977	202443	5734	1059	4675
宿豫区	257180	129207	127973	2360	466	1894
沭阳县	931563	467542	464021	8950	2400	6550
泗阳县	456895	223852	233043	5536	1139	4397
泗洪县	476702	231819	244883	7078	1277	5801
宿迁经济技术开发区	116203	57820	58383	1963	321	1642
宿迁市湖滨新区	84098	43966	40132	1729	344	1385
苏州宿迁工业园区	18944	8939	10005	107	6	101
宿迁市洋河新区	84969	42299	42670	1928	409	1519

4-3 续表 3

单位：人

地　　区	学前教育			小　　学		
	小计	男	女	小计	男	女
江　苏	**34453**	**13487**	**20966**	**5052053**	**1929093**	**3122960**
南京市	**3459**	**1455**	**2004**	**444930**	**175577**	**269353**
玄武区	109	41	68	10439	4273	6166
秦淮区	99	40	59	15772	6067	9705
建邺区	134	81	53	13155	6263	6892
鼓楼区	187	71	116	17224	6585	10639
浦口区	202	98	104	29510	12141	17369
栖霞区	284	163	121	30226	13424	16802
雨花台区	160	69	91	25909	11274	14635
江宁区	905	392	513	102194	43276	58918
六合区	451	117	334	65351	20646	44705
溧水区	302	108	194	43028	17599	25429
高淳区	334	106	228	49333	17155	32178
南京江北新区	292	169	123	42789	16874	25915
无锡市	**1294**	**499**	**795**	**388576**	**165337**	**223239**
锡山区	135	40	95	63182	27326	35856
惠山区	249	123	126	58326	25819	32507
滨湖区	112	40	72	20251	8899	11352
梁溪区	127	58	69	30619	12586	18033
新吴区	125	44	81	28408	10836	17572
江苏无锡经济开发区	91	26	65	15800	7109	8691
江阴市	223	92	131	92144	38503	53641
宜兴市	232	76	156	79846	34259	45587
徐州市	**5733**	**2218**	**3515**	**629196**	**233643**	**395553**
鼓楼区	124	53	71	9519	4336	5183
云龙区	124	56	68	12058	5142	6916
贾汪区	257	94	163	34662	13692	20970
泉山区	138	70	68	10935	4407	6528
铜山区	598	230	368	89481	35151	54330
丰县	324	124	200	64577	21962	42615
沛县	399	153	246	63020	22394	40626
睢宁县	1381	425	956	108517	35742	72775
徐州经济技术开发区	132	48	84	18079	6951	11128
新沂市	625	221	404	83975	30599	53376
邳州市	1631	744	887	134373	53267	81106
常州市	**1190**	**496**	**694**	**289873**	**123575**	**166298**
天宁区	95	44	51	28328	11934	16394
钟楼区	81	27	54	28608	12490	16118
新北区	130	41	89	40838	16141	24697
武进区	369	145	224	80932	35854	45078
金坛区	141	66	75	38972	15568	23404
江苏省常州市经济开发区	111	43	68	30042	13720	16322
溧阳市	263	130	133	42153	17868	24285

4-3　续表 4　　单位：人

地　区	学前教育			小　学		
	小计	男	女	小计	男	女
苏州市	**5774**	**2476**	**3298**	**715476**	**307426**	**408050**
虎丘区	331	180	151	40231	15989	24242
吴中区	1223	544	679	97114	43128	53986
相城区	712	317	395	74412	33681	40731
姑苏区	306	119	187	27298	10861	16437
吴江区	1169	485	684	130689	57114	73575
苏州工业园区	359	148	211	40903	15717	25186
常熟市	58	22	36	62878	25948	36930
张家港市	379	149	230	89387	39389	49998
昆山市	950	390	560	101859	41723	60136
太仓市	287	122	165	50705	23876	26829
南通市	**2141**	**903**	**1238**	**402388**	**164617**	**237771**
崇川区	228	108	120	17977	7920	10057
港闸区	144	53	91	18025	8119	9906
通州区	342	130	212	70719	29536	41183
如东县	169	75	94	51095	21532	29563
南通经济技术开发区	63	33	30	15490	7001	8489
通州湾示范区	21	10	11	4438	2096	2342
苏锡通科技产业园区	10	3	7	6415	3071	3344
启东市	213	93	120	44692	21119	23573
如皋市	496	191	305	95289	33002	62287
海门市	226	121	105	37135	15555	21580
海安市	229	86	143	41113	15666	25447
连云港市	**2416**	**943**	**1473**	**238778**	**83722**	**155056**
连云区	65	35	30	6385	2769	3616
海州区	293	141	152	28482	10998	17484
赣榆区	189	66	123	30803	10039	20764
东海县	256	106	150	38525	13041	25484
灌云县	482	208	274	68915	23552	45363
灌南县	994	319	675	54209	18594	35615
连云港经济技术开发区	27	12	15	3322	1274	2048
连云港高新技术产业开发区	66	27	39	3389	1245	2144
江苏连云港徐圩新区	34	25	9	2498	1346	1152
江苏省连云港市云台山风景名胜区	10	4	6	2250	864	1386
淮安市	**1614**	**551**	**1063**	**351240**	**114616**	**236624**
淮安区	326	115	211	76048	25323	50725
淮阴区	198	88	110	53109	17101	36008
清江浦区	108	40	68	23575	8109	15466
洪泽区	339	90	249	27030	8759	18271
涟水县	25	12	13	51312	17114	34198
盱眙县	373	111	262	68032	21532	46500
金湖县	73	19	54	23245	6780	16465
淮安经济技术开发区	128	57	71	18515	6494	12021
工业园区	3	2	1	1842	531	1311
生态文旅区	25	11	14	6482	2259	4223
苏淮高新区	16	6	10	2050	614	1436

4-3 续表 5

单位：人

地　区	学前教育			小　学		
	小计	男	女	小计	男	女
盐城市	**2656**	**1070**	**1586**	**433465**	**151217**	**282248**
亭湖区	228	98	130	34761	12433	22328
盐都区	279	95	184	37376	11551	25825
大丰区	287	99	188	38968	14962	24006
响水县	238	104	134	40391	14688	25703
滨海县	272	121	151	63342	23697	39645
阜宁县	313	130	183	53929	18613	35316
射阳县	315	123	192	63584	22537	41047
建湖县	222	91	131	34695	11249	23446
盐城经济技术开发区	26	11	15	6727	2199	4528
江苏省盐南高新区	115	65	50	8588	2724	5864
东台市	361	133	228	51104	16564	34540
扬州市	**2790**	**1022**	**1768**	**309823**	**111795**	**198028**
广陵区	290	118	172	29499	13114	16385
邗江区	412	192	220	36691	13837	22854
江都区	452	175	277	64803	23551	41252
宝应县	447	151	296	55868	17431	38437
扬州经济技术开发区	95	36	59	10727	4134	6593
蜀冈瘦西湖景区	38	14	24	5763	2603	3160
生态新城	20	9	11	6024	2643	3381
仪征市	375	128	247	41550	15348	26202
高邮市	661	199	462	58898	19134	39764
镇江市	**990**	**429**	**561**	**178330**	**71150**	**107180**
京口区	99	42	57	10786	4727	6059
润州区	160	66	94	9412	4122	5290
丹徒区	122	52	70	21016	8388	12628
镇江新区	112	58	54	13734	5828	7906
江苏镇江高新区	32	16	16	3645	1521	2124
丹阳市	209	91	118	61164	24527	36637
扬中市	86	36	50	18433	7540	10893
句容市	170	68	102	40140	14497	25643
泰州市	**1956**	**593**	**1363**	**279438**	**90214**	**189224**
海陵区	197	59	138	27845	8768	19077
高港区	49	20	29	14254	4406	9848
姜堰区	372	134	238	38835	11988	26847
泰州医药高新技术产业开发区	51	21	30	11609	3581	8028
兴化市	903	230	673	100708	30365	70343
靖江市	43	18	25	27317	11270	16047
泰兴市	341	111	230	58870	19836	39034
宿迁市	**2440**	**832**	**1608**	**390540**	**136204**	**254336**
宿城区	266	89	177	55631	19350	36281
宿豫区	161	68	93	32277	10196	22081
沭阳县	843	293	550	140809	54052	86757
泗阳县	524	153	371	40817	11076	29741
泗洪县	385	114	271	68744	22532	46212
宿迁经济技术开发区	116	48	68	15948	5793	10155
宿迁市湖滨新区	68	41	27	18639	7119	11520
苏州宿迁工业园区	7	2	5	979	262	717
宿迁市洋河新区	70	24	46	16696	5824	10872

4-3　续表 6　　单位：人

地　区	初中			高中			大学专科		
	小计	男	女	小计	男	女	小计	男	女
江　苏	**20682940**	**10623017**	**10059923**	**11346756**	**6245789**	**5100967**	**7707860**	**4094388**	**3613472**
南京市	**1497306**	**799183**	**698123**	**1223133**	**655544**	**567589**	**1157436**	**605017**	**552419**
玄武区	46075	24239	21836	59067	28701	30366	59657	28607	31050
秦淮区	84258	41926	42332	115276	56758	58518	97813	47658	50155
建邺区	58090	31470	26620	66407	33341	33066	73221	36349	36872
鼓楼区	81545	39748	41797	117099	56956	60143	114146	54173	59973
浦口区	83329	44736	38593	60466	32649	27817	41969	21468	20501
栖霞区	160710	88692	72018	143417	78996	64421	130939	71082	59857
雨花台区	100916	54894	46022	81037	43365	37672	82155	44062	38093
江宁区	351850	189902	161948	247627	137315	110312	261861	139797	122064
六合区	148620	79894	68726	76146	43665	32481	56581	31122	25459
溧水区	112696	61212	51484	65893	39086	26807	49467	27132	22335
高淳区	98852	52552	46300	51345	30479	20866	32485	17825	14660
南京江北新区	170365	89918	80447	139353	74233	65120	157142	85742	71400
无锡市	**1962173**	**1034559**	**927614**	**1034394**	**569336**	**465058**	**818286**	**435238**	**383048**
锡山区	279481	154299	125182	114968	65953	49015	82703	44589	38114
惠山区	259161	140596	118565	113043	64256	48787	111986	59395	52591
滨湖区	111559	59430	52129	75963	40237	35726	83791	45236	38555
梁溪区	174150	87962	86188	143626	73306	70320	131152	67290	63862
新吴区	192400	101267	91133	110731	61847	48884	98892	53744	45148
江苏无锡经济开发区	62569	33935	28634	37106	19984	17122	37388	18877	18511
江阴市	520840	272021	248819	283111	157494	125617	161463	87419	74044
宜兴市	362013	185049	176964	155846	86259	69587	110911	58688	52223
徐州市	**2303380**	**1158831**	**1144549**	**1048928**	**566885**	**482043**	**658549**	**350314**	**308235**
鼓楼区	72605	35359	37246	76842	38295	38547	68341	36857	31484
云龙区	74097	35585	38512	68338	33880	34458	63432	32053	31379
贾汪区	130233	67350	62883	51668	29627	22041	24045	13718	10327
泉山区	86957	40129	46828	104777	51597	53180	91787	45776	46011
铜山区	350917	179118	171799	121328	66942	54386	72550	38490	34060
丰县	270246	134531	135715	96806	54360	42446	52174	28822	23352
沛县	319902	156411	163491	98156	54254	43902	59685	32942	26743
睢宁县	296069	152482	143587	107503	60976	46527	54174	29855	24319
徐州经济技术开发区	88979	44473	44506	55543	30453	25090	49452	26011	23441
新沂市	251102	130801	120301	104427	57337	47090	55143	29644	25499
邳州市	362273	182592	179681	163540	89164	74376	67766	36146	31620
常州市	**1415133**	**730682**	**684451**	**708718**	**388789**	**319929**	**540710**	**293179**	**247531**
天宁区	150478	76479	73999	91373	46817	44556	74861	37473	37388
钟楼区	146656	76633	70023	92786	48814	43972	72558	38262	34296
新北区	222400	112401	109999	113461	62899	50562	105113	55857	49256
武进区	377963	200376	177587	151816	84635	67181	151356	85599	65757
金坛区	161395	78987	82408	77140	43464	33676	47211	26179	21032
江苏省常州市经济开发区	146627	79480	67147	52981	29929	23052	36289	20621	15668
溧阳市	209614	106326	103288	129161	72231	56930	53322	29188	24134

4-3 续表 7

单位：人

地区	初中			高中			大学专科		
	小计	男	女	小计	男	女	小计	男	女
苏州市	**3365924**	**1833956**	**1531968**	**1871757**	**1065550**	**806207**	**1436294**	**760599**	**675695**
虎丘区	180535	101211	79324	129562	75490	54072	115656	59557	56099
吴中区	358004	197327	160677	217456	123668	93788	169693	89577	80116
相城区	257739	144519	113220	114758	66367	48391	95944	50516	45428
姑苏区	140023	69571	70452	129898	65851	64047	122382	60844	61538
吴江区	487240	266698	220542	208531	121086	87445	134480	71970	62510
苏州工业园区	173888	95012	78876	169963	98503	71460	157159	83216	73943
常熟市	574193	307774	266419	207035	118357	88678	151307	82681	68626
张家港市	406536	215859	190677	183561	101509	82052	138844	74751	64093
昆山市	531659	293693	237966	407375	235637	171738	273742	145764	127978
太仓市	256107	142292	113815	103618	59082	44536	77087	41723	35364
南通市	**2040766**	**1008057**	**1032709**	**945999**	**502746**	**443253**	**598771**	**309736**	**289035**
崇川区	116823	57536	59287	118988	60258	58730	126817	65065	61752
港闸区	97706	50879	46827	56182	30501	25681	55309	28110	27199
通州区	322659	159871	162788	124916	67416	57500	70625	36255	34370
如东县	226105	108255	117850	99131	52750	46381	41683	21916	19767
南通经济技术开发区	79035	44100	34935	49487	27270	22217	49786	27377	22409
通州湾示范区	23861	11451	12410	11161	6165	4996	3895	2011	1884
苏锡通科技产业园区	32009	17348	14661	10178	5984	4194	5264	3017	2247
启东市	283800	141212	142588	97059	49415	47644	52860	26077	26783
如皋市	329036	158477	170559	139169	76009	63160	68086	35069	33017
海门市	296587	145525	151062	123834	64255	59579	63147	32484	30663
海安市	233145	113403	119742	115894	62723	53171	61299	32355	28944
连云港市	**983815**	**500721**	**483094**	**721571**	**388006**	**333565**	**392492**	**208105**	**184387**
连云区	31730	16752	14978	28200	15783	12417	19711	11004	8707
海州区	138324	67947	70377	112243	57947	54296	87054	44705	42349
赣榆区	166176	79837	86339	192599	99232	93367	107879	58093	49786
东海县	214824	104609	110215	204373	108382	95991	75265	40388	34877
灌云县	208468	113241	95227	69484	41572	27912	25820	14769	11051
灌南县	171431	90867	80564	64483	37157	27326	21869	12278	9591
连云港经济技术开发区	16773	8368	8405	18501	10253	8248	10095	5578	4517
连云港高新技术产业开发区	16964	8111	8853	20201	10560	9641	39581	17728	21853
江苏连云港徐圩新区	10608	6371	4237	7756	4832	2924	3762	2717	1045
江苏省连云港市云台山风景名胜区	8517	4618	3899	3731	2288	1443	1456	845	611
淮安市	**1146605**	**579225**	**567380**	**576794**	**319074**	**257720**	**314464**	**169165**	**145299**
淮安区	206082	106077	100005	80410	45953	34457	39683	22343	17340
淮阴区	208145	106616	101529	92513	52986	39527	39690	22016	17674
清江浦区	113837	53151	60686	90549	46399	44150	65646	34288	31358
洪泽区	74779	38236	36543	39351	22214	17137	15970	8602	7368
涟水县	222921	109301	113620	110691	60289	50402	46545	26011	20534
盱眙县	157996	85153	72843	64969	36784	28185	25882	13673	12209
金湖县	68714	34321	34393	44399	25897	18502	21377	11739	9638
淮安经济技术开发区	63613	31063	32550	39582	20919	18663	46857	24178	22679
工业园区	5122	2869	2253	1235	725	510	843	487	356
生态文旅区	17646	8294	9352	10744	5410	5334	11041	5292	5749
苏淮高新区	7750	4144	3606	2351	1498	853	930	536	394

4-3 续表 8

单位：人

地区	初中			高中			大学专科		
	小计	男	女	小计	男	女	小计	男	女
盐城市	**1758489**	**869709**	**888780**	**878237**	**497952**	**380285**	**405142**	**218920**	**186222**
亭湖区	151913	72966	78947	124189	66805	57384	67607	36972	30635
盐都区	163353	79901	83452	91545	53966	37579	37777	21457	16320
大丰区	170470	85011	85459	90199	51490	38709	46235	24753	21482
响水县	126806	67070	59736	39648	23302	16346	17451	9944	7507
滨海县	228770	117894	110876	74806	42132	32674	27106	15030	12076
阜宁县	225947	111358	114589	85365	48191	37174	31379	17064	14315
射阳县	211258	107452	103806	94359	54270	40089	36475	20069	16406
建湖县	172559	81537	91022	81554	47540	34014	31449	17619	13830
盐城经济技术开发区	26071	13447	12624	14463	8887	5576	7245	4221	3024
江苏省盐南高新区	48443	20906	27537	61884	31767	30117	58648	28133	30515
东台市	232899	112167	120732	120225	69602	50623	43770	23658	20112
扬州市	**1125075**	**558514**	**566561**	**586598**	**321115**	**265483**	**410653**	**219396**	**191257**
广陵区	121125	62147	58978	90577	49401	41176	61689	32567	29122
邗江区	129953	62299	67654	92651	47918	44733	103845	54641	49204
江都区	262516	126674	135842	105111	57524	47587	64088	34041	30047
宝应县	186066	93095	92971	80198	45413	34785	37255	20433	16822
扬州经济技术开发区	46974	23448	23526	33455	17755	15700	35095	18837	16258
蜀冈瘦西湖景区	22716	10804	11912	21631	10711	10920	16982	8747	8235
生态新城	21147	10796	10351	8223	4698	3525	3896	2104	1792
仪征市	132944	67103	65841	75467	42031	33436	44508	24734	19774
高邮市	201634	102148	99486	79285	45664	33621	43295	23292	20003
镇江市	**818572**	**413222**	**405350**	**455702**	**254219**	**201483**	**302605**	**162391**	**140214**
京口区	53304	26325	26979	49734	24998	24736	42208	22151	20057
润州区	44900	21447	23453	39728	20038	19690	27661	14635	13026
丹徒区	89398	46603	42795	43777	24909	18868	30476	16119	14357
镇江新区	64747	32539	32208	43766	24506	19260	30895	17664	13231
江苏镇江高新区	15748	8192	7556	9467	5262	4205	6174	3402	2772
丹阳市	308117	156621	151496	133062	76478	56584	67862	36017	31845
扬中市	74854	36644	38210	43409	24995	18414	35060	19059	16001
句容市	167504	84851	82653	92759	53033	39726	62269	33344	28925
泰州市	**1113470**	**549473**	**563997**	**577373**	**324213**	**253160**	**362020**	**197477**	**164543**
海陵区	117355	57309	60046	78335	41888	36447	68948	36223	32725
高港区	66283	32157	34126	32683	18662	14021	24275	13453	10822
姜堰区	167870	78903	88967	82681	44651	38030	49521	26562	22959
泰州医药高新技术产业开发区	54060	27230	26830	25081	14000	11081	30319	15769	14550
兴化市	288127	153444	134683	129440	78456	50984	48077	27468	20609
靖江市	161708	78734	82974	99011	53827	45184	64892	35342	29550
泰兴市	258067	121696	136371	130142	72729	57413	75988	42660	33328
宿迁市	**1152232**	**586885**	**565347**	**717552**	**392360**	**325192**	**310438**	**164851**	**145587**
宿城区	151595	78704	72891	83122	45661	37461	46539	24163	22376
宿豫区	106583	55353	51230	61232	34096	27136	36262	19431	16831
沭阳县	380094	193335	186759	252148	136536	115612	85581	46139	39442
泗阳县	199776	98548	101228	137540	74059	63481	42370	22780	19590
泗洪县	184974	93236	91738	120231	64905	55326	63012	33209	29803
宿迁经济技术开发区	47254	23912	23342	27862	15386	12476	15329	8296	7033
宿迁市湖滨新区	32774	18358	14416	16462	10922	5540	12024	5886	6138
苏州宿迁工业园区	5608	2344	3264	4264	2272	1992	4037	2043	1994
宿迁市洋河新区	43574	23095	20479	14691	8523	6168	5284	2904	2380

4-3 续表 9

单位：人

地 区	大学本科			硕士研究生			博士研究生		
	小计	男	女	小计	男	女	小计	男	女
江 苏	**6587311**	**3356446**	**3230865**	**717682**	**379346**	**338336**	**93395**	**59464**	**33931**
南京市	**1584294**	**803305**	**780989**	**292652**	**154568**	**138084**	**48902**	**31304**	**17598**
玄武区	138352	69286	69066	40213	20833	19380	10846	7062	3784
秦淮区	117976	58170	59806	23496	13036	10460	3721	2553	1168
建邺区	115591	56463	59128	26590	14159	12431	2945	1871	1074
鼓楼区	195684	92426	103258	52658	26828	25830	9499	5904	3595
浦口区	44949	22456	22493	5972	3163	2809	691	445	246
栖霞区	205640	99853	105787	34873	16522	18351	8185	4967	3218
雨花台区	117202	61063	56139	19861	11495	8366	1389	947	442
江宁区	330811	172090	158721	55400	30046	25354	7851	5095	2756
六合区	31998	16909	15089	2102	1139	963	185	120	65
溧水区	40602	20130	20472	2151	1137	1014	174	108	66
高淳区	21233	11354	9879	1365	755	610	116	66	50
南京江北新区	224256	123105	101151	27971	15455	12516	3300	2166	1134
无锡市	**668307**	**338888**	**329419**	**66220**	**35402**	**30818**	**6304**	**3984**	**2320**
锡山区	65068	33673	31395	4634	2413	2221	279	175	104
惠山区	62926	32128	30798	4894	2591	2303	335	226	109
滨湖区	90626	44329	46297	14353	7720	6633	2302	1393	909
梁溪区	125896	61946	63950	14308	7585	6723	1014	676	338
新吴区	65213	34678	30535	6379	3548	2831	367	250	117
江苏无锡经济开发区	51799	25920	25879	10245	5470	4775	1156	737	419
江阴市	122687	63212	59475	7076	3878	3198	511	311	200
宜兴市	84092	43002	41090	4331	2197	2134	340	216	124
徐州市	**421050**	**213283**	**207767**	**38683**	**20401**	**18282**	**5811**	**3812**	**1999**
鼓楼区	39966	19931	20035	3209	1684	1525	335	208	127
云龙区	76689	38079	38610	6052	3018	3034	630	377	253
贾汪区	14746	6825	7921	503	265	238	76	43	33
泉山区	76538	38076	38462	9815	4972	4843	1891	1225	666
铜山区	62558	31550	31008	10385	5497	4888	1966	1386	580
丰县	19556	10240	9316	1080	638	442	119	82	37
沛县	26703	14387	12316	1201	677	524	158	109	49
睢宁县	25460	13384	12076	1285	714	571	145	101	44
徐州经济技术开发区	22863	12115	10748	2618	1579	1039	186	96	90
新沂市	25096	12622	12474	1121	564	557	123	71	52
邳州市	30875	16074	14801	1414	793	621	182	114	68
常州市	**463695**	**237553**	**226142**	**38559**	**20506**	**18053**	**3768**	**2419**	**1349**
天宁区	76602	37865	38737	8077	4065	4012	701	448	253
钟楼区	85842	42374	43468	7477	3914	3563	749	483	266
新北区	100366	52633	47733	8969	4889	4080	800	520	280
武进区	101747	51726	50021	8748	4791	3957	966	623	343
金坛区	31555	16377	15178	2072	1097	975	212	131	81
江苏省常州市经济开发区	21156	11208	9948	1232	645	587	111	64	47
溧阳市	46427	25370	21057	1984	1105	879	229	150	79

4-3　续表 10

单位：人

地　　区	大学本科			硕士研究生			博士研究生		
	小计	男	女	小计	男	女	小计	男	女
苏州市	**1200745**	**609040**	**591705**	**127273**	**66947**	**60326**	**12063**	**7505**	**4558**
虎丘区	107849	54399	53450	15263	8082	7181	1247	794	453
吴中区	125607	63412	62195	12286	6394	5892	1128	706	422
相城区	72843	38267	34576	6534	3520	3014	569	368	201
姑苏区	129575	63026	66549	17736	8816	8920	2188	1309	879
吴江区	93709	48390	45319	7208	3847	3361	484	303	181
苏州工业园区	213931	106292	107639	39159	20676	18483	4100	2523	1577
常熟市	121768	60961	60807	6363	3413	2950	872	552	320
张家港市	113939	58641	55298	6444	3340	3104	459	313	146
昆山市	167871	88449	79422	11684	6443	5241	696	428	268
太仓市	53653	27203	26450	4596	2416	2180	320	209	111
南通市	**466887**	**232661**	**234226**	**31385**	**15404**	**15981**	**3165**	**1922**	**1243**
崇川区	130368	63219	67149	14266	6855	7411	1619	1002	617
港闸区	43500	22857	20643	2319	1127	1192	163	92	71
通州区	45280	22047	23233	2505	1218	1287	257	154	103
如东县	33702	17124	16578	1830	910	920	173	99	74
南通经济技术开发区	23887	12527	11360	1788	941	847	162	119	43
通州湾示范区	1823	935	888	100	60	40	16	7	9
苏锡通科技产业园区	2913	1545	1368	141	77	64	15	10	5
启东市	44371	21281	23090	1757	897	860	127	79	48
如皋市	51349	26397	24952	2487	1218	1269	232	126	106
海门市	45796	22513	23283	1986	1011	975	174	103	71
海安市	43898	22216	21682	2206	1090	1116	227	131	96
连云港市	**236924**	**125573**	**111351**	**15765**	**8604**	**7161**	**1472**	**942**	**530**
连云区	14825	8327	6498	912	527	385	61	35	26
海州区	62138	32118	30020	4475	2454	2021	406	249	157
赣榆区	48082	26013	22069	3167	1773	1394	311	195	116
东海县	35751	18607	17144	1301	749	552	167	114	53
灌云县	14967	8342	6625	623	346	277	61	34	27
灌南县	12814	6941	5873	560	318	242	40	29	11
连云港经济技术开发区	6262	3309	2953	623	301	322	32	23	9
连云港高新技术产业开发区	39579	20072	19507	3982	2053	1929	385	257	128
江苏连云港徐圩新区	2140	1650	490	102	71	31	3	2	1
江苏省连云港市云台山风景名胜区	366	194	172	20	12	8	6	4	2
淮安市	**228440**	**115849**	**112591**	**13101**	**7044**	**6057**	**1901**	**1224**	**677**
淮安区	25931	13887	12044	1091	599	492	77	54	23
淮阴区	39289	17933	21356	1550	827	723	315	201	114
清江浦区	65112	31746	33366	5050	2693	2357	714	473	241
洪泽区	9322	4956	4366	353	187	166	28	15	13
涟水县	17999	9758	8241	766	446	320	281	155	126
盱眙县	18895	9950	8945	722	415	307	72	49	23
金湖县	11711	6137	5574	507	236	271	40	21	19
淮安经济技术开发区	27938	15392	12546	1919	1070	849	293	200	93
工业园区	266	145	121	13	8	5			
生态文旅区	11623	5764	5859	1107	552	555	80	56	24
苏淮高新区	354	181	173	23	11	12	1		1

4-3 续表 11

单位：人

地　区	大学本科			硕士研究生			博士研究生		
	小计	男	女	小计	男	女	小计	男	女
盐城市	**262792**	**140562**	**122230**	**14031**	**7533**	**6498**	**1566**	**986**	**580**
亭湖区	54604	29698	24906	2462	1344	1118	482	324	158
盐都区	18078	10059	8019	956	526	430	84	50	34
大丰区	28158	14711	13447	1418	730	688	107	59	48
响水县	11366	6241	5125	443	244	199	45	27	18
滨海县	18861	10369	8492	842	499	343	79	56	23
阜宁县	16789	9114	7675	727	417	310	74	48	26
射阳县	18300	9985	8315	768	418	350	62	37	25
建湖县	18762	10379	8383	786	431	355	64	47	17
盐城经济技术开发区	11446	4529	6917	341	171	170	70	41	29
江苏省盐南高新区	40520	21642	18878	3908	2035	1873	367	216	151
东台市	25908	13835	12073	1380	718	662	132	81	51
扬州市	**319948**	**162214**	**157734**	**28145**	**14468**	**13677**	**2552**	**1556**	**996**
广陵区	41669	21124	20545	3466	1876	1590	148	85	63
邗江区	110787	54688	56099	12267	6163	6104	1325	810	515
江都区	40752	20869	19883	2295	1151	1144	160	82	78
宝应县	23446	12733	10713	1050	597	453	88	54	34
扬州经济技术开发区	28444	13997	14447	4193	2128	2065	313	188	125
蜀冈瘦西湖景区	15964	7986	7978	1542	793	749	205	138	67
生态新城	2070	1066	1004	154	89	65	21	14	7
仪征市	30026	15980	14046	1736	922	814	168	114	54
高邮市	26790	13771	13019	1442	749	693	124	71	53
镇江市	**252060**	**130332**	**121728**	**26640**	**14739**	**11901**	**3725**	**2414**	**1311**
京口区	59157	31228	27929	11905	6649	5256	2369	1553	816
润州区	27010	13911	13099	2996	1576	1420	293	178	115
丹徒区	32797	18703	14094	3515	2356	1159	178	112	66
镇江新区	16904	8867	8037	1247	632	615	212	147	65
江苏镇江高新区	4619	2363	2256	467	244	223	63	46	17
丹阳市	53633	25824	27809	2817	1376	1441	206	130	76
扬中市	21471	10968	10503	1036	541	495	83	52	31
句容市	36469	18468	18001	2657	1365	1292	321	196	125
泰州市	**275256**	**139789**	**135467**	**16455**	**8708**	**7747**	**1465**	**947**	**518**
海陵区	71605	32919	38686	4119	2125	1994	385	252	133
高港区	15481	7837	7644	1104	574	530	81	51	30
姜堰区	37528	19534	17994	1749	910	839	149	96	53
泰州医药高新技术产业开发区	25707	12619	13088	2841	1499	1342	205	124	81
兴化市	28250	15915	12335	1463	871	592	151	97	54
靖江市	50881	25982	24899	2458	1214	1244	234	151	83
泰兴市	45804	24983	20821	2721	1515	1206	260	176	84
宿迁市	**206913**	**107397**	**99516**	**8773**	**5022**	**3751**	**701**	**449**	**252**
宿城区	52405	25122	27283	2958	1713	1245	170	116	54
宿豫区	17402	9085	8317	846	476	370	57	36	21
沭阳县	61272	33703	27569	1660	962	698	206	122	84
泗阳县	28935	15300	13635	1293	734	559	104	63	41
泗洪县	31099	15862	15237	1075	613	462	104	71	33
宿迁经济技术开发区	7367	3857	3510	343	197	146	21	10	11
宿迁市湖滨新区	2235	1199	1036	152	87	65	15	10	5
苏州宿迁工业园区	3648	1851	1797	284	150	134	10	9	1
宿迁市洋河新区	2550	1418	1132	162	90	72	14	12	2

4-3a　各地区分性别、受教育程度的16-59岁人口(城市)

单位：人

地　区	16-59岁人口			未上过学		
	合计	男	女	小计	男	女
江　苏	**26972533**	**13675217**	**13297316**	**124529**	**35176**	**89353**
南京市	**5455787**	**2791658**	**2664129**	**28061**	**7304**	**20757**
玄武区	365214	183196	182018	456	154	302
秦淮区	460331	226696	233635	1920	488	1432
建邺区	357701	180509	177192	1568	512	1056
鼓楼区	590372	283313	307059	2330	622	1708
浦口区	222944	113354	109590	1263	330	933
栖霞区	679811	354306	325505	2809	818	1991
雨花台区	427013	225164	201849	3563	934	2629
江宁区	1097602	570442	527160	7116	1988	5128
六合区	145781	71059	74722	1612	201	1411
溧水区	207090	110615	96475	1422	303	1119
高淳区	147362	72293	75069	1635	246	1389
南京江北新区	754566	400711	353855	2367	708	1659
无锡市	**3372182**	**1740394**	**1631788**	**14222**	**3557**	**10665**
锡山区	353236	190280	162956	1703	398	1305
惠山区	402279	210943	191336	2803	636	2167
滨湖区	371770	191641	180129	1702	394	1308
梁溪区	623586	312089	311497	2694	680	2014
新吴区	443994	231580	212414	1195	297	898
江苏无锡经济开发区	217874	112477	105397	1720	419	1301
江阴市	561324	291558	269766	1416	385	1031
宜兴市	398119	199826	198293	989	348	641
徐州市	**1880320**	**928818**	**951502**	**7339**	**2440**	**4899**
鼓楼区	271792	137071	134721	851	348	503
云龙区	281162	137222	143940	1001	383	618
贾汪区	116408	58819	57589	712	221	491
泉山区	383847	186622	197225	1009	370	639
铜山区	247732	124088	123644	862	315	547
丰县						
沛县						
睢宁县						
徐州经济技术开发区	2572	1296	1276	28	7	21
新沂市	225061	111337	113724	1541	373	1168
邳州市	351746	172363	179383	1335	423	912
常州市	**2346458**	**1202640**	**1143818**	**11499**	**2958**	**8541**
天宁区	365645	180755	184890	1962	464	1498
钟楼区	407571	206717	200854	2928	769	2159
新北区	448386	229792	218594	1942	403	1539
武进区	545957	288190	257767	2833	763	2070
金坛区	215636	107052	108584	724	204	520
江苏省常州市经济开发区	122912	64996	57916	497	121	376
溧阳市	240351	125138	115213	613	234	379

4-3a 续表 1 单位：人

地 区	16-59岁人口			未上过学		
	合计	男	女	小计	男	女
苏州市	**4958836**	**2595091**	**2363745**	**24580**	**7560**	**17020**
虎丘区	545254	289436	255818	2394	581	1813
吴中区	631895	330553	301342	5432	2008	3424
相城区	552168	295697	256471	3766	1142	2624
姑苏区	572121	281188	290933	2715	791	1924
吴江区	481962	259681	222281	2108	590	1518
苏州工业园区						
常熟市	577618	299310	278308	1172	324	848
张家港市	345933	176647	169286	1207	349	858
昆山市	1012690	538751	473939	4401	1395	3006
太仓市	239195	123828	115367	1385	380	1005
南通市	**2030257**	**998225**	**1032032**	**6880**	**2351**	**4529**
崇川区	528590	262419	266171	1504	456	1048
港闸区	272631	140807	131824	1494	489	1005
通州区	252345	122777	129568	1047	323	724
如东县						
南通经济技术开发区						
通州湾示范区						
苏锡通科技产业园区						
启东市	232580	110519	122061	467	229	238
如皋市	223244	105466	117778	922	305	617
海门市	235905	114692	121213	605	241	364
海安市	284962	141545	143417	841	308	533
连云港市	**635032**	**321625**	**313407**	**3208**	**1010**	**2198**
连云区	100050	53658	46392	727	221	506
海州区	349098	172070	177028	1740	560	1180
赣榆区	168779	84027	84752	508	141	367
东海县	5087	2757	2330	3		3
灌云县						
灌南县						
连云港经济技术开发区						
连云港高新技术产业开发区						
江苏连云港徐圩新区	9438	7722	1716	131	69	62
江苏省连云港市云台山风景名胜区	2580	1391	1189	99	19	80
淮安市	**834778**	**401087**	**433691**	**2311**	**583**	**1728**
淮安区	199930	95448	104482	995	229	766
淮阴区	210407	101322	109085	314	100	214
清江浦区	330156	158692	171464	803	206	597
洪泽区	94285	45625	48660	199	48	151
涟水县						
盱眙县						
金湖县						
淮安经济技术开发区						
工业园区						
生态文旅区						
苏淮高新区						

4-3a　续表 2

单位：人

地　　区	16-59岁人口			未上过学		
	合计	男	女	小计	男	女
盐城市	**1106022**	**547819**	**558203**	**4204**	**1455**	**2749**
亭湖区	351899	175972	175927	1638	654	984
盐都区	174787	86915	87872	561	140	421
大丰区	149429	73178	76251	432	138	294
响水县						
滨海县						
阜宁县						
射阳县						
建湖县						
盐城经济技术开发区	3403	1793	1610	39	14	25
江苏省盐南高新区	223117	107684	115433	644	196	448
东台市	203387	102277	101110	890	313	577
扬州市	**1417215**	**699893**	**717322**	**8791**	**2752**	**6039**
广陵区	278208	141876	136332	1173	445	728
邗江区	403840	197863	205977	1912	611	1301
江都区	221455	105584	115871	920	267	653
宝应县						
扬州经济技术开发区						
蜀冈瘦西湖景区	85627	42235	43392	786	439	347
生态新城	25649	13443	12206	182	82	100
仪征市	197607	99935	97672	1315	392	923
高邮市	204829	98957	105872	2503	516	1987
镇江市	**1116038**	**562139**	**553899**	**4080**	**1253**	**2827**
京口区	223211	113977	109234	778	279	499
润州区	152367	75928	76439	867	348	519
丹徒区	103402	53045	50357	502	119	383
镇江新区						
江苏镇江高新区	40450	21103	19347	235	57	178
丹阳市	264035	131369	132666	795	212	583
扬中市	117760	59383	58377	326	98	228
句容市	214813	107334	107479	577	140	437
泰州市	**1295902**	**628183**	**667719**	**4975**	**1080**	**3895**
海陵区	334123	161740	172383	1376	337	1039
高港区	86688	42702	43986	206	61	145
姜堰区	213235	100625	112610	457	128	329
泰州医药高新技术产业开发区						
兴化市	196747	97110	99637	2128	283	1845
靖江市	220363	107554	112809	278	87	191
泰兴市	244746	118452	126294	530	184	346
宿迁市	**523706**	**257645**	**266061**	**4379**	**873**	**3506**
宿城区	250269	121359	128910	1683	371	1312
宿豫区	153398	75569	77829	764	139	625
沭阳县						
泗阳县						
泗洪县						
宿迁经济技术开发区						
宿迁市湖滨新区	48919	25886	23033	689	127	562
苏州宿迁工业园区	18944	8939	10005	107	6	101
宿迁市洋河新区	52176	25892	26284	1136	230	906

4-3a 续表 3

单位：人

地　区	学前教育			小　学		
	小计	男	女	小计	男	女
江　苏	**13789**	**5939**	**7850**	**1679980**	**669643**	**1010337**
南京市	**2438**	**1127**	**1311**	**284993**	**115150**	**169843**
玄武区	109	41	68	10439	4273	6166
秦淮区	99	40	59	15772	6067	9705
建邺区	134	81	53	13155	6263	6892
鼓楼区	187	71	116	17224	6585	10639
浦口区	164	81	83	20201	8475	11726
栖霞区	277	161	116	26361	11805	14556
雨花台区	158	69	89	25484	11109	14375
江宁区	710	309	401	61120	25108	36012
六合区	69	19	50	15397	4527	10870
溧水区	110	46	64	19760	8569	11191
高淳区	140	45	95	19312	6298	13014
南京江北新区	281	164	117	40768	16071	24697
无锡市	**887**	**360**	**527**	**211662**	**88029**	**123633**
锡山区	75	19	56	29502	12477	17025
惠山区	185	95	90	33149	14062	19087
滨湖区	101	36	65	16983	7331	9652
梁溪区	127	58	69	30619	12586	18033
新吴区	114	40	74	24136	8919	15217
江苏无锡经济开发区	91	26	65	15800	7109	8691
江阴市	100	50	50	33537	13436	20101
宜兴市	94	36	58	27936	12109	15827
徐州市	**1584**	**720**	**864**	**112121**	**45556**	**66565**
鼓楼区	124	53	71	9519	4336	5183
云龙区	111	49	62	10317	4320	5997
贾汪区	64	25	39	9838	4174	5664
泉山区	138	70	68	10935	4407	6528
铜山区	129	56	73	15750	6377	9373
丰县						
沛县						
睢宁县						
徐州经济技术开发区	1	1		421	170	251
新沂市	178	72	106	19994	7561	12433
邳州市	839	394	445	35347	14211	21136
常州市	**789**	**323**	**466**	**147399**	**61553**	**85846**
天宁区	70	31	39	19895	8241	11654
钟楼区	75	25	50	25261	10925	14336
新北区	101	31	70	25750	9746	16004
武进区	263	104	159	38916	16485	22431
金坛区	65	28	37	15288	6231	9057
江苏省常州市经济开发区	55	21	34	10278	4225	6053
溧阳市	160	83	77	12011	5700	6311

4-3a 续表 4

单位：人

地　　区	学前教育			小　　学		
	小计	男	女	小计	男	女
苏州市	**3480**	**1516**	**1964**	**330664**	**138182**	**192482**
虎丘区	294	161	133	32464	12520	19944
吴中区	854	386	468	49791	21971	27820
相城区	641	287	354	62894	28352	34542
姑苏区	306	119	187	27298	10861	16437
吴江区	438	175	263	39401	16706	22695
苏州工业园区						
常熟市	38	14	24	26303	10405	15898
张家港市	103	32	71	19241	8142	11099
昆山市	698	294	404	58542	22931	35611
太仓市	108	48	60	14730	6294	8436
南通市	**902**	**383**	**519**	**119736**	**50733**	**69003**
崇川区	228	108	120	17977	7920	10057
港闸区	144	53	91	17734	7934	9800
通州区	97	34	63	21993	9151	12842
如东县						
南通经济技术开发区						
通州湾示范区						
苏锡通科技产业园区						
启东市	80	27	53	11969	5580	6389
如皋市	142	56	86	22459	8411	14048
海门市	91	60	31	9566	4441	5125
海安市	120	45	75	18038	7296	10742
连云港市	**325**	**158**	**167**	**29983**	**11901**	**18082**
连云区	64	35	29	6179	2689	3490
海州区	189	85	104	15887	6204	9683
赣榆区	43	16	27	6407	2024	4383
东海县				78	31	47
灌云县						
灌南县						
连云港经济技术开发区						
连云港高新技术产业开发区						
江苏连云港徐圩新区	28	22	6	1036	786	250
江苏省连云港市云台山风景名胜区	1		1	396	167	229
淮安市	**399**	**122**	**277**	**66379**	**21931**	**44448**
淮安区	71	25	46	22666	7306	15360
淮阴区	67	33	34	14582	4714	9868
清江浦区	71	30	41	17061	6050	11011
洪泽区	190	34	156	12070	3861	8209
涟水县						
盱眙县						
金湖县						
淮安经济技术开发区						
工业园区						
生态文旅区						
苏淮高新区						

4-3a 续表 5 单位：人

地　区	学前教育			小　学		
	小计	男	女	小计	男	女
盐城市	**596**	**252**	**344**	**65045**	**22738**	**42307**
亭湖区	194	82	112	22093	8193	13900
盐都区	106	36	70	12057	3878	8179
大丰区	65	26	39	7007	2754	4253
响水县						
滨海县						
阜宁县						
射阳县						
建湖县						
盐城经济技术开发区				309	120	189
江苏省盐南高新区	115	65	50	8588	2724	5864
东台市	116	43	73	14991	5069	9922
扬州市	**1048**	**434**	**614**	**106355**	**40848**	**65507**
广陵区	233	95	138	20025	8976	11049
邗江区	323	155	168	23166	8683	14483
江都区	121	54	67	16604	6134	10470
宝应县						
扬州经济技术开发区						
蜀冈瘦西湖景区	38	14	24	5763	2603	3160
生态新城	10	4	6	3854	1807	2047
仪征市	110	48	62	15934	6081	9853
高邮市	213	64	149	21009	6564	14445
镇江市	**539**	**217**	**322**	**72337**	**29126**	**43211**
京口区	97	41	56	9799	4270	5529
润州区	160	66	94	9291	4068	5223
丹徒区	39	11	28	9192	3820	5372
镇江新区						
江苏镇江高新区	32	16	16	3645	1521	2124
丹阳市	92	38	54	17214	6603	10611
扬中市	38	16	22	8395	3629	4766
句容市	81	29	52	14801	5215	9586
泰州市	**564**	**211**	**353**	**84304**	**26867**	**57437**
海陵区	160	53	107	21788	6950	14838
高港区	30	9	21	5846	1896	3950
姜堰区	154	61	93	12506	3713	8793
泰州医药高新技术产业开发区						
兴化市	122	51	71	20497	5921	14576
靖江市	21	10	11	9338	3575	5763
泰兴市	77	27	50	14329	4812	9517
宿迁市	**238**	**116**	**122**	**49002**	**17029**	**31973**
宿城区	95	39	56	18687	6367	12320
宿豫区	79	36	43	12316	4012	8304
沭阳县						
泗阳县						
泗洪县						
宿迁经济技术开发区						
宿迁市湖滨新区	35	24	11	7949	2935	5014
苏州宿迁工业园区	7	2	5	979	262	717
宿迁市洋河新区	22	15	7	9071	3453	5618

4-3a　续表 6

单位：人

地　区	初　中			高　中			大学专科		
	小计	男	女	小计	男	女	小计	男	女
江　苏	**8240357**	**4148872**	**4091485**	**6151085**	**3262521**	**2888564**	**5089237**	**2657670**	**2431567**
南京市	**1148454**	**600825**	**547629**	**1064871**	**558473**	**506398**	**1060399**	**549417**	**510982**
玄武区	46075	24239	21836	59067	28701	30366	59657	28607	31050
秦淮区	84258	41926	42332	115276	56758	58518	97813	47658	50155
建邺区	58090	31470	26620	66407	33341	33066	73221	36349	36872
鼓楼区	81545	39748	41797	117099	56956	60143	114146	54173	59973
浦口区	63957	33851	30106	51080	26985	24095	37144	18805	18339
栖霞区	143004	79170	63834	134007	73461	60546	126913	68811	58102
雨花台区	98853	53731	45122	79681	42538	37143	81337	43567	37770
江宁区	238730	124871	113859	190224	102765	87459	227270	119676	107594
六合区	50888	24539	26349	34983	18993	15990	24639	13274	11365
溧水区	66463	35344	31119	46622	26676	19946	39900	21702	18198
高淳区	51729	25299	26430	33394	18609	14785	22817	12063	10754
南京江北新区	164862	86637	78225	137031	72690	64341	155542	84732	70810
无锡市	**1138866**	**592927**	**545939**	**713747**	**383833**	**329914**	**654854**	**346034**	**308820**
锡山区	142327	79074	63253	73679	42047	31632	56996	30675	26321
惠山区	151673	80336	71337	75309	42281	33028	86907	46462	40445
滨湖区	97015	51320	45695	70480	36927	33553	79961	43082	36879
梁溪区	174150	87962	86188	143626	73306	70320	131152	67290	63862
新吴区	158665	81525	77140	98592	54106	44486	92223	49828	42395
江苏无锡经济开发区	62569	33935	28634	37106	19984	17122	37388	18877	18511
江阴市	205897	106502	99395	129865	70792	59073	97629	52219	45410
宜兴市	146570	72273	74297	85090	44390	40700	72598	37601	34997
徐州市	**578299**	**278442**	**299857**	**478846**	**244004**	**234842**	**373132**	**193207**	**179925**
鼓楼区	72605	35359	37246	76842	38295	38547	68341	36857	31484
云龙区	67627	32184	35443	65398	32207	33191	62133	31369	30764
贾汪区	46429	22565	23864	30266	16879	13387	16510	9326	7184
泉山区	86957	40129	46828	104777	51597	53180	91787	45776	46011
铜山区	78562	38928	39634	44359	22872	21487	45389	23503	21886
丰县									
沛县									
睢宁县									
徐州经济技术开发区	1520	787	733	418	233	185	128	65	63
新沂市	79541	38718	40823	61880	32403	29477	40795	21642	19153
邳州市	145058	69772	75286	94906	49518	45388	48049	24669	23380
常州市	**800903**	**406251**	**394652**	**504400**	**268719**	**235681**	**436359**	**233772**	**202587**
天宁区	115417	58050	57367	79954	40380	39574	67715	33518	34197
钟楼区	132950	69107	63843	87420	45733	41687	66151	34035	32116
新北区	144214	71923	72291	86233	46973	39260	89353	47240	42113
武进区	194958	102790	92168	96450	52432	44018	119174	67576	51598
金坛区	82830	38160	44670	52655	28376	24279	36128	19650	16478
江苏省常州市经济开发区	50749	26381	24368	26835	15060	11775	22054	12571	9483
溧阳市	79785	39840	39945	74853	39765	35088	35784	19182	16602

4-3a 续表 7

单位：人

地区	初中			高中			大学专科		
	小计	男	女	小计	男	女	小计	男	女
苏州市	**1647606**	**884044**	**763562**	**1127417**	**624542**	**502875**	**933381**	**484810**	**448571**
虎丘区	159034	88574	70460	121438	70578	50860	109203	55872	53331
吴中区	185872	100477	85395	142769	78691	64078	128508	66877	61631
相城区	220344	122507	97837	100751	57523	43228	87818	45804	42014
姑苏区	140023	69571	70452	129898	65851	64047	122382	60844	61538
吴江区	187062	103678	83384	107184	61296	45888	77928	41476	36452
苏州工业园区									
常熟市	253371	132703	120668	114920	63286	51634	88314	47197	41117
张家港市	104719	53476	51243	72658	37826	34832	68250	35488	32762
昆山市	313608	169265	144343	287979	162615	125364	204876	106938	97938
太仓市	83573	43793	39780	49820	26876	22944	46102	24314	21788
南通市	**705281**	**342222**	**363059**	**476628**	**242489**	**234139**	**367680**	**185417**	**182263**
崇川区	116823	57536	59287	118988	60258	58730	126817	65065	61752
港闸区	96599	50148	46451	55752	30215	25537	55075	27975	27100
通州区	105958	51296	54662	55578	28430	27148	37464	18788	18676
如东县									
南通经济技术开发区									
通州湾示范区									
苏锡通科技产业园区									
启东市	99293	46330	52963	57019	27608	29411	34058	16280	17778
如皋市	82843	38263	44580	53333	27019	26314	33082	16119	16963
海门市	91339	44202	47137	62978	30883	32095	37218	18310	18908
海安市	112426	54447	57979	72980	38076	34904	43966	22880	21086
连云港市	**163700**	**78976**	**84724**	**183696**	**95255**	**88441**	**141739**	**74609**	**67130**
连云区	30446	15842	14604	27489	15249	12240	19452	10811	8641
海州区	88973	41776	47197	97964	49361	48603	79946	40660	39286
赣榆区	39034	17589	21445	54785	28411	26374	37607	19893	17714
东海县	587	297	290	1547	821	726	2594	1457	1137
灌云县									
灌南县									
连云港经济技术开发区									
连云港高新技术产业开发区									
江苏连云港徐圩新区	3158	2627	531	1477	1152	325	2021	1708	313
江苏省连云港市云台山风景名胜区	1502	845	657	434	261	173	119	80	39
淮安市	**286932**	**131717**	**155215**	**212351**	**111238**	**101113**	**129978**	**68976**	**61002**
淮安区	78640	35780	42860	48095	25723	22372	27490	14923	12567
淮阴区	77431	36037	41394	53060	28616	24444	28174	15307	12867
清江浦区	93935	42093	51842	85143	43090	42053	63030	32719	30311
洪泽区	36926	17807	19119	26053	13809	12244	11284	6027	5257
涟水县									
盱眙县									
金湖县									
淮安经济技术开发区									
工业园区									
生态文旅区									
苏淮高新区									

4-3a 续表 8 单位：人

地 区	初 中			高 中			大学专科		
	小计	男	女	小计	男	女	小计	男	女
盐城市	**345767**	**158603**	**187164**	**330295**	**174731**	**155564**	**204014**	**106424**	**97590**
亭湖区	105863	48781	57082	105098	54659	50439	61731	33505	28226
盐都区	67690	31079	36611	52584	28637	23947	27518	15359	12159
大丰区	46584	20835	25749	43976	22704	21272	29013	15080	13933
响水县									
滨海县									
阜宁县									
射阳县									
建湖县									
盐城经济技术开发区	1478	783	695	1090	599	491	315	182	133
江苏省盐南高新区	48443	20906	27537	61884	31767	30117	58648	28133	30515
东台市	75709	36219	39490	65663	36365	29298	26789	14165	12624
扬州市	**451104**	**215100**	**236004**	**330068**	**172674**	**157394**	**263494**	**138672**	**124822**
广陵区	83792	41640	42152	76251	40743	35508	54423	28426	25997
邗江区	90622	42664	47958	75140	37841	37299	93863	49031	44832
江都区	82937	37386	45551	52288	26530	25758	38136	19862	18274
宝应县									
扬州经济技术开发区									
蜀冈瘦西湖景区	22716	10804	11912	21631	10711	10920	16982	8747	8235
生态新城	13166	6826	6340	4997	2852	2145	2072	1135	937
仪征市	69726	33686	36040	53102	28551	24551	31779	17492	14287
高邮市	88145	42094	46051	46659	25446	21213	26239	13979	12260
镇江市	**361560**	**174591**	**186969**	**272960**	**144525**	**128435**	**202738**	**106976**	**95762**
京口区	49710	24350	25360	48341	24126	24215	41441	21703	19738
润州区	44524	21204	23320	39639	19987	19652	27609	14602	13007
丹徒区	36118	18237	17881	25745	13997	11748	18185	9783	8402
镇江新区									
江苏镇江高新区	15748	8192	7556	9467	5262	4205	6174	3402	2772
丹阳市	101055	48631	52424	66199	35583	30616	42596	22046	20550
扬中市	38464	18122	20342	27941	15163	12778	24432	13030	11402
句容市	75941	35855	40086	55628	30407	25221	42301	22410	19891
泰州市	**436283**	**199197**	**237086**	**324064**	**170309**	**153755**	**234560**	**124785**	**109775**
海陵区	97349	46699	50650	73019	38579	34440	65834	34586	31248
高港区	31913	14818	17095	20340	11176	9164	15753	8480	7273
姜堰区	78921	34172	44749	53052	27123	25929	35712	18704	17008
泰州医药高新技术产业开发区									
兴化市	76431	36947	39484	51374	28598	22776	26755	14646	12109
靖江市	67759	30327	37432	60352	30766	29586	45447	23913	21534
泰兴市	83910	36234	47676	65927	34067	31860	45059	24456	20603
宿迁市	**175602**	**85977**	**89625**	**131742**	**71729**	**60013**	**86909**	**44571**	**42338**
宿城区	75411	36256	39155	62872	33184	29688	39307	20066	19241
宿豫区	52760	25455	27305	42168	22275	19893	29401	15427	13974
沭阳县									
泗阳县									
泗洪县									
宿迁经济技术开发区									
宿迁市湖滨新区	16318	8888	7430	12043	8142	3901	10224	4892	5332
苏州宿迁工业园区	5608	2344	3264	4264	2272	1992	4037	2043	1994
宿迁市洋河新区	25505	13034	12471	10395	5856	4539	3940	2143	1797

4-3a 续表 9 单位：人

地区	大学本科			硕士研究生			博士研究生		
	小计	男	女	小计	男	女	小计	男	女
江苏	**4990665**	**2526633**	**2464032**	**601748**	**316954**	**284794**	**81143**	**51809**	**29334**
南京市	**1529627**	**776029**	**753598**	**288528**	**152348**	**136180**	**48416**	**30985**	**17431**
玄武区	138352	69286	69066	40213	20833	19380	10846	7062	3784
秦淮区	117976	58170	59806	23496	13036	10460	3721	2553	1168
建邺区	115591	56463	59128	26590	14159	12431	2945	1871	1074
鼓楼区	195684	92426	103258	52658	26828	25830	9499	5904	3595
浦口区	42670	21329	21341	5796	3068	2728	669	430	239
栖霞区	203543	98686	104857	34731	16442	18289	8166	4952	3214
雨花台区	116730	60802	55928	19820	11467	8353	1387	947	440
江宁区	311176	161651	149525	53657	29138	24519	7599	4936	2663
六合区	17123	8920	8203	979	534	445	91	52	39
溧水区	30809	16901	13908	1865	985	880	139	89	50
高淳区	17159	9095	8064	1091	592	499	85	46	39
南京江北新区	222814	122300	100514	27632	15266	12366	3269	2143	1126
无锡市	**570117**	**288633**	**281484**	**61927**	**33278**	**28649**	**5900**	**3743**	**2157**
锡山区	45092	23516	21576	3654	1942	1712	208	132	76
惠山区	47882	24681	23201	4122	2215	1907	249	175	74
滨湖区	88970	43477	45493	14269	7688	6581	2289	1386	903
梁溪区	125896	61946	63950	14308	7585	6723	1014	676	338
新吴区	62503	33159	29344	6208	3462	2746	358	244	114
江苏无锡经济开发区	51799	25920	25879	10245	5470	4775	1156	737	419
江阴市	86555	44628	41927	5927	3296	2631	398	250	148
宜兴市	61420	31306	30114	3194	1620	1574	228	143	85
徐州市	**293083**	**145270**	**147813**	**30995**	**15932**	**15063**	**4921**	**3247**	**1674**
鼓楼区	39966	19931	20035	3209	1684	1525	335	208	127
云龙区	68019	33377	34642	5951	2970	2981	605	363	242
贾汪区	12211	5443	6768	333	164	169	45	22	23
泉山区	76538	38076	38462	9815	4972	4843	1891	1225	666
铜山区	51062	25553	25509	9758	5165	4593	1861	1319	542
丰县									
沛县									
睢宁县									
徐州经济技术开发区	52	30	22	4	3	1			
新沂市	20173	10106	10067	881	416	465	78	46	32
邳州市	25062	12754	12308	1044	558	486	106	64	42
常州市	**406073**	**207858**	**198215**	**35645**	**19006**	**16639**	**3391**	**2200**	**1191**
天宁区	72008	35639	36369	7935	3990	3945	689	442	247
钟楼区	84631	41761	42870	7413	3884	3529	742	478	264
新北区	91524	48302	43222	8518	4683	3835	751	491	260
武进区	84515	43064	41451	7991	4411	3580	857	565	292
金坛区	26326	13561	12765	1470	751	719	150	91	59
江苏省常州市经济开发区	11534	6121	5413	840	456	384	70	40	30
溧阳市	35535	19410	16125	1478	831	647	132	93	39

4-3a 续表 10

单位：人

地 区	大学本科			硕士研究生			博士研究生		
	小计	男	女	小计	男	女	小计	男	女
苏州市	**804497**	**407981**	**396516**	**80057**	**41958**	**38099**	**7154**	**4498**	**2656**
虎丘区	104290	52474	51816	14908	7895	7013	1229	781	448
吴中区	106517	53723	52794	11138	5787	5351	1014	633	381
相城区	69097	36351	32746	6307	3377	2930	550	354	196
姑苏区	129575	63026	66549	17736	8816	8920	2188	1309	879
吴江区	61652	32385	29267	5856	3159	2697	333	216	117
苏州工业园区									
常熟市	87501	42106	45395	5326	2834	2492	673	441	232
张家港市	74407	38483	35924	5002	2603	2399	346	248	98
昆山市	132167	69573	62594	9843	5385	4458	576	355	221
太仓市	39291	19860	19431	3941	2102	1839	245	161	84
南通市	**326719**	**161492**	**165227**	**24033**	**11694**	**12339**	**2398**	**1444**	**954**
崇川区	130368	63219	67149	14266	6855	7411	1619	1002	617
港闸区	43355	22777	20578	2316	1125	1191	162	91	71
通州区	28443	13871	14572	1602	789	813	163	95	68
如东县									
南通经济技术开发区									
通州湾示范区									
苏锡通科技产业园区									
启东市	28331	13776	14555	1279	636	643	84	53	31
如皋市	28877	14522	14355	1469	706	763	117	65	52
海门市	32568	15749	16819	1436	750	686	104	56	48
海安市	34777	17578	17199	1665	833	832	149	82	67
连云港市	**104292**	**55208**	**49084**	**7452**	**4120**	**3332**	**637**	**388**	**249**
连云区	14725	8253	6472	907	523	384	61	35	26
海州区	59669	30807	28862	4345	2383	1962	385	234	151
赣榆区	28102	14686	13416	2108	1152	956	185	115	70
东海县	264	144	120	11	5	6	3	2	1
灌云县									
灌南县									
连云港经济技术开发区									
连云港高新技术产业开发区									
江苏连云港徐圩新区	1507	1302	205	79	55	24	1	1	
江苏省连云港市云台山风景名胜区	25	16	9	2	2		2	1	1
淮安市	**128036**	**61929**	**66107**	**7340**	**3901**	**3439**	**1052**	**690**	**362**
淮安区	21161	11026	10135	762	398	364	50	38	12
淮阴区	35199	15652	19547	1307	689	618	273	174	99
清江浦区	64394	31365	33029	5010	2671	2339	709	468	241
洪泽区	7282	3886	3396	261	143	118	20	10	10
涟水县									
盱眙县									
金湖县									
淮安经济技术开发区									
工业园区									
生态文旅区									
苏淮高新区									

4-3a 续表 11

单位：人

地区	大学本科			硕士研究生			博士研究生		
	小计	男	女	小计	男	女	小计	男	女
盐城市	**146349**	**78371**	**67978**	**8745**	**4617**	**4128**	**1007**	**628**	**379**
亭湖区	52491	28517	23974	2328	1273	1055	463	308	155
盐都区	13587	7426	6161	629	330	299	55	30	25
大丰区	21361	11124	10237	945	490	455	46	27	19
响水县									
滨海县									
阜宁县									
射阳县									
建湖县									
盐城经济技术开发区	152	84	68	18	11	7	2		2
江苏省盐南高新区	40520	21642	18878	3908	2035	1873	367	216	151
东台市	18238	9578	8660	917	478	439	74	47	27
扬州市	**233475**	**117490**	**115985**	**20907**	**10716**	**10191**	**1973**	**1207**	**766**
广陵区	38862	19667	19195	3312	1805	1507	137	79	58
邗江区	105493	52042	53451	12020	6043	5977	1301	793	508
江都区	28816	14558	14258	1550	750	800	83	43	40
宝应县									
扬州经济技术开发区									
蜀冈瘦西湖景区	15964	7986	7978	1542	793	749	205	138	67
生态新城	1240	653	587	112	73	39	16	11	5
仪征市	24098	12850	11248	1397	738	659	146	97	49
高邮市	19002	9734	9268	974	514	460	85	46	39
镇江市	**177446**	**91948**	**85498**	**21192**	**11442**	**9750**	**3186**	**2061**	**1125**
京口区	58797	31026	27771	11881	6631	5250	2367	1551	816
润州区	26991	13900	13091	2993	1575	1418	293	178	115
丹徒区	12357	6418	5939	1130	581	549	134	79	55
镇江新区									
江苏镇江高新区	4619	2363	2256	467	244	223	63	46	17
丹阳市	33796	17110	16686	2140	1055	1085	148	91	57
扬中市	17251	8818	8433	856	464	392	57	43	14
句容市	23635	12313	11322	1725	892	833	124	73	51
泰州市	**199339**	**99500**	**99839**	**10927**	**5667**	**5260**	**886**	**567**	**319**
海陵区	70178	32206	37972	4043	2084	1959	376	246	130
高港区	11679	5796	5883	863	429	434	58	37	21
姜堰区	30936	15942	14994	1398	725	673	99	57	42
泰州医药高新技术产业开发区									
兴化市	18523	10147	8376	843	471	372	74	46	28
靖江市	35136	17870	17266	1882	913	969	150	93	57
泰兴市	32887	17539	15348	1898	1045	853	129	88	41
宿迁市	**71612**	**34924**	**36688**	**4000**	**2275**	**1725**	**222**	**151**	**71**
宿城区	49260	23355	25905	2798	1616	1182	156	105	51
宿豫区	15179	7819	7360	695	385	310	36	21	15
沭阳县									
泗阳县									
泗洪县									
宿迁经济技术开发区									
宿迁市湖滨新区	1545	810	735	106	60	46	10	8	2
苏州宿迁工业园区	3648	1851	1797	284	150	134	10	9	1
宿迁市洋河新区	1980	1089	891	117	64	53	10	8	2

4-3b　各地区分性别、受教育程度的16-59岁人口(镇)

单位：人

地　区	16-59岁人口			未上过学		
	合计	男	女	小计	男	女
江　苏	**13562262**	**6863785**	**6698477**	**83464**	**22728**	**60736**
南京市	**112358**	**58073**	**54285**	**1317**	**387**	**930**
玄武区						
秦淮区						
建邺区						
鼓楼区						
浦口区	907	498	409	12	6	6
栖霞区						
雨花台区	5245	2956	2289	66	17	49
江宁区						
六合区	79474	39683	39791	639	78	561
溧水区	17730	8970	8760	167	29	138
高淳区	9002	5966	3036	433	257	176
南京江北新区						
无锡市	**789047**	**413229**	**375818**	**3274**	**862**	**2412**
锡山区	185815	99010	86805	781	196	585
惠山区	76189	40176	36013	624	151	473
滨湖区						
梁溪区						
新吴区						
江苏无锡经济开发区						
江阴市	341580	177774	163806	1056	276	780
宜兴市	185463	96269	89194	813	239	574
徐州市	**1692094**	**837697**	**854397**	**11404**	**3128**	**8276**
鼓楼区						
云龙区	21313	11374	9939	54	23	31
贾汪区	45391	23123	22268	648	206	442
泉山区						
铜山区	199319	99711	99608	1360	391	969
丰县	292047	144571	147476	1203	340	863
沛县	345454	169361	176093	1598	504	1094
睢宁县	358945	173232	185713	3091	715	2376
徐州经济技术开发区	208143	106325	101818	1090	315	775
新沂市	93516	45875	47641	1092	222	870
邳州市	127966	64125	63841	1268	412	856
常州市	**408690**	**214387**	**194303**	**2735**	**880**	**1855**
天宁区	30196	15629	14567	136	36	100
钟楼区						
新北区	78263	40360	37903	303	94	209
武进区	106523	55460	51063	733	218	515
金坛区	36231	18510	17721	275	83	192
江苏省常州市经济开发区	66240	35368	30872	562	141	421
溧阳市	91237	49060	42177	726	308	418

4-3b 续表 1

单位：人

地　　区	16-59岁人口			未上过学		
	合计	男	女	小计	男	女
苏州市	**2301659**	**1226234**	**1075425**	**8842**	**2374**	**6468**
虎丘区	2524	1199	1325	24	7	17
吴中区	144672	78492	66180	798	276	522
相城区	40050	22116	17934	266	86	180
姑苏区						
吴江区	347131	183020	164111	311	93	218
苏州工业园区	802771	422907	379864	3309	820	2489
常熟市	277026	153507	123519	517	171	346
张家港市	361160	189215	171945	1746	397	1349
昆山市	168181	88682	79499	601	174	427
太仓市	158144	87096	71048	1270	350	920
南通市	**1366752**	**700835**	**665917**	**5798**	**2271**	**3527**
崇川区						
港闸区						
通州区	209821	106967	102854	1175	451	724
如东县	283767	139480	144287	1146	508	638
南通经济技术开发区	220358	119604	100754	660	236	424
通州湾示范区	24350	12966	11384	100	38	62
苏锡通科技产业园区	29302	16804	12498	189	54	135
启东市	116060	61364	54696	432	203	229
如皋市	222328	109356	112972	880	314	566
海门市	178285	92740	85545	770	302	468
海安市	82481	41554	40927	446	165	281
连云港市	**1077555**	**539793**	**537762**	**6775**	**2012**	**4763**
连云区	1036	863	173	2	1	1
海州区	35406	18031	17375	416	127	289
赣榆区	159652	81017	78635	871	283	588
东海县	297200	147129	150071	738	213	525
灌云县	208452	105941	102511	1842	474	1368
灌南县	187229	93215	94014	1678	523	1155
连云港经济技术开发区	45606	23767	21839	430	122	308
连云港高新技术产业开发区	124835	60279	64556	688	226	462
江苏连云港徐圩新区	16971	8949	8022	96	37	59
江苏省连云港市云台山风景名胜区	1168	602	566	14	6	8
淮安市	**1025458**	**498247**	**527211**	**8037**	**1729**	**6308**
淮安区	56986	28676	28310	763	193	570
淮阴区	60874	31089	29785	226	49	177
清江浦区	3871	2036	1835	92	20	72
洪泽区	13683	7026	6657	140	56	84
涟水县	272208	128711	143497	1476	353	1123
盱眙县	222753	106604	116149	2788	469	2319
金湖县	118261	57911	60350	73	21	52
淮安经济技术开发区	200348	99755	100593	1503	382	1121
工业园区	4563	2273	2290	108	32	76
生态文旅区	59377	27749	31628	629	111	518
苏淮高新区	12534	6417	6117	239	43	196

4-3b　续表 2

单位：人

地　区	16-59岁人口			未上过学		
	合计	男	女	小计	男	女
盐城市	**1539173**	**757955**	**781218**	**11141**	**3340**	**7801**
亭湖区	36475	19181	17294	199	49	150
盐都区	57119	28361	28758	311	89	222
大丰区	98869	51492	47377	933	371	562
响水县	154456	76920	77536	2729	663	2066
滨海县	257802	125963	131839	2547	719	1828
阜宁县	267001	128147	138854	1377	468	909
射阳县	275073	135885	139188	1583	470	1113
建湖县	237416	115375	122041	612	192	420
盐城经济技术开发区	47764	23650	24114	218	79	139
江苏省盐南高新区						
东台市	107198	52981	54217	632	240	392
扬州市	**708410**	**346926**	**361484**	**4536**	**1220**	**3316**
广陵区	26573	13653	12920	109	37	72
邗江区	36347	18059	18288	321	79	242
江都区	135857	65390	70467	580	180	400
宝应县	248349	118783	129566	1820	396	1424
扬州经济技术开发区	149832	75513	74319	875	266	609
蜀冈瘦西湖景区						
生态新城	6520	3278	3242	38	13	25
仪征市	33849	16860	16989	259	60	199
高邮市	71083	35390	35693	534	189	345
镇江市	**565414**	**295463**	**269951**	**3366**	**1057**	**2309**
京口区	3337	1940	1397	30	9	21
润州区						
丹徒区	64445	35741	28704	274	104	170
镇江新区	152132	79884	72248	711	248	463
江苏镇江高新区						
丹阳市	255777	132381	123396	1785	545	1240
扬中市	24895	12941	11954	184	50	134
句容市	64828	32576	32252	382	101	281
泰州市	**639300**	**324691**	**314609**	**3208**	**877**	**2331**
海陵区	13878	7075	6803	79	22	57
高港区	25685	13030	12655	84	28	56
姜堰区	52151	25921	26230	370	123	247
泰州医药高新技术产业开发区	142188	71006	71182	454	105	349
兴化市	189279	98204	91075	1531	330	1201
靖江市	77144	39943	37201	137	54	83
泰兴市	138975	69512	69463	553	215	338
宿迁市	**1336352**	**650255**	**686097**	**13031**	**2591**	**10440**
宿城区	23259	11018	12241	660	91	569
宿豫区	31036	15636	15400	208	45	163
沭阳县	577416	285469	291947	4371	1142	3229
泗阳县	301721	145234	156487	2243	423	1820
泗洪县	306202	145018	161184	4455	704	3751
宿迁经济技术开发区	88787	43893	44894	902	146	756
宿迁市湖滨新区	7931	3987	3944	192	40	152
苏州宿迁工业园区						
宿迁市洋河新区						

4-3b 续表 3

单位：人

地　　区	学前教育			小　学		
	小计	男	女	小计	男	女
江　苏	**8698**	**3324**	**5374**	**1359796**	**508842**	**850954**
南京市	**75**	**21**	**54**	**15276**	**5411**	**9865**
玄武区						
秦淮区						
建邺区						
鼓楼区						
浦口区				85	36	49
栖霞区						
雨花台区	2		2	425	165	260
江宁区						
六合区	26	8	18	9609	2944	6665
溧水区	27	10	17	2926	1107	1819
高淳区	20	3	17	2231	1159	1072
南京江北新区						
无锡市	**149**	**52**	**97**	**75284**	**32410**	**42874**
锡山区	37	11	26	22329	9743	12586
惠山区	27	14	13	6924	3089	3835
滨湖区						
梁溪区						
新吴区						
江苏无锡经济开发区						
江阴市	42	13	29	25773	10784	14989
宜兴市	43	14	29	20258	8794	11464
徐州市	**1651**	**591**	**1060**	**190203**	**69900**	**120303**
鼓楼区						
云龙区	13	7	6	1741	822	919
贾汪区	49	23	26	6014	2329	3685
泉山区						
铜山区	120	42	78	24797	9918	14879
丰县	177	82	95	27800	10028	17772
沛县	204	77	127	27484	10099	17385
睢宁县	659	175	484	48628	16057	32571
徐州经济技术开发区	117	44	73	12606	4901	7705
新沂市	98	35	63	15965	5630	10335
邳州市	214	106	108	25168	10116	15052
常州市	**134**	**60**	**74**	**43340**	**19206**	**24134**
天宁区	10	6	4	3222	1411	1811
钟楼区						
新北区	14	4	10	6809	2881	3928
武进区	30	12	18	11919	5470	6449
金坛区	30	17	13	5340	2058	3282
江苏省常州市经济开发区	19	8	11	6303	2905	3398
溧阳市	31	13	18	9747	4481	5266

4-3b　续表 4

单位：人

地　　区	学前教育			小　　学		
	小计	男	女	小计	男	女
苏州市	**1281**	**523**	**758**	**196899**	**83606**	**113293**
虎丘区				439	138	301
吴中区	130	48	82	17841	7979	9862
相城区	34	16	18	6143	2798	3345
姑苏区						
吴江区	440	191	249	47453	20922	26531
苏州工业园区	359	148	211	40903	15717	25186
常熟市	8	2	6	17585	7574	10011
张家港市	165	67	98	35827	14992	20835
昆山市	66	20	46	14276	5833	8443
太仓市	79	31	48	16432	7653	8779
南通市	**626**	**288**	**338**	**132772**	**56517**	**76255**
崇川区						
港闸区						
通州区	143	55	88	24495	10742	13753
如东县	103	49	54	25864	11164	14700
南通经济技术开发区	63	33	30	15490	7001	8489
通州湾示范区	7	3	4	1962	993	969
苏锡通科技产业园区	4	1	3	3206	1630	1576
启东市	53	31	22	10639	5430	5209
如皋市	139	62	77	29895	10661	19234
海门市	85	43	42	13702	5884	7818
海安市	29	11	18	7519	3012	4507
连云港市	**879**	**352**	**527**	**84768**	**29604**	**55164**
连云区				25	14	11
海州区	51	33	18	3926	1477	2449
赣榆区	54	21	33	9133	2954	6179
东海县	130	59	71	15031	5315	9716
灌云县	215	95	120	26736	9296	17440
灌南县	333	103	230	22624	7799	14825
连云港经济技术开发区	24	11	13	2451	946	1505
连云港高新技术产业开发区	66	27	39	3389	1245	2144
江苏连云港徐圩新区	6	3	3	1369	531	838
江苏省连云港市云台山风景名胜区				84	27	57
淮安市	**519**	**178**	**341**	**124427**	**39515**	**84912**
淮安区	57	16	41	10244	3414	6830
淮阴区	23	10	13	9388	3109	6279
清江浦区				619	160	459
洪泽区	6	1	5	3304	1220	2084
涟水县	18	9	9	25525	8144	17381
盱眙县	206	55	151	36034	10857	25177
金湖县	41	13	28	11570	3051	8519
淮安经济技术开发区	128	57	71	18515	6494	12021
工业园区				846	224	622
生态文旅区	25	11	14	6482	2259	4223
苏淮高新区	15	6	9	1900	583	1317

4-3b 续表 5 单位：人

地 区	学前教育			小 学		
	小计	男	女	小计	男	女
盐城市	**882**	**370**	**512**	**149009**	**51740**	**97269**
亭湖区	9	4	5	3973	1347	2626
盐都区	26	9	17	5100	1495	3605
大丰区	112	39	73	11530	4694	6836
响水县	125	56	69	17851	6125	11726
滨海县	120	57	63	26304	9333	16971
阜宁县	181	77	104	24250	8213	16037
射阳县	124	53	71	27548	9810	17738
建湖县	103	48	55	18071	5868	12203
盐城经济技术开发区	17	5	12	4052	1276	2776
江苏省盐南高新区						
东台市	65	22	43	10330	3579	6751
扬州市	**629**	**228**	**401**	**74756**	**25333**	**49423**
广陵区	28	8	20	2457	966	1491
邗江区	23	9	14	4966	1867	3099
江都区	135	46	89	15518	5462	10056
宝应县	239	88	151	26535	8013	18522
扬州经济技术开发区	90	35	55	9375	3625	5750
蜀冈瘦西湖景区						
生态新城	2	1	1	996	412	584
仪征市	67	26	41	5891	2037	3854
高邮市	45	15	30	9018	2951	6067
镇江市	**266**	**140**	**126**	**54501**	**22222**	**32279**
京口区	2	1	1	466	199	267
润州区						
丹徒区	55	35	20	4184	1685	2499
镇江新区	90	52	38	10996	4549	6447
江苏镇江高新区						
丹阳市	81	36	45	30089	12468	17621
扬中市	11	3	8	3161	1273	1888
句容市	27	13	14	5605	2048	3557
泰州市	**540**	**149**	**391**	**72036**	**24508**	**47528**
海陵区	18	3	15	2162	676	1486
高港区	10	5	5	2683	816	1867
姜堰区	54	19	35	6361	2185	4176
泰州医药高新技术产业开发区	49	20	29	10447	3263	7184
兴化市	329	73	256	30053	9909	20144
靖江市	6	3	3	6280	2601	3679
泰兴市	74	26	48	14050	5058	8992
宿迁市	**1067**	**372**	**695**	**146525**	**48870**	**97655**
宿城区	17	4	13	4820	1474	3346
宿豫区	27	16	11	4872	1429	3443
沭阳县	379	138	241	66923	24653	42270
泗阳县	307	98	209	19195	5177	14018
泗洪县	235	71	164	38662	11753	26909
宿迁经济技术开发区	96	41	55	9935	3566	6369
宿迁市湖滨新区	6	4	2	2118	818	1300
苏州宿迁工业园区						
宿迁市洋河新区						

4-3b 续表 6

单位：人

地区	初中			高中			大学专科		
	小计	男	女	小计	男	女	小计	男	女
江 苏	**5996706**	**3010929**	**2985777**	**3105077**	**1725051**	**1380026**	**1698426**	**913823**	**784603**
南京市	**40148**	**21350**	**18798**	**22864**	**12962**	**9902**	**20172**	**11133**	**9039**
玄武区									
秦淮区									
建邺区									
鼓楼区									
浦口区	310	164	146	267	161	106	134	80	54
栖霞区									
雨花台区	2063	1163	900	1356	827	529	818	495	323
江宁区									
六合区	27260	13957	13303	16196	8810	7386	15911	8635	7276
溧水区	6865	3481	3384	3602	2126	1476	2619	1423	1196
高淳区	3650	2585	1065	1443	1038	405	690	500	190
南京江北新区									
无锡市	**381137**	**200205**	**180932**	**171380**	**96465**	**74915**	**91710**	**49800**	**41910**
锡山区	95275	52026	43249	30700	17709	12991	19313	10420	8893
惠山区	33408	17884	15524	15476	8755	6721	10805	5872	4933
滨湖区									
梁溪区									
新吴区									
江苏无锡经济开发区									
江阴市	158781	81974	76807	89687	49627	40060	40529	22082	18447
宜兴市	93673	48321	45352	35517	20374	15143	21063	11426	9637
徐州市	**805388**	**394895**	**410493**	**370366**	**202378**	**167988**	**203397**	**109055**	**94342**
鼓楼区									
云龙区	6470	3401	3069	2940	1673	1267	1299	684	615
贾汪区	26486	13592	12894	8224	4746	3478	2889	1659	1230
泉山区									
铜山区	111097	55424	55673	40613	22622	17991	14211	7671	6540
丰县	138463	67075	71388	69854	37972	31882	37989	20496	17493
沛县	171571	81395	90176	73025	38921	34104	47329	25513	21816
睢宁县	165215	80406	84809	78484	42691	35793	40358	21534	18824
徐州经济技术开发区	71205	35105	36100	50467	27503	22964	47648	25011	22637
新沂市	51692	26483	25209	17390	9711	7679	5163	2774	2389
邳州市	63189	32014	31175	29369	16539	12830	6511	3713	2798
常州市	**213680**	**111480**	**102200**	**81782**	**46669**	**35113**	**40047**	**22277**	**17770**
天宁区	14678	7661	7017	5929	3282	2647	3546	1961	1585
钟楼区									
新北区	40687	20814	19873	16220	9239	6981	8690	4638	4052
武进区	56620	29578	27042	19168	10745	8423	10947	5969	4978
金坛区	20944	10778	10166	5888	3513	2375	2562	1456	1106
江苏省常州市经济开发区	34228	18319	15909	12627	6980	5647	6856	3952	2904
溧阳市	46523	24330	22193	21950	12910	9040	7446	4301	3145

4-3b 续表 7 单位：人

地区	初中			高中			大学专科		
	小计	男	女	小计	男	女	小计	男	女
苏州市	**910940**	**494068**	**416872**	**465884**	**269583**	**196301**	**343675**	**185716**	**157959**
虎丘区	951	474	477	419	235	184	431	226	205
吴中区	66254	36764	29490	30624	17880	12744	18777	10327	8450
相城区	19289	10971	8318	7591	4583	3008	4555	2587	1968
姑苏区									
吴江区	170729	91161	79568	67036	38671	28365	37321	20053	17268
苏州工业园区	173888	95012	78876	169963	98503	71460	157159	83216	73943
常熟市	157303	86326	70977	48049	28786	19263	30876	17670	13206
张家港市	172838	90782	82056	73342	41422	31920	48208	26634	21574
昆山市	65067	34934	30133	39545	22344	17201	28799	15269	13530
太仓市	84621	47644	36977	29315	17159	12156	17549	9734	7815
南通市	**685416**	**349760**	**335656**	**288957**	**158151**	**130806**	**150407**	**81482**	**68925**
崇川区									
港闸区									
通州区	118649	60687	57962	37658	20788	16870	17316	9094	8222
如东县	126326	60364	65962	70096	36313	33783	31023	16228	14795
南通经济技术开发区	79035	44100	34935	49487	27270	22217	49786	27377	22409
通州湾示范区	10167	5213	4954	8194	4659	3535	2671	1387	1284
苏锡通科技产业园区	15566	8819	6747	5678	3484	2194	2923	1789	1134
启东市	67832	36571	31261	18264	10129	8135	8136	4233	3903
如皋市	113741	55789	57952	47148	26314	20834	18164	9711	8453
海门市	110040	56469	53571	33470	18729	14741	13237	7676	5561
海安市	44060	21748	22312	18962	10465	8497	7151	3987	3164
连云港市	**397211**	**196669**	**200542**	**306806**	**164765**	**142041**	**165775**	**85881**	**79894**
连云区	534	446	88	344	288	56	94	80	14
海州区	18992	9567	9425	7288	4169	3119	3304	1879	1425
赣榆区	54655	26859	27796	57484	30207	27277	28662	15706	12956
东海县	97533	46208	51325	106102	55049	51053	48098	25026	23072
灌云县	101396	52072	49324	46998	26653	20345	18459	10271	8188
灌南县	87046	43405	43641	47015	25914	21101	16944	9275	7669
连云港经济技术开发区	12641	6312	6329	14939	8201	6738	8663	4776	3887
连云港高新技术产业开发区	16964	8111	8853	20201	10560	9641	39581	17728	21853
江苏连云港徐圩新区	7029	3468	3561	6138	3574	2564	1689	980	709
江苏省连云港市云台山风景名胜区	421	221	200	297	150	147	281	160	121
淮安市	**428363**	**207960**	**220403**	**234581**	**127457**	**107124**	**139110**	**73283**	**65827**
淮安区	31060	16168	14892	9625	5826	3799	3697	2178	1519
淮阴区	35267	18479	16788	11377	6864	4513	3267	1869	1398
清江浦区	2328	1321	1007	550	374	176	198	117	81
洪泽区	6742	3630	3112	2309	1466	843	858	475	383
涟水县	122385	55347	67038	73360	38241	35119	33855	18274	15581
盱眙县	96072	48123	47949	49778	27383	22395	20669	10717	9952
金湖县	43823	20447	23376	34491	19265	15226	17377	9437	7940
淮安经济技术开发区	63613	31063	32550	39582	20919	18663	46857	24178	22679
工业园区	2406	1332	1074	627	357	270	431	249	182
生态文旅区	17646	8294	9352	10744	5410	5334	11041	5292	5749
苏淮高新区	7021	3756	3265	2138	1352	786	860	497	363

4-3b 续表 8

单位：人

地 区	初 中			高 中			大学专科		
	小计	男	女	小计	男	女	小计	男	女
盐城市	**753125**	**356510**	**396615**	**377247**	**211612**	**165635**	**147133**	**81212**	**65921**
亭湖区	17704	8838	8866	10204	6375	3829	3154	1889	1265
盐都区	29854	13646	16208	15799	9572	6227	4083	2401	1682
大丰区	53129	26989	26140	21309	12843	8466	8130	4611	3519
响水县	77494	38383	39111	31335	17848	13487	14325	8080	6245
滨海县	129569	62105	67464	59332	31996	27336	22132	12044	10088
阜宁县	135301	62462	72839	65330	35203	30127	25308	13493	11815
射阳县	126873	60369	66504	73115	40167	32948	29304	16033	13271
建湖县	110747	49120	61627	63552	35684	27868	26679	14769	11910
盐城经济技术开发区	15837	8000	7837	10478	6431	4047	5838	3399	2439
江苏省盐南高新区									
东台市	56617	26598	30019	26793	15493	11300	8180	4493	3687
扬州市	**310797**	**148625**	**162172**	**153578**	**84805**	**68773**	**94390**	**51068**	**43322**
广陵区	13097	6434	6663	6185	3587	2598	3076	1778	1298
邗江区	15947	7870	8077	8072	4533	3539	4423	2420	2003
江都区	72472	33985	38487	26584	14841	11743	13375	7176	6199
宝应县	109568	50571	58997	60422	32827	27595	29112	15758	13354
扬州经济技术开发区	42870	21321	21549	31466	16678	14788	33543	17985	15558
蜀冈瘦西湖景区生态新城	3049	1532	1517	1258	711	547	793	420	373
仪征市	16512	8445	8067	5823	3404	2419	3525	1969	1556
高邮市	37282	18467	18815	13768	8224	5544	6543	3562	2981
镇江市	**256645**	**132367**	**124278**	**114391**	**66707**	**47684**	**68511**	**37703**	**30808**
京口区	1631	951	680	616	416	200	381	232	149
润州区									
丹徒区	22428	11893	10535	7946	4679	3267	8216	4025	4191
镇江新区	55336	27683	27653	39089	21844	17245	28621	16406	12215
江苏镇江高新区									
丹阳市	139720	72713	67007	47478	28636	18842	18760	10357	8403
扬中市	12139	6016	6123	5210	3329	1881	2949	1638	1311
句容市	25391	13111	12280	14052	7803	6249	9584	5045	4539
泰州市	**292602**	**147659**	**144943**	**137871**	**80107**	**57764**	**74703**	**41256**	**33447**
海陵区	7776	4089	3687	2046	1317	729	1199	652	547
高港区	12613	6225	6388	4759	2845	1914	3648	2103	1545
姜堰区	27161	13252	13909	11046	6304	4742	4696	2681	2015
泰州医药高新技术产业开发区	49813	25117	24696	23747	13249	10498	29346	15237	14109
兴化市	92686	48847	43839	46296	28148	18148	12234	7264	4970
靖江市	34049	17210	16839	16571	9381	7190	8440	4848	3592
泰兴市	68504	32919	35585	33406	18863	14543	15140	8471	6669
宿迁市	**521254**	**249381**	**271873**	**379370**	**203390**	**175980**	**159396**	**83957**	**75439**
宿城区	13269	6885	6384	2712	1623	1089	1255	662	593
宿豫区	17163	8973	8190	5673	3381	2292	2299	1343	956
沭阳县	223161	106941	116220	164764	88937	75827	63649	33827	29822
泗阳县	113567	52225	61342	104379	54575	49804	35114	18607	16507
泗洪县	117214	56202	61012	76856	41240	35616	42772	21878	20894
宿迁经济技术开发区	33206	16190	17016	23817	12882	10935	13746	7350	6396
宿迁市湖滨新区	3674	1965	1709	1169	752	417	561	290	271
苏州宿迁工业园区									
宿迁市洋河新区									

4-3b 续表 9

单位：人

地区	大学本科			硕士研究生			博士研究生		
	小计	男	女	小计	男	女	小计	男	女
江 苏	**1208735**	**624067**	**584668**	**92108**	**49305**	**42803**	**9252**	**5716**	**3536**
南京市	**11568**	**6293**	**5275**	**884**	**481**	**403**	**54**	**35**	**19**
玄武区									
秦淮区									
建邺区									
鼓楼区									
浦口区	95	50	45	3	1	2	1		1
栖霞区									
雨花台区	472	261	211	41	28	13	2		2
江宁区									
六合区	9081	4845	4236	713	376	337	39	30	9
溧水区	1414	737	677	101	54	47	9	3	6
高淳区	506	400	106	26	22	4	3	2	1
南京江北新区									
无锡市	**63183**	**31968**	**31215**	**2705**	**1333**	**1372**	**225**	**134**	**91**
锡山区	16482	8455	8027	842	414	428	56	36	20
惠山区	8401	4142	4259	467	237	230	57	32	25
滨湖区									
梁溪区									
新吴区									
江苏无锡经济开发区									
江阴市	24924	12634	12290	722	349	373	66	35	31
宜兴市	13376	6737	6639	674	333	341	46	31	15
徐州市	**103493**	**54204**	**49289**	**5665**	**3232**	**2433**	**527**	**314**	**213**
鼓楼区									
云龙区	8670	4702	3968	101	48	53	25	14	11
贾汪区	1018	531	487	54	33	21	9	4	5
泉山区									
铜山区	6792	3474	3318	288	145	143	41	24	17
丰县	15813	8138	7675	691	402	289	57	38	19
沛县	23262	12312	10950	883	477	406	98	63	35
睢宁县	21528	11122	10406	900	479	421	82	53	29
徐州经济技术开发区	22254	11804	10450	2573	1547	1026	183	95	88
新沂市	2027	970	1057	77	44	33	12	6	6
邳州市	2129	1151	978	98	57	41	20	17	3
常州市	**25768**	**13221**	**12547**	**1081**	**525**	**556**	**123**	**69**	**54**
天宁区	2589	1229	1360	77	39	38	9	4	5
钟楼区									
新北区	5262	2563	2699	260	114	146	18	13	5
武进区	6814	3339	3475	258	113	145	34	16	18
金坛区	1113	563	550	70	39	31	9	3	6
江苏省常州市经济开发区	5395	2934	2461	227	114	113	23	15	8
溧阳市	4595	2593	2002	189	106	83	30	18	12

4-3b 续表 10

单位：人

地区	大学本科			硕士研究生			博士研究生		
	小计	男	女	小计	男	女	小计	男	女
苏州市	**325965**	**164558**	**161407**	**43610**	**23018**	**20592**	**4563**	**2788**	**1775**
虎丘区	249	114	135	11	5	6			
吴中区	9658	4905	4753	523	275	248	67	38	29
相城区	2071	1015	1056	93	54	39	8	6	2
姑苏区									
吴江区	22710	11343	11367	1025	522	503	106	64	42
苏州工业园区	213931	106292	107639	39159	20676	18483	4100	2523	1577
常熟市	21978	12577	9401	583	328	255	127	73	54
张家港市	27915	14323	13592	1054	561	493	65	37	28
昆山市	18995	9667	9328	786	420	366	46	21	25
太仓市	8458	4322	4136	376	177	199	44	26	18
南通市	**97308**	**49505**	**47803**	**4997**	**2555**	**2442**	**471**	**306**	**165**
崇川区									
港闸区									
通州区	9870	4901	4969	470	219	251	45	30	15
如东县	27671	14081	13590	1426	710	716	112	63	49
南通经济技术开发区	23887	12527	11360	1788	941	847	162	119	43
通州湾示范区	1180	627	553	58	40	18	11	6	5
苏锡通科技产业园区	1642	973	669	87	49	38	7	5	2
启东市	10490	4652	5838	191	102	89	23	13	10
如皋市	11822	6220	5602	484	253	231	55	32	23
海门市	6665	3471	3194	281	143	138	35	23	12
海安市	4081	2053	2028	212	98	114	21	15	6
连云港市	**107842**	**56440**	**51402**	**6861**	**3646**	**3215**	**638**	**424**	**214**
连云区	34	31	3	3	3				
海州区	1362	736	626	55	35	20	12	8	4
赣榆区	8371	4757	3614	390	209	181	32	21	11
东海县	28511	14640	13871	939	541	398	118	78	40
灌云县	12324	6810	5514	441	247	194	41	23	18
灌南县	11124	5922	5202	444	258	186	21	16	5
连云港经济技术开发区	5849	3096	2753	582	283	299	27	20	7
连云港高新技术产业开发区	39579	20072	19507	3982	2053	1929	385	257	128
江苏连云港徐圩新区	619	339	280	23	16	7	2	1	1
江苏省连云港市云台山风景名胜区	69	37	32	2	1	1			
淮安市	**84946**	**45115**	**39831**	**4749**	**2558**	**2191**	**726**	**452**	**274**
淮安区	1445	830	615	87	46	41	8	5	3
淮阴区	1247	664	583	71	39	32	8	6	2
清江浦区	81	43	38	3	1	2			
洪泽区	308	170	138	15	8	7	1		1
涟水县	14801	7892	6909	536	316	220	252	135	117
盱眙县	16563	8626	7937	589	338	251	54	36	18
金湖县	10465	5492	4973	392	171	221	29	14	15
淮安经济技术开发区	27938	15392	12546	1919	1070	849	293	200	93
工业园区	136	72	64	9	7	2			
生态文旅区	11623	5764	5859	1107	552	555	80	56	24
苏淮高新区	339	170	169	21	10	11	1		1

4-3b 续表 11

单位：人

地 区	大学本科			硕士研究生			博士研究生		
	小计	男	女	小计	男	女	小计	男	女
盐城市	**96581**	**50935**	**45646**	**3706**	**2022**	**1684**	**349**	**214**	**135**
亭湖区	1150	638	512	76	36	40	6	5	1
盐都区	1839	1087	752	102	58	44	5	4	1
大丰区	3485	1828	1657	211	103	108	30	14	16
响水县	10212	5549	4663	358	201	157	27	15	12
滨海县	17034	9258	7776	709	412	297	55	39	16
阜宁县	14648	7877	6771	552	318	234	54	36	18
射阳县	15895	8651	7244	594	315	279	37	17	20
建湖县	16971	9323	7648	636	340	296	45	31	14
盐城经济技术开发区	10976	4282	6694	284	140	144	64	38	26
江苏省盐南高新区									
东台市	4371	2442	1929	184	99	85	26	15	11
扬州市	**63555**	**32461**	**31094**	**5722**	**2927**	**2795**	**447**	**259**	**188**
广陵区	1545	811	734	69	28	41	7	4	3
邗江区	2453	1214	1239	133	61	72	9	6	3
江都区	6790	3491	3299	362	189	173	41	20	21
宝应县	19801	10658	9143	793	440	353	59	32	27
扬州经济技术开发区	27249	13365	13884	4061	2056	2005	303	182	121
蜀冈瘦西湖景区									
生态新城	367	183	184	16	6	10	1		1
仪征市	1666	862	804	95	49	46	11	8	3
高邮市	3684	1877	1807	193	98	95	16	7	9
镇江市	**62541**	**32023**	**30518**	**4744**	**2947**	**1797**	**449**	**297**	**152**
京口区	198	120	78	12	11	1	1	1	
润州区									
丹徒区	19006	11561	7445	2305	1735	570	31	24	7
镇江新区	15887	8351	7536	1197	608	589	205	143	62
江苏镇江高新区									
丹阳市	17290	7349	9941	537	253	284	37	24	13
扬中市	1189	610	579	44	19	25	8	3	5
句容市	8971	4032	4939	649	321	328	167	102	65
泰州市	**54066**	**27793**	**26273**	**3924**	**2112**	**1812**	**350**	**230**	**120**
海陵区	570	295	275	24	18	6	4	3	1
高港区	1776	938	838	106	67	39	6	3	3
姜堰区	2349	1289	1060	102	59	43	12	9	3
泰州医药高新技术产业开发区	25317	12409	12908	2813	1484	1329	202	122	80
兴化市	5878	3457	2421	233	152	81	39	24	15
靖江市	11340	5673	5667	288	146	142	33	27	6
泰兴市	6836	3732	3104	358	186	172	54	42	12
宿迁市	**111919**	**59551**	**52368**	**3460**	**1949**	**1511**	**330**	**194**	**136**
宿城区	509	270	239	17	9	8			
宿豫区	751	423	328	38	24	14	5	2	3
沭阳县	52850	29077	23773	1164	665	499	155	89	66
泗阳县	25736	13462	12274	1101	621	480	79	46	33
泗洪县	25109	12669	12440	825	452	373	74	49	25
宿迁经济技术开发区	6767	3537	3230	303	174	129	15	7	8
宿迁市湖滨新区	197	113	84	12	4	8	2	1	1
苏州宿迁工业园区									
宿迁市洋河新区									

4-3c　各地区分性别、受教育程度的16-59岁人口(乡村)

单位：人

地　区	16-59岁人口			未上过学		
	合计	男	女	小计	男	女
江　苏	**12044128**	**6260698**	**5783430**	**148480**	**40766**	**107714**
南京市	**728561**	**387166**	**341395**	**15216**	**3253**	**11963**
玄武区						
秦淮区						
建邺区						
鼓楼区						
浦口区	45648	23949	21699	1136	309	827
栖霞区	37429	20269	17160	157	58	99
雨花台区						
江宁区	272100	150596	121504	4087	1137	2950
六合区	163772	83969	79803	5342	820	4522
溧水区	92528	47572	44956	1446	313	1133
高淳区	103682	53115	50567	2915	579	2336
南京江北新区	13402	7696	5706	133	37	96
无锡市	**807347**	**435674**	**371673**	**5526**	**1635**	**3891**
锡山区	74360	39900	34460	477	128	349
惠山区	137666	75271	62395	1787	469	1318
滨湖区	29286	16161	13125	397	124	273
梁溪区						
新吴区	59933	34996	24937	217	65	152
江苏无锡经济开发区						
江阴市	288970	154689	134281	1347	430	917
宜兴市	217132	114657	102475	1301	419	882
徐州市	**1582934**	**794987**	**787947**	**25275**	**6547**	**18728**
鼓楼区						
云龙区						
贾汪区	98110	50668	47442	2359	569	1790
泉山区						
铜山区	268568	136320	132248	3614	1049	2565
丰县	216414	107182	109232	2376	654	1722
沛县	227637	113172	114465	2269	702	1567
睢宁县	244337	122413	121924	5657	1251	4406
徐州经济技术开发区	28683	14552	14131	428	125	303
新沂市	210185	106278	103907	4517	1036	3481
邳州市	289000	144402	144598	4055	1161	2894
常州市	**727352**	**386013**	**341339**	**6620**	**2003**	**4617**
天宁区	36997	19315	17682	225	74	151
钟楼区	30493	17158	13335	379	109	270
新北区	68172	35866	32306	499	140	359
武进区	226873	121650	105223	1890	570	1320
金坛区	109074	56981	52093	1244	387	857
江苏省常州市经济开发区	101143	55808	45335	687	200	487
溧阳市	154600	79235	75365	1696	523	1173

4-3c 续表 1

单位：人

地区	16-59岁人口			未上过学		
	合计	男	女	小计	男	女
苏州市	**1515530**	**844612**	**670918**	**7297**	**2504**	**4793**
虎丘区	45794	25790	20004	480	135	345
吴中区	213631	118526	95105	1457	531	926
相城区	35540	21053	14487	215	83	132
姑苏区						
吴江区	237693	128145	109548	857	270	587
苏州工业园区						
常熟市	272017	147563	124454	498	177	321
张家港市	236826	129277	107549	1417	442	975
昆山市	321253	187124	134129	1286	461	825
太仓市	152776	87134	65642	1087	405	682
南通市	**1114248**	**544466**	**569782**	**7077**	**2858**	**4219**
崇川区						
港闸区	2237	1424	813	26	4	22
通州区	178452	88106	90346	1093	449	644
如东县	172522	84223	88299	1255	534	721
南通经济技术开发区						
通州湾示范区	21235	9875	11360	170	68	102
苏锡通科技产业园区	27956	14347	13609	124	42	82
启东市	178233	89237	88996	1095	515	580
如皋市	243941	116822	127119	1567	536	1031
海门市	157007	75072	81935	937	394	543
海安市	132665	65360	67305	810	316	494
连云港市	**902453**	**461497**	**440956**	**11824**	**3277**	**8547**
连云区	1545	938	607	13	5	8
海州区	52028	27421	24607	961	276	685
赣榆区	223596	111023	112573	1442	395	1047
东海县	270481	136780	133701	1565	457	1108
灌云县	186501	97736	88765	4291	1139	3152
灌南县	143864	74683	69181	3015	872	2143
连云港经济技术开发区	10639	5526	5113	180	53	127
连云港高新技术产业开发区						
江苏连云港徐圩新区	744	454	290	23	5	18
江苏省连云港市云台山风景名胜区	13055	6936	6119	334	75	259
淮安市	**794475**	**412353**	**382122**	**10204**	**2627**	**7577**
淮安区	178479	91563	86916	3989	914	3075
淮阴区	164904	85758	79146	836	252	584
清江浦区	31724	16457	15267	265	60	205
洪泽区	60427	30772	29655	884	260	624
涟水县	181625	95351	86274	1817	623	1194
盱眙县	119095	61963	57132	2119	431	1688
金湖县	52081	27330	24751	203	70	133
淮安经济技术开发区						
工业园区	4928	2532	2396	59	6	53
生态文旅区						
苏淮高新区	1212	627	585	32	11	21

4-3c　续表 2

单位：人

地　区	16-59岁人口			未上过学		
	合计	男	女	小计	男	女
盐城市	**1148803**	**593376**	**555427**	**22275**	**6406**	**15869**
亭湖区	50366	26376	23990	657	186	471
盐都区	120268	63119	57149	1854	561	1293
大丰区	130634	68218	62416	1725	564	1161
响水县	88684	46350	42334	4023	987	3036
滨海县	164273	86014	78259	5450	1460	3990
阜宁县	152244	78187	74057	3345	931	2414
射阳县	153927	80127	73800	2296	651	1645
建湖县	104194	54071	50123	907	361	546
盐城经济技术开发区	15691	8226	7465	212	70	142
江苏省盐南高新区						
东台市	168522	82688	85834	1806	635	1171
扬州市	**682505**	**350071**	**332434**	**9219**	**2838**	**6381**
广陵区	45213	25487	19726	249	102	147
邗江区	50620	25535	25085	643	219	424
江都区	186022	94125	91897	1657	585	1072
宝应县	141029	72466	68563	3140	946	2194
扬州经济技术开发区	10450	5302	5148	111	26	85
蜀冈瘦西湖景区						
生态新城	9663	4810	4853	57	17	40
仪征市	98283	50414	47869	1391	397	994
高邮市	141225	71932	69293	1971	546	1425
镇江市	**367511**	**194618**	**172893**	**2893**	**1014**	**1879**
京口区	3869	2058	1811	47	14	33
润州区	663	395	268	3	2	1
丹徒区	54678	28848	25830	470	169	301
镇江新区	20444	10743	9701	248	138	110
江苏镇江高新区						
丹阳市	110469	58288	52181	631	217	414
扬中市	52562	27766	24796	275	107	168
句容市	124826	66520	58306	1219	367	852
泰州市	**707493**	**362344**	**345149**	**7079**	**1847**	**5232**
海陵区	22519	11153	11366	276	66	210
高港区	42269	21572	20697	142	55	87
姜堰区	115326	56827	58499	1180	344	836
泰州医药高新技术产业开发区	8205	3962	4243	66	20	46
兴化市	218613	112961	105652	3861	816	3045
靖江市	109731	59299	50432	279	117	162
泰兴市	190830	96570	94260	1275	429	846
宿迁市	**964916**	**493521**	**471395**	**17975**	**3957**	**14018**
宿城区	124892	63600	61292	3391	597	2794
宿豫区	72746	38002	34744	1388	282	1106
沭阳县	354147	182073	172074	4579	1258	3321
泗阳县	155174	78618	76556	3293	716	2577
泗洪县	170500	86801	83699	2623	573	2050
宿迁经济技术开发区	27416	13927	13489	1061	175	886
宿迁市湖滨新区	27248	14093	13155	848	177	671
苏州宿迁工业园区						
宿迁市洋河新区	32793	16407	16386	792	179	613

4-3c 续表 3 单位：人

地　区	学前教育			小　学		
	小计	男	女	小计	男	女
江　苏	**11966**	**4224**	**7742**	**2012277**	**750608**	**1261669**
南京市	**946**	**307**	**639**	**144661**	**55016**	**89645**
玄武区						
秦淮区						
建邺区						
鼓楼区						
浦口区	38	17	21	9224	3630	5594
栖霞区	7	2	5	3865	1619	2246
雨花台区						
江宁区	195	83	112	41074	18168	22906
六合区	356	90	266	40345	13175	27170
溧水区	165	52	113	20342	7923	12419
高淳区	174	58	116	27790	9698	18092
南京江北新区	11	5	6	2021	803	1218
无锡市	**258**	**87**	**171**	**101630**	**44898**	**56732**
锡山区	23	10	13	11351	5106	6245
惠山区	37	14	23	18253	8668	9585
滨湖区	11	4	7	3268	1568	1700
梁溪区						
新吴区	11	4	7	4272	1917	2355
江苏无锡经济开发区						
江阴市	81	29	52	32834	14283	18551
宜兴市	95	26	69	31652	13356	18296
徐州市	**2498**	**907**	**1591**	**326872**	**118187**	**208685**
鼓楼区						
云龙区						
贾汪区	144	46	98	18810	7189	11621
泉山区						
铜山区	349	132	217	48934	18856	30078
丰县	147	42	105	36777	11934	24843
沛县	195	76	119	35536	12295	23241
睢宁县	722	250	472	59889	19685	40204
徐州经济技术开发区	14	3	11	5052	1880	3172
新沂市	349	114	235	48016	17408	30608
邳州市	578	244	334	73858	28940	44918
常州市	**267**	**113**	**154**	**99134**	**42816**	**56318**
天宁区	15	7	8	5211	2282	2929
钟楼区	6	2	4	3347	1565	1782
新北区	15	6	9	8279	3514	4765
武进区	76	29	47	30097	13899	16198
金坛区	46	21	25	18344	7279	11065
江苏省常州市经济开发区	37	14	23	13461	6590	6871
溧阳市	72	34	38	20395	7687	12708

4-3c　续表 4　　　　单位：人

地　区	学前教育			小　学		
	小计	男	女	小计	男	女
苏州市	**1013**	**437**	**576**	**187913**	**85638**	**102275**
虎丘区	37	19	18	7328	3331	3997
吴中区	239	110	129	29482	13178	16304
相城区	37	14	23	5375	2531	2844
姑苏区						
吴江区	291	119	172	43835	19486	24349
苏州工业园区						
常熟市	12	6	6	18990	7969	11021
张家港市	111	50	61	34319	16255	18064
昆山市	186	76	110	29041	12959	16082
太仓市	100	43	57	19543	9929	9614
南通市	**613**	**232**	**381**	**149880**	**57367**	**92513**
崇川区						
港闸区				291	185	106
通州区	102	41	61	24231	9643	14588
如东县	66	26	40	25231	10368	14863
南通经济技术开发区						
通州湾示范区	14	7	7	2476	1103	1373
苏锡通科技产业园区	6	2	4	3209	1441	1768
启东市	80	35	45	22084	10109	11975
如皋市	215	73	142	42935	13930	29005
海门市	50	18	32	13867	5230	8637
海安市	80	30	50	15556	5358	10198
连云港市	**1212**	**433**	**779**	**124027**	**42217**	**81810**
连云区	1		1	181	66	115
海州区	53	23	30	8669	3317	5352
赣榆区	92	29	63	15263	5061	10202
东海县	126	47	79	23416	7695	15721
灌云县	267	113	154	42179	14256	27923
灌南县	661	216	445	31585	10795	20790
连云港经济技术开发区	3	1	2	871	328	543
连云港高新技术产业开发区						
江苏连云港徐圩新区				93	29	64
江苏省连云港市云台山风景名胜区	9	4	5	1770	670	1100
淮安市	**696**	**251**	**445**	**160434**	**53170**	**107264**
淮安区	198	74	124	43138	14603	28535
淮阴区	108	45	63	29139	9278	19861
清江浦区	37	10	27	5895	1899	3996
洪泽区	143	55	88	11656	3678	7978
涟水县	7	3	4	25787	8970	16817
盱眙县	167	56	111	31998	10675	21323
金湖县	32	6	26	11675	3729	7946
淮安经济技术开发区						
工业园区	3	2	1	996	307	689
生态文旅区						
苏淮高新区	1		1	150	31	119

4-3c 续表 5

单位：人

地 区	学前教育			小 学		
	小计	男	女	小计	男	女
盐城市	**1178**	**448**	**730**	**219411**	**76739**	**142672**
亭湖区	25	12	13	8695	2893	5802
盐都区	147	50	97	20219	6178	14041
大丰区	110	34	76	20431	7514	12917
响水县	113	48	65	22540	8563	13977
滨海县	152	64	88	37038	14364	22674
阜宁县	132	53	79	29679	10400	19279
射阳县	191	70	121	36036	12727	23309
建湖县	119	43	76	16624	5381	11243
盐城经济技术开发区	9	6	3	2366	803	1563
江苏省盐南高新区						
东台市	180	68	112	25783	7916	17867
扬州市	**1113**	**360**	**753**	**128712**	**45614**	**83098**
广陵区	29	15	14	7017	3172	3845
邗江区	66	28	38	8559	3287	5272
江都区	196	75	121	32681	11955	20726
宝应县	208	63	145	29333	9418	19915
扬州经济技术开发区	5	1	4	1352	509	843
蜀冈瘦西湖景区						
生态新城	8	4	4	1174	424	750
仪征市	198	54	144	19725	7230	12495
高邮市	403	120	283	28871	9619	19252
镇江市	**185**	**72**	**113**	**51492**	**19802**	**31690**
京口区				521	258	263
润州区				121	54	67
丹徒区	28	6	22	7640	2883	4757
镇江新区	22	6	16	2738	1279	1459
江苏镇江高新区						
丹阳市	36	17	19	13861	5456	8405
扬中市	37	17	20	6877	2638	4239
句容市	62	26	36	19734	7234	12500
泰州市	**852**	**233**	**619**	**123098**	**38839**	**84259**
海陵区	19	3	16	3895	1142	2753
高港区	9	6	3	5725	1694	4031
姜堰区	164	54	110	19968	6090	13878
泰州医药高新技术产业开发区	2	1	1	1162	318	844
兴化市	452	106	346	50158	14535	35623
靖江市	16	5	11	11699	5094	6605
泰兴市	190	58	132	30491	9966	20525
宿迁市	**1135**	**344**	**791**	**195013**	**70305**	**124708**
宿城区	154	46	108	32124	11509	20615
宿豫区	55	16	39	15089	4755	10334
沭阳县	464	155	309	73886	29399	44487
泗阳县	217	55	162	21622	5899	15723
泗洪县	150	43	107	30082	10779	19303
宿迁经济技术开发区	20	7	13	6013	2227	3786
宿迁市湖滨新区	27	13	14	8572	3366	5206
苏州宿迁工业园区						
宿迁市洋河新区	48	9	39	7625	2371	5254

4-3c 续表 6

单位：人

地区	初中			高中			大学专科		
	小计	男	女	小计	男	女	小计	男	女
江 苏	**6445877**	**3463216**	**2982661**	**2090594**	**1258217**	**832377**	**920197**	**522895**	**397302**
南京市	**308704**	**177008**	**131696**	**135398**	**84109**	**51289**	**76865**	**44467**	**32398**
玄武区									
秦淮区									
建邺区									
鼓楼区									
浦口区	19062	10721	8341	9119	5503	3616	4691	2583	2108
栖霞区	17706	9522	8184	9410	5535	3875	4026	2271	1755
雨花台区									
江宁区	113120	65031	48089	57403	34550	22853	34591	20121	14470
六合区	70472	41398	29074	24967	15862	9105	16031	9213	6818
溧水区	39368	22387	16981	15669	10284	5385	6948	4007	2941
高淳区	43473	24668	18805	16508	10832	5676	8978	5262	3716
南京江北新区	5503	3281	2222	2322	1543	779	1600	1010	590
无锡市	**442170**	**241427**	**200743**	**149267**	**89038**	**60229**	**71722**	**39404**	**32318**
锡山区	41879	23199	18680	10589	6197	4392	6394	3494	2900
惠山区	74080	42376	31704	22258	13220	9038	14274	7061	7213
滨湖区	14544	8110	6434	5483	3310	2173	3830	2154	1676
梁溪区									
新吴区	33735	19742	13993	12139	7741	4398	6669	3916	2753
江苏无锡经济开发区									
江阴市	156162	83545	72617	63559	37075	26484	23305	13118	10187
宜兴市	121770	64455	57315	35239	21495	13744	17250	9661	7589
徐州市	**919693**	**485494**	**434199**	**199716**	**120503**	**79213**	**82020**	**48052**	**33968**
鼓楼区									
云龙区									
贾汪区	57318	31193	26125	13178	8002	5176	4646	2733	1913
泉山区									
铜山区	161258	84766	76492	36356	21448	14908	12950	7316	5634
丰县	131783	67456	64327	26952	16388	10564	14185	8326	5859
沛县	148331	75016	73315	25131	15333	9798	12356	7429	4927
睢宁县	130854	72076	58778	29019	18285	10734	13816	8321	5495
徐州经济技术开发区	16254	8581	7673	4658	2717	1941	1676	935	741
新沂市	119869	65600	54269	25157	15223	9934	9185	5228	3957
邳州市	154026	80806	73220	39265	23107	16158	13206	7764	5442
常州市	**400550**	**212951**	**187599**	**122536**	**73401**	**49135**	**64304**	**37130**	**27174**
天宁区	20383	10768	9615	5490	3155	2335	3600	1994	1606
钟楼区	13706	7526	6180	5366	3081	2285	6407	4227	2180
新北区	37499	19664	17835	11008	6687	4321	7070	3979	3091
武进区	126385	68008	58377	36198	21458	14740	21235	12054	9181
金坛区	57621	30049	27572	18597	11575	7022	8521	5073	3448
江苏省常州市经济开发区	61650	34780	26870	13519	7889	5630	7379	4098	3281
溧阳市	83306	42156	41150	32358	19556	12802	10092	5705	4387

4-3c 续表 7 单位：人

地区	初中			高中			大学专科		
	小计	男	女	小计	男	女	小计	男	女
苏州市	**807378**	**455844**	**351534**	**278456**	**171425**	**107031**	**159238**	**90073**	**69165**
虎丘区	20550	12163	8387	7705	4677	3028	6022	3459	2563
吴中区	105878	60086	45792	44063	27097	16966	22408	12373	10035
相城区	18106	11041	7065	6416	4261	2155	3571	2125	1446
姑苏区									
吴江区	129449	71859	57590	34311	21119	13192	19231	10441	8790
苏州工业园区									
常熟市	163519	88745	74774	44066	26285	17781	32117	17814	14303
张家港市	128979	71601	57378	37561	22261	15300	22386	12629	9757
昆山市	152984	89494	63490	79851	50678	29173	40067	23557	16510
太仓市	87913	50855	37058	24483	15047	9436	13436	7675	5761
南通市	**650069**	**316075**	**333994**	**180414**	**102106**	**78308**	**80684**	**42837**	**37847**
崇川区									
港闸区	1107	731	376	430	286	144	234	135	99
通州区	98052	47888	50164	31680	18198	13482	15845	8373	7472
如东县	99779	47891	51888	29035	16437	12598	10660	5688	4972
南通经济技术开发区									
通州湾示范区	13694	6238	7456	2967	1506	1461	1224	624	600
苏锡通科技产业园区	16443	8529	7914	4500	2500	2000	2341	1228	1113
启东市	116675	58311	58364	21776	11678	10098	10666	5564	5102
如皋市	132452	64425	68027	38688	22676	16012	16840	9239	7601
海门市	95208	44854	50354	27386	14643	12743	12692	6498	6194
海安市	76659	37208	39451	23952	14182	9770	10182	5488	4694
连云港市	**422904**	**225076**	**197828**	**231069**	**127986**	**103083**	**84978**	**47615**	**37363**
连云区	750	464	286	367	246	121	165	113	52
海州区	30359	16604	13755	6991	4417	2574	3804	2166	1638
赣榆区	72487	35389	37098	80330	40614	39716	41610	22494	19116
东海县	116704	58104	58600	96724	52512	44212	24573	13905	10668
灌云县	107072	61169	45903	22486	14919	7567	7361	4498	2863
灌南县	84385	47462	36923	17468	11243	6225	4925	3003	1922
连云港经济技术开发区	4132	2056	2076	3562	2052	1510	1432	802	630
连云港高新技术产业开发区									
江苏连云港徐圩新区	421	276	145	141	106	35	52	29	23
江苏省连云港市云台山风景名胜区	6594	3552	3042	3000	1877	1123	1056	605	451
淮安市	**431310**	**239548**	**191762**	**129862**	**80379**	**49483**	**45376**	**26906**	**18470**
淮安区	96382	54129	42253	22690	14404	8286	8496	5242	3254
淮阴区	95447	52100	43347	28076	17506	10570	8249	4840	3409
清江浦区	17574	9737	7837	4856	2935	1921	2418	1452	966
洪泽区	31111	16799	14312	10989	6939	4050	3828	2100	1728
涟水县	100536	53954	46582	37331	22048	15283	12690	7737	4953
盱眙县	61924	37030	24894	15191	9401	5790	5213	2956	2257
金湖县	24891	13874	11017	9908	6632	3276	4000	2302	1698
淮安经济技术开发区									
工业园区	2716	1537	1179	608	368	240	412	238	174
生态文旅区									
苏淮高新区	729	388	341	213	146	67	70	39	31

4-3c　续表 8　　　　单位：人

地　区	初　中			高　中			大学专科		
	小计	男	女	小计	男	女	小计	男	女
盐城市	**659597**	**354596**	**305001**	**170695**	**111609**	**59086**	**53995**	**31284**	**22711**
亭湖区	28346	15347	12999	8887	5771	3116	2722	1578	1144
盐都区	65809	35176	30633	23162	15757	7405	6176	3697	2479
大丰区	70757	37187	33570	24914	15943	8971	9092	5062	4030
响水县	49312	28687	20625	8313	5454	2859	3126	1864	1262
滨海县	99201	55789	43412	15474	10136	5338	4974	2986	1988
阜宁县	90646	48896	41750	20035	12988	7047	6071	3571	2500
射阳县	84385	47083	37302	21244	14103	7141	7171	4036	3135
建湖县	61812	32417	29395	18002	11856	6146	4770	2850	1920
盐城经济技术开发区	8756	4664	4092	2895	1857	1038	1092	640	452
江苏省盐南高新区									
东台市	100573	49350	51223	27769	17744	10025	8801	5000	3801
扬州市	**363174**	**194789**	**168385**	**102952**	**63636**	**39316**	**52769**	**29656**	**23113**
广陵区	24236	14073	10163	8141	5071	3070	4190	2363	1827
邗江区	23384	11765	11619	9439	5544	3895	5559	3190	2369
江都区	107107	55303	51804	26239	16153	10086	12577	7003	5574
宝应县	76498	42524	33974	19776	12586	7190	8143	4675	3468
扬州经济技术开发区	4104	2127	1977	1989	1077	912	1552	852	700
蜀冈瘦西湖景区									
生态新城	4932	2438	2494	1968	1135	833	1031	549	482
仪征市	46706	24972	21734	16542	10076	6466	9204	5273	3931
高邮市	76207	41587	34620	18858	11994	6864	10513	5751	4762
镇江市	**200367**	**106264**	**94103**	**68351**	**42987**	**25364**	**31356**	**17712**	**13644**
京口区	1963	1024	939	777	456	321	386	216	170
润州区	376	243	133	89	51	38	52	33	19
丹徒区	30852	16473	14379	10086	6233	3853	4075	2311	1764
镇江新区	9411	4856	4555	4677	2662	2015	2274	1258	1016
江苏镇江高新区									
丹阳市	67342	35277	32065	19385	12259	7126	6506	3614	2892
扬中市	24251	12506	11745	10258	6503	3755	7679	4391	3288
句容市	66172	35885	30287	23079	14823	8256	10384	5889	4495
泰州市	**384585**	**202617**	**181968**	**115438**	**73797**	**41641**	**52757**	**31436**	**21321**
海陵区	12230	6521	5709	3270	1992	1278	1915	985	930
高港区	21757	11114	10643	7584	4641	2943	4874	2870	2004
姜堰区	61788	31479	30309	18583	11224	7359	9113	5177	3936
泰州医药高新技术产业开发区	4247	2113	2134	1334	751	583	973	532	441
兴化市	119010	67650	51360	31770	21710	10060	9088	5558	3530
靖江市	59900	31197	28703	22088	13680	8408	11005	6581	4424
泰兴市	105653	52543	53110	30809	19799	11010	15789	9733	6056
宿迁市	**455376**	**251527**	**203849**	**206440**	**117241**	**89199**	**64133**	**36323**	**27810**
宿城区	62915	35563	27352	17538	10854	6684	5977	3435	2542
宿豫区	36660	20925	15735	13391	8440	4951	4562	2661	1901
沭阳县	156933	86394	70539	87384	47599	39785	21932	12312	9620
泗阳县	86209	46323	39886	33161	19484	13677	7256	4173	3083
泗洪县	67760	37034	30726	43375	23665	19710	20240	11331	8909
宿迁经济技术开发区	14048	7722	6326	4045	2504	1541	1583	946	637
宿迁市湖滨新区	12782	7505	5277	3250	2028	1222	1239	704	535
苏州宿迁工业园区									
宿迁市洋河新区	18069	10061	8008	4296	2667	1629	1344	761	583

4-3c 续表 9 单位：人

地区	大学本科			硕士研究生			博士研究生		
	小计	男	女	小计	男	女	小计	男	女
江 苏	**387911**	**205746**	**182165**	**23826**	**13087**	**10739**	**3000**	**1939**	**1061**
南京市	**43099**	**20983**	**22116**	**3240**	**1739**	**1501**	**432**	**284**	**148**
玄武区									
秦淮区									
建邺区									
鼓楼区									
浦口区	2184	1077	1107	173	94	79	21	15	6
栖霞区	2097	1167	930	142	80	62	19	15	4
雨花台区									
江宁区	19635	10439	9196	1743	908	835	252	159	93
六合区	5794	3144	2650	410	229	181	55	38	17
溧水区	8379	2492	5887	185	98	87	26	16	10
高淳区	3568	1859	1709	248	141	107	28	18	10
南京江北新区	1442	805	637	339	189	150	31	23	8
无锡市	**35007**	**18287**	**16720**	**1588**	**791**	**797**	**179**	**107**	**72**
锡山区	3494	1702	1792	138	57	81	15	7	8
惠山区	6643	3305	3338	305	139	166	29	19	10
滨湖区	1656	852	804	84	32	52	13	7	6
梁溪区									
新吴区	2710	1519	1191	171	86	85	9	6	3
江苏无锡经济开发区									
江阴市	11208	5950	5258	427	233	194	47	26	21
宜兴市	9296	4959	4337	463	244	219	66	42	24
徐州市	**24474**	**13809**	**10665**	**2023**	**1237**	**786**	**363**	**251**	**112**
鼓楼区									
云龙区									
贾汪区	1517	851	666	116	68	48	22	17	5
泉山区									
铜山区	4704	2523	2181	339	187	152	64	43	21
丰县	3743	2102	1641	389	236	153	62	44	18
沛县	3441	2075	1366	318	200	118	60	46	14
睢宁县	3932	2262	1670	385	235	150	63	48	15
徐州经济技术开发区	557	281	276	41	29	12	3	1	2
新沂市	2896	1546	1350	163	104	59	33	19	14
邳州市	3684	2169	1515	272	178	94	56	33	23
常州市	**31854**	**16474**	**15380**	**1833**	**975**	**858**	**254**	**150**	**104**
天宁区	2005	997	1008	65	36	29	3	2	1
钟楼区	1211	613	598	64	30	34	7	5	2
新北区	3580	1768	1812	191	92	99	31	16	15
武进区	10418	5323	5095	499	267	232	75	42	33
金坛区	4116	2253	1863	532	307	225	53	37	16
江苏省常州市经济开发区	4227	2153	2074	165	75	90	18	9	9
溧阳市	6297	3367	2930	317	168	149	67	39	28

4-3c 续表 10

单位：人

地 区	大学本科			硕士研究生			博士研究生		
	小计	男	女	小计	男	女	小计	男	女
苏州市	**70283**	**36501**	**33782**	**3606**	**1971**	**1635**	**346**	**219**	**127**
虎丘区	3310	1811	1499	344	182	162	18	13	5
吴中区	9432	4784	4648	625	332	293	47	35	12
相城区	1675	901	774	134	89	45	11	8	3
姑苏区									
吴江区	9347	4662	4685	327	166	161	45	23	22
苏州工业园区									
常熟市	12289	6278	6011	454	251	203	72	38	34
张家港市	11617	5835	5782	388	176	212	48	28	20
昆山市	16709	9209	7500	1055	638	417	74	52	22
太仓市	5904	3021	2883	279	137	142	31	22	9
南通市	**42860**	**21664**	**21196**	**2355**	**1155**	**1200**	**296**	**172**	**124**
崇川区									
港闸区	145	80	65	3	2	1	1	1	
通州区	6967	3275	3692	433	210	223	49	29	20
如东县	6031	3043	2988	404	200	204	61	36	25
南通经济技术开发区									
通州湾示范区	643	308	335	42	20	22	5	1	4
苏锡通科技产业园区	1271	572	699	54	28	26	8	5	3
启东市	5550	2853	2697	287	159	128	20	13	7
如皋市	10650	5655	4995	534	259	275	60	29	31
海门市	6563	3293	3270	269	118	151	35	24	11
海安市	5040	2585	2455	329	159	170	57	34	23
连云港市	**24790**	**13925**	**10865**	**1452**	**838**	**614**	**197**	**130**	**67**
连云区	66	43	23	2	1	1			
海州区	1107	575	532	75	36	39	9	7	2
赣榆区	11609	6570	5039	669	412	257	94	59	35
东海县	6976	3823	3153	351	203	148	46	34	12
灌云县	2643	1532	1111	182	99	83	20	11	9
灌南县	1690	1019	671	116	60	56	19	13	6
连云港经济技术开发区	413	213	200	41	18	23	5	3	2
连云港高新技术产业开发区									
江苏连云港徐圩新区	14	9	5						
江苏省连云港市云台山风景名胜区	272	141	131	16	9	7	4	3	1
淮安市	**15458**	**8805**	**6653**	**1012**	**585**	**427**	**123**	**82**	**41**
淮安区	3325	2031	1294	242	155	87	19	11	8
淮阴区	2843	1617	1226	172	99	73	34	21	13
清江浦区	637	338	299	37	21	16	5	5	
洪泽区	1732	900	832	77	36	41	7	5	2
涟水县	3198	1866	1332	230	130	100	29	20	9
盱眙县	2332	1324	1008	133	77	56	18	13	5
金湖县	1246	645	601	115	65	50	11	7	4
淮安经济技术开发区									
工业园区	130	73	57	4	1	3			
生态文旅区									
苏淮高新区	15	11	4	2	1	1			

4-3c 续表 11 单位：人

地区	大学本科			硕士研究生			博士研究生		
	小计	男	女	小计	男	女	小计	男	女
盐城市	**19862**	**11256**	**8606**	**1580**	**894**	**686**	**210**	**144**	**66**
亭湖区	963	543	420	58	35	23	13	11	2
盐都区	2652	1546	1106	225	138	87	24	16	8
大丰区	3312	1759	1553	262	137	125	31	18	13
响水县	1154	692	462	85	43	42	18	12	6
滨海县	1827	1111	716	133	87	46	24	17	7
阜宁县	2141	1237	904	175	99	76	20	12	8
射阳县	2405	1334	1071	174	103	71	25	20	5
建湖县	1791	1056	735	150	91	59	19	16	3
盐城经济技术开发区	318	163	155	39	20	19	4	3	1
江苏省盐南高新区									
东台市	3299	1815	1484	279	141	138	32	19	13
扬州市	**22918**	**12263**	**10655**	**1516**	**825**	**691**	**132**	**90**	**42**
广陵区	1262	646	616	85	43	42	4	2	2
邗江区	2841	1432	1409	114	59	55	15	11	4
江都区	5146	2820	2326	383	212	171	36	19	17
宝应县	3645	2075	1570	257	157	100	29	22	7
扬州经济技术开发区	1195	632	563	132	72	60	10	6	4
蜀冈瘦西湖景区									
生态新城	463	230	233	26	10	16	4	3	1
仪征市	4262	2268	1994	244	135	109	11	9	2
高邮市	4104	2160	1944	275	137	138	23	18	5
镇江市	**12073**	**6361**	**5712**	**704**	**350**	**354**	**90**	**56**	**34**
京口区	162	82	80	12	7	5	1	1	
润州区	19	11	8	3	1	2			
丹徒区	1434	724	710	80	40	40	13	9	4
镇江新区	1017	516	501	50	24	26	7	4	3
江苏镇江高新区									
丹阳市	2547	1365	1182	140	68	72	21	15	6
扬中市	3031	1540	1491	136	58	78	18	6	12
句容市	3863	2123	1740	283	152	131	30	21	9
泰州市	**21851**	**12496**	**9355**	**1604**	**929**	**675**	**229**	**150**	**79**
海陵区	857	418	439	52	23	29	5	3	2
高港区	2026	1103	923	135	78	57	17	11	6
姜堰区	4243	2303	1940	249	126	123	38	30	8
泰州医药高新技术产业开发区	390	210	180	28	15	13	3	2	1
兴化市	3849	2311	1538	387	248	139	38	27	11
靖江市	4405	2439	1966	288	155	133	51	31	20
泰兴市	6081	3712	2369	465	284	181	77	46	31
宿迁市	**23382**	**12922**	**10460**	**1313**	**798**	**515**	**149**	**104**	**45**
宿城区	2636	1497	1139	143	88	55	14	11	3
宿豫区	1472	843	629	113	67	46	16	13	3
沭阳县	8422	4626	3796	496	297	199	51	33	18
泗阳县	3199	1838	1361	192	113	79	25	17	8
泗洪县	5990	3193	2797	250	161	89	30	22	8
宿迁经济技术开发区	600	320	280	40	23	17	6	3	3
宿迁市湖滨新区	493	276	217	34	23	11	3	1	2
苏州宿迁工业园区									
宿迁市洋河新区	570	329	241	45	26	19	4	4	

4-4 各地区分性别、受教育程度的25岁及以上人口

单位：人

地区	25岁及以上人口			未上过学		
	合计	男	女	小计	男	女
江 苏	**64348103**	**32058499**	**32289604**	**2530746**	**541950**	**1988796**
南京市	**6929273**	**3495332**	**3433941**	**238618**	**56352**	**182266**
玄武区	383772	188300	195472	2097	502	1595
秦淮区	593612	286866	306746	9559	1771	7788
建邺区	409884	203211	206673	7243	1637	5606
鼓楼区	715465	342982	372483	11736	2298	9438
浦口区	310834	158916	151918	14870	3463	11407
栖霞区	680884	352411	328473	16315	3133	13182
雨花台区	461836	239098	222738	15310	3150	12160
江宁区	1370395	705338	665057	59355	15705	43650
六合区	513730	254658	259072	40169	7410	32759
溧水区	377375	197132	180243	19225	5508	13717
高淳区	343038	173514	169524	30548	9219	21329
南京江北新区	768448	392906	375542	12191	2556	9635
无锡市	**5863570**	**2983846**	**2879724**	**97277**	**19577**	**77700**
锡山区	687604	357785	329819	10350	1927	8423
惠山区	673381	348565	324816	14735	3190	11545
滨湖区	439388	221841	217547	8092	1695	6397
梁溪区	787116	387546	399570	11258	2035	9223
新吴区	555076	285434	269642	6344	1204	5140
江苏无锡经济开发区	244700	124183	120517	4134	894	3240
江阴市	1425557	728307	697250	22935	4118	18817
宜兴市	1050748	530185	520563	19429	4514	14915
徐州市	**6300697**	**3064368**	**3236329**	**278200**	**65661**	**212539**
鼓楼区	322390	158178	164212	4840	1064	3776
云龙区	326599	157696	168903	6413	1458	4955
贾汪区	315809	156302	159507	24052	6235	17817
泉山区	460874	219217	241657	8341	1572	6769
铜山区	835529	413229	422300	38412	9219	29193
丰县	659747	317175	342572	27362	5318	22044
沛县	728598	350604	377994	30315	6565	23750
睢宁县	762447	371020	391427	46412	10504	35908
徐州经济技术开发区	256505	128016	128489	9373	2138	7235
新沂市	657153	320296	336857	41848	10478	31370
邳州市	975046	472635	502411	40832	11110	29722
常州市	**4095070**	**2066570**	**2028500**	**99049**	**20978**	**78071**
天宁区	529036	260629	268407	7941	1485	6456
钟楼区	498637	248772	249865	9777	2055	7722
新北区	666867	333838	333029	13313	2101	11212
武进区	958349	491464	466885	17604	3908	13696
金坛区	480973	239984	240989	18724	4052	14672
江苏省常州市经济开发区	327558	170761	156797	5915	1251	4664
溧阳市	633650	321122	312528	25775	6126	19649

4-4 续表 1

单位：人

地区	25岁及以上人口			未上过学		
	合计	男	女	小计	男	女
苏州市	**9816866**	**5060023**	**4756843**	**292935**	**66325**	**226610**
虎丘区	593602	307519	286083	23373	4717	18656
吴中区	1056039	548022	508017	37581	9279	28302
相城区	687140	360675	326465	22481	5379	17102
姑苏区	727802	354702	373100	14990	3081	11909
吴江区	1210489	628087	582402	48098	12236	35862
苏州工业园区	822141	420427	401714	22890	4963	17927
常熟市	1348826	694322	654504	34218	6472	27746
张家港市	1127488	573509	553979	30626	5938	24688
昆山市	1575898	824792	751106	34698	8899	25799
太仓市	667441	347968	319473	23980	5361	18619
南通市	**6332067**	**3075884**	**3256183**	**226236**	**46424**	**179812**
崇川区	573669	279920	293749	14265	2744	11521
港闸区	304605	152840	151765	11179	2253	8926
通州区	917221	444224	472997	34285	7151	27134
如东县	764098	369219	394879	41670	9487	32183
南通经济技术开发区	227055	119999	107056	3866	997	2869
通州湾示范区	75531	35902	39629	3390	628	2762
苏锡通科技产业园区	74356	38542	35814	2113	507	1606
启东市	819643	392233	427410	27384	5381	22003
如皋市	1016580	486087	530493	32295	6404	25891
海门市	817878	392870	425008	22797	4483	18314
海安市	741431	364048	377383	32992	6389	26603
连云港市	**3192882**	**1572493**	**1620389**	**157824**	**37122**	**120702**
连云区	125476	65215	60261	5850	1201	4649
海州区	527380	256680	270700	21880	5038	16842
赣榆区	697631	337698	359933	35431	8850	26581
东海县	703236	344037	359199	22904	6265	16639
灌云县	506439	253793	252646	34530	7384	27146
灌南县	422876	208374	214502	23405	5094	18311
连云港经济技术开发区	66385	33523	32862	5191	1243	3948
连云港高新技术产业开发区	88663	43037	45626	3565	831	2734
江苏连云港徐圩新区	32845	19107	13738	1904	558	1346
江苏省连云港市云台山风景名胜区	21951	11029	10922	3164	658	2506
淮安市	**3356052**	**1642147**	**1713905**	**172499**	**36211**	**136288**
淮安区	594814	289900	304914	47834	10035	37799
淮阴区	537072	268202	268870	24178	5126	19052
清江浦区	425016	204350	220666	10026	1858	8168
洪泽区	226965	111636	115329	14094	3232	10862
涟水县	588794	286550	302244	21761	4160	17601
盱眙县	453555	222726	230829	30283	6709	23574
金湖县	242501	119748	122753	11193	2158	9035
淮安经济技术开发区	190323	92875	97448	7200	1764	5436
工业园区	12141	6001	6140	945	171	774
生态文旅区	65937	30660	35277	2847	575	2272
苏淮高新区	18934	9499	9435	2138	423	1715

4-4　续表 2

单位：人

地　区	25岁及以上人口			未上过学		
	合计	男	女	小计	男	女
盐城市	**5216918**	**2568209**	**2648709**	**323304**	**60307**	**262997**
亭湖区	512158	252235	259923	20048	4162	15886
盐都区	487731	241309	246422	31373	5489	25884
大丰区	546158	271253	274905	39286	7229	32057
响水县	326820	161466	165354	35478	7587	27891
滨海县	595920	294399	301521	48743	10085	38658
阜宁县	598993	293922	305071	34317	6603	27714
射阳县	609973	302340	307633	32197	5255	26942
建湖县	488846	238761	250085	17759	3087	14672
盐城经济技术开发区	74332	37823	36509	4697	791	3906
江苏省盐南高新区	223735	108086	115649	5102	1003	4099
东台市	752252	366615	385637	54304	9016	45288
扬州市	**3642885**	**1786284**	**1856601**	**203997**	**42428**	**161569**
广陵区	433062	218971	214091	10351	2271	8080
邗江区	514632	249368	265264	21099	4928	16171
江都区	773190	372598	400592	39962	7550	32412
宝应县	554403	268883	285520	46413	9443	36970
扬州经济技术开发区	176734	87296	89438	7299	1449	5850
蜀冈瘦西湖景区	103713	50657	53056	3530	976	2554
生态新城	55109	27672	27437	2788	719	2069
仪征市	438380	219060	219320	26857	5617	21240
高邮市	593662	291779	301883	45698	9475	36223
镇江市	**2557112**	**1283434**	**1273678**	**73305**	**14085**	**59220**
京口区	269762	132964	136798	5045	1063	3982
润州区	195162	96355	98807	4105	989	3116
丹徒区	264981	134335	130646	10608	1990	8618
镇江新区	208354	105947	102407	5093	1152	3941
江苏镇江高新区	48165	24609	23556	1251	200	1051
丹阳市	794989	400152	394837	18522	2924	15598
扬中市	258402	129165	129237	8037	1288	6749
句容市	517297	259907	257390	20644	4479	16165
泰州市	**3635304**	**1787346**	**1847958**	**171651**	**31550**	**140101**
海陵区	433456	211271	222185	20447	3837	16610
高港区	208735	102574	106161	5710	849	4861
姜堰区	550824	265840	284984	28724	6112	22612
泰州医药高新技术产业开发区	165502	81805	83697	6063	1017	5046
兴化市	912716	455746	456970	75009	14061	60948
靖江市	549010	273099	275911	8423	1236	7187
泰兴市	815061	397011	418050	27275	4438	22837
宿迁市	**3409407**	**1672563**	**1736844**	**195851**	**44930**	**150921**
宿城区	455416	224251	231165	26158	5358	20800
宿豫区	311747	154900	156847	20620	4414	16206
沭阳县	1143186	565701	577485	52925	13349	39576
泗阳县	570478	274675	295803	30971	5661	25310
泗洪县	585981	284587	301394	39954	10659	29295
宿迁经济技术开发区	128685	63468	65217	7983	1661	6322
宿迁市湖滨新区	90328	45283	45045	7900	1922	5978
苏州宿迁工业园区	18659	8627	10032	287	32	255
宿迁市洋河新区	104927	51071	53856	9053	1874	7179

4-4 续表 3 单位：人

地 区	学前教育			小 学		
	小计	男	女	小计	男	女
江 苏	**138385**	**41194**	**97191**	**13469083**	**5580262**	**7888821**
南京市	**10733**	**3643**	**7090**	**1004757**	**423042**	**581715**
玄武区	221	60	161	27290	9568	17722
秦淮区	204	55	149	42321	15288	27033
建邺区	279	111	168	30236	12845	17391
鼓楼区	398	103	295	46948	17164	29784
浦口区	746	270	476	67112	28782	38330
栖霞区	538	207	331	73175	30473	42702
雨花台区	351	118	233	49035	21099	27936
江宁区	2383	859	1524	224425	101178	123247
六合区	1904	521	1383	141760	57063	84697
溧水区	1567	522	1045	101930	45780	56150
高淳区	1512	579	933	109385	49330	60055
南京江北新区	630	238	392	91140	34472	56668
无锡市	**3399**	**916**	**2483**	**977263**	**405239**	**572024**
锡山区	420	98	322	133537	56836	76701
惠山区	305	106	199	115658	50383	65275
滨湖区	243	78	165	50233	20357	29876
梁溪区	229	51	178	78248	29500	48748
新吴区	210	60	150	72152	27908	44244
江苏无锡经济开发区	149	47	102	28954	12266	16688
江阴市	818	207	611	254099	105141	148958
宜兴市	1025	269	756	244382	102848	141534
徐州市	**17199**	**5773**	**11426**	**1475184**	**599510**	**875674**
鼓楼区	322	99	223	29176	11472	17704
云龙区	207	76	131	30715	12382	18333
贾汪区	762	276	486	76534	33110	43424
泉山区	416	142	274	37960	13991	23969
铜山区	1900	668	1232	209994	89542	120452
丰县	1057	279	778	173248	66415	106833
沛县	1532	421	1111	165159	64764	100395
睢宁县	4190	1286	2904	222933	87741	135192
徐州经济技术开发区	305	101	204	40369	16583	23786
新沂市	1941	660	1281	180705	73855	106850
邳州市	4567	1765	2802	308391	129655	178736
常州市	**2849**	**918**	**1931**	**694261**	**291756**	**402505**
天宁区	168	59	109	65159	25837	39322
钟楼区	189	49	140	61233	24859	36374
新北区	380	89	291	101198	39423	61775
武进区	627	214	413	169614	73171	96443
金坛区	510	172	338	105939	44884	61055
江苏省常州市经济开发区	294	80	214	58020	25375	32645
溧阳市	681	255	426	133098	58207	74891

4-4 续表 4

单位：人

地 区	学前教育			小 学		
	小计	男	女	小计	男	女
苏州市	**16798**	**5593**	**11205**	**1743702**	**766267**	**977435**
虎丘区	740	280	460	87938	38504	49434
吴中区	2647	918	1729	194998	87879	107119
相城区	1734	570	1164	144429	66329	78100
姑苏区	750	218	532	78096	30089	48007
吴江区	3775	1285	2490	274086	127307	146779
苏州工业园区	1044	342	702	92345	38232	54113
常熟市	192	56	136	262541	112664	149877
张家港市	1741	527	1214	233457	100056	133401
昆山市	2519	906	1613	237320	102194	135126
太仓市	1656	491	1165	138492	63013	75479
南通市	**13719**	**3939**	**9780**	**1599371**	**672047**	**927324**
崇川区	605	192	413	58370	23608	34762
港闸区	484	160	324	49847	21673	28174
通州区	2262	633	1629	262116	111414	150702
如东县	2898	872	2026	242899	108968	133931
南通经济技术开发区	68	29	39	39669	17469	22200
通州湾示范区	185	48	137	23843	10024	13819
苏锡通科技产业园区	36	10	26	18266	8103	10163
启东市	1402	362	1040	218495	92058	126437
如皋市	2317	630	1687	325498	127936	197562
海门市	1197	395	802	171776	69629	102147
海安市	2265	608	1657	188592	81165	107427
连云港市	**7209**	**2176**	**5033**	**641561**	**253249**	**388312**
连云区	199	60	139	16385	6823	9562
海州区	630	237	393	73369	29333	44036
赣榆区	1071	342	729	125400	51478	73922
东海县	1071	308	763	134476	53338	81138
灌云县	1126	345	781	146814	56065	90749
灌南县	2776	756	2020	115781	43593	72188
连云港经济技术开发区	122	46	76	9411	3989	5422
连云港高新技术产业开发区	126	43	83	7983	3086	4897
江苏连云港徐圩新区	67	34	33	7188	3385	3803
江苏省连云港市云台山风景名胜区	21	5	16	4754	2159	2595
淮安市	**6554**	**1853**	**4701**	**827232**	**319464**	**507768**
淮安区	1705	537	1168	183698	76378	107320
淮阴区	857	260	597	121525	45260	76265
清江浦区	332	83	249	59473	21951	37522
洪泽区	1569	391	1178	66825	26400	40425
涟水县	177	57	120	126299	45814	80485
盱眙县	966	295	671	144545	55314	89231
金湖县	664	143	521	71870	27668	44202
淮安经济技术开发区	166	46	120	33341	13024	20317
工业园区	10	3	7	3564	1210	2354
生态文旅区	42	17	25	11355	4514	6841
苏淮高新区	66	21	45	4737	1931	2806

4-4 续表 5　　单位：人

地　区	学前教育			小　学		
	小计	男	女	小计	男	女
盐城市	**15337**	**3967**	**11370**	**1306741**	**533954**	**772787**
亭湖区	757	213	544	99315	39679	59636
盐都区	1823	448	1375	128590	53449	75141
大丰区	2363	619	1744	128374	55241	73133
响水县	530	166	364	84695	35378	49317
滨海县	644	208	436	157340	65197	92143
阜宁县	795	238	557	161014	65710	95304
射阳县	2131	495	1636	172260	67812	104448
建湖县	2034	460	1574	132683	52545	80138
盐城经济技术开发区	77	19	58	17613	7058	10555
江苏省盐南高新区	158	59	99	22204	8077	14127
东台市	4025	1042	2983	202653	83808	118845
扬州市	**16994**	**4901**	**12093**	**907118**	**389837**	**517281**
广陵区	856	281	575	79559	33885	45674
邗江区	971	312	659	96537	40688	55849
江都区	4140	1132	3008	224121	95949	128172
宝应县	2891	880	2011	167107	70979	96128
扬州经济技术开发区	340	125	215	28761	12078	16683
蜀冈瘦西湖景区	79	21	58	13903	5842	8061
生态新城	203	59	144	14796	6653	8143
仪征市	2697	752	1945	107200	46934	60266
高邮市	4817	1339	3478	175134	76829	98305
镇江市	**3454**	**885**	**2569**	**509917**	**203738**	**306179**
京口区	262	82	180	30078	11808	18270
润州区	144	50	94	24650	9993	14657
丹徒区	503	97	406	63105	26146	36959
镇江新区	262	98	164	36201	14929	21272
江苏镇江高新区	31	6	25	8308	3346	4962
丹阳市	783	152	631	163028	62518	100510
扬中市	597	144	453	62119	25369	36750
句容市	872	256	616	122428	49629	72799
泰州市	**15338**	**3871**	**11467**	**967085**	**396553**	**570532**
海陵区	1384	397	987	84907	35305	49602
高港区	392	64	328	53544	20021	33523
姜堰区	3235	936	2299	155260	65757	89503
泰州医药高新技术产业开发区	134	38	96	31129	12413	18716
兴化市	7145	1740	5405	305349	132908	172441
靖江市	312	73	239	120141	46877	73264
泰兴市	2736	623	2113	216755	83272	133483
宿迁市	**8802**	**2759**	**6043**	**814891**	**325606**	**489285**
宿城区	565	162	403	105981	42426	63555
宿豫区	403	130	273	69669	26907	42762
沭阳县	3222	1151	2071	297963	124336	173627
泗阳县	1907	429	1478	105033	36250	68783
泗洪县	2160	708	1452	142121	56344	85777
宿迁经济技术开发区	308	121	187	27499	11607	15892
宿迁市湖滨新区	54	19	35	34168	14931	19237
苏州宿迁工业园区	8		8	1316	377	939
宿迁市洋河新区	175	39	136	31141	12428	18713

4-4　续表 6　　　　　　　　　　　　　　　　　　　　　　　　单位：人

地　区	初中			高中			大学专科		
	小计	男	女	小计	男	女	小计	男	女
江　苏	**24680697**	**13061149**	**11619548**	**11233783**	**6261920**	**4971863**	**6483602**	**3492149**	**2991453**
南京市	**1883978**	**1002930**	**881048**	**1357516**	**720259**	**637257**	**995903**	**523029**	**472874**
玄武区	73691	36133	37558	80234	38171	42063	65835	32660	33175
秦淮区	143348	68948	74400	157557	76672	80885	102745	51880	50865
建邺区	86540	44628	41912	82396	40375	42021	68399	34039	34360
鼓楼区	145414	68691	76723	162401	76966	85435	122363	60696	61667
浦口区	97693	54251	43442	55622	31951	23671	35486	19090	16396
栖霞区	197071	106992	90079	153151	83293	69858	97869	52828	45041
雨花台区	126669	68706	57963	90644	48018	42626	70841	38126	32715
江宁区	393143	213831	179312	231339	127557	103782	191629	101314	90315
六合区	174222	99266	74956	76568	46143	30425	49511	28027	21484
溧水区	124487	69267	55220	64045	38894	25151	37876	21720	16156
高淳区	108057	59228	48829	47602	29258	18344	27391	15631	11760
南京江北新区	213643	112989	100654	155957	82961	72996	125958	67018	58940
无锡市	**2387173**	**1264400**	**1122773**	**1069997**	**588391**	**481606**	**690221**	**370189**	**320032**
锡山区	306349	168513	137836	107661	61560	46101	71809	38644	33165
惠山区	301134	163070	138064	107726	60955	46771	74024	39680	34344
滨湖区	154389	80176	74213	87597	45736	41861	65137	34536	30601
梁溪区	258073	128463	129610	180511	92277	88234	127022	67477	59545
新吴区	221460	116412	105048	108491	60293	48198	81605	44309	37296
江苏无锡经济开发区	77474	41395	36079	39419	21046	18373	34839	17587	17252
江阴市	613586	325810	287776	280392	157174	123218	140641	76188	64453
宜兴市	454708	240561	214147	158200	89350	68850	95144	51768	43376
徐州市	**2657843**	**1381491**	**1276352**	**975154**	**531953**	**443201**	**544646**	**294701**	**249945**
鼓楼区	105480	51740	53740	85250	42831	42419	57482	30461	27021
云龙区	99755	48053	51702	74423	36827	37596	58932	30144	28788
贾汪区	144343	76855	67488	44741	25758	18983	16625	9362	7263
泉山区	131118	60829	70289	119804	58350	61454	85718	44166	41552
铜山区	395109	208516	186593	106666	60169	46497	48425	26339	22086
丰县	309925	161138	148787	85882	49466	36416	44549	25040	19509
沛县	363914	184804	179110	90379	50876	39503	52958	29748	23210
睢宁县	329206	179393	149813	94284	55758	38526	43815	24728	19087
徐州经济技术开发区	100573	51498	49075	48758	26646	22112	34269	18741	15528
新沂市	273180	147252	125928	91329	51214	40115	46402	25694	20708
邳州市	405240	211413	193827	133638	74058	59580	55471	30278	25193
常州市	**1731606**	**906741**	**824865**	**716349**	**393326**	**323023**	**442926**	**239230**	**203696**
天宁区	201053	102045	99008	105677	53972	51705	70366	36879	33487
钟楼区	186348	95989	90359	103927	54064	49863	65479	34658	30821
新北区	267176	138777	128399	109475	60939	48536	90531	48023	42508
武进区	441453	235004	206449	142909	80079	62830	99906	54395	45511
金坛区	204091	105124	98967	80458	46333	34125	42281	23901	18380
江苏省常州市经济开发区	166636	90165	76471	50331	28407	21924	27935	15613	12322
溧阳市	264849	139637	125212	123572	69532	54040	46428	25761	20667

4-4 续表 7

单位：人

地区	初中			高中			大学专科		
	小计	男	女	小计	男	女	小计	男	女
苏州市	**3641585**	**1982245**	**1659340**	**1777167**	**1004279**	**772888**	**1222637**	**650443**	**572194**
虎丘区	184103	102381	81722	111304	63533	47771	88301	46900	41401
吴中区	376754	207454	169300	202968	115318	87650	127878	68048	59830
相城区	263886	148060	115826	104625	60681	43944	81701	43820	37881
姑苏区	214045	106712	107333	172403	87790	84613	115792	59839	55953
吴江区	497056	272731	224325	183624	106364	77260	115039	61392	53647
苏州工业园区	190889	102190	88699	162755	91640	71115	134178	70299	63879
常熟市	628203	339857	288346	195543	113015	82528	131854	72305	59549
张家港市	461844	249371	212473	178924	100772	78152	121899	65738	56161
昆山市	539451	294591	244860	364044	207329	156715	240564	126670	113894
太仓市	285354	158898	126456	100977	57837	43140	65431	35432	29999
南通市	**2618603**	**1350517**	**1268086**	**977693**	**534120**	**443573**	**502749**	**265103**	**237646**
崇川区	157845	77559	80286	128963	65238	63725	104517	54282	50235
港闸区	113548	59884	53664	56127	30780	25347	41712	21944	19768
通州区	388205	201154	187051	129463	71855	57608	60816	31754	29062
如东县	296439	151350	145089	111496	61649	49847	38639	21068	17571
南通经济技术开发区	85086	47425	37661	41741	23757	17984	33570	18017	15553
通州湾示范区	35362	17894	17468	8775	5001	3774	2486	1454	1032
苏锡通科技产业园区	36904	20076	16828	10368	6118	4250	4268	2433	1835
启东市	385103	197065	188038	106277	56123	50154	47276	23939	23337
如皋市	412269	215562	196707	138960	79270	59690	60849	32860	27989
海门市	403488	204115	199373	126532	67344	59188	52367	26812	25555
海安市	304354	158433	145921	118991	66985	52006	56249	30540	25709
连云港市	**1171575**	**620251**	**551324**	**681937**	**371748**	**310189**	**327121**	**176954**	**150167**
连云区	41029	21999	19030	29886	16853	13033	17931	10158	7773
海州区	173951	87301	86650	117306	61213	56093	79948	41612	38336
赣榆区	208879	105482	103397	184779	95141	89638	97435	52290	45145
东海县	260514	131858	128656	187877	100630	87247	64552	34912	29640
灌云县	230252	132172	98080	61194	38937	22257	20194	11887	8307
灌南县	193848	107666	86182	57865	34776	23089	18018	10326	7692
连云港经济技术开发区	20937	11000	9937	16123	9171	6952	8796	4920	3876
连云港高新技术产业开发区	20662	10112	10550	16349	8347	8002	16558	8304	8254
江苏连云港徐圩新区	12365	7498	4867	7038	4429	2609	2633	1925	708
江苏省连云港市云台山风景名胜区	9138	5163	3975	3520	2251	1269	1056	620	436
淮安市	**1363395**	**727882**	**635513**	**548296**	**315928**	**232368**	**253044**	**140728**	**112316**
淮安区	237154	130188	106966	70897	42146	28751	32235	18708	13527
淮阴区	248799	134412	114387	85731	51624	34107	32297	18611	13686
清江浦区	141216	68158	73058	94454	48852	45602	60713	32465	28248
洪泽区	87611	48175	39436	36187	21798	14389	13033	7366	5667
涟水县	282128	146301	135827	106118	60607	45511	36444	20679	15765
盱眙县	179551	102620	76931	59599	36449	23150	22011	12171	9840
金湖县	83326	45005	38321	45285	27807	17478	19519	11144	8375
淮安经济技术开发区	69847	35127	34720	36807	19466	17341	25218	13821	11397
工业园区	5649	3387	2262	1147	747	400	616	365	251
生态文旅区	19317	9439	9878	9863	4950	4913	10242	4972	5270
苏淮高新区	8797	5070	3727	2208	1482	726	716	426	290

4-4 续表 8

单位：人

地区	初中			高中			大学专科		
	小计	男	女	小计	男	女	小计	男	女
盐城市	**2157921**	**1147456**	**1010465**	**863914**	**513084**	**350830**	**338165**	**190950**	**147215**
亭湖区	186358	94506	91852	118776	65770	53006	56278	30780	25498
盐都区	193643	102630	91013	86299	52671	33628	30653	17816	12837
大丰区	215330	115053	100277	95117	56713	38404	40436	22656	17780
响水县	144014	80113	63901	37917	24125	13792	14373	8526	5847
滨海县	272642	149755	122887	75433	45372	30061	23893	13850	10043
阜宁县	278976	148317	130659	83109	49903	33206	26575	15095	11480
射阳县	259303	141873	117430	98018	60245	37773	30507	17711	12796
建湖县	214736	110434	104302	77651	46754	30897	27609	16137	11472
盐城经济技术开发区	30018	16496	13522	13092	8290	4802	5933	3546	2387
江苏省盐南高新区	57577	25995	31582	54667	27984	26683	42696	22500	20196
东台市	305324	162284	143040	123835	75257	48578	39212	22333	16879
扬州市	**1347614**	**706024**	**641590**	**573550**	**323743**	**249807**	**336247**	**181730**	**154517**
广陵区	156630	82139	74491	91245	49840	41405	55391	29858	25533
邗江区	157171	78669	78502	92962	48677	44285	73494	37961	35533
江都区	315157	162793	152364	99757	56972	42785	55110	29763	25347
宝应县	214312	114836	99476	73579	44255	29324	30752	17576	13176
扬州经济技术开发区	56837	29264	27573	32897	17443	15454	25484	13481	12003
蜀冈瘦西湖景区	30057	14692	15365	23163	11844	11319	16737	8775	7962
生态新城	24316	12884	11432	8029	4705	3324	3309	1780	1529
仪征市	159364	84861	74503	76112	43968	32144	39486	22191	17295
高邮市	233770	125886	107884	75806	46039	29767	36484	20345	16139
镇江市	**1024022**	**537052**	**486970**	**478099**	**273469**	**204630**	**262678**	**144197**	**118481**
京口区	81413	40126	41287	61086	30674	30412	42038	22317	19721
润州区	66116	32512	33604	45514	23368	22146	27130	14780	12350
丹徒区	109835	59977	49858	43516	25551	17965	22531	12479	10052
镇江新区	82623	42689	39934	43642	24746	18896	25071	13957	11114
江苏镇江高新区	19301	10391	8910	9509	5339	4170	5345	2978	2367
丹阳市	372136	196072	176064	137382	82404	54978	60816	33758	27058
扬中市	93563	48988	44575	43788	26203	17585	30854	16991	13863
句容市	199035	106297	92738	93662	55184	38478	48893	26937	21956
泰州市	**1378931**	**729177**	**649754**	**570001**	**331380**	**238621**	**310869**	**174441**	**136428**
海陵区	143998	73112	70886	80152	43521	36631	55510	30108	25402
高港区	82830	43736	39094	31965	19149	12816	20577	11589	8988
姜堰区	206546	105779	100767	79786	44896	34890	44567	24686	19881
泰州医药高新技术产业开发区	59441	30887	28554	23674	13427	10247	21571	11568	10003
兴化市	335573	190149	145424	123110	77430	45680	41773	24980	16793
靖江市	218274	113276	104998	102040	57307	44733	60259	33283	26976
泰兴市	332269	172238	160031	129274	75650	53624	66612	38227	28385
宿迁市	**1316451**	**704983**	**611468**	**644110**	**360240**	**283870**	**256396**	**140454**	**115942**
宿城区	168070	91194	76876	75570	42909	32661	40126	21443	18683
宿豫区	121700	67172	54528	54424	31754	22670	29934	16542	13392
沭阳县	433486	230171	203315	230686	127336	103350	71376	39448	31928
泗阳县	246224	130073	116151	125243	68706	56537	36130	20048	16082
泗洪县	210042	111303	98739	110219	61684	48535	55011	29983	25028
宿迁经济技术开发区	49952	26226	23726	23957	13507	10450	12548	6876	5672
宿迁市湖滨新区	34551	20231	14320	8253	5182	3071	3658	2033	1625
苏州宿迁工业园区	5616	2370	3246	3934	2035	1899	3762	1893	1869
宿迁市洋河新区	46810	26243	20567	11824	7127	4697	3851	2188	1663

4-4 续表 9

单位：人

地区	大学本科			硕士研究生			博士研究生		
	小计	男	女	小计	男	女	小计	男	女
江　苏	**5114718**	**2693827**	**2420891**	**606007**	**327516**	**278491**	**91082**	**58532**	**32550**
南京市	**1148965**	**604238**	**544727**	**241071**	**131039**	**110032**	**47732**	**30800**	**16932**
玄武区	96737	49911	46826	27313	14551	12762	10354	6744	3610
秦淮区	112300	57592	54708	21885	12131	9754	3693	2529	1164
建邺区	105913	53615	52298	25900	14049	11851	2978	1912	1066
鼓楼区	171346	87254	84092	45318	23797	21521	9541	6013	3528
浦口区	33363	17789	15574	5251	2873	2378	691	447	244
栖霞区	111174	58566	52608	23853	12149	11704	7738	4770	2968
雨花台区	88486	47753	40733	19106	11172	7934	1394	956	438
江宁区	215062	114511	100551	45379	25353	20026	7680	5030	2650
六合区	27512	15063	12449	1905	1049	856	179	116	63
溧水区	26197	14326	11871	1887	1011	876	161	104	57
高淳区	17278	9561	7717	1160	650	510	105	58	47
南京江北新区	143597	78297	65300	22114	12254	9860	3218	2121	1097
无锡市	**573644**	**299416**	**274228**	**58478**	**31802**	**26676**	**6118**	**3916**	**2202**
锡山区	53041	27819	25222	4178	2219	1959	259	169	90
惠山区	54942	28520	26422	4541	2444	2097	316	217	99
滨湖区	61128	32186	28942	10336	5708	4628	2233	1369	864
梁溪区	117269	59735	57534	13515	7345	6170	991	663	328
新吴区	58403	31604	26799	6053	3397	2656	358	247	111
江苏无锡经济开发区	48559	24794	23765	10005	5408	4597	1167	746	421
江阴市	106576	56061	50515	6036	3312	2724	474	296	178
宜兴市	73726	38697	35029	3814	1969	1845	320	209	111
徐州市	**316158**	**165122**	**151036**	**30725**	**16477**	**14248**	**5588**	**3680**	**1908**
鼓楼区	36537	18704	17833	2979	1605	1374	324	202	122
云龙区	50027	25565	24462	5511	2820	2691	616	371	245
贾汪区	8286	4452	3834	398	215	183	68	39	29
泉山区	66392	34113	32279	9229	4807	4422	1896	1247	649
铜山区	27922	14634	13288	5276	2859	2417	1825	1283	542
丰县	16754	8942	7812	859	499	360	111	78	33
沛县	23243	12787	10456	950	535	415	148	104	44
睢宁县	20504	10982	9522	966	535	431	137	93	44
徐州经济技术开发区	20200	10715	9485	2476	1498	978	182	96	86
新沂市	20708	10615	10093	926	462	464	114	66	48
邳州市	25585	13613	11972	1155	642	513	167	101	66
常州市	**370193**	**192947**	**177246**	**34120**	**18272**	**15848**	**3717**	**2402**	**1315**
天宁区	70488	36049	34439	7493	3857	3636	691	446	245
钟楼区	64318	33085	31233	6626	3531	3095	740	482	258
新北区	75989	39607	36382	8019	4365	3654	786	514	272
武进区	77925	40109	37816	7352	3961	3391	959	623	336
金坛区	26928	14395	12533	1831	994	837	211	129	82
江苏省常州市经济开发区	17241	9226	8015	1078	581	497	108	63	45
溧阳市	37304	20476	16828	1721	983	738	222	145	77

4-4 续表 10

单位：人

地区	大学本科			硕士研究生			博士研究生		
	小计	男	女	小计	男	女	小计	男	女
苏州市	**995393**	**515941**	**479452**	**114736**	**61424**	**53312**	**11913**	**7506**	**4407**
虎丘区	82912	43131	39781	13689	7280	6409	1242	793	449
吴中区	100324	52225	48099	11757	6190	5567	1132	711	421
相城区	61748	32289	29459	5982	3190	2792	554	357	197
姑苏区	114191	57754	56437	15338	7881	7457	2197	1338	859
吴江区	81622	42844	38778	6716	3632	3084	473	296	177
苏州工业园区	179552	91558	87994	34449	18667	15782	4039	2536	1503
常熟市	89778	46334	43444	5664	3088	2576	833	531	302
张家港市	92731	47728	45003	5830	3077	2753	436	302	134
昆山市	145538	77610	67928	11071	6158	4913	693	435	258
太仓市	46997	24468	22529	4240	2261	1979	314	207	107
南通市	**364501**	**188491**	**176010**	**26156**	**13364**	**12792**	**3039**	**1879**	**1160**
崇川区	95591	49251	46340	11907	6042	5865	1606	1004	602
港闸区	29423	15000	14423	2125	1051	1074	160	95	65
通州区	37794	19092	18702	2046	1029	1017	234	142	92
如东县	28425	14963	13462	1477	769	708	155	93	62
南通经济技术开发区	21174	11267	9907	1722	921	801	159	117	42
通州湾示范区	1393	795	598	83	52	31	14	6	8
苏锡通科技产业园区	2269	1214	1055	116	70	46	16	11	5
启东市	32211	16517	15694	1376	713	663	119	75	44
如皋市	42238	22324	19914	1942	980	962	212	121	91
海门市	37960	19158	18802	1605	841	764	156	93	63
海安市	36023	18910	17113	1757	896	861	208	122	86
连云港市	**190178**	**102290**	**87888**	**14043**	**7780**	**6263**	**1434**	**923**	**511**
连云区	13308	7595	5713	834	492	342	54	34	20
海州区	55764	29392	26372	4141	2313	1828	391	241	150
赣榆区	41630	22423	19207	2708	1507	1201	298	185	113
东海县	30609	16004	14605	1077	614	463	156	108	48
灌云县	11793	6697	5096	474	271	203	62	35	27
灌南县	10677	5868	4809	466	266	200	40	29	11
连云港经济技术开发区	5173	2835	2338	599	296	303	33	23	10
连云港高新技术产业开发区	19397	10110	9287	3632	1942	1690	391	262	129
江苏连云港徐圩新区	1551	1207	344	96	69	27	3	2	1
江苏省连云港市云台山风景名胜区	276	159	117	16	10	6	6	4	2
淮安市	**171377**	**92451**	**78926**	**11757**	**6402**	**5355**	**1898**	**1228**	**670**
淮安区	20348	11375	8973	872	482	390	71	51	20
淮阴区	21970	11953	10017	1406	754	652	309	202	107
清江浦区	53305	27896	25409	4783	2613	2170	714	474	240
洪泽区	7327	4096	3231	292	163	129	27	15	12
涟水县	14966	8413	6553	602	355	247	299	164	135
盱眙县	15937	8768	7169	597	356	241	66	44	22
金湖县	10194	5600	4594	412	202	210	38	21	17
淮安经济技术开发区	15785	8520	7265	1665	906	759	294	201	93
工业园区	198	110	88	12	8	4			
生态文旅区	11094	5583	5511	1098	554	544	79	56	23
苏淮高新区	253	137	116	18	9	9	1		1

4-4 续表 11

单位：人

地区	大学本科			硕士研究生			博士研究生		
	小计	男	女	小计	男	女	小计	男	女
盐城市	**198305**	**111111**	**87194**	**11732**	**6434**	**5298**	**1499**	**946**	**553**
亭湖区	28135	15701	12434	2018	1104	914	473	320	153
盐都区	14496	8329	6167	782	431	351	72	46	26
大丰区	23978	13056	10922	1169	626	543	105	60	45
响水县	9432	5350	4082	334	195	139	47	26	21
滨海县	16420	9433	6987	726	441	285	79	58	21
阜宁县	13596	7697	5899	544	319	225	67	40	27
射阳县	14928	8597	6331	576	320	256	53	32	21
建湖县	15733	8969	6764	585	335	250	56	40	16
盐城经济技术开发区	2554	1451	1103	280	133	147	68	39	29
江苏省盐南高新区	37313	20297	17016	3660	1960	1700	358	211	147
东台市	21720	12231	9489	1058	570	488	121	74	47
扬州市	**233269**	**124402**	**108867**	**21659**	**11701**	**9958**	**2437**	**1518**	**919**
广陵区	35711	18859	16852	3183	1760	1423	136	78	58
邗江区	62831	32854	29977	8285	4485	3800	1282	794	488
江都区	32966	17423	15543	1834	941	893	143	75	68
宝应县	18472	10414	8058	796	447	349	81	53	28
扬州经济技术开发区	21394	11433	9961	3423	1837	1586	299	186	113
蜀冈瘦西湖景区	14614	7611	7003	1432	759	673	198	137	61
生态新城	1563	819	744	84	39	45	21	14	7
仪征市	25040	13819	11221	1460	807	653	164	111	53
高邮市	20678	11170	9508	1162	626	536	113	70	43
镇江市	**182169**	**96773**	**85396**	**19763**	**10797**	**8966**	**3705**	**2438**	**1267**
京口区	39581	20932	18649	7890	4389	3501	2369	1573	796
润州区	24443	12992	11451	2775	1494	1281	285	177	108
丹徒区	12881	6868	6013	1827	1112	715	175	115	60
镇江新区	14110	7629	6481	1140	601	539	212	146	66
江苏镇江高新区	3930	2071	1859	429	234	195	61	44	17
丹阳市	39726	20986	18740	2400	1210	1190	196	128	68
扬中市	18478	9647	8831	889	486	403	77	49	28
句容市	29020	15648	13372	2413	1271	1142	330	206	124
泰州市	**205929**	**111885**	**94044**	**14151**	**7609**	**6542**	**1349**	**880**	**469**
海陵区	42910	22749	20161	3778	1996	1782	370	246	124
高港区	12689	6618	6071	951	499	452	77	49	28
姜堰区	31129	16827	14302	1448	765	683	129	82	47
泰州医药高新技术产业开发区	20591	10889	9702	2699	1442	1257	200	124	76
兴化市	23496	13712	9784	1123	678	445	138	88	50
靖江市	37344	19899	17445	2009	1012	997	208	136	72
泰兴市	37770	21191	16579	2143	1217	926	227	155	72
宿迁市	**164637**	**88760**	**75877**	**7616**	**4415**	**3201**	**653**	**416**	**237**
宿城区	36029	19041	16988	2752	1606	1146	165	112	53
宿豫区	14228	7540	6688	717	407	310	52	34	18
沭阳县	51970	29000	22970	1362	797	565	196	113	83
泗阳县	23818	12837	10981	1060	614	446	92	57	35
泗洪县	25511	13325	12186	866	515	351	97	66	31
宿迁经济技术开发区	6106	3283	2823	313	177	136	19	10	9
宿迁市湖滨新区	1596	881	715	138	79	59	10	5	5
苏州宿迁工业园区	3450	1764	1686	277	148	129	9	8	1
宿迁市洋河新区	1929	1089	840	131	72	59	13	11	2

4-4a　各地区分性别、受教育程度的25岁及以上人口(城市)

单位：人

地　　区	25岁及以上人口			未上过学		
	合计	男	女	小计	男	女
江　苏	**29936141**	**14855216**	**15080925**	**713728**	**149971**	**563757**
南京市	**5786137**	**2902417**	**2883720**	**137573**	**30151**	**107422**
玄武区	383772	188300	195472	2097	502	1595
秦淮区	593612	286866	306746	9559	1771	7788
建邺区	409884	203211	206673	7243	1637	5606
鼓楼区	715465	342982	372483	11736	2298	9438
浦口区	244478	125001	119477	8182	1778	6404
栖霞区	627750	324503	303247	14844	2847	11997
雨花台区	455172	235542	219630	14719	3024	11695
江宁区	1039167	528998	510169	33000	8214	24786
六合区	175833	85005	90828	8229	1294	6935
溧水区	216405	113415	102990	7066	1866	5200
高淳区	174125	85601	88524	9656	2568	7088
南京江北新区	750474	382993	367481	11242	2352	8890
无锡市	**3837651**	**1934300**	**1903351**	**55195**	**10764**	**44431**
锡山区	373864	195491	178373	5064	951	4113
惠山区	417815	213150	204665	8491	1783	6708
滨湖区	404433	203333	201100	7008	1456	5552
梁溪区	787116	387546	399570	11258	2035	9223
新吴区	492713	250585	242128	5403	986	4417
江苏无锡经济开发区	244700	124183	120517	4134	894	3240
江阴市	652311	329803	322508	8363	1328	7035
宜兴市	464699	230209	234490	5474	1331	4143
徐州市	**2093278**	**1012222**	**1081056**	**47810**	**10779**	**37031**
鼓楼区	322390	158178	164212	4840	1064	3776
云龙区	311261	150046	161215	5938	1348	4590
贾汪区	128069	63011	65058	5695	1348	4347
泉山区	460874	219217	241657	8341	1572	6769
铜山区	229864	113299	116565	6089	1410	4679
丰县						
沛县						
睢宁县						
徐州经济技术开发区	3279	1630	1649	144	31	113
新沂市	248852	120463	128389	8650	2073	6577
邳州市	388689	186378	202311	8113	1933	6180
常州市	**2575973**	**1285290**	**1290683**	**42184**	**8370**	**33814**
天宁区	443309	216832	226477	6400	1162	5238
钟楼区	468497	232959	235538	8694	1804	6890
新北区	476725	237320	239405	8656	1349	7307
武进区	528528	268592	259936	7222	1556	5666
金坛区	253394	124022	129372	5341	1201	4140
江苏省常州市经济开发区	136913	70055	66858	2262	440	1822
溧阳市	268607	135510	133097	3609	858	2751

4-4a 续表 1

单位：人

地区	25岁及以上人口			未上过学		
	合计	男	女	小计	男	女
苏州市	**5305132**	**2702337**	**2602795**	**131056**	**29760**	**101296**
虎丘区	534795	276007	258788	18540	3695	14845
吴中区	630179	323439	306740	20584	5402	15182
相城区	597589	311854	285735	19048	4527	14521
姑苏区	727802	354702	373100	14990	3081	11909
吴江区	494681	258012	236669	13145	3061	10084
苏州工业园区						
常熟市	640610	324564	316046	11877	2255	9622
张家港市	373097	184454	188643	7023	1423	5600
昆山市	1042306	536413	505893	18901	4865	14036
太仓市	264073	132892	131181	6948	1451	5497
南通市	**2434209**	**1175238**	**1258971**	**64115**	**13137**	**50978**
崇川区	573669	279920	293749	14265	2744	11521
港闸区	301497	151023	150474	10964	2214	8750
通州区	316227	151240	164987	10158	2160	7998
如东县						
南通经济技术开发区						
通州湾示范区						
苏锡通科技产业园区						
启东市	305025	142160	162865	4526	979	3547
如皋市	284139	134255	149884	8249	1741	6508
海门市	286758	136897	149861	4410	1005	3405
海安市	366894	179743	187151	11543	2294	9249
连云港市	**743057**	**365009**	**378048**	**24263**	**5310**	**18953**
连云区	122153	63091	59062	5676	1161	4515
海州区	416444	201261	215183	12303	2794	9509
赣榆区	186231	88883	97348	5259	1051	4208
东海县	6354	3254	3100	30	8	22
灌云县						
灌南县						
连云港经济技术开发区						
连云港高新技术产业开发区						
江苏连云港徐圩新区	8455	6762	1693	334	118	216
江苏省连云港市云台山风景名胜区	3420	1758	1662	661	178	483
淮安市	**930580**	**445189**	**485391**	**21519**	**4086**	**17433**
淮安区	231275	108842	122433	8029	1541	6488
淮阴区	212115	102871	109244	4406	832	3574
清江浦区	377448	180345	197103	6440	1148	5292
洪泽区	109742	53131	56611	2644	565	2079
涟水县						
盱眙县						
金湖县						
淮安经济技术开发区						
工业园区						
生态文旅区						
苏淮高新区						

4-4a 续表 2

单位：人

地区	25岁及以上人口			未上过学		
	合计	男	女	小计	男	女
盐城市	**1245029**	**606931**	**638098**	**41382**	**8152**	**33230**
亭湖区	384534	187879	196655	11608	2686	8922
盐都区	195206	95567	99639	5779	1101	4678
大丰区	175633	85116	90517	4962	962	4000
响水县						
滨海县						
阜宁县						
射阳县						
建湖县						
盐城经济技术开发区	3724	1872	1852	304	75	229
江苏省盐南高新区	223735	108086	115649	5102	1003	4099
东台市	262197	128411	133786	13627	2325	11302
扬州市	**1600473**	**779071**	**821402**	**56538**	**12279**	**44259**
广陵区	331241	165440	165801	6643	1540	5103
邗江区	389310	187657	201653	10622	2341	8281
江都区	262299	123907	138392	8012	1569	6443
宝应县						
扬州经济技术开发区						
蜀冈瘦西湖景区	103713	50657	53056	3530	976	2554
生态新城	30722	15739	14983	1183	379	804
仪征市	241386	119755	121631	11059	2308	8751
高邮市	241802	115916	125886	15489	3166	12323
镇江市	**1310826**	**647500**	**663326**	**25750**	**4828**	**20922**
京口区	259733	127714	132019	4596	978	3618
润州区	194431	95930	98501	4096	987	3109
丹徒区	121464	61281	60183	3144	531	2613
镇江新区						
江苏镇江高新区	48165	24609	23556	1251	200	1051
丹阳市	305257	149695	155562	4811	729	4082
扬中市	139893	69324	70569	3052	492	2560
句容市	241883	118947	122936	4800	911	3889
泰州市	**1533117**	**736452**	**796665**	**46033**	**8147**	**37886**
海陵区	374861	182055	192806	14524	2765	11759
高港区	106448	51558	54890	2567	342	2225
姜堰区	252885	118611	134274	6389	1282	5107
泰州医药高新技术产业开发区						
兴化市	238350	115911	122439	13651	2368	11283
靖江市	265600	127878	137722	2830	396	2434
泰兴市	294973	140439	154534	6072	994	5078
宿迁市	**540679**	**263260**	**277419**	**20310**	**4208**	**16102**
宿城区	261075	126869	134206	8382	1624	6758
宿豫区	158852	77711	81141	3862	788	3074
沭阳县						
泗阳县						
泗洪县						
宿迁经济技术开发区						
宿迁市湖滨新区	41482	20532	20950	3197	700	2497
苏州宿迁工业园区	18659	8627	10032	287	32	255
宿迁市洋河新区	60611	29521	31090	4582	1064	3518

4-4a 续表 3

单位：人

地区	学前教育			小学		
	小计	男	女	小计	男	女
江苏	**33392**	**10696**	**22696**	**4059347**	**1637806**	**2421541**
南京市	**5513**	**1889**	**3624**	**624195**	**251966**	**372229**
玄武区	221	60	161	27290	9568	17722
秦淮区	204	55	149	42321	15288	27033
建邺区	279	111	168	30236	12845	17391
鼓楼区	398	103	295	46948	17164	29784
浦口区	519	185	334	45836	19218	26618
栖霞区	505	201	304	59665	25028	34637
雨花台区	348	117	231	47885	20567	27318
江宁区	1534	566	968	126424	54416	72008
六合区	235	52	183	32149	11437	20712
溧水区	348	100	248	38247	16846	21401
高淳区	324	110	214	41282	17331	23951
南京江北新区	598	229	369	85912	32258	53654
无锡市	**1685**	**496**	**1189**	**502924**	**201396**	**301528**
锡山区	157	46	111	55535	23193	32342
惠山区	199	73	126	63889	27205	36684
滨湖区	218	70	148	42767	17029	25738
梁溪区	229	51	178	78248	29500	48748
新吴区	189	52	137	62926	23857	39069
江苏无锡经济开发区	149	47	102	28954	12266	16688
江阴市	332	85	247	95259	37485	57774
宜兴市	212	72	140	75346	30861	44485
徐州市	**3176**	**1155**	**2021**	**275892**	**110389**	**165503**
鼓楼区	322	99	223	29176	11472	17704
云龙区	180	65	115	26983	10677	16306
贾汪区	166	52	114	23551	10029	13522
泉山区	416	142	274	37960	13991	23969
铜山区	227	85	142	39136	16436	22700
丰县						
沛县						
睢宁县						
徐州经济技术开发区				936	412	524
新沂市	362	126	236	41588	16507	25081
邳州市	1503	586	917	76562	30865	45697
常州市	**1369**	**459**	**910**	**320884**	**128885**	**191999**
天宁区	124	41	83	45113	17324	27789
钟楼区	167	44	123	54247	21745	32502
新北区	199	53	146	59585	22808	36777
武进区	360	127	233	72862	30090	42772
金坛区	167	64	103	36516	14748	21768
江苏省常州市经济开发区	134	35	99	19906	8039	11867
溧阳市	218	95	123	32655	14131	18524

4-4a　续表 4

单位：人

地　区	学前教育			小　学		
	小计	男	女	小计	男	女
苏州市	**7129**	**2504**	**4625**	**729908**	**310118**	**419790**
虎丘区	642	242	400	72286	30895	41391
吴中区	1337	522	815	88085	39490	48595
相城区	1347	466	881	118987	54412	64575
姑苏区	750	218	532	78096	30089	48007
吴江区	1148	396	752	72457	31767	40690
苏州工业园区						
常熟市	110	28	82	88759	36549	52210
张家港市	231	74	157	49676	19977	29699
昆山市	1242	463	779	126467	51903	74564
太仓市	322	95	227	35095	15036	20059
南通市	**3464**	**1061**	**2403**	**403998**	**168747**	**235251**
崇川区	605	192	413	58370	23608	34762
港闸区	472	157	315	48974	21218	27756
通州区	488	135	353	69350	29486	39864
如东县						
南通经济技术开发区						
通州湾示范区						
苏锡通科技产业园区						
启东市	359	90	269	55447	22711	32736
如皋市	544	160	384	65234	26714	38520
海门市	202	104	98	36230	15125	21105
海安市	794	223	571	70393	29885	40508
连云港市	**780**	**270**	**510**	**85242**	**33625**	**51617**
连云区	198	60	138	15671	6523	9148
海州区	383	137	246	45298	17649	27649
赣榆区	167	51	116	21549	7886	13663
东海县	1		1	619	223	396
灌云县						
灌南县						
连云港经济技术开发区						
连云港高新技术产业开发区						
江苏连云港徐圩新区	29	22	7	1370	973	397
江苏省连云港市云台山风景名胜区	2		2	735	371	364
淮安市	**1163**	**269**	**894**	**144078**	**51980**	**92098**
淮安区	264	58	206	48030	17912	30118
淮阴区	73	24	49	27100	9167	17933
清江浦区	130	30	100	44120	15739	28381
洪泽区	696	157	539	24828	9162	15666
涟水县						
盱眙县						
金湖县						
淮安经济技术开发区						
工业园区						
生态文旅区						
苏淮高新区						

4-4a 续表 5

单位：人

地　区	学前教育			小　学		
	小计	男	女	小计	男	女
盐城市	**1948**	**549**	**1399**	**181124**	**71524**	**109600**
亭湖区	470	140	330	59382	23655	35727
盐都区	254	78	176	30236	11798	18438
大丰区	363	106	257	20334	8097	12237
响水县						
滨海县						
阜宁县						
射阳县						
建湖县						
盐城经济技术开发区				833	373	460
江苏省盐南高新区	158	59	99	22204	8077	14127
东台市	703	166	537	48135	19524	28611
扬州市	**3024**	**934**	**2090**	**257211**	**105704**	**151507**
广陵区	478	177	301	50133	21132	29001
邗江区	566	177	389	57177	23048	34129
江都区	322	97	225	44595	17746	26849
宝应县						
扬州经济技术开发区						
蜀冈瘦西湖景区	79	21	58	13903	5842	8061
生态新城	40	13	27	7794	3617	4177
仪征市	804	250	554	40599	17234	23365
高邮市	735	199	536	43010	17085	25925
镇江市	**1053**	**293**	**760**	**188202**	**72478**	**115724**
京口区	250	81	169	27411	10686	16725
润州区	144	50	94	24468	9913	14555
丹徒区	139	25	114	21597	8869	12728
镇江新区						
江苏镇江高新区	31	6	25	8308	3346	4962
丹阳市	144	29	115	42786	15068	27718
扬中市	118	25	93	24377	9852	14525
句容市	227	77	150	39255	14744	24511
泰州市	**2748**	**721**	**2027**	**254584**	**96236**	**158348**
海陵区	913	258	655	63598	25167	38431
高港区	147	22	125	19902	7199	12703
姜堰区	681	178	503	42399	16084	26315
泰州医药高新技术产业开发区						
兴化市	488	164	324	45778	17585	28193
靖江市	96	28	68	33560	12122	21438
泰兴市	423	71	352	49347	18079	31268
宿迁市	**340**	**96**	**244**	**91105**	**34758**	**56347**
宿城区	149	36	113	37101	13738	23363
宿豫区	124	41	83	23318	8318	15000
沭阳县						
泗阳县						
泗洪县						
宿迁经济技术开发区						
宿迁市湖滨新区	18	4	14	13354	5678	7676
苏州宿迁工业园区	8		8	1316	377	939
宿迁市洋河新区	41	15	26	16016	6647	9369

4-4a　续表 6

单位：人

地　区	初　中			高　中			大学专科		
	小计	男	女	小计	男	女	小计	男	女
江　苏	**10000132**	**5067911**	**4932221**	**6264721**	**3311074**	**2953647**	**4370159**	**2307362**	**2062797**
南京市	**1491330**	**769670**	**721660**	**1207858**	**624494**	**583364**	**921392**	**479953**	**441439**
玄武区	73691	36133	37558	80234	38171	42063	65835	32660	33175
秦淮区	143348	68948	74400	157557	76672	80885	102745	51880	50865
建邺区	86540	44628	41912	82396	40375	42021	68399	34039	34360
鼓楼区	145414	68691	76723	162401	76966	85435	122363	60696	61667
浦口区	74826	40761	34065	46288	26127	20161	31519	16854	14665
栖霞区	174675	94265	80410	142605	76813	65792	94501	50903	43598
雨花台区	124060	67217	56843	89379	47239	42140	70233	37747	32486
江宁区	271283	141599	129684	184283	98554	85729	168324	88205	80119
六合区	61943	31504	30439	34589	19392	15197	22665	12615	10050
溧水区	71960	38561	33399	43990	25441	18549	29942	17047	12895
高淳区	56549	28503	28046	30748	17569	13179	20165	11093	9072
南京江北新区	207041	108860	98181	153388	81175	72213	124701	66214	58487
无锡市	**1414238**	**732912**	**681326**	**753084**	**402313**	**350771**	**553876**	**294032**	**259844**
锡山区	152856	83731	69125	66480	37571	28909	49993	26755	23238
惠山区	173167	91662	81505	70776	39169	31607	55053	28974	26079
滨湖区	137399	70712	66687	82547	42672	39875	62164	32835	29329
梁溪区	258073	128463	129610	180511	92277	88234	127022	67477	59545
新吴区	187158	96644	90514	98007	53744	44263	76600	41405	35195
江苏无锡经济开发区	77474	41395	36079	39419	21046	18373	34839	17587	17252
江阴市	249335	130429	118906	130222	70968	59254	86354	46049	40305
宜兴市	178776	89876	88900	85122	44866	40256	61851	32950	28901
徐州市	**725284**	**354063**	**371221**	**479852**	**243412**	**236440**	**316137**	**165462**	**150675**
鼓楼区	105480	51740	53740	85250	42831	42419	57482	30461	27021
云龙区	92474	44174	48300	72269	35703	36566	57965	29646	28319
贾汪区	54704	27521	27183	25971	14326	11645	11230	6148	5082
泉山区	131118	60829	70289	119804	58350	61454	85718	44166	41552
铜山区	91143	46255	44888	41221	21564	19657	26848	14051	12797
丰县									
沛县									
睢宁县									
徐州经济技术开发区	1690	904	786	368	204	164	100	57	43
新沂市	88758	44101	44657	55852	29172	26680	35616	19332	16284
邳州市	159917	78539	81378	79117	41262	37855	41178	21601	19577
常州市	**975799**	**495494**	**480305**	**514450**	**271220**	**243230**	**361149**	**192498**	**168651**
天宁区	157569	78559	79010	94771	47690	47081	64459	33591	30868
钟楼区	170885	87352	83533	99874	51638	48236	63942	33786	30156
新北区	170557	86737	83820	83210	45019	38191	77303	40682	36621
武进区	215780	113109	102671	87556	47369	40187	73079	39160	33919
金坛区	100910	47969	52941	52790	28678	24112	33290	18472	14818
江苏省常州市经济开发区	60931	31802	29129	26440	14628	11812	16563	9276	7287
溧阳市	99167	49966	49201	69809	36198	33611	32513	17531	14982

4-4a 续表 7

单位：人

地区	初中			高中			大学专科		
	小计	男	女	小计	男	女	小计	男	女
苏州市	**1801331**	**956690**	**844641**	**1081163**	**590960**	**490203**	**796734**	**417415**	**379319**
虎丘区	161538	88797	72741	104124	59063	45061	83055	43883	39172
吴中区	197239	105802	91437	134253	73593	60660	92768	48562	44206
相城区	225702	125418	100284	92385	52922	39463	75069	39996	35073
姑苏区	214045	106712	107333	172403	87790	84613	115792	59839	55953
吴江区	187033	102410	84623	91802	51673	40129	67319	35647	31672
苏州工业园区									
常熟市	276197	144325	131872	109895	60383	49512	79810	42994	36816
张家港市	121304	62105	59199	68719	35922	32797	60576	31348	29228
昆山市	324486	172211	152275	258830	143479	115351	182726	94403	88323
太仓市	93787	48910	44877	48752	26135	22617	39619	20743	18876
南通市	**881427**	**436771**	**444656**	**484831**	**249107**	**235724**	**316354**	**163094**	**153260**
崇川区	157845	77559	80286	128963	65238	63725	104517	54282	50235
港闸区	112285	59038	53247	55684	30482	25202	41525	21834	19691
通州区	122969	61445	61524	54092	27992	26100	32995	16809	16186
如东县									
南通经济技术开发区									
通州湾示范区									
苏锡通科技产业园区									
启东市	128950	61418	67532	58326	28604	29722	31813	15537	16276
如皋市	99672	48378	51294	52693	27226	25467	30790	16045	14745
海门市	120794	58625	62169	62417	30885	31532	33050	16407	16643
海安市	138912	70308	68604	72656	38680	33976	41664	22180	19484
连云港市	**214700**	**105719**	**108981**	**184626**	**95493**	**89133**	**131867**	**69956**	**61911**
连云区	39597	20971	18626	29184	16324	12860	17719	9996	7723
海州区	121118	58327	62791	104344	52961	51383	74724	38547	36177
赣榆区	47903	22199	25704	47703	24055	23648	35812	19012	16800
东海县	1335	668	667	1841	960	881	2302	1271	1031
灌云县									
灌南县									
连云港经济技术开发区									
连云港高新技术产业开发区									
江苏连云港徐圩新区	3205	2654	551	1165	946	219	1236	1082	154
江苏省连云港市云台山风景名胜区	1542	900	642	389	247	142	74	48	26
淮安市	**340916**	**162198**	**178718**	**202977**	**107754**	**95223**	**116694**	**63683**	**53011**
淮安区	91069	43508	47561	42314	22779	19535	23638	13220	10418
淮阴区	88361	42089	46272	47168	26005	21163	24305	13585	10720
清江浦区	119519	55401	64118	89839	45874	43965	59071	31439	27632
洪泽区	41967	21200	20767	23656	13096	10560	9680	5439	4241
涟水县									
盱眙县									
金湖县									
淮安经济技术开发区									
工业园区									
生态文旅区									
苏淮高新区									

4-4a　续表 8

单位：人

地　区	初　中			高　中			大学专科		
	小计	男	女	小计	男	女	小计	男	女
盐城市	**416884**	**200657**	**216227**	**313218**	**167789**	**145429**	**170970**	**92673**	**78297**
亭湖区	131060	63338	67722	101053	53803	47250	51966	28083	23883
盐都区	75263	36062	39201	48707	26771	21936	23050	13062	9988
大丰区	57181	26591	30590	45301	23814	21487	27434	14754	12680
响水县									
滨海县									
阜宁县									
射阳县									
建湖县									
盐城经济技术开发区	1622	885	737	575	321	254	250	138	112
江苏省盐南高新区	57577	25995	31582	54667	27984	26683	42696	22500	20196
东台市	94181	47786	46395	62915	35096	27819	25574	14136	11438
扬州市	**548293**	**270176**	**278117**	**327653**	**173710**	**153943**	**220695**	**117100**	**103595**
广陵区	110551	55745	54806	77239	40986	36253	49405	26383	23022
邗江区	110821	53980	56841	76400	38743	37657	65273	33300	31973
江都区	99071	46810	52261	49265	25649	23616	34797	18411	16386
宝应县									
扬州经济技术开发区									
蜀冈瘦西湖景区	30057	14692	15365	23163	11844	11319	16737	8775	7962
生态新城	14437	7610	6827	4629	2687	1942	1663	912	751
仪征市	84413	42263	42150	53266	29271	23995	29343	16325	13018
高邮市	98943	49076	49867	43691	24530	19161	23477	12994	10483
镇江市	**460000**	**228315**	**231685**	**287525**	**154579**	**132946**	**184885**	**99960**	**84925**
京口区	76860	37552	39308	59623	29730	29893	41433	21963	19470
润州区	65725	32257	33468	45423	23316	22107	27090	14755	12335
丹徒区	43318	22800	20518	24764	13718	11046	16464	8905	7559
镇江新区									
江苏镇江高新区	19301	10391	8910	9509	5339	4170	5345	2978	2367
丹阳市	119688	58701	60987	66586	37009	29577	39418	21482	17936
扬中市	46474	23113	23361	27258	15267	11991	22636	12238	10398
句容市	88634	43501	45133	54362	30200	24162	32499	17639	14860
泰州市	**536890**	**257808**	**279082**	**317408**	**170166**	**147242**	**210413**	**114875**	**95538**
海陵区	121567	60387	61180	75167	40273	34894	53059	28761	24298
高港区	40174	20102	20072	19107	10879	8228	13773	7517	6256
姜堰区	92954	42611	50343	48772	25377	23395	33599	18063	15536
泰州医药高新技术产业开发区									
兴化市	87925	44305	43620	48279	27382	20897	25007	14318	10689
靖江市	90045	42161	47884	62302	32506	29796	43879	23481	20398
泰兴市	104225	48242	55983	63781	33749	30032	41096	22735	18361
宿迁市	**193040**	**97438**	**95602**	**110076**	**60077**	**49999**	**68993**	**36661**	**32332**
宿城区	85738	42331	43407	57735	31188	26547	35228	18490	16738
宿豫区	57930	28867	29063	35557	19366	16191	24669	13312	11357
沭阳县									
泗阳县									
泗洪县									
宿迁经济技术开发区									
宿迁市湖滨新区	16855	9538	7317	4430	2636	1794	2374	1302	1072
苏州宿迁工业园区	5616	2370	3246	3934	2035	1899	3762	1893	1869
宿迁市洋河新区	26901	14332	12569	8420	4852	3568	2960	1664	1296

4-4a 续表 9　　　　单位：人

地区	大学本科			硕士研究生			博士研究生		
	小计	男	女	小计	男	女	小计	男	女
江　苏	**3906774**	**2044896**	**1861878**	**508655**	**274464**	**234191**	**79233**	**51036**	**28197**
南京市	**1113704**	**584804**	**528900**	**237325**	**129008**	**108317**	**47247**	**30482**	**16765**
玄武区	96737	49911	46826	27313	14551	12762	10354	6744	3610
秦淮区	112300	57592	54708	21885	12131	9754	3693	2529	1164
建邺区	105913	53615	52298	25900	14049	11851	2978	1912	1066
鼓楼区	171346	87254	84092	45318	23797	21521	9541	6013	3528
浦口区	31552	16865	14687	5089	2782	2307	667	431	236
栖霞区	109503	57610	51893	23733	12081	11652	7719	4755	2964
雨花台区	88088	47530	40558	19068	11145	7923	1392	956	436
江宁区	203184	108104	95080	43708	24470	19238	7427	4870	2557
六合区	15054	8165	6889	883	497	386	86	49	37
溧水区	23086	12592	10494	1641	878	763	125	84	41
高淳区	14373	7861	6512	952	526	426	76	40	36
南京江北新区	142568	77705	64863	21835	12101	9734	3189	2099	1090
无锡市	**495890**	**258654**	**237236**	**55019**	**30053**	**24966**	**5740**	**3680**	**2060**
锡山区	40124	21262	18862	3460	1856	1604	195	126	69
惠山区	42121	21994	20127	3880	2120	1760	239	170	69
滨湖区	59841	31518	28323	10269	5679	4590	2220	1362	858
梁溪区	117269	59735	57534	13515	7345	6170	991	663	328
新吴区	56184	30338	25846	5897	3318	2579	349	241	108
江苏无锡经济开发区	48559	24794	23765	10005	5408	4597	1167	746	421
江阴市	76941	40376	36565	5139	2847	2292	366	236	130
宜兴市	54851	28637	26214	2854	1480	1374	213	136	77
徐州市	**216106**	**111082**	**105024**	**24278**	**12736**	**11542**	**4743**	**3144**	**1599**
鼓楼区	36537	18704	17833	2979	1605	1374	324	202	122
云龙区	49451	25305	24146	5410	2771	2639	591	357	234
贾汪区	6439	3424	3015	272	142	130	41	21	20
泉山区	66392	34113	32279	9229	4807	4422	1896	1247	649
铜山区	18701	9684	9017	4772	2594	2178	1727	1220	507
丰县									
沛县									
睢宁县									
徐州经济技术开发区	39	21	18	2	1	1			
新沂市	17205	8754	8451	751	356	395	70	42	28
邳州市	21342	11077	10265	863	460	403	94	55	39
常州市	**325075**	**169160**	**155915**	**31702**	**17009**	**14693**	**3361**	**2195**	**1166**
天宁区	66816	34233	32583	7376	3792	3584	681	440	241
钟楼区	63384	32606	30778	6570	3506	3064	734	478	256
新北区	68814	35985	32829	7657	4199	3458	744	488	256
武进区	64072	32948	31124	6738	3664	3074	859	569	290
金坛区	22929	12118	10811	1304	682	622	147	90	57
江苏省常州市经济开发区	9853	5374	4479	755	421	334	69	40	29
溧阳市	29207	15896	13311	1302	745	557	127	90	37

4-4a　续表 10　　　　　　　　　　　　　　　　　　　　　　　　单位：人

地　区	大学本科			硕士研究生			博士研究生		
	小计	男	女	小计	男	女	小计	男	女
苏州市	**677629**	**351557**	**326072**	**73089**	**38838**	**34251**	**7093**	**4495**	**2598**
虎丘区	80026	41551	38475	13360	7101	6259	1224	780	444
吴中区	84197	43808	40389	10701	5625	5076	1015	635	380
相城区	58745	30716	28029	5769	3053	2716	537	344	193
姑苏区	114191	57754	56437	15338	7881	7457	2197	1338	859
吴江区	55886	29803	26083	5561	3041	2520	330	214	116
苏州工业园区									
常熟市	68537	35020	33517	4776	2582	2194	649	428	221
张家港市	60666	30945	29721	4575	2422	2153	327	238	89
昆山市	119735	63579	56156	9341	5149	4192	578	361	217
太仓市	35646	18381	17265	3668	1984	1684	236	157	79
南通市	**257405**	**131559**	**125846**	**20288**	**10335**	**9953**	**2327**	**1427**	**900**
崇川区	95591	49251	46340	11907	6042	5865	1606	1004	602
港闸区	29310	14935	14375	2124	1051	1073	159	94	65
通州区	24645	12413	12232	1381	711	670	149	89	60
如东县									
南通经济技术开发区									
通州湾示范区									
苏锡通科技产业园区									
启东市	24496	12252	12244	1031	521	510	77	48	29
如皋市	25614	13302	12312	1237	627	610	106	62	44
海门市	28329	14028	14301	1232	664	568	94	54	40
海安市	29420	15378	14042	1376	719	657	136	76	60
连云港市	**94120**	**50412**	**43708**	**6851**	**3850**	**3001**	**608**	**374**	**234**
连云区	13225	7534	5691	829	488	341	54	34	20
海州区	53872	28362	25510	4032	2258	1774	370	226	144
赣榆区	25758	13476	12282	1903	1044	859	177	109	68
东海县	216	119	97	7	3	4	3	2	1
灌云县									
灌南县									
连云港经济技术开发区									
连云港高新技术产业开发区									
江苏连云港徐圩新区	1036	910	126	78	55	23	2	2	
江苏省连云港市云台山风景名胜区	13	11	2	2	2		2	1	1
淮安市	**95323**	**50785**	**44538**	**6860**	**3738**	**3122**	**1050**	**696**	**354**
淮安区	17220	9434	7786	663	353	310	48	37	11
淮阴区	19206	10333	8873	1222	656	566	274	180	94
清江浦区	52870	27648	25222	4750	2597	2153	709	469	240
洪泽区	6027	3370	2657	225	132	93	19	10	9
涟水县									
盱眙县									
金湖县									
淮安经济技术开发区									
工业园区									
生态文旅区									
苏淮高新区									

4-4a 续表 11　　　　单位：人

地　区	大学本科			硕士研究生			博士研究生		
	小计	男	女	小计	男	女	小计	男	女
盐城市	**110821**	**60812**	**50009**	**7708**	**4162**	**3546**	**974**	**613**	**361**
亭湖区	26619	14817	11802	1921	1052	869	455	305	150
盐都区	11324	6374	4950	547	294	253	46	27	19
大丰区	19208	10327	8881	805	437	368	45	28	17
响水县									
滨海县									
阜宁县									
射阳县									
建湖县									
盐城经济技术开发区	124	71	53	14	9	5	2		2
江苏省盐南高新区	37313	20297	17016	3660	1960	1700	358	211	147
东台市	16233	8926	7307	761	410	351	68	42	26
扬州市	**169198**	**89342**	**79856**	**15961**	**8646**	**7315**	**1900**	**1180**	**720**
广陵区	33610	17705	15905	3055	1698	1357	127	74	53
邗江区	59099	30902	28197	8093	4389	3704	1259	777	482
江都区	24848	12923	11925	1311	661	650	78	41	37
宝应县									
扬州经济技术开发区									
蜀冈瘦西湖景区	14614	7611	7003	1432	759	673	198	137	61
生态新城	909	483	426	51	27	24	16	11	5
仪征市	20562	11346	9216	1197	663	534	143	95	48
高邮市	15556	8372	7184	822	449	373	79	45	34
镇江市	**143951**	**76100**	**67851**	**16295**	**8868**	**7427**	**3165**	**2079**	**1086**
京口区	39322	20780	18542	7871	4373	3498	2367	1571	796
润州区	24426	12982	11444	2774	1493	1281	285	177	108
丹徒区	10847	5781	5066	1056	568	488	135	84	51
镇江新区									
江苏镇江高新区	3930	2071	1859	429	234	195	61	44	17
丹阳市	29832	15645	14187	1853	945	908	139	87	52
扬中市	15174	7875	7299	752	422	330	52	40	12
句容市	20420	10966	9454	1560	833	727	126	76	50
泰州市	**154683**	**82896**	**71787**	**9543**	**5074**	**4469**	**815**	**529**	**286**
海陵区	41944	22237	19707	3728	1967	1761	361	240	121
高港区	9946	5069	4877	775	392	383	57	36	21
姜堰区	26812	14334	12478	1194	634	560	85	48	37
泰州医药高新技术产业开发区									
兴化市	16451	9338	7113	702	409	293	69	42	27
靖江市	31193	16331	14862	1567	771	796	128	82	46
泰兴市	28337	15587	12750	1577	901	676	115	81	34
宿迁市	**52869**	**27733**	**25136**	**3736**	**2147**	**1589**	**210**	**142**	**68**
宿城区	33931	17808	16123	2658	1551	1107	153	103	50
宿豫区	12758	6662	6096	601	337	264	33	20	13
沭阳县									
泗阳县									
泗洪县									
宿迁经济技术开发区									
宿迁市湖滨新区	1150	615	535	99	56	43	5	3	2
苏州宿迁工业园区	3450	1764	1686	277	148	129	9	8	1
宿迁市洋河新区	1580	884	696	101	55	46	10	8	2

4-4b 各地区分性别、受教育程度的25岁及以上人口(镇)

单位：人

地区	25岁及以上人口			未上过学		
	合计	男	女	小计	男	女
江　苏	**16307124**	**8078916**	**8228208**	**600775**	**128699**	**472076**
南京市	**132759**	**67632**	**65127**	**6136**	**1601**	**4535**
玄武区						
秦淮区						
建邺区						
鼓楼区						
浦口区	1466	756	710	159	46	113
栖霞区						
雨花台区	6664	3556	3108	591	126	465
江宁区						
六合区	88997	43971	45026	2847	452	2395
溧水区	23731	11983	11748	1100	365	735
高淳区	11901	7366	4535	1439	612	827
南京江北新区						
无锡市	**943525**	**483034**	**460491**	**17009**	**3331**	**13678**
锡山区	219384	113327	106057	3700	677	3023
惠山区	88132	45457	42675	1796	390	1406
滨湖区						
梁溪区						
新吴区						
江苏无锡经济开发区						
江阴市	395704	201730	193974	6989	1210	5779
宜兴市	240305	122520	117785	4524	1054	3470
徐州市	**1984437**	**959590**	**1024847**	**72620**	**16544**	**56076**
鼓楼区						
云龙区	15338	7650	7688	475	110	365
贾汪区	57468	28185	29283	4382	1187	3195
泉山区						
铜山区	243464	119174	124290	9814	2289	7525
丰县	347627	167169	180458	9490	1861	7629
沛县	409514	195721	213793	12598	2698	9900
睢宁县	416014	198812	217202	15357	3302	12055
徐州经济技术开发区	215255	107353	107902	6570	1456	5114
新沂市	114562	55088	59474	6818	1570	5248
邳州市	165195	80438	84757	7116	2071	5045
常州市	**503171**	**257731**	**245440**	**13771**	**3022**	**10749**
天宁区	36469	18526	17943	598	133	465
钟楼区						
新北区	95178	47827	47351	1939	318	1621
武进区	129068	65932	63136	2440	557	1883
金坛区	53464	27096	26368	2543	517	2026
江苏省常州市经济开发区	71871	37225	34646	1342	310	1032
溧阳市	117121	61125	55996	4909	1187	3722

4-4b 续表 1 单位：人

地区	25岁及以上人口			未上过学		
	合计	男	女	小计	男	女
苏州市	**2555866**	**1321439**	**1234427**	**75364**	**16977**	**58387**
虎丘区	3394	1661	1733	221	41	180
吴中区	162111	85078	77033	5039	1244	3795
相城区	46395	24767	21628	1925	492	1433
姑苏区						
吴江区	391549	201738	189811	13639	3788	9851
苏州工业园区	822141	420427	401714	22890	4963	17927
常熟市	322869	170850	152019	7533	1508	6025
张家港市	436044	222450	213594	12991	2357	10634
昆山市	179516	92622	86894	4355	1096	3259
太仓市	191847	101846	90001	6771	1488	5283
南通市	**1887368**	**937811**	**949557**	**62858**	**13829**	**49029**
崇川区						
港闸区						
通州区	296214	146371	149843	9624	2117	7507
如东县	433228	209538	223690	19921	4716	15205
南通经济技术开发区	227055	119999	107056	3866	997	2869
通州湾示范区	30401	15213	15188	1217	243	974
苏锡通科技产业园区	35380	19177	16203	1593	393	1200
启东市	167487	84791	82696	6075	1224	4851
如皋市	328660	159006	169654	8479	1534	6945
海门市	241292	120196	121096	5225	1133	4092
海安市	127651	63520	64131	6858	1472	5386
连云港市	**1201335**	**588232**	**613103**	**50253**	**12009**	**38244**
连云区	1037	859	178	7	3	4
海州区	41568	20449	21119	2750	644	2106
赣榆区	201478	98463	103015	11292	2804	8488
东海县	325481	157588	167893	7680	2029	5651
灌云县	247206	122480	124726	12025	2504	9521
灌南县	219150	106597	112553	7884	1939	5945
连云港经济技术开发区	51681	26161	25520	3451	806	2645
连云港高新技术产业开发区	88663	43037	45626	3565	831	2734
江苏连云港徐圩新区	23498	11826	11672	1471	418	1053
江苏省连云港市云台山风景名胜区	1573	772	801	128	31	97
淮安市	**1196100**	**575382**	**620718**	**53482**	**11230**	**42252**
淮安区	83904	41365	42539	7413	1627	5786
淮阴区	82794	41670	41124	3939	866	3073
清江浦区	5362	2740	2622	596	112	484
洪泽区	21765	11029	10736	1993	524	1469
涟水县	310435	145162	165273	7908	1500	6408
盱眙县	272429	130247	142182	14800	3029	11771
金湖县	140389	68280	72109	4524	786	3738
淮安经济技术开发区	190323	92875	97448	7200	1764	5436
工业园区	5654	2762	2892	468	101	367
生态文旅区	65937	30660	35277	2847	575	2272
苏淮高新区	17108	8592	8516	1794	346	1448

4-4b　续表 2

单位：人

地　　区	25岁及以上人口			未上过学		
	合计	男	女	小计	男	女
盐城市	**1973808**	**960595**	**1013213**	**90111**	**16943**	**73168**
亭湖区	47357	23942	23415	1789	302	1487
盐都区	74058	36162	37896	3491	540	2951
大丰区	153466	77241	76225	12307	2284	10023
响水县	187091	90846	96245	14438	3078	11360
滨海县	323442	156263	167179	15294	3092	12202
阜宁县	338503	162337	176166	10979	2202	8777
射阳县	350849	171626	179223	13136	2117	11019
建湖县	288205	138076	150129	5887	1040	4847
盐城经济技术开发区	46636	23847	22789	2302	379	1923
江苏省盐南高新区						
东台市	164201	80255	83946	10488	1909	8579
扬州市	**890239**	**431274**	**458965**	**38656**	**7951**	**30705**
广陵区	35063	17821	17242	985	203	782
邗江区	47109	23048	24061	3328	814	2514
江都区	191264	91535	99729	7908	1526	6382
宝应县	302656	143411	159245	13862	2689	11173
扬州经济技术开发区	162041	80039	82002	5802	1231	4571
蜀冈瘦西湖景区						
生态新城	9468	4662	4806	508	113	395
仪征市	46005	22982	23023	1941	391	1550
高邮市	96633	47776	48857	4322	984	3338
镇江市	**672170**	**342652**	**329518**	**19695**	**3841**	**15854**
京口区	4096	2232	1864	163	27	136
润州区						
丹徒区	55936	28489	27447	2530	556	1974
镇江新区	178775	90841	87934	3966	812	3154
江苏镇江高新区						
丹阳市	318678	163284	155394	8078	1424	6654
扬中市	37412	18838	18574	1676	269	1407
句容市	77273	38968	38305	3282	753	2529
泰州市	**853263**	**426335**	**426928**	**36591**	**7118**	**29473**
海陵区	21158	10603	10555	1623	282	1341
高港区	35801	17745	18056	1093	208	885
姜堰区	82995	40931	42064	5061	1181	3880
泰州医药高新技术产业开发区	153508	75979	77529	5258	899	4359
兴化市	267980	136348	131632	15663	3161	12502
靖江市	95483	48353	47130	1632	262	1370
泰兴市	196338	96376	99962	6261	1125	5136
宿迁市	**1513083**	**727209**	**785874**	**64229**	**14303**	**49926**
宿城区	28531	13612	14919	2228	433	1795
宿豫区	40701	20198	20503	2765	648	2117
沭阳县	654209	319006	335203	24037	5779	18258
泗阳县	338759	159802	178957	11227	1804	9423
泗洪县	346730	163721	183009	19293	4656	14637
宿迁经济技术开发区	93738	45714	48024	3847	771	3076
宿迁市湖滨新区	10415	5156	5259	832	212	620
苏州宿迁工业园区						
宿迁市洋河新区						

4-4b 续表 3 单位：人

地 区	学前教育			小 学		
	小计	男	女	小计	男	女
江 苏	**33500**	**9808**	**23692**	**3451389**	**1401208**	**2050181**
南京市	**308**	**85**	**223**	**30690**	**12656**	**18034**
玄武区						
秦淮区						
建邺区						
鼓楼区						
浦口区	1		1	340	156	184
栖霞区						
雨花台区	3	1	2	1150	532	618
江宁区						
六合区	68	11	57	17648	6453	11195
溧水区	101	35	66	7261	3141	4120
高淳区	135	38	97	4291	2374	1917
南京江北新区						
无锡市	**494**	**143**	**351**	**187633**	**79752**	**107881**
锡山区	123	32	91	52503	22559	29944
惠山区	40	14	26	13767	5953	7814
滨湖区						
梁溪区						
新吴区						
江苏无锡经济开发区						
江阴市	191	54	137	66602	27980	38622
宜兴市	140	43	97	54761	23260	31501
徐州市	**5115**	**1620**	**3495**	**435477**	**172795**	**262682**
鼓楼区						
云龙区	27	11	16	3732	1705	2027
贾汪区	125	50	75	13675	5713	7962
泉山区						
铜山区	374	130	244	58786	24778	34008
丰县	384	116	268	71860	27458	44402
沛县	566	151	415	70360	27169	43191
睢宁县	1936	516	1420	96533	36400	60133
徐州经济技术开发区	264	89	175	28570	11527	17043
新沂市	345	121	224	34126	13673	20453
邳州市	1094	436	658	57835	24372	33463
常州市	**359**	**107**	**252**	**103059**	**44017**	**59042**
天宁区	15	6	9	7535	3213	4322
钟楼区						
新北区	69	9	60	17749	6876	10873
武进区	64	21	43	25146	10890	14256
金坛区	63	26	37	14744	6265	8479
江苏省常州市经济开发区	46	17	29	12085	5259	6826
溧阳市	102	28	74	25800	11514	14286

4-4b 续表 4

单位：人

地区	学前教育			小学		
	小计	男	女	小计	男	女
苏州市	**3858**	**1267**	**2591**	**459368**	**200911**	**258457**
虎丘区	1		1	999	414	585
吴中区	308	104	204	35461	15923	19538
相城区	49	15	34	12440	5805	6635
姑苏区						
吴江区	1095	396	699	89040	41302	47738
苏州工业园区	1044	342	702	92345	38232	54113
常熟市	13	3	10	66452	28837	37615
张家港市	806	244	562	90294	38191	52103
昆山市	161	49	112	32735	14302	18433
太仓市	381	114	267	39602	17905	21697
南通市	**4201**	**1240**	**2961**	**493476**	**210274**	**283202**
崇川区						
港闸区						
通州区	740	205	535	83709	35833	47876
如东县	1617	494	1123	118118	52804	65314
南通经济技术开发区	68	29	39	39669	17469	22200
通州湾示范区	52	11	41	8216	3537	4679
苏锡通科技产业园区	15	3	12	7705	3650	4055
启东市	309	99	210	43512	19216	24296
如皋市	550	155	395	108076	42214	65862
海门市	394	128	266	50285	20416	29869
海安市	456	116	340	34186	15135	19051
连云港市	**2326**	**672**	**1654**	**213894**	**82976**	**130918**
连云区				32	19	13
海州区	90	43	47	8329	3280	5049
赣榆区	372	121	251	37496	15364	22132
东海县	427	108	319	45120	17650	27470
灌云县	397	112	285	56655	21523	35132
灌南县	780	197	583	45682	16835	28847
连云港经济技术开发区	95	36	59	6664	2770	3894
连云港高新技术产业开发区	126	43	83	7983	3086	4897
江苏连云港徐圩新区	38	12	26	5645	2339	3306
江苏省连云港市云台山风景名胜区	1		1	288	110	178
淮安市	**1252**	**373**	**879**	**254516**	**94072**	**160444**
淮安区	206	80	126	27677	11391	16286
淮阴区	74	28	46	20799	7681	13118
清江浦区	2		2	1507	596	911
洪泽区	58	12	46	8428	3713	4715
涟水县	61	20	41	51982	18101	33881
盱眙县	402	101	301	68515	24423	44092
金湖县	175	50	125	25045	8388	16657
淮安经济技术开发区	166	46	120	33341	13024	20317
工业园区	2		2	1528	482	1046
生态文旅区	42	17	25	11355	4514	6841
苏淮高新区	64	19	45	4339	1759	2580

4-4b 续表 5

单位：人

地　区	学前教育			小　学		
	小计	男	女	小计	男	女
盐城市	**3705**	**952**	**2753**	**406503**	**159152**	**247351**
亭湖区	67	14	53	12438	4724	7714
盐都区	136	32	104	16214	6297	9917
大丰区	734	169	565	39866	17455	22411
响水县	217	67	150	36390	14185	22205
滨海县	187	58	129	60516	23094	37422
阜宁县	352	94	258	66861	25700	41161
射阳县	482	135	347	71681	27599	44082
建湖县	486	120	366	51958	19229	32729
盐城经济技术开发区	36	14	22	9457	3655	5802
江苏省盐南高新区						
东台市	1008	249	759	41122	17214	23908
扬州市	**4426**	**1271**	**3155**	**208071**	**83912**	**124159**
广陵区	187	50	137	7874	3215	4659
邗江区	91	20	71	12548	5486	7062
江都区	1660	412	1248	53576	22335	31241
宝应县	1043	380	663	65740	24727	41013
扬州经济技术开发区	278	103	175	24691	10088	14603
蜀冈瘦西湖景区						
生态新城	39	16	23	2612	1127	1485
仪征市	614	140	474	14264	6076	8188
高邮市	514	150	364	26766	10858	15908
镇江市	**717**	**187**	**530**	**142089**	**57741**	**84348**
京口区	7	1	6	974	389	585
润州区						
丹徒区	83	18	65	14346	6009	8337
镇江新区	115	46	69	28241	11365	16876
江苏镇江高新区						
丹阳市	276	53	223	72136	28922	43214
扬中市	141	44	97	11369	4775	6594
句容市	95	25	70	15023	6281	8742
泰州市	**3474**	**865**	**2609**	**229619**	**94894**	**134725**
海陵区	157	46	111	7369	3358	4011
高港区	77	17	60	9938	3756	6182
姜堰区	748	212	536	26111	11359	14752
泰州医药高新技术产业开发区	130	38	92	27270	10831	16439
兴化市	1756	414	1342	82992	35700	47292
靖江市	59	11	48	24370	9676	14694
泰兴市	547	127	420	51569	20214	31355
宿迁市	**3265**	**1026**	**2239**	**286994**	**108056**	**178938**
宿城区	24	8	16	8092	2881	5211
宿豫区	55	24	31	10494	3791	6703
沭阳县	1131	401	730	133521	53515	80006
泗阳县	813	194	619	44691	14377	30314
泗洪县	988	302	686	69195	24937	44258
宿迁经济技术开发区	248	95	153	16954	6797	10157
宿迁市湖滨新区	6	2	4	4047	1758	2289
苏州宿迁工业园区						
宿迁市洋河新区						

4-4b 续表 6

单位：人

地区	初中			高中			大学专科		
	小计	男	女	小计	男	女	小计	男	女
江苏	**6923313**	**3593734**	**3329579**	**2876360**	**1631202**	**1245158**	**1402851**	**770068**	**632783**
南京市	**44121**	**24169**	**19952**	**22251**	**12838**	**9413**	**17906**	**9992**	**7914**
玄武区									
秦淮区									
建邺区									
鼓楼区									
浦口区	449	244	205	296	179	117	131	84	47
栖霞区									
雨花台区	2609	1489	1120	1265	779	486	608	379	229
江宁区									
六合区	29553	15686	13867	15667	8679	6988	14236	7812	6424
溧水区	7807	4147	3660	3741	2268	1473	2347	1288	1059
高淳区	3703	2603	1100	1282	933	349	584	429	155
南京江北新区									
无锡市	**438865**	**233917**	**204948**	**167595**	**95190**	**72405**	**79740**	**43776**	**35964**
锡山区	105711	58129	47582	30129	17497	12632	16518	8972	7546
惠山区	40149	21451	18698	15240	8525	6715	9333	5161	4172
滨湖区									
梁溪区									
新吴区									
江苏无锡经济开发区									
江阴市	178566	93626	84940	86682	48441	38241	35044	19155	15889
宜兴市	114439	60711	53728	35544	20727	14817	18845	10488	8357
徐州市	**902011**	**456886**	**445125**	**313065**	**172719**	**140346**	**168038**	**92123**	**75915**
鼓楼区									
云龙区	7281	3879	3402	2154	1124	1030	967	498	469
贾汪区	28935	15241	13694	7416	4337	3079	2141	1240	901
泉山区									
铜山区	123722	63639	60083	33176	18788	14388	11619	6420	5199
丰县	157539	78814	78725	59514	32520	26994	34081	18620	15461
沛县	195119	95137	99982	66123	35296	30827	43258	23658	19600
睢宁县	182220	92857	89363	67099	37275	29824	34170	18628	15542
徐州经济技术开发区	80538	40476	40062	44022	23794	20228	32913	17958	14955
新沂市	54961	29167	25794	12655	7487	5168	4056	2287	1769
邳州市	71696	37676	34020	20906	12098	8808	4833	2814	2019
常州市	**254684**	**135703**	**118981**	**75856**	**44611**	**31245**	**33754**	**18986**	**14768**
天宁区	17798	9458	8340	5328	3003	2325	2996	1655	1341
钟楼区									
新北区	48947	25778	23169	14410	8503	5907	7430	4026	3404
武进区	67992	35903	32089	18079	10362	7717	9487	5280	4207
金坛区	26198	14224	11974	6815	4256	2559	2178	1298	880
江苏省常州市经济开发区	37830	20252	17578	10808	6081	4727	5501	3071	2430
溧阳市	55919	30088	25831	20416	12406	8010	6162	3656	2506

4-4b 续表 7

单位：人

地　区	初　中			高　中			大学专科		
	小计	男	女	小计	男	女	小计	男	女
苏州市	**976644**	**531215**	**445429**	**439764**	**253329**	**186435**	**295915**	**159380**	**136535**
虎丘区	1188	658	530	425	252	173	367	200	167
吴中区	67747	37584	30163	28408	16598	11810	16404	9054	7350
相城区	19838	11396	8442	6551	3994	2557	3821	2161	1660
姑苏区									
吴江区	175103	93766	81337	60611	35075	25536	32384	17441	14943
苏州工业园区	190889	102190	88699	162755	91640	71115	134178	70299	63879
常熟市	167808	92851	74957	43253	26466	16787	25333	14446	10887
张家港市	192967	103598	89369	72685	41887	30798	42311	23539	18772
昆山市	67075	36131	30944	36440	20497	15943	26023	13776	12247
太仓市	94029	53041	40988	28636	16920	11716	15094	8464	6630
南通市	**843054**	**444608**	**398446**	**281972**	**158785**	**123187**	**120481**	**65673**	**54808**
崇川区									
港闸区									
通州区	138949	73174	65775	39883	22667	17216	14947	8048	6899
如东县	163611	82400	81211	74879	39695	35184	29722	16077	13645
南通经济技术开发区	85086	47425	37661	41741	23757	17984	33570	18017	15553
通州湾示范区	14168	7451	6717	4275	2490	1785	1456	871	585
苏锡通科技产业园区	16943	9604	7339	5559	3395	2164	2249	1358	891
启东市	86391	46741	39650	20138	11506	8632	7026	3758	3268
如皋市	142431	75760	66671	43601	25350	18251	16014	8832	7182
海门市	137835	71635	66200	33050	18958	14092	9204	5079	4125
海安市	57640	30418	27222	18846	10967	7879	6293	3633	2660
连云港市	**458108**	**234894**	**223214**	**267143**	**144872**	**122271**	**125741**	**67844**	**57897**
连云区	545	455	90	337	279	58	83	73	10
海州区	20618	10662	9956	6127	3714	2413	2518	1481	1037
赣榆区	68154	35147	33007	52355	27582	24773	24971	13557	11414
东海县	112153	54543	57610	91719	47463	44256	42490	22341	20149
灌云县	112320	60092	52228	40143	23683	16460	15148	8652	6496
灌南县	98461	50712	47749	41502	23202	18300	14802	8262	6540
连云港经济技术开发区	15957	8345	7612	12534	7039	5495	7577	4218	3359
连云港高新技术产业开发区	20662	10112	10550	16349	8347	8002	16558	8304	8254
江苏连云港徐圩新区	8707	4540	4167	5755	3394	2361	1358	819	539
江苏省连云港市云台山风景名胜区	531	286	245	322	169	153	236	137	99
淮安市	**494057**	**251852**	**242205**	**217729**	**122693**	**95036**	**104351**	**56940**	**47411**
淮安区	36293	20437	15856	8254	5369	2885	2882	1764	1118
淮阴区	43542	23881	19661	11209	7273	3936	2324	1427	897
清江浦区	2533	1532	1001	525	378	147	139	89	50
洪泽区	8236	4762	3474	2211	1518	693	620	369	251
涟水县	143993	68201	75792	65783	35128	30655	27290	14788	12502
盱眙县	109281	57562	51719	46167	27039	19128	18305	9911	8394
金湖县	50440	24787	25653	34315	19857	14458	16316	9194	7122
淮安经济技术开发区	69847	35127	34720	36807	19466	17341	25218	13821	11397
工业园区	2603	1535	1068	580	369	211	352	211	141
生态文旅区	19317	9439	9878	9863	4950	4913	10242	4972	5270
苏淮高新区	7972	4589	3383	2015	1346	669	663	394	269

4-4b　续表 8　　　　单位：人

地　区	初　中			高　中			大学专科		
	小计	男	女	小计	男	女	小计	男	女
盐城市	**900830**	**451570**	**449260**	**365248**	**213042**	**152206**	**129403**	**74519**	**54884**
亭湖区	20977	11134	9843	8774	5736	3038	2391	1499	892
盐都区	35450	17450	18000	14043	8925	5118	3249	2001	1248
大丰区	67326	36593	30733	23909	15174	8735	6593	4026	2567
响水县	86617	44474	42143	28151	16781	11370	12278	7199	5079
滨海县	152750	76562	76188	58188	32706	25482	20566	11658	8908
阜宁县	163167	79897	83270	61755	34692	27063	22574	12552	10022
射阳县	152627	76993	75634	73292	42112	31180	25703	14717	10986
建湖县	131194	61465	69729	59587	33885	25702	24071	13834	10237
盐城经济技术开发区	17811	9493	8318	9646	6001	3645	4862	2891	1971
江苏省盐南高新区									
东台市	72911	37509	35402	27903	17030	10873	7116	4142	2974
扬州市	**363278**	**183417**	**179861**	**145518**	**83377**	**62141**	**76227**	**41980**	**34247**
广陵区	16182	8455	7727	5918	3631	2287	2647	1564	1083
邗江区	18376	9562	8814	7026	4077	2949	3765	2084	1681
江都区	86339	43348	42991	25181	14804	10377	11244	6199	5045
宝应县	124029	60305	63724	55622	31562	24060	25396	14279	11117
扬州经济技术开发区	51996	26554	25442	31175	16472	14703	24142	12751	11391
蜀冈瘦西湖景区生态新城	3799	2034	1765	1376	786	590	805	424	381
仪征市	19083	10390	8693	5859	3610	2249	2844	1623	1221
高邮市	43474	22769	20705	13361	8435	4926	5384	3056	2328
镇江市	**306716**	**163257**	**143459**	**117012**	**70081**	**46931**	**53444**	**29941**	**23503**
京口区	1866	1103	763	613	418	195	308	188	120
润州区									
丹徒区	26099	14057	12042	8220	5038	3182	2879	1720	1159
镇江新区	69671	35768	33903	38966	22008	16958	23193	12918	10275
江苏镇江高新区									
丹阳市	164377	88353	76024	49184	30813	18371	16146	9193	6953
扬中市	15260	8172	7088	5421	3586	1835	2534	1448	1086
句容市	29443	15804	13639	14608	8218	6390	8384	4474	3910
泰州市	**352294**	**188155**	**164139**	**131668**	**79285**	**52383**	**59042**	**33695**	**25347**
海陵区	8634	4804	3830	1965	1295	670	992	581	411
高港区	15243	8089	7154	4893	3067	1826	3108	1817	1291
姜堰区	34457	18234	16223	11018	6647	4371	3856	2299	1557
泰州医药高新技术产业开发区	54455	28148	26307	22479	12675	9804	20741	11106	9635
兴化市	108484	60091	48393	44097	27728	16369	10189	6318	3871
靖江市	43318	23153	20165	15634	9229	6405	7096	4097	2999
泰兴市	87703	45636	42067	31582	18644	12938	13060	7477	5583
宿迁市	**588651**	**294091**	**294560**	**331539**	**180380**	**151159**	**138809**	**75219**	**63590**
宿城区	14275	7892	6383	2547	1620	927	954	538	416
宿豫区	19444	10822	8622	5526	3454	2072	1862	1126	736
沭阳县	250525	125004	125521	142573	77932	64641	54854	29843	25011
泗阳县	135564	65748	69816	92489	48415	44074	31125	17008	14117
泗洪县	129994	64932	65062	66988	37122	29866	38208	20310	17898
宿迁经济技术开发区	34938	17520	17418	20338	11123	9215	11405	6175	5230
宿迁市湖滨新区	3911	2173	1738	1078	714	364	401	219	182
苏州宿迁工业园区									
宿迁市洋河新区									

4-4b 续表 9

单位：人

地 区	大学本科			硕士研究生			博士研究生		
	小计	男	女	小计	男	女	小计	男	女
江 苏	**931062**	**495660**	**435402**	**78873**	**42897**	**35976**	**9001**	**5640**	**3361**
南京市	**10435**	**5784**	**4651**	**858**	**472**	**386**	**54**	**35**	**19**
玄武区									
秦淮区									
建邺区									
鼓楼区									
浦口区	85	45	40	4	2	2	1		1
栖霞区									
雨花台区	398	223	175	38	27	11	2		2
江宁区									
六合区	8244	4478	3766	695	370	325	39	30	9
溧水区	1270	685	585	94	50	44	10	4	6
高淳区	438	353	85	27	23	4	2	1	1
南京江北新区									
无锡市	**49807**	**25697**	**24110**	**2174**	**1096**	**1078**	**208**	**132**	**76**
锡山区	10045	5110	4935	603	315	288	52	36	16
惠山区	7359	3731	3628	400	203	197	48	29	19
滨湖区									
梁溪区									
新吴区									
江苏无锡经济开发区									
江阴市	20989	10945	10044	580	286	294	61	33	28
宜兴市	11414	5911	5503	591	292	299	47	34	13
徐州市	**82700**	**43784**	**38916**	**4911**	**2821**	**2090**	**500**	**298**	**202**
鼓楼区									
云龙区	576	260	316	101	49	52	25	14	11
贾汪区	749	392	357	37	22	15	8	3	5
泉山区									
铜山区	5696	2986	2710	241	123	118	36	21	15
丰县	14133	7411	6722	571	332	239	55	37	18
沛县	20706	11177	9529	694	376	318	90	59	31
睢宁县	17929	9417	8512	694	369	325	76	48	28
徐州经济技术开发区	19756	10482	9274	2443	1476	967	179	95	84
新沂市	1533	745	788	56	32	24	12	6	6
邳州市	1622	914	708	74	42	32	19	15	4
常州市	**20666**	**10775**	**9891**	**906**	**444**	**462**	**116**	**66**	**50**
天宁区	2127	1021	1106	65	33	32	7	4	3
钟楼区									
新北区	4402	2209	2193	216	96	120	16	12	4
武进区	5623	2822	2801	205	82	123	32	15	17
金坛区	855	471	384	58	36	22	10	3	7
江苏省常州市经济开发区	4047	2124	1923	191	97	94	21	14	7
溧阳市	3612	2128	1484	171	100	71	30	18	12

4-4b　续表 10

单位：人

地　区	大学本科			硕士研究生			博士研究生		
	小计	男	女	小计	男	女	小计	男	女
苏州市	**262034**	**134769**	**127265**	**38432**	**20795**	**17637**	**4487**	**2796**	**1691**
虎丘区	184	91	93	9	5	4			
吴中区	8191	4272	3919	486	259	227	67	40	27
相城区	1679	848	831	85	50	35	7	6	1
姑苏区									
吴江区	18684	9454	9230	893	456	437	100	60	40
苏州工业园区	179552	91558	87994	34449	18667	15782	4039	2536	1503
常熟市	11842	6374	5468	512	295	217	123	70	53
张家港市	22997	12089	10908	933	510	423	60	35	25
昆山市	11946	6351	5595	736	398	338	45	22	23
太仓市	6959	3732	3227	329	155	174	46	27	19
南通市	**76621**	**40877**	**35744**	**4260**	**2234**	**2026**	**445**	**291**	**154**
崇川区									
港闸区									
通州区	7961	4132	3829	360	168	192	41	27	14
如东县	24056	12669	11387	1204	625	579	100	58	42
南通经济技术开发区	21174	11267	9907	1722	921	801	159	117	42
通州湾示范区	955	569	386	51	35	16	11	6	5
苏锡通科技产业园区	1237	723	514	71	45	26	8	6	2
启东市	3868	2156	1712	146	78	68	22	13	9
如皋市	9129	4957	4172	329	175	154	51	29	22
海门市	5049	2713	2336	217	113	104	33	21	12
海安市	3192	1691	1501	160	74	86	20	14	6
连云港市	**77125**	**41220**	**35905**	**6113**	**3322**	**2791**	**632**	**423**	**209**
连云区	30	27	3	3	3				
海州区	1077	590	487	47	27	20	12	8	4
赣榆区	6507	3709	2798	299	157	142	32	22	10
东海县	24971	12911	12060	814	471	343	107	72	35
灌云县	10118	5682	4436	359	208	151	41	24	17
灌南县	9638	5213	4425	381	222	159	20	15	5
连云港经济技术开发区	4816	2649	2167	559	278	281	28	20	8
连云港高新技术产业开发区	19397	10110	9287	3632	1942	1690	391	262	129
江苏连云港徐圩新区	505	290	215	18	14	4	1		1
江苏省连云港市云台山风景名胜区	66	39	27	1		1			
淮安市	**65783**	**35499**	**30284**	**4193**	**2265**	**1928**	**737**	**458**	**279**
淮安区	1111	657	454	61	35	26	7	5	2
淮阴区	843	482	361	57	27	30	7	5	2
清江浦区	57	32	25	3	1	2			
洪泽区	205	124	81	13	7	6	1		1
涟水县	12712	7018	5694	435	262	173	271	144	127
盱眙县	14398	7843	6555	511	306	205	50	33	17
金湖县	9223	5052	4171	324	152	172	27	14	13
淮安经济技术开发区	15785	8520	7265	1665	906	759	294	201	93
工业园区	113	58	55	8	6	2			
生态文旅区	11094	5583	5511	1098	554	544	79	56	23
苏淮高新区	242	130	112	18	9	9	1		1

4-4b 续表 11

单位：人

地　区	大学本科			硕士研究生			博士研究生		
	小计	男	女	小计	男	女	小计	男	女
盐城市	**74721**	**42540**	**32181**	**2958**	**1681**	**1277**	**329**	**196**	**133**
亭湖区	866	505	361	50	24	26	5	4	1
盐都区	1392	868	524	79	46	33	4	3	1
大丰区	2541	1444	1097	160	82	78	30	14	16
响水县	8691	4877	3814	277	168	109	32	17	15
滨海县	15252	8673	6579	636	381	255	53	39	14
阜宁县	12336	6911	5425	431	259	172	48	30	18
射阳县	13427	7683	5744	468	255	213	33	15	18
建湖县	14501	8206	6295	484	273	211	37	24	13
盐城经济技术开发区	2217	1263	954	243	115	128	62	36	26
江苏省盐南高新区									
东台市	3498	2110	1388	130	78	52	25	14	11
扬州市	**49053**	**26661**	**22392**	**4597**	**2455**	**2142**	**413**	**250**	**163**
广陵区	1205	674	531	60	27	33	5	2	3
邗江区	1858	947	911	108	52	56	9	6	3
江都区	5052	2751	2301	271	144	127	33	16	17
宝应县	16303	9103	7200	609	335	274	52	31	21
扬州经济技术开发区	20365	10888	9477	3303	1772	1531	289	180	109
蜀冈瘦西湖景区									
生态新城	314	157	157	14	5	9	1		1
仪征市	1314	706	608	75	38	37	11	8	3
高邮市	2642	1435	1207	157	82	75	13	7	6
镇江市	**29130**	**15648**	**13482**	**2917**	**1655**	**1262**	**450**	**301**	**149**
京口区	152	94	58	12	11	1	1	1	
润州区									
丹徒区	1036	551	485	716	518	198	27	22	5
镇江新区	13319	7202	6117	1099	580	519	205	142	63
江苏镇江高新区									
丹阳市	8000	4281	3719	445	219	226	36	26	10
扬中市	972	527	445	31	14	17	8	3	5
句容市	5651	2993	2658	614	313	301	173	107	66
泰州市	**36666**	**20161**	**16505**	**3583**	**1947**	**1636**	**326**	**215**	**111**
海陵区	398	220	178	16	14	2	4	3	1
高港区	1352	730	622	92	58	34	5	3	2
姜堰区	1650	945	705	83	46	37	11	8	3
泰州医药高新技术产业开发区	20300	10730	9570	2678	1430	1248	197	122	75
兴化市	4578	2797	1781	185	118	67	36	21	15
靖江市	3097	1769	1328	246	131	115	31	25	6
泰兴市	5291	2970	2321	283	150	133	42	33	9
宿迁市	**96321**	**52245**	**44076**	**2971**	**1710**	**1261**	**304**	**179**	**125**
宿城区	397	232	165	14	8	6			
宿豫区	524	314	210	28	19	9	3		3
沭阳县	46411	25866	20545	1010	584	426	147	82	65
泗阳县	21840	11670	10170	941	544	397	69	42	27
泗洪县	21311	11026	10285	684	390	294	69	46	23
宿迁经济技术开发区	5710	3064	2646	284	161	123	14	8	6
宿迁市湖滨新区	128	73	55	10	4	6	2	1	1
苏州宿迁工业园区									
宿迁市洋河新区									

4-4c　各地区分性别、受教育程度的25岁及以上人口(乡村)

单位：人

地　区	25岁及以上人口			未上过学		
	合计	男	女	小计	男	女
江　苏	**18104838**	**9124367**	**8980471**	**1216243**	**263280**	**952963**
南京市	**1010377**	**525283**	**485094**	**94909**	**24600**	**70309**
玄武区						
秦淮区						
建邺区						
鼓楼区						
浦口区	64890	33159	31731	6529	1639	4890
栖霞区	53134	27908	25226	1471	286	1185
雨花台区						
江宁区	331228	176340	154888	26355	7491	18864
六合区	248900	125682	123218	29093	5664	23429
溧水区	137239	71734	65505	11059	3277	7782
高淳区	157012	80547	76465	19453	6039	13414
南京江北新区	17974	9913	8061	949	204	745
无锡市	**1082394**	**566512**	**515882**	**25073**	**5482**	**19591**
锡山区	94356	48967	45389	1586	299	1287
惠山区	167434	89958	77476	4448	1017	3431
滨湖区	34955	18508	16447	1084	239	845
梁溪区						
新吴区	62363	34849	27514	941	218	723
江苏无锡经济开发区						
江阴市	377542	196774	180768	7583	1580	6003
宜兴市	345744	177456	168288	9431	2129	7302
徐州市	**2222982**	**1092556**	**1130426**	**157770**	**38338**	**119432**
鼓楼区						
云龙区						
贾汪区	130272	65106	65166	13975	3700	10275
泉山区						
铜山区	362201	180756	181445	22509	5520	16989
丰县	312120	150006	162114	17872	3457	14415
沛县	319084	154883	164201	17717	3867	13850
睢宁县	346433	172208	174225	31055	7202	23853
徐州经济技术开发区	37971	19033	18938	2659	651	2008
新沂市	293739	144745	148994	26380	6835	19545
邳州市	421162	205819	215343	25603	7106	18497
常州市	**1015926**	**523549**	**492377**	**43094**	**9586**	**33508**
天宁区	49258	25271	23987	943	190	753
钟楼区	30140	15813	14327	1083	251	832
新北区	94964	48691	46273	2718	434	2284
武进区	300753	156940	143813	7942	1795	6147
金坛区	174115	88866	85249	10840	2334	8506
江苏省常州市经济开发区	118774	63481	55293	2311	501	1810
溧阳市	247922	124487	123435	17257	4081	13176

4-4c 续表 1

单位：人

地　区	25岁及以上人口			未上过学		
	合计	男	女	小计	男	女
苏州市	**1955868**	**1036247**	**919621**	**86515**	**19588**	**66927**
虎丘区	55413	29851	25562	4612	981	3631
吴中区	263749	139505	124244	11958	2633	9325
相城区	43156	24054	19102	1508	360	1148
姑苏区						
吴江区	324259	168337	155922	21314	5387	15927
苏州工业园区						
常熟市	385347	198908	186439	14808	2709	12099
张家港市	318347	166605	151742	10612	2158	8454
昆山市	354076	195757	158319	11442	2938	8504
太仓市	211521	113230	98291	10261	2422	7839
南通市	**2010490**	**962835**	**1047655**	**99263**	**19458**	**79805**
崇川区						
港闸区	3108	1817	1291	215	39	176
通州区	304780	146613	158167	14503	2874	11629
如东县	330870	159681	171189	21749	4771	16978
南通经济技术开发区						
通州湾示范区	45130	20689	24441	2173	385	1788
苏锡通科技产业园区	38976	19365	19611	520	114	406
启东市	347131	165282	181849	16783	3178	13605
如皋市	403781	192826	210955	15567	3129	12438
海门市	289828	135777	154051	13162	2345	10817
海安市	246886	120785	126101	14591	2623	11968
连云港市	**1248490**	**619252**	**629238**	**83308**	**19803**	**63505**
连云区	2286	1265	1021	167	37	130
海州区	69368	34970	34398	6827	1600	5227
赣榆区	309922	150352	159570	18880	4995	13885
东海县	371401	183195	188206	15194	4228	10966
灌云县	259233	131313	127920	22505	4880	17625
灌南县	203726	101777	101949	15521	3155	12366
连云港经济技术开发区	14704	7362	7342	1740	437	1303
连云港高新技术产业开发区						
江苏连云港徐圩新区	892	519	373	99	22	77
江苏省连云港市云台山风景名胜区	16958	8499	8459	2375	449	1926
淮安市	**1229372**	**621576**	**607796**	**97498**	**20895**	**76603**
淮安区	279635	139693	139942	32392	6867	25525
淮阴区	242163	123661	118502	15833	3428	12405
清江浦区	42206	21265	20941	2990	598	2392
洪泽区	95458	47476	47982	9457	2143	7314
涟水县	278359	141388	136971	13853	2660	11193
盱眙县	181126	92479	88647	15483	3680	11803
金湖县	102112	51468	50644	6669	1372	5297
淮安经济技术开发区						
工业园区	6487	3239	3248	477	70	407
生态文旅区						
苏淮高新区	1826	907	919	344	77	267

4-4c　续表 2　　　　单位：人

地　区	25岁及以上人口			未上过学		
	合计	男	女	小计	男	女
盐城市	**1998081**	**1000683**	**997398**	**191811**	**35212**	**156599**
亭湖区	80267	40414	39853	6651	1174	5477
盐都区	218467	109580	108887	22103	3848	18255
大丰区	217059	108896	108163	22017	3983	18034
响水县	139729	70620	69109	21040	4509	16531
滨海县	272478	138136	134342	33449	6993	26456
阜宁县	260490	131585	128905	23338	4401	18937
射阳县	259124	130714	128410	19061	3138	15923
建湖县	200641	100685	99956	11872	2047	9825
盐城经济技术开发区	23972	12104	11868	2091	337	1754
江苏省盐南高新区						
东台市	325854	157949	167905	30189	4782	25407
扬州市	**1152173**	**575939**	**576234**	**108803**	**22198**	**86605**
广陵区	66758	35710	31048	2723	528	2195
邗江区	78213	38663	39550	7149	1773	5376
江都区	319627	157156	162471	24042	4455	19587
宝应县	251747	125472	126275	32551	6754	25797
扬州经济技术开发区	14693	7257	7436	1497	218	1279
蜀冈瘦西湖景区						
生态新城	14919	7271	7648	1097	227	870
仪征市	150989	76323	74666	13857	2918	10939
高邮市	255227	128087	127140	25887	5325	20562
镇江市	**574116**	**293282**	**280834**	**27860**	**5416**	**22444**
京口区	5933	3018	2915	286	58	228
润州区	731	425	306	9	2	7
丹徒区	87581	44565	43016	4934	903	4031
镇江新区	29579	15106	14473	1127	340	787
江苏镇江高新区						
丹阳市	171054	87173	83881	5633	771	4862
扬中市	81097	41003	40094	3309	527	2782
句容市	198141	101992	96149	12562	2815	9747
泰州市	**1248924**	**624559**	**624365**	**89027**	**16285**	**72742**
海陵区	37437	18613	18824	4300	790	3510
高港区	66486	33271	33215	2050	299	1751
姜堰区	214944	106298	108646	17274	3649	13625
泰州医药高新技术产业开发区	11994	5826	6168	805	118	687
兴化市	406386	203487	202899	45695	8532	37163
靖江市	187927	96868	91059	3961	578	3383
泰兴市	323750	160196	163554	14942	2319	12623
宿迁市	**1355645**	**682094**	**673551**	**111312**	**26419**	**84893**
宿城区	165810	83770	82040	15548	3301	12247
宿豫区	112194	56991	55203	13993	2978	11015
沭阳县	488977	246695	242282	28888	7570	21318
泗阳县	231719	114873	116846	19744	3857	15887
泗洪县	239251	120866	118385	20661	6003	14658
宿迁经济技术开发区	34947	17754	17193	4136	890	3246
宿迁市湖滨新区	38431	19595	18836	3871	1010	2861
苏州宿迁工业园区						
宿迁市洋河新区	44316	21550	22766	4471	810	3661

4-4c 续表 3

单位：人

地 区	学前教育			小 学		
	小计	男	女	小计	男	女
江 苏	**71493**	**20690**	**50803**	**5958347**	**2541248**	**3417099**
南京市	**4912**	**1669**	**3243**	**349872**	**158420**	**191452**
玄武区						
秦淮区						
建邺区						
鼓楼区						
浦口区	226	85	141	20936	9408	11528
栖霞区	33	6	27	13510	5445	8065
雨花台区						
江宁区	849	293	556	98001	46762	51239
六合区	1601	458	1143	91963	39173	52790
溧水区	1118	387	731	56422	25793	30629
高淳区	1053	431	622	63812	29625	34187
南京江北新区	32	9	23	5228	2214	3014
无锡市	**1220**	**277**	**943**	**286706**	**124091**	**162615**
锡山区	140	20	120	25499	11084	14415
惠山区	66	19	47	38002	17225	20777
滨湖区	25	8	17	7466	3328	4138
梁溪区						
新吴区	21	8	13	9226	4051	5175
江苏无锡经济开发区						
江阴市	295	68	227	92238	39676	52562
宜兴市	673	154	519	114275	48727	65548
徐州市	**8908**	**2998**	**5910**	**763815**	**316326**	**447489**
鼓楼区						
云龙区						
贾汪区	471	174	297	39308	17368	21940
泉山区						
铜山区	1299	453	846	112072	48328	63744
丰县	673	163	510	101388	38957	62431
沛县	966	270	696	94799	37595	57204
睢宁县	2254	770	1484	126400	51341	75059
徐州经济技术开发区	41	12	29	10863	4644	6219
新沂市	1234	413	821	104991	43675	61316
邳州市	1970	743	1227	173994	74418	99576
常州市	**1121**	**352**	**769**	**270318**	**118854**	**151464**
天宁区	29	12	17	12511	5300	7211
钟楼区	22	5	17	6986	3114	3872
新北区	112	27	85	23864	9739	14125
武进区	203	66	137	71606	32191	39415
金坛区	280	82	198	54679	23871	30808
江苏省常州市经济开发区	114	28	86	26029	12077	13952
溧阳市	361	132	229	74643	32562	42081

4-4c　续表 4

单位：人

地　区	学前教育			小　学		
	小计	男	女	小计	男	女
苏州市	**5811**	**1822**	**3989**	**554426**	**255238**	**299188**
虎丘区	97	38	59	14653	7195	7458
吴中区	1002	292	710	71452	32466	38986
相城区	338	89	249	13002	6112	6890
姑苏区						
吴江区	1532	493	1039	112589	54238	58351
苏州工业园区						
常熟市	69	25	44	107330	47278	60052
张家港市	704	209	495	93487	41888	51599
昆山市	1116	394	722	78118	35989	42129
太仓市	953	282	671	63795	30072	33723
南通市	**6054**	**1638**	**4416**	**701897**	**293026**	**408871**
崇川区						
港闸区	12	3	9	873	455	418
通州区	1034	293	741	109057	46095	62962
如东县	1281	378	903	124781	56164	68617
南通经济技术开发区						
通州湾示范区	133	37	96	15627	6487	9140
苏锡通科技产业园区	21	7	14	10561	4453	6108
启东市	734	173	561	119536	50131	69405
如皋市	1223	315	908	152188	59008	93180
海门市	601	163	438	85261	34088	51173
海安市	1015	269	746	84013	36145	47868
连云港市	**4103**	**1234**	**2869**	**342425**	**136648**	**205777**
连云区	1		1	682	281	401
海州区	157	57	100	19742	8404	11338
赣榆区	532	170	362	66355	28228	38127
东海县	643	200	443	88737	35465	53272
灌云县	729	233	496	90159	34542	55617
灌南县	1996	559	1437	70099	26758	43341
连云港经济技术开发区	27	10	17	2747	1219	1528
连云港高新技术产业开发区						
江苏连云港徐圩新区				173	73	100
江苏省连云港市云台山风景名胜区	18	5	13	3731	1678	2053
淮安市	**4139**	**1211**	**2928**	**428638**	**173412**	**255226**
淮安区	1235	399	836	107991	47075	60916
淮阴区	710	208	502	73626	28412	45214
清江浦区	200	53	147	13846	5616	8230
洪泽区	815	222	593	33569	13525	20044
涟水县	116	37	79	74317	27713	46604
盱眙县	564	194	370	76030	30891	45139
金湖县	489	93	396	46825	19280	27545
淮安经济技术开发区						
工业园区	8	3	5	2036	728	1308
生态文旅区						
苏淮高新区	2	2		398	172	226

4-4c 续表 5

单位：人

地 区	学前教育			小 学		
	小计	男	女	小计	男	女
盐城市	**9684**	**2466**	**7218**	**719114**	**303278**	**415836**
亭湖区	220	59	161	27495	11300	16195
盐都区	1433	338	1095	82140	35354	46786
大丰区	1266	344	922	68174	29689	38485
响水县	313	99	214	48305	21193	27112
滨海县	457	150	307	96824	42103	54721
阜宁县	443	144	299	94153	40010	54143
射阳县	1649	360	1289	100579	40213	60366
建湖县	1548	340	1208	80725	33316	47409
盐城经济技术开发区	41	5	36	7323	3030	4293
江苏省盐南高新区						
东台市	2314	627	1687	113396	47070	66326
扬州市	**9544**	**2696**	**6848**	**441836**	**200221**	**241615**
广陵区	191	54	137	21552	9538	12014
邗江区	314	115	199	26812	12154	14658
江都区	2158	623	1535	125950	55868	70082
宝应县	1848	500	1348	101367	46252	55115
扬州经济技术开发区	62	22	40	4070	1990	2080
蜀冈瘦西湖景区						
生态新城	124	30	94	4390	1909	2481
仪征市	1279	362	917	52337	23624	28713
高邮市	3568	990	2578	105358	48886	56472
镇江市	**1684**	**405**	**1279**	**179626**	**73519**	**106107**
京口区	5		5	1693	733	960
润州区				182	80	102
丹徒区	281	54	227	27162	11268	15894
镇江新区	147	52	95	7960	3564	4396
江苏镇江高新区						
丹阳市	363	70	293	48106	18528	29578
扬中市	338	75	263	26373	10742	15631
句容市	550	154	396	68150	28604	39546
泰州市	**9116**	**2285**	**6831**	**482882**	**205423**	**277459**
海陵区	314	93	221	13940	6780	7160
高港区	168	25	143	23704	9066	14638
姜堰区	1806	546	1260	86750	38314	48436
泰州医药高新技术产业开发区	4		4	3859	1582	2277
兴化市	4901	1162	3739	176579	79623	96956
靖江市	157	34	123	62211	25079	37132
泰兴市	1766	425	1341	115839	44979	70860
宿迁市	**5197**	**1637**	**3560**	**436792**	**182792**	**254000**
宿城区	392	118	274	60788	25807	34981
宿豫区	224	65	159	35857	14798	21059
沭阳县	2091	750	1341	164442	70821	93621
泗阳县	1094	235	859	60342	21873	38469
泗洪县	1172	406	766	72926	31407	41519
宿迁经济技术开发区	60	26	34	10545	4810	5735
宿迁市湖滨新区	30	13	17	16767	7495	9272
苏州宿迁工业园区						
宿迁市洋河新区	134	24	110	15125	5781	9344

4-4c 续表 6

单位：人

地 区	初 中			高 中			大学专科		
	小计	男	女	小计	男	女	小计	男	女
江 苏	**7757252**	**4399504**	**3357748**	**2092702**	**1319644**	**773058**	**710592**	**414719**	**295873**
南京市	**348527**	**209091**	**139436**	**127407**	**82927**	**44480**	**56605**	**33084**	**23521**
玄武区									
秦淮区									
建邺区									
鼓楼区									
浦口区	22418	13246	9172	9038	5645	3393	3836	2152	1684
栖霞区	22396	12727	9669	10546	6480	4066	3368	1925	1443
雨花台区									
江宁区	121860	72232	49628	47056	29003	18053	23305	13109	10196
六合区	82726	52076	30650	26312	18072	8240	12610	7600	5010
溧水区	44720	26559	18161	16314	11185	5129	5587	3385	2202
高淳区	47805	28122	19683	15572	10756	4816	6642	4109	2533
南京江北新区	6602	4129	2473	2569	1786	783	1257	804	453
无锡市	**534070**	**297571**	**236499**	**149318**	**90888**	**58430**	**56605**	**32381**	**24224**
锡山区	47782	26653	21129	11052	6492	4560	5298	2917	2381
惠山区	87818	49957	37861	21710	13261	8449	9638	5545	4093
滨湖区	16990	9464	7526	5050	3064	1986	2973	1701	1272
梁溪区									
新吴区	34302	19768	14534	10484	6549	3935	5005	2904	2101
江苏无锡经济开发区									
江阴市	185685	101755	83930	63488	37765	25723	19243	10984	8259
宜兴市	161493	89974	71519	37534	23757	13777	14448	8330	6118
徐州市	**1030548**	**570542**	**460006**	**182237**	**115822**	**66415**	**60471**	**37116**	**23355**
鼓楼区									
云龙区									
贾汪区	60704	34093	26611	11354	7095	4259	3254	1974	1280
泉山区									
铜山区	180244	98622	81622	32269	19817	12452	9958	5868	4090
丰县	152386	82324	70062	26368	16946	9422	10468	6420	4048
沛县	168795	89667	79128	24256	15580	8676	9700	6090	3610
睢宁县	146986	86536	60450	27185	18483	8702	9645	6100	3545
徐州经济技术开发区	18345	10118	8227	4368	2648	1720	1256	726	530
新沂市	129461	73984	55477	22822	14555	8267	6730	4075	2655
邳州市	173627	95198	78429	33615	20698	12917	9460	5863	3597
常州市	**501123**	**275544**	**225579**	**126043**	**77495**	**48548**	**48023**	**27746**	**20277**
天宁区	25686	14028	11658	5578	3279	2299	2911	1633	1278
钟楼区	15463	8637	6826	4053	2426	1627	1537	872	665
新北区	47672	26262	21410	11855	7417	4438	5798	3315	2483
武进区	157681	85992	71689	37274	22348	14926	17340	9955	7385
金坛区	76983	42931	34052	20853	13399	7454	6813	4131	2682
江苏省常州市经济开发区	67875	38111	29764	13083	7698	5385	5871	3266	2605
溧阳市	109763	59583	50180	33347	20928	12419	7753	4574	3179

4-4c 续表 7

单位：人

地区	初中			高中			大学专科		
	小计	男	女	小计	男	女	小计	男	女
苏州市	**863610**	**494340**	**369270**	**256240**	**159990**	**96250**	**129988**	**73648**	**56340**
虎丘区	21377	12926	8451	6755	4218	2537	4879	2817	2062
吴中区	111768	64068	47700	40307	25127	15180	18706	10432	8274
相城区	18346	11246	7100	5689	3765	1924	2811	1663	1148
姑苏区									
吴江区	134920	76555	58365	31211	19616	11595	15336	8304	7032
苏州工业园区									
常熟市	184198	102681	81517	42395	26166	16229	26711	14865	11846
张家港市	147573	83668	63905	37520	22963	14557	19012	10851	8161
昆山市	147890	86249	61641	68774	43353	25421	31815	18491	13324
太仓市	97538	56947	40591	23589	14782	8807	10718	6225	4493
南通市	**894122**	**469138**	**424984**	**210890**	**126228**	**84662**	**65914**	**36336**	**29578**
崇川区									
港闸区	1263	846	417	443	298	145	187	110	77
通州区	126287	66535	59752	35488	21196	14292	12874	6897	5977
如东县	132828	68950	63878	36617	21954	14663	8917	4991	3926
南通经济技术开发区									
通州湾示范区	21194	10443	10751	4500	2511	1989	1030	583	447
苏锡通科技产业园区	19961	10472	9489	4809	2723	2086	2019	1075	944
启东市	169762	88906	80856	27813	16013	11800	8437	4644	3793
如皋市	170166	91424	78742	42666	26694	15972	14045	7983	6062
海门市	144859	73855	71004	31065	17501	13564	10113	5326	4787
海安市	107802	57707	50095	27489	17338	10151	8292	4727	3565
连云港市	**498767**	**279638**	**219129**	**230168**	**131383**	**98785**	**69513**	**39154**	**30359**
连云区	887	573	314	365	250	115	129	89	40
海州区	32215	18312	13903	6835	4538	2297	2706	1584	1122
赣榆区	92822	48136	44686	84721	43504	41217	36652	19721	16931
东海县	147026	76647	70379	94317	52207	42110	19760	11300	8460
灌云县	117932	72080	45852	21051	15254	5797	5046	3235	1811
灌南县	95387	56954	38433	16363	11574	4789	3216	2064	1152
连云港经济技术开发区	4980	2655	2325	3589	2132	1457	1219	702	517
连云港高新技术产业开发区									
江苏连云港徐圩新区	453	304	149	118	89	29	39	24	15
江苏省连云港市云台山风景名胜区	7065	3977	3088	2809	1835	974	746	435	311
淮安市	**528422**	**313832**	**214590**	**127590**	**85481**	**42109**	**31999**	**20105**	**11894**
淮安区	109792	66243	43549	20329	13998	6331	5715	3724	1991
淮阴区	116896	68442	48454	27354	18346	9008	5668	3599	2069
清江浦区	19164	11225	7939	4090	2600	1490	1503	937	566
洪泽区	37408	22213	15195	10320	7184	3136	2733	1558	1175
涟水县	138135	78100	60035	40335	25479	14856	9154	5891	3263
盱眙县	70270	45058	25212	13432	9410	4022	3706	2260	1446
金湖县	32886	20218	12668	10970	7950	3020	3203	1950	1253
淮安经济技术开发区									
工业园区	3046	1852	1194	567	378	189	264	154	110
生态文旅区									
苏淮高新区	825	481	344	193	136	57	53	32	21

4-4c 续表 8

单位：人

地区	初中			高中			大学专科		
	小计	男	女	小计	男	女	小计	男	女
盐城市	**840207**	**495229**	**344978**	**185448**	**132253**	**53195**	**37792**	**23758**	**14034**
亭湖区	34321	20034	14287	8949	6231	2718	1921	1198	723
盐都区	82930	49118	33812	23549	16975	6574	4354	2753	1601
大丰区	90823	51869	38954	25907	17725	8182	6409	3876	2533
响水县	57397	35639	21758	9766	7344	2422	2095	1327	768
滨海县	119892	73193	46699	17245	12666	4579	3327	2192	1135
阜宁县	115809	68420	47389	21354	15211	6143	4001	2543	1458
射阳县	106676	64880	41796	24726	18133	6593	4804	2994	1810
建湖县	83542	48969	34573	18064	12869	5195	3538	2303	1235
盐城经济技术开发区	10585	6118	4467	2871	1968	903	821	517	304
江苏省盐南高新区									
东台市	138232	76989	61243	33017	23131	9886	6522	4055	2467
扬州市	**436043**	**252431**	**183612**	**100379**	**66656**	**33723**	**39325**	**22650**	**16675**
广陵区	29897	17939	11958	8088	5223	2865	3339	1911	1428
邗江区	27974	15127	12847	9536	5857	3679	4456	2577	1879
江都区	129747	72635	57112	25311	16519	8792	9069	5153	3916
宝应县	90283	54531	35752	17957	12693	5264	5356	3297	2059
扬州经济技术开发区	4841	2710	2131	1722	971	751	1342	730	612
蜀冈瘦西湖景区									
生态新城	6080	3240	2840	2024	1232	792	841	444	397
仪征市	55868	32208	23660	16987	11087	5900	7299	4243	3056
高邮市	91353	54041	37312	18754	13074	5680	7623	4295	3328
镇江市	**257306**	**145480**	**111826**	**73562**	**48809**	**24753**	**24349**	**14296**	**10053**
京口区	2687	1471	1216	850	526	324	297	166	131
润州区	391	255	136	91	52	39	40	25	15
丹徒区	40418	23120	17298	10532	6795	3737	3188	1854	1334
镇江新区	12952	6921	6031	4676	2738	1938	1878	1039	839
江苏镇江高新区									
丹阳市	88071	49018	39053	21612	14582	7030	5252	3083	2169
扬中市	31829	17703	14126	11109	7350	3759	5684	3305	2379
句容市	80958	46992	33966	24692	16766	7926	8010	4824	3186
泰州市	**489747**	**283214**	**206533**	**120925**	**81929**	**38996**	**41414**	**25871**	**15543**
海陵区	13797	7921	5876	3020	1953	1067	1459	766	693
高港区	27413	15545	11868	7965	5203	2762	3696	2255	1441
姜堰区	79135	44934	34201	19996	12872	7124	7112	4324	2788
泰州医药高新技术产业开发区	4986	2739	2247	1195	752	443	830	462	368
兴化市	139164	85753	53411	30734	22320	8414	6577	4344	2233
靖江市	84911	47962	36949	24104	15572	8532	9284	5705	3579
泰兴市	140341	78360	61981	33911	23257	10654	12456	8015	4441
宿迁市	**534760**	**313454**	**221306**	**202495**	**119783**	**82712**	**48594**	**28574**	**20020**
宿城区	68057	40971	27086	15288	10101	5187	3944	2415	1529
宿豫区	44326	27483	16843	13341	8934	4407	3403	2104	1299
沭阳县	182961	105167	77794	88113	49404	38709	16522	9605	6917
泗阳县	110660	64325	46335	32754	20291	12463	5005	3040	1965
泗洪县	80048	46371	33677	43231	24562	18669	16803	9673	7130
宿迁经济技术开发区	15014	8706	6308	3619	2384	1235	1143	701	442
宿迁市湖滨新区	13785	8520	5265	2745	1832	913	883	512	371
苏州宿迁工业园区									
宿迁市洋河新区	19909	11911	7998	3404	2275	1129	891	524	367

4-4c 续表 9

单位：人

地　区	大学本科			硕士研究生			博士研究生		
	小计	男	女	小计	男	女	小计	男	女
江　苏	**276882**	**153271**	**123611**	**18479**	**10155**	**8324**	**2848**	**1856**	**992**
南京市	**24826**	**13650**	**11176**	**2888**	**1559**	**1329**	**431**	**283**	**148**
玄武区									
秦淮区									
建邺区									
鼓楼区									
浦口区	1726	879	847	158	89	69	23	16	7
栖霞区	1671	956	715	120	68	52	19	15	4
雨花台区									
江宁区	11878	6407	5471	1671	883	788	253	160	93
六合区	4214	2420	1794	327	182	145	54	37	17
溧水区	1841	1049	792	152	83	69	26	16	10
高淳区	2467	1347	1120	181	101	80	27	17	10
南京江北新区	1029	592	437	279	153	126	29	22	7
无锡市	**27947**	**15065**	**12882**	**1285**	**653**	**632**	**170**	**104**	**66**
锡山区	2872	1447	1425	115	48	67	12	7	5
惠山区	5462	2795	2667	261	121	140	29	18	11
滨湖区	1287	668	619	67	29	38	13	7	6
梁溪区									
新吴区	2219	1266	953	156	79	77	9	6	3
江苏无锡经济开发区									
江阴市	8646	4740	3906	317	179	138	47	27	20
宜兴市	7461	4149	3312	369	197	172	60	39	21
徐州市	**17352**	**10256**	**7096**	**1536**	**920**	**616**	**345**	**238**	**107**
鼓楼区									
云龙区									
贾汪区	1098	636	462	89	51	38	19	15	4
泉山区									
铜山区	3525	1964	1561	263	142	121	62	42	20
丰县	2621	1531	1090	288	167	121	56	41	15
沛县	2537	1610	927	256	159	97	58	45	13
睢宁县	2575	1565	1010	272	166	106	61	45	16
徐州经济技术开发区	405	212	193	31	21	10	3	1	2
新沂市	1970	1116	854	119	74	45	32	18	14
邳州市	2621	1622	999	218	140	78	54	31	23
常州市	**24452**	**13012**	**11440**	**1512**	**819**	**693**	**240**	**141**	**99**
天宁区	1545	795	750	52	32	20	3	2	1
钟楼区	934	479	455	56	25	31	6	4	2
新北区	2773	1413	1360	146	70	76	26	14	12
武进区	8230	4339	3891	409	215	194	68	39	29
金坛区	3144	1806	1338	469	276	193	54	36	18
江苏省常州市经济开发区	3341	1728	1613	132	63	69	18	9	9
溧阳市	4485	2452	2033	248	138	110	65	37	28

4-4c 续表 10

单位：人

地 区	大学本科			硕士研究生			博士研究生		
	小计	男	女	小计	男	女	小计	男	女
苏州市	**55730**	**29615**	**26115**	**3215**	**1791**	**1424**	**333**	**215**	**118**
虎丘区	2702	1489	1213	320	174	146	18	13	5
吴中区	7936	4145	3791	570	306	264	50	36	14
相城区	1324	725	599	128	87	41	10	7	3
姑苏区									
吴江区	7052	3587	3465	262	135	127	43	22	21
苏州工业园区									
常熟市	9399	4940	4459	376	211	165	61	33	28
张家港市	9068	4694	4374	322	145	177	49	29	20
昆山市	13857	7680	6177	994	611	383	70	52	18
太仓市	4392	2355	2037	243	122	121	32	23	9
南通市	**30475**	**16055**	**14420**	**1608**	**795**	**813**	**267**	**161**	**106**
崇川区									
港闸区	113	65	48	1		1	1	1	
通州区	5188	2547	2641	305	150	155	44	26	18
如东县	4369	2294	2075	273	144	129	55	35	20
南通经济技术开发区									
通州湾示范区	438	226	212	32	17	15	3		3
苏锡通科技产业园区	1032	491	541	45	25	20	8	5	3
启东市	3847	2109	1738	199	114	85	20	14	6
如皋市	7495	4065	3430	376	178	198	55	30	25
海门市	4582	2417	2165	156	64	92	29	18	11
海安市	3411	1841	1570	221	103	118	52	32	20
连云港市	**18933**	**10658**	**8275**	**1079**	**608**	**471**	**194**	**126**	**68**
连云区	53	34	19	2	1	1			
海州区	815	440	375	62	28	34	9	7	2
赣榆区	9365	5238	4127	506	306	200	89	54	35
东海县	5422	2974	2448	256	140	116	46	34	12
灌云县	1675	1015	660	115	63	52	21	11	10
灌南县	1039	655	384	85	44	41	20	14	6
连云港经济技术开发区	357	186	171	40	18	22	5	3	2
连云港高新技术产业开发区									
江苏连云港徐圩新区	10	7	3						
江苏省连云港市云台山风景名胜区	197	109	88	13	8	5	4	3	1
淮安市	**10271**	**6167**	**4104**	**704**	**399**	**305**	**111**	**74**	**37**
淮安区	2017	1284	733	148	94	54	16	9	7
淮阴区	1921	1138	783	127	71	56	28	17	11
清江浦区	378	216	162	30	15	15	5	5	
洪泽区	1095	602	493	54	24	30	7	5	2
涟水县	2254	1395	859	167	93	74	28	20	8
盱眙县	1539	925	614	86	50	36	16	11	5
金湖县	971	548	423	88	50	38	11	7	4
淮安经济技术开发区									
工业园区	85	52	33	4	2	2			
生态文旅区									
苏淮高新区	11	7	4						

4-4c 续表 11

单位：人

地　区	大学本科			硕士研究生			博士研究生		
	小计	男	女	小计	男	女	小计	男	女
盐城市	**12763**	**7759**	**5004**	**1066**	**591**	**475**	**196**	**137**	**59**
亭湖区	650	379	271	47	28	19	13	11	2
盐都区	1780	1087	693	156	91	65	22	16	6
大丰区	2229	1285	944	204	107	97	30	18	12
响水县	741	473	268	57	27	30	15	9	6
滨海县	1168	760	408	90	60	30	26	19	7
阜宁县	1260	786	474	113	60	53	19	10	9
射阳县	1501	914	587	108	65	43	20	17	3
建湖县	1232	763	469	101	62	39	19	16	3
盐城经济技术开发区	213	117	96	23	9	14	4	3	1
江苏省盐南高新区									
东台市	1989	1195	794	167	82	85	28	18	10
扬州市	**15018**	**8399**	**6619**	**1101**	**600**	**501**	**124**	**88**	**36**
广陵区	896	480	416	68	35	33	4	2	2
邗江区	1874	1005	869	84	44	40	14	11	3
江都区	3066	1749	1317	252	136	116	32	18	14
宝应县	2169	1311	858	187	112	75	29	22	7
扬州经济技术开发区	1029	545	484	120	65	55	10	6	4
蜀冈瘦西湖景区									
生态新城	340	179	161	19	7	12	4	3	1
仪征市	3164	1767	1397	188	106	82	10	8	2
高邮市	2480	1363	1117	183	95	88	21	18	3
镇江市	**9088**	**5025**	**4063**	**551**	**274**	**277**	**90**	**58**	**32**
京口区	107	58	49	7	5	2	1	1	
润州区	17	10	7	1	1				
丹徒区	998	536	462	55	26	29	13	9	4
镇江新区	791	427	364	41	21	20	7	4	3
江苏镇江高新区									
丹阳市	1894	1060	834	102	46	56	21	15	6
扬中市	2332	1245	1087	106	50	56	17	6	11
句容市	2949	1689	1260	239	125	114	31	23	8
泰州市	**14580**	**8828**	**5752**	**1025**	**588**	**437**	**208**	**136**	**72**
海陵区	568	292	276	34	15	19	5	3	2
高港区	1391	819	572	84	49	35	15	10	5
姜堰区	2667	1548	1119	171	85	86	33	26	7
泰州医药高新技术产业开发区	291	159	132	21	12	9	3	2	1
兴化市	2467	1577	890	236	151	85	33	25	8
靖江市	3054	1799	1255	196	110	86	49	29	20
泰兴市	4142	2634	1508	283	166	117	70	41	29
宿迁市	**15447**	**8782**	**6665**	**909**	**558**	**351**	**139**	**95**	**44**
宿城区	1701	1001	700	80	47	33	12	9	3
宿豫区	946	564	382	88	51	37	16	14	2
沭阳县	5559	3134	2425	352	213	139	49	31	18
泗阳县	1978	1167	811	119	70	49	23	15	8
泗洪县	4200	2299	1901	182	125	57	28	20	8
宿迁经济技术开发区	396	219	177	29	16	13	5	2	3
宿迁市湖滨新区	318	193	125	29	19	10	3	1	2
苏州宿迁工业园区									
宿迁市洋河新区	349	205	144	30	17	13	3	3	

4-5 全省分年龄、性别的15岁及以上文盲人口

单位：人、%

年龄	15岁及以上人口			文盲人口			文盲人口占15岁及以上人口比重		
	合计	男	女	合计	男	女	合计	男	女
总 计	**71856068**	**36156582**	**35699486**	**2210138**	**460255**	**1749883**	**3.08**	**1.27**	**4.90**
15-19岁	**3547458**	**1941316**	**1606142**	**5865**	**3388**	**2477**	**0.17**	**0.17**	**0.15**
15	771800	421252	350548	1803	1031	772	0.23	0.24	0.22
16	731946	401535	330411	1226	686	540	0.17	0.17	0.16
17	659462	363358	296104	1046	579	467	0.16	0.16	0.16
18	664535	364756	299779	947	571	376	0.14	0.16	0.13
19	719715	390415	329300	843	521	322	0.12	0.13	0.10
20-24岁	**3960507**	**2156767**	**1803740**	**4717**	**2839**	**1878**	**0.12**	**0.13**	**0.10**
20	756516	410830	345686	991	605	386	0.13	0.15	0.11
21	721363	392539	328824	844	524	320	0.12	0.13	0.10
22	785346	430065	355281	864	503	361	0.11	0.12	0.10
23	818410	446931	371479	1009	618	391	0.12	0.14	0.11
24	878872	476402	402470	1009	589	420	0.11	0.12	0.10
25-29岁	**5651518**	**2996605**	**2654913**	**6681**	**3665**	**3016**	**0.12**	**0.12**	**0.11**
25	1003852	542425	461427	1163	669	494	0.12	0.12	0.11
26	1011412	542037	469375	1143	639	504	0.11	0.12	0.11
27	1101635	583642	517993	1232	700	532	0.11	0.12	0.10
28	1190640	626514	564126	1475	799	676	0.12	0.13	0.12
29	1343979	701987	641992	1668	858	810	0.12	0.12	0.13
30-34岁	**8056248**	**4114085**	**3942163**	**11357**	**5606**	**5751**	**0.14**	**0.14**	**0.15**
30	1798062	934754	863308	2348	1223	1125	0.13	0.13	0.13
31	1739885	890125	849760	2348	1193	1155	0.13	0.13	0.14
32	1545121	784642	760479	2088	1018	1070	0.14	0.13	0.14
33	1632942	827982	804960	2406	1186	1220	0.15	0.14	0.15
34	1340238	676582	663656	2167	986	1181	0.16	0.15	0.18
35-39岁	**5782058**	**2917712**	**2864346**	**11778**	**4912**	**6866**	**0.20**	**0.17**	**0.24**
35	1107422	559739	547683	1979	922	1057	0.18	0.16	0.19
36	1091729	550634	541095	2075	858	1217	0.19	0.16	0.22
37	1093439	551395	542044	2198	896	1302	0.20	0.16	0.24
38	1315410	665359	650051	2715	1150	1565	0.21	0.17	0.24
39	1174058	590585	583473	2811	1086	1725	0.24	0.18	0.30
40-44岁	**5515497**	**2764099**	**2751398**	**19014**	**6367**	**12647**	**0.34**	**0.23**	**0.46**
40	990932	497777	493155	2645	947	1698	0.27	0.19	0.34
41	1165748	585209	580539	3529	1218	2311	0.30	0.21	0.40
42	1125480	563048	562432	3910	1348	2562	0.35	0.24	0.46
43	1082134	541524	540610	4048	1339	2709	0.37	0.25	0.50
44	1151203	576541	574662	4882	1515	3367	0.42	0.26	0.59

4-5 续表 单位：人、%

年龄	15岁及以上人口			文盲人口			文盲人口占15岁及以上人口比重		
	合计	男	女	合计	男	女	合计	男	女
45-49岁	**6414218**	**3195796**	**3218422**	**42147**	**10932**	**31215**	**0.66**	**0.34**	**0.97**
45	1127377	563019	564358	5547	1587	3960	0.49	0.28	0.70
46	1184240	589463	594777	6591	1757	4834	0.56	0.30	0.81
47	1224188	610739	613449	7948	2062	5886	0.65	0.34	0.96
48	1339057	667775	671282	9931	2515	7416	0.74	0.38	1.10
49	1539356	764800	774556	12130	3011	9119	0.79	0.39	1.18
50-54岁	**7959964**	**3926760**	**4033204**	**91426**	**20849**	**70577**	**1.15**	**0.53**	**1.75**
50	1671372	824548	846824	14973	3610	11363	0.90	0.44	1.34
51	1638245	808406	829839	17184	4077	13107	1.05	0.50	1.58
52	1706174	839352	866822	19866	4536	15330	1.16	0.54	1.77
53	1359318	667822	691496	17818	3906	13912	1.31	0.58	2.01
54	1584855	786632	798223	21585	4720	16865	1.36	0.60	2.11
55-59岁	**6463255**	**3207812**	**3255443**	**110510**	**20489**	**90021**	**1.71**	**0.64**	**2.77**
55	1510028	747142	762886	21513	4476	17037	1.42	0.60	2.23
56	1393248	688757	704491	20593	4057	16536	1.48	0.59	2.35
57	1631583	815619	815964	26054	4831	21223	1.60	0.59	2.60
58	1234777	615291	619486	25090	4224	20866	2.03	0.69	3.37
59	693619	341003	352616	17260	2901	14359	2.49	0.85	4.07
60-64岁	**4778814**	**2412689**	**2366125**	**209324**	**40596**	**168728**	**4.38**	**1.68**	**7.13**
60	764420	380783	383637	21994	3927	18067	2.88	1.03	4.71
61	770991	390928	380063	28028	5480	22548	3.64	1.40	5.93
62	1007825	514319	493506	43771	8765	35006	4.34	1.70	7.09
63	1184697	600725	583972	57111	11295	45816	4.82	1.88	7.85
64	1050881	525934	524947	58420	11129	47291	5.56	2.12	9.01
65-69岁	**5109879**	**2537937**	**2571942**	**356372**	**71901**	**284471**	**6.97**	**2.83**	**11.06**
65	1140532	572861	567671	68941	13473	55468	6.04	2.35	9.77
66	1133096	565927	567169	73536	14540	58996	6.49	2.57	10.40
67	984471	487186	497285	71351	14445	56906	7.25	2.96	11.44
68	1026619	507686	518933	78218	16325	61893	7.62	3.22	11.93
69	825161	404277	420884	64326	13118	51208	7.80	3.24	12.17
70-74岁	**3546676**	**1739491**	**1807185**	**331326**	**68097**	**263229**	**9.34**	**3.91**	**14.57**
70	785608	387635	397973	64467	13626	50841	8.21	3.52	12.77
71	798656	395649	403007	72380	15453	56927	9.06	3.91	14.13
72	720763	351241	369522	69646	14193	55453	9.66	4.04	15.01
73	647614	315962	331652	63164	12791	50373	9.75	4.05	15.19
74	594035	289004	305031	61669	12034	49635	10.38	4.16	16.27
75-79岁	**2317239**	**1102639**	**1214600**	**322277**	**63903**	**258374**	**13.91**	**5.80**	**21.27**
75	523003	253034	269969	61062	12004	49058	11.68	4.74	18.17
76	519304	250526	268778	67443	13363	54080	12.99	5.33	20.12
77	426256	202541	223715	60987	12264	48723	14.31	6.06	21.78
78	414764	194538	220226	62558	12245	50313	15.08	6.29	22.85
79	433912	202000	231912	70227	14027	56200	16.18	6.94	24.23
80-84岁	**1520000**	**680452**	**839548**	**318801**	**67114**	**251687**	**20.97**	**9.86**	**29.98**
80	363828	168188	195640	64140	13068	51072	17.63	7.77	26.11
81	311752	140998	170754	61881	12958	48923	19.85	9.19	28.65
82	325771	146611	179160	70275	15103	55172	21.57	10.30	30.79
83	266749	117002	149747	61363	13046	48317	23.00	11.15	32.27
84	251900	107653	144247	61142	12939	48203	24.27	12.02	33.42
85岁及以上	**1232737**	**462422**	**770315**	**368543**	**69597**	**298946**	**29.90**	**15.05**	**38.81**

4-5a 全省分年龄、性别的15岁及以上文盲人口(城市)

单位：人、%

年 龄	15岁及以上人口			文盲人口			文盲人口占15岁及以上人口比重		
	合计	男	女	合计	男	女	合计	男	女
总 计	**34296686**	**17203441**	**17093245**	**609919**	**123545**	**486374**	**1.78**	**0.72**	**2.85**
15-19岁	**1987332**	**1075374**	**911958**	**2316**	**1254**	**1062**	**0.12**	**0.12**	**0.12**
15	364332	197231	167101	659	362	297	0.18	0.18	0.18
16	388909	211889	177020	530	263	267	0.14	0.12	0.15
17	363049	198765	164284	466	227	239	0.13	0.11	0.15
18	399463	216100	183363	364	215	149	0.09	0.10	0.08
19	471579	251389	220190	297	187	110	0.06	0.07	0.05
20-24岁	**2373213**	**1272851**	**1100362**	**1643**	**939**	**704**	**0.07**	**0.07**	**0.06**
20	501259	267317	233942	373	211	162	0.07	0.08	0.07
21	457588	244957	212631	317	196	121	0.07	0.08	0.06
22	459620	248598	211022	288	157	131	0.06	0.06	0.06
23	464744	250008	214736	337	189	148	0.07	0.08	0.07
24	490002	261971	228031	328	186	142	0.07	0.07	0.06
25-29岁	**3077044**	**1610267**	**1466777**	**1970**	**1067**	**903**	**0.06**	**0.07**	**0.06**
25	551165	293399	257766	355	200	155	0.06	0.07	0.06
26	553106	292153	260953	346	186	160	0.06	0.06	0.06
27	601321	314708	286613	364	202	162	0.06	0.06	0.06
28	647861	336339	311522	452	229	223	0.07	0.07	0.07
29	723591	373668	349923	453	250	203	0.06	0.07	0.06
30-34岁	**4392624**	**2208441**	**2184183**	**3194**	**1595**	**1599**	**0.07**	**0.07**	**0.07**
30	952836	488114	464722	639	315	324	0.07	0.06	0.07
31	940604	473916	466688	655	334	321	0.07	0.07	0.07
32	849891	425749	424142	618	309	309	0.07	0.07	0.07
33	903742	450203	453539	649	333	316	0.07	0.07	0.07
34	745551	370459	375092	633	304	329	0.08	0.08	0.09
35-39岁	**3225114**	**1607420**	**1617694**	**3264**	**1444**	**1820**	**0.10**	**0.09**	**0.11**
35	609760	304181	305579	557	277	280	0.09	0.09	0.09
36	601465	300183	301282	562	235	327	0.09	0.08	0.11
37	612466	305291	307175	592	262	330	0.10	0.09	0.11
38	745662	371943	373719	766	354	412	0.10	0.10	0.11
39	655761	325822	329939	787	316	471	0.12	0.10	0.14
40-44岁	**2949239**	**1469568**	**1479671**	**5743**	**1935**	**3808**	**0.19**	**0.13**	**0.26**
40	550722	274033	276689	771	267	504	0.14	0.10	0.18
41	636496	316375	320121	1054	386	668	0.17	0.12	0.21
42	602190	298761	303429	1195	395	800	0.20	0.13	0.26
43	568177	283636	284541	1243	424	819	0.22	0.15	0.29
44	591654	296763	294891	1480	463	1017	0.25	0.16	0.34

4-5a 续表

单位：人、%

年 龄	15岁及以上人口			文盲人口			文盲人口占15岁及以上人口比重		
	合计	男	女	合计	男	女	合计	男	女
45-49岁	**3074913**	**1544891**	**1530022**	**13899**	**3536**	**10363**	**0.45**	**0.23**	**0.68**
45	568352	285359	282993	1771	482	1289	0.31	0.17	0.46
46	582586	292528	290058	2128	573	1555	0.37	0.20	0.54
47	591273	297487	293786	2684	709	1975	0.45	0.24	0.67
48	629797	317739	312058	3371	844	2527	0.54	0.27	0.81
49	702905	351778	351127	3945	928	3017	0.56	0.26	0.86
50-54岁	**3432483**	**1694765**	**1737718**	**30271**	**6996**	**23275**	**0.88**	**0.41**	**1.34**
50	745608	370600	375008	4980	1208	3772	0.67	0.33	1.01
51	715298	353737	361561	5682	1386	4296	0.79	0.39	1.19
52	738151	363626	374525	6590	1478	5112	0.89	0.41	1.36
53	568007	278151	289856	5943	1322	4621	1.05	0.48	1.59
54	665419	328651	336768	7076	1602	5474	1.06	0.49	1.63
55-59岁	**2824903**	**1388871**	**1436032**	**36098**	**6605**	**29493**	**1.28**	**0.48**	**2.05**
55	644717	316963	327754	6988	1453	5535	1.08	0.46	1.69
56	618450	303486	314964	6924	1370	5554	1.12	0.45	1.76
57	731757	361270	370487	8731	1616	7115	1.19	0.45	1.92
58	527486	259908	267578	8183	1323	6860	1.55	0.51	2.56
59	302493	147244	155249	5272	843	4429	1.74	0.57	2.85
60-64岁	**1973554**	**976253**	**997301**	**62683**	**11733**	**50950**	**3.18**	**1.20**	**5.11**
60	339986	167434	172552	6558	1138	5420	1.93	0.68	3.14
61	329632	164147	165485	8334	1590	6744	2.53	0.97	4.08
62	417715	208968	208747	13259	2576	10683	3.17	1.23	5.12
63	480745	237682	243063	17532	3288	14244	3.65	1.38	5.86
64	405476	198022	207454	17000	3141	13859	4.19	1.59	6.68
65-69岁	**1914598**	**931209**	**983389**	**99350**	**19531**	**79819**	**5.19**	**2.10**	**8.12**
65	435240	213185	222055	19942	3651	16291	4.58	1.71	7.34
66	436046	213131	222915	21361	4092	17269	4.90	1.92	7.75
67	363493	175690	187803	19562	3830	15732	5.38	2.18	8.38
68	376458	182381	194077	21216	4378	16838	5.64	2.40	8.68
69	303361	146822	156539	17269	3580	13689	5.69	2.44	8.74
70-74岁	**1283452**	**623680**	**659772**	**83727**	**17593**	**66134**	**6.52**	**2.82**	**10.02**
70	290067	142003	148064	16919	3738	13181	5.83	2.63	8.90
71	291645	142580	149065	18529	4003	14526	6.35	2.81	9.74
72	256805	123801	133004	17444	3549	13895	6.79	2.87	10.45
73	235292	113998	121294	15888	3329	12559	6.75	2.92	10.35
74	209643	101298	108345	14947	2974	11973	7.13	2.94	11.05
75-79岁	**795531**	**375883**	**419648**	**77401**	**14756**	**62645**	**9.73**	**3.93**	**14.93**
75	179769	86194	93575	14500	2794	11706	8.07	3.24	12.51
76	177802	85113	92689	16024	3145	12879	9.01	3.70	13.89
77	143962	68005	75957	14341	2703	11638	9.96	3.97	15.32
78	142271	66352	75919	15064	2843	12221	10.59	4.28	16.10
79	151727	70219	81508	17472	3271	14201	11.52	4.66	17.42
80-84岁	**544358**	**245536**	**298822**	**83464**	**16164**	**67300**	**15.33**	**6.58**	**22.52**
80	129504	59733	69771	16271	3031	13240	12.56	5.07	18.98
81	114423	51580	62843	16596	3202	13394	14.50	6.21	21.31
82	115065	52346	62719	18454	3739	14715	16.04	7.14	23.46
83	94913	42247	52666	15946	3120	12826	16.80	7.39	24.35
84	90453	39630	50823	16197	3072	13125	17.91	7.75	25.82
85岁及以上	**448328**	**178432**	**269896**	**104896**	**18397**	**86499**	**23.40**	**10.31**	**32.05**

4-5b　全省分年龄、性别的15岁及以上文盲人口(镇)

单位：人、%

年龄	15岁及以上人口			文盲人口			文盲人口占15岁及以上人口比重		
	合计	男	女	合计	男	女	合计	男	女
总　计	**18198424**	**9116476**	**9081948**	**527968**	**110212**	**417756**	**2.90**	**1.21**	**4.60**
15-19岁	**1001985**	**551448**	**450537**	**1577**	**944**	**633**	**0.16**	**0.17**	**0.14**
15	250153	137142	113011	524	305	219	0.21	0.22	0.19
16	236575	130169	106406	306	186	120	0.13	0.14	0.11
17	201644	111514	90130	237	140	97	0.12	0.13	0.11
18	161044	89481	71563	257	160	97	0.16	0.18	0.14
19	152569	83142	69427	253	153	100	0.17	0.18	0.14
20-24岁	**889315**	**486112**	**403203**	**1171**	**735**	**436**	**0.13**	**0.15**	**0.11**
20	153577	84429	69148	273	173	100	0.18	0.20	0.14
21	152297	83542	68755	203	127	76	0.13	0.15	0.11
22	179381	98427	80954	209	129	80	0.12	0.13	0.10
23	192021	105062	86959	239	155	84	0.12	0.15	0.10
24	212039	114652	97387	247	151	96	0.12	0.13	0.10
25-29岁	**1435907**	**755170**	**680737**	**1736**	**979**	**757**	**0.12**	**0.13**	**0.11**
25	247219	133039	114180	317	193	124	0.13	0.15	0.11
26	253889	135553	118336	273	154	119	0.11	0.11	0.10
27	279575	146988	132587	345	202	143	0.12	0.14	0.11
28	305046	159244	145802	385	215	170	0.13	0.14	0.12
29	350178	180346	169832	416	215	201	0.12	0.12	0.12
30-34岁	**2105522**	**1063262**	**1042260**	**2897**	**1429**	**1468**	**0.14**	**0.13**	**0.14**
30	479678	246208	233470	626	327	299	0.13	0.13	0.13
31	456639	230395	226244	610	326	284	0.13	0.14	0.13
32	400576	201176	199400	515	241	274	0.13	0.12	0.14
33	421612	211865	209747	610	304	306	0.14	0.14	0.15
34	347017	173618	173399	536	231	305	0.15	0.13	0.18
35-39岁	**1513018**	**754626**	**758392**	**3047**	**1208**	**1839**	**0.20**	**0.16**	**0.24**
35	293359	146695	146664	499	213	286	0.17	0.15	0.20
36	291207	144857	146350	542	230	312	0.19	0.16	0.21
37	286281	142534	143747	573	209	364	0.20	0.15	0.25
38	337316	168856	168460	705	290	415	0.21	0.17	0.25
39	304855	151684	153171	728	266	462	0.24	0.18	0.30
40-44岁	**1446875**	**716980**	**729895**	**4755**	**1502**	**3253**	**0.33**	**0.21**	**0.45**
40	256179	127445	128734	705	231	474	0.28	0.18	0.37
41	303766	150443	153323	872	277	595	0.29	0.18	0.39
42	295591	146505	149086	965	313	652	0.33	0.21	0.44
43	285336	140964	144372	997	322	675	0.35	0.23	0.47
44	306003	151623	154380	1216	359	857	0.40	0.24	0.56

4-5b 续表 单位：人、%

年 龄	15岁及以上人口			文盲人口			文盲人口占15岁及以上人口比重		
	合计	男	女	合计	男	女	合计	男	女
45-49岁	**1700226**	**839431**	**860795**	**10285**	**2533**	**7752**	**0.60**	**0.30**	**0.90**
45	298491	147365	151126	1410	406	1004	0.47	0.28	0.66
46	313717	154626	159091	1605	401	1204	0.51	0.26	0.76
47	323235	160012	163223	1921	460	1461	0.59	0.29	0.90
48	354910	175516	179394	2375	555	1820	0.67	0.32	1.01
49	409873	201912	207961	2974	711	2263	0.73	0.35	1.09
50-54岁	**2102945**	**1031765**	**1071180**	**21782**	**4829**	**16953**	**1.04**	**0.47**	**1.58**
50	447284	219110	228174	3598	858	2740	0.80	0.39	1.20
51	432502	212277	220225	4126	921	3205	0.95	0.43	1.46
52	449145	219435	229710	4689	1035	3654	1.04	0.47	1.59
53	359890	176478	183412	4221	926	3295	1.17	0.52	1.80
54	414124	204465	209659	5148	1089	4059	1.24	0.53	1.94
55-59岁	**1616622**	**802133**	**814489**	**26301**	**4757**	**21544**	**1.63**	**0.59**	**2.65**
55	389120	192337	196783	5155	1043	4112	1.32	0.54	2.09
56	347256	171511	175745	4800	942	3858	1.38	0.55	2.20
57	402509	201498	201011	6034	1099	4935	1.50	0.55	2.46
58	307681	153184	154497	6002	975	5027	1.95	0.64	3.25
59	170056	83603	86453	4310	698	3612	2.53	0.83	4.18
60-64岁	**1162572**	**586803**	**575769**	**52677**	**9934**	**42743**	**4.53**	**1.69**	**7.42**
60	186382	92973	93409	5652	1002	4650	3.03	1.08	4.98
61	189483	96376	93107	7288	1349	5939	3.85	1.40	6.38
62	245444	125343	120101	11053	2136	8917	4.50	1.70	7.42
63	285197	144476	140721	14037	2695	11342	4.92	1.87	8.06
64	256066	127635	128431	14647	2752	11895	5.72	2.16	9.26
65-69岁	**1220209**	**604055**	**616154**	**86561**	**17343**	**69218**	**7.09**	**2.87**	**11.23**
65	275642	138255	137387	16841	3315	13526	6.11	2.40	9.85
66	269235	133697	135538	17888	3447	14441	6.64	2.58	10.65
67	236603	116582	120021	17592	3529	14063	7.44	3.03	11.72
68	243603	120519	123084	18821	3882	14939	7.73	3.22	12.14
69	195126	95002	100124	15419	3170	12249	7.90	3.34	12.23
70-74岁	**824955**	**403762**	**421193**	**77335**	**15879**	**61456**	**9.37**	**3.93**	**14.59**
70	183262	90057	93205	14990	3074	11916	8.18	3.41	12.78
71	185114	91813	93301	16826	3614	13212	9.09	3.94	14.16
72	167755	81469	86286	16033	3360	12673	9.56	4.12	14.69
73	149519	72866	76653	14752	2947	11805	9.87	4.04	15.40
74	139305	67557	71748	14734	2884	11850	10.58	4.27	16.52
75-79岁	**549203**	**260717**	**288486**	**76635**	**15408**	**61227**	**13.95**	**5.91**	**21.22**
75	124631	60311	64320	14600	2970	11630	11.71	4.92	18.08
76	122963	59250	63713	16059	3248	12811	13.06	5.48	20.11
77	101123	47770	53353	14529	3026	11503	14.37	6.33	21.56
78	98943	46304	52639	14928	2869	12059	15.09	6.20	22.91
79	101543	47082	54461	16519	3295	13224	16.27	7.00	24.28
80-84岁	**350680**	**156805**	**193875**	**75681**	**16131**	**59550**	**21.58**	**10.29**	**30.72**
80	84985	39246	45739	15294	3156	12138	18.00	8.04	26.54
81	71652	32448	39204	14686	3101	11585	20.50	9.56	29.55
82	75514	33764	41750	16731	3582	13149	22.16	10.61	31.49
83	61353	26964	34389	14693	3233	11460	23.95	11.99	33.32
84	57176	24383	32793	14277	3059	11218	24.97	12.55	34.21
85岁及以上	**278390**	**103407**	**174983**	**85528**	**16601**	**68927**	**30.72**	**16.05**	**39.39**

4-5c　全省分年龄、性别的15岁及以上文盲人口(乡村)

单位：人、%

年　龄	15岁及以上人口			文盲人口			文盲人口占15岁及以上人口比重		
	合计	男	女	合计	男	女	合计	男	女
总　计	**19360958**	**9836665**	**9524293**	**1072251**	**226498**	**845753**	**5.54**	**2.30**	**8.88**
15-19岁	**558141**	**314494**	**243647**	**1972**	**1190**	**782**	**0.35**	**0.38**	**0.32**
15	157315	86879	70436	620	364	256	0.39	0.42	0.36
16	106462	59477	46985	390	237	153	0.37	0.40	0.33
17	94769	53079	41690	343	212	131	0.36	0.40	0.31
18	104028	59175	44853	326	196	130	0.31	0.33	0.29
19	95567	55884	39683	293	181	112	0.31	0.32	0.28
20-24岁	**697979**	**397804**	**300175**	**1903**	**1165**	**738**	**0.27**	**0.29**	**0.25**
20	101680	59084	42596	345	221	124	0.34	0.37	0.29
21	111478	64040	47438	324	201	123	0.29	0.31	0.26
22	146345	83040	63305	367	217	150	0.25	0.26	0.24
23	161645	91861	69784	433	274	159	0.27	0.30	0.23
24	176831	99779	77052	434	252	182	0.25	0.25	0.24
25-29岁	**1138567**	**631168**	**507399**	**2975**	**1619**	**1356**	**0.26**	**0.26**	**0.27**
25	205468	115987	89481	491	276	215	0.24	0.24	0.24
26	204417	114331	90086	524	299	225	0.26	0.26	0.25
27	220739	121946	98793	523	296	227	0.24	0.24	0.23
28	237733	130931	106802	638	355	283	0.27	0.27	0.26
29	270210	147973	122237	799	393	406	0.30	0.27	0.33
30-34岁	**1558102**	**842382**	**715720**	**5266**	**2582**	**2684**	**0.34**	**0.31**	**0.38**
30	365548	200432	165116	1083	581	502	0.30	0.29	0.30
31	342642	185814	156828	1083	533	550	0.32	0.29	0.35
32	294654	157717	136937	955	468	487	0.32	0.30	0.36
33	307588	165914	141674	1147	549	598	0.37	0.33	0.42
34	247670	132505	115165	998	451	547	0.40	0.34	0.47
35-39岁	**1043926**	**555666**	**488260**	**5467**	**2260**	**3207**	**0.52**	**0.41**	**0.66**
35	204303	108863	95440	923	432	491	0.45	0.40	0.51
36	199057	105594	93463	971	393	578	0.49	0.37	0.62
37	194692	103570	91122	1033	425	608	0.53	0.41	0.67
38	232432	124560	107872	1244	506	738	0.54	0.41	0.68
39	213442	113079	100363	1296	504	792	0.61	0.45	0.79
40-44岁	**1119383**	**577551**	**541832**	**8516**	**2930**	**5586**	**0.76**	**0.51**	**1.03**
40	184031	96299	87732	1169	449	720	0.64	0.47	0.82
41	225486	118391	107095	1603	555	1048	0.71	0.47	0.98
42	227699	117782	109917	1750	640	1110	0.77	0.54	1.01
43	228621	116924	111697	1808	593	1215	0.79	0.51	1.09
44	253546	128155	125391	2186	693	1493	0.86	0.54	1.19

4-5c 续表

单位：人、%

年 龄	15岁及以上人口			文盲人口			文盲人口占15岁及以上人口比重		
	合计	男	女	合计	男	女	合计	男	女
45-49岁	**1639079**	**811474**	**827605**	**17963**	**4863**	**13100**	**1.10**	**0.60**	**1.58**
45	260534	130295	130239	2366	699	1667	0.91	0.54	1.28
46	287937	142309	145628	2858	783	2075	0.99	0.55	1.42
47	309680	153240	156440	3343	893	2450	1.08	0.58	1.57
48	354350	174520	179830	4185	1116	3069	1.18	0.64	1.71
49	426578	211110	215468	5211	1372	3839	1.22	0.65	1.78
50-54岁	**2424536**	**1200230**	**1224306**	**39373**	**9024**	**30349**	**1.62**	**0.75**	**2.48**
50	478480	234838	243642	6395	1544	4851	1.34	0.66	1.99
51	490445	242392	248053	7376	1770	5606	1.50	0.73	2.26
52	518878	256291	262587	8587	2023	6564	1.65	0.79	2.50
53	431421	213193	218228	7654	1658	5996	1.77	0.78	2.75
54	505312	253516	251796	9361	2029	7332	1.85	0.80	2.91
55-59岁	**2021730**	**1016808**	**1004922**	**48111**	**9127**	**38984**	**2.38**	**0.90**	**3.88**
55	476191	237842	238349	9370	1980	7390	1.97	0.83	3.10
56	427542	213760	213782	8869	1745	7124	2.07	0.82	3.33
57	497317	252851	244466	11289	2116	9173	2.27	0.84	3.75
58	399610	202199	197411	10905	1926	8979	2.73	0.95	4.55
59	221070	110156	110914	7678	1360	6318	3.47	1.23	5.70
60-64岁	**1642688**	**849633**	**793055**	**93964**	**18929**	**75035**	**5.72**	**2.23**	**9.46**
60	238052	120376	117676	9784	1787	7997	4.11	1.48	6.80
61	251876	130405	121471	12406	2541	9865	4.93	1.95	8.12
62	344666	180008	164658	19459	4053	15406	5.65	2.25	9.36
63	418755	218567	200188	25542	5312	20230	6.10	2.43	10.11
64	389339	200277	189062	26773	5236	21537	6.88	2.61	11.39
65-69岁	**1975072**	**1002673**	**972399**	**170461**	**35027**	**135434**	**8.63**	**3.49**	**13.93**
65	429650	221421	208229	32158	6507	25651	7.48	2.94	12.32
66	427815	219099	208716	34287	7001	27286	8.01	3.20	13.07
67	384375	194914	189461	34197	7086	27111	8.90	3.64	14.31
68	406558	204786	201772	38181	8065	30116	9.39	3.94	14.93
69	326674	162453	164221	31638	6368	25270	9.68	3.92	15.39
70-74岁	**1438269**	**712049**	**726220**	**170264**	**34625**	**135639**	**11.84**	**4.86**	**18.68**
70	312279	155575	156704	32558	6814	25744	10.43	4.38	16.43
71	321897	161256	160641	37025	7836	29189	11.50	4.86	18.17
72	296203	145971	150232	36169	7284	28885	12.21	4.99	19.23
73	262803	129098	133705	32524	6515	26009	12.38	5.05	19.45
74	245087	120149	124938	31988	6176	25812	13.05	5.14	20.66
75-79岁	**972505**	**466039**	**506466**	**168241**	**33739**	**134502**	**17.30**	**7.24**	**26.56**
75	218603	106529	112074	31962	6240	25722	14.62	5.86	22.95
76	218539	106163	112376	35360	6970	28390	16.18	6.57	25.26
77	181171	86766	94405	32117	6535	25582	17.73	7.53	27.10
78	173550	81882	91668	32566	6533	26033	18.76	7.98	28.40
79	180642	84699	95943	36236	7461	28775	20.06	8.81	29.99
80-84岁	**624962**	**278111**	**346851**	**159656**	**34819**	**124837**	**25.55**	**12.52**	**35.99**
80	149339	69209	80130	32575	6881	25694	21.81	9.94	32.07
81	125677	56970	68707	30599	6655	23944	24.35	11.68	34.85
82	135192	60501	74691	35090	7782	27308	25.96	12.86	36.56
83	110483	47791	62692	30724	6693	24031	27.81	14.00	38.33
84	104271	43640	60631	30668	6808	23860	29.41	15.60	39.35
85岁及以上	**506019**	**180583**	**325436**	**178119**	**34599**	**143520**	**35.20**	**19.16**	**44.10**